U0601369

論語

歧解辑录

上册

高尚榘 主编

中华书局

图书在版编目(CIP)数据

论语歧解辑录/高尚榘主编. —2版. —北京:中华书局,2021.9
ISBN 978-7-101-15290-6

Ⅰ.论… Ⅱ.高… Ⅲ.①儒家②《论语》-研究 Ⅳ.B222.25

中国版本图书馆 CIP 数据核字(2021)第 152935 号

书　　名	论语歧解辑录(全三册)	
主　　编	高尚榘	
责任编辑	罗华彤	
出版发行	中华书局	
	(北京市丰台区太平桥西里 38 号　100073)	
	http://www.zhbc.com.cn	
	E-mail:zhbc@zhbc.com.cn	
印　　刷	北京瑞古冠中印刷厂	
版　　次	2011 年 6 月北京第 1 版　2021 年 9 月北京第 2 版	
	2021 年 9 月北京第 2 次印刷	
规　　格	开本/920×1250 毫米　1/32	
	印张 49¼　插页 6　字数 1100 千字	
印　　数	3001-5000 册	
国际书号	ISBN 978-7-101-15290-6	
定　　价	198.00 元	

论语歧解辑录编委

主　编　高尚榘

副主编　张诒三　杨秀娟

歧解编辑者(以姓氏笔画为序)

丁建东　王慧敏　方凤丽　刘秀华

刘育林　朱　倩　孙敬友　宋红霞

宋　敏　郑子慧　赵永泉　高　敏

高　霞　夏秀丽　董　敏

索引编制者(以姓氏笔画为序)

王丽杰　赵　玉

校　对　者(以姓氏笔画为序)

卜　艳　陈　艳　范文洁　曹宇飞

目　　录

序　言

　　《论语歧解辑录》的编纂始自 2006 年 6 月，2008 年 5 月书稿基本成形后，我们申报了国家社科基金后期资助，2008 年 10 月获得批准。评审专家在肯定选题、内容、价值的同时，提出了一些正确的修改意见。遵照意见，我们花费一年多的时间，做了认真的增删修改，现已完稿，呈奉给专家与广大读者，祈正之。

一、《论语》是一部不朽的书

　　《论语》是辑录孔子及其弟子言行的一部语录体著作，是反映孔子思想的基本文献。此书从部头上来讲虽然只有 15000 余字，但体大思精，精辟地阐述了人生的哲理，合理地规范了人生的准则，受到古今中外学人的普遍关注、尊崇和研究，尤其是当今的"《论语》热"，进一步证明了这部经典的伟大和不朽。

　　孔子思想的核心是"仁"。"仁"的基本内涵是善待别人，是"爱人"（"仁者爱人"）、爱广大民众（"泛爱众而亲仁"）。这种爱不是停留在口头上，而是要时时事事体现在行动上，是要终生去实践它。在"仁"的思想基础上，《论语》中提出了人生诸多方面的要求：

　　在人生志向方面，《论语》指出："士不可以不弘毅，任重而道远。仁以为己任，不亦重乎？死而后已，不亦远乎？"《泰伯》"志士仁人，无求生以害仁，有杀身以成仁。"《卫灵公》"三军可夺帅也，匹夫不可夺志也。"《子罕》

　　在道德修养方面，《论语》指出："己所不欲，勿施于人。"《卫灵公》"己欲立而立人，己欲达而达人。"《雍也》"见贤思齐焉，见不贤而内自省也。"《里仁》"见善如不及，见不善如探汤。"《季氏》"德不孤，必有邻。"《里仁》"居处恭，执事敬，与人忠。"《子罕》"君子疾没世而名不称焉。"《卫灵公》

　　在待人处事方面，《论语》指出："君子成人之美，不成人之恶。"《颜渊》"以直报怨，以德报德。"《宪问》"众恶之，必察焉；众好之，必察焉。"《卫灵公》"益者三友，损者三友。友直、友谅、友多闻，益矣。友便辟、友善柔、友便佞，损矣。"《季氏》"君子尊贤而容众，喜善而矜不能。"《子张》

　　在教学求知方面，《论语》提出"有教无类"《卫灵公》、"学而不厌，诲人不倦"《述而》、"学而不思则罔，思而不学则殆"《为政》，还有"温故知新"、"举一反三"、"择善而从"等主张。

　　在从政为官方面，《论语》指出："政者，正也。子帅以正，孰敢不正！"《颜渊》"其身正，不令而行；其身不正，虽令不从。"《子路》"为政以德，譬如北辰，居其所而众星共之。"《为政》"居之无倦，行之以忠。"《颜渊》"民无信不立。"《颜渊》

　　在孝道方面，《论语》指出："事父母能竭其力，事君能致其身，与朋友交言而有信。"《学而》"父母在，不远游。游必有方。"《里仁》"父母唯其疾之忧。"《为政》"今之孝者，是谓能养，至于犬马，皆能有养，不敬，何以别乎！"《为政》

　　《论语》中的语言是精辟的，谈的大都是人生常理，大都是"做人"的道理。比如"己所不欲，勿施于人"、"己欲立而立人，己欲达而达人"这两句话，人人遵奉之，实践之，天下还会有恶行吗？天下还会有战争吗？天下将会是多么和谐美好！

　　李泽厚先生在《论语今读》"前言"中如是说："我至今以为，儒学(当然首先是孔子和《论语》一书)在塑建、构造汉民族文化心理结构的历史过程中,大概起了无可替代、首屈一指的严重作用。不但自汉至清的两千年的专制王朝以它作为做官求仕的入学初阶或必修课本,成了士大夫知识分子的言行思想的根本基础,而且通过各种层次的士大夫知识分子以及他们撰写编纂的《孝经》、《急就篇》(少数词句)一直到《三字经》、《千字文》、《增广贤文》以及各种'功过格'等等,当然更包括各种'家规''族训''乡约''里范'等等法规、条例,使儒学(又首先是孔子和《论语》一书)的好些基本观念在不同层次的理解和解释下,成了整个社会言行、公私生活、思想意识的指引规范。不管识字不识字,不管是皇帝宰相还是平民百姓,不管是自觉或不自觉,意识到或没有意识到,《论语》这本书所宣讲、所传布、所论证的那些'道理'、'规则'、主张、思想,已代代相传,长久地渗透在中国两千年来的政教体制、社会习俗、心理习惯和人们的行为、思想、言语、活动中了。所以,它不仅是'精英文化'、'大传统',同时也与'民俗文化'、'小传统'紧密相联,并造成中国文化传统的一个重要特点:精英文化与民俗文化、大传统与小传统,通过儒学教义,经常相互渗透、联系。尽管其间有差异、距离甚至对立,但并不是巨大鸿沟。这样,儒学和孔子的《论语》倒有些像西方基督教的《圣经》一书了。"并曾说:"怎样安身立命?怎样为人处世?中国没有《圣经》,大家就都到《论语》中去找了。"这样的论述是符合实际的。

《论语》不仅被中国学者誉为"两千多年来影响着中华民族精神面貌的最伟大的书"(汤一介语,见雷原编著《论语:中国人的圣经》),而且被外国人尊为"至高无上宇宙第一书"(日·金谷治《孔子学说在日本的传播》)。

《论语》中虽也存有这样那样的不足之处,但它所反映出来的

人生精论,将永远影响着人类社会。1988 年 1 月,在巴黎召开的
"面向 21 世纪第一届诺贝尔奖获得者国际大会"上,诺贝尔物理
奖获得者、瑞典科学家汉内斯·阿尔文博士发表演说:"人类要生
存下去,就应该回到 25 个世纪以前,去汲取孔子的智慧。"吾常这
样说:"只要有人类,孔子的思想就不会过时。"也就是说,记载孔
子思想言行的《论语》,有着永久的生命力,是不朽的。

　　由于这部经典的伟大和不朽,所以历代学习、解读者众多,其
注解著作难以枚举。但由于版本间文字内容的差异、人们理解的
差异、政治及学术风气影响等原因,这些著作在《论语》具体语句
的解释方面存有较大的分歧,给人们的研读造成了混乱。

二、《论语》歧解的严重情况

　　历代解读《论语》者甚多,有的客观,有的只凭主观,有的出于
政治目的,有的受学派学风的影响,各自以自己的理解,定然会把
个《论语》解释得五花八门、莫衷一是。以《论语》的首章"有朋自
远方来,不亦说乎"而言,有的版本为"有朋",有的版本为"友朋"。
关于"朋"字,汉包咸解为"同门曰朋"(邢昺《论语注疏》);宋朱熹《论语
集注》解为"同类";清宋翔凤《朴学斋札记》认为朋指"弟子";清潘
维城《论语古注集笺》解为"朋党";杨伯峻《论语译注》解为"志同
道合之人";金良年《论语译注》解为"具有共同见解的人";但更多
的人将其解为"朋友"。关于"远方",其义如此明显,然也有歧解:
俞樾《群经平议》将"方"解为"并",曰:"友朋自远方来,犹云友朋
自远并来。曰友曰朋,明非一人,故曰并来。"

　　再如《学而》篇的"贤贤易色"一语,汉孔安国解为"言以好色
之心好贤则善"(邢昺《论语注疏》);梁皇侃《论语集解义疏》解为"凡人
之情莫不好色,而不好贤;今若有人能改易好色之心以好于贤,则

此人便是贤于贤者"；唐颜师古解为"易色，轻略于色，不贵之也"（刘宝楠《论语正义》）；宋邢昺《论语注疏》解为"'贤贤易色'者，上'贤'，谓好尚之也。下'贤'，谓有德之人。易，改也。色，女人也。女有姿色，男子悦之，故经传之文通谓女人为色。人多好色不好贤者，能改易好色之心以好贤，则善矣，故曰'贤贤易色'也"；清王念孙《广雅疏证》解为"'易'者，如也。犹言好德如好色也"；杨伯峻《论语译注》解为"对妻子，重品德，不重容貌"；黄怀信《论语新校释》认为"贤贤，当作'见贤'，以音误。见到贤者而改变其容色"。

又如《述而》篇的"自行束脩以上"一语，汉郑玄解为"年十五以上也"（袁钧《论语郑玄注》）；唐李贤《后汉书・延笃传》注"束脩谓束带修饰"；唐韩愈《论语笔解》解为"吾谓以束修为束羞则然矣"；宋邢昺《论语注疏》案"书传言束脩者多矣，皆谓十脡脯也"；南怀瑾《论语别裁》认为"所谓自行束修，就是自行检点约束的意思"；杨佐仁《论束修》认为"束脩是束发修饰之意"；王熙元《论语通释》认为"'自'字当自从讲，而不作自己讲……'行'字用作他动词，有实践、做到的意思"；黄怀信《论语新校释》解"自"为"自愿"，"行"为"来送"，"脩"为"长条肉，俗称礼条"，束脩即"一根礼条"；方骥龄《论语新诠》认为"自行""当作特立独行自动努力向上解，非取十脡干肉上于孔子也"；韩嘉祥《"束修"不是学费》认为"'行'字作'可以'讲"；郭海文《论语新诂二则》认为"'上'，是方位名词活用为动词，向上之意。'自'，不是介词，而作副词，亲自意。（意译）只要亲自致送十条干肉来求上进，我没有不对他们教诲的"；杨润根《发现论语》认为"'上'这个字在这里既具有名词的含意，意为至高无上的东西——道德、正义、仁爱等，又具有动词的含意，意为对至高无上的东西——道德、正义、仁爱——的崇尚……自行束脩以上：情不自禁地要穿好礼服、系好鞋带、刮净胡须、洁净身体,以对之表示崇敬或顶礼膜拜的至高无上的真理";林觥顺《论语我读》认为"束脩,应该是一束芒薪柴祭取血青裡祀升香,祭天神地社人鬼。是知束脩也是缚治一犬为礼……自行束脩以上,是自行束脩礼仪以祝告在天古圣先王之后,是为拜师入门弟子,有师徒之分。古礼师徒如父子。后人释束脩作学费,荒谬"。

由一斑可窥全豹。一部严肃的儒家经典,被严重的歧解迷乱得是非难断、无所适从,严重影响了它文本真义的正确传播。

三、《论语》产生歧解的原因

汉代以来,注解《论语》者不胜枚举,其注解中存在歧异的严重情况,通过上述已经了然。那么,产生歧解的原因何在? 经考察,有主观原因,也有客观原因。就主观原因而言,是人们理解上的差异;就客观原因而言,是版本不同、错简以及特殊的语录体式所使然。

(一)版本差异致歧

版本是古籍注疏的依据,版本的不同是造成注解歧异的最根本原因,因此,要研究《论语》歧解问题,首先必须梳理《论语》版本源流。《论语》在战国前期就已经成书,但是期间经历了秦火焚书,诸多儒家典籍毁之殆尽,直到汉代才有关于其版本流传的记载。西汉时期,《论语》有三种流传较广的版本,皇侃《论语集解义疏·叙》引刘向《别录》云:"鲁人所学,谓之《鲁论》;齐人所学,谓之《齐论》;合壁所得,谓之《古论》。"《鲁论》、《齐论》是用汉代通行的隶书书写的今文传本,流传颇盛,而《古论》则是景帝末或武帝初鲁恭王刘余坏孔宅壁所得,用战国时代文字写成,属于古文系统。综合相关记载可知,《鲁论》20 篇,与现行《论语》编次相同;

《齐论》22 篇，比《鲁论》多《问王》、《知道》两篇，其他 20 篇章句内容也与《鲁论》多有不同；《古论》21 篇，编次与《鲁论》、《齐论》皆不相同，无《齐论》中的《问王》、《知道》两篇，比《鲁论》多一篇，而这一篇是将《尧曰》"子张问"以下半篇别为一篇，名之曰《从政》。皇侃《论语集解义疏·叙》评《古论》曰："内倒错不可具说。"汉成帝时，安昌侯张禹将《鲁》、《齐》、《古》三论作一番考订，删去《齐论》中的《问王》、《知道》两篇，从《鲁论》20 篇为定，名之曰《张侯论》，因张禹位高望重，以致当时人人念《张论》，自此以后，三《论》渐被淹没。东汉末年，大儒郑玄"以《张侯论》为本，参考《齐论》、《古论》而为之注"，又对《论语》进行了一番改订。一般认为，郑玄的这次改订本即是现行《论语》的来源，以后历代学者注释所依版本基本是此次的改订本。

三《论》原貌，我们已难得其详，但根据其他古书的征引、出土材料和后人辑佚本，仍然可以窥得三个版本文字章句的差别，而且郑注本《论语》也与今本有些微差异，即使在《论语》定型以后，也会出现因传抄之误、窜注入经或避讳改字等各种原因产生版本差异，从而造成注解歧异。兹撷取数例，列于下：

《学而》：郑本："有酒，食先生馂。"今本："有酒食先生馔。"食余曰馂，饮食曰馔，二字义有别且字不同，而致断句有别。

《述而》："加吾数年，五十以学《易》，可以无大过矣。"《经典释文》："《鲁》读'易'为'亦'，今从《古》。"《古论》、《鲁论》"易""亦"字有别，则意义迥异。

《微子》："滔滔者天下皆是也，而谁以易之。"滔滔，梁章钜《论语旁证》引洪颐煊曰："滔滔当作悠悠，《鲁论》作悠悠，《古论》作悠悠。"应以"滔滔"为是。"滔滔"有弥漫义，如滔天即漫天，形容满天下世道混乱，颇为恰切。

　　新出土的《论语》古本，文字上与今本存在着较大的不同，因而形成歧解。1973 年在河北定州八角廊 40 号汉墓发现了《论语》残简，许多专家进行了整理研究，并对其做了版本性质的考辨，有学者推测它是"《齐论》的可能性更大一些"(李学勤《定县八角廊汉简儒书小议》，《简帛研究》第一辑，法律出版社 1993 年版)，有学者判定"此本当保留了古文《论语》的一些面貌"(孙钦善《四部要集注疏丛刊本〈论语〉前言》，中华书局 1988 年版)，有学者考证此本"是西汉宣帝五凤四年之前的一个重要的《鲁论》抄本"(单承彬《定州汉墓简本〈论语〉性质考辨》，《孔子研究》2002 年第 4 期)，还有学者认为"竹简《论语》已经超出了传统已知汉代三《论》的范围，属于汉初今文隶书《论语》"(陈东《关于定州汉墓竹简〈论语〉的几个问题》，《孔子研究》2003 年第 2 期)。定州简本《论语》到底属于哪个版本系统，我们暂且搁置，但它是目前唯一能够见到的西汉《论语》原件确是毋庸置疑的。下面举例说明简本与今本在文字上的差异：

　　简本：《为政》："功乎异端，斯害也已。"功，今本作"攻"。攻，本有歧义，一曰攻击、批判，一曰治学。功，通常释为"用功于"，可为"治学"之证。

　　简本：《里仁》："[君子于天下]，无谪也，无莫也。"谪，今本作"適"，郑本作"敵"。无適、无莫，历来多有歧解，郑玄以"適"为"敵"，以"莫"为"慕"，解为"无所为仇，无所欣羡"(袁钧《论语郑玄注》)；范宁曰"適莫，犹厚薄也……君子与人无有偏颇厚薄，唯仁义是亲"(皇侃《论语集解义疏》)；韩愈以为"无適，无可也，无莫，无不可也"(韩愈《论语笔解》)；朱熹释为"适，专主也。《春秋传》曰'吾谁适从'是也。莫，不肯也。比，从也"(朱熹《论语集注》)。

　　简本：《里仁》："君子踰于义，小人踰于利。"踰，今本作"喻"。踰，同今字"逾"，有"超越"义；喻，有"知晓"义。二字意义差别甚巨。

简本:《公冶长》:"道不行,乘泡浮于海。"泡,今本作"桴","泡"字在此句中讲不通。古书桴、枹相同,而枹、泡字形相近,疑"泡"为"枹"之误。

简本:《雍也》:"不有祝鮀之仁。"仁,今本作"佞"。仁,讷言敏行,有德之谓;佞,巧言善辞,无德之谓,二字义正相反。

简本:《述而》:"……以学,亦可以毋大过矣。"今本:"加我数年,五十以学《易》,可以无大过矣。"简本与《鲁论》同,连下句读为"亦可以毋大过矣";亦,今本作"易",连上句读为"五十以学《易》"。二字之不同,导致句读不同、句意迥异。

简本:《先进》:"亡状者乎?"今本为"色庄者乎"。杨伯峻据今本译作"神情上伪装庄重的人";黄怀信据简本译作"品行恶劣的小人"。

简本:《微子》:"三人焉。"今本作"殷有三仁焉"。"三人"与"三仁"句意差别较大。

从定州汉墓竹简《论语》与今本《论语》的比较来看,《论语》从西汉流传至今天,版本发生了很大的变化,字句多有出入,其间不乏汉代因口耳相传误抄而致谬者,但同样也能得知因后世传本的窜改而失其本旨。

(二)错简倒文致歧

《论语》在其早期的流传过程中,难保没有错简现象,以致此章语句窜入彼章,或者传抄错误,导致上下句文词倒换,这样就会造成文句意义不通或逻辑不连贯,给读者的理解造成困难,若强为之说,则会使歧解谬误流传。后世不少学风严谨的学者在校勘或注释时发现了这一问题,例如:

《颜渊》"子张问崇德辨惑"章"诚不以富,亦祇以异"句,乃出自《诗经·小雅》,皇侃《疏》、刘宝楠《正义》皆解为与上文"爱之欲其生,恶之欲其死"等合为一章,言爱恶无常,不可以致富;还有不少学者认为此句引在此处很难解释,宋代程颐说此句当为别章文句,错简误入此处。但该为哪章文句呢?朱熹《论语集注》引程氏说:"此错简,当在第十六篇'齐景公有马千驷'之上。"体察文势,若将此句置于该章的"民到于今称之"和"其斯之谓与"之间,则前无赘辞,后无缺漏,密合无间,更为恰当。程颐错简之说,对后世理解颇有启发。李泽厚《论语今读》依循之。

《卫灵公》"史之阙文"章,宋叶梦得《石林燕语》据《汉书·艺文志》引文,认为错衍"有马者借人乘之"七字。今人黄怀信《论语新校释》已将这七字删去。如保留这七字,则很难寻绎出它与上句"吾犹及史之阙文也"有何联系,难免造成多种不同的曲解。

《季氏》"季氏将伐颛臾"章"丘也闻有国有家者,不患寡而患不均,不患贫而患不安",清代俞樾最早发现上文"寡"和下文"贫"乃是倒文,应该作"不患贫而患不均,不患寡而患不安",因为"贫"和"均"是从财富着眼的,此章下文有"均无贫"可以为证;"寡"和"安"是从人民着眼的,此章下文"和无寡"可以为证(见俞樾《论语平议》)。

《子张》"学而优则仕"章,定州简本《论语》为"学而优则仕,仕而优则学",今本为"仕而优则学,学而优则仕"。这样的颠倒虽不影响语句的基本意义,但总感觉不如简本符合事理逻辑。

(三)辑录体例致歧

《论语》是辑录而成的语录体著作,言辞简约,意蕴深远,寥寥数言即为一章,话语简约跳跃,上下文语境极为有限,言谈背景交待不详或浑然略去,这种语录体例便为注释者提供了广阔的诠释空间,歧解因而产生。

如《为政》"孟武伯问孝"章的"父母惟其疾之忧"句,学者历来有两种不同的解说,一曰父母忧子之疾,汉代马融最早为此说:"言孝子不妄为非,唯疾病然后使父母忧。"（何晏《论语集解》）皇侃、邢昺、朱熹等皆秉承此说;一曰子忧父母之疾,汉代王充最早用此义,《论衡·问孔》:"武伯善忧父母,故曰惟其疾之忧。"《淮南子·说林》"忧父之疾者子,治之者医",高诱注云:"《论语》曰:'父母惟其疾之忧。'"高氏亦用此义。究竟哪一种为正解?仅从文字层面是难以判断的。陈如勋先生《论语异解辨正》指出"唯父母忧子之疾是慈道,而非孝道",理虽如此,然仍觉立据不足,而廖焕超先生《〈论语〉考辨一则》（《孔子研究》1991年第4期）关于此章言谈背景的一番考辨则更具说服力:

> 《左传·哀公十四年》载:初,孟孺子泄将围马于成。成宰公孙宿不受,曰:"孟孙为成之病,不围马焉。"孺子怒,袭成。从者不得入,乃反。成有司使,孺子鞭之。秋八月辛丑,孟懿子卒。成人奔丧,弗内。袒免哭于衢。听共,弗许。惧,不归。

> ……孟孺子泄,即孟武伯。在孟懿子卧病期间,由孟武伯摄理孟孙氏的家务。孟武伯利用了这个权利,擅自决定要在成邑养马,并且进而擅自袭击成邑,鞭打成邑的使者。对这些举动,孟懿子是很不满意的,他认为违背了自己的意愿,责备孟武伯不孝。孟武伯不服气……在这个时期,孟武伯向孔子提出了同样的问题,孔子答了一句"父母惟其疾之忧"。语意中含有教诲和责备之意。意思是说,不管你有什么理由,你不该惹你爸爸生气,因为他正在病中;作为孝子,最担

心的就是父母的疾病。

如果说对"父母惟其疾之忧"的理解还可以通过史籍的记载去获得历史语境,进而帮助我们得到合理的解释,那么对《论语》其他一些语录的语境推定,则会产生诸多歧解,难以断定其语意指向。例如,《八佾》篇王孙贾问曰:"与其媚于奥,不如媚于灶,何谓也?"孔安国曰:"王孙贾,卫大夫。奥,内也,以喻近臣;灶,以喻执政。贾,执政者,欲使孔子求昵之,微以世俗之言感动之也。"(何晏《论语集解》)此以王孙贾为卫之权臣,其"奥灶之喻"是为了点悟孔子,使孔子求昵于他。晋代栾肇的看法则是"奥尊而无事,灶卑而有求,时周室衰弱,权在诸侯,贾自周出仕卫,故托世俗言以自解于孔子"(皇侃《论语集解义疏》)。王孙贾是周灵王之孙,乃周室贵胄,栾肇所解,言王孙贾虽为周室贵胄却下事诸侯的忧懑,意在讽"周室衰弱,权在诸侯",与孔氏所解大不相同。到了清代,周柄中、任启运又有新说,周氏《四书典故辨正》认为:"奥灶之讽,殆指南子而言也。……奥者,室中深隐之地,以比南子;灶是明处,盖谓借援于宫闱之中,不如求合于朝廷之上耳。"任氏《四书约旨》则认为:"王孙贾在卫算不得权臣,当时市权只有弥子瑕一人,或是他自家欲酌所媚而问耳。"周氏、任氏之言,意为王孙贾以世俗之言求教于孔子,自己应该媚向哪一方势力。本章意旨,仅从字面理解并不难懂,但要探究王孙贾与孔子对话意欲何为,则难寻究竟,自汉儒孔安国至清儒周柄中等人为之说解,都不约而同地考断此语录的言谈背景,各所依史事皆能通圆己说,却莫衷一是。

又因《论语》文句简约,其间许多隐含义皆通过比喻义来表达,注解家则不仅仅囿于原文字的字面意思,还要发掘其内涵义,所以,说解的详略不同也会有歧解的产生。例如,《子罕》:"子在川上,曰:'逝者如斯夫! 不舍昼夜。'"此语必是孔子立于川上俯察流水而发出的慨叹,以流水喻逝者,但因缺少可供考察的语境依据,后儒对其比喻义多有揣测,意蕴挖掘深浅的不同是此章歧解存在的原因。汉儒的理解较为简朴,并不以为此章有高深的喻义,如包咸只简单地注解为"逝,往也,言凡往也者如川之流",亦如皇侃《论语集解义疏》所言"川流迅迈,未尝停止,故叹人年往去,亦复如此",意在劝诫身边的人爱惜光景。然而,孙绰、江熙、朱熹等却有更深的发掘。孙绰云:"川流不舍,年逝不停,时已晏矣,而犹不兴,所以忧叹也。"(马国翰辑《论语孙氏集注》)此解谓孔子忧虑年逝不停而道之不兴,故而临川而叹;江熙云:"言人非南山,立德立功,俯仰时过,临流兴怀,能不慨然,圣人以百姓心为心也。"(皇侃《论语集解义疏》)此解以孔子发胸怀天下、立德立功之感慨;朱熹《论语集注》云:"天地之化,往者过,来者续,无一息之停,乃道体之本然也。然其可指而易见者,莫如川流,故于此发以示人,欲学者时时省察,而无毫发之间断也。"此解更添一层哲学意味,又加一段修身感悟。

(四)章节析合致歧

《论语》的语录和段落,大多各自独立,章节之间意义互不相涉,一般不相连贯,但也并不尽然。因此,在注解《论语》时,此章是文意独立还是与上下文有文意的关联,通常会造成理解的歧异。例如:

《为政》:"攻乎异端,斯害也已。"如果将此章看作一条独立的语录,则歧解纷出:或译为学习诸子杂说、异端小道,则为害甚深;或释为攻击驳斥异端邪说,其害就可遏止;或释为攻讦其他学说,则是有害的等等,莫衷一是。有人认为,若将其与上章"学而不思则罔,思而不学则殆"合为一章来理解,把异端释为事物的一个方面,解为偏执,把此句看作是对上文的总结,意为只学不思或只思不学都失之偏颇、害处匪浅,如此理解,问题便解决了。

《述而》第十一章含"子谓颜渊曰"和"子路曰"、"子曰"等句,有的学者认为是两章"误合",即"子谓颜渊曰"应为一章,"子路曰"、"子曰"应为一章。持"两章误合"观点者则认为前后两章各有不同的主旨;持"本为一章"观点者则在注解时照应上下句间的关系。如此,双方的理解必有差异。

《先进》第二章:"子曰:'从我于陈、蔡者,皆不及门也。'"第三章:"德行:颜渊、闵子骞、冉伯牛、仲弓。言语:宰我、子贡。政事:冉有、季路。文学:子游、子夏。"难解的字眼是"门"字。此分为两章,"门"的不同解释很多,郑玄解为"仕进之门"(邢昺《论语注疏》);韩愈《论语笔解》解为"圣人之门";俞樾《群经平议》解为"门者,大夫之私朝也……古者卿大夫私朝在国门";王闿运《论语训》解为"门,喻道也";吴林柏《论语发微》认为"不及门者,不及陈、蔡公门也";杨润根《发现论语》解为"入门、发蒙";刘兆伟《论语章句直说》解为"不登门,登门少";金池《论语新译》解为"不及门,是说不在跟前受教";方冀龄《论语新诠》认为"门闻二字通假",意思是不及门,即名不为人所闻;黄怀信《论语新校释》认为"门,指卿大夫之门。不及门,不愿为卿大夫所用也";日·龟井鲁《论语语由》认为"不及门与不逮门同义,言幕夜后门也。……盖夫子之厄于陈、蔡,从者相失于路,幕夜后门,而露宿郭外",等等。朱熹将其看作一章,解曰:"孔子尝厄于陈、蔡之间,弟子多从之者,此时皆不在门。故孔子思之,盖不忘其相从于患难之中也。"又针对德行等四科解曰:"弟子因孔子之言,记此十人,而并目其所长,分为四科。孔子教人各因其材,于此可见。程子曰:'四科乃从夫子于陈、蔡者尔,门人之贤者固不止此。'"可见,看作一章上下联系起来理解，前句孔子谈到"门"，弟子因孔子所言"门"而述及门下四科，语境范围限定在这里，"门"的涵义就基本清晰了，就不会有那么多歧解了。

（五）句读相异致歧

古籍中的文句是没有标点的，因而在古代汉语中，句读是最基本的知识，也是理解文章内容的起点，断句正确是理解文意的第一步。古之学者读书时要根据文法、音韵、语气以及自己的阅读体验来确定句读，然而，因个人学识素养有别，或对文意理解各异，往往断句不同。在《论语》注释中因句读相异而造成的歧解也不乏其例。

《为政》："先行，其言而后从之。"此为通常断句，意为：先要躬身实行了，再把话说出来，即先行后言、言在行后。皇侃《论语集解义疏》引王朗云："君子之道，言必可则，令后世准而从之，故曰'而后从之'。"显然，王朗以"先行其言"绝句，意为：只有你言出必行，以身作则，后辈才能遵从你。

《为政》："举善而教不能，则劝。"此为通常断句，意为：选拔品行良善之人，教化能力薄弱之人，则民有所劝而乐于为善。但汉魏人多于"教"字绝句，读为"举善而教，不能则劝"，意为：选拔品行良善之人而教化，不能教则劝勉之。

《泰伯》："民可使由之，不可使知之。"此为通常断句。何晏《论语集解》："由，用也，可使用而不可使知者，百姓能日用而不能知。"如此解释，这句话就成了孔子愚民思想的明证。尽管两千多年来，不少学者把这句话解释为重视教育、注意教化，虽费墨不少，却显得牵强附会，使人难以接受。宦懋庸《论语稽》对此章的解释为："对于民，其可者使其自由之；而所不可者亦使知之。或曰：舆论所可者，则使共由之；其不可者亦使共知之。"由此可见，宦氏断句为"民可，使由之；不可，使知之"，显示了孔子对老百姓宽容和民主的思想。卢元锴《〈论语〉三则正解》一文则读为"民可使，由之；不可使，知之"。如此便可译为：当百姓们知道他们该干什么的时候，就不要随便地对他们发号施令，由他们去；当他们不知道干什么的时候，就要去教化他们。

《子罕》："子罕言利与命与仁。"说解此章历来歧义多端，因断句致歧的亦有多例。"子罕言"统领利、命、仁，"与"作连词，即邢昺疏："孔子以其利、命、仁三者常人寡能及之，故希言也。"此为一说；金人王若虚《论语辨惑》认为应如此读："子罕言利与命，与仁。"并解释道："利者，圣人之所不言；仁者，圣人之所常言；所罕言者，唯命耳。"前"与"字是连词，后"与"字是动词，意思是孔子很少谈到利与命，却赞成仁，此又为一说。

《述而》："子不语怪力乱神。"传统断句为"子不语怪、力、乱、神"，解为"孔子不谈论怪异、勇力、叛乱、鬼神"。徐振贵在 2006 年 2 月 24 日《光明日报》发表《"子不语怪力乱神"新解》，认为此句应与前二章及后一章连在一起理解，断句为"子不语，怪力乱神"，解为"夫子停止不说了，好像是生怕分心用力影响了凝神思考"。他将"怪"解为"唯恐"，将"力"解为"力气"，将"乱"解为"扰乱、搅乱"，将"神"解为"神志、精神"。

《述而》："文，莫吾犹人也。"旧本多以"文莫"连读，"莫"字歧义有三，一解为无、不。孔安国曰："莫，无也，文无者，犹俗言文无也。"（何晏《论语集解》）此句意为：凡言"文"，我皆不胜于人，乃孔子自谦之语；二解为疑辞。朱熹《论语集注》："莫，疑辞。犹人，言不能过人，而尚可以及人。"言在"文"这方面，我尚能赶得上别人，但在生活实践中做个君子，我还没有做到；三解将"文莫"合解，为黾勉、勉强之义。刘台拱《论语骈枝》引栾肇曰："燕、齐谓勉强为文莫。"言在"文"这方面,我勉强跟别人差不多。

(六)文字训诂致歧

文词释义是古汉语训诂的中心内容,是《论语》歧解生成的最直接和最重要的原因,一则是因为汉语词汇具有多义性,一个字词通常都含有多个义项,注解《论语》时是选用其本义、引申义,抑或是比喻义,难免会导致注解歧异;二则是有不少多音字,在同一个句子中读音不同就会产生不同的意思。而在古汉语中,尤其是先秦的文献典籍中,更是有为数众多的汉字通假现象,音同或音近都可以假借为用。一字多义、一字多音、同音通假等现象,为文字训诂放大了理解空间,因而,由此产生的歧解数量也最大。如:

《学而》:"君子不重则不威,学则不固。""固"字歧义有二:孔安国曰:"固,蔽也。"一曰:"言不能敦重,既无威严,学又不能坚固,识其义理。"(何晏《论语集解》)

《为政》:"思而不学则殆。""殆"字歧义有三:一曰通"怠",有懈怠、疲怠义;二曰危殆之殆,言不习其事,危而不安;三曰同"拙者疑殆"之"殆",义同"疑"字。

《八佾》:"丧,与其易也,宁戚。""易"字歧义有四:包咸曰:"易,和易也。"(何晏《论语集解》)郑玄曰:"易,简。"(袁钧《郑玄论语注》)朱熹《论语集注》:"易,治也。《孟子》曰'易其田畴'。"俞琰《书斋夜话》曰:"'易'字疑是'具'字,《檀弓》云:'丧具,君子耻具。'"大概是因为"易"与"具"字形相似吧。

《里仁》:"事君数,斯辱矣;朋友数,斯疏矣。""数"字歧义有六:郑玄曰:"数,数己之功劳也。"(袁钧《郑玄论语注》)以"数"为动词,意为侍奉国君数说自己的功劳,与朋友交往炫耀自己的好处,则会招致侮辱或被朋友疏远；何晏《论语集解》曰："数，谓速数之数。""数"有速、疾之义，义为过分迫切；皇侃《论语集解义疏》曰："数，计数也。"意即过分地计较。此言君臣计数，必致危辱，朋友计数，必致疏绝；韩愈《论语笔解》谓"'数'当为频数之'数'"，可释为频繁、过分密切或亲昵；焦循《论语补疏》认为"此数宜与僭同"，意为不信任、不诚信，此言事君不信则招辱，朋友不信则致疏；俞樾《群经平议》认为"此'数'字即《儒行》所谓'其过失可微辨，而不可面数'之数，数者，面数其过也"。

《雍也》："力不足者，中道而废，今女画。""画"字歧义有三：孔安国曰："画，止也。力不足者，当中道而废。今女自止耳，非力极。"（何晏《论语集解》）朱熹《论语集注》："谓之画者，如画地以自限也。"程石泉《论语读训》认为此"画"当如《尔雅·释言》云"画，形也"，"今女画"者即言"汝之言行活活地表现出遵道不力、半途而废之典型"。

《微子》："君子不施其亲。""施"字歧义有八：一解为"易"，孔安国曰："施，易也，不以他人之亲易己之亲。"（何晏《论语集解》）二解为"不偏"，孙绰曰："不施，犹不偏也，谓人以不偏惠所亲。"（马国翰《论语孙氏集注》）三解为"弛慢"，韩愈《论语笔解》曰："施当为弛，言不弛慢所亲近贤人。"四解为"遗弃"，朱熹《论语集注》："施，陆氏本作弛，弛，遗弃也。"五解为"劾"，惠栋《论语古义》曰："《左传》'乃施邢侯'。服虔云：施，犹劾也，谓劾其罪也。"六解为"用"，王淄尘《四书读本》："'施'，用也。言君子为国君，不专用自己亲戚也。"七解为"布施"，林觥顺《论语我读》曰："施是布施散布延展。作为君上的人，要多多照顾同姓亲属子弟。"八解为"惠"，方骥龄《论语新诠》曰："《史记·鲁世家》举周公告成王《无逸》中有'能保施小民'，《尚书·无逸篇》则为'能保惠于庶民'，足证本章中施字当作惠字解。"

《子罕》:"吾未见好德如好色者也。"此句亦见于《卫灵公》。句中"好"字为多音字,历来读"hào",喜好的意思,句意为"疾时人薄于德而厚于色"(何晏《论语集解》);张诒三《"好德""好色"辨》则认为此句中的"好"字当读"hǎo",美好的意思,句意为"君子的好品德不会象好的容貌一样总是表露在外面"。

《阳货》:"唯女子与小人为难养也。"对其中的"女"字,古往今来的绝大多数注家都释为"女人"、"妇女",或译为:只有妇女和小人是难以养活和对付的,对他们近了就会无理,远了就会怨恨;或译为:只有女人和小人难以和他们相处,亲近了他们就会不恭顺,疏远了又会招致怨恨。向来都以此句作为孔子歧视妇女、鼓吹男尊女卑的见证。金池在《北京日报》(2006年12月11日)撰文指出,此处"女"同"汝",音"rǔ",第二人称代词,则此章可译为:只有你们这几个学生和小人一样是不好教养的,传授给你们浅近的知识就不谦逊,传授给你们深远的知识就埋怨。如此解释便为孔子承担的千古骂名平反了。

(七)义理阐释致歧

一个时代有一个时代的学术风气,如魏晋尚玄、宋明尚理,学风迥异于汉唐及清;而同一时代的人,各自也有自己独有的学术作风,仅就古籍研究而言,有的崇尚名物文字训诂,有的崇尚义理发挥。因此,阐释结果存有较大差异。兹列举几个偏重义理的例子:

《八佾》:"夷狄之有君,不如诸夏之亡也。"诸夏,指中国。梁皇侃曰:"谓中国为诸夏者,夏,大也。中国礼大,故谓为夏也。"(皇侃《论语集解义疏》)明张居正解曰:"诸,是众;夏,是大,以其人民众而

地方大，故称诸夏。"（《论语别裁》）

《泰伯》："荡荡乎，民无能名焉。"这句话按字面意思直训，应是"尧仁德浩荡，民众无法用语言形容、称说"。而魏王弼解曰："夫名所名者，于善有所章，而惠有所存，善恶相须，而名分形焉。若夫大爱无私，惠将安在？至美无偏，名将何生？故则天成化，道同自然，不私其子而君其臣，恶者自罚，善者自功，功成而不立其誉，罚加而不任其刑，百姓日用而不知所以然，夫又何可名也？"（皇侃《论语集解义疏》）

《子罕》："知者不惑，仁者不忧，勇者不惧。"此语义甚明，是说有智慧的人不迷惑，有仁德的人不忧愁，有勇气的人不畏惧。而朱熹解曰："明足以烛理，故不惑；理足以胜私，故不忧；气足以配道义，故不惧。此学之序也。"将"仁""勇"扯到了"理""气"等哲学概念上去了。

《八佾》："仁而不仁，如礼何？仁而不仁，如乐何？"这句话，李泽厚《论语今读》译为"人如果没有仁爱，讲什么礼？人如果没有仁爱，讲什么乐"，句意清楚明确。而杨润根《发现论语》却"发现"了许多：[译解]孔子说："对于整个人类来说，如果人类不能认识自己来源于其中并生存于其中的宇宙的人本主义本质，那么人类便不会知道什么是真正的正义并追求正义；人类如果不能认识自己来源于其中并生存于其中的宇宙的人本主义的本质，人类便不会知道什么是真正的幸福并享有幸福。同样，对于人类的每一个个体来说，一个不知道自己来源于其中并生存于其中的宇宙的人本主义本质的人，就不可能成为一个具有普遍的仁爱精神的人，而一个没有普遍的仁爱精神的人，又怎么可能成为一个行为完全合于正义的人呢？一个不知道自己来源于其中并生存于其中的宇宙的人本主义本质的人，就不可能成为一个具有普遍的仁爱精神的人,而一个没有普遍的仁爱精神的人又怎么可能成为一个具有自己内在的精神上的和谐与幸福的人呢?"[注释]仁:这个字由"亻"(人类)和"二"(天地、宇宙)构成,因此这个字所表达的是宇宙以人为目的的人本主义思想。……礼:正义,作为动词,也就是追求正义。乐:幸福,作为动词,也就是享受幸福或享有幸福。

(八)名物考据致歧

《论语》中涉及大量的人名、器物、典章、制度等各类名物,去今已有两千多年,后世学者(特别是清代)多有关于此类名物典章的考据,较为著名的有江永的《乡党图考》,取经传中制度名物有涉于乡党者,考核甚为精密;阎若璩的《四书释地》,考证四书涉及的地理知识,兼及人名、物类、训诂、典制等,大抵事必求其根柢,言必求其依据,旁参互证,多所贯通;翟灏的《四书考异》也多有关于《论语》名物的考证。这些对我们读懂古书、理解《论语》古义大有裨益,但是名物考据一般是通过参验比较其他古经籍与《论语》稽考互证得出推论,其中因此而致歧义者亦不在少数。如:

《八佾》:"八佾舞于庭,是可忍也,孰不可忍也!"此讥季氏僭礼。鲁以周公故受王者礼乐,有八佾之舞,季氏僭于其家庙舞之,故孔子有此言。关于"八佾"的解释,历来有如下几种:马融注曰:"佾,列也,天子八佾,诸侯六,卿大夫四,士二,八人为列,八八六十四人。"(何晏《论语集解》)八佾为天子庭上舞列,古时,舞必以八人为列,尊卑上下不同,则列数有别;杜预《左传集解》:"六佾三十六人,四佾十六人,二佾四人。"杜氏以"佾"为方阵,为后儒所讥:"自天子至士,降杀以两。两者,减其二列尔。预以为一列又减二人,至士止余四人,岂复成乐?"(《宋书·乐志》)清人程大中引《汉·百官志》"八佾舞三百八十四人"曰:"据此,是以四十八人为列也。"如此乐舞,阵容庞大,可与现代团体操队列相比,后世赞同此说者甚少。

《八佾》:"管氏有三归。""三归"具体所指,古今众说纷纭,无一定论。歧解一:三归,娶三姓女。春秋时,妇人谓嫁曰归,故包咸曰:"三归,娶三姓女。"(何晏《论语集解》)皇侃《义疏》又作了更进一步疏解:"礼,诸侯一娶三国九女,以一大国为正夫人,正夫人之兄弟女一人,又夫人之妹一人,谓之姪娣,随夫人来为妾;又二小国之女来为媵,媵亦有姪娣自随,既每国三人,三国故九人也。大夫婚不越境,但一国娶三女,以一为正妻,二人姪娣从为妾也。管仲是齐大夫,而一娶三国九人,故云有三归也。"歧解二:三归,台名。朱熹根据《说苑》记载桓公疑政归管仲,"管仲故筑三归之台以自伤于民"的故事,认为三归是台名。歧解三:三归,三处家室。《韩非子·外储说》:"管仲相齐,曰:'臣贵矣,然而臣贫。'桓公曰:'使子有三归之家。'……一曰管仲父出,朱盖青衣,置鼓而归,庭有陈鼎,家有三归。"俞樾《群经平议》据此认为:"是所谓归者,即以管仲言,谓管仲自朝而归,其家有三处,则钟鼓帷帐不移,而具从可知矣,故足见其奢。"歧解四:三归,采邑名。《晏子春秋·内篇》有"昔吾先君桓公,有管仲恤劳齐国,身老,赏之以三归,泽及子孙"之言,因而梁玉绳《瞥记》认为:"三归特一地名,盖其地以归之不归而名之也,本公家地,桓公赐以为采邑耳。"歧解五:三归,藏泉币的府库。管仲曾筑三归之台,清人武亿《论语义证》认为"台为府库之属,古以藏泉布"。歧解六:"归"与"馈"通,三归为三牲。清人包慎言《温故录》:"《公羊注》引逸《礼》云:'天子、诸侯、卿大夫牛羊豕凡三牲曰大牢,天子元士、诸侯之卿大夫羊豕凡二牲曰少牢,诸侯之士特豕。'然则三归云者,其以三牲献与?"歧解七:三归指市租。杨伯峻《论语译注》引郭嵩焘《养知书屋文集》云:"此盖《管子》九府轻重之法，当就《管子》书求之。《山至数篇》曰'则民之三有归于上矣'，三归之名，实本于此。是所谓三归者，市租之常例之归之公者也。"

《先进》："季氏富于周公。"此周公所指何人，孔安国但言"天子之宰，卿士也"(何晏《论语集解》)，并未指出具体人名。皇侃承汉训，疏曰："周公，天子臣，食采于周，爵为公，故谓为周公也，盖周公旦之后也。"此为歧解一，以周公为周公旦之后。歧解二：朱熹《论语集注》："周公以王室至亲，有大功，位冢宰，其富宜矣。"显然，宋儒以周公为西周扶持周成王立国的贤卿周公旦。歧解三：江声《论语竢质》认为此周公"非谓封于鲁者"，乃是春秋时期的周王卿士。据史料记载，桓公十八年有周公黑肩，庄公十六年有周公忌父，僖公九年有周公孔等。

(九) 史实考证致歧

《论语》中记载了众多事件，有的可验之于史书，有的则史书无考，注家对所载事件的说解不同、考辨不同，亦是歧解的来源之一。关于《论语》所记事件的考辨在乾嘉时期蔚然成风，出现了众多的疑古学者，他们考据详明如汉儒，却并不墨守旧说；辨析细微如宋儒，却并不空谈义理，唯求合乎事实，因而往往能指出前儒说解所失，进而推翻前说或提出新解，但也时常以后世的封建道德标准范围孔子，并以之来测量《论语》的真伪纯驳，难免有失客观。如崔述《考信录》从史实、文体、称谓等各方面考察《论语》，认为"子见南子"章、"季氏将伐颛臾"章、"公山弗扰"章、"弗肸召"章、"齐景公待孔子"章、"齐人归女乐"章等事实不可信，"孺悲欲见孔子"章、"楚狂接舆"章、"长沮、桀溺耦而耕"章、"子路从而后"章、"陈亢问于伯鱼"章、"大师挚适齐"章等事实可疑。兹取两例

派对《论语》的诠释理所当然地会打上其学术风格的烙印，因而，学术流变是说解《论语》产生歧解不可忽略的一大原因。

《论语》学的源头，我们一般界定在西汉。汉武帝采纳董仲舒的建议，"罢黜百家，独尊儒术"，由此奠定了儒学的经学地位。因各地经师所依据的经典文本不同，语言及师授传统不同，对经书的解说自然有所不同，于是形成了一些带有区域性特点的经学流派（如山东地区的鲁学与齐学）和两汉经学内部的今古文之争。一般说来，"今文经学更为关注和热衷于参与现实政治，大讲阴阳五行、灾异谴告，致力于发挥儒家经典中的微言大义；古文经学则多讲求文字训诂和典章制度的考证，重在探讨经文本义，注重历史事实的清理、陈述，具有实证色彩"（李振纲《中国哲学史论》）。今文经在武帝时就列于学官，置五经博士，颇为盛行；古文经或藏于秘府，或私传民间，直到刘歆上策哀帝，引发今古文之争，才得以与今文经分庭抗礼。受其影响，《论语》学也大体形成了与之相对应的学术派别和治经方法：出自孔壁的《古论》，孔安国曾为之训解；而属于今文经的《齐论》、《鲁论》，不但各自形成了自己的师传家法，而且均有说解问世；综合三《论》而成但以《鲁论》为主的《张侯论》，有包咸、周氏为之章句。汉末马融、郑玄则遍治群经，兼通今古，自觉拆除今文经学与古文经学的藩篱，突破了二者治学方法的限制，融合会通而形成了一个"以古学为宗，兼采今学以附益其义"（皮锡瑞《经学历史》）的综合学派，他的《论语注》则表现了这一综合性的特点。学派不同，学风不同，思想倾向不同，反映在《论语》等经书的说解上，自然会表现出很大的差异。

魏晋时期，随门阀士族势力崛起而兴起的玄谈之风逐渐盛行于世，进而发展成为社会思潮的主流。玄学家们援道入儒、以道释儒，导致儒道融合。在儒家经训的玄学化改造过程中，诞生了

多家《论语》注本，其中最著名的当属何晏的《论语集解》和王弼的
《论语释疑》。何晏是魏晋玄学最早的代表人物，学识才辩受世人
瞩目，在正始玄风中举足轻重，《论语集解》的注释文字中，不乏
"道"、"自然"、"无为"、"任道"等表述，从中不难看出道家无为思
想的痕迹。例如，何晏《论语集解》注《述而》"志于道"时说："志，
慕也。道不可体，故志之而已。"注"据于德"时说："据，杖也。德
有成形，故可据。""道不可体"、"德有成形"，显然是将儒家的"道"
和"德"替换为道家的"道"和"德"，即"有"和"无"。注《宪问》"莫
我知也夫"章时说："圣人与天地合其德，故曰唯天知己。"注《季
氏》"君子有三畏"章时说："顺吉逆凶，天之命也。大人即圣人，与
天地合其德。"皆用道家观点作解。但是这些并不能说《论语集
解》是以玄学思想为指导的著作，因为这种道家自然无为的思想
在整个编者注中不占主导地位，即使是何晏等人的新注，在整部
《集解》中也只占了很小的比例。据唐明贵博士统计，《论语集解》
共征引孔安国注 473 条，包咸注 194 条，马融注 133 条，郑玄注
111 条，王肃注 36 条，周生烈注 13 条，陈群注 3 条，另存"一曰"之
说 5 条，合计达 968 条，约占总条目的 88%。所以《集解》的更大
价值在于保存了两汉《论语》学的成果，用"集解"的注训体例凸现
汉魏经师的各家之长，故而宋钢《六朝论语学研究》指出"倘是缺
少了《论语集解》，我们肯定再难以看到两汉以及魏世的《论语》学
成果了"。

　　如果说《论语集解》是一部汉代经学思潮对《论语》解释的精
粹集，标志着汉代《论语》研究的终结，那么王弼的《论语释疑》则
宣告了《论语》研究玄学时代的开始。该书原本有三卷，但宋代以
后亡佚，现仅存 47 条佚文，分别保留在皇侃的《论语集解义疏》和
邢昺的《论语注疏》里，根据这些佚文，对王弼注解《论语》思想的

时代特征，我们仍然可以窥得一斑。该书既维护孔子的圣人形象，又把孔子老子化。该书的主旨在于附会大义，使《论语》的内容与玄理相合，体现了援道入儒的倾向。如《论语·述而》篇中的"志于道"，此"道"是指"吾道一以贯之"的"忠恕之道"，而王弼《论语释疑》却解作"道者，无之称也，无不通也，无不由也。况之曰道，寂然无体，不可为象。是道不可体，故但志慕而已"。再如注《阳货》篇"佛肸召"章说："圣人通元虑微，应变神化，浊乱不能污其洁，凶恶不能害其性，所以避难不藏身，绝物不以形也。"这便是老子化的孔子形象。

自汉末佛教传入中土以来，形成了儒释道三教并存的局面，到了魏晋南北朝时期，社会动荡、战乱频繁、阶级矛盾激化，在这样的社会条件下，儒家纲常已难以有效地发挥其职能，儒、佛之间的对立和隔膜逐渐消除，并且日益走向融通，颜之推就认为"内外两教，本为一体，渐积为异，深浅不同"（《颜氏家训》），把二教从根本上统一起来。诞生于六朝文化融通时期的皇侃的《论语集解义疏》，以何晏《论语集解》为底本，兼采东晋江熙《论语集解》所录郭象、李充、范宁等十三家说以及其他"通儒解释"，引征广博，穷明原委，既注经文，亦疏注文，是一部集汉魏六朝《论语》学之大成的著作，有人评价此书"杂引各家言，斑驳儒、道、释、阴阳、占术等，不醇得多"（牛泽群《论语札记》），故而此书保存歧解众多，且能体现这一时代学术驳杂的特征。

唐代是中国封建社会的黄金时期，但是相对于魏晋南北朝时期的辉煌，有唐一代的《论语》研究，凋敝零落，一则因为儒学在唐代思想界并未处于独尊的地位，佛、道思想都受到了统治者的重视，二则因为太宗皇帝诏令大儒刊定经典、统一经说，并以此作为以后登科考试的教材，经典的解释权已经被统治者所垄断，儒士们自由阐释的空间已被无形地限制住,故而《论语》的注释随经学的衰落而凋敝也就自然而然了。考之两《唐志》及其他目录书,唐代的《论语》注释著作有贾公彦的《论语疏》、王勃的《次论语》、张籍的《论语注辨》、韩愈、李翱的《论语笔解》、马总的《论语枢要》等十多部,但是流传于后世的仅有韩、李的《论语笔解》二卷。《笔解》一反唐儒"疏不破注"之风,大胆冲破汉儒旧注的束缚,多有异说,例如,《学而》"信近于义,言可复也",何晏《论语集解》曰:"复,犹覆也,义不必信,信非义。以其言可反复,故曰近义。"韩曰:"反本要终谓之复。言行合宜,终复乎信。否则小信未孚,非反复不定之谓。"李曰:"尾生之信,非义也。若要终合宜,必不抱桥徒死,马云反复,失其旨矣。"又如《学而》"因不失其亲",孔安国曰:"因,亲也。言所亲不失其亲,亦可宗敬。"(何晏《论语集解》)韩曰:"因,训亲,非也,孔失其义。观有若上陈信义恭礼之本,下言凡学必因上礼义二说,不失亲师之道,则可乃尊矣。"李曰:"因之言相因也,信义而复本,礼因恭而远嫌,皆不可失,斯可尊。"二人否定孔注,"因"不训作"亲",而应当训作"相因"。诸如此类指斥汉儒之失,并下己意,空言解经,可谓开宋学之先河。但《笔解》还改易经文,自专而生硬地解释,例如,《为政》"六十而耳顺",韩曰:"'耳'当为'尔',犹言如此也,既知天命,又如此顺天也。"此种妄改经文之风,饱受诟病。

　　《论语》注释到了宋代又起高峰,北宋时邢昺以皇《疏》为蓝本,重新为《论语》作疏,删去皇《疏》涉玄之语,努力恢复汉魏《论语》学的旧观。正因邢《疏》有廓清之功,所以被收入《十三经注疏》中,流传不废,影响极大。《四库全书总目提要》以为"汉学、宋学兹其转关",但邢《疏》并非真正意义上的义理之学,宋代以义理说解《论语》始于北宋二程中的程颐,其后范祖禹、谢显道、尹焞、游酢等程门弟子也都有关于《论语》的著述问世。南宋大儒朱熹后来居上，其《论语集注》收古注，存异说，兼训诂、校勘，尤重义理，被后世奉为圭臬，为元明清历朝的塾教范本和科考题库，也成为《论语》研究史上最有影响的著作之一。朱熹《集注》与前代《论语》注释的歧异则充分体现了宋学的理辨色彩，如《八佾》篇："王孙贾问曰：'与其媚于奥，宁媚于灶，何谓也？'子曰：'不然，获罪于天，无所祷也。'"对于"天"的含义，孔安国曰："天以喻君也。"（何晏《论语集解》）皇侃《疏》引栾肇云："'获罪于天，无所祷'者，明天神无上，王尊无二，言当事尊，卑不足媚也。"汉魏后儒引此句皆明指"天"为苍苍之天，朱熹《集注》则云："天，即理也，其尊无对，非奥、灶之可比也。逆理，则获罪于天矣，岂媚于奥、灶所能祷而免乎？"显然，朱熹以自己的哲学概念"理"来解释"天"，显示了深层理上的不同。在他看来，孔子所说的"天"，应该是一个很宽泛的概念，既含有礼、仁、义等理性成分，也含有天意、公理等神性成分。再如《里仁》篇："子曰：'君子喻于义，小人喻于利。'"皇侃《疏》引范宁云："弃货利而晓仁义则为君子，晓货利而弃仁义则为小人也。"朱熹《集注》则云："义者，天理之所宜。利者，人情之所欲。"在对"义"和"利"的阐发上，朱熹是从自己的理学观念出发的。

　　元代科考将朱熹之学定为国是，《论语》研究皆依朱《注》，无甚名家出现，唯陈天祥的《论语辨疑》尚有一定价值。明成祖时，《四书大全》颁行天下，作为取士标准，至此汉代训诂之学和宋代义理之学已不复存在，代之而起的是专为科举而设的诸家讲章，当时"坊刻《四书讲章》，则旋生旋灭，有若浮沤；旋灭旋生，又几如扫叶，虽隶首不能算其数"（《四库全书总目提要》），这使得明朝二百余年竟无《论语》注释名作出现，《论语》研究也同明代的学风一样，流于空疏而无用。

　　清代是《论语》研究的鼎盛时期,著述之宏富为前代所未有,而《论语》注疏的类别流变正和清代学术的发展相一致。明清之际,王夫之、孙奇逢等人"既言尽心知性体认天理,又倡躬行践履学以致用,力矫明末以来清谈空疏陋习"(朱华忠《清代论语学》),开清初经世致用之风。清初还有一批学者深受理学影响,力图恢复理学正统,为配合统治者提倡程朱理学而摇旗呐喊,成为御用理论的鼓吹者,像陆陇其被列为从祀孔庙清儒第一人,著《四书讲义困勉录》37卷,其中《论语》20卷,遍引众说,凡不合朱子之论者,必一一剖判;李光地为康熙朝重臣,著《读论语札记》,亦以《论语集注》理学训义为宗。乾嘉时期,考据学大盛,诸学者倡导以古训明义理的治学方法,使得这一时期的经学达到了很高的水平。阎若璩的《四书释地》首开考辨之风,陈鳣的《论语古训》、冯登府的《论语异文考证》、翟灏的《四书考异》等随列其后,马国翰对已亡佚的古《论语》注疏进行了大规模的辑佚,此外还有刘宝楠的《论语正义》等汉宋兼采之学,考核精审,说义详明,实乃有清以来《论语》学集大成之作。清代中期以后,内患外侮交加,社会问题凸现,考据学派埋首故纸堆中不问时务,盛极而衰,一批有识之士重拾《公羊春秋》,在公羊学精神的观照下抒发《论语》大义,紧贴社会现实,渐由经学的附庸转变为清末学术思想的主流,流风所及,出现了刘逢禄的《论语述何》、宋翔凤的《论语说义》、黄式三的《论语后案》、康有为的《论语注》等一批注疏之作,蔚为大观,虽然大多是借古书经文阐发义理、针砭时务,却也极大地丰富了《论语》注解的内容。

　　现当代,《论语》的注释、研究从总体上看是健康发展的,出现了程树德《论语集释》、杨树达《论语疏证》、杨伯峻《论语译注》、李泽厚《论语今读》等众多高质量的著述,但受文化运动、政治运动的影响,《论语》的注解、研究也受到了不同程度的影响。二十世纪初期,"五四"新文化运动兴起,有人提出"打倒孔家店"。一些学者受"西学"影响,以西方现代哲学、科学、政治等学科的范畴、概念、方法来解读、分析、批判或重新诠释儒学,成为一时的学术风气,并出现了"援西学入儒学"的现象。尤其是二十世纪七十年代的"批林批孔"运动,把个孔子批得一无是处,把个《论语》解释得面目全非。如哈尔滨师院中文系 1973 年 12 月编印的《论语批判》,其"前言"首句云:"《论语》是孔子的一部反动言行录。"有了这样的定性,对《论语》章句的注译可想而知。如:《为政》第三章:"子曰:'道之以政,齐之以刑,民免而无耻;道之以德,齐之以礼,有耻且格。'"《论语批判》[注释]政:指政令所规定的阶级压迫手段。齐:强迫命令。免:逃避、侥幸的意思。格:改正。[今译]孔子说:"用政令来教导他们,用刑法来强迫他们,只能使奴隶们存消极逃避的心理而不懂得廉耻;凭借德来教导他们,用礼来整顿他们,才能使奴隶们懂得廉耻而服从统治。"[批判]"政""刑"与"德""礼"是对立的。春秋后期,奴隶主的"礼治"与新兴地主的"法治"这两条路线斗争,极为尖锐。孔子顽固地站在奴隶主立场上维护"礼治",肯定"礼治";反对"法治",否定"法治"。认为"法治"只能起镇压的作用,"礼治"才能笼络人心,较易收到欺骗、麻醉的效果,更好地统治人民。

这只是千万例中的一例,无须大惊小怪。当时的大批判文章铺天盖地,少有理智者。

"文革"过后,人们经过长时期的冷静反思,拨乱反正,逐步恢复正常,学术走向正道。观近三十年《论语》研究成就,注释专著、研究论文蔚为大观。就质量而言,多数水平较高,反映出了学术研究的进步。但是,也有少数《论语》研究者,一味追求所谓的"创新"，标新立异，又为《论语》增加了大量的新的歧解。如林觥顺《论语我读》注解《论语》"述而不作"曰："不作，读同丕作，是详加释义。"该书将《论语》中的大量"不"字，大多释为"丕"，将否定副词变成了肯定副词，结果大量表示否定意义的语句都成了肯定语义，颠倒了是非。又如该书注《卫灵公》"吾犹及史之阙文也，有马者借人乘之"曰：

> 吾犹是孔子自称我在疑惑，及史之是有关史册所记载的阙，是门观，在宗庙宫殿的正门才有阙才有门观，所以阙，是概言宫庭。……阙作缺是引申之义。阙文，是说史册所载宫庭内幕的文辞。有马者借人乘之：包咸注："有马不能调良，则借人乘习之，孔子自谓及见人如此。"这种释义更是荒腔走板。笔者今释：马，许慎云怒也武也。此马之本义。……马训武，《释名》曰：大司马，马，武也，总武事也。有马者，是说有总管武事的大司马。《周礼》大司马之职掌，建邦国之九法，以佐王平邦。犹今之司法院及法官。……《说文解字》：乘，覆也。加其上曰人，人乘车是一端也。从入。军法，入桀曰人。桀又是什么？桀者磔也，《谥法》曰：贼人多杀曰桀。所以乘的本义杀，是以军法覆人而杀之，乘坐乘骑乘车是引申之义。借人，借假转注互训，假者非真也，所以借人即假人非真人。所以借人乘之，是假借军法入人以罪而杀之。

注解的目的是使人明白，而这样的注解，虽"新见"纷呈，然多不切合文意。支离破碎的解释，只能使人越发糊涂。这样的学风要不得！

四、应该怎样理解《论语》

针对上述《论语》致歧的原因，我们应该从中进行总结，吸取经验教训,以求将《论语》解释得符合《论语》编者的本意,使他们的在天之灵,观后解颐。

关于如何理解《论语》的问题,不少专家都谈了很好的意见,如著名儒学研究专家杨朝明先生在《研读〈论语〉应注意的相关问题》(《论语诠解》前言)中指出:"笔者认为,对孔子遗说的研究应该注意以下几点:第一,将研究放在中国上古文化的大背景中进行。以前,人们对我国古代尤其三代文明发展的水平估价不足,而大量的出土材料已经使原来不少朦胧、模糊的认识变得清晰、生动起来,为此项研究提供了极好条件。第二,将孔子回归到他所处的时空中去研究。按照'知人论世'原则,将孔子真正回复到春秋末年的鲁国,回复到当时的文化背景之下,结合西周以来鲁国的礼乐传统,结合春秋时期鲁国的文化品格,从而探索孔子的心灵世界。第三,既要克服疑古思潮造成的巨大束缚,也不要盲目信古,充分利用考古新发现,将新出文献与传世文献认真比较,综合分析,从而补偏救弊,不受既有观念束缚,检核既往成果,做到言之有据,无征不信。"并强调"研读《论语》应注意总体把握孔子思想。……《论语》中片言只语往往具有很多歧解,实际情况往往是:人们研究《论语》与孔子,常常将其中的一句话进行分析解读,而没有注意从全书的结构出发,没有综合其它记载,于是便人云亦云、莫衷一是,甚至与本义大相径庭、南辕北辙。……那么,怎样才能做到全面理解孔子思想?笔者认为,首先不应该仅仅停留在《论语》中的一条又一条的'语录'上,应当整体观照《论语》全书。……我们现在不能正确理解其中的'嘉言善语',正是因为将本来是一个整体的《论语》读散了"。杨先生的意见是正确的,这是他数十年研究《论语》所总结出的精见。

针对导致《论语》歧解的原因,我们也提出几点看法:

(一)在学术态度方面

要正确理解《论语》,学术态度最为重要。态度要客观,要审慎,要求真务实,要建立在文献材料的基础上;切忌主观臆断,凭个人好恶,或受政治气候、学派风气、专家权威的影响。有了这种科学研究的态度,《论语》中存在的具体问题就好解决了。还须强调一点,态度要严肃,千万不要拿传统经典作儿戏。近些年出版的几部诠释《论语》的著作,作者态度极不严肃,任意妄说,牵强附会,纯属糟蹋《论语》,误导青年,贻害后代!

这里仅指出一例:某书在注解《论语·子罕》篇"子见齐衰者"时,将"齐衰者"解作"年老体衰的人"。其注释为:"齐:至,到头,至顶。衰:生命近于枯竭的老人。"实际上,齐衰(zī cuī)是丧服名,在五服(斩衰、齐衰、大功、小功、缌麻)中排第二。齐衰以粗麻布做成,适于为继母、庶母、祖父母、曾祖父母等服丧用。"某书"不顾丧服制度之事实,臆断妄解,这样的学术态度是极不负责任的!

(二)在文字训诂方面

我们认为,《论语》中的语录是春秋战国时期的语言,应将其放到当时的语言环境中去考察、去理解。文字的音义是发展的,若以后世产生的音义去理解,难免走向歧途。应广泛参照同时期的典籍以及稍后的《尔雅》《说文》等工具书,考察当时的字词义,考察当时的语言习惯,比照同类语词结构、语法类型的基本特点和涵义,以得出确解。

再一点应该正视:《论语》中是有错字的。如《子张》篇"君子之道,孰先传焉? 孰后倦焉"一语中的"倦"字,古代学者讳言其"错",讲不通而强解之。如清毛奇龄认为"倦即古'券'字。传与券,即古印契传信之物。盖传者,传也。旧以两行书缯帛,分持其一,凡出入关者,必合之乃得过,因谓之传。而其后或用桼刻木为合符,史称传信为附信是也。券者,契也。以木牍为要约之书,用刀剖之,屈曲犬牙,分持其一以为信,韩子所谓'宋人得遗契而数其齿'是也。是传与券皆彼此授受传信之物,一如教者之与学人两相印契,故借其名曰传曰券,券即传也"。子夏讲此话时,肯定说得通俗易懂,不会令人如此费解,费解得让古今注家争论不休:汉包咸解为"厌倦",宋朱熹解为"倦教",今人马固钢解为"倦通劝,勉励、鼓励义",方冀龄解为"劳,先传后劳",毛子水解为"后倦,后从事",乔一凡认为"倦为卷,收取也",杨润根解"倦"为"结束,作罢"。在各家实在争论不出令人信服的结果时,金池《论语新译》、程石泉《论语读训》竟作出大胆的怀疑:"倦,传字之讹。"这样的怀疑盖古已有之,但面对神圣经典讳不敢言。这种怀疑是对的,是符合《论语》语录体之通俗易懂的风格的。

今天的学者大都是实事求是地、审慎地指出《论语》中的错讹,如《八佾》篇"曾谓泰山不如林放乎",此语颇难理解。严灵峰《读论语札记》:"疑'泰山'二字,乃'季氏'或'季孙'之误;文当作:'曾谓季孙不如林放乎?'"程石泉《论语读训》认为"此章恐有错字……依上下文理应作'求也不如林放乎'"。因此,我们在对某些词句实在解不通时,要想到错简、错字问题,不要强为曲解。倘若《论语》中的错讹被逐步纠正了,那么,纷杂的歧解也就随之减少了。

(三)在义理阐释方面

在理解《论语》义理时,既不要处处以"微言大义"为指导思想,深挖不止,也不要流于浅俗。《论语》体大思精,语言精辟,富含哲理、深意,深刻探求是对的。同时,《论语》的语言又很质朴无华、通俗易懂,不一定非要绞尽脑汁去挖出所谓的深意来。有些人在义理上的无休无止的剖析,已远远超出了古人的思维,也就是说,古人没想到的,我们替他们琢磨到了。反过来讲,《论语》中表意深刻的语言,我们也不要理解得太浅俗。比如《为政》篇"今之孝者,是谓能养,至于犬马,皆能有养,不敬,何以别乎"这句话,孔子的意思是,今天的一些人理解孝,认为对老人能做到养就是孝了,但以我观察,狗和马等畜生都能做到相养(如乌雏反哺),对于人来说,对老人在做到赡养的同时,如果不体现出"敬"来,与狗马等畜生有何区别? 孔子的境界高,对人要求高,要求对老人既要养,又要敬。而不少学者将此语解为"连狗马都能得到饲养"、"连犬马都能有人养"、"狗马能以体力服事主人"等。孔子他老人家如果在天有知的话,看到后人这样浅俗地诠释自己的话,他会哭笑不得又感到无可奈何的!

(四)在版本异文方面

《论语》的版本异文问题,是历史造成的。对于这个方面的问题,可以通过科学比较、比勘,做到择善而从,切忌妄改。还有错简问题,可以根据先秦相关文献及当代出土文献进行不同程度的修复。这是一个长期性、复杂性的工作,不便急于求成。

另外还有《论语》注解著作的版本异文问题。如何晏《论语集解》关于《子张》篇"切问近思"一语的注释,《知不足斋丛书》本与日本正平本为"近思者,近思己所能及之事",《十三经注疏》本与元刊本为"近思者,思己所未能及之事"。有无"未"字,句意大相径庭。对于这类问题,我们在相关处将异文注出,以供研究界讨论;企盼通过讨论,问题逐步得以解决。

（五）在分章断句方面

对于《论语》的分章断句问题，应谨慎从事。《论语》的分章断句，已经过历代学人的审视，原存断句不当的问题，早已被陆续指出或纠正。今人仍常有指出断句不当者，但多数难以让学界认可。一部《论语》，被亿万人诵读了两千多年，难道大家连语句都未读对？因此，我们在指出此类问题时，应倍加谨慎！如《阳货》篇："子曰：唯女子与小人为难养也，近之则不逊，远之则怨。"这是传统断句。而吴正中、于淮仁《"唯女子与小人为难养也"新解》《甘肃社会科学》1999 年第 5 期）一文则认为：此章之正确断句当为：孔子说："唯！女子与！小人为难养也——近之则不孙，远之则怨。"即：孔子说："对！您（这位）先生（说得是对的）啊！小人（实在是）很难对待、侍候、对付的——亲近他吧，（他）就傲慢不恭；疏远他吧，（他）就怨恨在心。"这样的断句，虽然能为孔子免除女同胞的怨恨，但很难说符合文意。

再如《雍也》篇"齐一变至于鲁，鲁一变至于道"，此为传统断句，而林觥顺《论语我读》将其标点为："齐，一变至于鲁鲁，一变至于道。"［注解］曰：齐：《说文》云禾麦之吐穗，上平也，象形。是说外表看像是齐头并进，实际上立足点参差不齐。鲁鲁：孔安国注《论语》鲁钝也。《释名》曰鲁鲁钝也。国多山水者，民性朴钝，而引申作卤莽义。道：人所行之道，作道理。［释义］曰：孔子说："天地间万事万物的变化，外表看是齐头并进，事实是参差不齐。人的才智也是如此，有些人非常迟钝，甚至粗卤野蛮，有的人聪敏懂道理，只知行礼义仁爱的大道。"

这样的断句和解释，如果说是"歪曲了《论语》"，或以为言重了；若往"轻"里说，这样的断句和解释是极难让人接受的。

五、关于歧解材料的取舍和版本的选择

《论语》的歧解材料，散见于历代《论语》注释著作及研究文章中，而这些注释著作及研究文章又多得举不胜举。编撰本书，若要将这些文献全部看完、全部采录，穷毕生之力也难以做到，因此，必须进行合理的取舍。我们取舍的基本原则是，以各时代的注释名作为主，同时采用出土文献和富含新见的注释著作及文章。至于采用了哪些著作和文章，请看书末附录的"参考书目"。

同一种注释著作，由于多次抄刻、增删、修订或重版，形成了多种版本。这些版本之间，往往存有文字内容上的差异，存有抄刻质量上的优劣之分。

如《四库全书》与《知不足斋丛书》同为丛书，但由于《四库全书》在编纂时为执行清廷禁书政策，对所谓"违碍之作"大肆抽毁、删改，其版本质量大大降低。如《论语·八佾》："子曰：'夷狄之有君，不如诸夏之亡也。'"《知不足斋丛书》本皇侃《论语集解义疏》认为："此章重中国贱蛮夷也。诸夏，中国也。亡，无也。言夷狄虽有君主而不及中国无君也。故孙绰曰：'诸夏有时无君，道不都丧；夷狄强者为师，理同禽兽也。'释慧琳曰：'有君无礼，不如有礼无君也。刺时季氏有君无礼也。'"《四库全书》本皇侃《论语集解义疏》认为："此章为下僭上者发也。诸夏，中国也。亡，无也。言中国所以尊于夷狄者，以其名分定而上下不乱也。周室既衰，诸侯放恣，礼乐征伐之权不复出自天子，反不如夷狄之国尚有尊长统属，不至如我中国之无君也。"二本比较，文字内容、思想倾向已有天壤之别，《四库全书》本已严重失实，故选用《知不足斋丛书》本。

再如李泽厚《论语今读》的初版本与再版本，其译解文字有较

大差异。作者在该书再版时作了较大修改和增补,比较而言,显然再版本是作者满意的本子。因此,我们采用再版本。

在注重版本质量的同时,我们还兼顾版本流行的广狭,即在质量相同的情况下,选择流通广、较普及的本子,以便于读者寻检利用。如朱熹的《论语集注》版本甚多,而数中华书局出版的《四书章句集注》本流行最广,而且印刷质量也堪称一流,故选用之。

还有,前人一些以征引、汇集《论语》注解材料见长的著作,由于抄录不严谨,所征引、汇集的材料往往与原书、旧本有出入。

如刘宝楠《论语正义》在解释《论语·宪问》第八章时引江声《论语竢质》语:"裨谌、裨灶,当即一人。'谌'当从火作'煁'。《毛诗传》:'煁,烓灶也。'则名灶字煁矣。《左传》于襄三十一年再见裨谌,以后但有裨灶,与子产相终始,而裨谌更不见。考其论议,正是一人也。"而查《琳琅秘室丛书》本(《无求备斋论语集成》影印)江声《论语竢质》,其文为:"裨谌,郑大夫裨灶也。谌读当为卬烘于煁之煁,古字同声,辄叚借也。《毛诗传》云:'煁,烓灶也。'《说文解字》曰:'煁,烓也。'烓,行灶也。名灶,故字煁也。"文字差异甚大。

再如钱地《论语汉宋集解》所集《论语·八佾》第十章的注解材料:

> 郑玄:鲁礼,三年丧毕,而祫于太祖,明年春禘于群庙,自尔之后,五年而再殷祭以远主,初始入祧新死之主。又当与先君相接,故礼因是而为大祭,以审序昭穆。故谓之禘,禘者,谛也。言使昭穆之序审谛而不乱也。祫者合也。文二年《公羊传》曰:大祫者何?合祭也。其合祭奈何?毁庙之主,陈于太祖。未毁庙之主,皆升于合食于太祖是也。

这段文字,与《十三经注疏》本对照,只有"鲁礼,三年丧毕,而祫于太祖;明年春,禘于群庙。自尔以后,五年而再殷祭,一禘一

袷"是郑玄语,其余《公羊传》曰:'大袷者何?合祭也。其合祭奈
何?毁庙之主,陈于太祖。未毁庙之主,皆升于合食于太祖'"是
贾公彦《疏》中的话。自"以远主"至"袷者合也"几句,不知出自
哪里?

把这些材料混入郑玄名下,影响了材料的可靠性。因此,在
采用这些材料时,应倍加谨慎,能找到原书或旧本的,尽可能参照
原书旧本。

六、本书的意义和价值

在儒家经典之中,《论语》是研读人群最为广泛之书。原因很
清楚,就是由于该书中蕴涵着传统的、美好的思想,极为适合于构
建和谐社会、纯净人们的心灵,极为有利于人类社会的文明进步。
对这样一部伟大著作进行研究,本身就很有意义。

关于本书的意义和价值,可以用国家社科基金项目评审专家
的评价意见来概括:"本项研究思想政治导向正确,选题具有重要
意义。作者把从汉代至当代有关《论语》诸章解释的分歧汇集起
来,为后人研究《论语》提供方便,有很高的学术价值。"专家们在
评价意见的最后,又强调了一句:"具有久远的价值。"

详细说来,该书的价值体现在三个方面:

一是文献资料价值。本书从数百种《论语》注释专著、数百篇
《论语》研究文章中摘取歧解材料,比较选择,条理编次,汇集歧解
材料百余万字,等于建立了一个丰实的《论语》歧解资料库。前人
的有关《论语》集解、集注、集释类的著作,收集范围较狭窄,而我
们兼容并包,广泛收集,不仅面广,而且时间跨度长,即从汉代至
当今,已超出较晚成书的程树德《论语集释》七十余年,在资料的
丰富性方面以及时代的久远方面,大大弥补了前人同类著作的不

足。为了保证本书所辑资料的可靠性准确性,我们在校对上花费了很大的工夫:先是要求编录人员在摘取材料时认真校对,后来又交换校对,在全书定稿时又由专人专职进行了单项核校。为了方便研究者征引,每则歧解材料都注明了详细的出处。

二是学术研究价值。就学术价值而言,《论语》"集解"、"集释"类的书出现了不少,很受学术界欢迎,而我们编撰的《论语歧解》与之不同,只收各家有分歧的解释。这样的歧解资料,有助于初学者开阔眼界,发现问题,启迪思路;对研究者来讲,既便于广泛占有争议资料,便于征引,又利于了解历代《论语》研究者的观点、方法及学术风格;对于讲授《论语》的广大教师来说,手持一部《论语歧解辑录》,会大大丰富课堂内容。更重要的是,把古今理解的分歧全部展示出来,也就是把问题全部摆了出来,让学术界广泛讨论,通过讨论,逐步消除分歧,解决问题,趋于认识的基本一致,以使《论语》的真髓得以正确地、世世代代地传播。

三是"辑者案"判定是非的价值。为每则歧解撰写案语,我们态度审慎,不盲从妄断,不标新立异,以求真求是为基本原则。对各家歧解,我们做了认真的取舍和辨正:一是对诸家解释判定其是非,肯定正确者,使读者面对纷繁的歧解有所适从。二是认为某组解释不够明确、不够到位者,我们尽可能地表述明确、到位,而且补充了一些有力的书证。三是认为诸家解释都欠妥当时,我们提出己见,并辅以坚实的材料依据作支撑。比如《泰伯》十八章:"子曰:巍巍乎,舜、禹之有天下也,而不与焉。""不与"一词,魏何晏《论语集解》解为"言己不与求天下",梁皇侃《论语集解义疏》曰"一云孔子叹己不预见舜禹之时",宋朱熹《论语集注》解为"不与,犹言不相关",今人钱地《论语汉宋集解》解为"不与,不求人与之也",蒋沛昌《论语今释》解为"舜禹不宣扬自己……与,宣扬",刘兆伟《论语通要》认为"'与'可作'用'字讲……舜禹有了天下,却不把天下作为自己的私有财产去利用",李君明《论语引读》认为"'与'即给予,指受禅",张永隆《〈论语〉注释数则辨疑》认为"'与'是'争''战'的意思……'不与'就是不争",林革《读〈论语〉偶记》解为"与者誉也,名也"。我们认为这些解释都不切合文意,因此写了这样的辑者案:"与,通'豫',义为'喜悦'。"《仪礼·乡射礼》:"宾不与。"郑玄注:"古文与作豫。"《淮南子·天文训》:"圣人不与也。"高诱注:"与,犹说也。"古籍当中,"与""豫"通用,表示喜悦、快乐。所以此句应理解为:舜禹得到了上代帝王禅让的天下(帝位),却不喜悦。得到帝位竟然不高兴,似乎有违常理,而事实确是如此。《史记·太史公自序》记曰:"唐尧逊位,虞舜不台。"不台(怡),即不高兴。这恰好反映了古贤帝王的谦逊之德。

客观地讲,《论语》产生歧解是学术活动中很正常的现象,但是,歧解太多,便会使广大读者难于适从。我们将古今各家不同的解释、代表性的意见有条理地汇编在一起,这本身就是一项很有意义的文献整理工作;对各家歧解判定其是非,或进行客观科学的辨正,提出确解,这就为广大读者指出了遵从的依据。

在提倡建设和谐社会的今天,《论语》中的思想精华为全世界民众所汲取、所接受,《论语》的阅读面比任何时期都广泛。在这样的背景下,编辑出版《论语歧解辑录》,既有时代意义,又有永久的文献价值。

该书已将《论语》注释中存在的歧解问题较为全面地展示了出来。摆出问题的目的是解决问题,我们已抱着审慎的态度以"辑者案"的方式尝试着对问题进行了解决,但由于学识的局限,评判。案语的基本任务是判定是非,通常情况下,只肯定孰是,不批评孰非。若对诸家解释均不满意时,则进行辨正,提出我们的观点。

　　八、书末附设"语句索引",以《论语》被解语句首字的笔画多少为序编排,注明其在本书中的页码,为研读者检索歧解材料提供方便。

学 而 第 一

1.1 子曰:"学而时习之,不亦说乎? 有朋自远方来,不亦乐乎? 人不知而不愠,不亦君子乎?"

(1)学

宋·邢昺:《白虎通》云:"学者,觉也,觉悟所未知也。"(辑者案:校以《白虎通》卷二"辟雍"条,此语为"学之为言觉也,以觉悟所不知也")(邢昺《论语注疏》2页)

宋·朱熹:学之为言效也。人性皆善,而觉有先后,后觉者必效先觉之所为,乃可以明善而复其初也。(《四书章句集注》47页)

清·毛奇龄:学有虚字,有实字。如学《礼》,学《诗》,学射、御,此虚字也。若志于学,可与共学,念终始典于学,则实字矣。此开卷一学字,自实有所指而言,乃注作"效"字,则训实作虚,既失诂字之法,且"效"是何物,可以时习? 又且从来字学并无此训,即有时通"效"作"傚",亦是虚字。善可效,恶亦可效。《左传》"尤人而效之",万一效人尤,而亦习之乎? 错矣! 学者,道术之总名。贾谊《新书》引逸《礼》云:"小学业小道,大学业大道。"以学道言,则大学之道,格致诚正修齐治平是也。以学术言,则学正崇四术,凡春秋《礼》、《乐》,冬夏《诗》、《书》皆是也。此则学也。(《四书改错》卷十八·1页)

清·李光地:学字,先儒兼知行言。愚谓古人所以为学者,《诗》、《书》、礼、乐四术而已。《诗》、《书》未便是目前行处,讲贯而

思绎之可也；若礼、乐，则亲其事，习其节，日用之间，不可斯须去者，便是践行处也。（《读论语札记·学而篇》）

日·物双松：学农圃，学射御，亦皆言学。而单言学者，学先王之道也。学先王之道，自有先王之教。传（《礼记·王制》）曰："乐正崇四术，立四教，顺先王，《诗》、《书》、礼、乐以造士。"是也。（《论语征》4 页）

清·刘逢禄：学谓删定《六经》也。当春秋时，异端萌芽已见，夫子乃述尧舜三王之法，垂教万世。非是，则子思子所谓"有弗学"也。（《论语述何》1 页）

程树德："学"字系名辞，《集注》解作动辞，毛氏讥之是也。惟其以后觉者必效先觉之所为为学，则精确不磨。今人以求知识为学，古人则以修身为学。观于哀公问弟子孰为好学，孔门身通六艺者七十二人，而孔子独称颜渊，且以不迁怒、不贰过为好学，其证一也。（《论语集释》4 页）

王缁尘：我于纲领中说明孔子所说之学是"学做人"，也即是"学礼"。（《四书读本》2 页）

杨润根：［注释］学：认识，觉悟，《说文》："学，觉悟也。"但"学"并不只是指人们通常所说的认识，而是指通过系统的学习所达到的一种理性觉悟的状态。"学"相对于"教"而言，它是指在教师指导之下的全面系统的认识和由此所达到的理性的真正觉悟或觉醒。因此"学"是和抽象的思辨与系统的探索研究相联系的。人们从"学"之中所要获得的也并不是个别具体的知识，而是要获得一种思辨和探索研究的方法与技能，从而获得知识的新发展的能力。因此"学"这个字一开始便带有学园的气息。（《发现论语》1—2 页）

金知明：学，学习。（《论语精读》1 页）

王孺童:"学"在此可有两种解读:其一,作名词,指学问;其二,作动词,意为效仿。若作名词解:必有具体之学问,如史学、经学等,然后才能"时习之";若作动词解:人虽平等,但智力必有差异,故而觉悟也有先后,那么"后觉悟"的人效仿"先觉悟"的人,然后再"时习之"。(《孺童讲论语》4页)

杨朝明:[诠释]学:有作动词用的"学习",有作名词用的"学术"、"学说"等,这里应为后者,指思想主张,对社会、人生的总体认识。[解读]孔子说:"如果我的学说被社会普遍接受,在社会实践中加以应用它,那不就是很令人感到喜悦吗?"(《论语诠解》2页)

辑者案:"学"字在这里是泛指,是指学习一切道术、知识、技艺等;不是确指,不是指具体学习某一种事物。古人释"学"为"觉"为"效",如《说文》:"教,觉悟也。"《广雅》:"学,效也。""觉""效"具有"学"义,但表意较窄,不如"学"表意宽泛,任何事物,无论是抽象的还是具体的,都可以"学"。因此,理解为人们通常所说的"学习"为当。

(2)时

魏·王肃:时者,学者以时诵习也。诵习以时,学无废业,所以为说怿也。(皇侃《论语集解义疏》卷一·1页)

梁·皇侃:时者,凡学有三时:一是就人身中为时,二就年中为时,三就日中为时也。一就身中者,凡受学之道,择时为先;长则捍格,幼则迷昏。故《学记》云"发然后禁,则捍格而不胜。时过然后学,则勤苦而难成"是也。既必须时,故《内则》云:"六年教之数与方名,七年男女不同席,八年始教之让,九年教之数日,十年学书计,十三年学乐诵诗舞勺,十五年成童舞象。"并是就身中为时也。二就年中为时者,夫学随时气则受业易入,故《王制》云"春夏学诗乐,秋冬学书礼"是也。春夏是阳,阳体轻清;诗乐是声,声亦轻清；轻清时学轻清之业，则为易入也。秋冬是阴，阴体重浊；书礼是事，事亦重浊；重浊时学重浊之业，亦易入也。三就日中为时者，前身中、年中二时，而所学并日日修习不暂废也。故《学记》云"藏焉，修焉，息焉，游焉"是也。今云"学而时习之"者，而犹因仍也，时是日中之时也，习是修故之称也。（皇侃《论语集解义疏》卷一·2页）

宋·郑汝谐：当其可之谓时也。譬之婴孩，其始无一能焉，已而学言，则能言也；已而学步，则能步也；已而学揖逊、学数与方名，又皆能也。每进一等，则一时也。（《论语意原》卷一·1页）

宋·朱熹：既学而又时时习之，则所学者熟，而中心喜说，其进自不能已矣。（《四书章句集注》47页）

清·焦循：当其可之谓时。说，解悦也。"不愤不启，不悱不发"，时也；"中人以上可以语上，中人以下不可以语上"，时也；"求也退，故进；由也兼人，故退"，时也。学者以时而说，此大学之教所以时也。教者学者皆期其能解悦，邢《疏》引谯周说，说深乐浅未是。（《论语补疏》卷一·1页）

方骥龄："时习"，亦未尝不可作"及时学习"解。（《论语新诠》3页）

杨伯峻："时"字在周秦时候若作副词用，等于《孟子·梁惠王上》"斧斤以时入山林"的"以时"，"在一定的时候"或者"在适当的时候"的意思。王肃的《论语注》正是这样解释的。朱熹的《论语集注》把它解为"时常"，是用后代的词义解释古书。（《论语译注》1页）

杨朝明：有时机、经常、时代等等意思，这里应该与"世"相通，即时代、社会、现世。与《郭店楚墓竹简》中"穷达以时"的"时"相同。（《论语诠解》2页）

孙钦善：时习：按时复习。《国语·鲁语下》有这样的话："士朝而受业，昼而讲贯，夕而习复。"（《论语本解》1页）

辑者案:从朱熹说。解作按时、时时、经常皆可。

(3)习

魏·王肃:诵习。(皇侃《论语集解义疏》卷一·1页)

宋·郑汝谐:古人之学必有入处,于所入处而用力焉,是之谓习。颜子之克己,曾子之三省,皆习也。习曰时习,非曰无时不习也。(《论语意原》卷一·1页)

清·阮元:学而时习之者,学兼诵之行之。凡礼乐文艺之繁,伦常之纪,道德之要,载在先王之书者,皆当讲习之,贯习之。《尔雅》曰:"贯,习也。"转注之习,亦贯也。时习之习即一贯之贯,贯主行事,习亦行事,故时习者,时诵之,时行之也。《尔雅》又曰:"贯,事也。"圣人之道未有不于行事见,而但于言语见者也。故孔子告曾子曰"吾道一以贯之",一贯者,壹是皆行之也。又告子贡曰:"汝以予为多学而识之者,与予一以贯之。"此义与告曾子同,言圣道,壹是贯行,非徒学而识之。两章对校,其义益显,此章乃孔子教人之语,实即孔子生平学行之始末也,故学必兼诵之行之,其义乃全。(《研经室集·论语解》一集卷二·16页)

清·刘宝楠:《说文》:"诵,讽也。讽,诵也。"《周官·大司乐》注:"倍文曰'讽',以声节之曰'诵'。""讽"、"诵"皆是口习,故此《注》言"诵习"也。但古人为学,有操缦、博依、杂服、兴艺诸事,此《注》专以"诵习"言者,亦举一端以见之也。《说文》:"习,鸟数飞也。"引申为凡重习、学习之义。《吕览·审己》注:"习,学也。"下章"传不习乎",训义亦同。(《论语正义》3页)

杨树达:学而时习,即温故也;温故能知新,故说也。(《论语疏证》1页)

杨伯峻:习——一般人把习解为"温习",但在古书中,它还有"实习"、"演习"的意义,如《礼记·射义》的"习礼乐"、"习

(5)有朋、远方

清·俞樾：樾谨按：《释文》曰"有或作友"。阮氏《校勘记》据《白虎通·辟雍篇》引此文作"朋友自远方来"，洪氏颐煊《读书丛录》又引《文选》陆机《饯歌》"友朋自远来"，证旧本是"友"字。今按《说文·方部》"方，并船也。象两舟省总头形"，故方即有并义。《淮南·泛论篇》曰"乃为窬木方版"，高诱注曰："方，并也。"《尚书·微子篇》曰："小民方兴。"《史记·宋世家》作"并兴"，是"方"、"并"同义。友朋自远方来，犹云友朋自远并来。曰友曰朋，明非一人，故曰并来。然则"有"之当作"友"，寻绎本文即可见矣。今学者误以"远方"二字连文，非是。凡经言"方来"者，如《周易》"不宁方来"，《尚书》作"兄弟方来"，义皆同此，其说各具本经。（《群经平议》卷三十·1页）

林觥顺：有字，依《说文》云不宜有也，谓不当有而有之偶。依《易经》大有，是言其多。后作有无之有。朋字本神鸟名，东方曰凤，西方曰大鹏鸟。云凤飞群鸟从以万数，故以为朋党字。郑玄注同师曰朋，同志曰友，故朋即群党同类之谓。（《论语我读》3页）

杨朝明：有朋：通"友朋"，即"朋友"。汉代学者认为"同门曰朋"，这里指志同道合的人。《易传》有"君子以朋友讲习"之语，正可以作为注解。（《论语诠解》2页）

辑者案："有"看作"有无"之"有"为当。通览《论语》中"有"字的用例，共154个，皆无作"友"义者；"朋友"一词出现八次，而未见"友朋"的用法。"远方"应是一个固定的词，不应将其拆开，释"方"为"并"，令人费解。《论语》中的语句大都通俗易懂，明白晓畅，"有朋自远方来，不亦乐乎"一语为人们常用，人们的通常理解是"有朋友从远方来，不也很令人快乐、高兴吗"。应遵从人们的通常理解，不应曲解得生硬别扭,给人们的理解造成不应有的障碍。

(6)人不知而不愠

魏·何晏:愠,怒也。凡人有所不知,君子不怒(辑者案:"君子不怒",皇《疏》本作"君子不愠之也")。(邢昺《论语注疏》2页)

梁·皇侃:人谓凡人也,愠,怒也,君子有德之称也。此有二释,一言古之学者为己,己学得先王之道,含章内映,而他人不见知而我不怒,此是君子之德也。有德已为所可贵,又不怒人之不知,故曰亦也。又一通云:君子易事,不求备于一人。故为教诲之道,若人有钝根不能知解者,君子恕之而不愠怒之也。为君子者,亦然也。(皇侃《论语集解义疏》卷一·3页)

宋·许谦:愠只是闷,犹言不乐。如《南风》诗中愠字只是热之闷人。(《读论语丛说·论语上》1页)

清·阮元:"人不知"者,世之天子诸侯皆不知孔子而道不行也;"不愠"者,不患无位也。学在孔子,位在天命。天命既无位,则世人必不知矣,此何愠之有乎?(《研经室集·论语解》一集卷二·17页)

杨伯峻:人家不了解我,我却不怨恨,不也是君子吗?(《论语译注》1页)

赵又春:"人不知"是说"不知名",即知名度还不够大,不是说不被人了解。(《我读〈论语〉》247页)

顾红亮:"不愠"一词暗示两个意思:第一,它表明君子有一颗宽容、忍让他人的心;第二,它暗示君子有意愿与信心继续和他人对话。(《对话哲学与〈论语〉的关系性君子观》,《孔子研究》2009年第6期)

陈大齐:《毛四》页一七八五《论语》"人不知而不愠",孔《疏》原有二义:一是不知学,一是不知我。今人但知后说,似于本章言学之意反未亲切。何平叔云:"凡人有所不知,君子不怒。"其云有所不知者,言学有所不解也;君子不怒者,犹言君子易事不求备

也。盖独学共学，教人以学，皆学中事，夫子一生只学不厌、教不倦，自言如此。(《论语辑释》1页)

辑者案：从杨伯峻说。

1.2 有子曰："其为人也孝弟，而好犯上者，鲜矣。不好犯上，而好作乱者，未之有也。君子务本，本立而道生。孝弟也者，其为仁之本与！"

(1)好犯上

魏·何晏：上，谓凡在己上者。言孝弟之人必恭顺，好欲犯其上者少也。(邢昺《论语注疏》3页)

宋·邢昺：皇氏、熊氏以为上谓君亲，犯谓犯颜谏争。今案注云"上，谓凡在己上者"，则皇氏、熊氏违背注意，其义恐非也。(邢昺《论语注疏》4页)

杨伯峻：喜欢触犯上级。(《论语译注》2页)

苏·戈洛瓦乔娃：在传统解释中以为"犯上"是极端恶劣的行为。其实孔子高度评价了敢犯上的行为。孔子认为它应与"谏"、"诲"并列，是表现"忠"的行为。当面揭露国君错误的行为，是忠的表现。(《对孔子学说进行理性模拟》，《孔子诞辰2540周年纪念与学术讨论会论文集》1167页)

何新：[译文]有若说："如果为人孝顺，却会犯上，这是很少见的。"[注释]好，合也。一音之转。(《论语新解——思与行》3页)

杨朝明：喜欢冒犯君上。(《论语诠解》3页)

胡齐临：喜好犯法。(《论语真义》5页)

辑者案："犯"，释为"冒犯"为优。"上"字泛指，指尊长或上级，当然包括最高的上级——君上。

(2)君子务本，本立而道生

魏·何晏：本，基也。基立而后可大成。（皇侃《论语集解义疏》卷一·4页）

梁·皇侃：云"君子务本"者，此亦有子语也。务，犹向也，慕也。本，谓孝悌也。孝悌者既不作乱，故君子必向慕之也。（皇侃《论语集解义疏》卷一·4页）

宋·邢昺：是故君子务修孝弟，以为道之基本。基本既立，而后道德生焉。恐人未知其本何谓，故又言："孝弟也者，其为仁之本欤？"（邢昺《论语注疏》4页）

宋·朱熹：务，专力也。本，犹根也。……言君子凡事专用力于根本，根本既立，则其道自生。若上文所谓孝弟，乃是为仁之本，学者务此，则仁道自此而生也。（《四书章句集注》48页）

清·阮元："本立而道生"一句，乃古逸诗句也。"君子务本，本立而道生。孝弟也者，其为仁之本与！"此一节四句乃孔子语也。刘向《说苑·建本篇》曰："孔子曰：'君子务本，本立而道生。'夫本不正者末必倚，始不盛者终必衰。《诗》云：'原隰既平，泉流既清。'本立而道生。"虽汉人引《论语》，往往皆以为孔子之言，但刘向明以此上二句为孔子之言，尚是汉人传《论语》之旧说，而又以为有子言者，所以似夫子也。刘向在西汉校秘书，见传记百家古说甚多，是以《建本篇》又引孔子曰："立体有义矣，而孝为本。"观此，益可知《论语》此二句为孔子语也。又《后汉书·延笃传》曰："夫仁人之有孝，犹四体之有心腹、枝叶之有根本也。圣人知之，故曰：'夫孝，天之经也，地之义也，人之行也。君子务本，本立而道生，孝弟也者，其为人之本与！'"观此，延笃以此节十九字与《孝经》十四字同引为孔子之言，其为两汉人旧说皆以为孔子之言矣。延笃，后汉人，博通经传，宽仁恤民，其论仁孝也，语质而义明，足为《论语》此章注解，不似后人，求之太深而反失圣人本意。

（《研经室集·论语解》一集卷二·18 页）

　　清·刘宝楠：阮氏元《论仁篇》以"本立而道生"为古逸《诗》，愚谓"务本"二句是古成语，而有子引之。《说苑》及《后汉·延笃传》皆作孔子语者，七十子所述皆祖圣论，又当时引述各经未捡原文，或有错误故也。（《论语正义》7 页）

　　杨伯峻：君子专心致力于基础工作，基础树立了，"道"就会产生。孝顺爹娘，敬爱兄长，这就是"仁"的基础吧！（《论语译注》2 页）

　　何新：道，标也，指植物之枝叶。旧释道理，谬。（《论语新解——思与行》4 页）

　　杨朝明：道：本义为道路，这里是其引申义，为抽象的道德概念，指仁人爱物、修身治国的法则。（《论语诠解》3 页）

　　孙钦善：道：道理，法则。（《论语本解》2 页）

　　辑者案："本"即根本，此指"孝悌"，此为做人的基础。至于此语是有子所说，还是孔子所说，应遵从《论语》文本，视为有子所说。

（3）孝弟也者，其为仁之本与

　　汉·郑玄：言人者，其本性则成功立行也。（宋翔凤辑《论语郑注》卷一·1 页）

　　梁·皇侃：此更以孝悌解本，以仁释道也。言孝是仁之本。若以孝为本，则仁乃生也。仁是五德之初，举仁则余从可知也。故《孝经》云："夫孝，德之本也，教之所由生也。"（皇侃《论语集解义疏》卷一·4 页）

　　宋·程颐：孝弟顺德也，故不犯上，岂复有逆理乱常之事？德有本，本立则其道充大。孝弟于其家，而后仁爱及于物，所谓亲亲而仁民也，故为仁以孝弟为本。论性，则仁为孝弟之本。（《二程集》1133 页）

宋·朱熹：仁者，爱之理、心之德也。为仁，犹曰行仁。与者，疑辞，谦退不敢质言也。言君子凡事专用力于根本，根本既立，则其道自生。若上文所谓孝弟，乃是为仁之本，学者务此，则仁道自此而生也。……或问："孝弟为仁之本，此是由孝弟可以至仁否？"曰："非也。谓行仁自孝弟始，孝弟是仁之一事。谓之行仁之本则可，谓是仁之本则不可。盖仁是性也，孝弟是用也，性中只有个仁、义、礼、智四者而已，曷尝有孝弟来。然仁主于爱，爱莫大于爱亲，故曰孝弟也者，其为仁之本与！"（《四书章句集注》48 页）

宋·陈善：古人多假借用字，《集古录》言汉人以"欧阳"为"羊眉"、"寿"为"廪"之类，皆由古文字少，故假借用之耳。今观《论语》中如曰"孝弟也者，其为仁之本与"，又曰"观过，斯知仁矣"，又曰"井有仁焉"。窃谓此"仁"字皆当作"人"，盖是假借用之。而学者以其字之为仁也，多曲为之解，予求其说而不得，故依汉人例敢以"仁"、"人"为通用之文，不然则"井有仁焉"为仁义之"仁"，果何谓乎？（《扪虱新话》卷五·9 页）

清·刘宝楠：宋氏翔凤郑《注》辑本"为仁"作"为人"，云："言人有其本性，则成功立行也。"案："仁"、"人"当出《齐》、《古》、《鲁》异文。郑就所见本"人"字解之"为人之本"，与上文"其为人也"句相应，义亦通也。（《论语正义》8 页）

杨伯峻：孝顺爹娘，敬爱兄长，这就是"仁"的基础吧！（《论语译注》2 页）

李炳南：［考证］邢《疏》，此章言孝弟之行也。《研经室集》云：孔子道在《孝经》，有子此章实通澈本源之论，其列于首篇次章宜也。又孙诒让曰：仁之发见，其切近而精实者，莫先于孝弟。陈天祥《四书辨疑》云：《孟子》言人人亲其亲、长其长，而天下平。与此章义同。盖皆示人以治国平天下之要端也。［按］愚于此段经文，惑于群言,数十年不解,近汇所研,妄有所采,以孙陈二氏之说,深得于心。……夫子之学,既是仁学,故处心行事,无不是仁。……《中庸》云:修身以道,修道以仁。鲜犯上,家齐也。不好作乱,国治也。《大学》云:一家仁,一国兴仁。此言修齐治平之学,皆依仁而兴起。(《论语讲要》3页)

　　吴林伯:按孝所以事父母,悌所以事兄长;这种讲求孝悌的人,必有恭顺的品德。它是爱敬父母、兄长的根本。而以"仁"为内核的"道"便从此定立。读者必须进一步领会孔子把孝悌作为人之根本的终极目的,在维护国家的统治秩序。因为家与国本末相关。用孟子的话说:"国之本在家。"(《孟子·离娄》)"治国"要由"齐家"做起(《礼记·大学》),务必"家齐而后国治"(同上)。则齐家就要以孝悌对待父母、兄长,做到父父、子子、兄兄、弟弟,这就是齐家的"正名",不致发生"犯上作乱"的祸患。(《论语发微》4页)

　　杨朝明:[诠释]孝悌是仁爱的基础,是做人的根本,各种道德都是由此派生、推延出来。[解读]孝敬父母,敬重兄长,应该是施行仁爱的根本所在吧!(《论语诠解》3页)

　　孙钦善:仁:一种很高的道德规范,具有丰富的内涵,诸如爱人、忠恕、克己复礼、谨言、慎行等。由本章可知,孝弟是维系以血缘为纽带的父系家长制嫡长子继承的封建宗法关系的基本品德。孝弟既为"仁"之根本,反映了"仁"用来调和、维护封建宗法等级关系的本质特征。与:同"欤",疑问语气词。(《论语本解》2页)

　　　辑者案:关于"为人""为仁"异文问题,应以"为仁"为是。而对于"为仁",解为"是仁(之本)"为是。"仁"的涵义宽泛,包括孝弟。儒家重孝,通过《孝经》可以看出,儒家把孝放在德行的最重要位置,因此,该句理解为"孝弟是仁的根本",是符合文意的。

1.4 曾子曰:"吾日三省吾身:为人谋而不忠乎? 与朋友交而不信乎? 传不习乎?"

(1)三省

梁·皇侃:省,视也。曾子言:"我生平戒慎,每一日之中,三过自视察我身有过失否也?"(皇侃《论语集解义疏》卷一·5页)

宋·朱熹:曾子以此三者日省其身,有则改之,无则加勉,其自治诚切如此,可谓得为学之本矣。(《四书章句集注》48页)

杨伯峻:"三"字有读去声的,其实不破读也可以。"省"音醒,xǐng,自我检查,反省,内省。"三省"的"三"表示多次的意思。古代在有动作性的动词上加数字,这数字一般表示动作频率。而"三""九"等字,又一般表示次数的多,不要着实地去看待。说详汪中《述学·释三九》。这里所反省的是三件事,和"三省"的"三"只是巧合。如果这"三"字是指以下三件事而言,依《论语》的句法便应该这样说:"吾日省者三。"和《宪问篇》的"君子道者三"一样。(《论语译注》3页)

黄怀信:"三",指下列三事。"省",反省、自问。"身",自身、自己。言日以三事反省自己。旧释"每日三次"或"每天多次",皆非。(《论语新校释》5页)

辑者案:从朱熹、黄怀信说。

(2)传不习乎

魏·何晏:言凡所传之事,得无素不讲习而传之。(邢昺《论语注疏》4页)

宋·朱熹:传,谓受之于师。习,谓熟之于己。(《四书章句集注》48页)

清·刘宝楠:郑《注》云:"《鲁》读传为专。今从《古》。"臧氏庸辑郑《注》释云:"此传字,从专得声,《鲁论》故省用作专,郑以《古论》作传,于义益明,故从之。"如臧此言,是"专"与"传"同谓师之所"传",而字作"专"者,所谓假借为之也。宋氏翔凤《论语发微》:"孔子为曾子传孝道而有《孝经》。《孝经说》曰:《春秋》属商,《孝经》属参。则曾子以《孝经》专门名其家,故《鲁论》读传为专。所业既专,而习之又久,师资之法无绝,先王之道不湮,曾氏之言,即孔子传习之旨也。"包氏慎言《论语温故录》:"专谓所专之业也。《吕氏春秋》曰:'古之学者,说义必称师,说义不称师命之曰"叛"。'所专之业不习,则隳弃师说,与叛同科。故曾子以此自省。《后汉书·儒林传》:'其耆名高义开门受徒者,编牒不下万人,皆专相传祖,莫或讹杂。扬雄所谓"譊譊之学,各习其师。"'此即《鲁论》义也。"案:宋、包二君义同。《广雅·释诂》:"专,业也。"亦谓所专之业。此《鲁论》文既不箸,义亦难晓,故既取臧说,兼资宋、包,非敢定于一是也。(《论语正义》10页)

蒋伯潜:传,按郑玄注云:"《鲁》读'传'为'专',今从《古》。"《说文解字》云:"专,六寸簿也。"犹今之札记簿,所以记述师言。(沈知方主稿、蒋伯潜注释《四书读本》3页)

吴新成:教给别人的东西,是不是自己确有心得?(《论语易读》4页)

黄怀信:"传",名词,音撰,指先生所传授的文献。(《论语新校释》5页)

林觥顺:传是凡所传授之事。不习读丕习是切实在传授之先,去多做研习的工作。传丕习,是不传授未经实质研习过的学问予人,乎是反诘词,犹白话文吗。(《论语我读》6页)

杨朝明:传(chuán):老师的传授。习:实践。与"学而时习之"的"习"一样,都是指的在实际中应用。传统的理解可能不确。
(《论语诠解》4页)

　　辑者案:此言老师传授的知识,自己还未曾复习吗？这
与"学而时习之"吻合。

1.5 子曰:"道千乘之国,敬事而信,节用而爱人,使民以时。"

(1)道千乘之国

汉·马融:道,谓为之政教。《司马法》:"六尺为步,步百为亩,亩百为夫,夫三为屋,屋三为井,井十为通,通十为成,成出革车一乘。"然则千乘之赋,其地千成,居地方三百一十六里有畸,唯公侯之封乃能容之,虽大国之赋亦不是过焉。(邢昺《论语注疏》4页)

汉·包咸:道,治也。千乘之国者,百里之国也。古者井田,方里为井。十井为乘,百里之国,适千乘也。(邢昺《论语注疏》5页)

魏·何晏:融依《周礼》,包依《王制》、《孟子》,义疑,故两存焉。(邢昺《论语注疏》5页)

宋·郑汝谐:道犹大路也,谓其必出于此也。(《论语意原》卷一·3页)

日·物双松:窃疑此必脱简。道如"道宋卫之间"(《战国策》曰"道途宋卫")之道。盖天子巡狩,必道千乘之国,小国苦供亿也。(《论语征》13页)

杨润根:道:使达于道德,使符合道德。从社会和国家的意义上来说,道德归根结底只是政治的道德。因此当一个社会和一个国家的政治背离了道德,那么道德在这个社会和国家中也就消失了。(《发现论语》9页)

黄怀信:[校]导千乘之国,"导"旧作"道",古字,从皇本、正平

本、敦煌一唐写本改今字。[释]"导",引领、领导。(《论语新校释》6页)

金池:同"导",这里是引导治理的意思。(《〈论语〉新译》11页)

孙钦善:千乘(shèng 剩):一千辆兵车。古时四匹马驾一辆车合称乘,国家的军赋以乘计,故拥有车乘的多少,能反映一个国家的大小和强弱。孔子时代的"千乘之国"已不算诸侯大国,故子路有"千乘之国摄乎大国之间"的话。(《论语本解》3页)

> 辑者案:道同"导",解为领导、治理为优。千乘之国,拥有千辆兵车的国家。

(2)爱人

清·刘宝楠:《注》以"爱人",人指民言。避下句"民"字,故言"人"耳。(《论语正义》17页)

杨伯峻:古代"人"字有广狭两义。广义的"人"指一切人群;狭义的人只指士大夫以上各阶层的人。这里和"民"(使"民"以时)对言,用的是狭义。(《论语译注》4页)

袁庆德:人:这里指住在国都中的平民。即所谓的"国人"。(《论语通释》251页)

> 辑者案:"爱人"即爱护人民,爱护百姓。杨伯峻"只指士大夫以上各阶层的人"之说,恐不符文意。孔子曾说"仁者爱人"、"泛爱众而亲仁",可见,只爱一部分有地位的人,不符合孔子仁民爱物的思想。

1.6 子曰:"弟子入则孝,出则悌,谨而信,泛爱众而亲仁。行有余力,则以学文。"

(1)弟子入则孝,出则悌

梁·皇侃:弟子,犹子弟也。言为人子弟者尽其孝悌之道也。

父母在闺门之内,故云入也;兄长比之疏外,故云出也。(皇侃《论语集解义疏》卷一·8页)

明·林希元:善事兄长为"弟"。兄弟亦当以"入"言,此言"出则弟"者,以兄弟对父母言,则父母为内,兄弟为外。况此"弟"字所该颇广,不专指"兄"言,凡宗族乡党之年长于我者,皆当"弟"顺之也。(《论语存疑》卷一·7页)

清·刘宝楠:"弟子"者,对兄父之称,谓人幼少为弟为子时也。《仪礼·特牲馈食礼》注:"弟子,后生也。"《大射仪》注:"弟子,其少者也。""入则孝出则弟"者,《礼·内则》云:"异为孺子室于宫中。"是父子异宫,则入谓由所居宫至父母所也。《内则》又云:"十年出就外传,居宿于外。"《大戴礼·保傅》云:"古者年八岁而出就外舍,学小艺焉,履小节焉。束发而就大学,学大艺焉,履大节焉。"是出谓就傅,居小学、大学时也。(《论语正义》18页)

杨伯峻:[译文]后生小子,在父母跟前,就孝顺父母;离开自己房子,便敬爱兄长。[注释]①弟子——一般有两种意义:(甲)年纪幼小的人,(乙)学生。这里用的是第一种意义。②入、出——《礼记·内则》"由命士以上,父子皆异宫",则知这里的"弟子"是指"命士"以上的人物而言。"入"是"入父宫","出"是"出己宫"。(《论语译注》5页)

李炳南:弟子。求学之人,学必有师,故称弟子。……入则孝。此说在家庭必须孝养父母……出则弟。……出外求学,或作他事,则行弟道。皇《疏》:"善兄为悌。"邢《疏》:"弟,顺也。"在家能孝,自能善事兄长,敬顺兄长,以顺亲心,是谓之弟。出外,推此事兄之道,以待年长于己者是为出则弟。(《论语讲要》6页)

吴林伯:弟子二句,互文见义,实谓弟子出、入均须讲求孝悌,非入惟孝、出惟悌也。前章言孝悌是"为仁之本",故称弟子之

"行",则孝悌居首。曰"出入"者,无往而不孝弟也。(《论语发微》9页)

黄怀信:[释]弟子:弟与子,皆幼小者,今所谓小孩子。"入",谓入门,回家也。"出",谓出门,在外也。[训译]小孩子回家孝敬父母,出门顺从兄长。(《论语新校释》7页)

金知明:弟子:年轻人;是长者和有声望者针对他的追随者而说的。弟,通"悌",本义为尊重兄长,这里有善待朋友的意思。(《论语精读》3页)

杨朝明:[诠释]入:在家。出:外出。[解读]年轻的人们,在家要孝顺父母,外出要敬爱长者。(《论语诠解》5页)

　　辑者案:从吴林伯说。孝悌是一种固有的德行,无时不在心里,无时不体现在行动上,不受时间、空间的限制。很多学者囿于"出、入"二字而不得自拔。

(2)谨而信

宋·邢昺:"谨而信"者,理兼出入,言恭谨而诚信也。(邢昺《论语注疏》7页)

宋·朱熹:谨者,行之有常也。信者,言之有实也。(《四书章句集注》49页)

清·刘宝楠:《诗·民劳》笺:"谨,犹慎也。"谨于事见,信于言见也。(《论语正义》18页)

杨树达:谨谓寡言也。说详余《释谨篇》。见《积微居小学·金石论丛》卷一。信谓其言诚实可信也。寡言而不信,虽寡亦无当矣。夫人不言,谨也;言必有中,信也。轻诺扬言,皆不谨也。(《论语疏证》16页)

　　辑者案:从邢昺说。

(3)亲仁

宋·邢昺:有仁德者则亲而友之。(邢昺《论语注疏》7页)

黄怀信：［校］"人"旧作"仁"。按"仁"与"众"不相对，当以音误。《大戴礼记·曾子立事》云："言必有主，行必有法，亲人必有方。"正作"亲人"，今据改。［释］"亲人"，谓亲近于人，对人亲热。旧作"亲仁"而释为亲近仁者，非是，仁者爱人，不待人亲。（《论语新校释》7 页）

林觥顺：亲者至也。谓情深意恳者莫甚于父母对子女之爱。仁，二人亲密互助合作，是谓有爱心，故亲仁皆引用有近义。而亲仁，是必须亲近有仁德的人，就是有相互尊敬修养的人。（《论语我读》8 页）

　　辑者案：从邢昺说。

（4）文

汉·马融：文者，古之遗文也。（皇侃《论语集解义疏》卷一·9 页）

梁·皇侃：若行前诸事毕竟而犹有余力，则宜学先王遗文，五经六籍是也。（皇侃《论语集解义疏》卷一·9 页）

清·刘宝楠：凡文皆古人所遗，故言"遗文"，马以弟子所学，别有一书，如《弟子职》之类，后或失传，故只言古之遗文而已。郑《注》云："文，道艺也。"《周官·保氏》："养国子以道，乃教之六艺：一曰五礼，二曰六乐，三曰五射，四曰五驭，五曰六书，六曰九数。"是"艺"为"六艺"也。"艺"所以载道，故《注》"道艺"连文，其义与马氏并通也。（《论语正义》19 页）

方骥龄：文，疑指文质之文，指人之威仪礼文。盖孝弟谨信仁爱，皆人之本质，本质既佳，更应注意威仪礼文，如此，斯可文质彬彬而为君子矣。（《论语新诠》7 页）

毛子水：文，本是一切文字的通称；这里的"文"，指书本言。……"除了学习德行以外，余事便是读书。"（《论语今注今译》5 页）

杨伯峻：有剩余力量，就再去学习文献。（《论语译注》5 页）

己和他人的外表的重视。(《发现论语》13页)

唐雷：查《汉大》，"色"有"种类"义。"贤贤"，下一个"贤"字指"贤"人，上一个"贤"字当为意动用法，"以……为贤"。"贤贤"，即"以贤人为贤（的标准）"，"或贤人之所以贤的原因是……"。"易"，改变。"贤贤易色"，指（针对不同对象）会改变不同（态度），是判断一个人是否贤德的重要标准。……对待父母、君主、朋友采取不同的态度，这才是知大义、识大体的贤人。(《论语献疑》，《浙江工商职业技术学院学报》2004年3卷1期)

黄怀信：贤贤易色：旧有数解：（1）尊重贤人，改易其平常之色；（2）以好色之心好贤；（3）改易好色之心以好贤；（4）娶妻重德不重色。今人多从后说。今按：后三说皆以"色"为女色，实不可信，后说为甚。贤贤与女色不相涉，色与学无关联，且学者未必皆能"易"色。释前"贤"为动词于古语法可通，"贤贤"即以贤为贤，敬贤也。然而人敬贤未必就能易色，惟有当面见之，方能改易，是（1）说亦不可信。又释"易"为轻，与"贤"不对，"贤"无重义。"易"必是改易之义，故"贤贤"必当作"见贤"。"贤"从"臤"得音，"臤"音坚，亦见母字，韵相转，故误。见到贤者而改变其容色，正是见贤思齐、谦虚向善和好学上进的表现，故曰亦谓之学矣。若言女色、妻室，则与"学"无关。(《论语新校释》9页)

金知明：肯定他人的优点而改掉他人好色的毛病。(《论语精读》4页)

郑张欢：[注]贤贤，贤实，贤淑。[释]一个能以自己的贤实与贤淑女子相感交往，而不以美色相惑，交往成为夫妻的人，必事父母能竭其孝，事君能致其忠，与朋友交能言而有信。(《论语今释》17页)

李培宗：[注释]贤贤：前为动词，尊重、崇尚的意思；后为名

词,指才能、德行均好的人。易:去掉。[解析]子夏说:"崇尚才能、德行好的人,去掉好色的心肠。"(《论语全解》5页)

杨朝明:[诠释]贤贤易色:重视内在品质,不过分看重容貌。易,平易,轻看,不过分看重。……通观本章,"贤贤易色"应该说的是选择或对待妻子的方式,不应该是泛指一般对待美色的态度。[解读]对于妻子,应当重视她的品行,而不过分看重容貌。
(《论语诠解》5页)

胡齐临:一个人能够看重贤德而不重物质生活。(《论语真义》9页)

辑者案:该句是谈对待贤者的态度。前"贤"字,是意动用法,有"尊重"义;后"贤"字,是名词,指贤人。直译的话,即"贤其贤者,改变容色";意译的话,即"尊重贤德之人,应改易平常之容色为尊重之容色"。"色",不是指妻子,若是指妻子的话,依下文"父母""君""朋友"之行文风格,必会点明"妻子"。再者,儒家重德,把对待贤者的态度放在首位,是符合儒家思想的。如果把"色"理解为妻子,则是把对待妻子的态度放在了对待父母的态度之前,显然是悖理的。通观整部《论语》,无一处讨论如何对待妻子的问题。

1.8 子曰:"君子不重则不威,学则不固。主忠信,无友不如己者,过则勿惮改。"

(1)君子不重则不威,学则不固

汉·孔安国:固,蔽也。一曰:"人言不敦重,既无威,学不能坚固,识其义理也。"(马国翰辑《论语古注·论语孔氏训解》卷一·1页)

梁·皇侃:君子不重非唯无威,而学业亦不能坚固也。(皇侃《论语集解义疏》卷一·10页)

宋·朱熹：重，厚重。威，威严。固，坚固也。轻乎外者，必不能坚乎内，故不厚重则无威严，而所学亦不坚固也。（《四书章句集注》50页）

清·焦循：此《注》"固"有二义：一为蔽，一为坚。蔽之义为闇。《曲礼》"辍朝而顾，君子谓之固"，郑氏《注》云："固，谓不达于礼。"不达于礼是为蔽塞不通，此固所以为蔽也。不学故不达礼，学则达于礼。不固者，达于礼也。"一曰"者，别为一说。不固，为学不坚固。由于不重，与蔽之训适相反。皇侃专用后一说，已失孔氏之旨。其解"蔽"字之义，则云："蔽，犹当也。言人既不能敦重，纵学亦不能当道理。"此既不明"蔽"字之义，又不合坚固之义，而以蔽固之解与"一曰"云云相牵混，非也。"一曰"二字是何晏兼存异说，非亦孔安国注。"蔽"训当，乃包氏所注，一言以蔽之，未可引为孔氏义。（《论语补疏》卷一·3页）

李泽厚：君子不严肃、自重，就没有权威，所学习的东西就不稳固。（《论语今读》28页）

杨润根："重"的本意是"任里"、"任仁"，而这正是人类重大的道德使命。这里的"重"（它作为名词）指的也正是君子对自身所具备的道德品质的重视。（《发现论语》15页）

黄怀信：［校］学则不固，与"不重则不威"义不协，且句法参差，"学"前当脱"不"字。［释］学则不固：旧有二解：一曰"即使学了，也不会巩固"；二曰"学，就不固陋"。然学与重、威无关，学则不固陋与不重、不威又无关；而人不威、不重者，学亦未必不能巩固。是"学"前无"不"字诚不可通，脱无疑。"固"，坚固、有力量。［训译］有地位的人不庄重就不威严，不学习就不坚固。（《论语新校释》10页）

林觥顺：不读同丕，有甚大义，五经字多以不作丕。不重则不威,是不自我庄重则无威仪。是不重则不威。越是自我庄重,就更加有威仪使人敬畏。固,是坚固充实,学则不固,是因自我不威不重后,心无杂念,所以学能更专心更有内涵。(《论语我读》10页)

杨朝明:[诠释]重:庄重。威:威严。学:学术。固:顽固、固守。[解读]君子不庄重,就缺乏威严;君子致力于学术,就不会固执。(《论语诠解》5页)

辑者案:从皇侃、朱熹说。此语强调庄重、严肃,若不庄重、严肃,则难有威严。轻佻戏慢,学了东西也不会坚固。

(2)主忠信

汉·郑玄:主,亲也。惮,难也。(皇侃《论语集解义疏》卷一·10页)

梁·皇侃:云"主忠信"者,言君子既须威重,又忠信为心,百行之主也。(皇侃《论语集解义疏》卷一·10页)

清·刘宝楠:"主"训"亲"者,引申之义。《注》意谓人当亲近有德,所谓胜己者也。然下文复言"无友不如己",于意似重,惑未必然。皇《疏》云:"以忠信为百行所主。"是忠信在己不在人,其义较长。(《论语正义》23页)

清·俞樾:"主"与"友"对。《大戴记·曾子制言篇》曰:"曾子门弟子或将之晋,曰:'吾无知焉。'曾子曰:'何必然往矣,有知焉谓之友,无知焉谓之主。'"此文"主"字义与彼同,言所主者必忠信之人,所友者无不若己之人。孔子主颜雠由、主司城贞子,即是"主忠信"之谓。(《群经平议》卷三十·2页)

方骥龄:《广雅·释诂三》:"主,守也。""主忠信"者,守忠信之道也。如,从也。"无友不如己者",不交不从己守忠信之人也……《方言》六:"惮,怒也。"《广雅·释诂一》:"惮,强也。"故惮字义有恼怒倔强意,非畏惧也。朋友有劝善规过之责,受人所责劝,当虚心接受,切勿因受责后恼羞成怒而不改也。(《论语新诠》

249 页)

　　杨伯峻：[译文]要以忠和信两种道德为主。不要跟不如自己的人交朋友。[注释]主忠信——《颜渊篇》(12.10)也说，"主忠信，徙义，崇德也"，可见"忠信"是道德。无友不如己者——古今人对这一句发生不少怀疑，因而有一些不同的解释。译文只就字面译出。(《论语译注》6 页)

　　金池：这里是形容词用作动词，主动接近的意思。(《〈论语〉新译》15 页)

　　乌恩溥：[注释]主，立足于。[译文]要立足于忠和信。(《名家讲解论语》3 页)

　　金知明：主忠信：心中铭记着忠和信；主，动词，信仰和挂念。(《论语精读》4 页)

　　　　辑者案：主忠信，主：动词，即崇尚、注重的意思。

(3)无友不如己者

　　宋·邢昺："无友不如己者"，言无得以忠信不如己者为友也。(邢昺《论语注疏》8 页)

　　元·陈天祥：《注》文本通，因东坡一说致有难明之义。东坡云："世之陋者乐以不己若者为友，则自足而日损，故以此戒之。如必胜己而后友，则胜己者亦不与吾友矣。"学者往往以此为疑，故不得不辨。"如"字不可作"胜"字说。如，似也。南北《广韵》、中原《韵略》"如"又训"均"。不如己、如己、胜己凡三等。不如己者，下于己者也。如己者，与己相似，均齐者也。胜己者，上于己者也。如己、不如己当以德言，不可以才能论也。己为君子，彼未君子，彼之所为无己之善，是之谓不如己者也。己为君子，彼亦君子，彼之所为善与己均，是之谓如己者也。如己者德同道合，自然相友。孟子曰："一乡之善士斯友一乡之善士，一国之善士斯友一国之善士，天下之善士斯友天下之善士。"此皆友其如己者也。如己者友之，胜于己者己当师之，何可望其为友邪？如己与胜己者既有分别，学者于此可无疑矣。(《四书辨疑》卷二·6页)

清·江声：不如非谓不及也，如以不及己而不友之，则彼胜己者将亦以我为不及而不吾友矣，友道毋乃绝乎？不如，所为不相如也。不相如则彼此皆无所取资，友之何益，故曰"道不同不相为谋"。即使同焉，为学己则志在潜修，下学而上达，彼则志在求名务博以矜世，是即不如己者。盖同志为友，志同则相切相摩，日就月将，交相益。不如是则友之何为？(《论语竢质》卷中·6页)

杨伯峻：不要跟不如自己的人交朋友。(《论语译注》6页)

吴林伯：盖人有能，有不能，他人才德之总成就即使差于我，而其某一点有可取，非我所及，则我仍应以为友，截其所能，补我之不能。故孔子曾问礼于老聃，访乐于苌弘，学琴于师襄，问少昊氏以鸟名官之故于郯子，"郯子之徒，其贤不及孔子"(韩愈《师说》)，则孔子岂不与不如己者为友哉！《汉书·袁盎传集注》："如，似也。""无友不如己者"，不与不似己者为友。"似"者何？道也。友之道必相似，不然，佛氏名之"外道"，孔子谓之"异端"，"攻"之斯害(《为政》)，焉能为友？故孔子断言："道不同，不相为谋。"(《卫灵公》)荀卿沿孔子取友之意曰："友者，所以相有也；道不同，何以相有也？"(《荀子·大略》)此"无友不如己者"确诂。(《论语发微》11页)

林觥顺：毋友不如己者：《正义》释作交友须胜己者，无得以忠信不如己者为友。此释与孔子教人为善、教人教学相长大违特误。如果每个人都不交不如己的朋友，则每一个人都是孤独无友。问题出在毋如字，而误导后人。如的本义从随。是女从口，是女子在家从父，出嫁从夫，夫死从子。引申如有相似义。毋是禁止词绝无仅有。是无毋通用，古文体用无今文体多用毋，笔者以为或是刊误或是修饰假借。無字隶变作"霖"，丰茂众多义。是"霖"友丕如己者。(《论语我读》161页)

石连同：对于孔子"无友不如己者"这句话，学术界解释有所分歧。有人译为：不要与不如自己的人为友。这与孔子的整体思想有抵触，似不妥，此处的"不如己"训为"不类己"较善，引申为"与己不同道"之意，与孔子的"道不同不相为谋"意思相近。在择友标准上孔子注重的是"志同道合"，朋友要"合志同方营道同求"共弘儒家之仁道，这是由交友的目的所决定的。孔子鄙视那些追求物质利益、为求食禄而向学的人，他说："士志于道，而耻恶衣食者，未足与议也。"(《略论孔子的交友之道》，《孔子诞辰2540周年纪念与学术讨论会论文集》1257页)

李泽厚：[译]没有不如自己的朋友。[记]"无友不如己者"，作自己应看到朋友的长处解，即别人总有优于自己的地方，并非真正不去结交不如自己的朋友，或所交朋友都超过自己。如是后者，在现实上不可能，在逻辑上作为普遍原则，任何人将不可能有朋友。所以它只是一种劝勉之辞。(《论语今读》29页)

李金坤：这段话讲三层意思，即：君子要自尊；尊人；以人之长补己之短。"无友不如己者"，这是孔子以双重否定之形式来强调学习友人长处的重要性。如果说自尊是内因，尊人是外因，而以人之长补己之短，闻过则改，则是君子修德进业的结果。……这种释义与孔子一贯倡导的谦虚谨慎、见贤思齐的好学精神是一脉相承的。(《"无友不如己者"释义正解》，《江海学刊》2005年第2期)

杨朝明：不结交不仁之人……孔子的本意是远离缺乏仁德的人。(《论语诠解》5页)

郭自虎：他强调一个人要讲忠诚信实，虚心一点则会看到没

有不如自己的朋友。(《从〈论语〉的交友之道看"元白"并称的文化含义》,《孔子研究》2009 年第 4 期)

郑张欢:[释]孔子说:一个人要主忠信,没有友朋帮助的时候不如靠自己努力,如事有过错,则不应惧怕改正。(《论语今释》140 页)

　　辑者案:无,通"毋"、"勿"。友,是动词,交友的意思。无友不如己者,即不要和在德行上不如自己的人交朋友。

1.9 曾子曰:"慎终追远,民德归厚矣。"

汉·孔安国:慎终者,丧尽其哀。追远者,祭尽其敬。君能行此二者,民化其德,皆归于厚也。(邢昺《论语注疏》9 页)

宋·邢昺:"慎终"者,终,谓父母之丧也。以死者人之终,故谓之终。执亲之丧,礼须谨慎尽其哀也。"追远"者,远,谓亲终既葬,日月已远也。孝子感时念亲,追而祭之,尽其敬也。(邢昺《论语注疏》9 页)

宋·朱熹:慎终者,丧尽其礼。追远者,祭尽其诚。(《四书章句集注》50 页)

宋·金履祥:程叔子谓不止为丧祭,推而至天下事,皆能谨其终,不忘于远。(《论语集注考证》卷一·6 页)

清·刘宝楠:《尔雅·释诂》:"慎,诚也。"《说文》:"慎,谨也。""诚"、"谨"义同。《周官·疾医》:"死终则各书其所以。"郑《注》:"老死曰终。"《礼记·檀弓》云:"君子曰终,小人曰死。"此对文异称。《檀弓》又云:"曾子曰:'丧三日而殡,凡附于身者,必诚必信,勿之有悔焉耳矣。三月而葬,凡附于棺者,必诚必信,勿之有悔焉耳矣。'"皆是言"慎终"之事。"追远"者,《说文》:"追,逐也。"《诗·鸳鸯笺》:"远,犹久也。"并常训。言凡父祖已殁,虽久远,当时追祭之也。(《论语正义》23 页)

杨伯峻:谨慎地对待父母的死亡,追念远代祖先,自然会导致

老百姓归于忠厚老实了。(《论语译注》6页)

李炳南：慎终者，慎是谨慎，终是寿终。父母寿终时，须依丧礼，谨慎治理丧事。父母之丧，以哀戚为重。故孔注云："丧尽其哀。"追远者。丧葬之后，须依礼依时追念祭祀。追远之远有二义。一为父母去世已经久远，二为祖父母以至历代祖先，距今已远，皆须追祭以时，祭则必诚必敬。故孔注云："祭尽其敬。"子子孙孙，如是追远祭祀，是为不忘本。(《论语讲要》11页)

文选德：关于"慎终"，意即要以认真谨慎的态度思考所有言行的最后的结果。关于"追远"，意即要深入彻底地研究探索所有言行所产生的深远影响。(《论语诠释》43页)

辑者案：父母寿终，丧事要办得谨慎合理；祖先虽远，须依礼追祭。

1.10 子禽问于子贡曰："夫子至于是邦也，必闻其政。求之与？抑与之与？"子贡曰："夫子温、良、恭、俭、让以得之。夫子之求之也，其诸异乎人之求之与！"

(1) 必闻其政。求之与？抑与之与

汉·郑玄：亢(辑者案：指陈亢，子禽弟子)怪孔子所至之邦必与闻其国政，求而得之邪？抑人君自愿与之为治？(邢昺《论语注疏》9页)

杨伯峻：他老人家一到哪个国家，必然听得到那个国家的政事，求来的呢？还是别人自动告诉他的呢？(《论语译注》6页)

金知明：求，找。(他)是要(从那里)发现点什么东西呢，还是要给予他们点什么东西呢？(《论语精读》5页)

李零："必闻其政"，其实是必问其政。孔子喜欢调查研究，如"子入太庙，每事问"(《八佾》3.15)。闻、问同源，古文字，早先只有从耳从昏的闻字,没有专表问答的问字。闻是双重含义,他要打听的事,既可以是听来的,也可以是问来的。后来为了区别主动和被动,才另外造了个问字。这里的"闻",到底是问还是闻,正是子禽所问。"求之"是问,"与之"是闻。子贡的回答是,孔子的消息,是靠"温、良、恭、俭、让"得来的,他和一般人问话的方式不一样,非常谦虚,非常和气,人家乐意给他讲,说是打听,其实也可以说,是别人主动告诉他的。(《丧家狗——我读〈论语〉》63 页)

何新:[译文]是要有所要求呢,还是要有所给予呢?[注释]与之:(1)给予;(2)参与。(《论语新解——思与行》8 页)

　　辑者案:杨伯峻说为是。

(2)夫子温、良、恭、俭、让以得之

梁·皇侃:敦美润泽谓之温,行不犯物谓之良,和从不逆谓之恭,去奢从约谓之俭,推人后己谓之让。言夫子身有此五德之美,推己以测人,故凡所至之邦必逆闻之也。故顾欢云:"此明非求非与,直以自得之耳。其故何也? 夫五德内充,则是非自镜也。"又一通云:孔子入人境,观其民之五德,则知其君所行之政也。故梁冀云:"夫子所至之国,入其境,观察风俗以知其政教,其民温良,则其君政教之温良也;其民恭俭让,则政教恭俭让也。孔子但见其民,则知其君政教之得失也。"(皇侃《论语集解义疏》卷一·12 页)

宋·邢昺:敦柔润泽谓之温,行不犯物谓之良,和从不逆谓之恭,去奢从约谓之俭,先人后己谓之让。言夫子行此五德而得与闻国政。(邢昺《论语注疏》10 页)

杨伯峻:他老人家是靠温和、善良、严肃、节俭、谦逊来取得的。(《论语译注》7 页)

赵又春:子贡不直接回答是求得的,因为说出来有损孔子尊严,又不好撒谎,于是所答非所问地说是凭孔子的温和、善良、恭

敬、俭朴、谦让五种美德得来的。(《我读〈论语〉》4 页)

黄怀信：温、良、恭、俭、让："温"，谓态度温和。"良"，善也，谓心地善良。"恭"，谓对人恭敬有礼。"俭"，俭束，谓自我约束、检点，释节俭非。"让"，谓做事谦让。(《论语新校释》12 页)

何新：[译文]先生以温和、善良、恭敬、宽大、谦让对待一切。[注释]俭：閒，间，宽松。或读为敬，亦通。《礼记·乐记》："恭俭而好礼者，宜歌'小雅'。"恭俭，即恭敬。得，待也。(《论语新解——思与行》8 页)

孙钦善：夫子：古人对男子的一种敬称。皇侃《论语义疏》："《礼》：身经为大夫者，得称为夫子。孔子，鲁大夫，故弟子呼为夫子也。"后遂沿袭为对老师的称呼，或用以专指孔子。俭：约束。(《论语本解》6 页)

　　　辑者案："俭"解为"俭束"为当，自我约束，不放肆。

(3)夫子之求之也，其诸异乎人之求之与

汉·郑玄：言夫子行此五德而得之，与人求之异，明人君自愿求与为治也。(皇侃《论语集解义疏》卷一·11 页)

梁·皇侃：此明夫子之求与人之求异也。人则行就彼君求之，而孔子至境，推五德以测求之。故云其诸异乎人之求之也。"诸"，犹之也。"与"，语助也。故顾欢云："夫子求知乎己，而诸人访之于闻，故曰异也。"梁冀又云："凡人求闻见乃知耳，夫子观化以知之，与凡人异也。"(皇侃《论语集解义疏》卷一·12 页)

宋·郑汝谐：天理之在人心，未始亡也，利欲惑之，则忘其初矣。列国之诸侯非必人人为虺蜴、为梼杌也。乍见圣人盛德之容，其谁不欲与之谋其政乎？惟其道大莫能容，是以始虽谋之，终必弃之。当夫子皇皇于七十二国，岂可谓无所求也哉？然夫子之求非众人之求也，求行吾道以泽天下尔。(《论语意原》卷一·5 页)

杨伯峻：他老人家获得的方法，和别人获得的方法，不相同吧？（《论语译注》7 页）

李泽厚：他要求的方式大概不同于别人的方式吧。（《论语今读》30 页）

孙钦善：其诸：表示不肯定的推测语气。（《论语本解》6 页）

　　辑者案：应理解为：夫子求取的方式，大概不同于别人的求取方式吧。

1.11 子曰："父在观其志，父没观其行，三年无改于父之道，可谓孝矣。"

(1) 其

杨伯峻：其——指儿子，不是指父亲。（《论语译注》7 页）

吴林伯：两"其"字皆指父。"父在"二句，互文见义，实谓父之存、亡，子皆当观其志、行，志、行不正则谏。《孝经·谏争章》："父有争子，则身不陷于不义；故当不义，则子不可以不争于父。"必使父之志、行正而后继之，此《礼记·中庸》所谓"善继人之志，善述人之事者也"，"善"字注意。（《论语发微》13 页）

　　辑者案："其"指儿子。父在时观察儿子的心意，父没后看儿子的行动，父在父没儿子均无违意违行，方可说做到孝了。若"其"指父，然父死了，如何观父行？于理难通。

(2) 三年无改于父之道

汉·孔安国：父在，子不得自专，故观其志而已。父没，乃观其行也。（皇侃《论语集解义疏》卷一·12 页）

梁·皇侃：子若在父丧三年之内不改父风政，此即是孝也。所以是孝者，其义有二也：一则哀毁之深，岂复识政之是非？故君薨，世子听冢宰三年也；二则三年之内，哀慕心事，亡如存，则所不忍改也。或问曰:"若父政善则不改为可,若父政恶,恶教伤民,宁可不改乎?"答曰:"本不论父政之善恶,自论孝子之心耳。若人君风政之恶,则冢宰自行政;若卿大夫之心恶,则其家相邑宰自行事,无关于孝子也。"(皇侃《论语集解义疏》卷一·13页)

清·翟灏:《大戴礼·曾子本孝篇》:"孝子,父死三年,不敢改父之道。"叶适《习学记言》曰:"此当以'三年无改'为句。终三年之间而不改其在丧之意,则于事父之道可谓之孝。"按:欧阳永叔疑此语失夫子本旨。设问曰:"衰麻之服,祭祀之礼,哭泣之节,哀思之心,所谓三年而无改也。若世其世守其宗庙,遵其教诏,虽终身不可改也。国家之利害,社稷之大计,有不俟三年而改者矣,何概云三年无改耶?"如叶水心说,以"无改"为句绝,则永叔可无疑于经矣。(《四书考异》条考三·5页)

清·宋翔凤:道,治也。"三年无改于父之道",谓继体为政者也。若泛言父之教子,其道当没身不改,难以三年为限。惟人君治道宽猛缓急,随俗化为转移,三年之后,不能无所变易。然必先君以正终,后君得有谅阴不言之义。苟失道而死,则为诛君,其子已不当立,何能三年无改也?(《论语说义》卷一·6页)

清·陈浚:须是在三年孝服期内所有家中大小事务,一切还遵照父亲法度,不敢丝毫更改。(《论语话解》卷一·8页)

程树德:[别解一]范祖禹《论语说》(朱子《或问》引):为人子者,父在则能观其父之志而承顺之,父没则能观其父之行而继述之。……

按:南轩《论语解》云:"旧说谓'父在能观其志而顺承之,父没观其行而继述之,又能三年无改于父之道,可谓孝矣'。此说文理为顺。"近人如李光地、梁芷邻均主范说。《礼》曰:"视于无形,听于无声。"观其志之谓也。又曰:"善继人之志,善述人之事。"观其

行之谓也。孔子之言本是论孝,以为观父之志行,义实较长,而
《集注》不采何也?(案朱子《答吕子约书》云:"有谓其志其行皆指
父而言,意亦自好。"试并思之,则朱子当日亦并两存其说。)(《论语
集释》44—45页)

　　杨伯峻:[译文]若是他对他父亲的合理部分,长期地不加改
变,可以说做到孝了。[注释]三年——古人这种数字,有时不要
看得太机械。它经常只表示一种很长的期间。道——有时候是
一般意义的名词,无论好坏、善恶都可以叫做道。但更多时候是
积极意义的名词,表示善的好的东西。这里应该这样看,所以译
为"合理部分"。(《论语译注》7页)

　　金良年:古人以三年子女为父母的服丧期,所以此处的"三年"
当指实数。刘宝楠《正义》认为,三年是多年的意思,不限于服丧期。
(《论语译注》6页)

　　李泽厚:所谓"不改",是承继父业,不轻易改动,这是氏族传
统的要求;即使改作,也得慢慢来,所以要"三年"即多年之后才
动。……保持本氏族的生存经验的重要性,才是"三年无改于父
之道"这一传统的真正原因,这才是关键所在。(《论语今读》31页)

　　杨润根:三年:多年,长期。父之道:做父母的正确行为准则,
这里指父母教育儿女时所应该掌握的正确行为准则。(《发现论语》19
页)

　　黄怀信:[校]旧或以"三年无改"为句,非。[释]"道",指行事
的主张。[训译]三年(丧期之内)不改变父亲的主张,(就)可以算
是孝了。(《论语新校释》13页)

　　金知明:三年不改变父亲走的路。于,介词,表示地点。(《论语
精读》6页)

　　杨朝明:[诠释]三年无改,于父之道:"三年"指三年之丧,"于

父之道"谓传统的守丧之制,亦即三年之丧。[解读]三年之中认真遵循守丧之礼,可以说是孝了。(《论语诠解》6页)

　　胡齐临:"父"在这里是"国法"的象征,这才是原义。国家的宪法是不能轻易改变的,这就是"道"。孔子认为,当国家的"道"还在的时候,要观察"他"(内定继承人)的志向;换代后,要观察"他"(继承人)的行为;若是他对"道"不加改变,就可以说是尽到"孝"了。(《论语真义》11页)

　　孙钦善:道:政道,包括制度和措施。(《论语本解》7页)

　　袁庆德:道:dǎo,"导"(简化为"导")的古字,教导。(《论语通释》156页)

　　　　辑者案:从皇侃、黄怀信、孙钦善说。

1.12 有子曰:"礼之用,和为贵。先王之道,斯为美。小大由之,有所不行。知和而和,不以礼节之,亦不可行也。"

(1)礼之用,和为贵

汉·马融:人知礼贵和,而每事从和,不以礼为节,亦不可行也。(皇侃《论语集解义疏》卷一·13页)

梁·皇侃:此以下明人君行化,必礼乐相须。用乐和民心,以礼检民迹。迹检心和,故风化乃美。故云礼之用,和为贵。和即乐也,变乐言和见乐功也。乐既言和,则礼宜云敬。但乐用在内为隐,故言其功也。(皇侃《论语集解义疏》卷一·13页)

宋·朱熹:礼者,天理之节文、人事之仪则也。和者,从容不迫之意。盖礼之为体虽严,而皆出于自然之理,故其为用,必从容而不迫,乃为可贵。(《四书章句集注》51页)

明·林希元:《蒙引》曰:"礼之用",礼之行处也,非人之用礼也。曰"人之用礼",则"用"字属人;曰"礼之用",则"用"字属礼。故须有分辨。"礼之用"犹云德之流行、道之行耳。要之,"礼之用"亦只是人之用,夫礼,但不可谓人之用礼耳。本文只曰"礼之用",朱子则发出体字,要之,体与用原无二项。即礼之尊卑,上下截然不易,是体;而人之行礼,尊卑上下截然不易,便是用也。(《论语存疑》卷一·13页)

清·刘宝楠:《方言》:"用,行也。"《说文》:"用,可施行也。"礼主于让,故以和为用,《燕义》云"和宁,礼之用也"是也。《说文》:"龢,调也。读与咊同。盉,味也。和,相应也。"三义略近,今经传通作"和"。《贾子·道术篇》:"刚柔得道谓之和,反和为乖。"韦昭《晋语注》:"贵,重也。"高诱《吕氏春秋·尊师注》:"贵,尚也。"和是礼中所有,故行礼以和为贵。皇、邢《疏》以"和"为乐,非也。(《论语正义》29页)

清·俞樾:古"以"、"用"二字通。《周易·井九三》"可用汲",《史记·屈原传》引作"可以汲"。《尚书·吕刑篇》"报虐以威",《论衡·谴告篇》引作"报虐用威";《诗·板篇》曰"勿以为笑",《荀子·大略篇》引作"勿用为笑",并其证也。"礼之用,和为贵"与《礼记·儒行篇》曰"礼之以,和为贵"文义正同,此"用"字止作"以"字解。当以六字为句,近解多以体用为言,失之矣。(《群经平议》卷三十·2页)

杨树达:事之中节者皆谓之和……和,今言适合,言恰当,言恰到好处。礼之为用固在乎适合,然若专求适合而不以礼为之节,则终日舍己徇人,而亦不可行矣。朱子训和为从容不迫,既与古训相违,以之释知和而和,尤不可通,恐未是也。(《论语疏证》28页)

杨伯峻:礼的作用,以遇事都做得恰当为可贵。(《论语译注》8页)

黄怀信:[释]"礼",社会法规与礼仪。"用",运用。释作用非,作用不可言"和"。释行亦非,行礼不当曰礼之用。"和",和谐,不相冲突。朱熹释为和气,非本义。[训译]礼的运用,以和谐为贵。(《论语新校释》14 页)

金知明:和,中和,平和。(《论语精读》14 页)

孙钦善:礼:区别尊卑贵贱的等级制度及与之相适应的礼节仪式。用:施行。和:和谐,调和。贵:尚。礼的根本作用在于区别差异,故《荀子·乐论》说"礼别异";《礼记·乐记》说"礼者为异","礼者别宜"。但是片面强调差别,又易产生离心离德,甚而导致分崩离析,如《乐记》所说"礼胜则离"。因此儒家的礼治观点总是想让人们在等级森严的前提下和睦相处,因此强调"礼之用,和为贵"。(《论语本解》7 页)

辑者案:礼的运用,以和谐、恰当为可贵。

(2)小大由之

梁·皇侃:由,用也。若小大之事皆用礼而不用和,则于事有所不行也。(皇侃《论语集解义疏》13 页)

宋·朱熹:先王之道,此其所以为美,而小事大事无不由之也。(《四书章句集注》51 页)

清·刘宝楠:"小大"指人言。下篇"君子无小大",《诗·泮水》"无小无大,从公于迈",皆以"小大"指人之证。《尔雅·释诂》:"由,自也。"自与从同。《史记·礼书》云:"君臣、朝廷、尊卑、贵贱之序,下及黎庶、车舆、衣服、宫室、饮食、嫁娶、丧祭之分,事有宜适,物有节文。"是言人小大皆有礼也。(《论语正义》29 页)

程树德:[别解]何邵公《论语义》:"宣九年春王正月,公如齐。"《解诂》曰:"月者,善宣公事齐合古礼,卒使齐归济西田。不就十年月者,五年再朝,近得正。孔子曰:'知和而和,不以礼节之,亦不可行也。'明虽事人,皆当合礼。"樾谨按:据此,则此章乃

言诸侯交际之礼。上文小大由之,小谓小国,大谓大国,言小国大国皆当以礼相接也。(《论语集释》47页)

杨伯峻:[译文]过去圣明君王的治理国家,可宝贵的地方就在这里;他们小事大事都做得恰当。[注释](皇侃)把“和”解为音乐……而且认为“小大由之”的“之”是指“礼”而言,都觉牵强。(《论语译注》8页)

杨润根:对于一切伟大的与渺小的、崇高的与卑微的、美好的与丑恶的东西,兼收并蓄,任其自由存在、自由发展。(《发现论语》22页)

黄怀信:[释]“小大”,即大小,当时语言习惯如此。“由”,从也。“之”,指礼。或以此四字属上为句,非。[训译]先王运用礼的方法,这一点最好。(所以)大小事情都依礼而行,当有冲突而行不通的时候,(要)知道和为贵而去调和。[章旨]此章讲用礼大法。礼不可不从,但有时候难免相互冲突,所以礼之运用必以和谐为原则,若有冲突,当知和而和之,而和之之法,亦必须依据于礼。后世单言“和为贵”,已脱离其原始涵义。(《论语新校释》14页)

杨朝明:不论大小事情,都遵循了这样的原则。(《论语诠解》7页)

辑者案:大小事情,都遵从和谐、恰当用礼的原则。

1.13 有子曰:“信近于义,言可复也。恭近于礼,远耻辱也。因不失其亲,亦可宗也。”

(1)信近于义,言可复也

魏·何晏:复,犹覆也。义不必信,信不必义也。以其言可反覆,故曰近于义也。(皇侃《论语集解义疏》卷一·14页)

梁·皇侃:信,不欺也。义,合宜也。复,犹验也。夫信不必合宜,合宜不必信。若为信近于合宜,此信之言乃可复验也。若为信不合宜，此虽是不欺，而其言不足复验也。或问曰："不合宜之信云何？"答曰："昔有尾生与一女子期于梁下，每期每会。后一日急暴水涨，尾生先至而女子不来，而尾生守信不去，遂守期溺死，此是信不合宜，不足可复验也。"（皇侃《论语集解义疏》卷一·14页）

唐·韩愈：反本要终谓之复。言行合宜，终复乎信，否则小信未孚，非反复不定之谓。（《论语笔解》卷上·1页）

宋·朱熹：信，约信也。义者，事之宜也。复，践言也。……言约信而合其宜，则言必可践矣。（《四书章句集注》52页）

程树德："复"训反复，汉唐以来旧说如是，从无"践言"之训，《集注》失之。（《论语集释》51页）

杨伯峻：[译文]所守的约言符合义，说的话就能兑现。[注释]复——《左传》僖公九年荀息说："吾与先君言矣，不可以贰，能欲复言而爱身乎？"又哀公十六年叶公说："吾闻胜也好复言……复言非信也。"这"复言"都是实践诺言之义。《论语》此义当同于此。（《论语译注》8页）

李炳南：信，是一个人说话有信用。义，是合宜。复，古注作反复讲。信与义不同，但必须近于义。信由言语表达，信须近于义，则言语可以反复。即反复思维所说的话是否合宜。合宜则守信，不合宜则不必守信。（《论语讲要》13页）

李泽厚：讲信任符合理则，才能履行承诺。（《论语今读》32页）

黄怀信：[释]"信"，指一个人所表现出来的诚信、老实程度。旧释约信、诺言皆非。"近"，接近。"义"，宜也，谓合宜、恰当、合理。"复"，践复、兑现。[训译]（一个人的）老实程度接近合宜，（他）所说的话就能兑现。（《论语新校释》16页）

郑张欢：复，复进。（《论语今释》20页）

杨朝明：[诠释]这里说言语之信应当以义为标准，须要视义而行。所以,《孟子·离娄下》说:"大人者,言不必信,行不必果,惟义所在。"历代学者也大都这样认为。[解读]信约接近或者符合道义,诺言可以兑现。(《论语诠解》7 页)

辑者案:从杨朝明说。

(2)因不失其亲,亦可宗也

汉·孔安国:因,亲也。言所亲不失其亲,亦可宗敬。(邢昺《论语注疏》11 页)

唐·韩愈:因训亲,非也。孔失其义。观有若上陈信义恭礼之本,下言凡学必因上礼义二说,不失亲师之道,则可尊矣。(《论语笔解》卷上·1 页)

唐·李翱:因之言相因也。信义而复本,礼因恭而远嫌,皆不可失,斯乃可尊。(《论语笔解》卷上·1 页)

宋·朱熹:因,犹依也。宗,犹主也。……所依者不失其可亲之人,则亦可以宗而主之矣。(《四书章句集注》52 页)

清·刘宝楠:此文上言"因",下言"亲",变文成义。《说文》:"宗,尊祖庙也。"宗有尊训。此言"宗敬"者,引申之义。……桂氏馥《群经义证》解此《注》云:"《诗·皇矣正义》曰:'《周礼》六行,其四曰姻。《注》:"姻,亲于外亲。"是姻得为亲。'据此,则'因'即'姻'省文。《野客丛书》引《南史》王元规曰:'姻不失亲,古人所重,岂得辄昏非类?'《张说之碑》亦云:'姻不失亲,官复其旧。'又徐锴《说文通论》:'《礼》曰:"姻不失其亲。"故古文肖女为妻。'邢、皇二疏,俱失孔恉。"今案:孔《注》"因亲"是通说人交接之事。其作"姻"者,自由后世所见本不同。然婚姻之义,于《注》本得兼之,皇、邢《疏》依《注》为训,未为失恉。(《论语正义》31 页)

清·陈浚:因是偶然聚会,失是错,亲是亲近,宗是常久倚靠。(《论语话解》卷一·9 页)

程树德：愚谓"因"训为亲，乃"姻"之省文。"姻"本为"因"孳生字，故得省作"因"。言缔姻不失其可亲之人，则亦可等于同宗。似较训"宗"为尊敬为胜。（《论语集释》50页）

萧民元：经过反复思索，笔者认为，"因不失其亲，亦可宗也"似乎并未特指甚么，它只是有子具有归纳性的一句话而已。……德性与德性之间，有关联性。一个单独的德性在发挥时，如果能亲依到（不失）它所关联的另外一个德性，就不会产生缺失了。……就是有子认为：在德性运用方面，考虑德性亲依原则，将不失为一可以遵循（"亦可宗也"）的好方法。（《论语辨惑》10—11页）

杨润根：在社会生活之中，如果人们所遵循的生活原则并不背离生活本身所要求的善良，那么这样的生活原则就是可以受人尊重、为人效仿的。（《发现论语》22页）

金知明：因，靠近。亲，亲和力。（《论语精读》7页）

安德义：因此不失去亲朋好友，这些亲朋好友也可以作为自己的依靠。（《论语解读》18页）

李里："因"当凭借讲，"亲"当亲人讲。一个人行事都要有所依凭，有所依靠，而你所依靠的人要不失其亲，就是要依靠亲近的人。（《论语讲义》24页）

何新：因，援也，求取。失，别失，出离。亲，亲族。指不出离亲族去寻求援助，不求援于外人。宗，通尊，尊重。孔疏读宗为"宗敬"，即尊敬。郑玄训"因"为"亲"，谬。（《论语新解——思与行》10页）

郑张欢：因信守与恭行二者相辅相成而不失其亲，故亦可为处世立业之宗旨。（《论语今释》21页）

杨朝明：[诠释]因：凭借，依靠。宗：主。引申为依靠。[解读]凭借他亲近应当亲近的人，也能确定他是可靠的人。（《论语诠解》7页）

袁庆德:亲:指亲近的人。亦:就。宗:做首领。(《论语通释》191页)

　　辑者案:从孔安国说。亲近的人中不漏失自己的亲族,那也是可宗敬的。

1.14 子曰:"君子食无求饱,居无求安,敏于事而慎于言,就有道而正焉,可谓好学也已。"

(1)食无求饱,居无求安

汉·郑玄:学者之志,有所不暇。(邢昺《论语注疏》11页)

宋·邢昺:此章述好学之事。……言学者之志,乐道忘饥,故不暇求其安饱也。(邢昺《论语注疏》11页)

清·刘宝楠:此章言君子当安贫力学也。……此言家贫者,食无求饱为君子也。……《尔雅·释诂》:"安,定,止也。"无求饱,无求安,若颜子一箪食,一瓢饮,在陋巷不改其乐者也。(《论语正义》32页)

杨伯峻:[译文]君子,吃食不要求饱足,居住不要求舒适。(《论语译注》9页)

王缁尘:古时字少,故多假借引申。此章"饱"字,当作美味解。"安"字,当作华屋解。(《四书读本》11页)

金知明:饱,吃得称心满意。(《论语精读》8页)

孙钦善:无:同"勿"。饱:满足。(《论语本解》8页)

　　辑者案:从刘宝楠、杨伯峻说。治学之君子,不追求生活上的安逸。

(2)敏于事

汉·孔安国:敏,疾也。(皇侃《论语集解义疏》卷一·15页)

梁·皇侃:敏,疾也。事,所学之行也。疾于所学之行也。(皇侃《论语集解义疏》卷一·15页)

宋·邢昺：言当敏疾于所学事业，则有成功。（邢昺《论语注疏》11页）

宋·朱熹：敏于事者，勉其所不足。（《四书章句集注》52页）

清·刘宝楠：敏于事谓疾勤于事，不懈倦也。（《论语正义》32页）

杨伯峻：对工作勤劳敏捷。（《论语译注》9页）

何新：敏，明也，明见。孔疏训敏为"疾"，焦循训敏为"审"，皆不确。（《论语新解——思与行》10页）

> 辑者案：从刘宝楠说。"敏"有敏捷疾速义，又有勤勉义，如《中庸》："人道敏政，地道敏树。"

（3）就有道而正焉

汉·孔安国：有道者，谓有道德者也。正，谓问事是非也。（皇侃《论语集解义疏》卷一·15页）

梁·皇侃：有道，有道德者也。若前学之言行心有疑昧，则往就有道德之人决正之也。（皇侃《论语集解义疏》卷一·15页）

唐·韩愈：正，谓问道非问事也。上句言事，下句言道，孔不分释之，则事与道混而无别矣。（《论语笔解》卷上·2页）

唐·李翱：凡人事政事皆谓之事迹，若道则圣贤德行，非记诵文辞之学而已，孔子曰："有颜回者好学，不迁怒，不贰过。"此称为好学，孔云问事是非盖得其近者小者，失其大端。（《论语笔解》卷上·2页）

宋·朱熹：然犹不敢自是，而必就有道之人，以正其是非，则可谓好学矣。凡言道者，皆谓事物当然之理，人之所共由者也。（《四书章句集注》52页）

杨伯峻：［译文］到有道的人那里去匡正自己。［注释］《论语》"正"字用了很多次。当动词的，都作"匡正"或"端正"讲，这里不必例外。一般把"正"字解为"正其是非"、"判其得失"，我所不取。

（《论语译注》9 页）

李炳南：有道，是有道德而学有专长之人。君子所学如有疑问，则去请问有道德有专学的人，求其指正。（《论语讲要》15 页）

杨润根：把自己培养造就成一个具有完美的道德品质因而可以成为整个人类的典范的人。（《发现论语》24 页）

黄怀信：[释]“就”，即、就近。“道”，指正确的思想主张、学说。旧释道德，非。“有道”，谓有学说之人。“正”，修正、匡正。“正焉”，谓“正”于他，即接受他的教导。（《论语新校释》17 页）

辑者案：李炳南、杨伯峻、黄怀信三家所释大同小异，皆可取。

1.15 子贡曰：“贫而无谄，富而无骄，何如？”子曰：“可也。未若贫而乐，富而好礼者也。”子贡曰：“《诗》云‘如切如磋，如琢如磨’，其斯之谓与？”子曰：“赐也，始可与言《诗》已矣，告诸往而知来者。”

(1) 贫而乐

汉·郑玄：乐，谓志于道，不以贫贱为忧苦也。（皇侃《论语集解义疏》卷一·15 页）

梁·皇侃：云“未若贫而乐道”者，孔子更说贫行有胜于无谄者也。贫而无谄乃是为可，然而不及于自乐也。故孙绰云：“颜氏之子，一箪一瓢，人不堪忧，回也不改其乐也。”（皇侃《论语集解义疏》卷一·16 页）

宋·朱熹：乐，音洛。好，去声。……常人溺于贫富之中，而不知所以自守，故必有二者之病。无谄无骄，则知自守矣，而未能超乎贫富之外也。凡曰可者，仅可而有所未尽之辞也。乐则心广体胖而忘其贫，好礼则安处善，乐循理，亦不自知其富矣。（《四书章

句集注》52页）

清·钱坫：《坊记》云："贫而好乐，富而好礼，众而以宁者，天下其几矣。"是读"乐"为《周礼》"司乐"之"乐"，义可两通。（《论语后录》卷一·4页）

程树德：司马迁从孔安国问《古文尚书》，《史记》所载当是《古论》。孔注："能贫而乐道、富而好礼者，自能切磋琢磨。"又曰："往告以贫而乐道，来答以切磋琢磨。"其所据系《古论》，故"乐"下有"道"字。郑注《鲁论》，故无"道"字。其曰"乐，谓志于道"，是其证也。《汉书·王莽传》、《后汉书·陈平王苍传》注引并无"道"字，与郑本同。考《论语》中如"乐以忘忧"、"乐在其中矣"、"回也不改其乐"，均不云"乐道"，郑不以《古》校《鲁》，自有深意。孔《注》是后人伪撰，陈鳣援孔《注》以证《史记》则非也。（《论语集释》54页）

杨伯峻：贫而乐——皇侃本"乐"下有"道"字。……所以译文增"于道"两字。（《论语译注》10页）

李泽厚：[译]孔子说："好。但不如虽贫穷但快乐，虽富裕却爱好礼制。"[记]古本"乐"后有"道"字（见皇侃《论语义疏补》），意更明确。此非以贫为乐，乃虽贫仍乐也。（《论语今读》34页）

黄怀信：[释]"乐"，旧音要，喜欢。"道"，正确的学说、主张。"乐道"，谓修学，与"好礼"相对，皆有积极向上之义。若无"道"字，则为苟且。（《论语新校释》18页）

杨朝明：贫而乐：与孔子称赞颜回的安贫乐道相仿佛。有学者认为原文脱一"道"字，当作"贫而乐道"。其实，此处的"乐"也有乐道之义。《雍也》记孔子称赞颜回"好学"。孔子又夸赞颜回说："一箪食，一瓢饮，在陋巷，人不堪其忧，回也不改其乐。"颜回之"乐"在于其"好学"，就是乐道，就是喜欢学术、学问。所以，郑玄说："乐，谓志于道，不以贫为忧苦。"此即《淮南子·精神训》"乐

道而忘贱,安德而忘贫",或者《淮南子·诠言训》"乐道而忘贫"。(《论语诠解》8 页)

袁庆德:乐:喜欢,指喜欢学习。(《论语通释》242 页)

辑者案:"乐"后应有"道"字,"乐道"与"好礼"对应。孔子主张,人在贫困时应有乐观的态度,应有道德学问上的积极追求。

(2)告诸往而知来者

汉·孔安国:诸,之也。子贡知引《诗》以成孔子义,善取类,故然之,往告之以贫而乐道,来答以切磋琢磨者也(皇侃《论语集解义疏》卷一·15 页)

宋·邢昺:"告诸往而知来者"者,此言可与言《诗》之意。诸,之也。谓告之往以贫而乐道、富而好礼,则知来者切磋琢磨,所以可与言《诗》也。(邢昺《论语注疏》13 页)

宋·朱熹:往者,其所已言者。来者,其所未言者。(《四书章句集注》53 页)

清·刘宝楠:"告"者,《广雅·释诂》:"告,教也。""往来"犹前后也。子贡闻一知二,故能"告往知来"。……此句下当有"富而好礼"句。(《论语正义》34 页)

杨伯峻:[译文]告诉你一件,你能有所发挥,举一反三了。[注释]"诸",在这里用法同"之"一样。"往",过去的事,这里譬为已知的事;"来者",未来的事,这里譬为未知的事。(《论语译注》10 页)

黄怀信:[释]"诸","之以"合音。"往",以往。"而",读为"能",借字。"来",未来。(《论语新校释》18 页)

李培宗:往:已说过的话。这里指贫富。来:未说的话。这里指诗。(《论语全解》11 页)

辑者案:告诉他以往的、过去的,而他能推知未来的。

1.16 子曰："不患人之不己知，患不知人也。"

魏·王肃：但患己之无能知也。（皇侃《论语集解义疏》卷一·17 页）

梁·皇侃：世人多言己有才而不为人所知，故孔子解抑之也。言不患人不知己，但患己不知人耳。故李充云："凡人之情，多轻易于知人，而怨人不知己，故抑引之教，兴乎此矣。"（皇侃《论语集解义疏》卷一·17 页）

宋·朱熹：尹氏曰："君子求在我者，故不患人之不己知。不知人，则是非邪正或不能辨，故以为患也。"（《四书章句集注》53 页）

清·刘宝楠：《说文》："患，忧也。"人不己知，己无所失，无可患也。己不知人，则于人之贤者不能亲之用之，人之不贤者不能远之退之，所失甚巨，故当患。……皇本作："不患人之不己知也，患己不知人也。"高丽、足利本亦作："患己不知人也。"《释文》云："'患不知也'，本或作'患己不知人也'。俗本妄加字，今本'患不知人也'。"臧氏琳《经义杂记》："古本作'患不知也'，与《里仁》'不患莫己知，求为可知也'语意同。'人'字，浅人所加。"案：皇本有王《注》云："但患己之无能知也。"己无能知，即未有知之义，则皇本"人"字为俗妄加无疑。（《论语正义》34 页）

杨伯峻：孔子说："别人不了解我，我不急；我急的是自己不了解别人。"（《论语译注》10 页）

李炳南：患是忧患。不患人不知我，但患我不能知人。学为君子，有道而人不知，道不能行，属于天命，无可忧患。若我不能知人，实为大患。为领袖者不得贤才，求学者不得良师益友，以其贤愚莫辨之故，是以为患。（《论语讲要》16 页）

杨润根：孔子说："人们不应该担心别人会埋没自己的知识，而应该担心自己实际上是什么知识也没有的人。"（《发现论语》26 页）

黄怀信:[校]患己不知也,旧作"患不知人也",今从皇本、正平本、敦煌诸唐写本补"己"字,从何晏《论语集解》引王肃注删"人"字。[释]不患人之不己知:"患",担心、愁,以为患。"不己知",即不知己。"知",知晓、了解。患己不知也:"知",知晓、明白、懂得。王肃曰:"但患己之无能也。"[训译]先生说:"不愁别人不知道自己,(只)愁自己(什么也)不知道。"[章旨]此章亦劝学……本皆教弟子之言,谓年轻人不应急于功名利禄,而应以积累真才实学为先务。章内二"知"字义微别,后人不详,遂据字面而于后句增"人"字。以与前句相对应,谬矣。(《论语新校释》19 页)

林觥顺:孔子说:"不要因为自己饱学多才,忧虑不被人了解,而未被推举任用。其实真正应该担忧的,是自己没有知人善任的能力。"(《论语我读》17 页)

杨朝明:[诠释]患:担心、忧虑。[解读]孔子说:"他人不了解自己并不足以令人担心,最为令人担心的是自己缺乏处世察人的道德学问,以至于不能了解他人。"(《论语诠解》8 页)

蔡健清:人:指有教养、有知识的人,而非民。(《论语解读》15 页)

辑者案:患,释为忧虑、担心为当。同《季氏》篇的"不患寡而患不均"之"患"。知,释为知道、了解为当。此语从字面上理解,应为:不要担心别人不了解自己,要担心的是自己不了解别人。孔子主张,凡事先要求自身,从自己做起,你要求别人了解自己、理解自己,首先自己要做到能正确地了解别人、理解别人。

为 政 第 二

2.1 子曰:"为政以德,譬如北辰,居其所而众星共之。"

汉·郑玄:德者无为,譬犹北辰之不移,而众星共之也(辑者案:邢《疏》本为"包曰",以为包咸语)。(皇侃《论语集解义疏》卷一·17页)

梁·皇侃:云"为政以德"者,此明人君为政教之法也。德者,得也,言人君为政当得万物之性,故云以德也。故郭象云:"万物皆得性谓之德。夫为政者奚事哉?得万物之性,故云德而已也。"云"譬如"云云者,此为为政以德之君为譬也。北辰者,北极紫微星也。所,犹地也。众星,谓五星及二十八宿以下之星。北辰镇居一地而不移动,故众星共宗之以为主也,譬人君若无为,而御民以德,则民共尊奉之而不违背,犹如众星之共尊北辰也。故郭象云:"得其性则归之,失其性则违之。"(皇侃《论语集解义疏》卷一·17页)

宋·邢昺:此章言为政之要。"为政以德"者,言为政之善,莫若以德。德者,得也。物得以生,谓之德。淳德不散,无为化清,则政善矣。(邢昺《论语注疏》14页)

宋·蔡节:政之为言正也,所以正夫人也。德之为言得也,先得夫人心,同然之理而不失者也。(《论语集说》卷一·11页)

清·陈浚:政是政事,德是德行。(《论语话解》卷一·13页)

程树德:[别解]《论语征》:为政,秉政也。以德为用有德之人。秉政而用有德之人,不劳而治,故有北辰之喻。按:此说较旧

注为胜,似可从。(《论语集释》64 页)

黄怀信:"德",谓恩德。旧释道德,非。为政以德,即以德为政,谓以能给百姓带来好处的方法执政,实行惠民政策。(《论语新校释》21 页)

全知明:为政,行使社会管理。(《论语精读》10 页)

杨朝明:[诠释]为政以德:以德为政,用道德治理国家。共(gǒng):同"拱",拱卫,环绕。[解读]孔子说:"凭着自身的道德修养管理国家,就会像北极星那样,自己处在一定的位置上,众星都环绕着它转动。"(《论语诠解》11 页)

袁庆德:德:道德,主要指忠信。(《论语通释》221 页)

郑臣:这里明确提出为政者必须施行德政并在道德上做出表率,也就是要求为政者必须具备极高的道德素养。如果他能依据道德来治理,并首先做到以身作则,那么他就会像被众星围绕的北极星一样,一举一动都是人们所效法的榜样。(《道德与政治的分与合——〈论语〉的思想启示》,《孔子研究》2009 年第 3 期)

辑者案:为政以德,就等于今天所大力倡导的以德治国。这个德就是道德。你当政者若能作道德的表率,且注重以道德文明教化民众,德泽民众,民众就会拥戴你,就会紧密地团结在你的周围。

2.2 子曰:"《诗》三百,一言以蔽之,曰:'思无邪。'"

汉·郑玄:蔽,塞也。(王谟《论语郑注》4 页)

汉·包咸:蔽,犹当也。思无邪,归于正也。(皇侃《论语集解义疏》卷一·17 页)

梁·皇侃:云"一言以蔽之"者,一言谓思无邪也。蔽,当也。《诗》虽三百篇之多,六义之广,而唯用思无邪之一言以当三百篇之理也。犹如为政,其事乃多,而终归于以德不动也。云"曰思无

邪"者,此即诗中之一言也。言为政之道,唯思于无邪,无邪则归于正也。(皇侃《论语集解义疏》卷一·18页)

唐·韩愈:蔽,犹断也。包以蔽为当,非也。按:"思无邪"是《鲁颂》之辞,仲尼言《诗》最深义,而包释之略矣。(《论语笔解》卷上·2页)

唐·李翱:《诗》三百篇,断在一言,终于《颂》而已。子夏曰:"发乎情,民之性也。"故《诗》始于《风》,止乎礼义,先王之泽也,故"终无邪"一言,《诗》之断也。虑门人学《诗》徒诵三百之多,而不知一言之断,故云然尔。(《论语笔解》卷上·2页)

宋·朱熹:蔽,犹盖也。"思无邪",《鲁颂·駉篇》之辞。凡《诗》之言,善者可以感发人之善心,恶者可以惩创人之逸志,其用归于使人得其情性之正而已。然其言微婉,且或各因一事而发,求其直指全体,则未有若此之明且尽者。故夫子言《诗》三百篇,而惟此一言足以尽盖其义,其示人之意亦深切矣。程子曰:"'思无邪'者,诚也。"(《四书章句集注》53页)

宋·蔡节:三百篇之《诗》虽有美刺之不同,然皆出乎情性之正也。夫子以"思无邪"一言而尽盖三百篇之旨,可谓深探诗人之心矣。(《论语集说》卷一·11页)

明·蔡清:凡诗之言善者,可以感发人之善心,固所以使人思无邪也;恶者可以惩创人之逸志,亦所以使人思无邪也。(《论语蒙引》卷一·21页)

清·项安世:思,语辞也。用之句末,如"不可求思"、"不可泳思"、"不可度思"、"天惟显思";用之句首,如"思齐大任"、"思媚周姜"、"思文后稷"、"思乐泮水",皆语辞也。说者必欲以为思虑之思,则过矣。(《项氏家说》卷四·1页)

清·刘宝楠:顾氏镇《虞东学诗》云:"诗者,思也。发虑在心,而形之于言，以摅其怀抱。系于作诗之人，不系于读诗之人。"又曰："《论语》之言《诗》独详，曰诵，曰学，曰为，皆主于诵《诗》者也。"今直曰"《诗》三百"，是论《诗》，非论读《诗》也。盖当巡狩采诗，兼陈美刺，而时俗之贞淫见焉。及其比音入乐，诵自瞽矇，而后王之法戒昭焉。故俗有淳漓，词有正变，而原夫作者之初，则发于感发惩创之苦心，故曰"思无邪"也。（《论语正义》40 页）

程树德：［别解］郑氏《述要》："无邪"字在《诗·骃篇》中，当与上三章"无期"、"无疆"、"无斁"义不相远，非邪恶之邪也。……古义邪即徐也。《诗·邶·北风篇》"其虚其邪"句，汉人引用多作"其虚其徐"，是"邪"、"徐"二字古通用。《集传》于《北风篇》"邪"音"徐"，于此篇曰："与下句'徂'叶韵。"是二字音相通。《管子·弟子职》曰："志无虚邪。"是二字双声联合，古所习用。《诗传》云："虚，虚徐也。"释《诗》者如惠氏栋、臧氏琳等即本之《诗传》，谓"虚"、"徐"二字一意，是徐即虚。《北风篇》之"邪"字既明，则《骃篇》之"思无邪"即可不烦言而解矣。《集传》于前二章曰"无期犹无疆"，于后二章不敢曰"无邪犹无斁"，以邪、斁二字义尚远也。今如此解，则亦可曰"无邪犹无斁"也。无厌斁，无虚徐，则心无他骜，专诚一志以之牧马，马安得不盛？古称百里奚饭牛而牛肥；金日磾谨慎，马亦壮盛，即其事证。《骃篇》"思无邪"之本义既明，则此章亦即可不烦言而解矣。夫子盖言《诗》三百篇，无论孝子、忠臣、怨男、愁女皆出于至情流溢，直写衷曲，毫无伪托虚徐之意，即所谓"《诗》言志"者，此二百篇之所同也，故曰一言以蔽之。惟诗人性情千古如照，故读者易收感兴之效。若夫《诗》之是非得失，则在乎知人论世，而非此章论《诗》之本旨矣。《集注》惟不考邪为虚徐，又无奈其有淫诗何，遂不得不迂回其辞，为"善者感发善心，恶者惩创逸志"之语。后人又以《集注》之迂回难通也，遂有淫诗本为孔子删弃,乃后人举以凑足三百之语。又有淫诗本非淫,乃诗人假托男女相悦之语。因此字之不明,纠纷至今未已。按:包《注》只云"归于正",而皇《疏》谓此章举《诗》证"为政以德"之事,邢《疏》谓为政之道在于去邪归正。单就为政言,其意转狭,《集注》不从是也。惟三百篇仍有淫诗,而曰"思无邪",颇难自圆其说。窃谓此章"蔽"字当从《笔解》。《书·康诰》"罚蔽殷彝",《左传》"昭十四年,蔽罪邢侯",孔《传》、杜《注》"蔽"俱训"断"。"思"字乃发语辞,非心思之思,当从项说。"邪"字当作"徐"解,《述要》之说良确。合此三者,本章之义始无余蕴。善乎王闿运《论语训》之言曰:"诗本咏马,马岂有所谓邪正哉?"知此者,无邪之旨,思过半矣。(《论语集释》66页)

杨伯峻:[译文]孔子说:"《诗经》三百篇,用一句话来概括它,就是'思想纯正'。"[注释]"思无邪"一语本是《诗经·鲁颂·駉篇》之文,孔子借它来评论所有诗篇。思字在《駉篇》本是无义的语首词,孔子引用它却当思想解,自是断章取义。俞樾《曲园杂纂·说项》说这也是语辞,恐不合孔子原意。(《论语译注》11页)

薛耀天:《诗》三百是"无所不载"的,政治、经济的,历史、地理的,神话、传说的,风俗、人情的,方言、训诂的,鸟兽、草木的,天文、历法的,星陨、地震的……一句话,有关社会和自然的各方面的知识,真可以说它是应有尽有、囊括无余了。所以,用"思无邪(余)"来总括《诗》三百的丰富内容,不是十分恰当吗?(《"思无邪"新解》,《天津师大学报》1984年第3期)

踪凡:孔子认为,《诗》三百中的任何一首诗,不管它原来的内容是"有邪"还是"无邪",在经过断章取义的处理、升华之后都能在"达政"、"专对"、"进德"的实践中发挥出纯正无邪的实际功效。这便是孔子"思无邪"的本旨。(《论孔子"思无邪"的本旨》,《陕西师范大学学李泽厚：[译]《诗经》三百首，用一句话概括，那就是：不虚假。[注]朱《注》程子曰：思无邪者，诚也。[记]讨论非常之多。"思无邪"本是《诗经·驷篇》咏马诗中的一句。"思"是语助词，不作"思想"解，"邪"也不作"邪恶"解。(《论语今读》37 页)

萧民元："诗三百"的"诗"字，不是名词，而是一个动词，是选诗的意思。"诗三百，一言以蔽之，曰：'思无邪。'"不是孔子在总评三百诗篇的内容，而是在说他选诗的标准。(《论语辨惑》15 页)

黄怀信：[释]"蔽"，遮蔽，引申谓概括。"邪"，谓歪邪、不正。[训译]《诗经》三百篇，用一句话概括它，叫"思想没有邪念"。(《论语新校释》22 页)

李零：周原甲骨有个"㞢"字，夏含夷(Edward Shaughnessy)教授考证，就是这里的"思"字。……夏文提到清陈鱼的《毛诗说》，陈氏说《鲁颂·驷》的八个"思"字是"祝辞"。这个想法很有意思。……周代占卜用的"思"也是表示愿望。……它是表示愿望，不是指《诗》三百的想法如何。(《丧家狗——我读〈论语〉》70 页)

孙钦善：《诗经》实存三百零五篇，连同有题无辞的六笙诗，共三百十一篇。思无邪：此语出自《诗·鲁颂·驷》，孔子借用来评价《诗》思想内容的纯正。按《诗》的思想内容并非全都符合贵族的礼义，其中有不少大胆表露爱情和反对剥削压迫的诗作，但经过孔子整理，在主题上加以曲解，横生出善者美之、恶者刺之的"美刺说"，于是通通变成"可施于礼义"(《史记·孔子世家》)的了。这样，"思无邪"的总评价便自然产生出来。(《论语本解》10 页)

辑者案：对此语的理解，分歧很大。杨伯峻译文很有代表性，是通常一般的普遍理解，人们每当评价《诗经》时，多用此意。而韩愈解"蔽"为"断";项安世视"思"为句首语辞;郑浩解"邪"为"虚徐"(程树德引),认为"夫子盖言《诗》三百篇,无论孝子、忠臣、怨男、愁女皆出于至情流溢,直写衷曲,毫无伪托虚徐之意,即所谓《诗》言志'者,此三百篇之所同也,故曰一言以蔽之"。观郑浩"虚徐"之义,当为"虚假"。然查《辞源》,"虚徐""虚邪"二词均义为"从容温雅貌",而且引《诗经》"其虚其邪"句为例。李零认为:"他解为虚徐之义,也未必是确诂。"

2.3 子曰:"道之以政,齐之以刑,民免而无耻。道之以德,齐之以礼,有耻且格。"(辑者案:"道之以政",皇侃《义疏》本为"导之以政";"有耻且格",定州简本作"有佴且格"。佴即耻,简帛多见。)

(1)道之以政

汉·孔安国:政,谓法教也。(皇侃《论语集解义疏》卷一·18页)

梁·皇侃:导,谓诱引也。政,谓法制也。谓诱引民用法制也。故郭象云:"政者,立常制以正民者也。"(皇侃《论语集解义疏》卷一·18页)

宋·朱熹:道,犹引导,谓先之也。政,谓法制禁令也。(《四书章句集注》54页)

清·刘宝楠:"道"如"道国"之道,谓教之也。《礼·缁衣》云:"教之以德,教之以政。"文与此同。《汉祝睦碑》:"导济以礼。"皇本两"道"字并作"导"。《释文》:"道,音导。下同。"《说文》:"导,导引也。"此义亦通。《祝睦碑》作"导",作"济"。(《论语正义》41页)

林觥顺:古文道字从道寸作導,有引导义,道又引申为道理。政,孔子曰:"政者正也。"道之以政,是"以正道导之"的倒词,是用

正言微行引导或用正行迫使行正。(《论语我读》19页)

　　辑者案:诸说大同小异,即言以政令、政法教导民众。

(2)民免而无耻

汉·孔安国:免,苟免罪也(辑者案:邢《疏》本作"苟免",无"罪"字)。(见皇侃《论语集解义疏》卷一·18页)

梁·皇侃:免,犹脱也。耻,耻辱也。为政若以法制导民,以刑罚齐民,则民畏威苟且,百方巧避,求于免脱罪辟,而不复知避耻,故无耻也。(皇侃《论语集解义疏》卷一·18页)

宋·邢昺:"民免而无耻"者,免,苟免也。言君上化民,不以德而以法制刑罚,则民皆巧诈苟免,而心无愧耻也。(邢昺《论语注疏》15页)

日·物双松:免者,谓免于刑戮也。(《论语征》27页)

黄怀信:[释]"免",与"格"相对。《说文》:"免,兔逸也。"引申为放逸、放纵,以不犯法纪为度。旧释幸免,望文生训。[训译]用政令引导百姓,用刑罚整齐他们的行为,百姓就会放逸而不知有耻。(《论语新校释》23页)

　　辑者案:从皇侃、邢昺说。

(3)有耻且格

汉·郑玄:格,来也。(王谟《论语郑注》4页)

魏·何晏:格,正也。(邢昺《论语注疏》15页)

宋·朱熹:格,至也。言躬行以率之,则民固有所观感而兴起矣,而其浅深厚薄之不一者,又有礼以一之,则民耻于不善,而又有以至于善也。一说格,正也。《书》曰:"格其非心。"(《四书章句集注》54页)

日·物双松:有耻且格,古注训正,未是。朱子训至,为是。然亦有"感格"意,盖感格声音相通,故古昔格字,多用之于皇天鬼

神宗庙。(《论语征》27页)

　　清·刘宝楠：又云"有耻且恪"，诸异文当出《齐》、《古》。《尔雅·释言》："济，益也。"《释诂》："恪，敬也。"于义并合。《汉书·货殖传》："于是在民上者，道之以德，齐之以礼，故民有耻而且敬。"即本此文。言民知所尊敬，而莫敢不从令也。郑注此云："格，来也。"本《尔雅·释言》。又《释诂》："格，至也。""来"、"至"义同，谓来归于善也。……《缁衣》云："夫民教之以德，齐之以礼，则民有格心；教之以政，齐之以刑，则民有遁心。"注云："格，来也。遁，逃也。"彼言"遁"，此言"免"，义同。《广雅·释诂》："免，脱也。"谓民思脱避于罪也。(《论语正义》41页)

　　程树德：《集注》之例，两说不同者，则以在前者为胜。此章"格"字所以训至者，盖因回护格物之训，而不知其可通也。汉碑作"恪"，当出《齐》、《古》。《尔雅·释诂》："恪，敬也。"《汉书·货殖传》"于是在民上者道之以德，齐之以礼，故民有耻而且敬"，即本此文，别为一义。郑训为来，谓来归于善也。义亦通。黄氏式三曰："'格'、'革'音义并同，当训为革。"愚谓黄说是也。三代以上，音同之字任意混同，在金石文中久成通例，盖即革面洗心之义也。何氏训正，变革不正以归于正也。义亦可通。(《论语集释》69页)

　　杨伯峻：格——这个字的意义本来很多，在这里有把它解为"来"的，也有解为"至"的，还有解为"正"的，更有写作"恪"、解为"敬"的。这些不同的讲解都未必符合孔子原意。《礼记·缁衣篇》："夫民，教之以德，齐之以礼，则民有格心；教之以政，齐之以刑，则民有遯心。"这话可以看作孔子此言的最早注释，较为可信。此处"格心"和"遯心"相对成文，"遯"即"遁"字，逃避的意思。逃避的反面应该是亲近、归服、向往，所以用"人心归服"来译它。(《论语译注》12页)

毛子水：格训为正似较好；但是如果把"格"字当作"革"字（改革、革新）讲，于义更合。（《论语今注今译》15 页）

赵又春："格"是行为不出格，也即依规矩行事。（《我读〈论语〉》124 页）

黄怀信："格"，借为"佫"，《说文》作"愙"，敬也，谓谨慎、严肃，与"免"相对（辑者案：前文释"免"为"放逸、放纵"）。（《论语新校释》24 页）

金知明：有耻且格：有羞耻意识并且分清是非。格，动词，区分。（《论语精读》11 页）

李里："格"当格除讲，就能格除你自己心里边那些不纯正的思想。（《论语讲义》33 页）

杨朝明：有耻且格：有是非之心而且真心归附。有耻：有耻辱观念。《子路》记孔子曰："行己有耻。"格，正，纠正。引申为归附、归化。（《论语诠解》11 页）

　　辑者案：从何晏、邢昺说。《辞源》："格：纠正。《书·冏命》：'绳愆纠谬，格其非心。'《论语·为政》：'有耻且格。'"

2.4 子曰："吾十有五而志于学，三十而立，四十而不惑，五十而知天命，六十而耳顺，七十而从心所欲不踰矩。"

(1)十有五而志于学

梁·皇侃：志者，在心之谓也。孔子言："我年十五而学在心也。"十五是成童之岁，识虑坚明，故始此年而志学也。（皇侃《论语集解义疏》卷一·19 页）

宋·朱熹：古者十五而入大学。心之所之谓之志。此所谓学，即大学之道也。（《四书章句集注》54 页）

清·方观旭：案《尚书周传》云："王子公卿大夫元士之适子，十五入小学，二十入大学。"《书传略说》云："余子十五入小学，十八入大学。"并无"十五入大学"之文。《论语》"十五而志于学"，是未及十八入大学之期，先有志及之耳，且圣人不以常格限也。《集注》"古者十五而入大学"，望经为注，盖未深考。（《论语偶记》1 页）

程树德："十五入大学"出《白虎通》，《集注》并非毫无依据，方氏讥之非也。惟志于学与入大学无涉，不必援以为证，皇《疏》义较长。（《论语集释》71 页）

冯友兰：这个"学"并不是求增加知识，而是求提高精神境界。孔子在别处说"立于礼"、"三十而立"，就是说，他在三十岁左右，就完成了对于"四德"之一的"礼"的修养了。孔子又在别处说"智者不惑"、"四十而不惑"，就是说，孔子在四十岁左右，就完成了对于"四德"之一的"智"的修养了。在这个阶段上，他的精神境界还是道德境界。（《对于孔子所讲的仁的进一步理解和体会》，《孔子诞辰 2540 周年纪念与学术讨论会论文集》1006 页）

杨树达：《尚书大传》云"二十入大学"，《大戴记》、《白虎通》则皆云"十五入大学"，彼此互异者，十年、二十年，举成数言之。八岁与十五，举实数言之：文似异而实同也。……本章下文所云"三十"、"四十"、"五十"、"六十"、"七十"亦如此，不必过泥也。（《论语疏证》41 页）

王缁尘：此"学"字谓"学礼"。（《四书读本》16 页）

黄怀信：［释］"志"，谓立志、专心。"学"，学习。［训译］我十五岁就立志于学习。（《论语新校释》24 页）

金知明：十五岁有学习的志向；志于，动词连接介词，在……方面有志向。（《论语精读》11 页）

　　辑者案：从黄怀信说。

(2)三十而立

魏·何晏:有所成立也。(皇侃《论语集解义疏》卷一·19 页)

梁·皇侃:立,谓所学经业成立也。古人三年明一经,从十五至三十,是又十五年,故通五经之业,所以成立也。(皇侃《论语集解义疏》卷一·19 页)

宋·蔡节:立者,卓然有所立也。(《论语集说》卷一·12 页)

元·陈天祥:立者,心有定止,不随物欲变迁之谓。(《四书辨惑》卷二·10 页)

清·刘宝楠:《汉书·艺文志》:"古之学者,且耕且养,三年而通一经,用日少而畜德多,三十而五经立。"又《吴志》吴主与孙皓书:"孔子言'三十而立',非但谓五经也。"足知立谓学立,乃汉人旧义,故皇《疏》同之。……诸解"立"为立于道,立于礼,皆统于学,学不外道与礼也。至三十后,则学立而德成之事(辑者案:"事",疑为"时"字之讹)。(《论语正义》44 页)

杨伯峻:"立"是站立的意思,这里是"站得住"的意思。(《论语译注》13 页)

唐泳:孔子实是说约当三十岁的时候,就可以在学业上能自立或有所成就。(《孔子"三十而立"到底是立什么?》,《社会科学战线》1986 年第 4 期)

钱逊:立:自立的意思。孔子说,立于礼。所以自立就是自己能够自觉地按照周礼来处事。有人把立解释为站得住脚,但这章是讲孔子自己一生学习、修养的不同阶段的不同境界,这样解释与整章文意不合。(《论语浅解》36 页)

金良年:立:自立,即确立了人生目标。(《论语译注》10 页)

王世明:"而立"的"立",在这里主要是指一个人能立得住。立得住,就是自己能独立生存了,或者说,人到了三十岁应达到学有所长，学到了做人做事的基本能力，有所凭借了，不再依赖于人，能闯荡世界了。（《"三十而立"新探》，《社会科学战线》2002年第2期）

黄怀信："立"，谓立身于世，有了一定的社会地位。（《论语新校释》24页）

　　辑者案：王世明说为优。立，主要是指"自立"的能力。

（3）天命

宋·邢昺：命，天之所禀受者也。孔子四十七学《易》，至五十穷理尽性知天命之终始也。（邢昺《论语注疏》15页）

明·蔡清：五十而知天命，凡事物到面前，不惟知其所当然，而具所以然，亦无不了然于胸中了，则其行之至，又何待于言？盖凡行之未至者，亦由知之未至也。此以知之至言而行之至，有不假言矣。（《论语蒙引》卷一·24页）

清·刘宝楠："天命"者，《说文》云："命，使也。"言天使己如此也……盖夫子当衰周之时，贤圣不作久矣。及年至五十，得《易》学之，知其有得，而自谦言"无大过"。则知天之所以生己，所以命己，与己之不负乎天，故以天知天命自任。"命"者，立之于己而受之于天，圣人所不敢辞也。……是故知有仁、义、礼、智之道，奉而行之，此君子之知天命也。知己有得于仁、义、礼、智之道，而因推而行之，此圣人之知天命也。（《论语正义》44—45页）

唐满先：天命：上天的意志，也指受上天主宰的人们的命运。（《论语今译》9页）

张少龙、张化新：从医学理论的角度讲，所谓"天命"，即修养天真之至道也。……人生只有发展到一定的年龄阶段，才有可能形成较为正确的世界观、自然观、人生观。（《"五十而知天命"补充解释》，《延安大学学报》1990年第1期）

王孺童：在此可有两种解读。其一，"天命"即指宇宙、自然的

运行变化规律。其二,"天命"是指自己所应肩负的社会责任和人生使命。(《孺童讲论语》80页)

杨朝明:所谓知天命,乃是知道天道运行的规律,即认识问题深刻,了解社会、人生的基本规则。(《论语诠解》12页)

袁庆德:这里的"知天命"指成为高级君子。(《论语通释》117页)

蔡健清:天命:指不能为人力所支配的事情。(《论语解读》21页)

辑者案:古人把天当作神,称天神的意旨为天命。孔子所说的天命,应是指自然的、社会的、人生的规律。

(4)耳顺

汉·郑玄:耳顺,闻其言,而知其微旨也。(皇侃《论语集解义疏》卷一·19页)

梁·皇侃:顺,谓不逆也。人年六十,识智广博,凡厥万事,不得悉须观见。但闻其言,即解微旨,是所闻不逆于耳,故曰耳顺也。(皇侃《论语集解义疏》卷一·19页)

唐·韩愈:"耳"当为"尔",犹言如此也。即知天命,又如此顺天也。(《论语笔解》卷上·3页)

清·焦循:耳顺即舜之察迩言,所为善与人同,乐取于人以为善也。顺者,不违也。舍己从人,故言入于耳,隐其恶,扬其善,无所违也。学者自是其学,闻他人之言,多违于耳。圣人之道,一以贯之,故耳顺也。(《论语补疏》卷一·3页)

杨伯峻:[译文]六十岁,一听别人言语,便可以分别真假,判明是非。[注释]耳顺——这两个字很难讲,企图把它讲通的也有很多人,但都觉牵强。译者姑且作此讲解。(《论语译注》12页)

王勇、吴长城:"耳闻"可指称外界一切,且外物入耳最自由,又最能与心相通,耳是沟通心和物的最佳途径。正因为如此,"耳顺"可指"心顺",又可指"顺外物"和"顺天命",更能准确地表示六

十而后的境界，同时更体现了孔子学说一贯的旨趣。(《"耳顺"众解平议及我见》，《孔子研究》2000 年第 6 期)

　　杨润根：听顺了，听熟悉了，听习惯了。这里的"耳顺"针对天命而言，指耳旁时时想起宇宙之于自身的绝对令律，以至完全熟悉习惯了它的声音。(《发现论语》31 页)

　　黄怀信："耳顺"，谓入耳之言皆顺熟，不生涩。(《论语新校释》25 页)

　　王孺童：在此可有两种解读。其一，指一听到别人的言辞，就已经能够体察其用意也。其二，指善于与他人达成共识。(《孺童讲论语》80 页)

　　李里："耳顺"就是你能够从容平和地面对一切称讥毁誉，心不为之所动，喜怒哀乐不入于胸次。(《论语讲义》36 页)

　　杨朝明：[诠释]耳顺：有的认为是听人说话能辨明是非，未必。古人解为声入心道，无所违逆，知之至，不思而得，所闻皆道也。义近。其实，更准确的意思可能是：闻听事情之然，即知事情之所以然。正像《里仁》所记孔子之言："人之过也，各于其党。观过，斯知仁矣。"在这样的境界中，孔子可以由结果推知原因，可以判断事情的发展趋向，他已清楚人们形形色色，错误形形色色，什么样的错误就由什么样的人来犯。仔细观察这个人所犯的错误，就可以知道他是什么样子的人。什么样的人说出什么样的话，既然如此，不论什么样子的言语，也都不足以令人大惊小怪了。[解读]六十岁，已经心明眼亮，因而可听逆耳之言，也可退步忍让。(《论语诠解》12 页)

　　胡齐临：这句话是专门针对当时的"国君"和"君子"讲的，是对于"国君"和"君子"的一种善意的提醒和告诫……对于有大智慧的"君子"来讲，"君子"能够听进各种言论而不失正确的主见，还可以顺其自然，将进言者引导到合作的正路上来；而对于智慧相对逊色的"君子"来讲,就要以其乐意接受的表述方法,让他能够听进智慧而合意的言论,使他回到尽可能正确的见解上来。(《论语真义》18 页)

袁庆德:这一句原来应该是"六十而顺",句法与"三十而立"相同。(《论语通释》117 页)

辑者案:将黄怀信、杨朝明所释结合起来理解可得文意。人生六十,闻见既多,到了这个年龄,无论闻见何语何事,皆已习惯,没有惊讶生涩之感,而具有丰富的人生经验和敏锐的识别能力。

(5)七十而从心所欲不踰矩

汉·马融:矩,法也。从心所欲无非法者。(皇侃《论语集解义疏》卷一·19 页)

梁·皇侃:从,犹放也。踰,越也。矩,法也。年至七十,习与性成,犹蓬生麻中,不扶自直,故虽复放纵心意,而不踰越于法度也。所以不说八十者,孔子唯寿七十三也。此语之时,当在七十后也。(皇侃《论语集解义疏》卷一·20 页)

宋·朱熹:从,随也。矩,法度之器,所以为方者也。随其心之所欲,而自不过于法度,安而行之,不勉而中也。(《四书章句集注》54 页)

清·焦循:矩即絜矩之矩。己欲立而立人,己欲达而达人,以心所欲为矩法,而从之不踰者,所恶于上不以使下也,所恶于下不以事上也,所恶于前不以先后也,所恶于后不以从前也,所恶于右不以交于左也,所恶于左不以交于右也。皇侃解为"放纵其心意而不踰法度",非是。马云"无非法",尚未得。(《论语补疏》卷一·4 页)

清·俞樾:此当于"心"字绝句。《礼记·乐记篇》"率神而从天",郑《注》曰:"从,顺也。六十而耳顺,七十而从心。"耳顺、从心错综成文,亦犹"迅雷风烈"之比。"从"与"顺"同义,耳顺即耳从也,从心即顺心也,所欲不踰矩,乃自说从心之义。惟其所欲不踰矩,故能从心也。《柳宗元集·与杨海之书》曰:"孔子七十而纵心。"正于"心"字绝句,较马读为长。"从"作"纵"则失之。皇侃《义疏》曰:"从,放也。虽复放纵心意,而不踰越于法度也。"是六朝人读"从"字为放纵之纵,故唐宋人引此文多作"纵心",实非经旨。(《群经平议》卷三十·3页)

杨伯峻:到了七十岁,便随心所欲,任何念头不越出规矩。(《论语译注》12页)

金知明:七十而从心所欲:七十岁就可以心里想的与嘴上讲的、行为上做的没有丝毫间隙,得心应手了。矩,直尺。(《论语精读》11页)

辑者案:孔子到了七十岁时,便能随心所欲,一切言行皆恰到好处,而不踰越法度。

2.5 孟懿子问孝。子曰:"无违。"樊迟御,子告之曰:"孟孙问孝于我,我对曰:无违。"樊迟曰:"何谓也?"子曰:"生,事之以礼。死,葬之以礼,祭之以礼。"

无违

宋·邢昺:言行孝之道,无得违礼也。(邢昺《论语注疏》16页)

宋·朱熹:无违,谓不背于理。(《四书章句集注》55页)

明·蔡清:无违二字通上下言,盖人之事亲,随伊分上自有个当为的道理,得为而不为则是苟且以事亲,非孝也。不得为而为则是僭礼越分以事亲,而亲之受之,亦有所不顺,是陷其亲于有过之地,亦不孝也。故无违一语若出于无意而意,已独至矣。……以无违为孝,意只在不敢苟且尊亲也。(《论语蒙引》卷一·25页)

程树德:朱子因欲伸其师穷理之说,其注《论语》到处塞入理字。于仁则曰心之德、爱之理,于礼则曰天理之节文,如水银泻地,无孔不入。自古无如此解经法也。然有绝不可通者,如此章"无违"明是不背于礼,乃偏作理,而于下节言礼天理节文以自圆其说,可谓心劳日拙者矣。昔人谓《大学》自经朱子补传后已非孔氏之书而为朱子之书,吾于《论语》亦云。(《论语集释》80页)

黄怀信:[校]毋违,"毋"字旧作"无",改从汉石经、定州简本及敦煌三唐写本。[释]毋违:"毋",用同"勿",不要。"违",指违礼,据后文可知。(《论语新校释》25页)

李里:"无违",不要超越你的本分。(《论语讲义》37页)

辑者案:从邢昺说。孔子所说的"无违",就是不违背礼制。下文"生,事之以礼。死,葬之以礼,祭之以礼",便是对"无违"的进一步解释。

2.6 孟武伯问孝。子曰:"父母唯其疾之忧。"

汉·马融:言孝子不妄为非,唯有疾病然后使父母之忧耳(辑者案:邢《疏》本无"有"字、"之"字)。(皇侃《论语集解义疏》卷一·21页)

梁·皇侃:言人子欲常敬慎自居,不为非法横使父母忧也,若己身有疾,唯此一条非人所及,可测尊者忧耳,唯其疾之忧也。(皇侃《论语集解义疏》卷一·21页)

宋·朱熹:言父母爱子之心,无所不至,惟恐其有疾病,常以为忧也。人子体此,而以父母之心为心,则凡所以守其身者,自不容于不谨矣,岂不可以为孝乎? 旧说,人子能使父母不以其陷于不义为忧,而独以其疾为忧,乃可谓孝,亦通。(《四书章句集注》55页)

明·林希元:意谓人子能谨疾不贻父母之忧,则可谓孝矣。愚疑夫子此语是有为而发,然今不可知矣。(《四书存疑》卷四·19页)

清·臧琳:案《论衡·问孔》云:"武伯善忧父母,故曰'唯其疾之忧'。"又《淮南子·说林》:"忧父之疾者子,治之者医。"高《注》云:"《论语》曰:'父母唯其疾之忧。'故曰'忧之者子'。"则王充、高诱皆以为人子忧父母之疾为孝,与马说不同。……惟王、高二氏说文顺义洽,盖人子事亲,万事皆可无虑,唯父母有疾,独为忧之所不容。……琳以"父母"字当略读,则得之。(《经义杂记》卷五·1页)

严灵峰:马融曰:"唯疾病然后使父母忧。"朱熹曰:"言父母爱子之心,无所不至,唯恐其有疾病,常以为忧。"二说恐并非也。灵峰按:此为"问孝",当以子对父母之关切而言。《礼记·曲礼篇》:"父母有疾,冠者不栉,行不翔,言不惰,琴瑟不御,食肉不知变味,饮酒不至变貌,笑不至矧,疾止复故。"……皆可证明此说。(《读论语札记》5页)

方骥龄:故父母唯其疾之忧,疾非疾病,即孟子所谓惰其四支、博奕、好饮酒、好财货、私妻子、从耳目之欲、好勇斗狠。……皆父母所疾。(《论语新诠》28页)

李泽厚:是指子女非常关心和担忧父母生病呢?还是指子女只使父母关心自己疾病而不担心别的事,即对别的方面都非常放心呢?后一解更深一层。孟武子谥"武",可能一向勇猛,父母老怕他因此而惹事生非,遭难遇祸,所以孔子就这样回答他!(《论语今读》41页)

文选德:关于"其"字。意即一切不正常的、有害的、坏的东西,这里的"其"字是代词,既指父母本身,又指其子女。关于"疾"字,这里的"疾"字既指生理上的毛病,也指品德行为上的毛病。(《论语诠释》68页)

黄怀信:[释]"父母",谓使父母。"之",犹"是",宾语前置的标志。"忧",担忧、担心。或释子唯忧父母之疾,非,子唯忧父母

之疾不足为孝。［训译］先生说："只让父母担心他的疾病（就算孝）。"（《论语新校释》27 页）

安德义：父母唯一所忧的是儿子身上的毛病。（《论语讲读》31 页）

袁庆德：父母：名词性的短语作状语，意思是"对于父母"。（《论语通释》161 页）

杨豹：在孔子看来，"敬"首先就是关心父母，不要让父母担心。（《孔子与柏拉图论人际关系的比较》，《孔子研究》2009 年第 6 期）

> 辑者案：马融、皇侃、朱熹等以为"父母忧子"，王充、高诱、严灵峰等以为"子忧父母"。此章言孝，子女担忧父母才算孝，故理解为"子忧父母"为当。疾，疾病。此语应解作：对于父母，唯有他们身上的疾病最令人担忧，因为疾病能导致父母死亡。

2.7 子游问孝。子曰："今之孝者，是谓能养。至于犬马，皆能有养。不敬，何以别乎？"

汉·包咸：犬以守御，马以代劳，皆养人者。一曰："人之所养，乃至于犬马，不敬则无以别。"《孟子》曰："食而不爱，豕畜之。爱而不敬，兽畜之。"（辑者案：皇《疏》本"皆"作"能"，"食"作"养"）（邢昺《论语注疏》17 页）

梁·皇侃：云"至于犬马皆能有养"者，此举能养无敬非孝之例也。犬能为人守御，马能为人负重载人，皆是能养而不能行敬者，故云至于犬马皆能有养也。云"不敬何以别乎"者，言犬马者亦能养人，但不知为敬耳。人若但知养而不敬，则与犬马何以为殊别乎？（皇侃《论语集解义疏》卷一·22 页）

宋·朱熹：犬马待人而食，亦若养然。言人畜犬马，皆能有以养之，若能养其亲而敬不至，则与养犬马者何异。（《四书章句集注》

56页)

　　清·李光地：如旧说犬马能养，则引喻失义，圣人恐不应作是言。且能字接犬马说，似非谓人能养犬马也。盖言禽兽亦能相养，但无礼耳。人养亲而不敬，何以自别于禽兽乎？（《读论语札记·为政篇》）

　　清·朱亦栋：以犬马比父母，自足针砭后世，但圣人立教自应以犬马比人子，不应以犬马比父母。《坊记》："子云：'小人皆能养其亲，君子不敬，何以辨？'"与此章足相发明。（《论语札记》卷上·3页）

　　清·刘宝楠：《注》二说外，又有三说。包氏慎言《论语温故录》："犬马二句，盖极言养之事。虽父母之犬马，今亦能养之也。《内则》：'父母之所爱亦爱之，父母之所敬亦敬之，至于犬马尽然，而况于人乎？'此敬养兼至，故为贵也。若今之孝者，不过能养，虽至于父母所爱敬之犬马，亦能养之，然只能养父母，不能敬也。何以别，谓何以别乎今也。《盐铁论·孝养篇》：'善养者，不必刍豢也。以己之所有，尽事其亲，孝之至也。故匹夫勤劳，犹足以顺礼，歠菽饮水，足以致敬。孔子曰："今之孝者，是谓能养，不敬，何以别乎？"故上孝养志，其次养色，其次养体。贵其礼，不贪其养，礼顺心和，养虽不备，可也。'"此引《论语》以"不敬"句与"能养"句联文，则"别"谓别乎今之孝者，此一说也。翟氏灏《考异》引《坊记》之文，谓《坊记》唯变犬马为小人，余悉合此章义。《荀子》云："乳彘触虎，乳狗不远游，虽兽畜，知爱让其所生也。"束皙《补亡诗》："养隆敬薄，惟禽之似为人子者，毋但似禽鸟知反哺已也。"皆与《坊记》言通，此又一说也。先兄五河君《经义说略》谓《坊记》"小人"，即此章"犬马"。《公羊》何休《注》："言大夫有疾称犬马，士称负薪。犬马负薪，皆贱者之称，而大夫士谦言之。"《孟子》："子思曰：'今而后知君之犬马畜伋也。'"然则犬马谓卑贱之人，若

臧获之类,此又一说也。诸说当与《注》前义并存。(《论语正义》50页)

　　杨伯峻:孔子说:"现在的所谓孝,就是说能够养活爹娘便行了。至于狗马都能够得到饲养;若不存心严肃地孝顺父母,那养活爹娘和饲养狗马怎样去分别呢?"(《论语译注》14页)

　　杨润根:对于犬马,我们也能向它们提供食物。如果为人父母不对自己应对之尽责的儿女们的道德品质给予深切的关注,不去努力把儿女们培养造就成具有美德与优秀的言谈举止的人,而只是以向他们提供食物为满足,那么养育儿女又怎么能与豢养犬马区别开来呢?(《发现论语》34页)

　　　辑者案:"犬马养人"说、"人养犬马"说,都是对本章的误解。唯李光地"禽兽相养"说符合文意。乌乌反哺其母之佳话以及动物中众多相养的真实例子,证实禽兽确实能相养。人能相养,动物也能相养,人若在赡养老人时体现不出"敬"来,那么与禽兽有何区别? 关键要看这个"别"字,孔子强调的是人与禽兽的区别。孔子的境界高,对人在孝的方面要求高,在对待老人方面,只做到"养"是不够的,还要做到"敬",不能停留在禽兽的水准上。后人多体会不出,以致误解。

2.8 子夏问孝。子曰:"色难。有事,弟子服其劳;有酒食,先生馔,曾是以为孝乎?"

(1)色难

　　汉·包咸:色难者,谓承顺父母颜色乃为难(辑者案:皇《疏》本"顺"作"望")。(邢昺《论语注疏》17页)

　　汉·郑玄:言和颜悦色,是为难也。(袁钧《郑玄论语注》卷一·6页)

　　宋·金履祥:圣人所谓色难者,惟体之而后知,为不易也。服劳奉养固非爱亲者不能然,愉色婉容则尤其爱之深者。服劳奉养

或可以勉而为之，愉色婉容则无所不顺，而心与父母为一矣。岂得不谓之难哉！（《论语集注考证》卷一·11页）

清·钱坫：文王之为世子，朝于王季，日三问内竖今日安否。安，文王色喜；有不安节，文王色忧，行不能正履。此所谓"色难"是矣。故《玉藻》曰："亲瘠，色容不盛，孝子之疏节也。"郑、包二义恐失之。（《论语后录》卷一·6页）

清·武亿：《大戴礼注》引"子曰色难"下云："是以君子戒慎，不失色于人。"盖指色对众人，亦爱亲者，不敢恶于人；敬亲者，不敢慢于人之谓矣。（《论语义证》2页）

裴传永："色"即是面色、神情之意，"难"则是一个假借字，具体地说，是"戁"字的假借。……"戁"字出现较早，《诗经·商颂·长发》中即有"不戁不竦，百禄是总"的诗句。至于"戁"字的含义，《说文·心部》解释说："戁，敬也。从心，难声。"《字汇·心部》解释说："戁，恭也。"《汉语大字典》则释"戁"为"恭敬"。把"色难"解为"色戁"，取其容色恭敬之意。（《〈论语〉"色难"新解》，《孔子研究》2000年第4期）

金池：色难，（儿女）脸色难看。（《〈论语〉新译》38页）

孙钦善：色：指敬爱和悦的容色态度。《礼记·祭义》："孝子之有深爱者必有和气，有和气者必有愉色，有愉色者必有婉容。"（《论语本解》14页）

杨豹：在孔子看来，"孝"的最高境界就是"色难"，因为这是人的内心情感的流露，需要精神上的长期提升和修炼。换言之，"孝"的最高境界就是和颜悦色。它体现了子女对父母是不是存有仁孝之心。（《孔子与柏拉图论人际关系的比较》，《孔子研究》2009年第6期）

辑者案：色难，传统解释为：对父母做到"和颜悦色"很难，即孔子要求人们不仅照顾好父母的衣食，还要从态度上让父母心情舒畅。此章强调恭敬,与上章之"敬"恰好一致。

(2)有事,弟子服其劳;有酒食,先生馔

汉·马融:先生,谓父兄。馔,饮食也。(邢昺《论语注疏》17页)

清·刘台拱:年幼者为弟子,年长者为先生,皆谓人子也。……《论语》中言弟子者七,其二皆年幼者,其五谓门人。言先生者二,皆谓年长者。《宪问篇》"见其与先生并行也",包氏曰:"先生,成人也。"皇《疏》云:"先生者,成人,谓先己之生也,非谓师也。"《礼》"父之齿随行,兄之齿雁行",此童子行不让于长,故云与先生并行也。(《论语骈枝》1页)

清·孔广森:馔,郑本作馂。《注》云:"食余曰馂。"愚谓今文虽作馔,义亦与馂同。……据《说文》,馔即籑或体字,《仪礼》以籑为馂,《论语》以馔为馂,其实一耳。读当以"食先生馔"为句,言有燕饮酒则食长者之余也。有酒、有事,文正相偶。有事,弟子服其劳,勤也;有酒,食先生馔,恭也。勤且恭,可以为弟矣,孝则未备也。(《经学卮言》卷四·1页)

金池:弟子,这里指儿女。先生,长辈,这里指父母。(《〈论语〉新译》38页)

林觥顺:[注解]弟子就是子弟,是子女或年轻的弟妹。其是指孝子自己,服的本义是用,引申作服事服侍。劳的本义是剧务,是勉力操持,是特殊用力的事。服其劳是操持他的孝事。(《论语我读》24页)

黄怀信:[校]有酒食先生馂,"馂"旧作"馔","馔"为"具食",义不可通,改从郑玄本。《释文》云:"郑作'馂',音俊。食余曰馂。"[释]有酒,食先生馂:"有酒",与"有事"相对。"馂",剩饭。[训译]有事,替先生做;有酒,吃先生剩的。[章旨]此章针对子夏的实际而讲孝师之道。旧以为孝父之道,非。子夏盖偶有不敬之

色，故孔子借机批评之。（《论语新校释》28页）

　　金知明：家里有事像弟弟和儿子一样做事；弟子，弟弟和儿子，名词作状语，像弟弟和儿子一般的。（《论语精读》13页）

　　　　辑者案：从马融说。孝，一般指善事父母。子夏问孝，与上章子游问孝所指相同，所以孔子均答以"敬""色难"。因此，将"先生"理解为"父兄"为是。当然，师同父，对师用孝亦可。馔，《辞源》解曰："馔：食用。《论语·为政》：'有事，弟子服其劳；有酒食，先生馔。'"

（3）曾是以为孝乎

　　宋·朱熹：曾，犹尝也。（《四书章句集注》56页）

　　宋·孙奕：诸经除人姓及曾孙之外，"曾"字并无音，独《论语》"曾谓泰山不如林放乎"，音则登切；"曾是以为孝乎"，音增，马融曰"承顺父母颜色乃为孝也"，《正义》亦引是说，则是"曾"训乃也。至于曾由与求之问，虽无音，孔曰"谓子问异事耳"，则此二人之问安足大乎？又训则也，《公孙丑上》"而何曾比予于管仲"，又曰"曾比予于是"，曾音增。赵云："何曾，犹何乃也。"丁云："则也，乃也。"《礼部韵》亦训则也，并援"曾是以为孝乎"为证。《檀弓上》"丧三年以为极亡，则弗之忘矣"，郑曰"则之言曾也"，二说皆通，而乃字胜。尝以类推之……及近世文集中有"曾不闻"、"曾不知"之类，皆作"层"字读，更说不通，合尽读如"曾是以为孝乎"之曾。（《示儿编》卷一·13页）

　　清·钱大昕：《广韵》："昨棱切。经也。"《类篇》："曾，昨棱切，词之始也。又咨腾切，则也。又姓。"是以读如层为正音，读如增为别音。朱文公《论语》三"曾"字俱无音，则并"曾谓泰山"、"曾是以为孝乎"皆读如层，与陆氏《释文》异，而于《类篇》之例却合。……孙季昭欲举经典中曾不、曾莫之类尽读如增，似未喻陆

氏《释文》之旨,当从朱文公读为长。(《十驾斋养新录》卷三·47页)

清·王引之:曾是,乃是也,则是也。……《论语·为政》曰:"曾是以为孝乎?"(马注:"汝则谓此为孝乎?"《释文》:"曾,音增。马云'则'。皇侃云'尝也'。"按皇说非是。今本《论语》马《注》脱"则"字,据《释文》及邢《疏》补。)(《经传释词》卷八·13页)

杨伯峻:曾——音层,céng,副词,竟也。(《论语译注》16页)

黄怀信:"曾",读增音,竟也。(《论语新校释》29页)

杨朝明:[诠释]曾(céng):竟,竟然,难道。[解读]孔子说:"子女经常在父母面前和颜悦色很难。有了事情,年轻人替他们去做;有了酒饭,让长辈首先享用,难道这就可以认为是孝了吗?"(《论语诠解》13页)

　　　　辑者案:"曾",副词,用同"岂",表示反诘。杨朝明解读为"难道",符合文意。但读音尚需斟酌:《辞源》《汉语大词典》均注音为zēng。孔子所说的"有事,弟子服其劳;有酒食,先生馔",是一般人都能做到的,但仅仅做到了这些,他认为还不够"孝",所以用反诘的语气加以否定。孔子认为,作子女的对待父母,在让其吃饱穿暖的情况下,重要的是要做到"恭敬",要和颜悦色,让老人打心眼里舒服,这才算真正做到了"孝"。与上章所主张的相同,只做到"养"不行,还要做到"敬"。

2.9 子曰:"吾与回言终日,不违,如愚。退而省其私,亦足以发,回也不愚。"

(1)不违,如愚

汉·孔安国:不违者,无所怪问。于孔子之言,默而识之,如愚。(邢昺《论语注疏》18页)

宋·朱熹：不违者，意不相背。有听受而无问难也。(《四书章句集注》56 页)

清·刘宝楠："不违"，则似不解夫子之言，故曰"如愚"。《说文》："愚，戆也。"颜子于夫子之言，钻仰既久，欲罢不能，而自竭其才以学之。又且闻一知十，故能亦足以发也。(《论语正义》53 页)

杨伯峻：孔子说："我整天和颜回讲学，他从不提反对意见和疑问，像个蠢人。"(《论语译注》16 页)

李炳南：不违就是毫无阻碍之意。孔子讲，颜回听，顺畅无碍。颜回只在听，不问一句话，好像愚人。(《论语讲要》29 页)

黄怀信：[释]"不违"，无所违逆，皆依从之。《逸周书·官人》："因而不知止，曰愚依人也。"[训译]先生说："我和颜回讲话，(他)一整天不反问一个问题，好像很愚。"[章旨]此章言颜回好学深思。(《论语新校释》29 页)

　　　辑者案：不违，不违背，依从。愚，愚鲁，愚笨。

(2)退而省其私

汉·孔安国：察其退还与二三子说释道义，发明大体，知其不愚也。(皇侃《论语集解义疏》卷一·23 页)

梁·皇侃：退，谓回听受已竟，退还其私房时也。省，视也。其私，谓颜私与诸朋友谈论也。发，发明义理也。言回就人众讲说，见回不问，如似愚人，今观回退还私房，与诸子覆述前义，亦足发明义理之大体，故方知回之不愚也。(皇侃《论语集解义疏》卷一·23 页)

宋·邢昺："退而省其私，亦足以发，回也不愚"者，言回既退还，而省察其在私室与二三子说释道义，亦足以发明大体，乃知其回也不愚。(邢昺《论语注疏》18 页)

宋·朱熹：私，谓燕居独处，非进见请问之时。发，谓发明所言之理。愚闻之师曰:"……及退省其私,则见其日用动静语默之间,皆足以发明夫子之道,坦然由之而无疑,然后知其不愚也。"（《四书章句集注》56 页）

　　毛子水:《礼记·学记》:"大学之教也,退息必有居学。"居学,当指学校中学生自修的地方。刘疏:"居学非受业之所,故言私也。"按:"私",指弟子的自修。（《论语今注今译》19 页）

　　李泽厚:〔译〕孔子说:"我与颜回讲话整天,他毫无不同意见,像个笨蛋。回头来看他的行为等等,却使我也受到启发,回是一点也不笨呀!"（《论语今读》44 页）

　　黄怀信:〔释〕"退",退离师处。"省",自省、省察。"私",个人、自身。"省其私",谓结合自身实际反思。〔训译〕先生说:"我和颜回讲话,(他)一整天不反问一个问题,好像很愚。(然而他)回去以后结合自身实际进行反思,也足以发挥(我所讲的)。颜回不愚呀!"（《论语新校释》29 页）

　　金知明:回家反省他自己的疑惑;私,个人疑惑和个人看法。（《论语精读》14 页）

　　郑张欢:如有言错或不当,必退回后能自省其错或不当之处亦足以阐发。（《论语今释》28 页）

　　杨朝明:〔诠释〕省其私:观察他私下里的言行。〔解读〕孔子说:"我给颜回讲学一整天,他却始终没有提反对意见,就好像愚笨的人那样。我事后考察他私下里的言行,发现他完全能够理解发挥我的看法,颜回并不愚笨啊!"（《论语诠解》13 页）

　　辑者案:杨朝明解切合文意。

2.10 子曰:"视其所以,观其所由,察其所安,人焉廋哉? 人焉廋哉?"

(1) 视其所以

魏·何晏：以，用也。言视其所行用也。(皇侃《论语集解义疏》卷一·24 页)

梁·皇侃：以，用也。其，其彼人也。若欲知彼人行，当先视其即日所行用之事也。(皇侃《论语集解义疏》卷一·24 页)

宋·朱熹：以，为也。为善者为君子，为恶者为小人。(《四书章句集注》56 页)

杨伯峻："以"字可以当"用"讲，也可以当"与"讲。如果解释为"用"，便和下句"所由"的意思重复，因此我把它解释为"与"，和《微子篇第十八》"而谁以易之"的"以"同义。有人说"以犹为也"。"视其所以"即《大戴礼·文王官人篇》的"考其所为"，也通。(《论语译注》16 页)

李炳南：视其所以，就是看此人平常所作之事。这是从近处看。只看眼前之事，尚不足以了解此人。……刘氏《正义》："所由，是前日所行事。"……这也可以说，从远处看此人如何办事。……"察其所安。"就前述所视所观之事而言，详察其办完事情之后，他的表情如何，以明其本意。(《论语讲要》30 页)

何新：[译文]"观察他的动机。"[注释]以，欲也，动机。(《论语新解——思与行》17 页)

王孺童："以"是指人的当前的言行。(《孺童讲论语》99 页)

杨朝明：所以：所从事事情的出发点。以，凭借，指动机、原因、因由。(《论语诠解》14 页)

辑者案：所以，指原因、情由。《史记·太史公自序》："《春秋》之中，弑君三十六，亡国五十二，诸侯奔走不得保其社稷者不可胜数。察其所以，皆失其本已。"视其所以，也就是看他为什么要这么做，即动机、原因。

（2）观其所由

魏·何晏：由，经也。言观其所经从也。（皇侃《论语集解义疏》卷一·24 页）

梁·皇侃：由者，经历也。又次观彼人从来所经历处之故事也。（皇侃《论语集解义疏》卷一·24 页）

宋·朱熹：由，从也。事虽为善，而意之所从来者有未善焉，则亦不得为君子矣。（《四书章句集注》56 页）

清·钱坫：由读如"出不由户"之"由"。由，即行也。谛视曰观。（《论语后录》卷一·7 页）

杨伯峻："由"，"由此行"的意思。《学而篇第一》的"小大由之"、《雍也篇第六》的"行不由径"、《泰伯篇第八》的"民可使由之"的"由"都如此解。"所由"是指所从由的道路，因此我用方式方法来译述。（《论语译注》17 页）

金知明：由，有两种理解，其一为从、依赖，其二为行，走什么路。（《论语精读》14 页）

王孺童："由"是指导致此人当前言行的原因。（《孺童讲论语》99 页）

杨朝明：所由：以前做过的事情，所从由的道路、途径。（《论语诠解》14 页）

　　辑者案：所由，经过，由来。观其所由，就是看他做事情从开始到当前所经由的过程。

（3）**察其所安**

梁·皇侃：安，谓意气归向之也。言虽或外迹有所避而不得行用，而心中犹趣向安定，见于貌者，当审察以知之也。（皇侃《论语集解义疏》卷一·24 页）

宋·朱熹：察，则又加详矣。安，所乐也。所由虽善，而心之

所乐者不在于是，则亦伪耳，岂能久而不变哉？（《四书章句集注》56页）

清·刘宝楠：《穀梁》隐五年《传》："常视曰视，非常曰观。"《尔雅·释诂》："察，审也。"《说文》："察，覆审也。"视、观、察，以浅深次第为义。"安"者，意之所止也。（《论语正义》53页）

杨伯峻："安"就是《阳货篇第十七》孔子对宰予说的"女安，则为之"的"安"。一个人未尝不错做一两件坏事，如果因此而心不安，仍不失为好人。（《论语译注》17页）

李泽厚：看他的所作所为，观察他的由来始末，了解他的心理寄托，他还能躲藏到哪里去呀！ 他还能躲藏到哪里去呀！（《论语今读》44页）

何新：[译文]"观察他的目的。"[注释]安，居也，归宿，目的。（《论语新解——思与行》17页）

李培宗：所安：所做事情的结果。（《论语全解》19页）

杨朝明：所安：乐于做、安心做的事情。《大学》曰："知止而后有定，定而后能静，静而后能安。"人有自己的目标、奋斗方向，才可能做到定、静、安。人安于何事，很能反映一个人的胸怀和境界。（《论语诠解》14页）

胡齐临：看人的所作所为，要观察一个人言行和动机，要观察他所喜欢的人和事。（《论语真义》21页）

孙钦善：安：习。《吕氏春秋·乐成》"三世然后安之"，高诱注："安，习也。"（《论语本解》14页）

蔡健清：[注释]所安：所安的心境。[译文]查看他所处的心境与动机。（《论语解读》25页）

　　辑者案：察其所安，即察看他事情做完后心情所安定、满意于哪些方面，也就是对事情结果的态度。此章谈知人之法，即先看他行事的动机、原因，再看他行事的经过，最后看他对事情结果的态度。如此去了解人，人的真实面目怎能隐藏？

2.11 子曰："温故而知新，可以为师矣。"（辑者案："温故而知新"，定州简本作"温故而智新"）

魏·何晏：温，寻也。寻绎故者，又知新者，可以为师也。（皇侃《论语集解义疏》卷一·24页）

梁·皇侃：此章明为师之难也。温，温燖也。故，谓所学已得之事也。所学已得者，则温燖之，不使忘失，此是月无忘其所能也。新，谓即时所学新得者也，知新谓日知其所亡也。若学能日知所亡，月无忘所能，此乃可为人师也。（皇侃《论语集解义疏》卷一·24页）

宋·朱熹：温，寻绎也。故者，旧所闻。新者，今所得。言学能时习旧闻，而每有新得，则所学在我，而其应不穷，故可以为人师。（《四书章句集注》57页）

清·刘逢禄：故，古也。六经皆述古昔称先王者也。知新谓通其大义以斟酌后世之制作，汉初经师皆是也。（《论语述何》卷一·4页）

清·刘宝楠：郑注《中庸》"读温如燖温"者，"燖"有重义，言重用火爨之，即为温也。人于所学能时习之，故曰"温故"。郑君此章《注》文已佚，故就《中庸注》为引申之。……《说文》："𦎍，绎理也。"谓绅绎理治之也。此"寻"读本字，故《注》以"寻绎"连文，然温无绎理之训。"温"为"寻"者，"寻"与"燖"同，即与"燅"同，不谓绎理也。此《注》盖误。（《论语正义》55页）

清·宦懋庸：愚按师即谓此温故知新之学，非为人师之师也。凡人于故者时时寻绎之，则于故者之中每得新意，天下之义理无

穷,人心之浚发亦无穷,所谓归而求之有余师者是已。《论语稽》卷
二·8页)

　　方骥龄:"师"应指官吏言,"故"指政治法制言,似非一般性之
知识与教师言。孔子之世,似尚无以师为专职者与?《论语新诠》
33页)

　　杨伯峻:孔子说:"在温习旧知识时,能有新体会、新发现,就
可以做老师了。"(《论语译注》17页)

　　李炳南:温,就是温习。皇侃《疏》说:"故,谓所学已得之事。
新,谓即时所学新得者。"例如读书,已经读过的书,再加读诵思
维,古人叫做温书,也就是温故。尚未读过的书,现在研读,以求
了解书中所载的事理,即是知新。温故知新,随时吸收新知,而又
研究已得之学。如此好学,可以为人师。(《论语讲要》30页)

　　牛泽群:温,《篇海类编·地理类·水部》:"温,习也。"故,孔
门之学皆故。知,知然,辨识。新,非新认识、新体会,而为新现
实、新情况。谓能以经典衡今之是非者,可以为师矣。(《论语札记》
33页)

　　金知明:温习旧知识就能体会到新内容,(这种方法)可以当
作(自己学习的)老师。(《论语精读》15页)

　　郑张欢:温故往之事而能知如何成新而为的,可以为师了。
(《论语今释》29页)

　　杨朝明:[诠释]温故:温习过去的人和事。知新:智慧得到长
进、提高。知,定州汉墓竹简本的《论语》作"智"。新,动词,提高,
长进。[解读]孔子说:"温习从前的知识或经历,能够使自己的智
慧得到提高、长进,这样的人就可以做老师了。"(《论语诠解》14页)

　　孙钦善:这句话强调学习不重在积累,而贵在发明。(《论语本
解》15页)

辑者案:从皇侃、李炳南说。为师者,既要温故,不忘过去,还要注重学习新的知识,接受新事物,以跟上时代的发展。

2.12 子曰:"君子不器。"

汉·包咸:器者各周其用,至于君子,无所不施也。(皇侃《论语集解义疏》卷一·25页)

梁·皇侃:此章明君子之人不系守一业也。器者,给用之物也,犹如舟可泛于海不可登山,车可陆行不可济海。君子当才业周普,不得如器之守一也。(皇侃《论语集解义疏》卷一·25页)

清·黄式三:不器者通经权,迭柔刚,其道不穷,因时制宜也,非谓其遍习技艺也。(《论语后案》35页)

方骥龄:本章所谓不器,疑孔子之意,不欲在位之官吏华而不实,有如陈列之祭器不切实用。喻官吏之尸位素餐,不实际负责。(《论语新诠》34页)

毛子水:君子处事,当有自己的志意,不能像器物的随人所用。(《论语今注今译》21页)

安作璋:器,用如动词,像器具一样;看作器具。(《论语辞典》339页)

崔发展:"君子不器"乃是说一个君子不能拘于一才一艺,但这并不意味着一定要多才多艺,而是要通于艺、游于艺。(《"不器":君子的"游"戏》,《海南大学学报》2005年第3期)

林觥顺:[注解]不器者不一器,是多用度的器。但不器也可作不受重视。不器,可读丕器,是大器,如孔圣人是大器。[释义]孔子说:"读书人,是言行善良的知识分子,是要随机应变,更排除万难而行。但曲高和寡,也常为逐臭夫所诟病。"(《论语我读》27页)

赵又春:本章所说的"君子"更可能是指"为官者"。(《我读〈论

语〉》96 页)

　　乌恩溥：君子是不墨守陈规的。器，器皿、器具，引申为墨守陈规的意思。(《名家讲解论语》10 页)

　　金知明：器，名词，器皿，这里用作动词，义为隔阂、僵化。(《论语精读》15 页)

　　顾红亮："器"可以用"它"来表示。从布伯的关系哲学来看，"器"作为被使用的工具，呈现的是一种"我—它"关系，所以，"君子不器"是一个隐喻性的说法，暗示不能把君子放在"我—它"关系下加以理解。君子有超越工具、技术的本领。这种本领之一是建构"我—你"关系的能力，把自己和他人培育成为有德之人。(《对话哲学与〈论语〉的关系性君子观》,《孔子研究》2009 年第 6 期)

　　　　辑者案：从包咸、皇侃说。

2.13 子贡问君子。子曰："先行其言而后从之。"

　　汉·孔安国：疾小人多言，而行之不周也。(皇侃《论语集解义疏》卷一·25 页)

　　梁·皇侃：君子先行其言，而后必行，行以副所言，是行从言也。若言而不行，则为辞费，君子所耻也。又一通云：君子之言，必为物楷，故凡有言，皆令后人从而法之也。(皇侃《论语集解义疏》卷一·25 页)

　　宋·邢昺：夫子答之曰："君子先行其言，而后以言从之，言行相副，是君子也。"(邢昺《论语注疏》19 页)

　　宋·沈括：《论语》"先行"当为句，其言自当后也。(《梦溪笔谈·补笔谈》卷一·243 页)

　　宋·朱熹：周氏曰："先行其言者，行之于未言之前；而后从之者，言之于既行之后。"范氏曰："子贡之患，非言之艰而行之艰，故告之以此。"(《四书章句集注》57 页)

清·刘宝楠：《大戴礼·曾子制言篇》："君子先行后言。"又《立事篇》："君子微言而笃行之。行必先人，言必后人。"均与此章义相发。（《论语正义》56 页）

杨伯峻：对于你要说的话，先实行了，再说出来［这就够说是一个君子了］。（《论语译注》17 页）

赵又春：这一章一定是孔子针对某个具体的人、事说的，不是作一般的教诲。（《我读〈论语〉》85 页）

黄怀信：［校］其言从之，"从"前旧有"而后"二字，今从定州简本删。旧或读"先行其言，而后从之"，非，既行其言，何所从？［训译］子贡问（怎样才算）君子，先生说："（君子做事，应当）先行动，言语跟在后面。"（《论语新校释》32 页）

金知明：先说正确的话（然后再）按说的做。（《论语精读》15 页）

胡齐临：对于你要说的事情，先实行干好了，然后贯彻到底，这就是一个君子了。（《论语真义》22 页）

辑者案：孔子强调先做后说，做了再说，言行相副，取信于人。当然不是要求凡事都先做后说，而是重视实际行动，不要只说不做。

2.14 子曰："君子周而不比，小人比而不周。"

汉·孔安国：忠信为周，阿党为比。（邢昺《论语注疏》19 页）

宋·朱熹：周，普遍也。比，偏党也。皆与人亲厚之意，但周公而比私耳。君子小人所为不同，如阴阳昼夜，每每相反。然究其所以分，则在公私之际，毫厘之差耳。故圣人于周比、和同、骄泰之属，常对举而互言之，欲学者察乎两间，而审其取舍之几也。（《四书章句集注》57 页）

清·黄式三：周比皆密也，密于善曰周，密于不善曰比。（《论语

后案》36 页）

清·刘宝楠：案：《鲁语》"忠信为周"，《毛诗·皇华》、《都人士》传："用之忠信，则能亲爱人。"故"周"又训为亲、为密、为合。《左·哀十六年传》："周仁之谓信。"杜《注》："周，亲也。"文十八年"是与比周"，杜《注》："周，密也。"《离骚》"虽不周于今之人兮"，王逸《章句》"周，合也"是也。"阿党为比"者，《尔雅·释诂》："比，俌也。"《齐语》"谓之下比"，韦《注》："比，阿党也。"《吕览·达鬱》注："阿曲媚也。""阿党"与"忠信"相反，正君子、小人性情之异。（《论语正义》57 页）

杨伯峻：孔子说："君子是团结，而不是勾结；小人是勾结，而不是团结。"（《论语译注》17 页）

石连同：意思是说：君子待人忠信，但不阿私，小人以阿私相结，但不忠信。"子以四教：文、行、忠、信。"忠信指人诚实无欺、尽心竭力的心性，被孔子视为立身之本。（《略论孔子的交友之道》，《孔子诞辰 2540 周年纪念与学术讨论会论文集》1261 页）

李炳南：周比二字，古注或作公私讲，或作义利讲，或作普遍与偏党讲。今依公私讲法。公就是周，私就是比。君子办事，为公，而不为私。平时修养，亦是去其私心，存其公心。此即周而不比。小人办事，为私，而不为公。无事时，心中所想的，也是有私无公。此即比而不周。公是公平正直，私则与此相反。分辨君子与小人，即在公私二字。（《论语讲要》32 页）

李泽厚：［译］孔子说："君子普遍厚待人们，而不偏袒阿私；小人偏袒阿私，而不普遍厚待。"（《论语今读》47 页）

金池：周，周密，合群。比（bǐ 闭），封闭，搞小圈子，勾结。（《〈论语〉新译》46 页）

赵又春："周"是环绕的意思，即圆……"周"就意味着对一切人都用同一个标准去对待，不分亲疏远近。"比"是"并列、挨着"……"比"就是要分清哪是"自家人"、"同伙",哪是"外人"、"对手",而区别对待之……君子对人一视同仁,不分亲疏远近;小人只讲哥们义气,不能一视同仁。(《我读〈论语〉》108 页)

黄怀信:"周",遍也,谓普遍团结。"比",《说文》:"密也。二'人'为'从',反'从'为'比'。"谓与个别人私相亲密。(《论语新校释》33 页)

何新:周,周圆。比,读为鄙,边也,蔽也,偏执片面。旧注多解"周"为"宗",又解"比"作阿党。孔疏:"忠信为周,阿党为比。"说皆牵强。(《论语新解——思与行》19 页)

郑张欢:君子言有所为而不与人争比,小人只知争比而不知言有所为。(《论语今释》30 页)

李零:"比"是拉拉扯扯,"周"是和衷共济。(《丧家狗——我读〈论语〉》80 页)

亦丰:君子以道义团结众人,而不结党营私。小人结党营私,而不以道义团结众人。(《论语句解》7 页)

　　辑者案:从朱熹、黄怀信说。"周",遍,遍及。《易·系辞上》:"知周乎万物,而道济天下。"引申为"周密"、"亲密"义。"周"的范围很广,用于人与人的关系,可以说作"普遍团结"、"广泛团结"。"比",与"周"相反,《礼记·缁衣》:"大臣不治而迩臣比矣。"郑玄注:"比,私相亲也。"《玉篇》:"比,阿党也。"阿,循私,偏袒。阿党,结党营私。曹操《整齐风俗令》:"阿党比周,先圣所疾也。"

2.15 子曰:"学而不思则罔,思而不学则殆。"

(1)学而不思则罔

汉·包咸:学而不寻思其义理,则罔然无所得也。(皇侃《论语集

解义疏》卷一·26 页）

梁·皇侃：又一通云：罔，诬罔也。言既不精思，至于行用乖僻，是诬罔圣人之道也。（皇侃《论语集解义疏》卷一·26 页）

宋·朱熹：不求诸心，故昏而无得。（《四书章句集注》57 页）

宋·蔡节：罔，无知也。（《论语集说》卷一·18 页）

于省吾："罔"字本应作"亡"，乃"忘"之省文。东瀛景本《古文尚书》，凡"罔"字多作"亡"。敦煌本《隶古定尚书》"罔"字多作"𠃵"，"𠃵"即"亡"之异文。……谓读书而不假思索则忘矣。……是罔之即亡，亡之通忘，审文核义，其信然乎！（《论语新证》3 页）

杨伯峻：罔——诬罔的意思。"学而不思"则受欺，似乎是《孟子·尽心下》"尽信书，不如无书"的意思。（《论语译注》18 页）

王熙元：罔，通罗网的网，作动词用，引申有约束、蒙蔽的意思。（《论语通释》67 页）

杨润根：罔（wǎng）：无益，无所得，蒙骗，欺骗。根据《说文解字》的看法，"罔"和"网"是同一个字，但是在我看来，两者应是有严格区别的。我认为，"罔"就是"亡网"，即"漏网"之意。因此"罔"具有"无所得"、"无效劳动"或"竹篮打水一场空"的意思。引伸为人们之间的无效的交谈与交流，而这种无效的交谈与交流显然是由那种骗人的言不由衷的谎言造成的，因此它进而引伸出蒙骗、欺骗的意思。（《发现论语》39 页）

黄怀信：［校］"惘"，旧作"罔"，改今字。［释］学而不思则惘："惘"，迷惘，不知其义。（《论语新校释》34 页）

郑张欢：罔，困难、艰难之意。（《四书今释》30 页）

袁庆德：罔：愚弄……这里是被动用法，意思是被愚弄。（《论语通释》18 页）

　　辑者案：罔，通惘。罔然也作惘然。"罔"在此语中是迷

惑、迷惘的意思。学，通过思的过程，才能把道理搞明白，才
能有心得，才不至罔然无得。

(2)思而不学则殆

魏·何晏：不学而思，终卒不得，徒使人精神疲殆（辑者案：皇
《疏》本无"徒"字）。（邢昺《论语注疏》20页）

宋·朱熹：不习其事，故危而不安。（《四书章句集注》57页）

清·王念孙：良工取之，拙者疑殆。念孙案：此殆字非危殆之殆，
殆亦疑也。古人自有复语耳，言唯良工为能取之，若拙工则疑而不能
治也。襄四年《公羊传》注曰："殆，疑也。"《论语·为政篇》"思而不学
则殆"，言无所依据，则疑而不决也。又曰"多闻阙疑，慎言其余，则寡
尤；多见阙殆，慎行其余，则寡悔"。殆，亦疑也；悔，亦尤也。变文协韵
耳。（《读书杂志·史记杂志》卷五·26页）

杨伯峻：孔子说："只是读书，却不思考，就会受骗；只是空想，
却不读书，就会缺乏信心。"（《论语译注》18页）

黄怀信：[校]《释文》云："殆音待，依义当作'怠'。"说近是，
"殆"本字当作"怠"。[释]"怠"，懈怠、懒惰。旧如字释危险，非，
思无危险可言。（《论语新校释》34页）

杨朝明：[诠释]殆：疑惑、思维枯竭。[解读]孔子说："只是一
味读书而不知道动脑筋思考，就会惘然无得；只是一味地空想而
不读书，就会神思枯竭。"（《论语诠解》15页）

亦丰：只是空想而不读书就会偏离正道。（《论语句解》7页）

辑者案：从何晏、邢昺说。《辞源》："殆，懈怠。通'怠'。
《商君书·农战》：'农者殆则土地荒。'"学习讲究学思结合，
讲究勤学多思，做不到"勤学"，本身就是"懈怠"的表现。学
能增加新知，学能启迪思智，只思不学，思久无获，终将倦怠。

2.16 子曰:"攻乎异端,斯害也已矣。"(辑者案:"攻乎异端",定州简本作"功乎异端")

魏·何晏:攻,治也。善道有统,故殊途而同归。异端,不同归者也。(皇侃《论语集解义疏》卷一·26页)

梁·皇侃:此章禁人杂学诸子百家之书也。攻,治也。古人谓学为治,故书史载人专经学问者,皆云治其书、治其经也。异端谓杂书也。言人若不学六籍正典,而杂学于诸子百家,此则为害之深。……"斯害也已矣"者,为害之深也。(皇侃《论语集解义疏》卷一·26页)

宋·朱熹:范氏曰:"攻,专治也,故治木石金玉之工曰攻。异端,非圣人之道,而别为一端,如杨墨是也。其率天下至于无父无君,专治而欲精之,为害甚矣!"程子曰:"佛氏之言,比之杨墨,尤为近理,所以其害为尤甚。学者当如淫声美色以远之,不尔,则骎骎然入于其中矣。"(《四书章句集注》57页)

清·钱坫:异端即他技,所谓小道也。小道必有可观,致远则泥,故夫子以为不可攻,言人务小致失大道。(《论语后录》卷一·7页)

程树德:此章诸说纷纭,莫衷一是,此当以本经用语例决之。《论语》中凡用攻字均作攻伐解,如"小子鸣鼓而攻之","攻其恶,毋攻人之恶",不应此处独训为治,则何晏、朱子之说非也。已者,语词。不训为止。如"末之也已","可谓人之方也已",其例均同。则孙弈、钱大昕、焦循诸家之说非也。异端,何晏训为殊途不同归,皇、邢《疏》则以诸子百家实之,朱《注》始指为杨墨佛老。考汉时以杂书小道为异端,前人考之详矣。孔子之时,不但未有佛学,并杨墨之说亦未产生。当时只有道家,《史记》载孔子见老聃,归而有如龙之叹,则孔子之不排击道家甚明,不能以后世门户排挤心理推测圣人。然孔子时虽无今之所谓异端,而诸子百家之说则多萌芽于此时代,原壤之老而不死,则道家长生久视之术也。宰我短丧之问,则墨家薄葬之滥觞也。樊迟学稼之请,则农家并耕之权舆也。异端虽训为执两端,而义实可通于杂学。《中庸》引子曰:"素隐行怪,后世有述焉,吾弗为已矣。"子夏曰:"虽小道,必有可观者焉,致远恐泥,是以君子不为也。"所谓素隐行怪,所谓小道,即异端也。君子止于不为。若夫党同伐异,必至是非蜂起,为人心世道之害,故夫子深戒之也。(《论语集释》108 页)

方骥龄:本章所谓"异端",亦即"两端"或"二端"。……"攻乎异端"犹言治于两头,不专一也。(《论语新诠》36 页)

毛子水:一个人于修业时而分心于外务,那是有害的。(《论语今注今译》23 页)

杨伯峻:异端——孔子之时,自然还没有诸子百家,因之很难译为"不同的学说",但和孔子相异的主张、言论未必没有,所以译为"不正确的议论"。斯——连词,"这就"的意思。已——应该看为动词,止也。因之我译为"消灭"。如果把"攻"字解为"治",那么"斯"字得看作指代词,"这"的意思;"也已"得看作语气词。全文便如此译:"从事于不正确的学术研究,这是祸害哩。"一般的讲法是如此的,虽能文从字顺,但和《论语》词法和句法都不合。(《论语译注》18 页)

钱逊:《论语新解》则认为异端是泛指,一事必有两头,一线必有两端,从这端看,那端是异端;从那端看,这端是异端。《论语》这一章是告诫人们不要只执一端。(《论语浅解》43 页)

邓球柏:干事情走极端,固执己见,这样就是灾害。(《论语通解》33 页)

钱穆:攻,如攻金攻木,乃专攻义,谓专于一事一端用力。或说攻,攻伐义,如小子鸣鼓而攻之。然言攻乎,似不辞,今从上解。异端,一事必有两头,如一线必有两端,由此达彼。若专就此端言,则彼端成为异端,从彼端视此端亦然。墨翟兼爱,杨朱为我,何尝非各得一端,而相视如水火。旧说谓反圣人之道者为异端,因举杨、墨、佛、老以解此章。然孔子时,尚未有杨、墨、佛、老,可见本章异端,乃指孔子教人为学,不当专向一偏,戒人勿专在对反之两端坚执其一。所谓异途而同归,学问当求通其全体,否则道术将为天下裂,而歧途亡羊,为害无穷矣。一说,异端犹言歧枝小道。小人有才,小道可观,用之皆吾资,攻之皆吾敌,吾非斯人之徒与而谁与。后世以攻异端为正学。……(白话试译)先生说:"专向反对的一端用力,那就有害了。"(《论语新解》40 页)

李泽厚:[译]攻击不同于你的异端学说,那反而是有危害的。[记](我)认为这可以表现儒学的宽容精神:主张求同存异,不搞排斥异己。(《论语今读》48 页)

萧民元:"攻乎异端"就是说,离开了中道而致力于向两端发展的意思。(《论语辨惑》28 页)

杨润根:如果人们都来攻击那些违背人类自然常识与正常理性的异端邪说,那么由这种异端邪说对他人的思想行为所造成的有害影响也就可以结束了。(《发现论语》39 页)

黄怀信:[释]"异端",指与己意见不同的一方,即对方、对立面。凡物皆两端,己执一端,则异端必对方所执。"斯",副词,则、就。"害",伤害、损害。攻击对方而对方反击,所伤害的只能是自己一方,故此"害"必指伤害自己。[训译]攻击对方,就会伤了自己呀!(《论语新校释》34 页)

程石泉:盖指专治乎偏执之论者。凡有所偏执者必不能评情论理,则为害深矣。(《论语读训》19 页)

　　文选德：只要专门攻击、铲除那些异端邪说，那什么祸害也就没有了。(《论语诠释》82 页)

　　林觥顺：[释义]孔子说："无论求学研究专门学问，或治理大小事务，言行都应以忠信为元点，如果本末倒置，言不正行不顺，是导人于极端，如此，则危害社会国家民族，就太深远了。"(《论语我读》29 页)

　　赵又春："斯害也已"可以是"那么害处就没有了"的意思，也可以是"那么就有害了"或"这不过有害罢了"的意思。究竟是哪个意思，取决于对上文的理解……也许，孔子这不过是在强调中庸思想，"攻乎异端"是说，无论你专门致力于哪一端，即不断地由这一端换到另一端，都一样——每一端对于另一端都是"异端"——反正都不是"中"，都是走极端。于是接下说：这样做都不恰当，都是有害的。(《我读〈论语〉》422 页)

　　鲍鹏山：若专攻一端，而不知其他，就会有害了。(《论语新读》18 页)

　　李里：去研究异端邪说这本身就是最大的危害。(《论语讲义》45 页)

　　毕宝魁、卞地诗：看问题要全面，处理事情要掌握度，治学问要全面通脱，如果只在一个方面下功夫，或只站在一方面立场上考虑问题，这样是有危害的。(《〈论语〉"攻乎异端，斯害也已"本义考辨》，《东南大学学报》2009 年第 2 期)

　　杨朝明：传统上，人们断句作："子曰：'攻乎异端，斯害也已！'"攻：攻习、学习。……定州汉墓竹简本《论语》作"功"。今从后者。异端：背离正道的学说、观念。……我们认为，"异端"应当概指无益于国计民生的所谓学说，例如《孔子家语·执辔》中子夏所言"义理"、"《山书》"之类，子贡评论其为"微则微矣，然则非治世之待也",其中也包括《孔子家语·始诛》篇中所谓"言伪而辩"（言论错误而雄辩）、"记丑而博"（记述非义的事物却十分广博）的一类邪说。已:禁绝,停止。(《论语诠解》15 页)

袁庆德:异:怪异。端:事情。"异端"就是怪异的事情。(《论语通释》219 页)

辑者案:从程树德、李泽厚说。

2.17 子曰:"由,诲女知之乎! 知之为知之,不知为不知,是知也。"

(1)诲女知之乎

梁·皇侃:子路有兼人之性,好以不知为知也。孔子将欲教之,故先呼其名也。……诲,教也。孔子呼子路名云:"由,我欲教汝,知之文章乎?"……又一通云:孔子呼子路名云:"由! 我从来教化于汝,汝知我教汝以不乎? 汝若知我教,则云知;若不知,则云不知,能如此者是有知之人也。"(皇侃《论语集解义疏》卷一·27 页)

宋·邢昺:孔子以子路性刚,好以不知为知,故此抑之。呼其名曰:"由,我今教诲汝为知之乎!"此皆语辞。(邢昺《论语注疏》20 页)

宋·朱熹:子路好勇,盖有强其所不知以为知者,故夫子告之曰:我教女以知之之道乎! (《四书章句集注》58 页)

清·刘宝楠:《说文》云:"诲,晓教也。""女"者,平等之称。皇本"女"皆作"汝"。"诲女知之"者,言我诲女之言,女知之否耶。俞氏樾《平议》据《荀子·子道篇》及《韩诗外传》所述此文并言"志之",谓知与志通,亦是也。(《论语正义》61 页)

清·俞樾:此"知"字与下五"知"字不同,下五"知"字皆如字,此"知"字当读为志。《礼记·缁衣篇》"为上可望而知也,为下可述而志也。"郑《注》曰:"志犹知也。"然则"知"与"志"义通,诲女知

之乎,即诲女志之乎。言我今诲女,女其谨志之也。（《群经平议》卷三十·4页）

　　杨伯峻:孔子说:"由! 教给你对待知或不知的正确态度吧!"（《论语译注》19页）

　　黄怀信:子曰:"由:诲汝,知乎?"［校］"汝"旧作"女",古字,今从皇本、正平本、敦煌诸唐写本改今字;"知"后旧有"之"字,当是后人所增,今从定州简本删。［训译］先生说:"仲由:（我）教你的,（你）明白吗? 明白就说明白,不明白就说不明白,这才叫聪明。"（《论语新校释》35页）

　　　　辑者案:本章中的"知"字,都是"知道"的意思。"诲女知之乎",言我教诲你的,你知道了吗? 知道就是知道,不知道就是不知道,这就是真正的"知道"。孔子强调的是在学习上要坚持实事求是的态度。

(2)是知也

宋·邢昺:"知之为知之,不知为不知,是知也"者,此诲辞也。言汝实知之事则为知之,实不知之事则为不知,此是真知也。（邢昺《论语注疏》20页）

　　元·陈天祥:《注》文解"知之为知之,不知为不知",语意皆圆,解"是知也"三字,言有未当。知谓实知也,所知者则以为知,所不知者则以为不知,如此则无自欺之蔽,心公理得,知皆实知,故曰:是知也。（《四书辨疑》卷二·17页）

　　清·刘宝楠:据《荀子》,是此章所言在子路初见夫子时。其云"言要则知","知"即"智"字。此文"是知也",《释文》云:"知也,如字,又音智。"音智当即本《荀子》。又《非十二子篇》:"言而当,知也;默而当,亦知也。"以上文言信、言仁例之。"知"当读"智"。杨倞《注》引《论语》此文,可见杨读"是知"之知亦为智矣。（《论语正

义》61页）

杨伯峻：知道就是知道，不知道就是不知道，这就是聪明智慧。（《论语译注》19页）

李泽厚：［译］孔子说：“子路，我告诉你什么叫求知吧：知道就是知道，不知道就是不知道，这就是真正的‘知道’。”（《论语今读》49页）

林觥顺：［释义］“……了解就是了解，不了解就要说不了解，记住就是记住，记不住就是忘记，要这样，我才知道你真正学到多少的程度。”（《论语我读》30页）

辑者案：参看上文案语。

2.18 子张学干禄。子曰：“多闻阙疑，慎言其余，则寡尤。多见阙殆，慎行其余，则寡悔。言寡尤，行寡悔，禄在其中矣。”

(1)子张学干禄

汉·郑玄：干，求也。禄，禄位也。（皇侃《论语集解义疏》卷一·27页）

梁·皇侃：弟子子张就孔子学求禄位之术也。（皇侃《论语集解义疏》卷一·27页）

宋·朱熹：干，求也。禄，仕者之奉也。（《四书章句集注》58页）

程树德：［别解］郑氏《述要》：干禄，“禄”字《集注》本郑说直以为仕者之奉，自是议者纷纷，有以为子张之贤当不至此。此是学《诗》“干禄”之句，如南容之三复白圭者。有因《史记》及程《注》“学”字作“问”，以为子张问此诗之义者。有以为求仕古人不讳言，《礼》曰“宦学事师”，《传》曰“宦三年”，学干禄即学仕宦，而不以《集注》为非者。按以上诸说惟学《诗》“干禄”于理尚近。但《诗》言“干禄”，亦非即俸禄之禄。《尔雅》禄训为福，是干禄即求福。子张盖读《诗》至此，不知福如何求，夫子教以修德之道，寡尤寡悔，则明无人非，幽无鬼责，吉无不利，福不期臻而自臻，故曰"禄在其中"。《诗》言"求福不回"，即此意也。按：《述要》之说，释禄为福，较旧注俸禄为胜；然意在为圣门辩护，与程子谓"若颜闵则无此问"，好贬抑古人者，其居心厚薄不可以道里计。昔元儒许鲁山常言："儒者以治生为急。所谓干禄即问治生之道，孔子之答，与'君子谋道不谋食'一章同旨。谚云：'天不生无禄之人。'人之至于困苦穷饿者，必其人行止有亏，为众所厌恶。孔子教子张以言行寡尤悔，而禄即在其中，言似迂而实确，洵万古处世之津梁、治生之秘诀也。"（《论语集释》113页）

杨润根：子张问什么是人们从学习中所获得的相关报偿。干：相干的，相关的；干系，关系，联系。"干"的本意指一个对象融入（进入）另一个对象，并与之发生相互的关系。长期以来的许多学者都把这里的"干"理解为"求"，这是毫无根据的，也是与本章的语言情境与内在的思想逻辑相矛盾的。（《发现论语》41页）

辑者案：郑玄、皇侃说为是。

(2) 多闻阙疑，慎言其余，则寡尤。多见阙殆，慎行其余，则寡悔

汉·包咸：尤，过也。疑则阙之，其余不疑，犹慎言之，则少过也。殆，危也。所见危者，阙而不行，则少悔也。（皇侃《论语集解义疏》卷一·27页）

梁·皇侃：人居世间，必多有所闻。所闻之事，必有疑者，有解者。解者则心录之，若疑者则废阙而莫存录，故云多闻阙疑。云"慎言其余"者，其余，谓所心解不疑者也。已阙废可疑者，而所余不疑者，虽存录在心，亦何必中理，故又宜口慎言之也。云"则寡尤"者，寡，少也。尤，过也。既阙可疑，又慎言所不疑，能如此者,则生平之言少有过失也。云"多见阙殆"者,殆,危也。言人若眼多所见,阙废其危殆者,不存录之也。云"慎行其余"者,其余,谓自所录非危殆之事也。……云"则寡悔"者,悔,恨也。既阙于危殆者,又慎行所不殆,能如此者,则平生所行少悔恨也。(皇侃《论语集解义疏》卷一·27页)

宋·朱熹:愚谓多闻见者学之博,阙疑殆者择之精,慎言行者守之约。凡言在其中者,皆不求而自至之辞。言此以救子张之失而进之也。程子曰:"修天爵则人爵至,君子言行能谨,得禄之道也。"(《四书章句集注》58页)

清·刘宝楠:"多闻"、"多见",谓所学有闻有见也。《易·象传》:"君子多识前言往行以畜其德。"畜者,积也,厚也。以所识言行,为己言行之则,故凡学者,所以为己也。言属闻、行属见者,错综之辞。"阙疑"者,《左·昭二十年传》注:"阙,空也。"其义有未明、未安于心者,阙空之也。"余"者,足也,心足乎是也。"慎言其余,慎行其余"者,谓于无所疑者,犹慎言之;无所殆者,犹慎行之。《中庸记》所云"有余,不敢尽"也。"寡尤"、"寡悔",亦互文。皇《疏》云:"悔,恨也。"此常训。《荀子·王霸篇》:"故孔子曰:'知者之知,固以多矣,有以守少,能无察乎?'"即此"慎言"、"慎行"之义。刘氏逢禄《论语述何篇》:"'多闻',如《春秋》采百二十国之宝书。'阙疑',史阙文也。信以传信,疑以传疑,慎之至也。'多见阙殆',谓所见世也。《春秋》定、哀多微辞,上以讳尊隆恩,下以避害容身,慎之至也。"刘君以《春秋》释此文,其义亦善。(《论语正义》62页)

李泽厚:[译]多听,保留有怀疑的地方,谨慎地说那可以肯定的部分,就会少犯过错;多看,不干危险的事情,谨慎地做那可以肯定的部分,就不会失误后悔。讲话少过错,行为少后悔,官职薪俸便自然会有了。[记]似乎该明确一点:学生们到孔子这里来学习,为了什么?大部分是"学干禄",即学习六艺以做官也。"学而优则仕"是常规历程,并非为知识而知识,为道德而道德。(《论语今读》49 页)

林觥顺:[释义]孔子说:"多听先进们的言谈讨论,遇有不懂的特殊情况,不可贸然质疑,更要谨慎直接谈及特殊敏感的人事物,于是可减少很多无心之过。要多看别人,也让别人多看自己。处理问题不可有冒险犯难的鄙夫之勇。更要谨慎处理那些特殊的人事物,才不会有事后的懊恼与悔恨。能够言少过,行少悔,官位福禄的道理,就应运而生了。"(《论语我读》31 页)

金知明:(你要)多听少提问,小心谈论剩下的事,(这样你)就很少会被责怪了。(你要)多看少做(会冒险的)事,小心做余下的事,那么就少有事后懊悔了。说话少惹祸,做事少后悔,(你)做官的俸禄也就在其中了。(《论语精读》17 页)

郑张欢:凡做事多闻存在的疑惑事情,慎言其余,则少出错。多见存在的失败事情,慎行其余,则少有悔。(《论语今释》32 页)

何新:阙,祛也,祛除。《论语正义》引《左传》杜注:"阙,空也。"按:空,恰有除空、清除之义。此义汉以来不得达诂。旧注多读阙为"存",乃谓"义有未明,未安于心者,阙空之也"。至谬。(《论语新解——思与行》21 页)

杨朝明:[诠释]阙疑:存疑。阙殆:与"阙疑"对称,亦存疑之意。寡悔:减少追悔。[解读]子张向孔子学习怎样求得官位俸禄。孔子说:"多听听,保留有疑问的地方,其余满有把握的问题,慎重地进行谈论,就会减少错误。多看看,保留有疑问的地方,其余足以自信的事情,慎重地去做,就会减少追悔。说话减少错误,做事减少追悔,官位俸禄就在这里面了。"(《论语诠解》16 页)

辑者案：从杨朝明说。阙疑，遇有疑惑，暂时空着，不作主观推测；殆即疑也，疑、殆二字可以连用，互文见义。孔子告诫为政者要谨言慎行，稳重从事，避免过失和遗憾，这样才能求得禄位或久居禄位。

2.19 哀公问曰："何为则民服？"孔子对曰："举直错诸枉，则民服。举枉错诸直，则民不服。"

举直错诸枉，举枉错诸直

汉·包咸：错，置也。举正直之人用之，废置邪枉之人，则民服其上。（邢昺《论语注疏》21页）

汉·郑玄：措，犹投也。诸，之也。言投于下位也。（袁钧《郑玄论语注》卷一·7页）

宋·朱熹：错，舍置也。诸，众也。程子曰："举错得义，则人心服。"（《四书章句集注》58页）

清·刘宝楠：《释文》："错，郑本作措。"《汉费凤碑》："举直措枉。"与郑本合。《说文》云："措，置也。""措"，正字，"错"，假借字。……郑《注》云："措，犹投也。诸，之也。言投于下位也。"案：春秋时，世卿持禄，多不称职，贤者隐处，虽有仕者，亦在下位，故此告哀公以举措之道，直者居于上，而枉者置之下位，使贤者得尽其才，而不肖者有所受治，亦且畀之以位，未甚决绝，俾知所感奋而犹可以大用。故下篇告樊迟以"举直错诸枉，能使枉者直"，即此义也。（《论语正义》64页）

杨伯峻："错"有放置的意思，也有废置的意思。一般人把它解为废置，说是"废置那些邪恶的人"（把"诸"字解为"众"）。这种解法和古汉语语法规律不相合。因为"枉"、"直"是以虚代实的名词，古文中的"众"、"诸"这类数量形容词，一般只放在真正的实体词之上,不放在这种以虚代实的词之上。这一规律,南宋人孙季和(名应时)便已明白。王应麟《困学纪闻》曾引他的话说:"若诸家解,何用二'诸'字?"这二"诸"字只能看做"之于"的合音,"错"当"放置"解。"置之于枉"等于说"置之于枉人之上",古代汉语"于"字之后的方位词有时可以省略。朱亦栋《论语札记》解此句不误。(《论语译注》20 页)

金知明:在改正错误的事上面推行正确的事……直,代词,指正确的事;错,改正;枉,代词,指邪曲的东西。(《论语精读》18 页)

蔡健清:举,选拔的意思。(《论语解读》29 页)

辑者案:从字面意思看,上句是"拿直的放在曲的之上",下句是"拿曲的放在直的之上"。喻意是:重用正直者而贬黜奸邪者,则民服;重用奸邪者而贬黜正直者,则民不服。

2.20 季康子问:"使民敬、忠以劝,如之何?"子曰:"临之以庄则敬,孝慈则忠,举善而教不能则劝。"

使民敬、忠以劝

梁·皇侃:季康子,鲁臣也,其既无道僭滥,故民不敬不忠,不相劝奖。所以问孔子,求学使民行敬及忠及劝三事也,故云如之何。(皇侃《论语集解义疏》卷一·29 页)

清·刘宝楠:阎氏若璩《四书释地》说:"以劝者,以,与也。"王氏引之《经传释词》云:"以劝者,而劝也。"二训并通。(《论语正义》65 页)

杨伯峻:要使人民严肃认真、尽心竭力和互相勉励,应该怎么办呢?(《论语译注》20 页)

杨润根:使人民具有严肃认真的道德情感、不偏不倚的公正之心以及积极进取而永不沉沦的精神状态。(《发现论语》46 页)

林觥顺：[注解]敬忠以劝：是劝以忠敬倒插修饰，也可说是劝人民当敬上尽忠。（《论语我读》32 页）

黄怀信：[释]"敬"，谓敬上。"忠"，谓忠于上。"以"，连词，而。"劝"，勉力、努力。[训译]季康子问："要让百姓敬上、忠诚而努力做事，（应当）怎么办？"（《论语新校释》39 页）

彭亚非：劝，听从劝说。（杨义主编《论语选评》40 页）

杨朝明：[诠释]使民：用民。[解读]役使百姓的时候恭敬、忠诚、劝勉，怎样去做呢？（《论语诠解》16 页）

　　辑者案：此章言季康子向孔子请教使民敬上、忠上与相劝向善之法。"以"释为"与"为当。"劝"，劝勉。下文"举善而教不能，则劝"，即含"使百姓相劝向善"之意。

2.21 或谓孔子曰："子奚不为政？"子曰："《书》云：'孝乎惟孝，友于兄弟，施于有政。'是亦为政，奚其为为政？"

孝乎惟孝，友于兄弟，施于有政

汉·包咸：孝乎惟孝，美大孝之辞。友于兄弟，善于兄弟。施，行也。所行有政道，与为政同（辑者案：皇侃本作"美孝之辞"，无"大"字）。（邢昺《论语注疏》22 页）

宋·朱熹：善兄弟曰友。《书》言君陈能孝于亲，友于兄弟，又能推广此心，以为一家之政。孔子引之，言如此，则是亦为政矣，何必居位乃为为政乎？盖孔子之不仕，有难以语或人者，故托此以告之，要之至理亦不外是。（《四书章句集注》59 页）

清·宋翔凤：《论语》例作"於"字，引经乃作"于"，则可断"孝乎惟孝友于兄弟"八字为《书》辞，"施于有政"以下为孔子语。以有于、於字显为区别。阎氏极驳东晋古文书此文乃为《君陈篇》所

误,亦千虑之一失也。(《四书释地辩证》卷下·3页)

清·刘宝楠:包氏慎言《论语温故录》:"《后汉书·郅恽传》郑敬曰:'虽不从政,施之有政,是亦为政。'玩郑敬所言,则'施于有政,是亦为政',皆夫子语。"其说并是。东晋古文误连"施于有政"为《书》语,而云"克施有政",非也。包氏又云:"《白虎通》云:'孔子所以定《五经》何?孔子居周末世,王道陵迟,礼仪废坏,强凌弱,众暴寡,天子不敢诛,方伯不敢问,闵道德之不行,故周流冀行其道,自卫反鲁,知道之不行,故定《五经》以行其道。故孔子曰:"《书》云:'孝于惟孝,友于兄弟,施于有政。'是亦为政也。"'依《白虎通》说,则孔子之对或人,盖在哀公十一年后也。《五经》有五常之道,教人使成其德行,故曰'施于有政,是亦为政'。"案:包说是也。夫子以司寇去鲁,故反鲁犹从大夫之后,且亦与闻国政,但不出仕居位而为之,故或人有不为政之问。弟子记此章,在哀公、季康子问孔子两章之后,当亦以时相次。夫子定《五经》以张治本,而首重孝、友。孝友者,齐家之要、政之所莫先焉者也。有子言"孝弟"为"为仁之本","其为人也孝弟","不好犯上",必不好作乱,故孝弟之道明,而天下后世之乱臣贼子胥受治矣。夫子表章《五经》,又述其义为《孝经》。《孝经》者,夫子所已施之教也,故曰"行在《孝经》"。(《论语正义》66页)

程树德:"孝乎惟孝"四字为句,汉魏六朝相沿如是。程伊川《经说》曰:"《书》云孝乎者,《书》之言孝,则曰惟孝友于兄弟,施于有政。"是读"孝乎"为句始于伊川,朱子《集注》因之。《论语详解》曰:"《书》云句,孝乎句,惟孝句。"亦沿袭程氏之谬者也。(《论语集释》122页)

杨伯峻:[译文]孔子道:"《尚书》上说:'孝呀,只有孝顺父母,友爱兄弟,把这种风气影响到政治上去。'这也就是参与政治了呀,为什么定要做官才算参与政治呢?"[注释]施——这里应该当"延及"讲,从前人解为"施行",不妥。施于有政——"有"字无义,加于名词之前,这是古代构词法的一种形态,详拙著《文言语法》。杨遇夫先生说:"政谓卿相大臣,以职言,不以事言。"(说详《增订积微居小学金石论丛·〈论语〉子奚不为政解》)那么,这句话便当译为"把这种风气影响到卿相大臣上去"。(《论语译注》21页)

李泽厚:[译]孔子说:"《尚书》说,孝呀,只有孝!又能友爱兄弟,就会作用于政治。这就是政治,还要另搞什么政治?"(《论语今读》52页)

黄怀信:[释]"惟孝",所当孝,指父母,与"兄弟"相对。"施",行也。"有",词头。"政",国政。[训译]先生说:"《尚书》里说:'孝敬父母、友爱兄弟,行于国政。'这也是搞政治。(你说)怎样才算搞政治?"(《论语新校释》40页)

金知明:友于兄弟:善待兄长和弟弟;友,动词,有结友与善处双重含义。(《论语精读》19页)

何新:[译文]孝啊,只要以孝道教好兄弟,就能治好国家。[注释]友,诱也,教育称诱,所谓"循循善诱"。"有",通"或"。或,国也。即施之于国政。《广雅·释诂》:"有,或也。"有古音与或(读域)通,"或"即国之本字。(《论语新解——思与行》23页)

　　辑者案:"孝乎惟孝,友于兄弟,施于有政",此句应理解为:孝呀,惟有孝顺父母,友爱兄弟,方能延及国政。"施",音 yi,义为"延及"。《后汉书·窦融传》:"昔魏其一言,继统以正,长君、少君尊奉师傅,修成淑德,施及子孙。"李贤注:"施,延也。"杨伯峻"影响政治"说(杨朝明《论语诠解》解曰"将这种风气影响到卿相大臣")颇有道理。孝道影响政治,这在《孝经》中体现得最为充分:《孝经》主张以孝治国,视孝为治国之本。

2.22 子曰："人而无信,不知其可也。大车无輗,小车无軏,其何以行之哉!"

(1)人而无信,不知其可也

汉·孔安国:言人而无信,其余终无可也。(皇侃《论语集解义疏》卷一·30页)

梁·皇侃:言人若无信,虽有他才,终为不可,故云不知其可也。(皇侃《论语集解义疏》卷一·30页)

清·刘宝楠:人有五常:仁、义、礼、智,皆须信以成之。若人而无信,其余四德,终无可行。(《论语正义》69页)

杨伯峻:[译文]做为一个人,却不讲信誉,不知那怎么可以。[注释]人而无信——这"而"字不能当"如果"讲。不说"人无信",而说"人而无信"者,表示"人"字要作一读。古书多有这种句法,译文似能表达其意。(《论语译注》21页)

黄怀信:[释]"而",若、如果。"信",诚信、信用。"可",可以,此指可以为政行事。讲行,故以车做比喻,否则不得比。(《论语新校释》41页)

金知明:做人而没有信誉;人,动词,为人,做人。不知其可也:不知道他可以做什么;"不知其可也",是一种宛转的说法,意思是"不可以的"。(《论语精读》19页)

郑张欢:人而无信,不知怎么叫别人帮他事情。(《论语今释》34页)

辑者案:诚信是做人的关键,人若无信,就好比车无輗軏,是行不通的。

(2)大车无輗,小车无軏,其何以行之哉

汉·郑玄:大车柏车,小车羊车,輗穿辕端著之,軏因辕端著

之，车待輗軏而行，犹人之行不可无信也。（宋翔凤《论语郑注》4页）

汉·包咸：大车，牛车。輗者，辕端横木以缚枙者也。小车，驷马车也。軏者，辕端上曲拘衡者也。（皇侃《论语集解义疏》卷一·30页）

梁·皇侃：古作牛车，二辕不异即时车，但辕头安枙，与今异也。即时车枙用曲木，驾于牛脰，仍缚枙两头著两辕。古时则先取一横木缚著两辕头，又别取曲木为枙，缚著横木以驾牛脰也。……衡，横也。四马之车，唯中央有一辕，辕头曲向上，此拘驻于横，名此曲者为軏也。（皇侃《论语集解义疏》卷一·30页）

宋·蔡节：輗軏，车待以行者也（辑者案：下有注"河东侯氏"）。车无輗軏则无以引重而至远，人而无信，其不可行，亦犹是也（辑者案：下有注"龟山杨氏"）。（《论语集说》卷一·22页）

清·刘宝楠：《考工·辀人》云："是故大车登阤，不伏其辕，必缢其牛。……"是大车驾牛也。《释名》云："小车驾马，轻之小车也。驾马宜轻，使之局小也。"……则小车驾马矣。……《释名》："槅，枙也。所以扼牛颈也。"辕端横木谓之衡。衡者，横也。大车谓之鬲，辕端横木以缚軛，用以解輗之制，则包以"輗"即"鬲"也。……包以"軏"即《说文》之"軶"，亦即谓车辕也。……郑《注》云："輗穿辕端著之，軏因辕端著之，车待輗軏而行，犹人之行不可无信也。"郑解"輗軏"，与包异义，郑氏是也。《说文》："輗，大车辕端持衡者。"或体作"輨"、作"棿"。"𨊠，车辕端持衡者。"今《论语》作"軏"。张参《五经文字》以为隶省，是也。许与郑合，与包异。（《论语正义》69页）

杨伯峻：輗、軏——輗音倪，ní；軏音月，yuè。古代用牛力的车叫大车，用马力的车叫小车。两者都要把牲口套在车辕上。车辕前面有一道横木，就是驾牲口的地方。那横木，大车上的叫做鬲，小车上的叫做衡。鬲、衡两头都有关键（活销），輗就是鬲的关

键,轫就是衡的关键。车子没有它,自然无法套住牲口,那怎么能
走呢?《论语译注》21 页）

李炳南:据郑注及《说文》,大小车皆有辕,以为牛马引车之
用。辕端接一横木,此横木在大车名为鬲,在小车名为衡。辕端
与横木相接处,各凿圆孔相对,以金属物贯穿之,使辕端与横木能
活动自如。此金属贯穿物,大车称为𫐐,小车称为轫,是大小车行
动之关键。《说文》段注引戴东原说:“大车鬲以驾牛,小车衡以驾
马。其关键则名𫐐轫。辕所以引车,必施𫐐轫然后行。信之在
人,亦交接相持之关键。故孔子以𫐐轫喻信。”《论语讲要》39 页）

袁庆德:行,行走,这里是使动用法,意思是“使……行走”。
《论语通释》133 页）

> 辑者案:李炳南说确切而详明。

2.23 子张问:“十世可知也?”子曰:“殷因于夏礼,所损益,可知也。周因于殷礼,所损益,可知也。其或继周者,虽百世,可知也。”

梁·皇侃:十世,谓十代也。子张见五帝三王文质变易,世代
不同,故问。孔子从今以后方来之事假设十代之法,可得逆知以
不乎。(皇侃《论语集解义疏》卷一·31 页）

宋·邢昺:此章明创制革命、因沿损益之礼。“子张问:十世
可知也”者,弟子子张问于孔子:“夫国家文质礼变,设若相承至于
十世,世数既远,可得知其礼乎?”(邢昺《论语注疏》24 页）

宋·朱熹:王者易姓受命为一世。子张问自此以后,十世之
事,可前知乎？ ……马氏曰:“所因,谓三纲五常。所损益,谓文质
三统。”愚按:三纲,谓君为臣纲,父为子纲,夫为妻纲。五常,谓
仁、义、礼、智、信。文质,谓夏尚忠,商尚质,周尚文。三统,谓夏

正建寅为人统,商正建丑为地统,周正建子为天统。三纲五常,礼之大体,三代相继,皆因之而不能变。其所损益,不过文章制度小过不及之间,而其已然之迹,今皆可见。则自今以往,或有继周而王者,虽百世之远,所因所革,亦不过此,岂但十世而已乎! 圣人所以知来者盖如此,非若后世谶纬术数之学也。(《四书章句集注》59页)

　　清·刘宝楠:《太平御览》五百廿三引郑《注》云:"世谓易姓之世也,问其制度变易如何。"案《说文》"世"作"古",云"三十年为一世"。此云"易姓称世"者,引申之义。(《论语正义》71页)

　　清·陈澧:澧谓顺知既往之说是,预知将来之说非也。十世者,言其极远也。后世欲知前世,近则易知,远则难知,故极之十世之远。若前世欲知后世,则一世与十世其不可知等耳,何必问至十世乎? 孔子言夏殷礼杞宋不足征,一二世已如此,至十世则恐不可知,故子张问之。观孔子之答但言礼,则子张之问为问礼明矣。"其或继周者,虽百世可知也"者,谓此后百世尚可知夏殷以来之礼也。至今《周礼》尚存,夏殷礼亦有可考者,百世可知信矣。邢《疏》之说本不误,而又云"非但顺知既往,兼亦预知将来",不敢破何《注》之说,是其无定识也。(《东塾读书记》卷二·15页)

　　程树德:如陈说,百世可知即损益可知,两可知紧相承顺注。《史记·孔子世家》言:"孔子追迹三代之礼,编次其事,观殷夏所损益,曰后虽百世可知也。"则可知即谓编次之事,此当是安国旧义,适与《世家》暗合,故并著之。《法言·五百篇》:"或问其有继周者,虽百世可知也。秦已继周矣,不待夏礼而治者,其不验乎? 曰圣人之言天也,天妄乎? 继周者未欲泰平也,如欲泰平也,舍之而用他道亦无由至矣。"据此文,则百世可知为欲知后世,汉人旧说如是,陈氏之说非也。(《论语集释》130页)

李炳南：典章礼制，代有变更。子张问十世者，世为朝代，意问尔后之十代，其制度变易如何？孔子先征以三代之沿革，后答以未来。因者依也。殷有天下，依于夏朝之礼制，有损有益；原有而不合时宜者，废之，谓之损；其为时需而原无有者，立之，谓之益。周有天下，依于殷朝之礼制，其所损益亦然。三代以前，文献不足，故不征矣。其或继周而有天下者，亦必依于周礼而损益之。如是虽百世亦可知也。(《论语讲要》39 页)

孙钦善：因：因袭。损益：减少与增加，指量的变革。这句是说周礼完美无缺，可传之百世。(《论语本解》20 页)

辑者案：从李炳南说。孔子举夏商周三代因袭损益之承继关系，是说人类社会的基本法则是恒久不变的，既然人类社会的基本法则恒久不变，那么，别说"十世"，"虽百世亦可知也"。事实亦如此，古代的文明典制、伦理道德等，今人仍在继承着；在继承古代优秀传统的基础上，致力于发展、改革、创新。

2.24 子曰："非其鬼而祭之，谄也。见义不为，无勇也。"

汉·郑玄：人神曰鬼。非其祖考而祭之者，是谄求福。(邢昺《论语注疏》26 页)

宋·邢昺：此章言祭必己亲、勇必为义也。"非其鬼而祭之，谄也"者，人神曰鬼。言若非己祖考而辄祭他鬼者，是谄媚求福也。(邢昺《论语注疏》26 页)

宋·朱熹：非其鬼，谓非其所当祭之鬼。谄，求媚也。(《四书章句集注》60 页)

清·刘宝楠：此章所斥，似皆有所指。邢《疏》言鲁哀不能讨陈恒，以为无勇。亦举似之言。或谓季氏旅泰山，是祭非其鬼，凡鬼神，得通称也。冉有仕季氏，弗能救，是见义不为也。说亦近理。……《祭法》云："人死曰鬼。"又《祭义》云："众生必死，死必归土，此之谓鬼。"《尔雅·释训》："鬼之为言归也。"《说文》训同。"鬼"本谓人死，故郑以祖考当之。（《论语正义》74页）

程树德：[考证]戚学标《四书偶谈》：《左传》"民不祀非族"，正指人鬼之非祖考者。如隐七年，郑伯请释泰山之祀而祀周公；僖三十一年，卫成迁都欲祭夏相，皆所谓非其鬼而祭。讲家反脱祖考一面，由不认得鬼字。……按：郑《注》专指非其祖考，不若《集注》之义该。以谄为求福，亦不如《集注》之义确。人鬼亦不尽为祖考也。《祭法》："法施于民则祀之，以死勤事则祀之，以劳定国则祀之，能御大灾则祀之，能捍大患则祀之。"《月令》："仲夏，命百县雩祀百辟卿士有益于民者。"《王制》："天子诸侯祭因国之在其地而无主后者。"此亦其鬼也。《诗》雅颂每言祭则言福，孔子亦自言祭则受福，求福非可谓谄也。《礼记·曲礼》云："天子祭天地，祭四方，祭山川，祭五祀，岁遍。诸侯方祀，祭山川，祭五祀，岁遍。大夫祭五祀，岁遍。士祭其先。凡祭，有其废之，莫敢举也；有其举之，莫敢废也。非其所祭而祭之，名曰淫祀。淫祀无福。"可为此节注脚。（《论语集释》132－133页）

金池：这里所说的"鬼"，指的是祭祀的"对象"——泰山，强调的是不该祭祀的"对象"，你就不应该祭祀。（《〈论语〉新译》58页）

金知明：非其鬼而祭之，谄也：不是鬼神而去祭典它，那是谄媚；其鬼，同位复指，那个鬼。（《论语精读》20页）

王孺童："鬼"，指淫祀，即不合乎礼的祭祀。（《孺童讲论语》135页）

　　辑者案：鬼，人死曰鬼。非其鬼，谓非自家先人。不是自家的先人而去祭祀，是谄媚之举。此言孔子反对淫祀（不合礼制的祭祀）。康有为《论语注》云："盖上古淫祀之鬼甚多，孔子乃一扫而空之。观印度淫鬼之多，即知孔子扫除中国淫祀之力矣。"

八 佾 第 三

3.1 孔子谓季氏："八佾舞于庭,是可忍也,孰不可忍也?"

(1)季氏

汉·马融:鲁以周公故受王者礼乐,有八佾之舞。今季桓子僭于其家庙舞之,故孔子讥之也。(皇侃《论语集解义疏》卷二·1页)

梁·皇侃:桓子家之豪强起于季氏,文子、武子、平子、悼子,至桓子五世,故后世引称孔子曰:"政逮于大夫四世矣"是也,今孔子所讥皆讥其五世。而《注》独云桓子者,是时孔子与桓子政相值,故举值者言之。(皇侃《论语集解义疏》卷二·2页)

宋·朱熹:季氏,鲁大夫季孙氏也。(《四书章句集注》61页)

清·钱坫:季氏即平子。《春秋传·昭公二十五年》:"禘于襄公,万者二人,其众舞于季氏。"《汉书·刘向传》向上封事曰:"季氏八佾舞于庭云云,卒逐昭公。"其为平子无疑。(《论语后录》卷一·9页)

清·刘宝楠:《汉书·刘向传》:"季氏八佾舞于庭云云,卒逐昭公。"是季氏指平子。吴仁杰、管同说并合。此《注》以为桓子,意以平子既僭,桓子当亦用之。然此言于孔子未仕时可也,若孔子既仕,行乎季孙,此等僭制,必且革之。《韩诗外传》:"季氏为无道,僭天子,舞八佾,旅泰山,以《雍》彻,孔子曰:'是可忍也,孰不可忍也?'然不亡者,以冉有、季路为宰臣也。"此以季氏为康

子,与此马《注》以为桓子,皆是大略言之,不为据也。(《论语正义》79页)

杨伯峻:季氏——根据《左传》昭公二十五年的记载和《汉书·刘向传》,这季氏可能是指季平子,即季孙意如。据《韩诗外传》,似以为季康子,马融《注》则以为季桓子,恐皆不足信。(《论语译注》23页)

辑者案:关于"季氏",当以"季平子"说为优。

(2)八佾舞于庭

汉·马融:佾,列也。天子八佾,诸侯六,卿大夫四,士二。八人为列,八八六十四人也。(皇侃《论语集解义疏》卷二·1页)

宋·朱熹:佾,舞列也,天子八,诸侯六,大夫四,士二。每佾人数,如其佾数。或曰:"每佾八人。"未详孰是。(《四书章句集注》61页)

清·刘宝楠:《左·隐五年传》:"考仲子之宫,将万焉。公问羽数于众仲,众仲对曰:'天子用八,诸侯用六,大夫四,士二。夫舞所以节八音而行八风也,故自八以下。'公从之。"《公羊》、《穀梁传》并谓天子八佾,诸公六佾,诸侯四佾,鲁侯国,用六佾为僭。《穀梁》又引《尸子》说:"天子诸侯皆八佾,鲁用六羽为厉乐。"厉者,减也。此礼家异说。服虔《左传解谊》云:"天子八八,诸侯六八,大夫四八,士二八。"与马此《注》同。……《白虎通·礼乐》、高诱《淮南·齐俗训注》并云六六为行列,杜预注《左传》又谓六佾三十六人,四佾十六人,二佾四人。《宋书·乐志》载傅隆议,讥杜氏谓舞所以节八音,八音克谐,然后成乐,故必以八人为列。自天子至士,降杀以两,两者减其二列,预以为一列又减二人,至士止有四人,岂复成乐? 而深以服义为允。……服氏之义,实为当矣。(《论语正义》78页)

杨润根：本字由"亻"、"八"和"月"构成［左右（上下）结构］。"八"的原意是"别"，"月"的意思是"肉"、"肉体"或"身体"。因此"佾"的意思应是指一种和其身体相区别的人，即人体的重塑与再创的形式——它就是舞蹈，是人体的活的雕塑的艺术……基于这种分析和理解，我认为《说文》将"佾"解释成"舞行列"是不正确的，正确的解释应该是"舞"或"舞蹈"。此外，由于"佾"与"艺"读音完全相同，根据音义相通的原则，那么"佾"即"艺"，也即"人体艺术"。"人体艺术"是人们对于舞蹈的最好定义……八佾：八支舞蹈队伍，八个舞蹈团体。庭：《说文》："庭，宫中也。""庭"的本意是适合（"壬"）许多人进出的（"廴"）的广厦。孰（shú）：谁，什么，这里指什么事情……本章中孔子所说的话，应是孔子作为鲁国政府的重要一员，对鲁国宫廷内部盛行的奢靡风气向当时鲁国政府总理所提出的一种坦率而强烈的批评。（《发现论语》54 页）

　　　　辑者案：从马融、刘宝楠说。季氏身为大夫，而用天子八佾乐舞，属僭礼行为。

（3）是可忍，孰不可忍

汉·马融：孰，谁也。（皇侃《论语集解义疏》卷二·1 页）

梁·皇侃：忍，犹容耐也。孔子曰："僭此八佾之舞，若可容忍者也。"云"孰不可忍也"者，孰，谁也。言若此僭可忍，则天下为恶，谁复不可忍也。（皇侃《论语集解义疏》卷二·2 页）

宋·邢昺：人之僭礼，皆当罪责，不可容忍。季氏以陪臣而僭天子，最难容忍，故曰："若是可容忍，他人更谁不可忍也？"（邢昺《论语注疏》28 页）

宋·朱熹：季氏以大夫而僭用天子之乐，孔子言其此事尚忍为之，则何事不可忍为。或曰："忍，容忍也。"盖深疾之之辞。（《四书章句集注》61 页）

清·黄式三:忍,从刃从心,取决绝之义。决断以犯义,是为残忍,《国语·楚语》所谓"强忍犯义"者也。(《论语后案》47页)

清·刘宝楠:《说文》:"忍,能也。"《广雅·释言》:"忍,耐也。""能"与"耐"同。当时君臣不能以礼禁止,而遂安然忍之,所谓鲁以相忍为国者也。(《论语正义》78页)

杨伯峻:忍——一般人把它解为"容忍"、"忍耐",不好;因为孔子当时并没有讨伐季氏的条件和意志,而且季平子削弱鲁公室,鲁昭公不能忍,出走到齐,又到晋,终于死在晋国之乾侯。这可能就是孔子所"孰不可忍"的事。《贾子·道术篇》:"恻隐怜人谓之慈,反慈为忍。"这"忍"字正是此意。(《论语译注》23页)

唐满先:忍,忍心,狠心。孔子从尊君的思想出发,认为季平子不该忍心代替鲁国国君用天子的礼乐主持祭祀。(《论语今译》17页)

黄怀信:[释]"孰",借为"甚",音相转。甚,即甚么,今曰什么。或直接释为"何",以意解。[训译]这种事情如果可以容忍,(还有)什么事情不可以容忍?(《论语新校释》45页)

辑者案:邢昺疏、黄怀信训译,切合文意。

3.2 三家者以《雍》彻。子曰:"'相维辟公,天子穆穆',奚取于三家之堂?"

(1)以《雍》彻

汉·马融:《雍》,《周颂·臣工》篇名也。天子祭于宗庙,歌之以彻祭。今三家亦作此乐者也。(皇侃《论语集解义疏》卷二·2页)

梁·皇侃:《雍》者,《诗》篇名也。彻者,礼,天子祭竟,欲彻祭馔,则使乐人先歌《雍》诗以乐神,后乃彻祭器。于时,三家祭竟,亦歌《雍》诗以彻祭馔,故云三家者以《雍》彻也。(皇侃《论语集解义疏》

卷二·3 页)

宋·朱熹：《雍》，《周颂》篇名。彻，祭毕而收其俎也。天子宗庙之祭，则歌《雍》以彻，是时三家僭而用之。……程子曰："周公之功固大矣，皆臣子之分所当为，鲁安得独用天子礼乐哉？成王之赐，伯禽之受，皆非也。其因袭之弊，遂使季氏僭八佾，三家僭《雍》彻，故仲尼讥之。"（《四书章句集注》61 页）

清·王夫之：今按：祭之有乐，殷以之求神，周以之侑神，故必当祭而作，有升歌，有下舞，皆在尸即席献酢之祭。及尸谡奏《肆夏》，则乐备而不复作。若彻，则尸谡主人降。祝先尸从，遂出于庙门，主人馂毕而后有司彻。彻者，有司之事，主人且不与矣。尸与主人皆不在，神亦返合于漠，而尚何乐之作哉？抑绎《雍》诗之文义，皆非祭毕之辞。盖大禘之升歌，则虽天子，不于彻时奏之。三家虽僭，奚为于人神皆返之后更用乐乎？（《论语稗疏》3 页）

清·黄式三：《雍》乃禘祭之正歌，而彻之歌《雍》，未有明文。三家僭妄，未必以彻诗歌于彻。季明德曰："歌彻别有诗。"（《论语后案》48 页）

杨树达：《毛诗序》曰："《雝》，禘大祖也。"树达按：雝雍字同。（《论语疏证》62 页）

方骥龄：按《仲尼燕居》："客出以《雍》，彻以振羽。"《左·襄十年传》："鲁有禘乐，宾祭用之，宋以《桑林》享君，不亦可乎？"据此，可知《雍》彻可以用之于诸侯之堂及用之于宾，三家果奏《雍》彻，是否违礼，更成问题。窃疑"者"字为"皆"字传写之误，当系"三家皆以雍彻"为是。（《论语新诠》51 页）

王熙元：徹，通彻。（《论语通释》90 页）

杨润根：[译解]执掌着鲁国实际的统治大权的孟孙、叔孙和季孙这三大家族,在欢庆节日的歌舞晚会上也以《诗经·周颂》中的联邦颂歌作为结束,对此孔子感慨万千地说:"……我不知道他们为什么要在自己的家里也挑选这首颂歌来演唱,难道他们现在所统治的鲁国也是一个伟大之邦、一个理想之邦、一个世界人民投奔向往的地方吗?"[注释]雍:这个字原来由"川"、"邑"、"隹"构成[左(上下)右结构],意思是江河("川")汇聚的海洋中的众鸟("隹")栖息之地("邑"),它犹如神话传说中的蓬莱仙岛……《雍》是《诗经·周颂》中最著名的诗篇,它显然是对于西周大联邦的颂歌……彻:彻底,结束,终场。(《发现论语》57页)

何新:彻,田税曰"彻"。《集注》:"彻,去也。"何按,彻,即撤,抽也。抽取(提成)曰"彻"。雍,宫也。社宫曰雍。《毛诗序》:"雍者,禘太祖也。"(《论语新解——思与行》26页)

辑者案:从马融、朱熹说。唱着《雍》歌撤除祭品。

(2)三家

汉·马融:三家者,谓仲孙、叔孙、季孙也。(皇侃《论语集解义疏》卷二·2页)

宋·朱熹:三家,鲁大夫孟孙、叔孙、季孙之家也。(《四书章句集注》61页)

清·刘宝楠:《左·桓二年传》:"诸侯立家。"杜《注》:"卿大夫称家。"三家皆桓族,季氏假别子为宗之义,立桓庙于家,而令孟孙、叔孙宗之,故以氏族言,则称三家。以三家分三氏而统为桓族故也。上章称"季氏",此章称"三家",文互见。(《论语正义》80页)

何新:家,宗也。(《论语新解——思与行》26页)

杨朝明:三家:即孟孙、叔孙、季孙三家,鲁国当政大夫,亦即"三桓",皆出于鲁桓公之子。徹:"撤"之假字。撤祭,指祭毕撤去祭品。(《论语诠解》20页)

辑者案：从朱熹、杨朝明说。

（3）相维辟公

汉·包咸：辟公，谓诸侯及二王之后也。（皇侃《论语集解义疏》卷二·2页）

宋·朱熹：相，助也。辟公，诸侯也。（《四书章句集注》61页）

日·物双松：相，傧相也。（《论语征》45页）

清·刘逢禄：辟公即显相周公也。或云辟，法也，公事也。谓明堂辟雍之事天子成王也。（《论语述何》卷一·6页）

清·刘宝楠：邵氏晋涵《正义》下文云："辟，法也。言为人所取法也。《穀梁传》云'士造辟而言'是也。"皇《疏》申包义云："辟训君，君故是诸侯也。二王后称公，公故是二王后也。"二王后谓夏后杞、殷后宋，天子大祭，同姓异姓诸侯皆来助祭，故统言辟公也。《烈文》诗"烈文辟公"，郑《笺》以"辟"为百辟卿士，"公"为天下诸侯。《雍》诗无《笺》，则与《烈文》训同。百辟卿士，指仕王朝者，与天下诸侯为内外兼举，说与包异，均得通矣。（《论语正义》81页）

杨伯峻：相——去声，音向 xiàng，助祭者。（《论语译注》24页）

乔一凡：辟公：指卿大夫及诸侯之来助祭者。（《论语通义》32页）

蒋沛昌：此处实指杞国和宋国两位王公。（《论语今释》57页）

黄怀信："相"，主持仪式者。"维"，同"为"，是。"辟"，君也。"辟公"，诸侯。（《论语新校释》46页）

金知明：只有诸侯来相助；维，助词，无实义。（《论语精读》23页）

何新：辟公，即辟宫、辟雍，天子神社。相，读为见，视也。维，巍也。（《论语新解——思与行》26页）

辑者案：从朱熹、黄怀信说。

（4）天子穆穆

汉·包咸：穆穆，天子之容也。（皇侃《论语集解义疏》卷二·2页）

日・物双松：《曲礼》"天子穆穆"，《尔雅》："穆穆，美也。"穆穆
盖深远意。(《论语征》45页)

杨伯峻：严肃静穆。(《论语译注》23页)

毛子水：形容天子安和的样子。(《论语今注今译》29页)

蒋沛昌：端庄恭敬。(《论语今释》58页)

钱穆：穆穆，美而敬之形容辞。(《论语新解》53页)

杨润根："穆"的本意是无隙的友爱。(《发现论语》57页)

黄怀信："天子"，成王。"穆穆"，肃敬之貌。(《论语新校释》46页)

何新：穆穆，伟美之貌。(《论语新解——思与行》26页)

辑者案：穆穆，形容天子端庄肃敬而盛美，《礼・曲礼
下》："天子穆穆。"《疏》："威仪多也。"

3.3 子曰："人而不仁，如礼何？ 人而不仁，如乐何？"

汉・包咸：言人而不仁，必不能行礼乐也。(皇侃《论语集解义疏》卷
二・3页)

晋・江熙：所贵礼乐者，以可安上治民，移风易俗也，然其人
存则兴，其人亡则废，而不仁之人，居得兴之地，而无能兴之道，则
仁者之属，无所施之，故叹之而已。(皇侃《论语集解义疏》卷二・3页)

梁・皇侃：此章亦为季氏出也。季氏僭滥王者礼乐，其既不
仁，则奈此礼乐何乎？(皇侃《论语集解义疏》卷二・3页)

宋・朱熹：游氏曰："人而不仁，则人心亡矣，其如礼乐何哉？
言虽欲用之，而礼乐不为之用也。"……然记者序此于八佾《雍》彻
之后，疑其为僭礼乐者发也。(《四书章句集注》61页)

日・昭井一宅：此语似泛论人，而实为人君发之也，何也？ 礼
乐者，所以治人，而国家之器也，其如何之语意可考。……夫三家
者，亦用礼乐者，非有所为，则均于儿童之戏也。孔子如何之语

气,其意可推考也。(《论语解》67页)

清·康有为:盖人者仁也,取仁于天,而仁也以博爱为本,故为善之长。有仁而后人道立,有仁而后文为生。苟人而不仁,则非人道。盖礼者,仁之节;乐者,仁之和。不仁,则无其本,和节皆无所施。(《论语注》31页)

方骥龄:本章所谓礼乐,当指典章制度言,孔子以为鲁国虽有完美之制度,其如执政者人心之不仁何!(《论语新诠》53页)

杨伯峻:孔子说:"做了人,却不仁,怎样来对待礼仪制度呢?做了人,却不仁,怎样来对待音乐呢?"(《论语译注》24页)

王熙元:本章所谓"如礼何"、"如乐何",意思就是如果虚有礼乐的表现,而没有礼乐的实质,就不再成为真正的礼乐,也不再具有礼乐的价值。(《论语通释》93页)

南怀瑾:一个人没有中心思想,"如礼何"? 文化对他有什么用? 文化是靠每一个人自觉自发、自省自悟的;文化不是法律,不能由他人来管的。所以"人而不仁,如礼何? 人而不仁,如乐何",一个人如果自己不省悟,文化与艺术对他有什么用呢? 这是孔子的感叹。(《论语别裁》122页)

陈立夫:其行也,则存乎人。人而不仁则失德,失德自无礼乐可言。(《四书道贯》120页)

邓球柏:[通解]孔子认为"礼"与"乐"是人道的两种表现方式。人道的核心是"仁",因此,"礼"与"乐"的根本是"仁"。礼乐资仁道而行,仁道凭礼乐而施。(《论语通解》43页)

李泽厚:[译]孔子说:"人如果没有仁爱,讲什么礼? 人如果没有仁爱,讲什么乐?"[记]外在形式的礼乐,都应以内在心理情感为真正的凭依,否则只是空壳和仪表而已。……孔学一个基本特征,在于塑造人性心理,已如前所说。如果更具体一些,这"人性心理"主要应是某种"情理结构",即理性(理智、理解)与情感(情绪、情欲)的各种不同程度、不同关系、不同比例的交融结合,亦即建筑在自然性的动物生存的生理基础之上的"人化的情感"……这种特定的"情理结构"乃文化积淀而成的深层心理,我以为乃了解儒家孔学以及中华文化的关键之一。(《论语今读》57页)

蒋沛昌:"如礼何",即"奈礼何",礼有什么用!(《论语今释》58页)

杨润根:[注释]仁:这个字由"亻"(人类)和"二"(天地、宇宙)构成。因此这个字所表达的是宇宙以人为目的的人本主义思想。……礼:正义,作为动词,也就是追求正义。乐:幸福,作为动词,也就是享受幸福或享有幸福。[译解]孔子说:"对于整个人类来说,如果人类不能认识自己来源于其中并生存于其中的宇宙的人本主义本质,那么人类便不会知道什么是真正的正义并追求正义;人类如果不能认识自己来源于其中并生存于其中的宇宙的人本主义的本质,人类便不会知道什么是真正的幸福并享有幸福。同样,对于人类的每一个个体来说,一个不知道自己来源于其中并生存于其中的宇宙的人本主义本质的人,就不可能成为一个具有普遍的仁爱精神的人,而一个没有普遍的仁爱精神的人,又怎么可能成为一个行为完全合于正义的人呢? 一个不知道自己来源于其中并生存于其中的宇宙的人本主义本质的人,就不可能成为一个具有普遍的仁爱精神的人,而一个没有普遍的仁爱精神的人又怎么可能成为一个具有自己内在的精神上的和谐与幸福的人呢?"(《发现论语》58页)

程石泉:《汉书·翟方进传》引此文,解之曰:"言不仁之人,亡所施用。不仁而多材,国之患也。亡所施用,则不能行礼乐,虽多材,只为不善而已。"按"人而不仁"恐指鲁大夫季氏三桓而言。鉴于此章前后各章各为斥责季氏僭妄之言,故疑此章亦指季氏而

言。有谓此章"子曰"二字为衍文,于是以此章属前章,于义亦通顺。(《论语读训》26 页)

金池:[注释]如:超过,超常。[译文]一个人没有仁德,行超常之礼有什么用呢? 一个人没有仁德,奏超常之乐有什么用呢?(《〈论语〉新译》63 页)

傅佩荣:一个人没有真诚的心意,能用礼做什么呢? 一个人没有真诚的心意,能用乐做什么呢?(《傅佩荣解读论语》35 页)

黄怀信:此章批评不行礼乐之人。不行礼乐,关键是其人不仁。仁者心中始终装着他人,必不僭越非分,故能遵行礼乐;若不仁,则顾己不顾人,必无视礼法,肆意而为。皇侃曰:"此章亦为季氏出。"近是。孔子于三家之僭越无可奈何,故只能骂其不仁,以解心头之气。(《论语新校释》47 页)

胡齐临:一个不仁的人,他如何来遵守法律制度呢? 一个不仁的人,他如何来听你的教育呢? 人没有德,本身就无法无天,谈法律制度还有用吗? 没有"仁"就是不具备人性的人,用法(礼)和教育(乐)都是没有用的。没有德的人,连法都可以不尊重,他怎么还会尊重你的思想情感,理解你对他的教育呢?(《论语真义》30 页)

辑者案:从李泽厚说。

3.4 林放问礼之本。子曰:"大哉问! 礼,与其奢也,宁俭。丧,如其易也,宁戚。"

(1)林放

汉·郑玄:林放,鲁人也。(皇侃《论语集解义疏》卷二·4 页)

宋·朱熹:林放,鲁人。见世之为礼者,专事繁文,而疑其本之不在是也,故以为问。(《四书章句集注》62 页)

日·佐藤坦:孔子弟子。夫子尝曰:"自行束脩以上,吾未尝无诲焉。"今放问,而夫子诲之如此,其为修贽中人可知。或以《史记》《家语》不载其名为疑。二书芜杂,不必据。(《论语栏外书》21页)

清·刘逢禄:林放,季氏之世臣也。(《论语述何》卷一·6页)

清·刘宝楠:《蜀礼殿图》以林放为孔子弟子,郑以《弟子传》无林放,故不云弟子。其以为鲁人,亦当别有据。《元和姓纂》谓"比干之后,逃难长林之下,遂姓林氏",郑樵《通志》谓"周平王世子林开之后",皆出附会,不足据也。(《论语正义》83页)

程树德:[考证]《阙里文献考》:林放字子丘,或曰孔子门人。《经义考》:《家语·弟子解》、《史记·弟子传》均无林放姓名,唯《蜀礼殿图》有之。又曰:《汉人表》孔子弟子居五等者有林放。《泰山郡志》:泰安崇礼乡之放城集,相传为林放故里。(《论语集释》143页)

方骥龄:林放究为何如人?……或系鲁国士大夫之有罪而放之于泰山者……疑系管理泰山之人……或者为依傍泰山而生活之居民。(《论语新诠》53页)

李零:我怀疑,"林放"可能是为季氏掌祭礼的官员。古代管山林的官叫林衡,他也可能是以官为氏。(《丧家狗——我读〈论语〉》92页)

　　辑者案:关于林放,只知是鲁人,详情待考。

(2)礼之本

魏·王弼:时人弃本崇末,故大其能寻本礼意也。(皇侃《论语集解义疏》卷二·4页)

宋·黄幹:本之说有二,其一曰仁义礼智根于心,则性者礼之本也。故曰中者,天下之大本。其一曰礼之本,礼之初也。凡物有本末,初为本,终为末。所谓"夫礼,始诸饮食者",是也。二说不同。(《论语集释》143页)

宋·朱熹:礼贵得中,奢易则过于文,俭戚则不及而质,二者皆未合礼。然凡物之理,必先有质而后有文,则质乃礼之本也。
(《四书章句集注》62页)

宋·张栻:礼者,理也。理必有其实,而后有其文。文者,所以文其实也。若文之过,则反浮其实而害于理矣。周之末世其弊盖如此。(《南轩论语解》卷二·1页)

清·王夫之:黄勉斋分为二说以言本,极为别白。所以谓奢(俭)〔易〕皆不中礼者,以"天下之大本"言也。……林放问礼之本,他只见人之为礼,皆无根生出者仪文来,而意礼之必不然,固未尝料量到那大本之中上去。(《读四书大全说》222页)

日·龟井鲁:《礼运》曰:夫礼,必本于太乙,分而为天地,转而为阴阳,变而为四时,列而为鬼神。此礼之所本出。所谓礼之本也。(《论语语由》39页)

清·康有为:盖夫子以周末人伪,以文灭质,有为言之。若时之有变,则观其会通,以行其典礼。文明既进,则乱世之奢,文明以为极俭。世愈文明,则尚奢愈甚。……盖孔子为文明进化之王,非尚质退化者也。(《论语注》32页)

刘兆伟:礼之本是什么?是对人们行为的一定约束与规范,并以一定的仪式、行为加以表现。(《论语通要》39页)

袁庆德:本:指原则。(《论语通释》201页)

　　辑者案:礼之本,应理解为礼之根本,也就是礼要看重的方面。从孔子答语中的宁俭、宁戚来看,礼不要虚华,不要表面文章,应以实质为本。

(3)易

汉·包咸:易,和易也。言礼之本意,失于奢,不如俭也;丧失于和易,不如哀戚也。(皇侃《论语集解义疏》卷二·4页)

汉·郑玄:易,简也。(马国翰辑《论语古注·论语郑氏注》卷二·1页)

宋・朱熹：易，治也。（《四书章句集注》62 页）

宋・俞琰："易"字疑是"具"字。按《檀弓》云："丧具君子耻具。"具俱易盖相似也。（《书斋夜话》卷一·8 页）

日・中井积德：易字本无哀痛无实之意。戚亦无文不足之意。但易戚交错为文，且与上文奢俭对，乃见此意耳。然不得以此为训诂。（《论语逢源》50 页）

日・东条弘：治物而平易之曰易。（《论语知言》94 页）

清・黄式三：易，坦易也，包说为是。（《论语后案》51 页）

杨树达：易，慢易也。（《论语疏证》64 页）

于省吾：易乃勿字之误，勿者物之省书。（《论语新证》3 页）

杨伯峻：易——《礼记·檀弓上》云："子路曰，'吾闻诸夫子：丧礼，与其哀不足而礼有余也，不若礼不足而哀有余也。'"可以看做"与其易也，宁戚"的最早的解释。"易"有把事情办妥的意思，如《孟子·尽心上》"易其田畴"，因此这里译为"仪文周到"。（《论语译注》24 页）

吴林伯：易，轻慢也。（《论语发微》40 页）

蒋沛昌：失常。此处指对丧事大操大办，过于铺张浪费。（《论语今释》59 页）

杨润根：易：变化，一日一个样，花样翻新，别出心裁。（《发现论语》60 页）

黄怀信：[释]"易"，借为"侈"。《战国策·齐策六》："不如易余粮于宋。"鲍彪注："易，移与之。"《尔雅·释诂上》："驰，易也。"郝懿行《义疏》："易，亦'移'之假借也。"《逸周书·宝典》："移洁干请。"朱右曾集训校释曰："移，当为'侈'。"《说文·禾部》段注："古假'移'为'侈'。""易"可假为"移"、"移"可假为"侈"，则"易"自可假为"侈"。旧或释为治，或释为平易，皆非。"侈"，奢侈，指厚葬。

"戚",悲戚、哀伤。[训译]一般礼仪活动,与其奢华,不如俭约;葬礼,与其奢侈,不如悲戚。(这就是礼的本意)。(《论语新校释》48页)

乌恩溥:易,求齐备。(《名家讲解论语》16页)

何新:易,古音锡,与熙通。熙,欢乐也。旧注或训"易"为"治",为"和",皆谬!(《论语新解——思与行》27页)

王孺童:"易",在此是指悲哀不足,与"戚"相对。(《孺童讲论语》147页)

刘兆伟:[诠评]易,和易,平易,简易。(《论语通要》38页)

杨朝明:[诠释]本章可与《孔子家语·论礼》等篇中孔子论"五至三无"部分内容相印证。孔子指出,"无体之礼,敬也;无服之丧,哀也"(《孔子家语·六本》),"无体之礼,威仪迟迟;无服之丧,内恕孔悲"(《孔子家语·论礼》)。这些记载又见于《礼记·孔子闲居》和新出上博竹书《民之父母》,可见其有可靠来源。综合这些资料,可知孔子对待礼仪并不重礼文之奢华,而强调达礼之本原,"提倡情感上的质朴与纯真",具体到丧礼上,提倡行礼者内在的哀戚之心。……易:指礼文周备、铺张。[解读]礼仪,与其奢华,宁可俭约;丧祭之礼,与其铺张,宁可哀戚。(《论语诠解》20页)

袁庆德:易:轻率,草率。(《论语通释》201页)

　　辑者案:上句"奢"与"俭"反义相对,该句"易"与"戚"也应反义相对。"戚"是哀戚,而"易"有和易、和悦义,恰与"戚"反义相对。孔子此言,大概是针对有些丧事办得不够严肃、气氛不够肃穆而发。

3.5　子曰:"夷狄之有君,不如诸夏之亡也。"

(1)夷狄

明·张居正:夷狄,是化外之地。东夷、西戎、南蛮、北狄,总

叫做夷狄。(《论语别裁》28页)

清·刘宝楠:《尔雅·释地》:"九夷、八狄、七戎、六蛮谓之四海。"郭《注》:"九夷在东,八狄在北,七戎在西,六蛮在南。"《白虎通·礼乐篇》:"何以名为夷蛮?曰圣人本不治外国,非为制名也,因其国名而言之耳。一说曰:名其短而为之制名也。夷者,僔夷无礼义。东方者,少阳易化,故取名也。北方太阴鄙郊,故少难化。狄者,易也,辟易无别也。"《白虎通》所称二说,以后说为是。(《论语正义》84页)

日·昭井一宅:盖以先王礼乐之治论之也,非以当时诸夏无贤君为善也。(《论语解》68页)

清·包慎言:夷狄,谓楚与吴。《春秋》内诸夏外夷狄。成襄以后,楚与晋争衡,东方小国皆役属焉,宋鲁亦奔走其庭。定哀时,楚衰而吴横。黄池之会,诸侯毕至,故言此以抑之。(程树德《论语集释》148页)

清·康有为:孔子之言夷狄、中国,即今野蛮文明之谓。野蛮团体太散,当立君主专制以聚之,据乱世所宜有也。文明世人权昌明,同受治于公法之下,但有公议民主,而无君主。二者之治,皆世界所不可少,互有得失。若乱世野蛮有君主之治法,不如平世文明无君主之治法。(《论语注》32页)

钱地:夷狄中国之名,以礼义之教言之也。……愚谓孔子之所言者,非地理,为行为也。(《论语汉宋集解》106页)

方骥龄:近人以为古籍上所谓蛮夷戎狄,并非指东南西北遥远之边疆民族言,实指山野之民,而非都市之人言,山地野人是也。(《论语新诠》54页)

乔一凡:夷,平也,东南方人。狄,易也,西北方人。(《论语通义》33页)

毛子水：[今注]这章的夷狄、诸夏，是就文化程度来分别的，并不是以种族或地域来分别的。这章的"君"字，当指国家的政府言，并不是专指居君位的人言……孔子意中的君，代表法律和治安。文化低的国家如果有法律和治安，文化便可渐高而民生亦日以进步。文化高的国家如果没有法律和治安，则文化必日以衰落而民生亦日以凋敝。（《论语今注今译》30 页）

蒋伯潜："夷狄"，谓蛮夷戎狄等野蛮部落也。（《语译广解四书读本》23 页）

钱逊：夷狄，古代对于异族的贬称。（《论语浅解》53 页）

金良年：夷狄：泛指边地的少数民族。（《论语译注》21 页）

钱穆：本章有两解：一说：夷狄亦有君，不像诸夏竞于僭篡，并君而无之。另一说：夷狄纵有君，不如诸夏之无君。盖孔子所重在礼，礼者，人群社会相交相处所共遵。若依前一说，君臣尤是礼中大节，苟无君，其他更何足论。孔子专据无君一节而谓诸夏不如夷狄。依后说，君臣亦仅礼中之一端，社会可以无君，终不可以无礼。……今就《论语》原文论，依后说，上句之字，可仍作常用义释之。依前说，则此之字，近尚字义，此种用法颇少见，今仍采后说。再就古今通义论之，可谓此社会即无君，亦不可以无道。但不可谓此社会虽有道，必可以无君。既能有道，则有君无君可不论。《论语》言政治，必本人道之大，尊君亦所以尊道，断无视君位高出于道之意，故知后说为胜。（《论语新解》56 页）

杨润根：夷：住在平原上的东方少数民族，他们以发明和使用大弓而著称。"夷"字本来正是由"大"和"弓"两字构成。狄（dí）：北方少数民族，他们经常伺机在中原富裕地区进行野蛮的杀戮抢掠，并在杀戮抢掠之后纵火（这种情况不仅见于东方的历史中，而且也见于地中海及欧洲的历史中）。这对于中原那些逃脱了他们的杀戮的人们来说,印象最深刻的是他们所纵的使其家园化为灰烬的大火,而这也正是"狄"这个字产生的历史原因。这个字可直接理解为"纵火的兽类"。(《发现论语》60 页)

程石泉:按此章文字颇滋疑窦……亦可读为"夷狄且有君,无如诸夏之亡也"。"之"之与"且"、"不"之与"无"皆可通假。因系虚字可随上下文而变更其意。(《论语读训》27 页)

乌恩溥:夷狄:古代称华夏以外的部族,东方的叫做"夷",西方的叫做"狄"。(《名家讲解〈论语〉》16 页)

安德义:[解读]有相当多的学者认为,这是孔子对当时周天子势力衰微所表达的感慨。既然文明程度不高的"夷狄"尚且知道要有君主,文化一向发达的中原地区反而无视天子,难道不感到羞愧吗?(《论语解读》57 页)

黄克剑:[注释]古时对礼乐教化之外的民族的称谓。(《〈论语〉解读》43 页)

李君明:道德礼仪水平低下的地方叫做"夷狄"。(《论语引读》61 页)

　　辑者案:可将钱逊、金良年、黄克剑的解释结合起来理解。

(2)君

宋·程颐:夷狄且有君长。(朱熹《四书章句集注》62 页)

清·黄式三:旧说以诸夏亡君指周、召共和之类言。无君而礼不废也,韩子《原道》文引经正同。以文义绎之,程子《注》为顺。(《论语后案》51 页)

杨树达:有君谓有贤君也,邲之战,楚庄王动合乎礼,晋变而为夷狄,楚变而为君子。鸡父之战,中国为新夷狄,而吴少进。柏莒之战,吴王阖庐忧中国而攘夷狄。黄池之会,吴王夫差藉成周以尊天王。楚与吴,皆《春秋》向所目为夷狄者也。孔子生当昭定哀之世,楚庄之事,所闻也。阖庐夫差之事,所亲见也。安得不有夷狄有君诸夏亡君之叹哉!《春秋》之义,夷狄进于中国,则中国之。中国而为夷狄,则夷狄之。盖孔子于夷夏之界,不以血统种族及地理与其他条件为准,而以行为为准。(《论语疏证》67页)

方骥龄:《荀子·君道》:"君者何也?曰能群也。"……《白虎通·三纲六纪》:"君者,群下之所归心也。君者,善群也。"……《说文》:"君,尊也。"孔子所谓"夷狄之有君",殆谓夷狄之尚知敬爱其群而相尊,或者夷狄且知尊我华夏而归化,诸夏本身,反不知尊周王与尊国君。(《论语新诠》55页)

萧民元:句子里的"君"不是僵化的指"君主",是泛指国家的"君道",也就是君臣之礼。(《论语辨惑》43页)

杨润根:具有完美的道德品质的人,这种完美的道德品质是古代社会对于一个国王的理想要求,因此它又转指具有完美的道德品质并因而在道德品质方面可作为全体人民之典范的最高国家元首——国王。(《发现论语》61页)

辑者案:君,指国君。

(3)诸夏

汉·包咸:诸夏,中国也。(皇侃《论语集解义疏》卷二·4页)

梁·皇侃:谓中国为诸夏者,夏,大也,中国礼大,故谓为夏也。(皇侃《论语集解义疏》卷二·4页)

明·张居正:诸,是众。夏,是大,以其人民众而地方大,故称诸夏。(《论语别裁》28页)

清·刘宝楠:"诸"者,非一之辞。……《公羊》成十五年传注:"诸夏,外土诸侯也。谓之夏者,大总下土言之辞也。"称"中国"者,自我言之,王者政教之所及也,夷狄在四远为外国,故谓诸夏

为中国矣。(《论语正义》84 页)

乔一凡:诸夏于当时,指黄河流域。荆楚在长江流域,则蛮夷矣。(《论语通义》33 页)

蒋沛昌:周朝分封的大小诸侯国,又称中国。(《论语今释》59 页)

李建平:考察"诸"表示复数在《论语》、《孟子》中的用例……均用于表人名词前,无一例外……而"夏"在《说文解字》(中华书局 1963 年版,第 112 页)中,本义为"中国之人也"。本章以"礼"为主题,"礼"以人为本,故本文"夏"当取本义,"诸夏"训为"中国之人"于义较长,也合乎文言语法。对文"夷狄"亦应训为"夷狄之人"。(《"夷狄之有君不如诸夏之无"解》,《江海学刊》2003 年第 3 期)

林觥顺:不同丕,甚大义。如,从随义。诸,读之于,是辩、是辨识、是学习。夏,是华夏、中国之称。(《论语我读》41 页)

李君明:道德礼仪水平高的地方叫做"诸夏"。(《论语引读》61 页)

辑者案:从包咸、刘宝楠说。诸夏,指周朝分封的华夏诸侯国,也称中国。

3.6 季氏旅于泰山。子谓冉有曰:"女弗能救与?"对曰:"不能。"子曰:"呜呼！ 曾谓泰山不如林放乎?"

(1)旅

汉·马融:旅,祭名也。礼,诸侯祭山川在其封内者也。今陪臣祭泰山,非礼也。(皇侃《论语集解义疏》卷二·5 页)

梁·皇侃:又讥季氏僭也。旅,祭名也。郑注《周礼》云:"旅,非常祭也。"今季氏祭泰山是非常祭,故云旅也。(皇侃《论语集解义疏》卷二·5 页)

明·陈士元:《尚书·禹贡》云"蔡蒙旅平",又云"九山刊旅",孔安国《注》云"祭山曰旅",又引《论语·季氏》"旅于泰山"为征。

是以旅为祭山之名。然《周礼》"国有大故,则旅上帝",郑玄《注》云:"旅,陈也,陈其祭祀以祈焉。"是旅祭非但祭山而已。《释文》云:"旅,众也。"陈氏《礼书》云:"国有大故,然后旅其群神而祭之。"季氏旅泰山,岂亦遍祀群神以徼福耶?《尔雅》云:"祭山曰庪县。"(《论语类考》卷十・10页)

日・物双松:孔子之讥,必在奢而不在僭。则必季氏为鲁侯旅者,而其行礼徒务美观故尔。后儒每言及季氏则辄谓僭也,岂不泥乎?(《论语征》50页)

清・刘宝楠:《玉篇・示部》:"祣,力煮切。祭名。《论语》作'旅'。"《广韵》同。此后人所增字。《汉书・班固叙传》:"大夫胪岱,侯伯僭畤。"郑氏曰:"胪岱,季氏旅于太山是也。"师古曰:"旅,陈也。胪亦陈也。胪、旅声相近,其义一耳。"案:"旅"作"胪",当出《古论》。……胪、旅音近,得通用也。(《论语正义》85页)

方骥龄:《说文通训定声》:"旅,假借为稆。"《广雅・释诂一》:"旅,养也。"《后汉书・光武纪上》"吾是野谷旅生"注:"旅,寄也。不因播种而生,故曰旅。"今字书作穭,音吕,古字相通。所谓租也,养也,不因播种而生也。字义皆与财经有关……季氏旅于泰山,殆欲向泰山区域内"辟草莱,任土地"。可以"赋粟倍他日",不特为侵夺国君私产,亦侵占公室之收入,更剥削依傍山林而生活之居民,故孔子非要冉有谏止季氏不可。(《论语新诠》57页)

南怀瑾:旅行。(《论语别裁》124页)

杨润根:旅:《说文》:"旅,军之五百人为旅。""旅"的本意是站在旗帜下并随之前进的行列。因此"旅"应是指一种军事组织与军事行动。人们把这里的"旅"理解为一种祭祀仪式或祭祀活动是没有字源学的根据的。(《发现论语》61页)

林觥顺:旅,有陈设物品行祭祀礼。(《论语我读》41页)

何新：旅，祭祀之名，即巡狩。(《论语新解——思与行》28 页)

　　辑者案：古训"旅"为祭祀之名，可从。

(2)救

汉·马融：救，犹止也。(皇侃《论语集解义疏》卷二·5 页)

宋·朱熹：救，谓救其陷于僭窃之罪。(《四书章句集注》62 页)

蒋沛昌：劝阻，帮助纠正。(《论语今释》61 页)

何新：救，阻止。救、阻古音可通转。(《论语新解——思与行》28 页)

　　辑者案：当以马融的解释为优。

(3)曾谓泰山不如林放乎

汉·包咸：神不享非礼，林放尚知问礼，泰山之神反不如林放耶？欲诬而祭之也。(皇侃《论语集解义疏》卷二·5 页)

唐·韩愈：谓当作为字言。冉有为泰山非礼，反不如林放问礼乎？包言泰山之神，非其义也。(《论语笔解》卷上·5 页)

宋·朱熹：言神不享非礼，欲季氏知其无益而自止，又进林放以厉冉有也。(《四书章句集注》62 页)

宋·许谦：大夫行诸侯之礼固是僭，但当时已四分鲁国，季氏取二，孟叔各一，鲁君无民亦无赋，虽欲祭不可得。季氏既专鲁，则凡鲁当行典礼皆自为之，旅泰山若代鲁行士耳，亦不自知其僭。冉有诚不能救也，欲正之，则必使季氏复其大夫之旧，鲁之政一归于公然后可，此岂冉有之力可能？故以实告孔子，孔子亦不再责冉有而自叹也。(《读论语丛说》卷上·21 页)

日·丰干：此句疑羡泰山二字。言孔子尝以冉有为愈林放。今观不能救季氏非礼，则反不及也。(《论语新注》27 页)

清·黄式三：曾，乃也。(《论语后案》53 页)

严灵峰：泰山之神不能言语，又何从而拒季氏之祭乎？疑"泰山"二字，乃"季氏"或"季孙"之误；文当作："曾谓季孙不如林放

乎?"(《读论语札记》12页)

方骥龄:《说文》:"如,从随也。"孔子所谓"曾谓泰山不如林放乎"犹言"乃谓泰山不从林放乎"。换言之,季氏不当侵占泰山区之天然利益,应从林放之管理或任彼等依此自由为生。(《论语新诠》57页)

杨润根:[译解]为了逃避起义者的追杀,季氏带着他的私人卫队逃到了泰山之上,泰山这一历史文化圣地面临着毁与存的考验,为此孔子对一直在季氏手下任职的冉求说:"你就不能去说服你的上级,使他放弃抵抗以挽救泰山这一古老的历史文化圣地吗?"……孔子说:"唉呀!世界上曾经有哪一个人像你一样把泰山这一历史文化圣地看得像那些无主的原始森林地区一样无足轻重呢?"(《发现论语》61页)

程石泉:[文字章句]按此章恐有错字……依上下文理应作"求也不如林放乎"。(《论语读训》28页)

林觥顺:曾有乃是义。是那祭泰山的季康子,虽身为卿相,反不如林放那样知礼了。(《论语我读》41页)

赵又春:礼,不仅对致礼的一方有个重本质还是重现象,也即重内容还是重形式的问题,对受礼的一方,也有个是否可以对别人的敬礼一律接受,要不要考虑他这敬礼本身是否违背礼制的问题。孔子这话就是对这问题所作的回答,指出懂礼的人是不会、不该接受违背礼制的敬礼的。(《我读〈论语〉》316页)

李零:这段话,背景可能是,季氏旅泰山,都是林放的馊主意,此举不合于礼,孔子很生气,说你们怎么什么都听林放的,难道泰山还不如林放吗?你们怎么就不想想,泰山之神会接受这样的祭祀吗?你们糊弄谁,也糊弄不了泰山。(《丧家狗——我读〈论语〉》92页)

辑者案:此句确为一大谜题,可暂从包咸、朱熹的解释。

3.7 子曰:"君子无所争。必也射乎! 揖让而升,下而饮。其争也君子。"

(1)关于断句

唐·陆德明:"争",责衡反,争斗之争,绝句,注同。"必也射乎",郑读以"必也"绝句,"揖让而升下"绝句。郑注《诗·宾之初筵》引此则云"下而饮"。(黄焯《经典释文汇校》697 页)

李零:"揖让而升下而饮",应作一句读。"揖让",是打躬作揖,互相谦让。"升"是升堂,"下"是下堂,"饮"是饮酒,这是射礼的三道程序,彼此是并列关系。原文是连读,等于说"揖让而升,揖让而下,揖让而饮",每一步都揖让。(《丧家狗——我读〈论语〉》93 页)

辑者案:当以传统断句为好。

(2)"君子无所争"与"其争也君子"

汉·孔安国:言于射而后有争也。(皇侃《论语集解义疏》卷二·5 页)

晋·李充:君子谦卑以自牧,后己先人,受劳辞逸,未始非让,何争之有乎? 射艺竞中,以明能否,而处心无措者,胜负若一,由此观之,愈知君子之无争也。(皇侃《论语集解义疏》卷二·7 页)

晋·栾肇:君子于射,讲艺明训,考德观贤,繁揖让以成礼,崇五善以兴教,故曰君子无所争,必也射乎。言于射尤必君子之无争,《周官》所谓"阳礼教让则民不争"者也。君子于礼,所主在重而所略在轻,若升降揖让于射则争,是为轻在可让而重在可争,岂所谓礼敬之道哉。(皇侃《论语集解义疏》卷二·7 页)

梁·皇侃:君子无所争者,言君子恒谦卑自牧,退让明礼,故云无所争也。……云"其争也君子"者,夫小人之争,必攘臂厉色,今此射虽心止不忘中,而进退合礼,更相辞让,跪授跪受,不乖君子之容,故云其争也君子也。(皇侃《论语集解义疏》卷二·6 页)

宋·朱熹：揖让而升者，《大射》之礼，耦进三揖而后升堂也。下而饮，谓射毕揖降，以俟众耦皆降，胜者乃揖不胜者升，取觯立饮也。言君子恭逊不与人争，惟于射而后有争。然其争也，雍容揖逊乃如此，则其争也君子，而非若小人之争矣。（《四书章句集注》63页）

清·黄式三：又曰"君子无所争，必也射乎"二句当连读，言射为争之所也。"揖让而升，下而饮，其争也，君子"四句当连读，言有揖让而争，不失为君子也。此节之文，夫子欲以揖让教天下耳。观于乡而知王道之易易，亦是揖让之礼行乎其间，圣人之重礼如此。后儒解此《经》者，不明斯旨，而义遂难通。（《论语后案》55页）

方骥龄：君子，当指在位之官吏言。古代利用射礼拔取人才，乡射大射，皆具此义……故众所争者，在礼乐中节而不在中的。（《论语新诠》58页）

王熙元：其争也君子……全句的意思是：这样的相争，双方彬彬有礼，才是君子风度。（《论语通释》101页）

南怀瑾：孔子讲这一件小事，也就是说人应不应该争。不论于人于事，都应该争，但是要争得合理，所以"揖让而升，下而饮，其争也君子"。就是在争，也始终保持君子的风度。（《论语别裁》132页）

李泽厚：孔子说："君子没有什么争夺的事，除非是射箭比赛。相互作揖行礼，上堂比试，完毕后下来喝酒，这竞争是君子的竞争。"（《论语今读》60页）

董子竹："君子无所争"不是"不争"。"争"正是"和"的表现形式，"争"与"和"在宇宙生命系统中永远是相辅相成的，但说到底还是个"和"。明了道的君子，从本质上讲是"无所争"的，但不是"不争"，绝对不争是呆子与傻子。君子是要把"争"处理成文明的

游戏。(《论语正裁》136 页)

杨润根:[译解]孔子说:"也许人们会说,君子就君子而言,他只热心于仁爱与正义的事业,因此世界上并没有什么东西可能会促使他去与人相互争斗,这样,难道他还有必要去掌握那门运用和发挥自己的体能技术并与人一起参加这种体能竞赛的活动吗?我认为,就参加体能竞赛这种活动来说,在体能竞赛活动中,每一个参加体能竞赛的人都相互彬彬有礼地出现在令人注目的竞赛场地,并在竞赛场上各显身手、一展雄姿之后,彼此又同聚一起并相互举杯共饮,因此,如果说这种彬彬有礼的争技斗能的竞赛,也算得上是一种与人的相互争斗的话,那么这种彬彬有礼、相敬如宾,旨在发挥、展示和提高每一个人的身体能力的争斗,岂不也是完全符合君子所倡导的那种行为准则吗?"(《发现论语》63 页)

金池:孔子的这番话反映了儒家思想的一个重要特点,即主张谦逊礼让,鄙视高傲无礼。……启示:竞争是无处不在的,但是竞争的内容是应该注意的,竞争的方式是应该讲究的。(《〈论语〉新译》68 页)

赵又春:这章是说:要分清两种争:一是争权夺利、争强好胜这个通常意义上的争,这种争的出发点是个人私利,结果不利于共同事业的发展和人际关系的和谐,君子绝不参与这种争,在争的这个意义上,"君子无所争";一是比赛、竞争这个意义上的争,这种争的目的是交流经验,相互学习,并且进行有规则,最后胜负有客观的评价标准,结果是共同提高,增进友谊,君子自然不但参加而且提倡这种争。(《我读〈论语〉》89 页)

鲍鹏山:[导读]这就是"费厄泼来"。它是贵族风范,是一种雍容的气质,一种闲雅的风度,一种高尚的生活境界与道德境界。(《论语新读》25 页)

乌恩溥:争,比赛。(《名家讲解〈论语〉》16页)

安德义:孔子开篇说"君子无所争",结尾又说"其争也君子",表面看,似乎前后矛盾,其实不然。这里是说"君子之争"与"小人之争"不同。君子之争,争在自己……其争也君子"求正于自己,自己立正了,射不中的,也不去埋怨他人"。真是君子之争。(《论语解读》59—60页)

刘兆伟:[诠评]君子对于名利无所争,而对于正义、仁德、君子之风度,还是要争的。(《论语通要》41页)

　　辑者案:可将朱熹和李泽厚的说法结合起来理解。

3.8 子夏问曰:"'巧笑倩兮,美目盼兮,素以为绚兮',何谓也?"子曰:"绘事后素。"曰:"礼后乎?"子曰:"起予者商也! 始可与言《诗》已矣。"

(1)巧笑倩兮,美目盼兮,素以为绚兮

汉·马融:倩,笑貌。盼,动目貌。绚,文貌也。此上二句在《卫风·硕人》之二章,其下一句逸也。(皇侃《论语集解义疏》卷二·7页)

汉·郑玄:文成章曰绚。(马国翰辑《论语古注·论语郑氏注》卷二·1页)

宋·朱熹:此逸诗也。倩,好口辅也。盼,目黑白分也。素,粉地,画之质也。绚,采色,画之饰也。言人有此倩盼之美质,而又加以华采之饰,如有素地而加采色也。子夏疑其反谓以素为饰,故问之。(《四书章句集注》63页)

清·毛奇龄:绚者,饰也。言具此美质,不必复饰也,即此素也,而可以为饰。此诗所以美也,然而素也,非饰也。素何可为饰,子夏所以疑也。(《论语稽求篇》卷一·18页)

清·全祖望:盖《论语》之素,乃素地,非素功也,谓有其质而

后可文也。何以知之？即孔子借以解《诗》而知之。夫巧笑美目，是素地也。有此而后可加粉黛簪珥衣裳之饰，是犹之绘事也，所谓绚也。故曰绘事后于素也。而因之以悟礼，则忠信其素地也，节文数度之饰，是犹之绘事也，所谓绚也。（《经史问答》，《清经解》2403页）

清·刘逢禄：素以为绚近于野容，而非天质矣。礼本乎天，言内心也。子夏怪以为绚为粉饰，故问之。（《论语述何》卷一·7页）

日·东条弘：倩从人从青，取草木青青可爱也。谓少年为青年，盖此意耳……绚从糸，织丝成文也。素亦从糸，素丝素绢未染者，皆谓之素，非谓画质粉地也。（《论语知言》96页）

清·刘宝楠：倩、盼、绚皆韵。"兮"者，语助。《说文》："兮，语所稽也。从丂八，象气越亏也。""素"者，《说文》："𤩰，白致缯也。"引申为凡物白饰之称。《释名·释采帛》云"又物不加饰，皆目谓之素，此色然也"是也。"素以为绚"，当是白采用膏沐之饰，如后世所用素粉矣。绚有众饰，而素则后加，故曰"素以为绚"。戴氏震《孟子字义疏证》："素，以喻其人之娴于仪容。上云'巧笑倩，美目盼'者，其美乃益彰，是之谓'绚'。喻意深远，故子夏疑之。"（《论语正义》89页）

王熙元：素，白彩，就是白色的粉；绚，众彩，就是各种彩色的颜料。（《论语通释》103页）

乔一凡：盼是视貌。（《论语通义》41页）

毛子水：这个素字，有三种义训。一是白色的衣服；一是白色的傅粉；一是朴质的风采。（朴质以为绚，就是保留最近于天然的美而不加什么装饰。这种朴质的文采，亦是审美的人所贵重的。）我们当然不能知道子夏用那一种义训。……如果"绘事后素"可以说明"素以为绚"的道理，则诗中的"素"似应看作白色的衣服或白色的化妆品才合。（《论语今注今译》32—33页）

蒋沛昌：巧笑倩（欠 qiàn）兮（希 xī）——笑的多美好啊，笑靥（页 yè）迎人。巧笑：美好的笑。倩：脸上露出笑靥（笑酒窝儿）。（《论语今释》62页）

杨润根：倩（qiàn）：人的容貌有如早晨鲜红的太阳。《说文》："倩，东方色也。"盼：目光纷乱，眼花缭乱。[译解]她那鲜艳的笑脸好像早晨鲜红艳丽的太阳，她那美丽的眼睛好像夜晚璀璨夺目的星光，她那纯朴自然的言谈举止更是灿烂而辉煌。（《发现论语》65页）

陈池瑜：本人认为，《诗经·硕人》可能没有"素以为绚兮"一句，如果说是失传此句亦不大可能，因为该诗其他三节均为七句，"巧笑倩兮"一节也是七句，若原诗有"素以为绚兮"则为八句，那么其他三节也应为八句，不可能其他三节，均和"素以为绚兮"一起各失传一句。从原诗写庄姜之美来看，到"美目盼兮"止，已经很完整了，且语气贯通。此外，从子夏发问的问题来分析，"巧笑倩兮，美目盼兮"（假如原诗中有"素以为绚兮"）二句或三句，文字明白，其诗意子夏应懂得，无须发问。此问必另有所指。我认为，"素以为绚兮"应是子夏发问句，而不是原诗。子夏问的意思是，庄姜自然天资（素）很不一般，再加上倩盼之态（绚）就更美了。将她的质朴的身体比为素粉，而将她的媚态即倩盼之情比为绚饰，如何？（《孔子的礼乐思想与"绘事后素"》，《山东社会科学》2005年第9期）

金知明：素以为绚兮：白了之后就可以打扮了；素，洁白；为，做；绚，打扮，上色彩。（《论语精读》26页）

何新：巧，俏也，又通娇，微笑。绚，炫也，亮丽。（《论语新解——思与行》29页）

辑者案：从马融说。倩，含笑的样子。引申为妩媚，如倩盼，倩影。盼，眼珠黑白分明，喻美目流转，犹今人常说的"会说话的眼睛"。绚,文采。素以为绚兮,即以素为绚,素为自然美质,在自然美质的基础上施之文彩,岂不更美!

(2)绘事后素

汉·孔安国:孔子言绘事后素,子夏闻而解,知以素喻礼,故曰礼后乎!(皇侃《论语集解义疏》卷二·7页)

汉·郑玄:绘,画文也。凡画绘,先布众采,然后以素分其间,以成其文。喻美女虽有倩盼美质,亦须礼以成也。(皇侃《论语集解义疏》卷二·7页)

梁·皇侃:绘,画也。言此上三句,是明美人先有其质,后须其礼,以自约束。如画者先虽布众采荫映,然后必用白色以分间之,则画文分明,故曰绘事后素也。(皇侃《论语集解义疏》卷二·8页)

宋·朱熹:礼必以忠信为质,犹绘事必以粉素为先。……杨氏曰:"'甘受和,白受采,忠信之人,可以学礼。苟无其质,礼不虚行。'此'绘事后素'之说也。……"(《四书章句集注》63页)

宋·张栻:凡礼之生,生于质也,无其质则礼安从施。素虽待于绚,然素所以有绚也,无其质则何绚之有。曰绘事后素者,谓质为之先而文在后也。(《南轩论语解》卷二·3页)

日·中井积德:凡缯帛未经染色者,生曰缟,熟曰素。通而言之,生熟皆谓之素。旧解粉地,失之。(《论语逢源》53页)

清·凌廷堪:窃谓《诗》云"素以为绚兮"者,言五采待素而始成文也。今时画者尚如此,先布众色毕,后以粉勾勒之,则众色始绚然分明。《诗》之意即《考工记》意也。子夏疑五采何独以素为绚,故以为问。子以"绘事后素"告之,则素以为绚之理不烦言而解矣。(《校礼堂文集》卷十六·10页)

日·东条弘:盖绘之为工,先施众丝,然后于其脉处,以素丝妆点之……犹倩盼美人,以素绚加其美好,故曰绘事后素。(《论语

知言》97页)

　　清·刘宝楠:《说文》:"缋,织余也。一曰画也。"此即画缋之义。《考工记》:"设色之工,画缋、钟、筐、㡛。"又曰:"画缋之事杂五色。"是缋为画文。至《说文》"绘"训"五采绣",与画缋为设色不同。(《论语正义》91页)

　　南怀瑾:孔子告诉他"绘事后素",他说绘画完成以后才显出素色的可贵。这句话的意思,以现在人生哲学的观念来说,就是一个人由绚烂归于平淡。……素就是平淡。……一个人不要迷于绚烂,不要过分了,也就是一般人所谓不必"锦上添花",要平淡。(《论语别裁》133—134页)

　　吴留英:反映了孔子重要的美学思想。……一、强调了艺术中所表现的美,首先来自表现对象自身的美质。……二、涉及了美与善的关系:人的美在于合乎礼仪。……三、"绘事后素"即"绘事"在"素"后。(《孔子"绘事后素"辨》,《河南大学学报》1992年第2期)

　　杨润根:绘:它的本意是指用几种色彩不同的丝线("纟")所进行的编织("会")活动,引伸为任何一种形式的色彩的组合活动(如绘画)。因此"绘"又具有"美丽的"的意思。从这个"绘"字不难看出,古人的生活与古人的活动是把技术与艺术完美地结合在一起的。绘事:像编织美丽的锦缎和绘制美丽的图画那样进行工作——精心雕饰。后:在……之后,在……之下,比……为劣。绘事后素:这句话的语法结构相当于英语的 Something is behind something,其直接的意思可理解为 The beauty deliberately worked out by human is behind which by nature(人工雕琢的美与自然的美相比,永远只是一种低级的美)。(《发现论语》65页)

　　赵又春:这章中没有"仁"字,但实是说的"仁",仁与礼的关系……在孔子那里,"仁"是个人的"心"、"情",是人的行为的发动者、指令者,因而是个人的"仁心状况"决定着他行为的基本方向,即促使他对客观存在的多种可能的具体行为方式作出价值判断,然后据以作出最后的行为选择。所以"仁"是自律的。"礼"作为规范体系,是社会基于社会发展的要求而制定的、期望所有社会成员共同遵守的确定的行为模式。所以对个人来说是外在的、他律的,是否会被个人实际接受、遵循,决定于他内在的"仁心的选择"。因此,如果说"仁"和"礼"是一对矛盾,反映的乃是个人和社会的矛盾,个人自律倾向和社会对个人要求的矛盾。就是为了解决这个矛盾,孔子用"爱人"来规定"仁",又把"礼"解释为本是帮助个人立于社会("不学礼,无以立")并促使人际关系和谐("礼之用,和为贵")的,即是为个人谋利益又能让个人表爱的东西。这样,二者就达到了统一:个人的"仁心"要凭借践履社会的礼制来体现、确证;社会的礼制要通过个人的"仁心"选择来生效、实行。(《我读〈论语〉》373页)

何新:事,读为施。绘事,即施绘。(《论语新解——思与行》29页)

康琳:我们以为,"绘事后素"虽然无涉绘画,但却提出了重要的美学观念,主要是人的"美质"与"礼"的关系,以及更抽象一些"质"与"文"的关系。依据此段文本的原意,这种关系包含着两个层面的规定,一是"美质"在先,"礼"在后,"质"在先,"文"在后;二是"美质"与"礼"、"质"与"文"要相互协调,或者说相和谐统一。这属于孔子关于"成人"的美学命题。(《"绘事后素"辨》,《艺术评论》2007年第6期)

　　辑者案:绘事后素,即绘事后于素,是说彩绘需以洁白底子为基础。孔子以绘画为喻,意为美的事物,一定要先具有美质,具备了美质,才配得上文彩。

(3)起予者商也

汉·包咸:孔子言子夏能发明我意,可与共言诗已矣。(皇侃《论语集解义疏》卷二·7页)

唐满先：起：阐明。(《论语今译》20页)

钱穆：起，启发义。(《论语新解》60页)

杨润根：促使，促动。(《发现论语》66页)

金池：起：发挥，阐发。(《〈论语〉新译》69页)

胡齐临：你悟到我的用意了。(《论语真义》32页)

　　辑者案：从钱穆说。

3.9 子曰："夏礼，吾能言之，杞不足征也。殷礼，吾能言之，宋不足征也。文献不足故也。足，则吾能征之矣。"

(1)征

汉·包咸：征，成也。杞、宋，二国名也，夏、殷之后也。夏、殷之礼吾能说之，杞、宋之君不足以成之也。(皇侃《论语集解义疏》卷二·8页)

宋·朱熹：征，证也。(《四书章句集注》63页)

清·刘宝楠：郑注《中庸》云："征，犹明也。吾能说夏礼，顾杞之君不足与明之也。"注《礼运》云："征，成也。无贤君，不足与成也。"成、明同义。亦包此《注》意也。(《论语正义》92页)

清·王闿运：征礼者，孔子非欲杞宋征之也。包、郑皆误，以"之"字绝句，则吾能征之，何以更望杞宋文献之足乎？子不能征而曰"杞宋不足"，乖互之甚也。此言作《春秋》托鲁之意。之杞者，往杞；之宋者，往宋也。《中庸》曰"虽善无征"，杞已见黜，宋不如鲁，欲托以制作，则文仪不备，故不可空言礼意，而必依鲁史之事。(《论语训》卷上·21页)

邓球柏：证明；实施。(《论语通解》48页)

杨润根：证明，正确地加以说明。(《发现论语》66页)

程石泉：按此章所言与《为政第二》"子张问十世可知也……"一章所言为一事，或此章原为该章之续，错简在此。(《论语读训》31页)

金知明：征，举例说明。（《论语精读》27 页）

何新："征"有二解：（1）通证，表证。（2）征问，探究。（《论语新解——思与行》30 页）

　　辑者案：从朱熹说。征义为证明、证验。杞、宋不足征，是说杞、宋二国缺乏典籍，不足以拿来证验夏商之礼。

(2)文献

汉·郑玄：献，犹贤也。我能不以其礼成之者，以此二国之君文章贤才不足故也。（皇侃《论语集解义疏》卷二·9 页）

梁·皇侃：文，文章也。（皇侃《论语集解义疏》卷二·9 页）

宋·朱熹：文，典籍也。献，贤也。（《四书章句集注》63 页）

日·佐藤坦：文献，或谓献宪通，谓法度也。案：此说于"不足"字惬。（《论语栏外书》23 页）

清·康有为："献"或作"仪"。《尚书·大传》于"民献"作"民仪"。汉《孔宙碑》《费凤碑》《斥彰长田君碑》于"万邦黎献"皆作"黎仪"。（《论语注》35 页）

林觥顺：文献是用文字记载的典章制度，及仁义治事的善行掌故。（《论语我读》44 页）

郑张欢：文，文人贤士所记之文。献，文人贤士所述之文。（《论语今释》41 页）

李培宗：有历史价值或参考价值的资料典籍。（《论语全解》35 页）

　　辑者案：从朱熹说。文，指典籍；献，指通晓典籍的贤人。《尚书·益稷》："万邦黎献，共惟帝臣。"

3.10 子曰："禘自既灌而往者，吾不欲观之矣。"

(1)禘

汉·孔安国：禘祫之礼为序昭穆也，故毁庙之主及群庙之主

皆合食于太祖。(皇侃《论语集解义疏》卷二·9页)

汉·郑玄：鲁礼，三年丧毕，而祫于大祖；明年春，禘于群庙。自尔之后，率五年而再殷祭，一祫一禘。(《十三经注疏·周礼注疏》460页)

唐·杜佑：古者天子诸侯三年丧毕，皆合先祖之神而享之。……虞夏先王崩，新王元年二年丧毕而祫。三年春特禴，夏特禘，秋特尝，冬特烝。四年春特禴，夏祫禘，秋祫尝，冬祫烝。每间岁皆然，以终其代。殷先王崩，新王二年丧毕而祫。三年春特禘，夏特禴，秋特尝，冬特烝。四年春特禘，夏祫禴，秋祫尝，冬祫烝。周制，天子诸侯三年丧毕，禫祭之后，乃祫于太祖，来年春禘于群庙。尔后五年再殷祭，一禘一祫，禘以夏，祫以秋。(《通典》1372页)

宋·邢昺：禘者，五年大祭之名。(邢昺《论语注疏》34页)

宋·朱熹：赵伯循曰："禘，王者之大祭也。王者既立始祖之庙，又推始祖所自出之帝，祀之于始祖之庙，而以始祖配之也。成王以周公有大勋劳，赐鲁重祭。故得禘于周公之庙，以文王为所出之帝，而周公配之，然非礼矣。"灌者，方祭之始，用郁鬯之酒灌地，以降神也。鲁之君臣，当此之时，诚意未散，犹有可观，自此以后，则浸以懈怠而无足观矣。盖鲁祭非礼，孔子本不欲观，至此而失礼之中又失礼焉，故发此叹也。(《四书章句集注》64页)

元·马端临：按：郑氏注"禘其祖之所自出"，以为王者之先祖皆感大微五帝之精以生，祖者后稷也，祖之所自出者，苍帝灵威仰也。遂指禘以为亦祭天之礼，混禘于郊。舍喾而言灵威仰，其说妖妄，支离特甚，先儒多攻之。盖祖者，后稷也；祖之所自出者，帝喾也。郊祀只及稷，而禘则上及喾，是宗庙之祀莫大于禘。故《祭法》先禘于郊，以其所祀之祖最远故耳，于祀天无预也。至杨氏引《子夏传》以释"祖之所自出"，其说尤为明畅云。(《文献通考》917页)

明·陈士元：禘祫之礼略同。祫则合群庙之主，禘则上及其

祖之所自出。(《论语类考》卷十·3页)

清·毛奇龄:禘祭有三:一是大禘……一是吉禘……一是时禘……《论语》之禘,当是"不王不禘"之禘。此本王者大祭,而《明堂位》《祭统》皆云:"成王以周公为有勋劳于天下,赐以重祭。"则祭所自出,立出王庙,原得用天子礼乐。但群公杂用,便属非礼,故不欲观。(《论语稽求篇》卷二·1页)

清·刘宝楠:禘礼之说,千古聚讼,今求之《礼经》,参以诸儒之论,为之说曰:《尔雅·释天》云:"禘,大祭也。"言大祭者,殷人夏祭曰禘,至周以夏祭为礿,而以禘为殷祭之名,故言大也。禘行于夏,与袷行于秋,在四时之间,故《司尊彝》谓之"间祀"。……《周官·大宗伯》:"以肆、献、祼享先王,以馈食享先王,以祠春享先王,以礿夏享先王,以尝秋享先王,以烝冬享先王。"郑《注》以肆、献、祼为袷,馈食为禘,其祭大于时祭,故列于上,即《司尊彝》所谓"追享、朝享"也。天子三年丧毕,新主将入庙,有禘祭,谓之吉禘,《春秋》所书"吉禘"是也。有吉禘则亦有吉袷。何休《公羊解诂》谓"礼,禘袷从先君,数遭袷则袷,遭禘则禘"是也。其常祭,则三岁一袷,五岁一禘,所谓"五年再殷祭"也。禘大袷小,故《春秋》所纪,《尔雅》所载,俱有禘无袷。……袷下及大夫士,而禘则不王不禘,袷是合已迁未迁庙之主祭于大庙,然止及始祖,不及始祖之所自出。……惟汉宗庙之祭,有袷无禘,故汉儒多以袷大于禘也。禘是天子宗庙之祭,鲁得用之者。(《论语正义》93页)

杨伯峻:禘——这一禘礼是指古代一种极为隆重的大祭之礼,只有天子才能举行。不过周成王曾因为周公旦对周朝有过莫大的功勋,特许他举行禘祭。以后鲁国之君都沿此惯例,"僭"用这一禘礼,因此孔子不想看。(《论语译注》26页)

钱逊:禘:周朝时天子和诸侯祭祖的大祭。祭祖时先祭始祖,

第一次献酒后,再依尊卑亲疏的次序祭祀历代祖先。(《论语浅解》57页)

　　杨润根:禘:从字源上看,它应是指祈祷上帝并对之表示崇敬的仪式。"帝"的本意是指住在地球上的四面八方的森林所指向的太空之上的至高无上的神,这个神被认为是人类及整个宇宙万物的原因和统治者。(《发现论语》66页)

　　　　辑者案:从杨伯峻、钱逊说。

(2)既灌而往

汉·孔安国:灌者,酌郁鬯灌于太祖,以降神也。既灌之后,别尊卑,序昭穆。而鲁为逆祀,跻僖公,乱昭穆,故不欲观之矣。(皇侃《论语集解义疏》卷二·9页)

汉·郑玄:灌谓以圭瓒酌郁鬯始献神也。郁,郁金草酿秬为酒,煮郁金草和之,其气芳芬调畅,故曰郁鬯。言未杀牲,先酌郁鬯酒灌地,以求神於太祖庙也。(钱坫《论语汉宋集解》117页)

宋·朱熹:灌者,方祭之始,用郁鬯之酒灌地,以降神也。(《四书章句集注》64页)

明·陈士元:禘礼九献,灌乃一献二献之礼也。(《论语类考》卷十·6页)

杨伯峻:灌——本作"祼",祭祀中的一个节目。古代祭祀,用活人以代受祭者,这活人便叫"尸"。尸一般用幼小的男女。第一次献酒给尸,使他(她)闻到"郁鬯"(一种配合香料煮成的酒)的香气,叫做祼。(《论语译注》26页)

金良年:灌,指祭典中用香酒酹地,迎请神灵的礼节。(《论语译注》23页)

杨润根:既:本意是指芳香四溢的小食品,它令人馋涎欲滴,以至想立即将它吞下。《说文》:"既,即食也。""即食"意为迅速地吃下,引伸为迅速、立即、迅即、立刻……。这里作为名词,意指向上帝敬献的芳香食品。灌:浇灌,这里指把酒倒在杯子里,并向上帝献上。往:一直进行下去的整个活动,与此相关的全部活动,与此相继的全部活动。(《发现论语》67页)

　　辑者案:灌,酌酒浇地。禘祭开始时第一次献酒的一种仪式。

(3)吾不欲观之矣

宋·朱熹:灌者,方祭之始,用郁鬯之酒灌地,以降神也。鲁之君臣,当此之时,诚意未散,犹有可观,自此以后,则浸以懈怠而无足观矣。盖鲁祭非礼,孔子本不欲观,至此而失礼之中又失礼焉,故发此叹也。(《四书章句集注》64页)

清·王闿运:此讥助祭诸臣之怠慢也。往,谓往太庙也。大祭先有朝事之荐,用毛炰之豚,燔燎黍稷,玄酒以祭,然后有朝践之荐,迎牛牲,荐毛血,夫人荐涚水,灌用郁鬯。二礼既成,乃延尸入,卿大夫序从而行馈食之礼。其先二朝时,助祭者从尸在外,待既灌乃入也。诸臣受宿,当三日在公所,时礼废人怠,见迎尸前无事,待既灌乃往,大慢不敬。孔子既不能纠正,故不忍观也。(《论语训》卷上·22页)

杨伯峻:"僖"用这一禘礼,因此孔子不想看。(《论语译注》26页)

南怀瑾:禘礼开始以后,主祭者端上一爵奉献神祇的酒以后,心里就想赶快走了,接着祈祷等等隆重的祭礼,都在那里应付了事。孔子看到这种情形感叹的说:"吾不欲观之矣!"我实在不想看下去了,为什么不想看?就是认为何必勉强做假,而丧失了这件事的实际精神呢!(《论语别裁》138页)

林觥顺:裸祭奠酒是献享,极合礼仪,当观必观,裸祭以后,是叙尊卑昭穆,各别献礼,有犯礼之举,故说不欲观之。(《论语我读》

45页)

赵又春:我们读这一章只须明确两点就够了:①这一章再次证明,孔子对于僭礼行为,特别是僭用天子专用之礼,是十分不能容忍的,从来不想问一下这个礼是否该改一改,或扩大一下范围更好一些;②礼在实际生活中是发展的,发展的方式多种多样,使用者的范围扩大也是一种,孔子对此却没有清醒的认识,因此他一定生了许多本可以不生的气,骂了许多本不该骂的人……不同级别的人享受不同的待遇,这既是社会资源不足时分配(包括荣誉等的分配)领域里的必然现象,有其合理性,又是人们不平等,因而导致社会矛盾冲突的表现和原因……从这方面看,孔子即使不是复古主义者,也至少是一个跟不上历史的人。(《我读〈论语〉》324页)

　　　　辑者案:从朱熹、杨伯峻说。

3.11 或问禘之说。子曰:"不知也。知其说者之于天下也,其如示诸斯乎!"指其掌。

汉·孔安国:答以不知者,为鲁君讳也。(皇侃《论语集解义疏》卷二·11页)

汉·包咸:孔子谓或人,言知禘礼之说者,于天下之事,如指示以掌中之物,言其易了也。(皇侃《论语集解义疏》卷二·11页)

宋·朱熹:先王报本追远之意,莫深于禘。非仁孝诚敬之至,不足以与此,非或人之所及也。而不王不禘之法,又鲁之所当讳者,故以不知答之。示,与视同。指其掌,弟子记夫子言此而自指其掌,言其明且易也。盖知禘之说,则理无不明,诚无不格,而治天下不难矣。圣人于此,岂真有所不知也哉?(《四书章句集注》64页)

清·钱坫:指其掌者,谓如指掌而算,不待烦言可决,故曰"示

诸斯也"。(《论语后录》卷一·13页)

清·刘宝楠:夫子讳鲁僭禘,故答以不知。而复广其说于天下,明为王者之事,非鲁所得知也。(《论语正义》98页)

方骥龄:孔子所谓指其掌,似指鬼神所附之木主而言。(《论语新诠》63页)

杨伯峻:[译文]有人向孔子请教关于禘祭的理论。孔子说:"我不知道;知道的人对于治理天下,会好像把东西摆在这里一样容易罢!"[注释]不知也——禘是天子之礼,鲁国举行,在孔子看来,是完全不应该的。但孔子又不想明白指出,只得说"不欲观","不知也",甚至说"如果有懂得的人,他对于治理天下是好像把东西放在手掌上一样的容易"。示——假借字,同"置",摆、放的意义。或曰同"视",犹言"了如指掌"。(《论语译注》27页)

南怀瑾:孔子真的不知道吗? 当然,这是他幽默的话,换句话说,是一种"反教育",用现代术语来说,是"反激式的教育"。他的意思是说,这一种基本的文化精神,大家应该知道的。既然大家都不知道,那么我也不知道了。(《论语别裁》139页)

金良年:[段意]孔子并非不知道禘祭的涵义,由于鲁国禘祭失礼,所以,说了等于暴露国家和君王的缺点,有背于"为尊者隐"的准则,因此,孔子在这种场合只能回答不知道。但孔子又暗示那人,自己其实是知道的,说不知道是另有原因。(《论语译注》24页)

蒋沛昌:那就像把东西出示在这里呀! (表示轻而易举的事。)(《论语今释》66页)

董子竹:孔子对于有人问"禘"的道理,感叹万千,到了不知说什么好的地步,只好说个"不知道"。孔子不是真不知道,而是知道说了也无用,"不知也"三字有无限感叹的成分、赌气的成分。(《论语正裁》138页)

林觥顺：有两种解释：一是易如反掌，二是不在其位，不言其政，免受刑戮。(《论语我读》45页)

王孺童：两种解读：其一，能够知晓"禘"祭学问的人，他进而要想掌握天下的事情，就如同自己看自己手掌心一样；其二，能够知晓"禘"祭学问的人，他进而要想掌握天下的事情，就如同自己把东西放在自己手心里一样。(《孺童讲论语》169页)

安德义：有人问"禘祭"的理论，孔子不回答，可做两点说明：第一点，在我国古代，"国之大事，唯祀与戎"。祀以郊、社祭天地之礼和禘、尝祭祖先之礼为大。……通过祭祀天地、祖先，可以调整人与人之间关系，稳定社会秩序，如此，则可以达到治国的目的。第二点，孔子采用的是不屑之教……有人又问"禘祭"理论，孔子余恨未消，继续沉默，不屑讲也不愿讲。(《论语解读》64—65页)

郑张欢：有人问禘礼之所取。孔子说：不知道此事，知道其所取之理者于天下之事，其必能示诸种之义！指着手掌，犹合而能为一，分而又能各为其用，之间又可以极协调。(《论语今释》43页)

刘兆伟：[诠评]孔子不是真的不知禘礼，而是对不懂者与虽懂而僭越者的一种愤然回击。而又压抑不住进一步阐明掌握禘礼重要作用的思想。孔子的话中实际上暗含两层意思：礼，绝对不能僭越；掌握礼就掌握了天下。因为破坏了礼制就是破坏了社会秩序、规范，天下将乱而无序，对上下都是灾难。所以，只有懂礼、以礼治国者才能王天下。(《论语通要》44页)

杨朝明：有人向孔子请教关于禘祭的学说。孔子说："我不知道，但懂得禘祭的人，对于治理天下，就像把天下放在这里一样简单吧。"(《论语诠解》22页)

辑者案：由于具体语境不明，此章实属难解，可将杨伯峻、杨朝明的说法结合起来理解。

3.12 祭如在，祭神如神在。子曰："吾不与祭，如不祭。"

(1)祭如在，祭神如神在

汉·董仲舒：祭之为言际也与？祭然后能见不见，见不见之见者，然后知天命鬼神。知天命鬼神，然后明祭之意。明祭之意，乃知重祭事。孔子曰："吾不与祭，如不祭。祭神如神在。"重祭事，如事生。故圣人于鬼神也，畏之而不敢欺也，信之而不独任，事之而不专恃。恃其公，报有德也；幸其不私，与人福也。(苏舆《春秋繁露义证》441页)

汉·包咸：孔子或出或病而不自亲祭，使摄者为之，不致肃敬于心，与不祭同。(邢昺《论语注疏》35页)

汉·孔安国："祭如在"，言事死如事生也。"祭神如神在"，谓祭百神也。(皇侃《论语集解义疏》卷二·11页)

梁·皇侃：云"祭如在"者，此以下二句乃非孔子之言，亦因前而发也。为鲁祭，臣处其君上，是不如在，故明宜如在也。此先说祭人鬼也。人子奉亲，事死如事生，是如在也。(皇侃《论语集解义疏》卷二·11页)

唐·韩愈：义连上文……盖鲁僖公乱昭穆，祭神如神在，不可跻而乱也，故下文云"吾不与祭"。盖叹不在其位，不得以正此礼矣，故云"如不祭"。言鲁逆祀，与不祀同焉。(《论语笔解》卷上·5页)

唐·李翱：包既失之，孔又甚焉。孔注祭神如神在谓祭百神，尤于上下文乖舛。(《论语笔解》卷上·6页)

宋·朱熹：程子曰："祭，祭先祖也。祭神，祭外神也。祭先主于孝，祭神主于敬。"愚谓此门人记孔子祭祀之诚意。(《四书章句集注》64页)

日·东条弘：祭如在，是古语。夫子之言为此发。而记者恐

其如在之或嫌于如不与者在焉，故加"祭神如神在"五字。（《论语知言》101页）

　　日·冈田钦：邱氏光庭云："'祭如在'者，是孔子之前相传有此言也，孔子解之曰'祭神如神在'耳，非谓两般鬼神也。"邱说似是，下章云"射不主皮，为力不同科也"，"射不主皮"，古经之言也；"为力不同科"，夫子释之之言也。与此同文例。（《论语劄记》卷七·6页）

　　清·康有为：祭，际也，察也，与天命鬼神相接。（《论语注》37页）

　　方骥龄：疑十、十一、十二三章应合而为一……三章合而为一，对祭祀有一完整而系统之概念。孔子主张敬鬼神而远之，自既灌而往，不敬鬼神也。不敬鬼神，即不崇礼乐也。从三章中又可窥见孔子愤激之情。足证彼时之不重礼乐，固不限于去告朔之饩羊而已。（《论语新诠》63—64页）

　　王熙元：[释词]是说祭祀祖先，要出于内心一片至孝，觉得所祭祀的祖先，好像就在眼前。……祭祀神灵，要出于内心一片诚敬，觉得所祭祀的神灵，仿佛就在眼前。（《论语通释》113页）

　　钱穆：此指祭天地之神。祭礼本对鬼神而设，古人必先认有鬼神，乃始有祭礼。但孔子平常并不认真讨论鬼神之有无，只临祭时必诚必敬，若真有鬼神在其前。此两句，乃孔子弟子平时默观孔子临祭时情态而记之如此。或说，此两句乃古语，下文子曰云云，乃孔子因此语而感发为说，今不从。（《论语新解》65页）

　　金池："如在"，恰好表明本不在。在当时，若说不在，便等于否定祭祖，否定祭祖是孔子所不愿意的；若说在，孔子又不相信在。所以加个"如"字，说好像在。孔子用这种模棱态度，既间接表达了人死无知无鬼的思想，又直接表达了希望人们诚敬祭祖的愿望。可见，孔子主张的祭祀活动主要倾向于道德，并非倾向于

宗教。(《〈论语〉新译》73 页)

李零：旧注注都说，第一句是讲祭鬼，第二句是讲祭神。……我看，这种说法不对。原文只说"祭如在"，并没说"祭鬼如鬼在"，祭鬼说，明明是添字解经。我理解，"祭如在"是泛言祭什么就好像什么在眼前，并不确指是神是鬼，下文递进，才强调"祭神如神在"。(《丧家狗——我读〈论语〉》95 页)

郑张欢：祭祖父、祖母，如觉得祖父母在，祭岳飞、祭关羽(顺注：我家前二三里有一岳王庙，西二三里老和山上原有一关帝庙，小时候大人祭祖，总是请岳老爷、关老爷一起来享用)，如觉得岳飞、关羽在。(《论语今释》43 页)

袁庆德：神：包括天神和地神，指天地万物的创造者或主宰者。(《论语通释》218 页)

辑者案：李零说有道理。"祭如在"是泛言祭什么就好像什么在眼前。孔子认为，既然祭祀，就应以诚敬之心对待之，重在诚敬，以表示心愿。至于鬼神之有无，此未言及。

(2)吾不与祭，如不祭

汉·包咸：孔子或出或病，而不自亲祭，使摄者为之，故不致敬于心，与不祭同也。(皇侃《论语集解义疏》卷二·11 页)

宋·朱熹：言己当祭之时，或有故不得与，而使他人摄之，则不得致其如在之诚。故虽已祭，而此心缺然，如未尝祭也。(《四书章句集注》64 页)

清·武亿：当以与字断，祭如不祭，义自豁然矣。(《论语义证》4 页)

杨伯峻：[译文]孔子祭祀祖先的时候，便好像祖先真在那里；祭神的时候，便好像神真在那里。孔子又说："我若是不能亲自参加祭祀，是不请别人代理的。"[注释]吾不与祭，如不祭——这是一般的句读法。"与"读去声,音预,yù,参预的意思。"如不祭"译文是意译。另外有人主张"与"字仍读上声,赞同的意思,而且在这里一读,便是"吾不与,祭如不祭"。译文便应改为:"若是我所不同意的祭礼,祭了同没祭一般。"我不同意此义,因为孔丘素来不赞成不合所谓礼的祭祀,如"非其鬼而祭之,谄也",孔丘自不会参加他所不赞同的祭祀。(《论语译注》27页)

　　董子竹:我的心没有参与这个祭,就如同不祭。(《论语正裁》140页)

　　钱穆:孔子虽极重祭礼,然尤所重者,在致祭者临祭时之心情。故言苟非亲自临祭,纵摄祭者亦能极其诚敬,而于我心终是阙然,故云祭如不祭。盖我心思慕敬畏之诚,既不能亲切表达,则虽有牲牢酒醴,香花管乐,与乎摄祭之人,而终是失却祭之真意。此乃孔子平日所言,记者记其言,因连带记及孔子平日临祭时之诚敬,以相发明。(《论语新解》65页)

　　杨润根:[译解]如果我在我的行动中不真心实意地努力使自己与自己所崇敬的对象保持一致,并真心实意地服从这些对象,那么这就等于我对于这些可崇敬的对象根本没有崇敬之心,我也根本没有真心实意地向它们表示过崇敬。[注释]与:赞成,服从,与对象保持一致。(《发现论语》67页)

　　高专诚:"那种没有我参与的祭祀,跟没有举行并无两样。"孔子在此所谓的参与倒不一定是以官员的身份参加,也包括必要的咨询和指导。这大概是孔子晚年做国老时的充满自信的表白。(《孔孟圣典——论语通说》39页)

　　金池:[注释]不,不用;……不,不失。[译文]我不参加祭祀活动,好像不失参加祭祀活动(时那样的诚敬)。(《论语新译》73页)

　　林觥顺:我不能参与迎神裸灌献享,正如同没有参与祭祀礼仪。以后的子孙,或因循从此不再有祭祀仪礼。如,是假如、如

果、像等。如的本义是随从。(《论语我读》46页)

赵又春:祭祀鬼神其实并不是人和外在于自身的存在物打交道,而是人和自己的心相沟通,就是说,这只是人表现情感、奉献感情的方式。在祭祀中,人是把自己至诚的心奉给自己设定的、想象中的存在物。这才是祭祀的实质……其实,把敬鬼神归结为人自己的心理情感需要的满足和人与人之间心理感情的沟通,才是孔子关于鬼神思想的更本质的方面。(《我读〈论语〉》299页)

傅佩荣:[白话]我不赞成那种祭祀时有如不祭祀的态度。(《傅佩荣解读论语》41页)

郑张欢:我不想祭谁,如不祭。(《论语今释》43页)

刘茜:此句通常有两解,其一认为前两个"如"字表明孔子并不信鬼神实有,后一个"如"字则反映出孔子对祭祀的极为虔诚的态度。……其二认为神自不可见,而孔子也未见神,但他仿佛觉得看到了神,这恰好体现了孔子对神的专注,故而在其祭祀之时,才会进入一种宗教的冥想之中。两解之意有很大区别,前者认为孔子根本不信神,仅借助鬼神以施教化,后者则认为孔子是信神的。两者孰是孰非,此处暂且不论,无可置疑的是孔子无论是借鬼神以施教还是真信仰鬼神,均不可据以断定孔子是不称道鬼神的。(《〈论语〉"子不语怪力乱神"新解》,《孔子研究》2008年第3期)

杨朝明:[诠释]吾不与祭,如不祭:意为"不亲自参与祭祀则不得与鬼神相值,故曰祭如不祭"。[解读]孔子说:"我若是不能亲自祭祀,祭了如同没祭一样。"(《论语诠解》23页)

傅松雪:对于孔子,祭礼不在于仪文、形式,重要的是要亲身当场参与,这种参与不仅是身体和认知的,更是心理和情感的。(《与时偕行:孔子美学思想的时间性研究》,《孔子研究》2009年第6期)

辑者案:郑张欢"我不想祭谁,如不祭"之说近于文意。

"与"通"豫",义喜悦、乐意。此句解作"我心里不喜欢祭,还不如不祭"为恰。与上句联系起来,"既然祭,那么就承认鬼神的存在。既然自己不乐意祭,那么就不如不祭"。这样理解,上下文意颇顺,思想一致。孔子主张诚实,反对虚伪。

3.13 王孙贾问曰:"与其媚于奥,宁媚于灶,何谓也?"子曰:"不然。获罪于天,无所祷也。"（辑者案:定州简本"媚于奥"作"媚于窇")

(1)与其媚于奥,宁媚于灶

汉·孔安国:王孙贾,卫大夫也。奥,内也,以喻近臣也。灶,以喻执政也。贾者,执政者也。欲使孔子求昵之,故微以世俗之言感动之也。（皇侃《论语集解义疏》卷二·12页)

晋·栾肇:奥尊而无事,灶卑而有求。时周室衰弱,权在诸侯。贾自周出仕卫,故托世俗言,以自解于孔子。（皇侃《论语集解义疏》卷二·13页)

梁·皇侃:此世俗旧语也。媚,趣向也。奥,内也,谓室中西南角。室向东南开户,西南安牖,牖内隐奥无事,恒尊者所居之处也。灶谓人家为饮食之处也。贾仕在卫执政,为一国之要,能为人之益,欲自比如灶,虽卑外而实要,为众人所急也。又侍君之近臣以喻奥也。近君之臣虽近君为尊,而交无事,如室之奥虽尊而无事也,并于人无益也。时孔子至卫,贾诵此旧语,以感切孔子,欲令孔子求媚于己,如人之媚灶也。（皇侃《论语集解义疏》卷二·12页)

宋·朱熹:媚,亲顺也……灶者,五祀之一,夏所祭也。凡祭五祀,皆先设主而祭于其所,然后迎尸而祭于奥,略如祭宗庙之仪。如祀灶,则设主于灶陉,祭毕,而更设馔于奥以迎尸也。故时俗之语,因以奥有常尊,而非祭之主;灶虽卑贱,而当时用事。喻

自结于君，不如阿附权臣也。贾，卫之权臣，故以此讽孔子。（《四书章句集注》65页）

明·陈士元：王孙贾乃云媚灶，媚之为言，岂先王制祭之义哉？（《论语类考》卷十·11页）

清·顾炎武：时人之语，谓媚其君者，将顺于朝廷之上，不若逢迎于燕退之时也。《注》以奥比君，以灶比权臣，本一神也，析而二之未合语意。（黄汝成《日知录集释》529页）

清·钱坫：此奥盖谓庙门外西室之奥也。（《论语后录》卷一·13页）

清·刘宝楠：《释名·释宫室》：“室中西南隅曰奥。不见户明，所在秘奥也。”凡室制以奥为尊，故《曲礼》云：“为人子者，居不主奥。”明奥为尊者所居，故凡祭亦于奥矣。（《论语正义》101页）

清·俞樾：媚奥媚灶皆媚人，非媚神也。古以奥为尊者所居，故《曲礼》曰：“为人子者居不主奥。”而春秋时有奥主之称。昭十三年《左传》“国有奥主”是也。灶则执爨者居之，所谓厮养卒也。当时之人以为居奥者虽尊，不如灶下执爨之人实主饮食之事，故媚奥不如媚灶。《国语·周语》载人之言曰：“佐饔者尝焉。”即此意也。王孙贾引之，盖以奥喻君，以灶自喻。孔《注》未得其旨。（《群经平议》卷三十·6页）

程树德：[别解三]《四书约旨》：或谓王孙贾在卫算不得权臣，当时市权只有弥子瑕一人，或是他自家欲酌所媚而问耳。按：此上三说，以此说最为合理。盖贾本周人，入仕于卫。当灵公之时，政权操于南子、弥子瑕之手，以孔子之贤且不能不见南子。《孟子》云：“弥子之妻与子路之妻兄弟也。弥子使人告子路曰：‘孔子主我，卫卿可得也。’”其声势赫弈至此。贾盖谋所以自处之道于孔子。奥在内位尊，喻南子也。灶之卑贱，喻弥子也。与当时情势最为相合。观孔子答以获罪于天，仍是答子路有命之意。贾在

卫国并非权臣,孔子且称其有治军旅之才,而注疏家意欲以阳货待之,不可解也。任氏之说虽创而实确。(《论语集释》180 页)

方骥龄:奥,疑即宅神。(《论语新诠》65 页)

李宗桂:奥指卫君,灶指南子、王孙贾。(《释"获罪于天,无所祷也"》,《学术月刊》1984 年第 4 期)

王缁尘:"奥",是一所大宅中最深奥的地方,就是在高位者所居的地方;也就是比大王。"灶"者,就是厨房。此章所说的"灶",是指厨房中挑水、劈柴、烧火、烹菜等人;也就是比小鬼。(《四书读本》42 页)

杨润根:奥:大米仓,这里转指大米仓的主管,即司库。灶:烹饪食品的装置,转指厨房,再转指厨房的主管,即司厨。"与其媚于奥,宁媚于灶":这显然是当时流行的俗语,意为"与其去巴结司库,倒不如去巴结司厨"。这一俗语表达的是这样一种人生观:生活即投机。(《发现论语》68 页)

程石泉:王孙贾所以引为问者或为当日之民间流行谚语。意谓如其浪费金钱于祭祀神鬼,不如浪费金钱于满足口腹之欲。(《论语读训》33 页)

王孺童:这句话,应为当时的俗语。以"奥"比喻尊主正统性,以"灶"比喻具体实用性。在此其实暗指卫国当时的政治形势,"奥"指君主,"灶"则指权臣。(《孺童讲论语》174 页)

杨朝明:与其媚于奥,宁媚于灶:奥、灶皆是隐喻。……灶,烧火做饭的设施,引申为灶神,以喻当权用事之人,如南子、弥子瑕等,因为当灵公之时,政权操于南子、弥子瑕之手。此应为王孙贾向孔子请教应如何在卫国政局中自处,盖王孙贾为周朝王者之孙,仕于卫乃客卿,所以有不安之意。或以为王孙贾以灶自喻,暗示孔子巴结自己,恐非。(《论语诠解》23 页)

辑者案：奥、灶喻指，争议纷纷，颇难揣定，暂存疑。

（2）获罪于天，无所祷也

汉·郑玄：明当媚其尊者，夫灶，老妇之祭。（袁钧辑《郑玄论语注》卷二·2页）

汉·孔安国：天，以喻君也。孔子距之曰：如获罪于天，无所祷于众神也。（皇侃《论语集解义疏》卷二·12页）

晋·栾肇：孔子曰："获罪于天，无所祷也"者，明天神无上，王尊无二，言当事尊，卑不足媚也。（皇侃《论语集解义疏》卷二·13页）

宋·朱熹：天，即理也；其尊无对，非奥灶之可比也。逆理，则获罪于天矣，岂媚于奥灶所能祷而免乎？言但当顺理，非特不当媚灶，亦不可媚于奥也。（《四书章句集注》65页）

清·黄式三：天者苍苍之表，专主威福者也。既有天谴，莫得祷免之路，言此见媚之适获罪耳。（《论语后案》66页）

方骥龄：奥灶之神皆当祀，亦不当向之祷求福禄而去灾祸，死生有命，富贵在天，固不必媚求也。故曰，获罪于天，无所祷也。（《论语新诠》65页）

王缁尘：这个"天"字，用现在的话比喻它，也可说是"人格"，或"人品"。"祷"，求也。"获罪于天"，意思是说，做人只要守礼，无所谓奉承巴结（媚）的。你去奉承巴结人家，无论他是居在深奥里的主人，或在厨房里的用人，都是丧人格、坏人品的事情，和得罪于天一样。一个人把天生的人格人品，都丧坏了，还要去求什么呢？故曰："无所祷也。"（《四书读本》42页）

李炳南：王孙贾以奥比喻南子，以灶比喻自己。他的意思是告诉孔子，你求南子，不如求我王孙贾。……孔子说：这话不对，如果得罪上天，则无处祈祷。孔子说出"不然"二字，即将王孙贾问意完全否定。再以获罪于天二语令其警惕。老子说："天网恢

恢,疏而不失。"一个人非分而求,所造之恶,便是得罪于天,必受天谴。(《论语讲要》54 页)

李泽厚:[记]由此又一次可引出"从道不从君"等等含义和问题。在儒学中,道统(可以"师"为代表,德尊)与治统(以"君"为代表,位尊)、皇帝与孔子也仍有相当紧张的关系。究竟谁为优先?此外,君臣(忠)与父子(孝)之间也有紧张关系的一面。(《论语今读》65 页)

董子竹:什么是天? 天本无天,显象于心,便有了天。"天"就是我"在"。我无心讨好谁,你非教我违心去做,便是"媚",便是自欺。凡"媚",凡自欺必"获罪于天",任何祈祷都无用。(《论语正裁》142 页)

钱穆:孔子意,谓但知依理行事,无意违理求媚。(《论语新解》67 页)

崔茂新:这则对话的标点出自程树德《论语集释》(下称《集释》)。杨伯峻的《论语译注》(下称《译注》)与吴树平等点校的《十三经(标点本)》,"不然"二字后面为分号,余皆同,而句号与分号用在这里,从释义的角度看差异并不明显,可以视为同一。古文断句的《十三经注疏》(下称《注疏》)与刘宝楠的《论语正义》(下称《正义》),虽然"不然"二字后面没有标号,但从两书都把"不然"解释成孔子对王孙贾问话的拒斥这一点来看,显然为诸本标为句号或分号提供了断句与释义的依据。依笔者看来,这里是一处严重的误读,"不然"二字后面应加","号而不应加句号或分号。标点的不同,代表着对这一句话的理解不同。依照句号或分号的标读,这句话应译为:孔子说:"不是这样。若是得罪了上天,祈祷也没有用。"而依笔者","号的标读,这句话则应译为:孔子说:"不这样,一旦得罪了上天,祈祷也就没用了。"……依笔者愚见,对话是王孙贾借"与其媚于奥,宁媚于灶"世俗之言,暗指"子见南子"这件事,问中含有讥讽之意。"奥"为王孙贾自喻,"灶"喻南子,孔子的答话则坦然申明自己媚"灶"不媚"奥"的原因:如果不这样,得罪了"上天",祈祷也就没用了。(《试说〈论语〉的两处误读》,《古汉语研究》1998 年第 1 期)

金池:如果违反了自然规律和社会规律,就没有祈祷的地方了。(《〈论语〉新译》74 页)

王孺童:孔子认为一个人安身立命及未来发展的根本,不是投靠谁或不投靠谁的问题,而在于如何做人。如果一个人逆天而动,做出有违天理的事,就算再做出任何努力,也是无法挽救的了。(《孺童讲论语》176 页)

李培宗:天:天理。天然的道理。(《论语全解》37 页)

杨朝明:孔子的回答也是隐喻……实际是回答王孙贾,若自身行为不端,巴结什么人都没有用。(《论语诠解》23 页)

袁庆德:无所:指没有办法。(《论语通释》297 页)

> 辑者案:此句字面意义明显,即:如果得罪了上天,那么祈祷什么神也没有用。孔子认为,天居众神之上,为最高主宰。孔安国"天以喻君"之说可从。

3.14 子曰:"周监于二代,郁郁乎文哉!吾从周。"

汉·孔安国:监,视也。言周文章备于二代,当从周也。(皇侃《论语集解义疏》卷二·13 页)

梁·皇侃:郁郁,文章明著也。言以周世比视于夏殷,则周家文章最著明大备也。(皇侃《论语集解义疏》卷二·13 页)

宋·邢昺:此章言周之礼文犹备也。"周监于二代,郁郁乎文哉"者,监,视也。二代,谓夏、商。郁郁,文章貌。言以今周代之礼法文章,回视夏、商二代,则周代郁郁乎有文章哉。"吾从周"
者,言周之文章备于二代,故从而行之也。(邢昺《论语注疏》36页)

宋·朱熹:监,视也。二代,夏商也。言其视二代之礼而损益
之。郁郁,文盛貌。尹氏曰:"三代之礼至周大备,夫子美其文而
从之。"(《四书章句集注》65页)

清·康有为:郁郁,文明貌。(《论语注》38页)

杨伯峻:孔子说:"周朝的礼仪制度是以夏商两代为根据,然
后制定的,多么丰富多彩呀!我主张周朝的。"(《论语译注》28页)

毛子水:监借为鉴,有对照、比较的意思。(《论语今注今译》36页)

蒋伯潜:"监"有察看和比较的意思。(《语译广解四书读本》27页)

李泽厚:孔子说:"周代积累和总结了夏、殷两个朝代的经验
成果,礼乐制度多么完美文雅呀。我遵循周代。"(《论语今读》65页)

杨润根:这里的"郁郁"……我们可以把它理解为精心创制、
精心塑造,就像那些刻意酿造出芬芳四溢的美酒的人们所进行的
工作一样。(《发现论语》69页)

赵又春:相对于二代而言,所以这赞叹意味着承认后来者居
上,包含了历史进化论思想。如果到此止住,决不能因为孔子是
春秋时人,距周初几百年了,反而说他是要求复古、思想反动……
孔子就生活在周代,如果没有人要求他在周朝和别的朝代间作出
选择,他凭什么在这里接着说一句"我主张周朝的"?这不有些突
兀,令人费解吗?据此认为孔子的"吾从周"这个思想,或者说主
张,并不是在他认定周礼优于二代之礼以后产生的,而是先就有
了,他讲周礼"郁郁乎文哉",乃是为这主张找一个根据、理由,用
逻辑学的话说,"吾从周"其实是论题,前头的话是论据……又,认
为"吾从周"不是孔子进而得到的行为指令,而是他对于周代对前
朝的礼制采取"监"这种态度的赞扬……因此我认为,将"吾从周"

翻译为"我赞成周朝的做法",可能更好些,就是说,更符合孔子的原意。(《我读〈论语〉》24 页)

黄怀信:周监于二代:"监",鉴视、借鉴。"二代",指夏、商。郁郁乎文哉:"郁郁",借为"馘馘",文章明著之貌,指政治制度、礼乐文明、社会面貌言。从周:"从",遵从、赞同。(《论语新校释》58 页)

金知明:吾从周:我继承周代;从,跟随。(《论语精读》29 页)

杨朝明:孔子说:"周朝借鉴了夏、商二代的文化,多么富有文采啊!我赞同周朝。"(《论语诠解》23 页)

　　辑者案:从黄怀信、杨朝明说。

3.15 子入太庙,每事问。或曰:"孰谓鄹人之子知礼乎? 入太庙,每事问。"子闻之,曰:"是礼也。"

每事问

汉·孔安国:时人多言孔子知礼,或人以为知礼者不当复问也。"子闻之,曰:'是礼也'",虽知之当复问,慎之至也。(皇侃《论语集解义疏》卷二·13 页)

汉·王充:不知故问。孔子未尝入庙,庙中礼器,众多非一,孔子虽圣,何能知之?(《论衡》406 页)

宋·朱熹:此盖孔子始仕之时,入而助祭也……孔子自少以知礼闻,故或人因此而讥之。(《四书章句集注》65 页)

清·刘逢禄:鲁自僖公僭禘于太庙,用四代之服,其后大夫遂僭大礼。每事问者,不斥言其僭,若为勿知而问之。若曰此事昉于何时,其义何居耳。以示天子之事,鲁不当有也。或人习而不察,故正言以告之。(《论语述何》卷一·9 页)

清·刘宝楠:《三苍》云:"每,非一定之辞也。事,谓牺牲服器及礼仪诸事也。"鲁祭太庙,用四代礼乐,多不经见,故夫子每事问

之,以示审慎。《论衡·知实篇》解此文云:"不知故问,为人法也。"是也。(《论语正义》104 页)

方骥龄:古之宗庙,犹今日之历史博物馆或故宫博物院,其中收藏,皆与祖功宗德有关;每次举行祭典时,宗庙开放,参与祭典者,皆可乘此观礼之机会而知祖功宗德。……今日历史博物馆、故宫博物院中所陈列之宝物,皆有说明书……且有专人导引,加以详细之说明。孔子之世,并无此等设施,宜乎孔子之每事必问;如不问,反失去所以设立宗庙及举行祭典之原意矣。(《论语新诠》66 页)

蔡尚思:可能是为了表现自己知礼,更可能是他本来没有进过周公庙,要通过问把所闻与所见的事物加以对证。(《孔子思想体系》222 页)

金良年:这一章记载的是孔子在官府担任职务后,初次进入太庙参加祭祀的事情,它反映了孔子"知之为知之,不知为不知"的求实态度。(《论语译注》25 页)

姚式川:在孔子看来,其中的一些礼器,都属僭礼,是不应当陈列在大庙中的。……因此,以貌若不知的态度,借"每事问",委婉地期望人们能有所省悟。这不仅表现了孔子的自谦,也展示了孔子胸有城府、彬彬有礼的极高的学问、修养;而对大夫的僭礼行为却洞若观火,持深恶痛绝的态度。这样,也就更显示出孔子志不在小的抱负了。(《论语体认》347 页)

程石泉:初次助祭于大庙,而于执礼之事或不深知,故每事必问,借以证实其研习之知。(《论语读训》34 页)

金池:孔子"入太庙,每事问"所表现出来的优秀品德主要有四点:一是……说明他敬仰周公,渴望向周公学习,具有学习周礼、继承礼乐文明的优秀品德。二是……说明他具有谦虚好学、不耻下问、平易近人的优秀品德。三是……说明他具有调查研究、一丝不苟、严谨治学的优秀品德。四是……说明孔子具有胸怀宽广、不斤斤计较、不怕别人议论的优秀品德。(《〈论语〉新译》79页)

赵又春:鲁国的太庙即周公庙,里面一定陈设许多礼器,在这里举行的祭祀仪式,繁琐、庄严、隆重,所以是学习礼仪和印证、检验平日所学的好地方。这地方也不是随便可以来的,所以孔子得机会来一次,就"每事问"。(《我读〈论语〉》5页)

金知明:每事问:常常提问;每,常常;事,动词,做,提出。(《论语精读》30页)

辑者案:可将刘宝楠、金良年说结合起来理解。

3.16 子曰:"射不主皮,为力不同科,古之道也。"

(1)射不主皮

汉·马融:射有五善,一曰和志,体和也;二曰和容,有容仪也;三曰主皮,能中质也;四曰和颂,合雅颂;五曰兴武,与舞同也;天子有三侯,以熊、虎、豹皮为之,言射者不但以中皮为善,亦兼取之和容也。(皇侃《论语集解义疏》卷二·14页)

梁·皇侃:射者,男子所有事也。射乃多种,今云不主皮者,则是将祭择士之大射也。张布为棚,而用兽皮帖其中央,必射之取中央,故谓主皮也。然射之为礼,乃须中质,而又须形容兼美,必使威仪中礼,节奏比乐,然后以中皮为美。而当周衰之时,礼崩乐坏,其有射者,无复威仪,唯竞取主皮之中,故孔子抑而解之,云射不必在主皮也。(皇侃《论语集解义疏》卷二·14页)

宋·朱熹:射不主皮,《乡射》礼文。……皮,革也,布侯而棲革于其中以为的,所谓鹄也。科,等也。古者射以观德,但主于

中，而不主于贯革，盖以人之力有强弱，不同等也。(《四书章句集注》65页)

日·东条弘：皮，兽皮未去毛者，熊罴虎豹之类也。古者射兽皮，用未去毛皮者中之。盖拟田猎也。不主皮者，不主中之也。(《论语知言》104页)

杨伯峻："皮"代表箭靶子。古代箭靶子叫"侯"，有用布做的，也有用皮做的。当中画着各种猛兽或者别的东西，最中心的又叫做"正"或者"鹄"。孔子在这里所讲的射应该是演习礼乐的射，而不是军中的武射，因此以中不中为主，不以穿破皮侯与否为主。(《论语译注》29页)

王熙元：[释词]"射不主皮"的意思是：射礼的主要意义，在观摩礼仪容止，表现优良的德性、美好的风度，而不专在射中目标。(《论语通释》121页)

杨润根：射：体能竞技，体能竞赛。……这里的"皮"与"为力"相联系，意指人所具有的那种外在的、显而易见的身体力量（体力）。[译解]孔子说："体能竞赛并不是以人们自己所直接拥有的那种外在的、显而易见的身体能力作为竞赛的主要对象，而是以人们运用自己所直接拥有的那种外在的显而易见的身体能力的技术与技巧作为竞赛的主要对象，因为只有通过技术与技巧的运用，才能使人们自己所直接拥有的那种外在的显而易见的身体能力显示出真正的差别，因此体能竞赛总是在同一个性别、同一个年龄组乃至同一个体重级的人们之间进行的体能竞技。体能竞赛就是体能竞技，这也是人类自古以来对于体能竞赛的一致看法。"(《发现论语》71页)

金知明：主，想要，为了。(《论语精读》30页)

何新：皮，破也。射箭中的曰"破"，即破靶也。(《论语新解——思

与行》33 页)

　　辑者案:从朱熹、杨伯峻说。

(2)为力不同科

汉·马融:为力,为力役之事也。亦有上中下,设三科焉,故曰不同科也。(皇侃《论语集解义疏》卷二·14 页)

宋·朱熹:为力不同科,孔子解礼之意如此也。……科,等也。古者射以观德,但主于中,而不主于贯革,盖以人之力有强弱,不同等也。……杨氏曰:"中可以学而能,力不可以强而至。圣人言古之道,所以正今之失。"(《四书章句集注》65 页)

杨伯峻:[译文]孔子说:"比箭,不一定要穿破箭靶子,因为各人的气力大小不一样,这是古时的规矩。"[注释]为——去声,wèi,因为。同科——同等。(《论语译注》29 页)

李泽厚:[译]孔子说:"射箭比赛不以穿透程度为标准,因为各人力气不同,这是古时的规矩。"[记]射箭以击中目标,而不以穿透厚薄为标准。可能当时有人炫耀力量,所以孔子有此议论。(《论语今读》66 页)

傅佩荣:[白话]征用劳役不能采用单一标准。(《傅佩荣解读论语》44 页)

何新:科,读为克,奉守曰克,或作恪。(《论语新解——思与行》33 页)

杨朝明:孔子十分重视射礼的教化功能。而春秋末年礼坏乐崩,射者不重礼容,只以中皮为善,使射礼失去其教化功能,孔子是以积极倡言行"射不主皮"的"古之道"。为力不同科:意谓人们发力有不同等级。为力,发力。科,品级,类别。(《论语诠解》23 页)

　　辑者案:从朱熹、杨伯峻说。李泽厚、杨朝明所释与之基本相同,可参。

3.17 子贡欲去告朔之饩羊,子曰:"赐也! 尔爱其羊,我爱其礼。"

(1)欲去告朔之饩羊

汉·郑玄:牲生曰饩。礼,人君每月告朔,于庙有祭,谓之朝享也。鲁自文公始不视朔。子贡见其礼废,故欲去其羊也。(皇侃《论语集解义疏》卷二·15 页)

唐·韩愈:人君谓天子也,非诸侯通用一礼也。鲁自文公六年闰月不告朔,犹朝于庙。《左氏》曰:"不告朔,非也。"吾谓鲁祀周公以天子礼,鲁君每月朔,不朝于周,但朝周公之庙,因而祭曰庙享,其实以祭为重尔。文公既不行告朔之享,而空朝于庙,是失礼也。然子贡非不知鲁礼之失,特假饩羊之问,诚欲质诸圣人,以正其礼尔。又曰:"天子云听朝谓听政于天下也。诸侯云告朔谓以下之政告于上也。"每月颁朔于诸侯,诸侯禀朔,奉王命藏祖庙。于是鲁有庙享之文,他国则亡此礼。(《论语笔解》卷上·6 页)

宋·朱熹:告朔之礼:古者天子常以季冬,颁来岁十二月之朔于诸侯,诸侯受而藏之祖庙。月朔,则以特羊告庙,请而行之……鲁自文公始不视朔,而有司犹供此羊,故子贡欲去之。(《四书章句集注》66 页)

清·刘台拱:《周礼·太史》"正岁年以序事,颁之于官府及都鄙。颁告朔于邦国",先郑司农云:"颁读为班,班,布也。以十二月朔告布天下诸侯",《孔子三朝记》曰:"天子告朔于诸侯,率天道而敬行之,以示威于天下也。"又数夏桀、商纣之恶曰:"不告朔于诸侯。"(《论语骈枝》2 页)

杨伯峻:"饩",xì。"告朔饩羊",古代的一种制度。每年秋冬之交,周天子把第二年的历书颁给诸侯。……诸侯接受了这一历书,藏于祖庙。每逢初一,便杀一只活羊祭于庙,然后回到朝廷听政。这祭庙叫做"告朔",听政叫"视朔",或者"听朔"。到子贡的时候,每月初一,鲁君不但不亲临祖庙,而且也不听政,只是杀一只活羊"虚应故事"罢了。（《论语译注》29页）

王熙元:去,读上声,音取,因为这里作为动词用,和"来去"的"去"意思不同。（《论语通释》123页）

钱逊:周礼,天子在每年冬十二月,向诸侯颁发第二年的历书,告知每个月的初一日。诸侯接受后将历书藏于祖庙。到每月初一,杀一只羊祭于祖庙,并向百姓颁告。这就叫告朔。（《论语浅解》61页）

蒋沛昌:去——去掉,免去。（《论语今释》71页）

杨润根:饩羊:吃精饲料长大的羊,事实上也就是喂养得又肥又大的羊。饩:谷物、饲料。（《发现论语》72页）

吴新成:饩,用于祭祀的牲口,没杀前养着的叫牢,煮熟了的叫飧,杀了没煮的叫饩。（《论语易读》48页）

　　辑者案:可将朱熹、杨伯峻二说结合起来理解。饩,活羊。牲生叫做饩。

(2)尔爱其羊,我爱其礼

汉·包咸:羊存犹以识其礼,羊亡礼遂废。（邢昺《论语注疏》39页）

宋·邢昺:此章言孔子不欲废礼也。"子贡欲去告朔之饩羊"者,牲生曰饩。礼,人君每月告朔于庙,因有祭,谓之朝享。鲁自文公怠于政礼,始不视朔,废朝享之祭。有司仍供备其羊。子贡见其礼废,故欲并去其羊也。"子曰:赐也!尔爱其羊,我爱其礼"者,此孔子不许子贡之欲去羊,故呼其名而谓之曰:"赐也!尔以为既废其礼,虚费其羊,故欲去之,是爱其羊也。我以为羊存犹以识其礼,羊亡礼遂废,所以不去其羊,欲使后世见此告朔之羊,知有告朔之礼,庶或复行之,是爱其礼也。"（邢昺《论语注疏》39页）

宋·朱熹：爱，犹惜也。……杨氏曰："告朔，诸侯所以禀命于君亲，礼之大者。鲁不视朔矣，然羊存则告朔之名未泯，而其实因可举。此夫子所以惜之也。"（《四书章句集注》66页）

明·张居正：夫孔子之意在于存礼，而子贡之言，唯求省费，圣贤度量之广狭，用心之大小，区以别矣。（《论语别裁》36页）

清·刘逢禄：经书文公四不视朔，有疾犹可言。自是无疾亦不视朔朝庙，大恶不可言也。故于饩羊发之。（《论语述何》卷一·9页）

方骥龄：古代农业社会，四季十二月中二十四节令，有关人民之生活，不行告朔之礼，亦即并不重视民生，不能"使民以时"。孔子之所以重视此礼制者在此。且鲁所奉之正朔……孔子之所以爱其礼，犹存大一统之象也……如此礼又废，大一统之象征无可迹寻，岂不可惜？（《论语新诠》68页）

杨伯峻：你可惜那只羊，我可惜那种礼。（《论语译注》29页）

毛子水：［今注］爱，是吝惜（舍不得）的意思。（《论语今注今译》38页）

南怀瑾：孔子告诉子贡说，你的主张也对，为了经济上的节省而不用羊也好，为了表示诚恳而不必用羊也好，不过我不主张去掉，不是为了这只羊要不要省，而是因为它代表了一种精神。固然不用象征性的东西，只要内心诚恳就可以，但现在的人，真正诚恳的心意发不起来了，就必须要一件象征性的东西才能维系得住，所以你子贡爱这只羊，而我更重视这礼仪和它的精神内涵。（《论语别裁》146页）

杨润根：［译解］……你爱惜的是这个仪式上的那只山羊，它完全没有必要地被宰杀了，而我爱惜的却是这个仪式上的那个礼仪本身，即在这样的仪式上宰杀山羊这种繁琐而又血腥的做法，完全掩盖了人们通过这一仪式来向国民传达的旧月结束、新月到

来的重要意义本身。(《发现论语》72 页)

高专诚:缺乏礼制,是孔子认定的那个时代之所以动荡不安的根源之一。所以,孔子的结论是,与礼的去留相比,几只羊的节用是微不足道的。(《孔孟圣典——论语通说》43 页)

赵又春:联系到"礼,与其奢也,宁俭",可以认定这一章对"宁俭"作了个说明:"俭"到还能够表现礼的本质内容为限。典礼仪文是形式,但形式对于内容不是可有可无的,完全没有形式,也就根本没有内容。所以虽然可以说,形式越简洁,越"俭"越好,但不能简到完全没有。反过来,形式总有内容的,只要有形式在,不管多么简陋,都意味着内容尚未完全消失,还可能逐渐充实、发展、完善。(《我读〈论语〉》318 页)

李培宗:爱:上爱为爱惜;下爱为爱好。(《论语全解》39 页)

辑者案:从杨伯峻说。

3.18 子曰:"事君尽礼,人以为谄也。"

汉·孔安国:时事君者多无礼,故以有礼者为谄也。(皇侃《论语集解义疏》卷二·16 页)

梁·皇侃:当于尔时臣皆谄佞阿党,若见有能尽礼竭忠于君者,因共翻谓为谄,故孔子明言以疾当时也。(皇侃《论语集解义疏》卷二·16 页)

宋·邢昺:此章疾时臣事君多无礼也。言若有人事君尽其臣礼,谓"将顺其美"及"善则称君"之类,而无礼之人反以为谄佞也。(何晏 邢昺《论语注疏》41 页)

宋·朱熹:黄氏曰:"孔子于事君之礼,非有所加也,如是而后尽尔。时人不能,反以为谄。故孔子言之,以明理之当然也。"程子曰:"圣人事君尽礼,当时以为谄。若他人言之,必曰我事君尽礼,小人以为谄,而孔子之言止于如此,圣人道大德宏,此亦可

见。"(《四书章句集注》66 页)

清·刘宝楠：当时君弱臣强，事君者多简傲无礼，或更僭用礼乐，皆是以臣干君。"尽礼"者，尽事君之礼，不敢有所违阙也。时人以为谄，疑将有所求媚于君，故王孙贾有媚奥媚灶之喻，亦以夫子是谄君也。(《论语正义》115 页)

清·王闿运：事君以尽礼为事，今人但以礼文其谄，是以礼为谄也。(《论语训》卷上·24 页)

蔡尚思：他把君臣关系叫做"大伦"，宣传臣民应以讨君主欢心为天职、替君主遮丑为义务。(《孔子思想体系》246 页)

乔一凡：君臣虽为相对之辞，实系一体。……虽然，有礼存焉。为群首者，须敬其群事，而不可自专以苦其群众，如是则仁存。为群众者，须尽忠于其群首，亦不可自堕，以涣其所群，如是则义存。尽仁尽义，则其群和而大矣。此节经文与孔子常言不符。而唐人《论语》残卷亦无此节，显系后师所窜入者。姑本孔子之志意，释之如上。(《论语通义》46—47 页)

李泽厚：孔子这里似乎是在为自己辩解，其实人们看不惯也有道理。孔子固守旧礼、不知时变的方面，是并不足效法的。(《论语今读》68 页)

姚式川：从另一个侧面反映了孔子不依附权贵，亦不为权势所倾，始终保持自己独立主见、刚正不阿的高尚情操和可贵精神，实在是令人景仰不已的。(《论语体认》389 页)

林觥顺：[注解]人以为谄矣，正面解释是"人家会批评你是在拍马屁"。因当时周室衰微，鲁国混乱，君臣失礼，争权夺利，以三桓最跋扈。故也可作"以谄为人矣"。[释义]孔子说："事奉君上，在礼仪的规范下，不遗余力。但也不可有谄媚或违礼之事。"(《论语我读》50 页)

金知明：事，动词，效忠，效力。（《论语精读》31页）

王孺童：本章是孔子结合自身的实际经历或遭遇，来讲"事君之礼"的。孔子所说的"尽礼"，并不是要人们多遵守一些额外的礼仪，而是说只要能够尽自己本分、遵守好现有的礼制就可以了。由于当时世风日下，礼乐衰微，就连孔子这点最基本的要求，都被误解或讽刺为是一种"谄媚"的表现。（《孺童讲论语》189页）

辑者案：从孔安国、皇侃说。

3.19 定公问："君使臣，臣事君，如之何？"孔子对曰："君使臣以礼，臣事君以忠。"

汉·孔安国：定公，鲁君谥也。时臣失礼，定公患之，故问也。（皇侃《论语集解义疏》卷二·16页）

梁·皇侃：言臣之从君如草从风，故君能使臣得礼，则臣事君必尽忠也。君若无礼，则臣亦不忠也。（皇侃《论语集解义疏》卷二·16页）

宋·朱熹：定公，鲁君，名宋。二者皆理之当然，各欲自尽而已。吕氏曰："使臣不患其不忠，患礼之不至；事君不患其无礼，患忠之不足。"尹氏曰："君臣以义合者也。故君使臣以礼，则臣事君以忠。"（《四书章句集注》66页）

明·张居正：君尽君道，固非有私于臣，而所以劝下之忠者，亦在是矣。臣尽臣道，固非有要于君，而所以报上之礼者，亦在是矣！上下交而德业成，天下其有不治者哉！（《论语别裁》37页）

清·孙奇逢：君于臣不难于有情，而难于有体。臣于君不难于有体，而难于有情。礼使忠事，君明臣良，其古三代之隆乎？此正君之学也。（《四书近指》卷五·6页）

钱逊：有两种解释。一说"君之使臣以礼，则臣必事君以忠"。一说这两方面都是"理之当然"，君应该依礼，臣应该忠心，双方都

要尽心从自己方面去做。(《论语浅解》61页)

钱穆:礼虽有上下之分,然双方各有节限,同须遵守,君能以礼待臣,臣亦自能尽忠遇君。或曰,此言双方贵于各尽其己。君不患臣之不忠,患我礼之不至。臣不患君之无礼,患我忠之不尽。此义亦儒家所常言,然孔子对君之问,则主要在所以为君者,故采第一说。(《论语新解》73页)

金池:[点评]孔子认为,作为君,对臣要平等相待,以礼相待,遇事商量,集思广益。……作为臣要忠实地执行君发布的政令,忠实地做好每一件事情,对上忠于君,对下爱于民。这样,就会政令畅通,形成合力,做好工作。否则,就会有令不行,有禁不止,扰乱朝纲,误国误民。(《〈论语〉新译》83页)

杨豹:孔子认为臣事君,要有忠有敬;君使臣,要有礼有敬。此处"敬"为相互对待之道。就此而言,君臣之间并无绝对的尊卑或义务。(《孔子与柏拉图论人际关系的比较》,《孔子研究》2009年第6期)

辑者案:此章文义浅易,无大分歧,强调君臣关系是相互的,君对臣应以礼相待,臣对君应忠心耿耿。反之,君无礼,臣不忠,君臣关系难以融洽和谐。

3.20 子曰:"《关雎》乐而不淫,哀而不伤。"

汉·孔安国:乐而不至淫,哀而不至伤,言其和也。(皇侃《论语集解义疏》卷二·16页)

梁·皇侃:时人不知《关雎》之义,而横生非毁,或言其淫,或言其伤,故孔子解之也。(皇侃《论语集解义疏》卷二·16页)

汉·郑玄:《关雎》,《国风》之首篇。乐得淑女,以为君子之好仇,不为淫其色也。寤寐思之,哀世夫妇之道,不得此人,不为减伤其爱也。(马国翰辑《论语古注·论语郑氏注》卷二·2页)

晋·江熙：乐在得淑女，疑于为色。所乐者德，故有乐而无淫也。（马国翰辑《论语古注·论语江氏集解》卷上·3页）

宋·朱熹：淫者，乐之过而失其正者也。伤者，哀之过而害于和者也。《关雎》之诗，言后妃之德，宜配君子。求之未得，则不能无寤寐反侧之忧；求而得之，则宜其有琴瑟钟鼓之乐。盖其忧虽深而不害于和，其乐虽盛而不失其正，故夫子称之如此。欲学者玩其辞，审其音，而有以识其性情之正也。（《四书章句集注》66页）

清·李光地：《关雎》疑非宫人之诗，乃是后妃之所自作。……表圣德之盛，推王化之原，此序诗作乐意也。好德而不好色，故乐而不淫。诚求而非情感，故哀而不伤。（《读论语札记·八佾篇》）

清·刘台拱：《仪礼》合乐《周南》、《关雎》、《葛覃》、《卷耳》、《召南》、《鹊巢》、《采蘩》、《采薇》，而孔子但曰《关雎》之乱，亦不及《葛覃》以下，此其例也。《乐》亡而《诗》存，说者遂徒执《关雎》一诗以求之，岂可通哉？乐而不淫者，《关雎》、《葛覃》也。哀而不伤者，《卷耳》也。（《论语骈枝》4页）

清·宋翔凤：郑以《毛诗·关雎》为文王后妃之诗，乐王化之基，不能兼哀言之，故于篇义读"哀"为"衷"。于《论语》"哀"字不改读者，以《鲁诗》说《关雎》为康王时诗。《汉书·杜钦传》曰："佩玉晏鸣，《关雎》叹之。"《注》："李奇曰：'后夫人鸡鸣佩玉去君所，周康王后不然，故诗人叹而伤之。'臣瓒曰：'此《鲁诗》也。'"是说《关雎》者有二义，乐而不淫，毛学之所传也；哀而不伤，鲁学之所传也。两家皆七十子之遗学，同出孔子。（程树德《论语集释》198页引自宋翔凤《论语发微》）

杨树达：《毛诗序》曰：是以《关雎》乐得淑女以配君子，忧在进贤，不淫其色，哀窈窕，思贤才，而无伤善之心焉。是《关雎》之义

也。(《论语疏证》76 页)

钱地：圣人立诗教，以《关雎》为首篇，使读者得《关雎》之义，乐而不淫，哀而不伤，由是导人以中和之性情，使成德立业安定邦家也。若弃此圣教则各行其极，既无君子淑女之人，亦无匹配之福，此诗教所以感人之深厚也。(《论语汉宋集解》137 页)

蔡尚思：孔子认为中庸是无上的至德。唯其如此，孔子常常要求自己的言行合乎"中庸之道"的标准。……"乐而不淫，哀而不伤"，是他审美的中庸。(《孔子思想体系》115 页)

乔一凡：雎鸠，犹今之鸠雁也，具忠信之德而能群，喻思贤良也。……此节所云，核与孔子之志行不符，或有鱼鲁之讹，与后师之窜入也。检校唐人写本《论语》残卷，本篇幸存，并无此节，亦可知也。(《论语通义》47 页)

毛子水："不淫不伤"，应指《关雎》的音乐能使人哀乐中节的意思。(《论语今注今译》40 页)

钱穆：此章孔子举《关雎》之诗以指点人心哀乐之正，读者当就《关雎》本诗实例，善为体会。又贵能就己心哀乐，深切体之。……此章哀乐并举，亦可使人体悟到一种性情之正，有超乎哀与乐之上者。(《论语新解》74－75 页)

钱逊：古乐也有《关雎》，有人认为这一章所说《关雎》是指《关雎》的乐，而不是指其诗。(《论语浅解》62 页)

南怀瑾：淫者，过也，就是过度了。(《论语别裁》155 页)

童庆炳：从现代心理学的角度看，"乐而不淫，哀而不伤"实际上提出了一个艺术情感的快适度的问题……诗人如何去获得艺术情感的快适度呢？我以为"乐而不淫，哀而不伤"的说法，似乎也提供了一个大体的答案。那就是要想办法，把艺术世界（"乐"、"哀"）与生活世界（"淫"、"伤"）分隔开来，不使两者混淆……"乐而不淫,哀而不伤"作为艺术情感的快适度,其更深层的心理学意义还在于揭示了情绪缓解与舒泄的规律。这就是说,乐而至淫、哀而至伤的强烈情感,只能使人处于一种无法抑制的兴奋状态,并进而诉诸外部行动,成为自然情感的单纯的动物性的发泄。而"乐而不淫,哀而不伤"作为情感,是一种经过回忆、沉思、再度体验的情感,它在大脑皮层中得到了缓解,已转换为一种有节制的、智慧的情感。它不会诉诸外部动作(如涕泪交流或紧握拳头等)。当它通过诗句所构成的意象表现出来时,它不再是单纯的动物性的发泄,而是一种不迫不露的、委曲备致的、令人荡气回肠的舒泄。情感的舒泄,对于诗人来说,往往是一种黯然消魂的心灵享受。由此不难看出,"乐而不淫,哀而不伤"作为儒家的诗学思想,在政治上可能是保守的;但从审美心理规律上看,它规定了艺术情感的快适度,却是符合艺术实际的,是精辟而独到的。(《寻找艺术情感的快适度——"乐而不淫、哀而不伤"新解》,《文史知识》1990年第6期)

蒋沛昌:淫(寅 yín)——过分、过度、过甚、失去节制叫淫……这里指行为放荡不检。(《论语今释》73页)

金池:孔子肯定和赞美青年男女纯真、平等、自由、快乐、思念,追求幸福生活,是不是自我对社会人生的向往和追求呢?是的。这就是所说的"言于外而出于衷"。除了他对社会人生的向往和追求,还有没有他对男女和谐自由、平等恩爱的肯定和赞美呢?有的。孔子就是这样一位心地善良、胸怀宽广、渴望男女平等、追求自由幸福的人。(《〈论语〉新译》85页)

王孺童:"乐"乃音声,本无悲喜,由听者之心而生哀乐。"礼""乐"之用,在于树立君子之德,而德本在人心。孔子在此想表达的,就是作为一个君子或是国君,不仅要能接受"乐"之顺境,亦要能够承受"哀"之逆境;于顺境之中要冷静,于逆境之中要坚强,作

到"乐而不淫,哀而不伤"。这就是孔子在聆听《关雎》等乐曲时,所感悟到的启示。(《孺童讲论语》196页)

何新:淫,逸也,今语"野",谓放纵。(《论语新解——思与行》35页)

袁庆德:乐:乐观。(《论语通释》132页)

辑者案:可将孔安国、朱熹的解释结合起来理解。

3.21 哀公问社于宰我。宰我对曰:"夏后氏以松,殷人以柏,周人以栗,曰使民战栗。"子闻之,曰:"成事不说,遂事不谏,既往不咎。"

(1)社

梁·皇侃:社,社稷也。哀公见社稷种树之不同,故问宰我也。(皇侃《论语集解义疏》卷二·17页)

唐·陆德明:"问社",如字,郑本作"主",云主,田主,谓社。黄焯:"郑本作'主'",考证云案:《春秋》文二年"作僖公主",《正义》云:"《论语》问主于宰我,《古论语》及孔、郑皆以为社主,张、包、周等并为庙主。"(《黄焯经典释文汇校》697页)

明·张居正:社,是为坛以祭地。(《论语别裁》38页)

杨伯峻:社——土神叫社,不过哀公所问的社,从宰我的答话中可以推知是指社主而言。古代祭祀土神,要替他立一个木制的牌位,这牌位叫主,而认为这一木主,便是神灵之所凭依。如果国家有对外战争,还必需载这一木主而行。……有人说"社"是指立社所栽的树,未必可信。(《论语译注》31页)

钱逊:社,土地神,祭土神的庙也称社。古时立国都要建社,选用宜于当地生长的树木做社主(土地神的牌位)。从宰我的回答看,哀公问的就是用什么木头作神主。(《论语浅解》63页)

黄金贵:"问社"可译为:"询问社主用什么树。"并加简注:

"社——本指土神、社祭等,此指社主。社主有土、石、树三种,此指社树、树主。"(《〈论语〉新诂》,《浙江大学学报》1999年第4期)

金知明:社,祭坛。(《论语精读》32页)

韩喜凯:问"社"中该种什么树。(《名家评说孔子辨析》146页)

杨朝明:据《白虎通·宗庙》,原文可能为:哀公问主于宰我,宰我对曰:"夏后氏以松,松者,所以自竦动。殷人以柏,柏者,所以自迫促。周人以栗,栗者,所以自战栗。"实际透露出宰我对三代政治文化的一种看法。(《论语诠解》25页)

　　辑者案:从杨伯峻、钱逊说。

(2)松、柏、栗

汉·孔安国:凡建邦立社,各以其土所宜之木。宰我不本其意,妄为之说,因周用栗,便云使民战栗。(邢昺《论语注疏》41页)

汉·何休:夏后氏以松,殷人以柏,周人以栗。松,容也,想象其容貌而事之。柏,迫也,亲而不远。栗,犹战栗,谨敬貌。(康有为《论语注》41页)

梁·皇侃:宰我见哀公失德,民不畏服,无战栗悚敬之心,今欲微讽哀公,使改德修行,故因于答三代木竟,而又矫周树用栗之义也。(皇侃《论语集解义疏》卷二·17页)

宋·朱熹:战栗,恐惧貌。宰我又言周所以用栗之意如此。岂以古者戮人于社,故附会其说与?(《四书章句集注》67页)

清·刘宝楠:松、柏、栗,皆木名,所在有之,此谓社主所用之木也。《五经异义》曰:"夏后氏都河东,宜松也;殷人都亳,宜柏也;周人都沣镐,宜栗也。"《大司徒》:"设其社稷之壝而树之田主,各以其野之所宜木,遂以明其社与其野。"《注》:"所宜木谓若松、柏、栗也。若以松为社者,则名松社之野,以别方面。"如彼《注》所言,是夏后氏社树、社主皆用松,殷人社树、社主皆用柏,周人社树、社主皆用栗也。俞氏正燮《癸巳类稿》："侯国社主用木依京师，凡主皆然也。《大司徒》云：'设其社稷之壝而树之田主，各以其野之所宜木。'明周社树非栗。又云：'遂以名其社与其野。'若皆树栗，则天下皆栗社栗野，何劳名之？"俞氏之意，以松、柏、栗为社主所用之木，其社树则各以其土之所宜，不与社主同用一木，其义视郑为长。（《论语正义》119 页）

　　郑张欢：栗木的意思是要大家对生养的土地勤奋、战战栗栗取得成效。（《论语今释》48 页）

　　韩喜凯：宰我的解释属言而有据。"过者戮人于社"。《尚书·甘誓》："不用命，戮于社。"《礼记·大司寇》："大军旅莅戮于社。"《左传·昭公十年》："平子伐莒取郠，献俘，始用人于亳社。"此皆言社常为戮杀战俘或违命者的场所，因而阴森森社中之树，易生震慑作用，常有种悚、迫、栗的感觉。（《名家评说孔子辨析》147 页）

　　　辑者案：从孔安国、刘宝楠说。

(3) 成事不说，遂事不谏，既往不咎

　　汉·包咸：事已成，不可复说解也。事已遂，不可复谏止也。事既往，不可复追非咎也。孔子非宰我，故历言三者，欲使慎其后也。（皇侃《论语集解义疏》卷二·17 页）

　　晋·李充：成事不说，而哀釁成矣。遂事不谏，而哀谬遂矣。既往不咎，而哀政往矣。斯似讥宰我，而实以广道消之慨，盛德衰之叹。言不咎者，咎之深也。（皇侃《论语集解义疏》卷二·18 页）

　　宋·朱熹：遂事，谓事虽未成，而势不能已者。孔子以宰我所对，非立社之本意，又启时君杀伐之心，而其言已出，不可复救，故历言此以深责之，欲使谨其后也。尹氏曰："古者各以所宜木名其社，非取义于木也。宰我不知而妄对，故夫子责之。"（《四书章句集注》67 页）

清·刘宝楠：夫子时未反鲁，闻宰我言，因论之也。……"成事""遂事"，当指见所行事。"既往"，当指从前所行事。窃疑"既往"指平子言。平子不臣，致使昭公出亡，哀公当时必援平子往事以为祸本，而欲声罪致讨，所谓既往咎之者也。然而禄去公室，政在大夫，已非一朝一夕之故。哀公未知使臣当以礼，又未能用孔子，遽欲逞威泄忿，冀以收已去之权，势必不能，故夫子言此以止之。(《论语正义》122页)

王熙元：谏，有匡救的意思。(《论语通释》132页)

谢冰莹：遂，行也。(《新译四书读本》93页)

蒋沛昌：[注释]成事不说(税 shuì)——既成事实不用解说，后指已经过去了的事情，不再去提到它。遂(岁 suì)事不谏(剑 jiàn)——已经完成的事情就不用去规劝了。谏：旧时指对君主、尊长进行规劝，使之改正错过。既往不咎——对过去了的错误，不再指责或追究。咎：指责，怪罪，处分。[解释]对孔子的"成事不说，遂事不谏，既往不咎"的说法，要作具体分析。往事对今天有教育意义的，也不要回避，正所谓"前事不忘，后事之师"，"前车之覆，后车之鉴"。如果有人沉溺于过去的过失当中而不能自拔，晓之以"既往不咎，来者可追"或"事过不恋，未来不迎"，也是一种具有积极意义的劝勉方式。(《论语今释》75页)

董子竹："成事"、"遂事"、"既往"都是"逝者如斯夫"，何说？何谏？何咎？(《论语正裁》146页)

杨润根：[译解]对于那些已经成了既成事实的事情就不必再去探讨论述，对于那些已经有了最终结局的事情也不必再加分析评论，对于我现在吞下了我往昔种下的苦果，你们也不必再来责备和处分我了。[注释]谏：本字由"言"和"柬"构成。《说文》："柬，分别简之也，从束从八。八，分别也。"可见"柬"的本意就是分辨文章自身的逻辑和条理,并据此而把它们装帧成册,引伸为分辨、分析和罗列、汇集。而"谏"的意思就是分辨是非,分析原因,罗列理由,这也就是我们现在意义上的分析评论,"谏"的晚近的引伸意是批评、劝阻。既往:吞下已经发生的往事,忍受已经做出的错事的后果。"既"的本意是迅速吃,即吞下。因此"既往"的本意是指过去已经吃下的东西,——人们再也无法将它吐出来。不难理解,"既往"有"以往做过的自作自受的傻事"之意。咎:本意有按罪量刑,按功受赏,后来变成了一个偏意词,意为按罪量刑,按照不同的罪行而判以不同的刑罚,引伸为处罚,责备。(《发现论语》75、77 页)

赵又春:孔子承认宰我说的不错,即符合事实,只是认为不应该向哀公解释用栗木做社神牌位的用意是让人民战栗,因为那种宗教性恐怖统治并不光彩,对当前的为政施治更无借鉴和指导意义。他的三句话体现着同一个思想:过去的让它过去吧,一切向前看……孔子的"向前看"实际上就是教人不要算周初暴力夺权和暴力统治那笔帐,那笔帐,孔子也承认,对周朝是很不光彩的。所以孔子这是在偏袒周朝。(《我读〈论语〉》243 页)

何新:谏,即今语更也。《白虎通·谏净》:"谏者,间也,更也。"《广雅·释诂》:"遂,竟也。"(《论语新解——思与行》36 页)

辑者案:包咸的解释平实中肯,符合文意。

3.22 子曰:"管仲之器小哉!"或曰:"管仲俭乎?"曰:"管氏有三归,官事不摄,焉得俭?""然则管仲知礼乎?"曰:"邦君树塞门,管氏亦树塞门。邦君为两君之好,有反坫,管氏亦有反坫。管氏而知礼,孰不知礼?"

(1)管仲之器小哉

汉·扬雄:或曰:齐得夷吾而霸,仲尼曰"小器",请问大器。

曰:大器其犹规矩准绳乎? 先自治而后治人之谓大器。(《扬子法言》卷六《先知篇》)

　　魏·何晏:言其器量小也。(皇侃《论语集解义疏》卷二·18页)

　　晋·孙绰:功有余而德不足,以道观之,得不曰小乎? (皇侃《论语集解义疏》卷二·19页)

　　晋·李充:齐桓隆霸王之业,管仲成一匡之功,免生民于左衽,岂小也哉? 然苟非大才者,则有偏失。好内极奢,桓公之病也。管生方恢仁大勋,宏振风义,遗近节于当年,期远济乎千载,宁谤分以要治,不洁己以求名,所谓君子行道忘其为身者也。漏细行而全令图,唯大德乃堪之。季末奢淫恣违礼,则圣人明经常之训,塞奢侈之源,故不得不贬以为小也。(皇侃《论语集解义疏》卷二·20页)

　　宋·程颐:奢而犯礼,其器之小可知。盖器大,则自知礼而无此失矣。(朱熹《四书章句集注》67页)

　　宋·杨时:夫子大管仲之功而小其器。盖非王佐之才,虽能合诸侯、正天下,其器不足称也。道学不明,而王霸之略混为一途。故闻管仲之器小,则疑其为俭,以不俭告之,则又疑其知礼。盖世方以诡遇为功,而不知为之范,则不悟其小宜矣。(朱熹《四书章句集注》67页)

　　宋·朱熹:器小,言其不知圣贤大学之道,故局量褊浅、规模卑狭,不能正身修德以致主于王道。(《四书章句集注》67页)

　　宋·张栻:管氏急于功利而不知道义之趋,大抵其器小也。(《南轩论语解》卷二·8页)

　　日·物双松:孔子无尺土之有,亦异于汤与文、武焉。使孔子见用于世邪,唯有管仲之事已。然其时距文、武五百年,正天命当革之秋也,使孔子居管仲之位,则何止是哉? 故孔子与其仁而小其器,盖惜之也,亦自道也。(《论语征》68页)

清·惠栋:《管子·中匡篇》:"施伯谓鲁侯曰:'管仲者,天下之贤人也,大器也。'"盖当时有以管仲为大器者,故夫子辨之。(《论语古义》2页)

清·程瑶田:事功大者,必有容事功之量,尧则天而民无能名,盖尧德如天,而即以天为其器。夫器小者,未有不有功而伐者也。其功大者,其伐益骄,塞门反坫,越礼犯分,以骄其功,盖不能容其事功矣。吾于管仲之不知礼,而得器小之说矣。享富贵者,必有容富贵之量,舜、禹之有天下而不兴,盖舜、禹之德亦如天,亦即以天为其器。夫器小者,未有不富贵而淫者也。其富贵愈显者,其淫益张,三归具官,穷奢极侈,以张其富,盖不能容其富贵矣。吾于管仲之不俭,而得器小之说矣。(程瑶田《论学小记》。引自刘宝楠《论语正义》124页)

日·猪饲彦博:大器谓其才能可大用也。孔子曰:"及其使人也器之。"《王制》曰:"百工各以其器食之。"皆谓才能为器。先儒以器小为器量小,恐非古义。(《论语说抄》5页)

方骥龄:疑本章"哉"字为"材""才"二字之通假。"管仲之器小哉"殆为"管仲之器肖材"传写之异……孔子深赞管仲之器如其材……非贬责管仲之器甚小之谓也。(《论语新诠》75页)

李泽厚:[记]孔子批评管仲不懂"礼",却称许管仲"仁"。肯定大于否定,不仅可见"仁"高于"礼",而且造福于民的功业大德高于某些行为细节和个人小德。这与宋明理学以来品评人物偏重个人私德的标准尺度很不一样。(《论语今读》71页)

杨润根:器,《说文》:"器,皿也,像器之口,犬所以守之。"《大学》:"形而下者谓之器。""器"可理解为:犬所关心的一切的一切,它们只是与口相关的盛装食物的器皿。可见犬所关心的一切是非常有限的,这种关心的一般形式就是关心本身,即器重。……

在"器"的通常的意义中也包含着"内涵"（capacity）这层意义。不
难理解，孔子说管仲小器，也就是说管仲所关心的只是那些非常
有限的事物，那些纯粹的物质的形而下的事物，而不是宇宙的普
遍无限的真理与正义。因此管仲并不是一个具有政治远见与伟
大抱负的人，他充其量只是一个唯利是图的政客。尽管他登上了
政治的高位，但他所追求的和普通市民中的庸俗小人所追求的并
没有什么两样。（《发现论语》79页）

安德义：器：指器物，古时对人材有"大器"、"小器"之分，成大
材者为"大器"，只能作小材者为"小器"。（《论语解读》75页）

韩喜凯：这里的"器"，便是器才、器用的意思。……以满怀感
情之语在为管仲惋惜遗憾。……遗憾其尚有"不俭"、"不礼"处；
惋惜其所据之"器"（职位、名分）之小。意即若他有更大、更多施
展才能的条件和空间，则可使民能得到更多的实惠！（《名家评说孔子
辨析》127—129页）

辑者案：器，注家多解为器量。器量是指一个人的器局、
才识、量度。

（2）三归

汉·包咸：三归者，娶三姓女也。妇人谓嫁为归。（皇侃《论语集
解义疏》卷二·19页）

梁·皇侃：管仲娶三国女为妇也……礼，诸侯一娶三国九女，
以一大国为正夫人，正夫人之兄弟女一人，又夫人之妹一人，谓之
姪娣，随夫人来为妾。又二小国之女来为媵，媵亦有姪娣自随。
既每国三人，三国故九人也。大夫婚不越境，但一国娶三女，以一
为正妻，二人姪娣从为妾也。管仲是齐大夫，而一娶三国九人，故
云有三归也。（皇侃《论语集解义疏》卷二·19页）

宋·朱熹：三归，台名。事见《说苑》。（《四书章句集注》67页）

　　明·陈士元:《一统志》云三归台在东平州东阿县西二里。然今之东阿县即古阿邑,临淄去阿远,管仲相齐,岂筑台于远地? 若以阿为管仲采邑,考之《春秋》则阿乃卫邑……故知东阿三归为妄。(《论语类考》卷三·6页)

　　清·俞樾:就妇人言之谓之归,自管仲言之当谓之娶,乃诸书多言三归、无言三娶者。且如其说,亦是不知礼之事,而非不俭之事。则其说非也。……《韩非子·外储说篇》曰:"……一曰管仲父出,朱盖青衣,置鼓而归,庭有陈鼎,家有三归。"《韩非子》先秦古书,足可依据。先云"置鼓而归",后云"家有三归",是所谓归者,即以管仲言,谓管仲自朝而归,其家有三处也。家有三处,则钟鼓帷帐不移而具从可知矣。故足见其奢。且美女之充下陈者亦必三处如一,故足为女闾七百分谤,而娶三姓之说亦或从此出也。(《群经平议》卷三十·7—8页)

　　程树德:[别解一]梁玉绳《瞥记》:三归,《注疏》及《史记·礼书》、《汉书·地理志》、《战国策·周策》皆以为三姓女,惟朱子从《说苑》以为台名。翟灏以管氏本书《轻重篇》证之,三归特一地名,盖其地以归之不归而名之也。本公家地,桓公赐以为采邑耳。按《晏子春秋·杂下篇》:"晏子相景公,老,辞邑。公曰:'先君桓公有管仲,身老,赏之以三归,泽及子孙。今欲为夫子三归,泽及子孙,岂不可哉?'"又《韩子·外储右下》及《难二》:"管仲相齐,曰:'臣贵矣,然而臣贫。'桓公曰:'使子有三归之家。'"据此,则为地名者近之。《史记》公孙弘曰:"管仲相齐有三归,侈拟于君。"亦是言其侈富也。按:此以三归为地名。刘宝楠云:"《管子》明言五衢之名,树下谈语,专务淫游,终日不归。归是民归其居,岂得为管仲所有,而遂附会为地名耶?"则地名之说非也。……[别解三]……三归当为僭侈之事。古"归"与"馈"通。……然则三归云者,其以"三牲"献与? 故班氏与季氏之舞佾歌《雍》同称。……合观《内》、《外篇》所云,则三归亦出于桓公所赐。《内篇》言以共宗庙之鲜,而《外篇》言赏以三归,则三归为以三牲献无疑。晏子以三归为管仲之一恶,亦谓其侈拟于君。按:此以三归为三牲,"归"与"馈"通,义稍迂曲。(《论语集释》209—211 页)

方骥龄:《礼记·表记》"子言子之归乎君子"注:"归,独立自足之貌。"疑本章所谓之"归"即系此义。谓桓公授管仲以三"独立自足"之权,方使管仲得展抱负,非恓壬而始得称其才也。(《论语新诠》75 页)

杨伯峻:是所谓三归者,市租之常例之归之公者也。桓公既霸,遂以赏管仲。《汉书·地理志》、《食货志》并云,桓公用管仲设轻重以富民,身在陪臣,而取三归。……三归之为市租,汉世儒者犹能明之。(《论语译注》32 页)

南怀瑾:三归堂是建筑物的名称,就是说他的宰相府,还是相当讲究漂亮的,可是他还不够俭朴。(《论语别裁》160 页)

蒋沛昌:三归——有多种解说:管仲娶有三姓女(古礼诸侯才能娶有三姓女);管仲筑三归之台;管仲有三处采邑;管仲有三处府宅;管仲有三处收藏货财的府库;管仲家祭采用三牲三献之礼;管仲收取市租,即收取买卖货物的税款。就语言环境而言,以管仲有三处府宅为近似。(《论语今释》76 页)

刘宗志:相传是三处藏钱币的府库。(《论语解读》44 页)

辑者案:俞樾的解释分析独到。三归指三处府宅。因其奢华,故曰不俭。从下文"树塞门"、"反坫"等词汇看,皆与府宅、建筑设施有关。

(3)官事不摄

汉·包咸:摄犹兼也。礼,国君事大,官各有人;大夫并兼。

今管仲家臣备职，非为俭也。（皇侃《论语集解义疏》卷二·19页）

方骥龄：本章所谓"官事"，殆谓管仲任其事无差错也。……孔子所谓"官事不摄"，殆言管子之得专其任而不兼代。（《论语新诠》75—76页）

杨润根：他所任命的官员和他所建立的机构也几乎漫无节制、不务正业、无法无天。（《发现论语》78页）

林觥顺：官事是事君的国家大事，不摄是不摄专政，摄有把持义。（《论语我读》53页）

金知明：摄，提，引申为拿、管理。（《论语精读》33页）

　　辑者案：包咸解比较平实，可从。

（4）亦树塞门

清·俞樾：《礼记·郊特牲篇》"台门而旅树"注曰："旅，道也。屏谓之树。树所以蔽行道。管氏树塞门，塞犹蔽也。礼，天子外屏，诸侯内屏，大夫以帘，士以帷。"（《论语郑义》4页）

方骥龄：谓管仲掖治齐君有塞门，非管仲自己树塞门。树塞门，所以喻管仲内政设施之秩然有序耳。（《论语新诠》76页）

赵又春：孔子批评管仲不知礼，根据是管仲不守君臣之礼："塞门"是天子或诸侯门外才可以树立的、用以区别内外的壁障，管仲竟也树立一个；坫是君主与外国君主相会，举行国宴时用来放酒杯的特制设备，管仲竟也这样搞了。孔子颇为生气地说：有这样表现的人都知礼的话，那还有谁不知礼呢？可见，孔子最重视的是君臣之礼，谁违反了君臣之礼，他就一般地认定他根本不懂礼。必须指出，孔子这样评价管仲，一点不带个人意气，完全是对事不对人的。事实上，他对管仲的评价并不低，不仅说管仲是个人才，甚至还说管仲"如其仁，如其仁"。（《我读〈论语〉》326页）

　　辑者案：俞樾的考证详审。

(5)亦有反坫

汉·郑玄：反坫，反爵之坫也，在两楹之间。人君有别外内于门，树屏以蔽之。若与邻国君为好会，其献酢之礼更酬，酬毕则各反爵于坫上。今管仲皆僭为之，如是，是不知礼也。（皇侃《论语集解义疏》卷二·19 页）

清·黄震：郑《注》谓坫在两楹之间，反爵其上。按今世释奠反爵乃以四方板而圆坎其中，或云此反坫之余制。然坫字从土，而云在两楹间，岂常设之者欤？按《郊特牲》："台门而旅树反坫。"《杂记》："旅树而反坫。"郑氏亦以树为屏，以反坫为反爵之地，然《内则》载阁食之制云"十于坫"，《明堂位》载朝会之制云"反坫出尊崇坫"，《康圭士虞礼》载苴茅之制云"僎于西坫上"，是则累土而为之者皆可名坫。坫亦有高卑东西之不同，非必反爵之处也。如台门而旅树反坫当是立反坫于台门之内，如今行在所之骐骥院牛羊司，与凡营累多于台门内立土墙之类欤？郑氏之释反坫皆本《论语》，其指坫为反爵，皆本好之一字，意两君之好为饮酒故云耳。然以坫之反为爵之反，似异于经文。又按《汲冢周书》云"乃立五宫，咸有四阿反坫"，注云："反坫，外向室也。"则反坫又非反爵之地，反主坫言非主爵言也。反，殆向外之名；坫，殆别设大门屏之名。岂两君之好必欲容其仪卫之众，而为此外向之室欤？世远不可知，若据《郊特牲》，以反坫与台门相联，《汲冢书》以反坫与四阿相联，则《论语》以反坫树塞门相联，恐均为宫室僭侈之事。（《黄氏日钞》卷二·11—12 页）

方骥龄：所以喻外交上坛坫之折冲，谓管仲能协助桓公"九合诸侯，一匡天下"，有廿六次衣裳会，始在外交上造成霸主，亦管仲之力。似非谓管仲自己亦有反坫之谓也。（《论语新诠》76 页）

杨润根：建在方牌之前的古人用于占卜之用的具有一定定式

的台子,人们的一切重大的活动都要在它跟前进行。……"坫"的本意就是人工建造的用于占卜的设施。(《发现论语》80页)

　　金知明:反,通"返",回到。(《论语精读》33页)

　　　　辑者案:反坫,反爵之坫。坫是放置酒杯的土台,在两楹之间。互相敬酒后,把空爵反置在坫上,此为周代诸侯宴会之礼。

3.23 子语鲁大师乐,曰:"乐其可知也:始作,翕如也;从之,纯如也,皦如也,绎如也,以成。"

(1)翕如

　　汉·郑玄:翕如,变动之貌。(马国翰辑《论语古注·论语郑氏注》卷二·3页)

　　魏·何晏:翕如,盛也。(皇侃《论语集解义疏》卷二·21页)

　　梁·皇侃:翕,习也。言正乐初奏,其声翕习而盛也。(皇侃《论语集解义疏》卷二·21页)

　　宋·朱熹:翕,合也。……谢氏曰:"翕如,言其合。"(《四书章句集注》68页)

　　清·黄式三:《史记·秦始皇本纪》"但恐诸侯合纵翕而出不意",是"翕"乃合起之貌。《说文》:"翕,起也。"《玉篇》:"翕,合也。"字从羽,谓鸟初飞而羽合举也。(《论语后案》79页)

　　钱穆:翕如,谓钟声既起,闻者皆翕然振奋,是为乐之始。(《论语新解》79页)

　　方骥龄:庄述祖《别记》:"毛《诗》'鼓钟钦钦'传云:'钦钦,言使人乐进也。''钦''翕'声相近,言变动者,亦使人乐进之意。《正义》引潘维城曰:'《御览》五百六十四引《论语》云,时闻金奏,人皆翕如。翕如,变动貌。'"盖《诗经》第一部分为《国风》,皆舞踊之乐,且歌且舞,可以观。《孟子·万章》篇"金声玉振"之说,金声,

以金声始也。与上列庄祖述《别记》所引相符合。故孔子所谓始作翕如也，殆指《诗经·国风》而言。（《论语新诠》78页）

蒋沛昌：翕（戏 xì）如也——和合一致的意思。（《论语今释》78页）

黄怀信："翕"，《说文》："起也。"旧释合，非是。"如"，同"然"。"翕如"，突起之貌。（《论语新校释》66页）

何新：翕如，翕读为西，如读为然。收敛曰"翕然"。（《论语新解——思与行》37页）

辑者案：朱熹、黄式三之解为优。声乐合奏初起，如群鸟振翅，故曰翕如。

（2）从之

汉·郑玄：从读曰纵。纵之谓八音皆作。（马国翰辑《论语古注·论语郑氏注》卷二·3页）

魏·何晏：从读曰纵，言五音既发，放纵尽其音声。（邢昺《论语注疏》44页）

宋·朱熹：从，放也。（《四书章句集注》68页）

程树德：[音读]《四书湖南讲》：从读如字，是接连始作，不间歇也。（《论语集释》216页）

杨伯峻：[译文]继续下去。[注释]从——去声，zòng。（《论语译注》32页）

方骥龄：有恣肆放纵不检束意。疑"从之"即指《诗经》之《雅》而言。（《论语新诠》79页）

王熙元：从，音义同放纵的纵；之，指音调节奏。从之，就是音调散扬开来。（《论语通释》137页）

蒋伯潜："纵之"，是说乐的声音扬开以后。（《语译广解四书读本》31页）

谢冰莹：从，放散。（《新译四书读本》95页）

黄怀信：［释］"从"，随也。［训译］紧接着。（《论语新校释》67 页）

杨朝明：随后，接下来。（《论语诠解》25 页）

　　辑者案：杨伯峻"继续下去"、黄怀信"紧接着"、杨朝明"随后，接下来"三说相近，"从之"描述"接续"，可从。

（3）纯如，皦如，绎如

汉·郑玄：纯如，感人之貌。皦如，使清别之貌。绎如，志意条达之貌。（马国翰辑《论语古注·论语郑氏注》卷二·3 页）

魏·何晏：纯如，和谐也。皦如，言其音节分明也。纵之，以纯如、皦如、绎如言。乐始于翕如，而成于三。（皇侃《论语集解义疏》卷二·21 页）

梁·皇侃：从，放纵也。言正乐始奏翕习，以后又舒纵其声，其声则纯一而和谐，言不离析散逸也。云"皦如也"者，言虽纯如而如一，其音节又明亮皎皎然也。云"绎如也"者，绎，寻续也，言声相寻续而不断绝也。（皇侃《论语集解义疏》卷二·21 页）

宋·朱熹：纯，和也。皦，明也。绎，相续不绝也。成，乐之一终也。谢氏曰："五音合矣，清浊高下，如五味之相济而后和，故曰纯如。合而和矣，欲其无相夺伦，故曰皦如。然岂宫自宫而商自商乎？不相反而相连，如贯珠可也，故曰绎如也，以成。"（《四书章句集注》68 页）

清·黄式三：皦者，玉石之白甚明也。纯者，不杂之丝。绎者，不绝之丝。皆设喻之辞，故四言"如"也。（《论语后案》79 页）

方骥龄：纯如似指《小雅》而言，皦如似指《大雅》而言。……疑"绎如也"乃指《诗·颂》而言。（《论语新诠》79 页）

毛子水：宋翔凤《论语发微》："……重人声，其声纯一，故曰纯如。继以笙入；笙者有声无辞，然其声清别，故曰皦如。继以间歌；谓人声笙奏间代而作，相寻续而不断绝，故曰绎如。有此四节而后合乐,则乐以成。"案:这章论当时乐章的结构。我们现在既不能听到古乐,自不容易懂得这章的话。但宋说似可以指示读者一种寻求解释的方向,所以我们节录在这里以备读者的参考。(《论语今注今译》42 页)

杨润根:[译解]它开始时的旋律犹如一群振翅奋飞的鸟,齐声协力地拍打着它们的翅膀,接着是群鸟在蓝天下的艰辛漫长的旅程,它们飞进明媚的阳光,飞过皑皑的白云,直至络绎不绝地消失在遥远的天际。(《发现论语》81 页)

林觥顺:纯如也:如丝之纯。(《论语我读》54 页)

林振衡:纯如:美好,深厚。(《论语新编》240 页)

黄怀信:"纯如",清纯之貌。皦如:明快之貌。绎如:绵延之貌。(《论语新校释》67 页)

鲍鹏山:纯:清晰。(《论语新读》31 页)

何新:纯如,纯读为敦,宏大也。皦如,交然,交错而和谐。绎如,绎,长也,绵长曰绎。(《论语新解——思与行》37 页)

孙钦善:纯:和谐。皦(jiǎo 皎):明晰。绎:延续。……放开以后,纯一和谐,皦皦清晰,绎绎不绝,从而完成。(《论语本解》32 页)

辑者案:黄式三、黄怀信解为优。

3.24 仪封人请见,曰:"君子之至于斯也,吾未尝不得见也。"从者见之。出曰:"二三子何患于丧乎?天下之无道也久矣,天将以夫子为木铎。"

(1)仪封人

汉·郑玄:仪,盖卫下邑也。封人,官名也。(皇侃《论语集解义疏》卷二·21 页)

宋·朱熹:封人,掌封疆之官,盖贤而隐于下位者也。(《四书章

句集注》68 页）

明·陈士元：郑玄以《左传》"卫侯入于夷仪"，疑与此为一。然夷仪故城在今北直隶顺德府邢台县西一百四十里，而山东东昌府聊城县亦有夷仪城，皆非封人请见之仪邑。《一统志》以仪为开封府仪封县，又云仪城在兰阳县西北二十里，即仪封人请见孔子处，今县北有仪封村。二说不同，志并存焉。盖兰阳仪封二邑相邻，封人所见或在兰阳之地，而仪封设县亦因此得名耳。（《论语类考》卷二·8 页）

清·焦循：邢《疏》引《春秋传》"卫侯入于夷仪"，疑与此是一。《后汉·郡国志》："东郡聊城有夷仪。"聊城今属山东东昌，为齐卫之界，孔子至卫未尝由齐，非是此也。《郡国志》"浚仪"注引《晋地道记》："仪封人，此邑也。"《水经注》引《西征记》亦以仪封人即浚仪县，而郦氏非之。浚仪在开封，汉属陈留，陈留郡之长垣、封丘皆在其北。……又卫之平丘（《昭十三》）、宛濮（《僖二十八》）、蒲（《桓三》），杜皆以为在长垣，刘昭引《陈留志》鞠居在封丘，则以汉县计之。卫之境止得长垣多，得封丘、南燕少。自此而南皆郑宋地，卫不得有之。使仪封人在浚仪，当今祥符兰阳之间，虽为由陈至卫之道，而邑非卫邑矣。郑云"盖卫邑"，盖者，疑词也。（《论语补疏》卷一·8 页）

清·刘宝楠：邢《疏》云："郑以《左传》'入于夷仪'，疑与此为一，故云卫邑。"案：今直隶顺德府邢台县、山东东昌府聊城县并有夷仪故城。司马彪《郡国志》"浚仪"注引《晋地道记》曰："仪封人，此邑也。"《水经注》引《西征记》同。浚仪，今河南开封府祥符县。（《论语正义》134 页）

程树德：〔考证〕《经注集证》：仪封人姓名不传。《国邑纪》云："仪之封人也。"或曰封人仪姓，族出晋阳。徐有仪楚，陈有仪行父

云。(《论语集释》220 页)

　　辑者案:从郑玄、朱熹说。

(2)二三子何患于丧

汉·孔安国:语诸弟子,言何患于夫子圣德之将丧亡耶? 天下之无道也已久矣,极衰必有盛也。(皇侃《论语集解义疏》卷二·22 页)

宋·朱熹:丧,谓失位去国,《礼》曰"丧欲速贫"是也。《四书章句集注》68 页)

清·宦懋庸:丧者,出亡在外之名。(《论语稽》卷三·17 页)

王缁尘:"丧"是指孔子圣道的丧亡。(《四书读本》50 页)

金良年:丧:此指景况不好。(《论语译注》29 页)

林觥顺:丧是死亡,引申作逃亡、衰亡、败亡、灭亡。(《论语我读》55 页)

金知明:于,在;丧,离家远走,丧乱。(《论语精读》35 页)

袁庆德:二三子:对在一起的几个人的尊称,相当于"你们几位,诸位"。(《论语通释》244 页)

　　辑者案:从孔安国说。

(3)木铎

汉·孔安国:木铎,施政教时所振也。言天将命孔子制作法度以号令于天下也。(皇侃《论语集解义疏》卷二·22 页)

晋·孙绰:达者封人,栖迟贱职,自得于怀抱,一观大圣,深明于兴废,明道内足,至言外亮,将天假斯人以发德音乎。夫高唱独发,而无感于当时,列国之君,莫救乎聋盲。所以临文永慨者也。然玄风遏被,大雅流咏,千载之下,若瞻仪形,其人已远,木铎未戢,乃知封人之谈,信于今矣。(皇侃《论语集解义疏》卷二·22 页)

梁·皇侃:云"天将以夫子为木铎"者,言今道将兴,故用孔子为木铎,以宣令之。(皇侃《论语集解义疏》卷二·22 页)

宋·朱熹:木铎,金口木舌,施政教时所振,以警众者也。……或曰:"木铎所以狥于道路,言天使夫子失位,周流四方以行其教,如木铎之狥于道路也。"(《四书章句集注》68页)

清·刘开:封人不曰"天以夫子为木铎",而曰"天将以为木铎",是专言将必得位以行教者矣。若以失位周流为行教,则夫子现在失位,天已使为木铎矣。何"将以"之有?(《论语补注》卷上·11页)

李泽厚:[记]"天将以夫子为木铎",被现代学人引证作孔子持有神论解,其实,证据不足。第一,此出于"仪封"人而非孔子之口;第二,不过是句一般赞叹的话,不可刻板解释。当然,与当时人们一样,孔子大概仍是相信上帝鬼神的,只是采取"存而不论"的态度。(《论语今读》72页)

蒋沛昌:木铎(夺 duó)——古注:以木为舌的大铜铃。我认为也可能是将木头内部掏空制成的木梆。(《论语今释》79页)

鲍鹏山:比喻孔子将能起到凝聚人心的作用。(《论语新读》31页)

王孺童:实际指的就是一种权力。(《孺童讲论语》211页)

辑者案:从孔安国、朱熹说。

3.25 子谓《韶》:"尽美矣,又尽善也。"谓《武》:"尽美矣,未尽善也。"

汉·郑玄:《韶》,舜乐也。美舜自以德禅于尧。又尽善谓太平也。《武》,周武王乐,美武王以此定功天下。未尽善谓未致太平也。(马国翰辑《论语古注·论语郑氏注》卷二·4页)

汉·孔安国:《韶》,舜乐名也,谓以圣德受禅,故曰尽善也。《武》,武王乐也,以征伐取天下,故曰未尽善也。(皇侃《论语集解义疏》卷二·23页)

梁·皇侃:天下万物乐舜继尧,而舜从民受禅,是会合当时之心,故曰尽美也。揖让而代,于事理无恶,故曰尽善也。……《武》,武王乐也。天下之民乐武王干戈,故乐名"武"也。天下乐武王从民而伐纣,是会合当时之心,故尽美也。而以臣伐君,于事理不善,故云未尽善也。(皇侃《论语集解义疏》卷二·23 页)

宋·朱熹:美者,声容之盛。善者,美之实也。舜绍尧致治,武王伐纣救民,其功一也,故其乐皆尽美。然舜之德,性之也,又以揖逊而有天下;武王之德,反之也,又以征诛而得天下,故其实有不同者。(《四书章句集注》68 页)

明·张居正:然孔子此言,虽评论古乐之不同,而二圣之优劣,亦可概见矣。(《论语别裁》41 页)

日·中井积德:此章论乐也,非论德。或以为夫子之微言者,非。(《论语逢源》63 页)

清·康有为:孔子明人道之公理,贵和亲而贱征伐,尊大同而薄小康。舜者,天下为公,选贤与能,大同之道,民主之法也。武王者,作谋起兵,以正君臣,以立田里,世及为礼,城郭沟池以为固,小康之道,君主之法也。乐以象功昭德,孔子于为邦,曰乐,则《韶》舞,乃至闻《韶》三月不知肉味;而于《武》乐,为国朝先王之乐,反致不满。此其于大同小康之道,发露至明矣。孔子书不尽言,言不尽意,若此义,亦可窥圣人之意乎?(《论语注》44 页)

杨树达:声音之道与政通,乐者政之发于声音者也,古人闻其乐而知其政。舜揖让传贤为大同之治,武王征诛世及为小康。故孔子称《韶》乐为尽美尽善,《武》尽美而未尽善也。孔云《武》未尽善,犹季札之言《濩》有惭德也。(《论语疏证》81 页)

钱地:刘氏注云:"《乐记》云:'干戚之舞非备德也。'注云:'乐以文德为备,若咸池者。'疏云:舞以文德为备,故云韶尽美矣,谓乐音美也。又尽善也,谓文德具也。虞舜之时,杂舞干羽于两阶,而文多于武也。谓《武》尽美矣者，大舞之乐其体美矣。未尽善者，文德犹少，未致太平。"地案：古之王者，功成有德始作乐，此乐亦如诗之风雅颂然，无德而颂何事？观五代乱世臣子，恶声四溢，故民不乐，亦无乐也。孔子之道，承西周而美尧舜之德，虽然孔子谓汤武革命，顺乎天而应乎人，而总不及尧舜禅让天下，建立大中至正之道，为尽美尽善之业。其作乐，亦尽美尽善矣。乐者乐也，民心皆乐尧舜之道，中国万世，永斯为盛。愚谓以上注疏，以皇疏所解尽美尽善为正义，余注家尚可，不足称也。(《论语汉宋集解》151页)

方骥龄：疑本章所谓武，犹今之谓军乐及鼓舞士气之乐曲，或即今日盛行且奏且舞之仪仗队，与《释名·释言语》及《礼记》释武字之义相符。(《论语新诠》82页)

王缁尘：此章意思，也是因为孔子是崇尚礼教的人，礼的精神是"让"，舜的天下是尧让他，合于礼的精神，故孔子极赞美舜的道德。武王的天下，是用兵得来；他的用兵虽是吊民伐罪，但究竟是"争"，争是不合于礼的，所以孔子对于武王不大满意。(《四书读本》51页)

姚式川：一方面说明了孔子极力反对兵事，其政治观是主张"尚文不尚武，尚德不尚力"；另一方面也反映了孔子的"忠君尊王"思想，是十分固执的，在反对臣叛君这问题上也是十分坚决的。以孔子对文、武、周公是那么地崇敬，那么地向往，也仍然表示了"未尽善也"的惋惜之意，就可略知一二了！(《论语体认》143页)

杨润根：[译解]孔子这样评价《韶》这一歌剧："《韶》这一歌剧的艺术既穷尽了艺术家所要表达的普遍无限的理想，又穷尽了艺术家所要再现的现实生活中的具体特殊的人、特殊具体的行为与特殊具体的事件，因此在这一歌剧艺术中，艺术家使他所要表达的普遍无限的理想与他所要再现的现实生活中的特殊具体的人、特殊具体的行为与特殊具体的事件完美无缺、和谐一致地契合在一起了。"然而孔子对《武》这一歌剧的评价则有所不同,他说:"《武》这一歌剧艺术仅仅穷尽了艺术家所要表达的普遍无限的理想,但没有穷尽艺术家所要再现的现实生活中的具体特殊的人、具体特殊的行为与具体特殊的事件。因此在《武》这一歌剧艺术中,艺术家的理想与艺术家所再现的现实这两者是彼此游离、相互矛盾而不是契合一体、和谐统一的。"(《发现论语》83页)

金知明:尽,全;谓,评价,评论。(《论语精读》35页)

李君明:孔子的艺术评论标准,主张形式美与内容善的完美统一,重视艺术的形式美,更注意艺术内容的善,有明显政治标准。(《论语引读》91页)

　　辑者案:杨树达的分析细致,切合文意。

3.26 子曰:"居上不宽,为礼不敬,临丧不哀,吾何以观之哉?"

汉·董仲舒:且《论》已见之,而人不察,曰君子攻其恶,不攻人之恶。不攻人之恶,非仁之宽与?自攻其恶,非义之全与?此之谓仁造人,义造我,何以异乎?故自称其恶谓之情,称人之恶谓之贼;求诸己谓之厚,求诸人谓之薄;自责以备谓之明。责人以备谓之惑。是故以自治之节治人,是居上不宽也;以治人之度自治,是为礼不敬也。为礼不敬,则伤行而民弗尊;居上不宽,则伤厚而民弗亲。弗亲则弗信,弗尊则弗敬。二端之政诡于上,而僻行之则诽于下,仁义之处可无论乎?(苏舆《春秋繁露义证》255页)

梁·皇侃:此章讥当时失德之君也。为君居上者宽以得众,而当时居上者不宽也。又礼以敬为主,而当时行礼者不敬也。又临丧以哀为主,而当时临丧者不哀。此三条之事并为乖礼,故孔

子所不欲观。(皇侃《论语集解义疏》卷二·23页)

宋·邢昺：此章总言礼意。居上位者宽则得众，不宽则失于苛刻。凡为礼事在于庄敬，不敬则失于傲惰。亲临死丧当致其哀，不哀则失于和易。凡此三失，皆非礼意。人或若此，不足可观，故曰："吾何以观之哉！"(邢昺《论语注疏》46页)

宋·朱熹：居上主于爱人，故以宽为本。为礼以敬为本，临丧以哀为本。既无其本，则以何者而观其所行之得失哉？(《四书章句集注》69页)

元·陈天祥：夫子之言，亦只是恶其见有之不宽、不敬、不哀，而不欲观，非谓无此三本，无以观其他所行之得失也。(《论语辨疑》卷三·5页)

清·王闿运：此盖讥孟武伯也。孟氏世事孔子，故言观之。(《论语训》卷上·29页)

钱地：居上不宽无仁，为礼不敬无义，临丧不哀无情。凡居上位，有此三失，故孔子不足观也矣。吾观居上者宽，不宽仁人，而宽为恶之小人也。为礼有敬，不敬君子，而敬其己也。临丧而哀，非哀社稷之臣也。故其虽宽非仁也，虽敬非义也，虽哀非真有情也。如此者，又何以观之哉？(《论语汉宋集解》153页)

方骥龄：疑本章宽字当作"完"字解。……"居上不宽"犹谓"居上不完"，谓居高位之官吏不知修治。……疑孔子所谓"临丧不哀"，指鲁国之行将败亡而不知哀戚，哀莫大于心死之谓也……疑"吾何以观之哉"之"观"，亦非观看之谓。……实为"吾何以劝之哉"。……此殆系孔子自卫返鲁后鉴于鲁政之无可挽救，故发此叹与？抑所以示去鲁至卫之故与？要之，用本章总束《八佾》全篇，无非谓礼乐之所以崩坏废弃，均系乎人心。(《论语新诠》83—84页)

金池：[点评]孔子的这句话告诫人们，该宽厚时就宽厚，该恭敬时就恭敬,该欢乐时就欢乐,该悲哀时就悲哀,不能不分对象,不分长幼,不分场合,随心所欲,我行我素。(《〈论语〉新译》93页)

王孺童:本章看上去好像只有"为礼不敬"涉及"礼",其实"居上不宽"与"临丧不哀"也都是在谈礼。《大戴礼记·曾子立事篇》云:"临事而不敬,居丧而不哀,祭祀而不畏,朝廷而不恭,则吾无由知之矣。"可见,本章孔子皆在谈礼。(《孺童讲论语》216页)

辑者案:皇侃、邢昺的解释近似,可从。

里 仁 第 四

4.1 子曰:"里仁为美。择不处仁,焉得知?"

(1)里仁为美

汉·郑玄:里者,民之所居也。居于仁者之里,是为善也。(皇侃《论语集解义疏》卷二·24页)

宋·朱熹:里有仁厚之俗为美。(《四书章句集注》69页)

明·张居正:二十五家为一里,仁是仁厚的风俗。(《论语直解》卷四·1页)

方骥龄:本章里字,似当断句。古代文字中一字兼具名词动词者极多。本章里字,犹言人当选择其所居之里。至于究竟如何而始合乎选择之原则,其下即释之曰"仁为美"。美、善二字同义。孔子谓必须合乎仁道,始可为善也。(《论语新诠》88页)

杨伯峻:里——这里可以看为动词,居住也。(《论语译注》35页)

钱逊:里,住处。这里借作动词用,意思是住在有仁者的地方才好。另一解:里即居,人能居于仁道,这是最美的了。(《论语浅解》67页)

南怀瑾:我们知道了这些道理,就了解居、里的意义就是"自处","里仁"的意思也就是一个人如何处在仁的境界。(《论语别裁》168页)

李炳南:居于仁者所居之里,是为美。不择处仁者之里,随意而居,安得为有智者?古语,千金置宅,万金买邻,又如孟母三迁,皆是择仁之意。广义而言,交友,求配偶,皆须择仁。(《论语讲要》

67页）

杨润根：里：内在的本质。本字可视为由"土"和"田"构成。"土"意为滋生万物者，"田"意为果实（比较"田"与"果"，便可知"田"即树木上的果实。因此我们甚至可以说，"田"与"甜"的意思也是相通的），因此"里"的本意为滋生万物、结出果实者——天地——的内在本质，这个本质也就是以人为目的的仁。里仁：天地（宇宙）的以人为目的的内在本质，这种本质也就是普遍无限的善德。因为人类是依靠整个自然界之中的植物、动物、矿物以及阳光、空气、水而生存的，因此存在于整个自然界、整个宇宙之中的植物、动物、矿物、阳光、空气、水都可以视为宇宙结出的养育人类的果实，而这些果实也就是整个宇宙、整个自然界对于人类的绝对仁爱与绝对善德的表现。"仁"作为一种人的行为表现，就是指把他人作为自己关怀的对象，把他人也作为自己思想和行为的出发点和目的，而不仅仅关怀自己，并只把自己作为自己的思想和行动的出发点和目的。（《发现论语》86页）

黄怀信：里仁为美："里"，动词，借为"邻"。《释文》云："里，犹邻也。"旧如字释，误。"仁"，指仁者，有爱心之人。旧或释仁德，非。邻仁，做仁者邻居。（《论语新校释》72页）

辑者案：杨伯峻说为优。"里"作动词用，"居住"的意思。居住于仁厚之乡为美。

（2）择不处仁

汉·郑玄：求善居而不处仁者之里，不得为有智也。（皇侃《论语集解义疏》卷二·24页）

梁·皇侃：中人易染，遇善则善，遇恶则恶。若求居而不择仁里而处之，则是无智之人，故云焉得智也。沈居士曰："言所居之里，尚以仁地为美，况择身所处？而不处仁道，安得智乎？"（皇侃《论

语集解义疏》卷二·24页）

宋·朱熹：里有仁厚之俗为美。择里而不居于是焉，则失其是非之本心，而不得为知矣。（《四书章句集注》69页）

明·张居正：择是拣择，处是居处。孔子说："人之居处，不可不择。若便一里之中，人人都习于仁厚，其俗之美可知。这等的去处，不特相观而喜，可以养德，亦且各守其业，可以保家。但有见识的人，必然择居于此。若卜居者不能拣择仁厚之里而居处之，则其心昏昧而不明甚矣，岂得谓之智？夫择居不于仁里，尚为不智，况存不仁之心，行不仁之事乎！"（《论语直解》卷四·1页）

清·惠栋：王伯厚曰：张衡《思玄赋》引《论语》云："里仁为美，宅不处仁。"里、宅皆居也，盖古文云然。今以宅为择而谓里为所居，乃郑氏训解而何晏从之。当以古文为正。栋案：《释名》曰："宅，择也，择吉处而营之。"是宅有择义。或古文作宅训为择，亦通。《孟子》亦作择。赵岐曰："简择不处仁为不智。"（《论语古义》2页）

清·戴望：处，止。知者利仁，故择术不止仁非为知。（《戴氏注论语》卷四·1页）

杨伯峻：[译文]选择住处，没有仁德，怎么能是聪明呢？[注释]处——上声，音杵，chǔ，居住也。……这一段话，究竟孔子是单纯地指"择居"而言呢，还是泛指，"择邻"、"择业"、"择友"等等都包括在内呢？我们已经不敢肯定。（《论语译注》35页）

钱逊：择，从上文看是指选择住处，但也可解释为选择职业、选择朋友等等。《孟子·公孙丑上》引本章，就是指择业而言。（《论语浅解》67页）

吴新成：孔子说：居心于仁才是美。人不选择在仁字上立身，说得上有智慧吗？（《论语易读》57页）

金池：跟有仁德的人住在一起才是好的。如果你选择的住处

不是跟有仁德的人在一起,怎么能说你是明智的呢?(《〈论语〉新译》95页)

傅佩荣:居住在民风淳厚的地方是最理想的;一个人选择住处而错过了民风淳厚的地方,怎么算得上明智呢?(《傅佩荣解读论语》54页)

黄怀信:宅不处仁,"宅"字旧作"择",以音误,从翟灏说据《文选注》、《后汉书注》等所引改。(《论语新校释》71页)

　辑者案:郑玄的解释已经很好,不必曲为他解。

4.2 子曰:"不仁者不可以久处约,不可以长处乐。仁者安仁,知者利仁。"

(1)不可以久处约,不可以长处乐

汉·孔安国:"不可以久处约",久困则为非也。"不可以长处乐",必骄佚也。(皇侃《论语集解义疏》卷二·24页)

梁·皇侃:约,犹贫困也。夫君子处贫愈久,德行无变。若不仁之人久居约,则必斯滥为盗,故不可久处也。云"不可以长处乐"者,乐,富贵也。君子富贵愈久,愈好礼不倦。若不仁之人久处富贵,必为骄溢也。(皇侃《论语集解义疏》卷二·25页)

宋·朱熹:乐,音洛。知,去声。约,穷困也。利,犹贪也,盖深知笃好而必欲得之也。不仁之人,失其本心,久约必滥,久乐必淫。惟仁者则安其仁而无适不然,知者则利于仁而不易所守,盖虽深浅之不同,然皆非外物所能夺矣。(《四书章句集注》69页)

方骥龄:不仁者,似指不喜与人亲附之人,犹言乖僻孤独之人。处字义,一如上章,当作"待遇"或"处理"解。《说文》:"约,缠束也。"《周礼》"司约"注:"言语之约束也。""不仁者不可以久处约",殆谓凡不喜与人相亲附之人,决不可长久待之以言语上之约

束。过分约束,则束缚之,驰骤之,急则败矣! 必生相反之效果。但亦不可久待之以安乐舒适之环境。……总之,必须采用适当之诱导。(《论语新诠》89页)

　　辑者案:从皇侃、朱熹说。

(2)仁者安仁,知者利仁

　　汉·包咸:惟性仁者自然体之,故谓安仁也。(皇侃《论语集解义疏》卷二·24页)

　　魏·王肃:智者知仁为美,故利而行之也。(皇侃《论语集解义疏》卷二·24页)

　　梁·皇侃:云"仁者安仁"者,辨行仁之中有不同也。若禀性自仁者,则能安仁也。何以验之? 假令行仁获罪,性仁人行之不悔,是仁者安仁也。云"智者利仁"者,智者,谓识昭前境而非性仁者也。利仁者,其见行仁者,若于彼我皆利,则己行之;若于我有损,则使停止。是智者利仁也。(皇侃《论语集解义疏》卷二·25页)

　　宋·朱熹:利,犹贪也,盖深知笃好而必欲得之也。……惟仁者则安其仁而无适不然,知者则利于仁而不易所守,盖虽深浅之不同,然皆非外物所能夺矣。谢氏曰:"仁者心无内外远近精粗之间,非有所存而自不亡,非有所理而自不乱,如目视而耳听、手持而足行也。知者谓之有所见则可,谓之有所得则未可。有所存斯不亡,有所理斯不乱,未能无意也。安仁则一,利仁则二。安仁者非颜闵以上,去圣人为不远,不知此味也。诸子虽有卓越之才,谓之见道不惑则可,然未免于利之也。"(《四书章句集注》69页)

　　宋·陈祥道:仁者,尽性而静,故安仁;智者,穷理而动,故利仁。然穷理而不已则至于尽性,利仁而不已则至于安仁。此《中庸》所以言。或安而行之,及其成功则一也。《坤卦》始于利正,终于安正。利仁与利正同意,莫非安仁也。有圣人之安仁,有君子

之安仁。尧之安仁,圣人之安仁也;仲山甫之安仁,君子之安仁
也。孔子曰:"生而知之者,上也。学而知之者,次也。困而学之,
又其次也。"盖上者安仁,次者利仁,又其次而强仁,于此不及。强
仁者,其言主于仁智故也。(《论语全解》卷二·5页)

清·刘宝楠:"安仁",是自然体合,功过皆所不计,此其仁可
知。故直许之曰仁者,若利仁、强仁,是与仁同功也,其仁未可知,
故利仁但称为知也。(《论语正义》140页)

清·戴望:安者,视仁若安宅然;利者,以仁为美。利,利天
下。(《戴氏注论语》卷四·1页)

程树德:无所为而为之谓之安仁,若有所为而为之,是利之
也,故止可谓之智,而不可谓之仁。皇《疏》所解语虽稍露骨,而较
朱《注》为胜,故特著之。(《论语集释》229页)

方骥龄:本章所谓"仁者安仁",谓善于"相人耦"之人,必深知
亲附之道,能劝诱他人,可使他人无动惧之心,庶几逐渐捐弃其乖
僻孤独性格而与人和谐相处矣,固不必经久用言语缠束之也。所
谓"知者利仁",知者,即智慧之人,能明辨亲附之道者。仁,似与
"安仁"之仁同,人也。……本章"知者利仁",殆谓智慧之人,必然
与人和谐相处,利用机会影响他人,可使人于不知不觉中改变其
原有之观念;使人不致经久沉湎于安乐中而不知奋发有为,决不
以疾言厉色规人是也。(《论语新诠》90页)

杨伯峻:有仁德的人安于仁[实行仁德便心安,不实行仁德心
便不安];聪明人利用仁[他认识到仁德对他长远而巨大的利益,
他便实行仁德]。(《论语译注》35页)

李炳南:仁者安仁,仁者天赋仁厚,为仁无所希求,只为心安
理得,否则其心不安,是为安仁。知者利仁,智者知行仁为有利于
己而行之也。交友必须知其仁与不仁,不仁者无论贫富皆不可

交。李二曲《四书反身录》曰："吾人处困而学,安仁未可蹴几,须先学智者利仁。"（《论语讲要》67 页）

　　杨朝明:仁者安仁:前"仁"为名词,仁者指有仁德之人;后"仁"用为动词,指行仁。指有仁德之人以行仁为安。知者利仁:本句的"仁"亦用为动词,指行仁。指有智慧的人以行仁为利。（《论语诠解》29 页）

　　　辑者案:杨朝明解深刻、精辟。

4.3 子曰:"唯仁者能好人,能恶人。"

　　汉·孔安国:唯仁者能审人之所好恶也。（皇侃《论语集解义疏》卷二·25 页）

　　梁·皇侃:夫仁人不佞,故能言人之好恶,是能好人、能恶人也。雍也,仁而不佞是也。……又一解云:谓极仁之人。极仁之人,颜氏是也。既极仁昭,故能识审他人好恶也,故缪播曰:"仁者,人之极也,能审好恶之表也,故可以定好恶。若未免好恶之境,何足以明物哉?"（皇侃《论语集解义疏》卷二·25 页）

　　宋·邢昺:此章言唯有仁德者无私于物,故能审人之好恶也。（何晏　邢昺《论语注疏》48 页）

　　宋·朱熹:唯之为言独也。盖无私心,然后好恶当于理,程子所谓"得其公正"是也。游氏曰:"好善而恶恶,天下之同情,然人每失其正者,心有所系而不能自克也。惟仁者无私心,所以能好恶也。"（《四书章句集注》69 页）

　　清·焦循:仁者好人之所好,恶人之所恶,故为能好能恶。必先审人之所好所恶,而后人之所好好之,人之所恶恶之,斯为能好能恶也。（《论语补疏》卷一·9 页）

　　清·沈涛:《礼记·缁衣》:子曰:"惟君子能好其正,其恶有方。"正与此文相表里。若如孔注,则是众恶之一节注脚矣。（辑者案:《礼记·缁衣》原文为:子曰:"惟君子能好其正,小人毒其正。故君子之朋友有乡,其恶有方。")(《论语孔注辨伪》卷一·6页)

方骥龄:《释名·释言语》:"恶,挹也。"挹即扼字,亦作搞,即《易·象传》"君子以遏恶扬善"之遏。疑本章所谓好人,扬人之善也。本章所谓恶人,遏人之恶也。(《论语新诠》90页)

李泽厚:[记]谁不能喜恶?这里依然是说,虽喜恶也并非一任情感的自然,中仍应有理知判断在内。……可见,"仁"不能等同于理(包括"天理"),而是其中有理又有情,即仍是某种情理结构的展现。此情包括恶(不喜欢、憎恶),亦足见仁者并非是非不分义理不问的好好先生。……中国的"是非"不是中性的事实陈述,而总或多或少含有价值判断和情感态度在内。(《论语今读》75页)

辑者案:沈涛的解释比较透彻。唯仁者能掌握好对人的好恶标准和分寸,亦即能正确地对待人。

4.4 子曰:"苟志于仁矣,无恶也。"

汉·孔安国:苟,诚也。言诚能志于仁,则其余终无恶。(邢昺《论语注疏》48页)

宋·朱熹:苟,诚也。志者,心之所之也。其心诚在于仁,则必无为恶之事矣。杨氏曰:"苟志于仁,未必无过举也,然而为恶则无矣。"(《四书章句集注》70页)

清·俞樾:上章云"唯仁者能好人,能恶人",此章云"苟志于仁矣,无恶也",两章文义相承。此恶字即上"能恶人"之恶。盖仁者之于人好所当好,恶所当恶,所谓"能好人,能恶人"也。然此以其行事言也。若论其居心,则好固是好,恶亦是好,所谓"举直错诸枉,能使枉者直"是也。故又言此以申明上意,见不特仁者如是,人苟志在于仁,则亦必无恶人之念矣。《韩非子·解老篇》曰:

"仁者,谓其中心欣然爱人也。"贾子《道术篇》曰:"心兼爱人谓之仁。"然则仁主于爱,古之通论。使其中有恶人之一念,即不得谓之志于仁矣。此与上章或一时之语,或非一时语而记者牵连记之,以发明夫子之微言。自孔注误解恶字而此章之义晦矣。《释文》曰:"恶,如字,又乌路反。"当以后一音为正。(《群经平议》卷三十·9页)

方骥龄:仁,仍为"相人耦"之仁。恶,似当作厌恶之恶解。假使诚心与人和谐亲附,既不可厌恶他人,亦不可为人所厌恶。爱人者人恒爱之,敬人者人恒敬之;以忠信待人,人岂有以横逆加诸我者乎?故无恶人之恶,似当解作厌恶之恶。志于"相人耦"之人,固不可轻易厌恶任何人也。(《论语新诠》91页)

杨伯峻:假如立定志向实行仁德,总没有坏处。(《论语译注》36页)

乔一凡:苟字应读亟,与从草苟字不同。《说文》:"苟,自急饬也。"孔子谓人能急志于仁,自然无恶行的。语极明白。倘读为苟如之苟,而无恶,终嫌有病。不若急切求仁,自然不会为恶之为愈也。(《论语通义》54页)

杨朝明:[诠释]苟:表示假设,如果,假如。恶:邪恶,恶行。[解读]孔子说:"如果一个人立志于行仁,就不会有什么恶行了。"(《论语诠解》29页)

　　辑者案:从杨朝明说。

4.5 子曰:"富与贵,是人之所欲也,不以其道得之,不处也。贫与贱,是人之所恶也,不以其道得之,不去也。君子去仁,恶乎成名?君子无终食之间违仁,造次必于是,颠沛必于是。"

(1)"富与贵"及"贫与贱"句

汉·孔安国:不以其道得富贵,则仁者不处。时有否泰,故君子履道而反贫贱,此则不以其道得之,虽是人之所恶,不可违而去之。(邢昺《论语注疏》48 页)

宋·郑汝谐:说者谓有得富贵之道,有得贫贱之道,非也。圣人尝言得矣,曰见得思义,曰戒之在得,曰先事后得。得之为言,谓于利有获也。两言不以其道得之,初无二意,唯曰:"富贵固人之所欲,不以其道而有得焉,得则可富贵矣,然君子不处此富贵也。贫贱固人之所恶,不以其道而有得焉,则不贫贱矣,然君子不去此贫贱也。"以富贵、贫贱反复见意,欲人人知此理,是以互言之也。(《论语意原》卷一·21 页)

宋·朱熹:不以其道得之,谓不当得而得之。然于富贵则不处,于贫贱则不去,君子之审富贵而安贫贱也如此。(《四书章句集注》70 页)

金·王若虚:说者虽多,皆莫能通。予谓贫与贱,当云以其道得之,"不"字非衍则误也。若夷齐求仁,虽至饿死而不辞,非以道得贫贱而不去乎? 夫至而富贵,不必言不处;生而贫贱,亦安得去? 此所云者,盖傥来而可以避就者耳,故有以道不以道之辨焉。若谓圣人之经不当变易以就己意,则宁阙之而勿讲,要不可随文而强说也。(《论语辨惑》卷一·9 页)

清·李光地:两"不以其道得之"似当一例看。盖以为非道得贫贱,语终未顺,亦是言不以道得富贵则不去此贫贱也。(《读论语札记·里仁篇》)

清·刘宝楠:古称有爵禄者为贵,无爵禄者为贱,引申之义也。富贵人所欲,贫贱人所恶,亦是言好恶也。若于不以其道之富贵则不处,不以其道之贫贱则不去,斯惟仁者能之。盖仁者好

恶,有节于内,故于富贵则审处之,于贫贱则安守之。(《论语正义》142 页)

清·戴望：不者,衍字。以其道得之,若夷齐求仁而得仁。(《戴氏注论语》卷四·1 页)

严灵峰：《颜渊篇》："子夏曰:'死生有命,富贵在天。'"又《尧曰篇》："不知命,无以为君子也。"孔子以富贵贫贱皆由命定。……盖此不以其道得富贵,亦即不以其道去贫贱;文虽异而意实同,更郑重言之也。(《读论语札记》8 页)

程树德：常人之情,好富贵而恶贫贱。不知富贵贫贱皆外来物,不能自主,君子所以不处不去者,正其达天知命之学。何者?福者祸之基,无故而得非分之位,颠越者其常,幸免者其偶也。无端而得意外之财,常人所喜,君子之所惧也。世之得贫贱之道多矣,如不守绳检,博弈斗狠,奢侈纵肆,皆所以取贫贱之道。无此等事以致贫贱,是其贫贱生于天命也。君子于此惟有素其位而行,所谓素贫贱行乎贫贱者。稍有怨天尤人之心,或思打破环境,则大祸立至矣。故不处不去,正君子之智,所谓智者利仁也。(《论语集释》234 页)

方骥龄：本章"不以其道得之"之得,疑当如《孟子·告子上》焦循《正义》所释作"施"字义解。盖富与贵,人人所欲求也;如不依正道而施于人,使人富贵,不处也。贫与贱,人人所厌恶也;如不依正道施于人,使人贫贱,不去也。要言之,皆非待人接物之正道。(《论语新诠》92 页)

杨伯峻："富与贵"可以说"得之","贫与贱"却不是人人想"得之"的。这里也讲"不以其道得之","得之"应该改为"去之"。(《论语译注》36 页)

乔一凡：不居,今本作不去。汉人引作不居,从之。如桓宽

《盐铁论》云:"义然后取,不以其道行之,不居也。"《陈藩传》亦曰:"君子不以其道得之,不居也。"去字是为居字讹。(《论语通义》55页)

邓球柏:得之:当作"夺之",摆脱"贫与贱"。依上下文义当如此。但何晏则说:"时有否泰,故君子履道而反贫贱,此即不以其道得之者也。虽是人之所恶,不可违而去之也。"亦通。(《论语通解》65页)

萧民元:本小节的问题,在"贫与贱是人之所恶也不以其道得之不去也"这句话的标点断句上。……现在不必多做解释,只有把两种断句法并列出来,读者看后自然就明白了。

富与贵,是人之所欲也,不以其道得之,不处也。

贫与贱,是人之所恶也,不以其道得之,不去也。

富与贵,是人之所欲也,不以其道,得之不处也。

贫与贱,是人之所恶也,不以其道,得之不去也。

因此,最下一行的这个"道",是去或不去的先决条件。合于道就去,不合于道,就宁处"贫贱",不去也。(《论语辨惑》53—54页)

黄怀信:不以其道得之不去也,"得"字疑本作"脱"或"免",涉前误。旧或疑前"不"字衍,非。人无愿得贫贱者,更不得有其道。或云"得之"当为"去之",亦非。前句言"得"言"处",得而处之也;此句如前后皆作"去",则句法参差,且后"去"本为离去之义。又有疑此"得"当为"失"者,尤非,贫贱不可能自动失掉。(《论语新校释》75页)

杨朝明:[诠释]不以其道得之:不用合乎仁道的方式来实现其所欲、所恶。得,达到、实现之意。[解读]孔子说:"财富与高位,是人人都想拥有的;不以合乎仁道的方式来拥有,君子不会接受。贫困与卑贱,是人人都厌恶的;不以合乎仁道的方式去摆脱,君子也不会做。"(《论语诠解》30页)

孙钦善:"不以"二句:据上下文,前一"不"字当为衍文,此二

句即安贫乐道之意。(《论语本解》37页)

　　辑者案:从杨伯峻说。

(2)君子去仁,恶乎成名

汉·孔安国:恶乎成名者,不得成名为君子也。(皇侃《论语集解义疏》卷二·26页)

　　梁·皇侃:此更明不可去正道以求富贵也。恶乎,犹于何也。言人所以得他人呼我为君子者,政由我为有仁道故耳。若舍去仁道,傍求富贵,则于何处更得成君子之名乎? (皇侃《论语集解义疏》卷二·26页)

　　宋·朱熹:言君子所以为君子,以其仁也。若贪富贵而厌贫贱,则是自离其仁,而无君子之实矣,何所成其名乎?(《四书章句集注》70页)

　　清·戴望:成犹立。《传》曰:"圣人以仁义为准绳。中,是之为君子;不中,是之为小人。"(《戴氏注论语》卷四·1页)

　　黄怀信:[释]"恶乎",于何,在哪里。[训译]君子离开仁,在哪里成名呢?(《论语新校释》75页)

　　杨朝明:[诠释]恶(wū)乎:怎样,怎么能够。[解读]君子若抛弃仁德,又怎样来成就美好的名声呢? (《论语诠解》30页)

　　　　辑者案:将朱熹、杨朝明二家的解释结合起来理解为善。恶(wù),疑问代词,相当于"何"、"安"、"怎么"。《汉语大词典》:"恶乎:疑问代词,犹言何所。"

(3)君子无终食之间违仁,造次必于是,颠沛必于是

汉·马融:造次,急遽。颠沛,偃仆。虽急遽、偃仆,不违仁。(邢昺《论语注疏》48页)

汉·郑玄:造次,仓卒也。(袁钧《郑玄论语注》卷二·6页)

宋·朱熹:终食者,一饭之顷。造次,急遽苟且之时。颠沛,

倾覆流离之际。盖君子之不去乎仁如此,不但富贵、贫贱、取舍之间而已也。言君子为仁,自富贵、贫贱、取舍之间,以至于终食、造次、颠沛之顷,无时无处而不用其力也。然取舍之分明,然后存养之功密;存养之功密,则其取舍之分益明矣。(《四书章句集注》70页)

清·刘宝楠:终食之间,常境也;造次颠沛,变境也。君子处常境,无须臾之间违仁,故虽值变境,亦能依于仁行之,所以能审处富贵、安守贫贱也。此君子,是"仁者安仁"也。(《论语正义》143页)

方骥龄:《广雅·释诂》:"求,终也。"《诗·大雅·下武》"世德作求"笺:"求,终也。"……《永乐大典》终字亦作求字解。是终求二字,原可通假互训。本章"君子无终食之间违仁",疑当作"君子无求食之间违仁"解。孔子之意,殆谓君子人不当为求食而违仁。重点仍在出处进退取舍之不可不慎,故其下即断之以"造次必于是,颠沛必于是"二句,于是整章意念一贯,皆待人接物处世之道,不再偏重于个人之修养矣。(《论语新诠》94页)

唐满先:于:即"为",这里指实行。(《论语今译》29页)

杨朝明:[诠释]终食之间:一顿饭的时间。[解读]君子哪怕一顿饭的工夫也不会离开仁德,仓促匆忙时有仁德在,颠沛流离时也有仁德在。(《论语诠解》30页)

　　辑者案:刘宝楠、杨朝明的解释为优。

4.6 子曰:"我未见好仁者,恶不仁者。好仁者,无以尚之。恶不仁者,其为仁矣,不使不仁者加乎其身。有能一日用其力于仁矣乎? 我未见力不足者。盖有之矣,我未见之也。"

(1)我未见好仁者,恶不仁者

梁·皇侃:云"我未见好仁者"者,叹世衰道丧、仁道绝也,言我未见有一人见他人行仁而好之者也。云"恶不仁者"者,又言我亦不见一人虽不能自行仁者,若见他人不仁而己憎恶之者也。故范宁曰:"世衰道丧,人无廉耻。见仁者既不好之,见不仁者亦不恶之。好仁恶不仁,我未睹其人也。"(皇侃《论语集解义疏》卷二·27页)

宋·邢昺:孔子言,我未见性好仁者,亦未见能疾恶不仁者也。(邢昺《论语注疏》49页)

宋·朱熹:夫子自言未见好仁者、恶不仁者。盖好仁者真知仁之可好,故天下之物无以加之。恶不仁者真知不仁之可恶,故其所以为仁者,必能绝去不仁之事,而不使少有及于其身。此皆成德之事,故难得而见之也。(《四书章句集注》70页)

清·刘宝楠:《注》以经言"好仁者,恶不仁者"是就两人说之。"恶不仁者"不如"好仁者"为优,意以"恶不仁者"或是利仁、强仁,若"好仁者",则是安仁也。(《论语正义》145页)

杨伯峻:孔子说:"我不曾见到过爱好仁德的人和厌恶不仁德的人。"(《论语译注》37页)

崔茂新:与前一样,现代标点诸本也是从《注疏》、《正义》两本得到释义和断句依据的。但这一处的误读比前一处更为明显,"我未见好仁者,恶不仁者"这句中间的","号应删去。邢昺把这句话疏为"我未见性好仁者亦未见能疾恶不仁也",孤立地看也算讲得通。但若把他对这句话的解释与孔子论"仁"的其它言论联系起来看,问题就暴露出来了:既然孔子自己没有见过性好仁德的人,他老人家又是依据什么做出"君子无终食之间违仁"(《里仁》)之判断的呢?就算孔子没有遇到过一个君子,那又如何解释孔子"回也,其心三月不违仁,其余日月至焉而已矣"(《雍也》)这样的话呢?退一步说,孔子不轻许人以仁,没有见过性好仁德的人,那又何至于连"疾恶不仁者"也没有见过呢?如果孔子真的从未见到过"疾恶不仁者",他又是从哪里知道"人而不仁,疾之已甚,乱也"(《泰伯》)这一情况的呢?所有这些自相矛盾之处,只要去掉一个逗号,把这句话连为"我未见好仁者恶不仁者",就迎刃而解、一通百通了。孔子的意思是说,他从未见过性好仁德的人憎恶不仁的人这种事情。换句话说,凡是性好仁德的人,都绝对不会、也不应当憎恶不仁的人;任何对不仁的人抱憎恶态度的人,都不是性好仁德的人。紧接着,孔子解释了为什么会这样的原因:性好仁德的人,他行仁的境界是至高无上的、无以复加的;憎恶不仁的人,其行仁的程度仅仅是避免了不仁的人把不仁行为施加到自己身上罢了(远远没有达到"无以尚之"的境界)。那么,是不是这个人有好仁之心而能力不足呢?也不是。孔子说,有谁能在某一天把力量用于仁德呢,我未见过力量不够的。也就是说,任何真正性好仁德的人,都能达到"无以尚之"的境界,决不会因力量不足半途而废,(只是世人多不修仁罢了)。在孔子看来,真正的仁人应当爱一切人,即使对于不仁的人也不应憎恶或惧怕,而应当以仁爱之心改变他、感化他,使他走上仁的道路。(《试说〈论语〉的两处误读》,《古汉语研究》1998 年第 1 期)

辑者案:以皇侃、杨伯峻说为胜。

(2)好仁者,无以尚之;恶不仁者,其为仁矣,不使不仁者加乎其身

汉·孔安国:(无以尚之),难复加也。……言恶不仁者能使不仁者不加非义于己,不如好仁者无以尚之为优也。(皇侃《论语集解义疏》卷二·27 页)

梁·皇侃:云"好仁者无以尚之"者,尚,犹加胜也。言若好仁者,则为德之上,无复德可加胜此也,故李充曰:"所好唯仁,无物以尚之也。"云"恶不仁者其为仁矣"者,好仁者,故不可加善,若知

恶憎于不仁者,其人亦即是仁,故云其为仁也。云"不使不仁者加
乎其身"者,此是恶不仁者之功也。言既能恶于不仁而身不与亲
狎,则不仁者不得以非理不仁之事加陵于己身也。一云:其,其于
仁者也。言恶不仁之人虽不好仁,而能恶于不仁者,不欲使不仁
之人以非理加陵仁者之身也。故李充曰:"不仁,仁者之贼也。奚
不恶不仁哉?恶其害仁也。是以为惜仁人之笃者,不使不仁人加
乎仁者之身,然后仁道无适而不申,不仁者无往而不屈也。"(皇侃
《论语集解义疏》卷二·27页)

　　清·李光地:无以尚之者,好之至也。不使不仁者加乎其身,
恶之深也,此如《大学》之"如好好色,如恶恶臭",正是用力处,似
不必以成德言。盖求必得而后为好之至,务决去而后为恶之深。
志气相生,岂有力不足患?或者强弱不齐、中道而废者有之,然我
亦未之见,则以真知所好恶者少也。(《读论语札记·里仁篇》)

　　清·黄式三:好恶只是一人,何分优劣?孔《注》失之。式三
谓:人己之交,能使生生之道相贯彻者无加于仁。五常以仁为首,
求仁者所以好之笃也。恶不仁者,去不仁以为仁,为仁则惟恐欺
忍之心有以间之。孟子所谓"行一不义,杀一不辜,得天下而不
为",此恶不仁之实也,则不仁之不加身也。《论语》叹"未见"者数
章,皆因所见而望所未见,说者以此抹杀一世,非圣人语意也。
(《论语后案》87页)

　　方骥龄:本章"尚"与"加"相对举,疑不当作"加"或"上"字
义。……故尚字南唐徐锴《说文系传》、清苗夔《校勘记》、清段玉
裁《说文解字注》,皆作"分散"解。孔子之意,谓"尚未见到真能与
人相亲附及真能厌恶不与人相亲附之人"。所谓"无以尚之",殆
谓"真能与人相亲附者,任何方法皆不足以分散之也"。如浸润之
谮、肤受之诉不行,亦犹今人所谓不受人之挑拨离间是也。(《论语

新诠》95 页)

钱逊：尚：通上，用作动词，超过的意思。(《论语读本》47 页)

林觥顺：无以尚之：尚同上，有嘉许义，无以尚之是无须乎嘉许。(《论语我读》60 页)

辑者案：从皇侃说。

(3)有能一日用其力于仁矣乎？我未见力不足者

汉·孔安国：言人无能一日用其力修仁者耳。我未见欲为仁而力不足者。(邢昺《论语注疏》49 页)

宋·朱熹：言好仁恶不仁者，虽不可见，然或有人果能一旦奋然用力于仁，则我又未见其力有不足者。盖为仁在己，欲之则是，而志之所至，气必至焉。故仁虽难能，而至之亦易也。(《四书章句集注》70 页)

元·陈天祥：神识至于昏弱之甚，乃其气质极偏，天性之光明无可容之地，是为下愚不移之人。渠亦岂能有欲进之志哉？果有自强欲进之志，不可谓之昏弱之甚也。上文"我未见力不足者"，所以明其仁实易为，警其不肯为者也。彼昏弱之甚，诚不能而非不为者，宜乎不在夫子所警也。所谓疑亦容或有此，又言不敢终以为易者，皆以盖有之言谓是，实亦有此也。前已言无，后却言有；前言至易，后言非易。何其言之不一也！盖仁本在己，不必他求。我欲仁，斯仁至矣。心肯为之，诚不难及，故夫子言其易为而无力不足者。此确论也。复言"盖有之矣，我未之见也"，非为反其前言而谓，实亦有此也。此等语意，常话中往往有之。先言我未尝见有如此之事，后乃再言世间管也曾有此事，我实未尝见也。此正决定必无之辞。夫子之言亦犹是也。(《四书辨疑》卷三·11 页)

李泽厚：《论语》中有许多说法直接矛盾。例如，一方面是强调"仁"的稀少、罕有、难得、不易做到，最受称赞的颜回也只"三月

不违仁";另方面又强调大家都要做到,一刻也不能脱离;而且只要立志去做,仁是容易做到的,等等。(《论语今读》77页)

　　辑者案:从孔安国、朱熹说。

4.7 子曰:"人之过也,各于其党。观过,斯知仁矣。"

(辑者案:"人",皇本、高丽本作"民")

(1)人之过也,各于其党

汉·孔安国:党,党类也。小人不能为君子之行,非小人之过也,当恕而无责之。观过,使贤愚各当其所,则为仁也。(皇侃《论语集解义疏》卷二·28页)

梁·皇侃:过,犹失也。党,党类也。人之有失,各有党类。小人不能为君子之行,则非小人之失也。犹如耕夫不能耕乃是其失,若不能书则非耕夫之失也。若责之当就其辈类责之也。……殷仲堪解少异于此,殷曰:"言人之过失各由于性类之不同。直者以改邪为义,失在于寡恕;仁者以恻隐为诚,过在于容非。是以与仁同过,其仁可知。观过之义,将在于斯者。"(皇侃《论语集解义疏》卷二·28页)

宋·郑汝谐:仁,人心也。不见此心者,偏党蔽之也。(《论语意原》卷一·22页)

宋·朱熹:党,类也。程子曰:"人之过也,各于其类。君子常失于厚,小人常失于薄;君子过于爱,小人过于忍。"尹氏曰:"于此观之,则人之仁不仁可知矣。"……愚按:此亦但言人虽有过,犹可即此而知其厚薄,非谓必俟其有过,而后贤否可知也。(《四书章句集注》71页)

清·钱坫:君子群而不党,故谓党为过。(《论语后录》卷一·18页)

清·刘开:党,非类也,有所亲比谓之党。《书》云"无偏无党",子曰"群而不党",皆言比也。人之过于礼而用其情者,各于其亲比而深讳之,如父为子隐,子为父隐,虽有偏私而情不得如

此也,故观过可知仁矣。(《论语补注》卷中·1页)

清·戴望:党,党类也。人各为其党类受过,若周公使管叔监殷,孔子答昭公知礼,子路有姊丧,期而勿除,皆是矣。《春秋》之义为尊者讳,为亲者讳,为贤者讳,为中国讳。人虽加以过,君子不辞,不忍言也。(《戴氏注论语》卷四·1页)

方骥龄:《公羊》隐六《传》"首时过则书"注:"过,历也。"至本章党字,似当作乡党解。"人之过也,各于其党",殆谓人之经历,当由其乡党中观之。盖人在故乡,食于斯,衣于斯,歌哭于斯,皆历历无所隐遁;由其乡党中考查其为人,必可知其"相人偶"之道为何如。(《论语新诠》96页)

杨润根:党:繁体字为"黨",这个字本来由"尚"和"黑"构成(上下结构),意为以愚昧无知(心不明,眼不亮)为基础的盲目的崇尚、盲目的信仰与盲目的追求(这也许正是党派活动为古代和现代一些人所非议的原因),这里指盲目崇尚、盲目信仰与盲目追求的原因——愚昧无知。(《发现论语》93页)

黄怀信:[释]"各于其党",言不出其同类范围。[训译]人的过错嘛,各自都在其同类(范围之内)。观察(一个人的)过错,就可以知道(他属于哪一类)人了。(《论语新校释》78页)

李君明:党:孔《注》:"类也。"实际上,这里指居住环境。(《论语引读》102页)

杨朝明:孔子说:"世上的人们各种各样,同类的人往往会犯相同的过失。观察各人所犯的过失,就知其是否真正地行仁。"(《论语诠解》31页)

辑者案:从朱熹、杨朝明说。

(2)观过,斯知仁矣

汉·孔安国:小人不能为君子之行,非小人之过也,当恕而无

责之。观过，使贤愚各当其所，则为仁也。（皇侃《论语集解义疏》卷二·28页）

　　梁·皇侃：若观人之过能随类而责，不求备一人，则知此观过之人有仁心人也；若非类而责，是不仁人，故云观过，斯知仁矣。（皇侃《论语集解义疏》卷二·28页）

　　宋·许谦：此章虽为观人，然主于教人行仁也。上言过各有党，是善恶对言，下却专举仁说，意或可见。《集注》以失、过二字释经"过"字。失是错误，过是太过。具此两字，方尽经中"过"字之义。吴祐言掾以亲故受污辱之名，所谓"观过，斯知仁者"，本文如此。……故曰：观过知仁二句所指不同，读者亦当详之。（《读论语丛说》卷上·30页）

　　日·物双松："观过，斯知仁矣"，盖古语，而孔子释之也。言观群下之所过，以知国君之仁也。人，众人也。党，乡党也。盖朝廷宗庙之间，君子所慎，鲜有过矣。但其于乡党，亲戚朋友所在，其过不亦宜乎。国人皆如此，是可以知国君仁德之化也。（《论语征》卷二·79页）

　　清·焦循：观读如"观其所由"之"观"。但见其过而概加责焉，非仁也。谛视而察之，则知仁术矣。各于其党，即是观过之法，此为莅民者示也。（《论语补疏》卷一·9页）

　　清·刘宝楠：正义曰：《礼记·仲尼燕居注》："党，类也。"亦常训。焦氏循《补疏》申此《注》云："各于其党，即是观过之法，此为莅民者示也。"皇侃云："犹如耕夫不能耕，乃是其失。若不能书，则非耕夫之失也。"此说"党"字义最明。案：《注》说甚曲，焦氏不免曲徇。且知仁因观而知，则仁即过者之仁，而孔以为观者知仁术，亦误。（《论语正义》146页）

　　杨树达：观过知仁者，观其过而知其仁与不仁也。有过而仁者,有过而失之不仁者,故曰:各于其党也。子路、秦西巴、孙性,过而仁者也。乐羊、梁车,过而不仁者也。(《论语疏证》95 页)

　　杨伯峻:[注释]仁——同"人"。[译文]什么样的错误就是由什么样的人犯的。仔细考察某人所犯的错误,就可以知道他是什么样式的人了。(《论语译注》37 页)

　　王熙元:观过,观察、省察自己的过失,并非观察他人的过失。斯知仁,意思是这样就能认识仁的道理。(《论语通释》162 页)

　　黄怀信:[校]斯知人矣,"人"旧作"仁",从翟氏《考异》引陆采说,据《后汉书·吴祐传》所引改。[训译]观察(一个人的)过错,就可以知道(他属于哪一类)人了。(《论语新校释》77－78 页)

　　杨朝明:党:同类。斯知仁矣:斯,就、则。知仁,知道是否真正的行仁。有人认为应作"人",亦通。此不取。(《论语诠解》30 页)

　　孙钦善:仁:《后汉书·吴祐传》引此文作"人",于是有人认为此处"仁"同"人",非是。《汉书·外戚传》、《南史·张裕传》引此皆作"仁"。"仁"指道德,仁人亦难免无过,但仁人之过,无论从其过错性质来看,还是从其对待过错的态度来看,皆与不仁人之过迥别。因此孔子认为一个人的过错,亦可作为判断一个人是否具有仁德的根据,这里含有从反面看问题的辩证法。孔子说:"人的过错,各属于一定类型。因此,观察人们的过错,便可知是否具有仁德了。"(孙钦善《论语本解》38 页)

　　辑者案:从杨朝明、孙钦善说。

4.8 子曰:"朝闻道,夕死可矣。"

　　魏·何晏:言将至死不闻世之有道也。(皇侃《论语集解义疏》卷二·28 页)

　　梁·皇侃:叹世无道,故言设使朝闻世有道则夕死无恨,故云可矣。栾肇曰："道所以济民，圣人存身为行道也。济民以道，非为济身也。故云诚令道朝闻于世，虽夕死可也。伤道不行，且明己忧世不为身也。"(皇侃《论语集解义疏》卷二·28页)

宋·程颐：人不可以不知道，苟得闻道，虽死可也。(《二程集》1138页)

宋·朱熹：道者，事物当然之理。苟得闻之，则生顺死安，无复遗恨矣。朝夕，所以甚言其时之近。程子曰："言人不可以不知道，苟得闻道，虽死可也。"又曰："皆实理也，人知而信者为难。死生亦大矣！非诚有所得，岂以夕死为可乎？"(《四书章句集注》71页)

金·王若虚：《注疏》以为不闻世之有道，其说甚缪。程氏曰："人不可以不知道。"夕死可者，是不虚生也，斯为得之。东坡云："未闻道者，得丧之际，未尝不失其本心，而况死生乎？"子由亦云："一日闻道，虽死可以不乱。"所谓过于深者也。(《论语辨惑》卷一·9页)

清·刘宝楠："闻道"者，古先圣王君子之道，已得闻知之也。闻道而不遽死，则循习讽诵，将为德性之助。若不幸而朝闻夕死，是虽中道而废，其贤于无闻也远甚，故曰"可矣"。《新序·杂事篇》载楚共王事，《晋书·皇甫谧传》载谧语，皆谓闻道为已闻道，非如《注》云"闻世之有道"也。(《论语正义》146页)

清·康有为：道者，天人之道。《易》所谓"原始要终，故知死生之说、鬼神之状，通乎昼夜之道而知"也。盖生死者，人身体所不免，惟知气在上，魂无不之，神气风霆。风霆流形，偶现者阳，复藏者阴。开阖往来，天道本无生死。盖本末始生，则亦未始死。死生如昼夜，昼夜旋转，实大明终始，则无昼无夜也。故人能养其神明完粹，常惺不昧，则朝而证悟、夕而怛化可也。孔子此言魂灵死生之道要，一言而了精深玄微，惜后儒不传，遂使闻道者少。或

者以归佛氏,而谓孔子不言灵魂,则甚矣后儒之割地也。(《论语注》49 页)

章太炎:《汉书·夏侯胜传》:胜与黄霸久系,霸欲从胜受经,胜辞以罪死。霸曰:"朝闻道,夕死可矣。"此前汉旧说,何云将至死不闻世之有道!若孔子自悼命穷者,失其旨。(《广论语骈枝》3 页)

方骥龄:《说文》:"死,澌也。"《方言三》:"澌,尽也。"……朝闻夕死,孔子勖勉后生"士志于道",能从善如流而"过则勿惮改",不应以"恶衣恶食"为可耻,当以不能迁善改过为可耻。朝闻正道,见贤思齐,取人之长,补己之短,日之既暮,往日所犯之过,即能消尽,故曰"夕死可矣",非死亡之谓也。孔子曾告子路以"未知生,焉知死",可见孔子不轻言死。故前人所解死字为可疑。(《论语新诠》97 页)

杨伯峻:孔子说:"早晨得知真理,要我当晚死去都可以。"(《论语译注》37 页)

乔一凡:此节非孔子言。于何见之?见之于孔子之言行。孔子弟子,闻道者多矣。……再以孔子本人言。孔子主张自强不息、日进无疆,是以栖栖一生,冀行其道,以安万类。孔子老而返鲁,死时尚叹山颓木毁而道穷。其自惜其死也又如此。是以知孔子不会为此言也。(《论语通义》56—57 页)

李炳南:道,即是仁道。闻道,非说孔子自闻,是为一般人而言。人在世间,须知为仁之道,方能立己立人。苟无仁道,则必害人害己。仁道学之难,闻之亦难,纵然朝闻夕死,亦不虚此一生,否则纵寿八百年,亦枉为人。又,《中庸》天命之谓性,率性之谓道,闻之更难。(《论语讲要》73 页)

李泽厚:总而言之,生烦死畏,真理岂在知识中!生烦死畏,追求超越,此为宗教;生烦死畏,不如无生,此是佛家;生烦死畏,

却顺事安宁,深情感慨,此乃儒学。(《论语今读》79页)

　　杨朝明:孔子说:"早晨能够听到正确的治世主张,即使晚上死去也是值得的。"(《论语诠解》31页)

　　　　辑者案:朱熹的解释很平实,表达了孔老夫子"人生虽短暂,以闻道为目的"的思想。此言表达了孔子求道的迫切心情,杨伯峻、杨朝明的译解切合文意。

4.9　子曰:"士志于道,而耻恶衣恶食者,未足与议也。"

　　梁·皇侃:若欲志于道而耻恶衣恶食者,此则是无志之人,故不足与共谋议于道也。一云:不可与其共行仁义也。李充曰:"夫贵形骸之内者,则忘其形骸之外矣。是以昔之有道者、有为者,乃使家人忘其贫,王公忘其荣,而况于衣食也。"(皇侃《论语集解义疏》卷二·29页)

　　宋·邢昺:此章言人当乐道固穷也。士者,人之有士行者也。言士虽志在善道,而衣服饮食好其华美、耻其粗恶者,则是志道不笃,故未足与言议于道也。(邢昺《论语注疏》50页)

　　宋·朱熹:心欲求道,而以口体之奉不若人为耻,其识趣之卑陋甚矣,何足与议于道哉? 程子曰:"志于道而心役乎外,何足与议也。"(《四书章句集注》71页)

　　康有为:尊神明者,贱口体;足内德者,忘外物。若志于道,而尚以衣食之恶为耻,识趣凡陋,不足与议道也。盖学者不患于愚鲁,而患于卑鄙;卑鄙之人,必害其志,必无成学者也。(《论语注》49页)

　　李泽厚:孔子说:"知识分子有志于追求真理,但又以粗衣淡饭为羞耻,这种人不值得与他去讨论。"(《论语今读》79页)

　　杨朝明:士:刘宝楠《论语正义》中说:"《白虎通·爵篇》:'士

者,事也;任事之称也。'……士居四民之首,其习于学有德行道艺者始出仕,亦谓之士。故士为学人进身之阶。"或说,士是介于卿大夫与平民之间的一个阶层。(《论语诠解》31 页)

  辑者案:邢昺的解释深刻、精辟。关于"士",杨伯峻译为"读书人"、李泽厚译为"知识分子"为当。

4.10 子曰:"君子之于天下也,无適也,无莫也,义之与比。"(定州简本"无適也"作"无谪也"。谪、適、敵古通)

汉·郑玄:无莫,无所贪慕也。(袁钧《郑玄论语注》卷二·6 页)

魏·何晏:言君子之于天下,无適,无莫,无所贪慕也,唯义之所在也。(皇侃《论语集解义疏》卷二·29 页)

晋·范宁:適、莫,犹厚、薄也。比,亲也。君子与人无有偏颇厚薄,唯义是亲也。(皇侃《论语集解义疏》卷二·29 页)

唐·陆德明:適,丁历反,郑本作敵。莫,武博反。……郑音慕,无所贪慕也。与比,毗志反。(黄焯《经典释文汇校》698 页)

唐·韩愈:无適,无可也。无莫,无不可也。惟有义者与相亲比尔。(《论语笔解》卷上·7 页)

宋·朱熹:适,专主也。《春秋传》曰"吾谁适从"是也。莫,不肎也。比,从也。谢氏曰:"适,可也。莫,不可也。无可无不可,苟无道以主之,不几于猖狂自恣乎?此佛老之学,所以自谓心无所住而能应变,而卒得罪于圣人也。圣人之学不然,于无可无不可之间,有义存焉。然则君子之心,果有所倚乎?"(《四书章句集注》71 页)

明·张居正:適是必行的意思,莫是必不行的意思,义是事之宜,比字解做从字。(《论语直解》卷四·4 页)

清·惠栋:郑本"適"作"敵",莫音慕,无所贪慕也。栋案:古敵字皆作適。《礼记·杂记》曰：赴于適者。郑《注》云：適读为匹敵之敵。《史记·范雎传》："攻適伐国。"《田单传》："適人开户。"《李斯传》："群臣百官皆畔，不適。"徐广皆音征敵之敵。《荀卿子·君子篇》云："天子四海之内无客礼，告无適也。"《注》：读为敵。（《论语古义》2页）

清·刘宝楠：惠氏栋《九经古义》："《礼记·杂记》'讣于適者'，郑《注》云：'適读为匹敵之敵。'《史记·范雎传》'攻適伐国'……"由惠氏所引证观之，是"適"、"敵"通用。……皇《疏》引范宁曰："适莫，犹厚薄也。比，亲也。君子与人无有偏颇厚薄，唯仁义是亲也。"范氏意似以"適"为"厚"，"莫"为"薄"，故邢《疏》即云："適，厚也；莫，薄也。"此与郑氏义异。疑《李固传》及《白虎通》、《风俗通》皆如此解，则亦《论语》家旧说，于义并得通也。至于邢《疏》又云："言君子于天下之人，无问富厚穷薄，但有义者，则与之为亲。"其义浅陋，不足以知圣言矣。皇本有《注》云："言君子之于天下，无適无莫，无所贪慕也，唯义之所在也。"案："无所贪慕"，乃郑君解"无莫"之义，与"无適"句无涉，此《注》必妄人所增。（《论语正义》147页）

日·海保元备：便己事，一概趋之是適；不便己事，掉头不肯是莫。按：解適为适往之义，仍可言也；以莫为不肯之义，抑何所本也？（《论语驳异》26页）

清·王闿运：适，往也。莫，定也。此言己历聘之意，可以仕则仕，可以止则止，不义则不与亲也。（《论语训》卷一·32页）

清·康有为：适，往也。莫，毋也。义，宜也。比，亲附也。言君子于天下之事之人，无所必偏往，无所必禁绝，但于义之合宜者，则亲附而从之。盖非从人也，从公理也，从事宜也。事宜者，其地民人合宜，其时与人合宜，则施之恰当。故君子有犯天下之

谤、违天下之论而独为之者,义所宜也;有从众人之后、因世俗之宜而不改者,亦义所宜也。(《论语注》50页)

章太炎:《诗·卫风》:"谁适为容。"《传》:"适,主也。"《小雅》:"圣人莫之。"《传》:"莫,谋也。"君子治天下不建己,故无主;不用智,故无谋。动静不离于理,是曰"义之与比"。其后,慎到闻其说,曹参施诸政。(《广论语骈枝》3页)

杨伯峻:[译文]孔子说:"君子对于天下的事情,没规定要怎样干,也没规定不要怎样干,只要怎样干合理恰当,便怎样干。"[注释]适,莫——这两字讲法很多,有的解为"亲疏厚薄","无适无莫"便是"情无亲疏厚薄"。有的解为"敌对与羡慕","无适(读为敌)无莫(读为慕)"便是"无所为仇,无所欣羡"。我则用朱熹《集注》的说法。(《论语译注》37页)

乔一凡:适,自专也,亦作敌。无适,不自专也。莫,鬲幕也。鬲又作隔,莫或作瘼。无莫,则达四聪,与民不鬲莫也。鬲莫今又作隔膜。(《论语通义》58页)

钱逊:比:有两种解释:一,亲近,相近;二,从,听从。(《论语读本》49页)

南怀瑾:"无适也"是说并不希望自己一定要发多大的财,作多大的官。虽然这样没有成见,也不是样样都可以。"无莫也"就是有所为、有所不为。(《论语别裁》180页)

李炳南:君子对于天下人,无专主之亲,无特定之疏,惟以道义是从。即不问亲疏,但以道义是亲,亦即以义为处世准绳。(《论语讲要》74页)

李泽厚:孔子说:"君子对待天下各种事情,既不存心敌视,也不倾心羡慕,只以正当合理作为衡量标准。"(《论语今读》80页)

金池:适(dí敌):亲近,厚待。莫:疏远,冷淡。……君子对于

天下的人，不固定对谁亲，也不固定对谁远，只是同有义的人亲近。(《〈论语〉新译》104 页)

黄怀信：[校]无敌也，"敌"旧作"适"，借字，今据《释文》改从郑本，用本字。《逸周书·柔武解》："靡适无下。""适"亦借为"敌"。无慕也，"慕"旧作"莫"，亦借字，今从郑玄读改本字，以免徒生误解。[释]无敌也："敌"，仇敌、敌对。旧作"适"，或如字释无所适从之适，与下文"比"义重，非。或释"肯"，亦非，适无肯义。无慕也："慕"，爱慕、向慕，与"敌"相对。旧作"莫"或释不肯、反对，与"敌"、"比"不谐，不知通假故也。义之与比："义"，宜也，谓行事合理、合宜之人。"比"，相并、合作、在一起。[训译]先生说："君子对于天下(的人)，没有敌对，也没有爱慕，(只)跟正义(者)在一起。"(《论语新校释》80 页)

何新：义，礼仪。比，比较。以礼仪与之相比。(《论语新解——思与行》43 页)

安德义：适：原为"適"，引申为绝对正确。"适""莫"有的解释为"敌对与羡慕"，"适"则读为 dī。莫：不可以的，不专一的。引申为绝对错误。(《论语解读》91 页)

杨朝明：[诠释]郑玄以为"適"为"敵"，表示敵对，义近；俞樾认为"適"作"敵"，有匹敌、相当的意思，引申为相抵触，可从。[解读]孔子说："君子对待天下人，无妄加抵触之念，也无贪慕之心，只是亲近仁义之人。"(《论语诠解》31 页)

辑者案：视"適"为"敵"，视"莫"为"慕"，符合文意。此语是说，君子对于天下的人，无所谓敌对，无所谓亲慕，只与仁义者相亲比。

4.11 子曰："君子怀德，小人怀土。君子怀刑，小人

怀惠。"

汉·孔安国："怀德"，怀安也。"怀土"，重迁也。"怀刑"，安于法也。（皇侃《论语集解义疏》卷二·29页）

梁·皇侃：云"君子怀德"者，怀，安也。君子身之所安，安于有德之事。云"小人怀土"者，小人不贵于德，唯安于乡土，不期利害，是以安之不能迁也。一云：君子者，人君也。小人者，民下也。上之化下，如风靡草。君若化民安德则下民安其土，所以不迁也。故李充曰："凡言君子者，德足轨物，义兼君人，不唯独善而已也。言小人者，向化从风，博通下民，不但反是之谓也。故曰：'君子之德风，小人之德草也。'此言君导之以德则民安其居而乐其俗，邻国相望而不相与往来，化之至也。是以大王在岐，下辇成都，仁政感民，猛虎弗避，钟仪怀土而谓之君子。然则民之君子，君之小人也。斯言例也。"云"君子怀刑"者，刑，法也，言君子之人安于法则也。云"小人怀惠"者，惠，恩惠利人也。小人不安法，唯知安利惠也。又一云：人君若安于刑辟，则民下怀利惠也。故李充曰："齐之以刑，则民惠利矣。夫以刑制物者，刑胜则民离；以利望上者，利极则生叛也。"（皇侃《论语集解义疏》卷二·29页）

唐·韩愈：德难形容，必示之以法制。土难均平，必示之以恩惠。上下二义转相明也。（《论语笔解》卷上·7－8页）

唐·李翱：君子非不怀土也，知土均之法乃怀之矣。小人只知土著乐生之惠，殊不知土之德何极于我哉？（《论语笔解》卷上·7－8页）

宋·邢昺：君子执德不移，是安于德也。小人安安而不能迁者，难于迁徙，是安于土也。"君子怀刑，小人怀惠"者，刑，法制；惠，恩惠也。君子乐于法制齐民，是怀刑也。小人唯利是亲，安于

恩惠，是怀惠也。（邢昺《论语注疏》50页）

宋·郑汝谐：上有德则礼义明，教化行，固君子之所安也。上有刑，则善有所怙，恶有所惧，亦君子之所安也。小人则不然，有土以居之，则苟安重迁，德则非其所知也；有惠以私之，则乐其所养，刑则非其所利也。君子小人识虑之远近，用心之公私于此分矣。当时之君既无德政，又无刑章，何以怀君子？争城、争地，民不得一日安其居；重征厚敛，未尝有以惠其下，又无以怀小人矣。君子、小人皆失其所，是以微示伤叹之意。（《论语意原》卷一·22页）

宋·朱熹：怀，思念也。怀德，谓存其固有之善。怀土，谓溺其所处之安。怀刑，谓畏法。怀惠，谓贪利。君子小人趣向不同，公私之间而已。尹氏曰："乐善恶不善，所以为君子；苟安务得，所以为小人。"（《四书章句集注》71页）

元·陈天祥：既以怀为思念，而于通解处却不全用思念之意。四"怀"字之说，意各不同，四者之事亦不相类。……德不可说为自己之德。刑与德皆当归之于国家。"德"与"德之流行"之"德"同，盖谓国家之仁政也。"刑"与"刑于四海"之"刑"同，盖谓国家之法则也。土谓国土，惠谓恩惠。此章本论君子小人志趣不同。君子之心普及于众，小人之志专在于己也。君子怀德，思念养民之仁政也；小人怀土，思念便己之国土也；君子怀刑，思念齐民之法则也；小人怀惠，思念私己之恩惠也。（《四书辨疑》卷三·13—14页）

清·戴望：怀，归也。天以厚生为德，地以利用为德，人以正德为德。土，居也。上务隆刑峻法则下惟惠己者是归。《春秋》书梁亡言自亡也。（《戴氏注论语》卷四·2页）

清·俞樾：此章之义自来失之。君子，谓在上者；小人，谓民也。……此章之义以怀德、怀刑对举相形，欲在位之君子不任刑而任德也。夫安土重迁，人之常情。小民于其乡土，岂无桑梓之念？故泰山之妇，因无苛政而不去，此即所谓小人怀土也。惟上之人荼毒其民，使之重足而立，而忽闻邻国之君有行仁政者，则旧都旧国之思不敌其乐国乐郊之慕，而怀土者变而怀惠矣。说此章者皆不得其义。若从旧说，则何不曰"君子怀德、怀刑，小人怀土、怀惠"？亦足见君子、小人所安之不同，而何必错综其文乎？（《群经平议》卷三十·11—12页）

杨树达：怀土者怠于迁，所谓安土重迁者是也。安安而能迁，则与怀土怀居者异矣。此孔子劝劳动、戒安惰也。（《论语疏证》97页）

方骥龄：本章"小人怀土"，殆谓庶民当劳之来之，分配土地以安之也。……刑即《诗经·大雅·思齐篇》"刑于寡妻"之刑，今作型。"君子怀刑"，怀，思念也。在位之官吏，当正己而后正人，当时时怀念如何始可为人民之典型也。……君子怀德，君子怀型，劳心也。小人怀土，小人怀惠，劳力也。本章主指，殆谓在位之官吏与在野之庶民，当各在其位而尽其责。（《论语新诠》98—99页）

刘桓：我认为，按照旧注"君子怀刑"意为"君子乐于法制齐民"，这就与孔子一贯的仁礼思想相矛盾。孔子学说以仁为核心，以礼为纲领，而很少谈及刑或刑罚。……况且，从文字训诂的角度说，刑固然可用为法制、法度等义，但亦多假借为型。《说文》："型，铸器之法也。"型，义为模型。引申之用为名词，意为典型，使动用法，则为效法之义。《诗·周颂·烈文》"不显维德，百辟其刑之"，高亨《诗经今注》："刑，通型，效法也。"注得很对。……以上提到的名君圣贤和贤者，虽受到推崇的程度有别，无疑都是孔子心目中的楷模。因此，孔子所讲的"君子怀刑"，当读为"君子怀型"，亦必指君子思念古今的一些名君、圣贤。君子思念名君圣贤，较之周代贵族彝铭之一味称赞或思念祖考、先王，显然是一种历史性的进步。（《"君子怀刑"解》，《孔子研究》1990年第3期）

萧民元："刑"字在春秋那时,广泛的说是"法"。而在使用中,极为普遍的是指有惩罚性的刑法而言。……所以严格的来说,真正怀刑的人,是小人不是君子。君子的心目中有道德律。君子当然也知法。但一个君子做错了事,他的良心将先受到道德的谴责,不必等到法律来制裁方知害怕。故而"君子怀刑"的说法有所不妥。笔者认为很可能是一个与"刑"音相近的德性字眼,那就是"信"。全节应是:"君子怀德,小人怀土;君子怀信,小人怀惠。"(《论语辨惑》57 页)

李炳南:君子小人,不必指在位与不在位者,皆就普通人而言之。四句经文,上二句是说居处,下二句是说行动。怀字作思念讲。君子怀德,君子所思的是道德,他的居处,必然选择在有仁德之人所居的邻里。小人怀土,土是地利,小人只选择有利可图之地,如升官发财等,以为居处。定居后,则安安而不迁徙。此为上二句,就择居而辨君子小人。君子怀刑,刑即典刑,经典法则。……君子有所行动,就想到是否合乎此类典刑。小人怀惠,《中庸》:"小人行险以徼幸。"小人之行,冒险以求其幸,不思虑后果,只贪图眼前的小惠。此为下二句,就行动而辨君子小人。(《论语讲要》75 页)

杨润根:土:这个字有两层意思。一是指使万物生长的土地,一是指万物从土地中生长出来。《说文》:"土,地之吐生万物者也,二象地之下,丨象地之中物出之形也。"这里的"土"与人的意念相联系,意指出人头地的的意念与欲望。"出人头地"正是"土"的本意的引伸和喻意。……惠:心灵所顾及到的具体的利益,这里指自私自利的意念。(《发现论语》95 页)

黄怀信:[释]君子怀德,小人怀土:"君子"、"小人",以身份地位言。"君子",指君主、统治者;"小人",指小民、劳动者。旧以为人格之君子、小人,非。"怀",心怀,心里面想着。旧释怀念、怀归,安于,皆非。"德",恩德。旧释品德、道德,非。"土",安土重迁之土,乡土。君子怀刑:"刑",刑罚,与"德"相对。或有疑"刑"为"信"者,谬。小人怀惠:"惠",仁惠、关爱,与"刑"相对。[训译]先生说:"君主心怀恩德,百姓(就)怀恋乡土;君主心怀刑罚,百姓(就)心思仁惠。"(《论语新校释》81页)

李君明:君子关注德行,小人关注田宅;君子关注刑律,小人关注恩惠。(《论语引读》105页)

辑者案:君子关心的是道德、法度,小人关心的是土地、实惠,也就是君子重德、小人重利。怀,心里老想着。

4.12 子曰:"放于利而行,多怨。"

汉·孔安国:放,依也。每事依利而行,取怨之道。(邢昺《论语注疏》50页)

宋·程颐:心存乎利,取怨之道也,盖欲利于己,必损于人。(《二程集》1138页)

宋·朱熹:放,上声。孔氏曰:"放,依也。多怨,谓多取怨。"程子曰:"欲利于己,必害于人,故多怨。"(《四书章句集注》72页)

宋·张栻:放,依也。"放于利而行"者,凡事每求便利于己也。怨由不得其欲而生。彼虽每求便利,而事亦岂能尽利于己哉? 不得其欲则怨矣。其胸次扰扰无须臾以宁也。若夫君子正己,而己无所求利,故无不足,而奚怨之萌哉?(《南轩论语解》卷二·14页)

金·王若虚:南轩曰:"不得其欲,则怨",谓怨出于己也。伊川曰:"利于己必害于人,所以多怨",谓怨出于人也。二者皆通,但未知圣人之旨果安在耳? 至王补之乃云:"不独己多怨乎人,人亦多怨乎己",是则过矣。(《论语辨惑》卷一·10页)

清·黄式三:《说文》"放"本训"逐"。驱逐、追逐皆为"放",放利即逐利也。放纵、放弃之义亦从放逐引申,今读去声。"依放"之"放",今读上声,或作"仿"字,古无是分别也。多怨,谓人恶其专利也。《传》曰:"不为怨府。"又曰:"聚怨不可以定身,人各归怨,利转为害。自谓己之得利者,终不利也。"(《论语后案》92页)

清·王闿运:孔曰:"放,依也。"放,弃也。为政当利民,不可弃之。孔曰:"每事依利而行,取怨之道。"言无利则民怨也。(《论语训》卷上·33页)

清·刘宝楠:此为在位好利者箴也。……在上位者宜知重义,不与民争利也。若在上者放利而行,利壅于上,民困于下,所谓"长国家而务财用",必使"菑害并至",故民多怨之也。……《汉书》公孙贺等传赞引桓宽《盐铁论》曰:"桑大夫不师古,始放于末利。"师古注:"放,纵也。"谓纵心于利也。一说放,依也。案:放纵义亦通。(《论语正义》149页)

金良年:放(fàng 仿):通"仿",依据、遵循。(《论语译注》34页)

李炳南:放者放纵,任意发展,但其目的纯在私利,如此行为必致多人之怨。孔安国注:"放,依也。每事依利而行,取怨之道。"今从刘氏《正义》引《汉书》颜师古注,放作纵字讲,是纵心于利的意思。愈纵心图取私利,则愈损人,故召人之怨愈多。(《论语讲要》75页)

李泽厚:这仍是氏族社会解体的现象。由于金钱对一切事物的侵蚀冲击,传统体制开始瓦解,大家埋怨极多。……没有办法,社会便一直是悲剧地行进着的。怨虽无用,但也有好处,可以起某种制衡作用。(《论语今读》81页)

金池:放(fǎng 仿):同"仿",效法,引申为追求。(《〈论语〉新译》106页)

黄怀信：[释]"放"，逐也。旧释依据、依仿、放纵，皆非。[训译]先生说："追逐利益而行，（就会）多遭怨恨。"（《论语新校释》82页）

辑者案：该章关键字眼在于"放"字，以上各家所论，当以"依"、"依据"为当。金良年解释明白。

4.13 子曰："能以礼让为国乎？何有？不能以礼让为国，如礼何？"

汉·包咸：如礼何者，言不能用礼也。（皇侃《论语集解义疏》卷二·30页）

魏·何晏：何有者，言不难也。（皇侃《论语集解义疏》卷二·30页）

梁·皇侃：为，犹治也。言人君能用礼让以治国则于国事不难，故云何有，言其易也。故江熙曰："范宣子让，其下皆让之。人怀让心，则治国易也。"云"不能以礼让为国，如礼何"者，若昏暗之君不为用礼让以治国，则如治国之礼何？故江熙曰："不能以礼让，则下有争心，锥刀之末，将尽争之，唯利是恤，何遑言礼也？"（皇侃《论语集解义疏》卷二·30页）

宋·邢昺：此章言治国者必须礼让也。"能以礼让为国乎"者，为，犹治也。礼节民心，让则不争。言人君能以礼让为教治其国乎？云"何有"者，谓以礼让治国，何有其难。言不难也。"不能以礼让为国"者，言人君不能明礼让以治民也。"如礼何"者，言有礼而不能用，如此礼何！（邢昺《论语注疏》51页）

宋·朱熹：让者，礼之实也。何有，言不难也。言有礼之实以为国，则何难之有，不然，则其礼文虽具，亦且无如之何矣，而况于为国乎？（《四书章句集注》72页）

清·王夫之：夫子曰：国之所与立者，礼也。礼之所自生者，让也。无礼则上下不辨，民志不定，而争乱作。（《四书训义》卷八·

10页）

清·刘宝楠："让"者，礼之实；"礼"者，让之文。先王虑民之有争也，故制为礼以治之。礼者，所以整壹人之心志，而抑制其血气，使之咸就于中和也。"为国"者，为犹治也。……《后汉书·刘恺传》贾逵上书引此文，作"能以礼让为国，于从政乎何有"，《列女传》曹世叔妻上疏引亦同。此疑出《齐》《古》文异。（《论语正义》149页）

清·康有为：让者，不争，礼之实也。何有者，言以礼让治国，则国不足治也。此言治国必用礼让。盖恶春秋诸国，外饰礼义以夸文明，而日以争杀为事，伤天心之和，坏人道之平也。矫积弊者，必大反；过横湍者，渡上流。孔子生当据乱之世，故特发让义以捄之。民主首尧、舜，君主首文王，至德称泰伯，古贤称伯夷，皆美其让也。人人能让，则上者高蹈，中者守界，而天下平矣。后汉让产让爵者相望，风俗最美。此孔子之大化也，国病之圣药也。孔子不甚言国义，盖圣人言论皆为天下万世立公律，不暇为区区一国计也。包咸曰："如礼何者，言不能用礼。"争心未解而空饰礼文，实非文明也。（《论语注》51页）

杨伯峻：孔子说："能够用礼让来治理国家吗？这有什么困难呢？如果不能用礼让来治理国家，又怎样来对待礼仪呢？"（《论语译注》38页）

李泽厚：孔子说："如能用礼制和谦让来治理国家，那会有什么问题？不能够用礼制、谦让来治理国家，又要礼制干什么？"（《论语今读》82页）

杨润根：让：批评，谴责，战胜，取代。礼让：以正义谴责非义，以正义战胜非义。（《发现论语》96页）

黄怀信：（原文"何有"前补"于从政乎"四字）［校］按："于从政"三字旧脱，从《后汉书·刘般传》贾逵上书及《列女传》曹世叔妻上疏所引补,而"从"又疑当作"行"。如礼何,"礼"字疑当作"政",涉前误。[训译]先生说:"能以礼让(精神)治国,对于推行政令有什么说的? 不能以礼让(精神)治国,怎样推行政令?"《论语新校释》82页)

杨朝明:[诠释]毛氏认为本章脱去"于从政"三字是很有道理的。而且从《论语》本身来看,这很可能是那时的惯常用法,如:《子路》记载:"子曰:'苟正其身矣,于从政乎何有? 不能正其身,如正人何?'"《雍也》记载:"季康子问:'仲由可使从政也与?'子曰:'由也果,于从政乎何有?'曰:'赐也,可使从政也与?'曰:'赐也达,于从政乎何有?'曰:'求也,可使从政也与?'曰:'求也艺,于从政乎何有?'"这样,本章原文应为:子曰:"能以礼让为国,于从政乎何有? 不能以礼让为国,如礼何?"所谓礼让,一般多认为指古代禅让。本章所言不一定指此,但应有一定背景。上古时,尧禅让于舜,舜让位于禹。《史记·伯夷列传》记载:"尧将逊位,让于虞舜,舜禹之间,岳牧咸荐,乃试之于位,典职数十年,功用既兴,然后授政。"而传说伯夷、叔齐兄弟对于君位也是相互礼让而不就。尧、舜、禹为儒家圣人,伯夷、叔齐也是深得孔子推崇之人,他们的礼让为国之风与春秋之世的诸侯互相攻伐形成鲜明对比。[解读]孔子说:"能以礼让的精神治理国家,为官执政还有什么困难呢? 不能以礼让的精神来治理国家,又能怎样推行礼呢?"《论语诠解》32页)

辑者案:朱熹、刘宝楠说为优。杨朝明征引较富,很有参考价值。

4.14 子曰:"不患无位,患所以立。不患莫己知,求为可知也。"

汉·包咸:求善道而学行之,则人知己。(邢昺《论语注疏》51页)

宋·邢昺：此章劝学也。"不患无位"者，言不忧爵位也。"患所以立"者，言但忧其无立身之才学耳。"不患莫己知"者，言不忧无人见知于己也。"求为可知也"者，言求善道而学行之，使己才学有可知重，则人知己也。（邢昺《论语注疏》51页）

宋·洪迈：说者皆以为当求为可知之行。唯谢显道云："此论犹有求位求可知之道。在至论则不然，难用而莫我知，斯我贵矣，夫复何求？"予以为君子不以无位为患，而以无所立为患；不以莫己知为患，而求为可知为患。第四句盖承上文言之。夫求之有道，若汲汲然求为可知，则亦无所不至矣。（《容斋随笔》卷二"求为可知"，38页）

宋·朱熹：所以立，谓所以立乎其位者。可知，谓可以见知之实。程子曰："君子求其在己者而已矣。"（《四书章句集注》72页）

宋·张栻："患所以立，求为可知"，皆为己者之事也。立者，所以立其身也。可知者，实之在己者也。若有患其位与人莫己知之心，一毫之萌则为徇于外矣。不患无位而患所以立，不患莫己知而求为可知，则君子为己之学盖可知矣。若曰：使在己有可知之实则人将自知之，则是亦患莫己知而已。岂君子之心哉？（《南轩论语解》卷二·15页）

清·刘宝楠：[别解]立者，立乎其位也。"患所以立"，犹言患无所以立。下篇"其未得之也，患得之"，亦谓患不得之，皆语之急尔。《潜夫论·贵忠篇》引此文作"患己不立"，当是以义增成，或谓"立"与"位"同。上二句两"位"字与下二句两"知"字，文法一例。（《论语正义》150页）

清·戴望：患立身不处于仁义。知，犹用，求为可用，若子路可使有勇，冉子可使足民。（《戴氏注论语》卷四·2页）

清·王闿运：无位者患人莫知，故令求知。（《论语训》卷上·33页）

章太炎:案:《古文春秋经》"位"作"立"。此"不患无位"古文盖亦作"立"。不患无立,患所以立。不患莫己知,求为可知。辞例一也。(《广论语骈枝》3 页)

萧民元:笔者以为,"为"是指"有所作为"。而"求"字,与其解成"追求",不如解成"致力于"或"努力于"。合解"求为可知也"就是:"只要你致力于有所作为,替百姓们多做些真正有益的事,你的名声,自然就可建立起来了。"(《论语辨惑》59 页)

李炳南:位,是官位。立,是在官位而有建树之意。勿愁无官位,但愁如何建树。勿愁我不为人知,但可求其可以为人知之之道。建树不必有位,立德立功皆是。求为可知,学仁义可耳。(《论语讲要》76 页)

程石泉:按此章上下文理应缺一"患"字。此类联锁对比文句已数见于《论语》,如"不患人之不己知,患不知人也"(《学而第一》),"子曰不患人之不己知,患其不能也"(《宪问第十四》)。又此章前段作"不患……患……",后段亦应作"不患……[患]……",故"求为可知也"前应有一"患"字。(《论语读训》51 页)

黄怀信:[训译]先生说:"不担心没有职位,担心(没有)充位的能力;不担心没有人知道自己,(要)求取可以使人知道的本领。"[章旨]此章劝人培养真本领。有位而不能立,自是白搭;人虽知己而己无真才实学,只是虚名。(《论语新校释》83 页)

黄克剑:求为可知:追求那些值得为人所知的东西。可,值得。可知,值得被人知。(《〈论语〉解读》70 页)

杨朝明:孔子说:"不忧虑自己有没有职位,而应忧虑有没有足以任职的德行与能力。不忧虑别人不了解自己,而应忧虑有没有足以让人了解自己的德行与才能。"(《论语浅解》33 页)

辑者案:黄怀信、杨朝明的解释切合文意,可从。

4.15 子曰:"参乎! 吾道一以贯之。"曾子曰:"唯。"子出,门人问曰:"何谓也?"曾子曰:"夫子之道,忠恕而已矣。"

(1)吾道一以贯之

梁·皇侃:云"吾道一以贯之哉"者,所语曾子之言也。道者,孔子之道也。贯,犹统也,譬如以绳穿物,有贯统也。孔子语曾子曰:"吾教化之道,唯用一道以贯统天下万理也。"故王弼云:"贯,犹统也。夫事有归,理有会,故得其归,事虽殷大,可以一名举;总其会,理虽博,可以至约穷也。譬犹以君御民、执一统众之道也。"(皇侃《论语集解义疏》卷二·31页)

宋·朱熹:贯,通也。唯者,应之速而无疑者也。圣人之心,浑然一理,而泛应曲当,用各不同。曾子于其用处,盖已随事精察而力行之,但未知其体之一尔。(《四书章句集注》72页)

清·潘维城:贯有行、事两义。《尔雅》:"贯,事也。"《广雅》:"贯,行也。"《经义述闻》曰:"事与行,义相近,故事谓之贯,亦谓之服;行谓之服,亦谓之贯矣。"(《论语古注集笺》卷四·3页)

清·戴望:贯,读如"一贯三为王"之贯。贯,中也,通也。一谓仁也。仁为德元,义、礼、智、乐皆由此出,故变文言一。一者,万物之所从始也。(《戴氏注论语》卷四·2页)

程树德:张甄陶《四书翼注论文》:"此章道理最平实,是以尽心之功告曾子,非以传心之妙示曾子。曾子之唯是用力承当,与颜子'回虽不敏,请事斯语'口气一同,不是释迦拈花、文殊微笑。忠恕而已,是直截切指,与门人共证明此第一义,不是将一贯之语移下一层。盖曾子年最少,夫子没时年方二十九。一以贯之非他,从心所欲不逾矩也。夫子亦三十而立,曾子此时安有此水到渠成瓜熟蒂落气候,夫子遽付以秘密心印?且曾子至死尚战战兢兢,何曾得夫子此言便是把柄入手,纵横贯串无不如意?故谓此章夫子以尽心之功告曾子则是,以传心之妙示曾子则非。"按:一贯之义,自汉以来不得其解,兹或杂引诸家之说以资参考,而张氏甄(辑者案:程书此处误作"甑")陶所说尤精。考《史记·弟子传》"曾子少孔子四十六岁",孔子卒时,曾子年不及三十。以云大彻大悟,似尚非其时,何秘密传授心印之有?（《论语集释》260页）

杨伯峻:贯——贯穿、统贯。阮元《研经室集》有《一贯说》,认为《论语》的"贯"字都是"行"、"事"的意义,未必可信。（《论语译注》39页）

韩喜凯:这里所讲的道,是人道中道德之道,即所谓"君子之道"。孔子说:"君子之道者三,我无能焉:仁者不忧,知者不惑,勇者不惧。"而忠恕之道,可以说是综合了三者的因素。（《名家评说论语辨析》116页）

　　辑者案:吾道一以贯之,即忠恕之道贯通始终。

(2)夫子之道,忠恕而已矣

梁·皇侃:忠,谓尽中心也。恕,谓忖我以度于人也。言孔子之道更无他法,故用忠恕之心。以己测物,则万物之理皆可穷验也。故王弼曰:"忠者,情之尽也。恕者,反情以同物者也。未有反诸其身而不得物之情,未有能全其恕而不尽理之极也。能尽理极,则无物不统,极不可二,故谓之一也。推身统物,穷类适尽,一言而可终身行者,其唯恕也。"（皇侃《论语集解义疏》卷二·31页）

唐·韩愈:说者谓忠与恕一贯无偏执也。（《论语笔解》卷一·8页）

唐·李翱:参也鲁,是其忠焉;参至孝,是其恕也。仲尼尝言"忠必恕,恕必忠",阙一不可,故曾子闻道一以贯之,便晓忠恕而已。（《论语笔解》卷一·8页）

宋·朱熹：尽己之谓忠，推己之谓恕。而已矣者，竭尽而无余之辞也。(《四书章句集注》72页)

金·王若虚：夫子以一贯之道语曾子，曾子然之而不疑。门人问焉，则曰："忠恕而已。"说者遂以忠恕为贯道之实。呜呼！忠恕，固修身之要，要之只是两端，何足贯夫子之道乎？东坡曰：一以贯之者，难言也，虽孔子莫能名之，故曾子唯而不问，知其不容言也。……夫圣人之道，诚高远而洪深。至于忠恕之义，人亦易辨矣。而诸公张大如是，盖其意必欲极一贯之妙故耳，恐未必然。(《论语辨惑》卷一·10—12页)

元·陈天祥：……王滹南《辨惑》惟取东坡、杨、游之说为正，予与滹南意同。盖当时问者必非曾门高第弟子。曾子以其未可以语一贯之详，故以违道不远之忠恕答之也。向若有如子思者问之，则其所答不止于此也。然其"而已矣"三字涉于太峻，使后人专执忠恕为一直谓贯道者更无余法，转致后人迷惑愈甚，由此三字故也。只就违道不远之四字观之，便可见忠恕不能贯道。贯道者，惟理而已。(《四书辨疑》卷三·17页)

杨伯峻："恕"，孔子自己下了定义："己所不欲，勿施于人。""忠"则是"恕"的积极一面，用孔子自己的话，便应该是："己欲立而立人，己欲达而达人。"(《论语译注》39页)

商聚德：总之，"忠"就是尽心竭力，是主动地为人谋。"恕"就是推己及人，它有消极、积极二义：消极义的"恕"是"己所不欲，勿施于人"；积极义的"恕"是己之所欲，亦施于人，即"己欲立而立人，己欲达而达人"。(《〈论语〉辨疑二则》,《孔子研究》1987年第2期)

杨宝忠：笼统而言，"恕"、"仁"无别。《说文·心部》："恕，仁也。"《广雅·释诂四》同。《论语·雍也篇》："夫仁者，己欲立而立人，己欲达而达人。"又《颜渊篇》："仲弓问仁。子曰：'……己所不欲,勿施于人。'"《管子·小问篇》:"语曰:'非其所欲,勿施于人,仁也。'"此"仁"、"恕"无别之证也。如果细加区分,则"恕"是求仁的必经之路,而"仁"则是为恕的最终目的和归宿;"仁"是儒家最高的道德标准,而"恕"则是实现仁道的具体做法。《论语·雍也篇》:"能近取譬,可谓仁之方也。"孔安国注:"方,道也。但能近取譬于己,皆恕己所欲而施之于人。""近取譬",谓取譬于己,即以心比心,推己及人,亦即是"恕"。"仁之方",谓实现仁道的途径。《孟子·尽心上》:"万物皆备于我矣。反身而诚,乐莫大焉;强恕而行,求仁莫近焉。"此"恕"、"仁"有别之证也。(《"恕"字古义考——兼论"恕"和"仁"的关系》,《孔子研究》1999年第2期)

黄怀信:[释]忠恕而已矣:"忠",尽心于人。"恕",如心也,即推心于人,将心比心。"忠恕",即忠心推己于人。忠心推己于人,忠诚地将心比心,所以能己所不欲,不施于人。旧释"忠和恕",则为二矣。(《论语新校释》84页)

辑者案:"忠恕"二字的意义,以朱熹、黄怀信所解为完善。

4.16 子曰:"君子喻于义,小人喻于利。"(辑者案:定州简本"喻"作"踰")

汉·孔安国:喻犹晓也。(皇侃《论语集解义疏》卷二·31页)

梁·皇侃:喻,晓也。君子所晓于仁义,小人所晓于财利,故范宁曰:"弃货利而晓仁义则为君子,晓货利而弃仁义则为小人也。"(皇侃《论语集解义疏》卷二·31页)

宋·朱熹:喻,犹晓也。义者,天理之所宜。利者,人情之所欲。程子曰:"君子之于义,犹小人之于利也。唯其深喻,是以笃好。"杨氏曰:"君子有舍生而取义者,以利言之,则人之所欲无甚

于生,所恶无甚于死,孰肯舍生而取义哉？其所喻者义而已,不知利之为利故也,小人反是。"（《四书章句集注》73页）

清·俞樾:古书言君子小人大都以位而言,上文"君子之于天下也,无适也,无莫也,义之与比"。《白虎通·号篇》曰:"君之与臣,无适,无莫,义之与比。"是汉世师说如此。后儒专以人品言君子小人,非古义矣。《汉书·杨恽传》引董生之言曰:"明明求仁义,常恐不能化民者,卿大夫之意也。明明求财利,常恐困乏者,庶人之事也。"数语乃此章之确解。（《群经平议》卷三十·12页）

清·王闿运:喻、谕古今字,告也。告君子当以义,告小人以义则彼不喻,惟当告之以利。治民在兴利也。（《论语训》卷上·34页）

毛子水:这章的君子、小人,乃以修养的程度分,而不是以地位分的。郑、朱都训"喻"为"犹晓",义自可通。但这个"喻"字最好训为"乐"。（《论语今注今译》52页）

金池:大义,名词用作动词,这里指伸张大义。利:私利,名词用作动词,这里指非法谋取私利。（《〈论语〉新译》110页）

张诒三:《论语》"君子喻于义,小人喻于利"一句中,《定州汉墓竹简论语》"喻"作"踰"字,《说文》、《尔雅》、《方言》无"喻"字,加上《论语》本身的用语习惯和先秦典籍的文例以及董仲舒的解释,种种迹象显示,"喻"的本字是"愉",义为"勤劳、劳苦"。那么"君子愉于义"是说"君子为了义而勤苦",正符合董仲舒的解释:"明明求仁义常恐不能化民者,卿大夫之意也。""小人愉于利"是说"小人为了利而劳苦",这也正符合董氏的诠解:"明明求财利常恐困乏者,庶人之事也。"（《"君子喻于义,小人喻于利"探诂》,《孔子研究》2004年第3期）

　　辑者案:关于"喻",传统的解释为"晓",即知晓。张诒三的论述颇为独到。

4.18 子曰:"事父母几谏,见志不从,又敬不违,劳而不怨。"(辑者案:定州简本"几谏"作"微谏")

汉·包咸:几者,微也。当微谏,纳善言于父母。见志,见父母志有不从己谏之色,则又当恭敬,不敢违父母意而遂己之谏。(邢昺《论语注疏》52 页)

宋·朱熹:此章与《内则》之言相表里。几,微也。微谏,所谓"父母有过,下气怡色,柔声以谏"也。见志不从,又敬不违,所谓"谏若不入,起敬起孝,悦则复谏"也。劳而不怨,所谓"与其得罪于乡、党、州、闾,宁熟谏。父母怒不悦,而挞之流血,不敢疾怨,起敬起孝"也。《四书章句集注》73 页)

日·昭井一宅:几与机同,凡机者俯仰无常体,故或曰机变。志者,父母之志也。《论语解》98 页)

清·陈浚:几是微,谏是劝阻,志是意思,劳是苦。《论语话解》卷二·23 页)

程树德:《孟子·万章》篇曰:"父母爱之,喜而不忘。父母恶之,劳而不怨。"劳与喜相类,亦谓忧而不怨也。《论语集释》271 页)

钱穆:旧解,谓见父母之志不从,则只不从二字已足,且当云意不从,不当云志不从。故知见志,指子女自表己志。为子女者仅自表己志,即是不明争是非,亦即几谏之义。《论语新解》101 页)

萧民元:笔者认为劝父母当然要柔和委婉,但还不够。这里的"几"是"少"或"不多"的意思。"几谏"是要少谏,不要老是说父母这里不对,那里不好。《论语辨惑》65 页)

李炳南:几,微也。人之过,在几微发动之时,易于改正,故为人子者,见父母之过于微起时,即当谏之,不俟形成大过。若见父母之志不从其谏,则又尊敬,而不违其谏劝之初衷,继续进谏。然而屡谏不从,甚至受父母之怒斥,亦不辞劳苦,不怨父母,谏之不

已。或，劳者忧也，谏而不入，深恐父母卒成大过，乃忧之而不怨。劳字两义并存。（《论语讲要》77 页）

黄怀信：[释]几谏："几"，轻柔。"谏"，谓谏其错误主张，故下文曰不违、曰劳。又敬不违："敬"，恭敬，指恭敬地按其主张行事。"违"，违背。劳而不怨："劳"，辛劳。[训译]先生说："事奉父母，（应当）轻柔地劝谏（他们的错误主张）。看到他们执意不从，又（应当）恭敬地执行（他们的主张）而不违背，即使辛劳也不怨恨。"（《论语新校释》86 页）

杨朝明：[诠释]几（jī）：隐微，引申为委婉。违：违背，触犯。劳：心忧。如《诗》云"实劳我心"、"劳心忉忉"、"劳心怛怛"。[解读]孔子说："侍奉父母时，父母如有不对的地方，要婉转地劝说，看到自己的意见没有被听从，仍然恭敬而不触怒父母，虽然心忧但不怨恨。"（《论语诠解》34 页）

　　辑者案：从包咸与朱熹说。几谏，婉言规劝。关于"劳"字，杨朝明释为"心忧"为是。

4.19 子曰："父母在，不远游，游必有方。"

汉·郑玄：方犹常也。（皇侃《论语集解义疏》卷二·33 页）

梁·皇侃：方，常也。《曲礼》云："为人子之礼，出必告，反必面，所游必有常，所习必有业。"是必有方也。若行游无常，则贻累父母之忧也。（皇侃《论语集解义疏》卷二·33 页）

宋·朱熹：远游，则去亲远而为日久，定省旷而音问疏；不惟己之思亲不置，亦恐亲之念我不忘。游必有方，如己告云之东，即不敢更适西，欲亲必知己之所在而无忧，召己则必至而无失也。范氏曰："子能以父母之心为心则孝矣。"（《四书章句集注》73 页）

明·释智旭、江谦：方，法也。为法故游，不为余事也。不远游句,单约父母在说。游必有方,则通于存没矣。补注:所事非主,所学非师,所交非友,所行非义,皆非方也。游必有方,所以慰亲心也。(《论语点睛补注》31页)

日·丰干:父母在,子不远游,辄是常道。游必有方,是权道也。诸子从夫子游历诸国,颜子、曾子皆有父,曾子不从,而颜子从焉。此有方之游耳。方犹道也。(《论语新注》40页)

清·刘开:游必有方,不是不得已而远游者。盖父母在时,不当远游,即游之近者,且必有定所,而远者可知于义方尽。夫子上言远游,下句只言游字,原自有别,何必以游为远游而造为不得已之说也? 若饶双峰以不远游为常法,以有方为处变之道,不知游必有方乃游之常法。礼,为人子者,出必告所,游必有常。而乃以为处变之道用之于不得已之远游乎? 真无稽之论也。(《论语补注》卷中·3页)

方骧龄:《越语》"无忘国常"注:"常,法典也。"《论衡·问孔》:"五常之道,仁义礼智信也。"然则《曲礼》"所游必有常",犹言所交游者必须选择合乎"仁义礼智信"五常之道之人,犹《论语》本章中"游必有方"之义。谓父母在时,所交游者必须合乎正道之人,以免危辱父母,此孝道也,亦为仁之方也。(《论语新诠》104页)

毛子水:以常释方,不如以乡释方。凡称地为"地方",似亦从"方向"引出的。(《论语今译今注》53页)

南怀瑾:我认为"游必有方"的方是指方法的方,父母老了没人照应,子女远游时必须有个安顿的方法,这是孝子之道。"方"者应是方法,不是方向。(《论语别裁》196页)

金良年:方:定规。一说是指一定的去处,亦通。(《论语译注》37页)

李泽厚:孔子说:"父母活着的时候,不远走高飞。如果走,也

要有一定的方向。"(《论语今读》117页)

　　贾雯鹤:《论语·里仁》:"子曰:父母在,不远游,游必有方。"方,郑玄注:"犹常也。"皇侃据《礼记·曲礼》"为人子者,出必告,反必面,所游必有常,所习必有业"谓:"是必有方也,若行游无常,则贻累父母之忧也。"朱熹解"方"为方向,谓:"游必有方,如已告云之东,即不敢更适西,欲亲必知己之所在而无忧,召己则必至而无失也。"我以为古注割裂了上下文义,就字论字,义有未当。"游必有方"承上句"父母在,不远游"而言,丝毫未见转折之意。"方"应解作《书·尧典》"方命圮族"之"方"。"方命",蔡沈注:"逆命而不行也。""方命圮族",《史记·五帝纪》引作"负命毁族"。《孟子·梁惠王下》"方命虐民",赵岐注:"方犹逆也。"则"逆"、"负"为"方"之确诂。所以,"游必有方"当解为"远游必定要违逆、辜负父母之意"。孔子提倡"纯孝"思想,翻检《论语》,其例不胜枚举。此节重点为"远游"两字,孔子所反对的也是"远游",而非一般所谓"游学"、"游仕"。观后儒解经以及现代人所理解此节文义,正与孔子原义大相背离。因为孔子时的安土重迁思想已不为时人所需,故后人曲解经文以合时需。"作者之用心未必然,读者之用心何必不然"(周济《词辨·序》),此之谓欤!(《〈论语〉"游必有方"解》,《江海学刊》2002年第2期)

　　杨润根:游:这个字由"浮"和"方"构成,意为能在水中浮起而不沉没的方舟,因此"游"的引伸意就是借助方舟这一水上交通工具进行的漂洋渡海的活动。方:方体船或并体船。《说文》:"方,并船也。象两舟……"游必有方:游必有船。(《发现论语》99页)

　　张诒三:句中"有方",传统的解释是"有固定的地方",联系先秦时期其他典籍中"有方"的用例,"有方"义为"有道理"或"有原因"。郑玄解释"游必有方"的"方","犹常也",也不错,因为"常"

有"规矩"、"常理"等意义,《诗·小雅·宾之初筵》"是曰既醉,不知其秩",毛亨传:"秩,常也。"陈奂疏:"常,法也,则也。"程俊英、蒋见元的解释是"规矩"。《荀子·赋篇》"千岁必反,古之常也",杨倞注:"常,亦古之常道。"郑玄释"方"为"常","游必有方",是说"远游必须有一定的规矩、道理"。所以说,解释为"方,常也",类似我们今天所说的"常理"、"人之常情",并不错,问题就是从宋代邢昺开始,把"常"解释为"常所",才导致千年来的误会。(《"游必有方"和"粪土之墙"正解》,《中国文化研究》2007 年第 2 期)

辑者案:方,通常理解为地方、方向。张谂三的论述独到。

4.21 子曰:"父母之年,不可不知也,一则以喜,一则以惧。"

汉·孔安国:见其寿考则喜,见其衰老则惧也。(皇侃《论语集解义疏》卷二·33 页)

梁·皇侃:云"父母之年不可不知也"者,人有年多而容少,或有年少状老,此所不可为定。故为人子者,必宜知父母之年多少也。云"一则以喜"者,此宜知年之事也。知父母年高而形犹壮,此是寿考之征,故孝子所以喜也。云"一则以惧"者,年实未老而形容衰减,故孝子所以怖惧也。又一释:若父母年实高而形亦随而老,此子亦一喜一惧也。见年高所以喜,见形老所以惧也。而李充之解小异,云:"孝子之事亲也,养则致其乐,病则致其忧。忧乐之情深,则喜惧之心笃。然则献乐以排忧、进欢而去戚者,其唯知父母之年乎?岂徒知年数而已哉?贵其能称年而致养也。是以唯孝子为能达就养之方,尽将从之节。年盛则常怡,年衰则消息。喜于康豫,惧于失和,孝子之道备也。"(皇侃《论语集解义疏》卷二·33 页)

宋·朱熹：知，犹记忆也。常知父母之年，则既喜其寿，又惧其衰，而于爱日之诚，自有不能已者。（《四书章句集注》74页）

清·黄式三：刘星若曰："一，犹或也。能知父母之年，或有时喜其寿，或有时惧其衰。"（《论语后案》99页）

杨润根：对于那些到了为父为母的年龄的人们来说，他们绝不可对于自己将要对自己所生育的儿女们所应承担的责任一无所知。对此，人们一方面应该为自己已经到了为父为母的年龄而感到喜悦，另一方面则应该为自己将要对自己所生育的儿女们承担起自己所应承担的那实在是不可掉以轻心的为父为母的重大责任而感到畏惧。（《发现论语》100页）

　　辑者案：孔安国、朱熹的解释为优。

4.22 子曰："古者言之不出，耻躬之不逮也。"

汉·包咸：古人之言不妄出口者，为耻其身行之将不及也。（皇侃《论语集解义疏》卷二·34页）

梁·皇侃：躬，身也。逮，及也。古人不轻出言者，耻身行之不能及也，故子路不宿诺也。故李充曰："夫轻诺者必寡信，多易者必多难，是以古人难之也。"（皇侃《论语集解义疏》卷二·34页）

宋·朱熹：言古者，以见今之不然。逮，及也。行不及言，可耻之甚。古者所以不出其言，为此故也。范氏曰："君子之于言也，不得已而后出之，非言之难，而行之难也。人惟其不行也，是以轻言之。言之如其所行，行之如其所言，则出诸其口必不易矣。"（《四书章句集注》74页）

清·黄式三：谈论、著述皆言也。空谈可耻，著述者仰而企古人亦耻之。《左传》分"立德"、"立言"，非此经恉也。（《论语后案》100页）

清·王闿运：凡云古者皆谓殷时也。出，出位也。处士而言治道，侯国而谋天下，身所不及，无以验其行迹，近可耻也，故殷以前无著书者。(《论语训》卷上·35页)

方骥龄：《诗毛传》曰："诂言，古之善言也。"段玉裁氏释《说文》诂字"训诂言也"云："训者，说教也。训诂言者，说释故言以教人，是之谓诂。"疑本章所谓"古者言之不出"，犹言"诂者言之不出"，孔子之意，殆谓喜以古之善言教人之人，决不轻易向人进言，盖恐本身犹未能实践之也。似非指古人而言。(《论语新诠》106页)

杨润根：孔子说："在我看来，远古时代的人们之所以没有发明出我们目前所使用的那种语言文字，那是因为他们担心当这种语言文字发明出来之后自己的行动将追赶不上自己的语言，以至于自己的行动不能和自己的语言保持一致，担心自己说的多做的少，甚至只说不做。"(《发现论语》101页)

傅佩荣：古代的人说话不轻易出口，因为他们以来不及实践为可耻。(《傅佩荣解读论语》66页)

黄怀信：[释]言之不出："言"，指堪可教人之言，据下句可知。旧释"不出"为不轻出，非。[训译]先生说："古时候的人不说（教育人的）话，是怕自己做不到感到耻辱。"(《论语新校释》89页)

　辑者案：从包咸、朱熹说。

4.23 子曰："以约失之者鲜矣。"

汉·孔安国：俱不得中也，奢则骄，溢招祸，俭约则无忧患也。(皇侃《论语集解义疏》卷二·34页)

梁·皇侃：鲜，少也。言以俭约自处，虽不得中而失国家者少也。故颜延之云："秉小居薄，众之所与；执多处丰，物之所去也"。

（皇侃《论语集解义疏》卷二·34 页）

宋·朱熹：鲜，上声。谢氏曰："不侈然以自放之谓约。"尹氏曰："凡事约则鲜失，非止谓俭约也。"（《四书章句集注》74 页）

程树德：《四书诠义》：约者，束也。内束其心，外束其身，谨言慎行，审密周详，谦卑自牧，皆所谓约。以约则鲜失，敬慎不败也。若解作俭约、省约、径约，则天下有许多不可约之事矣。（《论语集释》278 页）

杨树达：务广者必荒。守约者得寸则进寸，得尺则进尺，故鲜失也。（《论语疏证》110 页）

李零："约"，旧注都以为是约束之义，认为这话是说，自己约束自己，慎言慎行，就很少会犯错误。但古书中的约字还有口头约定的意思。这话也许是承接上文，谓古君子慎言，决不轻易讲话，唯恐自己做不到，可是一旦承诺，就要做到，失约的事绝少。（《丧家狗——我读〈论语〉》110 页）

辑者案：李零说恰切。

4.24 子曰："君子欲讷于言而敏于行。"

汉·包咸：讷，迟钝也。言欲迟而行欲疾。（邢昺《论语注疏》53 页）

唐·陆德明：欲讷，奴忽反。……郑言欲难。（黄焯《经典释文汇校》698 页）

宋·朱熹：行，去声。谢氏曰："放言易，故欲讷；力行难，故欲敏。"胡氏曰："自吾道一贯至此十章，疑皆曾子门人所记也。"（《四书章句集注》74 页）

清·黄式三：皇《疏》："敏，疾速也。"与讷之训迟钝相对。近解敏训不惰，失之。陆稼书曰："上耻不逮，专为放言者戒。此并论言行，凡讷言不能敏行，敏行不能讷言，皆在所儆也。"陆说是，

《注》胡氏语当删。(《论语后案》101页)

方骥龄：言，直言己意，对他人直言己意也。行，疑系《卫灵公》篇子张所问之行，似为与他人相处之道。孔子答子张所谓"言忠信，行笃敬"是也。敏，达也，审于事也，黾勉也。谓与人相处，决不可纯以己意为准，不可不通达于忠信笃敬之理待人。故向人发言，绝不可率直，必须木讷而多所考虑，庶几不因多言而贾祸也。(《论语新诠》107页)

杨润根：讷：这个字由"言"和"内"构成。"内"的本意是人的身体——它犹如一栋房屋，一个门户——内部的东西，也即内心、心灵。因此"讷"的本意应是心灵的言语、内心的言语。由于人们的内心世界往往是难于表达的，因此"讷"又具有"难以言表"之意（后来人们把这层意义变成了不善于言谈）。《说文》："讷，难也。"《说文》所说的"难"意即"难言"（很有可能是《说文》在抄写或排版时漏掉了一个"言"字）。敏：面对每一件事情（"每"）都应对它作认真而严肃的思考（"攵"），而当人们一旦养成了这样的遇事便思考的习惯，人们的思想就会变得敏捷，人们的观察力也会变得敏锐。(《发现论语》102页)

黄克剑：讷于言：出言谨慎。讷，迟钝。敏于行：勤勉躬行。敏，勤勉。(《〈论语〉解读》75页)

何新：[译文]孔子说："君子要慎于言语而勉力行动。[注释]欲，应，应当。讷，木讷，语言迟钝。敏，勉也。旧注为"疾"，不确。(《论语新解——思与行》48页)

辑者案：多数学者都将"讷"解为迟钝，将"敏"解为敏捷，这是对的，因为"讷"与"敏"是相对而言的。不过，在理解上不要太拘泥，孔子虽然讨厌巧言令色，但也并不是喜欢拙嘴笨舌、说话迟钝。而是主张：话不要说得那么早、那么快、那么漂亮；行动要敏捷，事情要做得漂亮。

4.25 子曰："德不孤，必有邻。"

魏·何晏：方以类聚，同志相求，故必有邻，是以不孤也。(皇侃《论语集解义疏》卷二·34 页)

梁·皇侃：言人有德者，此人非孤，然而必有善邻里故也。鲁无君子者，子贱斯焉取斯乎？又一云：邻，报也。言德行不孤矣，必为人所报也。故殷仲堪曰："推诚相与则殊类可亲；以善接物，物亦不皆忘，以善应之。是以德不孤焉，必有邻也。"(皇侃《论语集解义疏》卷二·34 页)

宋·邢昺：此章勉人修德也。有德则人所慕仰，居不孤特，必有同志相求与之为邻也。(邢昺《论语注疏》53 页)

宋·朱熹：邻，犹亲也。德不孤立，必以类应。故有德者，必有其类从之，如居之有邻也。(《四书章句集注》74 页)

宋·张栻：德立于己则天下之善斯归之，盖不孤也。如善言之集，良朋之来，皆所谓有邻也。至于天下归仁，是亦不孤而已矣。(《南轩论语解》卷二·17 页)

元·陈天祥：注文本取《坤卦·文言》"敬义立而德不孤"之义为说。大意固亦相类，然经中有"必"字，义不可通。有德者固有类应相从之道，惟明治之世为可必也。若昏乱之世，乃小人类进之时，君子则各自韬晦远遁以避其害，却无类从不孤之理。"必"字于此不可解矣。"邻"字解为类从，亦为勉强。"德不孤，必有邻"盖言人之德业不能独成，必有德者居相临近辅导之也。"鲁无君子者，斯焉取斯"，义与此同。(《四书辨疑》卷三·17 页)

金池：孤：孤独，孤立。邻：邻居，指思想邻近或一致的人。……有道德的人是不会孤立的，一定有思想一致的人〔与他

合作〕。(《〈论语〉新译》118页)

　　辑者案：从邢昺、金池说。

4.26 子游曰："事君数，斯辱矣。朋友数，斯疏矣。"

　　汉·孔安国：数，谓速数之数也。(皇侃《论语集解义疏》卷二·35页)

　　梁·皇侃：斯，此也。礼不贵亵，故进止有仪。臣非时而见君，此必致耻辱；朋友非时而相往，数必致疏远也。一云：言数，计数也。君臣计数，必致危辱；朋友计数，必致疏绝也。(皇侃《论语集解义疏》卷二·35页)

　　唐·陆德明：君数，何云色角反，下同，谓速数也。郑世主反，谓数己之功劳也。梁武帝音色具反，《注》同。(黄焯《经典释文汇校》698页)

　　唐·韩愈：君命召不俟驾，速也。岂以速为辱乎？吾谓数当谓频数之数。(《论语笔解》卷上·8页)

　　唐·李翱：频数再三渎，必辱矣。朋友频渎，则益疏矣。包云速数，非其旨。(《论语笔解》卷上·8页)

　　宋·邢昺：此章明为臣结交，当以礼渐进也。数，谓速数。数则渎而不敬，故事君数，斯致罪辱矣；朋友数，斯见疏薄矣。(邢昺《论语注疏》53页)

　　宋·朱熹：数，色角反。程子曰："数，烦数也。"胡氏曰："事君谏不行，则当去；导友善不纳，则当止。至于烦渎，则言者轻、听者厌矣，是以求荣而反辱，求亲而反疏也。"范氏曰："君臣朋友，皆以义合，故其事同也。"(《四书章句集注》74页)

　　宋·张栻：数由必有而然，事君而必君之信己，与朋友交而必交情之固，是皆为私意之所加而数之所由生也。推此可见彼。既厌而数不止，能无辱与疏乎？(《南轩论语解》卷二·17页)

　　清·焦循：《诗·小雅》"僭始既涵"，毛《传》云："僭，数也。"

《释文》:"数,音朔。"与此色角反同。郑《笺》云:"僭,不信也。"然则此数宜与僭同。事君不信则辱矣,朋友不信则疏矣。所谓信而后谏,不信则以为谤己也。(《论语补疏》卷一·10页)

清·俞樾:此"数"字即《儒行》所谓"其过失可微辨,而不可面数"之数。数者,面数其过也。(《群经平议》卷三十·13页)

清·王闿运:数犹密也。君子淡以成,小人甘以坏。(《论语训》卷上·36页)

杨树达:孔子于事君处友并云不可则止。数者,不可而不止之谓也。不可而不止,则见辱与疏矣。君臣朋友皆以义合,合则相与,不合则不必强也。(《论语疏证》114页)

方骥龄:数字作技艺解,犹言术也。(《论语新诠》108页)

毛子水:《广雅·释诂一》:"数,责也。"但《论语》这个数字,未必指面责言;解为急切,似较妥。而就规过言,实应以忠告善道为主;面责人过,总是利少害多。(《论语今译今注》55页)

金良年:数(sù速):通"速",此指性急。一说是屡次烦扰的意思。(《论语译注》38页)

邓球柏:数(shuò硕):亲密,接触频繁。孔安国说:"数,谓速数之数。"或谓数为数落责备之意。亦有认为数即计较。(《论语通解》78页)

杨润根:时而做君子时而做小人的人,将为真正的君子所鄙视;时而做朋友时而做敌人的人,将被真正的朋友所抛弃。(《发现论语》103页)

蔡健清:[注释]数:音 shuò,屡次、多次,引申为烦琐的意思。斯:就。[译文]子游说:"侍奉君主,如果频繁地进谏,就会招来羞辱;对待朋友,如果反复劝告,就会导致疏远。"(《论语解读》64页)

　　辑者案:把朱熹、蔡健清的解释结合起来理解,即很完善。

公冶长第五

5.1 子谓公冶长:"可妻也,虽在缧绁之中,非其罪也。"以其子妻之。

(1)子谓公冶长

汉·司马迁:公冶长,齐人,字子长。《史记·仲尼弟子列传》2208页)

汉·孔安国:公冶长,弟子,鲁人也,姓公冶,名长。(皇侃《论语集解义疏》卷三·1页)

晋·范宁:名芝,字子长也。(皇侃《论语集解义疏》卷三·2页)

唐·陆德明:长,如字,姓公冶,名长。《家语》:"字子张。"范宁云:"名芝,字子长。"《史记》亦"字子长"。(黄焯《经典释文汇校》699页)

日·中井积德:公冶长,此章之外无所见。其为孔门弟子,无征,恐不必然也。《史记》弟子之籍,安足据哉?且孔子择婿,何必于弟子?(《论语逢源》81页)

乔一凡:公冶长,氏公冶,名长,字子长。鲁之公族,为孔子弟子。(《论语通义》67页)

林觥顺:谓:报也,是大声所以惊人。有责斥训诫义。有捷报祝贺义。(《论语我读》70页)

金知明:谓,称赞,有评价的意思。(《论语精读》49页)

李零:"公冶长",孔门弟子,生卒不详。"公冶"是复姓,即两个字的家族名,严格讲,其实是氏,而不是姓。他可能是以官为氏。战国工官,常以"公"字表示官营,并称负责铸造铜器或铁器的官员为"冶师"或"冶"。司马迁说他名长,字子长,名、字相同,有点怪。《孔子家语》略有不同,是名芝,字子长。其名,范宁引《家语》讹为芝,《释文》则字子张。他的名到底是什么,有很多不同记载,但对比下面几章,这里的"公冶长"是以字称,没问题。他的字应该是子长,这里省掉子。(《丧家狗——我读〈论语〉》112页)

辑者案:公冶长,姓公冶,名长,生卒年不详。其籍贯记载有歧:《史记》记曰:"公冶长,齐人,字子长。"《孔子家语》记曰:"公冶长,鲁人,字子长,为人能忍耻,孔子以女妻之。"暂从《家语》说。

(2)虽在缧绁之中,非其罪也

汉·孔安国:缧,黑索也。绁,挛也。所以拘罪人也。(皇侃《论语集解义疏》卷三·1页)

梁·皇侃:既欲妻之,故备论其由来也。缧,黑索也。绁,挛也。古者用黑索以挛系罪人也。冶长,贤人,于时经枉滥在缧绁之中,虽然,实非其罪也。(皇侃《论语集解义疏》卷三·1页)

清·刘宝楠:"缧"与"累"同。……皆以累为索也。《说文》:"绁,系也。从系,世声。缲,绁或从枼。"《广雅·释诂》:"绁,系也。"《释器》:"绁,累索也。"《少仪》:"犬则执绁。"《左氏传》:"臣负羁绁。"是绁亦绳索之称。凡系人系物,皆谓之绁。(《论语正义》164页)

毛子水:缧绁两句,是说公冶长实在没有犯罪,并不是可妻的理由。按:缧(《说文》作累)、绁(唐人避讳作絏)都是绳索的名称;缧绁连言,或是孔子时缚束罪人所用绳索的专名。(《论语今注今译》57页)

吴新成:[注]绁:牵,拴。缧绁,指入狱。(《论语易读》72页)

杨润根:缧:粗大沉重的绳索。绁:牢固地拴住。缧绁:使用

粗大沉重的绳索牢牢地拴住。……这是对待被捕的野兽的一种方式,也是对待被捕的罪犯的一种方式。(《发现论语》104页)

袁庆德:在古代汉语中,连词"虽"的主要作用是表示假设,相当于"即使",这里的"虽"就是这样。但是,有些学者误以为这里的"虽"是"虽然"的意思,以为公冶长当时被关在监狱中。(《论语通释》111页)

　　　　辑者案:多数注家对于"缧绁"二字之义以及"虽在缧绁之中,非其罪也"句意,争议不大,认为公冶长虽然曾经被以"缧绁",但是"非其罪也",孔子还是"以其子妻之"。关于公冶长遭缧绁的原因,《论释》一书记曰公冶长因识鸟语而获罪,此故事程树德《论语集释》286页予以摘录。另,袁庆德认为"虽"的主要作用是表示假设,相当于"即使"。既然是假设,那么就是说公冶长未被缧绁。此说新颖,可备参考。

(3)以其子妻之

梁·皇侃:评之既竟,而遂以女嫁之也。范宁曰:"公冶行正获罪,罪非其罪,孔子以女妻之,将以大明衰世用刑之枉滥,劝将来实守正之人也。"(皇侃《论语集解义疏》卷三·1页)

宋·朱熹:长之为人无所考,而夫子称其可妻,其必有以取之矣。又言其人虽尝陷于缧绁之中,而非其罪,则固无害于可妻也。夫有罪无罪,在我而已,岂以自外至者为荣辱哉?(《四书章句集注》75页)

李泽厚:孔子不以一时之荣辱取人,虽在今日,亦属不易。(《论语今读》90页)

　　　　辑者案:以上各家表达了对这一章章旨的理解。对于孔子把女儿嫁给曾被"缧绁"之公冶长,范宁认为其目的是"劝将来实守正之人",朱熹认为"夫有罪无罪,在我而已,岂以自外至者为荣辱哉",李泽厚则认为反映了孔子"不以一时之荣辱取人"的品格。该章章旨,当以李泽厚的理解为平实、自然。

5.2 子谓南容:"邦有道,不废;邦无道,免于刑戮。"以其兄之子妻之。

(1)南容

魏·王肃:南容,弟子南宫韬,鲁人也,字子容。(邢昺《论语注疏》54 页)

宋·朱熹:南容,孔子弟子,居南宫。名韬,又名适,字子容,谥敬叔。孟懿子之兄也。(《四书章句集注》75 页)

清·刘宝楠:正义曰:"南宫"者,两字氏,亦单举一字,故曰"南"。《史记·仲尼弟子列传》:"南宫括,字子容。""括"又作"适"。《史》以南宫括、南容为一人,此《注》又以南容、南宫绍为一人。《檀弓》:"南宫绦之妻之姑之丧,夫子诲之髽。"而《家语》又以"三复白圭"为"南宫韬之行","韬"与"绦"同。《论语释文》亦云:"绦,本又作韬。"则陆所见此《注》亦作"韬"。"韬"与"容"、"括"义皆相贯,作"绦"作"适",皆通用字。郑氏《檀弓注》云:"南宫绦,孟僖子之子南宫阅也,字子容,其妻孔子兄女。"《疏》云:"案:《左氏传》:'孟僖子将卒,召其大夫云:"属说与何忌于夫子,以事仲尼。"'以南宫为氏,故《世本》云'仲孙貜生南宫绦'是也。"案:仲孙貜即孟僖子,《世本》误以南宫绦、南宫阅为一人,而郑君遂承其误。"阅"与"说"通用字,《左传》所云"属说",即南宫阅也,又名仲孙阅,又名南宫说,而其谥为敬,其字为叔,与南宫绦无涉。自郑君误依《世本》,而陆德明《释文》、司马贞《史记索隐》皆沿用之。然《汉书·古今人表》分列南宫敬叔、南容为二人,则《世本》不可信。明钱可选著《补阙疑》曾列四疑以辨之，谓孔子在鲁，族姓颇微，而敬叔为公族元士，定已娶于强家，岂孔子得以兄子妻之？又《檀弓》载"南宫敬叔反，必载宝而朝"，孔子谓"不如速贫之愈"。若而人岂能抑权力而伸有德，谨言行而不废于有道之邦者耶？毛氏奇龄《四书賸言》亦谓敬叔即曾受僖子命，与其兄懿子学礼孔子，然并不在弟子之列。《史记》、《家语》载弟子止容一人，向使容即敬叔，则未有载敬叔不载懿子者，至缊妻姑丧，孔子诲其女縗法。若是敬叔，则此姑者，孟僖子妻也。世族丧服自有仪法，不容诲也。至若《史记》、《家语》，各载敬叔从孔子适周，见金人缄口，孔子戒以谨言，事与容无涉。二家之论致确。梁氏玉绳《古今人表考》、《史记志疑》说略同。惟毛氏《賸言》以南宫适别为一人，非是。南容与《史记》不合，其误显然，此故不载其说也。又颜师古《汉书注》："南容即南宫縚也，敬叔即南宫括也。"以南宫括为敬叔，亦误。（《论语正义》165页）

程树德：按：南容名适，一名縚，与敬叔名说者当为二人。诸家之说略同。否则断无一人五名之理。此其误始于《世本》"中孙玃生南宫縚"，而郑注《檀弓》遂沿其误，谓"南宫縚，孟僖子之子南宫阅"，《集注》又沿郑君之误。然《四书释地》则云："孟僖子宿于薳氏，生懿子及南宫敬叔于泉丘人。《注》云二子似双生。毕竟何忌在先，嗣父位，谥称子。仕为大夫，谥称叔。"而《集注》乃以敬叔为懿子之兄，误之误已。毛氏能纠旧注之失，而又以南宫适别为一人，非即南容，与《史记》不合。颜师古《汉书注》以南容即南宫縚，敬叔即南宫括，虽不尽可信，姑录之以广异闻。（《论语集释》289页）

王熙元：南容：孔子弟子，姓南宫，名继，字子容，鲁国人。不称南宫子容，而称南容，是古人的简称法。（《论语通释》204页）

乔一凡:南容氏南,字子容,鲁人,为孔子弟子。(《论语通义》67页)

辑者案:以上诸家所论,争论焦点在于"南容"与"南宫适"为一人还是为两人,我们遵从"一人"说。

(2)邦有道不废,邦无道免于刑戮

梁·皇侃:明南容之德也。若遭国君有道,则出仕官,不废己之才德也。若君无道,则危行言逊,以免于刑戮也。刑戮,通语耳,亦含轻重也。(皇侃《论语集解义疏》卷三·2页)

乔一凡:废,舍置也,亦即未服劳于国家也。戮,辱也。(《论语通义》67页)

杨润根:孔子对他的学生南容说:"你是这样一个有美德、有才华、性格温和而又行动稳健的人,因此如果整个现已完全分裂了的联邦之内能够重新获得并拥有道德与正义,那么就没有什么力量能够阻止你的美德与才华充分地表现出来。但是纵使整个现已完全分裂的联邦之内将完全失去道德与正义,那么你的温和的性格与稳健的行动也一定能够使你免遭这个已完全失去了道德与正义的世界的罪恶的刑罚与残暴的杀害。"(《发现论语》105页)

袁庆德:废:废黜(chù),罢免。这里用于被动的意义,意思是"被罢免"。(《论语通释》292页)

蔡健清:道:孔子这里所讲的道,是说国家的政治符合最高的和最好的原则。(《论语解读》67页)

辑者案:此语是说南容既有才华,又有明哲保身之道,杨润根说未免发挥过甚。

(3)以其兄之子妻之

梁·皇侃:论之既毕,孔子以己兄女妻之也。昔时讲说,好评公治、南容德有优劣,故妻有己女、兄女之异。侃谓二人无胜负也。卷舒随世,乃为有智,而枉滥获罪,圣人犹然,亦不得以公治为劣也。以己女妻公冶、兄女妻南容者,非谓权其轻重,政是当其年相称而嫁,事非一时,在次耳,则可无意其间也。(皇侃《论语集解义疏》卷三·2页)

宋·朱熹:或曰:"公冶长之贤不及南容,故圣人以其子妻长,而以兄子妻容,盖厚于兄而薄于己也。"程子曰:"此以己之私心窥圣人也。凡人避嫌者,皆内不足也,圣人自至公,何避嫌之有? 况嫁女必量其才而求配,尤不当有所避也。若孔子之事,则其年之长幼、时之先后皆不可知,惟以为避嫌则大不可。避嫌之事,贤者且不为,况圣人乎?"(《四书章句集注》75页)

> 辑者案:孔子"以其兄之子妻"南容和"以其子妻"公冶长,都是表示对这两个人品行的称许和信任,如以此论及"南容"与"公冶长"之高下以及孔子对于兄长之态度,似乎没有必要。

5.3 子谓子贱:"君子哉若人! 鲁无君子者,斯焉取斯?"

(1)子贱

汉·孔安国:子贱,鲁人,弟子宓不齐。(邢昺《论语注疏》55页)

清·黄式三:宓,虙之借字,古字通"伏"。故说者以伏羲是子贱之祖,济南伏胜传《尚书》者为子贱之后。详见《后汉书·伏湛传》、《颜氏家训·书证篇》。(《论语后案》105页)

清·刘宝楠:正义曰:《史纪·弟子列传》:"宓不齐,字子贱,少孔子四十九岁。"不言何国人。《家语·弟子解》始云"鲁人",与此《注》合。《汉书·艺文志》有"《宓子》十六篇",颜师古注:"宓读与伏同。"又或作"虙",见《五经文字》所引《论语释文》。然《释文》以作"宓"为误,则不知"虙"、"宓"俱从必得声,未为误也。又或作"密",见《淮南子·泰族训》。(《论语正义》167页)

　　方骥龄：或以为子贱弱冠之年即已成名，非孔子弟子，本章称美子贱，即非孔子弟子之明证。窃按：孔子不轻于毁誉人，贤如颜渊，亦未尝称之为君子。且孔子曾谓："圣人，吾不得而见之矣！得见君子者，斯可矣！"（《述而》）可见君子固亦不易得也。今忽称子贱为"君子哉若人"，似有违孔子一贯之言论。（《论语新诠》113页）

　　　　辑者案：据《孔子辞典》，宓不齐（前521—？），孔子弟子，姓宓，名不齐，字子贱。春秋末鲁国人，以德行著称。《吕氏春秋·察贤》："宓子贱治单父，弹鸣琴，身不下堂而单父治。"《史记·仲尼弟子列传》："（宓不齐）反命于孔子，曰：'此国有贤不齐者五人，教不齐所以治者。'"《韩诗外传》卷八："子贱治单父，其民附，孔子曰：'告丘之所以治之者。'对曰：'不齐时发仓廪，振困穷，补不足。'"《汉书·艺文志》儒家类录《宓子》十六篇，久佚。清马国翰《玉函山房辑佚书》辑有《宓子》一卷。

（2）君子哉若人！鲁无君子者，斯焉取斯

　　汉·包咸：若人者，若此人也。如鲁无君子，子贱安得取此行而学行之？（皇侃《论语集解义疏》卷三·2页）

　　梁·皇侃：因美子贱，又美鲁也。焉，安也。斯，此也。言若鲁无君子，子贱安得取此君子之行而学之乎？言由鲁多君子，故子贱学而得之。（皇侃《论语集解义疏》卷三·2页）

　　宋·郑汝谐：释者谓子贱之贤，非得鲁之君子薰梁渐渍，安取其为君子？夫舍其人之善而不称，乃归于他人之渐染，非圣人忠厚之言。盖子贱之为人，必沉厚简默不祈人之知者。自非鲁多君子，孰能取其为君子也？观子贱之为宰，不下堂，弹琴而化，则其气象可知。使其生于他邦，与谋臣说士混然而并处，则子贱之贤亦无以自见于世矣。（《论语意原》卷一·25页）

宋·朱熹：上斯斯此人，下斯斯此德。子贱盖能尊贤取友以成其德者。故夫子既叹其贤，而又言若鲁无君子，则此人何所取以成此德乎？因以见鲁之多贤也。苏氏曰："称人之善，必本其父兄师友，厚之至也。"（《四书章句集注》76页）

宋·张栻：意者子贱资质成就君子人也。夫子谓使鲁无君子，则子贱亦何所取法而若是乎？此非特叹鲁国之多贤，盖言美质系乎熏陶之效如此也。（《南轩论语解》卷三·1页）

清·宦懋庸：《说苑》纪其为单父宰，不下堂，鸣琴而理。巫马期以星出，以星入，而单父亦理。子贱曰："我之谓任人，子之谓任力。任力者劳，任人者逸。"然则子贱固君子也，惟君子能取君子，故单父之人，凡为其府史胥徒之属，亦莫非君子。盖十室之邑，必有忠信，视取者何如耳。若使鲁无君子，则子贱虽贤，亦安所取之而化民成俗乎？（《注》谓斯人何所取以成斯德，乃专就子贱之成就己德而言。今以《说苑》、《史记》、《家语》证之，实为单父任人言之也。）（《论语稽》卷五·2页）

方骥龄：疑本章君子当作在位之官吏解。哉字与材字通假。《广雅·释诂》："若，择也。""君子哉若人"，犹言"君子材，择人！"谓子贱有政治之才，又能择人，知人善任，故单父大治。"鲁无君子者，斯焉取斯！"此处君子，指有才德之人。谓鲁国如无有才德之人，子贱又何处取得如许人材耶？谓鲁国多斐然成章之人，而子贱又能择人也。《吕氏春秋》、《韩诗外传》、《新序》所记，皆言子贱能知人善任可证。（《论语新诠》113页）

乔一凡：子贱是君子。鲁国如果无君子，如何知用斯人呢？（《论语通义》68页）

南怀瑾：孔子特别提出子贱对同学们说，你们看，不论内在的修养品德，或者发挥于外的才能，宓子贱都可称得上是一个君子；

假使现在有人认为鲁国没有一个君子,那么子贱这个人不就是君子吗? 如果说这人不是君子,还有什么人可以说是君子呢? 在此隐约透露出:第一、文化精神教育的目的,是在于培养承先启后的继起人才。第二、注意奖励后起之秀,导之使他发扬光大。(《论语别裁》205 页)

程石泉:"鲁无君子者,斯焉取斯"恐有错字。揆其意盖谓若鲁国无君子,子贱何能"所父事者三人,所兄事者五人,所友者十有二人,所师事者一人"? (《论语读训》59 页)

傅佩荣:[白话]鲁国没有君子的话,他怎么找得到人帮他忙呢? (《解读论语》70 页)

黄怀信:[释]"斯",则。"取",取法、学习。后"斯",此也,指其优良品质。[训译]先生评价宓子贱说:"君子啊! 这个人。假如鲁国没有君子,那么(他)在哪里去取法这些呢?"(《论语新校释》95 页)

金知明:君子哉若人:太有修养了像你一样做人;君子,名词做形容词,太好了,这是倒装句,谓语提到了主语之前;哉,语气词,表示赞叹;若,你;人,名词做动词,做人。(《论语精读》50 页)

李零:孔子说,如果鲁国真的没有君子,他又是从哪里学来的呢? 答案很清楚,他是从鲁国的君子特别是孔子学来的呀! (《丧家狗——我读〈论语〉》114 页)

胡齐临:老师评论子贱说:"这个人是个君子呀! 在鲁国没有君子的时期,他是从哪里获得的这种品德呢?"(《论语真义》51 页)

　　辑者案:以上所论,关键在于"斯焉取斯"一句,朱熹等认为前一"斯"指宓子贱,后一"斯"指"德",黄怀信认为前一"斯"为连词"则",后一"斯"指"优良品质"。分歧只在前一"斯",揆之文意,当以朱熹说为上。

5.4 子贡问曰:"赐也何如?"子曰:"女,器也。"曰:"何器也?"曰:"瑚琏也。"

（1）器

汉·孔安国:言女器用之人。(邢昺《论语注疏》55页)

宋·朱熹:器者,有用之成材。夏曰瑚,商曰琏,周曰簠簋,皆宗庙盛黍稷之器而饰以玉,器之贵重而华美者也。子贡见孔子以君子许子贱,故以己为问,而孔子告之以此。然则子贡虽未至于不器,其亦器之贵者欤?(《四书章句集注》76页)

宋·张栻:子贡之问盖欲因师言以省己之所未至也。而夫子告之抑扬高下,所以长善而捄其失者备矣。谓之器则固适于用,然未若不器之周也。谓之瑚琏则以其美质可以荐之宗庙也,然瑚琏虽贵,终未免于可器耳。赐也味圣人之言,意即其所至而勉其所未至,则亦何有穷极哉?(《南轩论语解》卷三·1页)

清·康有为:子赣高才达学,卓然早成,故孔子称其成器。以其性识精深,故许为宗庙重器。至于闻性与天道后变化从心,必更有进,其去大道不器必不远矣。但人才必先求成器,而后进为不器也。(《论语注》56页)

金良年:子贡是孔门言语科的高材生,但孔子对于这位学生是批评多于称赞,《史记》说:"子贡利口巧辞,孔子常黜其辩。"在这一章中,孔子说子贡是器皿,对照《为政》篇"君子不是器皿"的论述来看,这不是很高的评价,尽管孔子下面补充说是贵重的礼器。孔子对子贡的不满,主要是因为子贡的思想与他不尽一致。《韩诗外传》说子贡出身于卫国的"贾人"之家,所以,看问题较多出于利的立场,这与孔子"罕言利"是有较大差距的。(《论语译注》40页)

李炳南：器喻有用之才，《为政篇》"子曰君子不器"是喻全才。此许子贡以瑚琏，虽未至于不器，然为高才大用可知。人在世间，有所取，必须有所予，若其才能不及子贡者，但成任何一器，尽其在我，用之于世，求其俯仰无愧可耳。（《论语讲要》82页）

辑者案：孔安国说不免有增字解经之弊。朱熹认为"器者"为"有用之成材"，可从。

（2）瑚琏

汉·包咸：瑚琏者，黍稷器也。夏曰瑚，殷曰琏，周曰簠簋，宗庙器之贵者也。（皇侃《论语集解义疏》卷三·3页）

晋·栾肇：未详也，然夏殷各一名，而其形未测。及周则两名，其形各异，外方内圆曰簠，内方外圆曰簋，俱容一斗二升，以簠盛黍稷，以簋盛稻粱。或问曰："子贡，周人，孔子何不云'汝是簠簋'，而远举夏殷器也？"或通者曰："夫子近舍当时而远称二代者，亦微有旨焉。谓汤、武圣德，伊、吕贤才，圣德则与孔子不殊，贤才与颜、闵岂异？而汤、武飞龙，伊、吕为阿衡之任，而孔子布衣洙泗，颜回箪瓢陋巷。论其人则不殊，但是用舍之不同耳。譬此器用则一，而时有废兴者也。"（皇侃《论语集解义疏》卷三·3页）

晋·江熙：瑚琏置宗庙则为贵器，然不周于民用也。汝言语之士，束修廊庙，则为豪秀，然未必能干烦务也。器之偏用，此其贵者，犹不足多，况其贱者乎？是以玉之碌碌、石之落落，君子皆不欲也。（皇侃《论语集解义疏》卷三·3页）

清·陈鳣：《说文》："槤，胡槤也。从木，连声。"是槤为正字，连为省文，琏为假音耳。（《论语古训》卷三·2页）

清·黄式三：此章与上章未必为一时之言。《注》合言之，未确。端木子自衡品，欲勉所未逮，非炫所长也。邢《疏》曰："《明堂位》说四代之器云：'有虞氏之两敦，夏后氏之四琏，殷之六瑚，周之八簋。'如《记》文，夏器名琏，殷器名瑚。而包、郑等说此《论语》，贾、服、杜等注《左传》，皆云'夏曰瑚'，或别有所据，或相从而误也。"（《论语后案》106页）

　　清·刘宝楠：正义曰：夫子论诸弟子，非在一时，记者以次书之。皇《疏》谓"子贡闻孔子评诸弟子而不及己，故有此问"，非也。惠氏栋《九经古义》："瑚琏当为胡连。《春秋传》曰'胡簋之事'，《明堂位》曰'夏后氏之四连'，皆不从玉旁。《孔庙礼器碑》又作胡辇，古连、辇字通。"段氏玉裁《说文注》引《礼器碑》，又引《司马法》"夏后氏辇曰余车，殷曰胡奴车，周曰辎辇"。疑"胡辇"皆取车为名。案：《说文》："桂，瑚桂也。"其字从木，当是以木为之。《潜夫论·赞学》云："胡簋之器，其始也，乃山野之木。"是其证。陈祥道《礼书》："瑚以玉、簋以竹为之。"只以瑚字从玉，簋字从竹，妄为说之，无他证也。冯氏登府《异文考证》考"胡连"本瓦器，而饰以玉。孟郁修《尧庙碑》"瑚"字又作"塯"，可知胡连本瓦器，故后人又加土旁。案：《考工记》："㮚人为簋。"冯见簋是瓦器，而《明堂位》以"四连"、"六瑚""八簋"为文，则胡连亦瓦器。然《㮚人疏》云："祭宗庙皆用木簋，今此用瓦簋，祭天地及外神尚质，器用陶匏之类也。"则簋有以木、以瓦之异。《尧庙碑》是祭外神，当用瓦，故字作塯。若《论语》言祭宗庙之器本不用瓦，不得同彼文作塯也。……宗庙之祭，食用黍稷，此瑚琏为盛黍稷器也。……夫子言"赐也达，可使从政"，故以宗庙贵器比之。言女器若瑚琏者，则可荐鬼神、羞王公矣。（《论语正义》167—168页）

　　毛子水：瑚琏，旧解以为是宗庙盛黍稷的器皿；宗庙的器皿，当然是很贵重的。孔子以比子贡，似亦适当。但瑚琏，《说文》作"胡桂"（依段订）。段注："瑚虽见《论语》、《礼记》，然依《左传》作胡为长。桂，当依许从木。据《明堂位》音义，'四桂'本作四连。

《周礼》、《管子》以'连'为'辇'。《韩勑礼器碑》:'胡辇器用。'即胡连也。《司马法》夏后氏谓辇曰余车;殷曰胡奴车;周曰辎辇。疑胡、辇皆取车为名。"按:段意以为古宗庙器假车名以为名。近屈万里教授据段氏这个启示,想到《论语》里的瑚琏实即胡辇,而胡辇即任重致远的大车。(《广雅·释诂一》:胡,大也。)屈氏这个说法,使古来纷纠不可究理的"瑚琏"成为简单而有用的大车,亦是一快!(《论语今注今译》58页)

南怀瑾:"瑚琏"是古代的玉器,这个玉器,还不是民间普通老百姓可用的。是古代用来供于庙堂之上的,相当于中央政府、皇宫的布置,摆在上面,非常精洁庄严。为什么呢? 它是"高""贵""清"的象征。子贡形成这种精神的典型,未免有点太高、太贵、太清了。古代要在国家有大典的时候,才请出瑚琏来亮一下相。平常的时候,只好锁在柜子里藏起来,保护起来。(《论语别裁》206页)

钱穆:瑚琏乃宗庙中盛黍稷之器,竹制,以玉饰之,言其既贵重,又华美,如后世言廊庙之材。(《论语新解》111页)

李泽厚:这既是贬,又是褒,又是开玩笑。贬者,才能发展尚不够全面也;褒者,才能之高雅贵厚也,均以玩笑言语出之。(《论语今读》91页)

杨润根:《说文解字》说:"瑚,珊瑚也。"又说:"珊瑚,色赤,生于海或生于山。""瑚"的本意是:由远古("古")动物(珊瑚虫)的尸体("月")所形成的玉石("王")。至于"琏"字,它根本用不着查什么字典,它的意思就是"链",不过它不是由金子或金属做的,而是由玉石("王")做的。因此"瑚琏"的意思就是用红珊瑚制作的链条,而这种用红珊瑚制作的链条显然不是那种用来拴牛拴马拴车拴囚犯的链条(这种用处的链条必须用非常坚固的钢铁制作),而是一种用作装饰品的链条,这种用作装饰品的链条作为一种如孔子所说的为人们所器重的物品,联系到它鲜红的颜色,人们对于它的最可能的判断显然就是年轻的姑娘们非常喜爱的项链……孔子在这里所表达幽默的意思只是:如果你要我来对你作一番评价的话,那么我只能说你是一个每一个姑娘们都希望拥有并将以此自炫自耀的对象。(《发现论语》107—108页)

黄怀信:瑚琏:"琏"亦作"连",与"瑚"本为二物。……是连、瑚与鼎同类。鼎为君主盛食之器,瑚、琏亦当同。故言"瑚琏",当犹今人曰饭桶,骂人之语。[章旨]:此章论子贡。子贡办事盖曾不能如孔子之意,故孔子骂之为饭桶。或一时戏之,亦有可能。旧释"琏瑚"为祭祀时盛黍稷的器物,无义。(《论语新校释》96页)

胡齐临:孔子把子贡比作瑚琏,瑚琏是古代祭器中贵重而华美的一种。器具指的是专业工具。这是评价子贡是专业人才。这对使用人才是很重要的。(《论语真义》52页)

辑者案:关于"瑚琏"为何物,上引列出四说:1. 汉代包咸、郑玄皆认为"瑚琏"为黍稷之器,用于宗庙祭祀;2. 刘宝楠引段玉裁注、毛子水引屈万里考证认为"瑚琏"为"胡辇",指一种车;3. 南怀瑾认为指一种贵重玉器;3. 杨润根认为"瑚琏""就是用红珊瑚制作的链条"。以上四说,当以汉代包咸、郑玄"祭器"说为优。毛子水、屈万里"胡辇"说虽有创意,未免迂曲。南怀瑾与杨润根两人不参考古注,望形为训,不着边际。

孔子当面说子贡为"器也",且是用于宗庙祭祀的"瑚琏","瑚琏"是用于严肃场合的高贵之器,所以李泽厚认为"这既是贬,又是褒,又是开玩笑",金良年认为这是孔子委婉地批评子贡,很有道理。孔子主张"君子不器",但这里又说子贡"器也",尽管补充说是有高贵用处的"瑚琏",仍是表示了对子贡的不满。

5.5 或曰:"雍也仁而不佞。"子曰:"焉用佞? 御人以口给,屡憎于人。不知其仁,焉用佞?"

(1)雍也仁而不佞

汉·孔安国:屡,数也。佞人口辞捷给,数为人所憎也。(皇侃《论语集解义疏》卷三·4页)

梁·皇侃:或人云弟子冉雍甚有仁德,而不能佞媚求会时也。(皇侃《论语集解义疏》卷三·4页)

宋·朱熹:佞,口才也。仲弓为人重厚简默,而时人以佞为贤,故美其优于德,而病其短于才也。(《四书章句集注》76页)

清·阮元:《虞》、《夏书》无"佞"字,只有壬字、任字,"何畏乎巧言令色孔壬"、"而难任人"是也。故《尔雅》曰:"允、任、壬,佞也。"(此佞字当训材巧)至商周之间,始有仁、佞二字。佞从仁,更在仁字之后。此二字皆非仓颉所造(《虞》、《夏》、《商书》、三《颂》、《易》卦、爻辞皆无"仁"字,"仁"字始见于《周礼·大司徒》"六德:知、仁、圣、义、中、和"),故佞与仁相近,尚不甚相反。周之初尚有用仁字以寄佞义者,不似周末甚多分别也。(《论语·雍也》"仁而不佞",可见"仁"、"佞"尚欲相兼,不知其仁始言"佞"异于"仁","鲜矣仁",非绝无仁,犹之孔壬异于不孔之壬也。)《说文》:"佞,巧讇高材也。从女,仁声。"(《春秋》襄三十年"天王杀其弟",《左氏》作"佞夫",《公羊》作"年夫",《国语·晋语》"佞之见佞,果丧其田",皆仁声之证也。段氏谓小徐从仁声,是也。)巧是一义,材又一义,柔讇又一义,御口给又一义,属文时当用何义,则可以何义释之。《书·金縢》曰"予仁若考"者,言予旦之巧若文王也。巧义即佞也。佞从仁得声而义随之,故仁可为佞借也。古者事鬼神当用佞，《金縢》之以佞为美，借"仁"代"佞"者，因事鬼神也。故《论语》孔子谓祝鮀之佞，治宗庙，即《金縢》仁巧多材多艺、能事鬼神之义也。所以《金縢》借"仁"代"佞"，可省"女"字也。《金縢》曰"乃元孙不若旦多材多艺"，《史记》以"王发"代"元孙"二字，训"若"为"如"，此言武王不如周公也。上文曰"予仁若考"，此"考"字当指文王，"若"亦当训为"如"，言周公如文王也。此五句文势相同，一正一反，紧相对属，不应下"若"字训为"如"，上"若"字训为"顺"也，不应不若旦有所指之人，若考无所指之人也。训上若为顺，则与下不若旦庋异矣。《史记·鲁世家》明明以"旦巧"二字代"予仁"二字，此巧字即训《金縢》"仁"字，仁读为佞，佞即巧也，非可以《金縢》"考"字越"仁若"二字代"巧"字也。巧与考本可假借，但此处考字实指文王，非巧字之假借。江氏声《尚书集注》以巧字抵考字而训之，又知经中"仁若"二字无著，遂谓"仁若"二字为衍，非也。后世佞字全弃高材仁巧之美义，而尽用口諞口给之恶义，遂不敢如《史记》以巧佞属之周公矣。且古人每谦言不佞者，皆谦不高材不仁巧也。（《左传》成十三年"寡人不佞"，成十六年"诸臣不佞"，昭二十年"臣不佞"，《国语·鲁语》"寡君不佞"，《晋语》"吾不佞"，皆训才。）若佞全是恶，岂古人皆以喜口諞口给之小人待人，而自居于不口諞不口给之君子乎？是故解文字者，当以虞、夏、商、周初、周末分别观之。（虞、夏时尚无仁字，何有佞字？惟有壬字、任字耳。其言壬、任者，乃巧言令色之人，自谓能堪当重事而绩终不成，其恶在力不能任，而以巧言令色妄任之。遍考群经，壬字、任字无恶训，孟子尚以为伊尹之圣矣，孔壬者，甚自负任也，而难任人者，不轻易用自任之人也。《尔雅》之"允、任、壬，佞也"，此佞字尚是周初高材之义，非恶义。使允为恶，则"惇德允元"又将何说？乃汉人说《尚书》者，一概以周末之佞义释虞、夏、周初之壬、任字,恐非也。又孙氏星衍《古今文注疏》云:"此两不字当读为丕,皆语词,事鬼神者,谓生而主其祀事,非谓死而事之。")(《研经室集》续集一集卷一·31页)

日·东条弘:按:佞,从人亠女。本系妇女阿从之体。不必解口才。(《论语知言》137页)

清·宦懋庸:春秋时以多能多闻为圣,以口才之美者为佞。自夫子不敢居圣,孟子以大而化之言圣,而圣乃为神明不测之号。自夫子恶夫佞者,而佞乃为不美之名。此古今训诂之不同也。或言仁而不佞,盖谓仲弓固长者,而惜其少口才(如不有祝鮀之佞,佞亦以口才之美言。又如古人自称曰不佞犹不才也,皆同)。故夫子辨之曰:"焉用佞哉?"佞者,恃口给以御人耳,心不如是,徒以口取一时之捷而如是。人不胜其口,则口虽屈而心实憎之。若仲弓者,我虽未知其中之诚伪何如,然吉人词寡,只此已足见其人,又焉用佞哉?再言"焉用佞",正谓反覆于始终得失之际皆不用佞也。(《论语稽》卷五·3页)

乔一凡:佞,逞才也。……古人言有诗意,学诗以言,亦所以训练口才也。然有口才而不用则亦以有仁心存焉。仲弓与颜渊,皆为德性中人,先行其言,而后从之。是以何必用佞,而逞才也。(《论语通义》69页)

　　辑者案:此句之分歧,关键在于"佞"字,或以为"口才好",或以为"媚俗",当以"口才好"、"能言善辩"为是。

(2)御人以口给,屡憎于人

宋·朱熹:御,当也,犹应答也。给,辩也。憎,恶也。言何用佞乎?佞人所以应答人者,但以口取辨而无情实,徒多为人所憎恶尔。(《四书章句集注》76页)

日·东条弘:按:御,如字。盖以不阿于权贵、不同于原人为快。故御彼二者之所言,以为口给。口给谓以其猖介言论为供给。屡,按事翅不数次。又迫切而到之名。憎对爱言,与好恶之恶自别。朱《注》:"憎,恶也。御,当也,犹应答也。给,辨也。"皆非也。(《论语知言》137 页)

清·刘宝楠:"御"者,《尔雅·释言》云"禁也"。(《论语正义》168 页)

程树德:[考异]:高丽本作"焉用佞也"。《七经考文》:足利本无"口"字。《天文本论语校勘记》:唐本、津藩本、正平本均无"口"字,"人"作"民"。《唐石经》"仁"字袼改作"人"。皇本作"不知其仁也,焉用佞也"。(《论语集释》295 页)

杨伯峻:口给——给,足也。"口给"犹如后来所说"言词不穷"、"辩才无碍"。(《论语译注》43 页)

金良年:御:对付。口给(jǐ jǐ):口辞敏捷。(《论语译注》41 页)

杨润根:口给:由口向人提供或供给的享受品,即对人凭空说出来的毫无事实根据的赞美之辞,而这种赞美之辞又往往是那些肤浅而虚荣的人们乐于吞食的。御人以口给:把凭空说出来的那些毫无事实要据或言过其实、夸大其辞的赞美之辞作为一种供人享受的东西提供给别人,以便让人吞食,以达到驾驭役使别人的目的。(《发现论语》109 页)

程石泉:疑其章有错简,依上下文理,孔子所言实所以为冉雍作辩护,似应有"雍也"二字于"御人以口给"之前。(《论语读训》60 页)

辑者案:以上诸说,当以金良年说为优。口给,口才敏捷,能言善辩。

(3)不知其仁,焉用佞

宋·朱熹:我虽未知仲弓之仁,然其不佞乃所以为贤,不足以为病也。再言焉用佞，所以深晓之。或疑仲弓之贤而夫子不许其仁，何也？曰："仁道至大，非全体而不息者，不足以当之。如颜子亚圣，犹不能无违于三月之后；况仲弓虽贤，未及颜子，圣人固不得而轻许之也。"（《四书章句集注》76页）

宋·张栻：佞之所以焉用者，以其御人以口给，屡憎于人。因其有才辨，而流入于不善也。若不知其仁，则焉用佞！盖在仁者则发而中节，佞与不佞何足以言之哉？（《南轩论语解》卷三·2页）

清·陈浚：或人问孔子道："冉雍为人宽厚，可以算得个仁者，只可惜不会说话，没有口才，成了个无用的好人，如今口才是要紧的，何不令他学习呢？"孔子道："人要有用须学真才，若单讲口才有何用处？如今有口才的人当人说话只在口上装办几句好听的话头去哄骗人，并没一点真情实意，屡次如此，被人看破，个个厌恶他，岂不枉做了小人？汝说雍是个仁者，我倒不深知他的仁，若说他没有口才，那正是他诚实好处，不是他的毛病，究竟世上事总要实做，不要空说，何处用得着口才哩？"（《论语话解》卷三·2页）

杨伯峻：孔子说不知，不是真的不知，只是否定的另一方式，实际上说冉雍还不能达到"仁"的水平。（《论语译注》43页）

钱逊：不知其仁，有两种解释，一，指佞人，佞人遭人憎恨，因而不知其（佞人）有仁德；二，指冉雍，不知冉雍是否仁者。今译取前者。（《论语浅解》83页）

黄怀信：以伶俐的口齿应对人，往往（会）遭人憎恶，（人也就）不知他仁了了，哪里用得着口才好？（《论语新校释》97页）

　　辑者案：此句承接前文而说，言如果一个人"伶牙利齿"、"能言善辩"以口才对付人，必然惹人憎恶，即使有"仁德"，也不会让人感觉到。以上诸说，当以黄怀信说为优。

5.6 子使漆雕开仕。对曰:"吾斯之未能信。"子说。

(1)漆雕开

汉·孔安国:开,弟子。漆雕姓,开名。(邢昺《论语注疏》57页)

宋·蔡节:集曰:"漆雕,姓;开,名;子若,其字也。孔子弟子。"(《论语集说》卷三·3页)

清·刘宝楠:阮氏元《校勘记》:"依《说文》当作琱。凡琱琢之成文则曰彫,雕、琱皆假借字。"案:依阮说,漆雕氏必其职掌漆饰雕刻,以官为氏者也。夫子使开仕,当在为鲁司寇时。(《论语正义》169页)

清·沈涛:《汉·艺文志》有孔子弟子漆雕启,《史记·弟子列传》"漆雕开,字子开"。上开乃启字,避景帝讳也。潜邱阎氏曰:"一部《论语》叙事及门人,无直称其名者,则孔《注》以开为名,非是。王肃伪撰《家语》乃云开字子若,更谬矣。"又案:弟子对师不应称吾,宋于庭孝廉翔凤云:"啟,古字作启。吾字疑启字之讹。"(《论语孔注辨伪》卷上·7页)

清·康有为:漆彫开,孔子弟子,名启,字子开。《汉书·古今人表》作"漆彫启"。凡《论语》叙弟子皆称字,《史记》作"漆雕开,字子开",上"开"字当是避景帝讳"启"也。《家语》作"字子若",《泉碑》作"字子修",皆谬。《汉书·艺文志》有《漆彫子》,《论衡》引《漆彫子》言性有善恶,《韩非子·显学篇》言有漆彫氏之儒,盖孔门一大宗也。(《论语注》57页)

李君明:漆雕开跟着孔子专攻历史,孔子建议漆雕开去做官。(《论语引读》127页)

辑者案:漆雕开之名字,有"名启,字子开"、"名启,字子若"和"名开,字子开"三说,当以"名启,字子开"为优,因为"开、启"义近。古人名与字往往用近义词,"名启,字子若"之说中，"启、若"意义差别太大，"名开，字子开"之说中，两"开"字重复，均可疑。漆雕开之籍贯，有"鲁国"、"蔡国"两说，史料所限，难以定论。

(2)"吾斯之未能信。"子说

汉·孔安国：仕进之道未能信者，未能究习也。（皇侃《论语集解义疏》卷三·4页）

汉·郑玄：喜其志道深也。（皇侃《论语集解义疏》卷三·4页）

梁·皇侃：云"对曰吾斯之未能信"者，开答也。答师称吾者，古人皆然也。答云言己学业未熟，未能究习，则不为民所信，未堪仕也。一云：言时君未能信，则不可仕也。故张凭曰："夫君臣之道，信而后交者也。君不信臣，则无以授任；臣不信君，则难以委质。鲁君之诚，未洽于民，故曰未能信也。"（皇侃《论语集解义疏》卷三·4页）

唐·韩愈："未能见信于时，未可以仕也。"子说者，善其能忖己知时变。（《论语笔解》卷上·8页）

宋·朱熹：斯，指此理而言。信，谓真知其如此，而无毫发之疑也。开自言未能如此，未可以治人，故夫子说其笃志。程子曰："漆雕开已见大意，故夫子说之。"又曰："古人见道分明，故其言如此。"谢氏曰："开之学无可考。然圣人使之仕，必其材可以仕矣。至于心术之微，则一毫不自得，不害其为未信。此圣人所不能知，而开自知之。其材可以仕，而其器不安于小成，他日所就，其可量乎？夫子所以说之也。"（《四书章句集注》76页）

明·林希元：开曰吾斯之未能信，这意思不是小可，他于天下义理都要到那尽头处方肯出来应世。其一念求道之志，真欲到十分地位。若一分未到，决不肯已，非苟且随世以就功名者。其立志之坚，务学之笃，真有以超乎寻常之表，而出圣人意望之外，故

不觉而深喜之。(《四书存疑》卷四・48 页)

日・龟井鲁：悦子若笃学不乐进仕也。(《论语语由》73 页)

清・黄式三：陆稼书曰："大纲之信犹易，条目之信最难；知处信犹易，行处信最难；顺处信犹易，逆处信最难。"又曰："信有二意：一是细微之必谨，一是反身而皆诚。合而观之，信斯之难可知矣。"说，解而喜也，解其不仕之意而喜之也。(《论语后案》108 页)

清・康有为：孔子尝以其学业大成使之仕宦，当是孔子为鲁司寇时。盖自天分气，人己同体，但当成己而后成物，若明德之后而不新民，则于仁道有阙，此圣人合内外之道也。漆彫子以未敢自信，不愿遽仕，则其学道极深，立志极大，不安于小成，不欲为速就，宜乎为八儒之一大派也，故孔子说之。(《论语注》57 页)

方骥龄：《说文》："斯，析也。"《诗・陈风・墓门》"墓门有棘，斧以斯之"传："斯，析也。"……要言之，斯之训析；引伸言之，辨析分明也。故陶渊明诗"疑义相与析"。斯析二字，一音之转耳。传注训信为明，信与"伸""申"二字通假。伸训直，申亦训明，疑"吾斯之未能信"犹言"吾析之未能明"。盖仕与士不同。士，为事以事人；仕，服官政。所谓服官政，政为国家大事，有领导他人意，漆雕开自谦尚不能析理至明，不敢为仕。所答得体，故孔子悦之。(《论语新诠》115 页)

毛子水：斯，指仕言。(《论语今注今译》60 页)

徐前师："吾斯之未能信"是上古常见的否定句代词宾语前置的句式，"斯"为近指代词，指上文提及的"仕"。笔者认为，"信"在此处训"知"、"审"，意思是知道得很详尽。(《〈论语〉札记二则》，《古籍整理研究学刊》2001 年第 4 期)

钱穆：吾，漆雕开自称。或说：弟子在师前自称名，漆雕开名启，古写作启，后人误书为吾。(《论语新解》113 页)

李亚明：故而我们认为，"吾斯之未能信"中的"信"应理解为是"伸"的假借字，其含义是"通达"，整句话的意思是"我对（该怎么出去做事）这件事还没有完全通达"。（《〈论语〉札记二则》，《古汉语研究》2003 年第 4 期）

李炳南：孔子派漆彫开为仕。开对曰："启，为仕，未能自信。孔子悦之。何以悦之？郑《注》曰："善其志道深。"皇《疏》引范宁曰："孔子悦其志道之深，不汲汲于荣禄也。"（《论语讲要》84 页）

林觥顺：信是人的正直言论，会意作诚实作庄严。吾斯之未能信，我对于做官一道，尚未能学会如何庄重威严。（《论语我读》72 页）

傅佩荣：标点为："启斯之未能信"，子说。启：学生自称其名。原有作"吾"者，误写。说：孔子高兴的原因是：启能反省及了解自己，知道尚须进德修业，而不急着做官。这种自我要求的态度正是孔子所乐见的。（《傅佩荣解读论语》73 页）

李君明：这一段文字包含了两层的含义：一方面，表现漆雕开有自知之明。……另一方面，漆雕开认为为仕要有担当。（《论语引读》127 页）

杨朝明：孔子主张学而优则仕，希望通过出仕为官来推行自己的政治主张。在此，孔子对漆彫开的赞许并不意味着他以不仕为上，而是他不愿意弟子仅热衷于功名利禄，汲汲追求仕进。孔子曾说："三年学，不至于谷，不易得也。"（《泰伯》）求学多年，而没有做官的念头，是很难得的。但"修身"则是出仕的前提，正如子路使子羔为费宰时，孔子批评他说："贼夫人之子。"（《先进》）在为政与读书的关系上，孔子希望自己的弟子能够先学习后为政，这也是闻漆彫开不仕则悦的真正原因。（《论语诠解》38 页）

　　辑者案：方骥龄、李亚明说可从。"信"有明义，有"知晓"

义,漆雕开自认为对出仕为官之道尚未明晓,表示谦谨,故孔
子喜悦。

**5.7 子曰:"道不行,乘桴浮于海。从我者,其由与?"
子路闻之喜。子曰:"由也好勇过我,无所取材。"**(定州简
本"乘桴"作"乘泡"。古桴、枹通,枹、泡形近致误)

(1)乘桴浮于海

汉·马融:桴,编竹木大者曰筏,小者曰桴。(邢昺《论语注疏》
57页)

宋·朱熹:桴,筏也。(《四书章句集注》77页)

清·钱坫:桴,《说文解字》作泭,《尔雅》云"庶人乘泭",然则
夫子言道不行乘泭者,以庶人自处也。编竹木,楚人曰泭,秦人曰
䈖。王逸说。(《论语后录》卷二·2页)

清·黄式三:浮,过也。……此过海,谓至九夷也。据《汉
书·地理志》及《说文》,乘桴浮海即欲居九夷之事。……《汉书》
颜《注》引此经而申之曰:"言欲乘桴筏而适东夷,以其国有仁贤之
化,可以行道也。"颜《注》盖本古说。陆稼书谓乘桴即周流之意,
与遁世者不同,正与古说暗合。(《论语后案》108页)

清·王闿运:海波汹涌,桴必败散,而乘以浮海必不克济。喻
以有道,值无道必见危害也。子路刚直将不得其死,故弟子之中
唯由将从俱败也。(《论语训》卷上·38页)

乔一凡:乘桴,升于桴也。浮,渡也。海为众流所归。(《论语通
义》70页)

黄怀信:"浮于海",谓出海。海内不得行,故出海外。(《论语新
校释》98页)

辑者案:从马融、黄怀信说。

(2)由也好勇过我，无所取材

汉·郑玄：子路信夫子欲行，故言好勇过我也。"无所取材"者，言无所取桴材也。以子路不解微言，故戏之耳。一曰：子路闻孔子欲乘桴浮海，便喜不复顾望，故孔子叹其勇曰过我无所复取哉，言唯取于己也。古字材、哉同耳。(皇侃《论语集解义疏》卷三·5页)

梁·皇侃：云"子曰由也好勇过我"者，然孔子本意托乘桴激时俗，而子路信之将行，既不达微旨。故孔子不复更言其实，且先云"由好勇过我"，以戏之也。所以云过我者，始有乘桴之言，而子路便实欲乘，此是勇过我也。云"无所取材"者，又言汝勇乃过胜于我，然我无所觅取为桴之材。……又一家云：孔子为道不行为譬，言我道之不行，如乘小桴入于巨海，终无济理也。非唯我独如此，凡门徒从我者，道皆不行，亦并由我故也。子路闻我道由，便谓由是其名，故便喜也。孔子不欲指斥其不解微旨，故微戏曰：汝好勇过我，我无所更取桴材也。(皇侃《论语集解义疏》卷三·5页)

宋·朱熹：程子曰："浮海之叹，伤天下之无贤君也。子路勇于义，故谓其能从己，皆假设之言耳。子路以为实然，而喜夫子之与己，故夫子美其勇，而讥其不能裁度事理，以适于义也。"(《四书章句集注》77页)

清·李光地："无所取材"是论其素非就此一事而言。闻从浮海而喜，可谓不屑于俗而勇于义，故夫子喜而赞之，无贬辞也。"好勇过我"是赞之，"无所取材"是进之，皆因此一事而概其平生也。(《读论语札记·公冶长篇》)

清·黄式三："好勇过我"，谓勇于济世也。"无所取材"，谓无人取用其材也。《史记·弟子列传集解》栾肇曰："适用曰材，好勇过我，不用故无所取。"栾说是也。时遹庵曰："木之劲直堪用者曰材。道既不行，虽浮海至九夷，亦无地能取用材干也。"(《论语后案》

108 页）

清·刘宝楠："无所取材"，为但以由从，不复取他人哉，言必不能也。云"古字材哉同"者，冯氏登府《异文考证》："哉字从才，才与哉通。"崔瑗《张平子碑》："往才汝谐。"邢昺《尔雅疏》："哉，古文才。"（《论语正义》172 页）

清·王闿运："子曰由也好勇过我"，轻死非勇，故曰好勇，圣人但独立不惧，无喜之情也。"无所取材"，言己虽孤危，犹有道术以济，如浮海犹有桴材也。子路直不惧而已，如赴海无桴且不能浮。（《论语训》卷上·38 页）

杨伯峻：材，同哉，古字有时通用。有人解作木材，说是孔子以为子路真要到海外去，便说"没地方去取得木材"。这种解释一定不符合孔子原意。也有人把"材"看做"剪裁"的"裁"，说是"子路太好勇了，不知道节制、检点"，这种解释不知把"取"字置于何地，因之也不采用。（《论语译注》44 页）

王熙元：无所取材：朱注以"材"通裁，释"无所取材"为"不能裁度事理以适于义也"。但这样解释，原文的"取"字便没有着落，不如解作"材质"，指子路好勇过份的材质。（《论语通释》214 页）

南怀瑾：所以孔子说，子路的武功、勇气都超过我，但是他的暴躁也超过我，对于事情，不知道仲裁（无所取材的"取材"就是中肯的判断），不明断，太过偏激了。（《论语别裁》210 页）

邓球柏：孔子叹自己的政治主张不能推行，想结束自己匆匆忙忙的游说生涯，因此想乘木筏子东游大海，但一想到连木筏子的用材都找不到，便又心灰意冷了。虽有子路那样勇往直前的学生伴随也没有用啊！反映了孔子万念俱灰的凄凉心境。（《论语通解》85 页）

杨润根：好勇：杰出的勇气。令人热爱、令人羡慕的勇气。

[译解]孔子又说:"说到我的子路,我认为他的杰出非凡、令人羡慕的勇气已经超过了我。在这个世界上我无法找到一个比他更为勇敢、对我也更为有用的人才!"(《发现论语》110—111页)

李亦凡:尝试将整句断为:由也。好勇过我。无所取。材。与嘉许其勇的情感态度相应,夫子接着赞扬子路的另一个优秀品质:无所取。无所取的动作发出者还是前面的"由也","'无所取哉',言唯取于己",即唯取于己之道,此即赞扬子路在对思想行为进行价值判断时,能坚持内心已达到的理性标准,以高度客观的"义"指导取舍。最后,夫子作了一个对子路能力的评价:"材"。"材"的主语还是"由也"。"适用曰材","材谓可用也。引申之义凡可用之具皆曰材"。怀过人之勇,持不易之义,子路当然是可从夫子行道之才了,于是此句标点为:由也,好勇过我、无所取,材!"材"字的这种用法在先秦是很常见的,语意是对上述两方面的概括。又因为"凡'才'、'材'、'财'、'裁'、'纔'字以同音通用"或许也可将"材"理解为"才"的通假,"人之能曰'才',言人之所蕴也"是夫子对子路具体才华的夸奖,句子标点为:由也,好勇过我、无所取、材。语意上是从并列层面的三个不同角度赞扬子路。从语法现象角度看,先秦时诸如"回也其庶乎,屡空"之类的共用主语现象并非罕见,而像"师也过,商也不及"的以形容词作谓语,或"言忠信,行笃敬"的以名词作谓语,就更普遍了。(《〈论语〉"子曰道不行"新解》,《绥化学院学报》2005年第2期)

黄怀信:[释]"无所",无处。"材",材料、可用者。[训译]先生(解释)说:"仲由勇敢超过我,没有别的用处。"(《论语新校释》98—99页)

刘维业:子路的勇敢精神超过我,很难找到这样勇敢的人呀。(《论语指要》90页)

李君明："无所取材"的解释有三种说法,一说是"无所取材",是说子路没有可取的才能,完全否定子路,这不符合孔子的一贯思想;一说是"无所取裁",是说子路不知道控制自己,不懂得权衡、裁定。一说是钱穆先生的说法,是说无法得到造竹筏子的材料,是一种和平豁达的气象。……孔子委婉而且含蓄地否定了子路的说法。认为子路有勇,可以跟随他一同前去,但同时又指出子路的不足乃在于仅有勇而已,不能裁度事理,缺乏全面驾驭事物的能力,这是义德不全的表现。(《论语引读》129页)

胡齐临:老师说:"仲由啊,你的勇敢超过了我,但未能善用自己的这种美德。"(《论语真义》53页)

辑者案:分歧的焦点在于"无所取材"之"材",或以为通"哉",或从字面理解。当以"材"通"哉"说为优。谓仲由过于刚勇,这一点不可取。

5.8 孟武伯问:"子路仁乎?"子曰:"不知也。"又问。子曰:"由也,千乘之国,可使治其赋也,不知其仁也。""求也何如?"子曰:"求也,千室之邑,百乘之家,可使为之宰也,不知其仁也。""赤也何如?"子曰:"赤也,束带立于朝,可使与宾客言也,不知其仁也。"

(1)孟武伯问子路仁乎? 子曰:"不知也。"……不知其仁也

汉·孔安国:仁道至大,不可全名也。(皇侃《论语集解义疏》卷三·5页)

晋·范宁:仁道弘远,仲由未能有之,又不欲指言无仁,非奖诱之教,故托云不知也。(皇侃《论语集解义疏》卷三·6页)

宋·朱熹:子路之于仁,盖日月至焉者。或在或亡,不能必其有无,故以不知告之。(《四书章句集注》77页)

清·黄式三:圣门若仲子、冉子、公西子,皆有志于求仁,而仁之所已至与所未至难以明状,故曰"不知"。然有是仁,有是材,观其材之所已至未至,而仁之所已至未至即可悟矣。(《论语后案》109页)

清·王闿运:武伯以臣子路,自矜故抑之,云"不知"。(《论语训》卷上·39页)

方骥龄:本章所谓仁,非仁心仁德与推己及人之仁,乃与人相处之仁,似即"相人耦"之仁。孔子谓子路、冉有、公西华三人各有所长,但与人相处之情如何,则不知也。盖用人之量,各有不同。知人善任,亦各有不同。孟武伯问三子与人相处之道,而孔子答之以各人之才者为此。(《论语新诠》117页)

南怀瑾:所以孔子说"不知道"这句话时,是带着笑容说的,就是不作肯定答复,当然语意中隐含了子路还没有达到仁的境界的意思。(《论语别裁》211页)

林觥顺:孟武伯:在《论语》,未曾有人加注,《左传》、《史记》也无传述。笔者依《左传》推敲,应该是孟懿子。孟是庆封之后,武是臧武仲即臧孙纥,也是孟僖子,昭七年九月,臧孙纥有言,必属说与何忌于夫子使事之,故孟懿子与南宫敬叔师事仲尼。[释义]孟武伯问孔子说:"子路这个人,是不是能和蔼可亲地与人交往?"(《论语我读》73页)

杨润根:在本章中,孔子反反复复地说"不知其仁也",其意思并不是说孔子不知道他的那些学生是否具有仁爱的美德(对于孔子这位深刻敏锐、洞察一切的伟大思想家来说,他不可能不知道他的每一个学生的品德),而是说他根本不愿与孟武伯这位大权在握的大官僚谈论仁爱的美德问题,其言下之意是,像孟武伯这样的只醉心于专断的权力与残暴的统治的人是根本不能理解仁爱的精神与美德的。因此"不知其仁也"这句不断被孔子重复的话，表达的是孔子对于孟武伯所具有的品格的蔑视。(《发现论语》113页)

> 辑者案：孔子对于孟武伯问"子路仁乎"，答曰："不知也。"是因为"仁"内涵丰富，不可以简单地对一个人的"仁"与否下定论，反映了孔子的审慎态度。

(2)可使治其赋也

汉·孔安国：赋，兵赋。(邢昺《论语注疏》58页)

汉·郑玄：赋，军赋，公侯方百里井十，则赋出革车一乘。千乘之赋，居地方三百一十六里有畸，诸侯之地三百里而下未成国也，公则五百里，侯四百里，计地余有千乘，故谓之千乘成国。(袁钧辑《郑玄论语注》卷三·2页)

梁·武皇帝：赋，《鲁论》作傅。(马国翰辑《论语古注·论语梁武帝注》1页)

宋·朱熹：赋，兵也。古者以田赋出兵，故谓兵为赋，《春秋传》所谓"悉索敝赋"是也。言子路之才，可见者如此，仁则不能知也。(《四书章句集注》77页)

何新：赋，武也(《左传》杜预注)。(《论语新解——思与行》53页)

晓晓：赋：军费及军政工作。赋为形声字，从贝，武声，并具有武的意义。(《论语》55页)

> 辑者案：该句关键在于"赋"字，早期解释为"军赋"、"兵赋"，可从。

(3)千室之邑,百乘之家

汉·郑玄：千室之邑，公大都之城方三里。百乘之家，大夫之家，邑有百乘，此采地一同之广轮也。大夫百乘者，三公亦通有大夫之号也。(袁钧辑《论语郑氏注》卷三·2页)

汉·孔安国：千室之邑，卿大夫之邑也。卿大夫称家，诸侯千乘，卿大夫故曰百乘也。（皇侃《论语集解义疏》卷三·6页）

梁·皇侃：千室之邑，卿大夫之邑也。百乘之家，三公采地也。（皇侃《论语集解义疏》卷三·6页）

宋·朱熹：千室，大邑。百乘，卿大夫之家。（《四书章句集注》77页）

明·王夫之：邑有公家之下邑，有大夫之采邑，下言百乘之家，则此邑为公家之下邑矣。室者，商贾之廛居也，因此以知朱子所云农民有二亩半之宅，在邑者为非制也。使一夫而一室在邑，则千室之邑为一百二十五井之氓，六十四井而出一乘，计其所出兵赋止二乘，恶足与百乘之家并称。而必冉有之始能为之宰乎？盖农民所征而成而出一乘之甲士步卒，若车辇马牛则商贾计廛而授赋，故《国语》曰："赋里以入，而量其有无。"里，廛也。是以鲁用田赋而《春秋》讥之。车辇马牛为商贾所出，故此言治赋而以千室计之。商贾之赋所征多寡轻重，今虽亡考，以此文推之，千室之赋当与百乘相上下，或十室出车一乘，马四匹，牛十二头，盖车可数十年不敝，而马牛更有孳息，则商贾之岁输亦非过重也。（《论语稗疏》5页）

清·刘宝楠：就郑君残《注》绎之，千室之邑谓公邑。凌氏曙《四书典故覈》云："《周官》之制，天子自六乡以外，分六遂及家稍、小都、大都。其余之地，制为公邑，使大夫治之。在二百里、三百里以上，大夫如州长；在四百里、五百里以下，大夫如县正；皆属于遂人。……"正义曰：《注》以"千室之邑"为卿大夫采邑，不为公邑，与郑氏异。则似冉有只能仕于私家，于义未能备也。（《论语正义》173—175页）

清·刘恭冕：狄氏子奇云：《周制》十夫有沟，沟即一井之界。

以开方法计之，十室之邑当是百井之田，一成之地为方十里，注疏家每据《司马法》"屋三为井"之文，谓一井止三家，千室之邑当是方十里者，三而有余，其故总以宫室涂巷等，三分去一又通不易一易再易计之，一夫当受二夫之地耳，但《周礼》明云"九夫为井"，则一夫即一家，每井九夫，即每井九家，不得云每井三家，审矣。(《论语正义补》11页)

清·康有为：千室区区已立邑，此当今一大乡而已。(《论语注》59页)

何新：邑，乡镇曰邑。家，宗也。宗族聚居之邑古称"家"。家，读为宗。一家即一族。秦汉前之"家"皆指族。同宗者曰一族。周代之卿大夫由国家封赐土地，实施行政管理，支配当地的劳役，并且收用当地的租税，养颐其宗族。这地方便叫采地或者采邑。"家"也是指这种采邑而言。(《论语新解——思与行》53页)

孙钦善：邑：古代居民聚落的通称，小者只有十家，大者可有上万家。这里千家之邑，亦属大邑，与都城相当。《左传》庄公二十八年："凡邑有宗庙先君之主曰都，无曰邑。邑曰筑，都曰城。"又，这里千室之邑与百乘之家对举，邑当为公邑，与大夫之私邑相对，为国君所直辖。《公羊传》昭公五年："不以私邑累公邑。"家：大夫的封地采邑，即私邑。百乘为其拥有的兵车数，与诸侯国之千乘相差一级。(《论语本解》48页)

> 辑者案："千室之邑，百乘之家"当指小于"千乘之国"的大夫的封地，以上各家所说，争议不大。

(4)赤也束带立于朝，可使与宾客言也

晋·范宁：束带，整朝服也。宾客，邻国诸侯来相聘享也。(皇侃《论语集解义疏》卷三·6页)

梁·皇侃：亦唯答赤之才能也。束带立于朝，谓赤有容仪，可

使对宾客言语也。（皇侃《论语集解义疏》卷三·6页）

清·程大中：古人无事则缓带，有事则束带。《说字》云："在腰为腰带，在胸为束带。腰带低缓，束带高紧。"公西华束带立朝，盖当有事之际，仓卒立谈，可以服强邻，即折冲尊俎之间意。泛作礼服，非。（《四书逸笺》卷一·3页）

清·刘宝楠：正义曰：《说文》："束，缚也。"《释名·释言语》："束，促也，相促近也。""带"，系缭于要，所以整束其衣，故曰"束带"。……"立于朝"者，"立"与"位"同。《尔雅·释宫》："中庭之左右谓之位。"《左氏传》"有位于朝"，即立于朝也。礼行聘于庙，朝会燕飨则于庙，或于朝，或于寝。此只言朝者，亦举一以赅耳。（《论语正义》175页）

方骥龄：旧说：古人平居则缓带，低在腰。遇有礼事，则束带在胸，高而紧。宾者，大客，如国君上卿。客者小客，国君上卿以下。（《论语新诠》117页）

杨伯峻："宾""客"两字散文则通，对文有异。一般是贵客叫宾，因之天子诸侯的客人叫宾；一般客人叫客，《易经·需卦·爻辞》"有不速之客三人来"的"客"正是此意。这里则把"宾客"合为一词了。（《论语译注》45页）

金良年：束带：指穿戴好礼服。古代在礼服之外必须束带，故以此代指礼服。朝：古代官府处理公务的朝堂。（《论语译注》42页）

何新：宾客，宾、客两字古义不同。宾者聘也，受聘而来者曰宾，引申则贵客叫宾。天子诸侯的客人叫宾。自来者曰客，过往行人曰客。（《论语新解——思与行》53页）

袁庆德：束带：扎上腰带，指穿上官服。宾客：指外国使者。（《论语通释》273页）

　　辑者案：此句为叙述语言，并无深意，理解上分歧也不大。

5.9 子谓子贡曰："女与回也孰愈?"对曰:"赐也何敢望回? 回也闻一以知十,赐也闻一以知二。"子曰:"弗如也,吾与女弗如也。"

(1)回也闻一以知十,赐也闻一以知二

魏·王弼:假数以明优劣之分,言己与颜渊十裁及二,明相去悬远也。(皇侃《论语集解义疏》卷三·8页)

宋·朱熹:一,数之始。十,数之终。二者,一之对也。颜子明睿所照,即始而见终;子贡推测而知,因此而识彼。"无所不悦,告往知来",是其验矣。(《四书章句集注》77页)

清·黄式三:十,全数也。二,十中之二也。闻十中之一而知其全,闻十中之一而知十中之二,是所悟有偏全也。(《论语后案》115页)

清·杨文会:《维摩经》中三十二菩萨皆以对法显不二法门,《六祖坛经》以三十六对显禅宗妙义。子贡闻一知二者,即从对法上知一贯之旨也。若颜子闻一知十者,乃证华严法门也。经中凡举一法即具十门,重重无尽,名为圆融法界。子贡能知颜子造诣之深,复能自知修道分齐,故孔子印其弗如而与之也。(《论语发隐》2页)

高专诚:所谓闻一知十与闻一知二之类的说法,指的是一种程度的比较。这种差距,就此二子而言并不是来之于先天的不同,而是后天修养的深浅。(《论语通说》68页)

傅佩荣:闻一知十:对一个道理领悟透彻,触类旁通,无所遗漏。闻一知二:对一个道理的领悟,有相当把握,但是不到透彻与周全的程度。(《傅佩荣解读论语》75页)

辑者案：王弼"假数以明优劣之分"的解说简洁、准确。

（2）吾与女弗如也

汉·包咸：既然子贡弗如，复云吾与汝俱不如者，盖欲以慰子贡心也。（皇侃《论语集解义疏》卷三·7页）

晋·缪播：学末尚名者多，顾其实者寡。回则崇本弃末，赐也未能忘名，存名则美著于物，精本则名损于当时，故发问以要赐对以示优劣也，所以抑赐而进回也。（皇侃《论语集解义疏》卷三·8页）

南齐·顾欢：回为德行之俊，赐为言语之冠，浅深虽殊，而品裁未辨，故使名实无滥，故假问孰愈。子贡既审回赐之际，又得发问之旨，故举十与二以明悬殊，愚智之异。夫子嘉其有自见之明，而无矜尅之貌，故判之以弗如，同之以吾与汝，此言我与尔虽异而同，言弗如能与圣师齐见，所以为慰也。（皇侃《论语集解义疏》卷三·8页）

宋·朱熹：与，许也。胡氏曰："子贡方人，夫子既语以不暇，又问其与回孰愈，以观其自知之如何。闻一知十，上知之资，生知之亚也。闻一知二，中人以上之资，学而知之之才也。子贡平日以己方回，见其不可企及，故喻之如此。夫子以其自知之明，而又不难于自屈，故既然之，又重许之。此其所以终闻性与天道，不特闻一知二而已也。"（《四书章句集注》77页）

清·黄式三：申包《注》者云："圣不自圣，自视为弗如也。"皇《疏》引顾说谓"我与尔俱明汝不如"，又一说也。依朱子《注》，谓"吾许女之自言弗如也"。式三谓"女弗如"三字连读，夫子言知二次于知十，然女之弗如，亦吾所深许也。知二既非易得，又能辨所知之分数，欿然自以为不足，其精进未可量也。（《论语后案》116页）

清·梁廷枏：苞氏曰："既然子贡弗如，复云吾与汝俱不如者，盖欲慰子贡也。"李氏翔曰："虑门人惑，以谓回多闻，赐寡陋，故复云弗如以释门人之惑,非慰之也。"顾氏申曰:"夫子嘉其有自见之明而无矜克之貌,故判之以弗如。同之以吾与女,此言我与尔虽异而同言弗如,能与圣师齐见,所以为慰也。"按:顾说与邢氏、皇氏同。又按:曹操《祭桥玄》云:"仲尼称不如颜渊。"李贤《注》亦引此,与苞说同。(《论语古解》卷三·2页)

清·康有为:圣人素知子赣、颜子之才分,而颜子闻一知十,生知之质实为卓绝,故孔子谓子贡信不如,且自逊言弗如。盖以颜子睿知命世,少年而资地诣极,孔子自谓少年亦不如之,盖作述难易之不同也。(《论语注》59页)

程树德:按:"吾与女俱不如"之训,汉以来旧说如是。惠栋《论语古义》亦主之。《集解》用包咸云云,明有"俱"字,邢《疏》亦有之。《新唐书·孝友传》所引,是唐时犹未脱"俱"字也。古无以与作许解者。张文虎曰:"'吾与点也'之与,谓相与也。与《毛诗》'不我与'、'必有与也'同,亦不作许字解。《集注》失之。"……按:子贡所以不如颜子者,以其专从知见著手,故此章须与"多学而识"章参看,其义乃明。格物穷理,知见上事也。以此求豁然贯通,终其身不可得也。而以此为入道之门,其谁信?(《论语集释》307、310页)

辑者案:以上所论,关键在于"与"字。"与"字有两种解释:一,连词"与",言孔子说自己与子贡都不如颜回;二,动词"赞许"。孔子赞许子贡自认不如颜回。均之二说,当以理解"与"字为连词方平实可信。

5.10 宰予昼寝。子曰:"朽木不可雕也,粪土之墙不可杇也。于予与何诛?"子曰:"始吾与人也,听其言而信其行;今吾与人也,听其言而观其行。于予与改是。"

(1)宰予昼寝

汉·郑玄：寝，卧息也。（马国翰辑《论语古注·论语郑氏注》卷三·2页）

梁·武皇帝：昼当作昼字。言其绘画寝室，故夫子叹朽木不可雕，粪土之墙不可杇。（马国翰辑《论语古注·论语梁武帝注》1页）

梁·皇侃：寝，眠也。宰予惰学而昼眠也。（皇侃《论语集解义疏》卷三·9页）

宋·朱熹：昼寝，谓当昼而寐。（《四书章句集注》78页）

清·江声：昼非谓日中也。《说文解字》云："昼，日之出入与夜为界，从昼省，从日。"《书正义》云："天之昼夜以日出入为分，人之昼夜以昏明为限，日未出前二刻半为明，日入后二刻半为昏，损夜五刻以裨昼，此不易之法也。"盖古人鸡鸣必起，《诗·郑风》曰："女曰鸡鸣，士曰昧旦，子兴视夜，明星有烂。"《礼·内则》曰："鸡初鸣咸盥漱。"《玉藻》曰："朝，辨色始入。"初辨色而入朝则其起身尚冥也。《左氏》宣二年《传》："赵宣子盛服将朝，尚早，坐而假寐。"是亦鸡鸣时起者。宰我盖天明而后起，方其未起之时早已昼矣，故曰昼寝，必非既起之后，日中而复卧也。（《论语竢质》卷上·12页）

清·钱坫：寝依字当作寱。郑康成曰"寱，卧息也"，是。案：《说文解字》有寢，云"卧也"。寱，云"病卧也"。病卧与卧息义近，古者君子不昼居于内。昼居于内，问其疾可也。宰予无疾而昼寝，与病卧者殆同讥欤？（《论语后录》卷二·4页）

清·朱亦栋：刘公是《七经小传》："学者多疑宰予之过轻，而夫子贬之重，此勿深考之蔽也。古者君子不昼夜居于内，所以异男女之节也。宰予废法纵欲，俾昼作夜，夫子安得不深贬之？然则寝当读为内寝之寝，而说者盖误为眠寝之寝。"芹按：王楙《野客丛书》亦主此说，然其解穿凿，不若昼寝之犹为近理也。（《论语札记》

卷上・10页）

　　蒋沛昌：宰予画寝，指宰予画男女之私。（《论语今读》75页）

　　乔一凡：宰予即宰我，名列四科，长于言语，外交才也。畫字从旧本，朱本讹作畫。畫为畫绘之畫，畫为畫夜之畫，于义大别。寝位于庙后，有大有小。大者为乿事之处，亦犹今之办公室。小者为燕息之所，亦犹今之休息室。（《论语通义》72页）

　　陈昌宁：我想应从背景上找原因，即"昼寝"非泛指而是特指，不是任何人任何时候白天都不能睡觉，而是有的人有的时候不能昼寝。这个特殊的背景是什么呢？综合一些材料来看就是居丧。宰予居丧而昼寝，严重地违背了礼。……估计宰予是在父母之丧不满一年的情况下就跑到原来的住室昼寝起来。（《"宰予昼寝"新说》，《齐鲁学刊》1994年第2期）

　　杜贵晨、杜斌：春秋战国之际，"昼"字表时间有二义：一与"夜"相对，指白天，在这个意义上"昼"通于"日"；一为一天中"四时"之一。"宰予昼寝"之"昼"即后一义。先秦分一天为四时。《左传》昭元年："君子有四时：朝以听政，昼以访问，夕以修令，夜以安身。"《淮南子・天文训》："禹以为朝、昼、昏、夜。"又曰："昼者阳之分，夜者阴之分。"在这个意义上"昼"特指"正昼"即正午，《庄子・杂篇》："正昼为盗。"所以，先秦风俗"昼"可以指白天，也可以指一天"四时"（"朝"、"昼"、"夕（昏）"、"夜"）之"正昼"。《论语・里仁》载："孔子曰：'朝闻道，夕死可也。'"称"朝"、"夕"，也是从一天分四时说，"昼"指正午则不言而喻。所以，《论语》宰予"昼寝"其实是睡午觉，不能笼统说"白天睡觉"，也不必曲为之解为"画寝"或"昼御"；孔子"朽木不可雕也"云云也还是一般所理解的打比方对宰予的批评。但是，这样一来，孔子的批评是否就如王充所说"责小过以大恶"了呢？

其实不然。今天看来,睡午觉甚至没什么不好;即使汉代王充看来也只是"性惰"之属的"小过",但这是时代变化引起观念的不同。今人认为没什么不好,王充认为只是"小过"的"昼寝",在孔子当年虽然也算不上"大恶",却不是无所谓的小节。孔子于人格最推重"君子",作育人才自然以"君子"为目标,这就要按照"君子"的标准要求学生。以《左传》昭元年"君子有四时"之论,宰予和他的同学"四时"作息当有一定规程。《论语·学而》云"学而时习之",《吕氏春秋·博志》载孔子师徒于先王之术"日夜学之","昼日讽诵习业",也不会允许学生"昼寝"。一日之"昼"时,说不定就有上引《左传》"昼以访问(拜访求教)"的功课。所以"昼寝"不合孔门的教规,还严重到有损于成就做一个"君子"。这是个"纪律"问题,又是个品质问题,算不上大恶,却也不是寻常小节,宰予因此遭孔子严肃的斥责,乃在情理之中。(《"宰予昼寝"新解》,《孔子研究》2001年第1期)

萧民元:当然,"昼寝"的类别很多,但被孔子骂成"朽木不可雕也,粪土之墙不可杇也"该不会多。各位不妨想想,有啥事物能使一位学养俱佳的老师发大火?极有可能之一,就是孔子在讲课时,发现他认为不错的学生,当着他的面打起瞌睡,甚或睡着了。不是吗?白天上课打瞌睡,有可能表示夜生活不正常。睡眠不够,才会如此。所以孔子发火了。(《论语辨惑》68页)

辑者案:关于"昼寝",历来有"白天睡觉"和"装饰寝室('昼'为'画')"二说,前者可从。古人"日出而作,日入而息",睡眠较足,白天不必再睡觉,"昼寝"当为懒惰懈怠之举,所以孔子责骂之。

(2)朽木不可雕也,粪土之墙不可杇也

汉·包咸:朽,腐也。彫,彫琢刻画也。(皇侃《论语集解义疏》卷

三·8页）

　　魏·王肃：圬，墁也。二者喻虽施功犹不成也。（皇侃《论语集解义疏》卷三·8页）

　　梁·皇侃：云"子曰朽木不可雕也"者，孔子责宰予昼眠，故为之作譬也。朽，败烂也。雕，雕镂刻画也。夫名工巧匠，所雕刻唯在好木，则其器乃成。若施工于烂朽之木，则其器不成，故云朽木不可雕。云"粪土之墙不可圬也"者，墙，谓墙壁也。圬，谓圬墁之，使之平泥也。夫圬墁墙壁，若墙壁土坚实者，则易平泥光饰耳。若墁于粪土之墙，则颓坏不平，故云不可圬也。所以言此二者，言汝今当昼而寝，不可复教，譬如烂木与粪墙之不可施功也。（《论语集解义疏》卷三·9页）

　　宋·朱熹：朽，腐也。雕，刻画也。圬，镘也。言其志气昏惰，教无所施也。（《四书章句集注》78页）

　　宋·金履祥：何文定曰："粪土、朽木，诸家以为质不美之譬。"朱子尝破其说，看来只是譬，学者志不立则学无其本，而教无所施尔。大抵人之气体固有强弱，而其勤怠则在于志之立不立，志苟立则日进于精明，虽弱而必强；志不立则日入于昏惰，虽强而亦弱。是故君子为学必先立志，此志既立，则如木有质，如墙有基，而后雕朽之功可加矣。（《论语集注考证》卷三·2页）

　　金·王若虚：宰予昼寝，夫子有朽木粪土之喻，且曰始也听人之言则信其行，今因予而改之。旧说以为废堕于学。呜呼！一昼寝之，适虽圣人不免焉，且夫学之勤惰，行之真伪，何足以卜之，而夫子怒之至是乎？盖其惰也非止于一朝，而夫子之怒亦有素矣，特因是而发耳。不然，则予之耽寝日以为常。记者语简而不尽，其详亦不可知。荆公曰："宰予之大罪在于行不顾言，则昼寝之过为不足责。"东坡曰："昼居于内，非有疾不可，予盖好内而怀安者，

皆求之大过也。"其余说者尚多迂陋,益甚无足辨焉。(《论语辨惑》卷二·1页)

清·黄式三:粪土,埽弃之土也。粪,坌之借字,埽除曰坌。《曲礼》借粪与此同,《少仪》又借作拚。杇,谓平涂之也。(《论语后案》117页)

清·刘宝楠:《释文》:"粪,或作壐"。《说文》此篆作"𡕢",云:"弃除也。从廾,推𠦴弃采也。"胡氏绍勋《四书拾义》:"《左传》云:'小人粪除先人之敝庐。'是除秽谓粪,所除之秽亦谓粪。此经'粪土'犹言'秽土'。古人墙本筑土而成,历久不勉生秽,故曰'不可杇'。"(《论语正义》178页)

方骥龄:"粪土之墙",殆指俗所称之泥巴墙,粉刷后容易剥落,故孔子谓不可杇。盖本质既差,虽外加粉刷,不足持久。喻他人之教训无效,必须自发方为有效也。又或用竹筋木条等所编钉而成,先涂泥巴,再加粉刷,亦易于剥蚀脱落。即或再施粉刷,再予补缀,仍不持久。孔子以此喻宰予之不自努力,虽偶有昼寝之过,终觉非是,故责之;无非告诫宰予当言行一致也。(《论语新诠》120页)

乔一凡:杇犹粉刷。朽,腐也。粪土为湿土。(《论语通义》72页)

南怀瑾:然而,据我们的了解,古人对孔子这两句话,似乎都曲解了。据我的研究,这两句话的真正意思是说,这根木头的内部本来就已经腐坏了,你再去在他外面雕刻,即使雕得外表很好看,也是没有用的;"粪土之墙",经蚂蚁、土狗等爬松了的泥巴墙,他的本身便是不牢固的,会倒的,这种里面不牢的墙,外表粉刷得漂亮也是没有用的。……这两个问题解决了,就懂得他是说宰予的身体不好。只好让他多休息一会,你们对他不要有太过的要求。(《论语别裁》216页)

卉:粪字的本义是扫除。《广雅·释诂》:"粪,除也。"粪土即扫起来的垃圾和尘土。打墙必须是新土,掺有垃圾尘土打成的墙松垮不堪,随时都会倾圮,那是不值得抹泥粉刷的,所以孔子用它来比喻自己不上进的学生,说他不堪造就。(《何谓"粪土之墙"?》,《河南大学学报》1992年第4期)

杨润根:朽:一根("一")在纷纷脱落、解体的树木(木梁)。……墙:房屋,一种用土、石头和木材所建造的人类自由生活、自由活动的空间,这就是"墙"的本意。这个字形象地表达了这样一种用泥土和木材支架所构成的自由的生活空间的概念。"回"的本意就是自由活动的空间——自由进出、自由活动的空间中的空间(口中之口)。许多人把"墙"理解为"壁"或"墙壁",这完全违背了"墙"的本意,因为"壁"或"墙壁"的意思是,房屋的空间或地域的不得到允许便不能任意进入的具有法律意义或受到法律保护的界线(辟界,"辟"即法或法律)。杇(wū):这个字可视为由"一"和"朽"构成(上下结构),意为用新的完好的梁柱("一")去替换已经腐烂的梁柱("朽")。(《发现论语》115-116页)

黄怀信:"粪土之墙",污秽肮脏之墙。"杇",涂抹、粉刷。(《论语新校释》102页)

张诒三:按:"粪土"一词,不能按今天的意思理解,"粪土"当为"剥落泥土",指墙壁年久受潮碱化,泥土松散掉落的状态。(《"游必有方"和"粪土之墙"正解》,《中国文化研究》2007年夏之卷·95页)

辑者案:从张诒三说。《说文解字·卷四下》:"粪,弃除也。"所以"'粪土'当为'剥落泥土',指墙壁年久受潮碱化,泥土松散掉落的状态。"

(3)于予与何诛

汉·孔安国:诛,责也。今我当何责于汝乎?深责之辞也。

（皇侃《论语集解义疏》卷三·8页）

梁·皇侃：诛，责也。言所责者，当责有智之人，而今宰予无智，则何责乎？予，宰予。与，语助也。言不足责也，即是责之深也。然宰我有此失者。一家云：其是中人，岂得无失？一家云：与孔子为教，故托迹受责也。故珊琳公曰："宰予见时后学之徒将有懈废之心生，故假昼寝以发夫子切磋之教，所谓互为影响者也。"范宁曰："夫宰我者，升堂四科之流也，岂不免乎昼寝之咎以贻朽粪之讥乎？时无师徒共明劝诱之教，故托夫弊迹以为发起也。"（皇侃《论语集解义疏》卷三·9页）

清·王闿运：与，预也；何，诃也。予蒙昼内之诛，由避人而已，亦与责明，当自力以接物。（《论语训》卷上·41页）

乔一凡：诛，伤也。于予与断句。与即今欤字，语辞。古者天子畫寝。山栉藻棁，季氏大夫，畫寝，非礼也。宰予畫寝，子喻之说，腐朽之木，不可雕刻，湿土之墙不可粉刷。于予么，有何伤焉？

古者天子庙饰，山栉藻棁。季氏为鲁之大夫。宰予即宰我。鲁之季氏用天子礼而畫寝，非诸侯与大夫所当为。宰予为季氏宰，或尝事其事，因谓宰予。而喻以朽木不可以雕，粪土之墙不可以杇，恶季氏非礼而僭也。于宰予又何伤呢？何必深责？此为孔子对斯时人或弟子语。而旧说每以畫为昼，并以寝为宰予之卧室。当时鲁不守礼，政在大夫，已不可以有为，孔子因以朽木粪土喻。宰予岂居朽木粪土之寝室哉？宰予善言语，孔子于传称其义，又岂能以朽木粪土比之哉？朱熹竟指其志气昏惰，诬矣。（《论语通义》72页）

钱逊：诛，责备。与，语气辞。这句是说：对宰予还怎么责备呢？有对他不可教诲的意思。（《论语浅解》86页）

林觥顺：于予与何诛：这是宰予非常傲慢的回答，很多版本认定是孔子的责怪辞,大误。如说是孔子连续在责诘,下面这子曰二字又如何安排?多看两遍就知道。于予与何诛,是说:"哦!我就是这个样子,对于予,你要如何处罚。"是于予,何诛与?（《论语我读》75 页）

杨朝明:［诠释］与,用于句中表示停顿语气。《论语》中常出现这种用法,如《宪问》:"道之将行也与? 命也。"《子张》:"我之大贤与,于人何所不容?"（《论语诠解》40 页）

辑者案:钱逊解可从。

(4)子曰:"始吾与人也,听其言而信其行;今吾与人也,听其言而观其行。于予与改是。"

宋·朱熹:宰予能言而行不逮,故孔子自言于予之事而改此失,亦以重警之也。胡氏曰:"'子曰'疑衍文,不然,则非一日之言也。"范氏曰:"君子之于学,惟日孜孜,毙而后已,惟恐其不及也。宰予昼寝,自弃孰甚焉,故夫子责之。"胡氏曰:"宰予不能以志帅气,居然而倦。是宴安之气胜、儆戒之志惰也。古之圣贤未尝不以懒惰荒宁为惧、勤励不息自强,此孔子所以深责宰予也。听言观行,圣人不待是而后能,亦非缘此而尽疑学者。特因此立教,以警群弟子,使谨于言而敏于行耳。"（《四书章句集注》78 页）

清·刘宝楠:皇、邢《疏》连上为一章,与总章数不合。《注》:"发于宰我之昼寝。"正义曰:《论衡·问孔篇》说亦与此同。愚谓前篇"人而不仁,如礼乐何",在《季氏舞八佾》、《三家雍彻章》后,则"人"指"季氏""三家"言。下篇"子所雅言",在《学易章》后,则"所"字指"易"言。"民可使由,不可使知",在《诗礼乐章》后,则"可使由,不可使知",指《诗》、《礼》、《乐》言。"吾友张也为难能也",在《堂堂乎张章》前,则"难能"指"堂堂"言。此皆前后章相发明之例,姑举数则,为此《注》证之。（《论语正义》180 页）

　　程树德：刘说甚辨。然此节如别为一章，则不知所指何事，故仍以衍文说为长。余尝谓一部《论语》中，多二子曰，此章及《唯上知章》是也。少二子曰，"君子去仁"节及"君子笃于亲"节是也。能互相移易则善矣。宋儒好谈错简，大遭后人非难，姑阙所疑焉可矣。（《论语集释》314页）

　　杨伯峻：［译文］从宰予的事件以后，我改变了态度。［注释］子曰——以下的话虽然也是针对"宰予昼寝"而发出，却是孔子另一个时候的言语，所以又加"子曰"两字以示区别。古人有这种修辞条例，俞樾《古书疑义举例》卷二"一人之辞而加曰字例"曾有所阐述。（《论语译注》46页）

　　乔一凡：朱本此节每与上节合，实则意境全殊。上节如果以宰予昼寝是小事，而责以何诛。此节言人当言行合一是大事，而反曰改是。圣言那可如此！予为孔子自称，如曰：天丧予，予欲无言。于例极多，非指宰予也。（《论语通义》73页）

　　南怀瑾：我们从生活和教学的经验中体会，便可知孔子这样的话，是说他从前看到一个人，有思想、有才具，便相信这个人将来一定有成就——"听其言而信其行"。后来他发现并非如此，一个人即使有才具、有学问，但是没有良好的体能、没有充沛精力，也免谈事业。一个人做事业，必须要强健的体力、饱满的精神。所以孔子说，我看了宰予，对人生看法有了改变，天下事实在并不简单。有人有思想、有能力、有才具，他却一辈子做不好事业，因为他的精力不足、精神不够。（《论语别裁》217-218页）

　　林觥顺：于予与改是：对子予，处罚改错为正，改非为是。于通乌。（《论语我读》76页）

　　李零：孔子骂宰予，主要原因，还不是他白天睡觉，而是他言行不一，说话不算话。"始吾于人也，听其言而信其行；今吾于人也,听其言而观其行",他是从宰予昼寝这件事才改变看法,不看他说什么,只看他干什么。宰予能说会道,我猜,他在孔子面前发过誓,一定夙夜不懈,勤勉于事,孔子高兴,信以为真,没想到,让他逮个正着,大白天睡觉,所以气不打一处来。(《丧家狗——我读〈论语〉》119 页)

杨朝明:[诠释]是:指上文"听其言而信其行"的做法。[解读]从宰予开始我改变了看人的态度。(《论语诠解》40 页)

孙钦善:[于予与改是]:由于宰予,我改成了这样的态度。(《论语本解》50 页)

辑者案:从杨伯峻说。后"与"字,语助词,与"于予与何诛"之"与"同。

5.11 子曰:"吾未见刚者。"或对曰:"申枨。"子曰:"枨也欲,焉得刚?"

(1)吾未见刚者

汉·郑玄:刚谓强志不屈桡。(马国翰辑《论语古注·论语郑氏注》卷三·2 页)

梁·皇侃:刚,谓性无欲者也。孔子言:我未见世有刚性无欲之人也。(皇侃《论语集解义疏》卷三·9 页)

宋·邢昺:此章明刚。"子曰吾未见刚"者,刚谓质直而理者也。夫子以时皆柔佞,故云吾未见刚者。(邢昺《论语注疏》60 页)

宋·朱熹:刚,坚强不屈之意,最人所难能者,故夫子叹其未见。(《四书章句集注》78 页)

宋·张栻:能自克之谓刚,盖莫难制者人欲也。为欲所牵,志不立矣,焉得刚?(《南轩论语解》卷三·4 页)

明·林希元:此所谓刚,即鲁子所谓大勇、孟子所谓浩然之气也。必自反而缩，然后千万人吾往。集义然后能生浩然之气，故曰枨也欲，焉得刚。盖人心有一点欲则自反不直而气歉然似馁矣。必以集义为事，使心纯乎理而自反，常直内省不疚，然后浩然之气自此而生。不忧不惧，虽千万人吾往矣。（《四书存疑》卷四·51页）

清·李光地：义理常伸而血气不用之谓刚，苟动于血气皆欲而非刚也，世俗以血气为刚，故夫子辨之。（《读论语札记·公冶长篇》）

清·康有为：盖能胜物之谓刚，惟不屈于物，故直养浩气，可塞于天地之间。为物累之谓欲，物至化物，故掩抑短气，消沮于方寸之内。无论如何强直之人，一有嗜欲，气即馁败，神明消沮。（《论语注》60页）

南怀瑾：刚的人是方正，并不一定脾气大，普通讲这个人很整扭，高帽子戴不上，骂他也不改变，这差不多有点像刚，但还要看他的品德、智慧、修养。（《论语别裁》218页）

李泽厚："无欲则刚"，已成传统谚语，人常以此自勉勉人。此"刚"非血气之勇，乃内心力量而与道德意志攸关。前章所引孟子"贫贱不能移，富贵不能淫，威武不能屈"是也。如果有过多欲望或被欲望所引诱，便容易屈服而不刚了。"刚"者，不屈不挠、无坚不摧、无拒不胜也。可见，这里讲的是道德意志的构建。道德意志及力量表现为感性的行为和实践，其内涵却在于这种"理性的凝聚"，即理性对感性（包括"欲"）的绝对主宰和支配，这是道德理性之所本。不管说它是外在超越的绝对律令，或是内在心灵的"良知呈现"，其特征都在乎此"刚"。（《论语今读》95页）

黄怀信：[释]刚：刚烈、强毅果敢。[章旨]人有贪欲而不让于人，会表现出某种强悍，有似刚烈，实非正面意义上的刚烈，故或以申枨之贪欲为刚。（《论语新校释》103页）

杨朝明：[诠释]本章是孔子谈论刚德之人的难得。在孔子看来，"刚"是近于仁的一种美德，"刚、毅、木、讷，近仁"（《子路》）。"刚"的特点是无欲，如果人有过多的欲望或被欲望所诱惑，便容易屈服而不刚。孟子所说"富贵不能淫，贫贱不能移，威武不能屈"（《孟子·滕文公下》）正可以作为孔子"无欲则刚"说法的注脚。（《论语诠解》40 页）

辑者案：从皇侃、张栻、李泽厚、杨朝明说。

（2）申枨

汉·包咸：申枨，鲁人。（邢昺《论语注疏》60 页）

汉·郑玄：盖孔子弟子申续。（马国翰辑《论语古注·论语郑氏注》卷三·2 页）

清·钱坫：郑康成曰："盖孔子弟子申续。"案：《史记》以为申棠，《家语》以为申续。枨、续声相转，枨、棠古字通。《毛诗》"俟我乎堂"，郑云"堂当为枨"，棠、堂俱以尚为声，故通。包咸曰："枨，鲁人，鲁有申氏，申繻、申丰是也。"（《论语后录》卷二·4 页）

清·黄式三：《释文》云："申枨，包云'鲁人也'，郑云'盖孔子弟子申续'，《史记》云'申棠字周'，《家语》云'申续字周也'。"王氏《困学纪闻》曰："今《史记》以棠为党，《家语》以续为绩，传写之讹也。后汉《王政碑》云：'有羔羊之絜，无申棠之欲。'亦以枨为棠，则申棠、申枨一人尔。唐开元封党召陵伯，又封申枨鲁伯；本朝祥符封枨文登侯，又封党淄川侯：俱列从祀。党即棠也，一人而为二人，失于不详考《释文》也。"式三案：今读"枨"直庚反，声已转，与棠、党远。古声"枨"读直冈切，与棠、党声近，通用。周、续古声同在幽部，亦声近也。明嘉靖九年，从张璁奏存枨去党。子曰"未见刚者"，岂尽抹一世人邪？盖正指申枨一流而惜之耳，或人乃矫言之。（《论语后案》118 页）

程树德:王肃以申缭、申堂、公伯缭为一人,而非孔子弟子。然马注《公伯寮愬子路章》又云:"鲁人,弟子。"《家语·弟子解》无公伯寮,有申缭,盖以申缭一人当申堂、公伯寮二人。臧氏庸讥其伪造,此等处止宜阙疑。(《论语集释》316页)

杨伯峻:《史记·仲尼弟子列传》有申党,古音"党"和"枨"相近,那么"申枨"就是"申党"。(《论语译注》46页)

程石泉:按申枨恐非孔子弟子,后人因凑足孔子弟子七十二贤之称誉,妄将见于《论语》及其他经传者网罗之,以足成七十二或多于七十二之数,实则亲炙孔子之教者恐不多于子路、冉有、颛孙师、端木赐、颜回、樊迟、曾皙、曾参等十数人耳。(《论语读训》66页)

　　辑者案:关于"申枨"的姓名、籍贯,史料所限,难以定论。

(3)枨也欲,焉得刚

汉·孔安国:欲,多情欲。(邢昺《论语注疏》60页)

宋·朱熹:欲,多嗜欲也。多嗜欲,则不得为刚矣。程子曰:"人有欲则无刚,刚则不屈于欲。"谢氏曰:"刚与欲正相反。能胜物之谓刚,故常伸于万物之上;为物掩之谓欲,故常屈于万物之下。自古有志者少,无志者多,宜夫子之未见也。枨之欲不可知,其为人得非悻悻自好者乎?故或者疑以为刚,然不知此其所以为欲尔。"(《四书章句集注》78页)

宋·金履祥:何文定曰:"强毅不屈者,本于有志;而强梁悻直者,则气之为尔。"二者自外视之,均可谓之刚。此疑似之难辨,而枨之所以得是名也。及夫子断以欲之一言,则枨之不得为刚,斯晓然矣。盖能胜欲之谓刚,屈于物之谓欲,二者不容并立。今谓之刚而多嗜欲,则是其刚非真刚,不过出于意气崛强之为,欲一牵之,方且化为欲,察其微也。程子二语简直明切,固已尽此章之旨,谢氏又能究其曲折,进德者可以是而药其未至,观人者可以是

而察其所安也。(《论语集注考证》卷三·2 页)

清·李颙：正大光明、坚强不屈之谓刚，乃天德也。全此德者，常伸乎万物之上。凡富贵贫贱，威武患难，一切毁誉利害，举无以动其心。欲则种种世情系恋，不能割绝，生来刚大之气，尽为所挠。心术既不光明，遇事鲜所执持。无论气质懦弱者多屈于物，即素负血气之强者，亦不能不动于利害之私也。故从来刚者必无欲，欲则必不刚，一毫假借不得。(《四书反身录上·论语》·35 页)

清·黄式三：欲，私欲也。人之情皆有欲，而有欲不节，不见道，只见欲，是自私之为害也。凡人计较公义私累，心战而不能立断，刚气已挠；且穷欲者，行有不慊于心则馁矣。(《论语后案》119 页)

丁纪：欲，嗜欲，物欲。……欲则逐物，奔逐外物正其所以屈于外物也；而嗜欲炽盛，则必索取之甚，贪得不厌，至于劫掠众物而役使之，常人不知此欲者自堕为一物，反以为能胜物，乃以多欲为刚，不足以知刚也。(《论语读诠》127 页)

　　辑者案：以上诸家解释，情欲、嗜欲、私欲、物欲，不出一个"欲"字，总之，有欲则难刚。

5.12 子贡曰："我不欲人之加诸我也，吾亦欲无加诸人。"子曰："赐也，非尔所及也。"

汉·马融：加，陵也。(皇侃《论语集解义疏》卷三·10 页)

汉·孔安国：言不能止人使不加非义于己也。(皇侃《论语集解义疏》卷三·10 页)

晋·袁乔：加，不得理之谓也。非无过者何能不加人，人亦不加己，尽得理，贤人也，非子贡之分也。(皇侃《论语集解义疏》卷三·10 页)

梁·皇侃：孔子抑子贡也。言能不招人以非理见加，及不以非理加人，此理深远，非汝分之所能及也。(皇侃《论语集解义疏》卷三·

10页)

宋·邢昺:此章明子贡之志。……加,陵也。诸,于也。子贡言,我不欲他人以非义加陵于己,吾亦欲无以非义加陵于人也。……尔,女也。夫子言使人不加非义于己,亦为难事,故曰:"赐也,此事非女所能及。"言不能止人使不加非义于己也。(邢昺《论语注疏》61页)

宋·朱熹:子贡言我所不欲人加于我之事,我亦不欲以此加之于人。此仁者之事,不待勉强,故夫子以为非子贡所及。程子曰:"我不欲人之加诸我,吾亦欲无加诸人,仁也;施诸己而不愿,亦勿施于人,恕也。恕则子贡或能勉之,仁则非所及矣。"愚谓无者自然而然,勿者禁止之谓,此所以为仁恕之别。(《四书章句集注》78页)

宋·张栻:此与"己所不欲,勿施于人","施诸己而不愿,亦勿施于人"同意。然而彼二言者皆为仁之方、恕之道也,故皆有勿辞。勿者,禁止之意,若子贡之言,不欲人之加诸己者,即欲不加诸人,是则不待禁止,油然公平,物我一亲,仁者之事也,其曰"非尔所及者,正所以勉其强恕而抑其躐等也"。(《南轩论语解》卷三·4页)

宋·许谦:愚窃以为,子贡若曰"我不欲人之加诸我也,吾亦无加诸人",则全是仁矣。今犹有欲字辞,炁亦自用力,但又有无字则为过也。恐子贡只是修辞,未尽善尔,夫子闻其无字,便言非尔所及,盖恐其错担当了,试如此详味,看如何。(《读论语丛说》卷中·3页)

清·李光地:子贡所言自是恕之事,未必是以仁自居,夫子以为非尔所及者,盖其能恕,则去仁不远矣。未易能也,君子之道其未能一者,恕也。曾子亦曰:"夫子之道忠恕而已矣。"仲弓问仁,夫子以此勉之。他日子贡问博施济众,问终身可行,夫子皆以是

进之，此之未许亦所以进之也。(《读论语札记·公冶长篇》)

清·刘宝楠：《大学》言"絜矩之道"云："所恶于上，毋以使下；所恶于下，毋以事上；所恶于前，毋以先后；所恶于后，毋以从前；所恶于右，毋以交于左；所恶于左，毋以交于右。"即子贡此言之旨。(《论语正义》182页)

清·沈涛：《集解》引马《注》曰"加，陵也"，《义疏》引袁宏曰"加，不得理之谓也"，然则加即非义，不得于加下再添非义二字，孔《注》之浅陋如此。又案：古"加诸"二字连读，《说文·言部》"诬，加也"，《六书故》引唐本作"诬，加诸也"，刘知幾《史通·采撰篇》曰："沈氏著书好诬先代，魏收党附北朝，尤苦南国承其诡妄，重以加诸。《旧唐书·仆固怀恩传》彼奉先云：'京共生异见，妄作加诸。加诸，盖饰辞毁人之谓。'"观唐以前读法，益见孔《注》之非。(《论语孔注辨伪》卷上·8页)

清·王闿运："加诸"，增加谤言，患谤己者多，不能辨也。"非尔所及也"，毁誉在人不由己，又不足为意。(《论语训》卷上·42页)

清·康有为：子赣不欲人之加诸我，自立自由也；无加诸人，不侵犯人之自立自由也。人为天之生，人人直隶于天，人人自立自由。不能自立，为人所加，是六极之弱而无刚德，天演听之，人理则不可也。人各有界，若侵犯人之界，是厌人之自立自由，悖天定之公理，尤不可也。子赣尝闻天道自立自由之学，以完人道之公理，急欲推行于天下。孔子以生当据乱，世尚幼稚，道虽极美，而行之太早，则如幼童无保傅，易滋流弊，须待进化至升平太平，乃能行之。今去此时世甚远，非子赣所及见也。盖极赞美子赣所创之学派，而惜未至其时也。(《论语注》61页)

杨树达：己所不欲，勿施于人，忠恕之道也。行忠恕之道，于才质沉潜者为易，而子贡则高明之才也；故孔子因其自言而姑抑之,亦欲激厉之,使其自勉云尔。孔子之答问也必因材;子贡有一言终身之问,而夫子以恕教之,亦可证此章之义矣。朱子谓"无加于人为仁,勿施于人为恕,恕则子贡能勉,仁则非所及",似不免强生分别之病,殆未是也。(《论语疏证》122页)

钱逊:有两种解释,一,非尔所及指前半句,即不能阻止别人把不义加于自己;二,非尔所及指后半句,无加诸人要求自然而然地做到,是仁的要求,是子贡所做不到的。(《论语浅解》86页)

邓球柏:子贡的这种"我不欲人之加诸我也,吾亦欲无加诸人"的精神境界是孔子的"己欲立而立人,己欲达而达人"的精神境界的一个方面,可以改写为"己不欲立则不立人,己不欲达则不达人"。也就是说,自己追求的也希望别人追求,自己创造的也希望别人能创造;自己反对的也希望别人能反对,自己厌恶的也希望别人能厌恶。(《论语通解》89页)

李泽厚:此章有好些不同解说。这应与"己所不欲,勿施于人"相通,似比较符合社会契约理论,在今日有很大的普遍性,可作为现代法律、政治之所本。"办不到",今日看来,是由于当时宗教、伦理、政治三合一,公私不分,情理纠缠,没法理性化的缘故。值得重视的是子贡等人要求的,是这种客观的公平和正义原则,即社会性公德;颇不同于颜回、曾参追求的个人主观修养和人生境界的宗教性私德。孔子对子贡问"有一言可以终身行之者乎"的答复,也是"其恕乎:己所不欲,勿施于人",同此。朱注遵循传统,恰恰把应分开的这两种道德,又说到一起了,不可取。(《论语今读》96页)

杨润根:加:努力运用嘴巴,也即竭力赞扬、竭力美化,以赞美之辞来增加人们实际的高度与实际的价值。(《发现论语》117页)

高专诚:子贡此语的重点其实是在前半部分,说的是他自己已经修养到家,不希望别人对他说长道短。但是,机敏超常的子贡,觉得仅仅要求别人总有些说不过去,所以又做了后半句的补充。然而,知徒莫过于师,子贡的这点小聪明当然瞒不过孔子。所以,孔子直截了当地告诉子贡:"这是你根本做不到的。"意思是说,要让你子贡不去议论他人,那是根本不可能的事情,因此,要想让他人不议论你子贡也是不可能的。(《论语通说》70页)

赵又春:基于以上分析,我以为这章的"加"字应该就是"施加"的意思,从而子贡说的这两句话,和孔子说的"己所不欲,勿施于人"是同一个意思。李泽厚就是按这理解作翻译的,只是用了"强加"一词。孔子叫着子贡的名字说"这不是你能做得到的",则可以这样解释:在孔子看来,"己所不欲,勿施于人"的恕道,是可以终身行之的(15—24),而这"终身行之",我们前面已经分析过,含有"时刻行之"的意思,孔子说子贡不能做到,就是说他还不能终身亦即时刻奉行恕道。这里并没有贬抑、批评子贡的意思。"己所不欲,勿施于人"就是将心比心,所以是为仁之方,即仁爱之心是由它唤起、生发的。一个人要是不管什么时候,不管遇到什么事情,都能贯彻这个恕道精神,那也就时刻不违仁了。这当然是子贡做不到的,因为颜回也只能"三月不违仁"。(《我读〈论语〉》379页)

林觥顺:欲无:是无欲颠倒。非尔所及:可点断成"非,尔所及"。非,背弃义,反对义,不义。尔所及,是所能做到的。[释义]子贡说:"我很不乐意,别人把一些不仁义的事,强加到我身上,我要反制,并告诉他们,我决不会在别人身上做不仁义的事。"(《论语我读》77页)

傅佩荣:非尔所及:除了这种目标很难达成之外,另外可能有一个理由,就是:子贡用了"吾亦欲"来表示"主动愿意",因而比

"勿施于人"之单纯的劝诫与禁止,更为困难多了。孔子的话不是浇冷水,而是提醒他不可低估挑战。(《傅佩荣解读论语》77页)

黄怀信:"加",指强加。旧释凌驾,非,凌驾诸不可通。(《论语新校释》104页)

杨朝明:[诠释]本章是孔子与子贡在谈论恕道。这里,子贡之语实际上就是孔子所说的"己所不欲,勿施于人"。在《论语》中,类似的表达多次出现,由此我们可以看出这一思想在孔子的学说中占有十分重要的位置。不仅如此,在当今时代,"己所不欲,勿施于人"甚至被尊为"道德金律",被推许为全球伦理或普世伦理。

孔子认为,"己所不欲,勿施于人"就是"恕"道。《卫灵公》记载,子贡问孔子"有一言而可以终身行之者乎",孔子回答说:"其恕乎!己所不欲,勿施于人。"所谓"恕",意思与"仁"相近。许慎《说文解字》:"恕,仁也。"当仲弓向孔子请教"仁"时,孔子说:"出门如见大宾,使民如承大祭。己所不欲,勿施于人。在邦无怨,在家无怨。"(《颜渊》)因此,"己所不欲,勿施于人"既是恕道,又是"仁"的体现。朱熹《中庸章句》对"忠恕违道不远,施诸己而不愿,亦勿施于人"一句注解说:"尽己之心为忠,推己及人为恕。""推己及人"就是将自己内在的仁爱之心推延于外,使仁爱之心充斥全社会,以实现天下大同的理想。而"己所不欲,勿施于人"就是推己及人的基本要求,也就是自己不愿做的或者不想要的,就不能要求别人去做,或者强加给别人。如果从更高层次上说,就是要做到"己欲立而立人,己欲达而达人",假若真的能做到这一点,就可以实现儒家"天下归仁"的理想。

当然,要真正做到这一点,首先要注重内求,注重修己,在此前提下,才能平治天下,实现仁道。因此,在孔子看来,"己所不

欲,勿施于人"是一个人可以终身奉行的一贯之道,这是一种很高的道德境界,是子贡难以做到的。(《论语诠解》41页)

　　孙钦善:此处"非尔所及"是"非尔所已及"的意思,不是"非尔所能及"的意思,否则就与15·24中对子贡说的话相矛盾,在那里正是把"己所不欲,勿施于人"作为子贡终身努力的方向提出来的。(《论语本解》51页)

　　　　辑者案:杨朝明分析透彻,可从。

5.13 子贡曰:"夫子之文章,可得而闻也。夫子之言性与天道,不可得而闻也。"

(1)夫子之文章,可得而闻也

　　魏·何晏:章,明也。文采形质著见,可得以耳目自修也。(皇侃《论语集解义疏》卷三·10页)

　　梁·皇侃:子贡此叹颜氏之钻仰也。但颜既庶几与圣道相邻,故云钻仰之。子贡既悬绝,不敢言其高坚,故自说闻于典籍而已。文章者,六籍也。六籍是圣人之筌蹄,亦无关于鱼兔矣。六籍者,有文字章著,焕然可修耳目,故云夫子文章可得而闻也。然典籍著见,可闻可观,今不云可见而云可闻者,夫见之为近,闻之为远,不敢言躬自近见,政欲寄于远闻之而已。(皇侃《论语集解义疏》卷三·10页)

　　宋·朱熹:文章,德之见乎外者,威仪文辞皆是也。(《四书章句集注》79页)

　　清·黄式三:文章,文辞也。夫子述而不作,其文辞多人所常闻也。(《论语后案》121页)

　　清·刘宝楠:据《世家》诸文,则夫子文章谓《诗》《书》礼乐也。古乐正,崇四术以造士,春秋教以礼乐,冬夏教以《诗》《书》。至春秋时，其学寖废，夫子特修明之，而以之为教。故记夫子四教，首在于文，颜子亦言"夫子博我以文"，此群弟子所以得闻也。（《论语正义》184页）

清·王闿运：著于竹帛，文甚章明，后世传闻之也。（《论语训》卷上·42页）

杨伯峻：孔子是古代文化的整理者和传播者，这里的"文章"该是指有关古代文献的学问而言。在《论语》中可以考见的有诗、书、史、礼等等。（《论语译注》47页）

南怀瑾：说到"文章"一词，我们要注意，在这里并不是写稿子的那种文章；古人的所谓文章，包括美好的言语、思想、行为、举动、待人、处世等表之于外的都叫作文章；事理成了一个章法，蕴含艺术的气氛，就叫文章。（《论语别裁》222页）

乔一凡：文，系物之交错。章从音十，乐尽为章。日月星辰，为天之文章。山川河岳，为地之文章。六艺五教，为人之文章，亦孔子之文章也。（《论语通义》74页）

蒋沛昌：文章——指有关诗书礼乐文献知识和孔子的人生理念等。（《论语今释》113页）

林觥顺：文是文理文采，章是典章，文章是指独立成篇的著述。在此是言孔子的学术修持内涵。（《论语我读》77页）

金知明：文章一词的含义，古今差别很大。"文"和"章"两字都有花纹、漂亮的含义，"文章"一词的本义是指一个人有的学问，和因学问而显示出来的言谈举止。所以此处的"文章"最好的解释就是"威仪和学问"。（《论语精读》56页）

李里：什么是"文章"？不是我们今天说"写文章"的文章。"文"，花纹；"章"，彰显的色彩。文章是和道德对举的，道德是内容，文章是形式，即人的道德的外在表现。具体而言，就是指人的

外观、神色、语言、举动。(《论语讲义》87页)

　　辑者案:从刘宝楠、杨伯峻说。

(2)夫子之言性与天道,不可得而闻也

汉·郑玄:性,谓人受血气以生,有贤愚吉凶。天道,七政变动之占也。(马国翰辑《论语古注·论语郑氏注》卷三·2页)

魏·何晏:性者,人之所受以生者也。天道者,元亨日新之道也。深微,故不可得而闻也。(皇侃《论语集解义疏》卷三·10页)

梁·皇侃:夫子之性与天地元亨之道合其德,致此处深远,非凡人所知,故其言不可得闻也。……与元亨合德,故深微不可得而闻也,或云此是孔子死后子贡之言也。故太史叔明云:"文章者,六籍是也。性与天道如何《注》,以此言之与?是夫子死后,七十子之徒,追思曩日圣师平生之德音,难可复值。六籍即有性与天道,但垂于世者可踪,故千载之下,可得而闻也。至于口说言吐,性与天道,蕴藉之深,止乎身者难继,故不可得而闻也。"侃案:何《注》似不如此,且死后之言,凡者亦不可闻,何独圣乎?(皇侃《论语集解义疏》卷三·11页)

唐·韩愈:孔说粗矣,非其精蕴。吾谓性与天道一义也,若解二义则人受以生,何者不可得闻乎哉?(《论语笔解》卷上·11页))

唐·李翱:天命之谓性,是天人相与也。天亦有性,春仁、夏礼、秋义、冬智是也。人之率性,五常之道是也。盖门人只知仲尼文章,而少克知仲尼之性与天道合也,非子贡之深蕴,其知天人之性乎?(《论语笔解》卷上·11页)

宋·郑汝谐:性与天道至难言也,夫子寓之于文章之中,惟子贡能闻之。至孟子,则谆谆然言性善、言天道。夫子示人以其端,欲学者至于自得。孟子阐其秘以示人,欲天下皆可知。夫子之设教,元气也,雨露所滋,万物自遂。孟子之设教生物也,既栽培之,

又灌溉之。孔孟之心则一,所以为圣贤者,固有分量也。（《论语意原》卷一·28页）

宋·朱熹:性者,人所受之天理;天道者,天理自然之本体,其实一理也。（《四书章句集注》79页）

宋·蔡节:凡盛德之著见,至理之发挥,皆谓之文章。此所谓文章则见于言辞者也。理之具于吾心者为性,天道则此理自然之本体也。夫子之文章形于平日之训言者,学者可得而闻之,至于言性与天道有不可得而闻者。盖性与天道,夫子未尝轻以告人,然非学者潜心之久,亦未易以得之也,子贡至是未之有闻,所以发为是言。（《论语集说》卷三·7页）

明·蔡清:子贡始亦只是知夫子之文章,至是方闻夫子之言性道,因叹其美如此。性是仁义礼智,天道是元亨利贞,夫子罕言之者,非中人以上者,不语之以上也。子贡至是始得闻之,文章日见乎外,固学者所共闻,闻字就知说,文章天道开说不可合。（《论语蒙引》卷一·82页）

清·李光地:子贡言文武之道,夫子焉不学? 又言宗庙之美、百日之富,皆是有得于夫子之文章者。此则又与闻性道而叹之之辞也,然性道、文章初无二理,故夫子他日告之曰:“四时行焉,百物生矣,天何言哉?”又曰:“女以予为多学而识之者与? 非也,予一以贯之。”夫春秋冬夏,庶物露生,无非至教,则天载之神在是矣。《诗》、《书》、六艺一以贯之,则性命之精在是矣。精粗本末合一之妙,非深于道者不能契,而夫子屡以示子贡焉,岂非颜、曾之亚与?（《读论语札记·公冶长篇》）

清·梁章钜:……性之说见于《中庸》,天道之说见于《易·系》,夫子言之矣。然此理至渊微,须其人智足以及之则语之为有益,否则蓄疑轻信反荒其下学之功,故非其人则不告,即得其人,犹必待其时候既到而后语之,是以夫子之言至罕,而学者之得闻为甚稀,故曰不可得而闻也。不可得不是秘而不宣,亦不是闻而不悟,人事未尽不足以复性,则不与之言性;人欲未净不足以见天,则不与之言天道,不轻传于人,正以鼓励后学,使之努力为受教之地也。(《论语旁证》卷五·13页)

　　清·黄式三:性者,人禀阴阳之秀气以生其心之静而正者是也。天道者,天之气化流行,总之曰阴阳,分之曰五行,是性之本也。《易传》曰:"一阴一阳之谓道,继之者善也,成之者性也。"天道即阴阳也,阴阳相承接而气和,故曰"继之者善"。具此和气者人之性,此言性必本于阴阳也。(《论语后案》121页)

　　清·刘宝楠:《世家》又云:"孔子晚而喜《易》,序《彖》、《系》、《象》、《说卦》、《文言》。读《易》,韦编三绝。曰:'假我数年,若是,我于《易》则彬彬矣。'"盖《易》藏太史氏,学者不可得见,故韩宣子适鲁,观书太史氏,始见《周易》。孔子五十学《易》,惟子夏、商瞿晚年弟子得传是学。然则子贡言"性与天道不可得闻",《易》是也。此说本之汪氏喜荀,略见所著《且住菴文稿》。(《论语正义》184页)

　　清·王闿运:冯异引言独见之明,久而益远,管辂说自非性与天道。道犹行也,言圣性与天同运也。言,微言也。性,生也。作《春秋》前后相钩贯,犹自然生成与天行合,非口说笔记所能尽,故不可得闻。(《论语训》卷上·42页)

　　清·康有为:性者,人受天之神明,即知气灵魂也。天道者,鬼神死生,昼夜终始,变化之道。(《论语注》62页)

　　清·陈浚:子贡说:"我们从夫子学了多年,没一人不受夫子教训,但夫子教人有浅有深,即如夫子平日的容貌、举止、言语、议论,这都是夫子的文章,发见在外面,人人懂得,大家可以共闻的。

至于人心中有个天理，本是天与我的，在人叫做性，在天叫做天道，其实同是一个理，这是学问的根源，极紧要的所在，却没有形象可见。夫子怕学生见识浅近，懂不到这里，所以平日说性与天道时极少，除那一两个天份高、用功久的人，夫子曾与他说过，其余许多学生都不能够得闻了。我从前疑夫子不肯教，如今才晓得不是不肯教，这原是不容易懂得的。"（《论语话解》卷三·7页）

日·广濑建：子所雅言，《诗》、《书》、执礼，是所以可得而闻也；加我数年，卒以学《易》，可以无大过，是所以不可得而闻也。天道即命也，谓性命之旨也。或疑《易》中不言性，以此属《易》如何？答曰：性不外于阴阳刚柔，《易》既尽之，后人专论善恶，求之末耳。或曰《易》中不言性，今以言性属《易》如何？答曰：性不外于刚柔，若《易》尽之，故有穷理尽性之言。后之言性，求之于《孟子》，不求之于《易》，失之矣。（《读论语》15页）

程树德：按：如诸家之说，古无以天道作天理解者。且于文道从辵，从首，犹路也。天道者，如不知棋局几道之道，盖既有天，即有阴阳，日月迭运，雷风相薄，泰极则否，剥极必复，以为无定，而若有可凭；以为有定，而屈伸消长，孰为为之，孰令致之，又无可指。《易传》曰："一阴一阳之谓道。"《史记·孔子世家》作"夫子之言天道与性命，不可得而闻"，加一命字，义更明显。理从里，从玉，乃玉之有文理者。古无天理二字，其字起于汉博士之作《乐记》，三代时无此语也。或曰：汉自董仲舒解《春秋经》，已尝杂五行灾祥言之。董氏通儒尚尔，风尚所趋，贤者不免。郑氏兼学谶纬，其以吉凶祸福解天道，亦为风云所囿。是则然矣，然一天道二字，而其解释随时代为转移，则大不可。汉儒去古未远，各有师承。何氏虽杂以道家言，其所谓新新不已者，即《中庸》之"至诚不息"。然《中庸》至诚之道，可以前知，祯祥妖孽，必先知之。与郑义固相通也。至以理训天,则更空洞荒渺,不可究诘矣。刘氏据《且住盦文稿》,以《诗》、《书》、礼、乐为文章,以《易》、《春秋》为言性与天道,其论精确不磨。故详著之。(《论语集释》320页)

王熙元:性:指性命方面的理论。《中庸》说:"天命之谓性。"人的天性问题,孔子很少谈论,《论语》中只在《阳货篇》说过"性相近也,习相远也"的话,到后来的孟子、荀子才畅论人性的问题。天道:指上天自然力量与人类社会吉凶祸福的关系而言。(《论语通释》228页)

乔一凡:……性本自然。天道幽远,乾坤动静,变化生生,能闻者自闻,不能闻者,虽传之,不能闻也。是以闻与不闻,亦各随其分矣。孔子曰:吾无隐乎尔。是以在人之自得之也。子贡说:夫子之文章,可得而闻者。以孔子祖述尧舜,有六艺之文也。夫子之言性与天道,不可得而闻者,亦所以语人能闻则闻之。其不接闻于子者,则不易得而闻也。即如本经学而篇首章所言,谓之为学可,谓之为言性与天道,亦无不可也。文以载道,微言大义,亦在人能深思之矣。(《论语通义》74页)

毛子水:但我想若以文章指孔子修己、经世、济众、安人的志行讲,亦自有合处。性是指人与生俱来的天性,或生命的意义。天道,似是指世间一切非人力所能为、或非常人知识所可明晓的事理讲。春秋后期,已有关于性和天道的臆说,……乃是孔子所罕言的,所以子贡说"不可得而闻"。皇本正平本都作"也已矣"。(子贡这话,当说于孔子去世以后。但子贡当时的意指,我们实难以十分明了。)(《论语今注今译》64页)

钱逊:性:人性。《论语》中谈到性的只有17·2章"性相近也,习相远也"一句。天道:古人讲道有天道和人道。《论语》中孔子多处讲到天和命,但不见有孔子关于天道的言论。(《论语浅解》

87 页)

李泽厚:孔子慎言大题目,少用大字眼(big words)。如前面所述,孔子强调从近处、从实际、从具体言行入手,因之学生发此赞叹。不是不讲,而是不直接讲。……孔子很少讲这些大题目,宁肯多讲各种具体的"仁"、"礼","道在伦常日用之中",这才是真正的"性与天命"。(《论语今读》97 页)

蒋沛昌:性——人的本性,孔子只说过:"性相近也,习相远也。"天道——道的一个方面,常与地道、人道相提并论。实指天体运行和自然气象的特性和规律以及对人事吉凶祸福的一种主宰观念。(《论语今释》113 页)

钱穆:孔子言性,《论语》惟一见。天道犹云天行,孔子有时称之曰命,孔子屡言知天知命,然不深言天与命之相系相合。子贡之叹,乃叹其精义之不可得闻。(《论语新解》122 页)

杨润根:性:心灵("忄")与生命("生")相统一的本质。天道:宇宙的客观历史必然性,宇宙永恒的本质与秩序,宇宙的人类本质与道德。(《发现论语》118 页)

黄怀信:[校]按:文章非可闻者,前"之"下当脱"言"字。"言文章"与"言性与天道"相对,故皆曰"闻"。[释]性:人性,与天道相对。天道:自然规律。(《论语新校释》105 页)

鲍鹏山:性:人的自然本性。天道:天命。在古代,一般指自然和人类社会的吉凶祸福的关系。(《论语新读》49 页)

李零:子贡所谓"天道"属于宇宙论,古代研究这类问题,是数术之学。"性",属于生命科学,古代研究这类问题,是方技之学。过去,大家说,儒家不关心天道、性命,道家才关心。郭店楚简发现后,大家又说,孔子也讲天道、性命,但孔子讲的天道、性命到底是什么,还是值得讨论的问题,和后来的道家比较,区别很明显。

他讲天道,主要不是天,而是做官的运气;讲性命,也不是身体,而是人性的本质和人性的改造。(《丧家狗——我读〈论语〉》120页)

　　李里:什么叫"性与天道,不可得而闻也"? 西方哲学家好谈抽象的哲理,儒家哲学与此不同,孔子更多的是在谈日用行常之间的道理,孔子很少谈抽象的问题——这也是儒家思想很重要的特点。"性"什么是性? 诸葛亮《出师表》有"苟全性命于乱世","性"指人的本心,"命"是生命。天是什么? 人从哪里来? 又到哪里去? 人到底是什么? 这些问题孔子是不谈的。(《论语讲义》87页)

　　李君明:孔子的"知天命"实际上是体认"性与天道"的问题。孔子的学说都是在"文章"中表达的,是在日常语言中表达的,"性与天道"不是言说的问题,从根本上说是体验的问题、实践的问题,这正是孔子主张"下学而上达"的原因所在。"下学"是能够说的,必须说的,"文章"就是"下学"之事。但"上达"则是超越层面的事,不是"文章"本身之事,要真正"上达",还需要个人的切实体悟、体会、体认,要"默识而心通"。在孔子看来,"性与天道"的问题,不是一般语言能够表达的,也不是一般认识方法能够认识的。"知天命"就是"上达",即达于天道、天德,而不是认识上帝的意志,也不是认识所谓客观的必然性。(《论语引读》137页)

　　李培宗:性:人所秉受客观存在的道德法则。天道:道德法则的本质。(《论语全解》68页)

　　杨朝明:[诠释]孔子的思想有一个不断发展的过程,这已经成为学界的共识,他早年思考的是社会的治理问题,主张积极入世,注重对礼、仁的探求。到了晚年,孔子有了丰富的生活体验,饱经沧桑忧患,不可避免地会深入思考天道、性命之类的问题。孔子晚而喜《易》与这一转变密切相关。据马王堆帛书《易传·要》篇记载,孔子晚年对《易》的认识发生过一定的转变。孔子早年仅把《易》作为一种卜筮之书来看待,对《易》并不十分重视。而后来他在读《易》的过程中发现了"古之遗言",对《易》十分爱好,达到了"居则在席,行则在囊"的地步。对于这一转变,子贡极不理解,因而他曾经询问孔子:"夫子亦信其筮乎?"孔子对此做了一番解释。当子贡明白孔子之所以好《易》的缘由,特别是领会了孔子关于天道性命的思想时,不禁感叹"夫子之文章,可得而闻也;夫子之言性与天道,不可得而闻也"。意谓孔子平时所讲的文献方面的知识,在别处也能听到;至于他说的性与天道方面的道理,在别处就听不到了。也就是说,子贡认为孔子关于天道性命的观点是最独特、最好的。(《论语诠解》41页)

孙钦善:"不可"句:是说孔子很少跟学生谈论命运与天道,故子贡"不可得而闻"。孔子很少谈论性命与天道,并不是说他不信天命,他实际是一个宿命论者,参见3·3,14·36,16·8,20·3等章。他很少谈论性命与天道,只是因为这个问题神秘莫测,不便言说罢了,例如他积累了丰富的人生阅历之后,"五十而知天命"(2·4),而且知天命又与学占卜用的《易》有关:"加我数年,五十以学《易》,可以无大过矣。"(7·17)(《论语本解》51页)

　　辑者案:性,指性命;天道,指自然的规律。《荀子·天论》:"天有常道矣,地有常数矣。"古人认为天道是支配人类命运的天神意志。

5.14　子路有闻,未之能行,唯恐有闻。

汉·孔安国:前所闻未能及得行,故恐后有闻不得并行也。
(皇侃《论语集解义疏》卷三·11页)

梁·皇侃:子路禀性果决,言无宿诺,故前有所闻于孔子,即欲修行,若未及能行,则不愿更有所闻,恐行之不周,故唯恐有闻

也。(皇侃《论语集解义疏》卷三·11页)

宋·朱熹:前所闻者既未及行,故恐复有所闻而行之不给也。范氏曰:"子路闻善,勇于必行,门人自以为弗及也,故著之。若子路,可谓能用其勇矣。"(《四书章句集注》79页)

清·黄式三:韩子《知名箴》曰:"内不足者,急于人知。沛焉有余,阙闻四驰。昔者子路,惟恐有闻。赫然千载,德誉愈尊。"韩子引此文解为闻誉之闻,义正通。告过则喜,承誉则恐,此仲子之所以贤也。(《论语后案》122页)

清·刘宝楠:包氏慎言《温故录》:"闻,读若声闻之闻。韩愈《名箴》云:'勿病无闻,病其晔晔。昔者子路唯恐有闻,赫然千载,德誉愈尊。'其言当有所本。盖子路当时有声闻之一事,为人所称道,子路自度尚未能行,故唯恐复有闻。"此说与孔《注》异,亦通。(《论语正义》188页)

清·王闿运:言其勇于为义,闻斯行之,若有请命未能行者,则唯恐有闻若己负之。(《论语训》卷上·42页)

乔一凡:闻,有二义,一为闻道,一为声闻。……子路勇者,大将材也。言而有信,早已声闻于当时,恐再有闻,而过其实,以为君子耻。而于孔子所传为人之正道,在未能做到之前,则更怕有闻,以增羞也。于此可见其不喜比党、互相称颂矣。至若不乱其学,而以其学称,不称其职,而以其职显,则更当耻之矣。(《论语通义》75页)

杨润根:[句读]子路(曰):"有闻,未之能行,唯恐有闻。"未之能行:没有它也可以行动,可以生活。没有它照样能很好地行动,能很好地生活。"之"是相对于"有闻"而言的。[译解]子路说:"如果有人自视自己有一种高深的学识,然而缺少了它人们仍能照样很好地生活、很好地行动,那么我想这种学识就是人们应该

对它感到恐惧并避而远之的对象了。"（《发现论语》118页）

黄怀信：［校］"又"字旧作"有"，涉前误，从王念孙说改。［释］"有闻"，有所闻，指听到人求己之言。（《论语新校释》105页）

金知明：子路有闻：子路有些好名声；有闻，名有所闻，义为名声在外。（《论语精读》56页）

杨朝明：［诠释］本章表述了子路直率正直、勇于实践的性格。《礼记·杂记下》云："君子有三患：未之闻，患弗得闻也；既闻之，患弗得学也；既学之，患弗能行也。"君子有三件可担忧的事情，没有听说过的东西，担忧没有听说它；听说了，又担忧没法学会它；学会了，又担忧不能实行它。正可与本章相互参照理解。［解读］子路听到一项道理，若未能实行，便生怕知道另一项。（《论语诠解》42页）

　　辑者案：以上诸家所论，关键在于"闻"的意义，有"闻道"和"声闻"两解，当以理解为"闻道"更切合文义。

5.15 子贡问曰："孔文子何以谓之文也？"子曰："敏而好学，不耻下问，是以谓之文也。"

汉·孔安国：敏者，识之疾也。下问，谓凡在己下者。（邢昺《论语注疏》62页）

宋·朱熹：凡人性敏者多不好学，位高者多耻下问，故《谥法》有以"勤学好问"为文者，盖亦人所难也。孔圉得谥为文，以此而已。苏氏曰："孔文子使太叔疾出其妻而妻之。疾通于初妻之娣，文子怒，将攻之。访于仲尼，仲尼不对，命驾而行。疾奔宋，文子使疾弟遗室孔姞。其为人如此而谥曰文，此子贡之所以疑而问也。孔子不没其善，言能如此，亦足以为文矣，非经天纬地之文也。"（《四书章句集注》79页）

清・俞樾：此当以"敏"字为句,而"好学不耻下问"皆承"敏"字而言,谓其知识敏疾而又好学不耻下问也。敏者,天资。学问者,人功。天资美而人功又尽,文子之所以为文也。学者误读"敏而好学"为句,于是近解乃增出"位高"字,使与质美相配。若然,则经文当云"敏而好学,贵而不耻下问"矣。且所谓"下问"者,必非以贵下贱之谓,凡以能问于不能,以多问于寡,皆是。(《群经平议》卷三十・13页)

张鼎：子贡性敏而悦不若己者,敏而好学,不耻下问,皆子贡所不足,夫子因其方人而警之使自反。(《春晖楼论语说略》卷上・7页)

李零：这段话,和谥法有关。《逸周书・谥法》说,"学勤好问曰文",近之。孔子的话,"敏而好学"似是音训,文是明母文部字,敏是明母之部字,读音相近。(《丧家狗——我读〈论语〉》122页)

李君明：孔子首次将学与问联系起来。"敏"字有两层意思,一是反映迅速,二是勤于思考。"敏于事"、"敏于行",是说做事行动要反映迅捷;"敏而好学"、"敏以求之",是说求知治学要勤于思考。(《论语引读》140页)

孙钦善：孔文子:卫国大夫,名圉,"文"是他的谥号。《逸周书・谥法解》说:"经纬天地曰文,道德博厚曰文,学勤好问曰文,慈惠爱民曰文,愍民惠礼曰文,锡民爵位曰文。"可能因为取"文"为谥者歧义很多,故子贡有疑,而问孔子。(《论语本解》52页)

辑者案：从李零、孙钦善说。

5.16 子谓子产:"有君子之道四焉:其行己也恭,其事上也敬,其养民也惠,其使民也义。"

梁・皇侃：言子产有四德,并是君子之道也。云"其行己也恭"者,一也,言其行己身于世,常恭从,不逆忤人物也。云"其事上也敬"者,二也,言若事君亲及凡在己上者必皆用敬也。云"其养民也惠"者,三也,言其养民皆用恩惠也。故孔子谓为古之遗爱也。云"其使民也义"者,四也,义,宜也,使民不夺农务,各得所宜也。(皇侃《论语集解义疏》卷三·12页)

宋·朱熹:恭,谦逊也。敬,谨恪也。惠,爱利也。使民义,如都鄙有章、上下有服、田有封洫、庐井有伍之类。吴氏曰:"数其事而责之者,其所善者多也,臧文仲不仁者三、不知者三是也。数其事而称之者,犹有所未至也,子产有君子之道四焉是也。今或以一言盖一人、一事盖一时,皆非也。"(《四书章句集注》79页)

邓球柏:孔子认为子产有四个方面达到了君子的要求:一,他为人处世恭顺谦谨,有君子尺度;他侍奉君子虔敬,有君子气度;他养育人民给人民带来了幸福,有君子风度;他役使人民而不残忍,有君子法度。这些优良品德风范都是值得提倡和发扬的。(《论语通解》92页)

李炳南:程氏《集释》:"蔡清《四书蒙引》,恭敬分言,则恭主容,敬主事。"此处恭敬二字就是分言,恭指容貌谦恭,敬指作事毫不苟且。(《论语讲要》90页)

赵又春:这里"君子"当然是指官员,"君子之道"是指为官之道,即官员应有的道德。(《我读〈论语〉》213页)

袁庆德:君子:这里指有品德高尚并讲究礼义的统治者。道:指品德。(《论语通释》253页)

杨朝明:[诠释]本章孔子赞美子产之德。在儒家思想中,君子是理想人格的化身,也是个人品德修养完善的典型。"君子"首先要"修己",即培养自身的道德修养。但是儒家讲求积极入世,"修己"并非最终目的,最终追求是"安人"、"安百姓",即治国平天下。子产在郑国执政期间,对郑国进行改革,举贤任能,给郑国带来新气象。子产在外交上也取得很大成功，又对人民有恩惠，使用人民也合乎时宜，十分符合儒家君子人格的要求，所以受到孔子的称赞。(《论语诠解》42页)

　　辑者案：这段话的分歧在"义"字上：一作"宜"，即适宜、合宜、合理适当；一作"不残忍"，符合仁义。二解皆通，当以前者为优。

5.17 子曰："晏平仲善与人交，久而敬之。"

晋·孙绰：交有倾盖如旧，亦有白首如新，隆始者易，克终者难，敦厚不渝，其道可久，所以难也，故仲尼表焉。(皇侃《论语集解义疏》卷三·12页)

宋·邢昺：此章言齐大夫晏平仲之德。凡人轻交易绝，平仲则久而愈敬，所以为善。(邢昺《论语注疏》63页)

宋·朱熹：程子曰："人交久则敬衰，久而能敬，所以为善。"(《四书章句集注》80页)

日·丰干：古本云，久而人敬之，皇本同。贾氏《周礼·冢宰职疏》曰："晏平仲久而敬之者，谓他人久敬平仲，由平仲敬于他人，善在平仲。"三说同，盖古之义如是。邢、朱二家本无人字，谓平仲不替初心之敬，虽亦可通，至他人久敬平仲，乃善交之效尤著，故今从有人字之义。(《论语新注》47页)

清·刘宝楠：正义曰：《周官·大宰》"二曰敬故"，郑《注》："敬故，不慢旧也。晏平仲久而敬之。"据郑说，则久谓久故也。君子不遗故旧，则民不偷，故称平仲为"善交"。(《论语正义》189页)

方骥龄：窃按：按史料所载，晏子为人，刚正不阿，似非平易近人之人。"善与人交"，似当另求解释。与，助也。交，古通校正之校，殆谓晏平仲善于校正他人之过失也。久即古灸字，针灸之义。

左宣十七《传》:"苗贲皇曰:过而不改,而又久之。"昭二十四《传》:"士伯曰:寡君以为盟主之故,是以久子。"久,止也。有迫而箸之之义。本章"久而敬之",疑当作晏平仲能迫切止人之失,而又使人敬畏之也。观晏平仲对齐景公之犯颜直谏,与本章鄙解多相切合。(《论语新诠》124页)

　　钱逊:之字有两种解释:一,指晏平仲自己,即说相交久了,人们越发对他恭敬;二,指晏平仲所交的人,即说晏平仲与人相交虽久,仍能对人恭敬不改。(《论语浅解》89页)

　　刘伟见:善:在某一方面具有特长,擅长,长于。之:代词,代晏婴。一说,"之"指代朋友。此句意思是:晏婴与友处久,仍敬友如新。(《论语意解》105页)

　　赵又春:我以为,离开背景,仅着眼于文字和"善与人交,久而敬之"作为教诲的意义,这一章应这样翻译:晏平仲很善于交朋友,总是交得又长久,又始终相互敬重。(《我读〈论语〉》206页)

　　辑者案:从邢昺、朱熹说。

5.18 子曰:"臧文仲居蔡,山节藻棁,何如其知也?"

(1)居蔡

汉·包咸:蔡,国君之守龟,出蔡地,因以为名焉,长尺有二寸。居蔡,僭也。(邢昺《论语注疏》63页)

梁·皇侃:居,犹畜也。蔡,大龟也。礼,唯诸侯以上得畜大龟,以卜国之吉凶,大夫以下不得畜之。文仲是鲁大夫而畜龟,是僭人君礼也。(皇侃《论语集解义疏》卷三·13页)

日·物双松:居蔡,如居货、居室、废居之居,谓买蔡也。(《论语征》99页)

日·丰干:臧文仲有事故而去鲁,乔居蔡地,尚不止其骄奢也。……按:蔡之为龟,不出古书。《汉书·食货志》、《孔子家语》皆取《左氏传》,未足为信。而训居为藏,未如解曰居住之为稳。且龟藏之宗庙者也,《庄子》曰"楚有神龟,王巾笥而藏之庙堂之上",祇足以为证也。至夫龟室之设,见《史·龟策传》,盖起于后世巫觋之徒,在古,则未尝有所考验,不可不择。(《论语新注》47—48页)

清·俞樾:龟之名蔡,未知何义,包氏此解亦臆说耳。窃疑蔡当读为叡,《说文·又部》"叡,楚人谓卜问吉凶曰叡,读若贅"。龟者,所以卜问吉凶也,因即以其用而名之曰叡,盖楚语也。龟本荆州所贡,故沿袭其语耳。叡与蔡音相近,孔氏广森《经学卮言》谓"蔡,蔡叔之蔡,即寁,三苗之寁",然则以蔡为叡,犹以蔡为寁矣。(《群经平议》卷三十·13页)

方骥龄:疑《论语》本章中"居蔡",殆谓"积储衰减",非藏大龟也。臧文仲为国之大臣久,不知节用爱人,使鲁国粮食积储衰减,又筑郿而告籴于齐,竟欲以先君之敝器为质,不智之甚,宜《春秋》左公穀贬之矣。(《论语新诠》127页)

杨伯峻:古代人把大乌龟叫作"蔡"。……古代人迷信卜筮,卜卦用龟,筮用蓍草。用龟,认为越大越灵。蔡便是这种大龟。臧文仲宝藏着它,使它住在讲究的地方。居,作及物动词用,使动用法,使之居住的意思。(《论语译注》48页)

钱逊:蔡,国君用以占卜的大龟。蔡这个地方产龟,因此把大龟叫蔡。居,作动词用,藏的意思。(《论语浅解》89页)

南怀瑾:"居"字在这里,和"囤积居奇"这句成语中的那个"居"字的意义相同。"蔡"是大乌龟,就是在街上特产店中可买到的玳瑁。(《论语别裁》230页)

蒋沛昌:[注释]居蔡——收藏大龟。居:收藏。蔡:南方蔡地出产善龟,可以作宠物;古人以龟甲卜问吉凶祸福。[解释]……
孔子认为他的心事和智慧用的不是地方。……《论语今释》117页)

　　杨润根:居蔡:沉浸在占卜祈祷的默想之中。(《发现论语》122页)

　　金知明:[注释]居蔡:处在养乌龟的房子里;居,处、藏;蔡,大
龟,这里指养龟的房子。[理解]孔子用一个人躲在屋里养尊处优
来比喻臧文仲逃避社会责任。(《论语精读》58页)

　　李零:"居蔡",给大蔡之龟盖龟室。大蔡之龟,见《太平御览》
卷八〇二、卷九四一和《墨子·耕柱》引《墨子》,是与"和氏之璧"、
"随侯之珠"并称,皆"诸侯良宝"。据说这种龟有"三棘(脊)六異
(翼)"(龟背有三条脊,两侧有六个小翅),非常珍贵。(《丧家狗——我
读〈论语〉》122页)

　　郑张欢:[释]孔子说:臧文仲为养一只大乌龟,替它造了很好
的一间房屋居住,这个人迷信神龟的灵验怎么这样深信不疑呢?
(《论语今释》74页)

　　袁庆德:居:储藏。蔡:乌龟,这里指龟甲。周朝人储藏龟甲
是为了占卜用。"蔡"本是地名,蔡地产的乌龟以个大闻名,所以
称大龟为"蔡"。《左传·襄公二十三年》:"臧武仲自邾(zhū)使告
臧贾,且致大蔡焉……再拜受龟。"(臧武仲从邾国派人告诉臧贾,
而且送给他一个大龟甲……臧贾拜两下,收下龟甲。)(《论语通释》
186页)

　　　　　　辑者案:皇侃、钱逊说较简明确切,可从。

　　(2)山节藻棁,何如其知也

　　汉·孔安国:非时人谓之为知。(邢昺《论语注疏》63页)

　　汉·包咸:节者,栭也,刻镂为山。棁者,梁上楹,画为藻文。
言其奢侈。(邢昺《论语注疏》63页)

　　汉·郑玄:节,栭也,刻之为山。棁,梁上楹也,画以藻文。山

节藻棁，天子之庙饰，皆非文仲所当有之。(马国翰辑《论语古注·论语郑氏注》卷三·3页)

　　梁·皇侃：时人皆谓文仲是有智之人，故孔子出其僭奢之事而讥时人也，故云何如其智也。(皇侃《论语集解义疏》卷三·13页)

　　宋·朱熹：节，柱头斗栱也。藻，水草名。棁，梁上短柱也。盖为藏龟之室，而刻山于节、画藻于棁也。当时以文仲为知，孔子言其不务民义，而谄渎鬼神如此，安得为知？《春秋传》所谓作虚器，即此事也。张子曰："山节藻棁为藏龟之室，祀爰居之义，同归于不知宜矣。"(《四书章句集注》80页)

　　清·刘宝楠：全氏祖望《经史问答》："据汉人之说，则居蔡是僭诸侯之礼，山节藻棁是僭天子宗庙之礼，以饰其居。如此则已是二不知，不应概以作虚器罪之曰一不知也。"又云："山节藻棁，实系天子之庙饰，管仲僭用以饰其居，而臧孙未必然者。盖台门反坫，朱纮镂簋，出自夷吾之奢汰，不足为怪。而臧孙则俭人也，天下岂有以天子之庙饰自居，而使妾织蒲于其中者？盖亦不相称之甚矣。吾故知其必无此也。然则山节藻棁将何施？曰：施之于居蔡也。"案：全氏此辨致确。其据《家语》，以文仲世为鲁之守蔡大夫，又取陆佃说，以伯禽所受封之繁弱为蔡别名，又名偻句，皆谬妄不足辨，故略之。(《论语正义》190页)

　　程树德：汉人说，居蔡是僭诸侯之礼，山节藻棁是僭天子宗庙之礼以饰其居，与朱《注》异。西河毛氏遂引《汉·货殖传·序》："诸侯刻桷丹楹，大夫山节藻棁。"《后汉·舆服志》："礼制之坏，诸侯陪臣皆山节藻棁。"并指文仲言。不知夫子之意在讥其不智，非讥其僭。考《左传》，武仲为季氏所逐，奔邾，自邾如防，使其子为纳大蔡请立后。臧昭伯如晋，臧会窃其宝龟。又《明堂位》"封父龟与大璜大弓"，并为成王赐鲁之器。据此，则蔡即大蔡，乃天子之龟而赐鲁为宗器者。依《家语》，文仲盖世为鲁国守蔡之大夫也。然则居蔡非僭居蔡，而以天子之庙饰以之媚神为不智耳。《集注》不误。(《论语集释》330页)

李泽厚:迷信如此，一不智也;违反礼制，二不智也。亦可见当时号称智者之不智。(《论语今读》99页)

何新:[译文]孔子说:"藏文仲的居室像乌龟壳，斗拱如山，梁柱间雕刻花草。难道他也就具有了灵龟的智慧吗?"(《论语新解——思与行》57页)

李零:"山节藻棁"，"山节"，是刻成山形的斗拱;"藻棁"，"棁"音zhuō，是彩绘的梁上短柱。这里是说，藏文仲的龟室，装饰很豪华。"何如其知(智)也"，意思是，这个人的智力怎么样，他也太聪明了吧。这是反话。孔子的意思是，这个人也太奢侈吧? 奢侈是傻。(《丧家狗——我读〈论语〉》122页)

杨朝明:本章是孔子批评藏文仲的违礼行为。《礼记·明堂位》记载:"山节，藻棁，复庙，重檐……天子之庙饰也。"藏文仲身为大夫，却依此来装饰龟室，显然是一种僭越行为。……在孔子眼中，藏文仲僭越天子庙饰、以人媚神的行为显然是不明智的表现。(《论语诠解》42页)

胡齐临:直义:老师说:"藏文仲居住在蔡国时，把自己住的房子按照天子藏龟的屋子来装修，斗拱雕成山的形状，短柱上画以水草花纹，你们谁有他这种韬光养晦的智慧呢?"见解:孔子在本章要弟子们学习藏文仲在尚未闻达之时，即以上述做法激励自己奋力上进，而对外韬光养晦、智慧而不张扬。(《论语真义》58页)

辑者案:杨朝明解释明确，可从。

5.19 子张问曰:"令尹子文，三仕为令尹，无喜色。

三已之，无愠色。旧令尹之政，必以告新令尹。何如?"子
曰:"忠矣。"曰:"仁矣乎?"曰:"未知，焉得仁?"

"崔子弑齐君，陈文子有马十乘，弃而违之。至于他
邦，则曰:'犹吾大夫崔子也。'违之。之一邦，则又曰:'犹
吾大夫崔子也。'违之。何如?"子曰:"清矣。"曰:"仁矣
乎?"曰:"未知，焉得仁?"

(1)"令尹子文"句

汉·孔安国:令尹子文，楚大夫，姓斗名縠，字於菟。但闻其
忠事，未知其仁也。(皇侃《论语集解义疏》卷三·13页)

晋·李充:进无喜色，退无怨色，公家之事，知无不为，忠臣之
至也。……子玉之败，子文之举，举以败国，不可谓智也。贼夫人
之子，不可谓仁。(皇侃《论语集解义疏》卷三·14页)

梁·皇侃:楚鬬伯比外家是䢵国，其还外家，通舅女生子，既
耻之，仍遂掷于山草中。此女之父猎还，见虎乳饮小儿，因取养
之，既未知其姓名。楚人谓乳为縠，谓虎为於菟，音乌涂。此儿为
虎所乳，故名之曰縠於菟也。后知其是伯比子，故呼为鬬縠於菟
也。后长大而贤，仕楚为令尹之官。范宁曰:"子文是谥也。"(皇侃
《论语集解义疏》卷三·15页)

宋·朱熹:令尹，官名，楚上卿执政者也。子文，姓鬬，名縠於
菟。其为人也，喜怒不形，物我无间，知有其国而不知有其身，其
忠盛矣，故子张疑其仁。然其所以三仕三已而告新令尹者，未知
其皆出于天理而无人欲之私也，是以夫子但许其忠，而未许其仁
也。(《四书章句集注》80页)

清·刘逢禄:忠未有不仁者。子文之忠，忠于其职耳。(《论语
述何》卷一·10页)

蒋沛昌：未知，焉得仁——不知道（其它方面），怎么称得上仁呢？对这句话，历代注家有两种解释：未必智，怎么称得上仁呢？不知道，怎么称得上仁呢？第一种解释，似乎做到了智，才称得上仁。事实上仁和智并不相须而成，已有人表示不能苟同。第二种解释，接近孔子的原意。但"不知道"什么呢？没有明说。于是有的注家认为不知道令尹子文的"大忠"，不知道陈文子的"大清"，只是一般的"忠"和"清"，不能下仁的结论。我认为仁既然是全德之名，即包括孝弟、忠信、礼、义、廉、耻诸德行；不能以偏概全，认为做到"忠诚"、"清廉"，就称之为仁；还应该知道"其它方面"的表现，才可以下结论。虽说犯了"增字解经"的规矩，但好像语法和内在意义都能通顺；聊备一格，以求教于方家。（《论语今释》118页）

李炳南：然经文"未知"下加"焉得"二字，究作何解。若依郑康成读知为智字，即有智始有仁，则文易解矣。智与仁孰先孰重，《中庸》、《论语》所说智仁勇，皆是智在仁上，若依内典，智尤重要。（《论语讲要》92页）

杨朝明：未知，焉得仁：对于这句话，历代注家有两种理解：一说，知读为"智"。持此观点的理由是子文曾举子玉为令尹，使楚败于晋，所以不可谓智。一说，未知即"不知道"。后一种说法更接近孔子原意。前说带有臆断色彩，孔子就子张的问题而回答，并没有提到子文举子玉事。在此孔子说"未知"只是一种委婉的说法，犹如本篇第七章孔子回答孟武伯之问。（《论语诠解》43页）

　　辑者案：将朱熹、杨朝明说结合起来理解，可得文意。

(2)"崔子弑齐君"句

汉·孔安国：（崔子、陈文子）皆齐大夫。崔杼作乱，陈文子恶之，捐其四十匹马，违而去之。……文子辟恶逆，去无道，求有道。当春秋时，臣陵其君，皆如崔子，无有可止者。（邢昺《论语注疏》64页）

梁·皇侃：云"曰未知焉得仁"者，答子张曰："其能自去，只可得清，未知所以得名为仁也。"孙绰曰："大哉！仁道之弘，以文子平粹之心，无借之诚，文子疾时恶之笃，弃马而逝，三去乱邦，坐不暇宁，忠信有余而仁犹未足。唯颜氏之子，体仁无违，其亚圣之目乎？"李充曰："违乱求治，不污其身，清矣！而所之无可，骤称其乱，不如宁子之能愚，蘧生之可卷，未可谓智也；洁身而不济世，未可谓仁也。"李谓为未智，亦不胜为未知也。（皇侃《论语集解义疏》卷三·15页）

宋·朱熹：文子洁身去乱，可谓清矣，然未知其心果见义理之当然，而能脱然无所累乎？抑不得已于利害之私，而犹未免于怨悔也。故夫子特许其清，而不许其仁。（《四书章句集注》80页）

清·梁章钜：此皆以三仕三已为孙叔敖事，或遂因此反疑《论语》之误。其攻之最力者，莫如张自烈之《四书大全辨》，其词曰："子文之为令尹，距孔子生时已百二十年，崔子弑齐庄公，陈文子为大夫时，孔子生四岁耳，子张复少孔子四十八岁，去陈文子已辽越，况令尹子文哉？子张掇拾往事以质于夫子，夫子因问而答，据其事而谓之忠清，皆曰未知焉得仁。盖谓其事未之前闻，未之知也，焉得论其仁不仁也。"（《论语旁证》卷五·18页）

清·刘恭冕：《七经小传》云："凡大夫去其位曰违，违犹丧也。"《春秋传》曰："卿违，从大夫之位。"又曰："凡诸侯之大夫违，告于诸侯。"（《论语正义补》12页）

李炳南：何以未智，齐君昏，未闻文子进谏，亦未闻其阻崔子之弑君，是为不智，又何能称为仁者。然得一清字，亦得一种人品，今世尤可贵。（《论语讲要》93页）

赵又春：这章的"清"，杨伯峻、李泽厚都译为"清白"，是指不愿同弑君者沾边这种政治道德上的清白，还是指是非观念既明确又强烈这个意义上的清白？可能二者兼而有之。我认为翻译为"清高"更好一些，是因为"清高"含有"人品高尚，不肯同流合污"的意思，用来评价陈文子的表现似乎比较恰当。（《我读〈论语〉》225页）

辅者案：朱熹所论合情合理，可取。

5.20 季文子三思而后行。子闻之，曰"再，斯可矣。"

汉·郑玄：季文子，鲁大夫季孙行父也。文，谥也。文子忠而有贤行，其举事寡过，不必及三思也。（皇侃《论语集解义疏》卷三·15页）

梁·皇侃：孔子美之，言若如文子之贤，不假三思，唯再思，此则可也。斯，此也。有一通云：言再过二思则可也。又季彪曰："君子之行，谋其始，思其中，虑其终，然后允合事机，举无遗算。是以曾子三省其身，南容三复白圭，夫子称其贤。且圣人敬慎于教训之体，但当有重耳。固无缘有减损之理也。时人称季孙名过其实，故孔子矫之。言季孙行事多阙，许其再思则可矣，无缘乃至三思也。此盖矫抑之谈耳，非称美之言也。"（皇侃《论语集解义疏》卷三·15页）

宋·朱熹：季文子，鲁大夫，名行父。每事必三思而后行，若使晋而求遭丧之礼以行，亦其一事也。斯，语辞。程子曰："为恶之人，未尝知有思，有思则为善矣。然至于再则已审，三则私意起而反惑矣，故夫子讥之。"愚按：季文子虑事如此，可谓详审，而宜无过举矣。而宣公篡立，文子乃不能讨，反为之使齐而纳赂焉，岂非程子所谓私意起而反惑之验与？是以君子务穷理而贵果断，不徒多思之为尚。（《四书章句集注》81页）

元·陈天祥：王滹南驳丧礼之说曰："文子至晋果遭之，则正得思之力也，何过之有？"又驳程子之说曰："思至于三，何遽为私意邪？"又曰："事有不必再思者，亦有不止于三思者，初无定论也。"其说大意皆当然,三字之音义未有明辨,三作平声乃是数目定名,若作去声只是再三再四频繁之意,世俗语话中常有之,如云一日三场如此、一日三衙如此者,是也。三思之三既为去声,则文子之三思不止三次而已也,夫子之言止是言文子过思之蔽,非谓天下之事皆当止于再思、不可至于三次也。(《四书辨疑》卷四·6 页)

明·王夫之:季文子三思而行,夫子却说"再斯可矣",显然思未有失,而失在三。若向利欲上着想,则一且不可,而况于再?三思者,只是在者一条路上三思。如先两次是审择天理,落尾在利欲上作计较,则叫做为善不终,而不肯于善之一途毕用其思,落尾掉向一边去,如何可总计而目言之曰三?(《读四书大全说》267 页)

程树德:按:下文明出再字,则三应如字读也。《集注》读为去声,非。(《论语集释》338 页)

杨伯峻:凡事三思,一般总是利多弊少,为什么孔子却不同意季文子这样做呢?宦懋庸《论语稽》说,"文子生平盖祸福利害之计太明,故其美恶两不相掩,皆三思之病也。其思之至三者,特以世故太深,过为谨慎;然其流弊将至利害徇一己之私矣"云云。(《论语译注》50 页)

毛子水:季文子凡事能预先多加思虑,故在当时有"三思而后行"的传言;到孔子时,或还有人称道,所以孔子得以听到。"再",是对"三"而说;因"三"下有"思"字,所以"再"下便不必有"思"字了。孔子所以说"再,斯可矣",并不是批评季文子三思的不对,似是孔子故意说的戏言。行事虽贵多思,但当因事而不同。有一思而即决的;有须十思百思而后得的。孔子当然明白这种道理。大概当时传说季文子故事的人或有神奇"三思"的语意,所以孔子便说了这句戏言。(唐石经斯作思;斯字似较合。)(《论语今注今译》69 页)

金良年:季孙一族是当时掌握鲁国政权三家贵族(即所谓"三

桓")中势力最大的一家,但季文子本人并不骄横……因此,孔子尽管不满三桓,但对他还是给予好评。……处事多思当然是好的,但过分了也不尽善,这与孔子"过犹不及"的思想是吻合的。(《论语译注》49 页)

邓球柏:季文子三思而后行,说明季文子善于思考,善于行动。用思想指导行动,季文子掌握了全方位的思维方式。针对季文子的全方位思维方式,孔子提出了一个简单的思维方式,即二维思维方式(比较思维法则)。孔子认为运用比较方法这一简单思维方式就能解决一般的问题了。在这里孔子并没有完全反对季文子的思维方式。斯,这种方法。再,两次,比较方法。(《论语通解》95 页)

李泽厚:[记]这大概是指某一具体事件,孔子可能嫌他过于慎重或不免怯懦。就一般言,孔子总是强调慎重行事的。(《论语今读》101 页)

钱穆:此语有两解。一说:言季文子恶能三思,苟能再思,斯可。一说:讥其每事不必三思,再思即已可,乃言季文子之多思为无足贵。今按:季文子之为人,于祸福利害,计较过细,故其生平行事,美恶不相掩。若如前解,孟子曰:"思则得之,不思则不得。"乃指义理言。季文子之瞻顾周详,并不得谓之思。若如后解,孔子曰:"由也果,于从政乎何有。"事有贵于刚决,多思转多私,无足称。今就《左传》所载季文子行事与其为人,及以本章之文理辞气参之,当从后解为是。(《论语新解》129 页)

杨润根:[句读]季文子(曰):"三思而后行。"子闻之,曰:"再,斯可矣。"(《发现论语》125 页)

赵又春:这个"三思"就是多思,季文子对事情要多方考虑了以后才采取行动,正是按孔子的教诲办事,孔子怎么又加以反对,说考虑两次就行了？显然，这必定是针对一件具体事情，孔子认为情况已经完全弄清楚了，各种处理方案的利弊得失也明明白白，时间又不允许久拖不决，而季文子却犹豫不决，当断不断，于是作这样的批评。"曰"前特别交代"子闻之"，可以证明这个推测不误："之"指代的不是季文子具有三思而后行的性格、品质，而是他当时对某件事该如何办下不了决心，正处在"三思"中这个情况。所以这一章不是对"多思"教诲的否定，而是补充说："多思"不是无休止地调查研究情况，制订、比较各种行动方案，一待基本情况摸清，利弊权衡心中有数了，就要当机立断。由此可见，"三思而行"和"当机立断"也是既对立又统一的关系，重要的仍然是掌握度。平常说的"一念之差"、"一失足成千古恨"，可以是说思得太少，考虑得不周密，因而铸成大错，也可以理解为想得太多，当断未断，以致失去良机。对于人生历程中的这些现象，孔子观察得十分细致，用普通的、朴素的语言表达出来，有时针对具体情况，有时又作一般性的概括，所以字面上不能总是一致，但这不是他思想学说中的矛盾，正是客观矛盾的反映。对他的这类教诲，看作生活经验之谈就够了，不必作哲学上的挖掘。(《我读〈论语〉》217 页)

蔡希勤：另外"三思"还有另一种意思，指君子在三种情况下应善于思索。《荀子·法行》曾记孔子言曰："君子有三思"，"少思长，则学；志思死，则教；有思穷，则施也。"(《百家品论语》146 页)

郑张欢：[释]季文子身为鲁国执政大夫，凡事三思而后行。孔子知道后说：鲁国再有这样的人，国事将会更好。(《论语今释》75 页)

辑者案：杨伯峻、李泽厚、钱穆三家说解相近，结合起来理解为好。

5.21 子曰："宁武子，邦有道则知，邦无道则愚。其

知可及也，其愚不可及也。"

汉·孔安国：佯愚似实，故曰不可及也。（皇侃《论语集解义疏》卷三·16 页）

魏·王朗：或曰：佯愚盖运智之所得，缘有此智，故能有此愚，岂得云同其智而阙其愚哉？答曰：智之为名，止于布德尚善、动而不黜者也。愚无预焉。至于佯愚，韬光潜彩，恬然无用。支流不同，故其称亦殊，且智非足者之目可有，虽审其显而未尽其愚者矣。（皇侃《论语集解义疏》卷三·16 页）

晋·孙绰：人情莫不好名，咸贵智而贱愚，虽治乱异世，而矜鄙不变，唯深达之士为能晦智藏名以全身远害，饰智以成名者易，去华以保性者难也。（皇侃《论语集解义疏》卷三·16 页）

梁·皇侃：此章美武子德也。云"邦有道则智"者，言武子若值邦君有道，则肆己智识以赞明时也。云"邦无道则愚"者，若值国主无道，则卷智藏明、佯昏同愚也。云"其智可及也"者，是其中人识量，当其肆智之目，故为世人之可及也。云"其愚不可及也"者，时人多炫聪明，故智识有及于武子者，而无敢佯愚隐智如武子者，故云其愚不可及也。（皇侃《论语集解义疏》卷三·16 页）

宋·朱熹：按《春秋传》，武子仕卫，当文公、成公之时。文公有道，而武子无事可见，此其知之可及也。成公无道，至于失国，而武子周旋其间，尽心竭力，不避艰险。凡其所处，皆智巧之士所深避而不肯为者，而能卒保其身以济其君，此其愚之不可及也。程子曰："邦无道能沉晦以免患，故曰不可及也。亦有不当愚者，比干是也。"（《四书章句集注》81 页）

宋·张栻：发舒才智为易，收敛才智为难，非约以自守而不役于外者，不能然也。曰"其愚不可及也"，谓人所难也，然而犹有知

愚之心也，其与"用则行，舍则藏"者，意味相去有间矣。（《南轩论语解》卷三·7页）

明·林希元：圣人此言所重在"邦无道则愚"上，"不可及"意思全在卒保其身以济其君上，人臣犯难济君，于君未必能济，且或至丧其身。武子之愚却能济君而保其身，此所以不可及也。（《四书存疑》卷四·56页）

韩·金彦钟：《自撰墓志铭》云："宁武子始从卫成公，沾体涂足，备尝险艰。此忘身殉国之愚忠。及成公还国，孔达为政，敛避权要，此安身保家之智慧也。安身之智，犹可及也，殉国之愚，不可及也。今以韬晦为愚，则人主无与济时艰也。"……

盖孔子对于宁武子一生事行之评论，古今论者莫不同意其为褒扬之义。然而由于论者观点之不同，遂有大相径庭之二说。

（一）邦无道则愚乃佯愚保身说。此说源于《集解》所引孔安国说。……

（二）邦无道则愚乃忘身冒难说。盖此说始于朱子。……

茶山于此说，大体上从朱子之说。然而仅取"尽心竭力，不避难险"之义，而不取朱子所云"武子仕卫，当文公、成公之时，文公有道而武子无事可见，此其知之可及也"数语。

茶山批驳孔安国、邢昺等佯愚说曰："国之无道，未有甚于成公三年之难，而武子此时竭虑殚智，捐身舍命，与佯愚韬晦者，全不相似。《鲁论》、《左传》，俱是信书，燕说郢话，何以解经？"可知茶山根据《左传》记事，而驳佯愚说。……

于是茶山专指程子所言"邦无道，能沉晦以免患，故曰不可及也，亦有不当愚者，比干是也"一语之失曰："沉晦免患，君子之至巧也，愚之谓何？比干亦大愚也。惟其大愚也，故能成仁。"

于是可知茶山以为孔子所云之"愚"，乃非愚昧或佯愚而透过智慧之大愚也。此大愚,非寻常人所能企及者也。此经文先言有道,后言无道,因此朱子求有道于文公,求无道于成公,以为武子仕于文公、成公之时。历代注家之于此,不以为然者居多。以为武子未尝仕于文公时也。茶山亦从之。故以此经所云有道无道,皆是成公时事。(《朝鲜丁若镛论语说之精义》,《孔子诞辰 2540 周年纪念与学术讨论集》2373—2377 页)

金良年:这种"痴呆"是一种大智若愚的处世态度。从消极意义上说,它避免了自身遭到伤害;从积极意义上说,它又是对无道的一种抗争。这大概就是孔子赞誉宁武子的用意。(《论语译注》49 页)

金池:[点评]正确译文的关键在于正确理解"愚"上。"愚"有"傻"的意思,但是这个"傻"是含褒义的"傻",实际上是无限的"忠"——忠于国君和国家,为此,宁武子敢于冒死净谏。(《〈论语〉新译》142 页)

黄怀信:此章论宁武子善于明哲保身。国家秩序不正常之时为了避祸而装傻,故曰愚,实为智也。(《论语新校释》113 页)

刘兆伟:孔子一向主张"有道则见,无道则隐"。此处讲的"宁武子,邦有道则知"的"知",即献出聪明才知,就是"见"。"邦无道则愚"的"愚",即掩盖了"知",就是隐。宁武子为有道之邦发挥聪明才智是可学到的,但其于无道之邦能掩藏自己的才智,装糊涂不与恶劣政权苟同,是不易学到的。(《论语通要》94 页)

辑者案:金良年、黄怀信的论述为优。

5.22 子在陈,曰:"归与!归与!吾党之小子狂简,斐然成章,不知所以裁之。"(辑者案:"简"字,皇本无。阮校:"案《史记·孔子世家》、《集解》引亦无'简'字。"定州简本作"狂间")

汉·孔安国:简,大也。孔子在陈,思归欲去,故曰:"吾党之小子狂者,进趋于大道,妄穿凿以成文章,不知所以裁制,我当归以裁制之耳。"遂归。(皇侃《论语集解义疏》卷三·17页)

梁·皇侃:此是欲归之辞也,所以不直归而必有辞者。客住既久,主人无薄,若欲去无辞,则恐主人生愧,故托为此辞,以申客去之有由也。吾党者,谓我乡党中也。小子者,乡党中后生末学之人也。狂者,直进无避者也。简,大也,大,谓大道也。斐然,文章貌也。孔子言我所以欲归者,为我乡党中有诸末学小子,狂而无避,进取正经大道,辄妄穿凿,斐然以成文章,皆不知其所以辄自裁断,此为谬误之甚,故我当归为裁正之也。(皇侃《论语集解义疏》卷三·17页)

宋·朱熹:此孔子周流四方,道不行而思归之叹也。吾党小子,指门人之在鲁者。狂简,志大而略于事也。斐,文貌。成章,言其文理成就,有可观者。裁,割正也。夫子初心,欲行其道于天下,至是而知其终不用也。于是始欲成就后学,以传道于来世。又不得中行之士而思其次,以为狂士志意高远,犹或可与进于道也。但恐其过中失正,而或陷于异端耳,故欲归而裁之也。(《四书章句集注》81页)

宋·张栻:圣人道不行于当时,故退而明诸书以私淑诸人,方圣人历聘之时,《诗》《书》、礼、乐之文固已付门人次序之矣。及圣人归于鲁,而后有所裁定,所谓删《诗》、定《书》、系《周易》、作《春秋》也。狂简之士虽行有不掩,而其志大,盖能斐然以成章矣。至于义理之安、是非之平、详略之宜,则必待圣人裁之而后为得也。(《南轩论语解》卷三·7页)

元·陈天祥:狂士,志意嘐嘐然辽远高大,顾虽不得其中,若圣人与居,亦可以近于道矣。然其言不顾行,行不掩言,欲与成章传道法则后世，则不可也，夫子欲成就后学以传道于来世，何用思其狂士乎？不得中行之士而思其次，此本孟子答万章之语，《注》文变其文而用之也。万章问曰："孔子在陈曰：'盍归乎来！吾党之士，狂简进取，不忘其初。'孔子在陈，何思鲁之狂士？"孟子答曰："孔子不得中道而与之，必也狂獧乎？狂者进取，獧者有所不为也。孔子岂不欲中道哉？不可必得，故思其次。"盖万章所问，本无"斐然成章，不知所以裁之"之语，止以孔子思狂士为问，孟子乃是就其所问以答之也。万章之问与此经文既已不同，孟子之答万章者，亦不可施之于此也。"不得中行而与之，必也狂狷乎"，此乃思其狂狷也。"吾党之小子狂简，斐然成章，不知所以裁之"，却是抑制狂者，不令妄有述作之意，非思之也。说者宜云夫子知其终不用也，于是特欲成就后学，以传道于来世。虑其门人狂而志大，简而疏略，徒以斐然之文而成章篇，违理害道，不知裁正，恐有误于后人，故欲归而裁正之也，思狂士一节不必取。（《论语辨疑》卷四·8页）

明·蔡清：斐然成章，言他已自做成一个狂简，非有头无尾、半上落下者。成章，地位尽高，盖真能以古人自期待，真能不以势利羁，有凤凰翔于千仞之志，有民胞物与之量，皆出自胸中之诚，而见于事，为之实者也。故夫子欲归裁之，而交付以大业，如由求辈俱在下风乃是。成章，已成个片段了，故可裁。（《论语蒙引》卷一·85页）

清·李光地：狂者心追古人而其志可嘉，简者不屑世俗而其风可尚。二者皆圣人之所取，而亦皆有病焉。盖狂而无以敛之则荡，简而无以密之则疏。故夫子谓"不知所以裁之"，而孟子谓"考其行而不掩焉者也"语类。一说以狂为斐然成章，简为不知所裁，似未当。二字皆就狂士言之。或曰简即狷也，狷者，自守而有所

不为，故曰简。(《读论语札记·公冶长篇》)

日·中井积德：斐然成章，以锦织喻其才器大可观也。裁字，由成章而生焉，谓裁割锦织以成服也。夫子盖欲归而裁之，以适时用也。《注》："裁，割正也。"正字，不贴本文，当削。此章言成就人才，非欲传道来世也，陷于异端，不必言。(《论语逢源》95 页)

清·沈涛：《释文》云"郑读至小子绝句"，是孔以狂简绝句者误也。《史记·孔子世家》哀公三年，孔子在陈，鲁召冉求，孔子曰："归乎归乎，吾党之小子狂简，斐然成章，吾不知所以裁之。"是此节为冉求而发，吾党之小子盖指冉求也。归与，归与，亦谓冉求将归。今曰孔子在陈思归，误矣。不知所以裁之，盖谓己不能裁制求之狂简也。故《史记》上有吾字，今曰我当归而裁制之，更误矣。史迁亲从安国问，故不应说之歧异，其伪灼然。(《论语孔注辨伪》卷上·9页)

清·刘宝楠：沈氏涛《论语孔注辨伪》误解《世家》之文，以"归"为冉求将归，"吾党之小子"亦指冉求。则《世家》此文下明言子赣知夫子思归，又夫子言"求也退"，即求亦自言"力不足"，是求之为人与狷近，与狂简绝远。沈君说未为是也。"不知所以裁之"，谓弟子学已成章，嫌己浅薄，不知所以裁之也。此正谦幸之辞，其弟子之当裁制，自不言可知。《世家》"不知"上有"吾"字，皇本"裁之"下有"也"字。(《论语正义》199 页)

清·王闿运：狂简、狂狷，声转字异。狷即简也，有所不为，知所简择也。斐然各有文采，不知当何以裁制之，言随材施教，非一朝之功。(《论语训》卷上·46 页)

清·焦循：妄作穿凿四字申解斐然二字，盖读斐为匪，匪犹非也，非犹不也。下盖有不知而作之者，《注》引包曰"时人有穿凿妄作篇籍者，穿凿妄作，解不知而作，妄即不知，不知即非然矣"，皇、

邢两《疏》以斐为文章貌，未得《注》义。（《论语补疏》卷一·12页）

　　程树德：沈涛《论语孔注辨伪》云："斐字从文，古训无不以为文貌者。今云妄作穿凿，谬矣。"焦循《论语补疏》："妄作穿凿申解斐然，盖读斐为匪，匪犹非也。"此或得孔义，然亦谬矣。"妄作穿凿以成文章，不知所以裁制"，是以不知为弟子不知也，于义亦隔。说详刘氏《正义》。《论语古训》亦云："此章孔《注》与《孟子》同，与郑解异。"盖郑不从旧读，故所解亦异，惜乎无考矣。……按："狂简"，《子路篇》作"狂狷"，《孟子》作"狂獧"。《说文》无"狷"字，应作"獧"。简、狷声相近，狂简即狂狷也。（《论语集释》344页）

　　杨伯峻：《史记·孔子世家》作"吾不知所以裁之"。……"裁"，剪裁。布要剪裁才能成衣，人要教育才能成才，所以译为"指导"。（《论语译注》51页）

　　钱逊：狂，志大。简，有两种解释：一，疏略；二，大。狂简依前一解是志大才疏，依后一解就是进取有大志。（《论语浅解》91页）

　　南怀瑾："吾党之小子狂简"——小子是年轻人。党是指古代的乡党，也就是鲁国这一些跟随他的学生们。"狂简"是两个典型。豪迈、慷慨，多半年轻人喜欢的个性和作风就是"狂"。轻易、草率，对国家天下事掉以轻心，就是"简"。……"吾党之小子狂简"，是说跟自己的这班年轻人，蛮有豪气，看天下事太容易了。虽然文采不错，"斐然成章"地议论纷纷，毕竟还未成器。……"不知所以裁之"这句话，是说年轻人有够狂的豪气，凡事看得太容易太简单。文章见解固然有，却不知道仲裁，不知道裁取。……学问之道，最难的是如何中肯仲裁。像做衣服的技师一样，要把一块布裁剪成一件合身而大方的衣服，这是一门不简单的学问。所以他一心要回到鲁国，献身于文教的千秋事业。（《论语别裁》243页）

　　陈立夫：不知所以裁之。却不知道应该怎样裁量矫正他们自

己的短处。(《四书道贯》330页)

李泽厚:孔子在陈受困,甚至没有饭吃,于是发此感慨,说还不如回去,回去大有事可干,何必在此受罪?"狂简"在此译解作有远大志向,有干练才能。(《论语今读》102页)

杨润根:归:这个字的本意是身穿围裙、两手清闲的年轻女郎嫁往她将永远不变地在那里生活并在那里生儿育女的家。我认为,这里"归"的对象应该是"简",而"归与"的意思是"让简归与"。即指那些写在竹简上的典籍归属于——这种归属好像姑娘的出嫁——孔子的学生们自己。自然,"归"在这里有"收集"之意,但这种"收集"之意是比喻性的:即孔子的学生们在对典籍的收集活动中所表现出来的热情,仿佛就像年轻人的求爱,他们千方百计地使那些为自己所钟情的女郎同意嫁给自己。"归"作为使役动词,显然有"使……嫁给"之意。吾党之小子:我的学说的那帮年轻的盲目而狂热的信徒,这是以一种自嘲与讥讽的方式来表达的自满与赞赏。狂简:像疯狗一样把书简作为其搜寻、追踪、攻击、撕咬的对象,这也就是疯狂地搜集书简并阅读研究书简的内容。章:言辞("音")的总汇("十"),这也就是被表达了的因而被客观化了的人们思想与情感的总汇。(《发现论语》128页)

李炳南:归与,回鲁也,再言,加重其词。小子,是指在鲁之弟子。党,谓志同道合者。狂者进取。简,如孔注为大。狂简者,志在大道,而忽其小事。斐然二句,意为文章等已有成就可观,然尚未明大道,不知所以裁定,故须回鲁调理之。(《论语讲要》95页)

高专诚:孔子虽然身在异国他乡,但因为常有弟子往来于他的住地和鲁国之间,这样,对于国内弟子们的情况也都时刻掌握着。终于有一天,那些弟子的变化令人担忧起来,致使孔子不禁惊呼:"回去吧,回去吧!我们的那些年轻人志大而狂进,学问之道已经斐然有成,但却不知道如何量裁使用。"意思是说,他们虽然学问上大有长进,但由于缺乏阅历,又没有孔子的推荐,一直得不到从政的机会,于是就开始满腹牢骚,甚至目空一切,因而急需孔子的指导。(《论语通说》76 页)

丁纪:斐然,文采华盛貌。成,成就;章,彪炳而昭彰。成章者,得谓之文质彬彬而至于堂堂皇皇也。(《论语读诠》414 页)

金池:正确译文的关键在于对狂、简、裁这三个词的正确理解上。狂,无拘束的意思;简,即"竹简",名词用作动词,在竹简上写。"狂简"可以意译为"无拘无束地挥毫泼墨";"裁",安排取舍,剪裁的意思。俗话说,好文章是作者反反复复斟酌切磋、安排取舍、剪裁出来的,即改出来的。孔子谈的本是作文之中的"剪裁"问题,若把"不知所以裁之"译为"还不知道怎样节制自己呢",也不沾边。(《〈论语〉新译》143 页)

傅佩荣:狂简:这里分为三个阶段:狂简,指志向而言;斐然成章是经过一段学习与努力的过程,显示可观的成绩;所以裁之,属于应用的智能,犹如"择善"之择,必须靠孔子因材施教,随机提点。(《傅佩荣解读论语》83 页)

黄怀信:吾党之小子,指跟随自己在陈的弟子。弟子中多鲁人,故称吾党之小子。"狂简",狂妄自大,爱昵之词。"斐然",有文采之貌。"章",文锦,好衣料。……"裁",裁剪。文锦,故曰裁,裁而用之也。旧释指导、节制,皆非。不知所以裁之而欲归鲁,鲁有裁之之具也。(《论语新校释》113—114 页)

李君明:[引述]孔子在陈国碰到很多困难,正当鲁国季康子执政,欲召冉求回去,协助办理政务,孔子不便阻拦弟子的前程,但他委婉地说:"你们这些人啊,光有远大志向,却不懂得观察时势,等待机会。"(《论语引读》150 页)

杨朝明：本章是述孔子在陈思归之意。按《史记·孔子世家》记载，这段话是在鲁季康子召冉求回国时孔子所说。孔子自五十六岁开始周游列国，希望能推行他的政治主张。然而终不见用于各国，因此在鲁召冉求时，大发感慨，表示与其流浪在外，不如回国从事教授生徒的工作。……与：语气词。狂简：激进。斐然成章：文采可观。裁：剪裁，引申为教育、指导。（《论语诠解》44 页）

> 辑者案：从朱熹、杨朝明说。吾党之小子，指家乡的弟子。狂简，谓志大而于事疏略。斐然成章，富有文采。裁，修剪、修治。

5.23 子曰："伯夷、叔齐不念旧恶，怨是用希。"

梁·皇侃：此美夷齐之德也。念，犹识录也。旧恶，故憾也。希，少也。人若录于故憾，则怨恨更多，唯夷齐豁然忘怀，若有人犯己，己不怨录之，所以与人怨少也。（皇侃《论语集解义疏》卷三·17 页）

宋·朱熹：伯夷、叔齐，孤竹君之二子。孟子称其"不立于恶人之朝，不与恶人言。与乡人立，其冠不正，望望然去之，若将浼焉"。其介如此，宜若无所容矣，然其所恶之人，能改即止，故人亦不甚怨之也。程子曰："不念旧恶，此清者之量。"又曰："二子之心，非夫子孰能知之？"（《四书章句集注》81 页）

宋·蔡节：节谓念者不忘于心也，旧恶，谓人旧尝有恶于我者也。希，罕少也。念恶即是私心凝滞处，私则有怨矣。夷、齐处心公清，无所系累，其于旧恶何念之有？己不念则人亦不怨，此怨之所以希也。（《论语集说》卷三·12 页）

清·毛奇龄：且此恶字即是怨字，犹《左传》周郑交恶之恶。旧恶，即夙怨也。惟有夙怨而相忘，而不之念，因之恩怨俱泯，故怨是用希。此必有实事而今不传者。若善恶之恶，则念时未必

知,即不念亦不必使恶人晓,且不念已耳,人亦定无以我之念不念分恩怨者,何为怨希?（《四书改错》卷十·10页）

方骥龄:古怨字读如薀,或作愍,即宛字,有薀藏义。《说文》:"是,直也。"字书释是,皆正直之意。本章"怨是"二字,疑当作"薀直"解,谓伯夷、叔齐之居心正直是也。至于"用",与"由""行"二字古音义相同。用,行也。希,古作疏字解。疏,明也。本章"用希",疑当作"行疏"解,行明也。谓伯夷、叔齐之心地正直而行为光明正大,疾恶如仇,决不苟且妥协,故虽以武王之圣,犹谓"以暴易暴"。孔子美其正直,心性与行为如一。（《论语新诠》137页）

钱逊:旧恶:有两种解释:一,过去的恶事,只要能改,就不念旧恶;二,恶即怨,旧恶即宿怨。怨是用希:希,同稀,少。"怨是用希"也有两种解释:一,指别人对伯夷、叔齐的怨恨很少;二,指伯夷、叔齐自己很少有怨恨。（《论语浅解》92页）

李泽厚:"不念旧恶",不算老账,不仅是流行成语,而且是中国人奉行的传统原则:主和解、重调停、和稀泥,既往不咎,不纠缠过去,避免冤冤相报,这很可能是总结千百年氏族社会打冤家灭族类的各种历史经验的结果。它也确有助于实际生活中的人际关系和族类生存。因之,中国的正义观,常着眼于"和",而且着重它的实际效用和效果,而不在于一定要判断出是非曲直来而予以"公正"处罚。（《论语今读》102页）

金池:[点评]从前,他二人和同乡人在一起的时候,看到有人帽子戴得不正,看一看扭头就走,表现出瞧不起的样子。然而,那个人改正了也就不再瞧不起他了。改过的人都是向上的人,改过的人都是有羞耻心的人,不愿意人们提及他的过去,尤其不愿意人们揭他的伤疤。伯夷、叔齐不念旧恶,对能够改过的人以礼相待,所以,人们也就不再怨恨他二人了。这就是孔子说的"伯夷、

叔齐不念旧恶,怨是用希"的原因。(《〈论语〉新译》144 页)

林觥顺:不念旧恶:是丕念是反复地念旧恶,更是将旧恶存放内心作教范,彦云:前事无忘,后事之师。所以愿为仁饿死首阳山。怨是用希:是由于忿忾不平才如此。用者施行,希者由也。(《论语我读》84 页)

黄怀信:[释]"恶",读去声,指所厌恶,所仇恨。"怨",怨恨,此做名词,指冤家。"是用",即是以,因此。"希",稀少。[章旨]此章赞伯夷、叔齐不念旧恶。人不记旧恨,方能少仇人。(《论语新校释》114 页)

李君明:一般注解认为伯夷、叔齐不记旧怨,所以别人对他们的怨恨就少,这样解释于理不通。实际上,孔子对冉有的委婉劝谏,叫他不要耽误于名利,应仔细裁夺前程,向伯夷、叔齐学习,劝谏冉求邦无道可隐,应该学习先古的圣贤,不要为季氏所用,不必为虎作伥,也无须理会他人的怨恨。(《论语引读》151 页)

杨朝明:怨是用希:关于"怨",存在歧义:一说是别人对他们的怨恨;一说是他们自己心中的怨恨。《述而》记载:"子贡入,曰:'伯夷、叔齐何人也?'曰:'古之贤人也。'曰:'怨乎?'曰:'求仁而得仁,又何怨?'"这两处"怨"的主语应该是一致的,都是指伯夷、叔齐。是用,连词,所以,因此。希,同"稀",很少,罕见。(《论语诠解》44 页)

　　辑者案:句意明显:不念旧恶,与人之间的怨恨就少。

5.24 子曰:"孰谓微生高直? 或乞醯焉,乞诸其邻而与之。"

汉·孔安国:乞之四邻,以应求者,用意委曲,非为直人。(邢昺《论语注疏》67 页)

宋·朱熹:夫子言此,讥其曲意殉物,掠美市恩,不得为直也。

程子曰："微生高所枉虽小，害直为大。"范氏曰："是曰是、非曰非、有谓有、无谓无，曰直。圣人观人于其一介之取予，而千驷万钟从可知焉。故以微事断之，所以教人不可不谨也。"（《四书章句集注》82 页）

　　明·顾梦麟：古来只为周旋世故之念，坏尽人品。如微生乞醯一事，何等委曲方便，却只是第二念，非当下本念。夫子有感而叹之，不在讥微生，指点要人不向转念去也。（程树德《论语集释》348 页引《四书说约》）

　　邓球柏：有人向微生高借醋，微家没有，便到别人家去借来给借醋的人。孔子凭这一点就说微称不上"直"。应该说微的行为是一种美德的反映，自己没有还去借来再借给别人，急人之所急，想人之所想，是不应该受到批评的。可见，孔子看问题也有很偏执的地方。（《论语通解》98 页）

　　赵又春：自己没有就向邻人讨了来送给别人，这不是急人之难吗，怎么反而拿来证明人家不直？合理的解释只能是：孔子先认定了讨醋者并非有急用，即醋对他也是可有可无的佐料，因此可以有则给之，无则直说没有而辞之，如果知道邻人有，指点人家向邻人去讨就是了，竟自己向邻人讨来给人，那就要说是小题大做、故作姿态了，自然一定不是出自真情实感，而是别有用心——博得赞誉或谄媚讨好之类，这当然不是直人所为，只能反证其不直了。可见孔子所谓的"直"，确如我上面说的，是包含着"诚信"的，出于真情实感的言行才可以说是直的表现。但也仅此而已，所以直只是较低层次的道德。（《我读〈论语〉》366 页）

　　李零："直"有真假之分，假直是为了作秀，古人叫"卖直"。（《丧家狗——我读〈论语〉》125 页）

　　辑者案："某人"向微生高借东西，微没有，他便向别人借了给"某人"。孔子认为微生高过于直,不赞成这种过了头的直。

5.25 子曰:"巧言、令色、足恭,左丘明耻之,丘亦耻之。匿怨而友其人,左丘明耻之,丘亦耻之。"(辑者案:定州简本"耻"作"佴")

足恭,匿怨

汉·孔安国:足恭,便僻之貌也。……心内相怨而外诈亲也。(皇侃《论语集解义疏》卷三·18 页)

晋·缪协:恭者从物,凡人近情,莫不欲人之从己,足恭者以恭足于人意,而不合于礼度,斯皆适人之适,而曲媚于物也。(皇侃《论语集解义疏》卷三·18 页)

宋·朱熹:足,过也。程子曰:"左丘明,古之闻人也。"谢氏曰:"二者之可耻,有甚于穿窬也。左丘明耻之,其所养可知矣。夫子自言'丘亦耻之',盖窃比老、彭之意。又以深戒学者,使察乎此而立心以直也。"(《四书章句集注》82 页)

清·梁章钜:足,将树反,过也,《释文》云:"足,将树反,又如字。"《集注》用前音。孔《注》"足恭,便僻貌",则《释文》后音也。邢《疏》此读足如字,谓"便习盘辟,其足以为恭也"。翟氏灏曰:"《曾子·修身篇》'足恭而口圣,君子弗与也',以足恭、口圣两为对偶。《礼·表记》又云:'君子不失足于人,不失色于人,不失口于人。'失足于人,足恭也;失色于人,令色也;失口于人,巧言也。三者亦并言,则足当如字读矣。"

按:《诗·板》"无为夸毗",《正义》云:"夸毗者,便辟其足,前却为恭。"《书·冏命》"巧言令色便辟",孔《传》云"便辟,足恭",《正义》云"前却俯仰以足为恭也"。《论语》"友便辟",马融曰:"便避，巧避人所忌以求容媚者。""友善柔"，马融曰："面柔者也。""友便佞"，郑康成曰："便，辨也，谓佞而辨也。"然则便辟为体柔，善柔为面柔，便佞为口柔，体柔为足恭，面柔为令色，口柔为巧言矣。马言巧避人所忌谓足容盘辟，趋避进退善承人意也，皆同孔说。惟皇《疏》引缪协曰："足恭者，以恭足于人意，而不合体度，曲媚于物也。"是足亦读如字，虽另一义，与《集注》意可相通。邢《疏》载又一说云："足，成也，谓巧言令色以成其恭。"则别无所证矣。（《论语旁证》卷五·25页）

清·康有为：此章为古文伪《论语》，刘歆所窜入也。《史记·仲尼弟子传》无左丘明名。《史记》称左丘失明，厥有《国语》。则左氏名丘，亦非名明也。今《左氏传》称陈敬仲五世其昌，称魏万诸侯之子孙，必复其始。又，《传》文终于韩、赵、魏之灭智伯。孔子没后二十八年，魏氏为侯。孔子没后七十八年，田和篡齐。和为敬仲八世孙，在孔子没后九十五年，既非弟子。孔子称其盛德，而自称名，当为孔子前辈，否亦孔子同时人，何得后孔子百年犹在乎？即老寿亦安能尔？其为刘歆伪古文可断矣。（康有为《论语注》68页）

钱穆：足恭，此二字有两解：一说，足，过义。以为未足，添而足之，实已过分。一说，巧言，以言语悦人。令色，以颜色容貌悦人。足恭，从两足行动上悦人。《小戴礼·表记》篇有云："君子不失足于人，不失色于人，不失口于人。"《大戴礼》亦以足恭口圣相对为文。今从后说。（《论语新解》134页）

钱逊：足恭：有几种解释：一，足，过分；二，巧言令色是从言语和脸色上讨好别人，足恭是两脚做出逢迎恭敬的姿势来讨好人；三，足，成也。巧言令色，以成其恭，讨好于人。（《论语浅解》93页）

李泽厚：这又涉及伦理与政治的背反。"匿怨而友其人"，是

政治家的常规作业,否则也就没政治可言了。《论语今读》104 页)

程石泉:篆文"貌"作㒵,足作㐆,其形相近,因以致误;或因秦汉间竹简毁损致误。按据《尚书·洪范》谓:"貌曰恭。"又据《季氏第十六》谓:"貌思恭。"是故言恭者皆指貌,未有指足者。(《论语读训》78 页)

辑者案:该章难解之词为"足恭",钱逊先生的总结全面。此句是说,花言巧语、媚态伪情、过分恭敬的人,内心怨恨而表面上装作友好亲善的人,是令人可耻的。

5.26 颜渊、季路侍。子曰:"盍各言尔志?"子路曰:"愿车马衣轻裘与朋友共敝之而无憾。"颜渊曰:"愿无伐善,无施劳。"子路曰:"愿闻子之志。"子曰:"老者安之,朋友信之,少者怀之。"

(1)侍

梁·皇侃:侍,侍孔子,卑在尊侧曰侍也。(皇侃《论语集解义疏》卷三·18 页)

清·刘宝楠:"侍"者,《说文》云:"侍,承也。"《释名·释言语》:"侍,时也。尊者不言,常与时供所当进者也。"(《论语正义》204 页)

杨伯峻:《论语》有时用一"侍"字,有时用"侍侧"二字,有时用"侍坐"两字。若单用"侍"字,便是孔子坐着,弟子站着。若用"侍坐",便是孔子和弟子都坐着。至于"侍侧",则或坐或立,不加肯定。(《论语译注》53 页)

杨润根:侍:一个完全沉浸在理性("士")原则("寸")之中的人,他除了理性的活动之外没有别的活动,因此他处在静静思考与默默思索的状态中,他的心身完全为理性所支配,他的此刻听命于他的理性而完全变成了他的理性的仆从,引伸为自己没有理

性而不得不默默地听从别人的理性与命令的人——服从者、服务者、仆从。（《发现论语》133页）

黄怀信："侍"，陪从、陪伴。（《论语新校释》117页）

辑者案：侍，卑者在尊长身旁陪伴侍候。

(2)愿车马衣轻裘与朋友共敝之而无憾

汉·孔安国：憾，恨也。（皇侃《论语集解义疏》卷三·18页）

梁·皇侃：弊，败也。憾，恨也。子路性决，言朋友有通财，车马衣裘共乘服而无所憾恨也。一家通云：而无憾者，言愿我既乘服朋友衣马而不惭憾也。故殷仲堪曰："施而不恨，士之近行也，若乃用人之财，不觉非己，推诚暗往，感思不生，斯乃交友之至，仲由之志与也。"（皇侃《论语集解义疏》卷三·19页）

宋·邢昺：衣裘以轻者为美，言愿以己之车马衣裘与朋友共乘服而被敝之而无恨也。此重义轻财之志也。（邢昺《论语注疏》68页）

宋·朱熹：衣，服之也。裘，皮服。敝，坏也。憾，恨也。（《四书章句集注》82页）

清·阮元：《唐石经》"轻"字旁注。案：石经初刻本无"轻"字。"车马衣裘"见《管子·小匡》及《外传》、《齐语》，是子路本用成语，后人因《雍也篇》"衣轻裘"误加"轻"字，甚误。钱大昕《金石文》跋尾云："《石经》'轻'字，宋人误加。"考《北齐书·唐邕传》："显祖尝解服青鼠皮裘赐邕，云：'朕意在车马衣裘与卿共敝。'"盖用子路故事，是古本无"轻"字，一证也。《释文》于"赤之适齐"节，音衣于既反，而此衣字无音，是陆本无"轻"字，二证也。邢《疏》云："愿以己之车马衣裘与朋友共乘服。"是邢本亦无"轻"字，三证也。皇《疏》云："车马衣裘共乘服，而无所憾恨也。"是皇本亦无"轻"字，四证也。今《注疏》与皇本正文有"轻"字，则后人依通行本增入，非其旧矣。（《论语注疏校勘记》2477页）

杨伯峻:这一句有两种读法。一种从"共"字断句,把"共"字作谓词。一种作一句读,"共"字看作副词,修饰"敝"字。这两种读法所表现的意义并无显明的区别。(《论语译注》53页)

范金旺:"愿车马衣轻裘",应理解为"以乘坐车马穿轻暖皮袍委婉地表示立志出仕做官,从事治理国家的事情"。

"与朋友共"。"与",连词。"朋友",依郑玄说"同门曰朋,同志曰友",可释作"同学中志向一致的人"。"共",依《辞源》释为"共同"。这样,"与朋友共"译成现代汉语就是:"和同学中志向一致的人共同(从事治理国家的事)。"

"敝之而无憾"。"敝",《辞源》释为"疲败"。……"敝"可释作"疲",引申为精疲力竭的意思。"敝"在句中属于为动用法。"憾",可依《古汉语常用字字典》释作"不满意"。这样,"敝之而无憾"译成现代汉语就是:"为此事就是累得精疲力竭也心满意足。"(《"子路言志"新解》,《许昌师专学报》1987年第2期)

钱穆:或于共字断句,下"敝之而无憾"五字为句。然曰"愿与朋友共",又曰"敝之而无憾",敝之似专指朋友,虽曰无憾,其意若有憾矣。不如作共敝之为句,语意较显。车马衣裘,常所服用,物虽微,易较彼我,子路心体廓然,较之与朋友通财,更进一层。(《论语新解》135页)

杨润根:敝:这个字的左半部分意为破损的衣巾,加上一个"攵"字后,它的意思就是有意识、有目的、自觉理性地使用某一样东西,并使它变得像破损的衣巾一样。这某一样东西是什么呢?它就是说话者自己,即说话者生命的存在——躯体——之本身。正因为如此,古人以"敝"自称,并在他人面前称自己为"敝"或"敝人"。因此,这里的"敝"的对象不是指子路所说到的"车马衣裘",而是指子路自己。在这里它既具有名词的意义,更具有动词的意义。其意思是穷尽自己的全部能力,耗尽自己的全部生命。我充分地注意到,绝大多数注释者都把这里的"敝之"理解为"让车马衣裘破烂",这种理解显然是肤浅的。(《发现论语》134页)

杨朝明:[诠释]本句可以有两种读法:一种是至"共"字为句,"敝之"属下读。另一种是至"敝之"断句,"而无憾"另读。两种说法于文意上没有大的区别,今姑从前者。据程树德《论语集释》,这里的"轻"字当为衍文。大概是因为《雍也》中的"衣轻裘"致误。憾,怨恨,不满。[解读]我愿把车马、衣裘和朋友共同使用,即使坏了也没有什么遗憾。(《论语诠解》46页)

辑者案:从杨朝明说。

(3)无伐善,无施劳

汉·孔安国:自无称己之善也,无以劳事置施于人也。(皇侃《论语集解义疏》卷三·18页)

梁·皇侃:云"颜渊曰愿无伐善"者,有善而自称,曰伐善也。颜渊所愿,愿己行善而不自称,欲潜行而百姓日用而不知也。李充曰:"自伐者无功,自矜者不庄。"云"无施劳"者,又愿不施劳役之事于天下也,故铸剑戟为农器,使子贡无施其辨、子路无厉其勇也。(皇侃《论语集解义疏》卷三·19页)

宋·朱熹:伐,夸也。善,谓有能。施,亦张大之意。劳,谓有功。《易》曰"劳而不伐"是也。或曰:"劳,劳事也。劳事非己所欲,故亦不欲施之于人。"亦通。(《四书章句集注》82页)

章太炎:《大雅》"矢其文德",《传》"矢,施也";"矢于牧野",《传》"矢,陈也",是施、陈同义。无施劳者,无自陈其劳也。《曾子·立事篇》曰:"不陈人以其所能。"(《广论语骈枝》6页)

钱逊:伐:夸耀自己。施劳:有两种解释:一,夸耀自己的功劳;二,把劳苦的事加给别人。(《论语浅解》93页)

刘伟见：施：表白。一说，"施"，是施加给别人。句中"无施劳"，是不把劳苦的事加在别人身上，即自己不辞劳苦，对劳累的事不推脱。(《论语意解》115页)

赵又春：颜回的志向仅在约束自己的言行：对自己的长处和所做的好事，不夸耀；对学习、工作中的劳苦、艰辛，不回避。……因为，一、这里的"施"字和《微子》篇中的"君子不施其亲"的"施"字一样，也同"弛"。"弛"的基本意思是"放松"，从而引申出"废弃"、"延缓"等义；"劳"作名词，指辛苦、辛劳、劳累之事，这更不会有问题，因此这解释在文字上是说得过去的。二、更重要的是，这样解释颜回之志，才既概括了言行两个方面，又限于自我修养，很合颜回的性格、形象；如果把"无施劳"解释为"不表功"，这一句就和前一句"无伐善"的意思简直完全重复，只不过语言表达上有所区别了。三、这一句的流行解释和前一句完全不对称，更明显不可取。(《我读〈论语〉》27页)

郑张欢：[释]颜渊说：愿无有损、有伐于天下善举之事，无有施誉于所为、有劳之事。(《论语今释》79页)

杨朝明：[诠释]伐善：夸耀自己的长处。伐，自我夸耀。施劳：夸大自己的功劳。施：夸大。一说：刘宝楠《论语正义》曰："施劳与伐善对文。《礼记·祭统注》：'施，犹著也。'《淮南子·诠言训》：'功盖天下，不施其美。'谓不夸大其美也。'善'言德，'劳'言功。"另一说，"无施劳"谓"不以劳事置施于人"，见何晏《论语集解》引孔安国注。前者更加符合文意，今从之。(《论语诠解》46页)

> 辑者案：语义为：不夸耀自己的长处，不夸耀自己的功劳。《辞源》："施劳：自夸耀其功劳。"

(4)老者安之，朋友信之，少者怀之

汉·孔安国：怀，安也。(皇侃《论语集解义疏》卷三·18页)

梁·皇侃：云"子曰"云云者，孔子答也。愿己为老人必见抚安，朋友必见期信，少者必见思怀也。若老人安己，己必是孝敬故也；朋友信己，己必是无欺故也；少者怀己，己必有慈惠故也。栾肇曰："敬长故见安，善诱故可怀也。"（皇侃《论语集解义疏》卷三·19页）

宋·邢昺：言己愿老者安，己事之以孝敬也。朋友信，己待之以不欺也。少者归，己施之以恩惠也。（邢昺《论语注疏》68页）

宋·朱熹：老者养之以安，朋友与之以信，少者怀之以恩。一说：安之，安我也；信之，信我也；怀之，怀我也。亦通。程子曰："夫子安仁，颜渊不违仁，子路求仁。"又曰："子路、颜渊、孔子之志，皆与物共者也，但有小大之差尔。"又曰："子路勇于义者，观其志，岂可以势利拘之哉？亚于浴沂者也。颜子不自私己，故无伐善；知同于人，故无施劳。其志可谓大矣，然未免出于有意也。至于夫子，则如天地之化工，付与万物而己不劳焉，此圣人之所为也。今夫羁靮以御马而不以制牛，人皆知羁靮之作在乎人，而不知羁靮之生由于马，圣人之化，亦犹是也。先观二子之言，后观圣人之言，分明天地气象。凡看《论语》，非但欲理会文字，须要识得圣贤气象。"（《四书章句集注》82页）

张黎群：这就是说，使老年人有所归宿，平平安安地过好晚年；使人与人之间的关系友好，朋友交往互守信用；使年轻人得到关怀，能够身心健康地成长。（《青年教育与社会未来——论孔子教育思想体系中的青年教育观》，《孔子诞辰2540周年纪念与学术讨论集》2672页）

刘维业：有的学者把这三句话译成："老者使他安逸，朋友使他信任我，年轻人使他怀念我。"我觉得不妥。孔子从不过多地考虑别人对自己怎么样，他主张"人不知而不愠"、"不患人之不己知"。一个以国家兴亡为己任的人，不会在意个人得失的小天地。孔子所说的"老者安之，朋友信之，少者怀之"，我的理解是使老年人得到安逸,使朋友之间相互信任,使青少年得到关爱。孔子以此作为自己努力的目标,充分表现出他的人文情怀,也是他的"仁道"精神的反映。(《论语指要》116页)

　　杨朝明:[诠释]孔子说"老者安之,朋友信之,少者怀之",蕴含着极丰富的思想,是孔子追求的社会理想境界。"老者安之"是直接与孝道、仁道相连。如果老者不安,必定是社会在"孝"的方面出了问题。而孝乃是为仁之本,"孝"做不好,儒家所倡导的"天下归仁"的理想就无法实现。朋友关系也是儒家所提倡的人伦关系中的一个重要方面。孔子说:"天下之达道五,所以行之者三:曰君臣也,父子也,夫妇也,昆弟也,朋友之交也。"(《中庸》)孟子进一步的阐述说:"父子有亲,君臣有义,夫妇有别,长幼有序,朋友有信。"(《孟子·滕文公上》)朋友之间能否相互信任关系到能否形成良好的社会秩序。而能否用仁爱之心使年轻人得到关爱,关乎整个社会的发展。在这里,孔子描绘了一幅和谐有序的理想社会画卷,这与他的"大同"社会理想完全一致。《礼记·礼运》中说:"大道之行也,天下为公。选贤与能,讲信修睦。故人不独亲其亲,不独子其子,使老有所终,壮有所用,幼有所长,矜寡孤独废疾者,皆有所养。"康有为《论语注》指出:"此明大同之道,乃孔门微言也。"二者的描述虽有不同,内涵却完全一致。(《论语诠解》45页)

　　辑者案:刘维业、杨朝明的解释切合文意,可从。

5.27 子曰:"已矣乎! 吾未见能见其过而内自讼者也。"

　　汉·包咸:讼,犹责也。言人有过,莫能自责。(邢昺《论语注疏》68页)

　　宋·朱熹:"已矣乎"者,恐其终不得见而叹之也。"内自讼"者,口不言而心自咎也。人有过而能自知者鲜矣,知过而能内自

讼者为尤鲜。能内自讼，则其悔悟深切而能改必矣。夫子自恐终不得见而叹之，其警学者深矣。（《四书章句集注》83页）

清·陆陇其：天下有一种人，全不知道自己差了，将差处都认做是处。此是不能见其过。有一种人，明知自己差了，却只管因循牵制，甘于自弃，或只在口头说过。此是不能内自讼。这有三件，一是为气质做主而不能变化，一是为物欲牵引而不能割断，一是为习俗陷溺而不能跳脱。所以不能无过者，由此三件。所以有过而不能见、不能自讼者，亦由此三件。（《松阳讲义》卷六·19页）

日·中井积德：咎之之切如讼，讼者扬于王庭、责让于负者也。不讼于人而讼于我，故曰内自讼也，是文字假借之妙。若口不言而心自咎，不得于文义。（《论语逢源》99页）

日·东条弘：讼乃讼狱之讼。内自讼者，心自讼其所过，以责己罪，若坐于狱然，故曰讼。朱《注》"口不言"，泥矣。按：读讼为咎，讼系自己，咎系于自人到。（《论语知言》162页）

李泽厚：结合曾参所说"吾日三省吾身"，大概可勉强算作儒家的"忏悔意识了"。但儒家讲的仍然是"反身而诚，乐莫大焉"，指明这种内心反省自责的结果是"乐"，即由"明"而"诚"（《中庸》），由"尽心""知性"而"知天"（《孟子》），而"与天地参"。这种内省自责的儒家哲学，仍然建立在积极情感的追寻塑造上，与向上帝忏悔的苦痛意识和深重罪感仍然不同。（《论语今读》105页）

孙钦善：算了吧！我没有见到能够发现自己的错误而作自我批评的人。（《论语本解》59页）

刘伟见：已：罢了，算了。下面的"矣""乎"，都是表示绝望的感叹助词。讼（sòng）：责备，争辩是非。（《论语意解》116页）

辑者案：包咸、孙钦善解简明准确；李泽厚的分析有可取之处。

5.28 子曰："十室之邑，必有忠信如丘者焉，不如丘之好学也。"

晋·卫瓘：焉，于虔反，为下句首。焉犹安也，言十室之邑虽小，必有忠信如我者也，安不如我之好学也？所以忠信不如丘者，由不能好学如丘耳。苟能好学，则其忠信可使如丘也。(马国翰辑《论语古注·论语卫氏集注》1 页)

宋·邢昺：此章夫子言己勤学也。十室之邑，邑之小者也。其邑虽小，亦不诬之，必有忠信如我者焉，但不如我之好学不厌也。……言十室之邑虽小，必有忠信如我者也，安不如我之好学也？言亦不如我之好学也，义并得通，故具存焉。(邢昺《论语注疏》69 页)

宋·朱熹：焉，如字，属上句。好，去声。十室，小邑也。忠信如圣人，生质之美者也。夫子生知而未尝不好学，故言此以勉人。言美质易得，至道难闻，学之至则可以为圣人，不学则不免为乡人而已。可不勉哉？(《四书章句集注》83 页)

清·朱亦栋："焉"字，古多以为发声，如"三年问焉"，"使倍之焉，使弗及也"，皆是。《注》亦作"然"字解，第"不如"二字近于自夸。若"焉"字作"安"字解，则须添一"知"字，如"焉知来者之不如今"是也。若以"焉"字作"何"字解，则不须添字而口气委婉多矣。朱子以为不成文理，殆亦偶未之思耳。(《论语札记》卷上·14 页)

李泽厚：又一次强调"学"。"学"当然包括学习文献、历史、知识以及各种技能，同时更指积极实践的人生态度和韧性精神。它始终是动态的，当然不止于静态的忠、信品德。(《论语今读》105 页)

黄吉村：孔子恐人自以为天资不足以成圣而不学，故言此以勉人，只要好学便可成其圣，非天生之知有以异也。(《论语辨析》108 页)

刘伟见:十室:十户人家。古时,九夫为井,四井为邑,一邑共有三十二户人家。"十室之邑"极言其小,是指尚且不满三十二家的小村邑。(《论语意解》117 页)

辑者案:该章强调"好学"。"焉",属上句为是。

雍 也 第 六

6.1 子曰:"雍也,可使南面。"

汉·包咸:可使南面者,言任诸侯治(辑者案:皇《疏》本作"可使南面者,言任诸侯可使治国政也")。(邢昺《论语注疏》70页)

汉·刘向:当孔子之时,上无明天子也,故言雍也可使南面。南面者,天子也。(赵善诒《说苑疏证》卷十九《修文》第三十四则)

宋·朱熹:南面者,人君听治之位。言仲弓宽洪简重,有人君之度也。(《四书章句集注》83页)

清·王崇简:仲弓可使南面,可使从政也。《皇极经世》所云极是。今人皆以帝王言之,岂有孔子以弟子可为帝王者乎?(《冬夜笺记》3页)

日·丰干:南面者,君长听治之位,而圣人称其弟子,不可有曰可使为人君之理。以下文仲弓问子桑伯子视之,疑此亦孔子与雍评论人伦之言,而文辞脱逸也,非谓仲弓有人君之度也。(《论语新注》53页)

清·凌廷堪:此南面指人君亦兼卿大夫、士言之,非春秋之诸侯及后世之帝王也。(梁章钜《论语旁证》卷六·1页)

清·王引之:"雍也可使南面",……盖卿大夫有临民之权。临民者无不南面。仲弓之德,可为卿大夫以临民,故曰可使南面也。(《经义述闻》卷三十一·31页)

清·刘宝楠:包、郑均指诸侯,刘向则谓"天子",说虽不同,要皆通也。近之儒者,谓"为卿大夫",不兼天子、诸侯,证引虽博,未

免浅测圣言。(《论语正义》210页)

方骥龄:南面,似当作可领导他人任功业成万物解,有领导之才能也,不当以位言。盖孔子向不以干禄及求位为言,况以人君之度况其弟子乎? 故可使南面,当指才能言。(《论语新诠》146页)

金池:古代以面向南为尊位,大官坐堂听政都是面南而坐。可使南面:这里指可以让他做官。(《〈论语〉新译》152页)

黄怀信:南面:面朝南,做君主。古代以坐北面南为尊,"南面"恒指天子、诸侯。或释卿大夫或地方官,非是,地方官不得称南面。(《论语新校释》120页)

　　辑者案:古以坐北朝南为尊位,天子、诸侯、卿大夫坐堂听政皆面南而坐。"南面"并非专指君主,古书中非君主而称"南面"者不乏其例。根据这个事实,《辞源》《汉语大词典》等皆释"南面"为天子、诸侯、卿大夫之官位,或圣贤之尊位。孔子此言,是说冉雍具有南面之才,有领导才能,可使其从政为官。至于可从什么级别的政,可做多大的官,无须明确限定,因为一个人的发展是不好估量的。

6.2 仲弓问子桑伯子。子曰:"可也简。"仲弓曰:"居敬而行简,以临其民,不亦可乎? 居简而行简,无乃大简乎?"子曰:"雍之言然。"(辑者案:"无乃大简乎",定州简本作"毋乃大间乎")

(1)子桑伯子

汉·郑玄:子桑,秦大夫。(马国翰辑《论语古注·论语郑氏注》卷三·3页)

魏·王肃:伯子,书传无见也。(皇侃《论语集解义疏》卷三·20页)

宋·邢昺:子桑伯子当是一人,故此注及下包氏皆唯言伯子

而已。郑以《左传》秦有公孙枝字子桑,则以此为秦大夫,恐非。（邢昺《论语注疏》70页）

宋·朱熹:子桑伯子,鲁人。胡氏以为疑即庄周所称子桑户者是也。（《四书章句集注》83页）

杨伯峻:此人已经无可考。……既然称"伯子",很大可能是卿大夫。（《论语译注》54页）

杨润根:人们完全错误地理解了"仲弓问子桑伯子"这句话的语法构成。事实上这是一句具有双重宾语的话,它的直接的宾语是"子",即孔子,它的间接宾语是"桑伯子",因此,这句话的意思是"仲弓问孔子有关他对于桑伯子这个人的看法"。……根据本章的语言情境,我认为,桑伯子应和冉雍一样,是孔子的学生之一。（《发现论语》137页）

文选德:这里的"子"字,我以为应该是孔子本人……关于"桑伯子",也有人认为是"子桑伯子",我以为本章中只能是"桑伯子"。……有学者认为,"桑伯子"是子桑伯子,鲁国人,持这种说法的人其依据是《庄子》中说"子桑户",与"琴张"为友,此说无确切考证。另有学者认为"桑伯子"是秦穆公时的"子桑",亦无确切考证,不可确信。（《论语诠释》218页）

林觥顺:[注解]:子桑伯子:……笔者今释:子桑,有供养,奉养义。子是人子之称,桑是蚕所食之叶。所以子桑,是人之食事。伯者长也,五经均有伯仲叔季之释,凡长之称皆曰伯。子是物之初生曰子,是幼少稚嫩。所以子桑伯子,是指供养长幼老少。[释义]冉仲弓问孔子,有关奉养长上老者,及抚育幼稚的事该如何处理。（《论语我读》88页）

金知明:[注释]:仲弓问子桑伯子:仲弓询问子桑和伯子两人;子桑、伯子,人名,鲁国人。（《论语精读》64页）

辑者案:《辞源》:子桑,复姓。《通志二七·氏族三·以字为氏·鲁人字》:"子桑氏,鲁大夫子桑伯子之后也。"其说可从。林觥顺望文生义,不可取。

(2)可也简

汉·刘向:简者,易野也。易野者,无礼文也。(赵善诒《说苑疏证》卷十九《修文》第三十四则)

魏·何晏:以其能简,故曰可也。(皇侃《论语集解义疏》卷三·20页)

梁·皇侃:可,犹可谓也。简,谓疏大无细行也。孔子答曰:"伯子之身,所行可谓疏简也。"(皇侃《论语集解义疏》卷三·20页)

宋·邢昺:"子曰:可也简"者,孔子为仲弓述子桑伯子之德行也。简,略也。言其人可也,以其行能宽略故也。(邢昺《论语注疏》70页)

宋·朱熹:可者,仅可而有所未尽之辞。简者,不烦之谓。(《四书章句集注》83页)

宋·许谦:夫子谓仲弓有德,可以临民,而仲弓谓伯子大略与己相类,故以为问。看来伯子是寡言、简直、率易之人,圣人乃独于简许之。(《读论语丛说》卷中·6页)

日·中井积德:夫子之可伯子,取其所长而已,未有慊于大简之意。及仲弓再问,乃又然其大简之言,非初过许,而后改之。盖泛然言之,则其简可取,精择之,则大简有弊。夫子是评人之泛辞,仲弓乃切身之要问。言各有当,而夫子不自辨,翻焉然雍之言者,犹前言戏之也。(《论语逢源》102页)

清·陈浚:简是省事。……孔子道:这人也可取,他做事不烦碎,是个简省的人。……伯子的简,虽也可取,究竟治不得民。(《论语话解》卷三·15—16页)

方骥龄:孔子美子桑伯子曰"可也简",谓其人平易正直也。

盖平易者近人,正直者无私。(《论语新诠》146 页)

杨伯峻:[译文]仲弓问到子桑伯子这个人。孔子道:"他简单得好。"[注释]简——《说苑》有子桑伯子的一段故事,说他"不衣冠而处",孔子却认为他"质美而无文",因之有人认为这一"简"字是指其"无文"而言。但此处明明说他"可也简",而《说苑》孔子却说"吾将说而文之",似乎不能如此解释。朱熹以为"简"之所以"可",在于"事不烦而民不扰",颇有道理,故译文加了两句。(《论语译注》54 页)

唐满先:孔子说:"还可以,他办事简约。"(《论语今译》48 页)

金良年:孔子说:"为人可以,但处事简约。"(《论语译注》54 页)

杨润根:"简"具有这样一些抽象意义:自然的、单纯的、坦率的、正直的、不做作的、不使假的、不夸夸其谈的、不哗众取宠的。"简"可视为"巧言"、"令色"、"足恭"的反意字。(《发现论语》137 页)

程石泉:按"可也简"应作"户也简"。盖子桑伯子乃子桑户(或作子桑雩、子桑扈)。孔子称其名故应作"户也简"。按篆文"户"作戸,"可"作可形近而误。……按"简"字有"简慢"、"宽略"诸义。孔子谓户也简,言其简慢。(《论语读训》83 页)

傅佩荣:子桑户,名可。孔子说的"可也"是指子桑户。(《傅佩荣解读论语》90 页)

杨朝明:本章五个"简"字意不尽同。第一个"简"字意为简要而不烦琐;"居敬而行简"之"简"指推行政事简而不繁;"居简而行简",前一"简"字是存心简约,即为人不严肃认真,不能依礼严格要求自己;后一"简"字表粗心大意;"无乃大简乎"之"简",义为简单。(《论语诠解》48 页)

辑者案:朱熹、杨伯峻解为优。孔子是说:此人还可以吧,挺简的。"简",在此含义丰富,有简省、简易、简单的意思，包括性格上的单纯，生活上的俭朴，处事上的不复杂、不繁苛。

(3)居敬而行简，以临其民，不亦可乎？居简而行简，无乃太简乎

汉·孔安国：居身敬肃，临下宽略，则可也。（皇侃《论语集解义疏》卷三·20页）

汉·包咸：伯子之简大简也。（皇侃《论语集解义疏》卷三·20页）

梁·皇侃：云"仲弓曰"云云者，孔子答曰："伯子所行，可谓疏简。"故仲弓更谘孔子，评伯子之简不合礼也。将说其简不合于礼，故此先说于合礼之简也。言人若居身有敬而宽简，以临下民能如此者，乃为合礼。故云不亦可乎。言其可也。云"居简"云云者，此说伯子之简不合礼也。而伯子身无敬而以简自居，又行简对物，物皆无敬，而简如此，不乃大简乎？言其简过甚也。（皇侃《论语集解义疏》卷三·20页）

清·崔述：云"居敬，而行简以临其民。不亦可乎"，居敬，谓自处以敬，"道千乘章"所谓敬事者也。行简以临其民，谓政令之加于民者，务从简易，敬事则无废事，政令简易则事不烦而民不扰。此六字亦连读不可断者。下文"居简而行简"，不再言"临民"者，以上文已言之，故从省也。而读者乃以"居敬而行简"作一句，"以临其民"作一句，若不临民，于何见其行简？上既言"行简"矣，"以临其民"又作何事？其言不亦赘乎？（《论语余说》8页）

方骥龄：仲弓所谓居敬行简之简，乃提纲挈领，择其大者善者而为之；不求苛细烦扰，此简为约而用之之意，犹今日之言"便民"。（《论语新诠》146页）

杨伯峻：［译文］若存心严肃认真，而以简单行之，（抓大体，不烦琐，）来治理百姓，不也可以吗？若存心简单，又以简单行之，不

是太简单了吗？[注释]无乃——相当于"不是"，但只用于反问句。大——同"太"。（《论语译注》54页）

　　杨润根：具有这样一种自然、纯朴、坦率而正直的品格的人，无论他在社会中处于什么样的地位，他将永远是一个合情合理、无可指责的人。纵使他处在社会中最令人崇敬的国王的地位，当他通过自己的行为向他的人民展现出自己这种自然、纯朴、坦率而正直的品格时，难道他的人民还能够说他不是一个合情合理、无可指责的人吗？……居敬：居于最受人尊敬的地位，即居于国王的地位。……居简：居于最普通、最一般的地位，即居于平民的地位。大简："简"的极端化的形式，即简陋、寒酸、不体面。（《发现论语》137页）

　　林觥顺：[注解]3.居敬：居是蹲踞在上位的人，凡长上如君王师长父母皆是。敬是肃敬，是虔恭意诚的仰慕与崇拜。4.行简：行就是行走、行动，引申作施行行为。行也作行列字。行简，是行事当敏捷简要。[释义]……仲弓说："我认为在上位或做长辈的人，先要庄重，使人望而敬畏。行为也要自我检讨，不可使人厌烦。用这种方式来治理国事，不也是一样吗？"（《论语我读》88页）

　　金知明：[注释]居家敬重而外出简朴，面对百姓，不是很可取吗？居，居住，蛰居；敬，敬重；而，连词；行，外出；简，简朴；……居住着简朴外出也简朴，不是太简朴了吗。……[理解]本章是仲弓受到老师的表扬以后，与老师一起讨论为礼是否应当简朴，简朴到什么程度合适。……仲弓认为在家恭敬外出简朴，也不打扰百姓，不是很好吗。但伯子在家披头散发，衣服也不穿（事见《孔子家语》），仲弓认为这样简朴过分了。（《论语精读》64页）

　　杨朝明：[诠解]"居敬而行简"之"简"指推行政事简而不繁；"居简而行简"前一"简"字是存心简约，即为人不严肃认真，不能依礼严格要求自己；后一"简"字表粗心大意；"无乃大简乎"之"简"，意为简单。居敬：心存恭敬，为人严肃认真，依礼严格要求自己。临：面临、面对。此处有"治理"的意思。无乃：岂不是。[解读]居心恭敬严肃而行事简要，这样来治理百姓，不是可以吗？平时就追求简单，不能深思熟虑，却以简要的方法办事，这岂不是太简单了吗？（《论语诠解》48页）

　　辑者案："居敬而行简"，谓立身敬肃而行事简单不烦琐。居敬，是强调为人恭敬严肃而认真。生活作风上要"敬"，若像子桑伯子"不衣冠而处"，显然不符合"敬"；事业上要"敬"，人们历来提倡"敬业"；为官者临民（管理民众）更需要敬肃认真的态度，否则得不到民众的尊重、信任和拥戴。在"敬"的前提下行简，是可以的。但是，"居简而行简"，即立身（或为人）简单（啥也不讲究），行事亦简单（简单从事），岂不是太简单了？

6.3 哀公问："弟子孰为好学？"孔子对曰："有颜回者好学，不迁怒，不贰过。不幸短命死矣。今也则亡，未闻好学者也。"

（1）不迁怒，不贰过

魏·何晏：凡人任情，喜怒违理。颜回任道，怒不过分。迁者，移也。怒当其理，不移易也。不贰过者，有不善，未尝复行。（邢昺《论语注疏》71页）

宋·朱熹：迁，移也。贰，复也。怒于甲者，不移于乙；过于前者，不复于后。（《四书章句集注》84页）

日·丰干：贰，副益也。不贰过者，不文过也。（《论语新注》54页）

章太炎：《集解》训"迁"为"移"，是也。云"怒当其理"，犹未谛。颜回有不善，未尝不知，知之未尝复行，怒起即知，后不复行，故云不移怒。与"不贰过"同旨，"过"所该广，"怒"则局指此念耳。（《广论语骈枝》6页）

方骥龄：查《诗·小雅·卷伯》"既其女迁"笺："迁之言，讪也。"迁与讪通，不迁怒，殆不讪怒欤？如此，颜渊能不文过，不讪怒，与其克己工夫相吻合矣。（《论语新诠》148页）

杨润根：不犯怒，不感到学习是一种令人难以忍受的苦差事，因而也不感到学习是一种被迫的、强制性的、不得不从事的活动，反过来说，也就是感觉到学习是一种其乐无穷的自觉自愿并令人着迷的活动。（《发现论语》138页）

　　辑者案：从朱熹说。

(2)今也则亡

梁·皇侃：亡，无也，言颜渊既已死，则无复好学者也。（皇侃《论语集解义疏》卷三·22页）

日·中井积德：死生存亡，古人每复用。"今也则亡"，谓颜子今不在于世也，非谓无好学者。（《论语逢源》103页）

日·东条弘：按"亡"如字，言颜渊死，而今也好学者亡绝焉，回后未闻好学者也。（《论语知言》168页）

清·俞樾："亡"字衍文也，此与《先进篇》语有详略。此云"今也则未闻好学者也"，彼云"今也则亡"，皆此详而彼略，因涉彼文而误衍"亡"字，则既云"亡"，又云"未闻好学"，于辞复矣。《释文》曰："本或无亡字。"当据以订正。（《群经平议》卷三十·15页）

　　辑者案：亡，无也。言像颜渊那么好学的，现在没有了。日本学者训"亡"为死亡，不可从。前句已说颜渊"不幸短命死矣"，后句岂能复言死亡？

6.4 子华使于齐，冉子为其母请粟。子曰："与之

釜。"请益。曰:"与之庾。"冉子与之粟五秉。子曰:"赤之适齐也,乘肥马,衣轻裘。吾闻之也:君子周急,不继富。"

(1)釜、庾、秉

汉·马融:六斗四升曰釜。十六斛曰秉,五秉合为八十斛。(邢昺《论语注疏》71页)

汉·包咸:十六斗曰庾。(邢昺《论语注疏》71页)

汉·郑玄:六斛四升曰庾。(袁钧辑《郑玄论语注》卷三·5页)

清·江声:包咸曰十六斗为庾,非也。……庾实二觳,则容二斗四升。(《论语竢质》卷上·15页)

清·刘宝楠:《说文》:"斞,量也。""庾"即"斞"字假借。《考工记·陶人》:"庾实二觳,厚半寸,唇寸。"《注》:"豆实三而成觳,则觳受斗二升。'庾'读如'请益与之庾'之庾。"戴氏震《补注》:"二斗四升曰庾,十六斗曰籔。'庾'与'籔'音声相通。传注往往讹溷。《论语》'与之庾',谓于釜外更益二斗四升。盖'与之釜'已当,所益不得过乎始与。"……《小尔雅·广量》云:"二釜有半谓之庾。"其误与包咸同。《艺文类聚》八十五引郑此《注》云:"六斛四升曰庾。"文有讹错,当据《考工》注文正之。……《聘礼记》:"十六斗曰籔,十籔曰秉。"(《论语正义》214页)

杨伯峻:釜——fǔ,古代量名,容当时量器六斗四升,约合今天的容量一斗二升八合。庾——yǔ,古代量名,容当日的二斗四升,约合今日的四升八合。秉——音丙,bǐng,古代量名,十六斛。五秉则是八十斛。古代以十斗为斛,所以译为八十石。(《论语译注》56页)

黄怀信:釜:借为"䵂",陶质量器,容六十四升。《小尔雅·量》:"两手谓之匊(掬),匊(掬),升也。"非斗升之升。一升约容今200毫升,一䵂约容今12.8公升。庾:陶器。《周礼·考工记·陶人》:"庾,实二鬴,厚半寸,唇寸。"郑玄注:"豆实三而成鬴。"又云:"豆实四升。"然则一庾容六豆,24 升,约合今 4.8 公升。秉:量词,旧说容十庾,即 240 升,约合今 48 公升。五秉,约合今 240 公升。(《论语新校释》123 页)

杨朝明:[诠释]本章主要反映了孔子"周急而不继富"的思想。郑玄认为本章孔子意在"非冉求与之太多",以后注者对此无甚争议。但是,对于孔子给子华之粟的数量却存在不同看法。朱熹认为,冉求为子华的母亲请粟,实不应该,故孔子与之较少。而冉求请孔子多给一些,但孔子认为不宜多给,于是冉求愈请多给,孔子给之愈少。孔子先"与之釜",冉求再要则"与之庾",也就是说用庾代釜。钱穆《论语新解》说:"釜、庾皆古代的计量单位,一釜等于六斗四升。二斗四升为一庾,谓于一釜外再增一庾,非以庾易釜。"钱说比较符合实际。秉:古之量器,一秉等于十八斗。(《论语诠解》49 页)

辑者案:"釜",《小尔雅·广量》云:"一手之盛谓之溢,两手谓之掬,掬四谓之豆,豆四谓之区,区四谓之釜。"此说甚详,双手捧谷即可量知一釜为多少。《左传·昭公三年》云:"齐旧四量:豆、区、釜、钟。"杜预注:"四豆为区,区斗六升,四区为釜,釜六斗四升。"现存的战国子禾子釜和陈纯釜皆为坛形,小口大腹,有两耳。子禾子釜的容积为 20.46 公升,陈纯釜的容积为 20.58 公升。"庾",从江声、戴震说,即二斗四升。"秉",杨伯峻、黄怀信的计算可取。

(2)君子周急,不继富

宋·邢昺:君子当周救人之穷急,不继接于富有。(邢昺《论语注疏》72 页)

宋·朱熹:继者,续有余。(《四书章句集注》85 页)

唐满先：继，接济。（《论语今译》49页）

王缁尘：意思是人家有急难，应该帮助他；至于富的不必去奉承他，以增他的富也。（《四书读本》90页）

李炳南：继富，以财物给富有之人，使其富上加富。（《论语讲要》104页）

金良年：我听说，君子周济急难而不襄助富有。（《论语译注》55页）

李泽厚：［译］君子救急不添富。［记］用"只雪里送炭，不锦上添花"译"周急不继富"亦好。（《论语今读》108页）

杨润根：［译解］冉雍代表公西华的母亲来请求孔子给些小米……对此孔子表示反对说："公西华到齐国去做外交使节，坐的是豪华的马车，穿的是轻软的裘衣，因此根据这点，我有理由认为他的母亲是一个富有的人，而对于富有的人我是不应该把很多的东西给他的。况且，我曾经听说过，君子把东西给别人只是为了向那些急需而又暂时没有的人提供帮助，因此他不会把自己很多的东西给那些本来就非常富有的人，以增加这些人的富有。"［注释］冉子：冉雍，即仲弓。大多数学者把"冉子"理解为冉求，这不一定妥当，因为冉求在孔子的全部学生的心目中不太可能享有"子"的地位。（《发现论语》139页）

金知明：君子帮人急难而不帮人达到富裕。（《论语精读》66页）

　　辑者案：从李泽厚说。"继"有增益、添加的意思。《墨子·非命上》："绝长继短。"

6.5 原思为之宰，与之粟九百，辞。子曰："毋！以与尔邻里乡党乎！"

（1）九百

汉·孔安国：九百，九百斗。（邢昺《论语注疏》72页）

宋·朱熹：九百不言其量，不可考。(《四书章句集注》85页)

清·胡绍勋："与之粟九百"，孔《注》云"九百，九百斗"。勋按：《史记·孔子世家》"孔子居鲁，奉粟六万"，《索隐》云："当是六万斗。"《正义》云："六万小斗，当今二千石也。"据此，知孔子时三斗当唐时一斗。宋沈括《笔谈》云："予受诏考钟律及铸浑仪，求秦汉以来度量，计六斗当今之一斗七升九合。"是宋斗又大于唐斗。《元史》言世祖取江南，命输粟者止用宋斗斛。以宋一石当今七斗。是元斗又大于宋斗。然则周时九百斗，合元时仅得一百八十九斗也。江氏《群经补义》云："古者百亩当今二十三亩四分三厘有奇，就整为二十三亩半。今稻田自佃，一亩约收谷二石四斗，二十三亩半收谷五十六石四斗，折半为米二十八石二斗。人一岁约食米三石六斗，可食八人。如粪多力勤，可多食一人，正与古合。"据江氏说，古农夫百亩，合今斗且得米二百八十二石。如孔《注》以九百为九百斗，止合元斗一百八十九斗，反不及农夫所收之数，原思何又嫌多而辞之？《集注》云："九百不言其量，不可考。"盖不从孔说也。或谓九百为九百石则又不若是多。石本五权之名，至周末时用以计粟，如《汉书·食货志》云："今一夫挟五口治田百亩，岁收亩一石半为百五十石，除十一之税十五石余百三十五石。"此皆粟以石权，而春秋以前未有此制。古制计粟以五量，量莫大于斛，十斗为一斛。粟多至九百，必以量之最大者计之，则九百当为九百斛。何以知为九百斛也？当时孔子为鲁小司寇，即下大夫，其家宰可用上士为之。《孟子》曰："上士倍中士，当得四百亩之粟。"又曰："卿以下必有圭田，圭田五十亩。"明士亦有五十亩圭田，以五十亩合四百亩，为四百五十亩。以汉制亩收粟一石半计之，当得六百七十五石。若以石合斛，一石为百二十斤。古无大斗，一斛粟不足百斤，二斛约重一石有半，是百亩收百五十石，合得二百斛。四百亩为八百斛，加圭田五十亩为一百斛，共得九百斛矣。虽经文不言其量而其量可因数以推也。（《四书拾义》卷一·8页）

清·刘宝楠：九百当为九百斛。（《论语正义》216页）

方骥龄：《说文通训定声》、《集韵》称，斛字亦作斜，本章九百之百字，疑系斜字之误。……盖子华使齐必系短期，此九斛之数，为每月固定之俸禄。如依旧说九百斛，未免过多。孔子以冉求之助子华为过多，本身亦岂肯超越常情而多与其弟子耶？……如以百字为斜字之误，作斛解，则庶几近之。（《论语新诠》150页）

黄怀信：不知其量，疑当指九百升，约合今180公升。（《论语新校释》124页）

　　　辑者案：刘宝楠、程树德"九百斛"之说，约合粟八万斤，似乎数量太大。理解为九百斗较宜。仿照黄怀信的计算，九百斗约合1800公升。

(2)毋！以与尔邻里乡党乎

汉·郑玄：毋，止其辞让也。（马国翰辑《论语古注·论语郑氏注》卷三·4页）

宋·朱熹：毋，禁止辞。五家为邻，二十五家为里，万二千五百家为乡，五百家为党。言常禄不当辞，有余自可推之以周贫乏，盖邻、里、乡、党有相周之义。（《四书章句集注》85页）

清·崔述：《注》言常禄不当辞，释"毋"字之义；止思之辞禄也，推之以周贫乏，释"与邻里乡党"之义，为思旁通一义也。余按：……然则毋者，禁其辞与邻里乡党者，申明所以不必辞之故，岂得以下句为旁通一义哉？且受官未有不受禄者，原思虽俭，岂能不食不衣？既不受禄，将何取之？思之辞，但以多耳。思非辞禄，辞多禄也。故《论语》云"与之粟九百"，必言"九百"者，为思辞

故也。……惟思以多故辞。故孔子教以用多之道，言虽多，自可以分人，不必辞也。(《论语余说》10 页)

清·王引之：毋，不也。《论语·雍也》曰："毋！以与尔邻里乡党乎？"言九百之粟，尔虽不欲，然可分于邻里乡党，尔不以与之乎？解者读毋字绝句，则失之矣。(《经义述闻》卷三十二·28 页)

毛子水：邻里乡党，指乡里中的穷人……孔子说："不要推辞吧！不是可以分给你邻里乡党中的穷人的么！"(《论语今注今译》77 页)

李泽厚：[记]读者别生误会，以为是从孔子处拿粮食，这二章都是孔子对他的学生关于拿薪水的谈话。要点不在多少，而在原则。上章强调少拿，此章赞成多拿。(《论语今读》108 页)

杨润根：孔子说："你绝对不能不接受你所应得的东西。如果你认为你的家庭已经十分富有，以至根本不需要这些小米，那么你也可以把它给予你的邻居；如果你的邻居也十分富有，以至根本不需要这些小米，那么你也可以把它给予你的邻村，以此类推，我想你是不难为你所应得的那些小米找到出路的！"(《发现论语》140 页)

　　辑者案：孔子是说：不要推辞，这些粟你如果用不了的话，可以送给贫穷的邻里乡亲。盖孔子认为，你原思应得的官俸不应推辞，用不了就周济乡邻，以践行仁善。

6.6 子谓仲弓，曰："犁牛之子骍且角，虽欲勿用，山川其舍诸？"

(1)犁牛之子骍且角

魏·何晏：犁，杂文也。骍，赤色也。角者，角周正中牺牲也。(皇侃《论语集解义疏》卷三·24 页)

梁·皇侃：云"曰犁牛之子骍且角"者，为设譬也。犁，文也。

杂文曰犁,或音狸。狸,杂文也,或音梨。犁,谓耕犁也。骍,赤色也,周家所贵也。角,角周正,长短尺寸合礼也。言假令犁牛而生好子色角合礼也。(皇侃《论语集解义疏》卷三·25 页)

清·王引之:引之谨案:犁与骍对举,则当以杂文之训为长。犁牛之子骍且角,则用以祀山川,犹《列子·说符篇》云"黑牛生白犊,以荐上帝耳"。犁者,黄黑相杂之名也。"(《经义述闻》卷三十一·42 页)

日·东条弘:……则牛始生无角,既角而用之,故单曰"角",一字活用,非周正之谓。(《论语知言》172 页)

清·刘宝楠:其实《论语》"犁牛"即是耕牛。《东山经》借"犁"为"骊",与此"犁牛"字同实异,不得援以为证。且骍角之牛既已可用,何必追溯所生,而以杂文为嫌,致有勿用之疑?若以杂文喻仲弓父行恶,无论此说全不可信,且即有之,而称子之美,必及其父之恶,长者所不忍言,而谓圣人能出诸口乎?然则以犁牛为耕牛,以耕牛为喻微贱,其说信不可易。(《论语正义》220 页)

清·康有为:骍,赤色。周人尚赤,牲用骍角。角,周正中牺牲也。用,用以祭也。山川,山川之神也。言人虽不用,神必不舍也。先师朱九江先生曰:"犁,伯牛名,仲弓父也,孔子合其名字而呼之。王充《论衡·自纪篇》曰:'鲧恶禹圣,叟顽舜神,伯牛寝疾,仲弓洁全,颜路庸固,回杰超伦,孔、墨祖愚,丘、翟圣贤。'盖汉人相传如此。刘峻《辨命论》曰:'冉耕歌其芣苢。'耕、犁、牛三者名字同义。盖伯牛有恶疾也,孔子叹息伯牛之疾,乃美其有贤子以慰之。明仲弓才德洁全,神必见祐,必不因父疾而弃于世也。朱子说谓仲弓父贱行恶,盖不考之甚。今据汉儒今文家说以正之,以见仲弓父子为孔门高弟,两世德行之科,馨香荐升,无与伦比,不因恶疾而少损也。"(《论语注》74 页)

方骥龄：叠经前人探讨，冉伯牛之死非恶疾；伯牛亦非仲弓之父，乃族人而已。……《周礼·草人》"凡粪种骍刚用牛"郑注："故书骍为挈。"杜子春挈读为骍，谓地色赤而土刚强也。角，通确，即今確字，原义为磐石，喻坚实坚正。《管子·地员》"刚而不觳"，觳亦通角字，疑本章所谓"骍且角"者殆即"刚且坚"，似以仲弓喻作初生之犊，刚强坚实，大器也，非谓红毛而又角正也。(《论语新诠》151 页)

杨润根：犁：这个字由"利"和"牛"构成，意为耕作者对牛的利用，即用牛来耕地。骍：难以驯服的马，引申为难以驯服，难以驾驭。这个字由"马"和"辛"构成，意为辛辣的、暴烈的、难以对付的马。角：许多动物头上生长着的由坚硬的钙质细胞蛋白构成的尖尖的突出物，它常常是动物用来进攻与自卫的天然武器。这里的"角"既具有名词的含意，又具有动词的含意。当它作动词时，其意思就是以角作为武器向对象发起进攻。(《发现论语》141 页)

黄怀信：骍，音辛，赤色。周人尚赤，用赤牲。"角"，谓有角、成年。(《论语新校释》125 页)

　　辑者案：从字面理解，即耕牛之子色红角正。此喻指百姓家的孩子素质优良。骍，音 xīng，赤色马，也指赤色牛羊。

(2)虽欲勿用，山川其舍诸

魏·何晏：虽欲以其所生犁而不用，山川宁肯舍之乎？言父虽不善，不害于子之美。(邢昺《论语注疏》73 页)

宋·朱熹：仲弓父贱而行恶，故夫子以此譬之。言父之恶，不能废其子之善，如仲弓之贤，自当见用于世也。然此论仲弓云尔，非与仲弓言也。(《四书章句集注》85 页)

清·江声：盖身为庶民，先世未有仕进为士大夫者，故谓之贱人。贱，故以耕牛为譬。当时卿大夫皆世官，用人必世家之子，罕有录及民庶者。孔子言此,意谓虽生于微贱,苟能才德尤异、卓然特立,人必知之。……所以勖勉仲弓,毋以家世贱而自弃也。(《论语竢质》卷上·16页)

日·中井积德:仲弓之父,或庸凡不材之人耳,不必据《家语》作贱而行恶。牛杂毛,不中牲用,唯可供犁锄之用,故曰犁牛耳。……或曰,此襄冉牛之言,牛是仲弓之族人,故以谜隐语于仲弓也。(《论语逢源》107页)

清·刘台拱:案:此章之指,先儒皆失之。惠氏《礼说》曰:犁牛,耕牛子其犉也。骍且角,天牲也。仲弓可使南面,故举天牲以况之。蕴蕴千载,一旦发露,可谓卓识。然惠氏谓"山川不得用骍牲,以其非礼故欲勿用",此义非也。又云"天下有歆于上帝而吐于山川者",故曰"山川其舍诸"。夫既非礼矣,山川岂得享之?此犹沿袭旧注"人虽不用,神必不舍"之说,未合语意……周礼用骍牲者三事:祭天南郊一也,宗庙二也,望祀南方山川三也。郊庙,大祀也;山川,次祀也。耕牛之犉而有骍角之材,纵不用诸上帝,山川次祀亦岂得舍之?不得已而思其次之辞也。三代以不世及为礼,未有起畎亩之中,膺天子之荐者,论匹夫之遭际至于得国而止,五岳视三公,四渎视诸侯,故有山川之喻。……颜渊问为邦,夫子告以四代礼乐;三子言志,许以诸侯;仲弓德行亚于颜渊,远出三子之上,观夫子所以称之者,其分量可知矣。然词意婉曲,寄托深远,与仪封人木铎之喻、南宫适禹稷之问略相似。(《论语骈枝》4页)

清·刘宝楠:若以杂文喻仲弓父行恶,无论此说全不可信,且即有之,而称子之美,必及父之恶,长者所不忍言,而谓圣人能出诸口乎?然则以犁牛为耕牛,以耕牛为喻微贱,其说信不可易。……贱者,微贱之称。夫子亦自言少贱,非谓其行有不善也。

（《论语正义》220页）

清·宦懋庸：然则犁牛之子乃泛论古今之人，而与仲弓言之，不必即指仲弓也。……仲弓之为人，有临民之度，而于选贤举才取择太严，故夫子以此晓之欤。（《论语稽》卷六·4页）

方骥龄：《说文》："山，宣也。谓能宣气散生万物也。"《释名》："山，产也，产生物也。"韦昭《国语》注："山河所以宣地气而出财用。"本章所谓山川，疑作治国之意，谓仲弓之可当大任，犹首章之言南面，足以任功业成万物，一如山川之生万物，殆非指祭山川之神也。（《论语新诠》151页）

毛子水：这章乃是孔子和仲弓谈论政治上用人的道理；"犁牛之子"，乃是指一切平民人家的子弟，并不是专指仲弓讲。（《论语今注今译》77页）

杨润根：欲：很想得到。"虽欲"作为假设性的语句中的动词（很想得到）可作为其最后的结果——得到——来理解。山川：高山与平川。许多作者都牵强附会地把这里的"山川"理解为"山川之神"。……孔子在谈到冉雍时说："冉雍这个血气方刚的小伙子有如一匹年轻气盛的牛崽子，不仅像那种性格暴烈的红色马匹一样难以驯服，而且还很有可能会使用它的两只尖角向那些想驯服它的人们发起攻击，因此对于它，人们也许会说：'纵使我能够像我所希望的那样得到它，它对我也不会有什么用处。'但是我要告诉人们的是：当你们拒绝接受它时，难道它除了想得到你们的接受之外，就没有任何别的选择了吗？难道它已经对你们说过，它将放弃选择高山平川里的自由，而非要选择你们的奴役不可吗？"（《发现论语》141页）

辑者案：当以江声、刘宝楠说为当。虽出身微贱，但有良好的素质、出色的才能，即使人不想用，山川之神也不会舍弃。

6.7 子曰:"回也,其心三月不违仁,其余则日月至焉而已矣。"

(1)其心三月不违仁

梁·皇侃:仁是行盛,非体仁则不能。不能者,心必违之。能不违者,唯颜回耳。既不违,则应终身。而止举三月者,三月一时,为天气一变,一变尚能行之,则他时能可知也。亦欲引汲,故不言多时也。(皇侃《论语集解义疏》卷三·25页)

宋·朱熹:三月,言其久。仁者,心之德。心不违仁者,无私欲而有其德也。日月至焉者,或日一至焉,或月一至焉,能造其域而不能久也。(《四书章句集注》86页)

清·刘宝楠:颜子体仁,未得位行道,其仁无所施于人,然其心则能不违,故夫子许之。"日月至"者,谓每一日皆至仁也。一日皆至仁,非谓日一至也。积日成月,故曰"日月至"。(《论语正义》221页)

杨伯峻:[译文]孔子说:"颜回呀,他的心长久地不离开仁德,别的学生么,只是短时期偶然想起一下罢了。"[注释]三月,日月——这种词语必须活看,不要被字面所拘束,因此译文用"长久地"译"三月"。(《论语译注》57页)

李炳南:或曰,颜回之仁三月不变,三月以后,则不能不变。若然,颜子仅有三月之仁,有是理乎?此章句读,其心,指颜回之心,一读。三月,是孔子自言观察颜回三月之久,又一读。不违仁,是观察结果,接颜回之心而言,既观三月,其心皆不违仁,若尔后再观,当亦不违矣。(《论语讲要》105页)

钱穆:其心三月不违仁:仁指心言,亦指德言。违,离义。心不违仁,谓其心合于是德也。三月,言其久。三月一季,气候将变,其心偶一违仁。亦可谓心不离仁矣。其余:他人也。日月至焉:至,即不违。违言其由此去,至言其由彼来至,如人在屋,间有出时,是违。如屋外人,间一来入,是至。不违,是居仁也。至焉,是欲仁也。颜渊已能以仁为安宅,余人则欲仁而屡至。日月至,谓一日来至,一月来至。所异在尚不能安。(《论语新解》145 页)

程石泉:此章必有错简,"三月不违仁"殊背常理。……按"三月"甲骨金文皆有合书例……岂"三月"乃"素"字错简邪?(《论语读训》87 页)

林觥顺:[注解]1. 三月:……三月用夏历是言每月之初三日。初一初二不见月明。喻人之初不明理义。2. 不违仁:读丕违仁。是远离完全不照人间。[释义]孔子说:"颜回啊! 他心地的光明与热情,皆可比月之运行。"(《论语我读》92 页)

黄怀信:[校]其余则月至焉而已矣,"月"前旧衍"日"字,今据义删。[训译]先生说:"颜回,他的心(连续)三个月都不离开仁;其他的人,则一个月想到一次罢了。"[章旨]此章论颜回之仁。仁者爱人,真正有仁德的人,必能心里总装着仁,所以颜回能三月不违仁。"月至焉",有似今之搞某种活动的所谓"活动日",只是一次性的,可见不可同日而语。(《论语新校释》126 页)

金知明:[注释]他的心思三个月都离不开仁。……[理解]"其心三月无违仁"是说颜回想的事情三个月之内必定要归结到仁义上面,最长不会超过三个月。(《论语精读》67 页)

辑者案:孔子是说颜回在坚持仁德上,远比其他学生恒久。就字面上看,孔子是从时间上来比较,说明其区别:颜回能做到连续三个月不违背仁,而其他学生也只是能做到一天或一个月不违仁而已。但是,孔子的意思并不是说颜回仅能持仁三个月，其他学生仅能持仁一天或一个月，而是以"三月"、"日月"来比较其持仁恒久与短暂的区别。孔子说此话的主要用意是赞许颜渊恒久持仁的品德，督促其他学生向颜回学习。杨伯峻说得好："这种词必须活看，不要被字面所拘束。"

(2)其余则日月至焉而已矣

魏·何晏：余人暂有至仁时，唯回移时而不变。（邢昺《论语注疏》73页）

宋·朱熹：日月至焉者，或日一至焉，或月一至焉，能造其域而不能久也。（《四书章句集注》86页）

明·林希元：日月至焉，是或一日之内心有其德，少间又为私欲所间而违乎仁；或一月之内心有其德，少间又为私欲所间而违乎仁。非有持久之功，常坐频复之吝也。（《四书存疑》卷五·3页）

日·伊藤维桢：其余，盖指文学政事之类而言，犹"其余不足观也已"之意。"日月至"者，谓以日月自至也。此美颜子之心自能合于仁也。言为仁，天下之至难也，唯颜子之心能合于仁，而至于三月之久，亦自不违。若其他文学、政事之类，彼虽不用力，以日月自至焉而已矣，岂不贤哉？（《论语古义》79页）

日·物双松：日月至焉而已者，谓日日而至、月月而至也。（《论语征》114页）

日·丰干：其余，与"其余不足观"之"其余"同。日月，谓日就月将也，言修仁久不违，则其余德行日就月将，自至得之身而已矣。何氏释余为余人。朱《注》从之，而曰："或日一至焉，或月一至焉。"未稳当。（《论语新注》56页）

日·东条弘：按："其余"，谓三月之后。上"其"字指回固也，而下"其"字非指"三月"何？按：三是数之小终，如"三月不知肉味",又"三省"、"三复"之"三"。三字不必可拘泥矣。……按:月至,是次第至不绝也,故曰"终食之间,无违仁"者,是也。"月至"二字眼目,"移时"之解,盖未切。(《论语知言》173 页)

清·陈浚:或一日到这里,隔一日又断了;或一月到这里,过一月又忘了。(《论语话解》卷三·18 页)

杨伯峻:用"短时期""偶然"来译"日月"。(《论语译注》57 页)

蒋沛昌:[注释]至——通"志",想到。[解释]而其余的学生只是短时间有此志向,或者偶然想到罢了。(《论语今释》134 页)

黄怀信:[释]"月",一个月。……月至焉,言其一个月偶尔想到一次。旧作"日月至焉",义不可通。(《论语新校释》126 页)

金知明:[注释]他余下的时间就每天每月想在仁上面;其,他;余,空余、一有空;则,转折副词,就;日月,每天每月;至,到达。……[译文]颜回啊,他的心思三个月都离不开仁义,有空余还是每天每月想到仁义上面去。(《论语精读》67 页)

郑张欢:[释]孔子说:颜回这个人呀,其心总能长时间地不违仁,其余则随着日月过程而成自然了。(《论语今释》84 页)

　　辑者案:此语应理解为:其他弟子只能做到一天或一月不违仁而已,与颜回相比,坚持仁德不够恒久。

6.8 季康子问:"仲由可使从政也与?"子曰:"由也果,于从政乎何有?"曰:"赐也可使从政也与?"曰:"赐也达,于从政乎何有?"曰:"求也可使从政也与?"曰:"求也艺,于从政乎何有?"

(1)果、达、艺

汉·孔安国:达谓通于物理。艺谓多才艺。(邢昺《论语注疏》73 页)

汉·包咸:果谓果敢决断。(邢昺《论语注疏》73 页)

宋·朱熹：果，有决断。达，通事理。艺，多才能。（《四书章句集注》86页）

明·林希元：达是心胸颖悟、事理通晓；艺是心思工巧、处事有方。（《四书存疑》卷五·5页）

清·刘宝楠：果者能任事，达者能明事，艺者能治事，故皆可以从政。公孙丑以乐正子为政，疑其强、有知虑、多闻识。强即是果，有知虑即是达，多闻识即是艺。（《论语正义》222页）

吴林伯：果，勇决也。……达，谓通于辞令。（《论语发微》68页）

杨润根：[注释]果：果实，果子，树上所结出的果实，引伸为可采摘的，现成可食的。达：达的结果——达成，达于理想，达于完美，达于目的。"达"的本意是造就伟大，造就完美。……因此"达"的意思应是与"美"的意思相通的。艺：繁体字为"藝"……其意思是掌握着（"幸"、"丸"，即"执"）能够确保人们自己在草原上（"艹"）自由自在地生活、自由自在地歌唱与劳作（"云"）所必须的技术，这种技术包括两个方面：使牧养的众多的羊群（"幸"）能够幸免于难或不至损失太多［"幸"由"大"和"羊"（少一横）构成，意为大批的羊群只损失一只羊］，同时使自己具有必不可少的简易住所（"丸"，这个字本来由"厂"和"人"构成，意为人可厕身其中的庇护所）。因此"艺"的意思（从其中作抽象的引伸）是指使人过上安居乐业的幸福生活所必需的那些实用的技能与技术。（《发现论语》142页）

林觥顺：[注解]果，是草木经开花后结子实曰果。引申为果断果然义。凡诚实果敢的人，也必憨直无私刚正无阿。故难容巧佞曲折之徒。是说仲由性鄙刚猛伉直。达，是所谓四通八达，治事滑达。艺，是孔门的六艺，曰礼、乐、射、御、书、数。是文武兼备的教育。（《论语我读》93页）

辑者案：从朱熹说。

(2)于从政乎何有

梁·皇侃：云"于从政乎何有"者，既解决断，则必能从政也。何有，言不足有也。故卫瓘曰："何有者，有余力也。"（皇侃《论语集解义疏》卷三·26页）

宋·邢昺：何有，言不难也。（邢昺《论语注疏》74页）

方骥龄：有通右或佑字，助也。孔子以为"果""达""艺"三者皆才能而非德性。孔子以为从政当重性行。于从政乎何有，殆谓此三者何助乎从政也。季氏只重才能之可使，而不言三者之德行，故孔子答以"于从政乎何有"。慨乎言之，谓季氏不当只问才能之可使而已。（《论语新诠》152页）

南怀瑾：孔子说子路的个性太果敢，对事情决断得太快，而且下了决心以后，绝不动摇。决断、果敢，可为统御三军之帅，而决胜于千里之外。如果要他从政，恐怕就不太合适，因为怕他过刚易折。……子贡太通达，把事情看得太清楚，功名富贵全不在他眼下。聪明通达的人，不一定对每件事盯得那么牢。……但是如果从政，却不太妥当。也许会是非太明而故作糊涂。……孔子说，冉求是才子、文学家。诗、词、歌、赋、琴、棋、书、画，样样精通；打高尔夫、跳现代舞都能来。名士气味颇大，也不能从政。换句话说，如果把他们三个人凑合起来，不愧是大政治家的材料。……从另一面看，季康子问到这三位学生，孔子都不放行，也是因为季家当时在鲁国为权臣，气势嚣张跋扈，孔子不愿让自己学生去插上一脚。当然在学生这方面也不会愿意去。（《论语别裁》263—266页）

程石泉：孔子称"由也果"、"赐也达"、"求也艺"，皆就其品德言，与彼等之从政有关而亦无关。故孔子曰："于从政乎何有？"

《《论语读训》88页）

　　林觥顺：［注解］何有，有三次出现，是对三种不同性质的回答。第一何有，是说仲由从政如何能有包容巧佞曲折之徒的功夫。第二何有，是说端木赐利口巧辞，闻一以知二，极其滑达。从政有何困难。第三何有，是说冉求有治千室之邑，百乘之家的兵事才艺。从政有何不可。（《论语我读》94页）

　　　　辑者案：从邢昺说。仲由、端木赐、冉求三人，让其从政都没有什么困难。

6.9 季氏使闵子骞为费宰。闵子骞曰："善为我辞焉！如有复我者，则吾必在汶上矣。"

（1）费

　　宋・朱熹：费，音秘。（《四书章句集注》86页）

　　李炳南：费，古注读密，然山东当地人皆读费之本音。（《论语讲要》107页）

　　杨朝明：费（bì）：季氏的封邑，在今山东费县西北一带。（《论语诠解》51页）

　　　　辑者案：费，旧读 bì；今山东费县人皆读 fèi。

（2）则吾必在汶上矣

　　汉・孔安国：去之汶水上，欲北如齐也。（皇侃《论语集解义疏》卷三・26页）

　　梁・皇侃：汶，水名也，在鲁北齐南。子骞时在鲁，谓使者云："若又来召我，我当北渡汶水之上，往入齐也。"（皇侃《论语集解义疏》卷三・27页）

　　清・刘宝楠：正义曰：《汉书・地理志》泰山郡莱芜下曰："《禹贡》汶水出西南，入济。"琅邪郡朱虚下曰："东泰山，汶水所出，东至安丘入潍。"是汶水有二。此水经由齐、鲁界上，闵子所指之汶，未知确在何处？《水经·汶水注》云："汶水经钜平县故城而西南流,城东有鲁道,《诗》所云'鲁道有荡'是也。"王氏昶说齐、鲁往来孔道实在嬴、博,当今宁阳东平间,则意汶上亦在嬴、博,说颇近理。阎氏若璩《释地》引曾彦和曰："出莱芜县原山入济者,徐州之汶也;出朱虚县泰山入潍者,青州之汶也。《论语》'在汶',指徐州言,以鲁事也。"(《论语正义》223 页)

　　林觥顺：[注解]在汶上矣：……汶上是地名,在今山东兖州西北方,是闵子骞的生长地,在的本义是存;《尔雅·释诂》云："徂在存也,在存省士察也。"则吾必在汶上矣,是说你把我碎尸万断,我也要留存在汶上,不去就任。是言其辞意之坚。所谓碎尸万断,是由"则吾必"释出。则吾必是杀掉我也必如此。则字从刀贝,许慎云等分物也。是定其等差而各为介画,引申为法则刑罚,也是现在流行的依法办理。(《论语我读》95 页)

　　杨朝明：在汶上：是说要离开鲁国到齐国去。汶上,水名,即今山东大汶河,当时流经齐、鲁两国之间。(《论语诠解》51 页)

　　　　辑者案：汶,水名,即杨朝明所说的大汶河。汶上,汶水之北,泛指春秋、战国时期齐国之地。

6.10 伯牛有疾,子问之,自牖执其手,曰："亡之,命矣夫！斯人也而有斯疾也！斯人也而有斯疾也！"(辑者案："亡之",定州简本作"末之")

(1)伯牛有疾

宋·朱熹：有疾,先儒以为癞也。(《四书章句集注》87 页)

清·毛奇龄：古以恶疾为癞。(《四书賸言》卷二·1 页)

　　程树德：按：伯牛患癞,汉儒旧说如此。然余不能无疑者。癞惟热带之地有之,今闽广多患此者。冉牛鲁人,地居北方,不应得此疾，一可疑也。患癫不过残废，不必致死。今日亡之，有当时即死之意。此必患暴病，卒不可救，故作此言。此以语气上观之，而知其决非癫也，二可疑也。癫系一种传染病，患者腥秽触鼻，断无与病人执手之理，三可疑也。然则冉牛究患何疾乎？考癫疾之说，本于《淮南》。《淮南子·精神训》曰："子夏失明，伯牛为厉。"厉、疠通，汉儒多释为癫。如《尸子》"胥余漆身为厉"，《史记·刺客传》"豫让漆身为厉"，《范睢传》"箕子、接舆漆身为厉"，《索隐》曰："厉俱音赖。癫，疮也。"邢《疏》引《淮南子》，厉直作癫。《孟子》"顺受其正"，孙《疏》引《淮南》同。余谓伯牛为厉之说，汉儒必有所本。考《内经》、《素问》，风热客于脉不去名曰厉，或名□热。是厉为热病之名。凡热病，在春曰瘟，在夏曰暑，在秋曰疫，在冬曰厉。伯牛之疾，即冬厉也。汉人以癫释之，失其旨矣。（《论语集释》384 页）

方骥龄：疑即今之霍乱吐泻。（《论语新诠》154 页）

黄怀信：[校]伯牛有恶疾，旧无"恶"字。按：下言自牖执其手，则必非一般之疾。《史记·仲尼弟子列传》作"有恶疾"，当是，今从补。[释]"恶疾"，传染病。（《论语新校释》129 页）

杨朝明：有疾：有恶疾，今之麻风病。《淮南子·精神训》载伯牛为"厉"病，即麻风病。（《论语诠解》51 页）

　　辑者案：伯牛所患何疾，既然经文未明说，就无须猜测，知其患有很重的传染病就可以了。

(2) 自牖执其手

汉·包咸：牛有恶疾，不欲见人，故孔子从牖执其手也。（邢昺《论语注疏》74 页）

宋·朱熹：礼：病者居北牖下。君视之，则迁于南牖下，使君得以南面视己。时伯牛家以此礼尊孔子，孔子不敢当，故不入其

室,而自牖执其手,盖与之永诀也。(《四书章句集注》87页)

清·江声:孔子圣,无不通,焉有不知医者?执其手者,切其脉也。既切脉而知其疾不治,故曰:"亡之,命矣夫!"(《论语竢质》卷上·16页)

日·中井积德:孔子问疾,伯牛盖辞而弗见也。孔子欲强入于室,则苦伤伯牛之心;欲不见而还,则师弟子今生之诀别,又有不忍也。于是乎,自牖执其手而告别,不视其面也。此斟中而适乎宜,尽于人情者也。(《论语逢源》111页)

清·钱坫:伯牛之疾,恶疾也,夫子自牖执其手者,盖恐入室致己亦有是疾耳。(《论语后录》卷二·9页)

方骥龄:伯牛之疾,必染霍乱吐泻,室内不洁,故孔子自牖执其手而已。孔子对此霍乱吐泻,必知其不致传染,故仍访问。执其手,按其脉,知已无望。(《论语新诠》154页)

杨润根:执:强行抓住。因此"执"有捉拿之意。……孔子隔着窗户与病室中的伯牛说话,说着说着,孔子从窗户伸过手去想与伯牛握握手,伯牛不愿意,因为他担心这样做会使自己的病传染给老师,但孔子还是抓住了伯牛的手,与他紧紧地握着。(《发现论语》145页)

　　辑者案:从包咸说。伯牛不让孔子进屋探视,是怕恶疾染及老师,这是爱师;孔子无奈隔窗探问,但仍要"执其手",说明孔子不顾自身安危,这是爱生。此章反映了师生互爱的真挚感情。

(3)亡之,命矣夫! 斯人也而有斯疾也! 斯人也而有斯疾也

汉·孔安国:亡,丧也。疾甚,故持其手曰丧之。(邢昺《论语注疏》74页)

日·物双松:盖亡训丧,如亡人之亡也,非死丧之义矣。冉子

有恶疾,不可复用于世,如失之然,故孔子云尔。(《论语征》116页)

清·赵良猷:何屺瞻曰:《汉书·楚王嚣传》:成帝诏书中引此作"蔑之命矣",夫是"亡"字,当读为无也。亡之,言无可以致此疾之道。(《论语注参》卷上·22页)

清·武亿:案:亡当读作无。《汉书·宣元六王传》:"夫子所痛,曰:'蔑之,命也夫,斯人也而有斯疾也!'"师古《注》引《论语》云云:"蔑,无也。言命之所遭,无有善恶,如斯善人而有如此恶疾,深痛之也。"蔑,通作"末",《新序》云:"末之命矣。"夫以二义证之,远过孔氏。(《论语义证》6页)

清·陈浚:亡是失。……可惜失去这个人,无非总是命罢了。(《论语话解》卷三·20页)

南怀瑾:"亡之,命矣夫"的"亡",在古人的解释,认为孔子当时握着他的手,很悲伤地感叹,他得了绝症,这真是命!但是我的看法,古文中"亡"字往往与"无"字相通。拿白话文来解释,是孔子很伤感的说,命真不可信吗?真没有命运吗?意思也是说像这样好的人,怎么会这样短命?(《论语别裁》272页)

黄瑞云:这段话应标作"亡之命矣夫,斯人也而有斯疾也!斯人也而有斯疾也!""亡之命矣夫"正是针对"斯人也而有斯疾也"说的。……"亡之"犹言"无乃",用现在的话说就是"莫不是"。孔子看到学生病成这样,就动情地说:"莫不是命吧,这样的人竟得了这样的病!这样的人竟得了这样的病!"这样标点和翻译,才大体表述了孔子的原意。(《斯人也而有斯疾也》,《特区展望》1999年第4期)

杨润根:亡之:亡病,该死的疾病,应该消灭的疾病。(《发现论语》145页)

金池:[注释]亡同"无"。[译文]没有办法。(《〈论语〉新译》161页)

林觥顺:[注解]亡之:亡的本义逃,逃亡也是互训,引申作丧

亡死亡失亡。之的本义出,犹草木出生。亡之是之亡,是生出如
此死亡绝症。(《论语我读》96页)

苏宰西:伯牛生了传染病,孔子去看望他,从窗户紧握他的
手,安慰道:"不要悲观,难道是命! 人呀总是有这样那样的病,人
呀总是有这样那样的病的!"(《论语新编》214页)

辑者案:应从金池说。当着病重者的面,如果说些丧呀、
失呀、死呀、亡呀之类的话,显然不合情理。若叹息"没办
法",感到束手无策,为学生的疾病着急,感叹命运不公,痛惜
不该让这样好的人得这么难治的恶疾。如此理解,才合乎
常情。

6.11 子曰:"贤哉,回也! 一箪食,一瓢饮,在陋巷,人不堪其忧,回也不改其乐。贤哉,回也!"(辑者案:"一箪食",定州简本作"一单食")

(1)一箪食,一瓢饮

汉·孔安国:箪,笥也。颜渊乐道,虽箪食在陋巷,不改其所
乐。(邢昺《论语注疏》75页)

宋·邢昺:案郑注《曲礼》云:"圆曰箪,方曰笥。"然则箪与笥
方圆异,而此云"箪,笥"者,以其俱用竹为之,举类以晓人也。(邢昺
《论语注疏》75页)

清·刘宝楠:正义曰:郑《注》云:"箪,笥也。"此伪孔所本。
《说文》:"箪,笥也。《汉律令》:'箪,小筐也。'笥,饭及衣之器
也。"……"笥"兼大小,"箪"则止是小者,故许引《汉律》以"箪"为
小筐也。(《论语正义》226页)

骆承烈:用竹筒子吃饭,用瓢喝水。(《曲阜史迹百题》50页)

李泽厚:一盒饭,一瓢水。(《论语今读》111页)

　　辑者案：一筐饭，一瓢水，是说盛饭用小竹筐，饮水用葫芦瓢，十分简陋。

(2) 陋巷

梁·皇侃：不愿爽垲而居处之，在穷陋之巷中也。（皇侃《论语集解义疏》卷三·28页）

清·王引之：陋巷，谓隘狭之居，即《儒行》所云"一亩之宫，环堵之室"也。……曹植《谏取诸国士息表》曰："蓬户茅牖，原宪之室也；陋巷箪瓢，颜子之居也。"应璩《与尚书诸郎书》曰："陋巷之居，无高密之宇；壁立之室，无旬朔之资。"则陋巷为隘狭之居明矣。……今之说《论语》者以陋巷为街巷之巷，非也。（《经义述闻》卷三十一·13页）

清·陈浚：陋巷是荒僻的巷道。（《论语话解》卷三·20页）

王熙元：陋巷，房屋矮小、破旧的巷子。（《论语通释》285页）

徐刚："陋巷"，是指简陋或狭窄的巷子。一条巷子由两部分构成，一是巷子的小路，二是小路两边的住宅区，这两者是一个整体，缺一不可。在具体的语言运用中，由于着眼于不同的角度，具体的所指可以不同，有时候指的是这条小路，有时候指这个巷子两边的住宅区。例如说某个人住在某条小巷里，当然不是说他住在巷子的道上，而是指他住在路边的住宅中。所以《广雅·释诂》云："巷，居也。"《释宫》又云："巷，道也。"巷可以指巷子两旁的住宅区，这一点没有任何问题，但是如果因此就认为"巷"有一个意思，是指巷子中人所居住的具体的某一间宫室，就有问题了。……人当然只能是住在某一间宫室里，但这并不说明"巷"的意思就是指那间宫室，而不是指整个道路和两边的住宅区构成的整体区域，《论语》说"在陋巷"，是从颜子所居的大环境（巷子）着眼的，《儒行》说"一亩之宫，环堵之室"，是从所居的小环境（宫室）

着眼的,这是从不同的角度说的,并不能说明"巷"的意思就是"宫"或"室"。……所以,王氏所举的例证,都不足以证明巷子有宫室的意义。王说混淆了居住的整个区域和具体的某间宫室之间的关系,割裂了一个意义的两个不可分割的方面,是不能成立的。(《〈论语〉故训疑误举例》,《孔子研究》2007年第5期)

> 辑者案:陋巷,按通常理解,是指既狭窄又简陋的巷子,也就是狭窄破旧的小胡同。一般来讲,巷子狭窄、简陋,巷子里也不会有富家大户,而多是穷家小户、简陋的居室。陋巷是概指,兼指巷子里的住户。孔子所言"箪食瓢饮在陋巷"的意思是:颜回吃的用的简陋,居住的也简陋,很贫穷。今曲阜孔庙东侧,有一条约200米长的南北小巷,据说这就是颜回居住的陋巷。想当年,这是一个小贫民区。

6.12 冉求曰:"非不说子之道,力不足也。"子曰:"力不足者,中道而废。今女画。"

力不足者,中道而废。今女画

汉·孔安国:画,止也。力不足者,当中道而废。今女自止耳,非力极。(邢昺《论语注疏》75页)

宋·朱熹:力不足者,欲进而不能。画者,能进而不欲。谓之画者,如画地以自限也。胡氏曰:"夫子称颜回不改其乐,冉求闻之,故有是言。然使求说夫子之道,诚如口之说刍豢,则必将尽力以求之,何患力之不足哉?画而不进,则日退而已矣,此冉求之所以局于艺也。"(《四书章句集注》87页)

宋·张栻:为仁未有力不足者,故仁以为己任者,死而后已焉。今冉求患力之不足,非力不足也,乃自画耳。所谓"中道而废"者,如行半途而足废者也。士之学圣人,不幸而死则已矣,此

则可言力不足也，不然而或止焉，则皆为自画耳。画者，非有以止之而自不肯前也。（《南轩论语解》卷三·13页）

明·张居正：废，是止。（《论语别裁》80页）

日·物双松：中道而废者，虽废亦在道之中也。废谓废业也。在道之中，谓之中道。……旧注以半途解中道，其义可通，而大失古言。（《论语征》116—117页）

日·中井积德：此与上章，盖非一时之言，其后先未可知，胡氏乃言闻称颜回，故有是言，穿凿大甚。冉求纵令诚说焉，夫子之道高矣，其实有难攀者也，夫子策之，责其不肯进也。胡氏乃归咎于说之不成，何也？日退而已矣句，亦过当。……胡说无一是，恐当削。（《论语逢源》112—113页）

清·张甄陶：此章有顶真见解，前人皆未说着。冉有乃有才人，何至作小儿逃学之语？子之道圣学之全体大用也，言求非不从事于博文，而天地民物之故，礼乐器数之繁，实不足以会其通。非不欲从事于约礼，而视听言动之则，经权变化之交，学不足以协其矩。此之谓力不足也。夫子言力不足之人诚亦有之，必其识至愚，气至弱，勉强不来，至于中道而废。资质所限，无可奈何。今汝厌致知之繁赜，仅得半而止，畏力行之拘苦，以小就自安，是画而已矣，奈何自诬以为力不足哉？须将"子之道"三字抬高，则冉子之退托，不为作伪，夫子之责备亦非苛求。此"力不足"是真有此学业无成之人，冉子何可以之自比哉！（梁章钜《论语旁证》卷六·13页）

清·黄式三：废，古通"置"。置于半途，暂息之，俟有力而肩之也。……则中道而废是力极休息，复蓄聚其力也。（《论语后案》150页）

清·陈浚：废是放倒。……学到半路，力量用尽，无可奈何，只得放倒。（《论语话解》卷三·20页）

方骥龄：疑"今女画"之"今"字，为"令"字之误。孔子评冉求心理上自己以为力不足，故使其行动上不能前进，非不能也，不为也。（据《说文通训定声》，纵通为中。）疑本章所谓"中道"，犹言合乎道或通乎道。孔子以为冉求所言力不足以实行孔子之所指导，乃通乎道而不能行，非半途而废，自己废顿而已，不为也，非不能也。如季氏之旅于泰山而不能救，季氏伐颛臾而不能止，多与公西子华之母之粟，为季氏聚敛附益而无能改季氏之德，皆孔子曾经予以指导而冉求终未能依孔子所言行事者，是通乎道而不能行之事证也。……画有文饰之意。孔子责冉求过去既不能遵其所导，今此所言谓"力不足者"，乃文过饰非而已。（《论语新诠》155页）

杨伯峻：[译文]如果真是力量不够，走到半道会再走不动了。现在你却没有开步走。[注释]画——停止。（《论语译注》59页）

李泽厚：孔子说："力量不够，走到半路才会停住。你现在是画定界限不上路。"（《论语今读》112页）

程石泉：[训诂]按《尔雅·释言》云："画，形也。"于此章之意较为贴切。[意义]……今冉求自谓"力不足"，正与孔子日常之教诲背道而驰。故孔子责之曰："力不足者中道而废，今女画。""今女画"者即言汝之言行活活地表现出"遵道不力，半途而废"之典型。（《论语读训》90页）

文选德：这里的"画"字似有两种意思：一是"画线为界，止而不进"；二是作为一种语气词，空发议论。（《论语诠释》234页）

　　辑者案："废"、"画"皆"停止"义，前句用了"废"字，盖为避重复，后句改用"画"字。孔子的意思是：如果力不足的话，应是停止在半道上。而你冉求是不努力于道，是自己停止在原地的。

6.13 子谓子夏曰："女为君子儒,无为小人儒。"

(1)儒

梁·皇侃:儒者,濡也。夫习学事久,则濡润身中,故谓久习者为儒也。(皇侃《论语集解义疏》卷三·28 页)

宋·邢昺:此章戒子夏为君子也。言人博学先王之道,以润其身者,皆谓之儒,但君子则将以明道,小人则矜其才名。言女当明道,无得矜名也。(邢昺《论语注疏》76 页)

宋·朱熹:儒,学者之称。(《四书章句集注》88 页)

清·李颙:儒字从人、从需,言为人所需也。(《四书反身录》上论语·41 页)

日·中井积德:儒者成业之名矣,非方学之称。(《论语逢源》113 页)

清·焦循:儒,犹士也。(《论语补疏》卷一·12 页)

清·梁章钜:《周礼·太宰》:儒以道为名,扬子《法言》:通天地人曰儒。(《论语旁证》卷六·14 页)

日·东条弘:按天官大宰之职,以九两系邦国之民。一曰牧,以地得民;二曰长,以贵得民;三曰师,以贤得民;四曰儒,以道得民。儒,教导人者,与学者异。(《论语知言》180 页)

清·刘宝楠:正义曰:《周官·太宰》:"四曰儒以道得民。"《注》:"儒,诸侯保氏有六艺以教民者。"《大司徒》:"四曰联师儒。"《注》:"师儒,乡里教以道艺者。"据此,则"儒"为教民者之称。子夏于时设教,有门人,故夫子告以为儒之道。(《论语正义》228 页)

毛子水:儒,有六艺以教民者。(《论语今注今译》82 页)

杨润根:这里的"儒"指的是人们关于人的最根本的需要的认识和信念,也是人们关于人的最根本的依靠的认识和信念——它们构成了人类政治与法律思想的基础——这也就是宇宙的道德、仁爱与正义的认识和信念。没有对于它们的正确认识与坚定的信念，人类的政治与法律就会迷失方向，走入歧途，并因此而成为人类相互奴役与相互压迫的手段。(《发现论语》147 页)

文选德：这里的"儒"字我以为不是后来所说的"儒家"或"儒学"的儒，而是一个中性词，好像同"懦"字有关系，因为在孔子那个尚武的乱世，士人们无权无势，在世人的眼中当是一些懦弱者。这里孔子针对子夏求学保守而心灵封闭的学究弱点，告诫或者说批评子夏要提升自己的为学之方和修身之道，成为真正的君子而不要堕落成"小人"。(《论语诠释》235 页)

杨朝明：在孔子以前，"儒"本属一种行业，而孔子广收弟子，创立儒家学派。本章"儒"当作行业讲。(《论语诠解》52 页)

辑者案：《辞源》释"儒"曰："①古代从巫、史、祝、卜中分化出来的人，也称术士，后泛指学者。《周礼·天官·太宰》：'四曰儒以道得民。'《注》：'儒，诸侯保氏有六艺以教民者。'《疏》：'儒，掌养国子以道德，故云以道得民。民亦谓学子也。《论语·雍也》：'女为君子儒。'②'孔子的学派。'《孟子·尽心下》：'逃墨必归于杨，逃杨必归于儒。'"在这里，"君子儒""小人儒"的"儒"，应是指儒士(儒生)。《墨子·非儒下》："今孔丘之行如此，儒士则可以疑矣。"子夏作为孔子的学生，作为孔子思想学说的继承者，儒家学派的一份子，孔子要求他应做君子儒，不要做小人儒。

(2)君子儒、小人儒

汉·孔安国：君子为儒，将以明道。小人为儒，则矜其名(辑者案：这段话，皇侃本以为"马融"语)。(邢昺《论语注疏》76 页)

宋·程颐：君子儒为己，小人儒为人。(《二程集·论语解》1142 页)

清·李光地：此君子、小人似未可以为己、为人断之，此小人犹言"硁硁然小人哉",褊狭之称也。君子之儒,见识高明而规模广大,若不能日进于高明广大而以所得自安焉,则为小人儒。(《读论语札记·雍也篇》)

日·广濑建:君子儒,贤者识其大者也;小人儒,不贤者识其小者也。(《读论语》18页)

清·刘宝楠:子夏于时设教,有门人,故夫子告以为儒之道。君子儒,能识大而可大受;小人儒,则但务卑近而已。君子、小人,以广狭异,不以邪正分。……小人儒,不必是"矜名",《注》说误也。(《论语正义》228页)

清·俞樾:以人品分君子、小人,则君子有儒、小人无儒矣,非古义也。君子儒、小人儒,疑当时有此名目。所谓小人儒者,犹云"先进于礼乐,野人也";所谓君子儒者,犹云"后进于礼乐,君子也"。古人之辞,凡都邑之士谓之君子。……士曰都人,女曰君子,互言之耳,其义一也。都人谓之君子,故野人谓之小人。(《群经平议》卷三十·16页)

程树德:按:孔《注》以矜名为小人,程子《注》以徇外为小人,二说过贬子夏。《周礼·大司徒》"四曰联师儒",《注》:"师儒,乡里教以道艺者。"是儒为教民者之称。子夏于时设教西河,传《诗》传《礼》,以文学著于圣门,谓之儒则诚儒矣。然苟专务章句训诂之学,则褊浅卑狭,成就者小。夫子教之为君子儒,盖勉其进于广大高明之域也。此君子小人以度量规模之大小言。小人,如"硁硁然小人哉"、"小人哉樊须也"之类,非指矜名徇利者言也。孔、程二《注》盖均失之。(《论语集释》390页)

方骥龄:儒字通假为懦,疑孔子所谓君子儒,谓子夏应有君子之柔顺,仁义忠恕之道是也。毋为小人之柔顺,口柔面柔体柔,谄佞而已也。(《论语新诠》156页)

王熙元：君子儒则是指能明道致用的大儒，能经世济民的通儒。……小人儒则是指识见浅狭、不能大用的陋儒，墨守训诂、不知通变的迂儒。(《论语通释》288－289页)

李炳南：儒者，其学为格物、致知、诚意、正心、修身、齐家、治国、平天下。君子儒者，为治国平天下而学，以利天下人为己任。因此，须学大道。小人儒者，学为自己正心修身而已。子夏文学特长，孔子希望他进而学道，以资利益人群。故云，汝要学做君子儒，不要学做小人儒。(《论语讲要》109页)

南怀瑾：什么叫小人儒？书读得很好，文章写得很好，学理也讲得很好。但除了读书以外，把天下国家交给他，就出大问题，这就是所谓书呆子、小人儒。所以处理国家天下大事，不但要才德学三者兼备，还要有真正的社会体验，如果毫无经验，只懂得书本上那一套，拿出来是行不通的；不知道天下事的现实情状就行不通。……根据报纸你就可以评论天下事，这是书呆子之见。君子之儒有什么不同？就是人情练达，深通世故。如前面所讲的，子路的"果"、子贡的"达"和冉求的"艺"，都具备了，那就是"君子儒"。(《论语别裁》275－276页)

李泽厚：[译]你要做士大夫的儒者，不要做老百姓的巫师。[记]什么是"君子儒"，什么是"小人儒"，又是众说纷纭。拙意以为实"大传统"(巫史文化之理性化)和"小传统"(民间巫师)之区分。(《论语今读》113页)

雷庆翼：我想，在孔子看来，从事理论建树的是"君子儒"，从事技艺教授的是"小人儒"。这里的"小人"不是指道德品质好坏而言，而是从地位上讲的，与"小人学道则易使也"的"小人"相同。更准确一点说，"小人儒"是为"小人"而教授技艺的"儒"，"君子儒"是指为君子出谋划策的"儒"，孔子告诫子夏要成为为君子出

谋划策的君子儒,而不是告诫他要成为好儒而非坏儒。(《释"儒"》,《学术月刊》1997年第4期)

蒋沛昌:君子儒,君子式的儒者。特指精通礼乐文化,能以礼乐之道化民成俗的人。他们大都是"谋道不谋食"的人。小人儒,小人式的儒者。他们以礼乐从事婚丧祭祀等礼仪活动,即以礼仪活动作为谋生手段的人。(《论语今释》139页)

李晓英:孔子一生壮志未酬,把希望寄托在弟子身上。他一再教导学生高屋建瓴,君临天下,济众救世,要做君子式的读书人,不要读了书又混同于普通的老百姓。如樊迟一心学稼圃,很令他失望。我以为这里的小人应作普通人理解,不是指无德之人。(《〈论语〉中的"小人"辨析》,《江南学院学报》2000年第1期)

单承彬:郑玄则训"儒"为"师",他说:"儒主教训,谓师也。子夏性急,教训君子之人则可,教训小人则愠恚,故戒之。"并引《周礼》曰:"儒以道德教人。"(阿184号墓12/1b—12/6b号)在郑玄看来,此章无非是孔子告诫子夏要做君子的老师,不要去做小人的老师,因为他的性子急,给小人当老师易惹人恼怒。这里面并没有其他注家所说的高深义理。(《〈论语〉郑义举隅》,《齐鲁学刊》2001年第3期)

钱穆:推孔子之所谓小人儒者,不出两义:一则溺情典籍,而心忘世道。一则专务章句训诂,而忽于义理。子夏之学,或谨密有余,而宏大不足,然终可免于小人儒之讥。而孔子之善为教育,亦即此可见。(《论语新解》151页)

金池:君子儒:人品和学品都正的读书人。小人儒:人品和学品都不正的读书人。(《〈论语〉新译》164页)

林觥顺:[释义]孔子对卜商说:"你可以研究更高深的诗礼的学问,不要在浅肤的六艺教育上,原地踏步,不求进展。"《论语我读》

98 页)

　　黄怀信：[释]"君子"，指贵族、上层人士。旧以为人格君子，非。……"儒"，指师儒。……"小人"，指下层人士、普通劳动者。……[训译]给贵族做师儒（教六艺），不要给小民做师儒（教六艺）。（《论语新校释》132 页）

　　安德义：诸多美德美行，均有高下之分，高者为君子儒，低者为小人儒。（《论语解读》159 页）

　　郑张欢：[释]孔子对子夏说：你要为君子这样的人提供学问与帮助，不要为小人一样的人提供学问与帮助。（《论语今释》88 页）

　　孙钦善：这里的"君子"和"小人"为有德、无德之别。君子儒：有修养的儒者。小人儒：无修养的儒者。按，子夏只重知识，喜务小道，往往忽视道德修养，故孔子有此告诫。（《论语本解》67 页）

　　　　辑者案："儒"指儒士（儒生）。儒士（儒生）中有君子、小人之分，孔子要求子夏做君子。君子儒是品德高尚、志向宏大、为国为民谋福利者，小人儒则反之。有人主张不应从德行上看，而应从见识上、地位上分，显然不妥。若从见识上分，应称为通儒、陋儒；若从地位上分，则应称为官儒、民儒。既然孔子指明"君子""小人"，就应主要从德行方面看。

6.14 子游为武城宰。子曰："女得人焉尔乎?"曰："有澹台灭明者，行不由径，非公事，未尝至于偃之室也。"

(1)女得人焉尔乎(辑者案：皇侃本作"汝得人焉耳乎哉")

　　汉・孔安国：焉、尔、乎，皆辞。（邢昺《论语注疏》76 页）

　　清・阮元："女得人焉耳乎"，皇本、高丽本"乎"下有"哉"字。案："焉耳乎"三字连文已属不词，下又增"哉"字，更不成文，疑"耳"当"尔"字之讹。考《太平御览》一百七十四、二百六十六俱引作"尔"。又张栻《论语解》、吕祖谦《论语说》、真德秀《论语集编》暨《论语纂疏》、《四书通》、《四书纂笺》诸本并作"尔"。又今坊本亦作"尔"。盖"焉尔"者犹"于此"也,言女得人于此乎哉。此者,此武城也,如书作"耳",则义不可通矣。(《论语注疏校勘记》2480页)

清·刘宝楠:正义曰:"耳",他本或引作"尔","耳"、"尔"皆辞。阮氏元《校勘记》、段氏《说文注》并以"耳"为"尔"讹。尔,于此也。此者,此武城也。段云:"耳在古音一部,尔在古音十五部,音义绝不相混。"然唐、宋石经、宋本《九经》岳珂本,此文皆作"耳"。"耳"训语辞,不必从"尔"训于此矣。郑《注》云:"汝为此宰,宁得贤人与之耳语与也。"《注》有讹脱,莫晓其义。(《论语正义》229页)

杨伯峻:[译文]孔子道:"你在这儿得到什么人才没有?"[注释]耳——通行本作"尔",兹依唐《石经》、宋《石经》、皇侃《义疏》本作"耳"。(《论语译注》59页)

辑者案:"焉尔"、"焉耳",二者通用,都表示"于此""于是"的意思。《穀梁传·僖公二十年》:"秋,齐人、狄人盟于邢,邢为主焉尔。"何休注:"焉尔,犹于是也。"《孟子·梁惠王上》:"寡人之于国也,尽心焉耳矣。"焦循正义:"焉耳,当作焉尔。"《孔丛子·杂训第六》:"……不如公义之大,故弗敢私之焉耳。……"《孟子·告子上》:"故曰:'口之于味也,有同耆焉耳,之于声也,有同听焉。"《礼记·玉藻》:"父没而不能读父之书,手泽存焉尔;母没而杯圈不能饮焉,口泽之气存焉尔。"

(2)行不由径

梁·皇侃:言灭明每事方正,故行出皆不邪径于小路也。一云:灭明德行方正,不为邪径小路行也。(皇侃《论语集解义疏》卷三·

29 页）

宋·邢昺：行遵大道，不由小径，是方也。（邢昺《论语注疏》76 页）

南怀瑾："行不由径"是说他行事从表面看来，有时不依常规，不循常道，有点满不在乎的味道，有如子贡那个"达"字的道理一样。（《论语别裁》277 页）

杨润根：不从地底下的暗道中走过来，比喻不做那种不见得人的、因而必须掩饰和隐蔽地进行的事情，反过来说，也就是做光明正大的事和光明正大地行动。（《发现论语》148 页）

杨朝明：行不由径：行，走路，此指做事。径，原意为小路。行不由径，指做事合乎正道，光明磊落。（《论语诠解》52 页）

辑者案：从皇侃、杨朝明说。

6.15 子曰："孟之反不伐，奔而殿，将入门，策其马，曰：'非敢后也，马不进也。'"

(1)伐

汉·孔安国：不伐者，不自伐其功。（邢昺《论语注疏》76 页）

宋·邢昺：夸功曰伐。（邢昺《论语注疏》77 页）

杨润根：伐：征战，战斗。（辑者案：杨润根认为"孟之反不伐"意为"鲁国一个军事指挥官孟之反在一次不利的军事征战中传达了上级下达的停止追击、开始后撤的命令"）。（《发现论语》149 页）

辑者案：孔安国、邢昺说是。杨润根说误解文意。

(2)策其马

梁·皇侃：策，杖也。……然六籍唯用马乘车，无骑马之文，唯《曲礼》云"前有车骑"，是骑马耳。今云策其马，不知为骑马为乘车也。（皇侃《论语集解义疏》卷三·30 页）

宋·朱熹：策，鞭也。（《四书章句集注》88 页）

清·桂文灿：孟之反将入门而策马，必是易车而骑，始可云策。皇氏谓此不知为骑马为乘车，误已。（《论语皇疏考证》卷三·3页）

清·陈浚：策是鞭。……之反把马加上一鞭。（《论语话解》卷三·21—22页）

辑者案：从朱熹说。策其马，即鞭打马也。

6.16 子曰："不有祝鮀之佞，而有宋朝之美，难乎免于今之世矣。"（辑者案：祝鮀之佞，定州简本《论语》作"祝鮀之仁"）

汉·孔安国：佞，口才也。祝鮀，卫大夫，名子鱼也，时世贵之。宋朝，宋国之美人也，而善淫。言当如祝鮀之佞，而及如宋朝之美，难矣免于今世之害也。（皇侃《论语集解义疏》卷三·30页）

梁·皇侃：祝鮀能作佞也。宋朝，宋国之美人，善能淫欲者也。当于尔时，贵佞重淫，此二人并有其事，故得宠幸而免患难。故孔子曰：言人若不有祝鮀佞，反宜有宋朝美，若二者并无，则难免今世之患难也。故范宁曰："祝鮀以佞谄被宠于灵公，宋朝以美色见爱于南子，无道之世，并以取容。孔子恶时民浊乱，唯佞色是尚，忠正之人不容其身，故发难乎之谈，将以激乱俗，亦欲发明君子全身远害也。"（皇侃《论语集解义疏》卷三·30页）

宋·朱熹：祝，宗庙之官。鮀，卫大夫，字子鱼，有口才。朝，宋公子，有美色。言衰世好谀悦色，非此难免，盖伤之也。（《四书章句集注》88页）

元·陈天祥：盖夫子疾衰世之风，习口舌之佞而为谄谀，饰容貌之美以为淫乱。不为祝鮀之佞，必为宋朝之美；不为宋朝之美，必为祝鮀之佞。二者为世之患不能免除，故曰"难乎免于今之世矣"也。（《四书辨疑》卷四·12页）

清·阎若璩：此章而字则因又之辞，言不有佞又不有色也。……而，犹与也……此盖孔子在卫日久，见卫之风俗好尚如是，故发是叹，与"吾未见好德如好色者也"一般。(《四书释地三续》卷上·22－23)

日·中井积德：不字，不冒下句，言无祝鮀之佞，而唯有宋朝之美，则难免也。美色，人之所好，然无佞以辅之，亦不免。叹时人好佞之甚也。宋朝之美，暗伏贤者之美德。(《论语逢源》115页)

杨伯峻：[译文]孔子说："假使没有祝鮀的口才，而仅有宋朝的美丽，在今天的社会里怕不易避免祸害了。"[注释]①不有——这里用以表示假设语气，"假若没有"的意思。③而——王引之《经义述闻》云："而犹与也，言有祝鮀之佞与有宋朝之美也。"很多人同意这种讲法，但我终嫌"不有祝鮀之佞，与有宋朝之美"为语句不顺，王氏之说恐非原意。(《论语译注》60页)

方骥龄：《礼记·士丧礼》"众主人免于房"郑注："今文免皆作绕是也。"《说文》绕为冕之重文。冕，大夫以上冠也。冕免二字原可通假。疑本章"难乎免于今之世"，似为"难乎冕于今之世"。冕，冠也。谓如无祝鮀之口才、宋朝之美，难乎冠于今之世。孔子伤非巧言令色之徒，难以得意于时也。(《论语新诠》158页)

王缁尘：孔子叹这时各国的君主，不是遇着如祝鮀的佞人，就是遇着如宋朝的淫棍，故曰："难乎免于今之世矣。"犹言现在的祸害，所以难免也。(《四书读本》97页)

李炳南：而，及也。无祝鮀之佞口，以及宋朝之美色，难免于今之世。难免何事，未说明，含义是不能立足于今世。此讽当时卫国不能用贤能。(《论语讲要》110页)

李泽厚：孔子说："没有祝鮀那样的尖嘴滑舌，没有宋朝那样的美丽容色，在今天这个社会里，恐怕是很难避免灾祸的了。"(《论

语今读》114 页）

蒋沛昌：[注释]免，同"勉"，效力，效劳，尽力。……绝大多数注家将"免"训作"避免"，整章难于索解。[解释]孔子认为，倘使没有祝鮀的能说会道的本领，光有公子朝那样的一表人才的长相，很难为当时的卫国效力。（《论语今释》142 页）

萧民元：如若没有祝鮀那样的口才，就算有宋朝那般的美仪，仍将无济于事（难乎免于失败）。（《论语辨惑》79 页）

吴新成：孔子说：没有祝鮀的仁德，却有着宋公子朝的俊秀，当今之世实难免祸啊！（辑者案：吴新成据简本，原文改作"不有祝鮀之仁"）（《论语易读》103 页）

林觥顺：[注解]1. 祝鮀：……不有祝鮀，是丕有祝鮀，是有很多的祝鮀。2. 佞：口齿伶俐。4. 难乎：乎字……许慎云："从兮，象声上越扬之形也。"这正是乎的本义。是说向上越扬是极困难的事。5. 免：是兔少一点，如兔脱逃之速，不见其足。[释义]孔子说："不论才识如何高强，在美色迷惑下，想反上之非是极困难的事，终至被迫远走高飞。"（《论语我读》99－100 页）

傅佩荣：不重视祝鮀的口才，却重视宋朝的美貌，卫国在当时各国争强的形势下，恐怕免不了灾祸了。（《解读论语》99 页）

赵又春：这章的难解之处是："不有……而有……"这种句式，明明是"如果没有……仅（虽、却）有……"的意思，可为什么一个人没有口才而仅仅长得漂亮，就一定不能免于祸害，即要遭殃呢？讲不出一个特定的背景来，这是不可思议的。（《我读〈论语〉》417 页）

金知明：[注释]不有祝鮀之佞，而有宋朝之美：人们不是说卫大夫鮀有口才，便是说宋公子朝有漂亮的容貌；"不有……而有……"，一种句式，义为"不是……便是……"。……难乎免于今之世矣：难啊不让（它）出现在当今社会上；难乎，很难啊，全句是倒装句,"难乎"是谓语,"免于今之世矣"是动宾结构做主语;免于,不让(它)在;今之世,当今的社会;矣,语气词,表示判断。[理解]本章孔子在批评世风不古。人们大多在谈论不重要的事、非礼的事,而真正重要的事人们却置若罔闻。本章的主旨与"吾未见好德如好色者"的感叹差不多,是讥刺。(《论语精读》71页)

郑张欢:[释]孔子说:假如没有祝鮀的能言善说,而仅有公子朝的美德,在今天的世道里也是不能免除因其美德所遭受的非难的。[按]此章言世情。孔子在此说明一个人的美德与世道如何的关系之理。(《论语今释》89页)

孙钦善:本章中孔子慨叹世好佞言,而薄美质,举祝鮀以言佞,举宋朝以言美,皆为取喻,不涉及对二人贤否的评价。(《论语本解》69页)

胡齐临:[直义]老师说:"不重视祝鮀那样的口才,而重视宋朝的美貌,难免于今世内乱了。"[见解]不重视人们的真才实学,而重视表面好看的人,国家难免内乱。(《论语真义》69页)

　　辑者案:祝鮀,卫大夫子鱼,以佞谄获宠于灵公。宋朝,宋公子,以美色善淫获宠于灵公夫人南子,《左传》昭公二十年和定公十四年都记载有宋朝因美色而惹起祸端的事件。孔子认为,卫国不仅有祝鮀之佞,而且有宋朝之美,既然国君夫妇宠爱这类人,当今之世受其祸害是难免的了。欲解通本章,关键在于对"不有"、"而有"的理解。"不有",即"不仅有";"而有",即"而且有"。"而"表递进,犹"并且"。前人解"不有"为"没有",解"而"为"及"、"反"、"与"、"却",皆牵强难通。孔子列举危害今世的两种恶行,为卫国担忧,并非是孔安国所说"当如祝鮀之佞,而及如宋朝之美"、邢昺所说"若不有祝鮀佞,反宜有宋朝美"、杨伯峻所说"假使没有祝鮀的口才,而仅有宋朝的美丽"之意。两种不良现象,孔子皆担心,绝不是希望两项都具备,或必须具备其中一项。

6.17 子曰:"谁能出不由户? 何莫由斯道也?"

汉·孔安国:言人立身成功当由道,譬犹出入要当从户(辑者案:皇《疏》本作"言人之立身成功当由道,譬由人出入要当从户也")。(邢昺《论语注疏》78页)

梁·皇侃:道,先王之道也。人生得在世,皆由于先王道理而通。而世人多违理背道,故孔子为譬以示,解时惑也。言人之在室,出入由户而通,亦如在世,由道理而生。而人皆知出室由户,而未知在世由道,故云:谁能出不由户,何莫由斯道也? 莫,无也。斯,此也。故范宁云:"人咸知由户而行,莫知由学而成也。"(皇侃《论语集解义疏》卷三·31页)

宋·蔡节:此章以户喻道,叹人知由户而不知由道也。(《论语集说》卷三·23页)

宋·许谦:自室出于堂必由户,非户不可出也。道者,天理之当然,人必当由之而不可背,亦犹出不由户则无可出之路矣。行不由道则悖礼伤义,必不可也,人何故不从道而行乎? 深惜其失而勉之以正也。(《读论语丛说》卷中·10页)

方骥龄:本章似应与上章合而为一。斯道,指祝鮀之佞与宋朝之美。一赖巧言,一赖令色,故得受人宠幸。又鉴于世人之莫不以巧言令色取悦于人,成为唯一进身之阶,故慨然言此。谓世人均以巧言令色作仕进之途,一如出入之必经门户然。(《论语新诠》158页)

杨伯峻:孔子说:"谁能够走出屋外不从房门经过? 为什么没有人从我这条路行走呢?"(《论语译注》61页)

毛子水:谁能出入不经过门户呢? 为什么没有人依着正当的

道理做人呀！《论语今注今译》84页)

南怀瑾:他说哪一个要出外的人,能够不经过门户出去呢?出了门才走上正路。人一定要走上正路的,走邪门,行左道,终归曲折而难有结果。《论语别裁》282页)

李泽厚:大门当然开在大道而不会是开在小路上。这是想说明,儒学所讲由家而国、由内而外的学习教育是某种应该走、容易走的"当然"道理。《论语今读》114页)

杨润根:孔子说:"有谁不是以堂堂正正的主人的身份堂堂正正地出入自己的家门呢? 但是社会或国家作为全体人民自己的大家庭,人们为什么不能以与此完全相同的方式出入社会或国家这个大家庭呢?"出不由户:不从大门口出来——这是不光彩的鬼鬼祟祟的盗贼的行为方式,而不是光明正大、堂堂正正的主人的行为方式。斯道:此道,这种行为方式,这里即指"出入由户"的行为方式,即堂堂正正的主人的行为方式。《发现论语》150页)

金池:道:路,指正道,道德规范。《〈论语〉新译》168页)

林觥顺:[注解]2.何莫:谁不愿意。3.道:所行之道路,引申作释义道理、法则、引导。[释义]孔子说:"户是室内外出入的通路,犹文明与粗野的分界。礼义是维护社会和谐国家安定的最高指导原则,又有谁不愿遵守礼义?"《论语我读》100页)

赵又春:这又是孔子的慨叹:谁能够外出而不经过房门(户)?可为什么没有人走"这条道"呢? 他把"这条道"(斯道)比喻为房门,是为了说明它是人生必须走的正道、大道,抽象一点,就是为人处世的基本原则,人人应该奉行的行为规范,每个人都应追求的理想信念。因此,这个道也就是他指出的、教诲的和遵行的为人之道。一个人不懈地沿着这条道走下去,就会成为君子,所以也就是君子之道。人人都走这道,天下就有道了,所以这条道也就是达到天下有道的道,或者说,是"天下有道"局面下的人们的为人之道。孔子对自己倡导的道如此充满信心,可世人接受了它而加以笃行的,又太少了,所以他只好这样叹息。一生怀才不遇,总不得志的人,多的自然是叹息。可见,这章中"道"字的涵义又是很丰富的,几乎包含了上面罗列的所有义项,对了解孔子的道概念具有典型的意义。(《我读〈论语〉》328页)

安德义:[注释]道:这里的道是双关语,既指道路,又喻为人世的准则。[语译]……谁能走出屋外不经过房门呢?为什么无人遵循这仁义大道呢?(《论语解读》162页)

孙钦善:[注解]①何:什么。"何"与"谁"互文。斯道:指仁道。本章是说天下事不可能不遵循仁道,正如出屋不可能不经过门户一样。[释义]孔子说:"谁能出屋而不经过门户?什么事可不遵循仁道呢?"(《论语本解》69页)

辑者案:"道"含义丰富,金池、赵又春、安德义、孙钦善解释皆符合道的内容。

6.18 子曰:"质胜文则野,文胜质则史。文质彬彬,然后君子。"

(1)质胜文则野,文胜质则史

汉·包咸:野,如野人,言鄙略也。史者,文多而质少也。(皇侃《论语集解义疏》卷三·31页)

梁·皇侃:云"质胜文则野"者,谓凡行礼及言语之仪也。质,实也。胜,多也。文,华也。言若实多而文饰少,则如野人,野人鄙略大朴也。云"文胜质则史"者,史,记书史也,史书多虚华无实,妄语欺诈。言人若为事多饰少实,则如书史也。(皇侃《论语集解义疏》卷三·31页)

宋·朱熹:野,野人,言鄙略也。史,掌文书,多闻习事,而诚或不足也。(《四书章句集注》89 页)

日·中井积德:本文"史",盖指祭史也。注"多闻习事"等,失当。(《论语逢源》115 页)

明·张居正:质,是质实。文,是文采。野,是村鄙的人。掌管文书的,叫做史。彬彬,是匀称的意思。孔子说:"凡人固要质实,也要文采。二者可以相有,而不可以相胜。若专尚质实,胜过乎文,则诚朴有余而华采不足,就似那村野的人一般,一味是粗鄙简略而已,岂君子之所贵乎! 若专尚文采,胜过乎质,则外虽可观而中无实意,就似那掌管文书的一般,不过是虚浮粉饰而已。(《论语别裁》83 页)

明·王衡:史乃祝史之史,知其文而不知其文之实,《郊特牲》所谓"失其义,陈其数,祝史之事也"。(程树德《论语集释》401 页引《四书驳异》)

清·刘宝楠:礼有质有文。质者,本也。礼无本不立,无文不行,能立能行,斯谓之中。失其中则偏,偏则争,争则相胜。(《论语正义》233 页)

清·陈浚:孔子说:礼要得中,有质有文,不可偏重。但人的性情,各有所偏,有偏在朴素一边,这是质胜过文,就像个乡里务农的人,只有诚实,不懂得仪节,如何比得君子呢? 又有偏在华采一边,这是文胜过质,就像个公门中管文书的人,懂得仪节,却没有诚实,更算不得君子。(《论语话解》卷三·23 页)

赵纪彬:所谓"文",乃"天之未丧斯文"之文,"文不在兹乎"之文,"郁郁乎文哉"之文,亦即西周奴隶制的礼乐、典章、法度、纲纪的共名,而以"君子"为其化身。(《论语新探》118 页)

杨伯峻:朴实多于文采,就未免粗野;文采多于朴实,又未免

虚浮。(《论语译注》61页)

唐满先：质：质地，指内容。文：文彩，指形式。(《论语今译》55页)

李炳南：质是本质，文是文彩。野，包注："如野人。"《说文》："野，郊外也。"野人，即是居在郊外之人。史，古注有二义，一是史书，一是史官。"质胜文则野。"胜，包注作多字讲。质多于文，则如野人，也就是像乡下人的意思。乡下人习作农工，言行欠于礼文修饰，显得朴素无华。故云，质多于文，则如郊野之人。"文胜质则史。"文多于质，则如史书。史书所载的史事，由于写史的人，除了像左丘明那一类的史家之外，难免有所好恶，不得其正，是故所写的历史，不免文过其实。所以，文多于质，则如史书，有失其真。(《论语讲要》111页)

钱逊：仁是质，礼是文，质和文的关系也就是说的仁和礼的关系。(《论语浅解》105页)

南怀瑾："质"是朴素的文质；"文"是人类自己加上去的许多经验、见解，累积起来的这些人文文化。……所以孔子提出"质胜文则野"，完全顺着原始人的本质那样发展，文化浅薄，则流于落后、野蛮。……文如胜过质，没有保持人的本质，"则史"。这个"史"，如果当作历史的史来看，就是太斯文、太酸了。……如果质胜文，缺乏文化的修养就不美。倘使文胜质便很可能成为书呆子。(《论语别裁》282、283、287页)

金良年：史，史官记事简明扼要，尤其要注意分寸"如《春秋》"，故用以喻指雕琢。(《论语译注》61页)

李泽厚：[译]质朴超过文采就粗野，文采超过质朴就死板。[记]"文"在这里指各种礼节仪文。今日有的人豪放不羁，言词直爽流于粗野；有的人恭敬礼貌，谈吐严肃，却流于死板。……"文"也可以是某种"形式主义"、"文本主义"、条条框框、华丽装饰一大

堆,似乎周全好看,其实空腐不堪。(《论语今读》115页)

萧民元:"史"是"饰"的音误字。"饰"是将人或事物的外表,装修得更美丽好看的意思。(《论语辨惑》82页)

董子竹:"质"肯定不是指原生态的人,而是指"空空如也"的生命的本来面目。既然是"空空如也",也就无所谓有也无所谓无,却又必有"文"在,才可知它是"质",无"文"何言"质"?看来"文"与"质"是分不开的。所以孔子在这里用了一个"胜"字。"质胜文",便如同在空空旷旷的长卷上,只有一朵花,必显得"野"。这个"野",正好显示生命本来面目,所以孔子在后面会说:"先进于礼乐,野人也。""吾从先进"正因其"野",正好"用"。"后进于礼乐,君子也。"正是迷雾重重,迷信重重,整个画面连一点"白"也没有了,全是概念化了的"史",反而无法"用"。(《论语正裁》203页)

杨润根:如果有人自认为自己自然的本性非常优越,从而使自己的自然本性凌驾于自己所应接受的后天的文明教养之上,以至于蔑视自己所应接受的后天的文明教养,那么他的自然本性就必将显得粗野;相反,如果有人自认为自己所接受的后天的文明教养非常优越,从而使自己所接受的后天的文明教养凌驾于自己的自然本性之上,以至于蔑视自己的自然本性,那么他的后天所接受的文明教养就必将显得造作。(《发现论语》151页)

黄怀信:[释]"史",本指史官,形容书生气。[训译]先生说:"质朴胜过文雅就粗野,文雅胜过质朴就书生气。"(《论语新校释》136页)

何新:[译文]孔子说:"质朴超过文采,便放野;文采超过质朴,便失逸。文采和质朴相辉映,才能成为君子。"[注释]史,失也。(《论语新解——思与行》72页)

安德义:文:饰,文彩,此指人之仪表。人的自然本性压倒了他的文化修养,就会显得粗野;反之,虚饰的仪表掩盖了质朴之

性,就会显得矫揉造作。(《论语解读》163 页)

刘兆伟:今译:自然本质大于礼仪文饰就显得无规范,礼仪文饰大于自然本质就显得呆板拘泥。……诠评:质,人之七情六欲。文,人之礼仪文饰、伦理规范。野,无所约束。史,过于遵循,拘泥。彬彬,合宜得体。性情突破规范,就无所约束了,即野;礼仪文饰胜过了性情就显得过于拘泥僵化,即史。(《论语通要》114 页)

杨朝明:[诠释]“文”与“质”是对立的统一,互相依存,不可分离。质朴与文采是同样重要的。“质”是指人类朴素的本质,“文”则指文化的累积。“质胜文则野”就是指人没有文化,就会像原始人一样粗野、落后。“文胜质则史”就是指文化过于发达后,人类失去了原来朴素的本质,显得虚浮而没有根基。文:华饰也。野:鄙野。史:古之史官,掌文辞,故以辞多为史。后引申为虚浮之义。[解读]质朴胜过文采,就像野人。文采胜过朴质,则显得虚浮。(《论语诠解》53 页)

袁庆德:[注释]质:质地,底子,这里指礼义。礼义是周朝的等级制度和伦理规范。……孔子及其学生有时用“质”来代表礼义。胜:超过。文:纹饰,花纹和图案,指礼仪。……史:繁琐,这里指礼节过多。[译文]孔子说:“礼义超过了礼仪就显得粗野,礼仪超过了礼义,就显得礼节过多。”(《论语通释》198 页)

　　辑者案:张居正、杨伯峻、杨朝明说为优。孔子主张人在质实和文饰上要适中,太质朴,就显得粗俗鄙野;太讲究仪表文饰,就会显得虚浮,华而不实。

(2)文质彬彬

汉·包咸:彬彬,文质相半之貌。(邢昺《论语注疏》78 页)

汉·郑玄:彬彬,杂半貌也。(马国翰辑《论语古注·论语郑氏注》卷三·4 页)

宋·朱熹：彬彬，犹班班，物相杂而适均之貌。言学者当损有余，补不足，至于成德，则不期然而然矣。杨氏曰："文质不可以相胜。然质之胜文，犹之甘可以受和，白可以受采也。文胜而至于灭质，则其本亡矣。虽有文，将安施乎？然则与其史也，宁野。"（《四书章句集注》89页）

明·林希元：文质当有轻重。所谓彬彬，须是质以为主，文以辅之。……如轻重不分，五分质，五分文，便是子夏"文犹质也，质犹文也"之说，不免见驳于朱子矣。（《四书存疑》卷五·8页）

日·物双松：大过过也，小过不及也，故无大过即无过也。文质彬彬，盖文质不相过之义，故曰文质适称貌。（《论语征》119页）

日·中井积德：彬彬，盛貌。质亦有焉，文亦有焉，是为彬彬矣。字从林，是并植之义矣。从彡，有光彩也。未必有"适均"之意。（《论语逢源》116页）

清·陈浚：彬彬是配合停匀的意思。（《论语话解》卷三·22页）

肖贤彬：我以为释"彬彬"为"文质各半"似乎还可商榷。首先"文"与"质"皆为抽象概念，并非实物，绝不可一分为二……古人说解字义有以假字、古字为之者……同理，包咸所说之"半"字当为"判"字通假，并非物之二分之一。"半"、"判"古通用……判有判然分明之义。"文质相判"就是说在"文"、"质"方面判然突出、超然出众。后人不明郑氏之义，直以"半"为二分之一。……综上所述，"彬彬（份份）"乃富于物色文彩、与众判然分明之义，非"相半"、"兼备"之谓，更非专指"文质"而言。……联系孔子一贯思想，"文质彬彬，然后君子"，可以理解为在"文"、"质"方面有特殊表现者方为君子。（《"文质彬彬"新解》，《文史知识》1983年第2期）

李炳南：彬彬，融和之相。文与质均衡交融。言行文雅而又真实，合乎中道，是为文质彬彬的君子。（《论语讲要》112页）

　　董子竹:"空空如也"是就生命的本体而言的,永远不存在真正的"空空如也"。真空了,也就没有"空空如也"了。所以,必须"文质彬彬"。有文,而不被"文"所迷;有"质",质非空空无一物。生命的本来永远是如此。明白这一点吗?明白了,便可以成为君子了。……没有"文"的发展,"质"的本来面目是很难真正显露的,文质本来彬彬。人们,学于文,莫迷于文。(《论语正裁》203、206 页)

　　安德义:内容和形式高度紧密的结合。(《论语解读》163 页)

　　袁庆德:[注释]③彬彬:本作"份份",意思是各占一半。[译文]孔子说:"礼义和礼仪各占一半,然后才成为君子。(《论语通释》198 页)

　　　　辑者案:文质彬彬,文采与质朴配合均匀适当。彬彬,《辞源》释曰:"文质兼备貌。"《汉语大字典》亦释为"文质兼备",并举例曰:"《汉书·叙传下》:'孝哀彬彬,克揽威神。'颜师古注:'彬彬,文质备也。'"彬彬,只释为"文质兼备"似乎还不到位,应强调文与质的配合。李炳南释"彬彬"较贴切。后来泛指人举动文雅,如"彬彬有礼"。

6.19 子曰:"人之生也直,罔之生也幸而免。"

　　汉·包咸:诬罔正直之道而亦生,是幸而免也。(皇侃《论语集解义疏》卷三·32 页)

　　汉·马融:言人之所以生于世而自终者,以其正直之道也。(皇侃《论语集解义疏》卷三·31 页)

　　汉·郑玄:始生之性皆正直。(袁钧《郑玄论语注》卷三·7 页)

　　唐·韩愈:直,当为德字之误也,言人生禀天地大德。罔,无也。若无其德,免于咎若尟矣。(《论语笔解》卷上·11 页)

　　宋·邢昺:此章明人以正直为德,言人之所以生于世而自寿终不横夭者,以其正直故也。罔,诬罔也。言人有诬罔正直之道

而亦生者，是幸而获免也。（邢昺《论语注疏》78 页）

宋·程颐：人类之生，以直道也；欺罔而免者，幸耳。（《二程集》1142 页）

宋·朱熹："罔之生也"之"生"，与上面"生"字微有不同。此"生"字是生存之生。（黎靖德编《朱子语类》811 页）

清·戚学标：两"生"字皆"生存"之"生"。（《四书偶谈》内编上·14 页）

章太炎：人之生也，以乐为齐。……直者内无芥蒂，外无愧怍，无往不具有生之乐，虽短折亦寿也；罔者疑惧交攻，神明内疚，瘵瘰作止，无时不扰，有生之乐已尽，虽形骸仅存，谓之幸而免矣。（《广论语骈枝》6 页）

赵纪彬：孔丘所谓"直"，并非一般语义中所谓直，而乃"父为子隐，子为父隐，直在其中"的特殊的"直"。此种"直"的特殊性，在其为一种氏族宗法制的政治伦理范畴。……"直"的氏族宗法意识，孔丘以为乃出于人性的本然。（《论语新探》56－57 页）

方骥龄："人之生"与"罔之生"显相对举。"直"又与"幸而免"相对举。《说文》："人，天地之性最贵者也。"即今仁字义。又疑本章生字即古性字。"人之生也"即"仁之性也"，与下"罔之性也"相对举。故郑玄注云："始生之人皆正直。"与《说文》人字义相符，故"人之生也"，疑即"仁人之性也"。"罔之生也"，疑即"罔人之性也"。罔即枉，诬罔不直、邪曲之人也。幸通倖，佞也。枉曲之人，时存徼倖企求而苟免之心，于是临财则苟得，临难则苟免。免字从兔字奔逸之状而来，喻其逸之速而不辨其足之形。枉邪之人，见利贪得，见义则唯恐逃避之不速如兔脱。"幸而免"是也。（《论语新诠》159 页）

杨伯峻：[译文]孔子说："人的生存由于正直，不正直的人也

可以生存,那是他侥幸地免于祸害。"［注释］罔——诬罔的人,不直的人。《论语译注》61页)

南怀瑾:罔字的意义,代表了虚伪、空洞。……这两句话是说人天生是率直的,年龄越大,经验越多,就越近乎罔。以虚伪的手段处世觉得蛮好的,但是结果一定不会好,纵然好也是"幸而免"。可是"幸而免"是万分之一的事,这种赌博性的行为,危险太大,是不划算的。《论语别裁》288页)

萧民元:"人之生也"这个"人"要解成"仁",或者根本就是"仁"的音误字。……这意思就是:"仁"之所生由朴直而来,"罔"之所生由幸免而致。《论语辨惑》83页)

董子竹:这后半句应是一个倒装句。原意应是:"人之(初)生也直,幸而免罔之生也。"这是告诉你,真正的人心,天生便应是直心道场,只是由于后天不明白人心的基本特色,反而被一层层的虚妄蒙蔽了,小孩子们很幸运地避免了这种"罔"在心上的生出,所以他们仍是直心。《论语正裁》206页)

钱穆:人群之生存,由有直道。罔者,诬罔不直义。于此人生大群中,亦有不直之人而得生存,此乃由于他人之有直道,乃幸而获免。正如不仁之人而得生存,亦赖人群之有仁道。若使人群尽是不仁不直,则久矣无此人群。《论语新解》155页)

杨润根:孔子说:"人类想要在一个社会共同体之中过上自己所希望的那种幸福自由的生活,这完全取决于人类中的每一个人所具有的正直诚实的美德,如果人们无视每一个人所应有的正直诚实的美德之于人类自由幸福的生活的重要性,那么自由幸福的生活将与人们无缘,因为在一个人都没有正直诚实的美德的社会中,人们所能过上的最好的生活将只不过是能够使自己幸免于难而已。"我认为,"直"的意思应是"直视"……它的意思也就是人们

所仰视或直视到的上天的真理、道德与正义。……罔：罔视，无视。（《发现论语》151－152页）

程石泉：[训诂]《论语》中"人"与"仁"互用……此章"人"字以今人文例应作"仁"。……[意义]就此章文理言"仁"与"罔"为对比语辞。罔为诬罔，则仁为诚信。"仁之生也"即言"仁之造端"；而"仁之造端"实始于诚信。《礼记·中庸》言之颇详。而诬罔之心则发端于侥幸以邀福免祸。（《论语读训》94－95页）

傅佩荣：人活在世间，原本应该真诚，没有真诚而能活下去，那是靠着侥幸来免于灾祸。（《傅佩荣解读论语》101页）

赵又春：这个"罔"字和"人"对应着说，就应也是指人，即不正直的、邪曲的、诬罔的人。"免"就是2－3章中"民免而无耻"的那个"免"，"免受刑罚"的意思，所以"幸而免"是说"因侥幸而得免"（"幸"同"倖"）。这样，"生"字就不必是"生存"的意思（因为当时的刑罚也不是只有死刑一种），而应理解为指他的"一生"、"终生"，从而后一句是说：不正直的人的一生乃因走运而侥幸地未受刑律制裁。两句是并列、对应地说的，所以前一句该是说：正直的人的一生是因其正直而不会受刑律的惩罚，后面蒙下句省去了"而免"二字。我想，只有这样解释这一章，才能文从字顺而又逻辑严密。如果把这一章的"生"解释为"生存"或"生活"，就很难说通了。（《我读〈论语〉》364－365页）

金知明：[译文]孔子说："人的生性是正直的，扭曲人性的东西要避开。"[注释]罔之生也幸而免：罔，曲，不直；生，通"性"；幸，希望；免，避开。（《论语精读》73页）

郑张欢：[注]罔，困难、艰难。[释]孔子说：一个人的生活与处事也正直，碰到不清楚困难的事也能有幸而得免。（《论语今释》90页）

何新：［译文］孔子说："人活着要正直，不可为侥幸求生而逃避。"［注释］罔，无也。之，动词，去也，求也。生，生命。幸，倖也，侥倖。免，逃免，逃避。（《论语新解——思与行》73页）

孙钦善：罔，指巫罔不直的人。孔子说："人的生存靠正直，不正直的人也能生存，是由于他侥幸而免于祸害。"（《论语本解》70页）

　　辑者案：杨伯峻、孙钦善所解简明确切。罔，枉曲，不直，程颐说是。"罔之生"与"人之生"对应，指不直之人的生存。

6.20 子曰："知之者不如好之者，好之者不如乐之者。"

汉·包咸：学问，知之者不如好之者笃，好之者又不如乐之者深也。（皇侃《论语集解义疏》卷三·32页）

梁·皇侃：云"知之者不如好之者"者，谓学者深浅也。知之，谓知学问有益者也。好之，谓欲好学之以为好者也。夫知有益而学之，则不如欲学之以为好者也。故李充曰："虽知学之为益，或有计而后知学利在其中，故不如好之者笃也。"云"好之者不如乐之者"者，乐，谓欢乐之也。好有盈厌，故不如性欢而乐之。如颜渊乐在其中也。故李充曰："好有盛衰，不如乐之者深也。"（皇侃《论语集解义疏》卷三·32页）

宋·朱熹：好，去声。乐，音洛。尹氏曰："知之者，知有此道也。好之者，好而未得也。乐之者，有所得而乐之也。"（《四书章句集注》89页）

宋·张栻：知之者，知有是道也。好之者，用工之笃也。至于乐之，则工夫至到而有以自得矣。譬之五谷，知者知其可食者也，好者食之者也，乐者食之而饱者也。知之而后能好之，好之而后能乐之。知而不能好，则是知之未至也；好之而未及于乐，则是好之未至也。此古之学者所以自强而不息者与？（《南轩论语解》卷三·

16页）

宋·蔡节：好深于知，乐又深于好，知而能好，好而能乐道，斯在我矣。（《论语集说》卷三·24页）

明·张居正：知之，是知此道。好之，是好此道。乐之，是乐此道。孔子说："人之造道，有浅深之不同，然必到那至极的去处，乃为有得。彼不知道者，固不足言，若能识其为当然不易之理，而不可以不求，是固胜于不知者矣！然这只是心里晓得，未能实用其力也，不如好之者，悦其义理而爱慕之深，玩其旨趣，而求为之力，然后可以进于道也。岂徒知者之可比乎？所以说知之者不如好之者。夫好固胜于知，然这才是用力进修，未能实有诸己也。不如乐之者融会于心而充然自得，全体于身而浩然自适，然后乃为学之成也。岂徒好者之可比乎！所以说好之者不如乐之者。"夫是三者以地位言，则知不如好，好不如乐。以工夫言，则乐原于好，好原于知。盖非知则见道不明，非好则求道不切，非乐则体道不深。其节次亦有不可紊者。学者诚能逐渐用功，而又深造不已，则斯道之极，可驯至矣！此圣人勉人之意也。（《论语别裁》84页）

日·昭井一宅：之者指孔子自所修先王之道，礼乐也。知之者，知之而以之事君事父者也。好之则有所深求矣。乐之则或以节礼乐慰其心者也。此语盖古之成语，孔子诵之也，盖好者兼知，乐者兼好，所至浅深如此而已矣。（《论语解》137页）

日·皆川愿：知之者，知道之本于命也。乐之者，心体其义而喜从之行者也。好者，承之而不厌乎其中也。乐者，心畅适乎其得会通也。知之者虽言能辨之，而其心未能悦以承之，故不如好之者。好之者虽其心悦以承之，而未能畅适其中以至合一，不如乐之者也。而此乃为下"中人以上章"作地也。（《论语绎解》93页）

清·王夫之：夫子曰：夫人为学之功且无问其道之合离也，而先问其心。心之于道相合也有浅深，则其心之所得者亦有差矣。夫当其始求道也，未能知也，而求知者必有功矣。求之而知焉，则且即所知者，而遂能体之乎？而未也，恐其曰：吾即已知之，而道止于此。则且有得其大辨而未尽其细微也。以此思之，则必既知矣，而抑好之。循之不舍而求之，必亲习之不倦，而致之益密。但知之，安能有此循循日进，愈入愈精之为益宏多乎？故知之者之不必能行，行矣而不必能尽，则唯其不如好之者也。因所知而必欲得之而好之焉，则且于其好也而信，其无不得之乎。未也，恐其于好之时，而但操一求得之心，则且有冀于速获而务于外求者。以此思之，则必既好矣，因而乐之。身与之相亲而见为身之所安，心与之相顺而见为心之不容已。但好之，安能有此陶然自遂、晨斯夕斯之无间可离乎？学者而知此，则当自考其为知为好为乐。未能好，何以绝外慕以壹其心？未能乐，何以恬一心以深于道？庶不负其所知焉耳矣？教者而明此，则当熟察其为知为好为乐。有知之者，必夺其闻见之恃而兴起其志；有好之者，必引以体验之实而自得所安。抑非徒使知之而已也，其于道也尚庶几乎？（《四书训义》卷十·15 页）

日·伊藤维桢：知之者，知此道之不可不由也。好之者，好之之至，天下之物无以加之也。乐之者，心安于道，而无入而不自得也。知之者，义理明白，议论可听，人皆尚之。然不如好之者之终身不衰、愈进愈熟也。好之者，虽人皆信之，然不如乐之者之与道为一，而无迹可寻之为至也。夫道一也，唯有所行之生熟深浅耳。夫子言之者，欲其自生至熟、自浅至深也。（《论语古义》85 页）

清·牛运震：知，是真知灼见，正不可易言。好，是深嗜笃好，与"知者利仁"利字相似。《集注》"求"字说得犹浅，乐字是得道之后心旷神怡，正如孔颜乐趣。《集注》"有所得"，仍是半面语。有所得便有所失,如何能乐? 乐者无所得,实无所不得也。三"之"者确有所指,正道中之况味也。等道也,知之者看得是这等光景,好之乐之者看又各有一种境界,所谓浅人得之见浅、深人得之见深也。三"者"字可就三人言之,亦可就一人分三境言之。不如,正如所必历之程,此言不可躐等,而进如惟不如所必企之境,此言不可半途而废。(《论语随笔》卷六·11页)

日·龟井鲁:语学者之用心也。张栻以谷譬之,朱熹取之,茂卿及纯不敢容喙,其明通可知也。虽然知者好者,亦皆饱足,其如之何? 譬喻之难也。孟僖子其知之者与? 遗命二子事夫子焉。子夏其好之者与? 战胜而肥矣。未如颜子之贫富忘于怀也。(《论语语由》102页)

清·梁章钜:张氏甄陶曰:两不如,是勉使向前,非划定界限也。知之深即能好,方知之却不如好,好之深自能乐,方好之却不如乐,浅深生熟之别也。知字却不可看轻,入门由此,尚有不能,知一层在先,到知之已有五分地位,知之前有工夫必须穷理格物,乐之后有进步,不外博文约礼,俱不可不知。(《论语旁证》卷六·18页)

清·刘宝楠:正义曰:《尚书大传》言"新谷已入,穜钰已藏,祈乐已入,岁事既毕,余子皆入学"。是庶人之子孙亦得受学。至春秋时,庠塾之制废,诗书之泽衰,人多不知学,故此言"知之者",明与不知有异也。至"好之"、"乐之",更不多觏,故夫子于门人中,独独称"颜子好学"。又谓"一箪食,一瓢饮,在陋巷,不改其乐",正谓不改其好学之乐。夫子疏食饮水,乐在其中,亦是此乐,故曰"发愤忘食,乐以忘忧"。乐者,乐其有得于己也。故《论语》首章即以"时习"之说示人。(《论语正义》235页)

方骥龄:旧说:本章包括一切为学为人而言。之即指学问与道德。"知之"之"之"字,犹《大学》"知止",知止于至善而后有定是也。止于至善，即人性之所谓善，亦即道。知道不如好道，好道不如乐道。知之者如入门，好之者如登堂，乐之者如入室。学问已成，心与道合，从容自得，不亦乐乎？但必须逐步深入而不可躐等。不知其知，何以好其所好？又何以乐其所乐？故不可分为三阶段，尤不可不循序前进。求学如此；为人为事，莫不如是。（《论语新诠》160页）

杨伯峻：孔子说："［对于任何学问和事业，］懂得它的人不如喜爱它的人，喜爱它的人又不如以它为乐的人。"（《论语译注》61页）

王熙元：知之：知道某事有益处、或知道有这个真理的意思。前句根据皇侃疏："知之，谓知学问有益者也。"后句根据朱注引尹氏说："知之者，知有此道也。"不过本章是孔子泛论为学的次序，它的对象当很广博，指一切有价值的事情，不限于学问，凡道德、艺术也在内。所以知之、好之、乐之的"之"就是指称学问、道德、艺术等等有价值的事。好之：比"知之"更进一层，就是爱好它们的意思。乐之：比"好之"又进一层，就是乐在其中的意思。（《论语通释》302页）

乔一凡：知有见之、闻之、传知之不同。其与我之关系，不过知之而已，好之则已有情感，能加体会，至于乐之，则情感已深、体会已切矣。其于学也，知之，未必即行也。好之，则知可与行合矣。乐之，则不如手之舞之、足之蹈之矣。（《论语通义》93页）

邓球柏：这是孔子对于知识、学说的三种境界：知识的境界；追求的境界；享受的美的境界。孔子认为，这三个境界一个比一个高，他的一般的学生只达到了知识的境界；颜回则达到了追求的境界；孔子自己才达到了审美的境界。（《论语通解》118页）

李泽厚：［记］朱注甚好。"兴于诗，立于礼，成于乐"与"知之、好之、乐之"可以作为交相映对的三层次。这层次都是就心理状态而言,都在指向所谓"乐"——既是音乐,又是快乐的最高层次、最高境界。这也就是所谓"天地境界",即我称之为"悦神"的审美境界。此境界与宗教相关。因上帝存在并非认识论问题,也不止是伦理学问题,归根究底,应为情感性的美学问题。拙著以前曾提出"审美的形而上学"、"审美的神学",均此之谓。孟子所说"上下与天地同流",庄子所说的"无乐之乐,是为天乐",是也。这也就是前面再三讲到的儒学的宗教性之所在,儒家所说"古之学者为己",亦此之谓。它是某种体验性、情感性,而不是思辨性、知识性或意志性(知之、好之),所以非分析语言、概念,论证范畴、原理所能获得。此"情"此"乐"又并非低层次(如 Kierkegaard 所认为)的审美感觉,而是融理知、意志于其中的本体感悟。此感悟之所以为"乐",则中华文化之特征。人生艰难,又无外力(上帝)依靠,纯赖自身努力,以参造化,合天人,由靠自身树立起乐观主义,来艰难奋斗、延续生存。现代学人常批评中国传统不及西方悲观主义之深刻,殊不知西方传统有全知全能之上帝作背景,人虽渺小,但有依靠。中国既无此背景,只好奋力向前,自我肯定,似乎极度夸张至"与天地参",实则因其一无依傍,悲苦艰辛,更大有过于有依靠者。中国思想应从此处着眼入手,才知"乐感文化"之强颜欢笑、百倍悲情之深刻所在。(《论语今读》116页)

　　蒋沛昌:孔子将学习中人划分为三类:知之者、好之者和乐之者,即接受型、自主型和创见型。从学习历程而言,这三种类型正好反映三个阶段。

　　开始学习时,总是书本和老师引导人们如何用脑,如何用手,如何手脑并用,思路是被动的,是接收知识过程,也就是"知之"阶段。而后随着学习的深入,对所学的东西逐渐有所领悟,对知识产生喜爱,并且能够独立思考,对疑难问题,能够自主解决,渐渐进入"好之"阶段。随着将所学联系实际,扩展了自己的知识面,对知识的理解逐渐深入,有一种乐此不疲的心劲在驱使自己学习,对实际问题能够有自己的心得,并能提出自己的创见,对待事业有所创立,有所创获,有所创新,这就是"乐之"阶段。

三个阶段也就是三个层次,一个衔接一个,一层比一层递进,一层比一层拔高。故孔子总结为:"懂得学习的人不如喜爱学习的人,喜爱学习的人不如以学习为人生一乐、甚至忘怀一切的人。"(《论语今释》145 页)

杨润根:之:这个代词并不局限于代指某一个对象,而是代指人所追求的知识与美德以及人所从事的全部工作,因此它应是代指人的活动的各个方面。(《发现论语》153 页)

高专诚:本章所言乃是人生的三种境界。孔子认为,无论做什么,"认知它不如爱好它,爱好它又不如以它为乐趣"。要做好一件事首先要有对此事的认知,否则就无从下手。但是,单纯的认识并不能激发人的主动精神。因此,孔子提出应该在"知"的基础上加入"好",也就是充分调动人的积极性。这样一来,不仅完成的效果会大不一样,而且做事者也可以在这个过程中有所收益。当然,这种收益不一定是物质利益,所以,孔子更进一步提出,最高的境界是把做事本身当成一种乐趣。也就是说,在"乐"的境界里,人的任何有选择的活动并不是为了什么,而是这种活动就是人之生命的一部分。

知、好、乐的三种境界潜藏着深奥的心理学意义。特别是乐的境界,事实上是很难用语言来恰当描述的,因而很有一些先秦道家"神秘主义"哲学的倾向。这也许是孔子在周游列国的晚期与隐居的道家人物多有接触的结果。孔子本人自称"好学",而不敢说已达到了"乐学"。这是因为他意识到了自己难以克服的外在追求。真正的乐学之人,他的精神力量会自然而然辐射到周围,从不想主动给别人讲说什么,更不想获得什么。(《论语通说》90页)

程石泉:按此章或成为古之成语。"知之"、"好之"、"乐之"实有显著之差别。以现代哲学之术语言之,"知之"者乃始于感觉而止于知觉;"好之"者乃始于引发个人兴趣而终于满足某项情欲;"乐之"者则纯为一种精神享受。于时"物"、"我"两忘,一切感觉、知觉、情欲之满足,被统摄于一种精神化作用之下。虽有支持之功,但各各失其重要性。是故孔子有"发愤忘食,乐以忘忧"之自许(《述而第七》);而于颜回则赞其"一箪食,一瓢饮,在陋巷,人不堪其忧,回也不改其乐"。(《论语读训》95页)

林觥顺:[注解]知:是知识,知之者是说有学识的人。[释义]孔子说:"自认有知识学问的人,不如好学不倦的人;好学不倦的人,不如乐而忘食的人。"(《论语我读》101页)

傅佩荣:好之:喜爱一种道理,自然会付诸实践,所以这是由知而行。乐之:乐在其中。这是从知与行,提升到"我与道理合而为一"的境界,把"应该"去做的转化为"自然"去做的。(《傅佩荣解读论语》101页)

李零:怕死比死更可怕,爱知识比知识更可爱。这两句,我喜欢。学习,是为了求知,还是为了兴趣和快乐?我是为了兴趣和快乐。我把读书当休息,在书中找乐子,一切为了好玩。读书没乐趣,不如不读。没乐趣的读书,本身就无聊,如果读完了还写书,就更无聊,既折磨自己,也折磨别人。(《丧家狗——我读〈论语〉》136页)

刘兆伟:乐,是指以做学问为乐事。孔子于此阐述了做学问者对待学问的态度不同,其效果和成就自然不同的道理。其人内在具备乐学乐道之资质,与所做学问自然相通,所以以做学问为乐事。知之者,是人为的,而非自然的;好之者,是有目的地追求;而乐之者,是自然的,而非人为的,所以能持之以恒,治学不辍。（《论语通要》116 页）

杨朝明:本章意在说明学习的三种不同的境界。在孔子看来,学习中有"知之者"、"好之者"和"乐之者"三种不同的人。知其所知是前提,有所知才会有所好,有所好才会有所乐,故这三种境界层层深入,循序渐进。朱熹《论语集注》引尹氏曰:"知之者……所以自强而不息者与?"由此观之,乐知是学习的最高境界。南怀瑾说"好之"与"乐之"是一个意思,此说未必恰当。当然"好之"与"乐之"有必然的联系,"好之"与"乐之"是相互促进、相互补充的。一个人只有从学习中得到某种乐趣,才会"好之",而这种"好之"必然带来更大的学习乐趣。（《论语诠解》54 页）

辑者案:从字面上看,（对于知识）知道它的人不如喜好它的人;喜好它的人,又不如以学习它为乐的人。至于三者的差别,我们认为:知之者,在学习的态度上、兴趣上他不够"喜好",更谈不上"乐",他是被动的求知者,是在某种压力下或为达某种目的而学习的人,是不积极主动的。好之者,即"喜好"上了学习,对学习有兴趣;有兴趣,则能产生学习的自觉性、积极性、主动性。乐之者,即以学习知识为快乐,这是学习的最高境界;达到了这种境界,学习知识就是一种很好的精神享受。

6.21 子曰:"中人以上,可以语上也。中人以下,不可以语上也。"

魏·王肃:上谓上智之人所知也。两举中人,以其可上可下也。（皇侃《论语集解义疏》卷三·32 页）

梁·皇侃:此谓为教化法也。师说云:"就人之品识,大判有三,谓上中下也。细而分之则有九也,有上上、上中、上下也,又有中上、中中、中下也,又有下上、下中、下下也,凡有九品。"上上则是圣人,圣人不须教也。下下则是愚人,愚人不移,亦不须教也。而可教者谓上中以下、下中以上,凡七品之人也。今云中人以上可以语上,即以上道语于上分也。中人以下不可以语上,虽不可语上,犹可语之以中及语之以下,何者? 夫教之为法,恒导引分前也。圣人无须于教,故以圣人之道可以教颜,以颜之道可以教闵,斯则中人以上可以语上也。又以闵道可以教中品之上,此则中人亦可语上也。又以中品之上道教中品之中,又以中品之中道教中品之下,斯即中人亦有可以语之以中也。又以中品之下道教下品之上,斯即中人以下可以语中。又以下品之上道教下品之中,斯即中人以下可以语下也。此云中人以上、中人以下,大略言之耳。既有九品,则第五为正中人也,以下即六七八也,以上即四三二也。(《论语集解义疏》卷三·32页)

宋·朱熹:语,告也。言教人者,当随其高下而告语之,则其言易入而无躐等之弊也。张敬夫曰:"圣人之道,精粗虽无二致,但其施教,则必因其材而笃焉。盖中人以下之质,骤而语之太高,非惟不能以入,且将妄意躐等,而有不切于身之弊,亦终于下而已矣。故就其所及而语之,是乃所以使之切问近思,而渐进于高远也。"(《四书章句集注》89页)

清·刘宝楠:《释文》:"上知,音智。"《汉书·古今人表》列"知"、"仁"之目,亦引此文说之。《穀梁·僖二年传》有"中知以上"、"中知以下"之文。然则此两言"中人",谓中知矣。中人为中知,则上谓上知,下谓愚也。颜师古《人表注》解此文,以"中人"为中庸,失之。孔子罕言利、命、仁、性与天道,弟子不可得闻,则是不可语上。观所答弟子、诸时人语，各有不同，正是因人才知量为语之，可知夫子循循善诱之法。若夫性质既愚，又不能自勉于学问，是夫子所谓"下愚"，非惟"不可语上"，且并不可语之矣。(《论语正义》235页)

方骥龄：孔子对互乡、鄙夫，且循循善诱，如依旧说，有违孔子诲人不倦原则。按鄙解"束脩以上"之义，以上，犹言自动向上也。盖中等之人，可善可恶，如自动向上，可告以向上之方；如不肯向上而日趋下流，难告以向上之道，终归无效；自暴自弃之人，不足与言有为，非不与言有为也。承上二章言，知之、好之、乐之，向上者也。罔之生也幸而免，向下之人也。(《论语新诠》161页)

毛子水：中等资质的人，可以受教导而进入上等；至于资质在中等以下的人，是不能受教导而进入上等的。(《论语今注今译》85页)

李泽厚：［译］孔子说："中等水平的人，可以与他讲上等。中等以下的水平，便不可能与他讲上等了。"［记］循序渐进，教学方法，因材施教，不拘一端。(《论语今读》116－117页)

杨润根：那些知识已在中等的水平以上的人可以凭藉他们的中等水平以上的知识来与那些具有高等知识水平的人进行有效的交谈，而那些知识只在中等水平以下的人则不可以凭藉他们中等水平以下的知识来与那些具有高等知识水平的人进行有效的交谈。(《发现论语》153页)

金池：具有中等以上知识的人，适合给他讲授高深的道理和学问；具有中等以下知识的人，不适合给他讲高深的道理和学问。(《〈论语〉新译》172页)

傅佩荣：中等材质的人愿意上进，就可以告诉他们高深的道理；中等材质的人自甘堕落，就没有办法告诉他们高深的道理了。(《傅佩荣解读论语》102页)

金知明：[注释]上，代词，理想的、顶尖的好东西。[译文]孔子说："中等智力以上的人，可以跟他讨论理想的东西；"中等智力以下的人，不可以对他讲理想的东西。"[理解]本章可以看到生活经验丰富、处世老到的孔子。生活中对智力平平的人讲理想、谈未来实在太难了。对他们讲话只要结论、规则就行了。只要"行"，不必"知"，更不要"理"。对于智力出众的人却不能那么草草了事；你要激发他们，引导他们，给他们讲道理，谈未来。(《论语精读》74 页)

何新：[译文]中等以上的才智，就可以对他讲高尚的道理。中等以下的才智，就不可以对他讲高尚的道理。[注释]上，尚也，高尚的道理。(《论语新解——思与行》73 页)

杨朝明：[诠释]在孔子看来，道有高下，智有深浅。如孔子所说："生而知之者上也；学而知之者次也；困而学之，又其次也；困而不学，民斯为下矣。"(《季氏》)善导人者，必因才而笃之。中人以下，骤语以高深之道，不惟无益，反将有害。惟循序渐进，才可日达高明。……中人：中等之人。上：形而上的大道，即抽象而高深的学问。[解读]孔子说："中才以上的人，可以和他讲高深的知识。中才以下的人，莫和他讲高深的知识。"(《论语诠解》54 页)

胡齐临：人的素质和官员在中等以上的人，与之讲高深的学问，他才会懂；没有素质的人和一般人，同他讲高深的学问，他是没兴趣的，讲也没有用。(《论语真义》70 页)

　　辑者案：人的智力有高下，教者应区别对待。对待中等智力以上的人，可以讲高深的学问；对待中等智力以下的人，不可以讲高深的学问。

6.22 樊迟问知。子曰："务民之义，敬鬼神而远之，

可谓知矣。"问仁。曰:"仁者先难而后获,可谓仁矣。"

(1)务民之义,敬鬼神而远之,可谓知矣

汉·包咸:敬鬼神而不渎也。(皇侃《论语集解义疏》卷三·33页)

魏·王肃:务所以化导民之义也。(皇侃《论语集解义疏》卷三·33页)

梁·皇侃:鬼神不可慢,故曰敬鬼神也。可敬不可近,故宜远之也。(皇侃《论语集解义疏》卷三·33页)

宋·朱熹:专用力于人道之所宜,而不惑于鬼神之不可知,知者之事也。……程子曰:"人多信鬼神,惑也。而不信者又不能敬,能敬能远,可谓知矣。"(《四书章句集注》89页)

日·中井积德:唯易知之民义,而能务之,乃足以为智矣。反之,则舍当务之民义,而讲求难知之鬼神,是不智也。圣人盖不欲人溺心于茫洋恍惚之域。敬而远之,非明知鬼神之理而弗惑也,但以为难知,而姑舍之耳,乃不敢不敬,亦不至于惑渎也耳。非谓能知鬼神之理而后敬远之。程说以为明知后之敬远,大失文意。(《论语逢源》117页)

清·刘宝楠:"务"犹事也。"民之义"者,《礼运》曰:"何谓人义?父慈,子孝,兄良,弟弟,夫义,妇听,长惠,幼顺,君仁,臣忠,十者谓之人义。"是也。"敬鬼神而远之"者,谓以礼敬事鬼神也。(《论语正义》236页)

杨伯峻:把心力专一地放在使人民走向"义"上,严肃地对待鬼神,但并不打算接近他,可以说是聪明了。(《论语译注》62页)

南怀瑾:务民是什么?是领导人,作一个从政领导的人便是务民,意思是他所领导的事务是为老百姓服务的。(《论语别裁》292页)

钱穆:鬼神之祸福,依于民意之从违。故苟能务民之义,自能敬鬼神,亦自能远鬼神,两语当连贯一气读。敬鬼神,即所以敬民。远鬼神,以民意尤近当先。(《论语新解》157页)

杨润根:务:及力,努力,决心,必定,当它意指努力时,这种努力包括认识与实践两个方面。民之义:人民认为是正义的事情和正义的行动。敬:深刻认识,认真对待。鬼神:邪恶之神,邪恶的精神,丑恶的灵魂。……在国家或社会生活中,一个能够称之为有知识的人,必定能够认识一个国家或一个社会中的绝大多数的人民所要实现的社会正义并积极投身于这一社会正义。此外,一个能够称之为有知识的人必定善于发觉一个国家或一个社会中的少数人所参与的社会邪恶并坚决远离这一社会邪恶。(《发现论语》154 页)

金池:倡导并致力于民众应该遵从的礼义,尊敬鬼神但要远离它,就可以说是智了。(《〈论语〉新译》173 页)

林觥顺:务民之义:务是急力从事。民是众人。义是仁义所至之所当宜。是极力快速地去做,人民所需的仁义事物。敬鬼神而远之:是可与民同流而不可与民合污。鬼神是人死之后的事,是当敬祀先祖,但也当疏导人民,不可信邪僻之有灵。(《论语我读》102 页)

苏宰西:孔子说:"给民众办事要讲求世间公理,敬重鬼神却能够疏远他,这就有是有智慧。"(《论语新编》204 页)

金知明:孔子说:"管理百姓适宜的办法,(是使百姓)敬仰鬼神但又远离沉湎祭拜,(这)可以叫做有智慧了。"(《论语精读》74 页)

孙钦善:民之义:即民之宜,指符合礼义的人际关系。……孔子说:"致力于合乎礼义的人际关系,敬奉鬼神但要离开他们远一些,可以说是聪明了。"(《论语本解》71 页)

胡齐临:其实,孔子在此处所讲的"鬼神",只是一种比喻,泛指当时人们尚未完全了解其规律的某些自然现象。其实,"敬鬼神而远之"的涵义是劝诫人们,对于尚未完全了解其规律的某些

自然现象，宁可怀着敬畏之心远而避之，以保自身的安全。（《论语真义》71页）

　　辑者案：务，致力、从事的意思。义，同"宜"。《辞源》释"义"曰："宜，适宜。合理、适宜的事称义。《易·乾》：'利物足以和义，贞固足以干事。'疏：'言天能利益庶物，使物各得其宜。'《论语·公冶长》：'其养民也惠，其使民也义。'"敬鬼神而远之，是说对鬼神可以敬，但不要亲近他，不要迷信他。这么做，才是智者。

(2)仁者先难而后获，可谓仁矣

汉·孔安国：先劳苦乃后得功，此所以为仁也。（皇侃《论语集解义疏》卷三·33页）

宋·程颐：能从百姓之所义者，知也。鬼神当敬也，亲而求之，则非知也。以所难为先，而不计所获，仁也。（《二程集》1142页）

宋·朱熹：先其事之所难，而后其效之所得，仁者之心也。此必因樊迟之失而告之。（《四书章句集注》90页）

明·张居正：难，是切己难尽的功夫。……所谓仁者，存心之公而已。盖为人之道，本是难尽，若为之而有所得，虽功效相因，理之自然，然不可有心以预期之也。有心以期之，则涉于私矣。……按夫子此言，虽是分言仁智，其实只是一理，盖媚神之念，即是望欲之心，先难之功，即是务民之义，人能用力于人道之所难，而祸福得失，皆置之于不计，则仁智之道，兼体而不遗矣。此又学者之所当知。（《论语别裁》85-86页）

清·刘宝楠："难"谓事难也。获，得也，谓得禄也。……窃以夫子此文论仁知，皆居位临民之事，意樊迟时或出仕故也。（《论语正义》236页）

清·王闿运：言不以姑息为仁。先令民为其难，乃后得其效。

董仲舒言治身,非也。(《论语训》卷上·55页)

杨树达:《颜渊篇》曰:樊迟从游于舞雩之下,曰:"敢问崇德、修慝、辨惑。"子曰:"善哉问! 先事后得,非崇德与?"树达按:先事后得,即此先难后获也。夫子一再以此告樊迟,盖意在救其短与? (《论语疏证》144页)

方骥龄:疑本章"先难而后获"之"难"字,系"悲"字传写之误。悲,敬也,先敬人而后获,盖爱人者人恒爱之,敬人者人恒敬之;必先敬人,而后人必敬之。此人与人相处之道也。(《论语新诠》162页)

杨伯峻:仁德的人付出一定的力量,然后收获果实,可以说是仁德了。(《论语译注》62页)

南怀瑾:这里的仁不是讲仁的体,而是讲仁的用,作人处世的仁。孔子说,一个领导别人的人,极须要仁爱的心怀,对任何问题不要轻视,不轻视也就是儒家"敬其事"的思想。尤其领导人聪明的,往往容易轻视天下事,犯上苏东坡"我被聪明误一生"的毛病,所以任何事先从"难"的方面想,以后才能得到好的结果。先从难的方面、问题多的方面看,都研究完了,最后有一个结论,得到中道的成果,这就是仁的用。这样一来,便利了自己,也便利了别人,更便利了老百姓。(《论语别裁》295页)

董子竹:"仁",其具体定义又是很难下的,还是你先立一个想做"仁者"的心,经过了"先难后获",最后达到"乐之者"的心境,本身便就是"仁"了。……这就是说,"知","真知",以直心道场的"知",就是"仁"。不要另立一个"仁"的知见。(《论语正裁》209页)

何新:仁人遇到困难挺身迎受,就可以称作仁善。(《论语新解——思与行》74页)

徐刚:"先难而后获",前人解释为先劳苦,后得到收获,即"先事后得"(《颜渊》)之意。……这种解释在语言上没有任何问题,但是在思想上似乎境界并不高,先干活,后享受,一般的人也都是先事后得,是不是都能够算作"仁"? 不过,这句话还可以有更好的解释,就是劳苦之事在人之先,收获之事在人之后,也就是范仲淹"先天下之忧而忧,后天下之乐而乐"(《岳阳楼记》)的境界。(《〈论语〉古训疑误举例》,《孔子研究》2007 年第 5 期)

　　　　辑者案:从孔安国说。孔子主张先劳苦,后获得;反对不劳而获。劳而有得,是正当的,是符合仁的;不劳而获,非仁也。

6.23 子曰:"知者乐水,仁者乐山。知者动,仁者静。知者乐,仁者寿。"

(1)知者乐水,仁者乐山

汉·韩婴:夫智者何以乐于水也? 曰:夫水者缘理而行,不遗小间,似有智者。动而之下,似有礼者。蹈深不疑,似有勇者。障防而清,似知命者。历险致远,卒成不毁,似有德者。天地以成,群物以生,国家以平,品物以正。此智者所以乐于水也。……夫仁者何以乐于山也? 曰:夫山者万民之所瞻仰也。草木生焉,万物植焉,飞鸟集焉,走兽休焉,四方益取与焉。出云道风嵸乎天地之间。天地以成,国家以宁,此仁者所以乐于山也。(许维遹《韩诗外传集释》110—111 页)

汉·包咸:知者乐运其才知以治世,如水流而不知已。(邢昺《论语注疏》79 页)

魏·何晏:仁者乐如山之安固,自然不动,而万物生焉。(邢昺《论语注疏》79 页)

宋·朱熹:知者达于事理而周流无滞,有似于水,故乐水;仁者安于义理而厚重不迁,有似于山,故乐山。(《四书章句集注》90 页)

清·钱坫:仁,木也,木胜土,故乐山。智,土也,土胜水,故乐

水。于《易》，艮为山，兑为泽。山，土也。坎，水半见于兑，故泽即为水。山泽通气，仁智用之矣。（《论语后录》卷二·11页）

吴林伯：夫"仁者"能好人、恶人，是其所以为知者，故未有无知而能仁者也。旧注皆以"仁者"、"知者"为两种人，非也。（《论语发微》72页）

南怀瑾：正确的解释是"知者乐，水"。知者的快乐，就像水一样，悠然安详，永远是活泼泼的。"仁者乐，山。"仁者之乐，像山一样，崇高、伟大、宁静。（《论语别裁》296页）

李泽厚：用山、水类比和描写仁、智，非常聪明和贴切。作为最高生活境界的"仁"，其可靠、稳定、巩固、长久有如山；作为学习、谋划、思考的智慧，其灵敏、快速、流动、变迁有如水。真正聪明的人之所以常快乐，不仅因为能够迎刃而解各种问题，而且因为了解人生的方向和意义而快乐。"仁"则似乎更高一层，已无所谓快乐不快乐（见前）。他（她）的心境是如此平和宁静、无所变迁，成了无时间的时间：寿。"乐山"、"乐水"，是一种"人的自然化"。"人的自然化"有好几层意思。例如各种体育活动便有发展个体、肢体、身体的力量和能力，从社会异化中解脱出来（但今天的某些体育竞技活动却严重地被社会异化了），得到因它本身获得实现而产生的享受和快乐。这种快乐不是社会性的如荣誉、成就等等的快乐，而是身体本身从而使心理也伴同的快乐。第二，即"乐山乐水"，回归自然，免除各种社会异化，拾回失落感。它既是一种心境，也是一种身体——心理状态。第三，即由气功、瑜珈等所达到的人与自然——宇宙节律的同构合拍。总之，"人的自然化"使人恢复和发展被社会或群体所扭曲、损伤的人的各种自然素质和能力，使自己的身体、心灵与整个自然融为一体，尽管有时它只可能是短时间的，但对体验生命本身极具意义。（《论语今读》

于各种事物。……水的境界就是无我。什么是"知者乐水",乐水就是无我的境界。……"仁者乐山",就是以不变应万变。万变是什么?要我这样也可以,要我那样也可以。不变是什么?是你那颗心不动。(《论语讲义》106页)

郑张欢:[注]水,险陷。山,阻止(参《周易·说卦传》)。[释]孔子说:知者乐于在险陷中进取,仁者乐于劝阻人的不当有害之为。故知者动,仁者静,也故知者乐,仁者寿。(《论语今释》92页)

　　辑者案:孔子把智者、仁者分而论之,认为这两种人性情好恶不同,效用亦不同。理解起来很有难度。似乎拿两者来对比不太合适:"智者"是就"愚智"方面言,"仁者"是就"德行"方面言,不属于同类概念,不适宜对比。事实上,一个人往往仁、智兼备,很多人也既喜欢山又喜欢水。

(2)知者动,仁者静。知者乐,仁者寿

汉·孔安国:无欲故静也。(皇侃《论语集解义疏》卷三·34页)

汉·包咸:自进故动也。性静多寿考也。(皇侃《论语集解义疏》卷三·34页)

汉·郑玄:智者自役得其志,故乐也。(皇侃《论语集解义疏》卷三·34页)

汉·荀悦:或问:仁者寿何谓也?曰:仁者内不伤性,外不伤物,上不违天,下不违人,处正居中,形神以和,故咎征不至,而休嘉集之,寿之术也。(《申鉴》15页)

汉·徐幹:孔子曰仁者寿,此行仁之寿也。孔子云尔者,以仁者寿利养万物,万物亦受利矣,故必寿也。(《中论》26页)

明·蔡清:此章就仁智之喜好不同上,见得其体之异,而其效亦异也。……知乐水、仁乐山,由此观之,知者动、仁者静,动则乐,静则寿,乐寿据理而言。知者之动,毕竟是达于事理而周流无

滞,不然不谓之智;仁者之静,毕竟是安于义理而厚重不迁,不然不谓之仁。此其体段也。(《论语蒙引》卷二·14 页)

明·林希元:知者识鉴通明,事到即剖,不显其多,不苦其难,而心常快活,故乐。仁者德性安重,物不能扰,可以保精,可以顺神,年寿自然长久,故寿。(《四书存疑》卷五·11 页)

清·李光地:山水外物,其理有与心相契之处,是以乐之也。动、静者,性体。能尽其性,则其动也不穷,而其静也不迁矣。乐、寿者,命也。而有可以道致者,故知仁之德,君子所为穷理尽性以至于命者也。此章只以其德言之,不必定作两人说。(《读论语札记·雍也篇》)

蒋伯潜:此章说智者仁者分三层,实则一气贯串。盖智者乐水,由性好动;成功多,故常乐。仁者乐山,由性好静;欲念少,故能寿。(《四书读本》64 页)

吴林伯:本章六句,互文见义,实谓有知之"仁者",喜好动、静,动静参伍,不失其时,则身心闲适、快愉、美满,可以尽年。(《论语发微》72 页)

南怀瑾:知者的乐是动性的,像水一样。仁者的乐是静性的,像山一样。这不是很明白吗? 硬是断章取义,说"知者乐水"是喜欢水,"仁者乐山"是喜欢山,这是不对的。有些人的学问修养,活泼泼的,聪明人多半都活泼,所谓"杨柳岸,晓风残月"、"滚滚长江东逝水"就是这么个气魄,这么个气度。仁慈的人,多半是深厚的,宁静得和山一样。所以下面的结论:"知者乐",知者是乐的,人生观、兴趣是多方面的;"仁者寿",宁静有涵养的人,比较不大容易发脾气,也不容易冲动,看事情冷静,先难而后获,这种人寿命也长一点。(《论语别裁》296 页)

杨润根:智慧的本质是流动的,仁爱的本质是静止的。一颗智慧的头脑使人快乐而幸福,一颗仁爱的心灵使人健康而长寿。
(《发现论语》154 页)

董子竹:孔子讲的是在生命总流程中,如果有人真的"明明德"了,达到了"乐之者"的水平,他便既是知者,又是仁者,作为知者,它永远和"逝者如斯夫"的生命总流程一样,诸行无常,不舍昼夜,不会被某种"文明"的知见,中断了对生命总流程的追随,这是动。但是,我知道"动"的并不是"我",我是如如不动的,这好似水从山前流过,正因为我不动,所以我才知水在不停地动。如果水动我也动,那我们就不会知水动了。正因为有生命本来面目本身的不动,所以才有了对"宇宙—生命"系统无常流动的感知,否则便没有这个感知了。知者、仁者集于一身,知自己本如如不动且生生不息,便正好"乐"于万事万物的"动"了。(《论语正裁》210 页)

林觥顺:[注解]3. 动:重力重复作为。4. 静:古文静字作瀞,是清流见底,肝胆照人。[释义]……知者欲无止境,仁者清心寡欲。知者能预知本末。仁者以清心寡欲少灾殃,故长寿。(《论语我读》103 页)

苏宰西:聪明人言行变化无常,仁人言行始终如一;聪明人容易贪图享乐,仁人希望保持晚节。(《论语新编》143 页)

李里:知者乐水,因为知者不惑,所以他很快乐,他什么事都想得通,像泉水叮咚响,发出欢声笑语。……仁者寿,什么是寿?《说文解字》里说:"寿,守也。"因为守得住自己的心,故而能够长寿。……要静才能养,要养才能寿。……但是,注意了,你们不要把智者和仁者对立起来,认为智者是一种人,仁者是一种人。错了!仁者是智者的升华,不经过智者境界是达不到仁者的,不经过乐是不能长寿的。……仁者后于智者,必须先达到智者的境界,之后才能够成为仁者。如果智者都达不到,那就休谈仁者。

（《论语讲义》106－107页）

　　辑者案：与上则案语联系起来理解。既然一个人往往兼有仁和智，那么兼有仁智素质的人，可能喜动，也可能喜静。再者，也不只是"静"利于寿，通常情况下"动"更利于寿。

6.24 子曰："齐一变至于鲁，鲁一变至于道。"

汉·包咸：言齐、鲁有太公、周公之余化，太公大贤，周公圣人，今其政教虽衰，若有明君兴之，齐可使如鲁，鲁可使如大道行之时。（邢昺《论语注疏》80页）

唐·韩愈：道谓王道，非大道之谓。（《论语笔解》卷上·11页）

宋·朱熹：孔子之时，齐俗急功利，喜夸诈，乃霸政之余习。鲁则重礼教，崇信义，犹有先王之遗风焉，但人亡政息，不能无废坠尔。道则先王之道也。言二国之政俗有美恶，故其变而之道有难易。程子曰："夫子之时，齐强鲁弱，孰不以为齐胜鲁也？然鲁犹存周公之法制。齐由桓公之霸，为从简尚功之治，太公之遗法变易尽矣，故一变乃能至鲁。鲁则修举废坠而已，一变则至于先王之道也。"愚谓二国之俗，惟夫子为能变之而不得试。然因其言以考之，则其施为缓急之序，亦略可见矣。（《四书章句集注》90页）

方骥龄：据《论语》以类相从原则论，本章列此，与前后各章不类。盖本篇各章，或论人，或论事，皆论事理；疑本章所谓齐鲁，非国名，与道字相提并论，犹"文，质""直，幸""知，仁"之并举……"齐、鲁、道"三者，当指三件事理言。……本章齐字，疑当作敬字义解。犹前章所谓"愻"，敬也。一同壹，专壹其心于善也。"一变"，殆专壹之后始可变化也。《广雅·释诂三》："鲁，道也。"《释名·释州国》："鲁，钝也。鲁国多山水，民性朴鲁也。鲁人又以敏为钝人，敏即勉也。"《说文》："一达谓之道。"《法言·问道》："道也者,通也。无不通也。"……整章如依鄙见度之,能齐敬专一而化,必可成为淳朴之人,如再专一变化不已,即无不通达矣。逐步推进,与前数章章法之层次,井然相一致。(《论语新诠》163—164页)

杨树达:齐为霸业,鲁秉周礼,则王道也。齐一变至于鲁,由霸功变为王道也。《礼运》以禹、汤、文、武、成王、周公六君子为小康,是王道为小康也。鲁一变至于道者,由小康变为大同也。《礼运》言大道之行天下为公,此道正彼文所谓大道矣。(《论语疏证》148页)

杨伯峻:齐国[的政治和教育]一有改革,便达到鲁国的样子;鲁国[的政治和教育]一有改革,便进而合于大道了。(《论语译注》62页)

毛子水:齐国的政治改变一下,就可以赶上鲁国的政治;鲁国的政治改变一下,就可以达到太平的境界。(《论语今注今译》87页)

南怀瑾:在孔子当时,鲁国文化,还大有可观之处。孔子的思想中,认为要把中国传统文化保留起来,乃至于振兴起来,就要以齐国的文化为基础,再加上好的转变,就可以到达当年鲁国的情况;再把鲁国的文化,提高一点水准,就可以恢复中国传统文化的"道"。这是他的一个看法,一个感叹。(《论语别裁》298页)

李泽厚:[译]齐国一变化可达到鲁国,鲁国一变化可达到理想境地。[记]这是说:鲁高于齐,因为鲁是周公的后代,保留或潜存的周代礼制和风习更深。"变"者,复古之道也,这是要求开倒车的改革,所以终于行不通。(《论语今读》118页)

董子竹:这个"道"当然不是"道德"之"道",而是真正的经天纬地之"道"。(《论语正裁》205页)

林觥顺:(辑者案:林觥顺将原文标点为:"齐,一变至于鲁鲁,一变至于道。")[注解]1. 齐:说文云禾麦之吐穗,上平也。象形。

是说外表看像是齐头并进,实际上立足点参差不齐。3. 鲁鲁:孔安国注《论语》鲁钝也。《释名》曰鲁鲁钝也。国多山水者,民性朴钝,而引申作卤莽义。4 道:人所行之道,作道理。[释义]孔子说:"天地间万事万物的变化,外表看是齐头并进,事实是参差不齐。人的才智也是如此,有些人非常迟钝,甚至粗卤野蛮,有的人聪敏懂道理,只知行礼义仁爱的大道。"(《论语我读》103 页)

赵又春:要用孔子和《论语》的思想体系来解说这一章,简直是不可能的,所以注释家们的解说都很勉强,经不起推敲。……因此,对于这一章,我们不必太认真,可以看作是孔子信口而说的几句"顺口溜"。当然,也可能有人能够作出一番很能自圆其说的解释,但那未必是孔子的意思,就是说,那不是注释孔子、《论语》,而是让孔子、《论语》来注释他了。《论语》中确有好些章是孔子说的玩笑话,对于说明孔子的生活情趣和某些性格特征,可能是有意义的,对于研究他的思想主张,则没有价值。很有名的这一章就是其中之一。(《我读〈论语〉》407—408 页)

杨朝明:[诠释]道,指王道。孔子对当时诸侯,独取齐、鲁两国,言其政俗有美恶,故为变有难易。[解读]孔子说:"齐国一改变,可以达到鲁国这个样子;鲁国一改变,就可以达到先王之道。"(《论语诠解》55 页)

辑者案:从杨朝明说。孔子期望各国政俗向着仁道方面改变和发展。

6.25 子曰:"觚不觚,觚哉! 觚哉!"

汉·郑玄:孔子曰削觚而志有所念,觚不时成,故曰:"觚哉! 觚哉!"觚,小器耳。心不专一,尚不时成,况于大事乎? 觚本简也。(袁钧《郑玄论语注》卷三·7 页)

汉·马融：觚，礼器也。一升曰爵，三升曰觚也。（皇侃《论语集解义疏》卷三·35页）

魏·何晏：觚哉！觚哉！言非觚也，以喻为政不得其道则不成也。（皇侃《论语集解义疏》卷三·35页）

梁·皇侃：觚，《礼》酒器也。《礼》云："觚酌酒，一献之礼，宾主百拜。"此则明有觚之用也。当于尔时用觚酌酒，而沉湎无度，故孔子曰"觚不觚"也。（皇侃《论语集解义疏》卷三·35页）

宋·程颐：觚而失其觚之形制，则非觚也。故君而失其君之道，则为不君；臣而失其臣之职，则为虚位。（《二程集·论语解》1143页）

宋·朱熹：觚，棱也，或曰酒器，或曰木简，皆器之有棱者也。不觚者，盖当时失其制而不为棱也。觚哉觚哉，言不得为觚也。程子曰："觚而失其形制，则非觚也。举一器，而天下之物莫不皆然。故君而失其君之道，则为不君；臣而失其臣之职，则为虚位。"范氏曰："人而不仁则非人，国而不治则不国矣。"（《四书章句集注》90页）

清·毛奇龄：觚不觚者，戒酗也。觚，酒器名。量可容二升者，其义寡也。……君子顾其名当思其义，所谓名以实称也。今名虽为觚，而饮常不寡，实则不副，何以称名？故曰："觚哉！觚哉！"……今淫酗之家，饮常过多，虽复持觚，亦不寡少，故夫子借觚以叹之。（《论语稽求篇》卷三·8页）

日·物双松：盖时俗湎于酒，而献酬之礼不可废焉，故大其觚以适其量，是觚之所以不觚也。（《论语征》123页）

日·中井积德：夫子之感，盖在君不得施令，臣反制其君，司寇不诘寇，司马不掌兵马之类也。取譬紧切，乃为有味。程说不失解，而意稍泛滥。（《论语逢源》119页）

清·黄式三：《集注》有木简名觚之说，先儒谓以简为觚起于秦汉以后,当以觚为酒器也。"不觚"之叹有数说,《盐铁论·殊路篇》引此经而申之曰:"故人事加则为宗庙器,否则斯养之樗材。"《潜夫论·相列篇》云:"觚而弗琢,不成于器。"是勉人自砥砺也。皇《疏》引王肃云:"当时沉湎于酒,故曰不觚。"王意盖谓古器各有取义,觚之为言寡,不寡则谓之不觚也。皇《疏》又引褚仲都曰:"作觚而不用觚法,觚终不成;犹为政而不用政法,岂成哉?"此同何《注》。陈用之谓夫子叹其名存而实亡也,《注》中程、范说同。赵鹿泉谓觚体本方,比人之耿介,夫子之叹不觚,亦世道喜圆恶方之一端也。(《论语后案》161 页)

章太炎:寻古酒器皆圆,虽觚亦然,故曰"觚不觚",嫌名实不相应。……人力既穷,作圆不过于积觚,故曰"觚哉觚哉",言实是觚也。言此者,以喻君子之道,虽通实介云尔。(《广论语骈枝》7 页)

南怀瑾:我们如果连接上文看,就知道这句话的意义了。孔子说我们的文化已经衰落了,要保持自己的传统文化,是件非常吃力的工作。除非像齐国那样,有雄厚的经济基础,能为后代文化努力,再加重整一番,可至于鲁。鲁国的文化有这样相当基础,能够把他再发扬光大一点,可以保持传统文化之"道"。……他是感叹连这样一个用具,都跟着时代在演变了,人更是永远在演变,历史是拉不回来的。这是他假借酒杯对文化演变的感叹。(《论语别裁》299 页)

李泽厚:[译]孔子说:"酒杯不像个酒杯。酒杯啊,酒杯啊!"[记]感时伤世之辞,后代文学中常见。这既是某种文学表达方式,也是中国传统的思维方式,以此喻彼,类比思维。(《论语今读》119 页)

萧民元:觚是棱角,远古祭祀中用以盛酒的器皿,是有棱角的长方形,后来改变成圆或流线型的样子。由于孔子对考证下过功夫,他知道从前的形状,所以他感叹的说:"觚不觚,觚哉! 觚哉!"那意思就是说:"棱角不见了,棱角啊棱角,你到哪去了?"……古时宗庙祭祀,在精神上的要求,是愈庄严肃穆愈好。如果在宗庙里摆些流线型的东西,严肃的气氛就会打折扣。这才是孔子叹息的真意,不可误会成孔子反变革,喜守旧。(《论语辨惑》88页)

杨润根:每当孔子邀请自己的学生共餐之时,他总是在开始用餐之前对学生们叫喊着:"朋友们! 你们说要不要买点酒来? 去买吧! 去买吧! 我说要买!"……在这里"觚"的意思与"酤"相通,它作为动词,意思是"拿觚去买酒来"或"拿觚去打酒来"。……本章显然是对孔子在其学生看来是不宜为人遗忘的、反映了孔子的伟大性格的一个重要方面的豪放性格的记载。(《发现论语》156页)

黄怀信:觚本当为角质而作成了青铜,已失其实,故曰不觚。(《论语新校释》142页)

李零:我怀疑,"斛"也许只是沽的借字,"斛哉! 斛哉!"就是《子罕》的"沽(贾)之哉! 沽(贾)之哉!",是待价而沽的意思。……或者还有一种可能,是把斛读为孤,孔子也是自问自答:我孤独吗? 孤独呀! 孤独呀!(《丧家狗——我读〈论语〉》138页)

林觥顺:(辑者案:林氏断句为:"觚,不觚。觚哉觚哉。")孔子说:觚是燕礼大射用的礼器,平常燕饮是不可以用觚的,如今乡饮酒也丕用觚,觚者少饮! 觚者是少饮! 觚,可以假借作沽,卖义。(《论语我读》104页)

金知明:[注释]觚不觚:器具没有棱角了;第一个觚是器具,第二个觚是棱角。觚哉! 觚哉要有棱角啊,有棱角。[译文]孔子说:"那个觚没有棱角了,(应该)有棱角啊!(应该)有棱角啊!"[理解]孔子这句话是比喻和感叹,从一个酒器形制的变化,感叹

上古的礼制已经不复存在了。(《论语精读》75页)

  辑者案:朱熹、萧民元说为优。觚作为一种礼器,形制变得不像个觚了,故孔子慨叹。至于慨叹时的内隐之意,不好猜测。

6.26 宰我问曰:"仁者,虽告之曰:'井有仁焉。'其从之也?"子曰:"何为其然也? 君子可逝也,不可陷也。可欺也,不可罔也。"(辑者案:"君子可逝也",定州简本作"君子可选也")

  汉·孔安国:宰我以仁者必济人于患难,故问有仁人堕井将自投下,从而出之不乎? 欲极观仁者忧乐之所至。逝,往也。言君子可使往视之耳,不肯自投从之。(邢昺《论语注疏》81页)

  汉·马融:可欺者,可使往也。不可罔者,不可得诬罔令自投下。(邢昺《论语注疏》81页)

  宋·朱熹:刘聘君曰"有仁之仁当作人",今从之。从,谓随之于井而救之也。宰我信道不笃,而忧为仁之陷害,故有此问。逝,谓使之往救。陷,谓陷之于井。欺,谓诳之以理之所有。罔,谓昧之以理之所无。盖身在井上,乃可以救井中之人;若从之于井,则不复能救之矣。此理甚明,人所易晓,仁者虽切于救人而不私其身,然不应如此之愚也。(《四书章句集注》91页)

  明·林希元:夫君子可说与他往那井上去救人,不可哄使他陷入井中去救人,何也? 君子明理人也,可欺以理之所有,不可罔以理之所无。入井救人,理之所无也。以是罔之,使陷于井,君子岂信之哉? 故不可陷也。"可欺""不可罔"二句,只是解"不可陷"。旧说"可欺"解"可逝","不可罔"解"不可陷",非是。(《四书存疑》卷五·13页)

日·物双松：宰我井仁之问，虑孔子陷于祸，而以微言讽之也。……"仁者"暗指孔子也。"井有仁焉"，不必改作"人"，古注以"井有仁焉"之"仁"，解为"仁人"，与"仁者"相犯，不可从矣。……"井有仁焉"，假设之言，盖言险难之中，有可为仁之事也。宰我意孔子仁心之切，虽或人告之而曰险难之中有可为仁之事，亦必将从之矣。孔子知宰我微意所在，故承之以"君子"。若使宰我明言其事，则孔子必承之以"丘"也。若使宰我泛问"仁人"，则孔子亦当承之以"仁人"。今宰我问以"仁者"，而孔子答以"君子"，故知宰我讽孔子也。（《论语征》124页）

清·沈涛：涛案：《义疏》本"仁"下有"者"字……二说（辑录者案：指皇侃疏、朱熹注）皆非也。此宰我极言仁者求仁之切，不仅造次颠沛，虽给以井中有仁道焉，亦必从而求之，故夫子以"可欺不可罔"答之。"仁"下不应有"者"字。（《论语孔注辨伪》卷上·11页）

清·俞樾：孔以可逝为可使往视，其义迂曲，逝当读为折。……君子杀身成仁则有之矣，故可得而摧折，然不可以非理陷害之，故可折不可陷。（《群经平议》卷三十·17页）

杨伯峻：[译文]宰我问道："有仁德的人，就是告诉他，'井里掉下一位仁人啦。'他是不是会跟着下去呢？"孔子道："为什么你要这样做呢？君子可以叫他远远走开不再回来，却不可以陷害他；可以欺骗他，却不可以愚弄他。"[注释]仁——即"仁人"的意思，和《学而篇第一》"泛爱众而亲仁"的"仁"用法相同。（《论语译注》63页）

南怀瑾：一个作学问成为君子的人，并不是一个笨蛋，必须要晓得应变。孔子力赞《周易》，而《周易》的道理，便有"适变"、"随时"这两个要点。要懂得时代，适合于时代。但自己要站在中间，顺应这个变，有中心主张、中心思想。他在这里说一个君子之人"可逝也"，可以放弃自己的终身，但"不可陷也"，绝不受人家的包围、困扰,落入陷井之中。……。"可欺也,不可罔也。"当面来欺骗可以,愿意接受这个欺骗,这是仁慈。但如果糊涂、将就,自己根本不知道,这是不可以的。所以孔子是说,你问的哪有这个道理?归纳起来的意思,人一定要仁义道德。这是孔子所标榜的,也就是他的学问中心,要有中心思想、中心路线。如果这个中心思想行不通,只要认为对了,乃至于被时代遗弃了都可以,可是如果被现实所陷没了,那是不应该的。(《论语别裁》300—301页)

李泽厚:[译]宰我问道:"有仁德的人,如果告诉他说,井里掉下一个人了,他会不会下去救呢?"孔子说:"为什么会这样呢?可以使他走去看,不可能陷害他下井;可以欺骗他,不可能愚弄他。"[记]宰我总爱提奇怪而尖锐的问题为难老师,甚为有趣,也显示确实聪明。孔子回答得也好,说明"仁人"并非笨蛋,可以随意欺侮陷害。因"仁"中本即有"智",是为情理结构。可惜如今仁者多为老实人,而老实人总受人欺侮、戏弄和陷害。(《论语今读》120页)

钱穆:欺,被骗。罔,迷惑。……可诱骗仁者去看,但不能陷害他入井。他可被骗,但不会因骗而糊涂。(《论语新解》161页)

牛泽群:此章宰我之问,巧设驳难,已非尖刻问题或王充所谓"极问"之属,明有入室操戈于孔子仁说之预含,孔子之答亦非答其所问,而为斥其所以问。……欺与罔之别,前者明而后者暗,《汉书·郊祀志下》颜师古注:"罔犹蔽。"《孟子·万章上》:"故君子可欺以其方,难罔以非其道。"明矣。故两"可"两"不可"各以同义词对。按旧解无论如何迂曲不能通顺,当解作孔子斥宰我及其设问:"君子可逝,不可以陷于汝之诡诈!可欺,不可以诳昧以理之所无!"宰我问以"仁者",子曰以"君子",尤可见其中对峙矣。(《论语札记》175页)

林觥顺:[注解]6. 逝:有往及死义。7. 陷:自高入于下曰陷。

如陷害、陷入、坎陷。欺:欺诈蒙骗。9.罔:通网,捕捉。[释义]……君子可以为行仁而死,但旁人不可设陷,去害正仁君子。君子可以为行仁而受欺骗,但旁人不可制造谲局使君子入彀。(《论语我读》104页)

　　赵又春:这是宰我设计的一个情况,可能是有意难为孔子:一个仁人被告知说,有人掉到井里面去了,他会跳到井里去救吗?这问题本来不难回答,孔子本可以借此说明仁者遇到这种偶然事件会怎样和应该怎样处置,可他却答非所问,反而颇为生气地责备宰我提出这种问题,这就令人不解了。孔子对宰我可能抱有成见。……17-21章宰我提出"三年之丧"的老规矩可以改一改了,理由充足,逻辑严密,孔子无以正面作答,就以攻为守,当面斥责、讥讽、羞辱宰我。这一次是否又是恼羞成怒,采用"以骂代答"的老办法?问题是全章许多地方都不好理解,也就不好肯定。(《我读〈论语〉》415-416页)

　　金知明:[注释]君子可逝也,不可陷也:君子可以下水救人,不可以陷于被别人拯救;逝,下水,含有救人的意思;陷,被陷入其中,有陷落和不能自拔双重意思。可欺也,不可罔也:可以说得过分,不能胡说;欺,强调;罔,无。[译文]宰我问孔子说:"(一个)仁义的人,假如(别人)告诉他说:'下井救人就是仁义。'他应该跳下去吗?"孔子说:"怎么要做这种事情呢?有道德修养的人应该去救人,而不应该自己陷落在井里(让别人来拯救);可以强调存在的理由,不能胡说不存在的理由。"[理解]本章孔子强调的主题是:君子应该救人而不应该陷于被别人拯救。(《论语精读》76页)

　　傅佩荣:对一个君子来说,你可以让他过去,却不能让他跳井,你可以欺骗他井里有仁可取,却不能诬赖他分辨不了道理。(《傅佩荣解读论语》105页)

何新：君子应当避开，而不是自投于陷阱，君子可以被人欺负，却不可以任人愚弄。(《论语新解——思与行》75 页)

杨朝明：[诠释]本章孔子旨在说明仁者当明辨是非，可欺不可辱。而自古学者争论的焦点在于对"井有仁焉"应如何理解。"井有仁焉"，或说原来"仁"下有"者"字，则该句为："井有仁者焉"；或说此"仁"字当作"人"，则"井有人焉"。宋代朱熹以及今人黄怀信、李零等从后说。我们认为，此"仁"即如本字。其实，本章宰我以仁者听说井中有"仁"设喻，问孔子仁者是否应该求"仁"而到井中。很明显，此说具有明显的愚弄口气，因此孔子有"何为其然也？君子可逝也，不可陷也；可欺也，不可罔也"的回答。[解读]宰我问道："假使有人告诉仁者说'井中有仁'，他应追随仁进入井中吗？"孔子说："为何要这样做呢？仁者可以为求仁而死，但不能被人陷害。他可以被欺骗，但不能被愚弄。"(《论语诠解》55 页)

胡齐临：[直义]君子可以到井边去救落水者，却不可以陷入井中；君子可能被权势者所欺，但不可能被迷惑。[见解]做官也有圈套，别人告诉他井里有仁道，君子可能被权势者所欺，但不可能被迷惑，要防止落入陷阱。(《论语真义》72 页)

　　辑者案：从杨朝明说。有不少人认为"仁"应是"人"，但倘若缺乏可靠的版本依据，是不应臆改的。日本学者物双松"'井有仁焉'，假设之言，盖言险难之中，有可为仁之事"的说法与理颇通。

6.27 子曰："君子博学于文，约之以礼，亦可以弗畔矣夫！"

(1)博学于文，约之以礼

宋·朱熹：约，要也。畔，背也。君子学欲其博，故于文无不考;守欲其要,故其动必以礼。如此,则可以不背于道矣。程子曰:"博学于文而不约之以礼,必至于汗漫。博学矣,又能守礼而由于规矩,则亦可以不畔道矣。"(《四书章句集注》91页)

宋·蔡节:约,谓收敛而有归宿之意。畔犹背也。博文致其知也,约礼谨于行也。学文而不博,固无以知事事物物之理。既博矣,不能约之于是礼之中,则必至于汗漫而无操履之实矣。(《论语集说》卷三·27页)

明·蔡清:文谓《诗》、《书》之所载,与夫事理之所当然者,皆道也;君子博而学之,则所知者,皆道也;礼则天理之节,文即道之所存也。君子于所博者一以是约之,则所践履者,皆道也,故曰"亦可以弗畔矣夫"。(《论语蒙引》卷二·15页)

清·毛奇龄:博、约是两事,文、礼是两物,然与"博我以文,约我以礼"不同,何也? 彼之博约,是以文礼博约回;此之博约,是以礼约文,以约约博也。博在文,约文又在礼也。……于文,于此文也。约之,即约此文也。之者,此也。以礼,则谓用礼来约之。以也者,用也。(《论语稽求篇》卷三·10页)

日·物双松:文者,诗书礼乐也。先王之道大矣,非博学之则不能知之也。约之者,纳诸其身也。欲约先王之道而纳之其身,则非礼不能,故曰"以礼"。……旧注"约"训"要",以学文为考索,浅哉,且昧乎字义者矣。(《论语征》125页)

清·刘逢禄:文,六艺之文。礼贯乎六艺,故董生云:"《春秋》者,礼义之大宗也。"其事则齐桓、晋文,其文则史,可谓博矣。君子约之以礼义,继周以俟百世,非畔也。(《论语述何》卷一·11页)

李泽厚:"约之以礼"经常译作或释作"约束控制",不从。释统领为佳,所谓"立于礼",正在于以原则、规范来统率行为,以此为人、做事。(《论语今读》120页)

钱穆：就学言之谓之文，自践履言之谓之礼，其实则一。惟学欲博而践履则贵约，亦非先博文，再约礼，二者齐头并进，正相成，非相矫。(《论语新解》162页)

杨润根：[译解]孔子说："君子应该到人类的历史文化之中去获取广博的知识，并依据自己对于那决定人类的耕作饲养活动的成功与失败、丰收与歉收以及与此相联系的人类的幸福自由的宇宙运行规律的客观认识来统一规范乃至衡量甄别这些知识，这样君子也就可以确保自己从人类的历史文化之中所获得的广博知识不至于与宇宙的客观真理相违背了。"[注释]约：这里有统一规范或衡量甄别的意思。礼：对于决定人类耕作饲养活动的成功与失败、丰收与歉收以及与此相联系的人类的幸福自由的宇宙的运行规律的正确认识——真理。(《发现论语》157页)

辑者案：孔子是说：君子广博地学习文化知识，并以礼（人类的行为规范）来约束自己，就不会有叛逆行为了。

(2)亦可以弗畔

汉·郑玄：弗畔，不违道也。(皇侃《论语集解义疏》卷三·37页)

唐·韩愈：畔当读如偏畔之畔，弗偏则得中道。(《论语笔解》卷上·12页)

清·俞樾：畔者，言畔喭也。博学于文，约之以礼，则自无畔喭之患矣。……据此则畔喭为刚猛而无礼容，合言之曰"畔喭"，分言之则或曰"畔"，或曰"喭"矣。(《群经平议》卷三十·17页)

方骥龄：亦字古义犹今即字，前人所解谓"亦可以"尚不合乎道，非也。"亦可以"，孔子勉人力行此法，即可以弗背乎道之方也。(《论语新诠》166页)

杨伯峻：君子广泛地学习文献，再用礼节来加以约束，也就可以不致于离经叛道了。(《论语译注》64页)

　　李泽厚：君子广泛学习文献、典籍，用礼制来驾驭统率，这样也就可以不违背道理了。（《论语今读》120页）

　　黄怀信：畔：指畔换、跋扈、横暴。《大雅·文王》："帝谓文王，无然畔换。"郑玄笺："畔换，犹跋扈也。"旧读为叛，非是，文、礼与叛无关。"畔""换"叠韵，语急而省"换"字也。（《论语新校释》144页）

　　袁庆德：单独一个"畔"字不等于"畔道"（叛道）。其实这个"畔"就是"公山弗扰以费畔"的"畔"，是叛乱、造反的意思。（《论语通释》176页）

　　　　辑者案：郑玄、杨伯峻说为优。

6.28 子见南子，子路不说。夫子矢之曰："予所否者，天厌之！天厌之！"

　　汉·孔安国：等以为南子者，卫灵公夫人也，淫乱，而灵公惑之。孔子见之者，欲因以说灵公，使行治道也。矢，誓也。子路不悦，故夫子誓之曰。行道既非妇人之事，而弟子不悦，与之咒誓，义可疑也。（皇侃《论语集解义疏》卷三·37页）

　　梁·皇侃：云"子见南子"者，南子，卫灵公夫人也，淫乱，而孔子入卫欲与之相见也。所以欲相见者，灵公唯妇言是用，孔子欲因南子说灵公使行正道也。故缪播曰："应物而不择者，道也；兼济而不辞者，圣也。灵公无道，蒸庶困穷，钟救于夫子。物困不可以不救，理钟不可以不应，应救之道必明有路。路由南子，故尼父见之。涅而不缁则处污不辱，无可无不可，故兼济而不辞。以道观之，未有可猜也。"云"子路不悦"者，子路于时随夫子在卫，见夫子与淫乱妇人相见，故不悦也。缪播曰："贤者守节，怪之宜也。或以亦发孔子之答以晓众也。"王弼曰："案本传，孔子不得已而见南子，犹文王拘羑里，盖天命之穷会也。子路以君子宜防患辱，是以不悦也。"云"夫子云云"者,矢,誓也。予,我也。否,不也。厌,塞也。子路既不悦,而孔子与之咒誓也。言我见南子若有不善之事则天当厌塞我道也。缪播曰:"否,不也。言体圣而不为圣者之事,天其厌塞此道耶?"王弼曰:"否泰有命,我之所屈不用于世者,乃天命厌之,言非人事所免也。重言之者,所以誓其言也。"蔡谟曰:"矢,陈也。《尚书·序》曰:'皋陶矢厥谟也。'《春秋经》曰:'公矢鱼于棠。'皆是也。夫子为子路矢陈天命,非誓也。"李充曰:"男女之别,国之大节。圣人明义教,正内外者也。而乃废常违礼,见淫乱之妇人者,必以权道有由而然。子路不悦,固其宜也。夫道消运否,则圣人亦否,故曰:'予所否者,天厌之!天厌之!'厌亦否也。明圣人与天地同其否泰耳,岂区区自明于子路而已?"(皇侃《论语集解义疏》卷三·37页)

唐·韩愈:矢,陈也。"否"当为"否泰"之"否","厌"当读为"厌乱"之"乱"。孔失之矣。为誓非也,后儒因以誓,又以厌为抵,益失之矣。吾谓仲尼见卫君任南子之用事,乃陈卫之政理,告子路云:予道否不得行,汝不须不悦也。天将厌此乱世而终,岂泰吾道乎?(《论语笔解》卷上·12页)

宋·邢昺:矢,誓也。以子路不说,故夫子告誓之。……否,不也。厌,弃也。言我见南子,所不为求行治道者,愿天厌弃我。(邢昺《论语注疏》82页)

宋·郑汝谐:夫有道则存,无道则亡,天之道也。灵公、南子相与为无道,而天未厌绝之,予其敢厌绝之乎?予之所不可者,与天同心也。(《论语意原》卷二·7页)

宋·朱熹:孔子至卫,南子请见,孔子辞谢,不得已而见之。盖古者仕于其国,有见其小君之礼。而子路以夫子见此淫乱之人为辱,故不悦。矢,誓也。所,誓辞也,如云"所不与崔、庆者"之类。否,谓不合于礼、不由其道也。厌,弃绝也。圣人道大德全,无可不可。其见恶人,固谓在我有可见之礼,则彼之不善,我何与焉?然此岂子路所能测哉?故重言以誓之,欲其姑信此而深思以得之也。(《四书章句集注》91页)

清·毛奇龄:按《释名》云:"矢,指也。"《说文》云:"否者,不也。"当其时,夫子以手指天而曰吾敢不见哉,不则天将厌我矣。言南子方得天也。故《史记·世家》记此事,于"夫子矢之"下,直曰"予所不者",竟以否字作不字,不必训诂。盖不者,不见也。《论语稽求篇》卷三·11页)

清·赵翼:《论语》唯"子见南子"一章最不可解。圣贤师弟之间,相知有素,子路岂以夫子见此淫乱之人为足以相浼而愠于心?即以此相疑,夫子亦何必设誓以自表白,类乎儿女子之诅咒者?杨用修谓:"矢者,直告之也。否者,否塞也。谓子之道不行,乃天弃之也。"其说似较胜。按此说本《史记索隐》。谓天厌之者,言我之屈否乃天命所厌也,则固不自用修始矣。然用修谓子路以孔子既不仕卫,不当又见其小君,是以不悦,则夫子之以否塞晓之者,又觉针锋不接。窃意子路之不悦,与"在陈愠见,君子亦有穷乎"之意正同,以为吾夫子不见用于世,至不得已作如此委曲迁就、以冀万一之遇,不觉愤悒侘傺,形于辞色。子乃直告之曰:"予之否塞于遇,实是天弃之,而无可如何矣。"如此解似觉神气相贯。(《陔余丛考》卷四·2页)

日·丰干:"夫子矢之",矢,恐当作"告",以字形相似而讹耳。否,否塞之否;厌,亦塞也。孔子之见南子,盖有所穷逼然,故子路不悦。孔子因告之曰:予道所否而不行者,天厌塞之也。此亦道之将废也与命也之意耳。(《论语新注》61页)

清·王崧:当在出公辄时。辄之立,南子主之。赵鞅纳蒯聩于戚，与之争国，恐其位不固，欲用孔子以镇服人心，故子路有卫君待子为政之言。南子知孔子无为辄意，乃以聘飨之礼请见，意欲孔子为辄也。子路以与前言正名之旨相反，故不悦。夫子则怒而矢之，谓予如不正名，必获天诛。（程树德《论语集释》423页引王崧《说纬》）

清·刘宝楠：窃谓南子虽淫乱，然有知人之明，故于蘧伯玉、孔子皆特致敬。其请见孔子，非无欲用孔子之意。子路亦疑夫子此见，为将诎身行道，而于心不说。……非因南子淫乱而有此疑也。夫子知子路不说，故告以予若固执不见，则必触南子之怒而厌我矣。天即指南子。（《论语正义》245页）

赵纪彬："子路不说"，似亦应训"子路不解孔丘见南子或子南之故而强与之争"，故此"说"字自应训"解"，殊无训"悦"的道理。……为要使子路从"不解"中解脱出来，孔丘用不着指天发誓，则"夫子矢之"云云的"矢"字即非誓语，而应训"陈"训"正"；"陈之"所以陈述自己见南子或子南的理由，"正之"所以纠正子路反对"复礼"的态度；"予所否者"的"所否"二字，应依毛奇龄《论语稽求篇》训为"若不"；"天厌之"云云，我们以为应解为"被天所厌弃"。……卫国处在这样严重时期，若不见南子或子南借以实现正名主义，则吾将为天所厌弃……恰与孔丘"复礼"路线的根本精神若合符节。（《论语新探》260页）

方骥龄：孔子在卫时，卫君辄公只十六七岁，实权皆操在南子及石姞曼之手，而辄公为蒯聩之子、灵公之孙，南子固辄公之祖母辈；南子召孔子，孔子岂可不见？子路之不悦，以为孔子将欲事南子而不助辄公，宜乎不悦矣。……而在孔子言之，寄寓卫国，雅不欲卷入内政纠纷之漩涡，尤不愿偏向某一方面，亟欲纠正子路之非，故曰"矢之"。矢，正也。之，子路也。矢之，正子路之失也。

非向子路自陈其不得已与设誓之谓也。……本章所谓天，君也。殆指卫君辄公而言。盖南子既系辄公之祖母，况又实权在握，孔子则为卫政府公养之仕，召而不见，南子必疑忌孔子，于辄公亦颇不利；孔子之尊南子，亦即尊君；不尊南子，即不尊卫国体制矣。《汉书·刘向传》"抑厌遂退"注："厌，不伸也。"按"伸""信""直"三字义相通。"天厌之"者，殆谓君亦不直之也。孔子以为如南子召而不见，卫君辄公亦必不直其所为也。孔子因子路欲助卫君而作此答，诚善于辞命者也。（《论语新诠》167页）

　　杨伯峻：[译文]孔子发誓道："我假若不对的话，天厌弃我罢！天厌弃我罢！"[注释]所——如果，假若。假设连词，但只用于誓词中。详阎若璩《四书释地》。（《论语译注》64页）

　　南怀瑾："予所否者"，孔子就告诉子路，你们的看法不对的。这里要千万注意，古人说："万事谁能知究竟？人生最怕是流言。"又说："众口铄金，积毁销骨。"这就是人言可畏。又"谁人背后无人说？哪个人前不说人？"人情世故要通达，凡事问心无愧，旁人背后怎么说不要管他，只问自己。所以孔子是说，你们看法和我看法不一样，我所否定的，我认为不可救药的人，一定是罪大恶极。不但人讨厌他，就是天也讨厌他，那么这种人便不需要与他来往。……我们查卫国的历史，南子没有什么大不了的错，不过长得漂亮，卫灵公非常迷她，如此而已！政治上当时比较起来，卫国还算好的。而且孔子周游列国，流落他方的时候，还是在卫国住得最久，卫君在卫护他，南子也在卫护他，卫国的大臣，蘧伯玉这班人也在卫护他。所以孔子说，你们不要听到人家胡说八道就相信了。"谣言止于智者"，有聪明有智慧的人，一听到就知道是真的或是假的。我所认为不对的，不像你们的看法，如果真有罪大恶极的人，天意都会厌弃他，何况人呢？你们对于南子，用不着

这样不高兴。这节的意思，如此而已。《《论语别裁》304 页)

李泽厚：[译]孔子发誓说："我如果做了坏事，老天会惩罚我！老天会惩罚我！"[记]孔子被逼得没办法时候，也只好对天发誓以表白自己，和今天的人一样，神态可掬。《论语》中的孔子是生动活泼的活人，有脾气，有缺点。例如，虽然"即之以温"，但也常常骂学生，而且骂得很凶，"其言也厉"。但也经常开各种小玩笑，根本不像后世把他抬入神龛内的那副完美无瑕却失去活人气息的木偶面目。……"南子"据说是一个"淫乱"的国君妾妇，是一个"不道德"的人，孔子却拜见而不避，甚至使亲近的学生怀疑而不高兴，可见孔子与后代假道学大不相同，并不装腔作势，而是有高度灵活性的。《《论语今读》120－121 页)

蒋沛昌：[注释]予所否者，即"我之否者"，我的遭遇困顿。[解释]孔子去会见南子，子路很不高兴。孔子正告子路："我的遭遇逆境，不得顺心遂意，天都厌弃！天都厌弃！"《《论语今释》152－153 页)

董子竹：南子美吗？的确很美，别人看着她美，我也看着她美，甚至比一般人更能欣赏她的外表，但我不会因此动了其他的心，因为我是在欣赏大自然的杰作，人化自然的杰作呀！如果我说的话不是真话，天降罪给我，我怎么祈祷也无用。《《论语正裁》212 页)

杨润根：他(孔子)用手指着上天说："我可以指天发誓，如果我背叛了我自己而投靠了一个我所否定的人，那么请上天蔑视鄙弃我吧！我再说一遍，如果我背叛了我自己而投靠了一个我所否定的人，那么请上天蔑视鄙弃我吧！"……"矢之曰"的"矢"就是对天的指称和指证，"之"指的就是"天"本身。《《发现论语》158 页)

程石泉：(据《孔子世家》)卫灵公虽未重用孔子，但曾禄之。子路且曾仕于卫而死于卫难。子路所不说者即孔子拘拘于礼。

孔子不欲见南子而终于见之者，必因卫灵公有所赐予，见之所以答谢之也。初无因南子以求仕进之意。孔子所誓者乃不因礼俗之相见，而改其厌恶南子之心。且谓"我所不许可者，天亦必厌弃之"。宋之孙奕……及后之陋儒以此章所指之南子乃鲁之南子，南蒯也……不得为此章所言之事。……实则孔子见南子乃一极平常之事；子路不说孔子见南子，亦极合情理。孔子于无可奈何中，不觉出言严重如此。孔子人也，非圣也，孰能免过？后之儒者或过事渲染，或曲为讳护，皆不当也。（《论语读训》100－101页）

徐前师：笔者认为，孔子既然"与门弟子语"，不必指天发誓，也不当用"下告上"之陈述语体，故"矢"训"誓"、训"陈"、训"指"均不可取。"矢"有"直"义，"矢之"之"矢"训直或正，纠正的意思。……子路以孔子见南子为不当，因而不悦，孔子则认为子路"不悦"的态度不当，是"过谬"，所以要纠正他，故曰"矢之"。从人物关系的角度看，孔子纠正弟子子路，合情合理……孔子见南子出于不得已。子路或不明事情原委，亦未察夫子隐衷，故有此"不说"之"过谬"。子路不悦显然增加了夫子的委屈感，所以孔子要加以强调和说明，纠正子路，表明自己的委屈。……孔子说天厌弃他，意思是天意无法回避，意谓我虽见南子却并无过错，你子路的想法和态度才不对呢。"所否者"的结构形式是：所（以）＋否（不）＋者。"否（不）"作为否定副词，其后省略了动词"见"，这种结构见于先秦两汉其他文献。……《论语》"所否者"即"所否（不愿）见者"。子路"不说"，是由于孔子"见"南子，孔子纠正子路所说的话也应针对"见"而发，由于对话这一语境，"见"字虽省而其义自现。（《〈论语〉"夫子矢之"之"矢"及相关问题》，《孔子研究》2007年第5期）

杨朝明：［诠释］矢：正告。《尚书·盘庚》："率吁众戚，出矢言"。否（pǐ）：卦名，《周易》六十四卦之一，上乾下坤，表示天地不交、上下隔阂之象,此指遭遇困顿。[解读]孔子正告子路说:"我遭遇逆境,不得顺心随意,天都厌弃,天都厌弃!"(《论语诠解》56页)

　　　辑者案:当从邢昺、杨伯峻、李泽厚说。面对子路的不理解,孔子急而誓曰:"我若做了不对的事,让天厌弃我!让天厌弃我!"与淫妇南子见面,关乎名声问题,孔子最重名声,急而誓,合乎情理。《辞源》释"矢"为"誓";释"否"为"不,不然"。

6.29 子曰:"中庸之为德也,其至矣乎! 民鲜久矣。"

魏·何晏:庸,常也。中和可常行之德。世乱,先王之道废,民鲜能行此道久矣,非适今。(邢昺《论语注疏》82页)

宋·程颐:中庸,天下之正理。德合中庸,可谓至矣。自世教衰,民不兴于行,鲜有中庸之德也。(《二程集》1143页)

宋·朱熹:中者,无过无不及之名也。庸,平常也。至,极也。鲜,少也。言民少此德,今已久矣。(《四书章句集注》91页)

宋·孙奕:"民鲜久矣",言中庸之德其极至难能之事,斯民之所日用常行者也。然行之者能暂而不能久,故曰"民鲜久矣"。(《示儿编》卷五·4页)

日·丰干:第十三篇曰:"不得中行而与之,必也狂狷乎。"《孟子》"中行"作"中道",盖与此"中庸"同意而语各异,皆二字相结作义耳。庸,用也,行用之得中也。(《论语新注》61页)

清·黄式三:《礼·中庸正义》曰:"按郑《目录》云:'名曰中庸者,以其记中和之为用也。庸,用也。'"此一解也。郑君于"君子中庸"注云:"庸,常也。"何《解》亦同。庸为经常之义,程子不易之训本此。又一解也。朱子有平常之训,许益之云:"平是平正,常是常久。"……与朱子意盖不同也。宋季诸儒误认中为含糊苟且、不分善恶之意,详见朱子《皇极辨》。故《注》用程子说以正之,"庸"之字义亦依程子说为明。"民鲜久矣"四字连读,谓少能久守也。(《论语后案》164页)

清·刘宝楠:夫子言"中庸"之旨,多箸《易传》。所谓"中行",行即庸也。所谓"时",即时中也。时中则能和,和乃为人所可常行。(《论语正义》248页)

杨伯峻:[译文]中庸这种道德,该是最高的了,大家已经是长久地缺乏它了。[注释]中庸——这是孔子的最高道德标准。"中",折中,无过,也无不及,调和;"庸",平常。(《论语译注》64页)

毛子水:中庸这种德行,是最高的吧!很久以来,人们少能做到。(《论语今注今译》90页)

乔卫平:我们认为,《论语》之"中庸","中"为典策书简之名,"庸"为甬钟乐器之名,此处则是借喻西周的礼乐制度。(《〈论语〉"中庸"证异》,《孔子研究》1988年第4期)

南怀瑾:一切都是相对的,在这个相对的中间,有一个中和的道理。所以"中庸"便提到中和的作用,孔子是说两方面有不同的意见,如果有最高的领导德业的人,使它能够中和,各保留其对的一面,各舍弃其不对的一面,那就对了。那才是"中庸之为德也,其至矣乎!"孔子同时感叹说:"民鲜久矣。"一般的人,很少能够善于运用中和之道,大家走的多半都是偏锋。

把这节放在孔子见南子后面,正说明了我们刚才所说的道理。一般人对人事的批评,要多方面注意人情世故。将来各位出去外面做事情,你的部下,你的朋友,甚至你的敌人,对你也是一样。当骂你坏的时候,什么都是坏的,没有好的;当捧你的时候,什么都是好的,没有坏的。但是不管捧与骂,都是有问题的。我们不要忘记了自己的本分,自己要很清楚自己,不要为这些毁誉

所动摇,要问自己真正的作为。所以孔子在这里所讲的道理,说明了孔子见南子的真相。(《论语别裁》306 页)

张俊相:"中庸",是揭示主观与客观统一之规律的方法论范畴。……"中"之"内"义的动词化及其"射矢中的"义的引申,则为主观与客观相统一之义。……庸,《尔雅》释"庸"为"常"。《说文解字》又训"庸"为"用"。可见,"庸"可指"万古常行而不可易"(陈淳《北溪字义》)之绝对的法则、规律。这就是"中庸"之"庸"。(《"中庸之为德也"新探》,《求是学刊》1990 年第 6 期)

杨福泉:中与庸是并列互补的关系。"中"的要义在于"恰当",能够检验这种"恰当"的只有具体实践的运用,而庸正是具体实践运用的理论概括。社会矛盾运动是静与动的辩证统一。因此,中庸理论实即类于我们今天所说的认识论与实践论及其辩证统一。……中庸在实践层面上的涵义是"中用"、合用之义。(《孔子"中庸"考释》,《淮阴师专学报》1995 年第 2 期)

胡念耕:《论语》"中庸"之"中"名为"正道"而实指"礼义","庸"指"奉劳不已","中庸"实谓"循从礼义奉劳不已"。(《孔子"中庸"新解》,《社会科学战线》1997 年第 2 期)

李泽厚:今人徐复观的解释更好:"所谓庸是把'平常'和'用'连在一起,以形成新内容的。《说文》三下用部:'庸,用也。'……'庸'者指'平常地行为'。因此'平常地行为'实际是指'有普遍妥当性的行为'而言。……表明了孔子乃是在人人可以实践、应当实践的行为生活中,来显示人之所以为人的'人道',这是孔子之教与一切宗教乃至形而上学断然分途的大关键。"(《中国人性论史》第 113 页,台北商务版)其实,此即我所谓之"实用理性"。庸,用也。"中庸"者,实用理性也,它着重在平常的生活实践中建立起人间正道和不朽理则,此"人道",亦"天道"。虽平常,却乃"道"

之所在。(《论语今读》121—122页)

杨润根:可以说"庸"或"中庸"就是为人们所认识、所掌握、所遵行的公平正义的,因而也是能够确保人们达到目的的普遍有效、普遍适用的行为原则。(《发现论语》160页)

吴新成:恰到好处叫中,平平常常叫庸。平常的人都可以具备的德,叫中庸之德。孔子说:中庸之德,广大平易至极!可惜长久以来,一般人身上都很少见了。(《论语易读》111页)

程石泉:[文字]《礼记·中庸》作"中庸其至矣乎!民鲜能久矣"。按文理应如《中庸》加"能"字。[训诂]《论语集解》注疏云:"庸,常也。"……按此"常"字非平常之谓也,乃典、型、彝、则、矩、范、律、章之谓也。中庸者,即典、型、彝、则、矩、范、律、章以导乎中和为鹄的者也。[意义]中国政教文化尚中和,由来已久。……是故中庸之道乃天下至德也。孔子感此至德,久不为人所重,故有"民鲜能之"之叹。(《论语读训》101页)

林觥顺:[注解]1. 中庸之为德:中是不偏,是内与外之间,是中和是中正。总结来说是公正无私偏。庸是用,为是治理,德是言行正直又仁慈的善行。所以中庸之为德,是用公正无私的仁慈善行,来治理国事。2. 至矣乎:……至有来至终尽义,是尽善尽美了吧。[释义]孔子说:"用公正无私的仁道治国的方法,可算是至善至美,可惜少有人追随力行。"(《论语我读》106页)

赵又春:孔子的"中庸"思想,很可能是受《书·大禹谟》中下面这几句话的影响、启发而形成的:"人心惟危,道心惟微,允执厥中,无稽之言勿听,弗询之谋勿庸。"因此,"中"还是指"允执厥中","庸"和这里的用法也一样,是"用"的意思,"中庸"连说,不过是字面上的改动,把"允执厥中"这四字句表达的命题压缩为二字,加之"庸"作"用"讲时,和"执"基本同义,也可说"中庸"二字蕴涵了前引几句话的全部意思。由此可知,"中庸"思想乃重在"中"字,作为思想方法、处事原则,就是教人采用折中的、调和的态度,不要过头或者不及。……这个平常人的平常道理、不朽理则,作为处理人际关系的道德准则,自然是最好的了,所以"至矣乎"乃是说没有比这准则更好的了,即是把它与别的原则相比较而对之作出的评价,不再是讲它自身的性能,也不是赞叹它"虽平常,却乃'道'之所在"。……把这样一个好道理作为道德的准则,人民真会长久地不予重视、不加应用吗?当然不会。因此,接下来的"民鲜久矣"决不会是"人民很久没拥有了"的意思,就是说,这个"鲜"字不可以解释为"少"。《诗经·小雅·北山》里有这样两句:"嘉我未老,鲜我方将。"其中的"鲜"是"嘉"的同义词,"称善"、"赞许"的意思。用"鲜"的这个意思训"民鲜久矣"的"鲜",上下两句的意思和语气就十分连贯了。所以,整个这一章其实是说:拿中庸作为道德原则,是最好不过的了,历来都得到人民的称赞。(《我读〈论语〉》343—344页)

何新:[注释]中庸,即中允,中正。即用中,取中,用正。……[译文]中庸作为道德,该是最高层次了!人们不了解它,已经很久了。(《论语新解——思与行》77页)

李培宗:[解析]美德不能外加也不能减损。孔子说:"中庸的道理是在日常生活中不过分也无不及,作为一种美德,真是太好了!但世人中的习俗,不是太过分就是达不到,即便有达到中庸的人,也是很少的,况且是在很久以前了,不是很可慨叹吗?"(《论语全解》95页)

杨朝明:[诠释]《礼记·中庸》中孔子说:"中庸其至矣乎?民鲜能久矣!"与本章近同。中庸也是儒家的最高德行标准。《中庸》郑注:"中庸者,以其记中和之为用也;庸,用也。""中庸"就是

"用中"的意思。……中庸就是不偏不倚的平常道理,即是"无过,无不及",恰到好处。[解读]孔子说:"中庸作为一种道德,可算是至极的了! 一般民众,很少能达到这种境界。"(《论语诠解》56页)

　　辑者案:将朱熹解及杨朝明诠释结合起来理解,颇为明确。

6.30 子贡曰:"如有博施于民而能济众,何如? 可谓仁乎?"子曰:"何事于仁! 必也圣乎! 尧、舜其犹病诸! 夫仁者,已欲立而立人,已欲达而达人。能近取譬,可谓仁之方也已。"

(1)何事于仁! 必也圣乎! 尧、舜其犹病诸

汉·孔安国:君能广施恩惠,济民于患难,尧、舜至圣,犹病其难(辑者案:"君能广施恩惠",皇疏本为"若能广施恩惠")。(邢昺《论语注疏》83页)

宋·邢昺:"子曰:何事于仁! 必也圣乎! 尧、舜其犹病诸"者,此孔子答子贡之语也。言君能博施济众,何止事于仁! 谓不啻于仁,必也为圣人乎! 然行此事甚难,尧、舜至圣,犹病之以为难也。(邢昺《论语注疏》83页)

宋·朱熹:病,心有所不足也。言此何止于仁,必也圣人能之乎! 则虽尧舜之圣,其心犹有所不足于此也。以是求仁,愈难而愈远矣。(《四书章句集注》92页)

杨伯峻:子贡道:"假若有这么一个人,广泛地给人民以好处,又能帮助大家生活得很好,怎么样? 可以说是仁道了吗?"孔子道:"哪里仅是仁道! 那一定是圣德了! 尧舜或者都难以做到哩!"(《论语译注》65页)

李炳南:子贡所举博济,皆需货财,疑为此者即是大仁。孔子

先释其疑,后示学仁之方。何事于仁者,博施济众皆是事用,何能
与理体之仁并为一谈。下文句读,据《白虎通·古圣人篇》引《论
语》,读为:必也,圣乎尧舜其犹病诸。此节是孔子示以舍本务末
之病。言若必以事讲仁,即使圣与尧舜犹病其难之乎。圣人是有
德者,尧舜是有位者,圣乎尧舜是合德与位者,犹难博济,其他或
只有德,或只有位,则更难作到。因本国民众待施待济既多,尚有
各国民众,此世界外,又有他世界,推之无穷,而货财有限,博施救
济,孰能周遍! 虽然,仁不可不学,善事不可不作,故结示学仁之
方,即是己欲立而立人,己欲达而达人。己欲立者,自己先志于
道,再据于德,再依于仁。己如是立,亦如是立人。立后则言达,
达者通达。举凡天地人三才之道,以至六艺百工,皆须求其通达。
己欲通达,亦教他人通达。自己与人既立既达,博济之事自能为
矣。(《论语讲要》120 页)

　　林觥顺:[注解]3. 何事于仁:是于仁事何,这与行仁之事何
干? 4. 必也圣乎:人也必须遵守博施济众,才能被称为圣人吗?
5. 其犹病诸:他们更会厌烦这种说法,诸是辩说。[释义]⋯⋯这
与行仁有何密切关系! 难道说圣人也必须如此做,也会讨厌这种
论调的呀!(《论语我读》107 页)

　　黄怀信:[释]何事于仁:"何",如何,怎么。"事",犹置,古音
同。尧舜其犹病诸:"病",以为病,忧痛。"诸","之乎"合音。[训
译]先生说:"怎么能把他放在'仁'的行列? 如果一定要放,应放
在'圣'一类吧!(因为那些事)连尧舜恐怕也会担心做不到吧!"
(《论语新校释》147 页)

　　金知明:[注释]何事于仁,必也圣乎:为什么在仁义方面做点
事,一定要以为了不起呢;何,疑问代词,为什么;"何⋯⋯,必⋯⋯",
一种增强语气的句式,义为"凭什么⋯⋯,一定要⋯⋯";事,动词,

做;于仁,在仁上,介词宾语做状语;必,一定要;也,语气词表示停顿;圣,形容词,有了不起、自吹自擂的意思。[译文]子贡问:"假如(有人)广泛施加恩惠给百姓并且能帮助众人,(那人)怎么样呢？可以称得上仁人了罢？"孔子回答说:"为什么在仁义上做点事,必定以为了不起呢！尧舜(在仁义方面)也有力不从心(的地方)！"(《论语精读》77—78页)

杨朝明:[诠释]本章重点谈儒家学说中两个重要的道德范畴"圣"与"仁"。"圣"是孔子及儒家理想人格修养中最高的境界,是具有崇高德行且德位兼备的人。在孔子的心目中,只有尧、舜、禹、汤、文王、武王、周公等古圣先王才可称为"圣"者。……"仁"是孔门道德修养中的核心标准。"仁"可力致,"圣"则非力而能致者也。"仁"的最大特点便是推己及人,"己所不欲,勿施于人","己欲立而立人"。何事于仁:哪里只是达到仁。事于,做到。病:心有所不足。[解读]子贡说:"如有人广泛地给予民众实惠,紧急时又能救济大众,这样如何呢？可以称他为仁者吗？"孔子回答说:"岂止是仁呢？一定是圣人了。就是连尧、舜也会感到力量不足呀！"(《论语诠解》56页)

　　辑者案:从邢昺说。病,忧虑,为难。孔子认为:如果能做到博施济众,何止是仁,那一定是"圣人"了！恐怕尧舜也担心难以做到呀。事,犹止、仅。颜师古注此语曰:"非只称仁,乃为圣人也。"

(2)夫仁者,己欲立而立人,己欲达而达人。能近取譬,可谓仁之方也已

汉·孔安国:更为子贡说仁者之行。方,道也。但能近取譬于己,皆恕己所欲而施之于人。(邢昺《论语注疏》83页)

汉·郑玄:方,犹道也。(马国翰辑《论语古注·论语郑氏注》卷三·5页)

宋·朱熹：以己及人，仁者之心也。于此观之，可以见天理之周流而无间矣。状仁之体，莫切于此。譬，喻也。方，术也。近取诸身，以己所欲譬之他人，知其所欲亦犹是也。然后推其所欲以及于人，则恕之事而仁之术也。（《四书章句集注》92页）

明·林希元：立、达俱兼教养说。己欲植其生，使人亦植其生；己欲做得人，使人亦做得人。此便是立。己欲俯仰有资，志无不遂，欲人亦然；己欲邦家必达，行无不得，欲人亦然。此便是欲达。（《四书存疑》卷五·19页）

日·中井积德：立人达人……此取仁之形状，而容易言之，使其用力于下学也，非状仁之体。……以己之饥，知人之饥，是以己为譬，而知他人也。《注》（辑者案：朱熹注）"譬之他人"，意正同，而文义相反。……此夫子所以点化子贡也。非以仁难言，姑举其一端。夫子盖姑勿高论云尔，唯欲子贡由恕入于仁而已矣。（《论语逢源》122页）

日·东条弘：按天下之富有限，而人民之众无限，虽尧舜之仁，尚焉得济众？但在其天灾流行之际，施于民，宣能济众。当此时治天下之职，不如济其小之急。今就于尧舜之身言之，己欲立者，欲治天下，是常职。先立人者，孟子所以急先务也，立者以事言，达者以志言。（《论语知言》197页）

清·陈澧：方是方法。……只要在近处设想能取自己的心事，譬喻别人的心事，就照自己一样推出去，这便是求仁的方法了。（《论语话解》卷三·27页）

杨伯峻：仁是什么呢？自己要站得住；同时也使别人站得住；自己要事事行得通，同时也使别人事事行得通。能够就眼下的事实选择例子一步步去做，可以说是实践仁道的方法了。（《论语译注》65页）

　　匀承益、李亚东：能在切近的生活中取譬相喻，这就可说是仁的方向了。(《论语白话今译》66页)

　　杨普罗："己欲立而立人"之"立"实应理解为"立于位"之"立"，即无论在大夫家或在诸侯国中都能有其可立之职位。……"己欲达而达人"之"达"则为《颜渊》中"在邦必达，在家必达"之"达"，也即《孟子·尽心上》的"达则兼善天下"之"达"。即无论在诸侯国中或大夫家中都能取得主持大政的地位……与流行说法不同，我们认为孔子"夫仁者"到"仁之方"这番名言，并没有直接谈什么是"仁"这个抽象概念，这与《颜渊》"夫达也者"、"夫闻也者"的句法不同，而是循循善诱地以举例或曰打比方的口气，准确高明地道出了什么是为仁之方。大意可解作：自己要想"立"想"达"，就要像已"立"已"达"之人那样。同样，要想为仁，也要像仁人那样。能够像这样选择身边的仁人为榜样，一步步学着去做，就是为仁的方法。(《〈论语·雍也〉"仁之方"新解》，《西北大学学报》1994年第3期)

　　杨普罗：从"夫仁者"到"仁之方也已"，在我看来，都是在进行仁的方法，不能分作两截，以为一在说仁之含义，一在说为仁的方法。为便大家体会揣摸，现也试作口语化的今译如下：(说到为)仁嘛，(一个人)自己要想立，就要像已立之人那样做；自己要想达，也要像已达之人那样做。能够(像这样)就近以立人达人为榜样(学着)去做，也就可以说是为仁的方法了。(《再释"仁之方"》，《学术研究》2002年第11期)

　　朱乐宁：只有从时间和空间的结合上解释"能近取譬"，才能得到开启儒家思想体系的钥匙。……"能近取譬，可谓仁之方也已"应理解为能够从自己和身边的人和事出发，研究和解决每个人所面临的各种问题，从现实的实践中，做好自己力所能及的事

情,就一定能达到理想的境界,实现至仁至圣的目标。(《"能近取譬"辨释》,《黄山学院学报》2003年第1期)

杨润根:譬:辟言,法律准则,法定令律。……"能近取譬"的意思是:使自己(近)的行为与目的能够为每一个他人所接受并成为每一个他人的行为与目的的典范、依据、参照和效法的范例,而这样的行为与目的的主体也就是完全合于仁爱与道德的。只有站在这样一个基点上,才是正确理解仁爱与道德的正确方法。从这种意义上来说,"能近取譬"的意思也就是能够从自身的行为与目的动机之中获得普遍无限和绝对永恒的道德的法则与道德的令律,从自身之中寻求一个理想社会所需要的政治、法律与伦理的原则。方:这个字的本意是方舟,人们乘坐它便能达到人们想要达到的每一个地方。它能把人带到四面八方,带到全世界,带到全球,引伸为全方位、完全、周全的形式。……仁之方:完全的仁,完美无缺的仁。(《发现论语》162—164页)

黄怀信:那有仁德的人自己想立身就先让别人立身,自己想腾达就先让别人腾达。能够就近从自身做比方,可以算是行仁的方术了呀!(《论语新校释》147页)

金知明:本章中孔子强调的是从自身做起,从小事做起,不要一做事情便以为自己有多么神圣。"夫仁者,己欲立而立人,己欲达而达人"意思是:"仁人嘛,只是自己想要树立为理想的东西也想到帮助别人立为榜样;自己想做到时也希望别人做到。仁是自发向上的内心驱动,不是外在的故作姿态、博施广舍。"能近取譬,可谓仁之方也已"是说能够从自己身上作比较,找到好的实践方法,这就是实践仁的开始。"仁之方"有两层意思,其一为实践仁义的途径,其二是实践仁义的开始。(《论语精读》78页)

何新:[译文]所谓仁人,就是为了自我存在先要使别人存在。

自己想发达,先要使别人发达。能做到这一点,可以说就得到了
实践仁德的方法。[注释]譬,彼也。近,接近。接近于"彼"。(《论
语新解——思与行》77页)

　　辑者案:从朱熹、陈浚说。日本学者中井积德"以己之
饥,知人之饥,是以己为譬,而知他人也"之语,释"能近取譬"
生动贴切。

論語

歧解辑录

高尚榘 主编

中 册

中华书局

论语江氏集解 | 论语梁武帝注 | 论语经正录 | 论语稽求篇 | 论语拾遗 | 论语全解义 | 论语丧主篡笺 | 论语颜氏说 | 论语务证 | 论语课校 | 论语浅解 | 论语别裁 | 论语释疑 | 论语解 | 论语語 | 论语辨疑 | 论语政果 | 论语笔解 | 论语有弘 | 论语注 | 论语旁证 | 论语橘蒻

述 而 第 七

7.1 子曰:"述而不作,信而好古,窃比于我老彭。"

(1)述而不作

梁·皇侃:述者,传于旧章也。作者,新制作礼乐也。孔子自言我但传述旧章而不新制礼乐也。(皇侃《论语集解义疏》卷四·1页)

宋·邢昺:作者之谓圣,述者之谓明。……但述修先王之道而不自制,笃信而好古事。(邢昺《论语注疏》84页)

元·陈天祥:述谓明其理之所有,作谓创其理之所无。循天人之际、自然之理,以明夫三纲五常固有之道,若六经之言者通谓之述。出天理所有、人伦纲常之外,若杨墨之言者通谓之作。(《四书辨疑》卷四·15页)

清·刘逢禄:此篇类记夫子删定六艺之言。《易》、《诗》、《书》、《礼》皆述古者也,《春秋》夫子所作,亦谦言述者,其义亦祖述尧舜、宪章文武也。(《论语述何》卷一·11页)

吴林伯:《墨子·耕柱》:"公孟子曰:'君子不作,术而已。'"术,同述。又《非儒》:"君子循而不作。"《说文》:"述,循也。"《墨子》曰"循"、曰"术",皆言述也……"作",天子之事也。孔子有天子之德,而无其位,世称之"素王",自以为能"述"而不能"作"……孔子未尝不欲"作",但以妄"作"为忌耳。(《论语发微》90-91页)

陈德述:"述"就是整理《六经》的过程中忠实于《六经》记述的事实和基本思想,也就是继承;"不作"就是在整理《六经》时只是把自己的观点、价值判断贯注于其中，也就是所谓"寄寓微言"。所以，所谓"述而不作"只是形式上无所作，实质上是述而有作，是在继承的基础上有所创新。(《论孔子思想的现实价值》，《孔子诞辰2540周年纪念与学术讨论会论文集》2461页)

李泽厚：任何"述"中都有"作"，孔子以"仁"解"礼"，便是"作"。实际上孔子是"述而又作"。"述"者"礼"也；"作"者"仁"也。"作"是为了"述"，结果却超出了"述"。(《论语今读》124页)

董子竹："述"，是尊重当下真实，只是"直述"我的所见、所闻、所行，不再从这里抽象出什么理论，不另立什么标准、准则标榜自己，让自己和别人去遵守，更不创造什么学说体系。即佛学所说"知见立知，即无明本，知见无见，斯即涅槃"。孔子不以自己所见、所闻、所行及当下的判断为原则，去束缚后人，所以无所"作"。所谓孔子的道德伦理体系是后人杜撰的，与孔子无关。"述而不作"也与"谦虚"美德无关。(《论语正裁》215页)

高专诚：此处所讲的"作"并不是一般意义上的创作，而是专指那种抛弃古道、另行其道的错误做法。所以，孔子所谓的"述"也不能理解为一般意义上的转述。事实上，在他对古道的传述中，通过突出某些方面，或者是对原意进行全新的解释，古道已不完全是往昔的模样。(《论语通说》98页)

杨润根：[译解]我只讲述那些可以证实的真实可靠的知识，而决不杜撰那些不可证实的虚假不实的理论。[注释]述：浇灌，引水灌溉，引伸为用自己掌握的知识和获得的信息见闻来款待或满足那些渴望得到知识、获取信息见闻的人……作：凭空想象，主观杜撰，人为的，造作的，引伸为褒意的创造、制作。(《发现论语》165页)

牛泽群：既信古，何以删《诗》、《书》？既不作，又何以"作《春秋》"？……窃以为述、作均为原义，只动作不同、方式不同，而无新旧之别。"述而不作"良非"信而好古"之所以然，而实为太史公"七十子之徒口授其传指，为有所刺讥、褒讳、挹损之文辞不可以书见也"（《史记·十二诸侯年表》）所云之玄机！（《论语札记》180 页）

林觥顺：1. 述而：述是继续说明，述而是必须继述长绵古圣先贤之道。2. 不作：读同丕作，是详加释义。（《论语我读》108 页）

黄怀信："述"，《说文》："循也。"即因循、沿用。"作"，创作、创新。皆指书籍文章言。（《论语新校释》148 页）

徐兆寿：在周朝时期，"作"和"述"是有严格等级区分的。《礼·中庸》云："非天子不议礼，不制度，不考文。议礼、制度、考文，皆作者之事，然必天子乃得为之。""虽有其位，苟无其德，不敢作礼乐焉；虽有其德，苟无其位，亦不敢作礼乐焉。"由此可见，孔子修《春秋》，自言述而不作就是这个原因。不是孔子不"作"，而是孔子没有称"作"的地位；不是孔子的"述"不是"作"，而是因礼制，只能把"作"称为"述"。这就是述而不作最原始的含义……就古人来说，"述"与"作"尤其是"作"，与我们今人的理解是有差异的，且语境是不同的……古文中"作"的意思很广泛，创作和制作都是其中之一……一个人只要讲述，他便在"作"。没有"述而不作"的……所以，无论从述者或是作者或是接受者，"述而不作"是不存在的。（《论孔子"述而不作"的误读与历史语境》，《甘肃社会科学》2008 年第 3 期）

杨朝明：本章是孔子对自己文化观的明确表述，也是本篇的核心思想……其实"述而不作"，并非仅指"著述""文化典籍"而言，"述"之本义可能并不等同今天的"著述"、"著作"，这也许是语义在演变过程中出现差异……"述而不作，信而好古"，固然是孔子的自谦之词，但这更是一种宏观的文化观念，是孔子对文化事

业的担当与抱负。（《论语诠解》58页）

　　袁庆德：孔子指出，在学术上，自己非常信仰并爱好古人的学说，因而遵守"述而不作"的原则，只阐述前人的学说，而不创立新的学说。其实，孔子所谓的"不作"，只是没有撰写文章或著作而已，但他并不是单纯地继承并阐述前人的学说，而是一方面整理《诗》、《书》、《礼》、《乐》等古代文献，并把它们当作教材，另一方面又在总结前人学说的基础上提出了很多新的观点，形成了一套系统的修身治国学说，成为儒家学派的创始人。（《论语通释》17页）

　　　　辑者案：述而不作，即只传述、继承而不创造、发明。皇侃、吴林伯、徐兆寿、杨朝明等解，均有一定道理。

（2）信而好古

　　梁·皇侃：言己常存于忠信而复好古先王之道。（皇侃《论语集解义疏》卷四·1页）

　　清·张鼎：信即信古也。今人属辞必曰"信古而好"，此倒置"古"字于下。（《论语说略》卷上·8页）

　　日·物双松：古者，古之道也，谓尧、舜、禹、汤、文、武之道也。信之故好之，好之故博学而详尽之，是以能述焉。（《论语征》132页）

　　日·昭井一宅：信者，不疑也。……古者，《诗》、《书》、《礼》、《乐》，古人之所以行也。好古则恶今之俗也。好古而恶今，盖知其必败也。（《论语解》145页）

　　方骥龄：《说文》："古，故也，识前言者也。"古、故、诂三字相通。古，即古之善言也。孔子所好，固非盲目之好古，必古之善言而始好之也。（《论语新诠》175页）

　　金良年：信奉并喜好古时候的准则。（《论语译注》67页）

　　杨润根：［译解］在诚实而又永不厌倦地探求万物的原因、追寻世界的本原方面，我总是在我私下的心灵深处把我所挚爱的伟大哲学家老子和彭祖作为我学习并与之看齐的榜样。[注释]古：宇宙万物（"十"）的本原（"口"），宇宙万物（"十"）的终极的原因（"口"），它是宇宙万物的全部历史发展的源头。《说文》："古，故也。""故"是对于宇宙万物存在发展的历史源头的理性探索及其所探索到的宇宙万物的存在与发展的历史源头之本身——原因。这里的"古"显然应作为动词来理解，意为对于万物的本原的探索。（《发现论语》165页）

鲍鹏山："信"，一般译为"相信"，疑不确。我译为"诚信"，即以"诚信"的态度对待古代文献，客观公正，秉笔实录，不因个人的好恶而增删。（《论语新读》69页）

辑者案：信而好古，即信古好古。古，指古代优秀的思想道德文化。

（3）老彭

汉·郑玄：老，老聃，周之太史；彭，彭祖。（袁钧辑《郑玄论语注》卷四·1页）

汉·包咸：老彭，殷贤大夫，好述古事。（邢昺《论语注疏》84页）

宋·邢昺：老彭即《庄子》所谓彭祖也。李云："名铿，尧臣，封于彭城。历虞、夏至商，年七百岁，故以久寿见闻。"《世本》云："姓籛名铿，在商为守藏史，在周为柱下史，年八百岁。……一云即老子也。"崔云："尧臣，仕殷世。其人甫寿七百年。"王弼云："老是老聃，彭是彭祖。"（邢昺《论语注疏》84页）

宋·罗泌：祝融之裔，陆终之子，曰籛，字铿，封于彭，是为彭祖。（陈士元《论语类考》卷七·13页）

清·王夫之：老聃亦曰太史儋聃。儋、彭音盖相近。古人质朴，命名或有音而无字。后人传闻随以字加之，则老彭即问礼之老子矣。（《论语稗疏》7页）

日·东条弘：孔老异道，岂有问礼之理哉？老彭，神仙传之附会，皆不足取也。……按此老彭，彼左丘，皆非当时之人，其于老彭曰窃比，其于左丘曰丘亦耻之，皆暗谦辞，则皆其前人也。抑孔夫子不轻称当时闻人者，以不敢党焉也，况果闻人与，果达人与，未可知也。（《论语知言》200 页）

清·宋翔凤：《论语》不曰彭老而曰老彭者，以老子有亲炙之义，且尊周史也。（《论语说义》卷四·3 页）

清·梁章钜：邢《疏》引王弼云"老是老聃，彭是彭祖"，此本《释文》所引郑《注》。然老聃之生实在彭祖之后，不应反居其上，故朱子定从包《注》。至邢《疏》云"老彭即老子"者，此本《世本》及《史记》。《世本》言"姓钱，名铿，在商为守藏史，在周为柱下史"，《史记》谓"周守藏室之史也"，又言"老子为柱下史"，老彭、老子非一人而何？且诸经传无彭祖述古之文，而夫子答曾子问，一则曰"吾闻诸老聃"，再则曰"吾闻诸老聃"，则《论语》"窃比之老彭"，即《礼记》问礼之老聃也。吴氏昌宗曰："老彭、老聃初非二人，而应世之迹忽然殊异。在尧时为颛顼之元孙，历虞夏至商末而往流沙，年八百而寿未终，史所谓受封彭城、商末世而灭者是也。既而复出，于周世为柱下史。见周之衰，复出关往流沙，史云百有六十岁或二百岁者是也。吾夫子于述古则曰"老彭"，于问礼则曰老聃，一人而两称之，此文之互见者也。（《论语旁证》卷七·1 页）

清·黄奭：彭，彭咸也（《文选·羽猎赋注》）。（《逸论语注》19 页）

清·康有为：《大戴礼·虞戴德》、《吕氏春秋·执一篇》、《世本》、《汉书·古今人表》与包咸，皆以老彭为一人。惟郑氏以老为老聃，分作二人，盖古文伪说。按，此窜改之伪古文也，虽非全行窜入，则孔子以不作好古称老彭，而刘歆增改"窃"字。原文或是"莫比"二字。（《论语注》87 页）

方骥龄:《诗经》中所言之"彭",皆指马。本章所谓"老彭"之"老"字,当一如"老农""老圃"之"老"字,作状词解,"彭"则马也。孔子以"老马"自况,似非人名。孔子自谓学不厌而教不倦,自喻其精神一如长征不息之老马耳。(《论语新诠》175页)

高专诚:孔子口中的老彭大抵是位古代的或孔子时代的贤人,甚至也可能是位隐士。(《论语通说》98页)

辑者案:老彭,有的看作一人,即老聃;有的看作二人,即老聃与彭祖;还有的认为是彭咸或老马,释者多歧。郑玄、王弼说可从,即指老聃和彭祖。

7.2 子曰:"默而识之,学而不厌,诲人不倦,何有于我哉?"

(1)默而识之

宋·邢昺:不言而记识之。(邢昺《论语注疏》84页)

宋·朱熹:默识,谓不言而存诸心也。一说:识,知也,不言而心解也。前说近是。(《四书章句集注》93页)

清·毛奇龄:默识之学即强记之学,《学记》所谓"以记问为学"者。特今之为学多务口耳,一如《记》之所谓"呻其佔毕,多其讯言"者,因之以沉潜记志为难得之事,故曰"何有"。(《四书賸言补》卷二·9页)

清·牛运震:默识有两解:一说不言而存诸心也,一说不言而心解也,须兼用之,默识之义方得。存诸心是记性,心解是悟性,皆以默得之。默识不是口耳记诵,亦不是空寂虚无,此中领会身分尽高。(《论语随笔》卷七·2页)

杨树达:此章与本篇下文若圣与仁章意皆相反。盖此为圣人谦辞,而言之殆亦非一时也。(《论语疏证》154页)

郑伟：孔子说的"默而识之"中的"默"字，不能单纯地当"静静地、不作声地"讲，从孔子对学习方法的一贯要求来看，这个"默"字中还包含着一个"思"字。（《小议"默而识之"》，《齐鲁学刊》1984 年第 5 期）

杨宝忠："默而"句与下面两句不能看成是并列关系。古代汉语中作为指示代词的"之"字，既可以指代上文，也可以指代下文……"默而识之"中的"之"字当属后一种用法，即指代下文"学而不厌、诲人不倦"。此章意思是我把"学而不厌、诲人不倦"默默记在心中，二者之外，无有其它。（《〈论语〉旧诂质疑（二则）》，《古汉语研究》1995 年第 1 期）

萧民元："默"是默默不言，是一种静默的态度。"识"是认识、观察的意思。"默而识之"是指冷静默然地观察事物或事态的变化与发展。（《论语辨惑》92 页）

林觥顺：读书先求心无杂念，细心地研究，然后记牢或作上笔记。（《论语我读》108 页）

李君明：静默地在内心辨识道理择别是非（识见）……就是儒家所谓"格物致知"的功夫。（《论语引读》199 页）

　　辑者案：默而识（zhì）之，即学习的时候，把所学的知识默默地记在心中。

(2)学而不厌，诲人不倦

宋·邢昺：学古而心不厌，教诲于人不有倦息。（邢昺《论语注疏》84 页）

清·王夫之：学是格物、致知事，识是正心、诚意事；不厌只是终始于学，默识止是纯熟其识耳。（《读四书大全》305 页）

清·刘宝楠："厌"，《说文》作"猒"，饱也。引申之，训足，训弃。夫子自强不息，日有孳孳，不知年数之不足，故能不厌于学也。（《论语正义》254 页）

日·昭井一宅:厌者,犹为劳也。倦者,力屈而怠也。(《论语解》145 页)

李泽厚:学为什么能"不厌"? 因学非手段,乃目的自身,此学即修身也。所谓"活到老,学到老,改造到老"亦斯之谓乎? 此外,此"学"也应包括为学而学,即为科学而科学之快乐,这在今日及今后甚为重要。(《论语今读》125 页)

杨润根:[译解]我不知满足地汲取那些至今已为前人所获得和已由前人所提供的知识,同时我又不知疲倦地把我从这两个方面所获得的知识一一传授给他人。[注释]厌:过分的满足和因过分的满足所引起的反感——厌恶。(《发现论语》166 页)

林觥顺:不厌:是竿迫挤压义,引申作憎恶。不厌有二义,不勉强,不厌烦。(《论语我读》108 页)

辑者案:此二句是孔子对于学和教的基本态度:学,不要厌倦;教,亦不要厌倦。厌与倦同义,都是厌倦的意思。

(3)何有于我哉

汉·郑玄:人无有是行,于我,我独有之也。(皇侃《论语集解义疏》卷四·1页)

晋·李充:言人若有此三行者,复何有贵于我乎? 斯劝学敦诲诱之辞也。(皇侃《论语集解义疏》卷四·2页)

宋·张栻:汲郡吕氏曰:"言我之道,舍是三者之外,复何有?"此说于文义为顺。(《南轩论语解》卷四·1页)

宋·朱熹:言何者能有于我也。三者已非圣人之极至,而犹不敢当,则谦而又谦之辞也。(《四书章句集注》93 页)

元·陈天祥:盖言能此三事,何有如我者哉。(《四书辨疑》卷四·16 页)

清·江声:盖谓此三者,夫人能之,何足云有于我哉? 非谓何

者能有于我也。（《论语竢质》卷上·18页）

清·翁方纲：盖因时人推尊夫子以为道德高深，不可窥测，故夫子自言我之为人不过如是，有何道德于我哉（梁章钜《论语旁证》卷七·2页）

日·东条弘：此三事，夫子常所自任而行，不为甚难事，故曰"何有于我哉"。所谓于从政乎何有之语法，是也。何有，不敢顾虑畏难之辞。言小子宜务行此三者，于我不为甚难。（《论语知言》202页）

清·刘宝楠："何有于我"，言二者之外，我无所有也。下篇："子曰：'若圣与仁，则吾岂敢？抑为之不厌，诲人不倦，则可谓云尔已矣。'公西华曰：'正唯弟子不能学也。'"《孟子·公孙丑篇》："子贡问于孔子曰：'夫子圣矣乎？'孔子曰：'圣则吾不能，我学不厌而教不倦也。'子贡曰：'学不厌，知也；教不倦，仁也。仁且知，夫子既圣矣。'"观彼文，则"学不厌，教不倦"，乃夫子所自任；"何有于我"，乃辞圣仁不敢居之也。下篇"出则事公卿"章"何有于我"义同。《注》："无是行于我，我独有之。"《正义》曰："《注》有讹文，当以'行'字句绝，'我'字重衍。"郑谓他人无是行，夫子乃独有之，与上篇"为国乎何有"，"与从政乎何有"，"何有"皆为不难也。（《论语正义》254页）

清·宦懋庸：《孟子》引夫子与子贡言，我学不厌，而教不倦。此篇若圣与仁章，抑为之不厌，诲人不倦。是夫子固以学不厌诲不倦自任者，而何至无因，为是谦而又谦之辞乎？然谓人无是行惟我独有，则又近夸大，尤非圣人语气。此盖当时不知圣人，谓必有人之所不能有。故夫子言，我生平不过默而识之、学而不厌、诲人不倦耳，此外亦何有于我哉！似为得之。（《论语稽》卷七·2页）

清·王闿运：有犹爱也，言不得见似特于我吝之也。（《论语训》

卷上·59 页)

清·陈浚:我如何能有这般好处呢?(《论语话解》卷四·1 页)

方骥龄:有,与佑字义通,助也。何有,犹言何助,反言也;正言之,即无助。又《说文》我部只"我""义"二字,朱骏声《通训定声》称我义二字相通假,高翔麟《字通》及陈立"《释我》"专文,皆以为相通假。本章"何有于我哉",疑即"何助于义哉"。孔子常重视生活之是否进于义,以为默识也,不厌也,不倦也,皆当为之事,且偏重于知识之传授讲习,固不足以言义,故曰"何有于义哉"。(《论语新诠》176 页)

杨伯峻:这些事情我做到了哪些呢?(《论语译注》66 页)

毛子水:这些事我虽能做到,但都是不足称道的。(《论语今注今译》93 页)

李炳南:此章要义,在教人学道。默者寂也,识者明记也。寂然不动,而又明记不忘。此是孔子志于道之境界。心安于道而不移,即默即识。学也,诲也,皆不离道。全心在道而忘其我,故曰"何有于我哉"。(《论语讲要》124 页)

吴丕:对我来说有什么了不起呢?(《〈论语〉中的"何有"》,《齐鲁学刊》1995 年第 6 期)

董子竹:"何有于我哉"正是仁者的一种自许,一种潇洒。颜回莫过是"三月不违仁"呀,我却日日如此。(《论语正裁》215 页)

　　辑者案:刘宝楠说为是。何有于我,就是"对我来说,有何难的"。

7.3 子曰:"德之不修,学之不讲,闻义不能徙,不善不能改,是吾忧也。"

(1)学之不讲

宋·邢昺:此章言孔子忧在修身也。德在修行,学须讲习,闻

　　林觥顺：燕居：燕居是《礼记》篇名，是孔子与学生子张、子贡言偃子游，在席间纵言至于礼。有些版本认定燕居即闲居，是大同而小异。燕居是餐叙。（《论语我读》109 页）

　　　辑者案：燕有"安息"义。《礼记·经解》："燕处则听雅颂之音。"燕处与燕居同，燕居即安居、闲居的意思。

（2）申申、夭夭

　　汉·马融：申申、夭夭，和舒之貌也。（皇侃《论语集解义疏》卷四·2 页）

　　梁·皇侃：申申者，心和也。夭夭者，貌舒也。（皇侃《论语集解义疏》卷四·2 页）

　　唐·颜师古：申申，整敕之貌。（《汉书·万石君传注》2195 页）

　　宋·朱熹：杨氏曰："申申，其容舒也。夭夭，其色愉也。"（《四书章句集注》93 页）

　　日·中井积德：申申夭夭，不当分属容色。夭夭亦容也。草木之轻弱，摇于风者，为夭夭，谓容之游扬不拘束耳。（《论语逢源》126 页）

　　清·洪颐煊：申，古通作伸字。《仪礼·士相见礼》"君子欠伸"，郑注："志倦则欠，体倦则伸。"《说文》："夭，屈也。"言燕居之时，其容体可以屈伸如意。（《读书丛录》卷七·4 页）

　　清·梁章钜：《集注》独主容色言之。胡氏泳曰："申申有展布之意，夭夭有和悦之意。惟一身可以言舒布，故以容言。惟颜色可以言愉悦，故知以色言。"申或作伸，夭或作妖。张揖《广雅》："妖妖、申申，容也。"《汉书·叙传》"夭夭伸伸"，颜注："《论语》称'孔子燕居，伸伸如也，夭夭如也'。"（《论语旁证》卷七·3 页）

　　清·刘逢禄：申申，谓施教也。夭夭如，谓弟子昭若发朦，有如时雨化之也。（《论语述何》卷一·11 页）

杨润根：申：……人的精神的无限伸展的状态，也就是人的精神获得无限自由的状态……夭：人的生命、人的身体坦荡自由的状态。(《发现论语》168页)

林觥顺：申申如也：申，是由甲往上出曰申，甲是瀫，像春天万物苏醒生长之貌。是轻松愉快勇往直前。是勇而不猛，视阴阳易气曲折而出。故申申如也，是如申申也。夭夭如也：夭是屈曲之貌……今上句言如申，下句言如屈曲，则是有申有屈。自然平易之貌。(《论语我读》109页)

何新：夭，摇也，飘摇，即飘逸。(《论语新解——思与行》79页)

李培宗：夭夭：姿态轻盈娇媚。(《论语全解》99页)

　　辑者案：申申，夭夭，二词都形容体貌和舒。

7.5 子曰："甚矣，吾衰也！久矣，吾不复梦见周公。"

汉·孔安国：孔子衰老，不复梦见周公也。明盛时梦见周公，欲行其道也。(皇侃《论语集解义疏》卷四·2页)

晋·李充：圣人无想，何梦之有？盖伤周德之日衰，哀道教之不行，故寄慨于不梦、发叹于凤鸟也。(皇侃《论语集解义疏》卷四·3页)

明·林希元：圣人所谓衰是志，不是气。盖向也梦见周公，是圣人之志方锐，欲行周公之道，故常作这梦。志锐则盛也，故因其梦而见其盛。久不见周公，是到老来行不得，志念尽灭了，故不复有梦，志灭则衰也，故因其无梦而见其衰。(《四书存疑》卷五·22页)

清·牛运震：志气相因。志衰，气亦衰。气衰，志愈衰。时讲衰字，谓气衰非志衰也，谬。……吾衰不梦周公，言此以见道之不能行，又自伤迟暮衰惫，亦不堪为当世用也。(《论语随笔》卷七·3页)

日·中井积德：此夫子自叹其身之衰也。叹身，即所以叹世。(《论语逢源》127页)

日·伊藤维桢：……盖叹此道之不行于世也。……后儒惑于庄周"至人无梦"之说，以夫子之梦为痼瘵常存行周公之道。其弊至于强欲无梦，而专务虚静，谬矣。（《论语古义》96页）

清·刘宝楠：夫子日有孳孳，不知老之将至，至是血气益衰，力极罢顿，无复从前之精专，故有此叹。（《论语正义》256页）

清·康有为：此章既无大义，托之孔子梦幻，特以尊周公抑孔子，盖刘歆窜入之伪古文也。（《论语注》89页）

熊十力：孔子晚年已完成了自己的思想，为周公的礼乐文化奠下了德性的基础——仁说，所以周公在他内心的地位已非高不可攀，故不复梦见周公。（李君明《论语引读》202页）

毛子水：孔子因爱人类的缘故，只希望有个太平世界，所以常常想到周室太平的时候，因而也常常梦见周公。现在孔子觉得，他所以好久没有梦见周公，当由于年老力衰、志道不笃的缘故。因此，他发出这个感叹。不过我们从他这个感叹可以看出，他到老年时所最关心的是天下太平！（《论语今注今译》94页）

方骥龄：按《楚辞·涉江》"年既老而不衰"注："懈也。"《素问·疟论》"衰则气复反入"注："谓病衰退也。"然则衰字固可作"懈怠""退步"解。故"甚矣吾衰也"，乃孔子自责其"懈怠""退步"耳。盖吾人日有所思，必夜有所梦，孔子对周公之多才多艺，素所磬折向往。孔子在白日研习周公之所作，夜必时时梦见周公，今已久不梦见周公，乃自责其衰退懈忽，适足以证明孔子力学不倦之精与专。"甚矣吾衰"，谦词也。（《论语新诠》177页）

李泽厚：又有两解：一是志衰不梦，已知复兴东周、恢复旧礼不可能了，所以不梦；一是志在身衰，因年老心余力不足了，所以不梦！后说差胜，因"猛志固常在"，奈"时不利兮"何！孔子感叹不已，亦可伤也。（《论语今读》127页）

　　董子竹：这是对肉壳子的感叹，与忧国忧民无关，"明明德"的"仁者"的肉身也必衰必死。(《论语正裁》217页)

　　高专诚：到了晚年，孔子已经清醒地意识到了自己的政治前程的结束，反映在他心灵深处便是与周公之神交的完结。(《论语通说》100页)

　　杨润根：[译解]我的精神、我的意志、我的道德勇气与政治信念已经是多么的颓萎，以至于我很久以来似乎一直忘记了周公以及他所致力捍卫的那种伟大的国家理念与政治理想——这可是我一生想要实现的梦寐以求的事业呵，可我很久以来即使是在睡梦中也不曾梦着它们。[注释]衰：这里的"衰"所表达的是孔子对自己不应有的消沉的意志力与萎靡的精神状态的一种责难。(《发现论语》168页)

　　牛泽群：愚按，老而力衰，志未必短，心尤未必泯也……故疑孔子语此，非在暮年。夫人自四十后渐趋衰微，孔子自己不知自己死于何时，其言衰，后人不必非以为老至之衰。至于语此何时，即久不复梦见周公之为何时，当在昼间忙于他事，无暇思道之时，或穷于思虑生计、出路之去鲁为客飘零期间，亦或日理万机于具体事物之任司空、大司寇职间，唯不适于返鲁至死前六年间。(《论语札记》181页)

　　程石泉：孔子心仪周公，习周公之业，日有所思，于是夜有所梦。此乃仕鲁与去鲁后之事。孔子自卫返鲁后，退修《诗》《书》，以教弟子，不再出仕，故周公不复入梦矣。(《论语读训》106页)

　　林觥顺：[释义]孔子说："如此特权强人未免过分了吧！他们也太根深柢固，致使鲁国衰败而混乱，周公圣王之治的盛世，虽做梦也不会再出现了！"[注解]1、甚矣：……是说太安乐过分了吧！2、吾衰：衰的本义是草雨衣……引申作衰弱衰危衰老衰败衰亡。

吾是指鲁国……故孔子有感而说:我鲁国衰败了。……4、吾不复梦见周公:是吾梦,不复见周公……不复见周公,是不会再有周公时的圣王之治了。(《论语我读》110 页)

安德义:孔子晚年感叹不复梦见周公,一是表明对周公的怀念,二是对文化传承的使命未能完成的感叹。(《论语解读》185 页)

袁庆德:孔子非常推崇周公所制定的周礼。他说:"周监于二代,郁郁乎文哉! 吾从周。"(《八佾》,203 页 1)并主张:"为国以礼。"(《先进》,50 页 1)。从这里我们可以看出,孔子早年是经常梦见周公的,也许经常在梦中与周公切磋周礼,而到了晚年,慨叹自己很久没有梦见周公了。为什么孔子到了晚年的时候没有再梦见周公呢? 因为他早年在鲁国的时候以及五十四岁到六十八岁周游列国期间,一直渴望通过自己的宣传来恢复周礼,从而恢复天下统一稳定的秩序,所以他会经常梦见周公。而到了晚年,经过多年的实践和挫折,他知道在自己的有生之年恢复周礼的愿望难以实现,恢复周礼的愿望也就不再像以前那样迫切,晚年时不再梦见周公,大概就是这种心理变化的反应。但他又慨叹自己衰老得太厉害,说明他并没有彻底放弃恢复周礼的愿望,甚至表现出对于在有生之年不能恢复周礼的遗憾的心情,可以说是老骥伏枥,志在千里。这种心理矛盾,实际上是孔子自强不息的个性与"残酷"的社会现实之间的矛盾的反映。(《论语通释》74 页)

辑者案:刘宝楠、毛子水、安德义所解贴近文意。

7.6 子曰:"志于道,据于德,依于仁,游于艺。"

(1)志于道

魏·何晏:志,慕也。道不可体,故志之而已。(邢昺《论语注疏》85 页)

魏·王弼：道者，无之称也，无不通也，无不由也。况之曰：道寂然无体，不可为象。(邢昺《论语注疏》85 页)

宋·邢昺：道者，虚通无拥、自然之谓也。……是道不可体，故但志慕而已。(邢昺《论语注疏》85 页)

宋·苏轼：志者，无求无作，志于心而已。孟子所谓心勿忘。(卿三祥《苏轼〈论语说〉钩沉》,《孔子研究》1992 年第 2 期)

宋·朱熹：志者，心之所之之谓。道，则人伦日用之间所当行者是也。(《四书章句集注》94 页)

宋·蔡节：道者，人所当行之理也。(《论语集说》卷四·3 页)

明·林希元：道是事物当然之理，人之所当行者也。志是志于学之志，不是空志，是就有以至之了，致知力行即其事也。志于道是方求欲得之，未为吾得也。(《四书存疑》卷五·23 页)

日·龟井鲁：道者何？人道也。何谓人道？……凡天下人伦所在，莫不有道焉。谁其训之？先王是也，故亦谓先王之道也。今学者欲其行不畔于道，故心常注乎此，故曰志于道。(《论语语由》114 页)

日·中井积德：志，有未得而求必之意。道，如君子之道、尧舜之道、夫子之道、吾道之道，此与人伦日用当行者非两事，然文辞所指，各有所谓也。(《论语逢源》127 页)

日·东条弘：道之为言蹈也。言人宜蹈行孝弟忠信大道，是谓专名之道。(《论语知言》208 页)

日·昭井一宅：志者，意中有所期之谓也。……道者谓礼乐。(《论语解》147 页)

毛子水：这里的"道"……是指"天下有道"讲。"天下有道"，即所谓"天下太平"……一个人应该以天下太平为职志。(《论语今注今译》94－95 页)

吴林伯：按志，向往也。道者，百事之纲领，小、大由之，故必向往之，则信道笃矣。（《论语发微》99页）

南怀瑾：根据原文"志于道"，可以解释为形而上道，就是立志要高远，要希望达到的境界。这个"道"就包括了天道与人道，形而上、形而下的都有。这是教我们立志，最基本的，也是最高的目的。至于是否做得到，是另一回事。（《论语别裁》318页）

杨润根：[译解]人类的理性所能认识的最高的真理只是那作为宇宙的客观历史必然性之本质的道理。[注释]志：以……作为自己意志的对象与目标，以……作为心灵理性的对象和目标。"志"的本意是思辨的心灵。（《发现论语》171页）

黄怀信："志"，立志。"道"，正确的思想学说。（《论语新校释》152页）

林觥顺：[释义]专心一意去行中庸之道。（《论语我读》111页）

傅佩荣：立志追求人生理想……道：人生的康庄大道，指人生理想或完美人格，所以要立志追求。（《傅佩荣解读论语》112—113页）

金知明：道，本义是路途，引申为实现真理的途径；韩愈《原道》："由是而之焉之谓道。"（《论语精读》81页）

　　辑者案：志，立志，专心向往。道，含义丰富，主要指：（一）规律，事理。《易·说卦》："是以立天之道曰阴与阳，立地之道曰柔与刚，立人之道曰仁与义。"（二）思想，学说，准则。《论语·里仁》："子曰：参乎！吾道一以贯之。"

(2)据于德

魏·何晏：据，杖也。德有成形，故可据。（邢昺《论语注疏》85页）

宋·邢昺：德者，得也。物得其所谓之德，寂然至无则谓之道，离无入有而成形器是谓德业。……郑注云："德，三德也，一曰至德，二曰敏德，三曰孝德。"（邢昺《论语注疏》85页）

宋·朱熹:据者,执守之意。德者,得也,得其道于心而不失之谓也。得之于心而守之不失,则终始惟一,而有日新之功矣。(《四书章句集注》94页)

日·龟井鲁:德者何?仁亲义让,忠顺恭敬,孝弟信睦,皆是。凡彝伦之所叙而不棼,以德也。故人苟欲行道,必以德为据,故曰"据于德"。(《论语语由》114页)

日·丰干:据于有德之人也。欲得中行之士而与之者,其类也。(《论语新注》63页)

日·东条弘:德不孤,心有邻之德,是谓专名之德。(《论语知言》208页)

清·王闿运:各随其材性。(《论语训》卷上·60页)

毛子水:求天下太平,只须用德行;德行当以仁为主。(《论语今注今译》95页)

杨伯峻:根据在德。(《论语译注》67页)

吴林伯:德者,道之为用,故必据守之,则执德弘矣。(《论语发微》99页)

董子竹:"据于德"是据于"明德",即"当下"的良知,与善恶好坏无关。(《论语正裁》217页)

林觥顺:德:正义许慎云说是"德者得也"。此说极不明朗,笔者在《诗经我读》中,也数度说过:"德者施也。"不求回报只问施仁,是言行正直心地仁慈。是德字从彳直心。故"德者施也",也是笔者发明的定义。(《论语我读》111页)

李零:这段话见于郭店楚简《语丛三》。"据",简本作"虡",这个字,简文多用为甲字,并且往往有木旁,从上下文看,似应读为"狎",即"狎习"的"狎"。这里作"据"(繁体作"據"),可能是形近而误。(《丧家狗——我读〈论语〉》146页)

金知明：德，充沛的修养，韩愈《原道》："足乎己、无待于外之谓德。"（《论语精读》81页）

　　辑者案：据，据守。德，道德，即人们共同生活及其行为的准则和规范。

（3）依于仁

魏·何晏：依，倚也。仁者功施于人，故可倚。（邢昺《论语注疏》85页）

宋·邢昺：博施于民而能济众，乃谓之仁。恩被于物，物亦应之，故可倚赖。（邢昺《论语注疏》86页）

宋·朱熹：依者，不违之谓。仁，则私欲尽去而心德之全也。（《四书章句集注》94页）

日·物双松：依者，违之反，不相违离也。……仁者，长人安民之德。……故凡道之在行者，始于孝弟，推而达诸天下，一皆以生之成之长之养之之心行之，而不与此心相离，是谓之"依于仁"。（《论语征》135－136页）

清·康有为：仁者，人也。二人相偶，心中恻恺，兼爱无私也。（《论语注》90页）

吴林伯：仁者，道之核心，故必依从之，则无终食之间违仁矣。（《论语发微》99页）

　　辑者案：依，依倚，依靠。仁，一种含义广泛的道德观念，其核心指人与人相亲爱。《论语·颜渊》："樊迟问仁。子曰：'爱人。'"《论语·雍也》："夫仁者，己欲立而立人，己欲达而达人。"《礼记·中庸》："仁者人也，亲亲为人。"包括"仁爱""仁慈""行惠施利"等仁德。

（4）游于艺

魏·何晏：艺，六艺也，不足据依，故曰游也。（皇侃《论语集解义

疏》卷四·3页）

　梁·皇侃：游者，履历之辞也。艺，六艺，谓礼、乐、书、数、射、御也。（皇侃《论语集解义疏》卷四·3页）

　宋·朱熹：游者，玩物适情之谓。艺则礼乐之文，射、御、书、数之法，皆至理所寓，而日用之不可阙者也。（《四书章句集注》94页）

　明·蔡清：游于艺，艺虽末节，道之全体固无不该也。游者，玩其理也，其味甚长。（《论语蒙引》卷二·22页）

　清·牛运震：游字意思更精，如泛舟于水，载沉载浮，此中正有不即不离之妙。张子曰："艺者日为之分义也，涉而不有，过而不留，故曰游。"尽乎物理，周于世用，优游涵泳，而非僻之心无自而入，神明之趣与日俱进，此游艺之妙也。（《论语随笔》卷七·4页）

　日·中井积德：君子讲学力行之余暇优游于此，不虚度光阴于无用之事，适情之中，成有用之器，如斯而已矣。（《论语逢源》128页）

　日·丰干：游于艺，执御、执射、与人歌之类是也。（《论语新注》63页）

　清·刘宝楠："游于艺"者，《学记》云："不兴其艺，不能乐学。"又云："故君子之于学也，藏焉修焉、息焉游焉。"郑《注》："兴之言喜也，歆也。游谓闲暇无事于之游。"然则游者，不迫遽之意。（《论语正义》257页）

　清·王闿运：言有道不可无艺。六艺者，息焉游焉。（《论语训》卷上·60页）

　清·康有为：游者，如鱼之在水，涵泳从容于其中，可以得其理趣而畅其生机。（《论语注》90页）

　毛子水："艺"……是处理事务的技能……熟习政事的处理。（《论语今注今译》94－95页）

　杨伯峻：[译文]游憩于礼、乐、射、御、书、数六艺之中。[注

者多矣，皆谓十脡脯也。《檀弓》曰："古之大夫束脩之问不出竟。"《少仪》曰："其以乘壶酒束脩一犬赐人。"《穀梁传》曰："束脩之问不行竟中。"是知古者持束脩以为礼。然此是礼之薄者，其厚则有玉帛之属，故云"以上"以包之也。（邢昺《论语注疏》86页）

　　日·丰干：教授之道，在于人自取礼来以上，故曰"束脩以上"。束脩，谓贽也，十脡脯之义可知。但《檀弓》曰"古之大夫，束脩之问不出竟"，《穀梁传》曰"束脩之问，不行竟中"。由是观之，束脩，古行贽之辞，不拘为十脡脯之菲品矣。（《论语新注》63页）

　　清·刘宝楠：李贤《后汉·延笃传注》："束脩谓束带脩饰，郑注《论语》曰：'束脩谓年十五以上也。'"李引郑《注》，所以广异义。人年十六为成人，十五以上可以行挚见师，故举其所行之挚以表其年。若然，则十五以下未能行挚，故《曲礼》云："童子委挚而退。""委挚"者，委于地也。《后汉·伏湛传》："杜诗荐湛曰：'湛自行束脩，讫无毁玷。'"《隶释·谒者景君墓表》："惟君束脩仁知。"《幽州刺史朱龟碑》："仁义成于束脩，孝弟根其本性。"《隶续·金恭碑》："束脩聪。"皆以"束脩"表年，与郑义同。若《后汉·和帝纪》"束修良吏"，《邓后纪》"故能束修，不触罗网"，……皆以约束修饰为义，而其字与"脩"通用。后之儒者，移以解《论语》此文，且举李贤"束带脩饰"之语，以为郑义亦然，是诬郑矣。至阙党童子，则使将命，互乡童子，与其洁己，并是夫子教思之广，虽未行束脩，亦诲之矣。郑《注》云："诲，《鲁》读为悔字，今从《古》。"包氏慎言《温故录》："案《鲁论》，则束脩不谓脯脡。《易》曰'悔吝'者，言乎其小疵也。又曰'震，无咎'者，存乎悔。圣人戒慎恐惧，省察维严，故时觉其有悔。自行束脩以上，谓自知谨饬砥砺，而学日以渐进也。恐人以束脩即可无悔，故言'未尝无悔'以晓之。"案：《鲁论》义不箸，包说但以臆测。《易·系辞传》"慢藏诲盗"，《释文》引

"虞"作"悔",二字同音假借,疑《鲁论》义与《古》同,假"悔"字为之。郑以《古论》义明,故定从"诲"也。(《论语正义》258页)

清·宋翔凤:案:……《礼记·曲礼正义》云"'童子委挚而退'者,童子见先生或寻朋友,既未成人,不敢与主人相授受拜伉之仪,但奠委其挚于地而自退避之,然童子之挚悉用束修也"。故《论语》"自行束修以上,吾未尝无诲",是谓童子也。(《论语纂言》卷四·1—2页)

清·黄式三:自行束脩以上,谓年十五以上能行束带脩饰之礼。(《论语后案》173页)

日·昭井一宅:束脩者盖谓约束修饰以为赘之物也。(《论语解》149页)

杨佐仁:束修是束发修饰之意。(《论束修》,《齐鲁学刊》1985年第4期)

南怀瑾:所谓自行束修,就是自行检点约束的意思。(《论语别裁》322页)

杨润根:[注释]上:"上"这个字在这里既具有名词的含意,意为至高无上的东西——道德、正义、仁爱等,又具有动词的含意,意为对至高无上的东西——道德、正义、仁爱——的崇尚……自行束修以上:情不自禁地要穿好礼服、系好腰带、刮净胡须、洁净身体,以对之表示崇敬或顶礼膜拜的至高无上的真理。(《发现论语》173页)

林觥顺:[注解]自行束脩以上:……束脩,应该是一束芒薪柴祭取血眚裡祀升香,祭天神地社人鬼。是知束脩也是缚治一犬为礼……自行束脩以上,是自行束脩礼仪以祝告在天古圣先王之后,为拜师入门弟子,有师徒之分。古礼师徒如父子。后人释束脩作学费,荒谬。(《论语我读》111页)

何新:脩,当读为"须"。须,发也。束须即束发。(《论语新解——思与行》81 页)

刘兆伟:束修指男子头发上束结髻,穿上成人衣裳,行成人礼,犹如加冠礼。此束修确有拜师礼之意。但此拜师礼需在合乎入学年龄时举行。(《论语通要》130 页)

　　辑者案:束脩二义:(一)十条干肉。《礼记·少仪》:"其以乘壶酒、束脩、一犬赐人。"郑玄注:"十脡脯也。"(二)束带修饰。汉·桓宽《盐铁论·贫富》:"余结发束修,年十三,幸得宿卫,给事辇毂之下。"《后汉书·延笃传》:"且吾自束修以来,为人臣不陷于不忠,为人子不陷于不孝。"李贤注:"束修,谓束带修饰。"黄式三说为是。凡到了一定年龄,有了生活自理能力的求学者,孔子都不拒绝。

7.8 子曰:"不愤不启,不悱不发,举一隅不以三隅反,则不复也。"

(1)不愤不启,不悱不发

汉·郑玄:孔子与人言,必待其人心愤愤,口悱悱,乃后启发为之说也,如此则识思之深也。(皇侃《论语集解义疏》卷四·4 页)

梁·皇侃:愤,谓学者之心思义未得而愤愤然也。启,开也。悱,谓学者之口欲有所咨而未能宣,悱悱然也。发,发明也。言孔子之教,待人心愤愤乃后为开导之,若不愤则不为开也。又待其口悱悱而后乃为发明之,若不悱则不为发明也。(皇侃《论语集解义疏》卷四·4 页)

宋·张栻:愤悱者,思虑积久,郁而未畅,诚意恳切,形于外也。愤则见于颜色,悱则见于辞气。于是而启其端,发其蔽,则庶几其听之之专,而感之之深也。(《南轩论语解》卷四·3 页)

宋·朱熹:愤者,心求通而未得之意。悱者,口欲言而未能之貌。启,谓开其意。发,谓达其辞。(《四书章句集注》95页)

清·刘宝楠:正义曰:《方言》:"愤,盈也。"《说文》云:"愤,懑也。"二训义同。人于学有所不知不明,而仰而思之,则必兴其志气,作其精神,故其心愤愤然也。下篇夫子言"发愤忘食",谓愤于心也。《文选·啸赋注》引《字书》曰:"悱,心诵也。""诵"疑作"痛"。《方言》:"菲,怒怅也。""菲"与"悱"同。《广雅·释诂》作"悲"。《说文》无"悱"字,《新附》据郑《注》补。或疑"悱"即《说文》"悲"字,当得之……《学记》曰:"时观而弗语,存其心也。"《注》云:"使之悱悱愤愤,然后启发也。"《记》又云:"力不能问,然后语之。""力不能问",故口悱悱也。当心愤愤、口悱悱时,已是用力于思,而未得其义,乃后启发为说之,使人知思之宜深,不敢不专心致志也。(《论语正义》259—260页)

日·物双松:求而不得则愤,求之切也。启谓微示其端绪也……亦谓开其端也。悱以口言之,腓痹皆训萎,其义相通,谓其于辞犹有未达也。发如发挥,谓达其枝叶也。(《论语征》137页)

日·中井积德:凡事略得其解,摸捉未入手,其心必愤悱也。愤者心如怒,悱者心如痒。启者,开其端使其绅绎也。发者,摘其结使之了悟也。(《论语逢源》129页)

清·陈浚:愤是急,启是开导,悱是闷,发是引动。(《论语话解》卷四·3页)

清·康有为:愤,懑也,心通而不能达。悱,《方言》"怒怅也",口欲言而未宣。启谓开其意,发谓达其辞。(《论语注》91页)

清·朱骏声:悲,……《广雅·释诂三》:"……字亦作悱……。"按《论语》"不悱不发",亦怅恨之意。愤近于怒,悱近于怨,自怨自艾也。(《说文通训定声》555页)

　　杨柳桥:"悱愤"就是蓄谋积虑的情态……"不复",不是"不重复教之",而是"不明白告知",让他继续自己思考。(《释"不愤不启"》,《齐鲁学刊》1985年第2期)

　　郭齐家:"愤"和"悱"这两种思维状态带着强烈的、急于求成的、渴望的情感心理色彩,是学生学习情感充分调动起来的反映。孔子认为这正是施教的最佳时机,教师就应在这个火候迅速进行"启"、"发",开拓学生的思路,提供思维资料,进行演绎类推、探究,丰富地想象,广泛地联系,创造性地发挥,把教学深入下去,进而增添新的内容。(《试论孔子情感教学的思想和实践》,中华孔子研究所编《孔子研究论文集》363页)

　　吴林伯:愤、悱犹今云动机;启发,犹今云提示。学有动机,则聆教知所注意,容易领受;有提示,则构思有其途径,不致散越。从动机提示,自在因势利导,使学者深造而自得之。故师于生之所欲知,相机引之,不一一道出,如观一物,特举其一方,以此启发,余待生之类推,则其所知始坚固。(《论语发微》101页)

　　南怀瑾:"启"就是发……"发"就是研究。(《论语别裁》322—323页)

　　杨润根:[注释]愤:有价值的珍贵("贝")花卉("卉")在采来欣赏之后不久,不得不加以丢弃("贲")时所感受到的一种纷繁复杂的矛盾心情,一种惋惜、遗憾、怅然若失而又无可奈何的心情……这里的"愤"具有怅然若失、无可追寻、无能为力之意。悱:大量的、纷繁复杂而又似是而非、相互矛盾的意识观念所引发的心理上与认识上的莫衷一是、疑惑悱恻的心情。(《发现论语》173页)

　　何新:悱,怫也,《说文》:"怫,意不舒。"悱与"悲"为异体同源字。(《论语新解——思与行》81页)

　　杨朝明:不愤不启:愤,《说文》:"愤,懑也。"《方言》:"愤,盈也。"刘宝楠云:"人于学有所不知不明,而仰而思之,则必兴其志

气,作其精神,故其心愤愤然也。"此正是朱熹《集注》所谓"心求通
而未得"的形象写照,可谓得之。启,开也,发也,教也。启示开导
之义。不悱不发:悱,口悱悱也。即朱熹《论语集注》所说"口欲言
而未能之貌"。发,开也。开发之义。(《论语诠解》61页)

　　　辑者案:朱熹、刘宝楠、杨朝明说为当。愤,憋闷,郁积。
悱,《集韵·尾韵》:"悱,心欲也。"想说而说不出的样子。在
想弄明白而弄不明白、想说而说不出的节骨眼上,适时地、及
时地予以启示开导,收效最佳。

(2)举一隅不以三隅反

汉·郑玄:说则举一隅以语之,其人不思其类,则不复重教
之。(皇侃《论语集解义疏》卷四·4页)

梁·皇侃:孔子为教,虽待悱愤而为开发。开发已竟,而此人
不识事类,亦不复教之也。譬如屋有四角,已示之一角,余三角从
类可知。若此人不能以类反识三角,则不复教示也。(皇侃《论语集解
义疏》卷四·4页)

宋·蔡节:反者,还以相证之义。(《论语集说》卷四·4页)

明·蔡清:凡物有四隅者,举一可知其三。若不能以三隅来
相反证,则其不能自力,而了悟之途犹塞,便不再告也。(《论语蒙引》
卷二·23页)

清·牛运震:四隅犹言两端。凡理不必有四隅,特以有形体
方隅者状之耳。举一隅即以三隅反,是能悟的人既不能疑又不能
悟,则教无所施也。(《论语随笔》卷七·5页)

日·中井积德:反者,反命也,谓复于启发之人。(《论语逢源》129页)

清·刘宝楠:"反"者,反而思之也。(《论语正义》259页)

日·昭井一宅:举者举而诲也。反者谓反求其身。复者复答
也。(《论语解》150页)

　　蔡尚思：这就是启发式教学法的原始陈述……启发的作用只在于要求学生坚信教师和书本的正确，并进而按照教师的结论去演绎；这又是促使学生以孔子之是非为是非的形而上学方法。因此，孔子的启发式教学法，就认识上来说，包括科学和反科学两重因素，夸大任何一面都是不对的。同时，这种方法又显然只适用于孔子所谓"学而知之"的高材生……至于那些基础较差，又没有学会逻辑思维的学生，正需要教师多次启发，才能由被动到主动，即所谓"困而学之"者，然而却被孔子排除在启发式教学的对象之外，仍旧只能尝着强制灌输法的苦头。因此，孔子的启发式教学法，只能说是范围很有限的改进。(《孔子思想体系》216－217页)

　　聂振弢：举一角为例，不能从而推知其它三个角，就不返回来，走老路。孔子在这里是以否定形式从反面告诉我们，在教学过程中，要适时启发诱导，充分调动学生积极思维，而效果未达到举一反三，那就要重新考虑教授的方法。(《"举一隅不以三隅反，则不复也"新解》，《中州学刊》1985年第3期)

　　郭齐家：如果学生仍处于"举一隅不以三隅反"的程度，"则不复也"，即不要急于冒进和盲目增加新内容。这样会食而不化。(《试论孔子情感教学的思想和实践》，中华孔子研究所编《孔子研究论文集》363页)

　　杨润根：[译解]只有当学生能够充分地理解自己所学知识的全部内在的逻辑与因果关系从而能把它们融会贯通时，老师才应对学生讲授新的知识。[注释]隅：猿猴生活的地区，每一个人都熟知的那些地方，愚人("愚")也知道的地方。(《发现论语》173页)

　　辑者案：郑玄、皇侃说切合文意。反，类推。

7.9 子食于有丧者之侧，未尝饱也。

　　魏·何晏：丧者哀戚，饱食于其侧，是无恻隐之心。(邢昺《论语

注疏》87 页)

宋·邢昺:此章言孔子助丧家执事时,故得有食。饥而废事,非礼也。饱而忘哀,亦非礼。故食而不饱,以丧者哀戚,若饱食于其侧,是无恻怆隐痛之心也。(邢昺《论语注疏》87 页)

王缁尘:这个"饱"字,当活看,不一定是饥饱的饱。……"未尝饱",不过是吃饭随便吃吃;即使饭有不够的时候,也将就过去,不一定要吃饱为止也。(《四书读本》110 页)

杨润根:[译解]孔子在一个他的四周处处都是因无家可归、流离失所而悲伤流泪的人民的世界里生活,人民的苦难使他从未感受到自己生活的真正满足与幸福。[注释]丧:因失去家园、失去亲人而哭泣。(《发现论语》174 页)

金知明:未尝饱也:没有尽情地吃;未尝,否定副词,不曾;饱,吃得多而满足;也,语气词表示判断。(《论语精读》82 页)

李培宗:孔子在有丧事家旁边吃饭,(哀死的心超过一切),从来没有吃饱过。(《论语全解》101 页)

　　辑者案:何晏注、邢昺疏为是。

7.11 子谓颜渊曰:"用之则行,舍之则藏,唯我与尔有是夫!"子路曰:"子行三军则谁与?"子曰:"暴虎冯河、死而无悔者,吾不与也。必也,临事而惧、好谋而成者也。"

(1)用之则行,舍之则藏,唯我与尔有是夫

汉·孔安国:言可行则行,可止则止,唯我与颜渊同耳。(皇侃《论语集解义疏》卷四·5 页)

晋·江熙:圣人作则贤人佐,天地闭则圣人隐。用则行,舍则藏也,唯我许尔有是分者,非圣无以尽贤也。(皇侃《论语集解义疏》卷四·5 页)

宋·张栻：龙德正中，随时隐见者也。君子所性，大行不加，穷居不损其行也。岂有意行之而其舍也，亦岂有意于藏之。因时用舍而道有行藏，惟颜子几于化，故足以与此。（《南轩论语解》卷四·3页）

宋·蔡节：用，谓见用于时也。行，谓行其道也。舍，谓不为时用也。藏，谓卷而怀之也。（《论语集说》卷四·5页）

日·中井积德：行者藏者，即经纶之道矣。用之则出之，舍之则纳之，不倚于一偏。……不当以藏为身之隐藏。（《论语逢源》130页）

清·刘宝楠：行、藏皆指道言……但言"用之""舍之"，不复计及有道、无道者，正是维世之意，欲易无道为有道也，此惟时中之圣能之。（《论语正义》261页）

清·陈浚：人只要有道在身，那外面的遭遇都可以听其自然。如人君要用我，我就将这道行出去。若舍我不用，我就将这道藏起来。其实行藏都是这个道，并无分毫加损。人只为认道不真，所以多不能自主，只有我与尔二人可以有这般志趣了。（《论语话解》卷四·4页）

杨树达：行义以达其道，用之则行也；隐居以求其志，舍之则藏也。（《论语疏证》158页）

王熙元：孔子所谓用舍行藏，是在说明他的处世态度，"用舍"二字是就本身而言，"行藏"二字是就经世济民的大道而言。所以行是行的经伦之道……藏是藏的才学理想……用之舍之，不再限定有道、无道，可见孔子维护世道、改造社会的一番用心，无论有道、无道，只要一有机会行道，就要把握良机，实现理想，更要"易无道为有道"。（《论语通释》349—350页）

高专诚：所谓"藏"是指策略性的不合作，比如"愚"等做法，这是寻常的追逐利欲者难以做到的。（《论语通说》103页）

黄怀信：任用就行动，不任用就藏身，只有我和你有这种（品

行)吧!（《论语新校释》156 页）

杨朝明:这里所谓"藏",并非完全退隐之义,而是"去"之义。而这便与孔子行事相合无间了。（《论语诠解》61 页）

　　辑者案:任用就行动(施展抱负),不任用就隐退。

(2)则谁与

汉·孔安国:子路见孔子独美颜渊,以为己勇,至于夫子为三军将,亦当谁与己同,故发此问(辑者案:"谁",皇疏本作"唯")。(邢昺《论语注疏》87 页)

南齐·沈骥士:子路闻孔子许颜之远,悦而慕之,自恨己才之近,唯强而已,故问"子行三军,则谁与",言必与许己也,言许己以粗近也。（皇侃《论语集解义疏》卷四·6 页）

杨伯峻:[译文]子路道:"您若率领军队,找谁共事?"[注释]"与",动词,偕同的意思。（《论语译注》68 页）

王缁尘:与,同也,俱也。（《四书读本》111 页）

黄怀信:"与",在一起。（《论语新校释》156 页）

何新:"与",友也,偶也,相伴曰"与"。（《论语新解——思与行》82 页）

　　辑者案:杨伯峻注译为当。与,训"共""同""一起"皆可。

(3)临事而惧

宋·邢昺:此又言行三军所与之人,必须临事而能戒惧。……所以诱子路使慎其勇也。(邢昺《论语注疏》88 页)

宋·朱熹:惧,谓敬其事。成,谓成其谋。（《四书章句集注》95 页）

日·物双松:临事而惧,不骄之谓也。（《论语征》139 页）

清·黄式三:惧者,小心周密之谓。（《论语后案》177 页）

钱逊:惧,这里是警惕和谨慎从事的意思。（《论语读本》84 页）

南怀瑾:所谓临事而惧,并不是怕事,而是说任何一件事到手上,开始时就是怕会失败,所以要考虑周详,不自作聪明;到事情终于来了,则"好谋而成",不怕了,必须用智慧,各方面都设想周到,促其成功,这才是统御人才的基本修养。(《论语别裁》326页)

辑者案:邢昺疏恰切。惧为戒惧谨慎。

(4)好谋而成

宋·邢昺:好谋而有成功者,吾则与之行三军之事也。(邢昺《论语注疏》88页)

日·中井积德:军旅称谋,必是权谋方略矣,非平常询谋之类。……成者,谓制胜济事也,不必谓成其谋。(《论语逢源》131页)

清·焦循:成犹定也,定即决也。……好谋而成,即是好谋而能决也。(《论语补疏》卷一·12页)

清·俞樾:"成"当读为"诚"。《诗·我行其野篇》"成不以富",《论语·颜渊篇》引作"诚不以富",是成与诚古通用也。行军之事固不可无谋,然阴谋诡计又非圣人所与也,故曰好谋而诚。惧与诚,行军之要矣。(《群经平议》卷三十·18页)

杨伯峻:[我所找他共事的,]一定是面临任务便恐惧谨慎、善于谋略而能完成的人哩!(《论语译注》68页)

黄怀信:[释]"成",成熟。[章旨]此章明孔子反对匹夫之勇,主张临事谨慎。子路好为匹夫之勇而不知谋,孔子借机批评教育之。临事而惧,是惧事不成,不敢大意。子路做事大意,不成熟,故孔子如此说。(《论语新校释》156页)

辑者案:谓善于谋略而能成功者。

7.12 子曰:"富而可求也,虽执鞭之士,吾亦为之。如不可求,从吾所好。"

(1)富而可求也,虽执鞭之士,吾亦为之

汉·郑玄:富贵不可求而得之,当修德以得之。若于道可求

者,虽执鞭之贱职,我亦为之。(邢昺《论语注疏》88 页)

宋·朱熹:设言富若可求,则虽身为贱役以求之,亦所不辞。然有命焉,非求之可得也,则安于义理而已矣,何必徒取辱哉?(《四书章句集注》96 页)

元·陈天祥:此说(辑者案:指朱《注》)却是本有不顾义理求富之心,但为命运所制,不得遂其所求,然后安于义理也。圣人之心恐不如此。苏氏曰:"圣人未尝有意于求富也,岂问其可不可哉?"此亦过高之论,不近人情。富与贵人皆欲之,圣人但无固求之意,正在论其可与不可,择而处之也。不义而富且贵,君子恶之,非恶富贵也,恶其取之不以其道也。古之所谓富贵者,禄与位而已。贵以位言,富以禄言。富而可求,以禄言也。(《四书辨疑》卷四·16 页)

明·林希元:圣人此语,为中人以下者言之。本文两"吾"字,俱指中人说。今人都作圣人自言,然未是。(《四书存疑》卷五·26 页)

方骥龄:《说文》:"富,备也,一曰厚也。"与福同义,与实字互训。《荀子·礼论》"故虽备家必踰日然后能殡"注:"丰足也。"……《说文》训富曰厚,明指民生问题解……《礼记》"不求变俗"注:"求,犹务也。"务,致力也。孔子所谓"富而可求",殆指政府如努力于民生之富足言,于是孔子虽为此而充政府之贱役,亦乐为之。如政府不能以民生之富足为念,只知搜刮民财,则唯有从吾所好而已。(《论语新诠》181 页)

杨伯峻:财富如果可以求得的话,就是做市场的守门卒我也干。(《论语译注》69 页)

王缁尘:在修德可以求到富的治世,就是卑贱如执鞭的人,我也肯做。在修德不能求到富的乱世,不要说卑贱的事,便是高贵的职务,我也不干。(《四书读本》113 页)

牛泽群：按，此"求"非尽同于"可遇不可求"之"求"，即此非尽与子夏"富贵在天"之义同……然而"非尽同"亦即大致可同也……当时贵族世袭体制未沬，新兴士族阶层未达，固"学而优则仕"、"学也，禄在其中矣"可脱贫，然致富贵尚远。又当时商品经济远远不发达，商而富，难矣哉！此诚"不可求"之实也……富贵间接可求，而不可直求。（《论语札记》188页）

黄怀信：［释］"富"，富裕。"而"，犹若，假设之词。［训译］如果可以致富，即使是拿着鞭子开路的工作我也做。（《论语新校释》157页）

李德民：财富可不可求要看是否合于仁义道德。再次表明，夫子并不反对合于仁义道德的谋求财富，而坚决反对的是"不义而富且贵"。其思想根源不是富不富的问题，而是义不义的问题。（《孔子语录集解》93页）

　　辑者案：（符合道义的）致富，如果可求的话，即使卑贱的工作，我也做；如不可求，就做点自己喜欢做的吧。

(2) 执鞭之士

晋·袁乔：执鞭，君之御士，亦有禄位于朝也。（皇侃《论语集解义疏》卷四·6页）

宋·朱熹：执鞭，贱者之事。（《四书章句集注》96页）

明·陈士元：《周礼·秋官》"条狼氏掌执鞭以趋辟。王出入则八人夹道，公则六人，侯伯则四人，子男则二人"，《注》云："趋辟，趋而辟除行人也。"又"朝士掌外朝之法，帅其属而以鞭呼趋且辟"，《注》云："趋朝辟行人，执鞭以威之也。"然朝士皆以中士为之，条狼氏皆以下士为之，故曰"执鞭之士"。（《论语类考》卷五·15页）

清·钱坫：执鞭有二义：《周礼·秋官》条狼氏下士八人，其职云"掌执鞭以趋辟。王出入则八人夹道，公六人，侯伯四人，子男二人",此一义也。《地官·司市》"凡市入则胥执鞭度守门",此一义也。以求富之言例之,或从《地官》为长。(《论语后录》卷二·14页)

　　辑者案:无论是为王公贵族出行开道的执鞭者,还是为市场守门的执鞭者,都是卑贱之职。此章反映出孔子的致富态度:靠正当的手段致富,凭自己的劳动能力致富,心态平和,即使是卑贱的工作,只要能获得财富,也要去做。这与孔子年轻时做了不少鄙贱的工作是相吻合的。

7.14 子在齐闻《韶》,三月不知肉味,曰:"不图为乐之至于斯也。"

　　(1)三月不知肉味

　　魏·周生烈:孔子在齐,闻习《韶》乐之盛美,故忽于肉味也。(皇侃《论语集解义疏》卷四·7页)

　　晋·江熙:和璧与瓦砾齐贯,卞子所以惆怅;虞韶与郑卫比响,仲尼所以永叹。弥时忘味,何远情之深也!(皇侃《论语集解义疏》卷四·7页)

　　晋·范宁:夫《韶》乃大虞尽善之乐,齐,诸侯也,何得有之乎?曰:陈,舜之后也,乐在陈,陈敬仲窃以奔齐,故得僭之也。(皇侃《论语集解义疏》卷四·8页)

　　梁·皇侃:孔子至齐,闻齐君奏于《韶》乐之盛而心为痛伤,故口忘肉味至于一时乃止也。三月,一时也。何以然也?齐是无道之君,而滥奏圣王之乐,器存人乖,所以可伤慨也。(皇侃《论语集解义疏》卷四·7页)

　　宋·程颐:三月,乃音字误分为二也。"不图为乐之至于斯",叹其美也。作三月,则于义不可。(《二程集》1145页)

　　宋·郑汝谐:陈,舜之后也。为之后者得用先代之乐,故舜之乐在陈。自陈敬仲奔齐,其子孙卒篡齐而有之,是以《韶》乐作于

齐。夫以揖逊之乐而作于僭窃之国,岂不大可痛惜乎?是宜三月之久不知肉味也。(《论语意原》卷二·9页)

宋·朱熹:《史记》"三月"上有"学之"二字。不知肉味,盖心一于是而不及乎他也。(《四书章句集注》96页)

宋·金履祥:盖圣人闻《韶》则必学,学之亦必数月始熟。方圣人之学之也,以夫子之诚与大舜之德,妙感契悟,自忘肉味,此正可见圣人之乐与圣人之心为如何。三月,盖谓学之三月尔,非三月之久不知肉味也。(《论语集注考证》卷四·3页)

元·陈天祥:虽曰学之一心,于是至于食肉三月而不知其味,此甚不近人情。……王滹南曰:"或言月字为日字之误,皆不可必当,姑阙之。"予谓日字比诸说最为有理,学者宜从之。(《四书辨疑》卷四·17页)

明·林希元:不知肉味,此是圣人心里事,又不以告人,不知门人何缘知之?且心不在焉则食而不知其味,圣人食肉不知其味,非心不在耶。意圣人学乐之时,当食不令人设,或者设而不甚用。盖心在于乐,于此不暇及,如所谓发愤忘食,终日不食者,门人因而见之,遂谓其不知肉味,非真食之不知其味,亦非三月之久绝不食也。(《四书存疑》卷五·26页)

杨伯峻:孔子在齐国听到《韶》的乐章,很长时间尝不出肉味,于是道:"想不到欣赏音乐竟到了这种境界。"(《论语译注》70页)

毛庆其:我们对"闻《韶》"章是否可作如下推想:孔子在齐国的一次饮晏中听到《韶》乐,他以为陈氏后代公然演奏《韶》乐是违礼之举,他一气之下连晏会的肉食美味都领略不到。他以哀痛的心情指出:没有想到演奏《韶》乐竟然在齐国这个地方!从孔子闻《韶》,人们能够看到这位先哲的理智与感情的冲突所激起的心底的波澜,以及他心目中礼的崇高和乐的严肃。(《孔子"闻韶"别解》,《星

　　王若:这句话的正确理解应当是:孔子在齐国听到《韶》乐,一时连肉也食不甘味,说:真想不到在齐国竟演奏《韶》乐……"三月不知肉味"是"不图为乐之至于斯也"的结果,是伤痛齐君无道而奏《韶》乐。如果不结合当时的历史背景,不依据孔子的伦理思想,只孤立地从字面上去理解这句话,以为孔子是"沉醉"在齐国的《韶》乐之中,那便是天大的误会。(王若、李晓非《"子在齐闻韶"辨》,《辽宁师范大学学报》1991 年第 4 期)

　　高专诚:所谓"三月不知肉味"是一种比喻,描述了一种超越了人的基本物欲的精神境界。这种内心的共鸣并不是有意识的表现,而是内在修养的自然流露。(《论语通说》104 页)

　　程石泉:疑"三月"为"食而"之误;"肉"为"其"之误。篆文"肉"与"其"相似,"三月"与"食而"相近。其秦汉之际《论语》简牍已漶漫,传抄者因之致误?(《论语读训》110 页)

　　　　辑者案:三月不知肉味,应是对孔子陶醉于《韶》乐的夸张描写,不应理解为因"痛伤"或"一气之下"而如此。《韶》乐能在礼崩乐坏的年代得以流传,应该是值得高兴的事,以孔子的博大胸怀,哪能生这个闲气?再者,孔子周游列国的目的,正是宣传治世思想,传播礼乐文化,改变礼崩乐坏的社会局面。

　　(2)不图为乐之至于斯也

　　魏·王肃:为,作也。不图作《韶》乐至于此。此,齐。(邢昺《论语注疏》89 页)

　　宋·郑汝谐:斯,此也,指陈氏之僭言之也。(《论语意原》卷二·10 页)

　　宋·朱熹:不意舜之作乐至于如此之美,则有以极其情文之

备,而不觉其叹息之深也,盖非圣人不足以及此。(《四书章句集注》96页)

日·物双松:曰"不图为乐之至于斯也",升庵曰"不意齐之为乐至此耳"。如今之说,则孔子之视舜,劣而小之甚矣。……朱子以"为乐"为"作乐",故属诸舜。然为乐与作乐殊矣,故升庵为是。(《论语征》140页)

日·中井积德:"为乐"二字,是泛说,不专指舜,意谓为乐之美善,如《象》如《武》,亦略可知矣,未尝意《韶》之美善,至于如此也。斯,指《韶》之美善。(《论语逢源》133页)

清·李光地:"为乐"未是指《韶》,斯字乃指《韶》也。盖曰为乐者多矣,不意至于斯之尽美又尽善也。(《读论语札记·述而篇》)

清·牛运震:"斯"字正指声容节奏之妙。……玩"不图"句有得之恨晚意,言若不是在齐闻《韶》,学而有得,几乎错过一生也。从此著意便得其真神理。(《论语随笔》卷七·9页)

清·刘宝楠:"不图"者,言《韶》乐之美,非计度所及也。(《论语正义》264页)

日·昭井一宅:曰者,闻《韶》三月之后,乃今始知其为日之久,而自惊而曰也。斯字指三月。(《论语解》152页)

清·康有为:不知肉味,盖神注于此,则所忘在彼也。《韶》为舜乐。盖天下为公,太平之治,大同之道,孔子所神往者,故赞叹观止,曰不图至斯也。(《论语注》94页)

杨伯峻:想不到欣赏音乐竟到了这种境界。(《论语译注》70页)

乔一凡:为乐之为字,系妫之借字。《释文》云"为或作妫"是也。陈完奔齐,陈为舜后,《韶》乐存焉。不图,即俗说不打算。……妫为舜姓,陈为舜后,在齐滋大,代齐之势将成,孔子因闻《韶》乐而感,为乐之至于斯,亦即妫乐之至于此地也。盖亦深慨夫齐之历数,禄养

之不久也。(《论语通义》108页)

金良年：孔子所赞赏的不完全是乐曲的美妙，而在于作乐者的德行。相传《韶》乐是舜帝的雅乐，因此，孔子实际是在赞誉上古文治的尽善尽美。(《论语译注》72页)

林振衡：斯：代词，指三月不知肉味的效果。(《论语新编》240页)

袁庆德：孔子认为，《韶》"尽美矣，又尽善也"。所以，这首古曲使他深深陶醉，久久不能忘怀。我们知道，孔子主张以礼治国，而乐是礼的组成部分，因此，孔子对古曲的陶醉，也透露出他对原始共产主义时期的社会制度的向往，以及对春秋时期"礼崩乐坏"、社会秩序混乱的状况的不满。《礼记·礼运》中的记载也证明了这一点："孔子曰：'大道之行也，与三代之英，丘未之逮也，而有志焉。大道之行也……是谓大同。'"(《论语通释》207页)

辑者案：杨伯峻说为是。不图，想不到。

7.15 冉有曰："夫子为卫君乎？"子贡曰："诺，吾将问之。"入，曰："伯夷、叔齐何人也？"曰："古之贤人也。"曰："怨乎？"曰："求仁而得仁，又何怨？"出，曰："夫子不为也。"

为

汉·郑玄：为，犹助也(足利本作"孔安国"语)。(皇侃《论语集解义疏》卷四·8页)

杨伯峻：为——动词，去声，本意是帮助，这里译为"赞成"，似乎更合原意。(《论语译注》70页)

南怀瑾：我们老师真想做卫国的国君吗？(《论语别裁》330页)

辑者案：为，帮助。卫君辄与父亲蒯聩争国，孔子认为不仁，所以不帮助他。

7.16 子曰："饭疏食饮水，曲肱而枕之，乐亦在其中

言,修而理之,故其言须雅。方以《诗》、《书》、执礼为事,故未暇学《易》,而学《易》必俟之年五十也。人之寿数不可豫知,故言"加我数年"。"数年"者,自四十以至五十也。(《论语足征记》卷上·4页)

清·刘宝楠:《孔子世家》:"孔子晚而喜《易》,序《彖》、《系》、《象》、《说卦》、《文言》。读《易》,韦编三绝。曰:'假我数年,若是,我于《易》则彬彬矣。'"彼文作"假",《风俗通义·穷通卷》引《论语》亦作"假"。《春秋》桓元年:"郑伯以璧假许田。"《史记·十二诸侯年表》作"以璧加鲁,易许田",是"加""假"通也。夫子五十前得《易》,冀以五十时学之,明《易》广大悉备,未可遽学之也。及晚年赞《易》既竟,复述从前"假我数年"之言,故曰:"假我数年,若是,我于《易》则彬彬矣。""若是"者,竟事之辞。言惟假年,乃彬彬也。《世家》与《论语》所述,不在一时,解者多失之。(《论语正义》268页)

许庄叔:它的句读应当是这样:"加我数,年五十,以学易,可以无大过矣。"加读为"假"。"假,因也。"(《庄子·大宗师注》,《礼记·曲礼》孔疏)数就是大衍之数的数……"年五十"是"知天命"之年……"无大过",就是《易·系辞》之"不过"。(《〈论语〉"学易章"解》,《文史》1982年第14辑)

宋钢:"加"有"重复"义,可引申为"回复",如果按这个意思来解释,将"加我数年"释为"让我重活几岁",即"让我回头再活几年",则上下文怡然可通……联系"五十以学《易》"来理解,那就是"再让我回复到五十岁的年龄上去"的意思。这样,"加我数年"的"加"字当与"重生"、"再生"的"重"和"再"义同。(《〈论语〉疑义考释》,《黄冈师专学报》1990年第4期)

韩玉生:这种"加"字是不能解作"增加"的,它是应该解作"变"、解作"减"来讲的。"加"的这一意义几乎在所有的词书中都没注意到，王力先生的《古代汉语》"常用字"虽然注意到了它不能作"增加"解，并以《孟子·梁惠王上》"邻国之民不加少，寡人之民不加多，何也"及王安石《游褒禅山记》"则其至又加少矣"为例证加以说明，这比起其他词书可说是前进了一步。但王力先生把它解做"更"、"更加"，视为副词，似仍欠妥。细加辨析，似以作"变"、做"减"来讲较为确切、妥当。……应解作"减我数年"。(《〈论语·述而篇〉"加我数年"诠注辨正》，《开封教育学院学报》1991 年第 2 期)

　　启功：(为学《易》)希望多活几年，(我从)五十岁已学《易》，若是(能多活)，可以无大过矣。(《读〈论语〉献疑》，《文史》2000 年第 1 辑)

　　俞志慧："加"是借字，"假"是本字，"假"者给予也，"加我数年"，犹后世云"天假我年"、"假以时日"……本章可译为：如果天假我年，或五年，或十年，沉潜于大《易》之中，那么我庶几可以无大过矣。(《〈论语·述而〉"加我数年，五十以学易"章疏证》，《孔子研究》2000 年第 3 期)

　　韩喜凯：有学者认为孔子开始喜《易》当在五十六岁至六十岁之间，郭沂先生更具体指出应是在周游列国期间……孔子所言"加我数年，五十以学《易》"，当是种假设，意即假如时间能更早几年，我从五十岁便开始学《易》，则一生便可无此较大的波折了。这也正好可与句中"大过"相对应。(《名家评说孔子辨析》244 页)

　　　辑者案：加，增加也。此语是一种假设，假设能将我的年龄增加数年，从五十岁时就开始学《易》，则可以无大过也。加我数年，实际上是期望将时光倒回去数年。孔子悔恨学《易》太晚，故有"加我数年"的企求。如果能让自己回到五十岁上(假设回到五十岁上，也就等于为自己增加了数年的年龄)，从五十起《易》，就不会有大的过错了。不少人认为孔子说此话是在五十岁之前，试想，五十岁之前提出"加我数年"的要求,不是有些荒唐吗? 难道他认为自己活不到五十岁? 孔子学《易》是在晚年,《史记》孔子"晚而喜《易》"的记载可证。

(2)五十以学《易》,可以无大过矣

汉·郑玄:加我数年,年至五十以学此《易》,其义理可无大过。(《〈论语〉郑义举隅》,《儒家文献研究》85页)

魏·王朗:鄙意以为《易》盖先圣之精义,后圣无间然者也,是以孔子即而因之,少而诵习,恒以为务。称五十而学者,明重《易》之至,欲令学者专精于此书,虽老不可以废倦也。(皇侃《论语集解义疏》卷四·11页)

魏·何晏:《易》"穷理尽性以至于命"。年五十而知天命,以知命之年读至命之书,故可以无大过也。(皇侃《论语集解义疏》卷四·10页)

梁·皇侃:当孔子尔时,年已四十五六,故云加我数年,五十而学《易》也。所以必五十而学《易》者,人年五十是知命之年也,《易》有大演之数五十,是穷理尽命之书,故五十而学《易》也。(皇侃《论语集解义疏》卷四·10页)

宋·邢昺:《易》之为书,穷理尽性以至于命,吉凶悔吝豫以告人,使人从吉,不从凶,故孔子言己四十七学《易》,可以无过咎矣。(邢昺《论语注疏》91页)

宋·程颐:此未赞《易》时言也。更加我数年,至五十,以学《易》道,无大过矣。古之传《易》,如《八索》之类,皆过也,所以《易》道未明。圣人有作,则《易》道明矣。云学,云大过,皆谦辞。(《二程集》1145页)

宋·朱熹:刘聘君见元城刘忠定公自言尝读他《论》,"加"作假,"五十"作卒。盖加、假声相近而误读,卒与五十字相似而误分也。愚按:此章之言,《史记》作"假我数年,若是我于《易》则彬彬矣"。加正作假,而无五十字。盖是时,孔子年已几七十矣,五十字误无疑也。学《易》,则明乎吉凶消长之理、进退存亡之道,故可以无大过。盖圣人深见《易》道之无穷,而言此以教人,使知其不可不学,而又不可以易而学也。(《四书章句集注》97页)

宋·张栻:夫子之意谓今有所未暇,加数年而后可修也。(《南轩论语解》卷四·6页)

宋·金履祥:篆文"五"字与"卒"字,其中皆有交互之形,以故致误。《史记》此章作"假我数年,如是,我于《易》则彬彬矣",玩其辞意,则"五十"字当是"吾"字。(《论语集注考证》卷四·4页)

清·牛运震:"五十"即照本字读,不必作"卒"字,"卒以学《易》"本不成文理。孔子七十赞《易》,正不妨五十学《易》也。(《论语随笔》卷七·12页)

清·毛奇龄:……《乾凿度》谓五十正夫子受困之年,此皆过凿无理。……或谓五十字可疑者三:一谓夫子赞《易》,据《史》当在六十以后,五十不合;一谓五十非桑榆之岁,何必曰加我曰借我;一谓学《易》无时候,不当指定五十。……学《易》、赞《易》是两时事,其年分不同已略可见矣,若后二说则可疑者自在也。(《论语稽求篇》卷四·1页)

清·江声:盖孔子知不得用于世,不能以《易》道措施于天下,惟以自治其身,于是叹曰天其假我数年乎,我得有五十年以学《易》,可以无大过矣。夫孔子之学《易》,盖三四十年,于兹矣未知年寿几何,能竟功否,故发此言,非贪生也。……盖圣人冲虚,不敢自信无过。惟恐有过而不自知,且重视夫过,有过即为大,不敢云小也。(《论语竢质》卷上·19页)

清·王闿运:四十不惑,知圣人有可成之道。但恐年促,故未

至五十而皇皇也。时阳虎乱,孔子年四十三,始不欲仕。其后作《春秋》,拟《易象》为之。(《论语训》卷上·64页)

清·龚元玠:先儒句读未明,当"五"一读,"十"一读,言或五或十,以所加年言。(杨朝明《论语诠解》64页)

清·宦懋庸:愚按"加"、"五十"皆如字,此孔子四十二岁以后自齐返鲁,退修《诗》、《书》,礼、乐时语也。(《论语稽》卷七·8页)

清·康有为:此为刘歆古文《论语》窜改。今考《史记·孔子世家》,编此章在自卫反鲁,删《诗》、《书》,定《礼》、《乐》之后,作《春秋》之前。朱子以为年将七十,此言五十,则与《世家》说无关,足证其为刘歆窜改傅会之伪。……刘歆既以《左传》篡孔子之《春秋》,又造伪说,谓《象辞》作于文王,《象辞》作于周公,孔子仅为十翼。故改曰学《易》,以明《易》非孔子所作,抑以无大过,以明孔子之为后学。盖欲篡孔子之《易》,窜改《论语》,傅会《史记》,以证成之。幸有《鲁》读及《史记》今文犹存,犹得以证其伪乱。(《论语注》95页)

程树德:按:《论语》除《鲁论》、《齐论》、《古论》三家之外并无别本,安得复有异字为刘元城所见者?好改经传,此宋儒通病,不可为训。然朱子所以有此疑者,亦自有故。考《史记》假年学《易》,《世家》叙于哀公十一年孔子归鲁之后,是时孔子年已六十有八。后人求其说而不得,不得已止有改经以迁就事实。除朱子改"五十"作"卒"之外,尚有数说。一、《群经平议》"五十"疑"吾"字之误。盖吾字漫漶,仅存其上半,则成五字,后人乃又加十字以补之耳。二、《十一经问对》有先儒以"五十"字误,欲从《史记》九十以学《易》之语,改"五十"为"九十"者。三、惠栋《论语古义》据王肃《诗传》云:古五字如七,改"五十"为"七十"者。之数说者,虽皆有一得之长,而仍不免窜乱经文之病。窃以为五十以学者,即

"蘧伯玉行年五十,而知四十九年之非"意也。"亦可以无大过矣"
者,即"欲寡其过"意也。《世家》将《论语》随意编入,其先后不足
为据。(《论语集释》470 页)

吕绍纲:孔子在垂老之年发这番学《易》恨晚的感慨,意谓如
果让我年轻几岁,五十岁开始学《易》,就可以不犯大过错了。既
有自谦之意,也是赞扬《周易》之词。(杨朝明《论语诠解》64 页)

乔一凡:五为生数,十为成数,非谓为五十之年也。五十为中
孚卦数,易如字,改读则失义,大过亦为卦名,内外相综则成中孚。
成中孚则益之用享,自然无大过。(《论语通义》110 页)

周乾溁:我认为是"厽"字。这个字裂为"五十"的可能性很
大,因"氏"和"五"形极近,特别是"厽"在写法上作"厽",上半就更
像"五"了。按"厽"是厥的古字……《尔雅·释言》:"厥,其也。"
《金文编》又指出,《史记》引《尚书》,厥字多改作其。"厽"解为其,
是合适的。"加我数年"的"加",一般都读为"假",这是没问题的。
照此说来,《论语》的这一章应该是:"假我数年,厽(其)以学《易》,
可以无大过矣。"(《"五十以学易"之谜》,《孔子研究》1989 年第 1 期)

高专诚:在 50 岁时就能认真研习《易》,也就不会有后来的重
大过失了。……在 50 多岁以后,当他步入政坛时……有了实现
政治理想的时机,但却由于种种原因而未能利用好这一机会。在
他看来,这其中应有他本人的责任。孔子所谓的"过",主要是指
这一点。(《论语通说》106-107 页)

黄怀信:子曰:"加我数年,五十以学,亦可以无大过矣。"[校]
五十以学,亦可以无大过矣,"亦"旧作"易"……从定州简本及《释
文》所录《鲁论》改。[释]旧读"五十以学《易》,可以无大过矣",有
不可通者三:一,《易》非防过之书,学之安可以无大过? 二,言加
我数年而学,是当时尚未学,安知其可以使人无大过? 三,言学而

后可以无大过矣，则学之前已有大过，与孔子实际不符。(《论语新校释》161 页)

程石泉：此章文字必有错简，或"五十"为"用"字之误。"加我数年，用以学易"，似于文理稍通(可参见作者《易辞新诠》，上海古籍出版社，2000 年——编者补记)。(《论语读训》113 页)

傅佩荣：孔子自十五岁志于学，并且终身学不厌，因此我们没有理由说他五十以前不曾学过《易经》，何况他早已知道学习之后可以无大过。本章所谓"学"，是谦词，意思是专心研究，并且把心得应用于生活中，然后成效自明。(《傅佩荣解读论语》119 页)

王谦：如果上天让我长命的话，花五十年时间学通《易经》，后半生就不会有大的过错了。(《"守死善道"与"五十以学易"》，《出版广角》2006 年第 11 期)

　　辑者案：吕绍纲说切合文意。《周易》可谓人生经验的总结，读后能使人寡过。

7.18 子所雅言，《诗》，《书》，执礼，皆雅言也。

(1)雅言

汉·孔安国：雅言，正言也。(邢昺《论语注疏》91 页)

汉·郑玄：读先王典法，必正言其音，然后义全，故不可有所讳。(邢昺《论语注疏》91 页)

宋·程颐：世俗之言，失正者多矣。……既通于众，君子正其甚者，不能尽违也。惟于《诗》、《书》、执礼，必正其言也。(《二程集》1145 页)

宋·朱熹：雅，常也。执，守也。《诗》以理情性，《书》以道政事，礼以谨节文，皆切于日用之实，故常言之。(《四书章句集注》97 页)

清·牛运震："雅"训正，训常，兼此二义始得。(《论语随笔》卷七·13 页)

曰·丰千:孔氏曰"雅言,正言也",郑氏曰"必正言其音,然后义全",二家盖以临文不讳为说。然雅之为正,元出修诗者之论说,非本训也。朱氏训雅为常,得之。但本文既曰"子所雅言",末复曰"皆雅言也",辞似重复,疑旧有脱误,不可全通。(《论语新注》67页)

清·刘台拱:……雅之为言夏也。……"雅"、"夏"古字通。(《论语骈枝》7页)

清·焦循:……雅即《尔雅》之"雅"。文王、周公系《易》多用假借、转注以为引申。孔子以声音训诂赞之,故为雅言。(《论语补疏》卷一·13页)

清·刘宝楠:此承上章"学《易》"之言而类记之。"所"字,即指《易》言。乃不独《易》也,若《诗》、《书》、执礼,皆雅言也。……郑以"雅"训"正",故伪孔本之。先从叔丹徒君《骈枝》曰:"夫子生长于鲁,不能不鲁语。惟诵《诗》、读《书》、执礼必正言其音,所以重先王之训典,谨末学之流失。"……谨案:《骈枝》发明郑义,至为确矣。周室西都,当以西都音为正。(《论语正义》269页)

杨伯峻:[译文]孔子有用普通话的时候。读《诗》,读《书》,行礼,都用普通话。[注释]雅言——当时中国所通行的语言。春秋时代各国语言不能统一,不但可以想象得到,即从古书中也可以找到证明。当时较为通行的语言便是"雅言"。(《论语译注》71页)

陈如勋:近人徐英《论语会笺》:……考《史记·陈余传》:"张耳雅游,人多为之言。"《索隐》曰:"雅游,言惯游从,故多为人所称誉。"上文言高祖为布衣时,尝数从张耳游,惯数皆有常义。《汉书·王莽传》:"亲见牧守以下,考迹雅素,审以黑白。素,平素也,亦常也。"《集注》:"雅,常也。"盖非无据。且孔子有不语,罕言,亦必有常言者矣。常言者,即常执以教人者。《孔子世家》以《诗》

《书》《礼》《乐》教弟子,此遵乐正四术之常法以教常人。至高第弟子,或授以《易》与《春秋》。《易》与《春秋》,非所常教也,故不常言。《论语》一书,所常言者曰仁,曰政,曰孝。除所见明言《诗》《书》《礼》《乐》外,凡言仁者皆《诗》教也;凡言政者皆《书》教也;凡言孝弟者皆《礼》《乐》教也。故曰"雅言《诗》《书》执礼",言礼则兼乐焉。徐氏之论,甚为有当。故"雅言"宜从第二解,释为常言也。（《论语异解辨正》80 页）

　　王缙尘:"雅",即鸦。长尾巴的禽称鸟,短尾巴的禽称隹。故雅、鸦二字通用。……近人刘大白《白屋文话》讲此节云:《汉书》:"鸦鸦作秦声;言陕西人的口音,常是雅雅也。周朝旧都,在今陕西,故其口音,也像雅雅的声音。此章所记,是孔子平时说话,都用当时鲁国的土话。只有读《诗经》,读《书经》,及在喜事、丧事人家赞礼,则用陕西人口音也。"（《四书读本》117 页）

　　杨润根:[注释]准确、自然、纯正的受到全体国民普遍一致的高度评价的语言,也就是高雅的语言。（《发现论语》181 页）

　　何新:①雅言,旧注谓正言。似谬。何按:余读雅为吟,咏诵也。②雅,正音,即标准口音。（《论语新解——思与行》86 页）

　　胡齐临:"雅言"是原始而高雅的朗诵形式,质朴、有韵律、节奏流畅;其好处是容易记忆。（《论语真义》81 页）

　　　辑者案:杨伯峻说恰切。雅,正确,规范。雅言,标准语,普通话。

(2)执礼

汉·郑玄:礼不诵,故言执。（邢昺《论语注疏》91 页）

宋·朱熹:执,守也。（《四书章句集注》97 页）

清·刘台拱:执犹掌也,执礼谓诏相礼事。（《论语骈枝》6 页）

清·方观旭:执礼,王伯厚曰:"石林解执礼云:'犹执射、执御之说。'《记》曰:'秋学礼,执礼者诏之。'盖古者谓持礼书以治人者,皆曰执。《周官》大史、大祭祀宿之日读礼书,祭之日执书以次位常,凡射事,执其礼事。以证此经,执礼为执礼书,为解确甚。"愚案:卢子干注《玉藻篇》"临文"云:"谓礼文也,礼执文行事。"卢氏说亦可移解《论语》"执礼"。(《论语偶记》9 页)

　　杨伯峻:行礼。(《论语译注》71 页)

　　金良年:述说礼仪。(《论语译注》74 页)

　　　　辑者案:执礼,执行礼仪。

7.19 叶公问孔子于子路,子路不对。子曰:"女奚不曰其为人也,发愤忘食,乐以忘忧,不知老之将至云尔?"

(1)叶公

　　汉·孔安国:叶公名诸梁,楚大夫,食菜于叶,僭称公。(邢昺《论语注疏》92 页)

　　清·刘宝楠:《士丧礼注》:"公,大国之孤四命也。"若然,则诸侯臣得称公,故《左传》有邢公、棠公、商成公、白公。此叶公亦是四命之孤,非因僭称也。然高诱注《吕览·察微篇》、《淮南·览冥训》并云:"楚僭称王,其守邑大夫皆称公。"则以公为僭称,汉儒已有是说,不始于伪孔矣。(《论语正义》271 页)

　　黄怀信:"叶"读社音,楚县名,地在今河南叶县南。"叶公",即好龙之叶公。(《论语新校释》163 页)

　　　　辑者案:黄怀信说较周详。叶(shè)公,姓沈名诸梁,字子高,叶地长官。

(2)不对

　　汉·孔安国:不对者,未知所以答也。(皇侃《论语集解义疏》卷四·11 页)

晋·李充：疑叶公问之，必将欲致之为政。子路知夫子之不可屈，故未许其说耳。（皇侃《论语集解义疏》卷四·12页）

日·中井积德：非所问而问，无所当，不必言。（《论语逢源》135页）

高专诚：子路虽然是军人出身，心直口快，但却既不善于语言表达，又不擅长平日的观察思考，仓猝之间竟无法回答叶公的问题。（《论语通说》108页）

赵又春：……从事理上说，子路当不是答不出，而是不愿作答，原因则是不明叶公此问的目的、意图，或是把握不住孔子对叶公的态度、要求，因而担心答的不好会坏事，于是只好"不对"。这才是不怀成见的推测。（《我读〈论语〉》30页）

　　辑者案：不对者，不知如何答也。所以事后孔子教他如何答。

7.20 子曰："我非生而知之者，好古，敏以求之者也。"

(1)好古

梁·皇侃：好古人之道。（皇侃《论语集解义疏》卷四·12页）

明·蔡清：此"古"字与"信而好古"之"古"同，即《诗》、《书》、礼、乐之类。（《论语蒙引》卷二·30页）

杨伯峻：是爱好古代文化。（《论语译注》72页）

金良年：喜好古代典制。（《论语译注》75页）

杨润根：[注释]古：故，事物的原因，事物之所以然。《说文》："古，故也。""古"，万物（"十"）的本原（"口"）。（《发现论语》182页）

　　辑者案："古"所包含的内容宽泛，不可局限于某一方面。以上诸说如"古道""古经典""古文化""古典制"等，均属喜好的内容。

(2)敏以求之

汉·郑玄:言此者,勉劝人于学也。(皇侃《论语集解义疏》卷四·12页)

梁·皇侃:疾速以求知之也。敏,疾速也。(皇侃《论语集解义疏》卷四·12页)

宋·朱熹:生而知之者,气质清明,义理昭著,不待学而知也。敏,速也,谓汲汲也。(《四书章句集注》98页)

清·陈浚:勤快用工去讲求。(《论语话解》卷四·8页)

清·宦懋庸:夫子当日即有圣人之称,然时人所谓圣者,第在多闻多知、博物强知、不待师学传授而无所不知,故震惊之也。不知夫子虽生知之圣,而亦未尝不藉学以成之。其不居生知者,谦辞。其言好古敏求者,亦自明其功力之实也。(《论语稽》卷七·10页)

郑张欢:孔子说:我的学识不是由生活过程而得知的,而是好古代文献、勤奋敏求得知的。(《论语今释》106页)

杨朝明:[诠释]敏,勤勉敏捷之义。[解读]孔子说:"我不是天生就有知识的人,我是喜好古代文化,并勤勉敏捷以追求学习的人啊。"(《论语诠解》65页)

> 辑者案:杨朝明说恰切。《辞源》:"敏,勤勉。《礼·中庸》:'人道敏政,地道敏树。'《注》:'敏,犹勉也'《论语·公冶长》:'敏而好学,不耻下问。'"

7.21 子不语怪、力、乱、神。

(1)子不语怪力乱神

晋·李充:力不由理,斯怪力也。神不由正,斯乱神也。怪力乱神有兴于邪,无益于教,故不言也。(皇侃《论语集解义疏》卷四·13页)

宋·朱熹:怪异、勇力、悖乱之事,非理之正,固圣人所不语。鬼神,造化之迹,虽非不正,然非穷理之至,有未易明者,故亦不轻

以语人也。谢氏曰:"圣人语常而不语怪,语德而不语力,语治而不语乱,语人而不语神。"(《四书章句集注》98页)

清·刘宝楠:"不语",谓不称道之也。(《论语正义》272页)

杨伯峻:孔子不谈怪异、勇力、叛乱和鬼神。(《论语译注》72页)

雷代浩:孔子决非不谈怪、力、乱、神,其态度带有明显的功利性、目的性。套用他自己的话来说,就是"吾道一以贯之"。即以"克己复礼"、"天下归仁"为取舍标准。子所不语者,盖有悖于"仁"、"礼"者也。(《"子不语怪、力、乱、神"论》,《江西教育学院学报》1991年第2期)

徐振贵:"怪力乱神"之"怪",此为动词,而非名词,意谓责怪、疑惑、惟恐……。"力",指力气、力量、功夫,是名词,却不是"勇力"……。"乱",动词,指扰乱、搅乱、迷惑……。"神",是指"神志"、"精神",不是鬼神……。要之,笔者认为,"子不语怪力乱神"七字,应该是"子不语,怪力乱神"。亦即"孔子不说话了,惟恐用力分散影响集中精神"。(《"子不语怪力乱神"新解》,《光明日报》2006年2月24日第7版《文化周刊》)

郑张欢:此章言反对之事,又言世义。此说明孔子不相信世上有怪异之事,不赞成力大奴役力小为王,不赞成不要生活秩序、男女淫乱,不承认神灵、上帝一套神文化。(《论语今释》107页)

刘茜:我们可将"怪"、"乱"分别视为"力"、"神"的修饰语,而"怪力"与"乱神"则为并列结构的两个词。"怪"通常训为"奇异,不常见"之意,"怪力"一词则应解为"不合常理的怪异之力"。"乱"作为修饰语,有与"正"相对的意思,在此则可解为"迷乱"之意,"乱神"应指那些与"正神、善神"相对的邪神。故"怪力"、"乱神"均是指惑于时世的妖邪力量。而"语"可依刘宝楠之注训为"称道、赞同"之意。如此,则"子不语怪力、乱神"便可译为"孔子

不称道惑于时世的妖邪力量。"(《〈论语〉"子不语怪力乱神"新解》,《孔子研究》2008年第3期第39页)

杨朝明:[诠释]本章历来多句读为"子不语:怪、力、乱、神",将"怪力乱神"分为四事,则孔子不谈鬼神之事。然实际上,孔子谈鬼神见诸经籍,屡见不一,如《中庸》记孔子曰:"鬼神之德其盛矣乎!视之而弗见,听之而弗闻,体物而不遗。使天下之人齐明盛服,以承祭祀,洋洋乎如在其上,如在其左右。"《礼记》、《家语》皆载孔子答宰我鬼神之问。且《春秋》多记怪、力、乱、神,孔子亦有多处语"怪"之事迹,如陈庭辨矢、季氏穿井得羊、防风骨节专车等,可见此种断句不符合实际。应依皇侃《论语义疏》引李充之言,作"子不语:怪力、乱神"。如此句读,方合乎孔子思想实际。怪力:李充曰:"力不由理,斯怪力也。"指背乎寻常而用不适当之力。乱神:李充曰:"神不由正,斯乱神也。"指祀不当祀之神。[解读]孔子不向人讲怪力和乱神之事。(《论语诠解》65页)

胡齐临:老师不谈论怪异、武力、错乱、神变。(《论语真义》82页)

陈大齐:顾况《广异记序》曰:"欲观天人之际,变化之兆,吉凶之源,圣不可知,神不可测。其有干元气,汨五行,圣人所以示怪力乱神、礼乐刑政,著明大道以纠之。古文'示'字如今文'不',儒者不本其意,云子不语,非观象设教之本也。"(《论语辑释》106页)

> 辑者案:应遵朱熹、杨伯峻说。虽有学者举出孔子曾语怪力乱神之事例,但这是古文献记述与《论语》编撰者之间所存在的差异,单就这句话而言,朱熹、杨伯峻的理解是正确的。

(2)怪

魏·王肃:怪,怪异也。(邢昺《论语注疏》92页)

日·东条弘:物怪也,非正理而现者。(《论语知言》226页)

清·刘宝楠:《书传》言夫子辨木、石、水、土诸怪,及防风氏骨节专车之属,皆是因人问答之非,自为语之也。至日食、地震、山崩之类,皆是灾变,与怪不同,故《春秋》纪之独详。欲以深戒人君,当修德力政,不讳言之矣。(《论语正义》272页)

杨润根:[译解]主观杜撰的奇异的观念。(《发现论语》182页)

徐振贵:"怪力乱神"之"怪",此为动词,而非名词,意谓责怪、疑惑、惟恐……。亦即"孔子不说话了,惟恐用力分散影响集中精神"。(《"子不语怪力乱神"新解》,《光明日报》2006年2月24日第7版《文化周刊》)

　　辑者案:怪,指怪异、怪诞之事。

(3)力

魏·王肃:力,谓若累荡舟、乌获举千钧之属。(邢昺《论语注疏》92页)

宋·朱熹:勇力。(《四书章句集注》98页)

清·陈浚:好勇斗力的事。(《论语话解》卷四·8页)

杨润根:宣扬暴力的观念。(《发现论语》182页)

　　辑者案:力,指"好勇斗力""暴力"的行为。

(4)乱

魏·王肃:乱,谓臣弑君、子弑父。(邢昺《论语注疏》92页)

宋·朱熹:悖乱。(《四书章句集注》98页)

日·中井积德:指兵事,谓攻伐战斗也。是当时之所喜语。(《论语逢源》137页)

日·东条弘:反治之事。(《论语知言》226页)

清·陈浚:犯法作乱的事。(《论语话解》卷四·8页)

王缁尘:"乱"者,就是作乱,或是乱伦。(《四书读本》119页)

杨润根:混乱的没有逻辑没有道理的观念。(《发现论语》182页)

徐振贵:"神",是指"神志"、"精神",不是鬼神……。(《"子不语

怪力乱神"新解》,《光明日报》2006 年 2 月 24 日第 7 版《文化周刊》)

　　辑者案：乱,所含内容宽泛,如犯上作乱、叛乱、动乱、淫乱、战乱等等。

(5)神

汉·王肃：谓鬼神之事也。(皇侃《论语集解义疏》卷四·13 页)

日·中井积德：谓降祅作灾,凭人托梦。(《论语逢源》137 页)

杨润根：神秘玄虚、貌似深刻而又不可理喻的观念。(《发现论语》182 页)

　　辑者案：神,指鬼神之事。

7.22 子曰："三人行,必有我师焉,择其善者而从之,其不善者而改之。"

(1)三人行,必有我师

魏·王朗：于时道消俗薄,鲜能崇贤尚胜,故托斯言以厉之。夫三人之行犹或有师,况四海之内,何求而不应哉? 纵能尚贤而或滞于一方者,又未尽善也。故曰"择其善者而从之,其不善者而改之"。或问曰："何不二人,必云三人也?"答曰："二人则彼此自好,各言我是。若有三人,则恒一人见二人之有,是非明也。"(皇侃《论语集解义疏》卷四·13 页)

魏·何晏：言我三人行,本无贤愚,择善从之,不善改之,故无常师也。(皇侃《论语集解义疏》卷四·13 页)

宋·朱熹：三人同行,其一我也。彼二人者,一善一恶,则我从其善而改其恶焉,是二人者皆我师也。(《四书章句集注》98 页)

元·陈天祥："三人"取其数少而言。"必有"二字,于三人中又有所择也。"三人行必有我师焉"者,言其只三人行,其间亦必有可为师法者。(《四书辨疑》卷四·18 页)

清·牛运震:看本文"三人行,必有我师",明明"我"在"三人"之外矣。……不必泥三人同行,其一我也之解。"三人",极言其少。三人中或皆善皆恶,或一善一恶,均足为我之师,须活看,我欲有师无不有者。(《论语随笔》卷七·15 页)

日·东条弘:按此一义兼两事,人与择善是也。三,所谓数之小成。今三君子之行,择其善者,非必定一人,非必定二人,又二人同义而善,亦可矣。其实在主择善,故不拘于其数之如何。(《论语知言》227 页)

清·刘宝楠:"三人"者,众辞也。"行"者,行于道路也。钱氏坫《后录》:"《左传》子产曰:'其所善者,吾则行之;其所恶者,吾则改之。是吾师也。'"与此文同义。案:如钱说,是善与不善,谓人以我为善不善也。我并彼为三人,若彼二人以我为善,我则从之;二人以我为不善,我则改之。是彼二人皆为吾师。(《论语正义》272 页)

杨树达:孔子于三人之行必有我师,正仲虺所谓能自为取师者也。(《论语疏证》167 页)

杨伯峻:几个人一块走路,其中便一定有可以为我所取法的人。(《论语译注》72 页)

李泽厚:为什么是"三人"? 朱注与"见贤思齐,见不贤而内自省"章相通,但未免过于死板可笑。其实是说,即使只有两人同行,也仍然有可以学习的对象和事情。(《论语今读》136 页)

黄吉村:行,不指同行,亦非指言行,乃谓与朋友游处也。三人行,即与朋友在一起之时。(《论语析辨》151 页)

董子竹:"三人行"的"行"是最重要的,与三人行必是有事,处理事、观察事、行事、办事的过程——"行"必是我师,"三人"不是师。(《论语正裁》225 页)

林觥顺:必有可师我者在,但也必有我可师者。(《论语我读》

120 页)

　　杨朝明：行：德行，品行，非"行于道路"之义。(《论语诠解》65 页)

　　胡齐临："三人行"不是讲有三个人在走路，而是讲三个人的行为。在有人群的地方，哪怕只在三个人的行为中，也必定有值得我师从的德行和表现。(《论语真义》82 页)

　　　辑者案：从杨伯峻说。三人，不要理解得太拘太死，它只是一个约指，说成"几个人"也行。几个人在那里行走(或做事)，其中必有值得自己所学习的。孔子主张要善于观察别人的言行与长处，随时随地虚心地以善者为师，学习别人。

(2)择其善者而从之，其不善者而改之

　　魏·何晏：言我三人行，本无贤愚，择善从之，不善改之，故无常师也。(皇侃《论语集解义疏》卷四·14 页)

　　梁·皇侃：我师彼之长而改彼之短，彼亦师我之长而改我之短。既更相师法，故云无常师也。(皇侃《论语集解义疏》卷四·14 页)

　　元·陈天祥："择其善者而从之，其不善者而改之"者，非谓择其一人全善者从之、一人全恶者改之也，但就各人行事中择其事之善处从之，其不善处改之，不求备于一人也。(《四书辨疑》卷四·18 页)

　　清·钱坫：子产曰："其所善者，吾则行之。其所恶者，吾则改之。是吾师也。"案此云善不善当作是解，非谓三人中有善不善也。何晏之说非是。(《论语后录》卷二·16 页)

　　清·刘宝楠：如钱(辑者案：谓钱坫)说，是善与不善，谓人以我为善不善也。我并彼为三人，若彼二人以我为善，我则从之；二人以我为不善，我则改之。是彼二人皆为吾师。……注(辑者案：何晏注)似以"行"为"言行"之行。三人之行，本无贤愚，其有善有不善者，皆随事所见，择而从之、改之，非谓一人善，一人不善也。

既从其善,即是我师,于义亦可通也。《《论语正义》272—273 页》

　　杨伯峻:孔子说:"几个人一块走路,其中便一定有可以为我所取法的人:我选取那些优点而学习,看出那些缺点而改正。"《《论语译注》72 页》

　　杨润根:〔译解〕假如我碰巧与其他的许多人走到了一起,于是在这个由我和其他的许多人所组成的队伍中,必然存在可以供我学习、供我遵循的导师,只要我选择其中最善良的人作为我学习和遵循的对象,那么在我的行为的影响下,在其中的那些不善良的人们也就会开始改正他们的不善良的行为了。《《发现论语》183 页》

　　杨朝明:孔子说:"三数人中,其德行必有我可以师法的:选择其善的地方而师从,那些不好处且我也有的就改正。"《《论语诠解》65 页》

　　　　辑者案:从杨伯峻说。杨朝明所言"选择其善的地方而师从,那些不好处且我也有的就改正",解读正确。

7.23 子曰:"天生德于予,桓魋其如予何!"

　　汉·包咸:桓魋,宋司马黎也。天生德于予者,谓授我以圣性也,合德天地,吉而无不利,故曰其如予何也。《皇侃《论语集解义疏》卷四·14 页》

　　晋·江熙:小人为恶,以理喻之则愈凶强,晏然待之则更自处,亦犹匡人闻文王之德而兵解也。《皇侃《论语集解义疏》卷四·14 页》

　　明·林希元:夫子平日不以圣自居,及遇桓魋,则曰"天生德于予",畏于匡则曰"天之未丧斯文,匡人其如予何也"。不以圣自居者,乃平日谦己之本心、以道德自处者,遇患难而自信,以慰门人而警强暴也。《《四书存疑》卷五·30 页》

　　日·东条弘:天与我以德也,则桓魋必不能违天害我矣。若

得能害我,则我德亦不足以为德也。(《论语知言》228页)

清·刘宝楠:此夫子据天道福善之理,解弟子忧惧之意,若微服而过,则又知命所宜然矣。(《论语正义》273页)

清·王闿运:言己不能为桓魋改行。(《论语训》卷上·66页)

清·陈浚:凡人死生都由天命。天既生这样德行与我,必不肯使我就死。凡事有天作主,桓魋虽然凶恶,其奈我何?(《论语话解》卷四·9页)

方骥龄:孔子原系宋室后裔,且夫人丌官氏至亲在宋,必有所为而去。桓魋等或以为去则必不利于桓氏,故桓魋非胁之使去不可;胁之而不杀之,惧物议也。孔子深知其谋,故不得不与弟子分散,微服而去,此事必有甚多随从弟子不予谅解,故孔子明之如此。观其后桓魋之叛宋,尤可证孔子之去宋,必有其目的在。桓魋之胁孔子,犹齐人之归女乐,鲁郊之不致膰肉,皆小人欺罔君子之伎俩。按《尔雅·释诂》:"天,君也。"《说文》:"生,进也。""德"与"得"字每相混淆,德字原义,登也。《公羊·隐五传》"登来之也"注:"齐人之名求得为得来。"是得字又有来字义,与德之训登字义相符。又按《吕览·义赏》"武王得之矣"注:"犹知也。"则"德""得""登""来""知"五字可相互转注(德字之演变详卷首常语通释)。孔子所谓"天生德于予",殆言"君进知于予"是也。或者宋君曾召孔子去宋,故孔子毅然赴宋,在入宋后未见宋君前,习礼大树之下,准备晋见宋君耳。然孔子之入宋,终不为桓氏所谅,故胁之。不杀孔子,碍于君命耳。孔子所谓"桓魋其如予何",知桓魋彼时尚不敢公然抗君命而杀孔子也。如依旧解,极勉强,且有自伐之意,似非孔子所应有之语。记此章,言孔子之去宋,非游士之流之妄求富贵,但不为诸弟子所谅解。下一章次以"二三子以我为隐乎",正为本章说明孔子之去宋,固堂堂正正而去,惜乎古

史渺远,文献不足,无法证明孔子此行之因。疑下章应与本章合一。(《论语新诠》188页)

王缁尘:……此皆孔子识见高超、临机应变处。若只看正面文章,以为有德的人,他人不敢害他。又或以为我命在天,人要杀我,也杀我不来,那便成为愚夫愚妇的见识了。(《四书读本》121页)

姚式川:一方面思想上藐视它;一方面则在具体上重视它。所以藐视它,是因为孔子自信极强,自信德虽由个人修养而成,实亦天赋。纵然桓魋能以暴力杀死他之身,亦无能夺去他身上的德,既无能夺去孔子之德,又能把他怎么样呢?至于在具体上所以重视它,是因为越是知命,就越要竭尽己力,避免无端受损害。因此,当机立断,在告弟子以"桓魋其如予何"的同时,马上作出应变行动,微服离去。(《论语体认》531页)

刘维业:孔子所说的天,并不是人格化的神,而是真理与正义的象征。是在人力所无可奈何的情况下,对真理的呼唤。这也是一种自信的表现。(《论语指要》11页)

杨朝明:[诠释]《史记·孔子世家》曰:"孔子去曹,适宋,与弟子习礼大树下。宋司马桓魋欲杀孔子,拔其树。孔子去,弟子曰:'可以速矣。'孔子曰:'天生德于予,桓魋其如予何?'"孔子一生屡遭厄难,如在匡地为匡人所困,孔子曰:"文王既没,文不在兹乎?天之将丧斯文也,后死者不得与于斯文也;天之未丧斯文也,匡人其如予何?"正与此章遭桓魋之难相仿佛,而孔子之自信有"天命",亦同彼时。可见,孔子对于自己的文化使命,具有一种"神圣"体认、自觉意识。此种宗教精神,正古今中外伟人之应对危难、创造伟业之动力与支柱。人谓孔子乃无神论者,乃纯粹现实主义者,谬矣。孔子于天命十分重视,其思想中颇涵一种宗教意蕴,此不可不察者也。李泽厚以为此不过是"壮胆的话",则失之

浅矣。［解读］孔子说："上天把德性降生于我身上,桓魋能把我怎样呢?"（《论语诠解》66 页）

　　辑者案:可将刘宝楠、姚式川、杨朝明三家所释结合起来理解。

7.24 子曰:"二三子以我为隐乎? 吾无隐乎尔。吾无行而不与二三子者,是丘也。"

(1)以我为隐

汉·包咸:圣人知广道深,弟子学之不能及,以为有所隐匿。（邢昺《论语注疏》93 页）

明·高攀龙:当时门人亦不是疑圣人有所隐而不以诲人,只是认圣人人伦日用是一件,神化性命是一件,谓圣人所可见者非其至也,其至处则隐而不可见也。审尔则忽略现前,悬慕高远,不成学问了,故圣人提醒之如此。（《高子遗书》卷四·18 页）

清·刘宝楠:夫子以身教,不专以言教,故弟子疑有所隐也。（《论语正义》274 页）

杨润根:［译解］你们那些为数不少的先生们不是总以为我在把我思维采集、思维加工与思维创造的成果精心地珍藏保存起来吗?（《发现论语》185 页）

　　辑者案:包咸说为当。

(2)无行而不与

汉·包咸:我所为,无不与尔共之者,是丘之心。（邢昺《论语注疏》93 页）

宋·吕大临:圣人体道无隐,与天象昭然,莫非至教,常以示人而人自不察。（钱地《论语汉宋集解》359 页）

宋·朱熹:与,犹示也。（《四书章句集注》99 页）

宋·金履祥：谓我无一动之间，不示二三子以义理者，此乃丘之所以无隐于二三子也。（《论语集注考证》卷四·6页）

清·陈浚："与"是引导。……我平日教人最肯用心。不但言语中没有隐藏，就是行事，我没有一事不是引导你们诸位的。（《论语话解》卷四·9页）

清·刘宝楠："行"者，谓所行事也。"与"，犹示也，教也。（《论语正义》274页）

杨树达：孔子语默动作皆所以教弟子，不独以言，故云无行而不与。（《论语疏证》168页）

杨润根：［译解］我没有任何一个行动不是在把我思维采集、思维加工与思维创造的成果传授给你们。（《发现论语》185页）

黄怀信：［释］"行"，行动。"与"，在一起。［训译］没有一次行动不和你们在一起的。（《论语新校释》167页）

杨朝明：本章具体背景不明。但体现孔子之教"无所隐"，即一视同仁，无所保留。……孔子博学多闻，但施教"因材"，因此对不同的弟子有不同的教导，又持"不愤不启，不悱不发"之理念，因致弟子疑孔子有所隐匿保留。弟子以"言"疑，孔子以言"行"，盖孔子以为学于其人，身教胜于言传。然而孔子教人，自有其一套方法，如启发教学之类、因材施教之类，不语怪力、乱神之类，则孔子必有所"隐"。且人皆有隐，圣人亦不能免，故不可求之过凿。（《论语诠解》66页）

　　　　辑者案：遵朱熹、刘宝楠说。此语是说：我所做的一切都是在（毫无保留地）示教于你们。

（3）是丘也

汉·包咸：是丘之心。（邢昺《论语注疏》93页）

明·蔡清：是丘之所为然也。（《论语蒙引》卷二·32页）

清·俞樾:包《注》于丘下增心字,非经旨也,"吾无行而不与二三子者是丘也"十三字作一句读。"是"当为"视",《释名·释姿容》曰:"视,是也。"视与是义本相通,故古书或假是为视。《荀子·解蔽篇》"是其庭可以搏鼠",杨倞注曰:"是盖当为视。"此其证也。孔子言"吾无行而不与二三子者视丘也",正申明"吾无隐乎尔"之意。(《群经平议》卷三十·19页)

清·陈浚:这是某为人如此(辑者案:陈浚引经文"是丘也"作"是某也")。(《论语话解》卷四·9页)

杨润根:[译解]这也正是我孔丘之所以为孔丘的工作。(《发现论语》185页)

林觥顺:[断句]"二三子者丘也"。[释义]我把各位比成我自己。(《论语我读》120页)

傅佩荣:那就是我的作风啊。(《傅佩荣解读论语》123页)

黄克剑:这就是我孔丘的全部。(《〈论语〉解读》142页)

　　辑者案:这正是我孔丘啊。

7.25 子以四教:文,行,忠,信。

晋·李充:其典籍辞义谓之文,孝悌恭睦谓之行,为人臣则忠,与朋友交则信,此四者教之所先也。故以文发其蒙,行以积其德,忠以立其节,信以全其终也。(皇侃《论语集解义疏》卷四·15页)

宋·程颐:教人以学文修行而存忠信也。忠、信,本也。一心之谓诚,尽心之谓忠。存于中,谓之孚。见于事,谓之信。(《二程集》1146页)

宋·邢昺:此章记孔子行教以此四事为先也。文谓先王之遗文。行谓德行,在心为德,施之为行。中心无隐谓之忠。人言不欺谓之信。此四者有形质,故可举以教也。(邢昺《论语注疏》93页)

　　宋·金履祥：文者，《诗》《书》六艺之文，所以考圣贤之成法，识事理之当然，盖先教以知之也。知而后能行，知之故将以行之也，故进之于行。既知之又能行之矣，然存心之未实，则知或务于夸博而行或出于矫伪，安保其久而不变，故又进之以忠信，忠信皆实也。分而言之，则忠发于心而信周于外。（《论语集注考证》卷四·6页）

　　清·李光地：四者之序当云"忠、信、文、行"。然忠信者所以成始，亦以成终。以忠信为本而从事于博文约礼工夫，所谓成始也。修辞立其诚，无非忠信之心直贯到底，所谓成终也。（《读论语札记·述而篇》）

　　清·刘宝楠："文"谓《诗》、《书》、礼、乐，凡博学、审问、慎思、明辨，皆文之教也。"行"谓躬行也。中以尽心曰忠，恒有诸己曰信。人必忠信，而后可致知力行，故曰忠信之人，可以学礼。此四者，皆教成人之法，与教弟子先行后学文不同。（《论语正义》274页）

　　方骥龄：行字似指行人之官之行，为待人接物之方……此处所谓行，今人所谓之公共关系，可为"行"字作一注脚……至于文，殆即文质之文，人之威仪风度是也，必先有"文"而后可"行"，然后"主忠信"。"言忠信"，"虽蛮貊之邦行矣"。（《论语新诠》190页）

　　杨伯峻：[译文]孔子用四种内容教育学生：历代文献，社会生活的实践，对待别人的忠心，与人交际的信实。[注释]行——作名词用，旧读去声。（《论语译注》73页）

　　吴林伯："行"者，行礼也。《荀子·大略》："夫行也者，行礼之谓也。"礼何以行之？曰"忠、信"。因此，"行"之后，继之以"忠信"。《春秋·左氏昭二年传》："忠信，礼之器也。"此直以"忠信"喻为行礼之"器"。（《论语发微》109页）

　　陈桂生："四教"基本上属于人格、品行之教。它们之间的关

系是以"行"为核心:1、"行"重于"言"。2、"忠"为表里如一的言与
行;"信"为一以贯之的言与行。3、行有余力,则以学文。………
一般讲,在《论语》成书的年代,"教"字与"诲"的区别较大。"教"
指教化,"诲"指教弟子学……"子以四教"究竟指夫子教化主张还
是孔氏所诲? 这里所用"以"字,如解为"用"、"拿"、"依",则短语
可解为"所行四教"、"所依四教";"以"亦可解为"论"、"以为"……
此句又可作"所论四教"、"所指四教"解。既然这是《论语》中的句
子,按照《论语》中用字通例,解为四种教化,似更可靠。孔子关于
教化的概括,是一回事,他以这种教化主张不倦地向弟子讲解,是
另一回事。(《"子以四教"别解》,《江西教育科研》1997 年第 2 期)

　　杨润根:[译解]孔子把他的教育设定为如下四个应该达到的
目标:教会学生如何正确地思考,教会学生如何正确地行动,造就
学生的正义的社会态度,造就学生的诚实的个人品格。(《发现论语》
186 页)

　　牛泽群:四者并列不当,概括不全。文、行属能,但未可代全;
忠、信属德,虽书中数有此二者并提者,但此忠者,非后世所谓之
忠也,而近义于信,二者近于主一方面而已。(《论语札记》207 页)

　　安德义:"文行"教育是基础,"忠信"教育是方向,"文行"是达
成"忠信"的手段和途径,"忠信"是指导"文行"的航标和灯塔……
"忠信"教育都比"文行"教育具有更重要的地位。(《论语解读》205 页)

　　杨朝明:[诠释]各家解释虽多,但皆嫌牵强。以至于陈天祥
《四书辨疑》以为"弟子不善记也"、"传写有差"。此亦臆测之词。
此乃孔子弟子总结之词,未必得孔教之真之全。方骥龄《论语新
诠》以为,"文"是"文质"之文,人之威仪风度也;行指"待人接物之
方",犹今之公共关系。可备一说。文:指《诗》、《书》、《礼》、《乐》
等六经或六艺之学。行:德行、品行。忠、信:忠信并提,屡见于

《论语》及其它文献。[解读]孔子从四个方面教导弟子:学问、德行、忠心、诚信。(《论语诠解》66页)

陆信礼:其三为忠(言),"言思忠"即指言语方面的教育。其四为"信"(政)。这里所谓"信",是指从事政治之原则,即"取信于民",并非交友中所讲的诚信。(《〈论语〉"学"字解》,《孔子研究》2009年第5期)

辑者案:上述诸说,"行"字之解多歧。若将"行"解为"德行",实际上"忠""信"也属于德行。行,言行之行,涵义较宽,即行为、行动,刘宝楠谓之躬行。这里的行,主要是指行事、实践,如行仁、行政、行礼、行教等。既重传授文化知识,又重培养实践能力。

7.26 子曰:"圣人,吾不得而见之矣。得见君子者,斯可矣。"子曰:"善人,吾不得而见之矣。得见有恒者,斯可矣。亡而为有,虚而为盈,约而为泰,难乎有恒矣。"

(1)圣人、君子

魏·王弼:此为圣人,与君子异也。然德足君物皆称君子,亦有德者之通称也。(皇侃《论语集解义疏》卷四·15页)

梁·皇侃:君子之称,上通圣人,下至片善。今此上云不见圣,下云得见君子,则知此之君子,贤人以下也。(皇侃《论语集解义疏》卷四·15页)

宋·邢昺:圣人谓上圣之人,若尧、舜、禹、汤也。君子谓行善无怠之君也。言当时非但无圣人,亦无君子也。(邢昺《论语注疏》94页)

宋·郑汝谐:君子者,兼众善以成名也。……圣人者,大而能化也。(《论语意原》卷二·12—13页)

宋·朱熹:圣人,神明不测之号。君子,才德出众之名。(《四书章句集注》99页)

宋·蔡节:圣人,道全德备、大而能化者也;君子则具圣人之体而未能充尽者也。(《论语集说》卷四·12页)

清·刘宝楠:《大戴礼·五义篇》:"所谓圣人者,知通乎大道,应变而不穷,能测万物之性情者也。"是言圣人无所不通,能成己成物也。《礼记·哀公问篇》:"子曰:'君子者,人之成名也。'"《韩诗外传》:"言行多当,未安愉也;知虑多当,未周密也。是笃厚君子,未及圣人也。"此圣人君子之分也。(《论语正义》274页)

王熙元:圣人,指天生睿智的人。(《论语通释》382页)

乔一凡:圣人为明于道者。君子为明于事者。(《论语通义》115页)

王缁尘:"圣人",所谓生而知之者,道德学问好像天生的一样;并且是不可测的。"君子",所谓学而知之者,才德也是出众的。(《四书读本》122页)

吴林伯:按《孟子·离娄》:"孟子曰:'圣人,人伦之至也。'"至,极也。《荀子·劝学》:"夫学,始乎为士,终乎为圣人。"《说文》:"圣,通也。"圣人最能通达事理,古人以为人修养最高名号,故成德之君子次之。(《论语发微》107页)

蒋沛昌:圣人,指具有最高精神境界、最高道德品质和最高理想人格的人。……君子,指有理想人格、有高尚道德和精神风貌而且有学问的人,常与"小人"对举;原意指有身份、有地位的人。(《论语今释》179页)

杨润根:[译解]孔子说:"在我所设想的那个理想的社会里,我不希望我所看到的每一个人都是尽善尽美、完美无缺的圣人,我只希望我所看到的每一个人都是热爱理性、热爱正义、富于同情心和言行一致的君子。"[注释]圣人:尽善尽美、完美无缺的人,

思想上绝对明智、行为上绝对善良的人。……君子：那种能够控
制自己的言行、克制自己的欲望的人，那种言行一致、表里如一的
人，那种把自己视为目的，也把他人视为目的的人，那种能公正地
对待自己又能公正地对待他人的人，那种把理性、正义和同情视
为自己生活和行动的最高目标与准则的人。（《发现论语》186页）

　　黄怀信：[释]圣人、君子：皆指君主言。[训译]（君主里面的）
圣人，我已经见不到他了；能见到君子那样的，就可以了！（《论语新
校释》168页）

　　杨朝明：孔子曾经对鲁哀公谈论"人之五仪"，将人分为"庸
人、士人、君子、贤人、圣人"五等，并予以阐述。孔子心目中的圣
人，多指"圣王"而言，即有德有位之人，如尧、舜、禹、汤、文、武、周
公。孔子生活的时代，礼坏乐崩，他的梦想就是恢复周代的礼乐
文明秩序，圣人自然是见不到的。《论语集解》说："疾世无明君。"
似乎得之。（《论语诠解》66页）

　　　　辑者案：邢昺、杨朝明说为是。圣人与君子的区别在哪
儿？《辞源》解"圣"曰："无事不通曰圣。"如"圣明""圣哲"之
称。《辞源》解"圣人"曰："人格品德最高的人。"《辞源》解"君
子"曰："泛称有才德的人。"圣人与君子，虽然都必须具备两
个最基本的条件：才与德，但是，所要求的高低程度有不同。
圣人，无事不通，知识渊博，人格品德最高；君子，有才有德即
可。以君子与小人对言时，君子仅偏重指有德者，并不注意
于其才如何。

（2）善人

梁·皇侃：善人之称，亦上通圣人，下通一分，而此所言，指贤
人以下也。言世道流丧，吾复不得善人也。（皇侃《论语集解义疏》卷
四·15页）

宋·邢昺:善人即君子也。(邢昺《论语注疏》94页)

宋·张载:善人者,志于仁而无恶。(朱熹《四书章句集注》99页)

宋·郑汝谐:善人者,有善之可名也。(《论语意原》卷二·12页)

明·林希元:善人有诚底资质但未学。(《四书存疑》卷五·32页)

日·中井积德:善人与有恒者,是学问外之人,然其平素岂必无自勉自修者哉?今武人俗吏,及农商之间,有不知一丁字而行超群者,其平素亦自立志,有所勉,有所修,虽不知道,而间有暗合者,亦颇费精力,非专以质之美也。所谓善人有恒者,亦此之类云。(《论语逢源》140页)

日·东条弘:按子张问善人之道,夫子曰:"不践迹,不复入室。"又曰:"善人治民七年,亦可以胜残弃杀。"当时夫子不得而见之。(《论语知言》231页)

日·昭井一宅:善人者,盖谓无学而资质忠信者也。(《论语解》162页)

蒋沛昌:有道德修养并得到群众长期认可的当政者。(《论语今释》179页)

黄怀信:"善人",品德良善之人。(《论语新校释》169页)

林觥顺:善人:竞言直陈国是的贤臣。(《论语我读》121页)

金知明:善,完美的。善人,完美无缺的好人。(《论语精读》90页)

　　辑者案:张载、黄怀信说为当。

(3)有恒者

梁·皇侃:有恒,谓虽不能作善,而守常不为恶者也。言尔时非唯无作片善者,亦无直置不为恶者,故亦不得见也。(皇侃《论语集解义疏》卷四·15页)

宋·朱熹:恒,常久之意。张子曰:"有恒者,不贰其心。善人者,志于仁而无恶。"(《四书章句集注》99页)

宋·张栻：有恒者，则能谨守常分而已。（《南轩论语解》卷四·9页）

清·刘宝楠："有恒"者，有常也。《易·象传》："雷风恒，君子以立不易方。"非有恒，无以为君子，即无由为善人，故有恒为学者始基也。两加"子曰"者，言非一时也。（《论语正义》275页）

杨伯峻：[译文]善人，我不能看见了，能看见有一定操守的人，就可以了。[注释]有恒——这个"恒"字和《孟子·梁惠王上》的"无恒产而有恒心"的"恒"是一个意义。（《论语译注》73页）

毛子水：有恒，是诚实可靠的意思。有恒的人，可以成德；但比起已成德的善人，在孔子意中要差一点。（《论语今注今译》105页）

李零：有恒者，是一辈子做好事、乐此不疲的人，层次比圣人、善人低，大概和君子差不多，或者就是君子之一德，如孔子"学而不厌，诲人不倦"（上7.2），就是属于有恒者。（《丧家狗——我读〈论语〉》155页）

杨朝明：[诠释]依李零的理解，一般人难以摆脱追求物质利益的限制，因此进德修业，确乎难矣。"有恒"虽不算"德"，但却是为"德"为"善"之基础。[解读]善人，我不能见到了，能见到有恒心的人就可以了。（《论语诠解》67页）

　　辑者案：古人所说的"有常德"，今人所说的"有恒心"，意思相近。

（4）亡而为有

梁·皇侃：指无为有。（皇侃《论语集解义疏》卷四·15页）

宋·邢昺：亡，无也。时既浇薄，率皆虚骄，以无为有，将虚作盈，内实穷约，而外为奢泰。行既如此，难可名之为有常也。（邢昺《论语注疏》94页）

清·张鼎：无知能而自以为有知能。（《论语说略》卷上·9页）

杨伯峻：本来没有，却装做有。（《论语译注》73页）

王熙元:明明没有学问、道德而自以为有,形容当时世俗的虚伪。(《论语通释》383 页)

杨朝明:为:旧说多训"伪",装作的意思。这里似乎应是"追求"的意思。(《论语诠解》67 页)

辑者案:亡而为有,即把没有说作有。为,当作,说作。

(5)虚而为盈

梁·皇侃:说虚作盈。(皇侃《论语集解义疏》卷四·15 页)

日·物双松:盈虚以仓廪言……仓廪虚而以为盈。(《论语征》147 页)

杨伯峻:本来空虚,却装做充足。(《论语译注》73 页)

王熙元:明明学问、道德空虚不实,却自以为充盈有余。(《论语通释》383 页)

辑者案:以虚作实。盈,盈满,充实。

(6)约而为泰

梁·皇侃:家贫约而外诈奢泰。(皇侃《论语集解义疏》卷四·15 页)

宋·邢昺:内实穷约,而外为奢泰。(邢昺《论语注疏》94 页)

日·物双松:约泰以民生言……民困约而以为泰。(《论语征》147 页)

清·牛运震:约泰本富贵贫贱之称,今却借来说凡作为之事,约啬而为侈泰者皆是。(《论语随笔》卷七·18 页)

清·陈浚:约是不足,泰是有余。……本来不足,装做有余。(《论语话解》卷四·10 页)

清·康有为:泰,通也。(《论语注》99 页)

杨伯峻:[译文]本来穷困,却要豪华。[注释]泰——这"泰"字和《国语·晋语》的"恃其富宠,以泰于国"、《荀子·议兵篇》的"用财欲泰"的"泰"同义,用度豪华而不吝惜的意思。(《论语译注》

73 页）

王熙元：明明学问、道德简约寡少，却自以为盛多而夸张。
（《论语通释》383 页）

钱穆：困约装作安泰。（《论语新解》188 页）

杨润根：[译解]（在我们现实的生活中）那种把自己本来根本
卑陋的品德当作壮美的人。（《发现论语》186 页）

金知明：约，紧张；泰，松弛。[译文]……（事情常常是）从没
有到拥有，从虚弱到充实，从紧张到松弛，（一个人）有恒心太难
啦。（《论语精读》90 页）

杨朝明：[诠释]约，贫困。泰，骄奢。钱穆训泰为安泰，不可
从。[解读]没有的追求有；空虚的追求充足；穷困的追求奢华，如
此人是很难有恒心的。（《论语诠解》67 页）

> 辑者案：约，穷困。《论语·里仁》："不仁者不可以久处
> 约，不可以长处乐。"泰，宽裕。《荀子·议兵》："凡虑事欲孰，
> 而用财欲泰。"泰也有奢侈、骄纵义，然与穷困对应，不如宽裕
> 适当。此句是说：本来穷困，却说作宽裕。

7.27 子钓而不纲，弋不射宿。

(1)钓而不纲

汉·孔安国：钓者，一竿钓也。纲者，为大网以横绝流。以缴
系钓，罗属著纲也。（皇侃《论语集解义疏》卷四·15 页）

晋·缪协：将令物生有路，人杀有节，所以易其生而难其杀
也。（皇侃《论语集解义疏》卷四·16 页）

晋·孙绰：杀理不可顿去，故禁纲而存钓也。（皇侃《论语集解义
疏》卷四·16 页）

宋·邢昺：云"钓者，一竿钓。纲者，为大网以横绝流。以缴
系钓，罗属著纲"者，此注文句交互，故少难解耳。若其次序应云：

钓者,一竿钓,以缴系钓。纲者,为大网以横绝流,罗属著纲也。缴即线也。钓谓钩也,谓以一竹竿用线系钩而取鱼也。罗,细网也,谓以绳为大纲,用网以属著此纲,施之水中,横绝流以取鱼。举网则提其网也。（邢昺《论语注疏》94 页）

明·蔡清:圣人于取物之中,有爱物之仁。待物如此,待人可知。小者如此,大者可知。钓弋者,男子之事。虽圣人有时为之,鲁人猎较,又非特少贫贱时耳。（《论语蒙引》卷二·34 页）

清·牛运震:钓弋亦技艺之一事,圣人以此适情写意亦所不废,不必说为养为祭,不得已而钓弋也。"不纲"是不忍尽取,"不射宿"是不忍揜取其实。圣人并不是有心不忍,只是觉得尽取揜取便没钓弋的趣味了,自然便不肯为。（《论语随笔》卷七·18—19 页）

清·康有为:周公以驱虎豹犀象为大功,若于时倡戒杀之论,则禽兽遍地,人类先绝矣。孔子去周公不远,虽复爱物,先当存人。未能保人,安能保禽兽?故岁时制狩蒐之礼,外以祭祀宾客,内以习武御外,皆乱世不得已之事也。孔子知其不可,而时未能戒杀,故为之禁限钓而不纲,弋不射宿,皆于杀物之中,存限制之法。（《论语注》100 页）

蔡尚思:孔子认为中庸是无上的至德。唯其如此,孔子常常要求自己的言行合乎"中庸之道"的标准……"子钓而不纲,弋不射宿",是他对物的中庸。（《孔子思想体系》115 页）

辑者案:此举"钓而不纲,弋不射宿"二例,描述孔子平日行事富有仁心。纲,当为網(网)。

(2)弋不射宿

汉·孔安国:弋,缴射也。宿,宿鸟也。（皇侃《论语集解义疏》卷四·15 页）

梁·皇侃:一云:古人以细绳系丸而弹,谓为缴射也。一云:

取一杖，长一二尺计，以长绳系此杖而横飏以取鸟，谓为缴射也。郑玄注《周礼·司弓矢》云："结缴于矢谓之矰。矰，高也，《诗》云'弋凫与雁'。"《司弓矢》又云"田弋，充笼箙矢，共矰矢"，《注》云："笼，竹箙也。矰矢不在箙者，为其相绕乱，将用乃共之也。"侃案：郑意则缴射是细绳系箭而射也。（皇侃《论语集解义疏》卷四·16 页）

　　王缁尘："弋不射宿"者，就是俗语说的"有本事，你来和我明战交锋，大丈夫不用暗箭射人"也。（《四书读本》123 页）

　　杨润根：[注释]弋：……我倒以为"弋"指的是一种以"弋"这种蕨类植物（竹子）制成的最简易的且专门用来射鸟的箭，这种最简易的箭根本用不着回收。（《发现论语》188 页）

　　赵又春：是否要用孔子的"仁心"来解释他的这个表现？我以为，如果"仁"到这地步，那就应该完全不钓不弋，何必装腔作势，既去钓鱼，又不肯用更好的工具捕到更多的鱼；既去射鸟，又拒绝射更容易射到的鸟（"宿"指"宿鸟"）？虚伪、矫情正是孔子最讨厌的品格啊！那么，这究竟是为什么？合理的解释只能是：孔子的捕鱼、出猎，不过娱乐而已，非专为获取活鱼和猎物。因此，这一章仅在显示孔子的业余生活丰富而有情趣，说明他不是干巴巴的、冷冰冰的圣人。（《我读〈论语〉》52 页）

　　　辑者案：《论语》举此二例，目的是彰显孔子仁德。捕鱼不以网，主张一是少捕，一是不捕幼小。捕鸟不射宿，也是考虑到宿鸟易捕，再者，久居巢中的鸟，多在孵化或哺育幼鸟。如果射杀了这样的鸟，一群幼鸟就会活活饿死。

7.28 子曰："盖有不知而作之者，我无是也。多闻，择其善者而从之；多见而识之，知之次也。"（辑者案："盖有不知而作之者"，定州简本作"盖有弗智也而作之者"）

（1）不知而作

汉·包咸：时人有穿凿妄作篇籍者，故云然。（邢昺《论语注疏》94页）

宋·朱熹：不知其理而妄作也。孔子自言未尝妄作，盖亦谦辞，然亦可见其无所不知也。（《四书章句集注》99页）

宋·张栻：天下之事，莫不有所以然。不知其然而作焉，皆妄而已。（《南轩论语解》卷四·10页）

清·刘逢禄：不知而作谓不肯阙疑也。多闻谓兼采列国史文。择善而从取其可征者，寓王法也。多见谓所见世识，其行事不著其说也。（《论语述何》卷一·13页）

清·黄式三："不知而作"者，不能择多识多，臆创之而害于理者也。（《论语后案》189页）

清·刘宝楠："不知"者，不知其义也。无所闻见，必不能作。惟闻见未广，又不能择善而从之识之，斯于义违失，即为不知而作矣。（《论语正义》276页）

清·康有为：按，春秋时，诸子纷纷创教制作……皆所谓不知而作者也。……凡后世之异端外道，皆类是。……孔子仁智不蔽，故无是。……不知而作，攻创教者之妄也。（《论语注》101页）

辑者案：不知而妄自创作，当时盖有其人，孔子表白自己不是这样。他主张在多闻多见的基础上，择善而从，进行述作。

（2）知之次

汉·孔安国：如此者，次于天生知之。（邢昺《论语注疏》94页）

宋·朱熹：如此者虽未能实知其理，亦可以次于知之者也。（《四书章句集注》100页）

明·林希元：曰知之次者，谦词也，闻见已非圣人之事。犹谓知之次，谦而又谦也。（《四书存疑》卷五·33页）

清·李颙：知闻见择识为知之次，则知真知矣。（《四书反身录》上《论语》55页）

清·黄式三：言"知之次"者，次于作者之圣也。（《论语后案》189页）

清·康有为：其从教之士……当遍考诸教，多闻多见，合大地之知识，参稽互证，比较长短，择其至善者而后从，教其未善者，但记之可也。如此，则不为人所愚惑。虽非创教之上智，亦为知之次也。（《论语注》101页）

李泽厚：知的次序、过程。（《论语今读》139页）

钱穆：作者之圣，必有创新，为古今人所未及。多闻多见，择善默识，此皆世所已有，人所已知，非有新创，然亦知之次。知者谓知道。若夫不知妄作，自谓之道，则孔子无之。（《论语新解》189页）

赵又春："次"作名词有"处所"的意思，"知之次也"就是说知识的基础、根据地，形象一点，这句可译作"这乃是真知的发源地"。（《我读〈论语〉》21页）

金知明：[注释]知，通"智"，这里是名词，有智慧的人；次，其次，差一等；也，语气词，表示判断。[译文]……那样就和有智慧的人差不多了。（《论语精读》91页）

黄克剑：从孔子所说"述而不作，信而好古"相推，这里的"知之次"或当指次于古圣贤创始之作。（《〈论语〉解读》144页）

辑者案：从李泽厚说。理解为"求知的次序"。

7.29 互乡难与言，童子见，门人惑。子曰："与其进也，不与其退也，唯何甚？人洁己以进，与其洁也，不保其往也。"

(1)互乡难与言，童子见

汉·郑玄：互乡，乡名也。其乡人言语自专，不达时宜，而有

童子来见孔子,门人怪孔子见也。(皇侃《论语集解义疏》卷四·17 页)

南朝宋·释惠琳:此八字通为一句,言此乡有一童子难与言耳,非一乡皆专恶也。(皇侃《论语集解义疏》卷四·17 页)

宋·朱熹:互乡,乡名。其人习于不善,难与言善。惑者,疑夫子不当见之也。(《四书章句集注》100 页)

明·陈士元:《寰宇记》云:"徐州沛县合乡故城,古互乡之地。盖孔子难与言者。"《一统志》云:"互乡在河南陈州商水县,《论语》'互乡难与言'即此。"二说不同,盖沛县在春秋时为宋地,商水乃陈地也。夫子尝过陈、宋,未知孰是。(《论语类考》卷三·5 页)

明·郝敬:互乡,人名。进退不分曰"互"。"乡"与"向"同。……其实不善人之称,如乡原之类,以其趋向无定、进退回互得名。(《论语详解》卷七·34—35 页)

日·物双松:难与言者,难与言道也。(《论语征》149 页)

清·江声:互读与午同。午,牾也。互乡之人性多牾,难与之言,故乡得互名。(《论语竢质》卷上·21 页)

清·钱坫:互之言午,午者牾也。互乡犹寝邱耳(辑者案:寝邱出《吕氏春秋》)。(《论语后录》卷二·17 页)

清·刘宝楠:皇《疏》引琳公说:"此乡有一童子难与言,以'互乡难与言童子见'八句为一句。"非经旨。……互乡不知所在。《元和郡县志》谓藤县东二十三里有合乡故城,即互乡。顾氏祖禹《方舆纪要》谓在今峄县西北,当即藤县东之合乡。又《太平寰宇记》徐州沛县、陈州项城县北一里,并有互乡。又《困学纪闻》引王无咎云:"鹿邑之外有互乡城,前代因立互乡县。"又明《一统志》谓在陈州商水县。方氏以智《通雅》谓互乡名古廥里,今在睢州。诸说不同。阎氏若璩《释地续》云:"余因《新》、《旧唐书》、杜氏《通典》、《隋·地理志》鹿邑名县始隋开皇十八年,此后未见有析置互

乡事。”则无咎之言，阎氏已深斥之。地理家好牵附，恐他说亦多类此矣。(《论语正义》277－278 页)

日·昭井一宅：盖其人多染恶习而不信善言矣。(《论语解》164 页)

方骥龄：“互乡”之下未指明为人，殆非乡名，犹“鄙夫”“楚狂”“长沮”“桀溺”“丈人”“晨门”之流，或以其行动状之，或举其工作言之，或依其所司之职位名之，或依其心性称之，“互乡”当指人之心性言。互乡，必心性乖僻、自以为是之人，犹今人俗言“闹蹩扭”之人，好与人顶撞抬杠之谓，乃不通事理者也……互，为笽字省文，象绞绳器，引申言之，互字寓有窒塞不通、绞绕不顺之意……本章所谓互乡，殆指鄙啬之乡人。(《论语新诠》193－194 页)

乔一凡：互，差也。互乡非乡名，系乡之差者，亦即未开化之地方，是以不可与之言。(《论语通义》116 页)

杨润根：[注释]互乡难：人名，可能是一个一生中做过许多坏事的行为恶劣的人，所以名声很坏。我认为人们关于这个人的那些见解都只是一种基于“互乡难”这一名字本身的牵强附会，但是在要求我回答这个人究竟是一个什么样的人的问题时，我所能作出的恰当不过的回答是：我对他毫无所知。对于他我只能作这样的设想，他决不会是一个普通的与政治和国家权力无涉的人，因此他决不会是一个一般的坏蛋，否则孔子的学生们对这个人不会这样刻薄。(《发现论语》190 页)

林觥顺：1、互乡：……也可作相互沟通。2、难与言：最重要的也是最困难的，是直接交谈。因为有些钝质无见识的人，都是坚持己是。3、童子见：童子见是有待罪的奴隶想求见孔子。(《论语我读》123 页)

杨朝明：互乡：地名。难与言：不好说话，不好打交道。此盖风俗如此。(《论语诠解》67 页)

胡齐临:"童子"指尚未立志的人。(《论语真义》85页)

　　辑者案:互乡,是地名。观刘宝楠所述,多地有互乡。此指哪个互乡,这要细致地考察孔子周游的路线。难与言,难说话,不好打交道。童子,未成年的男子。这里的童子当是"顽劣之童",弟子们认为不可教而孔子教之,故弟子们感到不理解。

(2)与其进也,不与其退也

汉·孔安国:教诲之道,与其进,不与其退。(皇侃《论语集解义疏》卷四·17页)

梁·皇侃:凡教化之道,唯进是与,唯退是抑,故无来而不纳,岂不本其所本耶?(皇侃《论语集解义疏》卷四·17页)

宋·朱熹:与,许也。……但许其进而来见耳,非许其既退而为不善也。(《四书章句集注》100页)

元·陈天祥:与,犹待也。盖言人既清洁其心来见,必是有所企慕,将欲进而为善,我惟待其欲进而为善,不待其惰退而为不善也。(《四书辨疑》卷四·20页)

明·张居正:与字解做取字。(《论语别裁》106页)

日·中井积德:与,谓与之从事也。(《论语逢源》143页)

日·昭井一宅:与者,党与也。其字指童子也。进者进于学也。此句断门人惑也。"不与其退也",此句言上句之反以戒之也。(《论语解》164页)

清·王闿运:犹知也,治也。(《论语训》卷上·67页)

方骥龄:与,《淮南·天文》"圣人不与也"注:"犹说也。"说即悦,乐也,当读如豫,音义相同。(《论语新诠》194页)

毛子水:若把"与其进也不与其退也"九字移到"不保其往也"的后边,则更合理。这一节的文字句读似应如下方:子曰:"唯,何

甚！人絜己以进：与其絜也，不保其往也；与其进也，不与其退也。”(《论语今注今译》107页)

辑者案：从朱熹说。与，允许，赞许。《史记·五帝本纪》："万国和，而鬼神山川封禅与为多焉。"司马贞索隐："与，犹许也。"《资治通鉴·汉武帝绥和元年》："传不云乎：朝过夕改，君子与之。"胡三省注引颜师古曰："与，许也。"

(3)人絜己以进，与其絜也，不保其往也

汉·郑玄：往，犹去也。人虚己自絜而来，当与其进之，亦何能保其去后之行也？(皇侃《论语集解义疏》卷四·17页)

南齐·顾欢：往，谓前日之行也。夫人之为行，未必可一，或有始无终，或先迷后得，故教诲之道，洁则与之；往日行非我所保也。(皇侃《论语集解义疏》卷四·17页)

宋·朱熹：疑此章有错简。"人洁"至"往也"十四字，当在"与其进也"之前。洁，修治也。与，许也。往，前日也。言人洁己而来，但许其能自洁耳，固不能保其前日所为之善恶也。但许其进而来见耳，非许其既退而为不善也。(《四书章句集注》100页)

清·王闿运：保，犹守也，持故意待之。(《论语训》卷上·68页)

清·刘开：盖童子虽生互乡而既知来见夫子，则不为互乡所囿可知。且其年尚幼，未必深染于习俗，安见其往日之不洁而今日之洁也？则知与洁而不保往之言，不可以为童子比例也。此"与其进"之当属童子，而"与其洁"之当属众人也。(《论语补注》卷中·15页)

日·中井积德：保，任也。(《论语逢源》143页)

日·东条弘：凡言保者，皆谓保后日之无变。(《论语知言》234页)

日·昭井一宅：往者往日，谓后日。(《论语解》164页)

方骥龄：保字古义，无有释为"究"字义者，《广雅·释诂》：

"保,使也。"《殷虚文字》:往即㞷字,草木妄生也。㞷即往本字,有
妄枉邪曲不正意。(《论语新诠》194 页)

王熙元:保,可作"保持"讲,所以"不保"有不必管它、不必计
较的意思。(《论语通释》390 页)

乔一凡:保,信任也。(《论语通义》116 页)

黄吉村:不保其往,盖有曲谅之意,既往不咎是也。(《论语析辨》
158 页)

钱逊:具体地体现出孔子"成人之美"、"诲人不倦"的态度。
正是抱着"成人之美"的愿望,才能有"诲人不倦"的态度,才能"不
保其往",不死抓着过去的错误不放。这样一种态度,至今仍然很
有意义。(《〈论语〉读本》90 页)

吴林伯:孔子以童子之道,今既前进,由异而同,又有向学之
诚,我则取而见之;如其道复退,由同而异,我即不取之矣。然则,
我于童子之道,取其相同之"洁",不保留其往日之不洁,因势利
导,诱人于善,有何不可。(《论语发微》110 页)

徐前师:"保"应训为"依"或"恃",表示"凭借""依据"的意
思……"不保其往"的意思是:"不应该依据他(童子)往日(之表
现)。"(《〈论语·述而〉"不保其往"辨》,《孔子研究》2003 年第 1 期)

李泽厚:人家把自己弄得干干净净要求进步,应该容许现在
的干净,这并不是保护他的过去。(《论语我读》139 页)

辑者案:人只要有洁己(清洗己身污垢)之愿望,就应该
赞许帮助其洁己也,使其"不保留其往日之不洁"(引吴林柏
语)也。王闿运、徐前师释"保"为"守"为"依",也很有道理,
即不依守老眼光看待过去的意思。因此,黄吉村"既往不
咎"、钱逊"不死抓着过去的错误不放"的说法,都是讲得
通的。

7.30 子曰："仁远乎哉？我欲仁,斯仁至矣。"

汉·包咸:仁道不远,行之即是。（邢昺《论语注疏》95页）

宋·朱熹:仁者,心之德,非在外也。放而不求,故有以为远者;反而求之,则即此而在矣。夫岂远哉？程子曰:"为仁由己,欲之则至,何远之有？"（《四书章句集注》100页）

明·焦竑:此孔氏顿门也。欲即是仁,非欲外更有仁。欲即是至,非欲外更有至。当体而空,触事成觉,非顿门而何？（《焦氏笔乘续集》卷一·7页）

方骥龄:本章有三仁字,疑有三种不同之解释:其一,"仁远乎哉"之仁,相人耦之道。谓人不可离群索居而孤陋寡闻,故不可远离与人相亲之道。其二,"我欲仁"之仁似为仁爱之仁,盖存有仁爱之心,斯有与人相亲之仁。其三,"斯仁至矣"之仁,人也。能仁爱,能与人相亲,人必然来亲附矣。（《论语新诠》195页）

王熙元:孔子、孟子都认为人类天生具有仁德,仁德就在我们自己的心性之中,心性之外,别无仁德……仁德完全由自己主宰,行仁、求仁的事,不可能由别人代劳。（《论语通释》392－393页）

　　　　辑者案:遵包咸、朱熹说。

7.31 陈司败问:"昭公知礼乎？"孔子曰:"知礼。"孔子退,揖巫马期而进之,曰:"吾闻君子不党,君子亦党乎？君取于吴,为同姓,谓之吴孟子。君而知礼,孰不知礼？"巫马期以告。子曰:"丘也幸,苟有过,人必知之。"

(1)司败

汉·孔安国:司败,官名也,陈大夫也。（皇侃《论语集解义疏》卷四·18页）

汉·郑玄:司败,人名,齐大夫。（马国翰辑《论语古注·论语郑氏注》

卷四·3 页)

宋·邢昺：文十一年《左传》云：楚子西曰："臣归死于司败
也。"杜注云："陈、楚名司寇为司败"也。……知司败主刑之官，司
寇是也。此云陈司败，楚子西亦云司败，知陈、楚同此名也。（邢昺
《论语注疏》96 页）

清·惠栋：栋案古陈、田字通，故以为齐大夫。（《论语古义》4 页）

辑者案：孔安国、邢昺说为是。

(2) 巫马期

汉·孔鲋：(巫马期)……陈人。（程树德《论语集释》496 页引《孔子家
语·弟子解》）

汉·孔安国：巫马期，弟子，名施。（邢昺《论语注疏》96 页）

宋·邢昺：云"巫马期弟子，名施"者，《史记·弟子传》云："巫
马施字子旗，少孔子三十岁。"郑玄云："鲁人也。"（邢昺《论语注疏》
96 页）

清·刘宝楠："巫马"者，以官为氏。《周官》有"巫马掌养疾马
而乘治之"是也。（《论语正义》280 页）

李启谦、杨佐仁：巫马施（前 521?）春秋末鲁国人（亦说陈国
人），字子旗（《孔子家语》作巫马期，字子期）。孔子学生，以勤奋
著称。（《孔门弟子研究资料》351 页）

辑者案：巫马有二义：一是指官名，掌管医疗马病事务。
《周礼·夏官·巫马》："巫马掌养疾马而乘治之，相医而药攻
马疾。"一是指复姓，即如孔子弟子巫马施，字子期。暂从
后说。

(3) 君子不党

汉·孔安国：相助匿非曰党。（皇侃《论语集解义疏》卷四·18 页）

杨伯峻：[译文]我听说君子无所偏袒，难道孔子竟偏袒吗？

（《论语译注》75 页）

杨润根：［注释］这个字本来由"尚"和"黑"构成（上下结构），因此它的本意应该是盲目的信仰、盲目的崇拜、盲目的崇尚。（《发现论语》192 页）

　　辑者案：党，此为偏袒、偏私义。

（4）丘也幸，苟有过，人必知之

汉·孔安国：讳国恶，礼也。圣人智深道弘，故受以为过也。
（皇侃《论语集解义疏》卷四·19 页）

梁·皇侃：孔子得巫马期之告，而自称名云：是己幸受以为过者也，故云"苟有过，人必知之"也。所以然者，昭公不知礼，而我答司败云"知礼"者，若使司败无讥，则千载之后遂承信我言，用昭公所行为知礼，则礼乱之事从我而始。今得司败见非，而我受以为过，则后人不谬，故我所以为幸也。（皇侃《论语集解义疏》卷四·19 页）

清·王闿运：司败无故侮圣，见之诚过也。引以为过，则不见侮矣。（《论语训》卷上·68 页）

杨伯峻：根据《荀子·子道篇》关于孔子的另一段故事，和《史记·仲尼弟子列传》对这一事"臣不可言君亲之恶，为讳者礼也"的解释，则孔子对鲁昭公所谓不合礼的行为不是不知，而是不说，最后只得归过于自己。（《论语译注》75 页）

林觥顺：［释义］所幸我孔丘没有犯过，我说昭公知礼，完全是隐恶扬善，是守礼的行为。假如这也算是有错，人们一定会谅解的。（《论语我读》126 页）

　　辑者案：句意为："我孔丘幸运啊！如果有了过错，人一定知道，并给指出来。"此为"闻过则喜"。昭公同姓为婚，被认为是违礼。孔子为君讳，被陈司败批评为偏袒。孔子勇于承认错误，且视别人指出自己错误为幸运，这是多么可贵的心态!

7.32 子与人歌而善,必使反之,而后和之。

魏·何晏:乐其善,故使人重歌而自和之。(邢昺《论语注疏》97页)

宋·邢昺:此章明孔子重于正音也。反,犹重也。孔子共人歌,彼人歌善,合于雅颂者,乐其善,故使重歌之,审其歌意,然后自和而答之。(邢昺《论语注疏》97页)

宋·朱熹:反,复也。必使复歌者,欲得其详而取其善也。而后和之者,喜得其详而与其善也。(《四书章句集注》101页)

日·东条弘:夫子志在正乐,故其喜之。……若止使反之而已,则嫌于以歌工待之。和之者,亦赏其善之礼为尔。(《论语知言》237页)

清·刘宝楠:孙氏奇逢《四书近指》:“声比于琴瑟谓之歌。《史记》云:《诗》三百篇,夫子皆弦歌之,以求合《韶》、《武》、《雅》、《颂》之音。”如孙此说,是与人歌为教弟子乐也。合《韶》、《武》、《雅》、《颂》则善矣。(《论语正义》281页)

姚式川:之所以一定要请其再唱而后和之,其实,正是孔子乐于以此勉励善歌者更上一层楼的一种方式。因为作为歌者来说,能够得到一个爱好音乐、而又有很深造诣的人之赏识,实在是一种莫大的鼓励和安慰!(《论语体认》67页)

金池:通过学唱歌这件小事,可以看出:第一,孔子向人请教,取人之长,补己之短,以提高自己的歌唱能力,这种精神值得称道。第二,孔子在听与和的过程中,请人家再唱一遍,而后自己才跟着和一遍。他认真地听,仔细地品,虚心地学,谨慎地和,那种虚心谦恭的形象如在眼前。第三,在这里,通过圣人之言,圣人之和,圣人之音,圣人之容,处处都表现出孔子的君子风范和良好品

质。(《〈论语〉新译》219页)

　　辑者案:该章描述了孔子喜好歌唱,虚心向人学习的情状:孔子和别人一起唱歌,如果别人唱得好,就一定要求他重复地唱,自己也随和着唱。

7.33 子曰:"文莫,吾犹人也。躬行君子,则吾未之有得。"(辑者案:"文莫",定州简本作"文幕")

文莫,吾犹人也

　　魏·何晏:莫,无也。文无者,犹俗言文不也。文不吾犹人者,凡言文皆不胜于人。(邢昺《论语注疏》97页)

　　晋·栾肇:燕齐谓勉强为文莫。(《论语栾氏释疑》4页)

　　宋·朱熹:莫,疑辞。犹人,言不能过人,而尚可以及人。(《四书章句集注》101页)

　　宋·张栻:言文吾无不与人同者。……夫所谓文者,威仪、艺文之事,可得而见者也。(《南轩论语解》卷四·11页)

　　宋·蔡节:莫之为言犹曰得不也(辑者案:此下有注曰"蓝田吕氏")。犹,若也。有君子之行然后有君子之文。弟子见圣人之文发越如是,日宗仰焉。夫子惧其惟文之求而不务其行也,则曰吾之文得不与人同乎,但于躬行之君子则吾未之有得焉耳。此皆自谦之辞,欲人因文而免于行也。(《论语集说》卷四·16页)

　　明·蔡清:若论文辞,无分晓,我也相似人。(《四书蒙引》卷六·37页)

　　日·中井积德:文,犹言文学也,所包广矣,《诗》、《书》、礼、乐亦皆文也,不得偏属言语。……莫,元非疑辞。此章有疑意者,文势使之然也。盖"也"下当有"乎"字,而略之耳。(《论语逢源》145页)

　　清·毛奇龄:观《晋书》栾肇作《论语驳》有云"燕齐之间谓勉

强曰文莫"，则明明有"文莫"二字为成语实证。又陈骙《杂识》云"《方言》'侔莫，强也。凡劳而相勉，若所云努力者，辄曰侔莫'"，则文莫、文无、文不、侔莫总属成语，亦总属勉强之意，故曰文莫则吾亦犹人。……或曰，莫，无也，作得毋解，则仍逐文立义矣，虽《诗》无以下体，亦有作得毋解者，然莫与无则又转一诂耳。(《论语稽求篇》卷四·5页)

清·刘台拱：杨慎《丹铅录》引晋栾肇《论语驳》曰"燕齐谓勉强为文莫"，又《方言》曰："侔莫，强也。北燕之外郊凡劳而相勉，若言努力者，谓之侔莫。"谨案：《说文》"忞，强也"，"慔，勉也"。忞读若旻，"文莫"即"忞慔"假借字也。《广雅》亦云："文，勉也。"黾勉、密勿、蠠没、文莫皆是一声之转。文莫，行仁义也。躬行君子，由仁义行也。(《论语骈枝》7页)

清·王引之："莫"盖"其"之误，言文辞吾其犹人也，上下相应。犹《左传》"其将积聚也"。其，与也，相应也。何晏训"莫"为"无"，失之。(《经义述闻》卷三十二·48页)

清·朱亦栋：文莫即黾勉之转音，犹黾勉之转而为密勿也。(《论语札记》卷中·2页)

清·胡绍勋：训"莫"为"无"，不合经旨。据《诗·皇矣》"求民之莫"郑笺云："求民之定。"是训"莫"为"定"。"貊其德音"，《释文》引《韩诗》"貊"作"莫"，亦云"莫，定也"。"莫吾犹人"，若云"定吾犹人"也，"文"字不与"莫"字连读。(《四书拾义》卷一·12页)

章太炎：……《西域传》"罽宾以金银为钱，文为骑马，幕为人面。乌弋钱文为人头，幕为骑马。安息钱文为王面，幕为夫人面"。张晏以文面漫面释之，如淳曰幕音漫。《史记索隐》引荀悦曰"幕，音漫，无文面也"。详漫字《说文》所无，正当作缦，《说文》"缦，缯无文也"。《周官》"车无缘饰者曰夏缦"，《汉志》"田无畛者曰缦田",义并同。此文莫即彼文幕,犹俗言文质而已。文谓礼乐,幕指质性。文幕犹人愈于文质无所底者也。文质彬彬然后君子,则未之有得矣,近人或欲读为忞慔,并训为勉,云出栾肇,义亦可通,然不如言文质为有旨。(《广论语骈枝》7 页)

但植之:文莫犹文幕、文漫也。古音漫同莫。文莫犹云文质。言文质无以异于人,犹俗言学问资质亦等于常人耳。(《释〈论语〉文莫》,《制言月刊》第 50 期)

于省吾:莫者,谟之省文……文谓文章……谟谓谋画。言文章谋画之事,吾若人也。(《论语新证》12 页)

杨伯峻:[译文]孔子说:"书本上的学问,大约我同别人差不多。……"[注释]文莫——以前人都把"文莫"两字连读,看成一个双音词,但又不能得出恰当的解释。吴检斋(承仕)先生在《亡莫无虑同词说》(载于前北京中国大学《国学丛编》第一期第一册)中以为"文"是一词,指孔子所谓的"文章";"莫"是一词,"大约"的意思。关于"莫"字的说法在先秦古籍中虽然缺乏坚强的论证,但解释本文却比所有各家来得较为满意,因之为译者所采用。朱熹《集注》亦云,"莫,疑辞",或为吴说所本。(《论语译注》76 页)

王熙元:朱注:"莫,疑辞。"有约莫、或许的意思。(《论语通释》398 页)

吴林伯:何晏注:"莫,无也。"按《经传释词》:"孟康注《汉书·货殖传》曰:'无,发声助也。'《晋语》:'公子无亦晋之柔嘉,是以甘食。'"本注:"无亦,亦也。"本章"文无"者,文也。全句谓文吾犹人也。(《论语发微》111 页)

程石泉:"质"字错而为"莫",盖以原简漫漶,后人猜度致误耳。(《论语读训》125 页)

俞志慧:本章之"莫"无实际词汇意义,只是一个虚词,其作用是在"文"一字不成词的语境中,缀在实词后面,起着舒缓语气的作用。(《〈论语·述而〉"文莫吾犹人也"章商兑兼释"广莫"、"子莫"》,《绍兴文理学院学报》1999 年第 19 期)

萧民元:"莫"是一个语助词,相当于我们现在的"么"或"嘛"。(《论语辨惑》95 页)

吴新成:⋯⋯今按,"莫吾"窃疑为人与己比较之意,如《庄子》之"莫吾能若也",未知当否。⋯⋯。(《论语易读》134 页)

辑者案:遵吴林伯、萧民元说,将"莫"看作语助词为顺。

7.35 子疾病,子路请祷。子曰:"有诸?"子路对曰:"有之。《诔》曰:'祷尔于上下神祇。'"子曰:"丘之祷久矣。"

(1)请祷、有诸

汉·包咸:祷,祷请于鬼神也。(皇侃《论语集解义疏》卷四·20 页)

魏·周生烈:言有此祷请于鬼神之事乎。(皇侃《论语集解义疏》卷四·21 页)

宋·朱熹:祷,谓祷于鬼神。有诸,问有此理否。(《四书章句集注》101 页)

日·中井积德:有诸,拒之也。夫子不欲祷,因问其事之有无,即不屑之意矣。非问祷之理,亦非实未知其事之有无而问焉。(《论语逢源》146 页)

日·佐藤坦:夫子之意,是问请祷之有无,非问祷之有无。子路误以为"祷之有无"耳,若请而后祷,则此祷乃出于夫子,故语以"丘之祷久矣"也。(《论语栏外书》45 页)

清·吴嘉宾:父兄病而子弟祷,此不当使病者知也。周公之册祝自以为功,虽祝史皆命之,使勿敢言,况请之乎? 子路之请祷,欲圣人之致齐以取必于鬼神也。(刘宝楠《论语正义》283 页)

清·王闿运:士祷五祀,不待请。怪其别有神也。(《论语训》卷

上·69页）

乔一凡：祷，谢过也。（《论语通义》119页）

李炳南：孔子病得很重，子路祷告鬼神，请求保佑孔子病愈。后来孔子病好转了，听说病中子路为他祈祷，就问："有祷请于鬼神这回事吗？"（《论语讲要》152页）

杨朝明：请祷：古注或解为"祷请"，即子路祷请于神明。按之上下文义，当指子路请示孔子进行祷告，或子路请求进行祷告。有诸：或以为指有子路祷请之事否？按之文义，当指有这回事吗？（《论语诠解》69页）

　　辑者案：子路请求为病中的孔子祷告，孔子问："有这回事吗？"从下句"丘之祷久矣"来看，孔子对祷告的灵验性表示了怀疑。意思是说：我孔丘祷告这么久了，没起什么作用。"有诸"，暗含"有用吗"的意思。"诸"字除作指代词之外，还可以作句末助词，如《左传·文五年》："皋陶庭坚不祀，忽诸！"

（2）诔

汉·孔安国：《诔》，祷篇名。（邢昺《论语注疏》98页）

汉·郑玄：诔，求神之辞也。（袁钧辑《论语郑玄注》卷四·4页）

梁·皇侃：诔者，谓如今行状也。诔之言累也。人生有德行，死而累列其行之迹为谥也。（皇侃《论语集解义疏》卷四·21页）

宋·邢昺：诔，累也，累功德以求福。（邢昺《论语注疏》98页）

宋·金履祥：《古文论语》元作"讄"。《说文》引《论语》云："讄曰：'祷尔于上下神祇。'"讄亦作"藟"，祷也，累其事以求祷也。其作"诔"者，则哀死而述行以谥之之辞。（《论语集注考证》卷四·7页）

杨润根：[注释]在春耕开始时人们所说的祈求丰收的祷言。（《发现论语》195页）

辑者案:诔:累述死者功德以示哀悼,即今之悼词;也指哀悼死者之文。此指后者。

(3)丘之祷久矣

汉·郑玄:明素恭肃于鬼神,旦顺子路之言也。(马国翰辑《论语古注·论语郑氏注》卷四·3页)

汉·孔安国:孔子素行合于神明,故曰丘祷久矣。(皇侃《论语集解义疏》卷四·21页)

梁·皇侃:子路既不违孔子意,而引旧祷天地之《诔》,孔子不欲非也,故云我之祷已久,今则不复须也。实不祷,而云久祷者,圣人德合神明,岂为神明所祸病而祈之乎?(皇侃《论语集解义疏》卷四·21页)

明·高拱:丘也平日敬畏天地,兢兢业业,唯恐得罪于天地,有负于神明。盖无日不然也。祷不过存此心,而此心之存,非一日矣,其在今日,又以何为祷乎?故曰:"丘之祷久矣。"(广瀬建《读论语》24页)

日·物双松:丘之祷久矣,是止子路之祷而安慰其心也。(《论语征》153页)

日·中井积德:是不拒之拒也。益见祷之无益也。(《论语逢源》147页)

日·昭井一宅:言祷久而不免离此疾病,今虽祷而亦将无益焉。(《论语解》167页)

清·王闿运:言先为大夫,今已去位久矣。(《论语训》卷上·70页)

乔长路:在宇宙观上,他也有矛盾,对天命鬼神有了怀疑和动摇……平时,孔子尽量回避,很少谈到天命鬼神……在神权居统治地位的时代里,这种对鬼神敬而远之的态度,就是对鬼神的一种冷漠与亵渎。这也是他内心不相信鬼神有灵而又不能公然反抗的表现……表现出一种很不耐烦和敷衍的态度。(《论孔子》,中华

孔子研究所编《孔子研究论文集》149页）

　　杨书诚：孔子说某之祷久矣,是说他心里已虔诚祷告过了,何必还要再向外在的祷告呢？ 如果心祷还不能感应神灵,外在之祷不是更无作用吗？（邓球柏《论语通解》卷四·125页）

　　　　辑者案：从字面上看,是说：我已祷告了很久了。然暗含的意思是：我祷告很久了,但不起什么作用。日本学者中井积德,昭井一宅所释可从。

7.36 子曰：“奢则不孙,俭则固。与其不孙也,宁固。”

　　汉·孔安国：俱失之也。奢不如俭,奢则僭上,俭则不及礼耳。固,陋也。（皇侃《论语集解义疏》卷四·22页）

　　梁·皇侃：不逊者,僭滥不恭之谓也。固,陋也。（皇侃《论语集解义疏》卷四·22页）

　　宋·邢昺：此章戒人奢僭也。孙,顺也。固,陋也。言奢则僭上而不顺,俭则逼下而窭陋,二者俱失之。与其不顺也,宁为窭陋,是奢不如俭也,以其奢则僭上,俭但不及礼耳。（邢昺《论语注疏》98页）

　　宋·朱熹：奢俭俱失中,而奢之害大。（《四书章句集注》102页）

　　清·陆陇其：固则无文采,不孙则无名分。天下之不可无名分,尤甚于不可无文采。（《四书讲义困勉录》卷十·39页）

　　日·东条弘：按奢,从大者声,以富贵傲人谓奢。孙,逊之假借,不逊谓尊大。俭,从人从金,不以富贵傲人,而金修以持身也。（《论语知言》242页）

　　日·昭井一宅：不孙谓不惮于贵长而放诞。……固者谓执一而不能应变。（《论语解》168页）

　　方骥龄：奢字当不限于物质上之奢侈言。善铺张夸大、伐善施劳、大言不惭、骄泰恣肆者,皆奢……俭不只俭朴之谓,亦收敛

谦卑之意,不骄也。不骄之人,必安固恒久,殆犹无欲则刚意,意义较广。(《论语新诠》198—199页)

杨润根:[译解]孔子说:"对于那种自高自大、无所顾忌的人来说,他们对待生活的理性基础一定是漂浮不定的,只有那些能够自制自控的人,他们对待生活的理性基础才有可能是坚实牢固的。人们与其说把自己的生活建立在一种漂浮不定的理性基础之上,倒不如把自己的生活建立在一种坚实牢固的理性基础之上。"[注释]奢:大者,自高自大,毫无顾忌,这种性格表现在花钱消费上也就是挥霍无度。孙:子系,子之所系(繁体字为"孫",由"子"和"系"构成),引伸为人之根据、人之根本、人之本原。儿子的儿子,即人们通常所说的"孙子",应是"孙"的引伸意。不孙:没有根本的,没有根据的,没有本原的,也即漂浮不定的。这里的"不孙"与"固"相对,它正是"固"的反意词。俭:有节制的人,有自制力的人,克己者,行为检点者。这种性格的人表现在生活上就是节俭,即杜绝一切不必要的浪费。固:有本原的,在本原之中的,稳固的,有深厚的生命之基础的。(《发现论语》195页)

郑张欢:固:操守。(释)孔子说:"奢华是骄傲的表现,只有俭朴方能操守。与其骄傲而为,宁操守而行。"(《论语今释》114页)

杨朝明:本章是孔子对于为人处世之态度的抉择。孔子以为虽然不逊与固陋俱为失德,然两害相权取其轻,宁固陋而不要不逊。这一点对于统治者而言尤其重要。因此孔子即主张生活应当节俭而不要奢华,奢华带来的骄傲情绪会带来极大的危害,甚至威胁到政权的生死存亡。(《论语诠解》69页)

辑者案:太奢侈就会不恭逊,太节俭就会固陋。二者让选择的话,与其不恭逊,宁可固陋。按道理讲,不恭逊和固陋都不可取。此言奢侈腐败危害大,戒之也。

7.37 子曰:"君子坦荡荡,小人长戚戚。"

汉·郑玄:坦荡荡,宽广貌也。长戚戚,多忧惧貌也。(皇侃《论语集解义疏》卷四·22页)

晋·江熙:君子坦尔夷任,荡然无私。小人驰竞于荣利,耿介于得失,故长为愁府也。(皇侃《论语集解义疏》卷四·22页)

宋·朱熹:坦,平也。荡荡,宽广貌。程子曰:"君子循理,故常舒泰;小人役于物,故多忧戚。"(《四书章句集注》102页)

宋·张栻:正己而不求诸人,故坦荡荡。徇欲而不自反,故长戚戚。坦荡荡非谓放怀自适,无所忧虑之谓也,谓求之在己而无必于外,故常舒泰云耳。(《南轩论语解》卷四·13页)

明·蔡清:坦荡荡犹云光烨烨,不可以"坦"字当常字对"长"字。(《论语蒙引》卷二·39页)

明·林希元:君子心无所累,故坦荡荡,无忧虑也。小人患得患失之心无时而已,故长戚戚,不得宽平矣。(《四书存疑》卷五·37页)

清·黄式三:坦,大也。见《文选·西京赋注》。"戚戚"即《诗》之"蹙蹙",《传》以"蹙蹙"为缩小之貌。《说文》无"蹙"字,凡经典"戚"与"蹙"训忧者,皆以"慽"为正字;训迫促者,以"戚"为正字,即"戚"近义之引申。此"戚戚"当训迫缩,与"荡荡"反对也。荡荡、戚戚,心与事兼言之。(《论语后案》195页)

日·昭井一宅:坦荡荡,盖言无忧无惧,又逍遥无所适从。戚戚,不平安也。长戚戚,盖言忧惧无绝于心之期。(《论语解》168页)

方骥龄:本章君子小人相对举,荡荡与戚戚相对举,坦字既作平坦解,疑长字不作时时解……存有好高骛远意,适与平坦相对,因好高骛远,则势必不易成事,故戚戚矣。(《论语新诠》199页)

乔一凡:坦荡荡,思虑达观也。长戚戚,每患不足也。(《论语通义》120页)

杨润根：[译解]孔子说："一个正直善良的君子的心灵总是宽广明亮而又宁静快乐的,它有如朝阳照耀下的一览无余、绿波荡漾的广阔草原,因为他的正直善良的品质与行为使他感受到的只能是生命的和谐自由与幸福快乐。一个不仁不义的小人的心灵总是局促不安而又诚惶诚恐的,它有如置身于快刀利剑之下的一棵危在旦夕的小树,因为他的不仁不义的品质与行为使他感受到的只能是对于自己生命的担心害怕与恐惧不安。"[注释]坦:朝阳("旦")照耀下的地球("土"),它一览无余。荡:起伏不定的广阔草原("艹")仿佛在其下面有绿色的波浪在荡漾("汤")。戚:处在大斧("戉")之下的一颗小树("未"),它的生命危在旦夕,因而感到恐惧不安。(《发现论语》195 页)

林振衡：坦,开朗,安泰。(《论语新编》50 页)

杨朝明：荡荡:宽广貌。戚戚:心胸局促,与荡荡相对。或训忧惧,不从。长,非谓时时也,乃形容"戚戚"之长久也。(《论语诠解》70 页)

　　辑者案:君子心胸平坦宽广,小人长久地忧惧不安。

7.38 子温而厉,威而不猛,恭而安。

魏·王弼：温者不厉,厉者不温;威者必猛,猛者不威;恭则不安,安者不恭。此对反之常名也。若夫温而能厉,威而不猛,恭而能安,斯不可名之理全矣。故至和之调,五味不形;大成之乐,五声不分;中和备质,五材无名也。(皇侃《论语集解义疏》卷四·22 页)

宋·蔡节：温者,其气和也。厉者,其色正也。温而不厉则失之于太柔矣,威而猛则失之于太刚矣,恭而不安则失之于拘迫而不可以持久矣。……圣人威德之至,故其中和发见自然如此。(《论语集说》卷四·18 页)

宋·邢昺：此章说孔子体貌也。言孔子体貌温和而能严正，俨然人望而畏之而无刚暴，虽为恭孙而能安泰，此皆与常度相反。若《皋陶谟》之九德也。他人不能，唯孔子能然，故记之也。（邢昺《论语注疏》99页）

明·林希元：温而厉，温中有严也。威而不猛，严中有温也。恭而安，恭出于自然无矜持也。是皆中和之气，见于容貌之间者也。（《四书存疑》卷五·37页）

清·黄式三：温而厉，仁中有义也。威而不猛，义中有仁也。恭而安礼，顺乎理之当然、率乎性之自然也。（《论语后案》196页）

清·陈浚：气度甚温和又带些严肃，容貌颇有威又不觉猛烈，礼节极恭敬又自然安详。（《论语话解》卷四·15页）

蔡尚思：孔子认为中庸是无上的至德。唯其如此，孔子常常要求自己的言行合乎"中庸之道"的标准。"子温而厉，威而不猛"……是他待人的中庸。（《孔子思想体系》115页）

杨润根：［译解］孔子全部的举止言行留给人们的深刻印象是，温和而又坚毅，庄严而不盛气，博大坦荡而又宁静快乐。［注释］温：器皿里的水有如太阳的光线一样暖和。引伸为亲热、和谐。厉：……引伸为坚毅、刚强而严肃。猛：一只被主人当作儿子（"子"）一样供养（"皿"）的狗（"犭"）具有的放肆大胆、盛气凌人、任意伤人的性格。恭：共心，广博之心，坦荡之心。安：在母亲主持和维系之下的家庭生活，宁静而又快乐。（《发现论语》196页）

　　辑者案：邢昺、陈浚说恰切。参见《论语·子张》第九章"即之也温，听其言也厉"及《论语·尧曰》第二章"泰而不骄，威而不猛"之解释。

泰 伯 第 八

8.1 子曰:"泰伯,其可谓至德也已矣。三以天下让,民无得而称焉。"

(1)三以天下让

汉·郑玄:泰伯,周太王之长子。次子仲雍,次子季历。太王见季历贤,又生文王,有圣人表,故欲立之而未有命。太王疾,泰伯因适吴、越采药,太王殁而不返,季历为丧主,一让也。季历赴之,不来奔丧,二让也。免丧之后,遂断发纹身,三让也。三让之美名皆隐蔽不著,故人无得称焉。(马国翰辑《论语古注·论语郑氏注》卷四·4页)

汉·赵晔:古公病将卒,令季历三让国于太伯,而三让不受,故云太伯三以天下让。(薛耀天《吴越春秋译注》4页)

梁·皇侃:泰伯者,周太王之长子也。太王者,即古公亶甫也。亶甫有三子,大者泰伯,次者仲雍,少者季历。三子并贤,而泰伯有让德深远,虽圣不能加,故云其可谓至德也已矣。其至德之事在下。范宁曰:"泰,善大之称也。伯,长也。泰伯,周太王之元子,故号泰伯。其德弘远,故曰至也。"云"三以天下让"者,此至德之事也。其让天下之位有三迹,故云"三以天下让"也。所以有让者,少弟季历生子文王昌。昌有圣人德,泰伯知昌必有天位,但升天位者必须阶渐,若从庶人而起,则为不易。太王是诸侯,已是太王长子,长子后应传国。今欲令昌取王位有渐,故让国而去,令季历传之也。其有三迹者，范宁曰："有二释：一云，泰伯少弟季历，生子文王昌。昌有圣德，泰伯知其必有天下，故欲令传国于季历，以及文王。因太王病，托采药于吴越，不反，太王薨而季历立，一让也；季历薨而文王立，二让也；文王薨而武王立，于此遂有天下，是为三让也。又一云，太王病而托采药出，生不事之以礼，一让也；太王薨而不反，使季历主丧，死不葬之以礼，二让也；断发文身，示不可用，使季历主祭礼，不祭之以礼，三让也。"（皇侃《论语集解义疏》卷四·23 页）

宋·程颐：泰伯之让，非谓其弟也，为天下也。其事深远，故民不能识而称之，而圣人谓之至德。不立，一让也；逃之，二让也；文身，三让也。（《二程集》1147 页）

宋·朱熹：三让，谓固逊也。（《四书章句集注》102 页）

元·陈天祥：盖三让亦只是三次辞让，必是太王有不忍之心，季历有不安之意。泰伯既让三次，终见不从，故弃其位而去，必欲致国于文王也。推其父子兄弟仁贤之心，其实不过如此，何必强立三者之目哉？（《四书辨疑》卷五·4 页）

清·顾炎武：泰伯之时，周日以强大矣，乃托之采药往而不反。当其时以国让也，而自后日言之则以天下让也。当其时以让王季也，而自后日言之则让于文王、武王也。有天下者，在三世之后，而让之者，在三世之前。宗祧不记其功，彝鼎不铭其迹，此所谓三以天下让，民无得而称焉者也。（黄汝成《日知录集释》540 页）

清·李光地：盖其事与伯夷相似。所谓让者，让季历耳，但所让者，区区歧阳之国，而夫子言天下，后学由此生疑。……盖周室将兴，其兆已见，泰伯又贤，势可奄大，以"天下让"云者，事后追论之辞。（《读论语札记·泰伯篇》）

清·杨名时：此让商之说或有未安也。至让周之说……以当日之事势及圣人之立心推之,尤多未合。玩夫子本意,只是称其能让国于弟,以成父志,而其逊隐微,无迹可见。上以全其父之慈,下以成其弟之友,视伯夷之让尤为尽善,故称之为至德,见其能全天伦而不伤耳。因周后有天下,故云以天下让,特据已然而言,非泰伯知文王之将有天下而让以成之也。(《四书剳记》卷二·7—8页)

清·黄培芳:后儒说此章有让周让商之分,迄无定论。余谓让商为是。……以泰伯之德,子身逃吴,尚能启有吴国,况藉周家盛业,岂不足以朝诸侯、有天下? 故断为让商无疑也。其以为让周者则有三不安:周止一国,正文“天下”二字无着。若预定后日有天下,恐失圣人立言之体,一未安也。舍长立少,隐成父之邪志,可谓至德乎? 二未安也。古者兄弟让国如夷齐者,夫子尚不称焉至德,何以独称泰伯? 三未安也。且夫子所称至德者,止有二人,其一称文王则为其以服事殷,其一即泰伯,其为让商益明矣。(梁章钜《论语旁证》卷八·2页)

清·刘宝楠:《韩诗外传》云:“太王贤昌,而欲季为后也,太伯去之吴。太王将死,谓曰:‘我死,汝往让两兄,彼即不来,汝有义而安。’太王薨,季之吴告伯、仲,伯、仲从季而归。群臣欲伯之立季,季又让。伯谓仲曰:‘今群臣欲我立季,季又让,何以处之?’仲曰:‘刑有所谓矣,要于扶微者,可以立季。’季遂立而养文王,文王果受命而王。孔子曰:‘太伯独见,王季独知。伯见父志,季知父心。故太王、太伯、王季可谓见始知终,而能承志矣。’”《论衡·四讳篇》:“太伯入吴采药,断发文身,以随吴俗。太王薨,太伯还,王季辟主。太伯再让,王季不听。三让,曰:‘吾之吴、越,吴、越之俗,断发文身,吾刑余之人,不可为社稷宗庙之主。’王季知不可,权而受之。”二说亦汉儒所传,与郑氏异。……晋孙盛著《三让论》,不解郑氏“隐蔽”之旨,轻为讥弹,又谓“断发之言,与《左传》

相背,事为不经"。不知端委治礼乃君吴后事,其断发文身自在免丧后从俗之时。两事判然,毫不相背。辱身遁迹,冀以逊国,岂复以不经为嫌? 凡此之论,未足为郑难也。至孙自立说,则弃太子位为一让,不赴丧为二让,不养仲雍子为己后为三让。一让、二让与郑同,三让则孙氏臆测。……至范宁前释以三让为季历、文王、武王,以武王始得天下故也。然使当时更延数世甫有天下,岂得一并计之? 是又以文害辞矣。(《论语正义》287 页)

张鼎:程子主让周,朱子初主让周,后改让商。窃意当兼二说。其始太王有翦商之志而泰伯不从,是让商。继见商不能不亡,周不能不兴,遂与仲雍逃之荆蛮,使太王传位季历以及昌,是让周。先让商后让周,是谓三让。(《论语说略》卷上·10 页)

程树德:二程、谢杨诸家皆主让周,朱子初亦从之,乃于《集注》历改而主让商何也? 盖此章症结在天下二字,主让周者,其说可分为三种,一、龟山谓泰伯亡如荆蛮,以让季历,是时周未有天下也。然文王之兴,本由太王,谓泰伯以天下让者,盖推本言之。二、伊川以为立文王则道被天下,故泰伯以天下之故而让之。三、归熙甫则以为国与天下,常言之通称。近人郑浩所著《论语述要》力伸朱说,谓:"孔子不轻以至德许人,此章之外,仅见于文之服事殷。《书》始唐虞,尧舜禅让者也。春秋始隐公,隐志在让桓者也。夫子大义微言,历历可见。立千古之大坊,防后世之篡乱,至明显也。"所论不为无见。惟《左传》所云泰伯不从,史公以亡去为不从,其义甚明。杜氏误以不从父命为解,而后儒遂傅会《鲁颂》之文,谓太王有翦商之志,泰伯不从。此则宋儒师心自用之失,不能曲为讳也。(《论语集释》510)

杨润根:让:《说文》:"让,相责也。"批评、谴责,强烈要求废除,强烈要求铲除。三以天下让:多次根据全体人民对于政府工

作的批评指责来改进和改革政府的工作。(《发现论语》198 页)

程石泉：按殷周时代封建制度，帝王承继，立嫡不立庶，自周武王建国后，方始建立。太王欲立季历，原无不可。但谓季历生昌，而昌有圣人表，于是太王欲立季历，则殊不尽情理。据《史记·周世家》及《诗·大明》皆谓季历为太姜所生。而关于泰伯与虞仲之母，《史记》与《诗》皆无明文，但非太姜所生。太姜有宠，则泰伯与虞仲之母或已失宠，或已亡殁。泰伯与虞仲不能自安，逃亡荆蛮，亦为事理之常。鉴于昭王及祭公征伐荆蛮，丧生汉水，是则泰伯之后仍多不宗周室之举。各家俱谓泰伯、虞仲入吴，断发文身，以效蛮俗，其亦有不可明言之苦衷耶？三让之说或为后之帝王所造，借以表彰先公之德，亦所以掩饰泰伯、虞仲逃亡荆蛮之真实原因者也。虞仲亦见《微子第十八》，孔子谓其"隐居放言，身也清，废也权"，或称之为"逸民"，或称之为"辟世"之贤者(《宪问第十四》)。而于泰伯孔子赞之。岂书缺有间，孔子亦从当时流俗之见邪？(《论语读训》129 页)

杨朝明：三以天下让：三，虚数，非实指，言其屡让。天下，指当时周部落而言。(《论语诠解》71 页)

袁庆德：泰伯不因为自己是长子而心安理得地接受君主职位的继承权，而是真心诚意地把它让给更有才能的弟弟，孔子认为他是品德最高尚的人。这体现了孔子任人唯贤、选贤任能的政治理想。同时，孔子一向主张"君君，臣臣，父父，子子"，所以，孔子对泰伯的高度赞扬也反映了孔子对春秋时期普遍存在的父子、兄弟、君臣争夺君位现象的不满。(《论语通释》270 页)

辑者案：此语是说，泰伯遵父志，三次以国让弟。

(2)民无得而称

汉·郑玄：三让之美，皆隐蔽不著，故人无得称焉。(马国翰辑

《论语古注·论语郑氏注》卷四·4页）

晋·缪协：其让之迹诡，当时莫能知，故无以称焉。（皇侃《论语集解义疏》卷四·23页）

宋·苏辙：子瞻曰："泰伯断发文身，示不可用，使民无得而称之，有让国之实，而无其名，故乱不作。彼宋宣、鲁隐，皆存其实，而取其名者也。是以宋鲁皆被其祸。"予以为不然。人患不诚，诚无争心。苟非豺狼，孰不顺之？鲁之祸始于摄，而宋之祸成于好战，皆非让之过也。汉东海王强以天下授显宗，唐宋王成器以天下授元宗兄弟，终身无间言焉，岂亦断发文身哉？子贡曰："泰伯端委以治吴，仲雍继之，断发文身。"孰谓泰伯断发文身示不可用者！太史公以意言之尔。（《论语拾遗》6页）

宋·朱熹：无得而称，其逊隐微，无迹可见也。（《四书章句集注》102页）

方骥龄：《孟子·告子》篇鱼与熊掌章："为所识穷乏者得我而为之"句中"得"，作"感恩"解，"民无得而称焉"，殆谓一般人虽未直接受泰伯仲雍之恩惠，但莫不赞扬泰伯仲雍之三以天下让为美德。似非以"其事甚隐，不为人知"而始称"至德"也。（《论语新诠》205页）

杨伯峻：老百姓简直找不出恰当的词语来称赞他。（《论语译注》78页）

杨润根：〔译解〕人民认为他是他们所能拥有的最称职的官员，他们再也找不到比他更为称职的官员了。〔注释〕称职，合格，等量，等价。（《发现论语》197页）

牛泽群：少小遁避，并无德泽于众庶、涵濡于下民，故此"民无得而称焉"才是！宫阙之变，帝祚之谦，关老百姓何事之有！此强冠民意装孙子之法，耳熟、目熟、鼻熟、肤熟，熟至于无觉矣。（《论语

札记》213 页)

刘伟见:老百姓虽不了解他的具体事迹,却仍然称颂他。(《论语意解》181 页)

辑者案:从杨伯峻说。无得,犹无从、找不到。称,称赞。即民众找不到恰当的词语来称赞他。

8.2 子曰:"恭而无礼则劳,慎而无礼则葸,勇而无礼则乱,直而无礼则绞。君子笃于亲则民兴于仁,故旧不遗则民不偷。"

(1)劳

梁·皇侃:夫行恭逊必宜得礼,则若恭而无礼,则逊在床下,所以身自为劳苦也。(皇侃《论语集解义疏》卷四·24 页)

宋·邢昺:劳谓困苦,言人为恭孙,而无礼以节之,则自困苦。(邢昺《论语注疏》101 页)

明·张居正:劳是烦劳。(《论语别裁》112 页)

杨伯峻:[译文]孔子说:"注重容貌态度的端庄,却不知礼,就未免劳倦。"(《论语译注》78 页)

杨润根:[译解]谦恭平和的国家政策如果没有理性与正义作为基础,那么它只能是劳而无功的。[注释]恭:共心,公心,具有同情心的,谦恭平和的。礼:理性,正义,真理与正义。(《发现论语》198 页)

林振衡:劳:使用过分,劳扰。(《论语新编》221 页)

杨朝明:这里讲了"恭、慎、勇、直"的德目,但这些都需要"以礼节之"。……劳,疲劳。此指在上者而言。一说指劳民。不可从。恭敬乃美德,但不知礼,过于恭敬,则易无所措手足,从而疲惫不堪。(《论语诠解》71 页)

黄克剑：劳，劳屈。（《〈论语〉解读》157 页）

　　辑者案：从杨伯峻、杨朝明说。

（2）葸

汉·郑玄：葸，惎质貌。（马国翰辑《论语古注·论语郑氏注》卷四·4 页）

魏·何晏：葸，畏惧之貌，言慎而不以礼节之，则常畏惧。（邢昺《论语注疏》101 页）

清·江声：慎而无理则临事不知所措，必筹箸思之，反覆不已，犹恐有失，若所谓季文子三思也。愢，当解为三思之意。（《论语竢质》卷中·1 页）

清·黄式三：葸，作愢为正。鰓、葸、偲，经及子、史通用字，《说文》所无。《荀子》曰："愢愢然常恐天下之一合而轧己也。"《汉书》引《荀子》愢作鰓，《注》："苏林曰：'读如"慎而无礼则葸"之葸，惧貌也。'"（《论语后案》199 页）

清·桂文灿：葸为愢字之讹。《说文·言部》"愢，思之意，从言从思，思亦声"，方言而又思之，故其字从言思。（《论语皇疏考证》卷四·3 页）

董子竹：葸，猥琐也。（《〈论语〉正裁》236 页）

杨朝明：葸，胆怯、畏惧。谨慎乃美德，但不知礼，过于战战兢兢、瞻前顾后，则易成胆小畏怯。（《论语诠解》71 页）

　　辑者案：从何晏、杨朝明说。

（3）绞

汉·马融：绞，绞刺也。（皇侃《论语集解义疏》卷四·24 页）

汉·郑玄：绞，急也。（马国翰辑《论语古注·论语郑氏注》卷四·4 页）

唐·韩愈：绞，确也。（《论语笔解》卷上·15 页）

日·物双松：盖绞者，谓责让人之非，毫无假借也。（《论语征》158 页）

清·牛运震:狡如绳两头绞得紧,都不放松一步,证父攘羊指其甚者。……《史记》"操下如束湿薪",即此可悟绞字之义。(《论语随笔》卷八·2页)

清·朱亦栋:考《韩诗外传》,《传》曰:"堂衣若叩孔子之门,曰:'丘在乎?丘在乎?'子贡应之曰:'君子尊贤而容众,喜善而矜不能,亲内及外,己所不欲,勿施于人。子何言吾师之名焉?'堂衣若曰:'子何年少,言之绞?'子贡曰:'大车不绞则不成其任,琴瑟不绞则不成其音。子之言绞,是以绞之也。'……"此"绞"字之义也。(《论语札记》卷中·4页)

日·昭井一宅:绞者缢也,谓著人之隐私,犹绞草木之实出其油汁也。(《论语解》170页)

杨伯峻:[译文]心直口快,却不知礼,就会尖刻刺人。[注释]绞——尖刻刺人。(《论语译注》78页)

董子竹:绞,纠缠不清也。(《〈论语〉正裁》236页)

杨润根:[译解]大胆果断的国家政策如果没有理性与正义作为基础,那么它只能导致社会的动乱。[注释]绞:相互缠绕,相互倾轧。(《发现论语》198页)

黄怀信:"绞",两相交、不合,谓与人闹矛盾、闹纠纷。或训刺,非。(《论语新校释》181页)

李零:"绞",是急切偏激的意思。(《丧家狗——我读〈论语〉》163页)

何新:绞,通骄。(《论语新解——思与行》97页)

　　辑者案:从杨伯峻说。

(4)君子笃于亲,则民兴于仁。故旧不遗,则民不偷

汉·包咸:兴,起也。君能厚于亲属,不遗忘其故旧,行之美者,则民皆化之,起为仁厚之行,不偷薄。(邢昺《论语注疏》101页)

清·江声:《说文解字》曰:"愉,薄也,从心,俞声。"今本易心

从人,非也。(《论语竢质》卷中·2页)

日·东条弘:按《齐语》韦昭《注》引"故旧不遗则民不偷",曰:"偷,苟且也。"(《论语知言》249页)

清·黄式三:偷,愉之借字。《说文》:"愉,薄也。"愉又有暂义。《周礼》"以俗教安则民不愉"注:"愉谓朝不谋夕。"此经愉对故旧言,训为暂义,正通。《说文》无偷字,《女部》"媮,巧黠也",此今偷盗之本字。凡经传中媮、偷字,训薄、训暂、训苟且者,正字当作愉;愉之训取者,正字当作媮、偷。(《论语后案》200页)

清·刘宝楠:"不偷薄"者,《说文》云:"媮,薄也。""偷"与"媮"同。《齐语》云:"政不旅旧,则民不偷。"(《论语正义》291页)

杨伯峻:[译文]在上位的人不遗弃他的老同事、老朋友,那老百姓就不致对人冷淡无情。[注释]偷——淡薄,这里指人与人的感情而言。(《论语译注》79页)

王缁尘:"偷",即待人刻薄冷落的意思。(《四书读本》134页)

杨润根:[注释]遗:"遗"的本意应是背弃,就是摒斥那已变得没有价值的约定而去寻求新的有价值的约定。故旧:原有的,原来的,已经年长日久的。这里指政治家们在获得人民的支持之前向人民曾经作出的政治承诺与政治誓言。偷:乘船("俞")离开的人,乘船远游的人,引伸为叛离国家而到别的国家去生活的人。由于船是人们心目中的一种杰出才能与杰出技能的成果,因此,"偷"也是指一种超凡的技能或一种具有超凡的技能的人,因此"偷"具有巧妙机灵地发现、利用和获取的含意,"偷盗"、"偷窃"、"偷闲"、"偷空"等词语中的"偷"就具有这种含意。(《发现论语》198页)

黄怀信:偷:偷懒、苟且。(《论语新校释》182页)

金知明:故旧,指老人。[译文]……(假如)有道德修养的人

（带头）专心孝敬父母，那么百姓就会从仁义起步；（君子）不扔下父母，那么百姓对自己的老人也不会待慢。《论语精读》97 页）

何新：偷，逃也。（《论语新解——思与行》97 页）

李培宗：老朋友们不互相嫌弃，那么百姓之间就会交往厚道而不淡漠。（《论语全解》119 页）

孙钦善：亲指同姓而言，故旧指外姓而言，《左传》宣公十二年有"内姓选于亲，外姓选于旧"的话。又此四句与前四句似不连贯，故有人认为当分为另一章。（《论语本解》95 页）

> 辑者案：笃于亲，厚待于亲属；故旧不遗，不遗弃故交老友。偷，浇薄，不厚道（浇薄，指社会风气浮薄）。包咸、杨伯峻、王缁尘所释均可取。

8.3 曾子有疾，召门弟子曰："启予足，启予手。《诗》云：'战战兢兢，如临深渊，如履薄冰。'而今而后，吾知免夫。小子！"

启予足，启予手

汉·郑玄：启，开也。曾子以为受其身体于父母，不敢毁伤之，故使弟子开衾而视之也。父母全而生之，亦当全而归之。（马国翰辑《论语古注·论语郑氏注》卷四·4 页）

晋·范宁：身体犹不可亏也，况亏其行以辱其亲乎？（钱地《论语汉宋集解》391 页）

明·蔡清：曾子此章本意只是说保全身体难，谓所以保者，心也。心是德所在，而"仁以为己任"章全是心上事。此特仁以为己任中之一事耳。大抵人知不忍毁伤其父母之遗体，则自能谨行而不至玷父母之令名矣。（《论语蒙引》卷二·44 页）

日·东条弘：按启与开自别。……《论语》"不愤不启"、《书》

"启乃心沃朕心"……皆张广伸展之义。……按《说文解字》引《论语》作"跢予之足",依考,跢一作挢,挢,引也。盖言引伸其手足而舒张之也,其意病间疲劳,使其亲狎之小子,伸舒启张其手足,欲以自慰其苦也。(《论语知言》250页)

清·冯登府:《说文》"跢,读若《论语》'跢予之足'"。案:跢与启亦假字。《说文》督字云"省眂也",依义当作督。《论衡·四讳》引"启"作"开",此避讳也。《文选·叹逝赋注》作"起"。段氏玉裁曰:"跢当是启,或曰当作哆,哆犹开也。"(《论语异文考证》卷四·10页)

清·黄式三:手足不毁伤,何待开衾? 启为督之借字。督者,省察之谓。曾子自述其平日一举动之必察也。《说文》又引作跢,存异说也。(《论语后案》200页)

清·刘宝楠:……启手足在既卒之后。曾子既预戒之,又引《诗》言,自道其平日致谨其身、不敢毁伤之意,皆所以守身也。……《说文》"启,开也","启,教也"。义别。今经传通作"启"。《论衡·四讳篇》载此文"开予足,开予手",以训诂代本字也。《说文》:"跢,离别也。读若《论语》'跢予之足'。"作"跢",当出《古论》。"跢"与"跢"音同,义亦当不异。段氏玉裁《注》引或说"跢"与"哆"同。哆,开也。开即离别之义。揆《古论》之意,当谓身将死,恐手足有所拘挛,令展布之也。郑君以启为开,甚合古训。而以为开衾视之,未免增文成义。又《说文》:"督,视也。"《广雅·释诂》同。王氏念孙《疏证》引此文,谓"启"与"督"同,此亦得备一解。(《论语正义》291页)

李炳南:曾子病得很重,自料将要去世,便召他的门弟子来,嘱咐弟子们启视他的脚和手,表示他的身体未尝毁伤,接之便引三句诗,说明他平时是那样小心的保护身体。(《论语讲要》158页)

南怀瑾:根据这六个字,就知道曾子已经病得手脚都麻痹了。……因为他的病严重到快要死了。连自己的手脚在哪里，都不知道，自己不能指挥了。只有叫学生们，替他把手脚摆摆好。（《论语别裁》378－379 页）

李泽厚："启"，开也，以意忖之，可能是叫学生们拿开从而摆正他的手脚。旧译多作"看我的脚，看我的手"，虽强为之说，实不知所云。（《论语今读》147 页）

启功：启固然训开，而所启何以只在手足，却很少有人论及。惟《集解》引周氏注有"免于患难"一语，极可注意。清人刘宝楠《论语正义》引申周注："患难谓刑辱颠陨之事。"……曾子令门人验证自己没有受过刑击，所以只看手足，不看腹背，平生谨遵"临深履薄"的古训，是操行的谨慎的比例，不是指常讲营养卫生和只怕受伤的问题。（《读〈论语〉献疑》，《文史》2000 年第 1 辑）

刘海滨：释"启"为开，"启予足！启予手"，意为"放开我的手脚"。因为每天小心谨守仁德，恰如手脚被缚一般不得自由。（《〈论语〉辨疑三则》，《古籍整理研究学刊》2001 年第 5 期）

李零：过去有两种解释：一说是打开被子，露出手脚（郑《注》）；一说同"晵"，是省视之义（刘宝楠引王念孙说），恐怕都不对。原文只说抬抬我的脚，抬抬我的手（所以作"启"），其实也就是动动我的手，动动我的脚，故异文作"跢"（跢是挪步而行，像小儿学步的样子）。他这么说，是叫学生过来看，我这手，我这脚，不都好好长在身上吗？这是死里逃生的心情。（《丧家狗——我读〈论语〉》164 页）

何新：当读作"起予足，启予手"。起，抬起。启，开启。《集释》引异说谓启下口当从日，读为视。虽亦可通，迂曲也（其说见王念孙《论语疏证》）。（《论语新解——思与行》97 页）

杨朝明：启：动、抬抬、动动义。李泽厚译为"摆正"，并以之为

曾子"宗教性道德"的体现。今从之。免夫：免于刑戮。曾子强调
孝道。《大戴礼记》有《曾子》十篇，其中有"立孝""大孝"诸篇论述
孝道。而《孝经》相传为曾子所作。其所谓"身体发肤，受之父母，
不可毁伤"，毁伤即指受刑戮而言。孔子"君子怀刑"，称南容"邦
无道可免于刑戮"，可与此参读。李零以为病愈之后感慨"拣了一
条命"，可备一说。（《论语诠解》71页）

　　　　辑者案：启，李零、杨朝明释为"抬抬"、"动动"为是。至
　　于"《诗》云"三句，表达的是面临将死的恐惧心情：战战兢兢，
　　如临深渊，如履薄冰。

8.4 曾子有疾，孟敬子问之。曾子言曰："鸟之将死，其鸣也哀。人之将死，其言也善。君子所贵乎道者三：动容貌，斯远暴慢矣；正颜色，斯近信矣；出辞气，斯远鄙倍矣。笾豆之事，则有司存。"

(1)动容貌，斯远暴慢矣

汉·郑玄：动容貌，能济济跄跄，则人不敢暴慢之也。（皇侃《论语集解义疏》卷四·25页）

南朝宋·颜延之：动容则人敬其仪，故暴慢息也。（皇侃《论语集解义疏》卷四·25页）

梁·皇侃：凡人相见，先睹容仪，容仪故先也。（皇侃《论语集解义疏》卷四·26页）

宋·郑汝谐：一动容貌则周旋中礼，而粗暴慢易自远矣。（《论语意原》卷二·16页）

元·许谦：动容貌便当远去暴慢，不粗厉当文雅，不放肆当矜庄。（《读论语丛说》卷中·22页）

明·蔡清：不动容貌则已，一动容貌便远了暴慢之气，而容貌

皆得其道。（《论语蒙引》卷二·44页）

清·刘宝楠："容貌"者，《说文》："颂，貌也。皃，颂仪也。貌，籀文。"段氏玉裁《注》："颂即今之容字。凡容言其内，貌言其外，析言则容貌各有当，故叔向曰'貌不道容'是也。累言则曰容貌，'动容貌'是也。"案：古有容礼，晋羊舌大夫为和容，汉天下郡国有容史，又鲁徐生善为颂，后有张氏亦善焉。颂即容也，亦散文，兼貌言之也。（《论语正义》292页）

日·昭井一宅：动者谓进退周旋，容貌者谓俯仰屈伸之容止，远者谓绝之。……言俯仰屈伸之间，无暴慢之容貌也。（《论语解》172页）

方骥龄：前人对"斯远暴慢矣""斯近信矣""斯远鄙倍矣"各有两种以上解释，实则凡事皆相互为因果；不以暴慢待人，人亦决不以暴慢待我；以诚信待人，人亦必以诚信待我；不存鄙倍之心，人亦必不鄙倍我矣。本章宗旨为人当谦抑，笾豆为礼之文，有有司存，非礼之本也。爱人者人恒爱之，敬人者人恒敬之，此即谦抑所得之结果也。（《论语新诠》208页）

南怀瑾：人的仪态、风度，要从学问修养来慢慢改变自己，并不一定是天生的。……经过学问修养的熏陶，粗暴傲慢的气息，自然化为谦和、安详的气质。（《论语别裁》384页）

杨润根：[译解]通过重视死亡这一每一个人都必然地、没有例外地要面对的共同结局来促动每一个人的动机目的和行为举止，以使之远离狂妄自大与野蛮残暴。[注释]动：促动，促进。容：内在精神的外在表现，内在动机与目的的外在表现。貌：纯粹的外在表现与外在特征。暴：狂妄已极，汹涌泛滥的洪水妄想与太阳一比高低。引伸为不知天之高、地之厚的极端狂妄愚蠢的行为。慢：野蛮的行为态度……也可以直接理解为冒犯人的行为态

度。(《发现论语》201 页)

黄怀信：[释]"动容貌"，发威严。"暴慢"，狂暴无礼。[训译]
发威严，就能远离狂暴无礼了。[章旨]此章讲为政临民之道。时
孟敬子执国政，故曾子以此告诫。君有威严，则臣民不敢暴慢。
(《论语新校释》184 页)

金知明：动容貌，运用自己的表情举止。(《论语精读》98 页)

杨朝明：动容貌，盖指注重容貌之恭敬严肃。暴慢，粗暴、懈
怠。远暴慢，一说指人不敢暴慢对之，一说自己身上无暴慢之弊。
今从后说。(《论语诠解》72 页)

辑者案：动容貌，从字面上看，是表现出的面部表情；其
内涵，是注重容貌的恭敬严肃。面部表情恭敬严肃，才会远
离别人的粗暴放肆、傲慢不敬。道理很明显，一个人倘若整
天嬉皮笑脸，没个正经，别人就很难敬重你，也往往会招致别
人的暴慢。

(2)正颜色,斯近信矣

汉·郑玄：正颜色，能矜庄严栗，则人不敢欺诞之也。(皇侃《论
语集解义疏》卷四·26 页)

南朝宋·颜延之：正色则人达其诚，故信者立也。……出辞
则人乐其文，故鄙倍绝也。(皇侃《论语集解义疏》卷四·26 页)

梁·皇侃：……次见颜色，颜色故为次也。人之颜色恒欲庄
正，不数变动则人不敢欺诈之，故云近信也。(皇侃《论语集解义疏》卷
四·26 页)

宋·郑汝谐：一正颜色则可亲可敬，即此而可示信矣。(《论语
意原》卷二·16 页)

宋·张栻：正颜色而根于诚实也。(《南轩论语解》卷四·15 页)

元·许谦：正颜色便当近于信，不可色厉而内荏。(《读论语丛说》

卷中·22页)

明·蔡清:不正颜色则已,一正颜色便要近信,而无色庄之伪,而颜色皆得其道。(《论语蒙引》卷二·44页)

清·牛运震:颜色如何会不信,如色厉而内荏,又如饰喜饰怒,外面有许多模样而中情却不然,便是与信远了。(《论语随笔》卷八·4页)

清·刘宝楠:"颜色"者,《说文》以颜谓眉目之间,色谓凡见于面也。(《论语正义》292页)

南怀瑾:颜色就是神情。……是对人的态度。……要想做到一团和气,就必须内心修养得好,慢慢改变过来。(《论语别裁》384页)

辑者案:正颜色,也就是颜色要正,态度庄重诚恳,不虚伪,这样才会令人信任。

(3)出辞气,斯远鄙倍矣

汉·郑玄:出辞气,能顺而说,则无恶戾之言入于耳也。(皇侃《论语集解义疏》卷四·26页)

南朝宋·颜延之:出辞则人乐其文,故鄙倍绝也。(皇侃《论语集解义疏》卷四·26页)

梁·皇侃:辞气,言语音声也。既见颜色,次接言语也。出言有章,故人不敢鄙秽倍违之也。(皇侃《论语集解义疏》卷四·26页)

宋·郑汝谐:一出辞气则皆中于理,而鄙陋倍戾斯远矣。(《论语意原》卷二·16页)

宋·朱熹:辞,言语。气,声气也。鄙,凡陋也。倍,与背同,谓背理也。(《四书章句集注》104页)

宋·张栻:出辞气而不悖于伦理也。(《南轩论语解》卷四·15页)

明·蔡清:不出辞气则已,一出辞气便要远鄙倍之失,而辞气皆得其道……鄙,凡陋也,其失小。倍,背理,其失大。一说鄙是说得卑近者,倍是说得过高而实背理者,前说似正,而过高之说亦

兼之矣。(《论语蒙引》卷二·44 页)

清·牛运震：辞气之气即指言语之声音、神韵，抑扬顿挫也。
(《论语随笔》卷八·4 页)

钱逊：远鄙倍三句：有两种解释：一说三者都指自己；一说三者
都指别人，即别人不会以暴慢、不信和鄙倍相待。(《〈论语〉读本》98 页)

南怀瑾："出辞气"就是谈吐，善于言谈。"夫人不言，言必有
中。"这是学问修养的自然流露，做到这一步，当然就"远鄙倍"了。
(《论语别裁》384 页)

杨润根：[注释]出辞气：屈(黜)辞气，使自己说话的语气、语
调变得温和亲切一些。鄙：野蛮的、没有开化的人的狂妄自大。
倍：这个字本来由"人"、"示"、"口"构成，它的意思也就是"人示
口"，即指夸口的人，把无说成有、把有说成多的人。这种人通过
自己的言语使自己实际拥有的美德、才能、财富成倍成倍地增加。
(《发现论语》201－202 页)

黄怀信：[释]"出辞气"，发号令也。"鄙倍"，同避背，躲避、背
离。[训译]发号令，就能远离躲避背叛了。(《论语新校释》184 页)

林觥顺：言辞高雅大方，使粗野无知反覆小人，退避三舍。
(《论语我读》134 页)

袁庆德：鄙倍：轻视和背叛。倍：通"背"，背叛。(《论语通释》127 页)

　　辑者案：辞气，言辞声调。出辞气，意思是出言要有讲
　　究，比如说话要讲究表达艺术，要注意合乎情理，这样才能不
　　让人挑出毛病，指责为鄙陋背理。

8.5 曾子曰："以能问于不能，以多问于寡，有若无，实若虚，犯而不校，昔者吾友尝从事于斯矣。"

(1)犯而不校

汉·包咸：校，报也。言见侵犯不报。(邢昺《论语注疏》103 页)

宋·朱熹:校,计较也。(《四书章句集注》104页)

清·牛运震:犯而不校不是著意去容他,亦不是因他犯而遂去自反。盖其所存者广大,故人有小小触犯处自不觉得。或谓颜子犯而不校有包之之意焉,有彼之之意焉,有愧之之意焉。夫包之则近于骄,彼之则邻于狭,愧之则失于薄,岂颜子之心哉?(《论语随笔》卷八·5页)

日·龟井鲁:校犹抗。不校,言不相抗抵也。(《论语语由》139页)

杨润根:犯:来自遥远的山林里的野狼,它对于那些靠放牧为生的人们将造成侵扰和损害。这里的"犯"作为被动词,有使就范的意思。就范——制服那些敢于侵犯自己的人。校:《说文》:"校,木囚也。"它指的是古代社会里用来纠正进而禁绝人们的不当行为的一种方法……这里的"校"具有"争强斗胜"的意思。(《发现论语》203-204页)

黄怀信:[释]"犯",冒犯、欺负。"校",同"较",计较、较量。[训译]曾先生说:"以会做向不会做的请教,以多向少的请教;有好像无,实好像虚,(受人)冒犯而不计较:从前我的(一位)朋友,曾经这样做过。"[章旨]此章教人虚心务正。……同事、朋友间相"犯",只是日常生活中小事而已,故不必计较,而学业、事业,方为正事。(《论语新校释》186页)

李零:这里的"校"是抵抗,不是计较,包咸说是"报也"。(《丧家狗——我读〈论语〉》166页)

郑张欢:犯:进取。校:校制(参刘大钧、林忠军《周易经传白话解》之《噬嗑卦》"校"字之义)。[释]曾子说:一个人虽觉很能但要问问还觉不能的人意见,虽觉多有办法但要问问还觉少有办法的人意见,使有若无,实若虚,只有这样,方能事成进取而不被校制,往昔我的一个朋友就是以此从事而得进取的。[释按]此章言

事成进取之道。(《论语今释》119页)

  辑者案：犯，冒犯。校，计较。从朱熹、黄怀信说。

(2)吾友

汉·马融：友，谓颜渊。(邢昺《论语注疏》103页)

日·伊藤维桢：指当时孔门之诸贤也。(《论语古义》119页)

高专诚：泛指孔门的风气，当然也包括他自己在内。(《论语通说》122页)

  杨朝明：曾子说："有能力而向没有能力的人请教，知识丰富向知识贫乏的人请教，有像没有一样，充实像空虚一样，别人侵犯而不去计较——从前我的朋友曾经这样做过啊。"(《论语诠解》73页)

  辑者案：从杨朝明说。至于"友"是指谁，既然文未明确指出，则无须猜定，因为"猜"出的结果往往是靠不住的。

8.6 曾子曰："可以托六尺之孤，可以寄百里之命，临大节而不可夺也，君子人与？君子人也。"

(1)六尺之孤

汉·郑玄：六尺之孤，年十五已下。(邢昺《论语注疏》103页)

汉·孔安国：谓幼少之君也(辑者案：这句话，邢疏以为包咸语)。(皇侃《论语集解义疏》卷四·28页)

梁·皇侃：六尺之孤，谓童子无父而为国君者也。(皇侃《论语集解义疏》卷四·28页)

宋·吕大临：孤，幼主也。(蔡节《论语集说》卷四·22页)

方骥龄："六尺之孤"疑系五尺二字传写之误。盖五六二字每相连用，如《书经·康诰》"要囚服念五六日"，如《先进篇》子路曾晳冉有公西华侍坐章冉求称"方六七十，如五六十"，曾晳称"冠者五六人，童子六七人"。五六二字皆连用……故本章"六尺之孤"

之"六"字,疑系五字传写之误。（《论语新诠》209－210 页）

　　杨润根:[注释]托六尺之孤:六尺之孤托,仅凭自己六尺之高的孑然一躯来兑现自己的诺言,实现自己的主张,完成自己的理想。言下之意是:只要自己能够确信自己的政治主张和政治理想是正确的、正义的、道德的,那么纵使自己在一个完全失去了正义与道德的世界上暂且找不到志同道合的朋友,自己也要凭藉自己的孑然一躯来实现自己的政治主张与政治理想。（《发现论语》204 页）

　　郑张欢:六尺之孤,少小身躯。（《论语今释》119 页）

　　　辑者案:托孤,以遗孤相托。六尺之孤,这里指未成年的幼主。将未成年的国君托付给信得过的老臣,是中国历史上常有的事。此语是说"可托"、"可寄"、"守大节"之人,乃君子也。

(2)寄百里之命

汉·孔安国:摄君之政令也。（皇侃《论语集解义疏》卷四·28 页）

　　宋·金履祥:寄百里之命,谓遗命托国也。才节如此,岂不足以任天下之重? 而止言寄百里之命,古者封建,故此但指一国而言天下,亦自一国而推尔。（《论语集注考证》卷四·10 页）

　　宋·吕大临:百里,诸侯国也。（蔡节《论语集说》卷四·22 页）

　　清·牛运震:百里之命谓一国之生灵也,不指命令。（《论语随笔》卷八·5 页）

　　清·黄式三:可寄命者,能绵国家福祚之命也。（《论语后案》204 页）

　　清·王闿运:寄命者,为君居守。（《论语训》卷上·74 页）

　　南怀瑾:"百里"扩而充之也代表了天下。过去,唐以后所谓百里侯是称县长;春秋战国时代的百里,在政治制度上相当于现在的一个省。古代称县长为父母官,就是说对于百姓而言,有如父母般的关怀、照顾。"可以寄百里之命",就是可以真正成为一个好的地方首长,将地方老百姓的生命财产安全,都交给这种人负责保障了。(《论语别裁》387 页)

方骥龄:百里之命,秉国君之命治理地方。(《论语新诠》209 页)

杨润根:[注释]寄百里之命:百里之命寄,把一生的使命寄托在自己这有限而短暂的生命中,让自己这有限而短暂的生命承担起自己做人的使命,这使命也就是整个宇宙的使命,整个人类的使命,也就是道德的使命和正义的使命。(《发现论语》205 页)

鲍鹏山:"命",指国家的政权和命运。(《论语新读》86 页)

李零:"百里之命","百里"是所谓一同之地(一同是长宽各100 里),古代的小国一般只有这么大。(《丧家狗——我读〈论语〉》166 页)

何新:百里,指城郭周围百里。(《论语新解——思与行》99 页)

郑张欢:百里,长远。[释]曾子说:对一个人可以托少小之身躯,可以寄长远之性命……。(《论语今释》119 页)

　　辑者案:前句是说可以托孤,此句是说可以托国。既可以托孤,又可以托国,在生死存亡、大是大非面前志不可夺者,这才是君子。百里,封建时代诸侯国的国土约百里。命,国家的政权、命运。

8.7 曾子曰:"士不可以不弘毅,任重而道远。仁以为己任,不亦重乎? 死而后已,不亦远乎?"

弘毅

汉·包咸:弘,大也。毅,强而能决断也。(皇侃《论语集解义疏》卷四·28 页)

宋·郑汝谐:弘则所存者大,故能任重。毅则所守者固,故能致远。弘而不毅则易变,毅而不弘则狭隘。(《论语意原》卷二·17 页)

宋·朱熹：弘，宽广也。毅，强忍也。非弘不能胜其重，非毅无以致其远。(《四书章句集注》104页)

宋·张栻：弘有宽廓之大意，毅有特立之意。弘与毅相须者也。(《南轩论语解》卷四·16页)

宋·蔡节：弘则可以大受，毅则足以力行。如人负重器适远途，若不能容受，则何以胜其重？不能强忍，则何以至于远？必是有大力量然后能胜其重而至于远。(《论语集说》卷四·23页)

明·蔡清：弘是有担当，毅是能耐久。弘、毅之实一也。(《论语蒙引》卷二·49页)

清·牛运震：宏是宽广，事事儿都著得，任多少道理都容受的住也。毅是立脚处坚忍强厉、担负得去的意思。宏而不毅，虽胜得任，却恐前面去倒了。宏，言其量之容，犹大车之足以载重。毅，言其力之劲，犹健马之足以致远。宏是横说，毅是竖说。(《论语随笔》卷八·6页)

章太炎：《说文》"弘，弓声也"。后人借"强"为之，用为"彊"义。此"弘"即今之"强"字也。《说文》"毅，有决也"。任重须彊，不彊则力绌；致远须决，不决则志渝。苞训"弘"为大，失之。子张之执德不弘，信道不笃，焉能为有，焉能为亡？"弘"亦今"强"字。《论语》全书无"强"字，知"弘"即"强"也。唯云"人能弘道，非道弘人"，乃训大。(《广论语骈枝》8页)

杨润根：[注释]弘：使自己的身躯（"厶"）像弓箭（"弓"）一样坚强有力，百折不挠，一往直前。毅：使自己的道德修养和道德意志像刀枪一样锐不可挡。(《发现论语》205页)

辑者案：朱熹说恰切。弘毅，宽宏坚毅。谓志向抱负远大、精神意志坚强。要求士弘毅，是因为士任重道远。什么样的任最重呢？答曰"仁"。实践仁是最重的，因为仁者要

"爱人",要"泛爱众",要"立人、达人",而"爱人"、"泛爱众"、"立人、达人"不能只停留在口头上,而是要躬行实践之。"爱人""爱众"要有行动,如救民众于水火,为民众谋幸福,为社会图安定、图发展等。责任重大,若没有弘大的志向抱负,则根本谈不上践行"仁"。而且实践"仁"是终生的事、一辈子的事,十分久远,缺乏坚强的毅力是坚持不到"死而后已"的。

8.8 子曰:"兴于《诗》,立于礼,成于乐。"

汉·包咸:兴,起也。言修身当先学《诗》。礼者,所以立身。乐所以成性。(邢昺《论语注疏》104 页)

汉·郑玄:兴,起也。起于《诗》者,谓始发志意。志意既发,乃有法度,然后心平性正也。(单承彬《〈论语〉郑义举隅》,《儒家文献研究》85 页)

魏·王弼:言有为政之次序也。夫喜惧哀乐,民之自然应感,而动则发乎声歌,所以陈诗采谣以知民志风。既见其风则损益基焉,故因俗立制以达其礼也。矫俗检刑,民心未化,故又感以声乐以和神也。(皇侃《论语集解义疏》卷四·29 页)

梁·皇侃:云"兴于《诗》"者,兴,起也。言人学先从《诗》起,后乃次诸典也。所以然者,《诗》有夫妇之法、人伦之本,近之事父、远之事君故也。……云"立于礼"者,学《诗》已明,次又学礼也。所以然者,人无礼则死,有礼则生,故学礼以自立身也。云"成于乐"者,学礼若毕,次宜学乐也。所以然者,礼之用,和为贵。行礼必须学乐,以和成己性也。(皇侃《论语集解义疏》卷四·29 页)

唐·李翱:《诗》者,起于吟咏情性者也,发乎情是起于《诗》也。止乎礼义是立于礼也,删《诗》而乐正,《雅》、《颂》是成于乐也。(《论语笔解》卷上·16 页)

宋·朱熹:《诗》本性情,有邪有正,其为言既易知,而吟咏之间,抑扬反复,其感人又易入。故学者之初,所以兴起其好善恶恶之心而不能自已者,必于此而得之。礼以恭敬辞逊为本,而有节文度数之详,可以固人肌肤之会、筋骸之束。故学者之中,所以能卓然自立而不为事物之所摇夺者,必于此而得之。乐有五声十二律,更唱迭和,以为歌舞八音之节,可以养人之性情,而荡涤其邪秽,消融其查滓。故学者之终,所以至于义精仁熟而自和顺于道德者,必于此而得之,是学之成也。(《四书章句集注》104 页)

日·物双松:兴,如兴于仁兴于孝弟之兴,皆谓有所皷舞而振兴于众也……兴于《诗》云者,《诗》之为言,人情事态,莫所不包,琐细纤悉,婉而不直,其言初不可必以为训,又不可必以为戒,而人各以其意取义,义类无常,展转不穷。又以讽咏发之,使人不知觉,故必学诗而后有所鼓舞,触类以长,意见益广,新知纷生,乃能有所振起于众人之中,斐然成章,过此以往,庶可以成其材德也。立于礼云者,凡上自朝廷宗庙,下至乡党朋友,外则聘会军旅蒐狩,内则闺门之中,以至言语容貌之间、器服制度之际,先王皆立之礼,以为德之则,执而守之。习之之久,人皆有以立于道而不可移夺也。成于乐云者,乐亦德之则矣。礼以制之,乐以养之。礼以其敬,乐以其和。故乐者自欢欣悦豫之心导之者也。(《论语征》162 页)

清·牛运震:兴如寐者忽觉,卧者忽起,所谓见善知好、见恶知恶也。《诗》有美有刺,美者可以感发人之善心,刺者可以惩创人之逸志,而又有抑扬反复、咏叹淫佚之节,涵泳玩味则中心之良勃然而生。故兴必于《诗》得之。立如站得脚定,自己扶竖得起,而外物倒折不得,收敛则精神内守而不浮,操存则血气循轨而不乱。所谓强立不反者也。礼有本有文,规矩森严,节目明备,既有以束其肌肤筋骸而不弛,又有以持其耳目手足而不荡,故立必于礼得之。成如人之官体,完备不留缺欠,器之陶镕,成质不留罅瑕。……乐有声有容,更唱迭和,优柔平中,或观听以领其趣,或讲习以玩其旨,自然耳目聪明,血气和平,沦肌浃髓而莫能名,手舞足蹈而不能已,故成必于乐得之。(《论语随笔》卷八·7页)

清·陈浚:古人作诗,触景生情,都是眼前道理,而且音韵悠扬耐人吟咏,最能感动好善恶恶的心事。所以初学的人要兴起他向善的志气,必须从《诗》上得力了。其次就要学礼。古人作礼,事事都立个规矩。人若守定规矩,一切作事自然都有界限,不致走作。所以学到中途能够站得住脚,不被那些外物摇夺,必要从礼上得力了。再其次又要学乐。古人作乐,取法天地阴阳,造成律吕。那律吕音节都应合着阴阳和气,最能宣散人心的抑郁,消融人欲的渣滓。所以学问到成就时候觉得天机流畅和顺从容,必是从乐上得力了。(《论语话解》卷四·19页)

方骥龄:本章"成于乐"之成,似当作"平"或"定"字义解。谓乐可以平定人之性情,使不致暴厉也。(《论语新诠》211页)

严灵峰:"立"当为"止",形近致误也。《荀子·劝学篇》:"学恶乎始?恶乎终?"曰:"其数则始乎诵经,终乎读礼……故学至乎礼而'止'矣。"此处"经"字疑有误。荀子之时疑尚无"六经"之称,诗、书、礼之称"经",在稍后始有。"礼"亦"经"之一种,则不能与"经"对言。疑此"经"字当系"诗"字之误,原文当作:"其数则始乎诵诗,终乎读礼。""终乎读礼",即"学至乎礼而止矣",故曰"止于礼"。《荀子》书乃"诗"误为"经",故《论语》此文,则"止"讹为"立"。盖亦由于《季氏篇》"不学礼,无以立"句,因而附会为"立"。(《读论语札记》17页)

杨伯峻:[译文]孔子说:"诗篇使我振奋,礼使我能在社会上站得住,音乐使我的所学得以完成。"[注释]成于乐——孔子所谓"乐"的内容和本质都离不开"礼",因此常常"礼乐"连言。他本人也很懂音乐,因此把音乐作为他的教学工作的一个最后阶段。(《论语译注》81 页)

蔡尚思:孔子就是在说明文艺与政治的关系。兴者,先言他物以引起所咏之词也。从言诗入手,按照"思无邪"的原则去理解和应用,以使传统的礼不会动摇。而礼即传统等级秩序是否得到巩固,又表现为乐即传统贵族文艺有没有恢复,也即"《雅》、《颂》各得其所"。因而,正诗也罢,正乐也罢,着眼在于"立于礼"。(《孔子思想体系》133 页)

李炳南:乐是诗谱,诗是乐词,礼是天然秩序,是人事规范,亦可以说,礼是诗的动作,诗乐表现皆须依礼成立。诗礼乐是圣人之学的基本修养,是孔门弟子的共同学科。(《论语讲要》163 页)

吴林伯:按《尔雅》:"兴,起也。"谓感发。诗以抒情,足以感发人之意志。乐者,和也。礼所以节制人之意志者名分,而名分又必以乐和谐人之情性,使其意志不出其位,使君臣、父子之名分正,而各自立足于世。(《论语发微》115 页)

南怀瑾:兴于诗,强调诗的教育之重要。兴于诗的兴念去声,读如兴趣的兴。所兴的是人的情感,人都有情感,如果压抑在内心,要变成病态心理,所以一定要发挥。情感最好的发挥,是透过艺术与文学,诗即其一。古代所谓的诗,就包括了文学、艺术、哲学、宗教等等。古代诗与音乐是不可分的,而且诗也就是文学的艺术。所以孔子说人的基本修养,要会诗。(《论语别裁》392 页)

钟华:"兴诗""立礼"只能实现善心的"感发(兴)"和法度的"持守(立)",即道德人格的生成。唯有当人的人格已由道德人格上升到审美人格的境界,方可算"人格的完成"。它"须是先有'兴诗'‘立礼'工夫,然后用乐以成之"。这就是"成于乐"。言"成于乐",犹言审美人格的生成是人格修养的最高——最后完成——的境界。(《"成于乐"索解》,《天府新论》1998年第6期)

牛泽群:注家谓此指个人修身之序。……《诗》删不明,乐亡已久,礼见之者即有佚,又多有汉人伪加,且孔子时诗、乐分离情况亦未详。何从确知其由?又遑论臧否、颂赞精当?后儒书生又几人姑半循此次序?故余深疑之,以为此说与《论语》中更多其余章节相左而恐慎也。(《论语札记》220页)

高专诚:此所谓"诗"不一定是成册之《诗》,联系下文的礼和乐,孔子更可能是指流传下来的所有诗。(《论语通说》123页)

黄怀信:[释]"兴",起,指起身。《季氏》:"不学诗,无以言。""立",指立身、立于世。《季氏》:"不学礼,无以立。"《尧曰》:"不知礼,无以立也。""成",指事业成功、完成。"乐",礼乐之乐。[训译]先生说:"从《诗》起身,以礼立身,以乐成身。"[章旨]此章讲修身次第。不学《诗》无以言,故须兴于《诗》,幼学也。礼乃社会活动之必须,故立身需以礼。乐为庆幸之物,故成于乐。(《论语新校释》188页)

杨朝明:[诠释]本章孔子论教化之道,即为政之道,而恐非仅为教、学之道也。……兴,起也,始也,第一步也;立,初成也,第二步也;成,完成,第三步也。[解读]孔子说:"兴起于《诗》,初成于《礼》,完成于《乐》。"(《论语诠解》73页)

　　辑者案:此章既反映了为学修身之次第,同时也反映出诗、礼、乐的重要作用。杨伯峻、黄怀信、杨朝明解为优。

8.9 子曰:"民可使由之,不可使知之。"

汉·郑玄:民,冥也。其见人道远。由,从也。言王者设教,

务使人从之。若皆知其本末，则愚者或轻而不行。(马国翰辑《论语古注·论语郑氏注》卷四·5 页)

魏·何晏：由，用也。可使用而不可使知者，百姓能日用而不能知。(邢昺《论语注疏》104 页)

宋·邢昺：此章言圣人之道深远，人不易知也。(邢昺《论语注疏》104 页)

宋·朱熹：民可使之由于是理之当然，而不能使之知其所以然也。程子曰："圣人设教，非不欲人家喻而户晓也。然不能使之知，但能使之由之尔。若曰圣人不使民知，则是后世朝四暮三之术也，岂圣人之心乎？"(《四书章句集注》105 页)

清·宦懋庸：对于民，其可者使其自由之，而所不可者亦使知之。或曰：舆论所可者则使共由之；其不可者，亦使共知之。均可备一说。(《论语稽》卷八·7 页)

清·颜元：此治民之定法也。修道立教，使民率由乎三纲五常之路，则会其有极，归其有极，此可使者也。至于三纲五常之具于心性，原于天命，使家喻而户晓之，则离析其耳目，惑荡其心思，此不可使知也。后儒圣学失传，乃谓不能使之知，非不使之知，于是争寻使知之术，而学术治道俱坏矣。(李塨《论语传注》卷一·53 页)

清·刘宝楠：凌氏鸣喈《论语解义》以此章承上章《诗》、礼、乐言，谓"《诗》、礼、乐可使民由之，不可使知之"，其说是也。愚谓上章是夫子教弟子之法，此"民"亦指弟子。(《论语正义》299 页)

严复：考字书，民之为言"冥"也，"盲"也，"瞑"也……此章"民"字，是乃统一切氓庶无所知者之称，而圣言之贯彻古今者，因国种教化，无论何等文明，其中冥昧无所知与程度不及之分子恒居多数。苟通此义，则将见圣言自属无疵。又章中"不可"二字乃术穷之词，由于术穷而生禁止之义，浅人不悟，乃将"不可"二字看作十成死语,与"毋"、"勿"等字等量齐观,全作禁止口气,尔乃横生谤议,而圣人不得已诏谕后世之苦衷,亦以坐晦耳。复次,章中两"之"字,皆代名词……若不佞以己意测度,则所代不离三者。道德一也,宗教二也,法律三也。是三物者,皆生民结合社会后所不可一日无者,故亦遂为明民图治者所必有事。今若一一考其所以推行之方,更见孔子之言殆无以易也。则请首从道德以观此言……道德为物,常主于所当然,而不若学门之常主于所以然……使必先知而后有由,则社会之散而不群久矣!然则所谓可使由,不可使知,民之于道德也已如此。更进则试从宗教以观是言……世间一切宗教,无分垢净,其权威皆从信起,不由知入;设从知入,即无宗教。然则所谓"可使由,而不可使知",民之于宗教也又如此。最后则有法律。夫法律者,治群之具,人之所为,而非天之所制也。然则其用于民,似可使由而兼可使知,莫法律若矣!……夫使民于道德、宗教、法律三者,以事理情势利害言,皆可使由而不可使知。如此则圣人此章之言,后世又乌可议乎?(王栻《严复集》第二册《诗文》(下)326-329页)

梁启超:可以有法子令他们依着这样做;却没有法子令他们知道为什么这样做。(庞朴《"使由使知"解》,《文史知识》1999年第9期)

程树德:愚谓《孟子·尽心篇》:"孟子曰:'行之而不著焉,习矣而不察焉,终身由之而不知其道者,众也。'"众谓庸凡之众,即此所谓民也,可谓此章确诂。纷纷异说,俱可不必。(《论语集释》532页)

杨树达:孔子此语似有轻视教育之病。若能尽心教育,民无不可知也。以民为愚不可知,于是乃假手于鬼神以恐之,《淮南子》所云是也,此为民不可知必然之结论。即《淮南子》所举四事言之,皆人所易知之事,民决无不可知之理也。(《论语疏证》195页)

钱地:第一、儒家治国之顺序,是由上而下的。历代王朝,制创一切政令法规,皆先由政府官吏作起,而后下达人民;而政府官吏,又必先自国家元首作起,而后下达官吏。儒家礼乐之教,是德教也。德教,必先树立模范。是故一国之元首,及三公九卿一切政府官吏均为模范也……如果国家元首,政府官吏,不能以德率下,对于政令法规,不能以身作则,便不可从单方面要求在下的人民。孔子说的"民可使由之"便是这个意思……然而孔子又说:"不可使民知之。"是什么意思? 因治国之人伦教化,典章法度,主要目的,在使上下遵行,"知其次也"。如使民人知人伦教化,典章法度之理,而后行之,则穷年累月,不能尽知,亦永无力行之日……《论语》泰伯篇:子曰:"兴于诗,立于礼,成于乐,"子曰:"民可使由之,不可使知之。"这是孔子整段的意思。(《儒家思想》21-23页)

钱逊:孔子主张"为政以德",重视教化,要求做到民"有耻且格",这应该说是要使民"知之"。但这里又提出"民可使由之,不可使知之"。通观《论语》,在谈到"使民"、"使人"的时候,孔子反复强调的是在上位的人要"好礼"、"好义"、"好信"、"临之以庄",以及"宽"、"惠"等等,这些的着眼点,都在"使民由之",而不是"使民知之"。可见,讲教化孔子强调使民"有耻且格",但实际上真能做到这一点的只是少数;讲实际的行政,孔子又强调"可以使由之,不可使知之"。这是互相矛盾又互相补充的两个方面。把这两个方面统一起来才能全面把握孔子的政治思想。(《〈论语〉读本》100页)

于承武:对于民,只可能按照符合天道的礼仪,使他们生长蕃息,而不可用繁苛的政令去困扰他们。(《释"民可使由之,不可使知之"》,《信阳师范学院学报》1988年第4期)

　　吴林伯：按孔子主教民，而民有劳心之君子与劳力之小人。虽皆教之，而教之目的及内容有别。本章之民谓小人。(《论语发微》115 页)

　　陈立夫：民事千头万绪，不可不提纲挈领。且人民知识程度不齐，不能期其全体对政令有所了解，然后施政，只须一切为人民设想，且力求政令之简约易明。(《四书道贯》611 页)

　　吴丕：老百姓如果规规矩矩，易于统治，不妨顺其自然，少加干涉；但一知道他们不大规矩，难以统治，就要对他们进行教育了。(《孔子的"使民"思想——关于"民可使由之，不可使知之"的解释》，《齐鲁学刊》1994 年第 5 期)

　　蔡英杰：老百姓能够使唤，就让他们按照我们的道路走；老百姓不能够使唤，要让他们明白道理。(《〈论语〉训诂四题》，《淮北煤炭师院学报》1999 年第 1 期)

　　卢元锴：在"民可使，由之不可使，知之"一句中，"使"有使用、使唤、使派之义。"可"有认可、懂得之义。"由"是听之任之、不干预的意思。"知"和《论语》中很多地方的"知"一样，有教育的意思。孔子的这句话便可译为"当百姓们知道他们该干什么的时候，就不要随便对他们发号施令，由他们去；而当他们不知该干什么的时候，就要用诗、礼、乐去教化他们"。(《〈论语〉三则正解》，《北京教育学院学报》1999 年第 1 期)

　　李振宏：孔子说：老百姓认为可行的，就让他们如此干下去；老百姓认为不可行的，就告诉他们为什么要这样干才是对的。(庞朴《"使由使知"解》，《文史知识》1999 年第 9 期)

　　庞朴：郭店楚简中的说法……争论了若干年的"使由使知"题，其关键原来不在"可"与"不可"上，不在后人所理解的能不能或该不该上；而在于，治民者以身教还是以言教，在于："古之用民者,求之于己为恒"(《成之闻之》),在于:"正其身,然后正世"(《唐虞之道》)。这种解释,和儒家的基本思想完全一致,而且距离原命题提出的时间不远,可以看作是得其真义的。(《"使由使知"解》,《文史知识》1999 年第 9 期)

张刚:如果民众得到很好的管理,就继续使用此种方法;得不到有效的管理,作为统治者就须仔细地考察了解这一现象背后的原因,找到解决问题的有效方法。(《是"愚民"还是"民本"——〈论语〉一则略考》,《思想战线》2004 年第 6 期)

程石泉:非愚民政策也。乃使庶人生活于仁义道德之环境中,"行之而不著焉,习矣而不察焉,终身由之,而不知其道"(《孟子·尽心》)。于是潜移默化,而庶人能从其事,能乐其业,能"自别于禽兽"也矣。(《论语读训》134 页)

金池:对于众人适合于引导他们遵从礼,不适合于责令他们通晓礼的理论。(《〈论语〉新译》236 页)

林觥顺:庶民有肯向学者,可使由浅而深,由简而繁,谆谆善诱,终必不可使知之于诗书礼乐的涵义精微。(《论语我读》137 页)

黎业明:(严复)对"不可"二字的解释要比其它人更严谨、更精到。他将章中两"之"字所指代的内容明确解释为道德、宗教、法律,并以此作为民可使由不可使知的理据,则更是闻所未闻。(《论近现代学者对"民可使由之不可使知之"的诠释》,《学术研究》2007 年第 4 期)

廖名春:《论语》的"民可使由之,不可使知之"章……"由"当读为"迪","迪",导也。"知"当读为"折",义为阻止、挫败、折服。孔子是说:民众可以让人引导,而不能用暴力去阻止、挫折。这是正视民众力量而得出的民本学说,又何来愚民思想?(《〈论语〉"民可使由之"章新释》,《学习时报》2007 年 7 月 16 日第 9 版)

李君明:对于老百姓,只能使他们顺从淳朴本性去做,不能使

他们讲求智巧。(《论语引读》252 页)

杨朝明:[诠释]……以往,人们对这句话的理解产生错误,一方面是由于疏通文义时对整个儒家思想把握不准,另一方面,该句的断句本身也有错误。所以,该句可断为:"民可使,由之;不可使,知之。"……[解读]孔子说:"老百姓如果听从,就顺从他们;如果不听从,就说明缺乏对他们的了解,就应深入去了解民性、民情。"(《论语诠解》73 页)

黄克剑:可以让百姓依礼而行,不可以让百姓纠缠在繁多的礼仪知识上。(《〈论语〉解读》162 页)

袁庆德:孔子的话似乎有贬低人民的意味,但实际上,这正体现了周礼鄙视人民的本质。本来周礼就是作为统治阶级的行为规范而制定的,并不是用来约束人民的,人民既然处在社会的最底层,就只有服从和服侍统治者的义务,无须讲究什么礼法,约束他们的只有刑罚,正如《礼记·曲礼》所说:"礼不下庶人,刑不上大夫。"《孟子·滕文公》又说:"无君子莫治野人,无野人莫养君子。"而孔子提倡以礼治国,主张对人民"齐之以礼",反对"齐之以刑",让人民学习并遵守礼法,这是孔子尊重人民的表现,是对周礼的发展。(《论语通释》243 页)

辑者案:民,民众,百姓。由,行。《广韵·尤韵》:"由,行也。"《孟子·公孙丑上》:"隘与不恭,君子不由也。"此句是说:对于民众来讲,可以引导他们如何践行、如何去做,至于为何践行、为何去做的道理、理论,不可要求他们完全知道。比如上面所说的"立于礼",民众知道按礼行事、以礼规范自己的行为即可,不一定非得要求他们讲明白"立于礼"的道理或理论。

8.10 子曰:"好勇疾贫,乱也。人而不仁,疾之已甚,乱也。"

汉·包咸:好勇之人而患疾己贫贱者,必将为乱也。疾恶太甚,亦使其为乱也。(皇侃《论语集解义疏》卷四·30页)

晋·缪协:好勇则刚武,疾贫则多怨。以多怨之人习于武事,是使之为乱也。(皇侃《论语集解义疏》卷四·30页)

宋·邢昺:此章说小人之行也。言好勇之人患疾己贫者,必将为逆乱也。人若本性不仁,则当以礼孙接,不可深疾之。若疾恶太甚,亦使为乱也。(邢昺《论语注疏》104页)

元·许谦:人而不仁,疾之已甚而致乱,盖教君子当知时审势也。不仁者,固所当恶。《大学》所谓进诸四夷不与同中国,可谓甚矣,理之正也。盖时可为而势足以制之,何忧其生乱乎?若非其时而势不能诛讨,徒疾恶之,则鲜有不致乱者。(《读论语丛说》卷中·24页)

明·张居正:夫好勇疾贫者,是身自为乱,固为天下之首恶。至于恶不仁者,本为正理,特以处之不善,乃亦足以致乱,而徒为祸阶。则君子之待小人,岂可以轻发而不审处哉!(《论语别裁》118页)

清·牛运震:此著致乱之由,以教为人上者以弭乱之道也。……生民之惨莫大于乱,而天下之乱未有无所激而成者。两乱字生于两疾字,疾则不平之念起,天下事往往以不平致祸者。(《论语随笔》卷八·8页)

清·刘宝楠:"好勇"者,逞血气之强,又不知安于义命,则放辟邪侈,无不为己,故为乱也。不仁之人,未有势位以惩禁之,而疾之已甚,或为所侮贼,亦致乱也。(《论语正义》301页)

方骥龄:疑本章疾字,当为殢字而非疾字……疑"疾贫"当为"智贫"。智不足以辨是非,乱之源也。"疾之已甚"疑系"智之已

甚"。谓或有人既无仁心，又智之已甚，知识与智慧，适足以济其恶。（《论语新诠》213页）

蔡尚思：孔子认为中庸是无上的至德。唯其如此，孔子常常要求自己的言行合乎"中庸之道"的标准。……认为"人而不仁，疾之已甚，乱也"，是他待人的中庸。（《孔子思想体系》115页）

陈立夫：上不好仁，则罔顾人民之疾苦，征工不以时，聚敛无止境，民穷财尽，则加甚其残虐，人民无以为生，只能铤而走险，犯上作乱。（《四书道贯》572页）

杨书诚：人如丧失没有了仁爱之心、仁道精神，而又痛恨一切于自己性情不合的事物，或是天性喜欢仇视社会，则这种人必易于作乱。我想，"人而不仁"这句话，不可解释为"对于不仁道的人痛恨太深"。以经注经，通观全篇，孔子从来是认为没有仁道的人侵犯仁道的人才会作乱。（邓球柏《论语通解》卷四·157页）

萧民元："疾之已甚"，是说他对他的遭遇或社会环境极度不满。"人而不仁，疾之已甚，乱也。"应该是说："一个既无仁德之心而又极度不满社会的人，将是一个社会的乱源。"（《论语辨惑》98页）

林觥顺：[释义]贫病的庶民已到走投无路，这个社会一定乱。[注解]疾：病，通急。（《论语我读》137页）

杨朝明：[诠释]钱穆以为本章言治道，诚是。李零谓此言对象乃弟子而非国君。与钱穆所说同。孔子教导弟子，盖培养为政之君子……为政之要在于教化。好勇，恶不仁，皆为孔子所认可。但百姓好勇却厌恶贫穷，则易生乱；人而不仁，多指富而不仁之辈。恶不仁过度，则易偏激生乱。言下之意，为政者应予以教化，使"兴于诗、立于礼、成于乐"也。（《论语诠解》74页）

辑者案：好勇者逞血气之强，往往好斗，给社会带来不安。疾贫（怨恨自己贫穷）者往往对富者心存嫉妒，对社会不满,怨甚者会有危害他人及社会之乱行。至于"疾之已甚"
句,萧民元解为优。

8.11 子曰:"如有周公之才之美,使骄且吝,其余不足观也已矣。"

魏·王弼:人之才美如周公。设使骄吝,其余无可观者。言才美以骄悋,弃也。况骄吝者必无周公才美乎? 假无设有,以其骄吝之鄙也。(皇侃《论语集解义疏》卷四·31页)

宋·邢昺:此章戒人骄吝也。周公,周公旦也,大圣之人也,才美兼备。设人有周公之才美,使为骄矜,且鄙吝,其余虽有善行,不足观也。言为鄙吝所撝弃也。(邢昺《论语注疏》104页)

宋·程颐:居富贵而骄吝,无德之甚也。虽才美奚为? 才美谓威仪技艺。(《二程集》1149页)

宋·朱熹:才美,谓智能技艺之美。骄,矜夸。吝,鄙啬也。程子曰:"此甚言骄吝之不可也。盖有周公之德,则自无骄吝;若但有周公之才而骄吝焉,亦不足观矣。"又曰:"骄,气盈。吝,气歉。"愚谓骄吝虽有盈歉之殊,然其势常相因。盖骄者吝之枝叶,吝者骄之本根。故尝验之天下之人,未有骄而不吝、吝而不骄者也。(《四书章句集注》105页)

日·物双松:骄且吝,无德者也。苟无其德,则才美岂足观哉! 盖骄则失君子,吝则失小人,故骄且吝,所以失人心也。治天下,以得人心为先,故孔子云尔。(《论语征》164页)

清·惠栋:《周书·寤敬篇》"周公曰'不骄不吝,时乃无敌'",此周公生平之学,所以裕制作之原也。夫子因反其语以诫后世之为人臣者。(《论语古义》4页)

方骥龄:王引之《经传释词》九:"之,犹若也。"本章"之才之美",犹言"之才若美"……本章所谓其余,殆指才之多且美,亦不足观也。盖有才而无谦德,为圣人所不取也。(《论语新诠》213页)

李炳南:周公是孔子所景仰的圣人。才是才艺,美是办事完美。如有人像周公那样的才与美,假使他因此骄傲,而且吝啬,其余,虽有小善,也就不值得一观了。(《论语讲要》165页)

姚式川:孔子强调德的重要,亦从一个侧面阐明才和德的关系:才因有德而为人所用,又因为人所用而显见其才之卓越超群。无德,则才亦不能为人所用,纵然才能超群,亦属枉然。(《论语体认》423页)

金知明:[注释]其余,剩下的人,旁人。不足观,不值得看。[译文]孔子说:"假如有周公的才能和美德,可以让他自我夸耀和鄙薄别人,其他人都没有资格。"(《论语精读》102页)

李德民:谦恭礼让的大德,加之通晓礼乐的才艺,这当然应该是"君子"学习的最佳典范了。故而夫子言之,特为弟子树立理想之目标也……此处"吝"当作"器量狭小,贪恋己欲"讲。不吝,是器量、见识宏大,心胸不狭窄,不贪恋己欲,甚至不贪生怕死等义。(《孔子语录集解》112页)

杨朝明:[诠释]周公之才之美:第二个之字,相当于"而"。骄且吝:骄,恃才傲物。吝,一说为吝啬,一说为封闭。今从后说。其余:指其"才之美"也。[解读]孔子说:"如果有周公那样的美好的才能,但假使恃才傲物而且封闭自我,那么他的才能也是不足看的。"(《论语诠解》74页)

辑者案:王弼、邢昺说为当。

8.12 子曰:"三年学,不至于谷,不易得也。"

汉·孔安国:谷,善也。言人三岁学,不至于善,不可得言必

无也,所以劝人学。(邢昺疏《论语注疏》104 页)

汉·郑玄:穀,禄也。(马国翰辑《论语古注·论语郑氏注》卷四·5 页)

晋·孙绰:穀,禄也。云三年学足以通业,可以得禄,虽时不禄,得禄之道也。(皇侃《论语集解义疏》卷四·31 页)

宋·苏辙:谷,善也。善之成而可用,如苗之实而可食也。尽其心力于学,三年而不见其成功者,世无有也。(《论语拾遗》11 页)

宋·朱熹:穀,禄也。至,疑当作志。为学之久,而不求禄,如此之人,不易得也。(《四书章句集注》106 页)

明·林希元:谋道不谋食,为己不为人,孔门颜、曾、冉、闵之外,少有不为禄而仕者,故孔子叹之。(《四书存疑》卷五·44 页)

清·李塨:学,入大学也。《学记》“比年入学”,谓每年皆有入学之人也;“中年考校”,谓间一年而考校其道艺也。是三年矣。(《论语传注》卷一·54 页)

日·物双松:三年,读,谓学三年也。“学不至于穀”句,学属上者非也……学三年,而其所学未成可禄之才,是志大而学博者也,故曰不易得也。(《论语征》165 页)

日·东条弘:按穀,如“邦有道穀”之穀,谓廪俸也。三年学不至于穀,盖古语,不易得也。夫子之言,言三年不为不久矣,然其所学,犹未至于可以穀焉,学岂易得乎?言此以勉学者也。(《论语知言》257 页)

日·昭井一宅:穀与获同……言不至于得学也。(《论语解》176 页)

清·王闿运:三年者,国学考校之期。至,谓入学也。世卿多不恒肄业,故三年不至。(《论语训》卷上·75 页)

清·宦懋庸:三年言久,非三期也。凡比及三年、宦三年意皆同。(《论语稽》卷八·8 页)

钱地:愚谓孔子教弟子,学为善道为宗旨,非以教学三年得禄也。且圣人为教,以学德为荣,而以为学得禄为耻。至于孔门,虽多为政,是在行道,并不专为禄而出。子曰:君子谋道不谋食,耕也馁在其中矣,学也禄在其中矣。君子忧道不忧贫,乃知孔注合于圣道。(《论语汉宋集解》410 页)

王熙元:三是虚数,三年,就是多年。(《论语通释》439 页)

萧民元:本节应解为:"在我这学了三年,还找不到饭吃(工作)的人,实在太少了。"(《论语辨惑》100 页)

杨润根:[译解]孔子说:"如果有人经过多年的努力学习,而还没有达到那种使自己感觉到自己在知识上大有收获的程度,这只能说明知识的果实犹如农田里的稻谷一样,丰收是不那么容易获得的。"[注释]谷:谷物(作名词),收获谷物(作动词)。(《发现论语》208 页)

何新:[译文]求学三年,仍不会厌烦……[注释]穀,厌也。旧注训穀为"善"(孔颖达),谬!杨伯峻训之为官禄,亦甚谬。(《论语新解——思与行》101 页)

郑张欢:[释]孔子说;通过几年读书下来,不至于得到俸禄,学识的得取是难的。(《论语今释》122 页)

杨朝明:[诠释]至:想到,意念之至也。穀:禄也。借指出仕为官。一说为善,误。[解读]孔子说:"学了三年,仍不想到出仕为官,很难得啊。"(《论语诠解》74 页)

林觥顺:不至于穀:……不是专为求官。意思是说,目的不是在名利。(《论语我读》138 页)

　　辑者案:从郑玄、朱熹、杨朝明说。学者多为禄而学,所谓"学而优则仕",不为禄而学者颇少,故"不易得也"。

8.13 子曰:"笃信好学,守死善道。危邦不入,乱邦

不居。天下有道则见,无道则隐。邦有道,贫且贱焉,耻
也。邦无道,富且贵焉,耻也。"

(1)守死善道

梁・皇侃:宁为善而死,不为恶而生,故云守死善道也。(皇侃
《论语集解义疏》卷四・31页)

宋・蔡节:守死者,守之不变也。守死以善道则其道固矣。
(《论语集说》卷四・26页)

清・李光地:守死善道,以所行言。……盖所谓守死者,言安
贫贱之节,不苟合于当世而已。若婴暴乱之锋以为守死,则危邦
不入、乱邦不居云云者皆不可通矣。(《读论语札记・泰伯篇》)

日・龟井鲁:守死,犹曰爱死,守身不近死地之谓也。善道,
犹曰善身。夫身,抱道之器,故善身即是善道也。合解二言,以为
守道善身之谓也。(《论语语由》144页)

清・俞樾:善道与好学对文,善亦好也。……然则守死善道,
言守之至死而好道不厌也。《正义》以善道连文,增不离二字以成
其义,非经旨矣。(《群经平议》卷三十・21页)

方骥龄:古代文法,每多上下互文。本章疑作"笃信守死,好
学善道"讲。《广雅・释诂四》:"死,穷也。""笃其所信,守其所
穷",贫贱不移,威武不屈,殆非守至于死也。(《论语新诠》215页)

王熙元:守死,坚守宜死与不宜死的分际。善道,犹如"善其
所守之道",就是好好地处置自己所坚守的生死之道。(《论语通释》
441页)

杨润根:[译解]始终坚持以善的方法来达到自己的目的。
(《发现论语》208页)

赵又春:"笃信"、"好学"、"守死"、"善道"这四个词组,在结构
上应该是一致的,就是说,应都是"状语+动词"式的偏正结构,在

意思上,则应是按照某个逻辑顺序也即事理发展的时间顺序排下来的。满足了这两个要求,这八个字才算是解通了。"死"和"道"是承接着"信"和"学"讲下来的,也许分别是"固守"和"践行"的意思吧? 对于一个理论学说或思想主张,由相信而去学习,进而决心奉行到底并努力实践之,这正是人的思想发展的逻辑,也是说话即思想表达的逻辑。……因此这章头两句应该这样翻译:"(对于自己皈依的思想主张)要真心诚意地信仰,认真努力地学习,始终不渝地坚持,踏踏实实地践行。"这正是孔子的思想。(《我读〈论语〉》331页)

　　王谦:守死,是认真对待死的意思,也就是不轻易死,不作无谓的死,甚至可以说,守死其实更多地说的是"活"。(《"守死善道"与"五十以学易"》,《出版广角》2006年第11期)

　　李零:死心塌地追求真理。(《丧家狗——我读〈论语〉》170页)

　　　辑者案:守死,即死守,守之不变。对于善道(好的思想学说)守之不变。

(2)危邦不入,乱邦不居

　　汉·包咸:危邦不入谓始欲往也,乱邦不居今欲去也。臣弑君,子弑父,乱也。危者,将乱之兆也。(皇侃《论语集解义疏》卷四·31页)

　　梁·皇侃:云"危邦不入"者,谓初仕时也,见彼国将危,则不须入仕也。云"乱邦不居"者,谓我国已乱,则宜避之不居住也。然乱时不居,则始危时犹居也。危者不入,则乱故宜不入也。(皇侃《论语集解义疏》卷四·31页)

　　宋·朱熹:君子见危授命,则仕危邦者无可去之义,在外则不入可也。乱邦未危,而刑政纪纲紊矣,故洁其身而去之。(《四书章句集注》106页)

清·焦袁熹：危乱之邦，其君相不能用人听言，虽有扶危定乱之术，无所复施其力，故不入不居，非特为避祸而已。(《此木轩四书说》卷四·17页)

清·黄式三：从危乱者，或受牵制，或因逼迫，终必取祸；祸至而以身殉之，死亦为愚。此言善道之术也。(《论语后案》210页)

蔡尚思：孔子认为中庸是无上的至德。唯其如此，孔子常常要求自己的言行合乎"中庸之道"的标准。……"见危授命"与"危邦不入"，是他处理生死的中庸。(《孔子思想体系》115页)

赵又春：孔子所谓的"乱"是指"犯上作乱"，与"乱"并列、对应的"危"当是指公室的内部纷争。所以"危邦不入"是说不要去干预别人公室内部的权力纠纷，相应地，"乱邦不居"则是说要回避所在国家的犯上作乱事件。(《我读〈论语〉》331页)

辑者案：危乱之邦不入不居，远祸乱也。此与"见危授命"似有矛盾。估计孔子讲此话是在某一特定的时间地点，比如在危乱之国经受危难时，很可能说出这样的话。这与他积极的救世治世态度并不矛盾。

8.14 子曰："不在其位，不谋其政。"

汉·孔安国：欲各专一于其职也。(皇侃《论语集解义疏》卷四·32页)

宋·蔡节：谋，议也，不在其位则不谋其政，此为无官守者言也。(《论语集说》卷四·26页)

元·许谦：凡侵官越局皆所当戒。然居上位而侵细务亦是也，居下位而谋大事亦是也。(《读论语丛说》卷中·26页)

明·张居正：盖所以安本然之分，而远侵越之嫌，人之自处当如是也。然士人之学期于用世，则匹夫而怀天下之忧，穷居而抱当世之虑，亦有所不容已者。要之，潜心讲究，则为豫养，非分干

涉,则为出位。豫养者待用于不穷,出位者轻冒以取咎,此又不可不辨也。(《论语别裁》120页)

清·牛运震:田野之人不得谋朝廷之政,此是正意。上不可侵下,同官分职,不可越俎代庖,此是旁意。谋非泛论,乃商度可否,条理利弊,有干预政事之意,非擅权即炫长,非好事即结欢,不在不谋,只在合下道理上勘定耳。政不以从违得失论也。(《论语随笔》卷八·11页)

方骥龄:在字古义为察,且又与伺字义通。换言之,在有候望、窥伺、存问之意。位,在朝廷上立于位也。疑本章所谓"不在其位",殆指尚未立于位而伺机求其立于位,非分之企求也……本章所谓"不谋其政",殆谓不用非法之谋以僭取国政之大权也。上句指贪求禄位,下句则指阴谋职权,要皆非分之想,有违谦让之至德,故孔子非之,似非不可越权之谓也。(《论语新诠》215—216页)

牛泽群:是为儒家法则之组成部分继而为中国传统之组成部分?或原为幽见中国特色之"德"、势、位并重之旧贯而非之?或就中国民人天性禀命之预警?或自口非心是而终师法于后世?不在其位,而谋其政,谁与之也?在其位而不谋与不能善谋其政,谁废之也?在其位而不能谋其政,天可助之乎?是对三桓专政之责伐?或对不能行道之自宽?教弟子无位勿谋?或无谋务位?是为早期而遗珠之法制思想?或仅为冀图理想之权略?较之无势无政、无枪无政等,先进前卫?或迂阔聩昧?批判之?继承之?亦或批判地继承之?(《论语札记》227页)

韩喜凯:孔子以这样的方式提出问题,旨在告诉官员们:在其位,要谋其政。这也是条古今共同遵守的为政之道。综合《论语》所述,它有如下丰富含义:1. 思不出其位。2. 待职以忠。3. 勤政。4. 善谏。5. 知进知退。6. 无欲速。(《名家评说孔子辨析》167页)

辑者案:从孔安国说。如此做,"所以安本然之分,而远侵越之嫌"(张居正语)。这并非不让民众关心国家政事,乃国家兴亡,匹夫有责。

8.15 子曰:"师挚之始,《关雎》之乱,洋洋乎盈耳哉!"

汉·郑玄:师挚,鲁大师之名。始,犹首也。周道衰微,郑、卫之音作,正乐废而失节。鲁太师挚识《关雎》之声,而首理其乱,有洋洋盈耳,听而美之。(邢昺《论语注疏》105页)

宋·赵德:合乐者,谓堂上有歌瑟,堂下有笙磬,合奏此诗也。邦国燕礼则不歌,笙间之后,即合乡乐《周南》、《召南》、《关雎》、《鹊巢》以下六诗。……此六篇者,其教之原也,故用之乡人,用之邦国,必以此而合乐焉,此所谓乱也。兹非乐之卒章乎?而所谓《关雎》之乱以为《风》始者,《关雎》为《国风》之始也。(《论语笺义》卷二·2页)

宋·朱熹:师挚,鲁乐师名挚也。乱,乐之卒章也。《史记》曰:"《关雎》之乱以为风始。"洋洋,美盛意。孔子自卫反鲁而正乐,适师挚在官之初,故乐之美盛如此。(《四书章句集注》106页)

元·许谦:乱字自有二义:篇义既成,撮大要为乱,是以辞言也;曲终变章乱节,是以音言也。闵马父所谓"自古在音四语,正《那》诗之终",盖变章乱节之乱也,正《乐记》"始奏以文,复乱以武"者也。然则《关雎》所谓"参差荇菜,左右芼之。窈窕淑女,钟鼓乐之"者,正其类也。《关雎》之乱,盖只指此四句,不必求他说。(《读论语丛说》卷中·26页)

明·林希元:凡篇章既成,则撮其大要以为乱词。如《楚辞》末云"乱也"。可见"《关雎》之乱"是乐章以《关雎》之诗为乱。曰"师挚之始"、"《关雎》之乱",举终以该始也。(《四书存疑》卷五·45页)

清·赵良猷:《隋书·经籍志》曰:"王泽竭而《诗》亡,鲁太师挚次而录之。"朱竹垞曰:"如《隋书》所说,是大师挚录《诗》,以《关雎》为始也。《论语》'师挚之始《关雎》之乱'是也。"按竹垞以此二句为一句读,以牵合《隋书》之说,亦一解也。(《论语注参》卷上·29页)

清·张甄陶:师挚之始者,必师挚此时不在官而追忆之。或以为此因太师挚适齐而发叹,则并两事为一,非也。师挚,贤者也。有官守者不得其职则去。今《乐》得所而《诗》美盛,乐官之职得矣,又何去焉?若云三家僭妄,则宜去者莫如孔子。孔子反鲁,乐官去之,是其洁身高于孔子,又不通之论也。太师挚适齐,是鲁定公十四年事。季桓子受女乐,倡优杂进,乐官耻与为伍,故相率而去。至哀公十一年孔子反鲁正乐之时,相隔十三年矣。中间师挚必亦反鲁,或与孔子共事。后师挚或物故或去官,皆不可知。此章决非为师挚适齐而发也。(梁章钜《论语旁证》卷八·11页)

日·物双松:按《诗·大序》,《关雎》、《麟趾》、《鹊巢》、《驺虞》是谓"四始"……《史记》曰"《关雎》之乱,以为风始",……是始与乱,皆乐中名目。今乐有乱声,可以见已。盖言师挚之奏"四始"也,其《关雎》之乱最盛美也。(《论语征》167页)

日·冈白驹:按《国语·鲁语》,闵马父曰"昔正考父校商之名颂十二篇于周太师,以《那》为首,其辑之乱曰'自古在昔,先民有作'"云云,是《那》之卒章为乱,则《诗》之卒章称乱,由来古矣。故知《关雎》之乱,谓《关雎》之卒章也。始乃谓四始也。(《论语征批》17页)

清·牛运震:乐凡四节……按乐至第四节始大合乐,则乐之音节条理至此乃极盛也,故曰"《关雎》之乱,洋洋盈耳",非以终该始之谓也。以夫子之圣而正乐,以师挚之贤而在官,故一时音乐美盛如此。自夫子言之,自然要归功师挚,故于其适齐之后,追思

而叹美之。(《论语随笔》卷八·12 页)

日·东条弘：始，如金声始条理之始，始《关雎》之乱也。乱，乐声之名，变声乱节，故谓之乱。(《论语知言》259 页)

于省吾：凡商、周籍载籍，乱训治者，皆䚻，古治字。金文治字均作䚻或嗣，亦与司、嗣同用。……《关雎》之乱本应作《关雎》之嗣。嗣读嗣，谓《关雎》嗣续之篇。《关雎》凡六篇，《葛覃》、《卷耳》、《鹊巢》、《采蘩》、《采苹》均其续篇也。(《论语新证》8 页)

方骥龄：师挚之始，殆谓始奏鼓声，然后歌舞秩然有序而出……本章所谓乱，殆指弦乐……雎为鸟名，关雎原为诗篇之名，此处殆为引伸之义，以喻弦歌之音，如雎鸟之和鸣。疑师挚之始为舞踊，而《关雎》之乱为乐曲。歌舞配以乐曲，喻俯仰进退之有序。(《论语新诠》216－217 页)

萧民元："乱"可能有"交杂合奏"的意思。(《论语辨惑》106 页)

杨润根：[译解]《师挚》的序曲和《关雎》的结束曲。(《发现论语》209 页)

林觥顺：1、师挚之始：是师始挚之。师是教师。周礼，师氏掌国学之政，以教国子小舞。挚是握持把持，是安排义。也是乐师首先安排的节目。2、关雎之乱：……关雎之乱，是关雎之风，是关雎之治。(《论语我读》140 页)

金知明：师挚之始，关雎之乱：师挚刚做乐官的时候，《关雎》错落有致；师挚，人名，鲁国乐官，一说是演奏家；始，上任，开始；关雎，指《关雎》这首诗的音乐，古代的诗都可以唱，所以孔子这里指的是音乐；乱，指音乐错落。(《论语精读》103 页)

李零："师挚之始"，是由师挚开始演奏……"《关雎》之乱"，是演奏《关雎》作结束。(《丧家狗——我读〈论语〉》170－171 页)

　辑者案：从日人冈白驹说:《那》之卒章为乱，则诗之卒章称乱，由来古矣。故《关雎》之乱，谓《关雎》之卒章也。《康熙字典》、《辞源》、《汉语大词典》、《汉语大字典》均释"乱"为"乐之卒章"或"乐曲的最后一章"。

8.16 子曰："狂而不直，侗而不愿，悾悾而不信，吾不知之矣。"（辑者案："侗而不愿"，定州简本作"俑而不愿"）

(1)侗而不愿

汉·孔安国：侗，未成器之人，宜谨愿。（邢昺《论语注疏》105 页）

宋·朱熹：侗，无知貌。（《四书章句集注》106 页）

明·林希元：侗，无知，是不聪明、心下鹘突底人。愿，谨厚，是谨守故常，不敢妄动。（《四书存疑》卷五·46 页）

杨伯峻：幼稚而不老实。（《论语译注》83 页）

毛子水：侗音同，义近僮。《说文》："僮，未冠也。"引伸为僮蒙、僮昏。愿，是谨慎、恭顺的意思。（《论语今注今译》120 页）

杨润根：[注释]与人一致，曲意附和他人，迎合他人。[译解]（想迎合他人而不）心甘情愿。（《发现论语》210 页）

何新：愿，圆也，圆通。（《论语新解——思与行》103 页）

郑张欢：侗，好合。（《论语今释》124 页）

     辑者案：侗，通"僮"，幼稚。愿，朴实，善良。《尚书·皋陶谟》："愿而恭。"《疏》："愿者，悫谨良善之名。"句意为：童稚者宜老实，而实际上并不老实。

(2)悾悾而不信

汉·包咸：悾悾，悫悫也，宜可信也。（皇侃《论语集解义疏》卷四·32 页）

宋·朱熹：悾悾，无能貌。（《四书章句集注》107 页）

宋·张栻：悾悾者，拘执然……拘执者不敢食其言而信可取

也。(《南轩论语解》卷四·19页)

清·牛运震:悾悾,无能,似与愿近。(《论语随笔》卷八·12页)

日·昭井一宅:悾者,"有鄙夫问于我空空如"之空,盖心无所趣向之谓欤? 不审,可博考。(《论语解》179页)

杨润根:[注释]空空的、博大的、能容纳一切的心灵状态。这里作为动词,意指向他人敞开心扉,而不对他人关闭自己的心灵。(《发现论语》210页)

黄怀信:"悾悾",心中无物,无知之貌。(《论语新校释》194页)

金知明:悾悾,呆板、愚蠢的样子;信,可靠。(《论语精读》103页)

辑者案:悾悾,诚恳貌。句意为:诚恳者宜守信,而不守信。此章批评三种人:疏狂(豪放不拘)者宜率直,却不率直;童稚者宜老实,却不老实;诚恳者宜守信,却不守信。对于这样的人,孔子感到了解不透。

8.17 子曰:"学如不及,犹恐失之。"

魏·何晏:学自外入,至熟乃可长久。如不及,犹恐失之耳。(皇侃《论语集解义疏》卷四·33页)

梁·皇侃:言学之为法,急务取得,恒如追前人,欲取必及,故云如不及也。又学若有所得,则战战持之,犹如人执物,恒恐去失,当录之为意也。(皇侃《论语集解义疏》卷四·33页)

元·许谦:为学者昼夜勤力,不息其心,如追一物,惟恐不及。既用功如此,尚恐失之。盖人生有期,白日不再。既生为人,全不见得些小道理便死了,只是枉了一生,所以古人为学不分毫放过。(《读论语丛说》卷中·26页)

清·李光地:及者,及前路也。失者,失当前也,与日知其所亡、月无忘其所能相似。如字犹恐字,则形容其瞻前顾后之心也。(《读论语札记·泰伯篇》)

方骥龄：本章学字似含有敩字义，觉悟也。及字通汲字，急也。犹，猿类，多疑，犹豫，迟疑不决。全章之意，殆谓人在觉悟之后，如不汲汲然及时努力，急乎迁善改过，稍一犹豫，瞬即失去机会矣！谓人当及时迁善改过，勉为善之不可迟。（《论语新诠》218 页）

王缁尘："学如不及"者，言求学要像来不及学一般。"犹恐失之"者，言学而有得，还要顾虑再失去他。（《四书读本》143 页）

钱穆：学问无穷，汲汲终日，犹恐不逮。（《论语新解》214 页）

牛泽群：不及，孔子知识论重要特点之一，开放性，可知与积极进取性……余尝试作一新解："学，如不及犹恐失之。"如，取《左传·昭公二十一年》"君若爱司马，则如亡"中之"如"义。王引之《经传释词》卷七："如，又为'当如是'之'当'。"子云"过犹不及"重点在"过"，此亦在"如不及"，以不同角度再次强调"学如不及"之主题。（《论语札记》228 页）

李君明：学了（仁德和善行）不及时践行，就会担心失去它们。（《论语引读》260 页）

　　辑者案：孔子说："学习好像来不及似的，还恐怕失去了。"王缁尘说为优。

8.18 子曰："巍巍乎，舜、禹之有天下也，而不与焉。"

魏·何晏：美舜、禹。己不与求天下而得之也。巍巍者，高大之称也。（皇侃《论语集解义疏》卷四·33 页）

梁·皇侃：一云：孔子叹己不预见舜禹之时也，若逢其时，则己宣道当用也。故王弼曰："逢时遇世，莫如舜禹也。"江熙曰："舜禹受禅，有天下之极，故乐尽其善，叹不与并时，盖感道契在昔，而理屈当今也。"（皇侃《论语集解义疏》卷四·33 页）

宋·张栻：舜禹之有天下，岂有一毫与乎其间哉？天与之，人

与之耳。天与之，人与之，舜禹顺乎天人之心而履乎其位，于我何加哉？此其德所以为巍巍也。(《南轩论语解》卷四·19页)

宋·朱熹：巍巍，高大之貌。不与，犹言不相关，言其不以位为乐也。(《四书章句集注》107页)

清·毛奇龄：言任人致治，不必身预，所谓无为而治是也。若谓视之若无有，则是老氏无为之学，非圣治矣。……《汉·王莽传》："太后诏曰：选忠贤，立四辅，群下劝职。孔子曰：'舜、禹之有天下也，而不与焉。'"晋刘寔作《崇让论》有云："舜、禹有天下不与，谓贤人让于朝，小人不争于野，以贤才化无事，至道兴矣。己仰其成，何与之有？"……此直指任贤使能，为无为而治之本。(《论语稽求篇》卷四·6页)

日·物双松：不与云者，谓忘己之有天下也……盖舜禹之所以不与有天下者，以尧故也。舜禹皆缵尧而成尧之道，故忘己之有天下，而犹谓尧之天下焉，是其所以巍巍然高大也。(《论语征》169页)

清·牛运震：不以有天下为乐，是夫子就舜禹胸怀洒落上看。然胸怀洒落自洒落，忧勤兢业又自忧勤兢业。盖圣人为天下忧勤，绝不以位为乐，此正"不与"之义也。(《论语随笔》卷八·13页)

清·张甄陶：舜禹之不与富贵，犹孔颜之不与疏食箪瓢，心有所在，不暇及也。必兼此义乃备。(程树德《论语集释》548页引《四书翼注》)

日·猪饲彦博："与"、"豫"古通用。豫，安佚也。(《论语说抄》6页)

清·梁章钜：不与自应专就富贵说。惟能轻视富贵，所以谓之巍巍。独称舜、禹者，以其起自侧微，非若世及之君，富贵是其固有也。(《论语旁证》卷八·12页)

钱地：不与，不求与也。不求与者，不求人与之也。反之，求

人与之者何？求人与之天子位也，夫欲取得天下者，无所不用其极耳。(《论语汉宋集解》421页)

张永隆："与"是"争""战"的意思……"不与"，就是不争。既指舜禹得天下时不以力争，又指他们有天下后不复有权力之争。(《〈论语〉注释数则辨疑》，《青海民族学院学报》1992年第1期)

林莘：与者誉也，名也。(《读〈论语〉偶记》，《宁波大学学报》1996年第2期)

蒋沛昌：孔子赞美舜禹两位远古时代的君王，劳碌奔波，以天下为己任，功业崇高无比，从不宣扬自己……与(预 yù)——宣扬，这里指自我宣扬。(《论语今释》203页)

高专诚：这种"不与"并不是放任自留，而是说，帝王的主要责任是把握全局，选用贤才，同时做好臣下的道德榜样。这就是孔子政治思想中的理想的君臣关系。(《论语通说》129页)

林觥顺：[注解]而不与焉：是说不是恳求，而是凭功绩受禅让而得。不与读同丕与，是甚大的赏赐。[心得]教人凡事的成功是靠自己苦心经营。(《论语我读》142页)

金知明：与，给；不与，不给自己的子孙。(《论语精读》104页)

郑张欢：[释]孔子说：舜与禹真是受人敬仰，已贵为天子、富有天下而却一点也没有改变自己的原来本色。(《论语今释》124页)

李君明：与：给予，指受禅。(《论语引读》261页)

刘兆伟："与"可作"用"字讲。孔子对舜禹的功德赞美，其原因就在于舜禹有了天下，却不把天下作为自己的私有财产去利用，仍为公事费心劳神。(《论语通要》173页)

杨朝明：[解读]孔子说："伟大啊，舜、禹有天下却不与其事，无为而治。"(《论语诠解》76页)

辑者案：与，通"豫"，意为"喜悦"。《仪礼·乡射礼》："宾

不与。"郑玄注:"古文与作豫。"《淮南子·天文训》:"圣人不
与也。"高诱注:"与,犹说也。"古籍当中,"与""豫"通用,表示
喜悦、快乐。此句应理解为:舜禹得到上代帝王禅让的天下
(帝位),而未感到喜悦。得到帝位竟然不高兴,似乎有违常
理,而事实确是如此。《史记·太史公自序》记曰:"唐尧逊
位,虞舜不台。"不台(怡),即不高兴。这恰好反映了古贤帝
王的谦逊之德。

8.19 子曰:"大哉,尧之为君也! 巍巍乎,唯天为大,
唯尧则之。荡荡乎,民无能名焉。巍巍乎,其有成功也。
焕乎,其有文章。"

(1)唯尧则之

汉·孔安国:则,法也。美尧能法天而行化也。(皇侃《论语集解
义疏》卷四·34页)

宋·朱熹:则,犹准也。……言物之高大,莫有过于天者,而
独尧之德能与之准。(《四书章句集注》107页)

清·刘宝楠:人受天地之中以生,赋气成形,故言人之性必本
乎天。本乎天即当法天,故自天子至于庶人,凡同在覆载之内者,
崇效天,卑法地,未有能违天而能成德布治者也。……然则古圣
所以成德布治,皆不外则天而行之。(《论语正义》308页)

清·俞樾:此美尧之大,非美尧之能法天也。《说文·刀部》
"则,等画物也",是则有等义。《管子·七法篇》"物虽不甚多,皆
均有焉而未尝变也,谓之则",是则有均义。盖则为等,故亦为
均。……此云"唯天为大,唯尧则之",盖谓天之大,无与等者,唯
尧能与之等耳。……孔训则为法,未得其义。(《群经平议》卷三十·
21页)

杨伯峻：只有天最高最大，只有尧能够学习天。（《论语译注》84页）

吴林伯：则，效。（《论语发微》119页）

杨润根：[注释]惟尧则惟天为大，即只有尧帝把那惟一的宇宙的道德秩序的崇高伟大与完美无缺作为自己遵循的惟一榜样与原则。（《发现论语》211页）

辑者案：则，效法。言"法"言"效"者皆对。

(2)荡荡乎，民无能名焉

汉·包咸：荡荡，广远之称也。言其布德广远，民无能识名焉。（皇侃《论语集解义疏》卷四·34页）

魏·王弼：荡荡，无形无名之称也。夫名所名者，生于善有所章，而惠有所存，善恶相须，而名分形焉。若夫大爱无私，惠将安在？至美无偏，名将何生？故则天成化，道同自然，不私其子而君其臣，凶者自罚，善者自功，功成而不立其誉，罚加而不任其刑，百姓日用而不知所以然，夫又何可名也？（皇侃《论语集解义疏》卷四·34页）

唐·韩愈：尧仁如天，不可名状其高远，非不识其名也。（《论语笔解》卷上·16页）

日·物双松：荡荡乎民无能名焉……乃谓允恭克让也。其见于《尧典》者，咨四岳而用鲧，恭也；登庸虞舜，让也。不自贤，不自能，民唯见舜禹之功，故曰"民无能名焉"。（《论语征》170页）

清·焦循：循按《谥法》，民无能名曰神。（《论语补疏》卷一·14页）

杨伯峻：老百姓简直不知道怎样称赞他。（《论语译注》84页）

黄怀信：[释]"无能"，莫能。"名"，命名、取谥号。《说文》："尧，高也。"是"尧"不为名。[训译]浩大啊！百姓没有人能给他起个（恰当的）名号。（《论语新校释》196页）

辑者案:名,韩愈"名状"说为是。尧仁德浩荡,民众无法用语言形容、称说。

(3)焕乎,其有文章

魏·何晏:焕,明也。其立文垂制又著明。(邢昺《论语注疏》106 页)

宋·朱熹:文章,礼乐法度也。(《四书章句集注》107 页)

毛子水:"文章",意同"光明和条理"。(《论语今注今译》122 页)

宋永培:"焕乎其有文章",是赞颂尧效法天的生机,慈惠爱民,为民所拥戴,其盛德如日月彰明,"光焰万丈长"。(《〈论语〉"大哉尧之为君"的真实内涵》,《青海师范大学学报》1995 年第 2 期)

林觥顺:文章:喻五光十色交织而成,内涵丰富。(《论语我读》142 页)

黄怀信:"焕乎",灿烂之貌。"文章",指礼乐文明,所谓五典、五礼、五服、五刑之类。(《论语新校释》196 页)

辑者案:从朱熹、黄怀信说。焕乎,谓礼乐法度光明灿烂,熠熠生辉。

8.20 舜有臣五人而天下治。武王曰:"予有乱臣十人。"孔子曰:"才难,不其然乎? 唐、虞之际,于斯为盛。有妇人焉,九人而已。三分天下有其二,以服事殷。周之德,可谓至德也已矣。"

(1)乱臣十人(辑者案:马国翰辑《古论语》卷五作"乱十人",无"臣"字)

汉·马融:乱,理也。理官者十人也,谓周公旦、召公奭、太公望、毕公、荣公、太颠、闳夭、散宜生、南宫适,其余一人谓文母也。(皇侃《论语集解义疏》卷四·34 页)

宋·郑汝谐:乱本作乿,古治字也。(《论语意原》卷二·19 页)

宋·朱熹：《书·泰誓》之辞。马氏曰："乱，治也。"十人，谓周公旦、召公奭、太公望、毕公、荣公、太颠、闳夭、散宜生、南宫适，其一人谓文母。刘侍读以为子无臣母之义，盖邑姜也。九人治外，邑姜治内。或曰："乱，本作乿，古治字也。"（《四書章句集注》107页）

宋·金履祥：《古文尚书》"德惟乿否"，德乿二字正与《集注》合。治字从爪从系从乚，取以手理系而有条理也。后人离字加乚，与乿字相似，故遂误以乿为乱字。书家以离训治，其加乚者为烦乱，与古文不合，当以乱训治，而离为烦乱乃通。（《论语集注考证》卷四·13页）

元·陈天祥：林少颖破此说曰："子不可臣母，其理诚是。至以邑姜为臣，只恐未必也。盖经既无文，年代久远，不复可知。而九人者虽不出周、召之徒，亦不可一一如汉儒所定。要之，孔子之意惟论其才难而已，舜臣五人亦然。"王淳南曰："少颖之论当矣。晦庵于作者七人知指名者为凿，而复惑于此，何也？"予谓林少颖之论、王淳南之断皆出众论之右，此亦无他，本分而已，但凡经无其文，而以臆度指说者皆当准此为断。（《四书辨疑》卷五·9页）

日·物双松：盖谓勘乱之才。……按《左传》，叔孙穆子亦曰"武王有乱十人"，无臣字……盖文母不可为臣，故臣为衍文。（《论语征》171—172页）

清·牛运震：乱虽训治，实则戡乱，曰"乱俨然为征诛功臣"，正与治字相对。（《论语随笔》卷八·15页）

清·焦循：官，小臣也。十人治官者也。马以官字解臣字，邢《疏》解作治官之臣，非是。（《论语补疏》卷一·15页）

日·佐藤坦：马融以妇人为文母。刘敞谓："子无臣母之义，盖邑姜也。"则似是而非，子不可以臣母，而夫独可以臣妻乎？且《大诰》"周公述诰曰'爽邦由哲，亦惟十人'"，即十乱也。自成王言之,则邑姜即其母,武王不臣母,而成王独臣母乎? 自周公言之,则周公亦编在十乱,恐不以哲自命也。至马融始傅会之,不可从。(《论语栏外书》47 页)

清·王闿运:有,又也。又治十人。命十人治政,人未闻。(《论语训》卷上·78 页)

章太炎:《春秋传》引《太誓》"纣有亿兆夷人,亦有离德,余有乱十人,同心同德","乱"与"夷"语相对。《大雅》"涉渭为乱",《释水》"正绝流曰乱",然则乱十人者,辞例犹《越世家》所谓"习流二千",《太誓》称"十二月师毕渡盟津",渡即绝流。言十人者,举将帅以统军士也。时舟师渡河,尚父有苍兕之令,非将帅倡率则军士逡巡后至者多矣。夷者,踞也。《墨子·非命篇》引《太誓》"纣夷居曰,我民有命,毋僇其务",是则民皆夷踞,不肯僇力,可知战时如此。《春秋传》所谓"公徒释甲,执冰而踞也",此已毕渡,彼犹蹲踞,一有斗志,一无斗志,甚明。所谓同德、离德之分也。十人名氏不可的知,言妇人者,盖羌髳酋长以女子统众者。俞先生疑为骊山女,近之旧说,皆误。(《广论语骈枝》8 页)

于省吾:按臣字,后人所增,见刘氏《正义》。乱本应作𤔔字,亦作嗣,即古治字。今作治者,后起字也。嗣、司古通用,司即司徒、司马、司空之司。……若读乱如字训治,曰"予有治十人",则不辞矣。马《注》盖知其不辞,势不得不于治下增官字,望文生训矣。(《论语新证》8 页)

方骥龄:孔子举舜有臣人而天下治,武王有乱臣十人而仍以服事殷。正以此二者反证治道之不在人才而在"至德"也。(《论语新诠》223 页)

杨伯峻:"乱臣"就是"治国之臣"。近人周谷城(《古史零证》)认为"乱"有"亲近"的意义,则"乱臣"相当于《孟子·梁惠王下》

"王无亲臣矣"的"亲臣",虽然言之亦能成理,但和下文"才难"之意不吻合,恐非孔子原意。(《论语译注》84 页)

韩府:孔子认为武王的说法不够恰当、准确,因为他认为武王所说的"十人"人中的那一位"妇人"是主内的,她并不应当和参与国家大事的其它大臣相提并论。换句话说,孔子并不否认那位"妇人"是否能干(当然,更不是说不把她当人),而只是说把她列为"臣"是不合适的。综上所述,孔子与武王的根本分歧在于,他不同意武王把邑姜也列为"臣"。再啰嗦一点来说,孔子与武王二人的分歧不在于邑姜算不算"人",而在于算不算"臣"上;所谓"九人"、"十人"的分别,实质是说"臣"的数目到底是"九位"还是"十位"。(《"九人""十人"辨》,《孔子研究》2001 年第 2 期)

萧民元:"乱"就是"乱"。古代帝王在讲话时,多用自谦语气。……武王"以暴易暴",掀起武力革命,仍自谦,而称那些帮他打天下的臣子为"乱臣"。(《论语辨惑》108 页)

何新:乱可读为良。良臣,贤臣也。(《论语新解——思与行》104 页)

辑者案:从马融说:"乱,理也。"乱,训理训治皆可。乱臣,善于治国之臣。

(2)唐、虞之际,于斯为盛

汉·孔安国:唐者,尧号也。虞者,舜号也。际者,尧舜交会之间也。斯,此也。此,此于周也。言尧、舜交会之间比于此周。周最盛多贤才,然尚有一妇人,其余九人而已。大才难得,岂不然乎?(皇侃《论语集解义疏》卷四·35 页)

晋·季彪:舜之五臣,一圣四贤,八元八凯,一有六人,据《左氏》明文,或称齐圣,或云明哲,虽非圣人,抑亦其次也。周公一人,可与禹为对。太公、召公是当稷、契,自毕公以下,恐不及元凯。就复强相攀继而数交少,何故唐虞人士反不如周朝之盛也耶？彪以为，斯，此也，盖周也。今云唐虞之际于此为盛，言唐虞之朝盛于周室，周室虽隆，不及唐虞，由来尚矣。故曰：巍巍荡荡，莫之能名。今更谓唐虞人士不如周室，反易旧义，更生殊说，无乃攻乎异端，有害于正训乎？（皇侃《论语集解义疏》卷四·35 页）

宋·朱熹：唐虞，尧舜有天下之号。际，交会之间。言周室人才之多，惟唐虞之际，乃盛于此。（《四书章句集注》107 页）

元·陈天祥：盖际谓唐、虞之边际，犹言唐、虞之末也。自唐、虞之末至于斯为最盛。（《四书辨疑》卷五·9 页）

清·牛运震：唐虞之际须看一际字。以唐禅虞，两代犹一代也，故尧之才舜得而有之。若征诛放伐，安得云际？故不可言殷周之际也。唐虞际故才盛于周，殷周分故周才不如唐虞。此中意旨正自深远。（《论语随笔》卷八·15 页）

日·龟井鲁：斯，斯于周初。言自唐虞以往，周初最盛也。（《论语语由》148 页）

清·王引之：《论语·泰伯篇》"唐、虞之际，于斯为盛"，言自古人才，惟唐虞之际与此周为极盛也。（《经义述闻》卷三十一·31 页）

日·东条弘：斯，斯五人也。言人才之难，虽唐虞之际，仅至斯五人，而后为盛。（《论语知言》262 页）

清·刘宝楠："唐、虞之际"者，际犹下也、后也。（《论语正义》311 页）

日·昭井一宅：于斯者犹指是人也，斯之下省"才"字。（《论语解》182 页）

清·陈浚：际是接。……从古人才，无过虞舜五臣。是因唐尧禅位与他，两朝相接才能有此。自唐虞以后，要算武王，此时人才最盛。（《论语话解》卷四·24 页）

严灵峰：斯，指舜也。言唐、虞之际，"舜有臣五人，而天下治"；故云"于斯为盛"也。况"唐、虞之际"，周德未兴，何来"比于

此周"？疑此八字当在"而天下治"句后。"于斯为盛"，乃指"唐、虞之际"而言。(《读论语札记》38页)

鲍鹏山："际"，时期，时候。(《论语新读》91页)

辑者案：从刘宝楠说。言自唐虞之后，周初人才为盛。斯，指周武王时。

(3)三分天下有其二

汉·郑玄：于时三分天下有其二，以服事殷。故雍、梁、荆、豫、徐、扬之人咸被其德而从之。(王谟辑《论语郑注》15页)

汉·包咸：殷纣淫乱，文王为西伯而有圣德，天下之归周者三分有二，而犹以服事殷，故谓之至德也。(皇侃《论语集解义疏》卷四·35页)

梁·皇侃：天下有九州，文王为雍州西伯，六州化属文王，故云三分天下有二，犹服事于殷也。(皇侃《论语集解义疏》卷四·36页)

宋·张栻：三分天下有其二以服事殷，非特文王也，武王之初亦然。故统言周之至德，不但曰文王也。盖纣未为独夫，文武固率天下以事纣者也。三分天下有其二，天下之归往如此，而翼翼小心以尽其臣子之恭，非德合中庸者，其能之乎？故称至德也。(《南轩论语解》卷四·20页)

清·王夫之：文王质成虞芮，虞芮国在河中，今平阳府境，西伯戡黎，黎今潞安府黎城县，皆冀州之域，而孟津、牧野固属豫州，至武王时犹为殷有，则文王已兼有冀土，而豫州尚多属纣，则三分者约略言之，非专言六州明矣。(《论语稗疏》9页)

日·佐藤坦：末节，意不过谓天下人心大半归文王尔，勿泥文句以害其意可也。(《论语栏外书》48页)

毛子水：这二十二字(辑者案：指"三分天下有其二"之全句)和上章似不相连。旧合上为一章，文理上颇难通。今分出独自为

一章。(《论语今注今译》123 页)

高专诚:姬昌在世之时并没有起事。对此,正统的说法是,姬昌还希望纣王能回心转意。其实,应该是姬昌当时还自认为力量不够强大,灭殷的条件还不成熟。(《论语通说》130 页)

李零:夏人起于晋南和豫西,占有天下的三分之一;商人起于其东,核心地区在冀南、豫东,也占有天下的三分之一,崛起后,并占有夏的势力范围;周人起于其西,核心地区在陕西西部,也占有天下的三分之一。周人崛起后,先从陕西西部扩展到陕西中部,再夺取夏的故地,等于以天下的三分之二包围商的核心地区,这就是所谓"三分天下有其二"。(《丧家狗——我读〈论语〉》172 页)

辑者案:从包咸说。文王有圣德,天下大多数人归服,而他还臣服于商朝,这可称得上最高尚的道德了。

8.21 子曰:"禹,吾无间然矣。菲饮食而致孝乎鬼神,恶衣服而致美乎黻冕,卑宫室而尽力乎沟洫。禹,吾无间然矣。"

无间然

汉·孔安国:孔子推禹功德之盛,言己不能复间厕其间也。(皇侃《论语集解义疏》卷四·36 页)

晋·郭象:舜、禹相承,虽三圣,故一尧耳。天下化成则功美渐去其所,因循常事而已,故史籍无所称。仲尼不能间,故曰"禹,吾无间然矣"。(皇侃《论语集解义疏》卷四·37 页)

梁·皇侃:间犹非觊也。孔子美禹之德美盛,而我不知何以厝于非觊矣。(皇侃《论语集解义疏》卷四·37 页)

宋·朱熹:间,罅隙也,谓指其罅隙而非议之也。(《四书章句集注》108 页)

　　宋·张栻：禹之有天下，无所与于己，故饮食则菲，衣服则恶，宫室则卑，所欲不存焉，而于事神之际则尽其诚，于朝廷之礼则尽其敬，于保民之事则尽其力，皆所以成其性耳。惟其不存于彼，故能克尽于此。再言其无间者，言其无可得而议如此也。此与恶旨酒而好善言之意同。禹之为圣本由学而成，皆其工夫至到者也。（《南轩论语解》卷四·21页）

　　明·林希元：欲从俭约者，或并其不当俭者而俭之。欲从丰厚者，或并所自奉者而丰之。大禹当俭处则从俭，当丰处则从丰。丰、俭各适其宜，所以无间然也。（《四书存疑》卷五·49页）

　　日·物双松：致孝乎鬼神，言敬祖先也。致美乎黻冕，言敬圣人也。尽力乎沟洫，言敬民也。敬此三者，则先王之道尽矣。此孔子所以"无间然"也。（《论语征》173页）

　　清·刘逢禄：禹之治水因鲧之功，沟洫之利，万世永赖，致孝之大者也。不自大其事，不自尚其功，故无间然。（《论语述何》卷一·14页）

　　清·刘宝楠：《后汉·殇帝纪》引此文，李贤《注》："间，非也。"《孟子·离娄篇》："政不足间也。"亦训非。（《论语正义》313页）

　　方骥龄：《说文》然字下举"难"为然字之或体，本章然字，疑系难字之误。间然当系间难，非难也。犹言责难，非议诋毁是也。本章两用"禹无间然矣"，前者为虚断，后者为实断，中间为实证，证明孔子之言非妄。（《论语新诠》224页）

　　杨伯峻：禹，我对他没有批评了。（《论语译注》84页）

　　黄怀信：[释]"间"，间隙、缝隙。此做动词，谓寻其间，找其毛病。"然"，用同"焉"，借字。焉，兼词，于之。[训译]大禹，我在他身上是找不出毛病的了。（《论语新校释》199页）

　　辑者案：从刘宝楠、方骥龄说。间，非议也。《方言》：

"间,非也。"《管子·权修》:"授官不审,则民间其治。"魏李康《运命论》:"西河之人肃然归德,比之于夫子而莫敢间其言。"

子 罕 第 九

9.1 子罕言利与命与仁。

汉·郑玄：利有货之殖否，命有寿之长短，仁有行之穷达。孔子希言利者，为其伤行也；希言命与仁者，为民不可使知也。（单承彬《〈论语〉郑义举隅》，《儒家文献研究》88 页）

魏·何晏：罕者，希也。利者，义之和也。命者，天之命也。仁者，行之盛也。寡能及之，故希言也。（皇侃《论语集解义疏》卷五·1 页）

梁·皇侃：与者，言语许与之也。……弟子记孔子为教化所希言及所希许与人者也。所以然者，利是元亨利贞之道也，百姓日用而不知，其理玄绝，故孔子希言也。命是人禀天而生，其道难测，又好恶不同，若逆向人说，则伤动人情，故孔子希说与人也。仁是行盛，非中人所能，故亦希说许与人也。然希者非都绝之称，亦有时而言与人也。《周易·文言》是说利之时也。谓伯牛亡之命矣夫，及云若由也不得其死然，是说与人命也。又孟武伯问子路、冉求之属仁乎？子曰"不知"。及云楚令尹陈文子焉得仁，并是不与人仁也。而云颜回三月不违仁，及云管仲如其仁，则是说与人仁时也。故云子罕言利与命与仁也。（皇侃《论语集解义疏》卷五·1 页）

宋·邢昺：此章论孔子希言难考之事也。（邢昺《论语注疏》111 页）

宋·史绳祖：盖子罕言者独利而已，当以此句作一义。曰命曰仁，皆平日所深与，此句别作一义。与者，许也。（《学斋占毕》卷一·

21页)

金·王若虚：予谓利者圣人之所不言，仁者圣人之所常言，所罕言者唯命耳。然而云尔者，予不解也，姑阙之。(《论语辨惑》卷二·12页)

清·刘宝楠：利、命、仁三者，皆子所罕言，而言"仁"稍多，言"命"次之，言"利"最少。故以"利"承"罕"言之文，而于"命"、于"仁"则以两"与"字次第之。……阮氏元《论语·论仁篇》："孔子言仁者详矣，曷为曰'罕言'也？所谓罕言者，孔子每谦不敢自居于仁，亦不轻以仁许人也。"今案：夫子晚始得《易》，《易》多言"利"，而赞《易》又多言"命"，中人以下，不可语上，故弟子于《易》独无问答之辞。今《论语》夫子言"仁"甚多，则又群弟子记载之力，凡言"仁"皆详书之，故未觉其罕言尔。(《论语正义》320页)

清·黄式三：《说文》罕训纲，《汉书注》罕训毕者，本义也。经传中罕训少者，借字也。罕言之罕，借为轩豁之轩。……轩有显豁之义，亦曰轩豁。经史中凡言轩轾、轩昂、轩渠、轩鬐，与轩豁之义一也。……罕言者，表显言之也。(《论语后案》220页)

清·焦循：古所谓利，皆以及物言。至春秋时人第知利己，其能及物，遂别为之义。故孔子赞《易》以义释利，谓古所谓利，今所谓义也。孔子言义，不多言利，故云"子罕言利"。若言利则必与命并言之，与仁并言之。利与命并言，与仁并言，则利即是义。子罕言三字呼应两"与"字，味其词意甚明。(《论语补疏》卷一·15页)

日·东条弘：罕言与雅言相对……罕言如利与命者，二十篇中，实仅仅然。至于如仁，其言殆三十有余，盖不得曰罕言。……视以仁称者，如殷之三仁，及泰伯夷齐，纯正之仁，于门人则独许颜子，不许于他诸子者，实是纯正之仁。如斯所罕言者，故曰"子罕言"，岂指三十有余之仁言之哉？(《论语知言》267页)

清·康有为：子罕言，利与？命与仁，达（旧本以"达"字属下章，非）。罕，希也。上"与"，即欤，助词。达，通也。利者，义之和；命者，天之命。记者总括孔子生平言论，最少言者莫如利，最通达多言者莫如命与仁。……旧本，"达"字错写与"巷党"相连，遂若本章之称孔子罕言命仁。然考之《论语》，孔子言命仁至多。（《论语注》123页）

杨树达：《论语》一书言仁者不一而足，夫子言仁非罕也。所谓罕言仁者，乃不轻许人以仁之意，与罕言利命之义似不同。（《论语疏证》211页）

于省吾：子罕言利与命与仁，仁应读为夷。罕言利者，鄙世人之竞于利也；罕言命者，性命高深之理，非人人之所可喻也；罕言夷者，内诸夏而外夷狄也。罕言者，偶言之耳，非常言也。（《论语新证》，《社会科学战线》1980年第4期）

方骥龄：本章所谓罕言利，殆罕言个人之私利，如官位利禄是也……本章所谓命，个人之富贵生死，孔子所罕言也……本章中"与仁"之"仁"，相人耦之仁也。"与仁"即《孟子·公孙丑》篇与人为善之"与"，悦也，助也，赞许也，同也，从也，亲也。人之善者悦之，从之，亲之，同之，赞；人所不能者，助之。疑本章之"与仁"，仁，人也，即《孟子·公孙丑》章"与人为善""善与人同""乐取于人以为善"之意。（《论语新诠》228—229页）

钱坫：夫子罕言者，非不言也，是少言也。少言，与多言为对……故不多言命，而言德。故不多言利，而言义。故不多言仁，而言公天下，济万民。其实利命与仁，皆在德义公正之中也。（《论语汉宋集解》上·433—436页）

王熙元：这是因为门人经过长久的观察，发现孔子在这三方面很少自动谈到，《论语》中记孔子论仁各章，大多是弟子问仁，而后孔子才答复他们。弟子们一听到孔子指示求仁德的方法,莫不欣然奉持,详细记载,以示服膺之诚,所以看起来好像很多,实际上比起孔子平生所有的言论来,仍然是很少的,何况大多不是孔子所"自言"的,而且仁德的全体大用,还有很精深的境界……孔子平生从不敢以圣与仁自居……从不轻易以"仁"许人,因为"仁"是至高无上的德性,常人是难以达到的。(《论语通释》466页)

蔡尚思:"罕言利",本来不是不言利,而是因为在孔子看来,人们得利失利,早由命中注定,即所谓"死生有命,富贵在天"。这种说教,有两重涵义。首先是给传统的财产关系蒙上一层宗教帷幕……其次,在财产关系的封建化进程正在加速实现的时候,孔子特别强调富贵早经天命注定,又只能证明他力图给热中趋利的人们服一贴麻醉剂。(《孔子思想体系》84—85页)

周乾溁:与字是举字的假借……"与命与仁"应是"举命举仁",如作"举命与仁"亦通。按:举,《说文》以为"对举也",段玉裁注:"谓以两手举之",意即推高,可引申为称引。这样,《子罕》的首章应该理解为:孔子很少谈利,(但是)称引命,(也)称引仁。或者说,称引命和仁。(《〈论语〉三题》,《天津师范大学学报》1986年第1期)

陈如勋:窃意以为"罕言"当与"雅言"对文,其言仁与命不如言诗书执礼之多。诗书执礼,盖日常与弟子讲习之事,仁与命则因问因事而发,虽弟子记之亦多,然非平居之常言也。(《论语异解辨正》88页)

王缁尘:"利"者,利己之事,人人所欲。但这里面界限,极难分析。因为利己并不是一件坏事,若人人不思利己,人的生活,便无意义;故利己实为人生一重要原素。但一般人往往不能明白利己的限度,因只顾利己,或不免损人。只有上智大哲,能明白利的道理;若要人人知之,这是很难之事,故孔子不肯多说也。"命"的界限,也极难明晰。若说做人都有命定,那么人将一事不做,连应该做的事,也不去做,以为横竖有命注定的,何必去费心劳力呢?若说命是没有的,则人对于无论何事,又将不顾一切去乱撞了。所以孔子对于"命"的意义,也不肯多说。至于"仁",为孔子学说教旨的中心要素,何以也不肯多说呢? 因为"仁"的训义,常为爱人。然爱人而不弄清界限,必至对人无分亲疏,如此,则成为墨子之"兼爱",于"仁"的本旨,又不免差错,故孔子也不肯多说。(《四书读本》148 页)

吴林伯:上"与"字,犹取,下"与"字,连词也。(《论语发微》123 页)

宋钢:按,"与"字在《论语》中还有作动词的用法。作动词时,可解作"参与、相关",即现代汉语的"有关、有关系"。本章若依此解释,则应断句为:"子罕言利与命、与仁。"即谓"孔子很少说利跟命有什么关系,跟仁有什么关系"。(《〈论语〉疑义考释》,《黄冈师专学报》1990 年第 4 期)

曾广开:我们猜测:曾参弟子追述孔子言行,述曾参之意或自揣孔子之意,认为孔子卑视"利",故"罕言利"。(《孔子"罕言利"辨》,《解放军外语学院学报》1991 年第 2 期)

邓球柏:孔子很少说话,是功利的原因吗? 是命运的关系吗?不是的! 是仁道原则促使他这样的。(《论语通解》卷五·165 页)

萧民元:本节应断句成"子罕言利与命,与仁"。……就是孔子很少谈到"利"与"命",却常常赞许"仁"。(《论语辨惑》111 页)

董子竹:子罕言利与命与仁,不是说他不要利,不信命,不依仁,只是他对这三者不作抽象的探讨,也就是说,他述而不作,不卖弄学问,不像我们今日这样只想用学问混稿费,混来混去,结果一直未成"明星"。(《〈论语〉正裁》252 页)

牛泽群:余尝以为此章如释作"子罕言:利与命、利与仁"则更佳,即孔子罕以利、命及利、仁并讲。夫命之理微,则利之理则浅……所谓"罕",相对旁人所思所惑所问所欲知也,罕以利、命并提,是所谓回避敏感问题,既反映其不完全宿命观,又见其慎言而不侈言妄说之风格。(《论语札记》241页)

黄怀信:[释]罕言:"罕",少。"言",谓言己。利与命与仁:即利、命、仁三者,"与"为连词。[训译]先生很少谈(自己的)利益、命运和仁德。[章旨]此章说孔子为人。"君子喻于义,小人喻于利",故罕言利;"死生有命,富贵在天",故罕言命;不以仁者自许,故罕言仁,谦也。(《论语新校释》200页)

林觥顺:[释义]孔子罕言天地人三才之道。[注解]子罕:……是说孔子罕为人知的德行。是第九编或第九章论孔子罕为人知的丑事。[心得]人皆有阴丑罕事不为人知,然而孔子的阴私罕事,仍是光明正大,无不可告人者,只是罕言。(《论语我读》145页)

贾庆超:笔者认为,"子罕"不是"孔子很少"怎么着,而是确指一个人,是春秋中叶宋国的政要"司城"之官——乐氏子罕。"与"字仍然当"和"讲,"子罕言利与命与仁"也就应当释为:子罕在谈论(或处理)利(功利、利益或利害)的时候,总是能够和命(个人或国家的命运)及仁(仁德、道义)联系起来。(《"子罕"新说》,《孔子研究》2007年第2期)

何新:我读此句为:"子罕言利与命,语仁"。与,语也。旧则断句作:"子罕言利与命与仁。"《论语》中讲利六次,讲命八次,讲仁则无数次,非罕言仁也。(《论语新解——思与行》106页)

杨朝明:[诠释]该章主要分歧在于对前后两个"与"字的理解:一种认为是动词,有"赞许"、"赞成"之意;一种认为是并列连词,有"同"、"和"之意;第三种说法认为前一"与"字为并列连词,后一"与"为动词是"赞许"之意。我们认为,第一种说法更符合原意。[解读]孔子很少主动地谈论私利,却认同天命、仁德。(《论语诠解》78页)

辑者案:子罕言利与命与仁,从语法习惯看,两个"与"字都应是连词。但不少人认为孔子曾多次谈到利、命、仁,若说"罕言"则不符合实际。有一个不可忽略的事实:《论语》汇辑的是众弟子及时人有关孔子言行的记录,而关于"利、命、仁"的问题,又多是在弟子问到时孔子才言及,因此,平常没问到此类问题的弟子,大概就会有这么一种认识:孔子对于"利、命、仁"方面的问题谈得少些。《论语》的编纂出自多人之手,汇集的语言也出自多人之口,我们不能要求每句话说得都对,某些话有些偏颇,也在情理之中。我们不要因为有些语句不符合"实际",或有损孔子形象,就变着法儿绕着弯儿曲解之。

9.2 达巷党人曰:"大哉孔子!博学而无所成名。"子闻之,谓门弟子曰:"吾何执?执御乎?执射乎?吾执御矣。"

(1)达巷党人

汉·郑玄:达巷者,党名也。五百家为党。(皇侃《论语集解义疏》卷五·2页)

日·物双松:盖疑达巷是姓,党人是名。春秋蔡桓侯名封人,郑语字子人,齐懿公名商人,又有宾媚人,鲁有公冉务人,陈有公孙佗人,臧孙氏有漆雕马人,列子有伯昏瞀人,可以例焉。(《论语征》177页)

清·翟灏:《礼·曾子问篇》"孔子曰:'昔吾从老聃助葬于巷党'",《注》谓"巷党,党名"。此所云达巷党或即一地,不然既云

"巷"又云"党",不綦词复乎？史迁谓"党人即项橐,七岁而为孔子师,故意加童子二字",然不本自正典,不足信。(《四书考异》条考十一·1页)

清·刘宝楠:《史记·孔子世家》作"达巷党人童子",此安国故以党人为童子也。《汉书·董仲舒传·对策》曰:"臣闻良玉不瑑,资质润美,不待刻瑑,此亡异于达巷党人不学而自知者也。"《注》:"孟康曰:'人,项橐也。'"又皇甫谧《高士传》:"达巷党人,姓项,名橐。"并本《古论》。《国策·秦策》、《淮南子·修务训》、《论衡·实知篇》皆言项橐七岁为孔子师,然则仲舒所云"不学而自知"者,正以童子未学而即知为学之要也。夫子本无常师,闻此童子之言而商所执,故后人遂侪之于师列耳。(《论语正义》321页)

清·王闿运:此达巷盖里名。党人,党正下士称人也。(《论语训》卷上·80页)

清·康有为:巷党,鲁地。《礼记·曾子问》孔子与老聃助祭于巷党是也。旧本作"达巷",脱上章之末字而连写之,今改正。(《论语注》125页)

方骥龄:达巷疑非专名,乃乡党间四通八达之道也。"达巷党人曰"者,街谭巷议,道听途说,适为孔子所闻,亦必为与孔子同时之门弟子所共闻,故孔子不得不向门弟子自我辩解。(《论语新诠》230页)

李炳南:达巷党,古注或读为"达,巷党",或读为"达巷,党",难以考定。人,或指为项橐,或指为甘罗,也难考。(《论语讲要》173页)

高专诚:曲阜的一处街道名叫"达巷"。(《论语通说》133页)

何新:达巷,通达之乡,贵族区也。(《论语新解——思与行》107页)

辑者案:达巷党人,理解为"达巷的乡亲们"为宜。关于

"达巷",可从高专诚说。

(2)博学而无所成名

汉·郑玄:此党之人美孔子博学道艺、不成一名而已。(皇侃
《论语集解义疏》卷五·2页)

晋·江熙:言其弥贯六流,不可以一艺取名焉,故曰大也。(皇
侃《论语集解义疏》卷五·2页)

梁·皇侃:大哉孔子,广学道义,周遍不可一一而称,故云无
所成名也,犹如尧德荡荡民无能名也。(皇侃《论语集解义疏》卷五·2页)

宋·郑汝谐:凡可以成名者,一艺一能也。体道在我,由圣而
神,是果可名耶?故微示其意曰,若欲有所成名,其执御乎?抑执
射乎?二者艺之微,而御之艺尤微也,必执是艺……斯可以成名
矣。其语若谦,其意则深,斥达巷党人之失也。(《论语意原》卷二·
20页)

宋·朱熹:博学无所成名,盖美其学之博而惜其不成一艺之
名也。(《四书章句集注》109页)

清·毛奇龄:博学而无所成名与执御、执射是一串事,射、御
即博学中两件学也。……《内则》十五学射御,二十博学,三十则
博学无方。无方者,无类,即无所成名也。然则博学故无名,博学
不执学,故无一名。若射、御则早学之矣,故夫子曰"吾将执一
学",则就平时所学中求之,其射、御乎?然两不能执,必当执一。
一又当择其易者,则御易于射。"执御已矣",此自明白。(《四书賸言
补》卷二·10页)

清·江声:无所成名者,圣无不通,不可以一材一艺名之,此
所以为大也。《学记》曰"大道不器",此之谓也。党人殆深知孔子
者,惜其姓名不著也。(《论语竢质》卷中·4页)

清·焦循:无所成名即民无能名。所谓焉不学,无常师,无可

无不可也。孔子以民无能名赞尧之则天,故门人援达巷党人之言以明孔子与尧舜同。大哉孔子即"大哉! 尧之为君",博学无所成名即"荡荡乎民无能名"。孔子之学即尧舜之学也。(《论语补疏》卷一·16 页)

方骥龄:本章"无所成名",殆谓孔子博学而无缘立其令闻,无官位足以闻达于诸侯也。(《论语新诠》230 页)

黄吉村:博学而无所成名,即"君子不器",孔子洞究万事,却无一样专长可以成名,达巷党人讥之,然正足见其博学。是亦誉之。(《论语析辨》185 页)

吴林伯:按孔子之"博学"在"治六经"(《庄子·天运》),以明圣人之道,此之谓"大",然不以未成名而戚戚,唯党人为之叹息。(《论语发微》124 页)

姚式川:这是达巷党人对孔子知之深,敬之诚,因而赞美之亦与众不同。于此,亦可略知达巷党人既非寻常的人,此见亦非寻常之见,而是独具慧眼的人、独具卓识之见。(《论语体认》547 页)

李零:我的理解不一样,我觉得,达巷党人的话,明明是讥刺,它是说,孔子这么博学,却不能以专精成一家之名,岂不是白学了。孔子的回答很巧妙,他拿射、御打比方。古代战车,射手和御手相互配合,分工不一样,射手是瞄着固定的目标射,盯着的是一个点,御不是这样,它是拉着射箭的人到处跑,只有到处跑,才能找到合适的目标。博和精,最好两全,但博与精,两选一,他宁肯选博。这是替博辩护。(《丧家狗——我读〈论语〉》176 页)

杨朝明:达巷的老乡们议论说:"孔子真是伟大呀! 学问广博到不能用一技之长来称赞的程度。"(《论语诠解》79 页)

胡齐临:"博学而无所成名"的涵义是,以学问渊博却不追逐虚名。说明伟人是超越只善于一门专长的"专家"的。(《论语真义》

98 页）

　　　辑者案：可将皇侃、江声、杨朝明的诠释结合起来理解。

　　9.3 子曰："麻冕，礼也。今也纯，俭，吾从众。拜下，礼也。今拜乎上，泰也。虽违众，吾从下。"（辑者案："麻冕"，定州简本作"麻绕"）

　　(1)麻冕，礼也。今也纯，俭，吾从众

　　汉·孔安国：冕，缁布冠也。古者绩麻三十升布以为之。纯，丝也。丝易成，故从俭也。（皇侃《论语集解义疏》卷五·2 页）

　　汉·郑玄："纯"当为"缁"，黑缯也。（袁钧辑《郑玄论语注》卷五·1 页）

　　梁·皇侃：礼，谓周礼也。周礼有六冕，以平板为主，而用三十升麻布衣板，上玄下缥，故云麻冕，礼也。……纯，丝也。周末不复用三十升布，但织丝为之，故云今也。云俭者，三十升布用功巨多，难得，难得则为奢华。而织丝易成，易成则为俭约，故云俭也。……众，谓周末时人也。时既人人从易用丝，故孔子云吾亦从众也。所以从之者，周末每事奢华，孔子宁欲抑奢就俭。今幸得众共用俭，故孔子从之也。（皇侃《论语集解义疏》卷五·3 页）

　　清·张甄陶：以恒情言之，布自俭，帛乃奢。今以纯为俭，用人力少也。麻质本粗，以二尺二寸之幅引以二千四百之经，然后绩之，用工极难，非经时日不能成，为费多矣。丝之经纬出于自然，虽华于麻，用工则少故曰俭也。（梁章钜《论语旁证》卷九·3 页）

　　日·佐藤坦：麻易弊，纯耐久，故纯为俭耳。（《论语栏外书》49 页）

　　清·刘宝楠：《左》桓二年《疏》："《论语》'麻冕'，盖以木为干，而用布衣之，上玄下朱，取天地之色。"……《释文》："纯，顺伦反，丝也。郑作侧基反。"侧其之音为"缁"，其实郑依古字作"纱"，

"纯"篆与"纯"相似,故致误。《礼·玉藻》"纯组绶"注:"纯当为缁,古文缁字,或作系旁才。"《周官·媒氏》"纯帛"注:"纯实缁字也,古缁以才为声。"此郑破"纯"为"缁"之例。……《说文》:"缁,帛黑色也。"缁本谓黑帛,其后布之黑色者,亦得名之。"缁"、"纯"为古今字,郑此《注》训黑缯,而破读止云"纯当为缁",是缁可为帛色,而贾以缁但为布色,非矣。缘郑之意,实以"纯"字与"纯"相似,故读从之。但"纯"为古文,人不经见,故先读从今字而为"缁"也。且言"缁"则为"纯"已明。《祭统》"纯服"、《昏礼》及《士冠礼》"纯衣"注以"丝衣"解之,虽不破字,亦是读"纯",以与他处注文可互见也。(《论语正义》322页)

方骥龄:用麻为贱,用丝为贵,自古至今皆如是,安有用丝而为俭之理?《广雅·释诂三》:"俭,少也。"孔子之世,殆已普遍使用丝冕,而皆以麻冕为丧服,故用麻冕者少。孔子不欲矫俗干名,故从众。(《论语新诠》231页)

杨伯峻:[译文]孔子说:"礼帽用麻料来织,这是合于传统的礼的;今天大家都用丝料,这样省俭些,我同意大家的做法。"[注释](一)麻冕——一种礼帽,有人说就是缁布冠(古人一到二十岁,便举行加帽子的仪式,叫"冠礼"。第一次加的便是缁布冠),未必可信。(二)纯——黑色的丝。(三)俭——绩麻做礼帽,依照规定,要用二千四百缕经线。麻质较粗,必须织得非常细密,这很费工。若用丝,丝质细,容易织成,因而省俭些。(《论语译注》87页)

黄怀信:[释]麻冕:用麻扎制的丧冠。纯:纯色黑帛。[训译]先生说:"(治丧戴)麻冕,符合礼;如今用纯帛,俭朴,我从众人。"(《论语新校释》202页)

林觥顺:[注解]1、麻冕:就是丧葬当大事时,孝子所宜麻在首,就是麻衣草冠。2、今也,纯俭:……故今也纯俭四字,又可断

句成今也纯,今也俭,今也纯是今有用帛布类代麻冕。……今也,纯俭,是如今已大加俭约。(《论语我读》146页)

　　　辑者案:从孔安国、皇侃说。

(2)拜下,礼也。今拜乎上,泰也。虽违众,吾从下

魏·王肃:臣之与君行礼者,下拜然后升成礼。时臣骄泰,故于上拜也。今从下,礼之恭也。(皇侃《论语集解义疏》卷五·3页)

梁·皇侃:下,谓堂下也。《礼》:"君与臣燕,君赐酒,皆下堂而再拜。"故云拜下,礼也。……上,谓堂上也。泰,骄泰也。当于时周末,君臣饮燕,臣得君赐酒,不复下堂,但于堂上而拜,故云今拜乎上,泰也。拜不下堂,是由臣骄泰,故云泰也。云"虽违众吾从下"者,当时皆违礼而拜上者众,孔子不从拜上,故云虽违众也。违众而从旧礼拜于下,故云吾从下也。(皇侃《论语集解义疏》卷五·3页)

宋·邢昺:云"臣之与君行礼者,下拜然后升成礼"者,案《燕礼》,君燕卿大夫之礼也。其礼云:"公坐取大夫所媵觯兴,以酬宾。宾降西阶下,再拜稽首。公命小臣辞,宾升成拜。"郑注:"升成拜,复再拜稽首也。先时君辞之,于礼若未成然。"(邢昺《论语注疏》112页)

宋·朱熹:臣与君行礼,当拜于堂下。君辞之,乃升成拜。泰,骄慢也。(《四书章句集注》109页)

清·黄式三:拜下之礼,见于《觐礼》、《燕礼》、《大射仪》、《公食大夫礼》、《聘礼》诸篇为详。凌次仲曰:"凡臣与君行礼,皆堂下再拜稽首,异国之君亦如之。凡君待以客礼,下拜则辞之,然后升成拜。"凌氏说是也。(《论语后案》224页)

清·许宗彦:《大戴礼》"大夫于君命,升听命,降拜"。臣之于君,其当拜者多矣,要皆拜于堂下。惟觐礼、燕礼、公食礼三者,君待之以宾礼,则使人辞之,于是乎升成拜。燕礼彻幕后,卿大夫皆降西阶下,再拜稽首,小臣辞,公答再拜,大夫皆辟。《注》云:"小臣辞,不升成拜,明虽醉,正臣礼也。"燕礼至终,乃正臣礼,不升成拜,明前此升成拜非臣礼之正也。春秋君弱臣强,非燕与食亦升成拜,故孔子辨之。邢《疏》及《集注》乃引觐礼、公食礼为说,则升成拜礼所应尔,何以为泰?于《论语》本文不可通也。(《鉴止水斋集》卷十四·13页)

清·桂文灿:《大戴礼》"大夫于君命,升听命,降拜",据此,是臣之于君,无不拜于堂下者。……考《仪礼·燕礼》、《觐礼》、《公食礼》,君待大夫以宾,使人辞之,皆升成拜。惟《燕礼》彻幕后,卿大夫皆降西阶下,再拜稽首。小臣辞,公答再拜,大夫皆辟。《注》"小臣辞,不升成拜,明虽醉,正臣礼也"。夫燕礼至终乃下拜,则前此之不下拜可知已。何得以下拜专属燕礼耶?皇说非也。(《论语皇疏考证》卷五·1页)

杨伯峻:[译文]臣见君,先在堂下磕头,然后升堂又磕头,这是合于传统的礼的。今天大家都免除了堂下的磕头,只升堂后磕头,这是倨傲的表现。虽然违反大家,我仍然主张要先在堂下磕头。(《论语译注》87页)

辑者案:从杨伯峻说。

9.4 子绝四:毋意,毋必,毋固,毋我。

(1)绝

梁·皇侃:绝者,无也。明孔子圣人,无此下四事。(皇侃《论语集解义疏》卷五·4页)

唐·韩愈:子绝二而已。吾谓无任意即是无专必也,无固行即是无有己身也。(《论语笔解》卷上·17页)

宋·朱熹:绝,无之尽者。(《四书章句集注》109页)

宋·张栻:绝云者,无之甚也。(《南轩论语解》卷五·2页)

日·东条弘:绝是断绝之绝,未至于无也,况于其尽乎?《注》"绝,无之尽者",非也。(《论语知言》270 页)

日·昭井一宅:绝者谓自禁。(《论语解》187 页)

覃正爱:在我看来,"子绝四"中的"绝"字应是一个衍字……"子绝四"去掉了"绝"字也同样能表明孔子对克服"意、必、固、我"所持的态度。"子四"就是"孔子有四个要求"。这样这句话的意思就是:孔子有四个要求:不要悬空揣测、不要绝对肯定、不要拘泥固执、不要唯我独是。这样,这句话就表明了孔子对学生们的态度,同时也表明了孔子对自己的态度。我认为,这样解释这句话,才是符合孔子思想原貌的。(《〈论语〉"绝"字质疑》,《船山学刊》1999 年第 1 期)

杨润根:绝:"绝"既具有绝对的、根本的、永恒存在、永恒不变的意思,又具有彻底消除、彻底毁灭的意思。这里指绝对必要的意思。(《发现论语》220 页)

　　辑者案:绝,杜绝,戒绝。

(2)毋意

魏·王肃:不任意。(马国翰辑《论语古注·论语王氏义说》4 页)

梁·皇侃:此谓圣人心也。凡人有滞故,动静委曲自任用其意,圣人无心,泛若不系舟,豁寂同道,故无意也。(皇侃《论语集解义疏》卷五·4 页)

宋·朱熹:毋,《史记》作"无"是也。意,私意也。(《四书章句集注》109 页)

日·伊藤维桢:意者,心有所计较也。……无意者,事皆自道出,而无计较之私也。(《论语古义》131 页)

清·李光地:毋意则所发者皆天地之心,元之德也。(《读论语札记·子罕篇》)

日·物双松：事至则以礼应之，若初不经意，故曰"毋意"。（《论语征》179页）

清·段玉裁：意之训为测度，为记。训测者，如《论语》"毋意毋必"。（《说文解字注》502页）

日·东条弘：意，臆度也。（《论语知言》270页）

清·崔适：《集注》"意，私意也"，"我，私己也"。案：私意必由己，私己即是意，二义有何分别？意当读为"不亿不信"之亿。《吕氏春秋·任数篇》"孔子曰：'所信者，目也，而目犹不可信。所恃者，心也，而心犹不足恃'"。此毋亿之义也。（《论语足征记》卷上·7页）

清·康有为：意，所也。必，适也。固，执也。我，己也。印度古教有所教、方教、执教、我教，即意、必、固、我也。孔子之道虚斋，故无所住而绝迹；孔子之道时中，故无适莫而比义；孔子之道浑圆，故无可无不可而适宜；至于我性我质，其痴执尤大。一执于我，即背于公德，失于圆理。如耳目鼻口之各明一义，而不能相通，不能兼怀万理。凡诸教之意、必、固、我皆大，惟孔子无此四者。所以超绝象外而无不包，深入世中而无所滞也。意，或作億，测教也。（《论语注》126页）

吴林伯："毋意"者，不自以为是也。（《论语发微》125页）

程石泉：不意气用事。（《论语读训》146页）

林觥顺：不可违逆心志诚意。（《论语我读》146页）

辑者案：从段玉裁、东条弘说。意，猜测，臆度。《管子·小问》："君子善谋而小人善意。"尹知章注："善以意度之也。"意有怀疑的意思，《广雅·释言》："意，疑也。"此处解作"猜疑"亦可。

(3)毋必

魏·王肃：无专必。（马国翰辑《论语古注·论语王氏义说》4页）

梁·皇侃：此谓圣人行化时也。物求则赴应，无所抑必，故互乡进而与之是也。无所抑必由无意，故能为化无必也。（皇侃《论语集解义疏》卷五·4页）

宋·朱熹：必，期必也。（《四书章句集注》109页）

宋·张栻：必者，必欲其然也。（《南轩论语解》卷五·1页）

明·林希元：势虽已成，当改则改，无必也。（《四书存疑》卷五·50页）

清·李光地：毋必则为不计效施、不望报亨之德也。（《读论语札记·子罕篇》）

日·龟井鲁：应机而变，无所期待，所谓毋必也。（《论语语由》153页）

日·广濑建：言不必信，行不必果，毋必也。（《读论语》26页）

清·康有为：必，适也。（《论语注》126页）

蒋伯潜：无适无莫，义之与比也。（沈知方、蒋伯潜《语译广解四书读本·论语新解》上论·94页）

于省吾：未然之事，成否不可知，而务期其成者，是必也。（《论语新证》9页）

杨伯峻：不绝对肯定。（《论语译注》87页）

吴林伯："毋必"者，不乱下决断也。（《论语发微》125页）

董子竹：相信自己必定成功，这就是孔子在"四毋"中指出的"必"的毛病。（《〈论语〉正裁》255页）

林觥顺：必：分极也，是分画精微。毋必，就是不斤斤计较，非如此不。（《论语我读》146页）

刘兆伟：不轻易全面肯定或全面否定。（《论语通要》180页）

　　辑者案：从杨伯峻说。"必"字本身就有"肯定"义。《韩非子·显学》："无参验而必之者，愚也。"杨伯峻解作"绝对肯定"，则更恰切。《辞源》（修订本）解作"固执"，欠当。

(4)**毋固**

魏·王肃:无固行。(马国翰辑《论语古注·论语王氏义说》4 页)

梁·皇侃:固,谓执守坚固也。(皇侃《论语集解义疏》卷五·4 页)

宋·朱熹:固,执滞也。(《四书章句集注》109 页)

宋·张栻:固者,执而不化也。(《南轩论语解》卷五·2 页)

明·林希元:事已不留,过而化矣,无固也。(《四书存疑》卷五·50 页)

日·伊藤维桢:固,执滞也。……无固者,唯善是从,无所凝滞。(《论语古义》131 页)

日·广濑建:博学无方,毋固也。(《读论语》26 页)

清·俞樾:固当读为故。《诗·昊天有成命篇》郑《笺》云"固当作故",《史记·鲁周公世家》"咨于固实",徐广曰"固一作故",是固与故通。毋故者,不泥其故也。……彼一时、此一时是谓毋故。(《群经平议》卷三十·23 页)

杨伯峻:不拘泥固执。(《论语译注》87 页)

乔一凡:毋主观。(《论语通义》138 页)

吴林伯:"毋固"者,不故步自封也。(《论语发微》125 页)

林觥顺:固:四塞也。是坚持、故意,自闭孤行。毋固就是随俗。(《论语我读》147 页)

辑者案:从杨伯峻说。

(5)**毋我**

魏·王肃:无有其身。(马国翰辑《论语古注·论语王氏义说》4 页)

梁·皇侃:此圣人行教,功德成身退之迹也。圣人晦迹,功遂身退,恒不自异,故无我也。亦由无意,故能无我也。(皇侃《论语集解义疏》卷五·4 页)

宋·朱熹:我,私己也。(《四书章句集注》110 页)

明·林希元:爱欲不萌,己私不累,无我也。(《四书存疑》卷五·50 页)

清·李光地:我乃私意之根,虽不动念而不化者,《易》之艮所谓身也。有我则不能廓然大公,故不能物来顺应,而有意有必有固。若物来顺应,则物未来而私心妄念之不生,何意之有?应物而不累于物,何必之有?顺理以应之而不滞于物,何固之有?如是则复还于太虚而无迹,何我之有?……毋我则不言所利贞之德也。(《读论语札记·子罕篇》)

日·物双松:惟有先王之礼而已,无复有孔子,故曰"毋我"。(《论语征》179 页)

清·牛运震:我谓己见也。参持己见即是私意,不作私己解。(《论语随笔》卷九·2 页)

清·崔适:《史记·孔子世家》:"孔子在位听讼,文辞有可与人共者,弗独有也。"《春秋繁露》:"孔子为鲁司寇,断狱屯屯,与众共之,不敢自专。"此毋我之义也。(《论语足征记》卷上·7 页)

杨伯峻:不唯我独是。(《论语译注》88 页)

吴林伯:"毋我"者,不以私害公也。(《论语发微》125 页)

林觥顺:我:我,籀文,钟鼎文是人手戈,是杀,是我字本义,毋我是禁止打杀。(《论语我读》147 页)

辑者案:从杨伯峻说。

9.5 子畏于匡,曰:"文王既没,文不在兹乎? 天之将丧斯文也,后死者不得与于斯文也。天之未丧斯文也,匡人其如予何?"

(1)子畏于匡

汉·包咸:匡人误围夫子,以为阳虎。阳虎尝暴于匡,夫子弟子颜刻时又与虎俱往,后刻为夫子御至于匡,匡人相与共识刻。又夫子容貌与虎相似,故匡人以兵围之。(皇侃《论语集解义疏》卷五·4页)

晋·孙绰:畏匡之说,皆众家之言,而不释畏名。解书之理为漫,夫体神、知几玄、定安危者,虽兵围百重,安若泰山,岂有畏哉?虽然,兵事阻险,常情所畏,圣人无心,故即以物畏为畏也。(皇侃《论语集解义疏》卷五·5页)

梁·皇侃:心服曰畏。匡,宋地名也。于时匡人误以兵围孔子,故孔子同物畏之。(皇侃《论语集解义疏》卷五·5页)

宋·邢昺:"子畏于匡"者,谓匡人以兵围孔子,记者以众情言之,故云"子畏于匡"。其实孔子无所畏也。(邢昺《论语注疏》113页)

宋·张栻:汲郡吕氏曰:"畏者,有戒心也。"(《南轩论语解》卷五·2页)

金·王若虚:沈道原曰:"君子畏乎在我者,不畏其在天者。不能穷理尽性而取祸,此则在我者,君子所当畏也。既以穷理尽性矣,虽有一朝之患,君子不患矣。然则孔子何为畏匡也?曰:此记者之云耳,犹言作《易》者其有忧患乎,以文王与纣之事也。夫穷理尽性然后能作《易》,何忧患之有?故匡人之围一事,观之则为可畏,以理考之则非圣人之所畏也。"其说甚佳。(《论语辨惑》卷二·13页)

清·崔述:此必孔子闻匡人之将杀己而有戒心,或改道而行,或易服而去,仓卒避难,故与颜渊相失,故不曰拘于匡、围于匡,而曰畏于匡。不然,已为所拘所围矣。生死系于其手,而犹曰"其如予何",圣人之言,不近迂乎?然则此事当与微服过宋之事相类,不得如《世家》、《家语》之说也。……又按定公六年《传》云"伐郑取匡,往不假道于卫",是匡在郑东也。及还,阳虎使季孟自南门入，是匡在卫南也。鲁虽取匡，势不能有。杜氏疑为归之于晋，《庄子》《荀子》皆以匡为宋邑。郑东卫南则去宋为近，去晋为远，晋之灭逼阳也，以予宋公。取匡之时，宋方事晋，匡归于宋，理或然也。此事既与过宋之事相类，又与其时相同，若匡又宋地，则似畏匡过宋实本一事者，吾恶知非魋闻孔子适陈，将出于匡故使匡人要之，而后人误分之为二事也。《子罕篇》云"天之未丧斯文也，匡人其如予何"，《述而篇》亦云"天生德于予，桓魋其如予何"，二章语意正同，亦似一时一事之言，而记者各记所闻，是以其词小异，未必孔子生平每遇患难即为是言也。然则畏匡之与过宋，绝似一事，恐不得分以为二也。然于经传皆无明文，故今不敢遽合为一，姑两存之，以俟夫博古之士正之。（《洙泗考信录》卷三·5页）

清·黄式三：畏，威也，尼也，谓威尼之也。古畏、威、尼同音。……匡人威尼夫子，故曰"子畏于匡"。子未尝有戒心，而以兵自卫也。（《论语后案》227页）

清·刘宝楠：夫子见围于匡，有畏惧之意，犹孟子言有戒心也。人若因畏而死，亦称畏。（《论语正义》327页）

清·俞樾：《荀子·赋篇》："比干见刳，孔子拘匡。"《史记·孔子世家》亦云："匡人于是遂止孔子，拘焉五日。"然则畏于匡者，拘于匡也。（《群经平议》卷三十·23页）

毛子水：畏，受危难的意思。（《论语今注今译》127页）

陈奇猷：《吕氏春秋·劝学》："孔子畏于匡。"［校释］范耕研曰："按因畏而致死"，畏与死非一事，以死训之，似非。奇猷案：范盖不知畏乃围之假字，故有此说。（《吕氏春秋校释》203页）

钱逊：畏有几种解释：……三、古人称私斗叫畏，匡人拘孔子是私斗，所以说畏于匡。……孔子在遇到危难或不可抗拒的灾害时，把人力所不能及的因素归之于天、命……相信并强调人的主观努力……但他总不见用,屡遭困厄,又使他感到许多事非人力所能决定。他把这归之于天命,反映出一种无可奈何的心情。他强调人的主观努力,但又不得不承认天命;他强调知命,但又不是消极地听天由命,不放弃为仁的主观努力,甚至被人称为"知其不可而为之者"。这是孔子思想中矛盾着的两面,"与命与仁"是这种矛盾的表现。(《〈论语〉读本》108页)

吴林伯:孔子被匡人威胁,竟以兵围困,乃称"天"或"上帝"以传"斯文"的大任与己,渺彼匡人,岂敢违逆上帝旨意?因言匡人无奈之何,犹孔子去曹适宋,与弟子习礼大树下,宋司马桓魋欲杀孔子,拔其树,弟子劝其速去,孔子称上帝使予生德,桓魋将无奈之何(《述而》),意气均极高昂,实无"畏惧之意"与"戒心"。(《论语发微》126页)

金良年:"畏"通"隈",曲折。(《论语译注》92页)

黄怀信:[校]子围于匡,"围"旧作"畏",不辞,以音误,今据《史记》及何晏《论语集解》引包咸注改。(《论语新校释》203页)

何新:畏,危也。(《论语新解——思与行》109页)

> 辑者案:从字面看,畏确为畏惧义。很多人认为看作"畏惧"有损孔子形象,从当时孔子的实际表现来看,孔子是临危不惧的。至于缘何用了"畏"字,邢昺曾有合理的回答:"匡人以兵围孔子,记者以众情言之,故云'子畏于匡'。"这是记者用字欠当的问题。

(2)文不在兹

汉·孔安国:兹,此也。言文王虽已没,其文见在此。此自此其身也。文王既没,故孔子自谓后死也。言天将丧斯文者,本不当使我知之。今使我知之,未欲丧也。(皇侃《论语集解义疏》卷五·4页)

宋·张栻:文王既没,文不在兹,圣人以斯文为己任也。己之在与亡,斯文之丧与未丧系焉。是二者岂人之能为哉?天也。不曰丧己而曰丧斯文,盖己之身即斯文之所在也。方夫子畏于匡之时,所谓《易》《诗》《书》《春秋》皆未讨论也,故以为天之将丧斯文则后死者不得与斯文。夫使后死者而果不得与于斯文,则其不免于难,亦非匡人之所能为也。(《南轩论语解》卷五·2页)

清·牛运震:道之显者谓之文。删定纂修礼乐法度都括在内,这"文"字意思本大,不作谦词看,圣人此时更用不著谦词也。文不在兹乎不作疑词,正反言以见其必在兹也,犹云舍我其谁。(《论语随笔》卷九·3页)

日·广濑建:文,文王之文,即六经也。又文者,道之见于制作者,其隐微存于人性者,则无存丧。(《读论语》27页)

清·崔适:夫子秉文王之法度而作《春秋》,故曰"文王既没,文不在兹乎"。《春秋》之文即文王之文。天将丧文王之文,己终不得成《春秋》;天将使己成《春秋》,匡人岂能违天害己乎?是时《春秋》尚未成,故云尔。(《论语足征记》卷上·7页)

方骥龄:《说文》:"在,存也。"古训"存在""存问",今但训为"存亡"之存。兹,通滋,繁茂意。文不在兹者,殆孔子谓自文王没后,所行之礼乐典章,固依然存在而又繁衍未衰,即《子张篇》子贡所谓"文武之道,未坠于地,在人;贤者识其大者,不贤者识其小者,莫不有文武之道焉"是也……后死者当指所有门弟子及其他有志于文武之道者言。(《论语新诠》232页)

王熙元:文,指古代圣人所遗留的文化传统。(《论语通释》475页)

姚式川:这是孔子信道笃,自知明,对道坚贞不渝的信念,也是坚定的自信,一种满怀信心的乐天知命的情素,是身处十分危险境遇中表现出的"知穷之有命,知通之有时,临大难而不惧者,圣人之勇也"的精神境界。(《论语体认》530页)

杨朝明：[诠释]文：文献，蕴含文武之道的六艺之类的典籍。孔子也正是用这些文献教授弟子。[解读]孔子在匡地被拘囚了数日，他说："集结传统文化的周文王死后，饱含礼乐之道的文化遗产不都在我这里吗？上天要消灭这种文化，那就不会让我掌握这种文化了；如果天不灭亡这种文化，匡人又能把我怎么样呢？"（《论语诠解》80 页）

　　辑者案：张栻、杨朝明解为优。

9.6 大宰问于子贡曰："夫子圣者与？ 何其多能也！"子贡曰："固天纵之将圣，又多能也。"子闻之，曰："大宰知我乎！ 吾少也贱，故多能鄙事。君子多乎哉？ 不多也。"

（1）太宰

汉·孔安国：太宰，大夫官名，或吴或宋，未可分也。（邢昺《论语注疏》114 页）

汉·郑玄：太宰是吴太宰嚭也。（马国翰《论语古注·论语郑氏注》卷五·1 页）

宋·吴程：《左传》鲁、郑、楚诸国皆有是官，不但吴、宋也。（陈士元《论语类考》卷五·1 页）

宋·金履祥：夫子本宋人，虽居鲁而娶于宋，又尝长居宋，则是太宰素知其少长之事也。（《论语集注考证》卷五·2 页）

清·阎若璩：……《檀弓》："吴夫差侵陈，陈大宰嚭使于师。"孔《疏》谓"此陈大宰嚭与吴大宰嚭，名号同而人异者"。是孔子先后两居陈，识防风氏之骨专车，辨肃慎氏之砮长尺，与测桓僖之庙灾，当日所为多闻而震矜之者，皆在陈事。故陈大宰以为问。属吴似尤不若陈。（《四书释地续》57 页）

清·刘宝楠：正义曰：郑注云："太宰是吴太宰嚭。"伪孔兼存吴、宋。方氏观旭《偶记》:"郑以为吴太宰,盖以夫子虽两居宋,但一则年十九娶于亓官氏之女,时子贡犹未生,一则年五十六去卫后,过曹适宋,于时有桓魋拔树之难,宜无冢卿向子贡私论夫子之圣。惟吴太宰则《左氏传》哀七年'公会吴于鄫'时与子贡语,十二年'公会吴于橐皋'时与子贡语,其秋'公会卫侯、宋皇瑗于郧'时又与子贡语,故定为吴太宰。《史记·孔子世家》吴客闻夫子'防风氏骨节专车',及'僬侥氏三尺'之语,于是曰:'善哉圣人!'是前此固有以夫子之多能为圣者,亦吴人也。"案:《说苑·善说篇》:"子贡见太宰嚭,太宰嚭问曰:'孔子何如?'对曰:'臣不足以知之。'太宰嚭曰:'子不知,何以事之?'对曰:'唯不知,故事之。夫子其犹大山林也,百姓足其材焉。'太宰曰:'子增夫子乎?'对曰:'夫子不可增也。夫赐其犹一累壤,以增大山,不益其高,且为不知。'"此子贡与太宰嚭论述圣德之证,而太宰之为吴太宰嚭益信。(《论语正义》330 页)

程树德:太宰有吴宋鲁陈之四说,以书法言之,当以鲁太宰为正。《左传》隐十年:"羽父求太宰。"《正义》谓:"以后更无太宰,鲁竟不立。"未知其说何据。此等处止宜阙疑。(《论语集释》581 页)

杨润根:[注释]太宰:老资格的宰相,或前任宰相退职后仍作为国王的高级政治顾问而被留用的人。(《发现论语》222 页)

　　　辑者案:太宰,相传殷始设,周亦名冢宰,为天官之长,辅佐帝王治理国家。此章所指为吴国太宰,刘宝楠考之较详。

(2)何其多能

汉·孔安国:疑孔子多能于小艺。(邢昺《论语注疏》114 页)

宋·邢昺:此章论孔子多小艺也。……太宰之意,以为圣人当务大忽小,今夫子既曰圣者与,又何其多能于小艺乎?(邢昺《论语注疏》114 页)

清·刘宝楠："疑孔子多能于小艺"者,正以礼乐是艺之大,不得为鄙事,惟书数射御皆是小艺,太宰所指称也。《淮南子·主术训》："孔子之通,智过于苌弘,勇服于孟贲,足蹑郊菟,力招城关,能亦多矣。"此时传夫子多能之事。太宰以多能为圣,但有美辞,无疑辞也。《注》亦微误。(《论语正义》331页)

方骥龄:本章"何其多能"之多,似当作贤字解,多能,贤能也,指品德言。(《论语新诠》234页)

吴林伯:按太宰、子贡,皆赞孔子,以"圣"与"能"并举。(《论语发微》127页)

杨润根:多:多于,胜于,优于。在本章中,"多"有两层意思,一是很多,一是优于,即家庭出身方面优于他人。(《发现论语》222页)

辑者案:多能,解作"多才多艺"为当。

(3)固天纵之将圣

汉·孔安国:言天固纵大圣之德,又使多能也。(邢昺《论语注疏》114页)

宋·邢昺:将,大也。言天固纵大圣之德,又使多能也。(邢昺《论语注疏》114页)

宋·朱熹:纵,犹肆也,言不为限量也。将,殆也,谦若不敢知之辞。圣无不通,多能乃其余事,故言又以兼之。(《四书章句集注》110页)

明·郝敬:将犹帅也,才足以将物而胜之曰将,知足以帅人而先之曰帅,犹"韩信将兵多多益善"之将。将圣,谓为群圣之统帅。(《论语详解》卷九·9页)

明·张居正:将字解做使字。(《论语别裁》129页)

清·牛运震:将字言其方圣而未艾。(《论语随笔》卷九·3页)

清·沈涛:犹言天生之大圣耳。(《论语孔注辨伪》卷上·16页)

清·陈浚：纵是放。(《论语话解》卷五·3页)

日·昭井一宅：纵者，谓不拘系。(《论语解》189页)

清·王闿运：纵，舍也。圣不见用则以艺显。(《论语训》卷上·82页)

清·刘宝楠：《注》："言天固纵大圣之德，又使多能也。"正义曰：《注》以"固天纵之将圣"为句，亦通。大圣，即将圣也。钱氏大昕《潜研堂文集》："《诗》'有娀方将'、'我受命溥将'之将，并训为大。然则将圣者，大圣也。"案：《荀子·尧问篇》："然则孙卿怀将圣之心。"亦谓大圣也。《论衡·知实篇》子贡曰："故天纵之将圣。"将者，且也。不言已圣，言且圣者，以为孔子圣未就也。孔子从知天命至耳顺，学就知明成圣之验也。未五十、六十之时，未能知天命至耳顺也，则谓之且矣。当子贡答太宰时，殆三十、四十之时。案："故"与"固"通，"将圣"当从此《注》训大圣。(《论语正义》331页)

唐满先：纵：使，让。(《论语今译》84页)

蒋沛昌：天纵：亦作"天从"，意思是天从人愿，后来往往用来作为对帝王歌功颂德之谀词。(《论语今释》213页)

林振衡：将：至，达到，成为。(《论语新编》15页)

杨朝明：[诠释]固：同故，本来、固然。将：将要。[解读]这本是上天将让他成为圣人，又使他多才多艺的。(《论语诠解》80页)

　　辑者案：从孔安国、刘宝楠说。此句释为：固然是上天赋予他大圣之德，又赋予他多能之才也。

(4)吾少也贱，故多能鄙事

汉·包咸：我少小贫贱，常自执事，故多能为鄙人之事。君子固不当多能。(邢昺《论语注疏》114页)

宋·朱熹：言由少贱故多能，而所能者鄙事尔，非以圣而无不通也。且多能非所以率人，故又言君子不必多能以晓之。(《四书章

句集注》110 页）

清·刘宝楠：居官则有府史或胥徒，用给徭役，不自执事也。夫子少小贫贱，始习为之，故多能为鄙人之事。《周官·遂人》："五酂为鄙。"《荀子·非相》注："鄙人，郊野之人也。"鄙即是贱。下篇"鄙夫"训同。"君子"者，则有德堪在位者也。（《论语正义》331 页）

胡凡英：作如下断句："大宰知我乎！吾少也贱，故多能。鄙事君子，多乎哉？不多也。"太宰问"多能"之由，孔子答"多能"之故……至于"鄙事君子"，笔者以为"鄙"当训"野"，指鄙野或鄙野之人；"事"当"行"讲，指实践；"事君子"，即实践君子之道，也就是指学习六艺。（《"多能鄙事"质疑》，《齐鲁学刊》1985 年第 5 期）

官会云：古汉语中，"贱"没有"穷苦"的意思，它的一个常用义是"低贱、地位卑下"，与"高贵"相对。此处"吾少也贱"中的"贱"就是"低贱、地位卑下"的意思。（《〈论语〉词语辨义三则》，《安徽文学》2006 年第 11 期）

黄怀信：[释]鄙事：俗陋之事。"君子"：在位者、贵族，与"贱"相对，指出身高贵。[训译]我小时候贫贱，所以会做很多俗事。（如果出身）高贵，（能那么）多能吗？（肯定）不会多能。（《论语新校释》205—206 页）

胡齐临：本章有两层涵义。第一层涵义是，子贡作为老师的学生，说自己的老师是伟人，老师的各种技能和学问是上天赋予的。但孔子却否认了这一点，而把自己放在了普通人的位置上，跨度之大，有其深层的涵义。……第二层涵义是指所谓"卑贱的人"，经过学习修养也会得到一定的技能，也能成为君子和圣人。做官是治理社会的学问，而"艺"是通过教育和学习而获得的技能和学问。（《论语真义》101 页）

辑者案：孔子少时贫贱，所以做了很多鄙贱的事，也因此学会了很多谋生的技能。他认为有地位的人、生活条件优越的人,不屑于鄙事,不会有这么多的技能。

9.7 牢曰:"子云:'吾不试,故艺。'"

(1)牢

汉·郑玄:牢,弟子子牢也。(邢昺《论语注疏》114 页)

清·王引之:琴张名牢,乃王肃之臆说,伪托于《家语》者。杜氏不察而用之,疏矣。此及《孟子·尽心篇》作"琴张",《庄子·大宗师篇》作"子琴张",无作琴牢者。《论语·子罕篇》"牢曰",郑注以牢为子牢,盖据《庄子·则阳篇》"长梧封人问子牢"之文,然亦不以为琴张。牢与琴张不得合而为一也。《汉书·古今人表》有琴牢,亦当作琴张,后人据《家语》改之也。王肃《家语》未出以前,不得有琴张名牢之说。(《经义述闻》卷十九·32 页)

清·刘宝楠:《左·昭二十年传》:"琴张闻宗鲁死,将往吊之。仲尼曰:'齐豹之盗,而孟絷之贼,女何吊焉?'"杜《注》:"琴张,孔子弟子,字子开,名牢。"孔《疏》:"《家语》云:'孔子弟子琴张与宗鲁友。'《七十子篇》云:'琴牢,卫人,字子开,一字子张。'则以字配姓为琴张,即牢曰'子云'是也。贾逵、郑众皆以为子张即颛孙师。服虔云:'案《七十子传》云:"子张少孔子四十余岁",孔子是时四十,知未有子张,郑、贾之说不知所出。'"案:赵岐注《孟子·尽心》亦以琴张为子张,并沿旧说之误。……自《家语》琴牢之名出,唐赠琴牢南陵伯,宋赠顿丘侯,改赠阳平侯,则皆由《家语》之说误之矣。窃谓琴张非子张,服氏之辨最确。而子牢非琴张,则郑此《注》最当。(《论语正义》332 页)

　　辑者案:从郑玄说。

(2)不试,故艺

汉·郑玄:试,用也。言孔子自云,我不见用,故多技艺。(邢昺《论语注疏》114 页)

宋·朱熹:言由不为世用,故得以习于艺而通之。(《四书章句集注》110 页)

杨润根:试:格式化的语言,已成俗套的理论、教条。艺:驾驭和创造生活的实际能力与技术,这里显然是指思想上的辨别力、判断力和创造力,即对社会上流行的各种观念的真实价值能够作出正确的判断,并以此为基础而创造出比之前人更优越、更完善的思想理论体系。(《发现论语》222—223 页)

林觥顺:艺:六艺。(《论语我读》150 页)

黄怀信:牢:孔子弟子琴张,一名牢,又字子开,卫人。见《家语》。试:用,被任用。艺:技艺。(《论语新校释》206 页)

李零:"试"指考察、举用、出仕做官,即后世所谓"考试"的"试"。(《丧家狗——我读〈论语〉》180 页)

　　辑者案:从郑玄、朱熹说。

9.8 子曰:"吾有知乎哉?无知也。有鄙夫问于我,空空如也。我叩其两端而竭焉。"

(1)空空如也(辑者案:清马国翰辑《论语郑氏注》作"悾悾如也")

汉·孔安国:有鄙夫来问于我,其意空空然。(邢昺《论语注疏》115 页)

宋·邢昺:空空,虚心也。(邢昺《论语注疏》115 页)

明·张居正:空空是无能的模样。(《论语别裁》130 页)

明·焦竑:孔子言己空空无所知,唯叩问者是非之两端而尽言之,舍此不能有所加也。盖孔子自得其本心,见闻识知泯绝无寄,故谓之空空,然非离鄙夫问答间也。(《焦氏笔乘续集》卷一·27页)

日·物双松:空空与悾悾同。《博雅》"悾悾,诚也"。(《论语征》182页)

清·牛运震:空空如也指鄙夫言,谓答之甚易也。(《论语随笔》卷九·5页)

日·东条弘:此空空如字,言鄙夫贱陋,欲知其一二,其所问言貌,胸中如无知,故曰"空空如也"。……空空有二义:一则愚而诚,一则愚而不信,此夫子之意也。盖以为虽愚有诚,则吾恳海之,故先发此谦辞也。(《论语知言》275页)

清·黄式三:空空如,自言心之虚也。(《论语后案》232页)

于省吾:古籍空空亦作款款,空、款双声,《楚辞·卜居》"吾宁悃悃款款朴以忠乎",款款即空空也。《文选》司马迁《报任少卿书》"诚欲效其款款之愚",《注》"款款,忠实之貌"。《尔雅·释器》"鼎款足者谓之鬲",款足即空足也。(《论语新证》9页)

黄怀信:[释]空空如:空虚之貌。"如",同"然"。此指"我"言,承上省"我"字。旧以为指鄙夫,非。鄙夫问,何言空空?又何言无知?不可通也。[训译](曾经有个)村夫来问我问题,我(心里)空空地,从两头敷衍了几句就什么也没有了。[章旨]此章记孔子自嫌知识不足,教人谦虚。旧以此章言孔子教人必尽其诚,谬。(《论语新校释》207页)

　　　　辑者案:黄怀信说详明准确。

(2)叩其两端而竭焉

汉·孔安国:有鄙夫来问于我,其意空空然,我则发事之终始两端以语之,竭尽所知,不为有爱也。(皇侃《论语集解义疏》卷五·7页)

晋·李充:日月照临,不为愚智易光;圣人善诱,不为贤鄙异

教。虽复鄙夫寡识，而率其疑，诚谘疑于圣，必示之以善恶之两端，已竭心以诲之也。(皇侃《论语集解义疏》卷五·7页)

宋·张栻：虽使鄙夫持空空之质而问，所以告之者亦未尝不就其两端而无不尽者焉。盖语近而其远者未尝不具焉，语卑而其高者未尝不存焉。(《南轩论语解》卷五·3页)

宋·朱熹：叩，发动也。两端，犹言两头。言终始、本末、上下、精粗，无所不尽。(《四书章句集注》111页)

元·陈天祥：叩只是至到之意，惟以及字为说似最亲切。字义本训叩头，盖亦头与物相及之谓也，如俗言叩门、叩期皆谓及门、及期也。答所问之事，及首及尾而尽之，是之谓叩其两端而竭焉也。(《四书辨疑》卷五·13页)

明·张居正：叩是发动。两端譬如说两头，言备举其理也。竭是尽。……此乃圣人之谦辞，然谓之叩两端而竭，则其无所不知，与夫诲人不倦，皆可见矣。(《论语别裁》130页)

清·李光地：叩其所疑之两端，而为之反复竭尽耳。凡人心有两端，故疑而问。叩者，推究以发其所疑之两端也。(《读论语札记·子罕篇》)

清·钱坫：端即耑，物初生之题也，物之锐者谓之耑，亦谓之末。叩其两端，揣其本而齐其末之说欤？(《论语后录》卷三·2页)

清·焦循：孔氏之说未明。此两端即《中庸》"舜执其两端，用其中于民"之两端也。鄙夫来问，必有所疑。惟有两端，斯有疑也。故先叩发其两端，谓先还问其所疑，而后即其所疑之两端而穷尽其意，使知所向焉。(《论语补疏》卷一·16页)

日·东条弘：按叩，敲也，或作考。以考鼓为譬。鼓有两端，考其两端，不遗余力之意。(《论语知言》276页)

清·刘宝楠："叩"者，反问之也。因鄙夫力不能问，故反问而

详告之也。（《论语正义》333页）

　　钱地：孔子对于任何事物之理，皆可叩其两端而竭焉。请读《论语》孔子答弟子问各章，便可清楚的见到两端及由两端构成的中道思想。惟两端易知，中道难明。孔子圣者，能掌握万事万物的两端，来建立六经的中道思想。（《儒家思想》250页）

　　张松辉：叩，叩求，搜索。其，代指自己的所有知识……直译当为：把自己所有的知识从头到尾思索一遍。（《读〈论语译注〉札记》，《齐鲁学刊》1986年第2期）

　　欧阳中石："叩"……可以理解为恳切地发动认真分析。（《试析孔子"叩两端"的逻辑方法》，《北京师范学院学报》1986年第3期）

　　王缁尘："两端"是事有两种相反的办法也。（《四书读本》153页）

　　钱逊：通过对事物的正反两个方面的探索来把握事物，求得问题的解决，这是一种很有意义的思想方法。它也是中庸思想的体现。（《〈论语〉读本》110页）

　　南怀瑾：因为没有主观，没有成见，就"叩其两端而竭焉"，反问他提出问题的动机，就他相对思想观念的正反两面研究透了，给他一个结论。（《论语别裁》437页）

　　杨润根：叩：听，对他人的嘴巴竖起自己的耳朵。两端：事情的前因后果。（《发现论语》223页）

　　安德义："竭"后省略一"中"字……全章意思是不带主观成见、客观地去从事物矛盾的双方去认识事物，逐层分析事物，这就是孔子对事物认识的过程和方法，从"无知"到"有知"的过程和方法。另外，"中"是儒家哲学的最高范畴，包括认识论、方法论、道德论。认识论，有"识中"、"择中"、"竭中"；方法论有"执中"、"用中"、"行中"；道德论有"居中"、"养中"、"守中"。这一章谈的是孔子"中庸"哲学的认识论。（《论语解读》257页）

杨朝明：[诠释]叩：问。两端：事情的始末。[解读]孔子说："我有知识吗？没有啊。有知识匮乏的人来问我，如果我对他的问题一无所知，那么，我就问题的首尾两端仔细盘问，领悟其疑问之所在，然后尽我所能地告诉他。"(《论语诠解》81页)

辑者案：叩，询问。两端，事情的始末。竭，尽也。此章言孔子谦虚，他并不认为自己有渊博的知识，以至无所不知。自己也有"无知"的时候。为证明自己"无知"，特举一例：有一鄙夫（鄙陋者，学识浅薄者）有问题来问，（面对鄙夫提出的问题）自己就感到很空虚，只是问了问事情的始末就算完了（无法作出正确的回答）。倘如上述"把自己所有的知识从头到尾思索一遍"（张松辉），"反问他提出问题的动机，就他相对思想观念的正反两面研究透了"（南怀瑾），这会需要一个较长的时间过程。既然能"竭心以诲之"（李充），"其无所不知"（张居正），"详告之"（刘宝楠），"给他一个结论"（南怀瑾），那么，这不与孔子"无知"之表白、"空空如也"之感受相矛盾吗？要实事求是，孔子也有"无知""不知"的时候。

9.9 子曰："凤鸟不至，河不出图，吾已矣夫！"

汉·孔安国：有圣人受命则凤鸟至，河出图。今天无此瑞。"吾已矣夫"者，不得见也。河图，八卦是也。(皇侃《论语集解义疏》卷五·8页)

梁·皇侃：夫时人皆愿孔子有人主之事，故孔子释己不得以塞之也。言昔之圣人应王者，必有凤鸟河图之瑞，今天无此瑞，故云吾已矣夫。(皇侃《论语集解义疏》卷五·8页)

唐·韩愈：王道盛则四灵为畜，非但受命符尔。

唐·李翱：《易》曰"河出图，洛出书，圣人则之"，《书》云"箫韶

九成，凤凰来仪"，皆言王道太和及此矣。圣人伤己之不得见，非受命祥瑞尔。（《论语笔解》卷上·17—18页）

宋·张载：凤至图出，文明之祥，伏羲、舜、文之瑞不至，则夫子之文章，知其已矣。（朱熹《四书章句集注》111页）

宋·郑汝谐：河图凤鸟出于伏羲。文王之时，画卦重《易》皆有感而作也。夫子为是言，麟犹未出也，西狩获麟而《春秋》作焉，天之意也，而亦无异于伏羲文王也。吾已矣夫，非决辞也，疑辞也。（《论语意原》卷二·22页）

宋·张栻：非必凤至图出而后为至治之世。凤至图出，盖治世之征也。圣人斯言，叹明王之不兴，而道之终不行耳。（《南轩论语解》卷五·3页）

清·翟灏：《易坤凿度》曰："仲尼偶筮，其命得旅，泣曰'天也！命也！凤鸟不来，河无图至。呜呼！天命之也'。叹讫而后息志。"（《四书考异》条考十一·4页）

清·钱坫：《墨子》："禽滑厘问于子墨子曰：'由圣人之言，凤鸟不至，诸侯叛。'"据此，则夫子此叹盖为诸侯叛周而发也。（《论语后录》卷三·2页）

清·刘逢禄：此言盖在获麟之后，获麟而死，天告夫子以将没之征，周室将亡，圣人不作，故曰"孰为来哉"，又曰"吾道穷矣"。（《论语述何》卷一·15页）

方骥龄：据各种字书之解释凤字，"凤""鹏""朋"三字通假。本章之凤鸟，殆喻朋友也。同门为朋，同志为友，凤鸟不至，殆谓朋友不来与我相亲而切磋琢磨也。亦犹"人不知"之意……河字亦可作发声之辞，无义。疑本章河字属此，非谓黄河也……孔子以为既无朋友前来切磋琢磨，势必孤陋寡闻，何不出而与人谋议切磋以求进益。今竟不肯出求进益，其人之不肯虚衷乐善可知。

故孔子叹之曰:"吾已矣夫!"犹言"吾末如之何也已矣!"《论语新诠》236 页)

　　杨伯峻:凤鸟河图——古代传说,凤鸟是一种神鸟,祥瑞的象征,出现就是表示天下太平。又说,圣人受命,黄河就出现图画。孔子说这几句话,不过藉此比喻当时天下无清明之望罢了。(《论语译注》89 页)

　　毛子水:孔子时或已有凤鸟和河图的传说了……他们所称的传说,孔子未必会相信;他如果讲这话,不过藉世俗的见解以发一时的感叹罢了。(可能孔子这话是在战国时代这种传说盛行以后好事者所造出来的!)(《论语今注今译》130 页)

　　金良年:此章与本书《述而》篇不复梦见周公章的意思相同。凤凰到来、河图出现,都是古人所谓天下太平的"祥瑞"(即好兆头),这些现象既然不出现,孔子要实施大道也就没指望了。(《论语译注》94 页)

　　　辑者案:从杨伯峻说。孔子慨叹生不逢时,未赶上太平盛世,自己政治上不得志,其思想学说难得施行,倍感无望,故发出"吾已矣夫"的息志之音。

9.10 子见齐衰者、冕衣裳与瞽者,见之,虽少,必作;过之,必趋。

(1)齐衰

　　梁·皇侃:此记孔子哀人有丧者也。齐衰,五服之第二者也。(皇侃《论语集解义疏》卷五·8 页)

　　杨润根:[译解]……年老体衰的人。[注释]齐:至,到头,至顶。衰:生命近于枯竭的老人。(《发现论语》224 页)

　　　辑者案:皇侃说是。五服:斩衰、齐(zī)衰(cuī)、大功、小功、缌麻。齐衰者,穿丧服的人。齐衰,五服之第二者。这种丧服,是缝了边的,而斩衰(五服之第一者)是不缝边的。

(2)见之,虽少,必作;过之,必趋

汉·包咸:作,起也;趋,疾行也。此夫子哀有丧,尊在位,恤不成人也。(皇侃《论语集解义疏》卷五·8页)

晋·范宁:趋,就之也。(皇侃《论语集解义疏》卷五·9页)

梁·皇侃:言孔子见此三种人,虽复年少,孔子改坐而见之必为之起也。……趋,疾行也。又明孔子若行过此三种人,必为之疾速,不敢自修容也。(皇侃《论语集解义疏》卷五·9页)

宋·朱熹:作,起也。趋,疾行也。或曰:"少,当作坐。"(《四书章句集注》111页)

清·刘宝楠:"见"谓目所接遇,非以礼往来也。前言"见"、后复言"见之"者,称"见之"与"过之",文相俪也。(《论语正义》335页)

清·俞樾:此见字当读如"从者见之"之见。见之、过之相对成文。见之者谓其人见于夫子,过之者谓夫子过其人之前也。故于见之曰"虽少,必作",言作则坐可知,明是夫子方坐而其人来见也。(《群经平议》卷三十·23页)

杨伯峻:孔子看见穿丧服的人、穿戴着礼帽礼服的人以及瞎了眼睛的人,相见的时候,他们虽然年轻,孔子一定站起来;走过的时候,一定快走几步。(《论语译注》89页)

杨润根:过之:有碍于之,有害于之。过,害也。(《发现论语》224页)

赵又春:前后两个"见"字如果都是"看见"的意思,后面的"见之"就完全多余。所以前一"见"字是"听说"的意思,头一句说孔子知道(听说)有穿丧服的人、戴祭礼帽的人和盲人在。因此才接下来说,他若会见他们中的哪一位,即使那人比自己年轻,他也起立;从他们身边走过,则一定轻步快走。杨伯峻、李泽厚和钱穆三

位先生似未顾及这一点,将前一"见"字也都译作"看见"或"见到",以致全章译文显得很别扭。(《我读〈论语〉》51 页)

黄怀信:"见",接见。"作",起身。"过",经过。"趋",小步快走,以示尊敬。(《论语新校释》209 页)

金知明:过之,必趋:探访他们,一定快步迎上去;过,访问;之,代词,这些人;趋,快走。(《论语精读》111 页)

郑张欢:孔子看见穿丧服的人、衣冠整齐的人与瞎眼的人,凡路上相遇,那怕年少,孔子一定站在边表示相让,过去后又必回顾一下表示送意。(《论语今释》133 页)

杨朝明:出于礼节,孔子见到穿丧服、穿礼服戴礼帽以及眼瞎之类的人,即使比自己年轻,孔子也一定站起来;从他们身边走过,也一定会小步而快速地走过去。(《论语诠解》81 页)

胡齐临:老师遇见穿丧服的人、当官的人和盲人时,即使他们年少,必定也要站起来,经过时,必定要问候致意。(《论语真义》102 页)

　　辑者案:从杨伯峻、杨朝明说。

9.11 颜渊喟然叹曰:"仰之弥高,钻之弥坚。瞻之在前,忽焉在后。夫子循循然善诱人,博我以文,约我以礼,欲罢不能。既竭吾才,如有所立卓尔,虽欲从之,末由也已。"(辑者案:"仰之弥高",定州简本作"印之迷高")

(1)瞻之在前,忽焉在后

魏·何晏:言恍惚不可为形象。(邢昺《论语注疏》116 页)

明·王恕:颜子领夫子博约之教,有得之后,追述在前未领圣教之时,以圣道为高也。仰之则弥高,而不可见,以为坚也。钻之则弥坚,而不可入。瞻之若在前,忽焉若在后,盖言己无定见,非

圣道之有高坚前后也。（《石渠意见》卷二·10页）

清·刘宝楠："瞻之在前"，谓夫子道若可见也；"忽焉在后"，谓终不可见也。（《论语正义》338页）

杨伯峻：看看，似乎在前面，忽然又到后面去了。（《论语译注》90页）

李铭建："忽焉在后"之"忽"，并不是何晏所说的恍忽之意，而是更接近于以下二意：1. 距离遥远之状……2. 茫然不清状。（《错误及其价值——〈论语〉、〈孟子〉的两则旧注》，《孔子研究》1989年第1期）

杨润根：[译解]他那伟大的思想不仅是崇高和深厚的，而且也是神奇莫测的。有时我感觉到这一伟大思想的全貌已历历在目地呈现在我的眼前，可突然之间，它似乎又消失得无影无踪了。当我转头茫然回顾，我突然发现它已在我的脑后。（《发现论语》225页）

牛泽群：余联系下文，试作别解：在前在后义指"约我以礼，欲罢不能"。超前为"过"，落后"不及"，"过犹不及"（《先进》），等同也，是前后间为"约"，《里仁》："子曰：以约失之者鲜矣。"约虽以礼，然作为弟子，礼自夫子，"欲罢"便有"在后"而"不能"。（《论语札记》252页）

黄怀信："瞻"，远视。"忽焉"，即忽然。瞻之在前，忽焉在后，形容不可捉摸。（《论语新校释》209页）

　　辑者案：杨伯峻、黄怀信解释明确，可从。

（2）循循善诱

汉·郑玄：恂恂，恭顺貌。（马国翰辑《论语古注·论语郑氏注》卷五·2页）

魏·何晏：循循，次序貌。诱，进也。言夫子正以此道进劝人有所序。（邢昺《论语注疏》116页）

清·陈浚:循循是慢慢。（《论语话解》卷五·5页）

清·刘宝楠:"循循"或作"恂恂",《后汉书·赵壹传》:"失恂恂善诱之德。"《注》引《论语》"夫子恂恂然善诱人"……故翟氏灏《考异》、冯氏登府《异文考证》、臧氏庸《郑注辑本》并以"恭顺"之训亦本郑氏,则谓郑本作"恂恂"矣。（《论语正义》338－339页）

杨伯峻:善于有步骤地诱导。（《论语译注》90页）

　　辑者案:从何晏、杨伯峻说。循循,有顺序,有步骤。循循善诱,善于有步骤地引导、教育人。

(3)如有所立卓尔

汉·郑玄:卓尔,绝望之辞。（马国翰辑《论语古注·论语郑氏注》卷五·2页）

梁·皇侃:云"如有所立卓尔"者,此明绝地不可得言之处也。卓,高远貌也。言虽自竭才力以学,博文约礼,而孔子更有所言述创立则卓尔高绝也。（皇侃《论语集解义疏》卷五·10页）

宋·朱熹:卓,立貌。……吴氏曰:"所谓卓尔,亦在乎日用行事之间。非所谓窈冥昏默者。"程子曰:"到此地位,功夫尤难,直是峻绝,又大段著力不得。"（《四书章句集注》112页）

明·张居正:卓尔是卓然有见的模样。（《论语别裁》132页）

清·牛运震:卓尔有二义:凡物处于高则见得分明,所谓举目可见也。又卓尔便是峻绝,直有壁立千仞光景。此际更难著力,所谓颜苦孔之卓尔也。此二字承上转下都兼在内。（《论语随笔》卷九·7页）

清·王引之:《觐礼》"匹马卓上,九马随之",……今案:卓之言超也,绝也,独也。……《广雅》:"趠,绝也。"（《经义述闻》卷十·38页）

清·潘维城:卓尔者,形容夫子之道之超然特立,故郑以为绝

望之辞也。(《论语古注集笺》卷九·8 页)

杨伯峻:我已经用尽我的才力,似乎能够独立地工作。要想再向前迈进一步,又不知怎样着手了。(《论语译注》90 页)

王缁尘:郑注谓"绝望之辞",绝望就是绝于瞻望的意思。(《四书读本》156 页)

黄怀信:[释]如有所立:指夫子言。"立",立足。卓尔:高貌。旧连上读,非。(辑者案:黄怀信将经文断句为:……欲罢不能,既竭吾才。如有所立,卓尔,虽欲从之,末由也已。)[训译](他脚下)好像有站的东西,卓然高超,即使想跟随他,(也)无路可通呀!(《论语新校释》210 页)

杨朝明:[诠释]如有所立:这里有两种说法,一是认为是孔子有所立;另一种认为是颜渊如有所立。通过分析文本,这里应该以孔子"所立,卓尔"更符合其思想实际。(辑者案:杨朝明将经文断句为:……欲罢不能。既竭吾才,如有所立,卓尔。虽欲从之,末由也已。)[解读]即使竭尽我的才力去追求,都好像有一个高大的东西立在我的前面,我虽然想尽力地攀登上去,可是却找不到路径。(《论语诠解》82 页)

　　辑者案:经文断句,应仍据北京大学整理本,读为:"既竭吾才,如有所立卓尔,虽欲从之,末由也已。"如,好像。卓,高超。立卓,即卓立,是"卓绝特立"的意思。是颜渊在谈孔子之道高超峻绝、超然特立、学而难及之感,与"仰之弥高,钻之弥坚"意义相联。牛运震、潘淮城说可从。

9.12　子疾病,子路使门人为臣。病间,曰:"久矣哉,由之行诈也! 无臣而为有臣。吾谁欺? 欺天乎? 且予与其死于臣之手也,无宁死于二三子之手乎! 且予纵不得

大葬,予死于道路乎?"

(1)子路使门人为臣

汉·郑玄:孔子尝为大夫,故子路欲使弟子行其臣之礼也。(皇侃《论语集解义疏》卷五·10页)

晋·江熙:子路以圣人君道足宜有臣,犹祷上下神祇也。(皇侃《论语集解义疏》卷五·11页)

唐·韩愈:先儒多惑此说以谓素王素臣,后学由是责子路欺天。吾谓子路刚直无谄,必不以王臣之臣欺天尔。本谓家臣之臣以事孔子也。(《论语笔解》卷上·18页)

宋·蔡节:礼,大夫已去位,无家臣,子路以夫子病,亟欲使弟子行家臣礼,以治其丧。(《论语集说》卷五·7页)

日·物双松:古之学者尚礼,子路亦以礼大夫有臣,而欲孔子之葬备大夫之礼耳。其过在泥礼而未达,岂可深咎乎?此不特子路,其它门人皆有是惑。故孔子深责之,所以喻之也。后世儒者由此轻视子路,亦坐不知古学耳。(《论语征》185页)

清·赵良猷:王充《论衡》曰:"孔子罪子路也。已非人君,子路使门人为臣,非天之心而妄为之,是欺天也。"按《集注》谓"臣为家臣"者,从包《注》、邢《疏》也。夫子从大夫之后不可徒行,徒行且不可,意子路以家臣治丧未为过也。下云"且予纵不得大葬",马《注》谓"不得君臣礼葬",《集注》从之,是王说亦可存恭。(《论语注参》卷上·32页)

日·龟井鲁:夫子寝疾,子路与颜、闵、游、夏辈看护侍汤药,临病革将不起,相共仓皇恐惧。又皆疑所以为葬,相招会一室,窃议其礼。子路以为夫子虽已致仕,犹从大夫之后,且鲁侯来而问病,自卿士大夫至庶人,莫弗尊亲。今葬以士乎,甚薄而不可为也,莫如备大夫之礼之得慎终之义。即大夫备礼,不可无臣,有群弟子在，情笃于臣子，假执臣礼，供给职事，孰曰不韪，顾而谋诸颜、闵、游、夏辈。孔门之多士，岂无有一二持异议者乎？然亦无良图尚焉。且古人贵齿，则服子路之明断，十居七八，遂定议。故曰"子路使门人为臣"，言子路之为谋主也。苟使颜、闵、游、夏不听其议，则子路虽刚，焉能强之以为臣乎？观于人情可以见也。（《论语语由》157 页）

清·黄式三：使门人为臣，欲使门人治丧制服依君臣礼也。礼，师弟之服心丧三年，君臣之服斩衰三年，此所以使为臣，始得伸其情也。（《论语后案》236 页）

方骥龄：《释言》："臣，缮也。"缮，治也。疑本章臣字当作治字义。孔子病重，或门人中有善治病之人，子路使其治孔子，故曰："子路使门人为臣。""为臣"，为，治也。依臣字字义，治之之方，殆使孔子身体弯曲如卧伏状，为牵拉推拿之急救法，故其下接以"病间"。或因"臣"以后而转危为安与？（《论语新诠》240 页）

杨伯峻：［译文］孔子病得厉害，子路便命孔子的学生组织治丧处。［注释］为臣——和今天的组织治丧处有相似之处，所以译文用来比傅。但也有不同之处。相似之处是死者有一定的社会地位才给他组织治丧处。古代，诸侯之死才能有"臣"；孔子当时，可能有许多卿大夫也"僭"行此礼。不同之处是治丧处人死以后才组织，才开始工作。"臣"却不然，死前便工作，死者的衣衾手足的安排以及剪须诸事都由"臣"去处理。（《论语译注》90 页）

王缁尘：子路恐孔子或竟不起，所以使其他的弟子，在寓中扮作家臣，撑撑场面；当孔子仍旧做大官的样子，家中有家臣使唤。（《四书读本》157 页）

姚式川：当时，子路和诸弟子并不知孔子心之所重，重在能有弟子治丧，不重在能有家臣治丧；孔子之道的所贵，贵在能有众多门弟子明道、传道、行道，而不贵在有家臣总管家事；孔子个人的可尊，尊在开创师道为千秋万代育人，而不在曾经身为大夫。因此，经孔子发此一问，对当时为老师治丧，还没有礼可以依据的情况下，倒是一个极大的启示：弟子为老师治丧，应该比由家臣治丧，更显得具有殊荣；老师开创的师道之可尊贵，亦应该比做一个大夫从政的区区政绩更可尊贵，更值得称颂。无疑，这为孔子死后，弟子心丧三年，无礼起礼开创了一个先例；也更为后世尊师重教的优良传统，带来了巨大而深远的影响。（《论语体认》536 页）

杨润根：子路要求所有曾经在孔子的门下求学的人都像政府官员悼念一位去世的国王一样悼念孔子，并为孔子举行国王一般的葬礼。也就是说，子路要求所有曾经在孔子门下求学的人不要仅仅把孔子当作自己的教师来悼念，而且还应该把孔子当作自己的政治领导人和现实社会生活中的实际政治领袖来悼念。（《发现论语》227 页）

高专诚：子路之所以这样做，一种可能是，他并不是孔门的好学之徒，对于小臣的来历并不确知，并非有意僭礼，而只是在许多僭礼的大夫的丧葬中见到有这样的安排；另一种可能是，子路就是认为孔子应享受诸侯的待遇，因为即使是当世的诸侯，又有谁能比得上孔子的才德呢？从孔子的批评中，似乎后一种可能性更大一些。（《论语通说》140 页）

林觥顺：[断句]子疾，病子路使门人为臣。[释义]孔子生病了，是因为讨厌子路叫他的学生来做家臣，等于丑化自己。[注解]1、子疾：孔子生小疾病。2、病子路使门人为臣：病是厌恶或以此为耻。……是讨厌子路令他的门徒来做孔子的家臣。（《论语我读》152 页）

郑张欢：臣，下人。（《论语今释》134 页）

　　杨朝明：[诠释]儒家对葬礼有着严格的规定,不同等级的人有不同的安葬仪式。古代大夫治丧,由家臣治其礼。孔子反对子路按大夫之礼为他办理丧事,是为了恪守礼的规定。[解读]孔子病得很厉害,子路使孔门弟子充当家臣为其准备丧事。(《论语诠解》82页)

　　　　辑者案：杨朝明所解明确得当。

(2)病间

　　汉·孔安国：病少差曰间也。(皇侃《论语集解义疏》卷五·10页)

　　清·翟灏：孔氏《注》曰"少差曰间",皇氏《义疏》曰"少差则病势断绝有间隙也"。间隙字本平声。《说文》"间,专训隙,古闲切"。《释文》、《集注》并云"闲如字",乃谓间隙之间,非安闲之闲也。训安闲则非此字正声。……若读去声,为古觅切,则其义为代为迭为厕,于此"少差"义相去皆远。(《四书考异》条考十一·7页)

　　清·刘宝楠：《方言》："差、知,愈也。南楚病愈者谓之差,或谓之间。"郭《注》："间,言有间隙。"《文王世子》："文王有疾,旬又二日乃间。"《注》："间,犹瘳也。"(《论语正义》342页)

　　　　辑者案：病间,病初愈。

(3)久矣哉

　　汉·孔安国：言子路有是心,非唯今日也。(皇侃《论语集解义疏》卷五·10页)

　　元·许谦：夫子言"久矣哉,由之行诈",是责其平昔任意便行,致失理也。(《读论语丛说》卷中·31页)

　　清·牛运震：曰久矣哉者,甚言之,以重子路之罪也。病间后知,则其事虽未久,而在夫子视之,则为已久也。(《论语随笔》卷九·7页)

　　清·赵良猷：圣门欲以君道尊师非一日矣,故曰"久矣哉"。

"伯牛有疾"章《集注》亦云"伯牛家以君礼尊夫子也"。(《论语注参》卷上·32页)

　　日·昭井一宅:久已哉者,谓行诈而不止。(《论语解》194页)

　　方骥龄:"久"即古"灸"字,以艾注之也,即今日之针灸法。矣字通已,止词。"久已哉",殆门人又用灸法而孔子止之也。(《论语新诠》240页)

　　亦丰:孔子病好转了些,说我得病很久了啊。(《论语句解》49页)

　　辑者案:责备仲由这种欺假的做法搞得太长久了。也含有"丧葬事安排得过早了些"的责怨。

(4)大葬

　　汉·孔安国:君臣礼葬也。(皇侃《论语集解义疏》卷五·11页)

　　汉·郑玄:大夫退死,葬以士礼;致仕,以大夫礼葬。(袁钧辑《郑玄论语注》卷五·3页)

　　清·刘宝楠:此当是鲁以币召孔子,孔子将反鲁,适于道路中得疾也。"大葬",谓鲁复用己,以大夫礼葬也。夫子言己虽未必复见用,以礼大葬,亦当得归鲁,不致死于道路。所以然者,以天未丧斯文,必将命以制作以教万世,故决不死于道路,亦兼明子路豫凶事为过计也。(《论语正义》342页)

　　方骥龄:本章所谓大葬,疑用大夫礼大棺以葬,而非士棺礼以葬。孔子所谓不得大葬,意者七十致仕之年,回鲁后不欲出仕,明告随从弟子,不必以彼之生死为念而惶然不安,于是而仓猝为之"臣"与"久"。此行返鲁,绝不致葬于道路,于愿已足矣。(《论语新诠》241页)

　　乔一凡:大正之葬也。(《论语通义》142页)

　　辑者案:从刘宝楠说:以大夫礼葬。亦可说作正式的葬礼、隆重的葬礼。

9.13 子贡曰:"有美玉于斯,韫椟而藏诸? 求善贾而沽诸?"子曰:"沽之哉! 沽之哉! 我待贾者也。"(辑者案:"韫椟而藏诸",定州简本作"昷独而藏诸")

(1)韫椟而藏诸

汉·马融:韫,藏也。椟,匮也。藏诸匮中也。(皇侃《论语集解义疏》卷五·11页)

汉·郑玄:韫,裹也。(马国翰辑《论语古注·论语郑氏注》卷五·3页)

宋·朱熹:韫,藏也。椟,匮也。沽,卖也。子贡以孔子有道不仕,故设此二端以问也。孔子言固当卖之,但当待贾,而不当求之耳。(《四书章句集注》113页)

日·东条弘:韫,温柔之韦也。此一字活用,言敷韫于柜中而藏之也。(《论语知言》281页)

清·黄式三:郑君注:"韫,裹也。谓包裹纳椟也。"《诗·小宛》孔《疏》引舒瑗曰:"包裹曰蕴。"蕴与韫同。(《论语后案》237页)

清·刘宝楠:君子于玉比德。时夫子抱道不仕,故子贡借美玉以观夫子藏用之意。(《论语正义》342页)

　　辑者案:韫椟,藏在柜子(小匣)里。其寓义,从朱熹、刘宝楠说。

(2)善贾

梁·皇侃:善贾,贵贾也。(皇侃《论语集解义疏》卷五·12页)

唐·陆德明:贾,音嫁,一音古。(黄焯《经典释文汇校》704页)

清·刘宝楠:"善贾",喻贤君也。虽有贤君,亦待聘乃仕,不能枉道以事人也。《释文》:"匮,本又作椟。"通用字。物茂卿《论语征》云:"善贾者,贾人之善者也。贾音古。"(《论语正义》342页)

杨伯峻:贾——音古 gǔ,商人。又同"价",价钱。如果取后一义,"善贾"便是"好价钱","待贾"便是"等好价钱"。不过与其说孔子是等价钱的人,不如说他是等识货者的人。(《论语译注》91页)

辑者案:从刘宝楠、杨伯峻说。

9.14 子欲居九夷。或曰:"陋,如之何?"子曰:"君子居之,何陋之有?"

(1)九夷

汉·班固:《明堂记》曰:"九夷之国,东门之外。"……东方为九夷……东所以有九者何? 盖来过者九,九之为言究也。(陈立《白虎通疏证》111、112、114页)

汉·马融:九夷,东方之夷,有九种也。(皇侃《论语集解义疏》卷五·12页)

梁·皇侃:四方东有九夷:一玄菟,二乐浪,三高丽,四满饰,五凫更,六索家,七东屠,八倭人,九天鄙(辑者案:邢疏本"凫更"为"凫臾")。(皇侃《论语集解义疏》卷五·12页)

唐·司马贞:九夷即属楚之夷也。(《史记·李斯列传》2543页)

宋·邢昺:《东夷传》云:"夷有九种:曰畎夷、于夷、方夷、黄夷、白夷、赤夷、玄夷、风夷、阳夷。"(邢昺《论语注疏》118页)

明·张自烈:鲁昭公十七年,郯子来朝述少皞官名。夫子见于郯子而学之,时年二十七岁。明年之郯,见郯子而问礼,遭程本于涂,倾盖而语终日。所云欲居九夷,或即此时郯东海国,在今山东海州郯城,少皞氏之后而夷者也。夫子往郯,适在九夷之地,低徊不能去,故曰"子欲居九夷"。(梁章钜《论语旁证》卷九·13页)

日·物双松:窃疑九夷必是一夷,犹如大湖名五湖。不尔,欲居九夷,何其言之漫也。且此必孔子经过其地,因欲居之,不尔,当欲适九夷,而曰欲居,其非遥望者审矣。赣榆有孔望山,相传孔

子适郯登此,乃东夷地,恐是即九夷。(《论语征》186页)

　　日·东条弘:九夷之称,盖对中国言。夷者犹孟子之东夷之人、西夷之人之夷,谓中国之边僻。而此谓九非逐次之数。夫九阳数,不必拘数。古书谓高谓深谓多谓远,皆称九。……此谓九夷,焉知非称远夷哉?(《论语知言》283页)

　　清·黄式三:刘原父云:"九夷在徐州、莒、鲁之间。"吕伯恭又引《史记》"惠王用张仪,南取汉中,包九夷,制鄢、郢",《战国策》"张仪曰:'楚破南阳九夷,内沛、许,鄢陵危'",谓孔子尝至陈、蔡,去九夷不远。此别一说。(《论语后案》238页)

　　清·刘宝楠:子欲居九夷,与乘桴浮海,皆谓朝鲜。夫子不见用于中夏,乃欲行道于外域,则以其国有仁贤之化故也……九夷者,夷有九种,朝鲜特九夷之一。(《论语正义》344页)

　　清·陈汉章:周之九夷实为九貉。《周礼·夏官·职方氏》"辨四夷八蛮七闽九貉五戎六狄之人民",贾《疏》释曰:"经云四夷,不得即以为东方之夷。夷之数皆九,于此独言四,以九貉当东夷之处。"(《论语征知录》10页)

　　杨伯峻:九夷就是淮夷。《韩非子·说林上篇》云:"周公旦攻九夷而商盖伏。"商盖就是商奄,则九夷本居鲁国之地,周公曾用武力降服他们。春秋以后,盖臣属楚、吴、越三国,战国时又专属楚。以《说苑·道君篇》、《淮南子·齐俗训》、《战国策·秦策》与《魏策》、李斯《上秦始皇书》诸说九夷者考之,九夷实散居于淮、泗之间,北与齐、鲁接壤(说本孙诒让《墨子间诂·非攻篇》)。(《论语译注》91页)

　　郭墨兰:当他叹道之不行、欲浮海出寻行道之所时,自然首先想到的是仁人箕子治理的君子之国——箕氏朝鲜,遍思周边能安居行道之所,对比之下,箕氏朝鲜当为首选。(《孔子"欲居九夷"探析》,

《孔子研究》2004 年第 3 期)

黄怀信:泛指东方远离华夏文明之地。(《论语新校释》212 页)

　　辑者案:九夷,指东方的九种民族。"泛指东方远离华夏文明之地"(黄怀信语)。

(2)君子居之,何陋之有

晋·孙绰:九夷所以为陋者,以无礼义也。君子所居者化,则陋有泰也。(皇侃《论语集解义疏》卷五·12 页)

宋·郑汝谐:或人疑九夷为陋。然箕子封于朝鲜即九夷之种也。自箕子之化行其俗,知尚礼义,与齐鲁无异,故曰"君子居之,何陋之有"。君子指箕子言之。(《论语意原》卷二·24 页)

清·翟灏:圣人旨在托意激世,或遂谓将实居其人未可与庄论也。故不复远,申己意而但即东夷戏言之。《山海经》云:"海外东方有君子国,其人皆衣冠带剑,好让不争。"子乃谓东方所居,能有如是之国,何可概谓其陋? 此亦如桴材、匏瓜之答,不必以化夷为夏泥言。(《四书考异》条考十一·8 页)

龚维英:这儿的"君子",应该是既指前贤箕子,也指孔子本身。(《〈论语〉"子欲居九夷"确解》,《东岳论丛》1986 年第 6 期)

董子竹:我居我心中,我亦居天上,我居到茅厕旁也是居天上,懂吗? (《〈论语〉正裁》266 页)

黄怀信:[释]陋:固陋、无礼仪文明。君子:孔子自称。[训译]先生想住到九夷去,有人说:"(那地方)固陋,怎么办?"先生说:"君子住进去,(还)有什么固陋?"[章旨]此章明孔子欲传播华夏文明于九夷。本无文明,君子带入之,复何陋?(《论语新校释》213 页)

程石泉:此章言"君子"乃泛指,非必指箕子也。(《论语读训》152 页)

安德义:孔子认为,君子心胸坦荡,正大光明,无私无欲,外物私欲不得侵扰,环境更不能浸染于他,"君子居之,何陋之有"?(《论语解读》265页)

郑张欢:此章言君子,又言俭固。孔子此说明住的地方不论如何简陋,对一个君子来说,都不会有简陋的感觉。(《论语今释》136页)

　　　辑者案:从黄怀信说。

9.15 子曰:"吾自卫反鲁,然后乐正,《雅》、《颂》各得其所。"

(1)乐正

汉·郑玄:反鲁,鲁哀公十一年冬也。是时道衰乐废,孔子来还,乃正之也。故曰雅颂各得其所也。(皇侃《论语集解义疏》卷五·12页)

梁·皇侃:孔子以鲁哀公十一年从卫还鲁,而删《诗》、《书》,定礼、乐,故乐音得正。(皇侃《论语集解义疏》卷五·13页)

清·毛奇龄:正乐,正乐章也。正《雅》《颂》之入乐部者也。部者,所也。……所,谓各得其所。……是乐各有所置,有不如是而必不可者,所谓正也。(《四书改错》卷八·24—25页)

清·李光地:乐正所该者广,凡律吕、声音、器数皆是。然《诗》为乐章,乃乐之本,故又以《雅》、《颂》得所特言之。(《读论语札记·子罕篇》)

清·王闿运:乐正,司成掌国子者。《雅》、《颂》谓人材也。孔子归,掌瞽宗籥雅讲肄以教学士,故以《雅》、《颂》之才为言。(《论语训》卷上·87页)

程树德:包慎言《敏甫文钞》:"……《汉书·礼乐志》云:'周衰,王官失业,《雅》、《颂》相错,孔子论而定之。故曰:'吾自卫反鲁,然后乐正,《雅》、《颂》各得其所。'"班氏所谓"《雅》《颂》相错"者,谓声律之错,非谓篇章错乱也。所谓"孔子论而定之"者,谓定其声律,非谓整齐其篇次也。……按:正乐之说不一。或曰正乐章,毛西河主之。或曰正乐音,包慎言主之。玩"各"字之义,则《雅》自《雅》,《颂》自《颂》。玩"乐"字之义,实指《雅》《颂》之奏入乐章而言。春秋时用乐僭乱,《雅》《颂》为甚。正之者,如引"相维辟公,天子穆穆"以正《雍》诗;论声淫及商,致右宪左,以正《大武》;恶郑声而放之,以正《雅》;删《诗》而序《武》、《桓》、《赉》之次第,订正《雅》、《大雅》、《小雅》、变《雅》之篇次,语鲁太师翕纯皦绎之类皆是也。其详今不可考。(《论语集释》607-608页)

方骥龄:乐正,取人之长,补己之短,舍己从人,乐取于人以为善,是与人为善也……正之为言,政也,征也,治也,君也。(君即尊字义)……孔子所谓乐正,欲宏扬《诗》教,使《诗》之为用各得其用,有助乎政治及社会,乃孔子晚年一片苦心。(《论语新诠》244页)

李殿元:孔子的"乐正"只是在乐谱音律上的审订。"乐"即使有"经"也不过是乐谱一类的东西,不一定是什么文字著作。(《〈论语〉之谜》72页)

程石泉:依文理及历史事实言之,此章所言者指卫之乐而言,非鲁之乐也。(《论语读训》152页)

杨朝明:[诠释]本章在于说明孔子在经历了仕途的坎坷以后,不再求仕。鲁哀公十一年冬,孔子返回鲁国,正如《史记·孔子世家》记:"鲁终不能用孔子,孔子亦不求仕。"而以"国老"身份把主要的精力用在整理古代的文化典籍上,特别是《乐》与《诗》。乐正:被僭越的乐章得以纠正。[解读]孔子说:"我从卫国回国以后,乐才得到了整理,《雅》乐和《颂》乐回到了它们应在的位置。"(《论语诠解》83页)

　　辑者案：从字面上看，此句是说：我从卫国回到鲁国以后，错乱的乐章才得到了纠正，《雅》《颂》各自得到了应在的位置。至于反鲁时间，从"鲁哀公十一年冬"说；至于整理的方面，既包括篇章次第，也包括《雅》《颂》入乐的问题。

（2）《雅》、《颂》各得其所

　　梁·皇侃：乐音得正，所以《雅》、《颂》之诗各得其本所也。《雅》、《颂》是《诗》义之美者，美者既正，则余者正，亦可知也。（皇侃《论语集解义疏》卷五·13页）

　　宋·郑汝谐：惟曰《雅》、《颂》而不言《国风》，非天子不议礼、不作乐。凡播之金石、用之朝廷、用之邦国者，皆天子之《雅》、《颂》，而诸侯一国之风不当播之于乐，是谓礼乐自天子出。夫子未正乐之前，郑、卫之音皆杂于其间而《雅》、《颂》始乱，是谓礼乐自诸侯出。反鲁之后，始语鲁太师以乐，曰"各得其所"，惟用《雅》、《颂》播之金石尔，洋洋乎盈耳哉，乐之正也。《关雎》亦风也，何以播之于乐？《周南》所言皆后妃之德，又为王者之风，与诸国之风不同也。商之诗自正考父得之而列于《颂》，鲁祀周公得用天子之礼乐，亦列于《颂》。诸国之风皆非自天子出，郑、卫之乐尤其靡者，故深斥之。（《论语意原》卷二·24页）

　　宋·王应麟：石林……解"《雅》《颂》各得其所"云："季札观鲁乐，以《小雅》为周德之衰，《大雅》为文王之德。《小雅》皆变《雅》，《大雅》皆正《雅》。楚庄王言武王克商作《颂》，以《时迈》为首，而《武》次之……以所作为先后。以此考之，《雅》以正变为大小，《颂》以所作为先后者，《诗》未删之序也。论政事之废兴，而以所陈者为大小，推功德之形容，而以所告者为先后者，删《诗》之序也。"其说可以补《注》义之遗。（《困学纪闻》卷七·17页）

　　清·牛运震：《雅》《颂》即乐章也，《雅》《颂》得所即乐正也。

此句正申明上句。(《论语随笔》卷九·9页)

日·东条弘:按观此,则夫子所正,特在《雅》、《颂》,而《国风》不与焉。何者? 以《国风》主唱歌,《雅》、《颂》主金鼓,且此特曰"各"也。(《论语知言》284页)

清·刘宝楠:"雅"者,正也,所以正天下也。周室西都,为政治之所自出,故以其音为正而称《雅》焉。至平王东迁,政教微弱,不能复《雅》,故降而称《风》。《风》、《雅》皆以音言。"颂"者,容也,以舞容言之也。盖《风》、《雅》但弦歌笙间,惟三《颂》始有舞容,故称《颂》。此阮氏元释颂义。孔子正乐,兼有《风》、《雅》、《颂》,此不及《风》者,举《雅》、《颂》则《风》可知。(《论语正义》345页)

清·包慎言:《论语》《雅》、《颂》以音言,非以《诗》言也。乐正而律与度协,声与律谐,郑卫不得而乱之,故曰得所。……由是言之,乐有乐之《雅》《颂》,《诗》有《诗》之《雅》《颂》,二者固不可比而同也。……《雅》《颂》者,通名也。……乐之《雅》《颂》,犹礼之威仪。威仪以养身,《雅》《颂》以养心。(程树德《论语集释》607—608页)

杨伯峻:[译文]使《雅》归《雅》,《颂》归《颂》,各有适当的安置。[注释]《雅》《颂》各得其所——"雅"和"颂"一方面是《诗经》内容分类的类名,一方面也是乐曲分类的类名。(《论语译注》92页)

毛子水:使雅颂都能用得适当。(《论语今注今译》135页)

杨润根:[译解]把其中的独唱曲与合唱曲作了分门别类的区分,使它们回到了各自所属的独唱曲与合唱曲的恰当位置之上。[注释]《雅》:用标准的合乎规范的语言所演唱的歌曲(诗歌),这里与《颂》相对,它指的是那些高雅的、合乎艺术规范的独唱曲,或那种需要以高雅的合乎艺术规范的方式来演唱的独唱曲(诗歌)。《颂》:《诗经》中的合唱歌曲。(《发现论语》232页)

金池:《雅》和《颂》都得到相应改进。(《〈论语〉新译》266页)

林觥顺:[释义]使雅颂成祭祀之乐章,而各得其所用。(《论语我读》155页)

李培宗:《雅》、《颂》:《诗经》中的篇名。孔子正乐后,《雅》在朝廷演奏,《颂》在庙堂演奏。(《论语全解》141页)

辑者案:《雅》《颂》指《诗经》中的《雅》《颂》。使《雅》《颂》的篇章次第、奏入乐章等方面各得其所。

9.16 子曰:"出则事公卿,入则事父兄,丧事不敢不勉,不为酒困,何有于我哉?"

(1)事公卿

梁·皇侃:公,君也。卿,长也。人子之礼,移事父孝以事于君则忠,移事兄悌以事于长则从也,故出仕朝廷必事公卿也。(皇侃《论语集解义疏》卷五·13页)

清·刘宝楠:夫子此言"事公卿",则已仕鲁时也。(《论语正义》348页)

李炳南:事公卿,是办国家大事。(《论语讲要》184页)

黄怀信:事公卿:谦言为人臣。(《论语新校释》214页)

袁庆德:事:侍奉,为……服务。公:周朝帝王或诸侯手下的最高官职,包括太师、太傅、太保,合称"三公"。卿,周朝帝王或诸侯手下的高级官职,包括少师、少傅、少保、冢宰、司徒、宗伯、司马、司寇、司空,合称"九卿"。(《论语通释》170页)

辑者案:事公卿,实指出仕朝廷,效忠于君上,效力于国家。

(2)不为酒困

汉·马融:困,乱也。(皇侃《论语集解义疏》卷五·13页)

梁·皇侃:虽"唯酒无量不及乱",时多沉酗,故戒之也。卫瓘云:"三事为酒兴也。"侃案:如卫意,言朝廷、闺门及有丧者并不为

酒所困,故云三事为酒兴也。(皇侃《论语集解义疏》卷五·13页)

清·牛运震:困字内乱其心志,外丧其威仪,须说得细致。须知圣人志气清明,终日饮酒,总是不困,不但是饮酒有节也。(《论语随笔》卷九·10页)

日·昭井一宅:困字不审,盖乱之转声也。……不为酒困者谓不为酒而困,非曰酒之困也。(《论语解》197页)

章太炎:敦煌石室所得郑注《论语》残卷云"鲁读困为魁,今从古"。案:如马本作困,训乱,文至明白,《鲁》何为改读?恐古文本作魁,古文师乃读为困耳。今谓魁读如里魁、市魁之魁,记《檀弓》称"不为魁",谓不为兵首。此言不为酒魁,谓不倡群饮也。文承"丧事不敢不勉"而言,《丧大记》云"九月之丧、五月三月之丧,食肉饮酒,不与人乐之",乃所谓不为酒魁也。言虽轻丧,犹敕慎如是,则重丧可知。(《广论语骈枝》9页)

王缁尘:"不为酒困"者,言吃酒不吃醉,以致身体有损,事情废掉。(《四书读本》160页)

李殿元:孔子对酒的功用是有清醒的认识的。他并不反对饮酒作乐,因为无论祭事敬神,养老奉宾,在孔子看来都是德行,都需要酒才能成事。但如果荒淫过度,以致"酗酒废政",就必须反对了。(《〈论语〉之谜》86页)

杨润根:孔子的酒量很大,并且孔子也非常喜欢喝酒,因此在喝酒方面孔子对自己提出了严格的要求:不要为自己对酒的嗜好所困扰,不要让自己对酒的嗜好把自己变成一个无所事事的懒汉和一个一事无成的废物。(《发现论语》233页)

林觥顺:酒困:……许慎云:酒,就也。就是成就,所以酒也是成就人性之善与恶。成就人性之善,是说祭祀天神先祖。……酒所以成就人性之恶,是酒乱性。……故不为酒困,读不为酒困,是

尽心为祭祀事努力。(《论语我读》155 页)

李德民：“抽取”其“精神实质”……（不以酒困）是不要因嗜欲失控而耽误正事，属于以理智克制情欲的“内修”范畴。(《孔子语录集解》121 页)

　　辑者案：不为酒困，即不被酒乱性。戒人饮酒莫过量，莫让酒坏了正事。

(3) 何有于我哉

梁·皇侃：言我何能行此三事，故云何有于我哉。又一云：人若能如此，则何复须我，故云何有于我哉也。缘人不能，故有我应世耳。(皇侃《论语集解义疏》卷五·13 页)

宋·邢昺：他人无是行，于我，我独有之。(邢昺《论语注疏》119 页)

清·刘逢禄：言无我也，人皆有之。(《论语述何》卷一·15 页)

清·黄式三：“何有于我”，言不难于自励也，义见《述而》篇。(《论语后案》242 页)

程树德：此章之义本不可解。袁枚云：“何有于我，言我只有此而他无所有也。”意极纡曲。刘氏(辑者案：刘逢禄)以无我释之，似尚不失圣人立言之旨。(《论语集释》609 页)

方骥龄：朱骏声《通训定声》称“我”字假借为“义”字，“何有于我哉”疑系“何有于义哉”。孔子之意，出事公卿，入事父兄，丧事不敢不勉，不为酒困，皆应为之事，但不足以言义。如能进而求其为善，始足以言义。(《论语新诠》244 页)

杨伯峻：[译文]这些事我做到了哪些呢？[注释]如果把“何有”看为“不难之词”，那这一句便当译为“这些事对我有什么困难呢”。全文由自谦之词变为自述之词了。(《论语译注》92 页)

吴玊：对我来说有什么了不起呢？(《〈论语〉中的“何有”》，《齐鲁学刊》1995 年第 6 期)

杨润根：[译解]除了这些之外,对于我来说,难道还有什么别的事情要求我去努力做到的吗?(《发现论语》233页)

　　辑者案:此语是说:所要求的这几项,对我来说有何难的呢?参见340页刘宝楠说。

9.17 子在川上曰:"逝者如斯夫! 不舍昼夜。"

汉·包咸:言凡往者如川之流也(辑者案:皇疏本作"郑曰",以为郑玄语)。(马国翰辑《论语古注·论语包氏章句》卷上·16页)

汉·郑玄:言人年往如水之流行,伤有道而不见用也。(单承彬《〈论语〉郑义举隅》,《儒家文献研究》90页)

梁·皇侃:孔子在川水之上,见川流迅迈,未尝停止,故叹人年往去,亦复如此。向我非今我,故云逝者如斯夫者也⋯⋯日月不居,有如流水,故云不舍昼夜也。(《论语集解义疏》卷五·13页)

宋·朱熹:舍,上声。天地之化,往者过,来者续,无一息之停,乃道体之本然也。然其可指而易见者,莫如川流。故于此发以示人,欲学者时时省察,而无毫发之间断也。(《四书章句集注》113页)

日·伊藤维桢:此言君子之德,日新而不息,犹川流之混混不已也。(《论语古义》139页)

日·龟井鲁:语学者之用心也。逝,往也。不舍昼夜,言进而不已也。与"虽覆一篑,进吾往也"、"吾见其进也,未见其止也"一意,连下数章,率皆劝学之言,以类缉之耳。(《论语语由》162页)

清·梁章钜:按朱子《楚辞辨证》云"忍而不能舍",洪氏引颜师古曰:"舍,止息也。屋舍、次舍皆此义。《论语》'不舍昼夜'谓晓夕不息耳。今人或音捨者,非是。"⋯⋯詹氏道传曰:"《集注》'舍,上声'者,旧音也。读如赦者,定说也。"(《论语旁证》卷九·16页)

清·刘宝楠：明君子进德修业，孳孳不已，与水相似也。《法言·学行篇》："或问进。曰水。或曰：为其不舍昼夜与？曰有是哉，满而后渐者，其水乎？"《法言》所谓进，与夫子言逝义同。逝者，往也，言往进也。（《论语正义》349页）

日·昭井一宅：此语论学者可爱寸阴以诱之也，语与"日月逝矣，岁不我与"同。夫子之言天道，盖不过如此也，而又必为学者矣。（《论语解》197页）

严灵峰：《孟子·离娄篇》："徐子曰：'仲尼亟称于水，曰：水哉！水哉！何取于水也？'孟子曰：'原泉混混，不舍昼夜。'……"疑徐子、孟子之言，均出于此。徐子明言"水哉！水哉"乃仲尼之语；《论语》此文脱佚久矣。考《论语》孔子之言，多用叠句，如："礼云礼云"、"乐云乐云"、"归与归与"、"已而已而"、"凤兮凤兮"、"使乎使乎"、"时哉时哉"、"彼哉彼哉"、"觚哉觚哉"；则此处当有"水哉水哉"四字。疑此章文，原当作："子在川上曰：'水哉！水哉！逝者如斯夫！不舍昼夜。'"（《读论语札记》31页）

杨伯峻：舍——上、去两声都可以读。上声，同捨；去声，也作动词，居住，停留。孔子这话不过感叹光阴之奔驶而不复返吧了，未必有其他深刻的意义。《孟子·离娄下》、《荀子·宥坐篇》、《春秋繁露·山川颂》对此都各有阐发，很难说是孔子本意。（《论语译注》93页）

南怀瑾：孔子的"逝者如斯夫，不舍昼夜"这句话，包括各方面很多意义，可以说孔子的哲学，尤其人生哲学的精华，都集中在这两句话中，它可以从消极的、积极的各方面看，看宇宙、看人生、看一切。（《论语别裁》460页）

杨润根：[译解]孔子站在江岸上望着那滔滔不绝的江水说："整个人类在其生命时光里的活动就像这滔滔不绝的江水一样，

在每一个日日夜夜里奔流不息！"（《发现论语》233页）

黄怀信："舍"，舍弃、放弃。（《论语新校释》215页）

林觥顺：逝者如斯夫：……夫是大丈夫，是成人。逝者如斯夫，是夫逝者，如斯！是说人一生，很快就会死亡，离开人世而去，有如此水之往下流。是哀人生之短促，叹世事变幻无穷。不舍昼夜：舍就是可住宿息止的屋室。（《论语我读》156页）

　　辑者案：孔子在川岸看水时，说了这句感叹的话：正在消逝着的东西就像这水，日夜不息地流去。逝者，可以指时间光阴，可以指人的生命，也可以指世间一切事物。孔子此叹，警示人们珍惜时光，珍惜短暂的生命，珍惜世间难以恒存的事物。舍，止息。

9.18 子曰："吾未见好德如好色者也。"

魏·何晏：疾时人薄于德而厚于色，故发此言。（邢昺《论语注疏》119页）

晋·李充：使好德如好色，则弃邪而反正矣。（余萧客《论语钩沉》14页）

宋·朱熹：谢氏曰："好好色，恶恶臭，诚也。好德如好色，斯诚好德矣，然民鲜能之。"《史记》："孔子居卫，灵公与夫人同车，使孔子为次乘，招摇市过之。"孔子丑之，故有是言。（《四书章句集注》114页）

明·张居正：人若能以好色之心好德，则如《大学》所谓自慊而无自欺。推之以正心、修身、齐家、治国、平天下又何难哉？孔子此言，其勉人之意深矣。（《论语别裁》136页）

清·黄式三：《史记·世家》录此事，先儒以为诬圣辱圣。然圣人此言必有为而言，旧说指卫灵，或有所传。经中言"未见"者六，以此章推之，不可因圣言而尽抹一时之贤俊也。（《论语后案》

243 页）

日・昭井一宅：此语盖为人主发也。人主多好色而莫好德也，是所以国家之不治也。非论好德之诚否也，不与《大学》论"诚意"语同矣。(《论语解》198 页)

方骥龄：古者诸侯之于天子，三年一贡士。一适谓之好德，再适谓之贤贤，三适谓之有功……适，得也。得贤能之士以荐之于君也。故本章"好德"，似非爱好美德之谓，能举用贤能之人，任之以政治权位也。孔子必鉴于当时之国君及臣下，不知尚贤使能，故慨然言之。如能好德（任用贤士）而不好色，则进于义矣。推介贤能之士于君国，亦与人为善之道也。(《论语新诠》245 页)

杨伯峻：孔子说："我没有看见过这样的人，喜爱道德赛过喜爱美貌。"(《论语译注》93 页)

钱穆：孔子此章所叹，古固如此，今亦同然，何必专于卫灵公而发？读《论语》，贵亲从人生实事上体会，不贵多于其它书籍牵说。(《论语新解》238 页)

李泽厚：钱解甚好。好色之色亦可作宽泛解，不必止于女色，一切过度之华美文饰均是。(《论语今读》169 页)

张诒三：愚以为，"好德"和"好色"的"好"，应该读"好（hǎo）"，"好德"是"好的品德"，"好色"是"好的容貌"，孔老夫子感慨"吾未见好德如好色者也"有两层意思：一是感慨好的品德从来都不象好的容貌那样外露和明显；二是感慨好的品德也从来不象好的容貌那样容易获得人们的喜爱。(《"好德"、"好色"辨》，《丽水学院学报》2005 年第 1 期)

林觥顺：[断句]子曰："吾未见好德，如好色者也。"[释义]孔子说："我尚未见识过有品德修为的人，会跟随在好色鄙夫的后面，丢人现眼。"[注解]……学有专精的人，与粗野鄙夫为伍吗？

最重要的，没注意到如字的本义是从随。所以孔子丑化灵公后离
卫。（《论语我读》156页）

　　杨朝明：[诠释]本章孔子哀叹时人喜欢美色重于有贤德之人
的现实，也表明了其本人的社会立场……孔子认为卫灵公表面上
喜欢接近于有德之人，但实际上更喜欢美色。我们认为，深层次
的原因还在于"灵公与南子同车"并不符合古代的礼制……因此，
孔子借此阐发自己的思想，并由此引发此叹息。[解读]孔子说：
"我没见过喜欢接近有贤德者胜于喜欢接近有美色者那样的人。"
（《论语诠解》84页）

　　孙钦善：色：有二解：一指女色，一指容态。按，喜好道德与喜
好女色，似无关联，无缘类比。当以后一解为长，一般人喜好故作
姿态，假装有德，而孔子历来嫉恨伪善，把表里如一的实际表现作
为考察仁德的重要标准。《论语》中在"德"（或"仁"，或"贤"，或
"君子"）与"色"关联对举的情况下，"色"则专指容态。孔子说：
"我从未见过喜好实际道德像喜好装模作样一样的人。"（《论语本解》
113页）

　　　　辑者案：从何晏、杨伯峻说。黄式三、杨朝明认为孔子此
　　语是针对卫灵公与夫人南子同车招摇过市而发，并非泛指。
　　这种认识很有道理。历史上重德胜于重色者大有人在，这是
　　事实（此语又见于《卫灵公》第十三章，可参）。

9.19 子曰："譬如为山，未成一篑，止，吾止也。譬如平地，虽覆一篑，进，吾往也。"

　　汉·包咸：此劝人进于道德也。为山者，其功虽已多，未成一
篑而中道止者，我不以其前功多而善之也，见其志不遂，故不与
也。（皇侃《论语集解义疏》卷五·14页）

宋·朱熹：言山成而但少一篑，其止者，吾自止耳；平地而方覆一篑，其进者，吾自往耳。盖学者自强不息，则积少成多；中道而止，则前功尽弃。其止其往，皆在我而不在人也。（《四书章句集注》114页）

日·冈白驹：言譬如为山，未成于一篑而止者，是不可与适道也，故曰"吾止也"，谓不与之也。譬如平地，虽方覆一篑而进者，是可与适道也，故曰"吾往也"，谓往而与之也。夫进者功虽未多乎，其所成不可测，故孔子曰"往也"。止者前功虽多乎，止于此而已矣，故孔子曰"止也"。（《论语征批》20页）

清·俞樾：马曰："虽始覆一篑，我不以其功少而薄之。"樾谨按：马读"虽"如本字，斯其义曲矣。"虽"当读为"唯"。《礼记·少仪篇》"虽有君赐"，《杂记篇》"虽三年之丧可也"，郑《注》并曰"虽或为唯"。《表记篇》"唯天子受命于天"，《注》曰"唯当为虽"。盖虽本从唯声，故二字古得通用。说见王氏引之《经传释词》。唯覆一篑，言平地之上止覆一篑，极言其少，正与"未成一篑"相对成义。（《群经平议》卷三十·24页）

严灵峰：平，犹治也。《书·大禹谟》："地平天成。"孔安国传："水土治曰平。"是此当指凸处夷平或从凹处填平也。故马融曰："平地，将进加功。"盖"平"作动词，与上"为山"相对为文也。（《读论语札记》3页）

方骥龄：《释名·释言语》："覆，孚也。"孚即古文俘字，象爪持子。孚与金文爭字字形相同，皆象两手取物。孚字又孳乳为捊字，《说文》："捊，引取也。"……故本章覆字，疑当作孚字义解，亦即捊或抔字之义，取也。（《论语新诠》246页）

杨伯峻：[译文]孔子说："好比堆土成山，只要再加一筐土便成山了，如果懒得做下去，这是我自己停止的。又好比在平地上堆土成山,纵是刚刚倒下一筐土,如果决心努力前进,还是要自己坚持呵!"[注释]这一章也可以这样讲解:"好比堆土成山,只差一筐土了,如果(应该)停止,我便停止。好比平地堆土成山,纵是刚刚倒下一筐土,如果(应该)前进,我便前进。"依照前一讲解,便是"为仁由己"的意思;依照后一讲解,便是"唯义与比"的意思。(《论语译注》93页)

王熙元:孔子藉积土成山、填平洼地的比喻,以见为学的成败在于自己,贵在持之有恒。(《论语通释》505页)

董子竹:这山就应少这一篑土,我也不倒土了。这平地应多一篑,我就去倒,和毅力无关,只是当时我觉得是对的。(《〈论语〉正裁》266页)

林觥顺:[注解]吾止:我认定他是中道而废。吾往:我认定他是在继往开来。往是过去也是未来。[心得]孔子教人读书之道贵有恒。书经也报导为山九仞。(《论语我读》158页)

安德义:本章是孔子谈学习不论起点高低,均应持之以恒,坚持到底。(《论语解读》268页)

　　辑者案:从王熙元说。为山,堆土成山;平地,取土填平洼地。堆高山平洼地,正相对取譬。孔子既然取两事作譬喻,绝不会前一事"堆土成山",后一事还"在平地上堆土成山"(引杨伯峻语)。如果两喻都理解成"堆土成山",那么,后者在"平地上",而前者又会在什么地方?这样的解释让人费解。在这里,"为山""平地"对举,"为""平"是两个动词,"山""地"是两个名词,构成两个动宾词组。有劳动常识的人都知道:平地就是平整地面。这里,是指以土平洼地、平坑壕。孔子以"为山""平地"打比方的目的,是教人做事要持之以恒,以达最终目的;不要功亏一篑,半途而废。"吾往也"与"我止也"相对,"往",前进,是"一往直前地做下去"的意思。

9.20 子曰:"语之而不惰者,其回也与!"

魏·何晏:颜渊则解,故语之不惰。余人不解,故有惰语之时也。(皇侃《论语集解义疏》卷五·14页)

梁·皇侃:余人不能尽解,故闻孔子语而有疲懈。唯颜回体之,故闻语即解。所以云语之而不惰,其回也与。(皇侃《论语集解义疏》卷五·14页)

宋·张栻:若以不惰为专心致志,则其他门人高弟亦能然,何独回也?所谓"语之而不惰"者,谓不惰其言也。盖颜子闻夫子之言,默识心通,躬行实践,是夫子之言昭明发见于颜子日用中也。此之谓不惰。(《南轩论语解》卷五·7页)

清·牛运震:懈怠疲倦固是惰。即语之时,沾沾自喜,不胜其矜张,浮动之神亦正是惰处。须知不违如愚,无所不说才是颜子不惰本色。语之之字正极精神,语字亦活看,与鼓之舞之意思同。(《论语随笔》卷九·11页)

清·刘宝楠:颜子于夫子言无所不说,说者,解也。夫子与颜子言终日,是语之不惰也。(《论语正义》351页)

日·昭井一宅:不惰者谓勉进。此语论颜渊也,盖在颜渊之死后而思之耳,非曰其他门人尽惰也。(《论语解》198页)

严灵峰:何晏说非也。范祖禹曰:"颜子闻夫子之言,而心解力行;造次、颠沛,未尝违之。如万物得时雨之润,发荣滋长,何有于惰?此群弟子所不及也。"范说是也。(《读论语札记》50页)

王熙元:孔子称赞颜回有学而不厌的精神。(《论语通释》508页)

杨朝明:本章是赞扬颜回毫不懈怠的进取精神。(《论语诠解》84页)

　　辑者案:孔子称赞颜回:听我讲话,他始终不厌倦怠惰。

9.21 子谓颜渊曰:"惜乎! 吾见其进也,未见其止也。"

汉·马融:孔子谓颜渊进益未止,痛惜之甚也(辑者案:这句话,邢《疏》本、高丽本认为是包咸语)。(皇侃《论语集解义疏》卷五·14页)

梁·皇侃:颜渊死后,孔子有此叹也。云见进未见止,惜其神识犹不长也。然颜渊分已满,至于屡空,而此云未见其止者,劝引之言也。(皇侃《论语集解义疏》卷五·15页)

宋·何瑭:惜颜子者,惜其已进于所立卓尔之地。未见其止者,惜其不造于圣人之极也。(许谦《读论语丛说》卷中·32页)

吴林伯:按谓,犹以为也……孔子以回最"好学",为受业身通的七十子之冠,曰:"不幸短命死矣。"(《雍也》)今无有如之者。《荀子·解蔽》:"故学也者,固学止之也;恶乎止之? 曰'止诸至足'。"故孔子叹见回学之"进益",而"痛惜"未能"止诸至足",亦即无学之大成。(《论语发微》129页)

宋钢:朱熹《论语集注》:"颜子既死,而孔子惜之。"按:若如此,则衍一"曰"字。意思是:孔子评论颜渊说……"子谓颜渊曰",意思则是:孔子对颜渊说……颜子既死,孔子又怎么对他讲话呢?(《〈论语〉疑义举例》,《贵州大学学报》2005年第3期)

　　辑者案:孔子与人谈话,谈到颜渊时说:(他的早死)太可惜了! 我只见他奋进,未见他停止过。

9.22 子曰:"苗而不秀者有矣夫! 秀而不实者有矣夫!"

汉·郑玄:不秀,喻项讬。不实,喻颜渊。(《唐写本论语郑注》10页)

汉·孔安国:言万物有生而不育成者,喻人亦然也。(皇侃《论语集解义疏》卷五·15页))

梁·皇侃：又为叹颜渊为譬也。万物草木有苗稼蔚茂、不经秀穗遭风霜而死者，又亦有虽能秀穗，而值沴焊气不能有粒实者，故并云有矣夫也。物既有然，故人亦如此，所以颜渊摧芳兰于早年矣。（皇侃《论语集解义疏》卷五·15页）

宋·侯仲良：苗而不秀，喻质美而不学者也。秀而不实，喻学而不至于道者也。（蔡节《论语集说》卷五·11页）

宋·朱熹：谷之始生曰苗，吐华曰秀，成谷曰实。盖学而不至于成，有如此者，是以君子贵自勉也。（《四书章句集注》114页）

明·张居正：人有颖悟之资，从事于学而不能精进以发达其聪明，是亦苗而不秀者也。（《论语别裁》138页）

清·刘宝楠：苗而不秀，秀而不实，谓年谷不顺成也。翟氏灏《考异》："牟融《理惑论》云：'颜渊有不幸短命之记、苗而不秀之喻。'祢衡《颜子碑》云：'亚圣德，蹈高踪，秀而不实，振芳风。'李轨《法言注》云：'仲尼悼颜渊苗而不秀，子云伤童乌育而不苗。'……"是六朝以前，人皆以此节谓为颜子而发，自必《古论语》家相传旧义。……皇《疏》云："又为叹颜渊为譬也。"邢《疏》云："此章亦以颜渊早卒，孔子痛惜之，为之作譬。"说并得之。……皆以此章喻人早夭也。（《论语正义》352页）

清·朱亦栋：此章乃夫子恶莠之词，谓夫实发实秀实颖实栗，苗则未有不秀，秀则未有不实者。苗而不秀，秀而不实，非苗也，其莠也，故曰"苗而不秀者有矣夫，秀而不实者有矣夫"。此语极有涵蓄，以之喻人亦可，以之喻学亦可，而以喻颜子之夭折则非矣。（《论语札记》卷中·8页）

清·康有为：谷之始生曰苗，吐华曰秀，成谷曰实。喻学者之等级如此。未学譬之苗，达才譬之秀，成德譬之实。（《论语注》138页）

南怀瑾：文学也好，学问也好，无论哪方面，能够做到历史上有成就的,很不容易。这也就是孔子对人物的感叹。有许多人,聪明而进取,有前途,但最后并没有结论。许多人的事业、道德、学问,都在这两句话的范围中。(《论语别裁》466页)

杨润根:[译解]孔子说:"永远处在幼小的状态而不能旺盛生长的庄稼是有的,能够旺盛生长而永远不开花结果的庄稼同样也是有的(当土地贫瘠而又完全没有肥料供给时,便出现前一种情况;当土地肥沃而又肥料供给太多时,便出现后一种情况。因此,相对于人来说,犹如农田里的庄稼一样,过分的贫穷以至毫无享乐的生活是有害的,但过分的富有以至享乐太多的生活也同样是有害的)。"(《发现论语》235页)

赵又春:孔子是在感叹坏的偶然性的破坏作用。禾苗由生长到抽穗到开花到结实到死亡,这是一个完整的过程,在一般的、正常的情况下,每一阶段都会相继出现,不会中途停止、死亡。这是必然性、规律性。但却有特殊情况:苗而不秀,或秀而不实。这就是偶然性。(《我读〈论语〉》222页)

傅佩荣:如果用来描述修养必须坚持到底,才能开花结果,也很恰当。择善若不能固执,终究令人惋惜。(《傅佩荣解读论语》161页)

安德义:本章是孔子谈善始善终。苗而秀,秀而实,循序而进,有始而有终;苗而不秀,秀而不实,循序而不进,有始而无终。孔子批评那些能善始而不能善终、半途而废者……孔子所言当系人生之至理,无须孜孜以求解。(《论语解读》270页)

辑者案:从孔安国、朱熹说。孔子曰:"长苗而不开花吐穗的有吧!开花吐穗而不结果实的有吧!"此以植物喻人,勉人学而至于成。古来很多学者认为此章喻颜渊,欠妥。颜渊不是"苗而不秀,秀而不实"者,他虽然早死,但他是"既开了花,也结了果"的:他在众弟子中一枝独秀,屡受孔子称赞,成了德行学问之典范,被后世尊为复圣。虽早逝(30多岁逝世),但属于有成就者。再者,与上下几章联系起来看,反映了一个大主题——勉学、勉进:9·17章勉人珍惜时光;9·19章勉人持之以恒,莫功亏一篑;9·20章、9·21章夸赞颜渊不怠惰、进取不止;9·23章慨叹"后生可畏",警示人们年轻时要加倍努力,早有建树,早闻于世。细体味,理解为"勉人学而至成"要比理解为"喻颜渊早夭"更符合文意。再说了,"早夭"亦非个人所能左右;将"早夭"比作"秀而不实"也不适当——植物各有各自的特性,有些植物确实是只开花不结果的,无论它怎样努力,也是结不了果实的。人则不然,只要自勉努力,就定会有所成就。

9.23 子曰:"后生可畏,焉知来者之不如今也? 四十、五十而无闻焉,斯亦不足畏也已。"

(1)后生可畏,焉知来者之不如今也

汉·郑玄:后生,谓幼稚,斥颜渊也。可畏者,言其才美服人也。孟子曰:"吾先子之所畏。"是时颜渊死矣,故发言,何知来世将无此人。(单承彬《〈论语〉郑义举隅》,《儒家文献研究》90页)

梁·皇侃:云"后生可畏"者,后生谓年少,在己后生者也。可畏,谓有才学可心服者也。云"焉知"云云者,焉,安也。来者,未来事也。今,谓我今师徒也。后生既可畏,亦安知未来之人师徒教化不如我之今日乎? 言不可诬也。(皇侃《论语集解义疏》卷五·15页)

宋·邢昺:言年少之人,足以积学成德,诚可畏也,安知将来者之道德不如我今日也?(邢昺《论语注疏》120页)

清·李塨:后生年富力强,安知其将来成就不如今日之期许乎? 言当及时自勉也。(《论语传注》卷一·63页)

清·翁方纲:以愚见,此句今字即指后生时言耳。盖论人者每有轻视后学,谓长大反不及幼时之虑,此在警后学立论,自无不可。而夫子则正欲鞭策后生不为轻量,谓岂可以此轻之乎? 此必当时有轻量后生之议论,而今无由知其语势所自也。记《论语》者但记圣言,亦不须著其语所缘起也,而其语势实是如此,疏家自误会耳。(《论语附记》卷上·47页)

清·刘逢禄:言来日虽多,不如今日之可恃。后生不知爱日,故卒于无闻也。(《论语述何》卷一·15页)

日·东条弘:按来者与今,皆系后生言之也。言后生将来所成,必有胜于其今日所为也。(《论语知言》288页)

清·黄式三:此欲后生之惕于来者也。来者,后日也。今,即可畏之今日也。焉知来者之不如今,儆其不豫知也。(《论语后案》246页)

清·刘宝楠:"后生可畏",谓生质独美也。"不如今",谓不如今日之可畏也。人少时有聪慧,为人所畏。至年壮老,学力复充,故人常畏服之。(《论语正义》352页)

清·王闿运:来者,他日也。今可畏而他日不如,则愈过愈无闻矣。言学不进则日退。(《论语训》卷上·88页)

清·朱亦栋:"今"字即指上"可畏"说,言安知其将来不如今日之可畏乎。跌下"亦"字最为明晰,邢《疏》添一"我"字,是夫子与后生比德也。讲家因《注》中"我"字不稳,又添出"期望"二字以周全之,骑驴觅驴,失其旨矣。(《论语札记》卷中·9页)

杨伯峻:孔子说:"年少的人是可怕的,怎能断定他的将来赶不上现在的人呢?"(《论语译注》94页)

黄吉村:今,指现在成年人之成就。(《论语析辨》201页)

韩府:"生",指的是生命,"后生"指的是以后的时光、未来的光阴、尚未到来的生命和生活。从今以后的有生之年皆可称作

"后生"。对于"畏"字的理解也很重要。这里用的是"畏"的引申义,前一个"畏"字取其不可小瞧、不可低估、不可忽视的意思。后一个"畏"字也用的是引申义,意谓失望、气馁、灰心……一个人的未来的光阴是不可低估和忽视的,怎么能断定以后一定不如现在呢?(《"后生可畏"新解》,《孔子研究》1996 年第 4 期)

杨润根:[译解]真正应该引起严重关注和认真对待的是一个人的后半生,如果一个人能够在其后半生之中继续不懈地努力,那么我们怎么能够预知他将要在其中生活的那些未来的岁月会比不上他的那些已经在其中生活了的过去的岁月呢?[注释]后生:生命的未来岁月,生命的后一部分。(《发现论语》235-236 页)

傅佩荣:畏,在此指敬重、不可低估。(《傅佩荣解读论语》161 页)

安德义:《广雅》:"畏者,敬也。"后生可畏,应该是"后生可敬",其含意有二:一是鼓励后辈学须及时……另一层意思是年轻人不可轻视,后生年富力强,精力旺盛,记忆力好,其势不可阻挡,后来者常常居上。(《论语解读》271 页)

胡齐临:"后生可畏"是指勇敢和做事雷厉风行。(《论语真义》107 页)

辑者案:孔子说:"年轻人是可怕的(也可说作"是可敬畏的"),怎么能知道后来者不如今天的我们呢?"年轻人来日方长,随着社会文明的进步,他们的学识能力也随之增强,在很多方面会超越前人,这是历史的必然。孔子所说的"可畏",并非真的害怕,他胸怀博大,其本意是期望后生超越"今"人的。他用"可畏"的字眼儿,目的是警示人们要有一种紧迫感,激励人们要加倍努力,争取在成就上不让后生超过。

(2)四十、五十而无闻,斯亦不足畏也已

梁·皇侃:后生虽可畏,若年四十、五十而无声誉闻达于世

者,则此人亦不足可畏也。(皇侃《论语集解义疏》卷五·15 页)

元·许谦:后两语戒之……戒之者,警其惰也。(《读论语丛说》卷中·32 页)

明·张居正:盖四十、五十乃君子道明德立、学有成效之时,于此而犹无可称,则终不免为庸人之归而已,又何足畏之有? 可见人之进德修业,当在少壮之时,若少不加勉,则英锐之年,不可常保,迟暮之期,转眴而至。虽欲勉强向学,而年力已衰,非复向时之有得矣,悔之亦何及哉?(《论语别裁》139 页)

清·胡绍勋:人至五十为老年,是以养老自五十始。……学至有闻,早则定于四十以前,迟则定于五十以前,断不定于五十以后,因直决之曰"斯亦不足畏也已"。(《四书拾义》卷一·16 页)

方骥龄:时代日新月异,如不及时努力,至四十五十而无闻,又有何可敬耶? 谓人当及时努力也。(《论语新诠》248 页)

谷峰:我认为对孔子的这段话应做这样的解释:"年轻人是可敬畏的,怎么能够断定他的将来不如现在呢? 即使到了四五十岁还没有出名,那也没有什么可怕的。"这里暗含着这样的意思:只要他们能够坚持学习,努力不息,就仍会取得进步,走向成功。(《"后生可畏"异释》,《社会科学辑刊》1983 年第 3 期)

吴新成:无闻:一说"无闻是不闻道"(王阳明、黄式三等)。程树德云:"黄邢两疏并以声誉令名为言,亦谓名闻于世也。孔子疾没世无称,何尝以令闻为戒哉?"(《论语易读》167 页)

　　　　辑者案:此语警示人们珍惜时光,及时努力。青壮时精力充沛,接受新知识新事物快,如果及时努力,不虚度年华,定会早出成就,早声闻于世。一个人如果到了四五十岁还没什么声望,那他也就没有什么可怕的了。这是说,大部分人的成就、声望是在青壮年时期获得的;一般来讲,青壮年时期没什么建树,这个人一生也就没大出息了。然凡事不能一概而论,也不乏大器晚成者,但较少。早晨的时光是最可宝贵的,且莫期待傍晚的光景。

9.24 子曰:"法语之言,能无从乎? 改之为贵。巽与之言,能无说乎? 绎之为贵。说而不绎,从而不改,吾末如之何也已矣。"(辑者案:"巽与之言",定州简本作"選与之言")

(1)法语之言,能无从乎? 改之为贵。

汉·孔安国:人有过,以正道告之,口无所不顺从之,能必自改,乃为贵也。(皇侃《论语集解义疏》卷五·15页)

梁·皇侃:言彼人有过失,若我以法则语之,彼人闻法,当时无不口从而云止,当不敢复为者也,故云能无从乎。但若口虽从而身为失不止者,则此口从不足为贵也。我所贵者在于口从而行亦改者耳,故云改之为贵也。(皇侃《论语集解义疏》卷五·16页)

宋·邢昺:谓人有过,以礼法正道之言告语之,当时口无不顺从之者。口虽服从,未足可贵,能必自改之,乃为贵耳。(邢昺《论语注疏》121页)

宋·朱熹:法语者,正言之也。(《四书章句集注》115页)

明·林希元:法语之言,是以法度之语而与之言。(《四书存疑》卷五·61页)

日·物双松:先王之法言也。谓之语者,如乐语合语之语。(《论语征》190页)

清·牛运震:法语,直言无隐,道理一定在这里,只有改之一路,故不消说绎。(《论语随笔》卷九·13页)

清·陈浚:法是正经,语是说。(《论语话解》卷五·9页)

清·俞樾:法语之言一句中语字、言字叠用,甚为不辞,殆经师失其读也。此当以法语之为句,巽与之为句。皇侃《义疏》解"与命与仁"曰"与者,以言语许与之也",此云巽与之,其义与彼同。两言字并属下读,皆语辞也。……此文曰"言能无从乎"、"言能无说乎",谓以法度语之则必从,以巽顺与之则必说也。学者误以为言语之言,失其义,因失其读矣。(《群经平议》卷三十·24页)

钱逊:法语之言,以礼法规则正言规劝。(《〈论语〉读本》114页)

南怀瑾:"法语",就是我们现在普通说的"格言"。古人的名言,古时也称"法言",有颠扑不破的哲理。(《论语别裁》468页)

查正贤:法语指经典之语。(《论语讲读》140页)

杨朝明:法语($yù$)之言:正言告诫的话,可奉为法度的话语。法,法则。语,告诫。(《论语诠解》85页)

辑者案:从邢昺说。法语,合乎礼法的正道之言。既然是以礼法正言劝告,能不遵从吗?遵从并改正其自身缺点,是可贵的。

(2)巽与之言

汉·马融:巽,恭也。谓恭巽敬谨之言也。(皇侃《论语集解义疏》卷五·15页)

宋·朱熹:巽言者,婉而导之也。……巽言无所乖忤,故必说。(《四书章句集注》115页)

清·阎若璩:《集注》以"法语"、"巽言"作对,而"与"字之神不出。惟左萝石文云:"言也者,所以匡救人也。"人之流于失者,或有万端,而我之匡救之者止持一法,则其势必穷,于是法语之言不得不巽以与言之,而言者之心亦大非获已矣。(《四书释地三续》卷中·12页)

日·东条弘:巽与者,巽顺不忤而与其所为也。……讽谏、降

谏,是巽与之言也。(《论语知言》288页)

　　日·昭井一宅:巽者谓入之,与者谓同之。巽与之言,盖达于彼之隐情而姑同之,不触其所忌,渐道之使彼自觉其非之言也。(《论语解》199页)

　　萧民元:拍马或并不实在的话(巽言)。(《论语辨惑》118页)

　　黄怀信:[释]"巽",顺也;"与",助也。[训译]顺从与帮助自己的话,能不喜欢吗?(《论语新校释》219页)

　　杨朝明:巽(xùn)与之言:恭顺赞许的话。巽,顺从。《周易·说卦》记"巽为风",风吹一边倒为顺从。与,赞许。(《论语诠解》85页)

　　　　辑者案:巽,卑顺,谦让,通"逊"。《易·蒙》:"童蒙之吉,顺以巽也。"孔颖达疏:"巽谓顺貌。故褚氏云:'顺者心不违也,巽者外迹相卑下也。'"巽与,顺从,附和。巽与之言,即顺从附和的话、恭顺委婉的话。

(3)绎

　　汉·郑玄:绎,陈也。(马国翰辑《论语古注·论语郑氏注》卷五·3页)

　　汉·马融:能寻绎行之,乃为贵也。(皇侃《论语集解义疏》卷五·16)

　　梁·皇侃:绎,寻续也。(皇侃《论语集解义疏》卷五·16)

　　明·林希元:抽丝者必寻其绪,故谓之绎。听言者必寻其言意之所在,亦是绎也。(《四书存疑》卷五·61页)

　　王缁尘:"绎"是仔仔细细体察他。一说也是改的意思。(《四书读本》164页)

　　董子竹:绎,发展也。(《〈论语〉正裁》267页)

　　杨朝明:绎(yì):分析条理。(《论语诠解》85页)

　　　　辑者案:绎,寻绎,分析。听了顺从附和的话,不要只顾高兴,要寻绎分析,做出理智恰当的取舍。能对"巽与之言"进行寻绎分析者,才是可贵的。

9.25 子曰:"主忠信,毋友不如己者,过则勿惮改。"

　　辑者案:此语又见于《学而》第八章,请参见第19页。

9.26 子曰:"三军可夺帅也,匹夫不可夺志也。"

匹夫

　　梁·皇侃:谓为匹夫者,言其贱。但夫妇相配匹而已也。又云,古人质,衣服短狭,二人衣裳唯共用一匹,故曰匹夫匹妇也。(皇侃《论语集解义疏》卷五·16页)

　　唐·孔颖达:言"匹夫"者,士大夫已上则有妾媵,庶人无妾媵,惟夫妻相匹。其名既定,虽单亦通,谓之匹夫匹妇。(《尚书正义》49页)

　　宋·邢昺:匹夫,谓庶人也。(邢昺《论语注疏》121页)

　　元·许谦:匹夫犹言一夫,谓一小人而有志者。(《读论语丛说》卷中·33页)

　　林觥顺:[注解]匹夫:是粗野无知之人。(《论语我读》162页)

　　李里:一般的读书人,一般的士人。(《论语讲义》161页)

　　辑者案:邢昺说是。匹夫,指庶人、平民。

9.27 子曰:"衣敝缊袍,与衣狐貉者立而不耻者,其由也与? '不忮不求,何用不臧?'"子路终身诵之。子曰:"是道也,何足以臧?"

　　(1)缊袍

　　梁·皇侃:缊,枲著也。(皇侃《论语集解义疏》卷五·17页)

　　宋·邢昺:缊袍,衣之贱者。(邢昺《论语注疏》121页)

　　清·曹之升:据《丧大记》,衣有三名:一单衣名禅衣,一夹衣名褶衣,一絮衣名複衣。複即袍也。袍必有絮实其中,古无木棉,只取茧纩与枲枲之乱者抟而为絮。以纩为絮，即谓之茧袍。以枲枲为絮，即谓之缊袍。缊者，乱麻之名。(程树德《论语集释》620页引《四书撫余说》)

　　　　辑者案：缊，乱麻，旧絮。缊袍，以乱麻衬于其中的袍子。贫者无力用丝絮，只能以麻填衬。

(2)狐貉

梁·皇侃：狐貉，轻裘也。(皇侃《论语集解义疏》卷五·17页)

宋·邢昺：狐貉，裘之贵者。(邢昺疏《论语注疏》121页)

清·刘宝楠：先郑《职方注》："北方曰貉。"是貉乃夷狄之名，别一义也。(《论语正义》355页)

清·阮元：汗简引《古论语》"貉"作"貃"。《释文》出"狐貉"云"依字当作'貃'"。案《史记·弟子列传》作"狢"。按："貃"，正字；"貉"，假借字；"狢"，俗字。(《论语注疏校勘记》2493页)

　　　　辑者案：狐貉，即狐与貉。此指狐貉的毛皮制成的皮衣。

(3)不忮不求，何用不臧

汉·马融：忮，害也。臧，善也。言不忮害，不贪求，何用为不善。疾贪恶忮害之诗也。(皇侃《论语集解义疏》卷五·17页)

清·牛运震：忮者，因耻己之无而遂疾人之有。(《论语随笔》卷九·14页)

清·陈浚：忮是忌刻。(《论语话解》卷五·10页)

清·刘宝楠：《说文》："忮，很也。"《汉书·宁成传》："汲黯为忮。"师古曰："忮，意坚也。"义并相近。"何用为不善"，明"不忮不求"即为善也。(《论语正义》356页)

日·昭井一宅：忮者，骤怒之意也。(《论语解》200页)

南怀瑾：什么是"不忮"？以现代观念解释，就是心中很正常、坦荡，你地位高，有钱，但你是人，我也是人，并没有把功名富贵与

贫贱之间分等,都一样看得很平淡。对人不企求、不寄希望,自己心里非常恬淡、平静。(《论语别裁》474 页)

程石泉:不恔慕他人。(《论语读训》158 页)

　　辑者案:忮,嫉恨,嫉妒。《诗·邶风·雄雉》:"不忮不求,何用不臧。"孔子引《诗》赞美子路:不嫉妒,不贪求,为什么不好?

(4)终身诵之

梁·皇侃:子路得孔子美己才以为美,故终身长诵"不忮不求,何用不臧"之言也。(皇侃《论语集解义疏》卷五·17 页)

宋·朱熹:终身诵之,则自喜其能,而不复求进于道矣,故夫子复言此以警之。(《四书章句集注》115 页)

清·牛运震:终身诵之不是自喜自夸,乃因圣人之予,已将此二语服膺勿失,反复低徊,以无忘厥善,正子路之好学笃信处。夫子忽然于不忮不求之外又进一解,正其步步引人于胜,鼓舞无穷处。或予之或夺之,此之谓善诱人。(《论语随笔》卷九·14 页)

日·龟井鲁:子路旦夕诵之,将以终身,言执之固也。(《论语语由》167 页)

清·陈浚:子路见孔子赞他,心中甚喜,将《诗经》这两句时常诵读,要终身不忘的意思。(《论语话解》卷五·11 页)

黄怀信:子路虽终身诵念,盖行动上并非完全不忮不求,故孔子批评之,言下之意,是说只在嘴上念没有用,必须落实在行动上。(《论语新校释》222 页)

陈金芳:"诵"在"子路终身诵之"句中不应简单的翻译成"朗读、朗诵"义,而是"称道称诵",含有炫耀的神情。(《杨伯峻〈论语〉商榷两则》,《烟台职业学院学报》2007 年第 3 期)

　　辑者案:从龟井鲁说。子路得到了孔子的称赞,对"不忮不求,何用不臧"之诗句更加喜欢,不仅终身诵之,而且行之。从字面上,并未看出"自喜自夸"之表情。

(5)是道也,何足以臧

汉·马融:臧,善也。尚复有美于是者,何足以为善也。(皇侃《论语集解义疏》卷五·17页)

南朝宋·颜延之:惧其伐善也。(皇侃《论语集解义疏》卷五·17页)

宋·谢良佐:子路之贤,宜不止此。而终身诵之,则非所以进于日新也。故激而进之。(朱熹《四书章句集注》115页)

清·孔广森:子以其所取于《诗》者小,故语之曰"不忮不求",是或一道也。然止于是而已,则亦何足以臧哉?(《经学卮言》卷四·5页)

清·刘逢禄:与子贡言"无谄无骄,未若乐道好礼"同义。(《论语述何》卷一·15页)

日·昭井一宅:子路以为臧而守之,孔子以为不足由也。此语励子路而进之也,此自异日之语也,故别为一章矣,但以其征上章之意,是以并记耳。(《论语解》201页)

杨伯峻:孔子又道:"仅仅这个样子,怎样能够好得起来?"(《论语译注》95页)

毛子水:这两句诗实在是值得终身常诵的!孔子决不会以子路常诵这两句诗为不对而批评他……完全是对子路的戏言。子路常诵这两句诗,孔子听到,心里必很喜悦……"何足以臧"的"臧"字,不可再训为"善"。因为孔子说的是戏言,我们应当从戏言的情形来讲"臧"字。一个讲法,是把臧字作为臧匿的臧。孔子说:"这是道理呀,怎么可以臧呢!"孔子故意把训"善"的臧认作训"匿"的臧以发一笑。又一个讲法是把用在"何足以臧"的臧字看作没有意义的,只是取它的声。子路时常念这两句诗,而这两句诗的末字为"臧"。可能子路念这句诗时,把"臧"字读得比较重,拉得比较长,所以别人好像只听见子路老在那边唱个"臧"字。孔子所说的"何足以臧"的"臧"字,乃是模拟子路所念的"何用不臧"的"臧"字。孔子说:"这个道理,平常得很,怎么值得老是这样'臧'下去呢!"自然,孔子并不是真的说值不得;他只模拟子路念"臧"字的声音,表明这是向子路讲笑话。(《论语今注今译》140 页)

程石泉:孔子欲借此使子路能推广其义("举一隅而以三隅反"),于是告之以"是道也,何足以臧",即以道言之,永无足时。凡君子之志于道者,必"日为孳孳,毙而后已",岂可以区区不耻恶衣恶食,为足以成道乎?(《论语读训》158 页)

辑者案:从马融、杨伯峻说。孔子认为"不忮不求"只是为人之道的一个方面,仅仅做到这一点还远远不够(不足以臧),"尚复有美于是者"(马融语),要向"道"的更完美处追求,才能达于至善。

9.28 子曰:"岁寒然后知松柏之后彫也。"

魏·何晏:大寒之岁,众木皆死,然后知松柏之小凋伤;平岁则众木亦有不死者,故须岁寒而后别之。喻凡人处治世亦能自修整,与君子同;在浊世,然后知君子之正不苟容也。(皇侃《论语集解义疏》卷五·17 页)

南朝宋·释惠琳:夫岁寒别木,遭困别土,寒严霜降知松柏之后凋。谓异凡木也。遭乱世,小人自变,君子不改其操也。(皇侃《论语集解义疏》卷五·18 页)

宋·张栻:力量之深浅,平时未易见也。惟当利害艰难之际则可见其所守者矣。人徒见其临事之能处也,而不知其自守之有素也。松柏之质坚刚矣,独于岁寒之时而后人知其后凋耳。(《南轩

论语解》卷五·10页)

元·许谦：木至寒而不凋者亦多，圣人取松柏者，盖松柏之受命也。独一斩断，更不萌蘖，如君子有刚断者然。松柏不凋于冬而换叶于春，其枝未常见枯槁之态，故圣人不言不凋但言后凋。圣人言语虽小，节自周备，无渗漏如此。(《读论语丛说》卷中·33页)

清·李光地：此章比喻者广，然当乱世而秉礼行义、守先王之道以待后之学者，此等人最相似也。(《读论语札记·子罕篇》)

杨伯峻：天冷了，才晓得松柏树是最后落叶的。(《论语译注》95页)

姚式川：一语之喻，其义无穷。这既是孔子高尚情操的写照，也是激励人们像松柏那样傲视霜雪、挺然屹立，对它那种岸然骨气的热情赞颂！(《论语体认》21页)

文克成：孔子这句话是在当时的乱世之中经历多次"岁寒"之后的切身体会。他和跟随他的弟子们周游列国，多次陷入绝境，身边的弟子始终不舍他而去，而是紧跟老师追求政治理想的实现，于是他用松柏作象征来赞扬弟子们坚定不移、百折不回的精神。然而，"岁寒"竟使松柏凋谢了，它们只是"后凋"而已。从这一点看，孔子此言另有深意：控诉"岁寒"所象征的黑暗势力、黑暗社会对德才兼备的君子们的迫害与摧残。(《〈论语〉三题》，《湖南省社会主义学院学报》2007年第5期)

　　辑者案：诸说大同小异，数杨伯峻说恰切、明白。只有艰苦的环境才能考验一个人的节操和意志。

9.29 子曰："知者不惑，仁者不忧，勇者不惧。"

汉·董仲舒：仁者憯怛爱人，谨翕不争，好恶敦伦，无伤恶之心，无隐忌之志，无嫉妒之气，无感愁之欲，无险诐之事，无辟违之行，故其心舒，其志平，其气和，其欲节，其事易，其行道。(苏舆《春秋

繁露义证》258页）

晋·孙绰：智能辩物，故不惑也。……安于仁，不改其乐，故无忧也。（皇侃《论语集解义疏》卷五·18页）

宋·邢昺：此章言知者明于事，故不惑乱；仁者知命，故无忧患；勇者果敢，故不恐惧。（邢昺《论语注疏》122页）

宋·朱熹：明足以烛理，故不惑；理足以胜私，故不忧；气足以配道义，故不惧。此学之序也。（《四书章句集注》116页）

宋·张栻：三者，天下之达德、君子之所以成身也。不惑者，见理明也。不忧者，其乐深也。不惧者，守己固也。然固有不惑不惧而其乐未充者，涵养其德性未至也，不忧其深矣乎？（《南轩论语解》卷五·10页）

宋·辅广：仁、知、勇，德之序也。智、仁、勇，学之序也。仁者，智之统体，故论德则以仁为先。智者，仁之根柢，故论学则以智为首。勇则仁智之发也，故皆在后言之。（梁章钜《论语旁证》卷九·21页）

日·物双松：此孔子称成德之人也。朱《注》以为"学之序"，盖本诸《中庸》。然《中庸》言"达德"，与此不同。达德者谓德之通众人皆有之者，非谓知者仁者勇者也。或以此知者在先、仁者在次为说，是据安仁利仁，而固执仁者优知者耳。殊不知德各以性殊，知者仁者，亦随其性以成德已。夫仁知皆大德，故有时乎知在仁上，或可固执乎？如管仲，固孔子许其仁，然非桓公知而任之，安能成其仁？桓公为管仲君，是知之德亦大矣，岂必亚仁？大抵宋儒不知孔子之道为先王治天下之道，故其论仁知，亦不知从治天下上起见，所以凿也。（《论语征》192页）

清·牛运震：仁者，理即是心，心即是理，有一事来便有一理以应之，所以无忧。观君子坦荡荡、小人长戚戚二语可见。（《论语

随笔》卷九·15页）

　　日·东条弘：按知仁勇三者，道义之总主也。此就其专者言，不必拘次序。今曰知者，仁勇在其中；曰仁者，知勇在其中；曰勇者，仁在其中。若缺其一，不可成德矣。（《论语知言》291页）

　　蔡尚思：孔子心目中的仁者，在生活中必须安贫乐道。（《孔子思想体系》108页）

　　王缁尘："仁者不忧"者，仁是待人如己——即己立立人，己达达人——我无损人之事，人亦决不来损害我。（《四书读本》167页）

　　董子竹：三句是一句，核心是真知"生命"。日本人不懂这三合一的道理，大讲"三德"，可笑。知生命本无善恶，本无生死，本无成败，怎会惑、忧、惧呢？真知生命才是真智慧。（《〈论语〉正裁》268页）

　　牛泽群：余尝谓其病有二：其一首尾二句不及聊胜于无，皆废话，或破《论语》无释字之先例……其二中句又不为释字，然意旨欠妥，夫仁者固不忧，且不惑（《子张》："孔子曰：'未知，焉行仁。'"）、不惧（"仁者必有勇"），何似知—惑、勇—惧之——反义对应乎？故并列不当。何出此陋？非圣人也，《宪问》乃其本义："子曰：'君子道者三：我无能焉：仁者不忧，知者不惑，勇者不惧。'"……今《子罕》拈出，虽无添字去字，义大乖也，故知断取人言之不可也。（《论语札记》269—270页）

　　　辑者案：此语义明：有智慧的人不迷惑，有仁德的人不忧愁，有勇气的人不畏惧。"知者不惑"、"勇者不惧"较易理解；至于"仁者不忧"，在王缁尘解释的基础上，尚需补充一句：普通人常为患得患失而忧，而有仁德的人泛爱众，存公心，尚施予，以助人为乐，很少考虑个人得失，胸怀坦荡，故无忧也。

9.30 子曰："可与共学，未可与适道；可与适道，未可

与立；可与立，未可与权。""唐棣之华，偏其反而。岂不尔
思？室是远而。"子曰："未之思也，夫何远之有！"

(1)可与共学，未可与适道

魏·何晏：适，之也。虽学，或得异端，未必能之道。（邢昺《论语注疏》122页）

清·刘宝楠：正义曰："与"者，以也。《淮南子·泛论训》："孔子曰：'可以共学矣，而未可以适道也；可与适道，未可以立也；可以立，未可与权。'"与、以错出，与即以也。"学"者，业之所同，讲习切磋，彼此资益，故曰"共学"。至适道立权，各由人所自得，故不曰共也。（《论语正义》358页）

杨伯峻：可以同他一道学习的人，未必可以同他一道取得某种成就。（《论语译注》95页）

黄怀信：[释]可与共学："与"，在一起。"共"，同也。未可与适道："未"，未必、不一定。"适"，之、往也。"道"，正道，共同的理想、主张。[训译]可以在一起学习，未必可以一起走向正道。（《论语新校释》224页）

　　辑者案：与，连词，和也。适，往也。道，思想道德准则。未可与适道，即未必可以与他一起奔往道。

(2)可与适道，未可与立

魏·何晏：虽能之道，未必能以有所成立者也。（皇侃《论语集解义疏》卷五·18页）

梁·皇侃：立，谓谋议之立事也。亦人性各异，或能学问而未必能建立世中正事者，故可与共适所学之道，而未便可与共立事也。（皇侃《论语集解义疏》卷五·19页）

清·刘宝楠：高诱《淮南子注》曰："道，仁义之善道。立，谓立德、立功、立言。"（《论语正义》359页）

杨伯峻:立——《论语》的"立"经常包含着"立于礼"的意思,所以这里译为"事事依礼而行"。(《论语译注》96 页)

黄怀信:"立",指立身于道。(《论语新校释》224 页)

袁庆德:立:这里指坚持下去。(《论语通释》205 页)

　　辑者案:从黄怀信说。

(3)可与立,未可与权

汉·孔安国:虽有所立,未必能权量轻重。(余萧客《论语钩沉》15 页)

魏·王弼:权者,道之变。变无常体,神而明之存乎其人,不可豫设,尤至难者也。(皇侃《论语集解义疏》卷五·19 页)

梁·皇侃:权者,反常而合于道者也。(皇侃《论语集解义疏》卷五·19 页)

唐·韩愈:权者,经权之权,岂轻重之权耶?吾谓正文传写错倒,当云"可与共学,未可与立。可与适道,未可与权",如此则理通矣。(《论语笔解》卷上·19 页)

宋·朱熹:程子曰:"汉儒以反经合道为权,故有权变权术之论,皆非也。权只是经也。自汉以下,无人识权字。"愚按:先儒误以此章连下文"偏其反而"为一章,故有反经合道之说。程子非之,是矣。然以孟子嫂溺援之以手之义推之,则权与经亦当有辨。(《四书章句集注》116 页)

元·陈天祥:圣人说权,象其称锤之行运往来,活无定体,本取应变适宜为义。应变适宜,便有反经合道之意在其中矣。惟其事有轻重不同,权则亦有浅深之异。凡于寻常用处,各随其事,称量可否,务要合宜,谓此为经似犹有说。若遇非常之事则有内外之分,内则守正,外须反经,然后能成济物之功,岂可一概通论哉?(《四书辨疑》卷五·16 页)

明·陈士元：孔子所谓"未可与权"者，盖借权衡以明时措之宜耳。夫常变时也，可以安常，可以通变，与时推移，未尝执一而轻重适中者权也。非谓权济变，经守常也。以经权分常变，无乃以禅受征伐为二道耶？《论语类考》卷十九·3页）

清·牛运震：权非变也，正之极也；权非奇也，平之至也。此二语得权之意。《论语随笔》卷九·16页）

清·张甄陶：反经合道为权，此公羊氏说。以祭仲废郑伯忽立突为行权。齐东谬语流为丹青，自是以权为权变、权术字样。至陆宣公乃云权之为义，取类权衡，乃随时以处中，非迁移以适便。此程、朱之所本也。盖权能进退，以度物之轻重，喻人心精义，入神则能随事观理，得时措之宜。（梁章钜《论语旁证》卷九·22页）

日·伊藤维桢：汉儒以经对权，谓反经合道为权，非也。权字当以礼字对，不可以经字对。《孟子》曰："男女授受不亲，礼也。嫂溺援之以手者，权也。"盖礼有一定之则，而权制其宜者也。故孟子以权对礼而言，不对经而言。汉儒盖以汤武放伐为权，故谓反经合道，殊不知经即道也。既反经，焉能合道，天下之所同然之谓道，制一时之宜之谓权。汤武之放伐，盖顺天下之心而行之，诛一夫纣矣，非弑君也，乃仁之至，义之尽，而非制一时之宜者也，故当谓之道，而不可谓之权也。先儒又谓权非圣人不可用，尤非也。夫权，学问之至要，道之不可无权也，犹临敌之将，应变制胜；操舟之工，随风转柁。若否，则必覆师而致溺矣，故谓权不可辄用则可矣，谓非圣人不可用则不可也。《孟子》曰："执中无权，犹执一也。"言学之不可无权也。（《论语古义》144页）

李泽厚："经"与"权"是孔学一大问题，我以为译为"原则性"与"灵活性"最贴切。《论语今读》174页）

杨润根：[注释]权：现实的判断、现实的决定和现实的选择。

(《发现论语》239 页)

林觥顺：[注解]权：就是权柄、权力、权势、权位、权威，是所以掌控而竖立的权衡能量。(《论语我读》164 页)

彭亚非：孔子为什么要将"权"作为求道的最高境界呢？因为权和中庸之德一样，都是要在千变万化的不确定性中掌握住道德和信念的分寸。这不能靠主观任意的一时灵感和机智来达到，而只有对自己的信念和所学之道有足够深刻和圆融贯通的理解，才能在任何情况下既坚持原则、固守根本，又能因时制宜、因地制宜，事事做到恰如其分。(杨义主编、彭亚非选注译评《论语选评》148 页)

李零：这是讲学习的境界。第一是学道，即所谓"共学"；第二是适道，即追求道；第三是守道，即所谓"立"；第四是用道，即所谓"权"。(《丧家狗——我读〈论语〉》189 页)

　　辑者案：从王弼"权者，道之变"说。李泽厚理解为"原则性"与"灵活性"，较通俗明确。彭亚非的阐释很有道理。权即变通、机变。道，适于万事万物，而且是在发展变化着的，要想很好地把握道、遵循道、践行道，必须具备高度的权变能力。遵道、行道，既要有"原则性"，还要有"灵活性"，不可死板僵化。孔子要求，立于道之后，应能灵活地用道行道。做到这一步最难，故放到最后。"未可与权"，即"未必可以和他一起达到权变的地步"。

（4）唐棣之华，偏其反而。岂不尔思？室是远而

汉·郑玄：唐棣，栘也。其华翩翩，顺风而返，此其光色盛时，以喻有美女颜色如此，我岂不思与之为夫妇乎？其室家之道远耳。孔子言此诗者，但不思之耳，诚能思之，则可以礼使媒氏往求之，何有远乎？引此诗者，以言权道亦可思而得之也。(单承彬《〈论语〉郑义举隅》,《儒家文献研究》91 页)

魏·何晏：逸诗也。唐棣，栘也，华反而后合。赋此诗，以言权道反而后至于大顺也。思其人而不得见者，其室远也。以言思权而不得见者，其道远也。（皇侃《论语集解义疏》卷五·19页）

梁·皇侃：引明权之逸诗以证权也。唐棣，棣树也。华，花也。夫树木之花皆先合而后开，唐棣之花则先开而后合，譬如正道则行之有次，而权之为用，先反后至于大顺，故云偏其反。而言偏者，明唯其道偏与常反也。（皇侃《论语集解义疏》卷五·19页）

宋·邢昺：唐棣，栘也，其华偏然反而后合。赋此诗者，以言权道亦先反常而后至于大顺也。（邢昺《论语注疏》123页）

宋·朱熹：唐棣，郁李也。偏，《晋书》作翩。然则反亦当与翻同，言华之摇动也。……上两句无意义，但以起下两句之辞耳。其所谓尔，亦不知其何所指也。（《四书章句集注》116页）

清·毛奇龄：彼唐棣偏反有似行权。然而思偏反而不得见者，虑室远也；思行权而终不行者，虑其与道远也，不知无虑也。夫思者当思其反，反是不思，所以为远。能思其反，何远之有？（《论语稽求篇》卷四·8页）

日·东条弘：偏，偏倚之偏，取反睽之义也。……反谓反睽也，与翻不同。……诗意以花容之偏倚反睽，比尔与我相远也。夫子因之，而反其意曰，远云者，思之未足也。果能思之，亦何远之有？以喻道之不远也。（《论语知言》293页）

清·刘宝楠："唐棣之华"云云者，此引《诗》，言以华之反而后合，喻权之反经而合道也。《春秋繁露·竹林篇》、《文选·广绝交论注》引此文作"棠棣"，"唐"、"堂"通用字。《尔雅·释草》云："木谓之荣，草谓之华。"此唐棣是木，亦言"华"者，散文可通称，故《说文》云"蕚，荣也"是也。"偏其反而"者，皇《疏》云："言偏者，明唯其道偏与常反也。"朱子《集注》引《晋书》"偏"作"翩"，似《晋书》无此文。《角弓诗》:"翩其反矣。"《桑柔诗》:"旟旐有偏。"《释文》:"偏,本亦作翩。"韦昭《周语注》:"翩翩,动摇不休止之意。"然则"偏"读"翩",义亦通矣。"而"者,语助之辞。(《论语正义》359页)

清·康有为:郝懿行《义疏》引牟愿相说:"唐棣,即今小桃白。其树高七八尺,其华初开反背,终乃合并。"得之目验,足为翩反之证。而,语助辞。(《论语注》141页)

方骥龄:唐棣亦即棠棣,或称常棣。又或谓花赤者曰棠,白者为棣。更有人以为牡者曰棠,牝者曰棣。牡华不实,但林中伐去其牡,则牝者亦不实矣。故棠棣必须牝牡共生,犹人之不可不与人共处也……偏通翩,其通箕字。《说文》:"其,簸也。"翩箕,簸动貌。反字疑不作翻字解。而字,原象花萼下垂之形。本句而字似不作助词解。反而,反其花萼下垂也。下垂而又簸动,喻唐棣之花随风摇曳生姿,令人爱慕不已。(《论语新诠》253页)

杨伯峻:[译文]唐棣树的花,翩翩地摇摆。难道我不想念你?因为家住得太遥远。[注释]唐棣……何远之有——唐棣,一种植物,陆玑《毛诗草木鸟兽虫鱼疏》以为就是郁李(蔷薇科,落叶灌木),李时珍《本草纲目》却以为是枎栘(蔷薇科,落叶乔木)。"唐棣之华,偏其反而"似是捉摸不定的意思,或者和颜回讲孔子之道"瞻之在前,忽焉在后"(9.11)意思差不多。"夫何远之有"可能是"仁远乎哉?我欲仁,斯仁至矣"(7.30)的意思。或者当时有人引此诗(这是"逸诗",不在今《诗经》中),意在证明道之远而不可捉摸,孔子则说,你不曾努力罢了,其实是一呼即至的。(《论语译注》96页)

毛子水:孔子评诗的话,乃是戏言!他听见学生诵这四句诗,一时高兴,便作了这个批评。记录的弟子,当然亦知道老师的话是戏言;但因为这个戏言亦有几分意思,所以便记录下来而流传

到现在。这虽是一种臆测,但或许符合当时的情形。(《论语今注今译》142页)

杨润根:[译解]变化莫定的蔷薇之花哟,你的性格为什么要表现得与我所期待的那种性格恰恰相反呢?[注释]唐:这个字由"庚"(秋季的方位)和"口"构成,其意思是从人们口中所说出来的话语就像秋天的景色一样易于变化(因此它有说变就变之意),这种变化起初叫人感到唐突,最后又使人觉得荒唐。(《发现论语》240页)

赵又春:"偏其反而"是描写花朵的摇摆状态,后两句是说:难道是我不想你? 是我住得太远了呀。所以孔子自己说的话是对这个"想"的评论,可译为:根本就没有想,有什么远的? 这显然是说,要是真想,就不在乎远。因此,有人认为这一章讲的就是"我欲仁,斯仁至矣"的意思。这似乎说得通,但毕竟是猜测,不能就当着定论。钱穆说:"此章言好学,言求道,言思贤,言爱人,无指不可",未免说得太玄了。一句话如果真是"无指不可",那一定是大废话。(《我读论语》421页)

郑张欢:[释]棠棣开着花,在风中偏反着动荡,岂不引起人的思念? 只是家室远而没有办法。孔子说:不去思念,那有远的感觉?[释按]此章言诗,又言处世立业。孔子此是说明一个人要以事业为重,对不能所及的事不要去思念为是。(《论语今释》143页)

杨朝明:[诠释]本章位于全篇之殿,其重要性不言而喻。其主旨可以理解为言好学、言求道、言思贤、言爱人等等。连贯全篇,这里还是强调个人努力的重要性。中国诗妙在比兴,空灵活泼,义譬无方,读者可以随所求而各自得。也正是如此,历来学者才有众多不同的解析。[解读]古诗上说:"正如唐棣树的花在风中摇摆不定,离开之后又返回来。我难道不思念你吗? 只是家住

的太遥远了。"孔子说:"只是没有想念罢了,如果真的想念,又有什么遥远的呢?"(《论语诠解》87页)

辑者案:可将杨伯峻、杨朝明二说结合起来理解。何晏《集解》以此诗解释前面"未可与权"的道理,因此与前视为一章。朱熹盖以为此诗与前句没什么联系,故将其独立为章。二杨遵朱熹分章。

乡 党 第 十

10.1 孔子于乡党,恂恂如也,似不能言者。其在宗庙朝庭,便便言,唯谨尔。

（1）乡党

梁·皇侃：天子郊内有乡党,郊外有遂鄙。孔子居鲁,鲁是诸侯,今云乡党,当知诸侯亦郊内为乡、郊外为遂也。孔子家当在鲁郊内,故云于乡党也。（皇侃《论语集解义疏》卷五·20页）

宋·朱熹：乡党,父兄宗族之所在。（《四书章句集注》117页）

清·李塨：乡,昌平乡；党,阙党。孔子所居也。（《论语传注》卷一·65页）

清·王塓：孔子生于陬邑,迁于阙党而设教焉。故《新序》云："孔子在州里笃行孝道,居于阙党,阙党之子弟畋渔分有,亲者得多,孝以化之也。"可知此文乡党兼彼二地矣。（程树德《论语集释》635页引《乡党正义》）

王缁尘：乡是举其大名,党是举其中所属之一。（《四书读本·论语读本》170页）

杨润根：方圆五十里内为乡,五百家为一党,因此"乡党"可直接理解为普通的乡村,它与宗庙朝廷相分别。（《发现论语》241页）

何新：乡党,乡社。党,堂也。（《论语新解——思与行》121页）

李零："乡党","党"字的古文有两种：一种从邑从尚（《古文四声韵》卷三：24页背引《籀韵》、《玉篇》引《古文尚书》）,一种从人从易（《汗简》42页正引《林罕集缀》、《古文四声韵》卷三：24页背引《王庶子碑》）。前一种写法见于天星观楚简和包山楚简，但实际用法不同。古代居民组织有国、野之分，国又有乡、遂之分。《周礼·地官·大司徒》讲"乡"，是五家为比，五比为闾，四闾为族，五族为党，五党为州，五州为乡。"乡党"是这类居民组织的统称。（《丧家狗——我读〈论语〉》191页）

　　李里：乡党就是家族里亲戚所聚集的地方。（《论语讲义》166页）

　　　　辑者案：乡党，犹乡里。

(2)恂恂

汉·郑玄：恂恂，恭慎貌（辑者案：黄奭辑《逸论语注》为"恭顺貌"）。（马国翰辑《论语古注·论语郑氏注》卷五·4页）

魏·王肃：恂恂，温恭之貌。（邢昺《论语注疏》125页）

宋·朱熹：恂恂，信实之貌。（《四书章句集注》117页）

宋·张栻：恂恂，信顺之貌。（《南轩论语解》卷五·12页）

明·蔡清：孔子于乡党，恂恂如也，似不能言也，只是一意相连说，与后节"足缩缩如有循"一样语势，或于此分言、貌者，非矣。或以《集注》云"恂恂，信实之貌"，遂以此为指貌，以本文谓"似不能言"，有一"言"字，遂以为指言，真未达哉！（《论语蒙引》卷二·74页）

日·丰干：《汉·李将军》"恂恂如鄙人"，与此同。盖悫实貌也。朱氏曰"信实之貌"，恐未尽。王氏曰"恂恂，温恭之貌"。按温恭，孔子德容固然，然此言恂恂者，特见其在乡党之状，必有变者，王解未是。（《论语新注》卷上·90页）

清·黄式三：《史记·世家》引此经，《索隐》云："有本作'逡逡'"，《隶释·祝睦后碑》"乡党逡逡，朝廷便便"，是"恂"古本有作"逡"者，"逡"有谦退义，与"似不能言"相贯。"逡"为正字，"恂"同

声假借字。《汉书》"李将军恂恂如鄙人",《史记》作"悛悛"。"恂"、"悛"皆"逡"之假借字。(《论语后案》253页)

王熙元:恂恂如,容貌温和、恭敬的样子。恂,与逊音义相近,所以也有谦逊的意思。(《论语通释》536页)

杨润根:恂(xún):十分亲热温和,殷勤有礼,礼貌周全,拘谨,惟恐自己有任何疏忽与冒失的表现。本字主要结构部分是"旬"。《说文》:"旬,遍也,十日为旬。"因此"旬"可理解为一个日照的周期,一段持续的晴朗温暖的时间,而"恂"就可理解为一种持续的晴朗温暖的态度。(《发现论语》241页)

黄怀信:"恂恂",借为"逡逡",畏缩不前之貌。(《论语新校释》226页)

李零:"恂恂",同悛悛,音 xún xún,是不善言辞的样子。(《丧家狗——我读〈论语〉》191页)

辑者案:恂恂,有温和、恭顺、谨慎之义,至于黄式三所说"谦退义"、王熙元所言"谦逊的意思",都包含在谨慎之义中。

(3)便便言,唯谨尔

汉·郑玄:便便,辩也。虽辩而谨敬。(邢昺《论语注疏》125页)

宋·张栻:便便,于事敬肃也。(《南轩论语解》卷五·12页)

明·蔡清:便便言唯谨尔,言貌亦不相离。(《论语蒙引》卷二·75页)

清·俞樾:此当以"便便"为句。《诗·采菽》篇"平平左右",《释文》引《韩诗》作"便便,闲雅之貌",是"便便"以貌言,正与上文"恂恂如也"王《注》曰"恂恂,温恭之貌",其义一律,但省"如也"两字耳。"言唯谨尔"四字为句,凡有所言无不谨慎,故曰"言惟谨尔",此与上文"似不能言者"相对,盖此两节皆上一句说孔子之容,下一句说孔子之言,郑《注》失之。(《群经平议》卷三十·25页)

清·陈澧:便,旁连反。……便便是详细。(《论语话解》卷五·

13 页）

王熙元:便便,言语明辨的样子,也就是说话明白而流畅。
（《论语通释》536 页）

杨润根:便(pián):再现人自身,表现人自身("便"本来由
"亻"、"再"、"又"构成),自然,直率,随便。谨:难言,难听的话,尖
刻的话,像黄土地一样的很少为人提供丰富的享受的话。我认
为,人们通常所说的"谨慎"一词,其意思是"慎谨"(至少它现在所
残留的意思是如此),即当人们说难听的批评指责人的话时,应确
保其真实性,应确保其有根有据,并保持一种客观的实事求是的
态度,否则批评指责者将会使自己处于不利的地位。"谨"本来由
"言"、"黄"和"土"构成。（《发现论语》241 页）

李零:"便便",同辩辩,这里读 biàn biàn,不读 pián pián,和
上"恂恂"相反,是能言善辩的意思,《史记·孔子世家》引此,正作
"辩辩"。（《丧家狗——我读〈论语〉》191 页）

杨朝明:便便:同辩,善于辞令。（《论语诠解》89 页）

陆信礼:一般认为,孔子是不重视言语教育的,因为他常常指
责的就是那些花言巧语的人。……事实上,他很重视言语教育,
只不过,孔子在言语教育方面的原则是"谨"。（《〈论语〉"学"字解》,《孔
子研究》2009 年第 5 期）

辑者案:从郑玄、王熙元、杨朝明说。便便,《辞源》、《汉
语大词典》均注音为 pián pián。释义分别为"形容善于辞
令"、"形容言语明白流畅"。《辞源》释"辩"曰:"通'便'。"释
"辩辩(pián pián)"曰:"善于辞令,侃侃而谈。"

10.2 **朝,与下大夫言,侃侃如也;与上大夫言,訚訚
如也。君在,踧踖如也,与与如也。**

(1)侃侃,訚訚

汉·孔安国:侃侃,和乐之貌。訚訚,中正之貌。(邢昺《论语注疏》125页)

宋·朱熹:许氏《说文》:"侃侃,刚直也。訚訚,和悦而诤也。"(《四书章句集注》117页)

元·陈天祥:侃、訚二字各有两训,《玉篇》诸韵皆同。"侃"字一训和乐貌,又训强直。"訚"字一训中正之貌,又训和。然须观其用处,各有所宜。朝廷官府之间待下宜宽容,事上宜严谨。以强直待下则几于不容,以和乐事上则几于不谨。今与下大夫言则用刚直,与上大夫言则用和悦,于上下之交诚为未顺。又诤之为义乃极谏也。必须遇有违理害义之重事,不得已而用之,寻常语话间岂容有诤邪?……旧说"侃侃,和乐之貌","訚訚,中正之貌"。南轩引侯氏之说曰:"訚訚,中正而敬也。侃侃,和乐而敬也。"二说意同,今从之。(《四书辨疑》卷六·1页)

清·梁章钜:孔《注》"侃侃,和乐貌;訚訚,中正貌"。皇《疏》同。按以"侃侃"为和乐,别无所见,段氏玉裁谓即"衎衎"之假借,亦是臆揣之词。故《集注》并据《说文》,然今本《说文》只有"訚,和悦而诤也","侃"字《说文》无之,不知朱子所引何本。《集韵》"侃,刚直也",亦不引《说文》。孔《注》和乐之训,即有所据,亦不的,与下大夫和乐何难之有,惟中正之训却与《说文》合。和悦而诤即是刚柔得中也。(《论语旁证》卷十·2页)

清·黄式三:《后汉书·袁安传》、《隶释·汉碑·唐扶颂》引《经》"侃"作"衎"。孔《注》:"侃侃,和乐貌。"明此假"侃"为"衎"也。《史记·鲁世家赞》"洙泗之间龂龂如也",《索隐》:"读如《论语》'訚訚'。"孔《注》:"訚訚,中正貌。"明此假"訚"为"龂"也。(《论语后案》254页)

　　清·刘宝楠：方氏东树说："此《注》本以'中正'诂'侃侃'，'和乐'诂'訚訚'，传写倒误。"案"侃"通作"衎"，故训和乐。"訚"有诤义，故训中正。盖事上不难于和乐，而中正为难；接寮属不难于中正，而和乐为难。方说非是。（《论语正义》366页）

　　清·沈涛：如孔说则侃侃当读为衎衎，《说文》川部"侃，刚直也，从伯。伯古文信也。从川，取其不舍昼夜。《论语》曰'子路侃侃如也'"，则侃侃之本义为刚直而非和乐。今《先进》篇作"冉有子贡侃侃如也"，许君所称，盖《古论语》。窃意《论语》本作"子路侃侃如也"、"冉有子贡衎衎如也"，衎、侃声相近，后人或传写误易，又脱衎字之中，遂为行行，《集解》引郑《注》"行行，刚强之貌"也，刚强、刚直，义正相近，郑氏当本作"侃侃，刚强之貌"也，平叔强改以就讹脱之经文耳。《后汉·袁安传》"訚訚""衎衎"，《隶释·唐扶颂》"衎衎訚訚"，似皆用《先进》篇而非用《乡党》篇。何氏不察，遂疑侃侃为衎衎之假借，伪撰此注，误矣。《说文》言部"訚，和说而诤也。从言门声"。《礼记·玉藻》"二爵而言言斯"，《注》"言言，和敬貌"，《正义》引皇氏云"言读为訚"，《广雅·释训》"言言，喜也"，是訚訚兼有和说之意，孔云中正，非。（《论语孔注辨伪》卷上·19页）

　　蒋沛昌：侃侃如——侃侃然，从容不迫的样子。訚訚如——訚訚然，说话态度温和、有条有理的样子。（《论语今释》236页）

　　杨润根：侃（kǎn）：信口如流，毫不隐讳。这个字由"亻"、"口"和"川"构成。"亻"和"口"构成古文的"信"字。訚（yín）：《说文》："訚，和悦而诤也。"像家里人在家说话一样，亲密而又直截了当，直截了当地说出他人的优点，又直截了当地指出他人的缺点错误。（《发现论语》242页）

　　林觥顺：侃侃，注云刚直貌，但未明其所以，也无人问其所以之理,笔者以为侃从人口水,是人之言行如水之流,外柔中刚。闇,是家长在门内语人无偏无颇,使人皆喜悦和乐。是柔中有刚之。(《论语我读》165 页)

何新:闇,读瘖,哑也。(《论语新解——思与行》121 页)

　　辑者案:以上下文义看,孔安国、陈天祥、刘宝楠之说为当。

(2)踧踖,与与

汉·马融:踧踖,恭敬之貌。与与,威仪中适之貌。(邢昺《论语注疏》125 页)

宋·朱熹:踧踖,恭敬不宁之貌。与与,威仪中适之貌。张子曰:"与与,不忘向君也。"亦通。(《四书章句集注》117 页)

清·钱坫:《说文解字》:"踧,行平易也。踖,长胫行也。""踧踖"与下"与与"同义。《诗》"肆筵设席授几有缉御",毛《传》以"缉御"为踧踖之容,虽敬而舒,谓之踧踖欤?《说文解字》:"𢖭,趣步𢖭𢖭也,从心,与声。"班固《汉书叙传》曰:"长倩𢥍𢥍。"苏林曰:"𢥍𢥍,行步安舒也。"𢥍应即此与与字。(《论语后录》卷三·6 页)

清·陈浚:踧踖是不安,与与是安详。(《论语话解》卷五·14 页)

杨润根:踧(cù):自然优雅的行走,自然优雅的举止。踖(jí):以自然的、通常的、习惯的、一如既往的姿态行走。与与如也:随和的、合群的、恭敬而有礼的样子。(《发现论语》242 页)

林觥顺:马融注:恭敬貌。广嫼,行而谨敬也。读同促急,是匆促急趋。(《论语我读》165 页)

何新:踧踖,踌躇。与与,通徐徐、舒舒。(《论语新解——思与行》121 页)

刘兆伟:与与,精神专注、毫不松懈。(《论语通要》207 页)

李君明:踧踖:音 cù jí,恭敬而稳重站立的样子。与与:小心

谨慎、顺从地说。（《论语引读》304页）

　　　　辑者案：马融、朱熹说为当。踧踖应是臣面对君时的内心感受，与与则是外在表现，虽然内心恭敬不安，但举止仍然威仪中适。

　　10.3 君召使摈，色勃如也，足躩如也。揖所与立，左右手，衣前后，襜如也。趋进，翼如也。宾退，必复命曰："宾不顾矣。"

　　(1) 色勃如

　　汉•孔安国：必变色也。（皇侃《论语集解义疏》卷五•21页）

　　汉•郑玄：勃，矜庄貌。（黄奭辑《逸论语注》30页）

　　宋•朱熹：勃，变色貌。（《四书章句集注》117页）

　　清•钱坫：《说文解字》作字，云："字，寎也，从亣，人色也，从子。"又有"艴"，云："色艴如也，从色，弗声。"案两字并通，许君说古文《论语》。或以古今文有异，并载之钦？（《论语后录》卷三•7页）

　　清•刘宝楠：《吕览•重言》注："矜，严也。"严者，敬也。《玉藻》"色容庄"，《注》谓"勃如战色"。《说文》两引"勃如"句，一作"字"，一作"艴"。《汗简》云："艴见《古论语》，窃谓'字'，亦《古论》异文。作'勃'者，其《齐》、《鲁论》与！"《说文》："字，寎也。"人色寎者，盛也，谓夫子盛气貌也。《广雅•释训》："勃勃，盛也。""勃"、"字"义同。许意与郑似异实同，盖许言其形、郑言其义也。（《论语正义》370页）

　　程石泉："色勃如"及"足躩如"皆言恭敬慎重之态，汉儒所解殊不妥。（《论语读训》165页）

　　林觥顺：笔者以为是仪容表情要和颜悦色比较简单明了。勃如也是如勃也，倒笔修饰法。勃，从力从字，是力排万难，力是精

气合而有筋力。孛,篆文会意是草木多子,是物盛繁茂。勃如也应该是如孛也,是和颜悦色兴致孛孛不衰。(《论语我读》166页)

黄怀信:"勃"借为"艴"。艴如,神色速变之貌。(《论语新校释》228页)

　　　辑者案:色勃如,即色勃然,勃然变色之义。将孔安国、郑玄所释之义合并较为恰当,即因"君召使摈",所以容色立即变得恭敬庄重起来。

(2)躩如

汉·郑玄:躩,逡巡貌。(黄奭辑《逸论语注》30页)

汉·包咸:盘辟貌也。(皇侃《论语集解义疏》卷五·21页)

梁·皇侃:躩,盘辟貌也。既被召,不敢自容,故速行而足盘辟也。故江熙云:"不暇闲步。躩,速貌也。"(皇侃《论语集解义疏》卷五·21页)

宋·张栻:足躩如者,改容也,承君命而起敬也。(《南轩论语解》卷五·12页)

明·蔡清:躩,盘辟貌。说者以为盘旋曲折之意,而吴氏程以为足盘桓似不能行者。大抵盘是不舒也。辟,其屏辟不宁之意。《洪武正韵注》亦曰:"屏也。"今之表体后有所谓"不胜屏营之至"。(《论语蒙引》卷二·75页)

方骥龄:躩字本义为疾行,即"躣""躩"二字之或体。躩如,犹言躍如,乃步履轻快之状。(《论语新诠》264页)

蒋沛昌:走路很持重的样子。(《论语今释》237页)

杨润根:躩:脚步像鹰的行动一样敏锐、迅速而准确。(《发现论语》243页)

林觥顺:躩读同蹶,说行走时,脚不自然如欲跪倒。(《论语我读》166页)

黄怀信:"躩如",双足速动之貌。(《论语新校释》228页)

鲍鹏山：行走端正的样子。（《论语新读》107页）

　　辑者案：躩如，疾行貌。

（3）揖所与立，左右手

汉·郑玄：揖左人，左其手；揖右人，右其手。（皇侃《论语集解义疏》卷五·21页）

　　明·蔡清：孔子是时盖为次摈。揖者，揖而传之以命也，故云揖所与立。"所与立"者，皆本国之臣僚同为摈者也。若末摈传之末介，则不可以左右言。揖只是拱起手而以命传付之，非如今日之相揖也。（《论语蒙引》卷二·77页）

　　清·孔广森：《周礼》诸侯相为宾交摈，诸侯之臣相为国客旅摈。旅摈者，胪陈摈位，不传辞也。经言与左右人揖，乃交摈之事，则两君相见而非聘使矣。此所记，其即夹谷之会摄上相时欤？（《经学卮言》卷四·6页）

　　清·俞樾：旧说皆以是时夫子为承摈，故上摈是右人，末摈是左人，然下文"宾退，必复命曰'宾不顾矣'"，据《聘礼》郑《注》是上摈之事。即"趋进"一节，江氏永《乡党图考》谓是宾致命后摈者趋进，相公拜，则亦是上摈事也。凡摈之次第，君召之时自应先定，岂有交摈之时尚是承摈，交摈之后无端改易乎？且公与宾每门每曲揖，摈介皆在后雁行，夫子始为承摈，将于何时凌躐而前乎？窃疑上摈本以卿为之，鲁人重夫子知礼，故使以大夫摄上摈事。"君召使摈"者，使为上摈也。夫子为上摈，则"所与立"者但有左人，无右人矣，而云"揖所与立，左右手"者，谓左其右手也。盖承摈在上摈之左，夫子与之揖时足不移易，惟引其右手向左而已，故其衣之前后襜如也。他人于此所与揖者在左，则必侧身左向，非君子立不易方之义矣。自郑君误解"左右手"句，遂并夫子之为上摈而亦不著，且揖左人则左其手，揖右人则右其手，此在常人亦然，何

足为夫子异乎？（《群经平议》卷三十·26页）

　　方骥龄：或谓向左者，揖时左手扼在右手之上；揖右者，右手扼左手之上，左右回旋有节也。或又谓，下言复命，则孔子必为上摈，其所与立者，但在左而无右。左右手，谓左其右手也。又或谓，本节非记孔子某一时事，有时为上摈，有时为承摈，此兼记之也。窃案：……疑并非揖共同为摈之人。盖宾来决不止一人，所与立，似指宾共来之人，孔子亦一一揖之如仪，立左者向左行揖礼，立右者向右行揖礼是也。（《论语新诠》263页）

　　李炳南：是说孔子转身向右接受传辞时，便向站在他右边的人拱手作礼，转身向左把辞传下去时，又向左边的传辞人拱手作礼。（《论语讲要》194页）

　　程石泉："揖所与立"之"立"字，即"位"字。（《论语读训》163页）

　　林觥顺：揖是揖让，揖所与立是引导宾客往所当就位之处。左右手是言其忙碌，时用左手时用右手指引宾客。（《论语我读》166页）

　　杨朝明：此章记为君摈相之时的容态。《仪礼·聘礼》所说："摈者出请，宾告事毕。摈者入告。公出送宾，及大门内，公问君，宾对，公再拜。公问大夫，宾对。公劳宾，宾再拜稽首，公答拜。公劳介，介皆再拜稽首，公答拜。宾出，公再拜送，宾不顾。"可参照。（《论语诠解》90页）

　　　　辑者案：此处众说纷纭，当以李炳南解为明确。此句重点不在"左右手"，而在下文"衣前后，襜如也"，强调的是虽左右拱手，衣服仍然整齐有容仪。

（4）衣前后，襜如也

汉·郑玄：一俯一仰，故衣前后，则襜如也。（皇侃《论语集解义疏》卷五·21页）

　　梁·皇侃：既半回身,左右回手,当使身上所著之衣必襜襜如有容仪也。故江熙云："揖两手,衣裳襜如动也。"（皇侃《论语集解义疏》卷五·22页）

　　宋·朱熹：襜,整貌。（《四书章句集注》117页）

　　清·钱坫：《尔雅》曰："衣蔽前谓之襜。"案：此言襜如者,齐鲁之郊谓蔽膝为襜,谓衣前后蔽如襜也。（《论语后录》卷三·7页）

　　清·康有为：襜,动而整貌。（《论语注》144页）

　　方骥龄：《说文》："衣,依也。"本节"衣前后",疑当作"依前后"解。谓来宾前后左右而来,孔子迎宾,亦必依其前后左右而一一迎之如仪,无失礼之处。襜如,秩然有序也,记孔子作摈,毫无慢待来宾之处,似非衣服之飘动或衣整貌。（《论语新诠》263页）

　　蒋沛昌：襜(掺 chān)如——襜然,指衣服显得很抻畅。（《论语今释》237页）

　　杨润根：襜(chān)：像房子的两檐那样前后对称的衣服。（《发现论语》243页）

　　林觥顺：衣是指所穿之上衣,因手时左时右挥动,故衣也随之或前或后飘荡,襜如也是如幕一样,遮阻在前面。（《论语我读》166页）

　　金池：衣(yì 易)：动词,穿(衣服),这里指提起(长袍)。襜(chān 掺)：短衣,这里指礼服像缩短了一样。（《论语新译》285页）

　　何新：前后,俯仰的意思。襜,展也。（《论语新解——思与行》122页）

　　　　辑者案：皇侃、朱熹、康有为之说相似,皆合乎文义。

　　(5)趋进翼如

　　汉·孔安国：言端正也。（皇侃《论语集解义疏》卷五·21页）

　　梁·皇侃：翼如,谓端正也。徐趋,衣裳端正,如鸟欲翔舒翼时也。（皇侃《论语集解义疏》卷五·22页）

　　宋·邢昺："趋进,翼如也"者,谓疾趋而进,张拱端好,为鸟之

张翼也。(邢昺《论语注疏》126 页)

　　清·俞樾:翼如,犹勃如、躩如之类,皆以一字形容之,非必取象于鸟翼也。《尔雅·释诂》曰:"翼,敬也。"《释训》曰:"翼翼,恭也。"翼如之翼,盖亦此义耳。《说文·走部》"趨"下引《论语》"趋进趨如也",字又作趨,明非鸟翼矣。《正义》曰"如鸟之张翼",然则勃如、躩如复何物乎?(《群经平议》卷三十·26 页)

　　方骥龄:《说文》翼字列入飞部,在前曰引,在旁曰翼,"趋进翼如也"者,记孔子迎宾送宾之时,决不昂然出入,必侧身相辅,翼翼然谦敬其事,令宾客愉悦之至也。(《论语新诠》264 页)

　　蒋沛昌:恭敬有礼、风度翩翩的样子。(《论语今释》237 页)

　　林觥顺:翼如也是两手当胸,两臂自然左右伸展如鸟翼,喻恭敬之貌。(《论语我读》166 页)

　　李里:"趋进"就是急忙往前走,因为接待宾客的时候要显出主人的热情,所以动作要快。古人穿的衣服都是宽袍大袖,一走快了,风一吹,两个袖子一摆动,就像翅膀一样。"翼如也",就像鸟儿的翅膀一样。(《论语讲义》168 页)

　　　辑者案:邢昺、李里之说较明白贴切。

(6)宾退,必复命曰

　　何新:宾退必,旧从"宾退"断句,不妥。"必",通"毕",宾客退席完毕。(《论语新解——思与行》122 页)

　　　辑者案:此句古无异解,何新所解可备一说。

　　10.4 入公门,鞠躬如也,如不容。立不中门,行不履阈。过位,色勃如也,足躩如也,其言似不足者。摄齐升堂,鞠躬如也,屏气似不息者。出,降一等,逞颜色,怡怡如也。没阶,趋进,翼如也。复其位,踧踖如也。

(1)公门

梁·皇侃:公,君也,谓孔子入君门时也。（皇侃《论语集解义疏》卷五·23页）

清·江声:公门,库门也。自外来入,必先库门。（《论语竢质》卷中·7页）

清·钱坫:此言路寝,朝具古内朝之制。门,路寝门也。（《论语后录》卷三·8页）

清·李惇:天子五门:皋、库、雉、应、路也。诸侯无皋应二门,其库门即郭门也,路门以内即路寝,雉门居其中,悬象魏于此,奇服怪民不得入。此云入公门,谓雉门也。（《群经识小》卷六·7页）

清·刘宝楠:"公门"者,诸侯之外门、中门,即库门、雉门也。……王氏引之《经义述闻》以"入门"为庙门,云:"公,衍字也。《聘礼记》'执圭入门,鞠躬如也'。正与此同。"案:《聘记》虽杂说孔子行事,其文不必与《论语》悉同。彼于"执圭"下言"入门",自指庙门。《论语》"公门",则以朝门赅庙门也。且以《诗》言"公庭万舞"观之,庙庭称公,即此公门为庙门,奚不可者?而王氏以"公"为衍字,非也。（《论语正义》373页）

杨润根:政府为管理公共事务而设立的行政部门和行政机关。（《发现论语》244页）

林觥顺:公是公平公正,是大公无私,公门是官署或宗庙的门。（《论语我读》167页）

　　辑者案:从皇侃说,"公门"指君门。

(2)鞠躬如也

汉·孔安国:敛身也。（皇侃《论语集解义疏》卷五·22页）

汉·郑玄:鞠躬者,歙敛之貌。（黄奭辑《逸论语注》31页）

宋·邢昺:鞠,曲敛也。躬,身也。（邢昺《论语注疏》128页）

清·卢文弨:《论语》"鞠躬如也",《乡党》篇凡三见,旧皆以曲敛其身解之。夫信为曲身,何必言如?以为非曲身而有似乎曲身,此亦形容鲜当。案《广雅》:"匑匑,谨敬也。"曹宪匑音邱六反,匑音邱弓反。《仪礼·聘礼》、《礼记》康成《注》引"孔子之执圭,鞠躬如也"。曹氏之音正与郑《注》相合。是"鞠躬"当读为"鞠穷",乃形容畏谨之状,故可言如;不当因"躬"字而即训为身。今匑匑二字《广雅》皆讹写……赖有曹氏之音犹可考其本字。即《仪礼注》今亦多作"鞠躬",亦赖有陆氏《释文》、张淳《辨误》尚皆作"鞠穷"。陆止载刘氏音弓,则非刘氏皆读如穷本字可知矣。张云:"《尔雅》云:'鞠、究,穷也。'鞠穷盖复语,非若踧踖之谓乎?"(辑者案:查《十三经注疏》本《尔雅》,"鞠、究,穷也"为"鞠、究,穷也"。"鞠"有查究、查问义)……鞠穷、踧踖皆双声,正相类。《说文》惟"匑"字训曲脊,不云匑匑,亦不引《论语》。若"鞠"字实义,蹋鞠也,推穷也,养也,告也,盈也,并未有曲也一训。至《史记·鲁世家》"匑匑如畏然",徐广音为穷穷,字少异而义未尝不相近也。《论语》此三句之下,一则曰"如不容",一则曰"气似不息",一则曰"如不胜",使上文是曲身,亦不用如此费词覆解。或云摄齐升堂,鞠躬岂非曲身乎?余曰:言摄齐则曲身自见,正不必复赘言曲身。且曲身乃实事,而云曲身如,更无此文法。(《龙城札记》卷一·2页)

清·潘维城:包氏"摄齐升堂"节,《注》"鞠躬者,敬慎之至",是也。(《论语古注集笺》卷十·7页)

杨润根:肩负重担,身负重担。在这里,弯腰只是为了身负重担或是身负重担的结果,因此弯腰只是"鞠躬"的引申意,而不是"鞠躬"的本意。"鞠躬"的本意在"鞠躬尽瘁,死而后已"这一俗语中保持着。(《发现论语》244页)

林觥顺:《仪礼·聘礼》云:公揖入每门,每曲揖。这是入公

门,每揖每曲的倒插。而曲揖者,如鞠躬也。按古有曲揖礼而无鞠躬礼之俑。鞠是用踢的皮球,假鞠作曲。(《论语我读》167页)

　　　辑者案:从孔安国、郑玄说。敛身,意为曲身以示谨敬。

(3)如不容

宋·邢昺:君门虽大,敛身如狭小不容受其身也。(邢昺《论语注疏》128页)

程石泉:"如不容"三字,后儒无解说。又本章下节"居不容"与"寝不尸"相对。此"不容"有解作不为修整容貌者,殊不称义。岂"容"字为"胜"字之误简乎?"如不胜",据郑玄注《仪礼·聘礼》云:"敬之至也。"且下有"执圭鞠躬如也,如不胜"。"如不容"谅系"如不胜"之讹。(《论语读训》165页)

杨朝明:好像没有容身之地。(《论语诠解》91页)

　　　辑者案:邢昺说为优。

(4)立不中门

汉·郑玄:立行不当枨阈之中央。(黄奭辑《逸论语注》31页)

梁·皇侃:中门,谓枨阈之中也。门中央有阈。阈,以碬门两扇之交处也。门左右两椹边各竖一木,名之为枨,枨以御车过,恐触门也。阈东是君行之道,阈西是宾行之道也,而臣行君道,示系属于君也。臣若倚门立时,则不得当君所行枨阈之中央。当中是不敬,故云不中门也。(皇侃《论语集解义疏》卷五·23页)

宋·邢昺:"立不中门"者,中门谓枨阈之中央。君门中央有阈,两旁有枨。枨谓之门楔。枨阈之中,是尊者所立处,故人臣不得当之而立也。(邢昺《论语注疏》128页)

日·丰干:立不中门,阈之左右皆是。不中者,为妨行者也。(《论语新注》卷上·90页)

林觥顺:不站立在中央大门中间。(《论语我读》167页)

辑者案："中门"，门之中央也。立中门，既妨行，也不敬。

(5)行不履阈

汉·孔安国:阈，门限也。(皇侃《论语集解义疏》卷五·22页)

梁·皇侃:履，践也。阈，限也。若出入时则不得践君之门限也。所以然者，其义有二:一则忽上升限，似自高矜;二则人行跨限，己若履之则污限，污限则污跨者之衣也。(皇侃《论语集解义疏》卷五·23页)

宋·邢昺:"行不履阈"者，履，践也。阈，门限也。出入不得践履门限，所以尔者，一则自高，二则不净，并为不敬。(邢昺《论语注疏》128页)

清·王闿运:聘朝通礼，阈所以界门，字或为閾，沟上施版，下通雷水，上防陷足，故以木石平之。或以阈为阶上斜砌，言不履则主人可履，《记》曰"由闑右不践阈"，然则阈唯左右有耳作门限者，非。(《论语训》卷上·92页)

辑者案:从皇侃、邢昺说。脚踩门槛，自高不谦;踩脏门槛，污染别人衣服，亦为不敬。

(6)过位

汉·郑玄:过位，谓入门右北面君揖之位。(马国翰辑《论语古注·论语郑氏注》卷五·4页)

汉·包咸:过君之空位也。(皇侃《论语集解义疏》卷五·22页)

梁·皇侃:位，君常所在外之位也，谓在宁屏之间揖宾之处也。(皇侃《论语集解义疏》卷五·23页)

宋·邢昺:过位，过君之空位也，谓门屏之间，人君宁立之处。(邢昺《论语注疏》128页)

日·丰干:位，人所立也。《说文》曰:"列中庭之左右曰位。"位字用广，非独指君位。(《论语新注》卷上·90页)

清·钱坫：凡朝者必于廷，位在廷左右。《尔雅》曰："中廷之左右谓之位。"是又《曲礼》曰："君子式黄发下卿位"，《注》"卿位，卿之朝位也。君出过之而上车，入未至而下车。"君过且然，况臣自过之乎？包咸曰："过君之空位。"案：君位曰宁，在堂上户牖之间，时未升堂，何有虚位？平叔于此段注皆用孔氏，独过位则用包咸，不知孔注复其位为来时所过位，显与包义不侔，平叔据引之，谬有如此。（《论语后录》卷三·8页）

清·刘宝楠：王氏《正义》引胡绍勋曰："《聘礼》：'宾入门左，介皆入门左，北面西上，三揖，至于阶。'《注》：'君与宾也，入门将曲揖，既曲，北面揖。'此即《论语》注所云'北面君揖之位'也。……行聘之时，公入门而右，宾入门而左，则郑《注》'过位'所云'入门右'者，据君言之。宾入门左，北面西上，既曲，则宾主俱北面揖，当碑又揖。揖时宾在左，君位在中庭之右，由是三让升阶，则过君所立之位，故云'入门右北面君揖之位'也。聘礼君行一，臣行二，宾主三揖时，君位在右而居前，宾在左而稍退居后，故揖之后，必过君揖之位也。"今案：胡说……引申郑《注》则未然。盖统郑《注》全观之，知以为臣朝君也。……此则郑义在朝非在庙，在己国朝君，非在他国行聘也。（《论语正义》376页）

清·王闿运：聘使先立之位。（《论语训》卷上·92页）

杨伯峻：过位——过旧音戈，平声。位是人君的坐位，经过之时，人君并不在，坐位是空的。（《论语译注》98页）

辑者案：依本章前后文，当以包咸、邢昺、杨伯峻说为是。虽过君之空位，孔子还是脸色勃然肃敬。

(7) 摄齐

汉·孔安国：衣下曰齐。摄齐者，抠衣也。（邢昺《论语注疏》128页）

宋·朱熹：齐，音咨。摄，抠也。齐，衣下缝也。礼：将升堂，

两手抠衣,使去地尺,恐蹑之而倾跌失容也。(《四书章句集注》118 页)

明·陈士元:《曲礼》云"两手抠衣去齐尺",郑玄《注》云:"齐,裳下缉也。"盖衣、裳对言,则上为衣,下为裳,偏言衣则可以兼裳,记谓抠衣者乃抠裳也,提挈裳齐使去地一尺,则可升阶,无颠仆之患。《集注》以齐为衣下缝,然齐实裳下缝也。(《论语类考》卷十八·12 页)

清·刘台拱:孔注非也。《曲礼》曰:"两手抠衣去齐尺。"谓即席也。即席必抠衣者,以将就坐。《正义》云"恐衣长转足蹑履之"是也。于升堂未有言抠衣者,拾级聚足连步以上,自不至有倾跌失容之患,不必抠衣也。抠谓之攘,攘谓之揭,揭谓之擳。子事父母不涉不擳,侍坐于君子,暑毋褰裳,避不敬也。独奈何升堂见君而反以抠衣为敬乎? 此可知其不然也。摄,敛也,整也。举足登阶,齐易发扬,故以收敛整饬为难。(《论语骈枝》9 页)

杨伯峻:摄齐——齐音咨 zī,衣裳缝了边的下摆;摄,提起。(《论语译注》99 页)

杨润根:挎着腰带,扎紧腰围,以使衣着显得干练整齐。挎着腰带,这是身穿礼服时的一种装束,因为那时的礼服本身都配有腰带(当然这种礼服是长礼服)。(《发现论语》244 页)

金池:摄齐(shè jí 社及):同"拾级",逐步登台。(《论语新译》286 页)

辑者案:从孔安国、杨伯峻说。

(8)降一等,逞颜色,怡怡如也

汉·孔安国:先屏气,下阶舒气,故怡怡如也。(邢昺《论语注疏》128 页)

宋·邢昺:以先时屏气,出,下阶一级则舒气,故解其颜色,怡怡然和说也。(邢昺《论语注疏》129 页)

宋·朱熹：等，阶之级也。逞，放也。渐远所尊，舒气解颜。怡怡，和悦也。（《四书章句集注》118页）

清·王闿运：《记》曰："降阶发气焉盈容。"降一等者，主国君也，宾降辞币。君降一等，辞栗阶升，则当有和色，若宾降不计等级也。（《论语训》卷上·92页）

杨润根：[译解]……他便摘下自己衣服上的一级官衔……等：官衔，官职在衣服上的标识。《说文》："等，齐简也，从竹从寺。寺，官曹之等平也。"可见"等"的本意就是以理性的尺度（"寺"）为标准的官僚等级制。（《发现论语》244－245页）

> 辑者案：朱熹的解释全面准确。"出，降一等"，即孔子从公门而出，下台阶，则神情放松，与上所言"摄齐升堂"、"屏气不息"相呼应，不应如王闿运所言"君降一等"也。

(9)没阶趋进，翼如也

汉·孔安国：没，尽也，下尽阶也。（皇侃《论语集解义疏》卷五·23页）

唐·陆德明：没阶趋，一本作"没阶趋进"，误也。（黄焯《经典释文汇校》705页）

宋·邢昺：没，尽也。下尽阶，则疾趋而出，张拱端好，如鸟之舒翼也。（邢昺《论语注疏》129页）

宋·蔡节：晦庵朱氏曰："陆氏云：'趋下本无进字，俗本有之，误也。'"节疑是"退"字。（《论语集说》卷五·17页）

清·臧琳：《史记·孔子世家》作"没阶趋进"，《仪礼·聘礼注》引《论语》同。《曲礼》"帷薄之外不趋"，《正义》引《论语》、《仪礼·士相见礼疏》引《论语》，并有"进"字。然则自两汉以至唐初皆作"没阶趋进"，趋进者，趋前之谓也。进字不作入字解。旧有此字，非误，乃陆本无之，俗刻《论语》竟删去，非是。（《经义杂记》卷二

六·16页)

　　杨润根:[译解]当他登上自己家门的台阶,他便有如雀跃鸟飞般的快速走进家里。[注释]没阶:在台阶上行走,由于衣服过长以至把台阶遮住掩没了。这里的意思只是登上台阶,从台阶上走过。(《发现论语》244－245页)

　　　　辑者案:从孔安国、邢昺说。

　　(10)复其位,踧踖如也

　　汉·孔安国:来时所过位也。(皇侃《论语集解义疏》卷五·23页)

　　宋·邢昺:复至其来时所过之位,则又踧踖恭敬也。(邢昺《论语注疏》129页)

　　明·张居正:复位,是复自己的朝班之位。(《论语直解》卷十·3页)

　　清·何焯:复位,中庭之位。(《义门读书记》卷三·50页)

　　清·刘台拱:复其位者,复聘宾之位,庙门之外,接西塾之位也。(《论语骈枝》10页)

　　清·孔广森:子国曰:"来时所过位。"寻"复"字之义,此为是也。顾上文过位,若是君之空位,则与"其"字之义未协。郑君注"过位"谓"入门右北面君揖之位",当从之。《曲礼》曰:"下卿位。"《尔雅》曰:"中庭之左右谓之位。"此君视燕朝卿大夫所立之位,故称其位矣。(《经学卮言》卷四·6页)

　　清·黄式三:何义门以治朝堂下诸曹治事处为此所复之位,则踧踖之义何解?且过位、复位,上下相应,何得别生异解乎?郑君以上节过位谓入路门内门右北面君揖之位,见《曲礼正义》。说者据此谓上言"过"、下言"复",皆中庭左右臣立之位,此言其位,益见位为孔子所立而见君之位也。(《论语后案》263页)

　　杨伯峻:回到自己的位置,恭敬而内心不安的样子。(《论语译

注》98 页）

　　杨润根：回到自己经常所在的地方，这也正是人们回到真正的自我的时候。（《发现论语》245 页）

　　　辑者案：从张居正、杨伯峻说。

　　10.5 **执圭，鞠躬如也，如不胜。上如揖，下如授。勃如战色，足蹜蹜如有循。享礼，有容色。私觌，愉愉如也。**

　　(1)上如揖，下如授

　　汉·郑玄：上如揖，授玉宜敬也。下如授，不敢忘礼也。（皇侃《论语集解义疏》卷五·24 页）

　　梁·皇侃：云"上如揖"者，谓初授受圭之容仪也。"上如揖"谓就下取玉，上授与人时也，俯身为敬，故如揖时也。云"下如授"者，谓奠玉置地时也。虽奠置地，亦徐徐俯偻，如授与人时也。（皇侃《论语集解义疏》卷五·24 页）

　　宋·朱熹：上如揖，下如授，谓执圭平衡，手与心齐，高不过揖，卑不过授也。（《四书章句集注》118 页）

　　日·中井积德：执圭，有时而高，有时而卑，卑者如授物之容，高者如揖人之容也，非平衡之谓。夫揖之容少俯，况授之容乎？（《论语逢源》187 页）

　　清·钱坫：此言执圭上而揖、趋而授也。《鲁》读"下"为"趋"，古"而"、"如"通。《聘礼》："贾人启椟，取圭授介，介授宾，执圭入门左，三揖，至于阶。三让，升西楹东面。"《注》："三揖，入门将曲揖。既曲，北面又揖，当碑揖也。"《记》："上介执圭，如重，授宾。宾入门皇，升堂让，将授志趋。"《注》："志，犹念也。念趋，谓审行步。"宾自入门至于阶，所谓上有三揖，既升堂将授志趋，即趋而授欤？此解《鲁论》为长，郑君用古文而不从《鲁论》，恐未是矣。……又《曲礼》："执天子之器则上衡，国君则平衡。"衡者，衡

于心也。天子高于心，君则与心齐。不言有二度以上下为执玉高卑，殆未读《聘礼》及《记》欤？（《论语后录》卷三·9页）

清·江永：古之揖，如今人与人相拱手，有高、平、下之别。孔子执圭上如揖，与天揖推手小举者相似，此不过平衡也。（刘宝楠《论语正义》382页引《图考》）

杨润根：[译解]……当他到达谈判会议的场所，他彬彬有礼地向对方的外交使节们扪胸致意；当他离开谈判会议的场所，他也彬彬有礼地与对方的外交使节握手言情。（《发现论语》245页）

李炳南："上如揖"，是在升堂授玉时，将玉奉上他国君主，敬如作揖。"下如授"，刘宝楠用郑注，是说授玉毕，下堂，仍不敢忘礼，还像在授玉时那样谨慎。（《论语讲要》196页）

程石泉：并言执圭时之动作，举圭时以左右手捧之，故"如揖"；执圭时应平衡于胸部，谓之"授"。（《论语读训》166页）

林觥顺：上如揖：升阶入庙门，两手执圭当胸有如揖拜。下如授：出，降阶序从之，授。《聘礼》云：执币者依次第从随。如的本义从随。（《论语我读》169页）

杨朝明：出使邻国时手捧着玉圭，恭敬谨慎好像力不胜举的样子。向上举如同作揖，向下举如同授出，脸色一下子庄重起来。（《论语诠解》91页）

　　　辑者案：从朱熹、杨朝明说。

（2）足蹜蹜如有循

汉·郑玄：足蹜蹜如有循，举前曳踵行也。（皇侃《论语集解义疏》卷五·24页）

梁·皇侃：云"足蹜蹜如有循"者，谓举玉行时之容也。蹜蹜，犹蹴蹴也。循，犹缘循也。言举玉行时，不敢广步速进，恒如足前有所蹴、有所缘循也。（皇侃《论语集解义疏》卷五·24页）

宋·朱熹：蹜蹜,举足促狭也。如有循,《记》所谓举前曳踵。言行不离地,如缘物也。(《四书章句集注》118页)

方骥龄：《礼记·玉藻》"执龟玉举前曳踵,蹜蹜如也"注："著徐趋之事。"《释文》："宿宿,色六反,本或作蹜,同。"故蹜蹜即宿宿。《左·昭廿九传》"官宿其业"注："犹安也。"然则蹜蹜,犹言安安也。如有循,极有次序,谓孔子安步而前,有次序而不乱,殆非恐惧之至而"步履窄狭"之谓。(《论语新诠》267页)

杨润根：蹜(sù)：悠闲雅致的步态有如走进了作为人们内心之永恒而美好的愿望的家。"宿"的本意是体现人的永恒而美好的夙愿的家,"宿"有"宀"和"佰"构成,"佰"(它经过简化和变形)是古文的"夙"字的变形。因此"蹜蹜"具有自由自在、如鱼得水的步态的意思。(《发现论语》246页)

程石泉：据许慎《说文》云："循,顺行也。两足不能分步。则趾踵相接,顺递而行。故举前足则曳后踵随之。"又据《礼记·曲礼》云："执主器,操圭璧,则尚左手;行不举足,车轮曳踵。"是则举前足,曳后踵,则后足不举,故云"足蹜蹜"。其踵趾相接旋转作圈,故言"如有循"。(《论语读训》166页)

林觥顺：蹜通宿,止也。有循是没有步法可依循,与足躩如也同。(《论语我读》169页)

　　　　辑者案：郑玄、皇侃之说为当,程石泉解说较详。

(3)享礼

汉·郑玄：享,献也。聘礼、既聘而享,享用圭璧,有庭实也。(皇侃《论语集解义疏》卷五·24页)

清·孔广森：享与礼为二事。礼者,谓主人以醴礼宾时也。聘仪,既聘乃享,既享乃礼,既礼乃私觌。(《经学卮言》卷四·6页)

方骥龄：享礼,殆参加宴会之礼。(《论语新诠》267页)

　　杨伯峻：古代出使外国,初到所聘问的国家,便行聘问礼。"执圭"一段所写的正是行聘问礼时孔子的情貌。聘问之后,便行享献之礼。"享礼"就是享献礼,使臣把所带来的各种礼物罗列满庭。（《论语译注》99 页）

　　杨润根：出席他人或他国为自己举行的礼仪。（《发现论语》246 页）

　　林觥顺：享是献也作受,享礼是呈奉或受授礼仪或言聘礼财物。（《论语我读》169 页）

　　李零："享礼",是外国使节来访,行聘礼之后,客人把礼品摆在堂下的仪式。（《丧家狗——我读〈论语〉》194 页）

　　　　辑者案：从郑玄、杨伯峻说。

（4）私觌

　　汉·郑玄：觌,见也。既享,乃以私礼见。（皇侃《论语集解义疏》卷五·24 页）

　　清·江声：私俔……《说文解字》云："俔,见也。从人,卖声。"（《论语竢质》卷中·7 页）

　　程树德：《说文》虽无"觌"字,然"愉"字下引《论语》曰："私觌,愉愉如也。"可为《说文》有"觌"字之证。且"觌"见《尔雅·释诂》,《左传》亦有"宗妇觌"之文,经典中用此字多矣。今因《说文》偶尔阙佚之故,乃多方迁就,改经以从《说文》,此汉学家之蔽也。（《论语集释》663 页）

　　杨伯峻：觌,音狄 dí,相见。（《论语译注》99 页）

　　杨润根：觌（dí）：珍贵的会见,它几乎可以出卖,反过来说也就是接受人们盛情的拜访。（《发现论语》246 页）

　　林觥顺：私就一己之所有,觌读同睹,见也。私觌是内心暗自检视。（《论语我读》169 页）

　　　　辑者案：从郑玄、杨伯峻解。

10.6 **君子不以绀緅饰,红紫不以为亵服。当暑,袗絺绤,必表而出之。缁衣,羔裘。素衣,麑裘。黄衣,狐裘。亵裘长,短右袂。必有寝衣,长一身有半。狐貉之厚以居。去丧,无所不佩。非帷裳,必杀之。羔裘玄冠不以吊。吉月,必朝服而朝。**(辑者案:帷裳,定州简本作"帷常")

(1)君子

梁·皇侃:君子者,自士以上。士以上衣服有法,不可杂色也。(皇侃《论语集解义疏》卷五·26页)

宋·邢昺:君子,谓孔子也。(邢昺《论语注疏》132页)

日·丰干:云君子者,该孔门诸子而言。盖洙泗习风,即孔子之遗仪,学者相传以为法式,故撰者因记孔子行事,而广及之耳。邢氏曰"君子,谓孔子也",朱氏取之。盖称孔子曰君子,他书有流例,然附之本文,恐偏。(《论语新注》卷上·91页)

林觥顺:君子是指帝王或读书的人。(《论语我读》169页)

鲍鹏山:此"君子"二字疑是衍文。因为整个第 10 章除开头外,主语都是省略的,省略的主语就是"子"或"孔子"。(《论语新读》108页)

　　辑者案:此章所言服饰制度,当指当时社会上的一般情况,或孔子以古礼所言,并不仅指孔子一人之规范,所以仍以皇侃之说为得之。

(2)不以绀緅饰

汉·孔安国:一入曰緅。饰者,不以为领袖缘也。绀者,齐服盛色以为饰,似衣齐服也。緅者,三年练以緅饰衣,为其似衣丧服,故皆不以为饰衣也。(皇侃《论语集解义疏》卷五·25页)

宋·朱熹：绀，深青扬赤色，齐服也。緅，绛色。三年之丧，以饰练服也。饰，领缘也。（《四书章句集注》118页）

清·钱坫：《论语》此有两本，古文作绀緅，今文作绀緅，孔本古文、郑本今文也。《尔雅》曰："一染谓之縓，再染谓之頳，三染谓之纁。"《考工记》曰："五入为緅，七入为缁。"縓是赤黄色，頳是浅赤色，纁是浅绛色，五染以黑则为緅，緅是爵头色。縓与緅，色甚异。《仪礼·丧服记》"公子为其母练冠麻，麻衣縓缘"注："一染谓之縓，练冠而麻衣縓缘，三年练之受饰也。"……据此，则三年练以饰衣者实是縓，孔安国注此云："一入曰縓。縓者，三年练以饰衣，为其似衣丧服。"（今《集解》作"一入曰緅，緅者，三年练以饰衣，为其似衣丧服"，此俗本改之，孔已据《尔雅》、《檀弓》、《丧服记》释此，必不误縓为緅也。）是孔本作縓也。……今《论语》已用安国注，而不知改緅为縓，读经者之因循谬妄一至此欤！（《论语后录》卷三·10页）

清·陈鳣：緅，当作纔，《说文》"帛雀头色"。（《论语古训》卷五·14页）

方骥龄：《说文》："饰，刷也，从巾从人，食声。"徐有珂"释饰"（见《说文解字诂林》三四二七）疑为人食时所用之巾而佩之于身者，因引伸为容饰之饰耳。凡饮食器皿皆可拭，饮食之际，手口亦宜拭，故《释名》云："饰，拭也。"《释文》饰本作拭。《说文》又云："飭，拭也。"足证"饰""飭""拭"三字皆通。古人用佩巾为拭，犹今日宴会时之必有餐巾，不特拭器皿，亦所以拭口手。如以天青色燕青色之布为巾，不足以鉴别饮食器皿之洁净与否，故不用，乃卫生之道。本节谓"君子不以绀緅饰"者，即为此故。非为色之正不正，亦非上衣之缘饰也。（《论语新诠》268页）

杨伯峻：绀音赣 gàn；緅音邹 zōu；都是表示颜色的名称。"绀"是深青中透红的颜色，相当今天的"天青"；"緅"是青多红少、比绀更暗的颜色,这里用"铁灰色"来表明它。"饰"是滚边、镶边、缘边。古代,黑色是正式礼服的颜色,而这两种颜色都近于黑色,所以不用来镶边,为别的颜色作装饰。(《论语译注》100 页)

林觥顺:绀缌是指缌衣素服,或偢孝服。不以绀缌饰,是孝服期不以饰容。缌是缁之借用,《说文》有缁字而无缌字。又《庄子·让王篇》云:子贡乘大车,中绀而表素。(《论语我读》169 页)

辑者案:可将孔安国、杨伯峻所释结合起来理解。

(3)红紫不以为亵服

汉·孔安国:红紫,间色不正。亵服,私居服也。亵服不用,则正服可知。(余萧客《论语钩沉》15 页)

梁·皇侃:红紫非正色也。亵服,私亵之服,非正衣也。亵尚不衣,则正服故宜不用也。所以言此者,为时多重红紫,弃正色。故孔子不衣之也。故后卷云"恶紫之夺朱"也。……侃案:五方正色:青赤白黑黄。五方间色:绿为青之间,红为赤之间,碧为白之间,紫为黑之间,缁为黄之间也。故不用红紫,言是间色也。(皇侃《论语集解义疏》卷五·26 页)

日·丰干:不以为亵服,则礼服得用也。《韩非子》"齐桓公衣紫视朝,群臣皆服紫",《左传》"浑良夫紫衣",杜氏从贾逵说云"君服",皆可以证礼制用之矣。盖红紫乃色之最美者,故平居不服,是亦节用之道也。王氏曰"亵尚不衣,正服无所施",朱氏从之,恐非。皇《疏》引颖子严"间色"说,朱氏亦从之。然果不用间色,则止曰红紫,不曰绿碧缌黄,乃为可疑。虽曰恶紫,未闻恶他四间色,故其说不通。(《论语新注》卷上·91 页)

日·中井积德:先儒皆以尊正色贱间色为说,然其说实不通。……又有常服,可以接宾客,可以出行,既非亵服,又非朝祭服。若朝祭服,时制自有一定之规,非孔子所能改焉。常服则不然,红紫

注宜唯举常服,已至于朝祭服,则不须言。(《论语逢源》188 页)

方骥龄:《说文》解"亵"字为私服,即为亵袢,亦即《诗经》中之"袢祥"。《说文》:"袢,无色也。"《诗经》毛传继袢二字,谓为当暑袢延之服也。袢延叠韵,如方言之襎褑,汉时有此语,为"揩摩"之意。外展衣中用绉绤为衣,可以揩摩汗泽,故曰亵袢。亵袢,专为绉绤也。谓暑天近汗之衣,必须无色,故不用红紫。用红紫之色既不合暑热之天候,尤不足以鉴别是否垢秽,故曰"红紫不以为亵服"。今日衬衫汗衫均以白色为尚,亦是此意。似非如旧解所谓均非正色或妇女所用服色之谓。(《论语新诠》268 页)

杨伯峻:古代大红色叫"朱",这是很贵重的颜色。"红"和"紫"都属此类,也连带地被重视,不用为平常家居衣服的颜色。(《论语译注》101 页)

杨润根:[译解]具有红色和紫色这两种鲜艳豪华的色彩的衣服也不应作为自己在日常工作中穿戴的衣服。亵:工作("执")时所穿的衣服("衣"),这种衣服往往不仅会为工作所涂染,而且也会为工作所撕裂。(《发现论语》246 页)

李里:"亵"读 xiè,亵服是私下里穿的衣服,就像我们现在人穿的睡衣这一类。"红紫"不是指红色和紫色两种颜色,而是指介于红紫之间的颜色。红紫色不是正色……孔子哪怕是私下穿的睡衣都不会用杂色的布来做,更不要说正式场合的穿着了。(《论语讲义》170 页)

孙钦善:红紫,皆为贵重的正服之色。亵服:平常家居的衣服。(《论语本解》121 页)

辑者案:从杨伯峻、孙钦善说。

(4)袗绤绤

汉·孔安国:暑则单服。绤绤,葛也。必表而出之,加上衣。

（邢昺《论语注疏》131 页）

宋·邢昺：袗，单也。绤绤，葛也，精曰绤，粗曰绤。暑则单服，必加尚表衣然后出之，为其形亵故也。（邢昺《论语注疏》132 页）

清·钟裦：《释文》："袗，之忍反，本又作袗，单也。"《礼·玉藻》"振绤绤不入公门"，《注》："振，读为袗，义并同。"裦按：袗有数义，《说文》："玄衣也。"《孟子》"被袗衣"《注》："画也"。《仪礼·士冠礼》"兄弟毕袗玄"《注》："古文'袗'为'均'。"此处当兼"均"义，《疏》所谓"暑同单服"是也。（《敔厓考古录》卷二·10 页）

清·刘履恂：《士冠礼》"兄弟毕袗玄"，《注》："袗，同也。玄者，玄衣玄裳。古文'袗'为'均'。'"《士昏礼》"女从者毕袗玄"，《注》："袗，同也。上下皆玄也。"案此则袗绤绤，衣裳同绤绤也。《礼》称"袗绤绤"，二《曲礼》"袗绤绤不入公门"，以上"龟筴"等例之当指臣言，臣朝服入朝，虽暑不着绤绤。《玉藻》"袗绤绤不入公门，观上非列采"，文义与《丧大记》同，谓敛衣也。《丧大记》称敛衣曰袍，必有表不禅，下云"袗绤纻不入"。正谓三者皆禅，绤绤无有不禅，不必以袗为禅。又或以袗为玄，则《冠》、《昏》皆为"毕玄玄"矣，成何文理？（《秋槎杂记》，《清经解》10287 页）

清·刘宝楠：《释文》及《唐石经》、《五经文字》皆作"袗"，皇本作"缜"，邢本作"袗"。段氏玉裁《说文注》以"袗"为正，"袗"为假借，"缜"为俗。《御览》八百十九引郑此《注》云："缜，单也，暑月单衣葛，为其形亵也。"案："缜，单"者，《玉藻》："振绤绤不入公门。"《注》云："振读为袗。袗，单也。"单谓衣无里，对袷褶之有里者言之也。"单衣葛"者，以葛为绤绤，用为单衣也。（《论语正义》391 页）

　　辑者案：袗（zhēn）绤（chī）绤（xì）：袗，单衣；绤，细葛布；绤，粗葛布。暑期居家，可单衣绤绤。

（5）表而出之

汉·孔安国：暑则单服。绤绤，葛也。必表而出，加上衣也。
（皇侃《论语集解义疏》卷五·25页）

梁·皇侃：表，谓加上衣也。古人冬则衣裘，夏则衣葛也。若在家，则裘葛之上亦无别加衣。若出行接宾，皆加上衣。当暑虽热，绤绤可单，若出不可单，则必加上衣也，故云必表而出也。然裘上出亦必加衣，而独云当暑绤绤者，嫌暑热不加，故特明之也。
（皇侃《论语集解义疏》卷五·27页）

宋·邢昺：暑则单服，必加尚表衣然后出之，为其形亵故也。
（邢昺《论语注疏》132页）

宋·朱熹：表而出之，谓先著里衣，表绤绤而出之于外，欲其不见体也。（《四书章句集注》119页）

清·朱亦栋：朱子《集注》"谓先著里衣，表绤绤而出之于外，欲其不见体也。《诗》所谓"蒙彼绉绤"是也。芹按：《毛传》云"蒙，覆也。绤之靡者为绉"，郑《笺》云"绉绤，绤之蹙蹙者，展衣，夏则里衣绉绤"，则以衣蒙绤，非以绤蒙衣也。朱子《诗集传》"或曰蒙谓加绤绤于亵衣之上，所谓表而出之也"，是又一义也。（《论语札记》卷中·10页）

清·黄式三：皇本经文作"必表而出"，亦是也。……据郑君《礼注》正用《论语》以"出"为出行，其所据经文"出"下必无"之"字，"表"下有"之"字也。《说文》"表，上衣也"，与此亦合。（《论语后案》269页）

清·俞樾："加上表衣然后出之"，则非如近解所谓"表绤绤而出之于外"也。"出之"二字连文，之，往也，出之者，出往他所也。居家可单衣绤绤，若其出而他往，必加表衣，故曰"必表而出之"。皇侃本无"之"字，其《疏》曰："古人裘葛之上若在家无别加衣，若出行接宾皆加上衣。当暑绤绤可单，出则不可单，必加上衣，故云必表而出也。"翟氏灏《论语考异》谓依皇氏说,句末应无之字,不知邢本句末虽有之字,其说未始不与皇同,盖古义固如此耳。(《群经平议》卷三十·27页)

方骥龄:袗为单衣,犹今之衬衫。袗用绨绤,取其凉爽。惜乎透明露体,在内室犹可,如欲见客,必表而出之矣。表为上衣,犹今日不当服汗衫而延见宾客是也。(《论语新诠》269页)

杨润根:表:让肉体充分展露在衣服之外。这个字可视为由"土"(意为伸展、生长)和"衣"构成,引申为展露、显露、外表、表达⋯⋯(《发现论语》247页)

杨朝明:表而出之:里面一定要有衬衣,单衣穿在外面。(《论语诠解》92页)

　　辑者案:从孔安国、皇侃、俞樾说。

(6)缁衣,羔裘。素衣,麑裘。黄衣,狐裘

汉·孔安国:服皆中外之色相称也。(皇侃《论语集解义疏》卷五·25页)

宋·朱熹:缁,黑色。羔裘,用黑羊皮。麑,鹿子,色白。狐,色黄。衣以裼裘,欲其相称。(《四书章句集注》119页)

杨伯峻:[译文]黑色的衣配紫羔,白色的衣配麑裘,黄色的衣配狐裘。⋯⋯[注释]这三句表示衣服里外的颜色应该相称。古代穿皮衣,毛向外,因之外面一定要用罩衣,这罩衣就叫做裼(音锡)衣。这里"缁衣"、"素衣"、"黄衣"的"衣"指的正是裼衣。缁,黑色。古代所谓"羔裘"都是黑色的羊毛,就是今天的紫羔。麑音倪 ní,小鹿,它的毛是白色。(《论语译注》100−101页)

毛子水:各本麑作麑,今据《玉藻》注和《聘礼》注所引《论语》订。依《说文》,鹿子字当作麛。(《论语今注今译》148页)

杨润根:在寒冷的冬天,黑色的内衣应配上由白色羔羊皮所制成的毛皮大衣,白色的内衣应配上由金黄色的小鹿的毛皮所制成的毛皮大衣,黄色的内衣应配上由灰褐色并掺杂着白色或紫色的梅花状花纹的狐狸或其他珍贵动物的毛皮所制成的毛皮大衣。(《发现论语》246 页)

　　　　辑者案:从杨伯峻说。

(7)亵裘长,短右袂

汉·孔安国:私家裘长,主温也。短右袂,便作事也。(皇侃《论语集解义疏》卷五·25 页)

清·钱坫:《说文解字》引作"结衣长",是古文《论语》。案:结衣者袴。《诗》"与子同袴",《笺》云:袴,结衣,近污垢,是作之用六尺裁,足覆胸背,或谓之鄙袒,或曰羞袒。刘熙说。(《论语后录》卷三·11 页)

清·胡绍勋:据《说文·口部》"右,助也。从又口",《又部》亦有"右"字,解义略同。古有"右"字,无"佑"字,今人复制"佑"字,因以"右"为右手之"右",而不知右手之"右"古止作"又",犹左手之"左"古止作"ナ"也,言又可兼ナ。《说文》"又,手也,象形",单言手不言右手者,明又为两手之统词,不分ナ又……窃意"右袂"之"右",当读为"又"。自"又"转为更然之词,而"又"字之本义遂晦。"右"本从又声。"右袂"之"右"即"又"之同音借字……袂独短者,或较礼服之裂稍短,或因亵裘之长而适形其短。孔《注》泥于"右"字立说,遂使后人疑夫子衣不中度,故详辨之。(《四书拾义》卷一·18 页)

清·俞樾:左右两袂必无一长一短之理。短右袂者,卷之使短也。亵裘长,则袂亦长,于作事不便,故卷右袂使短,是谓"短右袂"。(《群经平议》卷三十·27 页)

清·王闿运:孔读"长"绝句,则不辞。短右袂,偏则非制,君

子亦不服勤,何必揎袖攘臂? 此有讹脱未闻。(《论语训》卷上·94 页)

程树德:此节文极可疑,两袖一长一短,绝无此理。作"有"义为长,且与上下节"必有寝衣"文亦一律。(《论语集释》672 页)

方骥龄:"右袂",古右字通又字,《说文》:"又,手也。"单言右不言右手者,明又为两手之统词。故本节所谓"右袂",即手袂或左右袂,指左右二衣袖言。"短右袂",两袂皆缺少,亦即今人所谓背心是也。"亵裘",皮背心也。皮裘而多二袂则为皮襖,家居服此,殊不便于工作,故无之,以别于正式之礼服;背心可服之于外,取其便利,亦所以有别于上朝时之必须有袖有外衣之礼服,故称之曰亵裘耳。(《论语新诠》270 页)

乔一凡:亵裘长短有袂句,袂为衣袖,右为有字讹。(《论语通义》156 页)

程石泉:依文理,"短右袂"殊不近情,未有着衣一袂长而另袂短者。恐因形近,"其"误为"右"。(《论语读训》167 页)

黄怀信:[释]"亵裘",平时居家所穿之裘。"袂",音妹,衣袖。长取暖,短取便。[训译]在家穿的皮袄较长,(而)右手袖子短。(《论语新校释》233—234 页)

刘兆伟:笔者以为"袂"于此可能应解作"襟"。中国古代生活中所穿的衣服右襟是小襟,比较短小,左边是大襟,盖住前身,压住小襟,于右侧系带。(《论语通要》212 页)

辑者案:此句争议较大,多认为裘袖一长一短,与理难通。若从方便做事言,是合理的。北方草原牧民,其裘衣"短右袂"之习俗至今尚存。

(8)必有寝衣,长一身有半

汉·孔安国:今被也。(皇侃《论语集解义疏》卷五·26 页)

宋·朱熹:齐主于敬,不可解衣而寝,又不可著明衣而寝,故别有寝衣,其半盖以覆足。程子曰:"此错简,当在齐必有明衣布之下。"愚谓如此,则此条与明衣变食,既得以类相从;而亵裘狐貉,亦得以类相从矣。(《四书章句集注》119页)

明·陈士元:齐寝不以衾致严也,谓之寝衣,其制或与衣相类,但长半以覆足,可寝而不可行,专为齐之寝衣而已,岂可以为今之被哉?(《论语类考》卷十八·6页)

清·毛奇龄:曰"必有寝衣之长一身而又半"者,寝衣所同,长身而过半则子所独也。此犹上文"亵裘长,短右袂",亵裘所同,亵裘而短其右袂则子所独也。短袂适用,长被适体,一短一长,皆属异事,故两节连记之。今《注》误解"寝衣",反以为前后不接,竟欲移此节于"齐,必有明衣,布"之下,且云"明衣"、"变食"以类相从,"亵裘"、"狐貉"亦以类相从,则夫"亵裘"、"亵服"何以不类从?"羔裘玄冠"、"缁衣羔裘"又何以不类从耶?(《论语稽求篇》卷四·12页)

清·李光地:一身有半,如旧说恐非,便盖比一身仅半,自此亦常服,不必齐也。(《读论语札记·乡党篇》)

清·金鹗:窃疑此二句当在"必表而出之"之下,皆当暑之事也。常人当暑,寝多不用被,亦非谨疾之道,惟君子必有寝衣,其长一身有半。又云:"衾,大被也。"则寝衣当为小被。《小星诗》云"抱衾与裯",毛《传》云:"裯,禅被也。"裯为禅被,则衾为复被可知。盖禅而小者曰被,曰寝衣,其复而大者曰衾,惟为当暑所用,故不言衾而言寝衣也。若非言当暑之事,则被者人人所有也,而曰君子必有之,不可通矣。《乡党》一篇,叙事皆有次第,各从其类而不紊。今于亵裘长、狐貉之厚中间忽插入寝衣,殊为不伦。若移此二句于"当暑"三句之下,则绤绤、寝衣皆为当暑所用,既以类相从,而亵裘狐貉皆为私居之服,厚与长义又相承,各得其序而不乱矣。程朱以为错简未尝不是,惜所移置者未当也。(《乡党正义》,

《清经解续编》3274页）

日·中井积德：齐时身体清洁，服亦洁，不可以衬常时卧具，故以寝衣隔之耳。若大富贵之家，别制齐时被褥，每齐用之，何害？孔子之家不能然，故权宜制寝衣耳。（《论语逢源》191页）

清·王引之：人自顶以下，踵以上，总谓之身。……颈以下，股以上，亦谓之身。……《论语·乡党篇》："亵裘长，短右袂。必有寝衣，长一身有半。"窃谓经言亵裘而及寝衣，则寝衣，亵裘之衣也。亵裘之有寝衣，犹羔裘之有缁衣、麛裘之有素衣、狐裘之有黄衣也。谓之寝衣者，寝室所著之衣，犹言燕衣亵衣耳。身，体中也，谓颈以下、股以上也。……解者误谓一身为顶以下踵以上。衣长一身又半，则下幅被土，非复人情，于是不得已而以被当之。孔、郑《注》并曰"寝衣，今被也"，《说文》亦曰"被，寝衣，长一身半"，皆由此误也。不知颈以下、股以上亦谓之身。长一身又半，才至膝上耳，不患其太长也。寝衣在亵裘之上，不著则无以覆裘，故曰必有寝衣，言不可有裘而无衣也。若训寝衣为被，则人卧时孰不有被，何须言必有乎？（《经义述闻》卷三一·32—33页）

清·刘宝楠：正义曰"寝衣"，郑《注》云："今小卧被是也。"案：《说文》："被，寝衣也。长一身有半。衾，大被也。"此处寝衣之制，解者多端，惟许、郑义得之。古人衣不连裳，夫子制此寝衣，较平时所服之衣稍长，寝时著之以卧。《周官·玉府》："掌王之燕衣服。"《注》："燕衣服者，巾絮寝衣袍襗之属。"郑解燕衣服为近身之衣，巾絮袍襗，昼所服，寝衣，夜所服，故此《注》以寝衣为小卧被也。"小卧被"者，对衾为大被言之。凡衣可曰被，如《左传》"被组练三千"、"楚灵王翠被"，《孟子》"被袗衣"，皆是。郑以衣被通称，恐人不晓，故言"卧被"以明之。王氏引之《经义述闻》解"寝衣"亦误，而解"长一身有半"最确。（《论语正义》396页）

程树德：此节并无错简，历来注疏家皆误以下节"狐貉之厚以居"作狐裘解，故觉上下均言裘服，中间不应插入寝衣，颇为不伦。种种错简之说，由此而生。殊不知此二节系言孔子被褥之制，古人谓坐曰居……否则孔子之衣狐裘，上文已言之矣，何必词费耶？故知此二节连文，亦属以类相从，并无错简也。（《论语集释》675 页）

方骥龄：《说文》："寝，卧也。"本章寝衣，当承上文各色衣服言，为寝衣无疑。用"必有"二字，盖上文所指，或夏或冬，惟四季中不分冬夏，"必有寝衣"。又按《礼记·深衣》孔《疏》："朝服祭服丧服，皆衣与裳殊，则其被于体也深邃，故名深衣。制同而名异者有四焉：纯之以采曰深衣，纯之以素曰长衣，纯之以布曰麻衣。"本节所谓长，殆"纯之以素，著在朝服祭服之内曰中衣"之衣，孔子用素为卧衣之料，取其轻薄适体也。古时腰缝七尺二寸，比下齐一丈四尺四寸为半之也。本节"一身有半"殆即七尺二寸左右，盖过短则易暴露，过长则又不便也。（《论语新诠》270 页）

黄怀信：［释］"寝衣"，即睡衣。旧释被，非。"身"，躯干、上身。旧以为整个身长，非。［训译］（睡觉）一定有睡衣，长上身一倍半。（《论语新校释》233 页）

　　辑者案：刘宝楠之说最为全面、贴切，寝衣即"卧被"，"一身有半"当以王引之、黄怀信所解为确。

（9）狐貉之厚以居

汉·郑玄：在家以接宾客也。（皇侃《论语集解义疏》卷五·26 页）

梁·皇侃：此谓在家接宾客之裘也。家居主温，故厚为之也。既接宾客，则其上亦应有衣也。（皇侃《论语集解义疏》卷五·28 页）

宋·朱熹：狐貉，毛深温厚，私居取其适体。（《四书章句集注》119 页）

清·阎若璩：狐貉之厚以居，满巽元解，若作裘，与上狐裘复；作燕居，又与亵裘复。盖居即"居，吾语女"之居。《诗·秦风》"文

茵畅毂",文茵,车中所坐虎皮褥也。夫子亦取此二兽皮为坐褥,以其温厚可适体耳。(《四书释地又续》卷下·14页)

清·李光地:裘以轻者为贵,厚者以居尚俭也。(《读论语札记·乡党篇》)

清·江声:《说文解字》云"貈似狐,善睡兽,从豸舟声",今经典相承作"貉",而貈字遂废矣。貉乃北方豸种之国,别一字也。(《论语竢质》卷中·9页)

清·刘宝楠:凤氏韶《经说》:"《论语》'居,吾语女',《孝经》'坐,吾语女',《孟子》'坐,吾明语子',居坐互出,则居字有坐义。"阎氏据此及《小戎》诗"文茵",谓"狐貉之厚以居为坐褥",良是。案:凤说是也。古人加席于地,而坐其上,大夫再重。至冬时气寒,故夫子于所居处,用狐貉之厚者为之藉也。(《论语正义》397页)

程树德:阎氏之说,确不可易。郑注云"在家以接宾客",本不误。《疏》谓"在家接宾客之裘",则误矣。(《论语集释》677页)

方骥龄:《说文》称狐有三德,其色中和,小前大后,死则首丘。所谓"小前大后",即嘴尖而尾大。《释名·释言语》:"厚,后也,徐、青人言厚为后也。"然则"厚""后"二字相通。本节所谓狐貉之厚,当为狐尾。居即踞,作坐解。《大戴》曰:"独处而踞。"踞,蹲也。《孝经》:"居,吾语女。"居皆作坐字解。本节"狐貉之厚以居",殆谓孔子不以狐皮作垫,而以狐尾为垫,取其俭约也。(《论语新诠》271页)

林觥顺:笔者以为可作:居,以狐貉厚之。意思是在家守孝三年期间,有宾客来聘问,以狐貉皮服迎送嘉宾。(《论语我读》170页)

杨朝明:[诠释]这里有两种解释:一是认为居为居家以待宾客之意,如何晏《论语集解》引郑玄曰:"在家以接宾客也。"程树德也认为:"凡引《论语》文者,狐貉主裘,不主褥;居主燕居,不主居坐。"一是认为,居是坐的意思。朱熹《论语集注》中曰:"狐貉,毛深温厚,私居取其适体。"而刘宝楠《论语正义》亦曰:"古人加席于地,而坐其上,大夫再重。至冬时气寒,故夫子于所居处,用狐貉之厚者为之藉也。"钱穆《论语新解》则曰:"以狐貉之皮为坐褥,取其毛之深,既温且厚,适体也。"联系《论语》上下文,"居必迁坐"、"寝不尸,居不容"等均有坐之意。[解读]粗厚的狐皮比较暖和,用来做在家穿时的衣服。(《论语诠解》92页)

　　辑者案:从阎若璩、刘宝楠说,即以毛厚的狐貉皮做坐褥。

(10)非帷裳,必杀之

魏·王肃:衣必有杀缝,唯帷裳无杀也。(皇侃《论语集解义疏》卷五·26页)

梁·皇侃:帷裳,谓帷幔之属也。杀,谓缝之也。若非帷幔裳,则必缝杀之,以杀缝之面置里,不杀之面在外。而帷裳但刺连之,如今服袙不有里外杀缝之异也。所以然者,帷幔内外并为人所见,必须饰,故刺连之而已也。所以《丧服》云:"凡裳内削幅,裳外不削幅。"郑《注》云:"削,犹杀也。"而郑《注》此云,帷裳,谓朝祭之服,其制正幅如帷也。非者,谓余衣也。杀之者,削其幅,使缝齐陪腰者也"。(皇侃《论语集解义疏》卷五·28页)

宋·邢昺:谓朝祭之服,上衣必有杀缝,在下之裳,其制正幅如帷,名曰帷裳,则无杀缝。其余服之裳,则亦有杀缝,故深衣之制,要在缝半下,缝齐倍要。丧服之制,裳内削幅。注云:"削犹杀也。"(邢昺《论语注疏》134页)

宋·朱熹:朝祭之服,裳用正幅如帷,要有襞积,而旁无杀缝。其余若深衣,要半下,齐倍要,则无襞积而有杀缝矣。(《四书章句集注》119页)

清·江永:帷裳对深衣及长衣、中衣之裳言之,深衣等裳无辟积，其当旁之衽须斜裁谓之杀，朝服、祭服、丧服皆用帷裳，有辟积，则前三幅、后四幅皆以正裁，有辟积，故无杀。王《注》乃对上衣言之，误矣。……丧服正是帷裳，其云"内削幅"者，谓布幅二尺二寸，缝时各削一寸，向内缝之，不若衰衣向外缝耳，与此杀字义异。此杀谓斜裁，彼削谓摺倒一寸，《注》虽以杀训削，义实不同。（《乡党图考》卷五·31页）

清·江永：深衣裳无辟积，必须两旁有斜裁倒缝之衽，方能上狭下广，意当时或有不用斜裁而作辟积于裳者，故特记"非帷裳必杀之"，明夫子深衣必用古制也。（《乡党图考》卷六·5页）

方骥龄：本章非字，疑即扉字。《荀子·礼论》："无帾丝歶缕翣，其貌以象菲帷帱尉也。"注："谓编草为蔽。盖古人所用障蔽门户者。今贫者犹然。"扉字即以菲为之。章太炎《文始》以为非"取两翼之义，故挈乳为扉，户扉也，与扇从羽同义"。又帷裳二字每连用，如《诗经》"渐车帷裳"是也。《说文》中帷帐幕三字亦相前后。经典中"衣""带裳""衰裳"亦相连用。本节帷裳，重心在帷字，非帷裳，殆即室内之帏幛，包括屏幛床帐而言。《说文》杀字引古文㣇，《系传》《玉篇》皆有此体，段玉裁以为"即杀字转写讹变耳"。朱骏声《说文通训定声》称："古文从又从巾，未详。疑此𢼡字之古文，或借为杀也。"疑本节"非帷裳，必杀之"，犹言"扉帷帐，必刷之"，乃孔子注意居室中之环境卫生，经常必清洁之也。（《论语新诠》272页）

杨伯峻：不是（上朝和祭祀穿的）用整幅布做的裙子，一定裁去一些布。帷裳——礼服，上朝和祭祀时穿，用整幅布做，不加剪裁，多余的布作褶叠（褶叠古代叫做襞积），犹如今天的百褶裙。古代男子上衣下裙。杀——去声，shài，减少，裁去。"杀之"就是缝制之先裁去多余的布，不用褶叠，省工省料。（《论语译注》100—

101 页)

黄怀信：[释]"帷"，借为"围"。"围裳"，两边连缀围腰之裳。"杀"，杀边，防脱线。[训译]不是没有开口的下衣，一定要杀上布边。(《论语新校释》233—234 页)

刘兆伟：帷裳，腰部往下的围裙，往往用整幅布为之。(《论语通要》212 页)

杨朝明：[诠释]帷裳：朝祭之服，其制用整幅布为之，如帷。杀，杀缝，以免脱线。孔子所处时代，服饰已经不符合古代礼仪，而他坚持着"不杀之"，体现其一以贯之的精神。[解读]除了祭祀时的衣服用整幅帷裳之外，其它的衣服必须杀缝。(《论语诠解》92 页)

　　辑者案：从郑注、皇疏、邢疏。

(11)吉月必朝服而朝

汉·孔安国：吉月，月朔也。(皇侃《论语集解义疏》卷五·26 页)

梁·皇侃：吉月者，月朔也。……然鲁自文公不视朔，故子贡欲去告朔之饩羊。而孔子是哀公之臣，应无随君视朝之事，而云必服之者，当是君虽不视朔，而孔子月朔必服而以朝，是我爱其礼也。(皇侃《论语集解义疏》卷五·28 页)

唐·韩愈：吉礼所行月日，因而谓之吉月、吉日，非正朔而已。(《论语笔解》卷上·19 页)

明·蔡清：吉月，谓每月之吉，不特正月之朔。若不是致仕时，则无日不朝、不待吉月矣，且吉月而朝亦常礼也，焉用记，故知其为致仕。(《论语蒙引》卷二·82 页)

清·刘台拱：说者以为孔子事，非也。《乡党》记礼之书也，吉月必朝服而朝，礼也。孔子述之，而七十子之徒记之也。(《论语骈枝》10 页)

清·王引之：经传凡言吉日者与朔日不同。一月之始谓之朔日,或谓之朔月,或谓之朔。日之善者谓之吉日,或谓之吉。朔日不必皆吉,故朔日不可谓之吉日也。……《论语·乡党篇》"吉月,必朝服而朝,齐必有明衣布",吉月当为告月之讹,告月与齐对举,皆古礼也。……《论语》注当云"告月,月朔告庙也",乃得经义。(《经义述闻》卷三十一·39—41页)

清·俞樾:吉月,乃告月之讹。《缁衣篇》"尹吉日",郑《注》"吉当为告",是其例也。说本王氏引之《经义述闻》,惟王氏以告月为即朝庙,则犹沿旧说之谬。……告月与朝庙本是二事。朝庙者,每月之朔诸侯朝于大祖庙,北面受朔也。告月者,每月之末有司先以月朔告君也,月有大小尽,不定是三十日,故有司必先期以告,然后君得以朔日行朝庙之礼。(《群经平议》卷三十·28页)

程树德:所谓吉月者,谓正月也。从前解吉月为月朔,断无致仕官每月月朔朝君之礼。……即曰为孔子仕鲁时事,而鲁自文公四不视朔,至定哀间,此礼之废已久,夫子犹必每月月朔朝服而朝,亦与事理不合。今人虽致仕官,元旦尚可随班朝贺,古犹是也。至此,而吉月必朝之义乃始涣然冰释矣。(《论语集释》680页)

方骥龄:《说文》:"朝,旦也。"《释诂》:"朝,早也。"疑本节上一朝字应兼作早字义。古代文字中每多一字兼二义者,本节"必朝服而朝",殆言孔子每逢吉月,必比平时早起身,必服朝服而上朝,言其守时,亦先事充分准备,致其诚敬之甚也。(《论语新诠》272页)

杨伯峻:[译文]大年初一,一定穿着上朝的礼服去朝贺。[注释]吉月——这两个字有各种解释:(甲)每月初一(旧注都如此);(乙)"吉"字误,应该作"告"。"告月"就是每月月底,司历者以下月初一告之于君(王引之《经义述闻》、俞樾《群经平议》);两说都不可信。今从程树德《论语集释》之说。(《论语译注》100—101页)

程石泉:"吉月"一辞不见经典,历代注疏家解此节谓为告朔

之礼。……按朔者乃月之初一日。近人黄盛璋《释初吉》一文有
谓:"每月一日就是朔日。凡朔日古代都认为吉日。而'元旦'不
过吉日之又吉者;他朔日虽不必尽如元旦,但为一月之吉日无
疑。……金文记铸器多选择吉日,最常见者,如'初吉'如'吉日'。
作'元旦'者亦有,如栾书缶、陈贶殷、徐王子钟。"(文见《历史语言
研究所集刊》四,1956年)据此,"吉月"应为"吉日"之误。吉日不
但见于金文,亦见《楚辞·离骚》:"吉日兮良辰。"王引之《经义述
闻》主"吉月"为"告月"之误,而"告月"亦不见经传。盖宥于"告
朔"之义,王氏作此主张。实则改"月"为"日",则文通字顺矣。
(《论语读训》169页)

　　黄怀信:[释]"吉月",正月。"朝服",上朝见君之服。"朝",
朝时(早晨)拜见国君。吉月朝服而朝,犹今之拜年。[训译]正
月,一定一大早穿着朝服去给国君拜年。(《论语新校释》233—234页)

　　　　辑者案:吉月应为吉日。正月初一包含在吉日之内。除
　　正月初一之外,一年中还有不少吉日,逢吉日,则穿着上朝的
　　礼服上朝。

10.7 齐,必有明衣,布。齐必变食,居必迁坐。

(1)齐,必有明衣,布

汉·郑玄:明衣,亲身以自洁也,以布为之。(黄奭辑《逸论语注》
34页)

汉·孔安国:以布为沐浴衣也。(皇侃《论语集解义疏》卷五·26页)

梁·皇侃:谓斋浴时所著之衣也。浴竟身未燥,未堪著好衣,
又不可露肉,故用布为衣如衫而长身也,著之以待身燥,故《玉藻》
云"君衣布晞身"是也。(皇侃《论语集解义疏》卷五·28页)

宋·邢昺:将祭而齐,则必沐浴,浴竟而著明衣,所以明洁其

体也。明衣以布为之，故曰"齐，必有明衣，布"也。（邢昺《论语注疏》132页）

清·江声：明衣所为齐者之遗衣。曰明者，神明之也。《祭义》曰"齐之日思其居处，思其笑语，思其志意，思其所乐，思其所嗜，齐三日乃见其所为齐者"，盖于是设明衣以象其神，则思尤专一，而见尤亲切矣。布，盖十五升之布也，因上文历记衣服之制而坿记此。（《论语竢质》卷中·10页）

日·丰干："齐必有明衣"五字本文，"布"一字记者释之也。古本"布"字下有"也"字，可以为证。（《论语新注》卷上·92页）

清·俞樾：孔《注》云"以布为沐浴衣"者，犹云以布为齐衣耳。齐必沐浴，故古语即谓齐为沐浴。……邢氏误会《注》意，遂以明衣为亲身之衣而有明洁其体之说。按《仪礼·士昏礼》"姆加景"，郑《注》曰："景之制盖如明衣，加之以为行道御尘，令衣鲜明也。景亦明也。"是郑意以明衣为加之于外者，非亲身之衣也。《士丧礼》"明衣裳用布"，郑《注》曰"所以亲身为圭洁也"，此乃死者所用，其制迥异于生。邢氏以《士丧礼》之明衣为齐之明衣，殆不可从也。（《群经平议》卷三十·30页）

清·王闿运：《记》曰"衣布晞身"。凡布十五升曰衣布，明衣布，斋浴布也，言不用常浴布。（《论语训》卷上·95页）

方骥龄：本节所谓"明衣"与"布"，据《礼记·深衣》："纯之以布曰麻衣。"布者，麻衣也。浴衣以麻为之，以别于睡衣之用素，盖取其凉爽适体而不黏著也。（《论语新诠》273页）

林觥顺：齐，读同斋，是斋明盛服，戒絜也。……是说祭祀时，固定要穿有洁明布衣作祭服。（《论语我读》170页）

辑者案：从皇侃、邢昺疏。明衣，沐浴后穿的布制浴衣。

(2)齐必变食

汉·孔安国:改常食也(辑者案:邢昺疏本为"改常馔")。(皇侃《论语集解义疏》卷五·29页)

宋·朱熹:变食,谓不饮酒、不茹荤。(《四书章句集注》119页)

清·俞樾:《周礼·膳夫职》"王齐日三举",《注》:"郑司农云'齐必变食'。"按此亦先郑说而郑同之,即郑义也。上文"王日一举"是一日一太牢,"齐日三举"则一日三太牢。今说《论语》者但以不饮酒、不茹荤为变食,非古义矣。(《论语郑义》15页)

清·江声:变食,更易新馔。朝时馂馀,日中不食,夕时亦然。《周礼》"王日一举,齐则日三举",一举者亚饭、三饭因初饭之馂余,三举则每饭改馔,是谓变食。故郑仲师引此文以说《周礼》。(《论语竢质》卷中·10页)

清·黄式三:《庄子》曰"不饮酒,不茹荤",此祭祀之斋,非心斋也。朱《注》引之而考家礼云:"食肉不得茹荤,饮酒不得致乱。"荤者,臭菜之属。……然则以斋为不茹荤者,亦变食之一说,其以不茹荤为不食肉者则谬耳。《国语》:"先耕藉三日,王即斋宫,乃淳濯飨醴。及期,郁人荐鬯,牺人荐醴,王祼鬯飨醴乃行。"则据《注》者以斋为不饮酒,亦非也。(《论语后案》276页)

杨伯峻:[译文]斋戒的时候,一定改变平常的饮食;居住也一定搬移地方(不和妻妾同房)。[注释]变食的内容,古人有三种说法:(甲)《庄子·人间世篇》说:"颜回曰:'回之家贫,惟不饮酒不茹荤者数月矣。如此,则可疑为齐乎?'曰:'是祭祀之齐,非心齐也。'"有人据此,便把"不饮酒,不茹荤(荤是有浓厚气味的蔬菜,如蒜、韭、葱之属)"来解释"变食"。(乙)《周礼·天官·膳夫》:"王日一举……王齐,日三举。"这意思是王每天虽然吃饭三顿,却只在第一顿饭时杀牲,其余两顿,只把第一顿的剩菜回锅罢了。天子如此,其他的人更不会顿顿吃新鲜的。若在斋戒之时那就顿

顿吃新鲜的,不吃回锅的剩菜,取其洁净,这便是"变食"。(丙)金
鹗《求古录·礼说补遗》说,变食不但不饮酒、不食葱蒜等,也不食
鱼肉。(《论语译注》102页)

乔一凡:谓不食常食以求饱。(《论语通义》157页)

林觥顺:是斋食必变的修辞笔调……齐读同斋,是斋明盛服,
也是斋戒虔诚,是祭祀之事。斋食是祭祀时的祭品,或称祭礼。
一场祭祀从准备到礼成,有长至数天的,在烟雾中很容易变坏,特
别在炎夏,祭品必定变坏。(《论语我读》171页)

查正贤:改变日常所食。斋戒时饮食较常日为盛,是为变食。
《集注》据《庄子》,以为指不饮酒食肉,故将"食不厌精"以下另起
一章。(《论语讲读》148页)

杨朝明:变食:改变平常的饮食。这里主要指不饮酒,不吃
葱、蒜等有刺激味的东西。(《论语诠解》93页)

　　辑者案:从朱熹、杨伯峻、杨朝明说。

(3)居必迁坐

汉·孔安国:易常处也。(皇侃《论语集解义疏》卷五·29页)

梁·皇侃:云"居必迁坐"者,亦不坐恒居之坐也,故于祭前先
散齐于路寝门外七日,又致齐于路寝中三日也。故范宁云:"齐以
敬洁为主,以期神明之享,故改常之食迁居齐室也。"(皇侃《论语集解
义疏》卷五·30页)

方骥龄:"居必迁坐"之上文,连用二齐字,此独用"居",显然
以别于"齐"。居者居常,平时也。前人释之为坐位必要挪移,指
室内必时常移动更换,庶可乘此变换环境,且可藉此清除积垢耳。
(《论语新诠》273页)

杨伯峻:迁坐——等于说改变卧室。古代的上层人物平常和
妻室居于"燕寝";斋戒之时则居于"外寝"(也叫"正寝"),和妻室

不同房。唐朝的法律还规定着举行大祭,在斋戒之时官吏不宿于正寝的,每一晚打五十竹板。这或者犹是古代风俗的残余。(《论语译注》102 页)

　　林觥顺:是居坐必迁。居是蹲,蹲居二字是转注互训。……是说祭祀时,长时间蹲或跪在地上,都是有伤身体、有违孝道,必须改换坐型。《孝经》上说:身体肤发,受之父母,不敢毁伤。(《论语我读》172 页)

　　乔一凡:谓不坐私室以求安,而居于正寝,以示敬。(《论语通义》157 页)

　　杨润根:迁坐:改变原来的座位,即在每月为期三天的斋戒中,家里的所有成年人不再坐在一起谈天说地,而是尽可能地回到各自的房间里默默地祷告静思。(《发现论语》249 页)

　　辑者案:从杨伯峻说。

10.8 食不厌精,脍不厌细。食馈而餲,鱼馁而肉败,不食。色恶,不食。臭恶,不食。失饪,不食。不时,不食。割不正,不食。不得其酱,不食。肉虽多,不使胜食气。唯酒无量,不及乱。沽酒市脯不食。不撤姜食,不多食。

(1)食不厌精,脍不厌细

　　梁·皇侃:云"食不厌精"者,此兼明平常礼也,食若粗则误人生疾,故调和不厌精洁也。云"脍不厌细"者,细切鱼及肉皆曰脍也,既腥食之,故不厌细者也。(皇侃《论语集解义疏》卷五·30 页)

　　宋·朱熹:食,饭也。精,凿也。牛羊与鱼之腥,聂而切之为脍。食精则能养人,脍粗则能害人。不厌,言以是为善,非谓必欲如是也。(《四书章句集注》119 页)

宋·张栻：食，饭也。或曰厌当作平声，言不待精细者而后属厌也。盖圣人于饮食非有所择也，苟非如下所云不食之类，则食无精粗，皆可以饱耳。（《南轩论语解》卷五·15页）

宋·孙奕：厌读如厌饫之厌，言食与脍虽精而细，亦不厌饫而食之。盖夫子尝曰"食无求饱"，又曰"谋道不谋食"，故知其于精细犹不求其厌饫。（《履斋示儿编》卷五·7页）

明·蔡清："不厌"字有斟酌，孔子固尝饭疏食矣，何尝必欲如是？（《论语蒙引》卷二·83页）

清·江声：《说文解字》曰："厌，饱也。"粝米一斛舂至九斗为糳，舂至八斗为糳，皆精矣，而糳尤精也。《少仪》曰："牛羊与鱼之腥，聂而切之为脍"，郑公曰："聂之言牒也"。先霍叶切之，复报切之，则成脍，是则脍宜细也。齐时食必有节，食虽精，脍虽细，不因精细而厌足也。（《论语竢质》卷中·10页）

清·刘宝楠：案：《周语》"不可厌也"，韦《注》："厌，足也。"《晋语》"民志无厌"，韦《注》："厌，极也。"夫子疏食饮水，乐在其中，又以士耻恶食为不足与议，故于食脍皆不厌精细也。精者，善米也。（《论语正义》408页）

方骥龄：《说文》："厌，笮也，百合也。"《周语》"克厌天心"韦注："厌，合也。"韦注《汉书·叙传》亦同。按《苍颉篇》云："伏合人心曰厌。"《叙传·王命论》"取舍不厌斯位"刘德注："当也。"《周勃传》"处尊位以厌之"，按"犹穷极也"注："谓当之也。"本节"食不厌精脍不厌细"，疑应作"食不合精，肉不合细"解，谓"食米不当精，脍不当细"。乃孔子俭省之道。盖食不精即为糙米，脍不细则不必拣精去肥，与孔子"疏食饮水"之俭朴生活相符。多食糙米，以今日言，多营养价值。食肉所以取脂肪，去肥足以减少其脂肪，不合进食之道矣。且去肥拣精，太浪费。（《论语新诠》276页）

杨伯峻：粮食不嫌舂得精，鱼和肉不嫌切得细。（《论语译注》103页）

王功龙："厌"字在先秦时代基本上有两个意义，一是表示憎恶、抛弃、厌倦的意义，二是"饱、满足"的意义。《论语》中的这句话所使用的意义是"饱、满足"的意义。（《"食不厌精，脍不厌细"正诂》《孔子研究》2000年第1期）

黄怀信：[释]"食"，饭也。"厌"，满足，厌嫌。"脍"，音快，细切之肉。[训译]饭不嫌做得精，肉不嫌切得细。（《论语新校释》235－236页）

何新：精即美也。细，鲜也。旧注为细小，谬。（《论语新解——思与行》126页）

杨朝明：吃饭不过于追求精，食肉不过于追求细。（《论语诠解》卷94页）

孙钦善：食：饭食。厌：足，贪饱。此句与1·14"食无求饱"同义。……饭食不贪吃精粹，鱼肉不贪吃细美。（《论语本解》123页）

辑者案：朱熹、黄怀信说为优。人都有切身体会，饭菜做得越精细越讲究越好吃；只要有条件，人都喜欢做得好吃的饭菜。

(2)不时，不食

汉·郑玄：不时，非朝、夕、日中时也。（皇侃《论语集解义疏》卷五·29页）

梁·皇侃：云"不时不食"者，不时，非朝夕日中时也。非其时则不宜食，故不食也。江熙云："不时，谓生非其时，若冬梅李实也。"（皇侃《论语集解义疏》卷五·30页）

宋·朱熹：不时，五谷不成、果实未熟之类。（《四书章句集注》120页）

清·毛奇龄：予谓此节以经解经，当如《礼运》曰"饮食必时"，指春秋朝暮之节，《仲尼燕居》曰"味得其时"，谓春秋朝暮，又各有所宜之物,故旧注以朝、夕、日中为三时。而由此推之,则如《内则》"春多酸,夏多苦,秋多辛,冬多鹹"类。又如"食齐视春时,羹齐视夏时,酱齐视秋时,饮齐视冬时"类。又如"春宜羔豚膳膏芗,夏宜腒鱐膳膏臊,秋宜犊麛膳膏腥,冬宜鲜羽膳膏膻"类。又如"脍,春用葱,秋用芥。豚,春用韭,秋用蓼"类。此为正解。盖饮食之节,原是《礼经》,以《礼》解礼,以经解经,庶几无误。(《论语稽求篇》卷四·11页)

林觥顺:不时,不新鲜。时是当日之义,不是当日之物则不新鲜。(《论语我读》172页)

　　辑者案:从郑玄说。不到该吃饭的时候,不吃。《吕氏春秋·尽数》:"食能以时,身必无灾。"饮食在时间上要有规律。

(3)割不正不食

梁·皇侃:古人割肉必方正,若不方正割之,故不食也。江熙云:"杀,不以道为不正也。"(皇侃《论语集解义疏》卷五·30页)

宋·邢昺:谓折解牲体,脊胁臂臑之属,礼有正数,若解割不得其正,则不食也。(邢昺《论语注疏》135页)

宋·朱熹:割肉不方正者不食,造次不离于正也。汉陆续之母,切肉未尝不方,断葱以寸为度,盖其质美,与此暗合也。(《四书章句集注》120页)

宋·许谦:《集注》"割肉不方正者不食",引陆续母切肉必方为证。窃恐方正自出己意,经文正字则该之。古者燕飨,有大脔曰"胾",又有切肉,则切肉者必方可也。其余牲体臂膊、骨胁及肠胃、肺心,割截各言其度,所谓不正则不合乎度者。兼此二说,恐尽正字意。(《读论语丛说》卷中·39页)

明·释智旭:割不正,谓不当杀而杀,或非分,或非时也。(江谦补注《论语点睛补注》76页)

　　明·王夫之：《集注》云切肉必方正，不知割非切、切非割、方非正、正非方也。古者大脔载俎，食则自断，故《曲礼》曰："濡肉齿决，干肉不齿决。"非若后世既割之复切之，令大小称口所容，如陆续之母能必其方也。则割切之别也，方者，对圆长椭斜纤曲而言也。正者，正当其处也。古之割肉，既非大脔，而各有分理，骨有贵贱，髀不登于俎，君子不食圂腴。在杀，则有上杀、中杀、下杀。在登之俎，则有肩、有臂、有臑、有肫、有胳、有正脊、有横脊、有长胁、有短胁、有伦肤、有觳折，或左或右。肺则有离肺、有刌肺。心舌则去本末，皆所谓割之正也。若其腠理之常，随手划断，则非体之正，是曰不正。抑或宾如主俎，则为慢；主如宾俎，则为汏。燕如祭，祭如燕，祭燕如常食，常食如燕祭，皆不正也，则皆以失礼而不食矣。倘必如陆续之母所切，四维端匀而后食，则离肺之小而长，脯之长尺有二寸，皆非君子之食矣。脊胁之间，必求其方，将杂用体骨以就之，是求方而适得不正也。《集注》以汉后切肉之法，为三代割骨之制，而未求之礼，其失宜矣。（《论语稗疏》11页）

　　清·江声：鬻解牲体，脊胁臂臑之属，皆有节度，不容偏衺，割之不正则此赢彼绌，不中俎豆之实，故不食也。此盖齐时则然，平居燕食或不然也。（《论语竢质》卷中·11页）

　　日·丰干：正，刀断正也。朱氏曰"割肉不方正者不食"，而证其说曰"汉陆续之母切肉，未尝不方，与此暗合也"。然本文一"正"字，忽添"方"字始通，而如其说，则"方"字是重，"正"字是轻，而本文单曰"正"，不加"方"字，"正"、"方"二字，义自异矣，故其说不圆。（《论语新注》卷上·92页）

　　清·钱坫：《少牢馈食礼》："牢心舌，载于肵俎。心皆安下切上，午割勿没。舌皆切本末，亦午割勿没。"《注》："牢，羊豕也。安，平也。平割其下，于载便也。凡割本末，食必正也。午割，使可绝。勿没,为其分散也。"案:此古割肉之法,从横割谓之午割。
（《论语后录》卷三·14 页）

方骥龄:"割不正不食"之割,疑当如《阳货篇》"割鸡焉用牛
刀"之割字解。《说文》:"割,剥也。"《周礼·内饔》"割烹煮和之
事"注:"肆解肉也。"《吕览·孟冬》"大割祠于公社"注:"杀牲也。"
《说文》:"正,是也。"《仪礼·士丧礼》"决用正"注:"善也。"本节所
谓"割不正",殆指割鸡、割牛、割鱼、割猪等事而言。设或不善,鱼
胆破裂,鱼肉即苦;割猪不正,苏南谓之"杀呛猪",皆不愿购食。
盖割不正之后,其味必变,且极不卫生,或竟有害,故孔子不食之
矣。依据上下所举述之事例言,似应作如此解释为是。乃孔子饮
食卫生之道,非繁文褥节也。（《论语新诠》276 页）

杨润根:［译解］还未长大而过早宰杀的家禽不能食用。（《发现
论语》249 页）

林觎顺:割裂残破不能成形。（《论语我读》172 页）

辑者案:从王夫之、钱坫说。牲肉切割有一定法度,不合
法度叫不正。

（4）不得其酱,不食

汉·马融:鱼脍非芥酱不食。（邢昺《论语注疏》135 页）

宋·朱熹:食肉用酱,各有所宜,不得则不食,恶其不备也。
（《四书章句集注》120 页）

宋·张栻:不得其酱,调味之不以其宜也。（《南轩论语解》卷五·
16 页）

金·王若虚:晦庵释"不得其酱,不食",曰"恶其不备也"。予
称君子食无求饱,又以士耻恶衣食,为不足议,夫岂以一物不备而
不食哉?彼事事必求义理,则宜其陋之至是也。（《论语辨惑》卷二·
15 页）

元·陈天祥：不得其酱不食，止是欲其调味得宜，而食之也。南轩曰："不得其酱，调味之不得其宜也。"（《四书辨疑》卷六·2页）

刘诚：据当代学者洪光住考证：春秋时代没有豆酱。"酱"，在春秋时代专指肉酱，相当于今天的腌（醃）肉，包括"醢"（去骨的肉）和"臡"（带骨的肉）等。……既然春秋时代有肉酱而无豆酱，而肉酱和醋又不是一个东西，那么《乡党篇》原文就不好解释了。难道菜肴不放肉酱（腌肉）孔子就不吃吗？……可见原文中的"酱"只能解释为"豆酱"，而豆酱却不是春秋时代所能有的，从而推知："不得其酱不食"这句话与孔子无关。（《〈论语乡党篇〉辨伪》，《湖南师大社会科学学报》1986年第2期）

李炳南：酱有醯醢等多种，竹添光鸿以为，不得其酱，是不得其所宜之酱。酱各有宜，如药味然。不得其酱，恐或有敌物。得其酱，则增其美，而去其害，故君子重之。（《论语讲要》200页）

林觥顺：得是取得，酱者醢也，是有美味之物，不得其酱，是取不到原味，就是不新鲜。（《论语我读》172页）

　　辑者案：朱熹、张栻、陈天祥、李炳南说大同小异，皆可从。

（5）肉虽多，不使胜食气

梁·皇侃：胜，犹多也。食，谓他馔也。食气多肉少则肉美，若肉多他食少则肉不美，故不使肉胜食气也。亦因杀止多杀也。（皇侃《论语集解义疏》卷五·30页）

宋·邢昺：气，小食也。言有肉虽多，食之不可使过食气也。（邢昺《论语注疏》135页）

宋·金履祥：氣，《说文》"许既反"，亦或作"餼"，然则食氣当读作食餼，犹云"饭料"也。《聘礼》"凡餼大夫黍粱稷"，则黍粱稷正谓之氣，其生牲而亦曰餼者冒此名尔，即俗所云"生料"也。此言肉虽多，不使胜于饭料。又古"气"字今作"氣"，古"氣"字今作

"饩"。(《论语集注考证》卷五·8页)

　　清·惠栋:《说文》曰:"既,小食也。从皀旡声。《论语》曰'不使胜食既'。"栋案:气本古饩字,详见《左传补注》,饩又与既通。《礼记·中庸》云"既廪称事",郑《注》云"既读为饩",是既与气同。(《论语古义》6页)

　　清·江声:《说文解字》云:"既,小食也。从皀旡声。"小食未详。案:既从皀,或说皀一粒也。盖六谷之实有大有小,粒小者煮为饭,米粒小于他饭谓之小食。既其是与肉以辅谷,虽多,食之有节,不使胜食既也。(《论语竢质》卷中·11页)

　　日·丰干:气,气味也。邢氏曰"气,小食也",是盖为饩音读,恐非。(《论语新注》卷上·93页)

　　清·钱坫:《说文解字》引作"不使胜食既",云"既,小食也"。案:古既、氣字同,氣即"来氣诸侯"字。若"气然有声"之气,则直气字不从米也。又既亦同饩。司马相如《大人赋》"饩琼华",徐广注"饩音祈,小食"。饩、既声同也。小食即小饭,韦昭注《汉书·吕纪》"以餐为小食",《韩信传》如淳说亦谓小饭,此可互详。古者礼食,先食肉而飧,谓食戤及肴及肩也。不使胜食既,是食肉之节欤?(《论语后录》卷三·14页)

　　清·武亿:案:《吕氏春秋·重己篇》"味众珍则胃充,胃充则中太鞔",高氏注:"鞔"读曰"懑"。不胜食气为懑病也。(《论语义证》9页)

　　清·刘宝楠:气,犹性也。《周官·疡酱》:"以五气养之。""五气",即五谷之气。人食肉多,则食气为肉所胜,而或以伤人。(《论语正义》412页)

　　方骥龄:疑"食气"二字应为"饩"字。所谓"饩",指米粟之属。盖古时食礼,牛猪羊鱼肠胃之肉皆盛于俎,醯醢之酱味皆盛于豆。

正馔之外，又设加馔，肉品特多。黍、稷、稻、粱则设于簋。饎，即簋中之黍、稷、稻、粱，是为主食。肉虽多，为副食。本节"肉虽多，不使胜饎"，谓不当多食肉而少食饎，不特节制贪饕之状，多食肉，亦非养生之道也。(《论语新诠》277 页)

马固钢：此句似当如此断句："肉虽多，不可胜食，气。"气，用来说明、补充"不可胜食"之义。……"不使胜食，气"之"气"，可以释为"气，通'既'，小食也"。小食，适量而食，有节制而食也。……因而全句的意思是"肉尽管很多，不让吃完，适可而止"。如此训释，既能和下句"惟酒无量，不及乱"紧密结合，而且与《乡党》全篇内容浑然一体，深合经义。(《〈论语〉闲考三则》，《孔子研究》2002年第 3 期)

程石泉：[文字]依上下文理应作"肉虽多，不使胜食，胜食，气"。"胜食"二字盖因重文而遗漏。[意义]其意谓人应节饮食。如肉多而又胜食之，则必因消化不良而口气(口臭)难当矣。《吕氏春秋·孝行览》"节饮食"条引此文。(《论语读训》172 页)

林觥顺：[注解]不使胜食气：是不使胜气不食。不经蒸煮升气的熟食，不食。或丕使胜气，食。[释义]肉品虽然多，但是生肉，是待祭礼礼成分赠与助祭亲友的，不可食。(《论语我读》172 页)

　　辑者案：金履祥、惠栋、江声、钱坫等皆从"气"字入手解释此章，分析全面详尽，从字形上说"气"与"既"、"饎"相通，"不使胜食气"即吃肉不可过多于主食。《汉语大词典》释"食氣(xì)"："饭料，主食。氣，饎的古字。"

(6)惟酒无量，不及乱

梁·皇侃：酒虽多，无有限量，而人宜随己能而饮，不得及至于醉乱也。一云：不格人为量，而随人所能而莫乱也。(皇侃《论语集解义疏》卷五·30 页)

宋·朱熹：酒以为人合欢，故不为量，但以醉为节而不及乱耳。程子曰："不及乱者，非惟不使乱志，虽血气亦不可使乱，但浃洽而已可也。"（《四书章句集注》120页）

清·江声：乱，非谓醉也。凡饮酒至于微醺则气或喘息，中心不宁，神志涣散，是之谓乱。夫子齐时酒虽不为限量，饮之终不及于是。（《论语竢质》卷中·11页）

清·俞樾：按此"唯"字当读为"虽"，与上"肉虽多"一例。古书一简中，上下异字，往往有之。"无量"即《仪礼》所谓"无算爵"言。虽饮酒至"无算爵"之时，不及于乱也。（《古书疑义举例》卷四·14页）

方骥龄：窃以为酒所以助消化，酒所以去腥臊，酒所以去寒，酒所以酬酢交欢，故古时酒器中用"觚"以节制之。《周礼·夏官》"量人"注："量，度也。"本节中"无"与"毋"通，禁词。无量，谓饮酒不可无度，尤不可及于乱是也。盖酒足以乱性，易于误事与失礼也。（《论语新诠》277页）

程石泉：俞樾《古书疑义举例》云："按此'唯'字当读为'虽'，与上'肉虽多'一例。古书一简中，上下异字，往往有之。""酒无量"者，言饮酒无限量也。但以不失理知、不失情趣为原则，此与《子罕第九》"不为酒困"之义同。（《论语读训》172页）

黄怀信：只有酒不限量，（但）不至醉。（《论语新校释》236页）

　　　辑者案：从黄怀信说。

(7)沽酒市脯

梁·皇侃：酒不自作，则未必清净；脯不自作，则不知何物之肉，故沽市所得并所不食也。或问曰："沽酒不饮，则《诗·那》云'无酒沽我'乎？"答曰："《论》所明是祭神不用，《诗》所明是人得用也。"（皇侃《论语集解义疏》卷五·31页）

宋·朱熹:沽、市,皆买也。恐不精洁,或伤人也。(《四书章句集注》120页)

明·陈士元:沽酒,《集注》以沽为买,然郑玄注酒正职云:"既有米麹之数,又有功沽之巧。"孔颖达疏云:"功沽谓善恶。"是酒之善者为功、恶者为沽也。或曰:酒以久为贵,《周礼》"昔酒取其久也,一宿曰宿,再宿曰沽",沽酒是再宿之酒耳。(《论语类考》卷十六·4页)

清·黄式三:《诗》"无酒酤我",毛《传》:"一宿酒谓之酤。"酤、沽通,是沽酒非酒之美者。沽如粗沽之沽也。郑君于《周官·酒正》注云:"作酒既有米麹之数,又有功沽。"于《礼·檀弓》"以为沽也"注云:"沽,犹略也。"皆可证。以沽训买,本《汉书·食货志》。《志》言《诗》据太平之世,酒酤在官,曰"无酒酤我";孔子言周衰乱,酒酤在民,而酤酒不食。此王莽欺世之论,不足以说经也。市脯,古本当作乩脯,有骨之胏不可啮也。《易》"噬干乩",郑君读乩为第,训簪,马氏读乩为胏,训有骨之肉。此乩脯当读胏脯,肉有骨之脯也。(《论语后案》281页)

杨树达:《汉书·食货志》曰:羲和鲁匡言酒者,天之美禄,帝王所以颐养天下,享祀祈福,扶养衰疾。百礼之会,非酒不行。故《诗》曰:"无酒酤我。"而《论语》曰:"酤酒不食。"王者非相反也。夫《诗》据承平之世,酒酤在官,和旨使人,可以相御也。《论语》:孔子当周衰乱,酒沽在民,薄恶不诚,是以疑而弗食。(《论语疏证》239页)

　　辑者案:从皇侃、朱熹说。即买来的酒和干肉,不吃。

(8)不撤姜食

汉·孔安国:撤,去也。齐禁薰物,姜辛而不薰,故不去也(辑者案:"姜辛而不薰",邢疏本为"姜辛而不臭")。(皇侃《论语集解义疏》

卷五·29页）

宋·朱熹：姜，通神明，去秽恶，故不撤。（《四书章句集注》120页）

宋·许谦：古注"齐禁荤物，姜辛而不臭，故不去"，此说颇长。忽突出姜一条而曰不撤，则是寻常有姜矣。古注虽自此上皆作齐戒意，说固未稳，然此句安知不是齐一类错简在此？（《读论语丛说》卷中·39页）

元·陈天祥：《本草经》诸药皆有益人之用，通神明、去秽恶者固不少也，然独不撤姜食者，盖亦取其味之可喜，故不撤也。《注》文本谓圣人无嗜味之心，故于夫子饮食之间，凡有恶而不食、喜而食之者，皆宛转其说，不使有关于味之美恶。……于其本然恶欲之，诚使皆晦而不显，以为圣人无意于味也。是岂人之情也哉？……圣人亦与人同，但无欲之之甚耳。至于择其味之美恶，可食者食，不可食者不食，庸何伤乎？必须甘苦无择，鲜美臭恶一例食之，然后乃为圣人，其惑人也甚矣！故不得不辨。（《四书辨疑》卷六·3页）

明·蔡清：谓每食必设姜。（《论语蒙引》卷二·84页）

明·王夫之：言撤则必既设之而后撤之也，言不撤则必他有所撤而此不撤也。按《士相见礼》"夜侍坐视夜膳荤，请退可也"，《注》云："荤，辛菜。"姜亦辛菜也，则此言燕居讲说而即席以食者，食已，饭羹醢齑之属皆撤，而姜之在豆者独留，倦则食之，以却眠也。古之人类然，君子亦以为宜，不待夜倦欲食辛而更索之。《集注》未悉。（《论语稗疏》12页）

清·江声：姜食，食物中有姜者。（《论语竢质》卷中·12页）

清·阮元：案《石经考文提要》引宋本九经"撤"作"徹"，《说文》无"撤"字，"撤"乃"徹"之俗字。（《论语注疏校勘记》2497页）

方骥龄：《说文》无撤字，力部："劗，发也。"此为撤之正字。

《广雅·释诂一》："撤,取也。"即《诗》"彻彼桑土"之"彻"。葱、姜、蒜之类置于食中,有调味去腥秽作用,并非指食姜而言。本节所谓"不撤姜食",不取食物中此种调味之姜食之也。(《论语新诠》277页)

李炳南:薑能去邪味,发正气,所以不撤去。(《论语讲要》201页)

刘诚:既然在大量的先秦文献中,只有《论语·乡党篇》出现独一无二的"薑"字,可见"薑"不是春秋时代常见食品。从而推知:"不撤薑食,不多食"这句话也与孔子无关。(《〈论语乡党篇〉辨伪》,《湖南师大社会科学学报》1986年第2期)

尤明庆:"不撤姜食"与"不放糖吃"或"加芥末吃"的句子结构相似,因此可以理解为,与菜一起烹调的生姜不要扔掉,也是可以吃的,只是不要多吃。这就是说,"不撤姜食不多食"并不是要求每天吃饭都得有生姜,而是强调生姜不能浪费。(《对〈论语·乡党篇〉中几句话的理解》,《焦作工学院学报》2002年第12期)

杨润根:[译解]在餐桌上的那些供人在正式的用餐之前享用的用生姜制成的佐食撤下之前,孔子不会开始吃很多的东西。(《发现论语》249页)

高专诚:没有拌上姜的食物不要多吃,这也许是因为姜有杀菌的作用。(《论语通说》154页)

程石泉:不撤姜,食,不多食。按此节或有错字错简。意义殊不明。注疏家有则以姜为荤,有则认为不荤,且久服有益于人。如从后说,则饭后留姜不撤,岂食姜如今人饭后果邪?殊慊无据。(《论语读训》173页)

林觥顺:是撤姜不食,因为姜蒜椒是辛味,既调味又助消化。古时膳师云厨房有三宝,姜蒜椒也。(《论语我读》172页)

黄怀信:"彻",通也。"不彻姜",即肉中不加生姜。肉不加姜

则性寒,故不多食。(《论语新校释》236页)

　　杨朝明:常备姜食,但吃得不多。(《论语诠解》94页)

　　　辑者案:孔安国、朱熹、李炳南说为优。

10.9 祭于公,不宿肉。祭肉不出三日,出三日,不食之矣。

　　汉·周生烈:助祭于君,所得牲体,归则以班赐,不留神惠也。(皇侃《论语集解义疏》卷五·29页)

　　清·刘宝楠:《杂记》:"大夫冕而祭于公,士弁而祭于公。"《注》:"助君祭也。"是大夫士有助祭之礼。《礼运》:"仲尼与于蜡宾。"《史记·世家》:"鲁今且郊,如致膰于大夫,则吾犹可以止。"本篇云"入太庙",皆夫子助祭之征。(《论语正义》414页)

　　杨伯峻:不宿肉——古代的大夫、士都有助君祭祀之礼。天子诸侯的祭礼,当天清早宰杀牲畜,然后举行祭典。第二天又祭,叫做"绎祭"。绎祭之后才令各人拿自己带来助祭的肉回去,或者又依贵贱等级分别颁赐祭肉。这样,祭于公的肉,在未颁下来以前,至少是放了一两宵了,因之不能再存放一夜。祭肉——这一祭肉或者指自己家中的,或者指朋友送来的,都可以。(《论语译注》104页)

　　杨润根:孔子参加全国性的祭祀活动不使用过了夜的肉作为祭品。作为祭品的肉在家里所放置的时间不能超过三天,如果超过三天,便不再食用它。(《发现论语》250页)

　　程石泉:"不宿肉"一辞不见其他经传,而注疏家解释纷纭,牵强附会,不一而足。按前言"齐必变食,居必迁坐"。而"致齐"者所以为祭祀者也。《礼记·檀弓上》言凡有大故如改齐、疾病、丧亡,君子迁居外寝,否则应居于内。而《玉藻》云:"将适公所(公所者庙、朝也),宿齐戒,居外寝。""居外寝"者"不宿内"也,亦即夫妇不同房也。所齐者所戒者此也。故依上下文理,"不宿肉"应为"不宿内"之误。"内"字因下"肉"字而错抄。或"内"字部分涣散,秦汉之际,儒生误认之为"肉"。(《论语读训》173页)

何新:参与公祭,前一天不吃肉。(《论语新解——思与行》126页)

　辑者案:从周生烈、杨伯峻说。不宿肉,即不让分赐的肉过宿。

10.10 食不语,寝不言。

汉·郑玄:为其不敬也。(黄奭辑《逸论语注》35页)

梁·皇侃:言是宜出己,语是答述也。食须加益,故许言而不许语。语则口可惜,亦不敬也。寝是眠卧。眠卧须静,若言则惊闹于人,故不言也。(皇侃《论语集解义疏》卷五·31页)

宋·邢昺:直言曰言,答述曰语。方食不可语,语则口中可憎。寝息宜静,故不言也。(邢昺《论语注疏》136页)

宋·朱熹:答述曰语。自言曰言。范氏曰:"圣人存心不他,当食而食,当寝而寝,言语非其时也。"杨氏曰:"肺为气主而声出焉,寝食则气窒而不通,语言恐伤之也。"亦通。(《四书章句集注》120页)

宋·许谦:饮食或劝酬,故有言,但未答述。寝则无可言者。(《读论语丛说》卷中·39页)

金·王若虚:晦庵解"食不语,寝不言"云:"答述曰语,自言曰言。"此何可分而妄为注释? 只是变文耳。(《论语辨惑》卷二·15页)

日·中井积德:交言曰语,偏言曰言。《注》答述、自言,并未圆。杨说腐甚,当削。(《论语逢源》194页)

卢昌德:儒家主张的这项规定,通常视具体的场合、境况而定。朋友招饮，或联榻抵足作长夜谈，自然不在此例。但在家庭里，由于老少几代进餐必于是，安寝必于是，也由于农业生产所养成的“日出而作，日入而息”的生活习惯，这项规定就显得颇为必要了。一则可保持家庭环境的安静；二则“食不语”可能是出于对老者、长者的尊重，“寝不言”大概是为了很好的休息，早睡早起。（《〈论语·乡党〉行为礼仪表微》，《孔子研究》1997 年第 4 期）

杨朝明：本章是在说明孔子良好的生活习惯。语，为与人论说；言，为自言其事。结合上下文，这里不仅仅是记载平常的言行，而主要是涉及斋戒时的礼节问题。……《礼记·杂记》曰：“三年之丧，言而不语。”清代任启运《四书约旨》曰：“当食时心在于食，自不他及，日常如此，故记之。若礼食相会，岂无应对辞让之文。祭与养老。更有合语乞言之礼。但行礼时则语，食时自不语也。”因此，可以说斋戒时对言语有着明确的限定。只有这样才符合古礼的规定。（《论语诠解》94 页）

辑者案：即吃饭时、睡觉时不要多说话。至于如此做的原因，郑玄、杨朝明、卢昌德所言均有道理。

10.11 **虽蔬食菜羹瓜，祭，必齐如也。**

汉·孔安国：齐，严敬貌也。三物虽薄，祭之必敬也。（皇侃《论语集解义疏》卷五·30 页）

宋·邢昺：“虽蔬食菜羹瓜，祭，必齐如也”者，祭谓祭先。齐，严敬貌。言蔬食也，菜羹也，瓜也，三物虽薄，将食祭先之时，亦必严敬。（邢昺《论语注疏》136 页）

宋·朱熹：既曰“疏食菜羹”矣，而又以瓜继之，则不辞矣。曰“必祭”，则明无不祭之食也；曰“必齐”，则明无不敬之祭也。（《四书或问》卷十五·7 页）

清·李惇：必字从八弋，篆文作[illegible]，与瓜相近而误。（《群经识小》

卷六·9页)

清·潘维城:《公羊》襄二十九年《传》"饮食必祝"《注》、《论衡·祭意篇》并引作"瓜",何休通今文,充书所引亦多今文,《鲁论》为今文,并作"瓜",不作"必",则知《鲁论》直读"瓜"为"必",非误字也。郑所以不从者,以下文又有"必"字,故从古读如字也。(《论语古注集笺》卷十·32页)

日·丰干:瓜字似衍,疑瓜、祭字破,而后人正之者附祭字也。孔氏以疏食菜羹瓜为三物,然疏食菜羹固是常言,忽加一"瓜"字,则剩。陆氏《释文》云"鲁读瓜为必",朱氏据之,而曰"《鲁论》'瓜作必'",是陆云鲁儒相传读瓜为必,不云《鲁论》本文作"必",朱氏妄改窜耳。(《论语新注》卷上·93页)

杨伯峻:瓜祭——有些本子作"必祭","瓜"恐怕是错字。这是食前将席上各种食品拿出少许,放在食器之间,祭最初发明饮食的人,《左传》叫氾祭。(《论语译注》104页)

程石泉:郑玄注《论语》云:"《鲁》读瓜为必,今从《古》。"……郑玄改《鲁论》读"必"字为"瓜"字,不知何据,岂因《礼记·玉藻》有"瓜祭"之文乎?窃疑《鲁论》恐非"必"字,或《鲁论》"必"字已漶漫不识,依形似而读之为"必"。据李惇《群经识小》云:"必字从八戈,篆文作𢽾,与瓜相近而误。"按篆文"瓜"字作𤓰,与篆文𢽾相去颇远。恐《鲁论》既非"瓜"字,亦非"必"字,乃篆文"弓"字。"弓"字甲骨卜辞作"𠃌"或"𢎨",与篆文"𤓰"字相近。且如作"以"字,于此节文理最为通顺。(《论语读训》174页)

乌恩溥:[译文]吃的虽然是粗米饭菜和汤,也和瓜祭一样,一定要拿一点放在神前,以祭祀最初发明饮食的神,而且像斋戒一样地虔诚。[注释]瓜祭:瓜熟时祭祀祖先。(《名家讲解〈论语〉》76页)

孙钦善:(辑者案:孙钦善的断句为:虽疏食菜羹瓜祭,必齐如也。)瓜:《鲁论语》作"必"(见《经典释文》引郑玄注),虽亦通,未必原貌。古有祭食之礼,即饮食时取所吃食物少许置于食具间以作祭祀,详见凌廷堪《礼经释例》。《礼记·玉藻》有"瓜祭上环"的话,是说吃瓜时用瓜把部位祭祀。虽然是吃粗饭、喝菜汤、吃瓜时的祭祀,也一定要像斋戒了的一样郑重。(《论语本解》卷 124 页)

　　辑者案:从孔安国、孙钦善说。因断句不一,导致理解分歧。瓜熟祭祖,示不忘本。《礼·玉藻》:"瓜祭上环。"《疏》:"瓜祭上环者,食瓜亦祭先也。"

10.12 席不正,不坐。

梁·皇侃:旧说云:铺之不周正,则不坐之也。故范宁云:"正席,所以恭敬也。"或云:如《礼》所言,诸侯之席三重,大夫再重,是各有其正者也。(皇侃《论语集解义疏》卷五·31 页)

宋·邢昺:凡为席之礼,天子之席五重,诸侯之席三重,大夫再重,席南乡北乡,以西方为上;东乡西乡,以南方为上。如此之类,是礼之正也。若不正,则孔子不坐也。(邢昺《论语注疏》136 页)

林觥顺:席是指座位。是说肆筵设席,与自己的名位不相配,不可以入座。(《论语我读》174 页)

　　辑者案:铺席必须端正,不正则不坐。

10.13 乡人饮酒,杖者出,斯出矣。

汉·孔安国:杖者,老人也。乡人饮酒之礼,主于老者,老者礼毕,出,孔子从而后出也。(皇侃《论语集解义疏》卷五·31 页)

日·佐藤坦:乡人饮酒,即乡饮酒礼,所以明长幼之序也。盖初入时,人未愆于仪,及出去时,则人皆既醉,不知其秩,唯夫子能终始不失长幼之序,所以记存之。(《论语栏外书》56 页)

　　清·黄式三：旧说乡饮酒之礼有四……考之于经，乡大夫饮
国中贤者与宾兴为一礼，而宾兴习射不以齿序，此以杖者为尊，礼
亦迥异。惟《乡饮酒义》云："六十者坐，五十者立，以听政役。六
十者三豆，七十者四豆，八十者五豆，九十者六豆。"此《党正》饮酒
正齿位之礼。《党正》言"国索鬼神而祭祀"，是蜡祭之后有此礼。
《记》言"夫子与于蜡宾"，以此饮酒属之蜡礼，意犹近之。或又据
《族师》"春秋祭酺"为醵钱会饮之说。式三谓：乡人岁时伏腊及冠
昏诸事，凡为酒食以召乡党僚友者，皆是饮酒之事，不必偏执一
礼。（《论语后案》285 页）

　　清·方观旭：《礼·乡饮酒义》正义谓："凡有四事，一则三年
宾贤能，二则乡大夫饮国中贤者，三则州长习射饮酒，四则党正蜡
祭饮酒。"此《论语》"乡人饮酒"当何属乎？盖党正蜡祭饮酒也。
（《论语偶记》12 页）

　　清·潘维城：《论语偶记》云此乡人饮酒，谓党正蜡祭饮酒
也。……《研经室集》据《乡饮酒义》"乡人士君子尊于房户之间"，
郑《注》"乡人，乡大夫也"，谓此乡人饮酒即《仪礼》之三年大比主
宾贤能，说与方说不同。《礼学卮言》云："子位至大夫，于乡饮酒
当为僎者。《仪礼》记曰'大夫后出，主人送于门外'，郑君以为不
干其宾主之礼，然则僎者唯后宾耳，宾出斯出矣。子特于乡尚齿
教敬，故复俟乡人之杖者出然后出也。"三说皆可从。（《论语古注集
笺》卷十·32—33 页）

　　杨润根：出：谢绝，礼貌地拒绝。……陪同桌上年龄最高的老
人喝酒，这似乎是一种已成风俗传统的礼貌。根据这种风俗传
统，除非老人停饮，人们才可以将酒杯放下，否则将视为一种不礼
貌的行为。（《发现论语》251 页）

　　辑者案：后世众说纷纭，或以古礼解之，或以常理推之，

终不如孔安国旧说为优。即行乡饮酒礼后,等老人走出之
后,自己才能出去。

10.14 乡人傩,朝服而立于阼阶。

汉·孔安国:傩,驱逐疫鬼也。恐惊先祖,故朝服立庙之阼阶
也。(皇侃《论语集解义疏》卷五·32页)

汉·郑玄:傩,《鲁》读为献,今从《古》。《释文》:十二月命方
相氏索室中逐疫鬼。(马国翰辑《论语古注·论语郑氏注》卷五·7页)

晋·谯周:傩,却之也,以苇矢射之。(马国翰辑《论语古注·论语谯
氏注》)

唐·韩愈:正文无庙字,又云恐惊先祖。疑孔穿凿,非本旨。
(《论语笔解》卷上·20页)

宋·朱熹:傩,所以逐疫,《周礼》方相氏掌之。阼阶,东阶也。
傩虽古礼而近于戏,亦必朝服而临之者,无所不用其诚敬也。或
曰:"恐其惊先祖五祀之神,欲其依己而安也。"(《四书章句集注》121页)

元·陈天祥:夫子加诚敬于此,亦无义理。或曰之说谓安先
祖神灵,义有可取。(《四书辨疑》卷六·4页)

日·丰干:乡人傩,是乡俗庆节,非公家之礼矣。然而孔子在
乡党,不可独违之无变,故朝服而立于阼阶耳。孔氏曰"傩,驱逐
疫鬼,恐惊先祖,故朝服而立于庙之阼阶",是与《郊特牲》安室神
说同。朱氏引《周礼》方相氏。二说皆出汉儒,恐未可信顺。(《论语
新注》卷上·94页)

方骥龄:举行傩礼,乃例行之事。祖先亦系鬼神,无受惊之
理。当以"立东阶主位"示欢迎之意为是。苏南神像出巡,各户必
焚香烛肃迎无哗,即此遗风。又案:朝服之朝,疑当读如早。傩虽
古礼而近于戏,何必朝服?孔子殆欲适合民俗,敬其乡党群众为
我而傩,故早已服装整齐,迎立于东阶,尽其应有之礼仪,"吾从

众"之义也。(《论语新诠》280 页)

　　杨润根:每当乡村的村民们为请求神灵免除某种流行的病疫而举行向神灵祭祀祈祷的仪式时,孔子也总是(如果他正好来到某个乡村的话)身穿朝神的礼服站在举行这种仪式的地方的最前面的台阶之上。(《发现论语》252 页)

　　程石泉:据《太平御览》五百二十九引《世本》云:"微作裼五祀。"注云:"微者殷之八世孙也。裼者强死鬼也。谓时傩索室驱疫逐强死鬼也。"按微乃上甲微。……为王亥之子,殷之先公之始。……裼祭实始作于上甲微。稽于史乘,王亥为始服乘牛者,牧于有易,而为易之君绵臣杀而放之(据《竹书纪年》真本)。后其子上甲微假师河伯以伐有易,克之,遂杀其君绵臣。是王亥实不得其死者,岂傩所却之强死鬼即王亥乎? 又据《国语·晋语》韦昭注云:"蓐收西方白虎金正之官也,传曰少皞氏有子曰该,为蓐收。蓐收天之刑神。"按该者亥也,乃上甲微之父也。"微作裼五祀",一所以祀其所自出,一所以驱此"天之刑神"。"朝服而立于阼阶",孔安国谓:"恐惊先祖,故朝服而立于庙之阼阶。"孔说殊不谛。岂殷微所作之裼,在周犹盛行于民间,而孔子不忘其为殷人之后,故朝服立于阼阶(非必庙之阼阶),示其尊敬之意邪?(《论语读训》176 页)

　　　　辑者案:从孔安国、朱熹说。傩:古时腊月驱除疫鬼的仪
　　　式。这种活动不仅乡民重视,君王也很重视。《吕氏春秋·
　　　季冬纪》:"天子居玄堂……命有司大傩旁磔。"《注》:"大傩,
　　　逐尽阴气为阳导也。今人腊岁前一日击鼓驱疫,谓之逐除,
　　　是也。"

10.15 问人于他邦,再拜而送之。

梁·皇侃:问者,谓更相聘问也。他邦,谓邻国之君也。谓孔子与邻国交游,而遣使往彼聘问时也。既敬彼君,故遣使,使者去,则再拜送之也。为人臣礼乃无外交,而孔子圣人,应聘东西无疑也。（皇侃《论语集解义疏》卷五·32页）

宋·邢昺:此记孔子遗人之礼也。问犹遗也,谓因问有物遗之也。……此孔子凡以物问遗人于他邦者,必再拜而送其使者,所以示敬也。（邢昺《论语注疏》136页）

宋·朱熹:拜送使者,如亲见之,敬也。（《四书章句集注》121页）

清·武亿:皇氏《义疏》:"问者,谓更相聘问也。他邦谓邻国之君也。"案:问,遗也,以物将诚,故曰"问"。《疏》作"聘问",于义曲。又明言人,亦非邦君之谓。（《论语义证》10页）

清·刘宝楠:《说文》:"问,讯也。"己或有事问人,或闻彼有事,使人问之。凡问人,有物以表意,故问亦训遗。《曲礼》"凡以弓、剑、苞苴、箪、笥问人"是也。此"问人于他邦",亦当有物,"人"指朋友言。皇《疏》以"问"为聘问,"人"为邻国之君,非也。"再拜",即《礼》之"空首"。郑注《大祝》以空首为"拜,头至手"。段氏玉裁释"拜",以空首为"跪而拱手,首俯至手",故对稽首之头著地,而以不著地者为空首。王氏鏊《正义》以空首为"首俯而不至手,首与尻平,故荀卿言'平衡曰拜'。但以手据地,故曰拜手。其首空悬,故曰空首"。三说不同,以王为允。王又云:"经中不见有'空首'之文,以或言'拜',或言'拜手',皆空首也。"据王说,则此文"再拜"当为空首之再拜矣。（《论语正义》421页）

清·陈浚:孔子有知好的人住在别国,托人寄信去问候他。（《论语话解》卷五·20页）

方骥龄:《学而篇》:"子禽问于子贡曰:夫子至于是邦也,必闻其政,求之欤,抑与之欤?子贡曰:夫子温、良、恭、俭、让以得之。

夫子之求之也,其诸异乎人之求之欤?"疑本章所谓问人于他邦,
即在他邦向人请问之事。必欲说明他邦者,盖本篇为"乡党",例
以"乡党"为限,故去他邦行聘,亦必标明为聘礼。《说文》:"送,遣
也。"《玉篇》:"遣,送也,去也。"再拜而送之,犹言再拜而去之。一
拜不足,言孔子之多礼。即子贡所谓"让",犹今人言多谢。乃问
他人后应有之礼,似非遣人至他邦问候也。(《论语新诠》280 页)

杨伯峻:托人给在外国的朋友问好送礼,便向受托者拜两次
送行。(《论语译注》105 页)

乔一凡:孔子周游列国,必有先遣之者,是以遣人问于他邦,
或为常事。又如鲁危,孔子遣子贡说诸侯,拜而送之,礼所当然
也。旧说:以为聘问,聘问乃系代表国家,实失之夸。古者大夫无
私交,孔子时圣,如何能有此非礼之行也?(《论语通义》160 页)

程石泉:《论语集解义疏》云:"拜送使者,敬也。"按"问人於他
邦"非必使者。凡奉使聘问他邦,于周礼则为大行人小行人之事。
且行人出行,亦无再拜送之礼。是故注疏之言,实亦望文生意者。
(《论语读训》177 页)

林觥顺:问人於他邦:问是聘问或闻问。聘问是君臣谋事。
闻问是因闻其有贤才,而来访求征讯。问人於他邦,他邦人於问
礼。於通于,往义。再拜:是再拜受礼。而送之:是必须也当送礼
给来访特使。而,必须义。(《论语我读》175 页)

文选德:根据这章的语境,我以为这里的"问人"应是来自他
邦访问孔子的人。如果前来访问孔子的人来自其他诸侯国,孔子
会在正式访问以后,再到他的住所作一次回拜,同时为他送行。
(《论语诠释》421 页)

黄怀信:派人到别的国家去问候友人,送别时(总要)再三拜
托。(《论语新校释》240 页)

孙钦善：问：送礼问候。再拜：拜两次。拜：以手据地，首俯而不至手。首若至手着地则为稽首。送之：送使者。拜送使者是表示对问候之人的敬重。派使者到别国问候人，一定拜两拜送别使者。（《论语本解》125页）

辑者案：将邢昺、刘宝楠、杨伯峻、孙钦善所释结合起来理解，可完整得识文意。

10.16 康子馈药，拜而受之。曰："丘未达，不敢尝。"

汉·郑玄：馈，遗也。拜，受敬也。曰"丘未达"，言不服之意，药从中制外，故当慎也。（黄奭辑《逸论语注》35页）

汉·孔安国：未知其故，故不尝，礼也。（皇侃《论语集解义疏》卷五·33页）

梁·皇侃：馈，饷也。鲁季康子饷孔子药也，孔子得彼饷而拜受，是礼也。云"曰：'丘未达，不敢尝'"者，达，犹晓解也。孔子虽拜受而不遂饮，故称名云：丘未晓此药治何疾，故不敢饮尝之也。（皇侃《论语集解义疏》卷五·33页）

宋·邢昺：此明孔子受馈之礼。鲁卿季康子馈孔子药，孔子拜而受之。凡受人馈遗可食之物，必先尝而谢之。孔子未达其药之故，不敢先尝，故曰"丘未达，不敢尝"，亦其礼也。（邢昺《论语注疏》137页）

宋·朱熹：杨氏曰："大夫有赐，拜而受之，礼也。未达不敢尝，谨疾也。必告之，直也。"此一节，记孔子与人交之诚意。（《四书章句集注》121页）

金·王若虚：予谓人以善意馈药，而告之以疑，不敢尝，凡人交际皆知其不可，况孔子之于康子乎？且使馈药无迫使面尝之理，何必以此语忤之？当是退而谓人之辞，记者简其文，故一曰字而足耳。（《论语辨惑》卷二·16页）

日·丰干：孔子在家，受康子馈药，向使者拜而不尝，使者出后，恐门人疑之，故曰云云。杨氏曰"必告之直也"，其意以为对使者言之，恐过严格，无温恭之旨矣。(《论语新注》卷上·94页)

章太炎：达者，针也。凡病有先施针，然后可用药者，如《伤寒论》云"太阳病初服桂枝汤，反烦不解者，先刺风池、风府，却与桂枝汤则愈"，是其一例。孔子病未施针，故不敢尝药，针后自可尝，故仍拜受不辞。(《广论语骈枝》10页)

林觥顺：[注解]康子是季康子。……馈药是用治病草饷孔子。未达：许慎云：未者，五行木老于未。《天文训》曰："木生于亥，壮于卯，死于未。"意思是草木始发于阳春十月，苗壮于暮春二月，死于炎夏的正伏六月。达者，行不相遇也，引申有滑达通达义。未达是与死期行不相遇。[释义]季康子用固精强神的药草给孔子食用，孔子拜谢接受后说："孔丘的死期未到，不敢轻言吃药。"(《论语我读》175页)

杨朝明：未达：未通达药之属性。(《论语诠解》95页)

辑者案：从字面看，孔子是说不了解药性，不敢妄服。然孔安国认为孔子如此说符合"礼"，而王若虚认为孔子如此说不合情理。此为理解上的差异。

10.17 厩焚。子退朝，曰："伤人乎？"不问马。

汉·郑玄：重人贱畜也。(皇侃《论语集解义疏》卷五·33页)

魏·王弼：不问马者，矫时重马者也。(马国翰辑《论语古注·论语释疑》6页)

金·王若虚：孔子厩焚，而不问马，盖其已见，故不必问，初岂有深意哉，特弟子私疑而记之耳。后人因其记之，遂妄意而为之说，本不须著此三字。郑氏以为贵人贱畜而然。夫君子之待畜固轻于人,然不应无情如此。张子韶之说美矣,至举"敝帷不弃"等语以发明忠厚之心,亦所谓矫枉过正也。(《论语辨惑》卷二·16页)

清·武亿:近读从"乎"字绝句。《释文》云:"'伤人乎'绝句。一读至'不'字绝句。"证之扬雄《太仆箴》:"厩焚,问人,仲尼深丑。"若依《箴》言,问人为丑,则不徒问人矣。汉时近古,授读必有所自,是"不"宜作一读,"问马"又作一读,依文推义,尤于圣人仁民爱物,义得两尽,从古读为正。(《经读考异》卷七·8页)

清·黄式三:据陆氏《释文》以"不"字绝句,申之者谓"乎"字略读,"不"字句。子问人之伤与抑不与,而后问马,义固通。今所用"否"字,古用"不"字也。(《论语后案》286页)

　　　辑者案:从郑玄解。

10.18 君赐食,必正席先尝之。君赐腥,必熟而荐之。君赐生,必畜之。侍食于君,君祭,先饭。

侍食于君,君祭,先饭

汉·郑玄:于君祭,则先饭矣,若为先尝食然也。(皇侃《论语集解义疏》卷五·33页)

宋·朱熹:《周礼》:"王日一举,膳夫授祭,品尝食,王乃食。"故侍食者,君祭,则己不祭而先饭。若为君尝食然,不敢当客礼也。(《四书章句集注》121页)

宋·许谦:《集注》引《周礼》四句"王日一举,杀牲盛馔,日举鼎十二,备大牢",此举谓朝食也。膳夫,授祭者。膳夫掌王之食饮膳羞。礼,饮食必先以少许置之地以祭始造饮食之人。王食,则膳夫以当祭之物授之于王,而王亲祭之。品尝食者,凡王之馈食用六谷,膳用六牲,饮用六清,羞用百有二十品,珍用八物,酱用百有二十瓮。王将食,膳夫每品尝之,然所尝只尝火熟者,谓之烹之于鼎者也,所以尝者恐失生熟之节也。《注》中引此四句以证先饭之意,非正解。此章盖此天子之礼,而孔子则侍诸侯之食也。凡祭,座中尊者祭之,余则否,宾主敌体则主祭,宾之长者一人祭。今侍食于君,不敢当客礼,故君祭则先饭。(《读论语丛说》卷中·40页)

清·赵良㽦:罗泌《路史》曰:"礼食必祭,祭先饭,祭乎其始饭者也。古者将田祭貉,将射祭侯,用火祭爟,用师祭祃,食必祭先仓,爨必祭先炊,养老则祭先老,不忘本也。先衣、先虞、先蚕、先卜、先马、先牧、先农、先啬、先食、先酒,皆其类矣。《玉藻》曰:'若赐之食而君客之,则命之祭,然后祭,先饭。'"是故孔子侍食于君,君祭先饭。按《路史》此说是以先饭为所祭之神,论自该博。但君祭先饭无与夫子事,无庸记于《乡党》,观其后引先饭黍而后啖桃事,牵强回护,其谬自见,学者知有此说可也。(《论语注参》卷上·41页)

清·李惇:《玉藻》"若赐之食,而君客之,则命之祭,然后祭,先饭,辩尝羞,饮而俟",此谓君命之祭,必先饭,以示不敢当客礼也。又云"若有尝羞者,则俟君之食,然后食。饭饮而俟,君命之羞,羞近者,命之品尝之,然后惟所欲,凡尝远食必顺近食",此谓君但赐之食而非客之者。则膳宰自当尝羞,臣既不祭,则不必尝,俟君食然后食也。此节既言君祭,是不以客礼待臣,于礼不必先饭,而夫子亦先饭者,敬谨之至,所谓"亡于礼者之礼"也。(《群经识小》卷六·9页)

清·黄式三:此章纷纷异论。以经考之,《公食大夫礼》是正礼食,贾《疏》云:"彼君前无食,与君臣俱有食者异矣。"《玉藻》:"若赐之食而君客之,则命之祭,然后祭。先饭,辩尝羞,饮而俟。若有尝羞者,则俟君之食然后食。"此客礼,与公食不同。然君命之祭,正待以客礼之次,时或膳宰不存,先饭为君尝羞,不敢以客礼自居。若膳宰存,不先饭,则既以客待,不先饭为正也。经文本直截,此章所记,不言命祭,是不以客礼待之,无论膳宰之在与不在,而以先饭为合礼也。自《玉藻》孔《疏》分"若有尝羞"以下为不以客礼待之,说《论语》者遂不可通。……今以《公食礼》为正客礼,以《玉藻》所言为客礼之次,以《论语》所记为不以客礼,说经始无胶葛,非好翻案也。(《论语后案》288页)

清·宦懋庸:诸说纷纭,皆未即《士相见》、《玉藻》、《膳夫》之经文而熟思之耳。《士相见》、《玉藻》详略互见,当会而通之。《膳夫》之文,乃人君自食之礼,非侍食之礼,不必强为牵合。说经家必以膳夫之有无在侧不在侧言之,盖泥于郑注之误也。至云不以客礼则不先饭,是又以若有进食尝羞者专指宰夫,且分《礼经》上下文为两橛而误之也。其云公食大夫为正礼,是则更以待外臣之礼牵混为侍食之礼矣。(《论语稽》卷十·25页)

方骥龄:本节所记,似皆为孔子如何对待国君所赐而言。疑"侍食于君,君祭先饭"之祭,非检食物置豆间之地以祭,乃国君持食物荐于孔子,犹宴会时长者或主人挟食物与小辈或宾客,以示亲昵。小辈或宾客,对所荐必恭敬接受。本章"君祭先饭",殆孔子在国君荐食之后,必迅速取食,以示乐于受君之赐。如此,与上文"尝之""荐之""畜之"相一致。所谓"先饭",先,急也。饭,食也。先饭,急速食君之赐以示敬领,疑非食饭。如依前人所释,君正在祭,臣岂可先食之耶? 今日与信教者共食,信教者必先祷告,然后始食。当祷告之时,其他人均不敢下箸,何况古时国君正在祭祷之时而可进食耶?(《论语新诠》282页)

杨伯峻:同国君一道吃饭,当他举行饭前祭礼的时候,自己先吃饭,(不吃菜。)(《论语译注》106页)

蒋沛昌:先饭——先用筷子在饭菜上戳一戳,请受祭者品尝。(《论语今释》249页)

尤明庆：只要认识到"祭"和"先饭"的主体都是君，那么这句话就不难理解。孔子的意思无疑是（人必须知道自己的位置，因而）陪伴国君时，应该由国君负责祭祀，让国君先吃饭，这才是礼。（《对〈论语乡党篇〉中几句话的理解》，《焦作工学院学报》2002 年第 12 期）

李炳南：侍食于君，是鲁君邀孔子聚餐。虽是国君邀宴，但就为臣的孔子而言，仍然称为侍食。君祭，古人食前都有祭食之礼，例如《礼记·曲礼》说："主人延客祭。"注解说："古人不忘本，每食，必每品出少许，置于豆间之地，以报先代始为饮食之人，谓之祭。"当鲁君祭食时，孔子先饭，表示先为君主尝食，试其烹调可否。这是侍食于君的礼节。（《论语讲要》204 页）

程石泉：[文字]此节恐有缺简。君祭之下必另有文字遗漏。[意义]各家所言皆不尽合理。郑玄注《论语》云："于君祭，则先饭矣。若为君尝食然。"但尝食事乃膳夫或膳宰之责，侍食者无尝食之理。且君祭则为臣者亦应与祭，不应于君祭时而尝食之，是乃大不敬矣。又《礼记·玉藻》及《仪礼·士相见礼》所言，皆不尽合理。想必后儒因《论语》之文而误为引申之耳。（《论语读训》178 页）

辑者案：李炳南的解释清楚明白。

10.19 疾，君视之，东首，加朝服，拖绅。

汉·包咸：夫子疾也，处南牖之下，东首，加其朝服，拖绅。绅，大带也。不敢不衣朝服见君也。（皇侃《论语集解义疏》卷五·34 页）

梁·皇侃：疾，谓孔子疾病时也。孔子病而鲁君来视之也，此君是哀公也。云"东首"者，病者欲生，东是生阳之气，故眠头首东也。故《玉藻》云"君子之居恒当于户，寝恒东首"者是也。云"加朝服拖绅"者，加，覆也。朝服，谓健时从君日视朝之服也。拖，犹牵也。绅，大带也。孔子既病，不能复著衣，而见君不宜私服，故加朝服覆于体上,而牵引大带于心下,至是如健时著衣之为。《注》:包氏曰:"夫子疾也,处南牖之下。"病本当户,在北壁下,东首。君既来,而君不宜北面,故移处南窗之下,令君入户而西转面得南向也。故栾肇云:"南牖下,欲令南面视之者也。"(皇侃《论语集解义疏》卷五·34页)

宋·朱熹:东首,以受生气也。病卧不能著衣束带,又不可以亵服见君,故加朝服于身,又引大带于上也。(《四书章句集注》121页)

明·王夫之:《集注》谓受生气,自疾言之,非自君视疾言之矣。东首,首东向也。按礼,天子适诸侯,升自阼阶。天子主天下,诸侯不敢为主也。诸侯适其臣,亦升自阼阶。诸侯主其国,大夫不敢为主也。疾不能兴,寝于南牖下之西,而东首以延君。君升自阼,立于户东,使首戴君,存臣礼也,与朝服拖绅同义。(《四书稗疏》12页)

清·毛奇龄:《集注》"东首,受生气也",此又袭郑《注》而误者。按《玉藻》"君子之居恒当户,寝恒东首",是平时卧寝无不东首者,惟大礼易衽,如《昏礼》"御衽于奥,则北趾而南首"是也。老者更卧,如《曲礼》"少事长上,请衽何趾"、《内则》"子妇事舅姑,亦请衽何趾"是也。若君来视疾,则《论语》与《仪礼》及《丧大记》皆云"寝东首",是不问迁卧与否,必令东首者,以室制尊西,君苟入室则必在奥与屋漏之间,负西而向东,故当东首以示面君之意,并非受生气也。疾在平时当受生气,曾面君而受生气乎?(《论语稽求篇》卷四·13页)

李炳南:北方为尊,君位坐北朝南。臣见君,必须穿朝服,面对北方,君则南面。孔子疾病。鲁君亲临探视。孔子卧床不能起,因而首向东方,右侧而卧,便是自己面北,而君面南。又因卧病不能穿朝服,遂用朝服盖在身上,再以束朝服的绅带拖在上面,

以示如穿朝服。此记孔子虽在病中,尊君之礼仍不疏忽。(《论语讲要》204 页)

程石泉:此节所言非必孔子之事。孔子有疾事见《八佾第三》及《述而第七》及《礼记·檀弓上》,皆未言鲁君及他国之君往视之事。就文理言,盖谓君王亲来视疾时,亦应以朝服覆诸身上,而以绅带拖诸床下,以示君臣之分耳。(《论语读训》178 页)

辑者案:李炳南说为优。

10.20 君命召,不俟驾行矣。

汉·郑玄:急趋君命也,行出而车驾随之。(邢昺《论语注疏》138 页)

宋·邢昺:此明孔子急趋君命也。俟犹待也。谓君命召己,不待驾车而即行出,车当驾而随之也。(邢昺《论语注疏》138 页)

林觥顺:君使使者来召唤,必有急事,匆促间,乘使者之驾,急奔而去即可。(《论语我读》178 页)

杨朝明:国君有命召见,按照尊君之礼,不等驾好车就急着先行。(《论语诠解》96 页)

辑者案:从郑玄、杨朝明说。

10.22 朋友死,无所归,曰:"于我殡。"

汉·孔安国:重朋友之恩。无所归,言无亲昵。(邢昺《论语注疏》138 页)

宋·邢昺:此明孔子重朋友之恩也。言朋友若死,更无亲昵可归,孔子则曰:"于我殡。"与之为丧主也。(邢昺《论语注疏》138 页)

林觥顺:[注解]於!我殡:於是古文鸣的本字,是叹息声,作呜呼!殡,是人死后盛棺,停放西阶待葬埋。[释义]志同道合的朋友死了,无亲属为他治丧。孔子说:"唉!人情冷暖可见。就让我来依丧礼安葬吧。"(《论语我读》178 页)

黄怀信：朋友死了，没地方归置，说："在我（家里）出殡。"（《论语新校释》245 页）

辑者案：无所归，没有归属的亲人。于我殡，邢昺解为优。

10.23 朋友之馈，虽车马，非祭肉，不拜。

汉·孔安国：不拜，有通财之义也。（皇侃《论语集解义疏》卷五·35 页）

梁·皇侃：车马，家财之大者也。朋友有通财之义，故虽复见饷车马而我不拜谢也。所可拜者，若朋友见饷其家之祭肉，虽小亦拜受之，敬祭故也。（皇侃《论语集解义疏》卷五·35 页）

杨伯峻：朋友的赠品，即使是车马，只要不是祭肉，孔子在接受的时候，不行礼。（《论语译注》107 页）

杨润根：对于所有相识故旧的馈赠，如果不只是仅仅用于表示敬意、爱戴和友谊的肉类食品，那么纵使是普通的一辆车、几匹马，孔子也是不会欣然接受的。（《发现论语》256 页）

李炳南：朋友馈赠，虽是车马，但非祭肉，则不拜受。据孔安国注，朋友有通财之义，所以不拜。祭肉是祭祀时供神供祖之肉，祭毕分赠朋友者，价钱虽比不上车马，但以礼重，所以孔子受赠必拜。（《论语讲要》205 页）

牛泽群：由前二句知，尝受若车马类重物之馈赠。……由末二句知，通财多少含急人所需、殷者与乏者之义。此中消息，难得于获，可冰释狐疑，使情景、事脉合乎常也。孔子布衣，兴办私学，费用何自？……余尝以为孔门费用来源大致以下几由：一、束修以上，自有多者，何止聊胜于无？若何忌、敬叔、公良孺等显贵、富家子弟，不会致孔门劫贫济富，必与之甚裕，虽为少数；二、孔子自搭。先仕鲁致大司寇，后归鲁为"公养之仕"，自耗之余者，虽有限;三、子贡等学、商兼行,所盈利,至少部分上交。但由孔子尝冷语相讽,似溉沾不多,且若子贡之才者稀矣;四、学出而仕者,若子路、子夏、子游、冉有、宰我、仲弓、子华、子羔、子贱、子周等,任职或高或低,回报师门或早或迟,能或大或小;五、官助。鲁君、正卿季氏各两代多次咨询问于孔子(或其弟子),当然并无咨询费概念,但投桃报李,虽未必固定资助,恐于其他形式上给予便利不少;六、即如此章透露消息:社会各界赞助。前几项当不足以应付所需,故"朋友之馈"赞助办学,应为主要费用来源之一。(《论语札记》278—279页)

　　林觥顺:受友之馈,虽车马,非祭肉,不拜。馈:赠送熟食。虽车马:虽然是用车马载运,也可说成,就算是用车马载运。是比喻其量之多。非祭肉,不拜:非祭肉,是说除非是可用作祭祀用的腥鲜肉,否则,不会再用作拜祭先祖用。(《论语我读》179页)

　　杨朝明:朋友馈赠的物品,即使是车马这样贵重的礼品,只要不是祭肉,孔子接受的时候也不拜谢。(《论语诠解》97页)

　　辑者案:从孔安国、皇侃说。

10.24 寝不尸,居不容。

　　汉·孔安国:"居不容",为室家之敬难久也。(皇侃《论语集解义疏》卷五·35页)

　　汉·包咸:"寝不尸",不偃卧四体、布展手足,似死人也。(皇侃《论语集解义疏》卷五·35页)

　　汉·郑玄:寝不尸,为不祥也。居不容,为室家之敬难久也(*辑者案*:王谟辑《论语郑注》为"寝不尸,为似死人也。居不容,为室家之敬难久也")。(黄奭辑《逸论语注》36页)

　　梁·皇侃:云"寝不尸"者,寝,眠也;尸,谓死尸也。眠当小欹,不得直脚申布,似于死人者也。云"居不容"者,谓家中常居

也,家主和怡,燕居先温温,故不为容自处者也。(皇侃《论语集解义疏》卷五·35页)

清·臧琳:《释文》云:"居不客,苦百反,本或作容,羊凶反。"案:居不客,言居家不以客礼自处。《集解》载孔《注》云"为室家之敬难久",谓因一家之人难久以客礼敬己也。邢《疏》云"不为容仪",夫君子物各有仪,岂因私居废乎?是当从陆氏作客,《开成石经》亦作"居不客"。或云"居不容"与"寝不尸"对文,若作宾客解,于上句恐不类。琳谓"寝不尸"当作"弟为尸"之尸,与客字正相对。丈夫坐如尸,既寝则不当执是礼。包《注》云"偃卧四体,布展手足,似死人",则以尸为屍,非也。(《经义杂记》卷十七·3页)

日·中井积德:非右胁,即左胁,此为寝之正矣。养生家亦禁仰卧,为其不消食也。……容,谓整顿襟祛、修饰边幅也,此谓不自为容耳,非无容仪之谓。(《论语逢源》198页)

程树德:按:尸当为"坐如尸"之尸,非死屍也。包郑均训为死人,是其误不始于朱子。容、客形近易讹。《庄子·天地篇》"此谓德人之容",《释文》"依注当作客"。此其证也。朱子沿皇邢二《疏》之误,不加改正。又居,坐也,亦非居家之义。(《论语集释》724页)

杨伯峻:居不客——"客"本作"容",今从《释文》和《唐石经》校订作"客"。居,坐;客,宾客。古人的坐法有几种,恭敬的是屈着两膝,膝盖着地,而足跟承着臀部。作客和见客时必须如此。不过这样难以持久,居家不必如此。省力的坐法是脚板着地,两膝耸起,臀部向下而不贴地,和蹲一样。所以《说文》说:"居,蹲也。"(这几个字是依从段玉裁的校本。)最不恭敬的坐法是臀部贴地,两腿张开,平放而直伸,像箕一样,叫做"箕踞"。孔子平日的坐式可能像蹲。说见段玉裁《说文解字注》。(《论语译注》107页)

李泽厚:"居不客",有多种解释,此译取不必像做客时的坐

法。因古代"席地而坐"的正式姿态,常常盘腿打坐,做客可能即这种姿态,当然不够舒适。(《论语今读》184 页)

蒋沛昌:居不客——平日坐着时,不采取做客或待客一样的坐法。……孔子平日的坐姿是席地而坐,可以蹲坐,也可以箕踞而坐,但不跪坐。(《论语今释》251 页)

周克庸:窃以为,"尸"之确诂当为"曲胫";"寝不尸"的字面义,是躺着休息时不把腿弯起来(顺便说一句,"寝"不可依《〈论语〉批注》、《论语通译》训作"睡觉",而应训作"卧息"即"躺着休息")。(《〈论语·乡党〉"寝不尸"训解》,《浙江传媒学院学报》2002 年第 3 期)

程石泉:[文字]按"居不容"恐有错简。陆德明《经典释文》云:"居不容,或本作客。"按"容"、"客"二字形近易讹。但作"容"、作"客"俱于文理不顺。或为"居不夷",如《宪问第十四》云"原壤夷俟"之夷。[意义]殷墟甲骨文夷字作𡕹,或𡕥或𡥀,皆为人箕踞之形状,是为大不敬。故坐时不应如此。(《论语读训》179 页)

杨润根:孔子说,人们不应该不顾场合、不顾时间、不顾条件地随遇而卧,随意而卧,人们也不应该盲目地、无选择、无准备地任意迁居、任意居住。(《发现论语》257 页)

林觥顺:居不容:可作二释。居作蹲踞箕踞,是非常傲慢的行为,再配上有如阎王老子开饭店的容貌,是极不礼貌的表现。居作住家闲处,不读同丕,不容就是丕容,是宽宏大量。《尚书·君陈》:"王曰:君陈,尔惟弘周训,无依势作威,无倚法以削,宽而有制,从容以和。"丕容就是从容以和,是和颜悦色。丕者大也。(《论语我读》179 页)

杨朝明:[诠释]尸:扮作祖父形象并代祖父之神受祭之人,引申为矜庄的样子。寝不尸,自古对该句的理解颇有争议,总结起来主要有三种说法:一,为死尸之尸,目前《论语》白话译本多从这一说法,以杨伯峻《论语译注》为代表。二,为祭祀之尸,以程树德《论语集释》为代表。三,为卧为伏,清人段玉裁在《说文解字注》中从徐锴本训,依其注语,有释"寝不尸"为"寝毋伏"(《礼记·曲礼上》)之意。这里的"寝不尸"应与后面的"居不容"相对应,"尸"与"容"都应为一种引申的形貌或姿态。居不容:学术界主要有两种不同的说法:一是,平时闲居家中,故不必如上朝或参加祭奠时之威仪肃穆,而应顺乎自然,申申如也,夭夭如也,故不容;二是,容,一说为"客",谓居家不必庄敬如作客一样恭敬,因家室之敬难也。通过二者之间的比较,应以第一种说法更为恰当。居,平时在家。[解读]睡觉的时候,没必要像祭祀时扮作祖父形象并代祖父之神受祭之人那样矜庄。平时居家时,没必要像上朝或参加祭奠时那样恭敬庄重的样子。(《论语诠解》97 页)

何新:睡卧不要像死尸那样挺直,卧室中不会客。(《论语新解——思与行》133 页)

辑者案:"寝不尸",从包咸"不偃卧四体,布展手足,似死人也"之说。臧琳、程树德等以为"尸"是代死者享祭之尸,似为不妥:享祭之尸是"坐"着的,如《礼》言"坐如尸",不是躺着的。而"寝"是躺着的,不应以坐姿譬喻。"居不容",从孔安国"为室家之敬难久也"之说。家居,对待家人,不用像对待客人那样,表情上总是十分礼貌客气。也就是说,家居不用矜持面容。"尸"不祥,"容"太累,故不主张这种姿容。

10.25 见齐衰者,虽狎,必变。见冕者与瞽者,虽亵,必以貌。凶服者式之。式负版者。有盛馔,必变色而作。迅雷风烈,必变。

(1)见齐衰者,虽狎,必变

汉·孔安国:狎者,素相亲狎也。(皇侃《论语集解义疏》卷五·35页)

清·黄式三:狎,谓习见也,常人猝见则怜,夫子习见而怜之也。(《论语后案》290页)

清·刘宝楠:《尔雅·释诂》:"狎,习也。"《说文》:"狎,犹可习也。"夫子于素所亲习之人,亦变容待之者,哀敬之异于常时也。(《论语正义》430页)

杨润根:[译解]孔子常常要去访问那些生命几尽衰竭的老人,尽管与这些人接触交往时,这些人的过分亲热、无所顾忌的态度不免会令人生厌,但孔子总是要去访问这些人,以便研究这些人。[注释]齐衰者:生命力快要完全枯竭的老人。(《发现论语》257页)

林觥顺:甲狎古通。《诗·卫风·芄兰》:"虽则佩鞢,能不我甲。"意思是说虽然你佩上鞢有如成人,但仍不失孩童稚气,不知道可以拥抱我。传训甲狎也。甲之所以言拥抱,甲者壳也,孟春草木昆虫脱壳而出。狎者言虫鸟兽雌雄相亲谑。许慎释狎云大可习也。大的本义是人。天地间以人为中心,大,古象人形,故大可习也,许意是人也可学而时习之。人是万物之灵,焉能不知亲昵。必变是由欢愉变哀戚之容。(《论语我读》180页)

辑者案:从孔安国、刘宝楠说。齐衰者,穿丧服的人。齐(zī)衰(cuī),丧服五服制的第二种。

(2)见冕者与瞽者,虽亵,必以貌

魏·周生烈:亵,谓数相见也。必当以貌,礼也。(皇侃《论语集解义疏》卷五·35页)

清·刘宝楠:"亵"与"狎"同,故解为"数相见"。或谓"亵为私居",非也。"冕"与"绖"同,亦是丧服,说见前《子罕篇》。《洪范》:"貌曰恭。"恭者,礼也。故《注》以"礼"释之,与"必变"亦互文。

（《论语正义》430 页）

　　杨伯峻：看见戴着礼帽和瞎了眼睛的人，即使常相见，也一定有礼貌。（《论语译注》107 页）

　　杨润根：孔子也常常要去访问那些衣冠楚楚的人和那些视力失明的人，虽然与这些人接触交往时，这些人的过分放肆、玩世不恭的态度不免会令人不快，但孔子总是要去访问这些人，以通过对这些人的感性的接触了解，来推断这些人的内心世界的真相或本质。（《发现论语》257 页）

　　林觥顺：亵是私服或便服，即使是穿著便服，也必当以肃容致敬。以恤悯之容待残者。（《论语我读》180 页）

　　黄怀信："冕者"，大夫以上。"瞽者"，盲人。"亵"，熟悉。"貌"，庄重、有礼貌。（《论语新校释》246 页）

　　杨朝明：［诠释］亵：轻慢、不庄重，是指平常不拘泥于礼节之人。与前文相同，这里是对穿丧服者、穿祭祀之服者以及掌握礼乐之人的尊重。［解读］看见戴礼帽和失去视力的乐人，即使很熟悉，也一定要表现得有礼貌。（《论语诠解》97、98 页）

　　　　辑者案：杨伯峻解简明恰当。

　　（3）凶服者式之

　　汉·孔安国：凶服者，送死之衣物也。（皇侃《论语集解义疏》卷五·35 页）

　　宋·朱熹：式，车前横木。有所敬，则俯而凭之。（《四书章句集注》122 页）

　　方骥龄：林义光《文源》谓："凶无交陷之义，当为䐥之古文，象形，古作ㅂ、ㅂ象胸形，ⅴⅴ，乳际也。"《说文》勹部："匈，膺也。"或作肣，无䐥字。故凶为古胸字正体。本节所谓凶服，疑即肣服，乃指服甲胄之人，执干戈以卫社稷者也，故孔子式之。（《论语新诠》286 页）

杨伯峻：在车中遇着拿了送死人衣物的人，便把身体微微地向前一俯，手伏着车前的横木，（表示同情。）（《论语译注》107页）

杨润根：对于那些身穿囚犯服装的凶犯，他也曾亲临监狱对他们进行认真的考查。（《发现论语》257页）

林觥顺：式的本义是法，是追荐祭祀的规范模式。……凶服者式之，是说对丧葬事当明文规定。（《论语我读》180页）

　　辑者案：从孔安国、朱熹、杨伯峻说。

（4）式负版者

汉·孔安国：负版，持邦国之图籍者也。（皇侃《论语集解义疏》卷五·35页）

宋·朱熹：负版，持邦国图籍者。式此二者，哀有丧，重民数也。人惟万物之灵，而王者之所天也，故《周礼》"献民数于王，王拜受之"。况其下者，敢不敬乎？（《四书章句集注》122页）

明·陈士元：《周礼·天官·小宰》云"听闾里以版图"，《注》云："版，户籍；图，地图。"……夫图与籍不同，朱子注《论语》从孔氏之说，以版为图籍，然版可以言籍而不可以兼图也。（《论语类考》卷十九·14页）

日·丰干："凶服者式之，式负版者"，上句本文，下句释之。负，见《丧服记》。郑《注》云"后有负板，是重服之制"。盖夫子所式，特在重服，故与上文"见齐衰者"语次之也。孔氏曰"负版者，持邦国之图籍"，朱氏从之，而曰"故《周礼》'献民数于王，王拜受之'"。案《周官·司民》云"皆书于版"，《司书》云"邦中之版"，皆谓户籍也。然古昔用版记事，犹今行纸帛，非但民数书于版也，而视负版之版，必以为户籍之版，亦甚可疑，而况本文以下句释上句通之，则觉语意稳便，旧解不可信。（《论语新注》卷上·94页）

清·黄式三：版，《注》云图籍，申之者谓兼土地之图、人民之数。然朱子《注》专言重民数为是。……或曰：考之《周礼·大胥》"掌学士之版"，是士籍也；《司士》"掌群臣之版"，是官籍也；《宫伯》"掌王宫之士庶子，凡在版者"，是宫中侍卫之版也。如此又不止民数之重矣。此别一说。（《论语后案》291页）

清·朱亦栋：《杂记》"大夫之丧，有司麻衣布衰"，皇氏云"布衰，三升布为衰，长六尺，广四寸"，缀麻衰当胸。又有负版，长一尺二寸，广四寸，当背此负版。疑指此凶服之式，从车前而来；负版之式，从车后而来也。（《论语札记》卷中·14页）

清·俞樾："负版"之文他书未见，孔亦望文为说耳。"负版"疑"负贩"之误，或版、贩同声，古文通用也。"式负贩者"与上句"凶服者式之"共为一事，言子见凶服者必式，虽负贩者亦式之也。《礼记·曲礼篇》"夫礼者自卑而尊，人虽负贩者必有尊也，而况富贵乎"，即可以说此经矣。孔以凶服为一事，负版为一事，然经文不曰"式凶服者"、"式负版者"，是二句本不平列，旧说殆未得也。《尔雅·释虫》传"负版亦即负贩也。此虫喜负重，故以人之负贩者为比耳。"（《群经平议》卷三十·31页）

清·王闿运：负版，衰之领也。《记》曰："负版出于适，适出于衰。三年丧，衰乃有之，卒哭，受齐衰，则除矣。"上言变齐衰，嫌式凶服式齐衰以下，故特明负版乃为凶服。（《论语训》卷上·98页）

清·陈汉章：负版者，周之任人也。《周礼·秋官·大司寇》曰："凡害人者置之圜土而施职事焉，以明刑耻之。"郑《注》云"明刑，书其罪恶于大方版，著其背"，贾《疏》云："昼日役之司空，夜入圜土。"又"司圜，掌收教罢民。凡害人者弗使冠饰而加明刑焉，任之以事而收教之"，贾《疏》云："以版牍书其罪状与姓名，著于背，表示于人，是明刑也。"又《地官·司救》曰"三让而罚，三罚而士加明刑，耻诸嘉石，役诸司空，其有过失者三罚而归于圜土"，郑《注》

亦云："加明刑者,去其冠饰而书其衰恶之状,著之背。过失近罪,
昼日任之以事,夜藏于狱,亦加明刑以耻之。"然则嘉石圜土之罢
民皆负明刑之版,昼日就役司空,任之以事,有行于道路,故夫
子过之而式焉。当春秋时淫刑以逞,不独胥靡中有傅说、缧绁中
有越石父也。夫子之式与大禹下车泣罪意同。(《论语征知录》11 页)

　　方骥龄:"负版者"疑有二解:(一)《后汉·杨赐传》注:"板,谓
诏书也。"板即版字。负版,殆即负板,为传达政令之人。见负版
者知有君命,故式之。(二)《孟子·告子篇》"傅说举于版筑之
间",负版疑即版筑之人。《韩诗外传》记孔子不式陈之修门者,可
见对筑城之人应式。盖筑城所以捍卫社稷也。本节所谓"负版
者",似指筑城之人为是;与胥服者皆为国服劳役之人,故连举,而
孔子皆式之。(《论语新诠》286 页)

　　杨润根:他也认真地考查过那些肩负着锁住他们自己的脖子
与双手的木匣的走在通往监狱的道路上的犯人。(《发现论语》257 页)

　　林觥顺:式负版者,犹今流行的一句违者依法办理。式是以
法治,负引申有违背义,版的本义是建筑工事的模型木片,所以版
也作板。《诗·大雅·板》章:"上帝板板,下民卒瘅,出话不然,为
犹不远。"上板可释违反,下板可释规章,传训板板作反覆无常。
(《论语我读》180 页)

　　黄克剑:"版"或为"贩"之误。与上句相接,意为:即使是身份
卑下的负贩,当其身着凶服,夫子亦会凭轼示意。……《礼记·曲
礼上》:"夫礼者,自卑而尊人,虽负贩者必有尊也,而况富贵乎?"
(《论语解读》212 页)

　　杨朝明:式:同"轼",古代车辆上的横木。这里作动词,意思
是俯身伏在轼上,是表示敬意的礼节。负版者:穿孝服之人。(《论
语诠解》98 页)

辑者案：从丰干、王闿运说。负版，披在肩上的粗麻片。

（5）有盛馔，必变色而作

汉·孔安国：作，起也。敬主人之亲馈也。（皇侃《论语集解义疏》卷五·35页）

宋·朱熹：敬主人之礼，非以其馔也。（《四书章句集注》122页）

方骥龄：主人设盛馔待客乃常事，亲馈亦系常事，双方礼敬，亦为常礼；《乡党篇》所记，必有异乎当时之常礼者在。如依前人所解，似无可记之理。盖如非盛馔，孔子岂不必变色而作耶？《孟子·尽心篇》"民贵君轻"章"牺牲已成，粢盛既洁，祭祀以时"，此处"粢盛"指祭品言。《说文》："盛，黍稷在器中以祀者也。"与粢字相通。馔，《礼经》中言馔者多矣，皆训曰陈，陈列也。本章所谓"有盛馔"，殆孔子一见祭品陈列，知必有祭典在进行中，于是必变色而作，肃然呈现敬意，似非为私人之宴享而致此也。（《论语新诠》287页）

李炳南：应邀做客，如见菜肴丰盛，而且是主人亲手端来，孔子必变面色而作，表示惊异感激之意。孔注："作，起也，敬主人之亲馈也。"古人席地而坐，曲膝，坐在腿上，起是由坐而起，成为双膝跪地之状。（《论语讲要》206页）

林觥顺：有美食嘉肴一定要恭敬事奉。变恭敬虔敬之貌，作是做为，是供奉的动作。（《论语我读》181页）

刘兆伟：盛馔，盛大宴会。有盛大宴会，一定要振作精神，端庄表情，这是对主人、客人的尊重。（《论语通要》221页）

杨朝明：遇见丰盛的祭品陈列，也一定要改变神色站立起来。（《论语诠解》98页）

辑者案：从孔安国说。从字面看，是遇别人以丰盛饭食款待，一定改变容色而起身示敬。

(6)迅雷风烈,必变

汉·郑玄:敬天之怒也,风疾雷为烈也。(皇侃《论语集解义疏》卷五·35页)

宋·朱熹:迅,疾也。烈,猛也。必变者,所以敬天之怒。《记》曰:"若有疾风、迅雷、甚雨则必变,虽夜必兴,衣服冠而坐。"此一节,记孔子容貌之变。(《四书章句集注》122页)

清·焦循:雷风之来既疾急而至于猛烈。迅雷风三字连读。郑以疾属风,以烈属雷,互明之也。(《论语补疏》卷一·23页)

方骥龄:风烈,殆即风暴风台之谓,与迅雷同属专有名词,无错综成文意。有迅雷必有雷殛,有风烈必有塌屋、决堤、水淹等伤害人畜之灾。孔子闻此,恻然有动于中而色变,仁心也。《礼记·玉藻》所云"虽夜必兴,衣服冠而坐",所以防可能发生之灾害而先为之备耳,故必变,非为敬天也。(《论语新诠》288页)

　　辑者案:朱熹解释贴切。本章所列各种情况在普通人看来皆为寻常之事,但是孔子面对这些情况时却心存敬意,既敬人,也尊天,所以朱熹的解释更符合本章旨意。

10.26 升车,必正立执绥。车中内顾,不疾言,不亲指。

(1)升车,必正立执绥

汉·周生烈:正立执绥,所以为安也。(皇侃《论语集解义疏》卷五·36页)

梁·皇侃:绥,牵以上车之绳也。若升车时,则正立而执绥以上,所以为安也。(皇侃《论语集解义疏》卷五·36页)

宋·朱熹:范氏曰:"正立执绥,则心体无不正,而诚意肃恭矣。盖君子庄敬无所不在,升车则见于此也。"(《四书章句集注》122页)

方骥龄:本节句读,似当如下式:"升车,必正立,执绥,车中;不内顾,不疾言,不亲指。"升车,登车以后也。《说文》:"立,住也。"据后人研究,"住"为"位"字之误。古时立位同一字,故互训。古文《春秋经》"公即位"作"公即立"。《周礼》注云:古借此为位字。本节"必正立",犹言"必正位",将车马调正其应驶向之方位,俾登车之人便于登车,庶驶出时可不必再行调整,与今日乘车时必先将车位调正其应驶之方向是也,非如古人所释在车中立正之谓也。执绥,执有坚执之意。绥,当指鞭辔言。执绥,即《管子》所谓操辔。如御者不操辔,马或因受惊扰而狂奔,乘车之人必不安矣。似非如古人所释乘车之人在车中执绥也。(《论语新诠》289页)

辑者案:从朱熹引范氏说。

(2)车中内顾(辑者案:《古论》作"车中不内顾")

汉·郑玄:恐惊众也。《鲁》读"车中内顾",今从《古》也。(黄奭辑《逸论语注》37页)

汉·包咸:舆中不内顾者,前视不过衡轭,旁视不过辐毂也。(皇侃《论语集解义疏》卷五·36页)

梁·皇侃:内,犹后也。顾,回头也。升在车上,不回头后顾也。所以然者,后人从己者不能常正,若转顾见之,则掩人私不备,非大德之所为,故不为也。故卫瓘云:"不掩人之不备也。"(皇侃《论语集解义疏》卷五·37页)

清·江声:《鲁论语》无"不"字,《曲礼》曰"顾不过毂,是为内顾",师古注《汉书》曰:"内顾谓俨然端严,不回顾也。"薛综注《东京赋》曰:"内顾,谓不外视。"(《论语竢质》卷中·13页)

方骥龄:车中,疑不当作车内解。《白虎通·五行》:"中,和也。"古训中为和者,乃中字之转注,其本训当为矢箸正也。《仪礼·聘礼》"每门"注:"门中,门之正也。"《周礼·小司寇》"狱讼之中"注："谓罪正所定。"《左·昭六传》"楚辟我衷"注："正也。"古代以正训中者不克一一列举。本节所谓"车中"，当系"车正"，谓车位正。盖古代不论牛车马车，车身车轮，皆极笨重，载人后尤重，稍一不慎，或易于倾覆。如车位安置不正，登车之人易遭意外矣。故"车中"二字当成句，似不当与下文"不内顾""不疾言""不亲指"相连。"不内顾"，不可回顾也。并非如前人所释"后人从己，不能常正；若转顾见之，则掩人私不备，非大德之所为，故不为也"。应如赵龙文氏《论语今释》所谓"御者应注意的事，已经很多，上需看天气之晴阴风雨，下需察道路之干燥松湿。当时的车制，是一车双马，大夫则一车四马，马项下系铃，名曰鸾铃，向前需注意铃声，看看迎面而来的车辆。……因为他上下左右都要看，不能再向车内顾了"。（《论语新诠》289 页）

朱汉民："内"前原有"不"字，按阮校：《释文》出'车中不内顾'，云：'《鲁论》车中内顾。今从《古》。'案《鲁论》、《古论》虽所传不同，然究以无'不'字为是。卢文弨《钟山札记》云：《文选·东京赋》云'夫君人者，黈纩垂耳，车中内顾'。李善引《鲁论》及崔骃《车左铭》'正位受绥，车中内顾'以为注。又《汉书·成帝纪赞》云：'升车正立，不内顾，不疾言，不亲指。'颜师古注：今《论语》云'车中内顾，不疾言，不亲指'，内顾者，说者以为'前视不过衡轭，旁视不过辀毂'，与此不同。然则师古所见之《论语》亦无'不'字。说者云'乃包咸注'，是包亦依《鲁论》为说也。惟《集解》既从《古论》，而又采包注以附之。不知者并增'不'字，误益误矣。"据删。（李学勤主编、朱汉民整理《论语注疏》140 页）

程石泉：考春秋时乘为立乘，御者亦前立，故乘者与御者皆应视前方，如内顾则立足不稳矣。（《论语读训》182 页）

黄怀信："顾"，顾看、顾望。"内顾"，不外顾也，即收敛视野，

如包氏所云。车中内顾，注意安全也。（《论语新校释》249页）

　　　辑者案：应从《古论》作"车中不内顾"为是。不内顾，目视前方，专心驾车，形象肃正。

（3）不疾言

梁·皇侃：疾，高急也。在车上言易高，故不疾言，为惊于人也。故缪协云："车行则言伤疾也。"（皇侃《论语集解义疏》卷五·37页）

宋·朱熹：三者皆失容，且惑人。此一节，记孔子升车之容。（《四书章句集注》122页）

方骥龄："不疾言"之言，疑不当作言语解。《广雅·释诂一》："言，从也。"本节"不疾言"、"不疾从也"，犹今日禁止驾驶者之不超速，不与前车相争驰争道而生车祸也。（《论语新诠》290页）

卢昌德：乘车时不疾言。古时乘车，风尘颠簸，立身扶轼，安全性能差，话说快了有齿舌相碰之虞。另一层含意，说话是让人听，乘车时只有一字一句放慢节奏，否则无法听清。（《〈论语·乡党〉行为礼仪表微》，《孔子研究》1997年第4期）

程石泉："不疾言"，即不应高声快语，以乱御者之视听。（《论语读训》182页）

　　　辑者案：从皇侃、朱熹说。

（4）不亲指

梁·皇侃：车上既高，亦不得手有所亲指点，为惑下人也。（皇侃《论语集解义疏》卷五·37页）

清·黄式三：亲指，当作新指。（《论语后案》293页）

清·刘宝楠："亲"字义不可解。《曲礼》云："车上不妄指。""亲"疑即"妄"字之误。郑彼《注》云："为惑众。"盖人在车上，若无事，虚以手指麾于四方，是惑众也。（《论语正义》433页）

清·孙诒让：《正义》疑"亲"为"妄"字，甚有理。《绛帖》摹秦

《诅楚文》,親字作敊,从女,与妄形近。(刘恭冕《论语正义补》21 页)

方骥龄:"不亲指"之"亲指"疑不当作在车上指手划脚之妄指解。《广雅·释诂三》:"亲,近也。"《广雅·释诂一》:"指,语也。"本节所谓"不亲指",殆谓御者不可与他人或与他车相近而相语,足以分心故也。且两车相并,易于冲击碰撞,发生意外,故既不可相近,相近时不可相语,故曰"不亲指"。(《论语新诠》290 页)

杨伯峻:不用手指指画画。(《论语译注》108 页)

程石泉:"不亲指",即不应亲自指挥御者之方向,使御者失其驾驭之能力。(《论语读训》182 页)

林觥顺:指旨,本字作恉,恉是心意。不可做出心心相印的亲昵举动曰不亲指。(《论语我读》181 页)

孙钦善:亲指:亲自指挥、指点。(《论语本解》129 页)

辑者案:从字面看,杨伯峻解为"不用手指指画画"颇当。刘宝楠、孙诒让"亲"为"妄"字之误的说法有一定道理,可参。

10.27 色斯举矣,翔而后集。曰:"山梁雌雉,时哉时哉!"子路共之,三嗅而作。

(1)色斯举矣,翔而后集

汉·马融:见颜色不善则去之。(皇侃《论语集解义疏》卷五·37 页)

魏·周生烈:回翔审观而后下止也。(皇侃《论语集解义疏》卷五·37 页)

晋·虞喜:此以人事喻于雉也。雉之为物,精儆难狎,譬人在乱世去危就安,当如雉也。(皇侃《论语集解义疏》卷五·38 页)

梁·皇侃:谓孔子在处观人颜色而举动也。缪协云:"自亲指以上,乡党拘拘之礼,应事适用之迹详矣。有其礼而无其时,盖天运之极也。将有远感高兴,故色斯举矣。"(皇侃《论语集解义疏》卷五·

37 页）

宋·朱熹：言鸟见人之颜色不善，则飞去，回旋审视而后下止。人之见几而作，审择所处，亦当如此。然此上下必有阙文矣。（《四书章句集注》122 页）

日·佐藤坦：色斯二句，疑是诗句。记者以夫子、子路所遭之事，正与诗意合，故先揭诗句，继以此事，饮啄得其时，即翔而后集者也。色向之而戛然作，即色斯举矣者也。（《论语栏外书》57 页）

清·黄式三：色，谓人物色之也。《韩诗外传》二引经义如此。王伯申曰："汉人多以'色斯'二字连读。色斯者，状鸟举之疾也。"引《论衡·定贤篇》及汉碑文为证，亦一义也。《注》云："有阙文。"李安溪、姚秋农云："弟子欲记夫子赞雉之言，而先记此以明时之义。经中记事如此者甚多，无阙文。"（《论语后案》293 页）

王叔岷：此文之"色斯举"犹《吕氏春秋》之"骇则举"（"斯"犹"则"也）。虽"色"无"骇"义，盖"赦"之借字。《哀六年公羊传》："皆色然而骇。"《一切经音义》四六引"色"作"赦"；并引《埤苍》云："赦，恐惧也。"恐惧与"骇"义合。王引之《公羊传述闻》谓："色者，赦之借字。"以彼例此，则此文"色"亦"赦"之借字矣。（《论语斠理》，《孔孟学报》1962 年年第 3 期）

方骥龄：本章所记，当系孔子与子路等在野外行走时，雌鸡受惊，"色斯"起飞。"色斯"，疑系形容雌鸡突然起飞时振翮之声。但雉飞性能并不高远，故终于"翔而后集"。（《论语新诠》292 页）

胡文辉：我以为，《论语》中的"色斯"正是一个名词，是一种鸟名，而到后来才演变成形容词。《山海经·北山经》有这样一段文字："又北三百二十里，曰灌题之山。……有鸟焉，其状如雌雉而人面，见人则跃，名曰𫛭斯。"我看，《论语》中的"色斯"正是《山海经》中的"𫛭斯"……"色斯"或"𫛭斯"作为鸟类都有容易受惊的习性,所以它们由名词转化为形容词,都有表示惊骇的意思。则"色斯举矣"就是"'色斯'飞了起来"的意思。(《〈论语·乡党〉"色斯举矣"解》,《中国文化》1993年第1期)

蒋沛昌:指雄雉逗引雌雉的动作,雄雉漂亮的羽毛高举时的情状。(《论语今释》253页)

萧民元:"色"字可猜解成"摄"字的借音字。(《论语辨惑》121页)

黄瑞云:(一)色,《周礼·保章氏》"五云之物"郑氏注:"物,色也。"《犬人》"用牲物"郑司农注:"物,色也。"《周礼·小宗伯》"辨其名物"、《龟人》"各以其物"贾公彦疏:"物,色也。""物色"连文,亦可称为"色物"。《列子·说符》:穆公曰:"败矣,子使求马者!色物牝牡尚弗能知!"物色、色物,为形貌之意,引申而有物品之义。"色斯举矣"之色,物也,这里实指一只鸟,由下文可知。(二)举,《吕氏春秋·论威》"兔起凫举"高诱注:"举,飞也。"《文选·西征赋》"鸟不暇举"薛综注:"举,飞也。"色斯举矣,意即有一物突然飞了起来。(《〈论语〉"色斯举矣"章确解》,《黄冈师专学报》1996年第2期)

马尽举:"色斯举矣,翔而后集"是说,孔子和子路行走于山梁之上,一只雌雉正在孵卵,被子路看见了,子路露出不善之色,这只雌雉觉察到了,扑楞一下飞起来,但舍不得卵,所以没飞多远,又折回来止于树丛,警惕地盯着孔子和子路。(《〈论语〉雌雉节新解》,《史学月刊》2004年第10期)

黄红宇:色斯举矣:倒装句,脸仰起来了。翔而后集:飞翔,之后又做了降落的动作。(《〈论语〉"色斯举"章释读》,《中国哲学史》2005年第4期)

何新:有彩色物飞起,滑翔而后停落。(《论语新解——思与行》135页)

安德义:[注释]色:面部表情。斯:就。举:指高兴的扬眉。[语译]孔子高兴的扬了一下眉。(《论语解读》304页)

雷庆翼:"色斯举矣"即色性之欲发生了,也就是雌雉发情了。此句的行动发生者雌雉(主语)蒙后省。"翔而后集"就是雌雉飞来(或张翅游走)停留在山梁上。"山梁"同样蒙后省。(《〈论语〉"色斯举"章辨析》,《孔子研究》2007年第6期)

杨朝明:本章描绘出一幅很美的画面:孔子与弟子子路走在山间,不远处有几只野鸡停留在山梁上。那几只野鸡看到来人,便很机警地飞起来,它们盘旋飞翔一阵,便在远处飞落到了一起。(《论语诠解》99页)

黄克剑:色斯,形容惊恐的样子;色,恐惧。举,飞,飞起。王引之《经传释词》:"色斯者,状鸟举之疾也。色斯,犹色然,惊飞貌也。"(《论语解读》214页)

孙钦善:色:作色,动容。斯:则。举:高飞。《吕氏春秋·审应》:"孔思对曰:'盖闻君子犹鸟也,骇则举。'"《孔丛子·抗志》:"子思答曰:'盖闻君子犹鸟也,疑之则举。'"均与本句有关,可参。……山鸡惊疑作色就高高飞起,回翔一阵,然后又降落集在一起。(《论语本解》129页)

辑者案:可将杨朝明、黄克剑、孙钦善三家所释结合起来理解。

(2)山梁雌雉,时哉时哉

汉·郑玄:孔子山行,见一雌雉食其梁粟。(马国翰辑《论语古注·论语郑氏注》卷五·8页)

魏·何晏:言山梁雌雉得其时而人不得时,故叹之。(皇侃《论语集解义疏》卷五·37页)

梁·皇侃:梁者,以木架水上,可践渡水之处也。孔子从山梁间过,见山梁间有此雌雉也。时哉者,言雉逍遥得时所也。所以有叹者言,人遭乱世,翔集不得其所,是失时矣。而不如山梁间之

雉,千步一啄,百步一饮,是得其时,故叹之也。独云雌者,因所见而言也。(皇侃《论语集解义疏》卷五·37页)

清·王夫之:"时哉"云者,非赞雉也,以警雉也。鸟之知时者,"色斯举矣,翔而后集"。今两人至乎其前,而犹立乎山梁,时已迫矣,过此则成禽矣。古称雉为耿介之禽,守死不移,知常而不知变,故夫子以翔鸟之义警之,徒然介立而不知几,难乎免矣。人之拱己而始三嗅以作,何其钝也!(《读四书大全说》356页)

清·黄式三:梁,郑君本作粱。雉食粱粟,饮啄得时,一义也。邢氏以梁为桥,又一义。何义门以高岭为梁。式三谓:梁本水桥之名,引申之,凡两端低而中隆起者谓之梁,屋之梁木,车之梁辀皆同,则山之中隆起者曰山梁,亦一义也。(《论语后案》294页)

方骥龄:(1)"山梁雌雉",苏南俗称雉曰野鸡,尾长,毛华美,雄雉尤丽。年终时民间捕雌雄成对,作馈赠礼品,仍有古人士相见礼冬用雉之遗风。雉性躁急,不易捕,即或生得,不久即死去。春夏之交,雌雄雉以麦苗为掩护,追逐于麦陇中,发出鸣声,人或掩捕,必高鸣三声,从另一处突飞逃逸,使掩捕者不易捕获。(2)"曰山梁雌雉,时哉时哉!"《说文》雉字下注,雉有十四种之多,"翟山雉"为其中一种。翟字下注:"山雉,尾长者。"翟山雉与翟,殆即本章所谓"山梁雌雉",同物而异名也。举雌以包雄,非单指雌雉而已,尤非雌雉停留于山梁之谓。又按(一)《韩诗外传章句》称:"雉,耿介之鸟也。"(二)《礼记·曲礼》,士相见礼"冬用雉"注:"凡贽用雉,谓其守介,节交有时,别有伦也。"……(五)《博物志》称:"鸐雉长毛,雨雪,惜其毛,不敢下食,往往饿死。"由以上各种记述,可见古人皆以山雉能知时识度,乃可贵之禽鸟,犹士之耿介有操守,其特性为人所共知共敬。(《论语新诠》291—292页)

周乾溁:自邢昺以"梁,桥也"为解以后,以山梁为山上桥的解释便通行了。其实这是不合理的,一来山上设桥,恐非容易,古时必不常见;再则桥上更非山雉所宜栖止之所。考《尔雅·释地》,八陵之一,有的谓"梁为溴梁"。陵为高地,那末,梁亦为高地无疑。……所以所谓"山梁",用俗语来表达,就是小山包。(《〈论语〉三题》,《天津师范大学学报》1986 年第 1 期)

黄瑞云:"曰"上脱"子"字。山梁,即山脊,非指桥梁。……雉即野鸡。时,是也,亦此也。此常训。汉语"此、彼"常相通,故"时哉"可译为"这里",也可译为"那里"。……孔子(高兴地)叫道:"山梁上一只雌野鸡,在那里! 在那里!"(《〈论语〉"色斯举矣"章确解》,《黄冈师专学报》1996 年第 2 期)

萧民元:这是一只雌雉啊! 现在是春天,正是雌雉要孵蛋或抚育小雉的时候,你抓的时机不对吧!(《论语辨惑》121 页)

林觥顺:[注解]山梁:山的本义是博大精深,而能生万物。梁是水桥,山梁犹言山川自然。雌雉:雌,本是专言母鸟,可引作慈祥,也可包含雌雄的统偁。时哉:时是真正是如此。哉,口部,是感慨地说幽哉游哉。是虚无缥缈的境地。[释义]孔子有感而发地说:"山川博大精深,幽远雅迹,禽兽游戏其间,真是安然自得! 好自由自在啊!"(《论语我读》182 页)

何新:孔子说:"山上的雌雉,是啊! 是啊!"(《论语新解——思与行》135 页)

李君明:山梁雌雉:聚集在山梁上的母野鸡。时哉时哉:得其时呀! 得其时呀! 这是说野鸡时运好,能自由飞翔,自由落下。(《论语引读》328 页)

雷庆翼:"山梁雌雉,时哉! 时哉",即"停留在水桥上的发情雌鸡,适时呀! 合时呀"。雌雉从山中来到溪涧的水桥上,是为了让山中的雄雉能很好地看到自己,如果加上求偶的叫声,雄雉便能很快地找到自己,前面"翔而后集"的目的在此。孔子看见雌雉的这种行动,知道雌雉在求偶,便发出"时哉! 时哉"的感叹。(《〈论语〉"色斯举"章辨析》,《孔子研究》2007年第6期)

李剑锋:白居易《山雉》诗可为孔子的感叹作一注脚……白居易的理解虽然庄子化了,但基本还是把握住了孔子当时的心态:孔子感于时不我与,禁不住流露出隐逸自适的思想倾向。(《魏晋南朝志怪小说中的孔子形象》,《孔子研究》2009年第1期)

杨朝明:孔子看到这一情景,感叹地说到:"山梁上的这些雌雉,得其时啊! 得其时啊!"(《论语诠解》99页)

辑者案:何晏、杨朝明所解为优。

(3)子路共之,三嗅而作

魏·何晏:子路以其时物,故供具之。非其本意,不苟食,故三嗅而起也。(皇侃《论语集解义疏》卷五·37页)

晋·虞喜:以此解上义也。时者,是也,供犹设也,言子路见雉在山梁,因设食物以张之,雉性明徼,知其非常,三嗅而作,去,不食其供也。正言雌者,记子路所见也。(皇侃《论语集解义疏》卷五·38页)

梁·皇侃:云"子路供之"者,子路不达孔子"时哉时哉"之叹,而谓叹雌雉是时之味,故驰逐驱拍,遂得雌雉,煮熟而进以供养孔子,故云子路供之也。云"三嗅而作"者,嗅,谓鼻歙翕其气也。作,起也。子路不达孔子意而供此熟雉,乖孔子本心,孔子若直尔不食,则恐子路生怨;若遂而食之,则又乖我本心,故先三嗅气而后乃起,亦如得食不食之间也。(皇侃《论语集解义疏》卷五·37页)

宋·蔡节:共,拱手也。(《论语集说》卷五·27页)

宋·朱熹:晁氏曰:"《石经》'嗅'作戛,谓雉鸣也。"刘聘君曰:"嗅,当作臭,古阒反。张两翅也。见《尔雅》。"愚案:如后两说,则

共字当为拱执之义。然此必有阙文，不可强为之说。姑记所闻，以俟知者。（《四书章句集注》122页）

宋·蔡节：嗅，疑作叹。（《论语集说》卷五·27页）

明·王夫之：古无"嗅"字，音许救切者从鼻从臭。鼻吸气也，施于雌雉之作固必不可。按此"三嗅"当作昊，音古阒切。昊从目从犬。犬之瞻视，头伏而左右顾，鸟之惊视也亦然，故郭璞谓"张两翅昊昊然"，谓左右屡顾而张翅欲飞也。若谓张翅为昊，则鸟之将飞，一张翅而即翀举，奚待三哉？（《四书稗疏》12页）

明·张居正：共，是向。……此时子路在侧，共而向之，若有取之之意。（《论语直解》卷十·11页）

清·钱坫：《吕氏春秋》曰："子路掩雉，而复释之。"此"共之"之义也。（《论语后录》卷三·19页）

清·江声：昊，故书讹作臭，且加口于左，非字也。《唐石经》作"戛"，刘聘君曰："当为昊，张两翅也，见《尔雅》。"案：《尔雅》曰"鸟曰昊"，郭氏以为张两翅，刘说得之。盖子路以夫子叹雉之得时，肃然改容，竦手上𢸅，雌雉见之，疑将篡己，遂三振翅而起，章首"色斯举矣"之言，正为此文张本。必如此说，方与章首意合，他说皆无当也。（《论语竢质》卷中·13页）

清·刘宝楠：案：作"拱"是也。《吕氏春秋·审己篇》："故子路掩雉而复释之。"高诱《注》："所得者小，不欲夭物，故复释之。""掩"即是"拱"。《尔雅·释诂》："拱，执也。"意者雉正倦飞，子路掩而执之，此亦随意之乐趣，而旋即释之，于是雌雉骇然惊顾，遂振迅而起也。《集注》云："刘聘君曰：'嗅，当作昊，古阒反，张两翅也。见《尔雅》。'"考《尔雅·释兽》云"兽曰釁，人曰挢，鱼曰须，鸟曰昊"，并动走之名。"昊"字从目从犬，《说文》训"犬视"，亦惊顾之意，其字与"臭"相似，故沿讹为"臭"。《唐石经》"臭"字左旁加口作"嗅",则后人所改。《五经文字》此字尚作"臭"也,然《玉篇》已引作"齅","齅"即"嗅"正字。……案:《说文》:"齅,以鼻就臭也。从鼻从臭,臭亦声。"《说文》无"嗅"字,"嗅"即"齅"别体。(《论语正义》435页)

陈汉章:嗅字,《说文》所无,《玉篇》引《论语》作齅,《集解》何《注》"读如齅",焦氏循《论语补疏》从之。《集注》引晁公武说,据《蜀石经》作戛,潘氏《古注集笺》误为《唐石经》,《集注》又引刘勉之说,改作臭,姜氏宸英《湛园札记》、江氏声《论语竢质》、钱氏坫《论语后录》并从之,皆不得其说,而为之辞。此经"三嗅"本作"三臭",杨倞注"臭"谓"歆其气",仍作"齅"解,黄氏《后案》遂谓何《注》本《荀子》,不知《荀子》之"三臭",《大戴礼记·三本篇》、《史记·礼书》并作"三侑"。古音侑在之部,臭在幽部,之幽正倒同纽,例得通假。此经"三臭而作",正古礼之"三侑不食"也。(《论语征知录》11页)

商承祚:鸟感觉处境有危险,就即刻起飞,在上空盘旋一阵,重新选择地点降落栖息。孔子触景生情,慨叹的说:"食宿在山脊间的雌雉,知危而去,择安而息,识时务呀,识时务呀!"子路随侍在侧,听闻此语,有所启发,肃然拱手。野鸡听见人的声音和看到人的动作,叫了三声,惊飞而去。(《"色斯举矣"新论》,《中山大学学报》1963年第3期)

周乾溁:这一章所反映的乃是孔子作歌的情况。孔子是爱唱歌的,厄于陈蔡,犹且弦歌不衰(《史记·孔子世家》)。"色斯举矣,翔而后集"、"山梁雌雉,时哉时哉",极像歌词,但歌词当不只此四句,其它是在缺文中佚失了。相信它是有作歌者为其主语的,权且当是孔子吧,但也佚失了。"曰"字的出现并非突然,它不表示某人说的意思,而是继续前文,表示语气的停顿或变换……

"子路共之",应读如字。"三嗅而作"的嗅字,乃是喝(读夜)字之讹。嗅和喝,在篆文的字形上,颇有近似之处,由于简文不清,因而致误。关于喝字,依照徐锴的解释是"声长而转也"(《说文解字系传》),就是高喊变音。把这些意思集中起来,这一章的意思应该是:

〔孔子作歌唱道:"……〕色斯举矣,翔而后集,〔……〕"

接着又唱:"山梁雌雉,时哉时哉?"

子路随着,试了试嗓子,也唱将起来。(《〈论语〉三题》,《天津师范大学学报》1986年第1期)

蒋沛昌:[注释]共(哄 hòng)——起哄,吆喝。嗅(巨 jù)——当作"昊";从目,从犬,犬视之貌;可理解为警觉地注视着。作——兴起,此处指"扑棱而起"。[解释]子路冲着野鸡吆喝,野鸡多次警惕地注视着,而后双双扑棱而起。(《论语今释》253页)

黄红宇:子路共同进行。之:有三解。其一,代词,代指孔子。其二,代词,代指孔子舞蹈这件事。其三,语尾语气助词。这段文字可能是某种土风舞、原始歌舞的片段。这样,所谓"雌雉",显然是比喻女性。"时哉",或指女性正当妙龄,或指《周礼·地官·媒氏》中的"中春之月"。子路显然是与舞蹈者即孔子共舞,反复做着"嗅而作"的舞蹈动作。回过头来重新审视这段文字,可以发现,这段文字是人的行为与鸟的动作(或鸟的内容)交互在一起的:色斯举矣(人的行为),翔而后集(鸟的动作),曰(人的行为):"山梁雌雉,时哉!时哉!(鸟的内容)"子路共之(人的行为),三嗅而作(鸟的动作)。可以断定,这是一段以雉为表现内容的歌舞片段。(《〈论语〉"色斯举"章释读》,《中国哲学史》2005年第4期)

李零:"共"有两种解释,一是"共具"(皇本作"供"),即供设之义;二是"拱执"(《艺文类聚》、《太平御览》等引作"拱"),则是拱手之义。汉唐旧注都是采用前说。朱注两存其说，一说引邢氏，为“共具”说；一说引刘聘君说，为“拱执”说。刘宝楠主后说。今人多从刘宝楠说，恐怕不对。此话到底讲什么？《吕氏春秋·审己》值得注意。《审己》说，“故子路揜雉而复释之”，“揜雉”的“揜”，指张罗设食，覆而取之，就是解释这两句话。（《丧家狗——我读〈论语〉》203页）

雷庆翼：“子路共之三，嗅而作”，即谓子路拟捉捕雌雉三次……（《〈论语〉“色斯举”章辨析》，《孔子研究》2007年第6期）

杨朝明：主要说法有两种：一种观点认为是言子路向野鸡拱拱手，野鸡张开翅膀飞去了。另一种观点认为是子路杀野鸡为肴奉献孔子，孔子闻了三闻，站起来走了。如何晏《论语集解》说：“子路以其时物，故共具之。非本意，不苟食，故三嗅而作。”朱熹《论语集注》引邢昺之言说：“子路不达，以为时物而共具之，孔子不食，三嗅其气而起。”……如此，“共”应与“拱”相通，“嗅”应当作“狊”，为张两翅之貌。子路朝它们拱拱手，那群雌雉振振翅膀飞走了。（《论语诠解》98—99页）

辑者案：从江声、杨朝明说。句意为：子路朝它们拱拱手，那群雌雉振振翅膀飞走了。嗅应为狊（jú），鸟张两翅。《尔雅·释兽》：“鸟曰狊。”郭璞注：“张两翅。”此为确诂。

先进第十一

11.1 子曰:"先进于礼乐,野人也。后进于礼乐,君子也。如用之,则吾从先进。"

汉·孔安国:先进、后进,谓仕先后辈也。礼乐因世损益,后进与礼乐,俱得时之中,斯君子矣;先进有古风,斯野人也。(邢昺《论语注疏》142页)

汉·郑玄:先进后进,谓学也。野人,粗略也。(马国翰辑《论语古注·论语郑氏注》卷六·1页)

梁·皇侃:云"先进"云云者,此孔子将欲还淳反素,重古贱今,故称礼乐有君子野人之异也。先进后进者,谓先后辈人也。先辈谓五帝以上也,后辈谓三王以还也。进于礼乐者,谓其时辈人进行于礼乐者也。野人,质朴之称也。君子,会时之目也。孔子言:以今人文观古,古质而今文,文则能随时之中,此故为当世之君子也。质则朴素而违俗,是故为当世之野人也。(皇侃《论语集解义疏》卷六·1页)

宋·朱熹:先进、后进,犹言前辈后辈。野人,谓郊外之民。君子,谓贤士大夫也。程子曰:"先进于礼乐,文质得宜,今反谓之质朴,而以为野人。后进之于礼乐,文过其质,今反谓之彬彬,而以为君子。盖周末文胜,故时人之言如此,不自知其过于文也。"(《四书章句集注》123页)

宋·张栻:野人、君子,由后人之称也。前人于礼乐务其质,而于文有所未足,后人则习其文而日盛矣,惟其文之盛,故以前辈为野人,而自谓为君子。文胜而过质,则于礼乐之实反有害,故圣人思反本,而有从先进之言。程子曰:"若用于时,救文之弊,则吾从先进小过之义也。今也纯俭,吾从众奢则不逊,俭则固,与其不逊也,宁固。"此之谓也。或曰:"然则从周之说奈何?"盖文莫备于周,大体固当从周,而其末流文胜之弊则不可以不正也,从先进与从周,固各有义耳。(《南轩论语解》卷六·1页)

宋·孙奕:先进,指三代而上。后进,指三代而下也。谓三代而上,教行俗美,而礼乐达天下,虽野人亦能之,况君子乎?三代而下,政异俗殊,而礼乐有坏阙,惟君子能之,野人则莫之能行也。所以夫子必欲从三代之盛时也。(《示儿编》卷五·7页)

清·江永:时人所谓先进之礼乐为野人,后进之礼乐为君子,意其指殷以前为野人,周以后为君子。孔子从先进,正欲去繁文而尚本质耳。当用文者从周,当用质者从殷,殷辂、周冕及已悫、已戚之类,是其凡例。(《群经补义》卷四,《清经解》1999页)

日·龟井鲁:以时俗议礼制也。先进于礼乐,俭而不泰,时人以为野人。后进于礼乐,泰而不俭,时人以为君子。如使吾用礼乐乎,将从其俭而不泰者也。(《论语语由》179页)

清·刘逢禄:此篇类记弟子之言行,夫子所裁正者。先进谓先及门,如子路诸人,志于拨乱世者。后进谓子游、公西华诸人,志于致太平者。(《论语述何》卷二·1页)

清·黄式三:《书·文侯之命》、《诗·云汉》、《礼·缁衣》皆言"先正",此先进即先正,指周初也。《孟子·滕文公篇》野人、君子以位言,此亦同。无位者抱残守缺,所谓礼失而求诸野也,君子遵时制风尚如此。(《论语后案》295页)

清·刘宝楠:郑注云:"先进后进,谓学也。野人,粗略也"。郑此《注》文不备,莫由知其义。愚谓此篇皆说弟子言行,先进后进,即指弟子。《大戴礼·卫将军文子篇》:"吾闻夫子之施教也,先以诗。"卢辩《注》引此文,则"先进后进",皆谓弟子受夫子所施之教,进学于此也。……古用人之法,皆令先习礼乐而后出仕,子产所云"学而后入政"者也。其国之俊选,不嫌有卑贱,故王大子等入学皆以齿,所谓"天子元子视士"者也。夫子以先进于礼乐为野人,野人者,凡民未有爵禄之称也。春秋时,选举之法废,卿大夫皆世爵禄,皆未尝学问。及服官之后,其贤者则思为礼乐之事,故其时后进于礼乐为君子。君子者,卿大夫之称也。(《论语正义》437—438页)

清·王闿运:进犹导也,言设教导民,当以礼乐进野人为先。君子即野人知礼乐者也。治定化行,人皆君子,而欲更进之,亦唯有礼乐也。(《论语训》卷下·1页)

清·宦懋庸:愚按先进谓武王、周公之时,后进谓春秋之世。春秋奢侈,以礼乐之重且大者为观美,名物度数,因仍加减。相习既久,自以为文,而鄙前辈之朴,乃有野人君子之言。夫子从先进,则稽之方策所布,以反求先王制作之精意而已。(《论语稽》卷十一·1页)

清·陈浚:先进是前辈,野人是乡里人,后进是后辈,君子是有学问的人。(《论语话解》卷六·1页)

清·潘维城:《礼记·表记》云:"虞夏之质,殷周之文至矣。虞夏之质不胜其文,殷周之文不胜其质。"《雍也篇》云"质胜文则野,文胜质则史",则以野人为指虞夏是矣。第以殷为文亦未尽然,《八佾篇》云"周监于二代,郁郁乎文哉,吾从周",是文之至者惟周,殷不与焉,故传记亦多云"夏尚忠,商尚质,周尚文也",此盖记礼者之失。江氏谓先进为统指殷以前,实足弥缝其阙,然其以周以后为君子尚有可议者,盖周至春秋时诸候、大夫僭礼越乐,非复周初。此君子当指周初文质彬彬之君子,夫子之从先进直欲矫其弊而救其失,是犹国奢示俭之意。春秋之礼乐有文无质,类于府史之文书,是掌祝史之矫举以祭,故曰文胜质则史也。今不谓之史,而谓之君子,是直指周初言之。夫子以流弊已久,非文质彬彬之君子所能救止,故用之必从先进也。不然,夫子固从周者,岂有舍周而从先进之时哉? 合《雍也篇》观之,可以知夫子之意矣。
(《论语古注集笺》卷十一·1页)

傅斯年:此语(即指野人、君子等)作何解? 汉宋诂经家说皆迂曲不可通。今释此语,须先辨其中名词含义若何。“野人”者,今俗用之以表不开化之人,此为甚后起之义。《诗》“我行其野,芃芃其麦”,明野为农田。又与《论语》同时书之《左传》,记僖二十三年“晋公子重耳……出于五鹿,乞食于野人,野人与之块”。然则野人即是农夫,孟子所谓“齐东野人”者,亦当是指农夫。彼时齐东开辟已甚,已无荒野。……《孟子·尽心章》:“其所以异于深山之野人者,几希。”可见彼时所谓野人,非如后人用之以对“斯文”而言。《论语》中君子有二义,一谓卿大夫阶级,即统治阶级,二谓合于此阶级之礼度者。此处所谓君子者,自当是本义。先进后进自是先到后到之义。礼乐自是泛指文化……名词既定,试翻做现在的话,如下:

那些先到了开化的程度的,是乡下人;那些后到了开化程度的,是“上等人”。如问我何所取,则我是站在先开化的乡下人一边的。

先开化的乡下人自然是殷遗,后开化的上等人自然是周宗婚姻了。(《周东封与殷遗民》,引自《孔子诞辰 2540 周年纪念与学术讨论集》2094 页)

方骥龄:先进后进,有急进缓进义。敬而不中礼谓之野。野人,鄙略而心性淳朴之人,但颇能急求礼乐,能进取之人也。后

进,不及时求进之人。世袭得位之君子,怠忽于礼乐,因在位而又不得不进于礼乐,徒具虚文而已。(《论语新诠》299页)

王熙元:先进、后进,竹添光鸿《论语会笺》说:"先进、后进者,谓周初与周末也,惟其皆在一代之中,故同谓之进,但先后尔。"所以先进、后进有隐指周初的先王、先贤及当世的君卿大夫的意思。(《论语通释》598页)

乔一凡:进即进行。先进于礼乐,即是先事研制礼乐。后进,即是后之进行礼乐者。野人为在野之有德有能者。君子亦即在朝之有位有守者,古之从政者。如尧如舜,初本在野,举以选于众,而为民主。先进行创制礼乐,而讲修平之道,是以曰"先进于礼乐,野人也"。比及揖让制废,后之为政者,乃遵祖训。学礼乐以治人,而为君子,是以曰"后进于礼乐,君子也"。此言君子,明为在朝世袭之君大夫也。旧说有违孔子之微旨,不可从。(《论语通义》167页)

王缁尘:"先进""后进"者,犹今人言前辈、后辈也。"先进于礼乐,野人也"者,言前辈对于礼乐,文质得宜;但流俗不明白,以为是质朴的野人也。"后进于礼乐,君子也"者,言后辈对于礼乐,文过其质;但流俗亦不明白,以为是彬彬的君子也。这两句是说后辈不及前辈,而流俗对于野人、君子的辨别错误了。……按此是依程朱之说(见《集注》)解释的。何解邢疏以"先进"为前辈不因时损益礼乐而有古风的;"后进"为后辈因时损益礼乐而得时之中的。皇疏以"先进"为质朴的前辈;"后进"为文胜质的后辈。三者皆以孔子"从先进",是要还淳返素的。刘氏《正义》的说又不同,他以为"先进于礼乐"是先习礼乐而后服官的;因其未服官时,没有爵禄,而为平民,故曰"野人"也。"后进于礼乐",是袭先世的爵禄,起先并没有学习礼乐,到了服官之后,才思为礼乐之事的;

因其袭先世的爵禄,世代为卿大夫,故曰"君子"也。……统观诸说,以《正义》为最合实际;程朱之说亦通。至何邢皇等之说,与孔子平日贵时中、贵文质彬彬之义不符,《正义》已驳之。(《四书读本》187页)

吴林伯:"进",犹入,谓识也。"从",取也。……"野人",不仕而在野者也。自礼、乐之"进"观之,则有先、后;而今之"野人"实先于"君子",如任用之,则取先"进"于礼、乐之"野人";至于"君子",必待其进于礼、乐而后用之。春秋季世,礼、乐崩坏,虽"君子"亦不识也。故孔子云然,所以勉"君子"识礼、乐也。(《论语发微》135页)

南怀瑾:此篇名《先进》的意思就是"前辈"。礼乐是中国文化的中心,孔子对此非常重视。在这里涉及文化哲学的问题。他说人类先辈——上古的人对文化开创怎么来的?上古的上古,可能没有文化,同动物一样。人类就叫倮虫,没有毛,不穿衣,倮体的虫,也是一种生物。所以人类原先也没有文化,人类的文化是根据生活经验,慢慢累积起来的。所以孔子说,先辈对礼乐文化,是"野人也"。原始都是野人的生活,慢慢进化、进化,才有文化的形成。"后进于礼乐,君子也"。他说我们后辈,有了文化以后就不同了。生下来就接受文化的教育,教育得好,有高深的修养,受了文化的熏陶,很有学问,我们给这种人的名称是"君子"。"如用之,则吾从先进。"假使说到实用上的话,则主张先辈的朴野。(《论语别裁》483页)

陈立夫:前辈对于礼和乐,是走"野人"的一路——质胜于文。后辈对于礼和乐,是走"君子"的一路——文质彬彬。如果由我应用起来,那我宁愿从前辈的朴实的格式。(《四书道贯》112页)

王开府:孔子宁从先进于礼乐的"野人",而"野"正是"质胜

文"。(《论儒家的道德原则及其基础》,《孔子诞辰 2540 周年纪念与学术讨论集》350 页)

邓球柏:[注释]进:登车,上车。《说文》:"进,登也。""登,上车也。"[白话]孔子说:"先上车的人,对于礼乐来说,是属于赶车的人;后上车的人,按照礼乐的规定,是坐车的人。如果用我的话,我愿意做一个跟在赶车人后面的坐车的人。"(《论语通解》204 页)

刘范弟:孔子这段话实际上说的就是关于礼乐的来源及其内容的层次性的问题。"先进于礼乐,野人也",此"礼乐"是指初民社会和乡野民间约定俗成的风俗习惯和行为方式,即潜礼乐,"野人"即指初民和乡野之人,而"先进",则是首先实行或遵行的意思。……"后进于礼乐,君子也",此"礼乐"则指统治阶级制定的一整套礼仪典章制度,"君子"则指包括广大士人的统治阶级,所谓的劳心者。这"礼乐"是在"野人"之"潜礼乐"的基础上加以取舍、提炼而制度化的,所以君子"后进于礼乐"。(《也说"先进"与"后进"——论孔子关于礼乐来源及其层次的看法》,《长沙电力学院社会科学学报》1997年第 3 期)

李泽厚:这章义难明,有多种解说。……讲的是"野人""制礼作乐",虽"粗俗",但在先。"君子"虽典雅,但在后。孔子崇古,当然从"先进"。春秋有国(城市)野(乡下)之分,非姬周贵族包括殷遗民居市外,即"野人"也。孔子一贯"从周",盛赞周礼,为何此章说要从野人之先进呢? 不得解,也许今日之君子所行礼乐已经变质? 也许,结合现代情况,应将各不同文化渊源、传统暂且撇开,求一"合理的 reasonable"的共同公约作为社会政治体制、道德,先进者野人,必其最低公约数所在也。此解当然不合经典"原意",然而今日似颇重要。也有释先进后进为先后学生而可与下章相联结,"如用之"即如推荐的话,则孔子推荐子路等老学生。此说

似更平实好懂。（《论语今读》187页）

　　蒋沛昌：先进于礼乐：指先修礼乐文化而后进入士阶层的人，这种人可称之为新士。野人：在野的人，指没有世袭的"食田"和禄位的人，靠自己刻苦学习而拥有知识技艺，并进身为新士的人。（《论语今释》255页）

　　李炳南：我国自古称为礼乐之邦。礼尚恭敬，乐尚和平，两者都是以仁为本。然礼乐往往因时因人而演变。此章意义，古注有多种异解，兹采一种解释。先进于礼乐，是在孔子以前的时代，学礼乐者都很朴素，看起来，是乡野之人。后进于礼乐，在孔子当时，学礼乐者不像乡下人那样朴素，其人言行注重文饰，看起来，是君子。但是讲到实用，孔子则从先进的礼乐。因为先进犹近古风，不失仁本，可使风俗归于淳朴。（《论语讲要》209页）

　　程石泉：是则"野人"乃"田野之人"，意即"农夫"也。盖农夫以质胜而无文者也。此节孔子谓野人可先进于礼乐，以其质美而易于化成，是以能"先进"。而所谓"君子"者，则往往文胜而史，化而成之不易为也，故谓"后进"。"如用之"言如用之以礼乐，则孔子欲先自野人始，盖以其易于化成也。（《论语读训》184页）

　　吴龙辉：我认为，解开这一谜团的奥秘在于"如用之"的"如"字。事实上，"先进于礼乐，野人也，后进于礼乐，君子也"，并不是一个独立的陈述句，它们和下文"如用之，则吾从先进"是一种对比关系，但这种对比在本章中是假设的，是"如用之"的一个前置从句，并不是一个客观的历史现象。全章应作如下理解：孔子说："假设有两个人在这里，一个人已学好了礼乐，但他出身于野人，一个人还没有学好礼乐，但他出身于君子，由我来选拔人才的话，我要选拔已先学好了礼乐的那一个（尽管他是一个野人出身的人）。"（《〈论语〉"先进"章正解》，《湖南大学学报》2005年第4期）

刘伟见：野人：这里指庶民、没有爵禄的平民。与世袭贵族相对。君子：这里指有爵禄的贵族、世卿子弟。(《论语意解》259页)

赵又春：通过比较，我认为还是将"野人"理解为居住于城外的"乡里人"为好，因为古代确有把郊外之民称为野人的说法，如《左传·僖公二十三年》有"重耳乞食于野人，野人与之块"的记载。肯定野人指郊野之人，那么"先进于礼乐"就只可能是"先进入"也即先实行礼乐制度的意思。为什么郊野之人反而先行采用礼制呢？这大概是因为这里讲的"野人"是些古代遗民，他们的祖先曾经是统治者，因而是懂礼乐、有过礼乐训练的。有人根据出土文物证明，周以后，商朝后裔就住在郊外，孔子也属于殷人。如果是这样，"野人"就是特指住在郊外的殷民族。这样，"君子"就是指城里人，即现在居于统治地位的人，但他们以前却是不懂礼乐的被统治者。所以，本章前两句只不过是说出上述两个历史事实而已。孔子谈及这两个事实，大概不是要比较野人和君子的差别，而是想说明礼乐是变化的，古今有所不同。(《我读〈论语〉》421页)

黄怀信："进"，行也，今曰进行，指做事说。"先进于礼乐"，做事先于礼乐，即以做事为第一位。旧以为先学礼乐，误。(《论语新校释》252页)

郑张欢：野人，未知之人。(《论语今释》156页)

李零："先进于礼乐"，是先完成高等教育的学生，"后进于礼乐"是后完成高等教育的学生。"野人"、"君子"就是指这两类学生。他们的家庭出身和身份地位不一样。……我怀疑，这段话是说，孔子的弟子，早期学成的多半是寒门，地位低贱；晚期学成的多半是世家，做官的人很多。(《丧家狗——我读〈论语〉》206页)

刘维业：先进，就是先学习礼乐后做官，这是指没有爵禄的一般人家，野人之谓也；后进，就是先取得官位后学习礼乐，这都是世家子弟。孔子主张选用先学习礼乐的人。显然他对当时那些不学无术、凭借父兄庇荫而做官的人是不满意的。(《论语指要》212页)

李君明:君子:这里指统治者。(《论语引读》330页)

亦丰:孔子说:先辈的人在礼节音乐上注重朴质,后辈的人反笑他鄙陋。后辈的人在礼节音乐上注重文采,现在的人反说他有学问。如果要我选用礼节音乐的话,我崇尚先辈的注重朴质。(《论语句解》58页)

孙钦善:"先进"二句,《正义》引郑玄注:"先进后进,谓学也。"郑玄说是。《周易·乾卦·文言》:"君子进德修业。"孔子对学生"约之以礼","文之以礼乐"。礼乐作为德育的重要内容,把德育放在智育之前,因此评价人以德为重。野人:没有贵族身份、地位低贱的人。君子:有地位的贵族。这里野人与君子之别,指地位而言,与孟子所说的"无君子,莫治野人;无野人,莫养君子"(《孟子·滕文公上》)同义。孔子主张"有教无类"(15·39),故接受学生不分野人、君子。由本章可知,孔子在用人方面也主张任人唯贤,突破了贵族身份的藩篱。

孔子说:"先修养好礼乐的,或者是野人;后修养好礼乐的,或者是君子。如果选用人才,那我主张选用先修养好礼乐的。"(《论语本解》131页)

　　　　辑者案:该章歧说纷纭,比较言之,刘宝楠、孙钦善说为优。

11.2 子曰:"从我于陈、蔡者,皆不及门也。"

汉·郑玄:言弟子从我而厄于陈、蔡者,皆不及仕进之门,而失其所。(邢昺《论语注疏》142页)

唐·韩愈:"门"谓圣人之门,言弟子学道由门以及堂,由堂以及室,分等降之差。非谓言仕进而已。(《论语笔解》卷下·1页)

　　唐·李翱：如由也，升堂未入于室。此等降差别不及门，犹在下列者也。(《论语笔解》卷下·1页)

　　宋·郑汝谐：陈、蔡之厄，诸弟子为死生患难之所怵迫，多有丧其所守者，是以有不及门之叹。(《论语意原》卷三·1页)

　　宋·朱熹：孔子尝厄于陈、蔡之间，弟子多从之者，此时皆不在门。故孔子思之，盖不忘其相从于患难之中也。(《四书章句集注》123页)

　　宋·张栻：从夫子于陈、蔡者，自颜渊而下，当时偶不在门，故夫子思其时人才之盛而称之。(《南轩论语解》卷六·1页)

　　清·赵良猷：何氏注郑曰："言弟子从我而厄于陈、蔡者，皆不及仕进之门，而失其所。"按郑此语本牵强，邢《疏》因之而以释上章更谬，韩《笔解》谓弟子学道由门以及堂，由堂以室，分等降之差，亦不稳。(《论语注参》卷下·1页)

　　日·龟井鲁：不及门，与"不逮门"同义，言暮夜后门也。……盖夫子之厄于陈、蔡，从者相失于路，暮夜后门，而露宿郭外。夫子颓龄，追忆往事，慨然言之，一则感其相信之甚笃，一则惜其才良无所用焉。(《论语语由》180页)

　　清·刘宝楠：孔门弟子无仕陈、蔡者，故《注》以为"不及仕进之门"。《孟子》云："君之厄于陈、蔡之间，无上下之交也。"无上下之交，即此所云"不及门"也。《孔子世家》言"匡人拘孔子，孔子使从者为宁武子臣于卫，然后得去"。虽宁武子非孔子同时人，然必有从者臣卫之事，误以属之宁武子耳。及陈、蔡之厄，孔子亦使子贡如楚，楚昭王兴师迎孔子，然后免。又《檀弓》言"夫子将之荆，先之以子夏，申之以冉有"，可知夫子周游，亦赖群弟子仕进，得以维护之。今未有弟子仕陈、蔡，故致此困厄也。(《论语正义》440页)

清·俞樾：门者,大夫之私朝也。《尚书·尧典篇》"辟四门",《诗·缁衣篇正义》引郑《注》曰:"卿士之职,使为己出政教于天下。"言四门者,亦因卿士之私朝在国门,鲁有东门襄仲,宋有桐门右师,是后之取法于前也。又《周官》大司马职帅以门名。郑《注》曰:"帅,谓军将以门名者,所被徽识如其在门所树者也。军将皆命卿。古者军将,盖为营治于国门。鲁有东门襄仲,宋有桐门右师,皆上卿为军将者也。"是古者卿大夫私朝在国门,故其適子谓之门子,而《左传》有"晋政多门"之语,足见郑义之有据。春秋之季,世卿专政,其出自庶姓者,必先由家臣而后得进为公臣。晋奥骈、卫大夫僕之类是也。此云"不及门"者,言不得登大夫之朝也。是时以及门为进身之始,故夫子云然。门且不得及,欲进而升诸公,更不可得矣。下文言语、政事诸贤多仕于季氏,而夫子以为不及门,盖其时犹未仕也。郑《注》以不及门为不及仕进之门,正得夫子之旨,但所说未备,故后儒别为之说。然经云"不及门"不云"不在门",则终以古义为安也。(《群经平议》卷三十一·1页)

清·王闿运：门以喻道也,言游宦徒劳、教授有益也。从者子路、子贡、颜渊皆异材尔,时犹未及门。在陈思归,裁其成章,乃皆升堂入室。若终身求仕,不暇讲论,故乱世以自治为贵矣。(《论语训》卷下·1页)

方骥龄：孔子在五十七岁至六十七岁间,曾五至陈,三至蔡。本章所谓"从我于陈蔡者",当系泛指随从孔子周游列国间事,似非专指受厄一事而言。……按《公羊·隐元传》:"及犹汲汲也。"《诗·摽有梅》疏:"言及者,汲汲之辞。"《说文》:"及,逮也。"逮作追捕解,有急行意。疑郑玄所谓"不及仕进之门",犹言不汲汲于仕进之门,谓不汲汲于禄位之求;故从孔子周游列国,以先进于礼乐为志。《说文》:"门,闻也。""闻,知闻也。"门闻二字可通假。本章"及门"云云,犹言汲闻欤?《荀子·宥坐》"鲁之闻人也"注:"谓有名为人所闻知者也。"孔子答子张问士,指闻为虚誉,与达不同。本章孔子所谓"不及门",殆谓其弟子中有实学者,分为四科十哲,谓其皆有所长也。如依皇本、正平本、南宗本门字下有"者"字,则"皆不汲闻者",意念尤完足矣。（《论语新诠》300—301页）

吴林伯:"不及门"者,不及陈、蔡公门也。（《论语发微》136页）

杨润根:皆不及门也:对于这句话的真实意义,在所有的解释者之间争论很大,并且这种争论至今并没有消失。这一事实本身就足以说明人们至今还没有找到一种有客观依据的令人信服的解释。我认为,"及门"两字与古文的"进"字具有结构上的重大的和根本上的一致性,因此在纯粹动词的意义上,"及门"与"进"的意思是完全相同的("辶"和"门"是古文"进"字的重要构成部分),因此"及门"的意思也就是现代语言中的"入门"、"发蒙"的意思。也正因为如此,我在这里把通常版本中的《先进》的第一章与第二章合并为第一章。这样,问题也就完全清楚了:本章所谈论的是相对于未成年人来说的教育与相对于成年人来说的现实的政治实践之间的差别,孔子在本章所说的是,对于这样的差别,他的学生们根本没有理解和认识到。他们往往把二者混为一谈,以至于他们试图把他们所追求、所从事的政治目的和政治理想灌输给他们周围的那些未成年的人们。这种混为一谈的做法,一方面表现了孔子学生们的激进的理想主义精神,另一方面也表现了孔子学生们在认识上的幼稚。（《发现论语》264页）

刘兆伟:其实当为孔子年逾七十时,回想当年,周游列国,谋求仕位,以行仁布道,而多次遇难。虽在困厄不安之中,众弟子无有难色,个个奋勇向前。很难得呀!但这些弟子都不登门了。或亡故,或出仕,或迫于生计而奔波,或经营产业。……所以"不及门"是说不登门、登门少之意,非为先儒先贤之所论。(《〈论语〉章句直说——兼及孔子因材施教与知人善任》,《沈阳师范大学学报》2004年第2期)

金池:门:这里指受教的场所。不及门,是说不在跟前受教。(《论语新译》311页)

林觥顺:孔子说:跟随我在陈蔡之间,受绝粮之困的学生,都是不够资格在朝为污官的人。(《论语我读》185页)

傅佩荣:不及门:没有交往则不得其门而入,所以饱经忧患。当时是鲁哀公六年,孔子六十三岁,周游列国时受困于陈蔡之间,绝粮多日,弟子生病,情况凄惨。后来楚王出兵相助,才化解危机。(《傅佩荣解读论语》184页)

黄怀信:"及",达也,至也。"不及",可及而未及也,"不"为不愿之义。"门",指卿大夫之门。不及门,不愿为卿大夫所用也。旧以为"不在门下了",忽略"也"字。(《论语新校释》253页)

杨朝明:孔子说:"跟着我在陈国、蔡国之间共患难的弟子,现在都不在我身边了。"(《论语诠解》101页)

孙钦善:不及门:《集解》引郑玄注:"皆不及仕进之门。"朱熹《论语集注》则谓不在孔子之门。以朱说为是,这里的"门"即11·15的"丘之门"。(《论语本解》132页)

　　辑者案:从朱熹、杨朝明、孙钦善说。

11.3 德行:颜渊,闵子骞,冉伯牛,仲弓。言语:宰我,子贡。政事:冉有,季路。文学:子游,子夏。

魏·王弼:此四科者,各举其才者也,颜渊德之俊尤兼之矣,弟子才不徒十,盖举其美者以表业分名,其余则各以所长从四科之品也。(马国翰辑《论语古注·论语释疑》6页)

唐·李翱:仲尼设四品以明学者不问科,使自下升高,自门升堂，自学以格于圣也，其义尤深。但俗儒莫能循此品第而窥圣奥焉。……凡学圣人之道，始于文，文通而后正人事，人事明而后自得于言，言忘矣而后默识己之所行，是名德行。斯入圣人之奥也。四科如有序，但注释不明所以然。（《论语笔解》卷下·1—2页）

宋·邢昺：此章因前章言弟子失所，不及仕进，遂举弟子之中，才德尤高可仕进之人。郑氏以合前章，皇氏别为一章。言若任用德行，则有颜渊、闵子骞、冉伯牛、仲弓四人。若用其言语辨说，以为行人，使适四方，则有宰我、子贡二人。若治理政事，决断不疑，则有冉有、季路二人。若文章博学，则有子游、子夏二人也。然夫子门徒三千，达者七十有二，而此四科唯举十人者，但言其翘楚者耳。或时在陈言之，唯举从者。其不从者，虽有才德，亦言不及也。（邢昺《论语注疏》143页）

宋·郑汝谐：夫子尝有是言，记言者类于此，本不与上文相蒙也。四科、十哲，后世之论，非谓门人之贤止于如此，或者因侍侧而及之也。（《论语意原》卷三·1页）

宋·朱熹：弟子因孔子之言，记此十人，而并目其所长，分为四科。孔子教人各因其材，于此可见。程子曰："四科乃从夫子于陈、蔡者尔，门人之贤者固不止此。曾子传道而不与焉，故知十哲世俗论也。"（《四书章句集注》123页）

清·江声：圣门弟子多矣，分为四科，而唯记此十人者，各就其所长之尤专目之尔。曾子、宓子贱皆圣门高弟，不与颜子同列德行之科者，颜子性敏早成，曾子质钝且少于颜子十六岁，于时尚幼，学未成也；子贱又少于曾子三岁，则尤幼矣，其从游当更在后可知。《释文》云："郑以合前章。"然则以此十人皆从于陈蔡乎？案《太史公书》孔子阨于陈、蔡，唯子路、子赣、颜子三人从，余皆不在，则此与前章无涉，不宜合也。（《论语竢质》卷中·13页）

查正贤：四科中最后一科"文学：子游、子夏"中的"文学"，主要是从掌握当时的《诗》《书》、礼、乐等典籍和制度而言。据记载，孔子没后，子夏发明《诗》《书》章句，又教授于魏国的西河之上；子游熟知各种礼制，当时公卿大夫，于礼有所未决，多就教于子游。后世又称此"文学"为"游夏之学"。在古代中国的典籍中，提到"文学"时，基本上都是从这个意义上来说的。"文学"还是一个官职的名称，主要是由那些长于文章写作的士人担任，这与今日的"文学"含义比较接近，但还不完全等同，今天的"文学"含义已经要小得多。（《论语讲读》157页）

李零：有人说，孔门是个多层的组织系统，下设四个部门，就像帮会，下设堂口，各有掌门人。"十哲"，相当我们今天评先进代表人物常说的十佳，他们是孔门的十个代表人物。（《丧家狗——我读〈论语〉》208页）

辑者案：诸家解释，都有一定道理，当以朱熹说为长。

11.4 子曰："回也，非助我者也，于吾言无所不说。"

汉·孔安国：助，益也。言回闻言即解，无发起增益于己。（邢昺《论语注疏》143页）

宋·朱熹：助我，若子夏之起予，因疑问而有以相长也。颜子于圣人之言，默识心通，无所疑问。故夫子云然，其辞若有憾焉，其实乃深喜之。胡氏曰："夫子之于回，岂真以助我望之？盖圣人之谦德，又以深赞颜氏云尔。"（《四书章句集注》124页）

清·王闿运：言讲学以辨论为益。（《论语训》卷下·2页）

清·康有为：颜子于圣人契合无间，相视莫逆，合为一体，孔子深喜之，故为憾之之词。（《论语注》160页）

方骥龄：疑本章所谓"助我"，实为"袭义"，亦即《孟子·公孙丑》"非义袭而取之也"句中之"义袭",暂时的偶一的合于义是也。孔子所谓"回也,非助我者也",殆即"回也,非袭义者也"。指颜回德行有足多者,并非暂时乍取于义之人也。(《论语新诠》302页)

李炳南:孔子之言,颜子一闻即悟,所以孔子曾说:"吾与回言终日,不违如愚。"既然一听就能完全领会,便只喜悦于心,不再发问。既无问题,孔子便不再发挥,而在座的其他弟子不能获益,因而孔子的教化不能普益他人。所以说:"回也,非助我者也。"这是孔子所作的反面文章,言外之意,则是赞美颜子悟性极佳。(《论语讲要》210页)

赵又春:这说得很有意思:一个人要是对我之所言无所不悦,也就一无所驳,甚至一无所问(有所不明才问,但不明不至于悦,所以不悦暗示了"无所不明"),因此也就不能促使我进一步探讨问题,在这意义上,岂不是"非助我者也"? 这似乎是批评、埋怨,实际上是最大的欣赏、表扬。(《我读〈论语〉》68页)

金知明:回也非助我者也:颜回不仅仅是帮助我;回,人名,颜回;第一个"也"表示停顿;非,不仅仅;助我,字面意思是帮助我,深层意思是他促进了我思考;第二个"也"表示判断。(《论语精读》133页)

孙钦善:说:同"悦"。此句可参见 2·9 "吾与回言终日,不违,如愚。"本章对颜回从不质疑问难,以启发增益自己,感到遗憾。(《论语本解》132页)

　　辑者案:当以朱熹、孙钦善说为优。

11.5 子曰:"孝哉,闵子骞! 人不间于其父母昆弟之言。"

魏·陈群:言子骞上事父母,下顺兄弟,动静尽善,故人不得

有非间之言。(邢昺《论语注疏》143页)

宋·朱熹:胡氏曰:"父母兄弟称其孝友,人皆信之无异辞者,盖其孝友之实,有以积于中而著于外,故夫子叹而美之。"(《四书章句集注》124页)

宋·张栻:间与"禹,吾无间然"之"间"同,凡有所未尽则有间,而可言处之尽其道,人无得而间然也。(《南轩论语解》卷六·2页)

清·毛奇龄:从来人无间言皆作非间解,无作间异解者。善无异词,恶亦可曰无异词,是必上文先有善恶大意,而后可以无异承之。若空言无间,则假如禹无间然,可曰无异然乎?(《论语稽求篇》卷五·3页)

清·惠栋:《后汉书》:"范升奏记王邑曰:'升闻子以人不间於其父母为孝,臣以下不非其君上为忠。'"《注》:"《论语》云云。间,非也。言子骞之孝,化其父母兄弟,言人无非之者。忠臣事君,有过即谏,在下无有非君者,是忠臣也。"家君曰:"《论语》依此说为允,若如朱《注》,未足为孝也。"(《论语古义》6页)

清·赵良猷:此谓父母兄弟皆信其孝,故人不能离间,义亦可用。(《论语注参》卷下·2页)

清·焦循:《汉书·杜邺传》举方正,对曰:"昔曾子问从令之义,孔子曰:'是何言与? 善闵子骞守礼不苟,从亲所行,无非理者,故无可间也。'"《后汉·范升传》升奏记王邑曰:"升闻子以人不间于其父母为孝,臣以下不非其君上为忠。"又云:"知而从令,则过大矣。"二者皆引以为从令之证。盖以从令而致亲于不义,则人必有非间其父母昆弟之言。惟不苟于从令,务使亲所行均合于义,人乃无非间其亲之言,是乃得为孝。然则闵子之孝,在人无间于其父母昆弟之言。(《论语补疏》卷二·2页)

清·刘宝楠:《论衡·知实篇》:"孔子曰:'孝哉闵子骞! 人不

间于其父母昆弟之言。'虞舜大圣,隐藏骨肉之过,宜愈子骞。瞽叟与象,使舜治廪浚井,意欲杀舜。舜当见杀己之情,早谏豫止,既无如何,宜避不行,何故使父与弟得成杀己之恶,使人间非父弟,万世不灭?"是汉世说此文,皆谓人不非其父母昆弟为孝。(《论语正义》444 页)

清·陈浚:间是不同,昆是兄。(《论语话解》卷六·2 页)

王缁尘:"孝哉!闵子骞",就是孔子说:"闵子骞这个人,真是能孝父母的。"一说,这句话是孔子述当时人称赞闵子骞的话;否则孔子不会称弟子以字也。但我在篇首已说过,下论的文体,颇有与上论互异的,这不过其杂乱的一点,其余还多着呢!我们似不必因记者文体的杂乱,而遂疑孔子的话。(《四书读本》189 页)

南怀瑾:孔子在这里说,闵子骞真正是大孝子,"人不间于其父母昆弟之言",最难得的是别人都看不惯他的后娘,看不惯他们兄弟之间悬殊的待遇。而闵子骞对别人打抱不平的话都不听,仍然孝顺后娘,友爱异母的弟弟,这是难能可贵的真孝子。这一点做起来很难,要有自己独立的主见,不听外人的话而变动,实在很难。(《论语别裁》488 页)

金良年:间:非议。(《论语译注》117 页)

邓球柏:[白话]孔子说:"闵子骞真是孝顺呀!他能够使他的父母兄弟个个都让别人无话可说。"(《论语通解》207 页)

李泽厚:孔子说:"闵子骞真是孝顺呀,别人没法不同意他的父母兄弟对他的谈论。"(《论语今读》189 页)

萧民元:现在回过来再解"孝哉闵子骞!人不间于其父母昆弟之言",那就是:"真孝顺呀闵子骞!别人对他在挽救父母昆弟的家庭危机时所说的那句话,都觉得十分钦佩,无话可说。"(《论语辨惑》125 页)

牛泽群:唯一合乎逻辑解释为孔子言此时,闵损尚未入孔门,孔子以其为孝楷悌模教育弟子,称呼门外非弟子者以字。当时有弟子书绅记下,以后辑入《论语》不改,以忠实于原貌。(《论语札记》288 页)

金池:孔子说:"闵子骞真是孝顺呀! 人们赞美他的话和他父母兄弟夸奖他的话是一致的。"(《论语新译》314 页)

林振翰:孔子说:"闵子骞孝顺啊! 人们从他父母兄弟[称赞他孝行]的话中找不出可挑剔的地方。"(《论语新编》207 页)

黄怀信:"不",谓不言、不说。"间",读去声,离间。闵子骞有继母及其子女,故言此。(《论语新校释》256 页)

乌恩溥:间:间隙,挑剔。昆:兄。闵子骞受继母和异母弟的虐待和欺侮,但他对继母和异母弟仍然严守孝道和悌道。尽管他的继母和异母弟说他的坏话,但乡党邻里的人却赞扬他。(《名家讲解论语》81 页)

郑张欢:[释]孔子说:闵子骞真是孝顺,连家里父母兄弟都不断赞扬他。(《论语今释》158 页)

刘兆伟:笔者以为,这里应如刘宝楠引焦循《礼疏》所言,是指由于闵子骞的纯孝、大孝、真正的孝,使父母兄弟做事依礼,行事规范,得到了好名声。社会上对其父母兄弟绝无二词,只是称赞。孝子对父母兄弟的名誉要负责,不能一味地顺从父母。孝子要依礼而行,对父母违礼之事绝不顺从,以免使父母陷于不义。(《论语通要》228 页)

　　辑者案:将陈群、刘宝楠、刘兆伟三家的解释结合起来理解为好。间,即非间,理解为非难、非议为是。

11.6 南容三复白圭,孔子以其兄之子妻之。

汉·孔安国:《诗》云:"白圭之玷,尚可磨也。斯言之玷,不可

为也。"南容读《诗》至此,三反覆之,是其心慎言也。(邢昺《论语注疏》144页)

宋·朱熹:《诗·大雅·抑之篇》曰:"白圭之玷,尚可磨也;斯言之玷,不可为也。"南容一日三复此言,事见《家语》,盖深有意于谨言也。此邦有道所以不废,邦无道所以免祸,故孔子以兄子妻之。范氏曰:"言者行之表,行者言之实,未有易其言而能谨于行者。南容欲谨其言如此,则必能谨其行矣。"(《四书章句集注》124页)

清·陈㴦:复是念诵。(《论语话解》卷六·2页)

方骥龄:合而言之,白圭,明洁也。三复白圭,殆系孔子考核南容之性行,一再合乎明洁之道无疵乎?孔子曾谓南容"邦有道不废,邦无道免于刑戮"。如南容非明哲保身者,曷克臻此?故孔子誉之曰"三复白圭"。疑非一再诵读白圭诗句之谓也。(《论语新诠》304页)

林觥顺:兄之子:兄长之女儿,孔子无兄弟,是同姓长者之女。(《论语我读》188页)

袁庆德:"白圭"是用白玉做成的用作凭证和礼物的东西。长条状,顶端为三角锥形,下端为四棱柱形。帝王与诸侯、诸侯与诸侯之间互相派使者访问时,由使者拿着。(《论语通释》293页)

　　辑者案:从朱熹说。"三复白圭",即反复诵读"白圭之玷,尚可磨也"等诗句。

11.8 颜渊死,颜路请子之车以为之椁。子曰:"才不才,亦各言其子也。鲤也死,有棺而无椁。吾不徒行以为之椁。以吾从大夫之后,不可徒行也。"

(1)颜渊死,颜路请子之车以为之椁

汉·孔安国:颜路,颜渊之父也。家贫,故欲请孔子之车,卖

以作椁。（皇侃《论语集解义疏》卷六·4页）

晋·缪协：颜路之家贫，无以备礼，而颜渊之德美称于圣师。"丧予"之感，痛之愈深，二三子之徒将厚其礼，路卒情而行，恐有未允，而未审制义之轻重，故托请车以求圣教也。（皇侃《论语集解义疏》卷六·4页）

日·东条弘：请子之车以为之椁者，盖欲得夫子之车。而直用之以为其椁也。卖车以贾椁之事，文中不见，《注》非也。（《论语知言》329页）

清·王闿运：欲旌异使同大夫长子也。《记》曰："天子龙辁而椁帱，诸侯辁而设帱，大夫帱。"又曰："君、大夫葬用辁，士用国车。然则殡之时，天子以椁帱辁又加蒇木以帱椁；诸侯以木帱辁，以辁帱枢；大夫直以辁帱枢，而椁则在圹始有之；士殡，掘埤下枢无辁，亦至圹，乃有椁。其葬时，大夫以上并辁载于柳车，士则直以常车载之，故曰国车。"颜渊当用士礼殡枢，见衽葬用国车，以孔子有父子之恩，时孔子归老，乘大夫车，欲请孔子车以为辁，于殡时以当椁，则不掘地，使国人知师弟有父子之恩，用其礼也。（《论语训》卷下·3页）

黄焯：皇正平及敦煌本作"槨"。卢云：案"之椁"见上文，当音，且当有"下同"二字。今音无椁，误。焯案：正平本《论语》"颜路请子之车"下无"以为之椁"四字，疑陆氏所见本亦与之同，故出"无椁"条，而不从"之椁"发音也，卢氏据谓为误，恐非。（《经典释文汇校》707页）

　　辑者案：从孔安国说。

(2)才不才，亦各言其子也

清·王闿运：君子不夺人之亲，不可以渊同己子也。又大夫之子虽不才，不可于死降；士之子虽大才，不可升。（《论语训》卷下·

3 页）

李炳南：孔子未许可，并对颜路说明，人子虽有才与不才之异，但在其父各言其子则同，我子鲤死，有棺无椁，当时我未尝卖车为他作椁，因我有时要随大夫上朝，不可以步行。（《论语讲要》212 页）

赵又春：孔子头一句话的意思是：不管有没有才能，（你我）都是讲自己的儿子，意思是你想为儿子争取厚葬，我可以理解。（《我读〈论语〉》28 页）

孙钦善：孔子说："有才能也好，无才能也好，对各人来说都是自己的儿子。"（《论语本解》134 页）

　　辑者案：孙钦善解平实明确。

（3）以吾从大夫之后，不可徒行也

汉·孔安国：孔子时为大夫，言从大夫之后，不可以徒行，谦辞也。（邢昺《论语注疏》144 页）

宋·朱熹：鲤，孔子之子伯鱼也。先孔子卒。言鲤之才虽不及颜渊，然已与颜路以父视之，则皆子也。孔子时已致仕，尚从大夫之列，言后，谦辞。胡氏曰："孔子遇旧馆人之丧，尝脱骖以赙之矣。今乃不许颜路之请，何邪？葬可以无椁，骖可以脱而复求，大夫不可以徒行，命车不可以与人而鬻诸市也。且为所识穷乏者得我，而勉强以副其意，岂诚心与直道哉？或者以为君子行礼，视吾之有无而已。夫君子之用财，视义之可否，岂独视有无而已哉？"（《四书章句集注》124 页）

清·毛奇龄：孔氏谓孔子时为大夫，言从大夫后不可徒行，谦辞。而《正义》谓孔子五十六为司寇，颜渊之卒，孔子年六十一，是时已去位。杜预所谓"尝为大夫而去故言后"是也。孔氏《注》"时为大夫"，不知所据。独先仲氏谓"从大夫后"与"为大夫后"不同，不问在位不在位。即"陈恒弑君章"，子曰"以吾从大夫之后"，明

明在哀公十四年夫子去位之后，亦不是为大夫后。盖从者，随也，
与"为"字迥别。随大夫解作做大夫，谬矣。此因夫子谦德，不欲
明言为大夫，故曰曾随大夫后。大夫有车，则前乘车后徒行不可。
此与"陈恒章"曰"曾随大夫后，不敢不告"，统是一义。不然哀公
三子岂不知子是大夫，必曰吾曾做大夫耶！（《论语稽求篇》卷五·3页）

清·王闿运：言己实非大夫，君尊异之，使从大夫之列耳，岂
可以空为实？（《论语训》卷下·3页）

杨树达：《礼记·王制篇》曰：君子耆老不徒行。（《论语疏证》
258页）

钱穆：本章极多疑者。谓颜氏家贫，孔子何不能为办一椁？
颜路请孔子助椁，何为独指明欲卖孔子之车？孔子不欲卖车徒
行，岂更无他长物可卖？且孔子之车，当是诸侯赐命之车，岂可卖
之于市？而颜路请之？孔子在卫，曾脱骖以赠旧馆人之丧，至是
必别买有骖，颜路何不以卖骖请？窃谓孔子距今逾两千五百年，
此等细节，岂可一一知之？所知者，伯鱼卒，孔子已年七十，不为
办椁。翌年，颜渊死，孔子亦不为办椁，此则明白可知者。若上举
诸疑，琐碎已甚，岂能必求答案？有志于学者，不宜在微末处骋才
辨，滋枝节。（《论语新解》282页）

方骥龄：据此，孔子所谓"吾不徒行"，即不可违乎丧礼而单独
行此习俗。盖人皆知孔子知礼；况孔子时为鲁哀公币召而回之
人，虽未出仕，究不可违礼。故曰："以吾从大夫之后也。"谓不可
溺情违礼而用椁葬颜渊，似非吝于一车之微而惧乎步行之谓。
（《论语新诠》306页）

吴林伯：孔子之道为仁，仁者"泛爱众"（《学而》），而爱有亲疏
之差等。孔子虽以回最"好学"而深爱之，以视其子，则子亲而回
疏。若子死无椁，以车助回父买椁，是爱回甚于其子，倒逆亲、疏

差等。曰己不可无车徒行为托辞。(《论语发微》137页)

李泽厚:大概也是"礼"制,做过官就不能"步行"了,恰如今日然,可叹。孔子坚持贵族立场、制度和身份,的确大不同于墨子、庄子等人,即使对其最喜欢的学生,也不肯丧失"原则性"。此"原则性"应视作当时的公共法规,即社会性道德(公德)所在,而一己之感情则私德也。(《论语今读》190页)

李炳南:孔子周游列国,回到鲁国,虽不作大夫,但国家有大事,仍然上朝,故谦言:"从大夫之后。"(《论语讲要》212页)

牛泽群:综上,一方面弟子于颜渊或不服,或心理失衡,或嫉妒,或为贤能抱不平;另一方面,又碍于孔子盛赞狂嘉之遗意,在编《论语》时,特保留此章,以实事诋之,可以喻也。其大旨,非狭俗而迁怨于颜路,无非暗诋颜渊无能致贫,不能善养其父以行孝道也罢;贫致早亡(何与箪食瓢饮无关?),不能尽孝子之天职也罢;贫不足自葬之用,而至于使父操心招辱,终不足以言仁矣。至于泄怨于孔子,则明矣。其旨当时弟子恐无不领会者,包括《公冶长》"子谓子贡"章,讵料后世钧旋毂转之然哉!(《论语札记》298页)

程石泉:颜渊死,其父欲借孔子之车代步,所以示哀荣,孔子不可,故申言之。伯鱼之死,孔子意欲棺葬而不加椁,但以孔子曾为鲁之大夫,行必有车,故不得不加椁以葬其子。盖礼俗使孔子不得不如此也。今颜路无官守,而其子蚤死,临丧不必乘车,因之亦无加椁之必要,故孔子拒之。非孔子不欲颜渊丧有哀荣,实不欲陷颜路于僭越礼数也。自汉包咸、郑玄以来注疏家,对于此章解释殊背文理。(《论语读训》188页)

黄怀信:[训译](我儿子)孔鲤死了有棺无椁,我不愿步行而没有用车去给他换椁,因为跟在大夫们后面(出门)的时候,我不能够(独自)步行。(《论语新校释》258页)

金知明：[理解]本章是令后代经学家难堪的记载,他们纷纷强调孔子不肯卖车是为了要尽礼,因为不能徒步跟随在诸侯后边。假如这样,就不合乎礼了。其实这里应该用"人"的眼光来看待孔子,他只是替自己的行为找个借口吧。因为他不希望颜回的墓葬搞得比自己的儿子还要好。这纯粹是一种人的本性。其次,他不愿意牺牲自己实际的物质利益去做纯粹精神安慰的事。颜渊虽然贤惠,也只是七十七个"异能之士"中的一个。因此他推托徒步走不合于礼,只想敷衍一下颜路,也不见得字字有推敲。(《论语精读》135 页)

辑者案：从孔安国说。"从大夫之后,不可徒行也",既是谦辞,亦为托辞。孔子不答应的主要原因是,弟子的死要和儿子的死同样对待,鲤无椁,颜亦无椁。连自己的亲生儿子死时都未用椁,而为弟子用椁,显失平衡。再者,孔子尚俭,只要不违礼,能俭则俭。下文孔子反对门人对颜渊厚葬,即为明证。

11.9 颜渊死,子曰："噫！天丧予！天丧予！"

魏·何晏：天丧予者,若丧己,再言之者,痛惜之甚也。(《论语集解义疏》卷六·5 页)

梁·皇侃：云"天丧予"者,丧,犹亡也。予,我也。夫圣人出世必须贤辅,如天将降雨,必先山泽出云。渊未死,则孔道犹可冀,纵不为君,则亦得为教化。今渊既死,是孔道亦亡,故云天丧我也。刘歆曰："颜是亚,圣人之偶。"然则颜、孔自然之对物,一气之别形。玄妙所以藏寄,既道旨所由赞明。叙颜渊死,则夫子体缺,故曰天丧予。噫,谅卒实之情,非过痛之辞,将求圣贤之域,宜自此觉之也。缪播曰："夫投竿测深,安知江海之有悬也？何者？

俱不究其极也。是以西河之人疑子夏为夫子,武叔贤子贡于仲尼,斯非其类耶? 颜回尽形,形外者神。故知孔子理在回,知渊亦唯孔子也。"(皇侃《论语集解义疏》卷六·5页)

宋·朱熹:噫,伤痛声。悼道无传,若天丧己也。(《四书章句集注》125页)

杨伯峻:颜渊死了,孔子道:"咳! 天老爷要我的命呀! 天老爷要我的命呀!"(《论语译注》112页)

金良年:颜回去世了,孔子说:"啊! 是上天惩罚我,是上天惩罚我。"(《论语译注》119页)

庄荣贞:丧:丧气,有倒霉的意味,是使动词。"丧予"即"予丧"。按使动用法解,便是使我丧,让我丧。译文作:颜渊死了。孔子(恸哭)说:"老天爷让我倒霉丧气呀! 老天爷让我倒霉丧气呀!"(《杨伯峻〈论语译注〉质疑》,《长春师范学院学报》2008年第3期)

　　辑者案:从何晏、杨伯峻说。

11.10 颜渊死,子哭之恸。从者曰:"子恸矣!"曰:"有恸乎? 非夫人之为恸而谁为?"

有恸乎? 非夫人之为恸而谁为

汉·孔安国:不自知己之悲哀过也。(皇侃《论语集解义疏》卷六·5页)

梁·皇侃:云"颜渊死子哭之恸"者,谓颜渊死,孔子往颜家哭之也。恸,谓哀甚也。既如丧己,所以恸也。郭象曰:"人哭亦哭,人恸亦恸。盖无情者与物化也。"缪协曰:"圣人体无哀乐,而能以哀乐为体,不失过也。"(皇侃《论语集解义疏》卷六·5页)

宋·朱熹:哀伤之至,不自知也。……言其死可惜,哭之宜恸,非他人之比也。胡氏曰:"痛惜之至,施当其可,皆情性之正

也。"(《四书章句集注》125页)

日・东条弘：按：恸，从心，动声。哀过至于昏倒也，不唯哀过也。(《论语知言》333页)

清・宦懋庸：愚按圣人哀乐不过乎中，哭渊而恸，从者犹觉之，而孔子不自觉，所谓"观过知仁"也。孔子云："五十以学《易》，可以无大过矣。"此则小过未能免。然有为而为，恸所当恸，则亦不得为过矣。(《论语稽》卷十一・6页)

杨伯峻：[译文]跟着孔子的人道："您太伤心了！"孔子道："真的太伤心了吗？ 我不为这样的人伤心，还为什么人伤心呢！"(《论语译注》112页)

林觥顺：非夫人之为恸：非者许慎云韦，是左右相反，上下相反，是说大男子，做出背于常人的过分悲伤。(《论语我读》190页)

辑者案：杨伯峻译文通俗明确，可从。此章与上章均为叙事语言，表达孔子对颜渊之死的悲痛，应无深意，不烦曲为之解。

11.11 颜渊死，门人欲厚葬之。子曰："不可。"门人厚葬之。子曰："回也视予犹父也，予不得视犹子也。非我也，夫二三子也。"

汉・马融：言回自有父，父意欲听门人厚葬之，我不得制止也，非其厚葬，故云尔也。(皇侃《论语集解义疏》卷六・6页)

魏・王弼：有财，死则有礼；无财，则已焉。既而备礼，则近厚葬矣，故云孔子不听也。(皇侃《论语集解义疏》卷六・6页)

魏・何晏：礼，贫富各有宜。颜渊家贫，而门人欲厚葬之，故不听也。(皇侃《论语集解义疏》卷六・6页)

宋・郑汝谐：哭之而恸，情性之正也；厚葬不可，义理之正也。

颜路之于回,其属则父子也;夫子之于回,其义亦父子也。"予不得视犹子",叹厚葬非回之意,且以讥颜路也。(《论语意原》卷三·2页)

宋·朱熹:丧具称家之有无,贫而厚葬,不循理也,故夫子止之。(《四书章句集注》125页)

杨树达:孔子丧颜渊若丧子,而门人不从孔子之言,厚葬颜渊,孔子之志不行,故云予不得视犹子,所以责门人也。(《论语疏证》259页)

杨伯峻:[译文]孔子道:"颜回呀! 你看待我好像看待父亲,我却不能够像对待儿子一般地看待你。这不是我的主意呀,是你那班同学干的呀。"(《论语译注》113页)

王缁尘:古代阶级制度甚严,诸侯、大夫、士、庶人,都有一定的制度。死而祭葬,都有定礼。颜渊人品虽贤,但终是一个平民。平民是不应用富厚的葬礼的。厚葬,就是违礼。"颜渊死,门人欲厚葬之,子曰'不可'"者,门人因为仰慕颜渊之贤德,又以渊是孔子最爱的人,所以要厚葬他。孔子以厚葬为违礼,故曰"不可"也。(《四书读本》193页)

林觥顺:夫二三子也:点断成"夫此者,二三子也"。凡此事之沿革,皆二三子促成。二是古文上字。三,是天地人三才以人为中心。子是人之偶。三是众数。夫二三子,正是这群自命不凡不知天尊地卑人伦的年轻人。(《论语我读》191页)

董子竹:鉴于此(季路问鬼神),再看孔子对颜回的死的做法与态度,我们就明白了孔子决不是局限于"礼制",不同意厚葬颜回,而是蔑视死,不认为人死之后,对于躯壳还应有什么隆重的仪式。那种厚葬的风气,是违反"道"的。颜回一生以"道"为生命,甚至是为了"道"而不舍得死。既然已经死了,就不应该违背"道",去重视那个空壳子。这个空壳子"活"着时,是生命的载体

之一,死了就什么也不是,根本不值得重视。(《论语正裁》277页)

郑张欢:[释]孔子说:颜回视我如父,而我不得视之如子了了,非我不视之如子,是学生们尽着与颜回同窗之谊超乎我的所能所及了。(《论语今释》161页)

辑者案:此章叙述明白,无需深究。孔子不主张厚葬,以为颜渊意亦同己,故向死者颜渊表白:厚葬是二三子干的。

11.12 季路问事鬼神。子曰:"未能事人,焉能事鬼?"曰:"敢问死?"曰:"未知生,焉知死?"

汉·马融:死事难明,语之无益,故不答。(马国翰辑《论语古注·论语马氏训说》卷下·1页)

梁·皇侃:云"季路问事鬼神"者,外教无三世之义,见乎此句也。周、孔之教,唯说现在,不明过去、未来。而子路此问事鬼神,政言鬼神在幽冥之中,其法云何也?此是问过去也。云"子曰云云"者,孔子言:人事易,汝尚未能,则何敢问幽冥之中乎?故云焉能事鬼。云"曰敢问死"者,此又问当来之事也。言问今日以后死事复云何也。云"曰未知生,焉知死"者,亦不答之也。言汝尚未知即见生之事难明,又焉能豫问知死没也?顾欢曰:"夫从生可以善死,尽人可以应神。虽幽显路殊,而诚恒一。苟未能此,问之无益,何处问彼耶?"(皇侃《论语集解义疏》卷六·6页)

宋·郑汝谐:子路欲知临祭祀、交鬼神之义,与夫遇患难处死之道,所问亦未为过。鬼神之情状、死生之说,于《易》尝言之矣,乃不对子路之问,何也?盖夫子之设教也,即显以见微,未尝示人以其微也;即粗以求精,未尝示人以其精也。"祭如在,祭神如神在",此告人以事鬼神也。"朝闻道,夕死可矣",此告人以其死也。岂子路未之闻欤?抑闻之而未之思欤?(《论语意原》卷三·3页)

宋·朱熹：问事鬼神，盖求所以奉祭祀之意。而死者人之所必有，不可不知，皆切问也。然非诚敬足以事人，则必不能事神；非原始而知所以生，则必不能反终而知所以死。盖幽明始终，初无二理，但学之有序，不可躐等，故夫子告之如此。程子曰："昼夜者，死生之道也。知生之道，则知死之道；尽事人之道，则尽事鬼之道。死生人鬼，一而二、二而一者也。或言夫子不告子路，不知此乃所以深告之也。"（《四书章句集注》125 页）

金·王若虚：知生焉知死，盖以子路不能切问近思，以尽人事之寔而妄意幽远，寔拒而不告也，而宋儒之说曰"人鬼之情同死生之理一，知事人则知事鬼，知生则知死矣，不告者乃所以深告之"。其论信美，但恐圣人言下初不及此意，而子路分上亦不应设此机也。（《论语辨惑》卷三·2 页）

元·陈天祥：《注》文本宗程子之说而又推而广之也。程子以昼夜谕生死，昼谕生，夜谕死，此乃生死常理，人人之所共知者。《注》言"原始而知所以生"，却是说受胎成形初为父母所生之生；"反终而知所以死"，又是说预知所死之由也。不惟所论过深，与程子之说亦自不同。所谓"死者人之所必有，不可不知，皆切问也"，又言"幽明无二理，但学之有序，不可躐等"，此又迂远之甚也。夫二帝、三王、周公、仲尼之道，切于生民日用须臾不可离者，载之经典，详且备矣，而皆不出于三纲五常人伦彝则之间而已，未闻教人幽明次序必须知死也。必欲于常行日用人道之外，推穷幽冥之中不急之务，求知所以死者之由，纵能知之，亦何所用？今以季路为切问，诚未见其为切也。夫子正为所问迂阔不切于实用，故言："未能事人，焉能事鬼？未知生，焉知死？"知生，谓知处生之道，非谓徒知其生，如原始知所以生，昼夜如生死之生也。盖言事人之道尚且未能，又焉能务事鬼神乎？生当为者尚且未知，又焉用求知其死乎？此正教之使尽人事所当为者，非所以教事鬼神，告其知死也。王滹南曰："盖以子路不能切问近思，以尽人事之实而妄意幽远，实拒之而不告也。"此说本分。《注》文解务民之义，敬鬼神而远之，云"专用力于人道之所宜，而不惑于鬼神之不可知，知者之事也"。《语录》曰："鬼神自是第二，着那个无形影是难理会底未消去理会，且就日用紧切处做工夫。"子曰："未能事人，焉能事鬼？未知生，焉知死？"此说尽了。予谓此二说所论却公，足以自证今注之误。（《四书辨疑》卷六·7页）

清·黄式三：《易传》曰："原始反终，故知死生之说。精气为物，游魂为变，是故知鬼神之情状。"知死知鬼神，非夫子五十知天命不能及，此夫子不答，犹是不语怪神之意也。下章类记子路之死，一以见知死之难，一以见夫子之独知此也。夫子之事鬼神，于"祭如在"诸节及此"厚葬"诸说参之，皆圣人所能所知矣。能事人孝弟，忠顺循其职，知生践形尽性全所受人，皆宜能宜知也。圣教期人，笃于所可勉。（《论语后案》303页）

清·刘恭冕：狄氏子奇曰：此季路疑是颜路，盖因上数章而类记之。《家语》：颜由字季路。恭冕案：《家语》似无季字。文兴谨案：今本《家语》有季字。《史记》作颜无繇，字路，无季字，盖叔俛公误以《史记》为《家语》也。（《论语正义补》21页）

金良年：此章是孔子颇为著名的言论，有人说它反映了孔子是无神论者，有人则认为它表达了孔子达观重生的人生态度。其实，就《论语》本身来看，孔子并不讳言死与事奉鬼神，他之所以不回答子路的询问，是要强调"事人"、"知生"的首要地位，其次，恐怕是对于子路的"因材施教"，认为子路必须先懂得"事人"、"知生"的道理，才能谈死与鬼神。（《论语译注》121页）

李炳南：子路问事鬼神。事是事奉。事鬼神即是祭祀鬼神。

孔子答以未能事人,焉能事鬼。意思是说,能事奉人,方能事奉鬼神。欲知所以事鬼,须先知道所以事人。子路敢问死,是问死后的状况。孔子答以未知生,焉知死。意思是说,尚未知生,何能知死,欲知死后的状况,应当先知生前的状况。(《论语讲要》214 页)

金知明:孔子回避子路有关鬼神的话题大概有几种考虑。首先是子路的个性,他的大胆超过了道义修养("子路性鄙,好勇力,志伉直",见《史记》);第二是孔子觉得子路不应该问这问题,因为子路还没有解决好"仁"的问题("未能事人"就是指没有解决好"仁"的问题,你不要去关心鬼神);第三,孔子自己对神将信将疑,不愿意正面回答子路。(《论语精读》137 页)

辑者案:金良年的解说深刻到位,可从。

11.13 闵子侍侧,訚訚如也;子路,行行如也;冉有、子贡,侃侃如也。子乐。"若由也,不得其死然。"

(1)訚訚如也、行行(hàng)如也、侃侃如也

汉·郑玄:行行,刚强之貌。(邢昺《论语注疏》147 页)

汉·许慎:侃,刚直也,从伿。伿,古文信,从川。取其不舍昼夜。《论语》曰:"子路侃侃如也。"(《说文解字》239 页)

梁·皇侃:訚訚,中正也,子骞性中正也。……行行,刚强貌也,子路性刚强也。……侃侃,和乐也,二子并和乐也。(皇侃《论语集解义疏》卷六·7 页)

宋·朱熹:行,胡浪反。乐,言洛。行行,刚强之貌。(《四书章句集注》125 页)

清·黄式三:皇本作闵子骞,以上下文参玩之,是也。皇《疏》云:"訚訚,中正也。侃侃,和乐也。"式三案:訚,断之借字。闵子在德行科,如不屈于季氏,是断断守正之貌。《盐铁论》"诸生訚訚

争",《盐铁》彼文亦以"阊"为持正貌。侃侃者,衎衎之借字。《隶释·汉碑唐扶颂》:"衎衎阊阊,尼父授鲁,曷以复加?"碑语正用此文。冉有、子贡才智有余、得动而乐之象,故曰衎衎。《三国志·蜀·郤正传》曰:"侃侃庶政,冉季之治也。"亦言庶事康熙之意也。《韩子文集·韩宏碑》云:"事亲孝谨,侃侃自将。"亦以侃侃为和乐之义也。《朱子文集》等书以冉子、端木子为刚直有余,说皆未莹。(《论语后案》303页)

清·陈浚:阊阊是和悦样子,行行是刚强样子,侃侃是爽直样子。(《论语话解》卷六·5页)

清·潘维城:冉有、子贡气象皆非侃侃者,则侃侃或为衎衎之通借,必谓《古文论语》作"衎衎",究无确证;而谓"行行"涉下文"衎衎"而误,尤不可信。盖郑《注》已作"行行",当非误字,不可以不见他经传而疑之也。《群经识小》曰:行字古读平声,入阳韵,去声便当入漾韵,其转入庚、敬韵者,后世之音也。(《论语古注集笺》卷十一·6页)

南怀瑾:一个人处事有没有条理,在言语中就可以看出来。所以,闵子骞在旁边是"阊阊如也",温和,有条理,看着很舒服。子路呢?"行行如也"。什么是"行行"?光从书本、知识上,是难以了解的,要配合人生经验,才会知道。司马迁写《史记》,他自述读万卷书,行万里路。光读书读多了,不是学问,是书呆子,没有用。还要行万里路,观察多了,才是学问。从前,看到好几位当代的大人物,观察的结果,就懂了"行行如也"这句书。此公说话很简单,但不断在动,好像坐不住一样。这才想到就是子路的"行行如也"。冉有、子贡这两个人"侃侃如也",这"侃侃"是形容他器度很大,现在的话是很潇洒。(《论语别裁》501页)

陈立夫:阊阊如也:恭敬而正直的样子。(《四书道贯》141页)

　　林觥顺：訚訚如也，在和颜悦色中，有股刚毅气势不停地放出。行行如也：行读杭音，行列正直，行行如也，是如直挺挺不知变化。侃侃如也：……笔者以为侃字从人口川，是口若悬河滔滔不绝。或说是畅所欲言。不得其死然：……笔者以为这不是圣人的雅言善意。笔者今释"你看他那副不知天高地厚的神气"！得是取义，可作知道。死，是灵魂升天，尸体下地，再配上行行如也，一气呵成。（《论语我读》192页）

　　刘兆伟：訚訚，中正谦和之气象；子路则躁动不已的赳赳武夫之态。行行，行之本义为十字路口，即𛰣，发展为在街上走义，即行。行即左右两足交替前迈义。故行行如也，即两足不断动的样子，今日语即站不稳坐不安的烦躁、急躁的样子。（《〈论语〉章句直说——兼及孔子因材施教与知人善任》，《沈阳师范大学学报》2004年第2期）

　　黄怀信：行行如：欲行之貌，形容坐不住。旧释刚直，以意说，不可信。（《论语新校释》262页）

　　杨朝明：[诠释]訚訚（yín）：中正的样子。另，訚，亦有不言之意，考下章孔子对闵子骞有"夫人不言，言必有中"的评价，可见闵子骞慎言的品格和恭谨的风度。行行（hàng）：刚强的样子。侃侃：和乐的样子。[解读]闵子骞侍立在孔子身边，显得恭敬而正直的样子；子路显得刚强而勇武的样子；冉有、子贡显得温和而快乐的样子。孔子很高兴。接着叹息说："像仲由这样的人，恐怕不能善终吧！"（《论语诠解》103－104页）

　　　　辑者案：《辞源》："訚訚，和颜悦色貌。""行行，刚强貌。""侃，耿直。""訚訚"、"行行"、"侃侃"均为复音联绵词，记当时孔子弟子之情貌。

(2)子乐。"若由也，不得其死然。"

汉·孔安国：不得以寿终。（邢昺《论语注疏》147页）

汉·郑玄：乐各尽其性。（邢昺《论语注疏》147页）

宋·邢昺："子乐"者，以四子各尽其自然之性，故喜乐也。"若由也，不得其死然"者，然，犹焉也。言子路以刚，必不得其以寿终焉。（邢昺《论语注疏》147页）

宋·朱熹：子乐者，乐得英材而教育之。……洪氏曰："《汉书》引此句，上有'曰'字。"或云：上文乐字，即曰字之误。（《四书章句集注》125－126页）

宋·孙奕："闵子侍侧，訚訚如也；子路，行行如也；冉有、子贡，侃侃如也。"此三句非夫子之言，乃当时记事者之言也。继之以"子乐，若由也不得其死然"云者，乃是夫子因子路行行，遂指其胸中之病而为是言，则"子乐"当作"子曰"，声之误也。曰、悦声相近，写者既误以为悦，又转悦为乐故也。既以由也为不得其死，又何乐之有？（《示儿编》卷五·8页）

清·江声：陈仲鱼孝廉据皇侃本，"若"上有"曰"字。又据《汉书·叙传》小颜注引此亦有"曰"字。声案：此书之例，记者称诸弟子辄字而不名，在夫子口中皆名而不字，此称"由也"自是孔子之言，今夺去"曰"字，非也。（《论语竢质》卷中·15页）

清·翟灏：《汉书》无引此文处，《集注》仍洪氏为说，洪当误忆师古《汉书注》为《汉书》耳。然皇氏《义疏》本自有"曰"字，何宋代诸儒竟无见者，致烦纷纷拟议，不得已取证及史注耶？此可知皇氏《疏》自宋南渡时已佚。（《四书考异》条考十三·6页）

清·刘宝楠：《淮南子·精神训注》亦引作"孔子曰"，有无"曰"字皆可通。惟"乐"字，郑注已释之，断非"曰"字之误。夫子是乐四贤才德足用，不必专言子路。（《论语正义》451页）

周乾溁：其实，正是孔子由于高兴了，才有下边这番话的，当然不是"不得其死"。而是从"不得其死然"的"然"字看，指出其像个什么样子,说的是当时,并非预言以后。"死"实是个错字,应为"所",篆书形近,更以书中有"俱不得其死然"(《宪问》)句而致误。这句话应是"不得其所然"。"得其所"是常用语,如"得其所哉!得其所哉!"(《孟子·万章上》)到今日,"死得其所"的说法也还在使用,可以为证。"得其所",表现为满足、称心如意,那末,"不得其所"就是不大如意了。因为子路站在那里,表现为刚强之貌,也就是有点气乎乎的,所以孔子跟门生们说:你们看啊,仲由像是在生气似的。如要描绘说话的神态,孔子应该是笑着的,和"子乐"正好合拍。而"若由也"当以"由也若"为解。(《读〈论〉小记》,《天津师范大学学报》1989 年第 1 期)

　　程石泉:《十三经集解注疏》本"冉子"作"冉有",实误。此冉子指冉雍仲弓也。冉雍亦称冉子凡三见于《论语》:一、冉子退朝(《子路第十三》);二、冉子为其母(子华之母)请粟;三、即此章也。据《淮南子·精神训》注引此章作"孔子曰"。今本作"子乐",无"曰"字。盖"曰"字为后之抄写者遗漏。依文理应作"子乐,曰"。按"由"字为"回"之讹,盖以形近之故。按孔子视门弟子如家人。因目睹闵子骞、季路、冉雍、端木赐皆能卓然自立,且俨然君子,不觉心悦神怡,然不禁思及颜渊,故叹惜之曰:"若回也,不得其死然。"若作"若由也,不得其死然",则孔子可预知子路之死于卫难,此一不可信也。又闵子骞、季路、冉雍、子贡时正与孔子谈话,孔子岂能于诸弟子前预测子路之死于非命?此二不可信也。孔子绝无面告子路谓其"不得其死",三不可信也。此章所谓"不得其死然"者,乃言"短命而死,不得终其天年者"。若此非颜回,将谓谁邪?(《论语读训》190 页)

　　赵又春:子路后来确实未得好死,这表示孔子的预言应验了,还是我们因此有理由怀疑,这一章是后人为了把孔子说成预言家

而伪造的？（《我读〈论语〉》419页）

李零："闵子"，古本多接"骞"字。《论语》，除了孔子、有子和曾子，没有其他人称子。这里应补"骞"字。……"子乐"，古本多作"子乐曰"。当从古本。（《丧家狗——我读〈论语〉》212页）

　　　辑者案：既然郑玄注有"乐"字，当无需对"乐"字作过多怀疑。再者，有无"曰"字，并不影响文意。需要指出的是，孔子在高兴的心境下，怎能当着子路的面说出"不得其死然"如此扫兴、鲁莽、不吉利的话呢？

11.14　鲁人为长府。闵子骞曰："仍旧贯，如之何？何必改作？"子曰："夫人不言，言必有中。"

(1)鲁人为长府

汉·郑玄：长府，藏名也，藏财货曰府。仍，因也。贯，事也。因旧事则可，何乃复更改作也！（皇侃《论语集解义疏》卷六·7页）

梁·皇侃：鲁人，鲁君臣为政者。为，作也。长者，藏名也。鲁人为政，更造作长府也。……《注》"藏财货曰府"。财货，钱帛也。藏钱帛曰府，藏兵甲曰库也。（皇侃《论语集解义疏》卷六·8页）

宋·郑汝谐：昭公二十五年《春秋》书"公孙于齐"，《左氏》载："公居于长府伐季氏，既而弗克。如墓谋公，遂奔，终于乾侯。"今鲁人为长府，岂定、哀之时，以先君谋伐之所而再为之乎？抑季氏恶昭公之所居而欲更造乎？是不可得而知也。若止谓伤民费财欲仍旧贯，凡人皆能言之，不必闵子，而夫子亦不称之。如是之美也，必有深意存焉，不敢强为之说。（《论语意原》卷三·4页）

清·王夫之：《集注》云："藏货财曰府。"信然，则府颓敝而改为之亦奚不可，而必仍其旧哉？若谓别作一府以敛财多积，则鲁于是时四分公室，民食于家，亦恶从得货财而多积之，如后世琼林左藏封椿之厚储以供君用邪？按太公为九府，府者，泉布金刀之统名也。其曰长者，改短而长，改轻而重也。圆曰泉（今谓之钱），方而长曰币。冠圆泉于首下作刀形曰金刀，皆椭长而不圆。《钱谱》有汉铸厌胜钱、漏心钱，皆其遗制。五铢兴，而始无不圆者矣。改作长府者，改其形模，视旧加长也。加长则所值倍增，用铜少而铸作简，乃近代直十当五当两之法，一旦骤改，则民间旧币与铜同价，而官骤收其利，此三家所以乱旧典而富私门也，故闵子以仍旧贯折之。贯，钱系也。故曰缗，或曰贯，皆以系计多寡之称。府改价增，则贯减而少，仍旧者，使以旧府取足贯也。（《论语稗疏》12 页）

　　清·阎若璩：《左传》昭二十五年："公居于长府。"杜《注》："长府，官府名。"九月戊戌，伐季氏，遂入其门。长府，今不知所在，意其与季氏家实近。公居焉，出不意而攻之。《论语》郑《注》："长府，藏名也。藏财货曰府。"又意公微弱，将攻权臣，必先据藏财货之府，庶可结士心。亦一解。后反复寻究始得之。盖应劭曰："曲阜在鲁城中，委曲长七八里。"郦道元曰："阜上有季氏宅，宅有武子台，台西北二里为周公台，周公台南四里许为孔庙，即夫子之故宅也。"然则今知得孔庙所在，则可以知季氏宫，由季氏宫又可想像而得长府地。（《四书释地》41 页）

　　日·中井积德：是地，旧有府而小，未有长名。今因其弊坏当新之，遂长大之，增于旧规，于是乎，称为长府也。若非旧府地，不得旧贯之语，但据长字，曰为，曰改作也。（《论语逢源》208 页）

　　清·刘宝楠：诸说略有异同，惟阎氏得之，而义亦未尽，盖府自是藏名。……鲁之长府，自是在内，而为兵器货贿所藏。鲁君左右多为季氏耳目，公欲伐季氏而不敢发，故居于长府，欲藉其用，以伐季氏，且以使之不疑耳。昭公伐季氏，在廿五年，孔子时正居鲁，则知鲁人为长府，正是昭公居之，因其毁坏，而欲有所改作,以为不虞之备。但季氏得民已久,非可以力相制,故子家羁力阻其谋。宋乐祁知鲁君必不能逞,而闵子亦言"仍旧贯",言但仍旧事,略加缮治,何必改作? 以讽使公无妄动也。《论语》书之曰"鲁人",明为公讳,且非公意也。当时伐季之谋,路人皆知,闵子所言,正指其事。然其词微而婉,故夫子称其"言必有中"也。(《论语正义》452 页)

杨树达:春秋时上不恤民,故孔子修《春秋》于筑作多讥之。孔子之说,犹闵子之义也。孔门师弟自对时政立言,非谓凡治国者不必改作也。汉以后人皆不知此义,殊可惜也。(《论语疏证》261 页)

杨伯峻:"鲁人"的"人"指其国的执政大臣而言。此"人"和"民"的区别。(《论语译注》114 页)

李炳南:鲁人为长府,是将长府改建。长府为鲁国财货武器聚藏之所,在鲁君宫内。为长府,不是单纯的改建房屋,而是别有企图。鲁人,古注不一,应指鲁君而言,但此文不言鲁君,而言鲁人,是学《春秋》笔法。……刘氏(辑者案:指刘宝楠)此说较为可从,但鲁人也可以指昭公以后的鲁君。昭公伐季氏不成,反被逐往齐国,此后鲁国的三桓之家,目中愈鲁君,愈使鲁君不能忍受,所以《八佾篇》里有哀公问社于宰我一章,此处为长府,指为他的计策,当然也说得通。但此时鲁君一举一动都逃不过三家的监视,若伐季氏,必蹈昭公的覆辙,所以闵子以"仍旧贯"之言,暗示其以维持现状为愈。由这一言,一则保住鲁君,一则使鲁国免于祸乱,所以孔子称赞他不言则已,言必正合时中。(《论语讲要》216 页)

林觥顺:为长府:为是做,建造。长是久远,是长治久安。仍旧贯:贯是贯穿或串连,可因所需而延伸其长。故仍旧贯,可释作仍然延用旧府库。(《论语我读》193 页)

黄怀信：“长府”，长大之府，较旧府为长，故曰长府。（《论语新校释》263 页）

刘兆伟：鲁人，鲁国人，即鲁国有的人。当然此鲁人需是有大夫身份的人。为长府，为府长，做府的官长。即鲁国某大夫荣任管理财政的官长。府，收藏财货的地方叫府，引申为管理财政的衙门。新上任的官长破坏了原有礼制，自作主张强行改制。（《论语通要》235 页）

李零：长府，可能是鲁昭公的一所大型仓库，或他的离宫别馆。古人把聚藏财物之所叫府，不叫仓库。仓是粮仓，库是武库，和府不一样。（《丧家狗——我读〈论语〉》213 页）

孙钦善：为：指翻修。府：藏货财的处所叫府。长府：鲁国藏所名。据《左传》昭公二十五年载，鲁昭公曾居长府以伐季氏。（《论语本解》137 页）

> 辑者案：郑玄对“长府”的解释可参，后人发挥，不出郑玄樊篱。以孙钦善解为明确。长府之“长”，读 cháng。

（2）闵子骞曰：“仍旧贯，如之何？何必改作？”

梁·皇侃：云“闵子骞曰”云云者，子骞讥鲁人也。仍，因也。贯，事也。言为政之道，因旧事自是，如之何何必须更有所改作耶？如之何，犹奈何也。（皇侃《论语集解义疏》卷六·8 页）

清·惠栋：仍旧贯，《释文》云：“《鲁》读仍为仁，今从《古》。”扬雄《将作大匠箴》曰：“或作长府，而闵子不仁。”用《鲁论》也。（《论语古义》6 页）

清·翟灏：按鲁人改作长府，因季氏恶昭公也。《左传》昭公二十五年：“公居长府，伐季氏，入之。孟氏、叔孙氏共逐公徒，公逊于齐。”长府，盖鲁君别馆，稍有畜积扞御、可备骚警之所。季氏恶公恃此伐己，故于已事后率鲁人卑其闳闳，俾后此之为鲁君者不复有所凭恃，其居心宁可问乎？闵子无谏净之责，能为婉言讽之，则自与圣人强公弱私之心深有契矣。如是说经，似尤觉圣贤见义之大，含旨之深。罗氏《路史·禅通纪》曾旁论及是，而语焉未详，窃申而备之。（《四书考异》条考十三·6页）

清·王闿运：扬雄说鲁作长府，闵子不仁，盖以为不仁于旧君也，今谓旧贯，旧习也。仍旧不改，鲁君亦不能胜季氏。痛恨之词。（《论语训》卷下·5页）

杨润根：改作：突然作出增长的改变。"改"的本意是指那种积极的增加、增长和进步性的变革或变化。"作"有突然的行为与偶然的想像之意。（《发现论语》272页）

黄怀信：［校］仍旧贯而可，"而可"旧作"如之何"，改从定州简本。"而"、"如"古同音，盖传写"而"误为"如"，又增"之"字而成今貌。下夫子曰"言必有中"，则闵子骞之言不为问句可知。（《论语新校释》263页）

何新：［原文］鲁人为长府。闵子骞曰："仍旧贯，如之何？何改？改作？"［注释］何改，倒置语，即问改变什么。此指改变税赋。（《论语新解——思与行》141-142页）

孙钦善：贯：事。鲁国人翻修长府。闵子骞说："照老样子怎么样？为什么一定改建呢？"孔子说："这个人不讲话则已，一讲话一定切中要害。"（《论语本解》137页）

袁庆德：但是，"仍旧贯"这个短语并不是"继续使用旧的东西"的意思，而是"沿袭旧的传统或规矩"的意思，所以，闵子骞并不是主张继续使用旧的国库，而是主张沿袭旧国库的造型和规模。（《论语通释》195页）

辑者案：从孙钦善说。句意明白，似无争议之必要。

(3)夫人不言，言必有中

魏·王肃：言必有中，善其不欲劳民更改作也。（皇侃《论语集解义疏》卷六·7页）

梁·皇侃：夫人指子骞也。言子骞性少言语，言语必中于事理也。（皇侃《论语集解义疏》卷六·8页）

清·王闿运："子曰：夫人不言"，言人不敢言也。"言必有中"，中季氏之隐也。此闵子所以必在汶上。（《论语训》卷下·5页）

程石泉：考孔子生于鲁襄公二十二年，卒于鲁哀公十六年，终其身鲁君已失国政于三桓，鲁人欲为长府，当在定公之时。……闵子骞明见三桓之不易去，鲁君之昏暗无可为，故曰："仍旧贯如之何，何必改作？"孔子赞之曰："夫人不言，言必有中。"盖以其深知当日之政情，因闵子骞之言，袪三桓之疑窦而使定公得安于其位也。（《论语读训》191页）

林觥顺：夫人是有成就的人，有知识的人，是合乎情理适中的人。也可释作成竹在胸的人，不言则已，言必语惊四座。（《论语我读》193页）

张晓芒、毕富生：应该说，"言必有中"是言语行为中的恰当性原则，它要求言语行为必须要符合道理，在孔子那里，则是要求符合周礼。（《孔子"正名"思想的语用学意义及社会功用》，《孔子研究》2008年第2期）

　　　　辑者案：以上诸论，当以王肃、皇侃所言为平实可信。

11.15　子曰："由之瑟，奚为于丘之门？"门人不敬子路。子曰："由也升堂矣，未入于室也。"

汉·马融：子路鼓瑟，不合《雅》、《颂》。（邢昺《论语注疏》147页）

宋·邢昺：此章言子路之才学分限也。……"子曰：由也升堂矣，未入于室也"者，以门人不解，故孔子复解之，言子路之学识深浅，譬如自外入内，得其门者。入室为深，颜渊是也。升堂次之，

子路是也。今子路既升我堂矣，但未入于室耳，岂可不敬也？（邢昺《论语注疏》148页）

宋·朱熹：程子曰："言其声之不和，与己不同也。"《家语》云："子路鼓瑟，有北鄙杀伐之声。"盖其气质刚勇，而不足于中和，故其发于声者如此。……门人以夫子之言，遂不敬子路，故夫子释之。升堂入室，喻入道之次第。言子路之学，已造乎正大高明之域，特未深入精微之奥耳，未可以一事之失而遽忽之也。（《四书章句集注》126页）

金·王若虚：夫子路之为人，门人知之亦熟矣，鼓瑟一事，虽夫子所不取，亦未为大过也，而遽不敬焉，何好恶之轻乎？盖其所以不敬者不独在此也，当是两章。（《论语辨惑》卷三·2页）

明·蔡清：此当以由字对丘字看。丘之所尚者，中和也，而由之瑟则不中和，故程子曰："言其声之不和，与己不同也。"言此以药子路，欲其变其刚强之气习也。盖人于音乐最有不容以伪为者，心动于气，气发于声，所谓得之于心，而应之于手者也。使子路因夫子之言，而欲改其北鄙杀伐之声，亦自养心养气，始夫子之言，固不专为鼓瑟也。（《论语蒙引》卷三·13页）

清·宦懋庸：愚按门、堂、室皆所谓造圣贤之域也。夫子教人和平中正，造其域者气质悉化。子路陶淑虽久，其生性不近春温，而近秋杀，故于鼓瑟之顷偶流露焉，而夫子戒之。堂者，礼法之地。室者，晏安之地。曰升曰入皆以人所行者言之。（《论语稽》卷十一·8页）

清·陈浚：子路气质刚猛，平时弹瑟也带杀伐声音，孔子说他道："像由这样弹瑟，粗厉不和，何以在我的门下，竟有这般声调？"门人见孔子常说子路短处，想是子路学问平常，因此不甚敬重他。孔子因又说道："凡人学问有三层境界：起初下手寻得个路径，定了一生趋向，可比才进门的样子；到后来学问长进，见识广大，心术光明，可比上了厅堂的样子；及至学到纯熟，那些精微深奥的道理，无不透澈，可比进了房屋的样子。如今由的学问已造到正大光明地步，只是精奥道理尚未十分透澈，可比已升厅堂，不过未入房室，也就很不容易了，你们如何可以轻慢得他呢？"（《论语话解》卷六·6页）

　　韩·金彦钟：《自撰墓志铭》云："升堂者，堂上之乐，雅、颂是也。入室者，房中之乐，二南是也。子路之瑟，能为雅、颂，而不能为二南，故夫子设喻也。"……

　　茶山此辨，痛驳旧说之谬。……

　　案：子路之冤案，大白于此。采信北鄙杀伐之声说者，可谓不知而为之解者也。日竹添光鸿（公元 1842～1917）《论语会笺》云："夫子就子路鼓瑟一事，讨出其心术精微处以警之。盖将进之室也。……原是警省语，不是鄙薄语，不必增入北鄙中和等语。"可谓茶山之同调。

　　茶山以为夫子之责子路，以其鼓瑟不合《周南》、《召南》故也。……茶山以为子路所不能为之《周南》、《召南》，乃房中之乐；所能为之雅、颂，则堂上之乐。茶山云："一读此注（指马注），爽然自失。然其说，雅而未精，不敢尽从者，诚以雅、颂不过为堂上之乐，而孔子既许子路以升堂，则子路之所不能，非雅、颂也。……总之，子路之瑟能谐雅、颂之歌而不能为南音，故孔子曰：'由也，升堂矣！未入于室。'能善雅、颂，斯亦多矣，门人小子，何敢不敬。此夫子之旨也。子路之不能南音者，以诸乐之中，南音最难。……孔子之门，最先务者二南，而子路之瑟，全不谐合，故曰：'由之瑟，奚为于某之门。'子路非狂人，忽以北鄙杀伐之声，奏之于夫子之前，有是理乎？"

又茶山以为升堂入室,非喻学识深浅。以为喻学识深浅之义者,马融、皇侃、邢昺、朱子等皆是也。

茶山以为始斥之以门,故喻之以堂室。彼非喻入道之深浅,乃以瑟之造诣言之。云:"升堂入室,总以瑟言。瑟之造诣,亦有浅深,学术全礼,非所论也。四科十哲,子路与焉。子路者,孔门之高弟。邢乃曰唯颜子入室,岂不安矣。门人以鼓瑟一事,不敬子路。若于此时,又闻未入室一语,则雪上加霜,把薪救火,其不敬益以甚矣,安在其为子路解说也。惟许其雅颂而不许其二南,然后门人之敬,庶有胜于前日矣。"

茶山此论,精密无遗,可谓雪子路之冤,而较近于夫子原意者也。(《朝鲜丁若镛论语说之精义》,《孔子诞辰 2540 周年纪念与学术讨论集》2363—2365 页)

董子竹:这话实是说,你们别看我对子路屡下狠手,实是由于子路经得住我的猛锤狠钳,你们这些人还不够资格呢!(《论语正裁》283 页)

林觥顺:奊为于丘之门:是"于丘门之为奊"的倒插,意思是在丘门中之佼佼者。奊的本义,许慎云大腹也。古奊豰通,豰,生三月豚,腹奊奊貌。故曰奊,大腹也。豚生三月就大腹奊奊,是喻进展神速,内涵丰富。不敬子路:不读同丕,丕者甚大也。是说同学们非常尊敬子路。(《论语我读》194 页)

黄怀信:"瑟",指弹瑟的技艺风格。"奊为于丘之门",言其与己之瑟风不合。(《论语新校释》264 页)

何新:瑟,缩也,愚笨。旧注多直解即瑟,古代的乐器,和琴同类。长八尺一寸,广一尺八寸,二十七弦。(《论语新解——思与行》142 页)

杨润根:瑟:……这里的瑟的意义是比喻性的,它指的是子路

那套激进而又粗放的道德与政治理论。(《发现论语》272页)

　　辑者案：邢昺、朱熹所言为优。

11.17 季氏富于周公，而求也为之聚敛而附益之。子曰："非吾徒也。小子鸣鼓而攻之，可也。"

　　汉·孔安国：冉求为季氏宰，为之急赋税也。(皇侃《论语集解义疏》卷六·9页)

　　梁·皇侃：云"季氏富于周公"者，季氏，鲁臣也。周公，天子臣，食采于周，爵为公，故谓为周公也，盖周公旦之后也。天子之臣地广禄大，故周公宜富。诸侯之臣地狭禄小，季氏宜贫。而今僭滥，遂胜天子臣，故云"季氏富于周公"也。(皇侃《论语集解义疏》卷六·9页)

　　宋·邢昺："季氏富于周公"者，季氏，鲁臣，诸侯之卿也。周公，天子之宰、卿士，鲁其后也。孔子之时，季氏专执鲁政，尽征其民。其君蚕食深宫，赋税皆非己有，故季氏富于周公也。(邢昺《论语注疏》148页)

　　明·蔡清：声其罪，谓宣其罪于众，使人共知之。古人刑人于市，与众弃之，亦此意。鸣鼓者，盖鼓所以号众也，故为声其罪。所谓扬于王庭之意。范氏"冉有以政事之才施于季氏"，此句最好，盖尝因是推之。(《论语蒙引》卷三·16页)

　　清·江声：富，采地所入多也，诸侯之卿不得侔于天子之卿，乃季氏四分鲁国有其二，采地数倍于前，多于王朝卿士，故曰"富于周公"。称天子之卿相形，明其踰侈无度尔。周公非谓封于鲁者，若鲁之周公，鲁国之外尚有邢采地，周之外犹有，凡蒋茅胙祭皆周公之富，以其所应得而不有富名，季氏有鲁之半，安得与之相校？且记臣之恶而斥及君之先祖，其咎不仅拟于伦也。(《论语竢

质》卷中·15页)

清·胡绍勋:《疏》说不得《注》义。《注》释敛为赋税,即以急字释聚字。据《尔雅·释诂》,训敛为聚,聚与敛字异义同。孔氏非谓聚有急义,盖谓聚即骤之省文借字也。《说文》训骤为马疾行,引伸其义,凡言疾皆可云骤。如《一切经音义》九引《国语》贾《注》云"骤,疾也",疾与急同义,故《素问·气交变大论》"其变骤注"《注》以为骤雨急注。聚与骤古字通用,如《周官·兽医注》云"节,趋聚之节也",趋聚即趋骤。《释文》亦云"聚本作骤",可证此经骤为本字,聚为借字。孔氏知其字聚而义骤,因以急字解之,不明破字而隐正其读,正见汉人注义之精。邢氏未知孔氏以急字释聚字即以释骤字,而于急赋税下复以聚敛财物一语足之,一若注中急字为赘文,则《注》义反因《疏》说而晦。不然以聚敛为复语,敛即聚也,聚敛亦国家常事,即求为季氏聚敛亦家臣职任茧丝所当为,夫子何以罪之,且使小子鸣鼓以声其罪乎?窃意求为季氏理财,虽不至于横征,亦不能遵先王缓征之法,值穷迫而急赋税犹可言也,以季氏富于周公,复以赋税为急,则其罪无可辞矣。聚敛即骤敛,《大学》"聚敛之臣"仿此。(《论语拾义》卷二·1页)

清·刘宝楠:"季氏富于周公"者,周公封鲁,取民之制,不过什一,自后宣公税亩,已为什而取二。季氏四分公室,已取其二,量校所入,逾于周公赋税之数,故曰"季氏富于周公"。(《论语正义》455页)

清·俞樾:"季氏富于周公",孔曰:周公,天子之宰卿士。《正义》曰:鲁其后也。樾谨按:此周公非周公旦也。拟人必以其伦,以季氏而拟周公,非其伦矣。所谓周公,乃春秋时之周公,如周公黑肩、周公阅是也。盖欲言季氏之富,而但举晋韩魏齐陈氏之属与之比较,则本为同列,即富过之亦不足深罪,故必曰富于周公,以见季氏以侯国之卿，而富过于王朝之宰也。《泰伯篇》"如有周公之才之美"，孔《注》曰："周公者，周公旦。"《正义》曰："以春秋之世，别有周公。恐与彼相嫌，故注者明之。"然则孔《注》于此章不曰周公旦，明是春秋时之周公，《正义》乃曰"鲁其后也"，失经意，且失《注》意矣。"而求也为之聚敛而附益之"，孔曰：冉求为季氏宰，为之急赋税。樾谨按：以聚敛为急赋税，诬贤者矣。《尔雅·释诂》曰："敛，聚也，"是聚敛二字同义。《大学》曰："财聚则民散，财散则民聚。"窃谓冉有为季氏聚敛乃民聚而非财聚也。盖冉子为季氏宰，必为之容民蓄众，使季氏私邑民人亲附，日益富庶，《礼》曰："竹声滥滥以立会，会以聚众。"君子听竽笙箫管之声，则思畜聚之，臣若冉有者，可谓畜聚之臣矣，故孔子以为可使治赋。若惟是急赋税而已，曾是以为治赋乎？《孟子》曰："求也为季氏宰，无能改于其德，而赋粟倍他日。"盖人民日众，田野日辟，故计一岁所赋之粟倍于他日。赵岐《注》以为多敛赋粟，非也。冉有之罪正与辟草莱任土地者同科。犹云吾能为君辟土地，充府库，今之所谓良臣，古之所谓民贼也。君不向道，不志于仁而求富之，是富桀也。以富桀罪冉子可也，以为多敛赋粟则非。古之所谓民贼者，尚不至此，而况冉子乎？（《群经平议》卷三十一·2页）

钱穆：周公：此乃周公旦次子世袭为周公而留于周之王朝者。周、召世为周王室之公，犹三桓之世为鲁卿。今季氏以诸侯之卿而富过于王朝之周公。子曰非吾徒也：子曰二字宜在本章之首，今移在此，则非吾徒也四字语气更见加重。（《论语新解》290页）

乔一凡：周公封鲁，此言周公。指鲁君也。（《论语通义》175页）

金良年：周公：泛指在周王朝任职的王族。（《论语译注》123页）

郭海文、黄金贵：孔子的指令，从性质论，是为诉责，伸张正义，"声其罪以责也"（郑玄注），犹如击鼓直诉；以方式言，是主动讨伐进击，犹如击鼓进攻。故孔子之言"鸣鼓而攻之"，实由当时刑法、军事之礼制使然。从"鸣鼓"一语可窥见孔子对冉求不义之举嫉恶如仇、势不两立的态势。由此，"鸣鼓而攻之"的准确译法，当是：击鼓诉罪而谴责他（冉求）。(《〈论语〉新诂》，《台州师专学报》1998 年第 4 期)

　　杨润根：周公：这里不是特指周公旦，而是泛指西周时任何一位获得了公爵爵位的人，这些获得了公爵爵位的人大多数同时又是整个西周联邦内各个邦国的最高统治者，其中周公旦曾升任为西周联邦的最高行政长官。敛：繁体字为"斂"，由一个"合"（省）、二个"口"，二个"人"和一个"攵"构成，其意思是在一个社会共同体（"合"）内，每一个人都只理性地追求并享受着自己所应得的那一份。因此，"斂"的意思就是在一个社会共同体内只满足于享受自己所应得的那一份的人的行为或行为准则。聚：这个字本来由"取"和"众"字构成，其意思是取于众人，或向众人获取，这也许是古代集合社会财富，或向众人融资的一种方式。(《发现论语》273 页)

　　林觥顺：富于周公：周公旦受封而有鲁国，故周公之国即鲁国，富于周公，是说在鲁国最富。非吾徒：非是左右反背，有违背义，徒是受业门徒，徒也是徒击，有教训义。非吾徒，一般多释不是我的学生，笔者释有违我的教训，比较幽雅又富人情味。可也：可肯同音，也是可的本义。是肯改过为止。或言适可为止。(《论语我读》195 页)

　　黄怀信："周公"，疑当指鲁君、鲁国公室。旧或以为周公旦，然季氏与周公旦无可比性，且周公旦亦未闻其富。或以周公黑肩、周公阅之类说之，然黑肩等亦未闻其富。(《论语新校释》266 页)

　　何新：周公，非鲁周公。公，王也。公古音翁，与王音通。此指王室。(《论语新解——思与行》143 页)

李里:但他叫弟子"鸣鼓攻之",实际也是让弟子们去劝导冉有,不要让冉有进一步堕落下去。所以在严厉的言辞背后是孔子对弟子的深深关爱。(《论语讲义》191页)

陆忠发:可见,战国末年之前,"小子"都是对地位极高的人的称呼。……自称"予小子"是相对其尊贵的父亲的自谦之称,表达的是我虽尊贵,但还不如父亲尊贵之意。所以供职于诸侯国的大夫的嗣子,就没有资格称为"小子"了。大夫之子尚且不能称为"小子",孔子又怎么会称其弟子为"小子"呢?……那么,孔子所说的"小子"指谁呢?鲁哀公时季氏专权,冉求做了季氏的家臣。我以为孔子所说的"小子"应该就是指鲁哀公。再说,鸣鼓而攻之,就是讨伐,这岂是几个门人所能做的事情?(《〈论语·先进〉"小子"解》,《孔子研究》2007年第4页)

辑者案:该章的关键字眼,在于"周公"、"鸣鼓而攻之"。关于"周公",当以皇侃、邢昺、钱穆说为是;至于"鸣鼓而攻之",当以郭海文、黄金贵等说为准确。

11.18 柴也愚,参也鲁,师也辟,由也喭。子曰:"回也,其庶乎!屡空。赐不受命,而货殖焉,亿则屡中。"(辑者案:辟,皇疏本为"僻";喭,定州简本"献";亿,皇《疏》本为"忆")

(1)柴也愚,参也鲁,师也辟,由也喭

汉·孔安国:鲁,钝也。曾子迟钝也。(皇侃《论语集解义疏》卷六·10页)

汉·马融:子张才过人,失在邪辟文过也。(皇侃《论语集解义疏》卷六·10页)

汉·郑玄:子路之行,失于呰喭也。(皇侃《论语集解义疏》卷六·10页)

魏·何晏：愚，愚直之愚也。（皇侃《论语集解义疏》卷六·10页）

梁·皇侃：云"柴也愚"者，此以下评数子各有累也。柴，弟子也，其累在于愚也。王弼云："愚，好仁过也。"云"参也鲁"者，参，曾参也。鲁，迟钝也。言曾子性迟钝也。王弼云："鲁，质胜文也。"云"师也僻"者，师，子张也。子张好文其过，故云僻也。王弼云："僻，饰过差也。"云"由也喭"者，由，子路也。子路性刚，失在吷喭也。王弼云："喭，刚猛也。"（皇侃《论语集解义疏》卷六·10页）

宋·邢昺：旧注作"吷喭"，字书"吷喭，失容也"。言子路性行刚强，常吷喭失于礼容也。今本吷作畔。（邢昺《论语注疏》149页）

宋·郑汝谐：子羔执亲之丧，泣血三年，未尝见齿，其心虽无伪，必有固而不通者。曾参三省吾身，至于任重而道远，皆自鲁而得之。子张堂堂而僻。由也，行行而喭。僻，迂而过也。喭，易其言也。四子皆失之偏，偏去则空，空则无所倚著。回也，其庶于此乎？曰屡空，犹有所未空，与不远复之意同。若子贡之失在于不受命，命犹夷。子曰命之矣，谓赐于夫子之教命犹未能受，徒聚闻见以为己得。聚之多如货殖焉，以其闻见而亿度，亦能屡中，其中也，非空空然洞见至理，故有时而不中也。此皆极诸子之失而警悟之，参之鲁，赐之亿度乃初学之事。一贯之理，皆以语之，盖二人已忘其初矣。（《论语意原》卷三·5页）

宋·朱熹：愚者，知不足而厚有余。《家语》记其"足不履影，启蛰不杀，方长不折。执亲之丧，泣血三年，未尝见齿。避难而行，不径不窦"。可以见其为人矣。……鲁，钝也。程子曰："参也竟以鲁得之。"又曰："曾子之学，诚笃而已。圣门学者，聪明才辩，不为不多，而卒传其道，乃质鲁之人尔。故学以诚实为贵也。"尹氏曰："曾子之才鲁，故其学也确，所以能深造乎道也。"……僻，便辟也。谓习于容止，少诚实也。……喭，粗俗也。传称喭者，谓俗论也。杨氏曰:"四者性之偏,语之使知自励也。"吴氏曰:"此章之首,脱'子曰'二字。"或疑下章子曰,当在此章之首,而通为一章。(《四书章句集注》127页)

宋·张栻:愚则专而有所不通,鲁则质而有所不敏,辟则文烦,喭则气俗,此皆其气禀之偏。夫子言之,使之因其所偏矫厉而扩充也。然曾子之鲁,其为学笃实,故卒能深造于道,非唯质不足以病之,而适所以成之也。(《南轩论语解》卷六·6页)

清·武亿:马融曰:"子张才过人,失在邪僻文过也。"案:《墨子》"再拜便僻",是便僻与再拜连文,即《汉书·何武传》"坐举方正,召见所举者槃辟雅拜",注服虔曰:"行礼容拜也。"《儒林传》注苏林曰:"张氏不知经,但能盤辟为礼容,盤亦'便'之转。"故子张之辟,朱子《集注》:"辟,便辟也,习于容止,少诚实也。"深得其解。(《论语义证》10页)

清·黄式三:葬不买道,遭卫难不死,愚不终愚。记其愚,所以明圣教也。《集注》引《家语》,见《弟子行》、《致思》二篇,袭《礼·卫将军文子篇》、《檀弓篇》、《说苑·至公篇》诸书掇合之。陆稼书曰:"愚者或不知正理,或不知通变。柴之愚,则专主不知通变说。"……辟,读若《左传》"阙西辟"之辟,偏也,以其志过高而流于一偏也。马《注》以辟为邪僻文过,固非。……式三谓:愚、鲁、辟、喭,以生质言,非言习也。诸经言便辟者谓便习,其盘旋退避之容不可以训辟。戴《礼》所言或谓指堂堂宽大之貌,或谓圣人不以颜貌取人,《礼记》亦后人所坿益。若荀子讥末流之弊,尤不可援以注此《经》也。自书绅励学,后执德宏信,道笃不终于辟矣。……喭,刚猛失容也。……朱子以"喭"同"谚",训粗俗。《子路篇》云"野哉由也",是朱子《注》所据。然彼以一事言之耳。段氏《尚书撰异》曰:"仲氏子可谓之粗,不可谓之俗。岂有见义必为,缊袍不耻,车裘不私,如仲氏子而或以为俗者? 古书所引谚皆老成典型之言。《说文》'谚,传言也',绝无俚俗之解,而从口之字义复绝殊。"式三谓:谚不终谚,本于闻过则喜、承誉则恐也。(《论语后案》308—309页)

清·刘宝楠:窃谓愚、鲁近狷,辟、喭近狂,故夫子愿与之进于礼乐也。(《论语正义》457页)

黄焯:"柴:仕佳、巢谐二反。"佳,宋本同,蜀本作"皆"。案:作佳是也。"畔:普半反,本今作'畔'。"判,宋本同。卢本改作叛,考证云叛旧作叛,是因偏旁相近而误。邢作畔,非。焯案:作叛、作畔皆为不误。叛喭,联绵字,《诗·皇矣》作"畔援",《玉篇》作"伴换",《汉书·序传》作"畔换",即跋扈之意,正作字奰,亦即奰屓,亦作彭亨。(《经典释文汇校》707页)

方骥龄:"柴也愚":古代文字,偏傍或左或右,如邻陹二字是也。亦可上下移,如惕悐二字是也。更可倒转,如由用二字是也。本章愚字,疑为惄字之误……《家语》记子羔足不履影,启蛰不杀,方长不折。执亲之丧,泣血三年。其为人一如"惄"字涵义,作忧字解。"愚"字似不当作愚直解。"参也鲁":……然则所谓鲁字本义,实即淳朴之义。……鲁本义并为嘉。嘉,美也。疑本章孔子所谓"参也鲁",犹言"参也美",殆美曾子也。"由也喭":《说文》中无喭字。……疑本章喭为"嘫"字之误。按《说文》:"嘫,遮也。"段注:"广韵,嘫,多语之貌。然则遮者,谓多言遏遮人言也。"《论语》中记子路,每不加思考,率尔发言,抢先说话而遏遮他人之言,颇合"嘫"字之义。故疑本章喭字似为嘫字传写之误。(《论语新诠》314页)

钱逊:辟:有两种解释:一,偏,邪;二,只注意外表形式而内心不诚实叫辟。喭:音 yàn 燕,鲁莽,粗鲁。也有的解释为刚猛。

（《论语浅解》178 页）

南怀瑾：柴，姓高，字子羔，少孔子三十岁。这评论不一定是孔子亲自说的，是后来门人的记载。其中说高子羔这个人比较"愚"，照现在话来说就是笨，但并不是我们普通说的笨。朴拙一点、举止比较迟缓就近愚，不完全是笨的意思。……第二个是"参也鲁"，"鲁"和"愚"看起来好像差不多。……我们说鲁就是笨，这说法错了。鲁是在愚的当中又带点直，而直的当中又不粗暴，慢吞吞的为鲁。"师也辟"，子张比较有点固执，有了学问的人，多半易犯这个毛病，大致文人也多固执，这样看不惯，那样看不起。这里所讲的子张有点特殊的个性，就谓之辟。"由也喭"，这个"喭"与"谚"相通，就是土佬，很俗气、很粗糙的相似形态。子路做事比较粗暴，讲话也比较豪放。（《论语别裁》508—509）

李炳南：柴也愚：……愚直，呆板而已，人品却很好。……参也鲁：……迟钝是不够敏捷，但曾子用功勤恒，如"吾日三省吾身"，以及笃学忠恕之道，终于弥补其缺点，获大成就。师也辟：……辟不宜作邪僻解，说子张文过，也找不出根据。作偏，或作开张讲，皆通。由也喭：……邢《疏》"字书，呃喭，失容也"。……以上四子，各有一失，不得其中。（《论语讲要》218 页）

刘兆伟：愚，非愚昧之愚，乃愚朴、诚实朴厚。……鲁，非鲁莽之鲁，又非笨拙，而是诚实朴厚之中的正直。非激烈的刚直。……辟，偏辟，偏激，过激。……喭，粗俗也。其实质此喭字应是粗俗中狡黠之辩。（《〈论语〉章句直说——兼及孔子因材施教与知人善任》，《沈阳师范大学学报》2004 年第 2 期）

高思新：本文认为辟与"僻"通，与郭沫若观点同，但并不是指偏于博爱容众这方面，而是指子张性格偏僻怪异，与众不同。（《〈论语〉中"师也辟"考辨》，《学术论坛》2004 年第 9 期）

黄怀信:[训译]高柴愚蠢,曾参迟钝,颛孙师偏激,仲由浮躁。
(《论语新校释》268页)

　　辑者案:愚,愚直;鲁,鲁钝;辟,偏僻怪异;喭,鲁莽粗俗。

(2)子曰:"回也,其庶乎! 屡空。"

魏·何晏:言回庶几圣道,虽数空匮,而乐在其中矣。赐不受
教命,唯财货是殖,亿度是非。盖美回,所以励赐也。一曰:屡犹
每也。空犹虚中也。以圣人之善道,教数子之庶几,犹不至于知
道者,各内有此害。其于庶几每能虚中者,唯回。怀道深远,不虚
心,不能知道,子贡虽无数子病,然亦不知道者,虽不穷理而幸中,
虽非天命而偶富,亦所以不虚心也。(皇侃《论语集解义疏》卷六·10页)

梁·皇侃:记者上列四子病重于先,自此以下引孔子,更举颜
子精能于后,解此义者凡有二通。一云:庶,庶几也。屡,每也。
空,穷匮也。颜子庶慕于几,故遗忽财利,所以家每空贫而箪瓢陋
巷也。故王弼云:"庶几慕圣,忽忘财业,而数空匮也。"又一通云:
空,犹虚也。言圣人体寂,而心恒虚无累,故几动即见。而贤人不
能体无,故不见几,但庶几慕圣,而心或时而虚,故曰屡空。其虚
非一,故屡名生焉。故颜特进云:"空非回所体,故庶而数得。"故
顾欢云:"夫无欲于无欲者,圣人之常也。有欲于无欲者,圣人之
分也。二欲同无,故全空以目圣。一有一无,故每虚以称贤。贤
人自有观之,则无欲于有欲;自无观之,则有欲于无欲。虚而未
尽,非屡如何?"太史叔明申之云:"颜子上贤,体具而微,则精也,
故无进退之事,就义上以立屡名。"按:其遗仁义,忘礼乐,隳支体,
黜聪明,坐忘大通,此忘有之义也。忘有顿尽,非空如何? 若以圣
人验之,圣人忘忘,大贤不能忘忘。不能忘忘,心复为未尽。一未
一空,故屡名生也焉。(皇侃《论语集解义疏》卷六·11页)

唐·韩愈:一说:屡犹每也,空犹虚中也。此近之矣。谓富不

虚心,此说非也。吾谓回则坐忘遗照,是其空也。赐未若回每空,而能中其空也。(《论语笔解》卷下·2 页)

宋·朱熹:庶,近也,言近道也。屡空,数至空匮也。不以贫穷动心而求富,故屡至于空匮也。言其近道,又能安贫也。(《四书章句集注》127 页)

明·蔡清:屡空是因回之贫而见其安贫,货殖是因赐之富而见其求富,屡空只当"贫"字,货殖只当"富"字。(《论语蒙引》卷三·18 页)

清·俞樾:屡字,《说文》所无,古字止作娄,《说文·女部》:"娄,空也,从毋中女,娄空之意也。"娄空二字即本此经,盖古语有如此,而许君犹及知之也。凡物空者无不明,故以人言则曰离娄,《孟子》离娄之明是也,以屋言则曰丽廔。《说文·囧部》曰:"窗牖丽廔,闿明。"是也。离与丽皆娄字之双声,长言之曰离娄,曰丽廔,实即娄空之义而已。孔子以娄空称颜子,盖谓颜子之心通达无滞,亦若窗牖之丽廔闿明也。终日不违,无所不说,并其证也。《史记·伯夷列传》"回也屡空,糟糠不厌",是史公已不达屡空之旨。何氏前一说盖以经师旧说,故首列之。其后一说则以旧义未安,而自为之说。虽于屡字未得其解,而意稍近之矣。回之娄空与赐之億则屡中正相对。娄空者,通达无滞,故闻一知十也。億则屡中者,推测而知,故闻一知二也。"屡中"之"屡"依古字亦止作娄,而义则有异训数训每可施于下娄字,不可施于上娄字也。(《群经平议》卷三十一·3 页)

清·王闿运:空匮不足称空,空亦无用。屡、娄,古今字。娄空,言虚心也。有不善,未尝不知;知之,未尝复行。其殆庶几易之道也,中虚故无世俗之过。(《论语训》下卷·7 页)

黄焯:"屡空:力从反。"从,宋本同,蜀本作纵。岳珂《经传沿革例》称"《论语》'屡空'空音力纵反",是岳所见本亦作纵。吴云寻《类篇》、《集韵》"空"字并无力从、力纵之音,疑北宋本《释文》与南宋本不相应。又案:各家说屡空者,不外空匮、虚空二义,空字均不得有力纵等音。钱大昕曰:《阅谈平阶读论语一篇》云:"《释文》屡空力从反,似空有龙音,予检《诗·释文》屡盟、削屡、娄丰三条,皆音'力住'反,乃知'力从'为'力住'之讹,陆氏为屡音,非为空音也。"案:以音义求之,钱说最为近理。然据钱说,德明止为屡字作音,必确知德明读空如字,而后可使德明读空为空乏,则力纵反或为口纵、苦纵之讹,说亦可通,终莫能断也。黄云空有龙音,以豅谾同字说之则解矣。又云龙亦有喉音,龚弄是也。然此处屡空无须特为异音,疑力纵终为口纵之讹。（《经典释文汇校》707页）

杨伯峻:世俗把"空"字读去声,不但无根据,也无此必要。"贫"和"穷"两字在古代有时有些区别,财货的缺少叫贫;生活无着落、前途无出路叫穷。"空"字却兼有这两方面的意思,所以用"穷的没有办法"来译它。（《论语译注》116页）

李炳南:庶乎,是差不多的意思。屡空,《集解》有两说。一说颜子庶几圣道,虽数空匮,而乐在其中。一说屡犹每,空犹虚中,因为不虚心,则不能知道。两说应以后说为是,圣人体寂,其心常虚而无累,所以孔子空空如也,颜子未到圣人地位,所以其心屡空。如依前说,颜子屡贫,如箪瓢陋巷,固然合乎事实,但孔子空空,便须解释为经常贫穷,便与事实不合,故以后说为是,屡空是说颜子已近乎圣道。（《论语讲要》219页）

刘兆伟:但孔子又极明晰地指出,颜回屡空。学得再好,再得道,但摆脱不了贫穷,也是个大问题。这实质是揭示了读书好、修养好的颜回,缺少社会活动能力,缺少实践的本事。这本身是对颜回式的读书好的学生的深刻剖析,也是对自己教的反省。（《〈论

语〉章句直说——兼及孔子因材施教与知人善任》,《沈阳师范大学学报》2004 年第
2 期)

程石泉:《尔雅·释言》:"娄,贫也。"今作"屡空",必因形近而
误。后儒以"屡空"一辞不可解,于是妄生歧见,殊背常理。(《论语
读训》193 页)

文选德:关于"庶乎"。"庶"意即差不多。这里的"庶乎"是赞
扬颜回的学问、道德都不错吧。(《〈论语〉诠释》466 页)

林觥顺:其庶乎屡空:庶乎是庶几乎是差不多,庶几都有微
义。屡空即娄空累空,是完全空。其庶乎屡空,是说颜回完全没
有愚、鲁、辟嗒。(《论语我读》196 页)

何新:庶,卓。(《论语新解——思与行》144 页)

李零:我怀疑,"庶"是"度"的通假字。"度"音 duó,有测度、意
度之义,字形与庶有关,《说文·又部》说是从又庶省声,庶是书母
鱼部字,度是定母铎部字,读音极为相近,疑是通假字。"度"与
"臆"同义,"屡空"与"屡中"相反,前后正好对称,意思是说,颜回
命舛,度事屡空,子贡相反,臆则屡中。(《丧家狗——我读〈论语〉》216 页)

杨朝明:庶:庶几,差不多。一般用在赞扬的场合。(《论语诠解》
105 页)

辑者案:该章的关键字眼,在于"庶"和"屡空",多数学者
都将"庶"解作相近、差不多,将屡空解作空匮、贫穷。然与下
文"屡中"联系起来理解,"屡空"似以李零说为优。关于"庶"
字,"庶几"说为优。《辞源》:"庶几:《易·系辞》曰:'颜氏之
子,其殆庶几乎。'《正义》:'言圣人知几,颜子亚圣,未能知
几,但殆近庶慕而已。'几,微也。知几即察微。后遂以庶几
指好学而可以成材的人。汉王充《论衡·别通》:'夫孔子之
门,讲习五经,五经皆习,庶几之才也。'《三国志·吴张昭传

附张承》:‘勤于长进,笃于物类,凡在庶几之流,无不造门。’”

(3)不受命

魏·王弼:命,爵命也。憶,憶度也。子贡虽不受爵命而能富,虽不穷理而幸中,盖不逮颜之庶几。轻四子所病,故称“子曰”以异之也。(皇侃《论语集解义疏》卷六·11页)

梁·皇侃:云“赐不受命而货殖焉”者,此孔子又评子贡累也。亦有二通:一云:不受命者,谓子贡性动,不能信天任命,是不受命也。而货殖者,财物曰货,种艺曰殖。子贡家富,不能清素,所以为恶也。又一通云:殷仲堪云:“不受娇君命。”江熙云:“赐不荣浊世之禄,亦几庶道者也。虽然,有货殖之业,恬愉不足,所以不敢望回耳。”亦曰不受命者,谓子贡不受孔子教命,故云不受命也。(皇侃《论语集解义疏》卷六·11页)

明·蔡清:贫富有命,而子贡却留心于家计,故夫子谓其不受命。不受命而货殖只一般,陈氏谓“货殖是不知安贫,不受命是不知乐道”,殆非也。盖受命则不货殖矣,货殖则不受命矣,语意相唤应,不必分看。赐不受命而货殖焉,此正与屡空相反,而其不得为近道也,又不待言矣。(《论语蒙引》卷三·18页)

清·刘宝楠:命谓禄命也。古者四民,各习其业,未有兼为之者,凡其所业,以为命所受如此也。子贡学于夫子,而又货殖,非不受命而何?(《论语正义》458页)

清·俞樾:子贡之贤何至不受教命?何氏此解不可通也。不受命而货殖自是一事。古者商贾皆官主之,故《吕氏春秋·上农篇》曰:“凡民自七尺以上属诸三官,农攻粟,工攻器,贾攻货。”高诱注曰:“三官,农、工、贾也。”以《周礼》考之,质剂掌于官,度量纯制掌于官,货贿之玺节掌于官。下至《春秋》之世,晋则绛之富商韦藩木楗以过于朝,郑则商人之一环必以告君大夫,盖犹皆受命于官也。若夫不受命于官，而自以其财市贱鬻贵，逐什一之利，是谓不受命而货殖。《管子·乘马篇》曰："贾知贾之贵贱，日至于市而不为官贾。"此其滥觞欤？盖不属于官，即不得列于太宰之九职，故不曰商贾，而曰货殖。子贡以圣门高第，亦复为之，陶朱、白圭之徒由此起也。太史公以货殖立传而首列子贡，有开必先，在子贡固不得而辞矣。（《群经平议》卷三十一·4页）

清·王闿运：言赐颖悟不待教也。（《论语训》卷下·7页）

章太炎：然则不受命而货殖焉者，谓不因师教自能货殖，见其天姿善于此尔。稷之播种、禹之懋迁亦天姿善此，非有所褒，亦无所贬也。（《广论语骈枝》11页）

杨伯峻：此语古今颇有不同解释，关键在于"命"字的涵义。有把"命"解为"教命"的，则"不受命"为"不率教"，其为错误甚明显。王弼、江熙把"命"解为"爵命""禄命"，则"不受命"为"不做官"，自然很讲得通，可是子贡并不是不曾做官。《史记·仲尼弟子列传》说他"常相鲁卫"，《货殖列传》又说他"既学于仲尼，退而仕于卫，废著鬻财于曹鲁之间"，则子贡的经商和做官是不相先后的。那么，这一说既不合事实，也就不合孔子原意了。又有人把"命"讲为"天命"（《皇疏》引或说，朱熹《集注》），俞樾《群经平议》则以为古之经商皆受命于官，"若夫不受命于官而自以其财市贱鬻贵，逐什一之利，是谓不受命而货殖"。两说皆言之成理，而未知孰是，故译文仅以"不安本分"言之。（《论语译注》116页）

钱逊：赐不受命，而货殖：货殖，做买卖。对命字有不同解释：一，天命；二，禄命，不受命就是不做官；三，古代经商都要受命于官，子贡则是没有受命于官而自己去做买卖，所以叫不受命而货殖。（《论语浅解》179页）

孙钦善：不受命：有几种说法：一说不受禄命，而子贡并非不曾做官;一说不受教命,即不专守士业,而兼从商,违背士农工商各习其业的原则,似可通;一说不受天命,与颜回安贫乐道成对比,与下文"亿则屡中"亦相呼应,故近理;一说不受官命而以私财经商,因古时商贾皆官主之,如《吕氏春秋·上农篇》说:"凡民自七尺以上,属诸三官,农攻粟,工攻器,贾攻货。"亦持之有据。今参考后三种说法译作"不安身立命"。(《论语本解》138页)

  辑者案:"不受命"应理解为"不受禄命"。子贡不做官而去经商,货财不断增加,度事屡屡命中。

(4)而货殖焉,亿则屡中

梁·皇侃:此亦有二通。一云:憶,谓心憶度事宜也。言子贡性好憶度是非,而屡幸中,亦是失也,故君子不憶不信也。又一通云:虽不虚心如颜,而憶度事理必亦能屡中也。(皇侃《论语集解义疏》卷六·11页)

唐·韩愈:"货"当为"资","植"当为"权",字之误也。子贡资于权变,未受性命之理,此盖明赐之所以亚回也。(《论语笔解》卷下·2页)

宋·朱熹:货殖,货财生殖也。億,意度也。言子贡不如颜子之安贫乐道,然其才识之明,亦能料事而多中也。(《四书章句集注》127页)

清·焦循:此文简奥,宜以"不受命"三字为之枢。皇《疏》引殷仲堪云:"不受矫君命。"江熙云:"赐不荣浊世之禄,亦庶几道者也。虽然有货殖之业,恬愉不足,所以不敢望回耳。"两说于受命为合。揆《论语》此文,谓颜子不受禄命,则贫而至于屡空。子贡不受禄命,则货殖而屡中。相较回也,其庶几乎。"货殖"上用一"而"字,明从"屡空"作转。同一不受禄命,回不货殖故屡空,赐货殖而屡中,故不屡空。两"屡"字亦相呼应。不善货殖者,损折亦能屡空,赐则能屡中,谓如其所億度而得赢余也。回非不能货殖屡中,其至于屡空,本不货殖以得赢余,故空乏也。先提起"其庶乎"三字,下文倒装互发,周秦之文,往往如此,而此文尤其灵妙者也。何氏以不受命为不受教命,辞义遂不可达。(《论语补疏》卷二·4页)

清·王闿运:货殖谓多学而识,如人之积货也。億,盈也。积学既盈亦能中道,回虚而赐实也。(《论语训》卷下·7页)

清·陈浚:孔子说:"回平日学道,他与道似乎近了。他家景极贫,屡次遇着食用俱空。若不是他求道有得,焉能毫不动心呢?至于赐,他不能听受天命,耐守贫穷,定要把那财货生殖一番。这是他不及回处,但他极是聪明人,若使他揣度事理,却往往十中八九,所以我门下若论天资,除了回也就算赐了。"(《论语话解》卷六·8页)

董子竹:子贡没有被诸侯受命专门理财,却一富再富,他对商业的判断屡屡成功。(《论语正裁》278页)

李炳南:子贡不接受天命,即是不顺乎自然,而货殖营利,把心放在财富上,以致不能空其心,但不为财富所迷,所以是億则屡中。皇本億作憶。皇《疏》说:"子贡虽不虚心如颜子,而憶度事理,必亦能屡中。"子贡有时研究大道,也能领悟,只不能继续而已。(《论语讲要》219页)

黄怀信:[校]而资□焉,旧作"而货殖焉"。韩李《笔解》云:"'货'当为'资'字之误。"其说是。"殖",疑当是"睿"字之类,后人不知"货"字误而误改。《笔解》以为"权"字之误,不可取。……[释]"资",资质。"睿",聪睿。旧以货殖说之,无义。(《论语新校释》267页)

辑者案:从朱熹说。

　　11.19 子张问善人之道。子曰:"不践迹,亦不入于室。"子曰:"论笃是与,君子者乎? 色庄者乎?"

　　(1)子张问善人之道。子曰:"不践迹,亦不入于室。"

　　汉·孔安国:践,循也。言善人不但循追旧迹而已,亦少能创业,然亦不入于圣人之奥室。(邢昺《论语注疏》150页)

　　唐·韩愈:孔说非也,吾谓善人即圣人异名尔,岂不循旧迹而又不入圣人之室哉? 盖仲尼诲子张言善人不可循迹而至于心室也。圣人心室惟奥、惟微,无形可观,无迹可践,非子张所能至尔。(《论语笔解》卷下·3页)

　　唐·李翱:仲尼言由也升堂未入于室,是心地也,圣人有心有迹,有造形有无形,堂堂乎子张诚未至此。(《论语笔解》卷下·3页)

　　宋·郑汝谐:子张好为苟难而失之过,故以践迹告之。迹者,循是以进也。礼仪三百,威仪三千,待其人然后行,若曰三百三千皆迹也,欲舍是而径造其奥,皆狂者之所为也。(《论语意原》卷三·6页)

　　宋·朱熹:善人,质美而未学者也。程子曰:"践迹,如言循途守辙。善人虽不必践旧迹而自不为恶,然亦不能入圣人之室也。"张子曰:"善人欲仁而未志于学者也。欲仁,故虽不践成法,亦不蹈于恶,有诸己也。由不学,故无自而入圣人之室也。"(《四书章句集注》127页)

　　元·陈天祥:善人不能入室,盖亦就其资禀而言,非有关于学不学也。今言质美而未学,善人亦岂皆不学乎? 又循途守辙,人所常谈。盖言守死法而不知变通也。程子以践迹为循途守辙,不践迹乃是不循途守辙,而能不拘死法,达乎事权变通之道也。果如此,则有可以入室之理,不可谓不入于室也。大抵善人之体,惟能以柔谨自守而无行义达道之资。虽至为邦百年,才可以胜残去杀，终不能致雍熙之化者，正由循途守辙不能从宜适变，所以不入于室也。所谓虽不践旧迹者，盖又指古之遗训所以法则后人者，是为旧迹也。若不践履此迹，则是不循规矩，违理妄行，岂得谓之善人哉？夫中庸之道，虽不离于旧迹，亦不拘于旧迹，须能从宜适变乃得其中。善人虽不得中道，然于旧迹亦不可直言不践也，只以文理观之，上文即言不践旧迹，其下止可言，故不入于室。"亦"字乃是反上句之意，与"旧"字全不相应。若言不践恶人之迹，亦不入圣人之室，则亦字之文为是。然经中本无"恶"字，意脉创加其文亦是曲说。"不践迹"三字义实难明，不可强解。（《四书辨疑》卷六·8页）

日·龟井鲁：践迹，犹曰守旧轨。入于室，犹曰达于道。皆形容假设之辞。（《论语语由》191页）

清·孔广森：言问善人之道，则非问何如而可以为善人，乃问善人当何道以自处也。故子告以善人所行之道当效前言往行以成其德。譬诸入室，必践陈除堂户之迹，而后可循循然至也。盖有不践迹而自入于室者，唯圣人能之。尧舜禅而禹继、唐虞让而殷周诛是也。亦有践迹而终不入于室者，七十子之学孔子是也。若善人上不及圣，而又非中贤以下所及，故苟践迹，斯必入于室，若其不践迹，则亦不能入于室耳。（《经学卮言》卷四·8页）

清·黄式三：善人，志能行善者也。"不践迹"，据孔子国注，旧迹有不宜因循者，善人不践也。程子所谓不循前人之弊以守之也，言善人之所以善也。"不入于室"，贬其止于善人也。一扬一抑，其品章矣。近解谓成法宜践而不践，二句皆贬辞。（《论语后案》311页）

清·刘宝楠：《汉书·刑法志》："孔子曰：'如有王者，必世而后仁。善人为国百年，可以胜残去杀矣。'言圣王承衰拨乱而起，被民以德教,变而化之,必世然后仁道成焉。至于善人,不入于室,然犹百年胜残去杀矣。"据《志》此言,以善人指诸侯言。上篇言"圣人、善人吾不得见之",彼言"善人",义亦同也。王者以德教化民,制礼作乐,功致太平。若善人为邦百年,仍不能兴礼乐之事,故仅可胜残去杀。若仁道尤未能成,所谓"不入于室"也。《汉志》所云,于义亦通。(《论语正义》460页)

清·王闿运:"子张问善人之道",教人为善之道,言不能学而欲善者。"子曰:不践迹,亦不入于室",言不知古事,亦不能入道,学不可以已也。(《论语训》卷下·7页)

清·陈浚:子张问善人为人道理是如何,孔子说道:"那善人天生美质,他自然能知向善,不必要学前贤的榜样。可比那行路的人,不必践踏前人脚迹,自然识得路径一般。但善人天资虽美,不曾下过功夫,于圣贤精奥道理也不能十分透澈,就像那行路人,虽然识得路径,只在屋外行走,不曾入到屋里来的一般,这就是善人的为人了。"(《论语话解》卷六·8页)

清·陈澧:有何注、皇疏、邢疏、朱注皆非者。"子张问善人之道"章,谓善人不能入室,然则何谓道乎?(阎百诗《四书释地二续》已疑之。)……陈厚甫先生云:"此言善人之道,当践迹乃能入圣人之室。如不践迹,亦不能入室。言质美未可恃也。"澧谓此章必如此解乃通。王无功《答陈道士书》云:"君子相期于事外,岂可以言语诘之哉?仲尼曰:'善人之道,不践迹。'老子曰:'夫无为者,无不为也。'释迦曰:'三灾弥纶,行业湛然。'"此误解"不践迹"三字,遂混于老释之说,故说经不可不慎。(《东塾读书记》卷二·19页)

钱穆:不践迹,亦不入于室:善人质美,行事一本天性,故能不践迹,犹谓不照前人脚印走路,即不依成法。此言其未经学问,虽亦能善,而不到深奥处。见美质有限,必学问始无穷。(《论语新解》

293 页）。

方骥龄：《论语》中子张所问，多与为政有关，疑本章"善人之道"之"道"字，当作治字义解。善人之道，似即为政之道、治人之法也。孔子所谓善人，殆今人言"职业军人""职业外交家"，虽无中心信仰，但在治事冈位上必能克尽其职责，又能变通事宜之达于权者也。但以言乎进取则不足矣。按室窒二字相通假，疑本章"不入于室"即"不入于窒"之谓。孔子之意，殆谓治人之道虽不必遵循旧轨，但变通之时，必须合法、合理、合情，不可入于窒碍难通之境。（《论语新诠》318 页）

乔一凡：善，可欲也。善人，正人也。践，履也。迹是前人之德行经验，践迹，即是模仿前人之德行、吸收前人之经验也。室，堂之内也。（《论语通义》177 页）

周乾溁："不入于室"只是说不要搞得太微妙了，这是个形象的比喻。全章的意思应该是：子张问帮助人改过的方法，孔子说：不紧抓人家的过错，也别挖得太深。（《释"善人之道"章，《孔子研究》1987 年第 3 期）

南怀瑾：怎么叫"不践迹"呢？这个问题我们可以借用道家中庄子所说的"灭迹易，无行地难"来加以理解。……我们只作这样的解释：小偷去行窃，可以戴上手套，手印指印都不留下来，使刑警没有办法侦查，这就是"灭迹"，没有痕迹了。但"无行地难"，人毕竟要靠地来走路，完全不靠地面而能走路，这是做不到的。……由此可知孔子这里的"不践迹"，就是说做一件好事，不必要看出来是善行。为善要不求人知，如果为善而好名，希望成为别人崇敬的榜样，这就有问题。"亦不入于室"，意思是不要为了作好人，做好事，用这种"善"的观念把自己捆起来。（《论语别裁》511－512 页）

邓球柏：善人之道：教人之道，引导学生的方法。践迹：按照一定的路线前进。践：循也。（《论语通解》216页）

李泽厚：[译]子张问如何使人变好，孔子说："不跟着脚步走，也就不能进入室内。"[记]亦可译作"善人"行政的"道"是教人跟着圣人的脚步。如果"善"在此处干脆作动词用，岂不更简明扼要？不从朱注，因善人而未学，不知何所由来？《论语》中另处善人亦无此意。（《论语今读》196页）

李炳南：善人是乐于作善事的人，尚非圣人贤人，但学圣贤，须先学善。善人之道的道字重要，善人要学圣贤，其道如何。孔子答复，如不实践圣贤的足迹，虽学，亦不入于室，不能成为圣人。践迹，就是学习贤人与圣人的行为。（《论语讲要》219页）

赵又春：我认为"不践迹，亦不入于室"是说既不走别人的老路，也不想进入别人都想进入的"室"，即不以达到一般人的目标为满足。这既是对"善人"的描述，但显然更是对"善人之道"的回答。同时，这样理解，全章就完全是表彰善人，不含有对善人的任何贬斥或遗憾之情了（说善人学问道德未到家，是多少带点指责或遗憾的），从而使这章的"善人"与13—11章的"善人"相呼应。那里说"善人为邦百年，亦可以胜残去杀矣"，完全是赞颂善人，这里怎么会说善人道德学问不到家，又带贬意了呢？自然仍是赞扬善人："不践迹"，即有创新精神，"不入于室"，即理想目标比一般人的要高得多。（《我读〈论语〉》279页）

林觥顺：不践迹：不读同丕，甚大。践者履也是步履跟随。迹者足迹。丕践迹，是蚂蟥的吸着战术。就是俗话说的打蛇随棍上，就是紧迫钉人，或以子之矛攻子之盾。亦不入于室：更要得理不饶人，穷追猛攻，使无藏身之地亦丕入于室，有更要深入腹地义。（《论语我读》197页）

黄怀信:不践迹,谓不亦步亦趋、人云亦云。不入室,谓不窥窃人之所有。言善人有主见,自成一家。(《论语新校释》269页)

何新:善人之善,动词,即改善人。(《论语新解——思与行》144页)

刘兆伟:"子张问善人之道"是子张问善人应如何处世,非如何做才能成就善人。孔子说:做好事不留名。做善事不是为了自己的功名利禄,而是为了利他,为了行道。如做善事是为了张扬自己,那么便成了沽名钓誉的手段,非为行善事了,亦非善人之道了。入室,进入一定的深奥层次,达到一定的高标准。此意为亦不受做善事、做善人的标准束缚。(《论语通要》241页

杨朝明:入室:《论语》中多次用此说法,似乎是当时的一种固定的比喻,指学问或者境界的高深之处。(《论语诠解》106页)

胡齐临:直义:子张问做善良人的方法。老师说:"如果不沿着善人治学的轨迹走,其学问和修养就不到家。"(《论语真义》126页)

蔡健清:善人:指本质善良但没有经过学习的人。(《论语解读》193页)

> 辑者案:从孔广森、陈澧说。此句是说,不践前代善人之迹,即效前人的为善之道,也就不能达到为善的高境界。

(2)论笃是与,君子者乎?色庄者乎

魏·何晏:论笃者,谓口无择言。君子者,谓身无鄙行也。色庄者,不恶而严、以远小人者也。言此三者,皆可以为善人也。(皇侃《论语集解义疏》卷六·12页)

唐·韩愈:孔失其义。吾谓论者讨论也。笃,极也。是,此也。论极此圣人之道,因戒子张但学君子,容色庄谨即可以及乎君子矣。(《论语笔解》卷下·3页)

唐·李翱:与,疑辞也;乎,语终也。上句云论笃,此与者,言子张未极此善人也。下句言庄者,欲戒子张检堂堂之过,约归于

君子容貌而已。孔《注》云三者为善人,殊失圣人之本意。(《论语笔解》卷下・4页)

宋・邢昺:"论笃是与"者,笃,厚也。谓口无择言,所论说皆重厚,是善人与?"君子者乎"者,言身无鄙行之君子,亦是善人乎?"色庄者乎"者,言能颜色庄严,使小人畏威者,亦是善人乎?孔子谦,不正言,故云"与"、"乎"以疑之也。(邢昺《论语注疏》151页)

宋・郑汝谐:色庄者,不践履其实也。君子者,躬行而不务外也。论其笃实而与之,抑与君子乎?抑与色庄乎?言必与君子。此又因子张而言也。(《论语意原》卷三・6页)

宋・朱熹:言但以其言论笃实而与之,则未知其为君子者乎?为色庄者乎?言不可以言貌取人也。(《四书章句集注》128页)

宋・蔡节:集曰:论笃者,言之笃厚也(明道程子)。君子,谓言行相称者。色庄,谓外为矫饰,言与行违者(南轩张氏)。夫子以为言论未足以取人也,苟惟论之笃厚者是与?其与君子者乎?其与色庄者乎?色庄者亦固有笃厚之论,如究其实必躬行,君子而后可也(东溪刘氏)。(《论语集说》卷六・8页)

元・陈天祥:君子不以言举人,谓不专信其言,听言未得其实而又必观其行也。不知言,无以知人也,正患不能辨其言之真伪耳。果知其言虚伪不情,则当待为小人而不取;果知其言笃实无妄,则当待为君子而取之。今既明知言论笃实,而乃又有色庄之疑,语言虚伪者既不取,言论笃实者亦不取,则天下之言皆不足信,圣人教人以知言,亦为无用之虚语矣。况言论出于口,颜色在于面,言色两处各不相关。今疑口中言论笃实,恐是面上颜色庄严,亦不可晓。此与上章"不践迹"文皆未详,不敢妄说。(《四书辨疑》卷六・9页)

清・黄式三:笃,厚也。与,许也。言论之笃厚,人以是为可许也。君子者,言厚而心亦厚也。庄,妆之假借字,饰也。言论之可饰,犹采色之可饰,是以谓之色庄。色庄者,心不厚而言厚也。何《解》误。(《论语后案》312 页)

清·刘宝楠:正义曰:"邢《疏》云:此亦善人之道也。故同为一章,当是异时之语,故别言'子曰'也。"案:夫子言"善人不得见之",及此言及"善人",举所见论笃、君子、色庄三者以当之。盖此三者,皆可谓之善人。然容有似是而非者与乎其间,故但为疑辞。或言"与",或言"乎"者,文法之变。(《论语正义》460 页)

清·王闿运:承上又广论教法也。论,讲论也。谆谆诲之,非教之道。(《论语训》卷下·8 页)

杨伯峻:[译文]孔子说:"总是推许言论笃实的人,这种笃实的人是真正的君子呢?还是神情上伪装庄重的人呢?"[注释]论笃是与——这是"与论笃"的倒装形式,"是"是帮助倒装之用的词,和"唯你是问"的"是"用法相同。"与",许也。"论笃"就是"论笃者"的意思。(《论语译注》116 页)

钱逊:论笃是与:论,言论。笃,笃实。与,赞许。对说话笃实表示赞许。(《论语浅解》179 页)

乔一凡:子说言论笃实者,是称许他为君子么?还是称许他颜色庄重呢?(《论语通义》177 页)

黄怀信:[校]亡状者乎,"亡状"旧作"色庄",二字一形误一声误,改从定州简本("亡"字原从"人")。[释]君子者:品行端庄之人。亡状者:品行恶劣之人。[训译]先生说:"(觉得他)言论笃实就赞许,(知道他)是品行端庄的君子呢?还是品行恶劣的小人?"(《论语新校释》269 页)

杨朝明:[诠释]色庄:伪装脸色庄重。[解读]孔子说:"赞许言论笃实的人,但要辨识他是真正的君子呢?还是仅为外表庄重

的人呢?"(《论语诠解》106页)

胡齐临:"色庄者乎"有两种涵义,一是伪装成庄重的人;二是发自内心而又形之于外的、由内而外真正面容庄重的人。(《论语真义》127页)

孙钦善:论笃:言论笃实。与:许。此句即"与论笃"的宾语提前形式,"是"起将宾语提前的作用,或与"唯"字连用。"与论笃"即赞许论笃者为善人的意思。孔子认为不夸夸其谈是仁人的特点之一,参见12·3,13·27,故论笃者可认为是善人。朱熹《论语集注》将这一段话分为另一章,认为与"善人之道"无关,不妥。色庄:容色庄严。这里指故作姿态,伪装君子,参见1·3"巧言令色,鲜矣仁",12·20"色取仁而行违"。……言论笃实的人可以称许他为善人。但也要进一步判断,是真正的君子呢? 还是装模作样的伪君子呢?(《论语本解》139页)

辑者案:杨朝明、孙钦善的解说为胜。上言孔子主张践前代善人之迹,效法古人踏踏实实做善事,下言赞许笃实者,戒人莫做伪君子,这样理解是符合文意的。

11.20　子路问:"闻斯行诸?"子曰:"有父兄在,如之何其闻斯行之?"冉有问:"闻斯行诸?"子曰:"闻斯行之。"公西华曰:"由也问闻斯行诸,子曰'有父兄在',求也问闻斯行诸,子曰'闻斯行之'。赤也惑,敢问。"子曰:"求也退,故进之。由也兼人,故退之。"

(1)闻斯行诸

汉·包咸:赈穷救乏之事。(邢昺《论语注疏》151页)

明·蔡清:冉有问闻斯行之,是必疑其不可。子路问闻斯行之,是必疑其为可,而亦未甚安矣。所问虽同,而所以问则不同,

圣人固不得不异其所答。(《论语蒙引》卷三·19页)

清·黄式三:诸父亦父,长者亦兄,通言之也。陆稼书谓:"凡事必告父兄,非但不敢自专,亦不敢自是。"陆说是也。人不可自恃其才,虽心知其是,必进商于先生长者之前,庶聆老成练达之训,所闻中之似是而非,所行中之先后伦次,皆得其详而后行之也。(《论语后案》312页)

清·王闿运:此盖当时有命,助赈饥民,待食甚急,子路、冉求同仕季氏,有粟可贷,待命以施,故同问发粟之期,当俟众集议耶,便从各家自行也。记者不著其事,文义不明。(《论语训》卷下·8页)

王熙元:听到一件合于义理的事,就立即去做的意思。闻,就是听闻;斯,等于"则"字,"即"字,"就"的意思;诸,"之乎"二字的合音,其中"之"字指所听到的事。(《论语通释》643页)

王缁尘:听见了一件事体,当即去做吗?(《四书读本》200页)

林觚顺:闻斯行诸:斯,许慎云析也,量也。量是轻重多少之数量。斯析从斤,有砍伐打杀义。行是力行执行。诸者辩也,是辨别判别义。闻斯行诸,是一听到有纷争就立刻去处理。(辑者案:林觚顺将原文标点为:子曰:"父兄在,如之,何其闻斯行之。")(《论语我读》198页)

黄怀信:"闻",指闻听正道。"斯",则、就。(《论语新校释》270页)

李零:"斯"是代指某事,内容不详,大概是某种冒险的事,有生命危险,不然,不会提到"有父兄在",可以不可以干。(《丧家狗——我读〈论语〉》216页)

　　辑者案:句意明显:听到就去做吗?

(2)由也兼人

汉·郑玄:言冉有性谦退,子路务在胜尚人,各因其人之失而正之。(邢昺《论语注疏》151页)

宋·朱熹：兼人，谓胜人也。张敬夫曰："闻义固当勇为，然有父兄在，则有不可得而专者。若不禀命而行，则反伤于义矣。子路有闻，未之能行，唯恐有闻。则于所当为，不患其不能为矣；特患为之之意或过，而于所当禀命者有阙耳。若冉求之资禀失之弱，不患其不禀命也；患其于所当为者逡巡畏缩，而为之不勇耳。圣人一进之，一退之，所以约之于义理之中，而使之无过不及之患也"。（《四书章句集注》128页）

明·林希元：史曰："一人兼两人之资，此曰兼人。"亦当依此看。盖一人兼二人之勇，犹云加倍于人。由也，天资刚果，其勇过倍于人。（《四书存疑》卷六·9页）

杨伯峻：兼人——孔安国和朱熹都把"兼人"解为"胜人"，但子路虽勇，未必"务在胜尚人"；反不如张敬夫把"兼人"解为"勇为"为适当。（《论语译注》117页）

金良年：［注释］兼人：一个人做二个人的事，喻好胜。［段意］此章鲜明地体现了孔子"因材施教"的教育方法。同样的问题，由于询问者的情况不同，孔子的答覆也不同，"一进之、一退之。所以约之（约束他们）于义理之中（不偏不倚），而使之无过不及之患（疾病）也"。（《论语译注》125页）

黄怀信："兼人"，指其做事行为兼倍于人，冒进。（《论语新校释》270页）

杨朝明：兼人：好勇胜人。《集解》与《集注》均将"兼人"释为"胜人"。（《论语诠解》107页）

　　辑者案：从朱熹、杨朝明所释。《辞源》："兼人：胜过别人。《论语·先进》：'由也兼人，故退之。'指仲由好勇过人。"

11.21 子畏于匡，颜渊后。子曰："吾以女为死矣。"

曰:"子在,回何敢死?"

(1)子畏于匡,颜渊后。子曰:"吾以女为死矣!"

汉·孔安国:言与孔子相失,故在后。(邢昺《论语注疏》151页)

宋·郑汝谐:后,非相失而适在后,若奔而殿,所以拥护夫子而观其死生也。使夫子诚死于匡人,颜子亦死之乎?兄弟之仇不反兵,交游之仇不同国,况回之于夫子乎?(《论语意原》卷三·7页)

清·朱亦栋:畏字当作"畏威"解,谓勿犯其锋也。考《左》成十七年,温季曰:"逃威也,遂趋。"杜《注》:"凶贼为害,故曰威言可畏也。"则此所云畏匡者亦谓匡人之气焰可畏,夫子勿犯其锋耳。(《论语札记》卷下·1页)

清·王闿运:"子曰:吾以女为死矣",忧其弱不能自免。(《论语训》卷下·8页)

钱穆:子畏于匡:《檀弓》:"死而不吊者三,畏、厌、溺。"厌,同压。畏,乃民间私斗。孔子为匡人所围,亦如一种私斗。(《论语新解》295页)

杨伯峻:孔子在匡被囚禁了之后,颜渊最后才来。(《论语译注》117页)

钱逊:颜渊失散了,后来才逃出来。(《论语浅解》181页)

陈立夫:孔子的面貌很像阳虎。匡邑人受了阳虎的大害,把孔子错认做阳虎。所以孔子在匡邑很有戒心。(《四书道贯》346页)

金良年:孔子在匡邑遇险,颜回落在后面。(《论语译注》126页)

李炳南:子畏于匡的畏字,不作畏惧解,可作被围解。(《论语讲要》221页)

林觥顺:子畏于匡:已见于《子罕》篇。是匡人厌恶孔子。后:迟也,行走迟慢,所以后。吾以女为死矣:女读同汝,你义。死,本是人终尽曰死,经传多以丧葬为死。因人至终尽死后,灵魂与尸

体两分离,故死是离散逃走义,是我以为你失散逃跑了。(《论语我读》199页)

黄怀信:"后",后至、迟到。(《论语新校释》271页)

何新:畏,危也。(《论语新解——思与行》146页)

杨朝明:畏:被拘囚。(《论语诠解》107页)

　　辑者案:关于"畏"字,实为"畏惧"。《子罕》9·5章案语述说较详。关于颜渊"后",是说颜渊失散落在了后面。重逢时,孔子说了句久久担心着的话:我以为你死了。

(2)子在,回何敢死

汉·包咸:言夫子在,己无所敢死也。(皇侃《论语集解义疏》卷六·14页)

梁·皇侃:云"曰子在回何敢死"者,颜渊之答,其有以也。夫圣贤影响,如天降时雨,山泽必先为出云。孔子既在世,则颜回理不得死,死则孔道便绝。故渊死而孔云天丧予也。庾翼云:"颜子未能尽穷理之妙,妙有不尽则不可以涉险津。理有未穷,则不可以冒屯路,故贤不遭圣运,否则必隐;圣不值贤,微言不显。是以夫子因畏匡而发问,颜子体其旨而仰酬,称入室为指南,启门徒以出处,岂非圣贤之诚言互相与为起予者也?"李充云:"圣无虚虑之悔,贤无失理之患,而斯言何兴乎?将以世道交丧,利义相蒙,或殉名以轻死,或昧利以苟生。苟生非存理,轻死非明节,故发颜子之死,对以定死生之命也。"(皇侃《论语集解义疏》卷六·14页)

唐·韩愈:"死"当为"先"字之误也。上文云"颜渊后",下文云"回何敢先",其义自明,无死理也。(《论语笔解》卷下·4页)

唐·李翱:以回德行,亚圣之才,明非敢死之士也。古文脱误,包《注》从而讹舛,退之辩得其正。(《论语笔解》卷下·4页)

宋·朱熹:何敢死,谓不赴斗而必死也。胡氏曰:"先王之制,民生于三,事之如一。唯其所在,则致死焉。况颜渊之于孔子,恩义兼尽,又非他人之为师弟子者而已。即夫子不幸而遇难,回必捐生以赴之矣。捐生以赴之,幸而不死,则必上告天子、下告方伯,请讨以复雠,不但已也。夫子而在,则回何为而不爱其死,以犯匡人之锋乎?”(《四书章句集注》128页)

宋·蔡节:或曰匡人之难,夫子与颜子相失,颜子在后,及至,夫子曰:“吾以女为死矣。”此惊喜之辞也。夫患难之际,先后不相及,死与不死,焉可必哉?然可以死,可以无死,君子不贵于徒死也。夫子不见颜子,虽以为忧,颜子岂不审夫子在否而轻用其死?故曰:“子在,回何敢死!”(《论语集说》卷六·9页)

明·蔡清:谢氏曰:“敢非不敢之敢,乃果敢之敢。”此说恐未然。盖死非难,处死为难,故守死必善道,此孔门之正义也。颜子意谓夫子若不幸而遇难,回便当掷一死矣,今夫子既无恙,则回可以无死,又安敢轻掷一死哉?看来只是不敢之敢,设回当时遽捐其生则为守死,而不足以善其道矣,故曰:子在,回何敢死?(《论语蒙引》卷三·20页)

明·林希元:子在,回何敢死?意含子不在,回何敢不死?此见圣贤不以死为难,以善处死为难。古谓“死有重于泰山,有轻于鸿毛”。子在而死是轻于鸿毛也;子不在而死,子在回何敢死,是重于泰山也。回知夫子之在,以天未丧斯文必之也,道以夫子为存亡。天既爱道,独不爱夫子乎?回以夫子为死生,夫子而生,回其敢以死乎?见得圣贤不以死为重,而以不轻死为重。(《四书存疑》卷六·10页)

清·刘宝楠:《曲礼》云:“父母在,不许友以死。”颜子事夫子犹父,故云:“子在,回何敢死?”……《书传》言“夫子弦歌不辍,曲三终,而匡人解甲,忠信笃敬,蛮貊可行”。此岂阳虎之所能为者?

盖不待夫子自辨,而圣德光箸,匡人已知决非阳虎矣。夫子之不轻于一死,颜子盖真知之,故曰"子在"。而因子在不敢就死,自必潜身远害,或从他道迂行,此其所以相失在后也。惟知子在,故颜子独后;惟颜子独后,而夫子又疑为死。圣贤往迹及其心事,可按文而得之。他说以"死"为"先"字之误,或以"子在"为"在围中","死"为"赴斗",皆不合。(《论语正义》462 页)

王缁尘:曰"子在,回何敢死"者,颜渊对孔子说也。意思是:"你夫子并未死,还在这里,我何敢殉死呢?"(《四书读本》201 页)

董子竹:颜回说这番话的实际含义应是:我还未学到家呢!我这一生只见到你一位明道的,我这一生一定要把你的东西学到手,你还在,我怎么会死呢?(《论语正裁》272 页)

李炳南:孔子知道颜子不会死,"吾以汝为死矣"是一时欢喜的反义语。颜子说"子在",也是知道孔子不会死,所以说"回何敢死"。孔、颜师弟相知之深,由此可以想见。(《论语讲要》221 页)

赵又春:师生两句对话,令人感动。"我以为你死了",实是"我真担心你死了,急死我了"。(《我读〈论语〉》69 页)

　　辑者案:刘宝楠说虽似迂曲,但较其余各家分析合理,可从之。险难之后,师徒重逢,悲喜交加。一问一答,看似玩笑,实为真情流露。

11.22 季子然问:"仲由、冉求可谓大臣与?"子曰:"吾以子为异之问,曾由与求之问。所谓大臣者,以道事君,不可则止。今由与求也,可谓具臣矣。"曰:"然则从之者与?"子曰:"弑父与君,亦不从也。"(辑者案:"曾",定州简本为"增")

(1)吾以子为异之问,曾由与求之问

汉·孔安国:谓子问异事耳。则此二人之问,安足大乎(辑者案:"安足大乎",皇疏本作"安足为大臣乎")?(邢昺《论语注疏》152页)

宋·朱熹:异,非常也。曾,犹乃也。轻二子以抑季然也。(《四书章句集注》128页)

王缁尘:《正义》谓"异"是异人,像颜渊、仲弓之类。邢疏训"曾"为"则"而"异"亦训"异事",即非常的事。至于皇疏虽亦训"异"为"异事",但意思完全与邢、朱不同。他说这两句的意思是:"我以你所问是异事也。何以是异事呢?则因由与求非大臣甚明,而你还问由与求可谓大臣与否,故为异事也。"(《四书读本》202页)

杨润根:曾:想必,本来应该——在本章中,它似乎可以视为"曾"(曾经)的虚拟语态。(《发现论语》279页)

李炳南:我以为你来问特别的事,乃问由、求二人而已。(《论语讲要》221页)

林觥顺:季子然:季氏家族。因冉求子路为季康子家臣,故问。更可探看孔子对季氏家族的政治认同。为异之问:是问之为异,为异是制造分离制造不同。(《论语我读》199页)

杨朝明:[诠释]曾:竟然,原来。[解读]孔子回答说:"我以为你问非常重要的事情,原来只是问子路与冉求呀!"(《论语诠解》108页)

孙钦善:异之问:即问异,问别的。"之"起把宾语"异"提前的作用。曾:乃。……孔子说:"我以为您是在问别人呢,原来是问仲由和冉求啊。……"(《论语本解》141页)

　　　　辑者案:从朱熹、李炳南说。

(2)具臣

汉·孔安国:言备臣数而已。(邢昺疏《论语注疏》152页)

清·刘宝楠:《说文》云:"具,共置也。"《广雅·释诂》:"具,备也。"大夫家臣,当有员数,此二子仕季,亦但备数任职事,不能如

大臣能匡正人主也。(《论语正义》464 页)

李泽厚:孔子答话大概具体有所指,今日难考。"不可则止","止,谓去位不值也"(《论语正义》)。"具臣"是具备臣子的条件、德行,其中之一是忠心服从国君,所以才有后一问。(《论语今读》199 页)

萧民元:历来解"具臣"为"一般的大臣"。笔者觉得不太妥当,而以为"具臣"是已具备了为臣的各种条件之人。(《论语辨惑》127 页)

袁庆德:具臣:像器具一样的臣,只是被动地供人使用,不能自主。(《论语通释》227 页)

杨朝明:[诠释]具臣:备数的臣子。[解读]……所谓大臣,应该用正道辅佐君主,如果做不到就宁肯辞职不干。现在看来,仲由和冉求只可以算是备位充数的臣僚罢了。(《论语诠解》108 页)

孙钦善:具臣:材具之臣,有才干的办事之臣。(《论语本解》141 页)

　辑者案:"具臣",注家多释为备位充数、不称职守之臣,可从。

(3)弑父与君,亦不从也

汉·孔安国:二子虽从其主,亦不与为大逆也。(皇侃《论语集解义疏》卷六·15 页)

梁·皇侃:云"子曰"云云者,答言:虽不谏不止,若君有弑上之事,则二人亦所不从也。孙绰云:"二子者,皆政事之良也,而不出具臣之流,所免者唯弑之事,其罪亦岂少哉? 夫抑扬之教不由乎理,将以深激子然,以重季氏之责也。"缪协称中正曰:"所以假言二子之不能尽谏者,以说季氏虽知贵其人而不能敬其言也。"(皇侃《论语集解义疏》卷六·16 页)

宋·朱熹:言二子虽不足于大臣之道,然君臣之义则闻之熟矣,弑逆大故必不从之。盖深许二子以死难不可夺之节,而又以阴折季氏不臣之心也。尹氏曰："季氏专权僭窃，二子仕其家而不能正也，知其不可而不能止也，可谓具臣矣。是时季氏已有无君之心，故自多其得人。意其可使从己也，故曰弑父与君亦不从也，其庶乎二子可免矣。"（《四书章句集注》129页）

萧民元：这也等于间接的警告了季氏不可盲动。（《论语辨惑》128页）

李炳南：具臣也不好做，应该服从，把事情办好。但在季氏家里，事事服从，便有难题，季氏在鲁国三家权臣中权力最大，上欺君，下欺民，大有阴谋篡位之嫌。孔子不答从或不从，但讲何事能从，何事不能从，所以说："弑父与君，亦不从也。"意思是说，一切事可以顺从，但如季氏弑鲁君，由、求绝不顺从。（《论语讲要》222页）

　　　　辑者案：朱熹注解颇为完善。

11.23 子路使子羔为费宰。子曰："贼夫人之子。"子路曰："有民人焉，有社稷焉。何必读书，然后为学？"子曰："是故恶夫佞者。"

（1）贼夫人之子

汉·包咸：子羔学未熟习，而使为政，所以贼害人也。（皇侃《论语集解义疏》卷六·16页）

晋·张凭：季氏不臣，由不能正，而使子羔为其邑宰。直道而事人焉，往不致弊；枉道而事人，不亦贼夫人之子乎？（皇侃《论语集解义疏》卷六·16页）

宋·朱熹：贼，害也。言子羔质美而未学，遽使治民，适以害之。（《四书章句集注》129页）

清·梁章钜：张氏甄陶曰："此非言子羔不能治费也，家门邑宰不足行道，徒使废学，不能成德，是贼害之。"（《论语旁证》卷十一·

17页)

南怀瑾：子路作了这件事，孔子非常不高兴，所以他说"贼夫人之子！"这是骂人的话，而且骂得很厉害，以现代语言来说，就是"简直不是人，你这个小子！"这句话不只是骂子羔，同时也骂子路。(《论语别裁》518页)

黄怀信："夫人"，那人，指子羔之父。子羔年龄小，尚未学成，故言。(《论语新校释》273页)

杨朝明：[诠释]贼：害。[解读]孔子说："他的学业还没有完成，这是误人子弟呀！"(《论语诠解》108页)

　　辑者案：包咸、朱熹、杨朝明三家解说近似，可从。

(2)是故恶夫佞者

汉·孔安国：疾其以口给应，遂已非而不知穷者也。(皇侃《论语集解义疏》卷六·16页)

晋·缪协：子路以子羔为学艺可仕矣，而孔子犹曰不可者，欲令愈精愈究也，而于时有以佞才惑世窃位要名，交不以道，仕不由学，以之宰牧，徒有民人社稷，比之子羔则长短相形。子路举兹以对者，所以深疾当时，非美之也，夫子善其来旨，故曰是故恶夫佞者，此乃斥时，岂讥由乎？(皇侃《论语集解义疏》卷六·17页)

宋·郑汝谐：言足以折人之口，而不足以服人之心，皆佞也，非德言也。(《论语意原》卷三·7页)

宋·朱熹：治民事神，固学者事，然必学之已成，然后可仕以行其学。若初未尝学，而使之即仕以为学，并不至于慢神而虐民者几希矣。子路之言，非其本意，但理屈辞穷，而取辨于口以御人耳。故夫子不斥其非，而特恶其佞也。(《四书章句集注》129页)

南怀瑾：孔子说"是故恶夫佞者"。这个"佞"就是强辩、拍马屁、迷信、自以为是、愚而好自用的人，都属于佞。(《论语别裁》518页)

李炳南:恶是厌恶。佞是佞口,能敏捷的将无理说为有理。
《论语讲要》223页)

杨朝明:[诠释]佞,强辩的人。[解读]孔子说:"所以,我最厌恨那些强词夺理的人。"《论语诠解》108页)

辑者案:朱熹、杨朝明解为优。

11.24 子路、曾皙、冉有、公西华侍坐。子曰:"以吾一日长乎尔,毋吾以也。居则曰:'不吾知也。'如或知尔,则何以哉?"子路率尔而对,曰:"千乘之国,摄乎大国之间,加之以师旅,因之以饥馑,由也为之,比及三年,可使有勇,且知方也。"夫子哂之。"求,尔何如?"对曰:"方六七十,如五六十,求也为之,比及三年,可使足民。如其礼乐,以俟君子。""赤,尔何如?"对曰:"非曰能之,愿学焉。宗庙之事,如会同,端章甫,愿为小相焉。""点,尔何如?"鼓瑟希,铿尔,舍瑟而作,对曰:"异乎三子者之撰。"子曰:"何伤乎? 亦各言其志也。"曰:"莫春者,春服既成,冠者五六人,童子六七人,浴乎沂,风乎舞雩,咏而归。"夫子喟然叹曰:"吾与点也!"三子者出,曾皙后。曾皙曰:"夫三子者之言何如?"子曰:"亦各言其志也已矣。"曰:"夫子何哂由也?"曰:"为国以礼,其言不让,是故哂之。""唯求则非邦也与?""安见方六七十如五六十而非邦也者?""唯赤则非邦也与?""宗庙会同,非诸侯而何? 赤也为之小,孰能为之大?"

(1)以吾一日长乎尔,毋吾以也。居则曰:不吾知也

汉·孔安国:言我问女,女无以我长故难对。(邢昺《论语注疏》

153 页）

明·王衡：谓毋吾以为不我用，甚径捷，且有"虽不吾以"可证。（程树德《论语集释》798 页）

清·刘宝楠："毋吾以"者，"毋"与"无"同，皇本作"无"。"以"，用也。言此身既差长，已衰老，无人用我也。《释文》云："吾以，郑本作已。"郑谓"毋以我长之故，已而不言"。已，止也。义似纡曲。夫子自言身老，若四子则年力未衰，宜为世用。故就其平居所发论诱之尽言，以观其才志何如耳。（《论语正义》466 页）

清·王闿运：《史记·弟子列传》不言晳、参一家，此别一曾点也。毋，无。以，用也。言己老矣，明王不兴，终不见用，已无当世之志也，时使曾点鼓瑟，盖闻瑟而有感。（《论语训》卷下·10 页）

清·沈涛：如孔《注》则当云"毋以吾"，不当云"毋吾以"。《释文》以郑本作"已"，必《古论语》如是。康成《注》虽不可考，疑当作"止"训，盖谓无以吾故止而不言耳。何本作"以"，当必《鲁论》如是。安国传《古论》不应反同于《鲁》，非伪而何？（《论语孔注辨伪》卷下·3 页）

清·康有为：言我虽年少长于汝，然汝勿以我长而退让不言。欲尽言以观其志。圣人和气谦德，于此亦可见矣。（《论语注》172 页）

程树德：以释为用，与下"则何以哉"以字相应，于义为长，较旧义似胜。《论语集释》798 页

王熙元：一日长乎尔，一日，犹如一点，一些，形容年长不了几岁；这是孔子在弟子面前的自谦之辞。《论语通释》657 页

邓球柏：吾以（毋吾以也）：任用我。《论语通解》220 页

贾齐华：在"毋吾以也"中，"毋"是表禁止的否定副词，相当于"不要"，"以"正是动词"已"的通假字，词义正是"拒绝"；"吾"是"以"的宾语，表示"我的问话"，正是与言语有关的语词，只是语序

有些变化,因在否定句中做代词宾语而置于动词之前。从字面上说,"毋吾以也"表示不要拒绝我的问话。但理解起来不能如此坐实,可以稍加变通,理解为:不要有所顾忌地回答我的问话。(《"毋吾以也"正诂》,《山东师范大学学报》1998 年第 1 期)

李泽厚:孔子说:"我不过大你们几岁,不要顾虑我是老师。你们平常说,'没有人了解我',如果有人了解,想干什么事情呢?"(《论语今读》200 页)

李炳南:"以吾"的"以"字当因字讲。"毋吾以也"的"毋"字与"无"字通用,"以"字当用字讲。这一节,大意是说,因我年纪比你们长一些,我已无用了,但你们年纪还轻,现在闲居时,常说"无人知我",但或有人知道你们,那你们"则何以哉",将如何办事呢?(《论语讲要》224 页)

黄怀信:毋吾以也:"以",借为"隐",瞒也。(《论语新校释》276 页)

金知明:居,平日里;则,转折副词;(《论语精读》143 页)

李零:"毋吾以也"是"毋以吾也"的倒装,正如下文"不吾知也"其实是"不知吾也"的倒装,承上文为读,这里是说,不要拿我比你们年长当回事。"居则曰",居是时常、动不动的意思。(《丧家狗——我读〈论语〉》219 页)

李培宗:毋以也:不敢说话。(《论语全解》182 页)

　　辑者案:李零的分析独到深入,可从。

(2)子路率尔而对曰:"千乘之国,摄乎大国之间,加之以师旅,因之以饥馑。由也为之,比及三年,可使有勇,且知方也。"夫子哂之(辑者案:"率尔而对曰",皇《疏》本作"卒尔对曰")

汉·包咸:摄,迫也。迫于大国之间。(邢昺《论语注疏》153 页)

汉·马融:哂,笑。(邢昺《论语注疏》153 页)

魏·何晏:率尔,先三人对。(邢昺《论语注疏》153 页)

梁·皇侃：云"子路卒尔而对"者，《礼》："侍坐于君子，君子问，更端则起而对，及宜顾望而对。"而子路不起，又不顾望，故云卒尔对也。卒尔，谓无礼仪也。（皇侃《论语集解义疏》卷六·19页）

宋·朱熹：率尔，轻遽之貌。摄，管束也。二千五百人为师，五百人为旅。因，仍也。谷不熟曰饥，菜不熟曰馑。方，向也，谓向义也。民向义，则能亲其上、死其长矣。哂，微笑也。（《四书章句集注》130页）

清·翟灏：按"率"字，诸字书训义颇多，独未有以"轻遽"为训。若"卒"之读仓末切者，《广韵》却训"急遽"，皇本作"卒尔"，与《孟子》"梁襄王卒然"义正相合，今之作"率"，似因形近致讹。（《四书考异》条考十三·11页）

清·刘宝楠：正义曰：《曲礼》"笑不至矧"，郑《注》："齿本曰矧，大笑则见。"《释文》："矧，本又作哂。"是"哂"与"矧"同。宋氏翔凤《过庭录》："《说文》：'弞，笑不坏颜曰弞。从欠，引省声。'《说文》无'哂'字，作'弞'为正，'矧'是假藉。凡笑以至矧为度，过此则坏颜，且失容，故曰'笑不坏颜'，非微笑之谓。曾皙亦以夫子有异常笑，故问之尔。"（《论语正义》468页）

清·俞樾：《礼记·曲礼》："侍于君子，不顾望而对非礼也。"《注》曰："礼尚谦也，不顾望而对，若子路帅尔而对。"（《论语郑义》17页）

清·俞樾：摄犹籥也。《说文·竹部》："籥，箝也。"徐锴《系传》曰："今俗做镊。"然则"摄"之通作"籥"，犹"籥"之俗作"镊"也，《周官·司弓矢职》郑《注》曰："并夹矢籥也"，是籥有夹义，籥乎大国之间，犹云夹乎大国之间。包《注》未得。（《群经平议》卷三十一·5页）

清·康有为：哂，大笑也。"哂"与"矧"同。《曲礼》"笑不至

矧",郑《注》:"齿本曰矧,大笑则见。"(《论语注》173页)

李泽厚:子路立即回答说:"千辆军车的国家,夹在大国的中间,外有别国军队的威胁,内有巨大的饥荒。要我来干,只要三年,就可以使老百姓勇敢无畏,而且明白道理。"孔子微微一笑。(《论语今读》200页)

李炳南:"比及三年",比作"案验"讲,案验三年治理的成绩,可使军民有作战的勇气,而且知道义方。也就是知礼义之道。……哂是笑,含有训诫的意思。(《论语讲要》224页)

程石泉:按于文理"因"字乃"困"字之讹。盖因形近而误。(《论语读训》199页)

李零:皇疏本作"卒尔"……这里,还是以作"率"为是。"率尔而对"是不假思索、脱口而出的回答。"摄乎大国之间",摄是夹处之义。(《丧家狗——我读〈论语〉》219页)

杨朝明:[诠释]哂(shēn):微微一笑,含有轻蔑的意味。按照古代的礼貌规定,回答者应左右观望,看看有没有其他人发言。而子路却"率尔而对",旁若无人,毫不谦让,脱口而出。因此孔子哂之。(《论语诠解》109页)

　　　　辑者案:从朱熹、李零说。

(3)非曰能之,愿学焉。宗庙之事,如会同,端章甫,愿为小相焉

汉·郑玄:宗庙之事,谓祭祀也。诸侯时见曰会,殷见曰同。端,玄端也。衣玄端,冠章甫,诸侯日视朝服也。小相谓相君礼者。(皇侃《论语集解义疏》卷六·18页)

清·胡绍勋:宗庙之事,祭祀在其中,独此经不得指祭祀,宜主朝聘而言。下言"如会同"者,会同不在庙而在坛,举宗庙不言朝聘,举会同不言坛坫,皆互文见义。如"不见宗庙之美、百官之

富”，言宗庙可该礼器，言百官可该朝廷也。（《四书拾义》卷二·5页）

　　清·黄式三：《玉藻》“朝服以日视朝于内朝”，郑君《注》曰：“朝服，冠元端素裳也。”《正义》申之曰：“案《王制》云‘周人元衣而养老’，《注》云：‘元衣，素裳。’天子之燕服，为诸侯朝服。彼《注》曰‘元衣’，则此元端也。若以素为裳，则是朝服。此朝服素裳皆得谓之元端，故《论语》云‘端章甫’，《注》云‘端，元端’，诸侯朝服。若上士以元为裳，中士以黄为裳，下士以杂色为裳，天子、诸侯以朱为裳，则皆谓之元端，不得名为朝服也。”邢《疏》本之，较皇《疏》为明憭也。《礼》之言“元端”者甚多，此用于宗庙、会同之相礼者，《礼》大夫元冕祭，于公服宜元端，其会同之相礼亦用元冕而宜元端也。名之曰端者，《司服》郑君《注》云：“士之衣袂皆二尺二寸而属幅，是广袤等也，其祛尺二寸，是谓端。”又《礼·王制》：“三公一命卷。”《正义》曰：“谓之端者，以外之服，其袂三尺三寸，其祛尺八寸，元端则袂二尺二寸，祛尺二寸。端，正也。以幅广二尺二寸，袂广二尺二寸，与之正方，故云元端也。”又曰：“凡在朝，君臣上下同服，但士服则谓之元端，袂二尺二寸故也。其大夫以上则皆侈袂，袂三尺三寸故也。”陈氏《礼书》云：“深衣之袂圆，长衣之袂长，余衣之袂侈，则元端之袂端可知矣。”此皆据郑君义也。服用元端而冠用元冕者，章甫本弁属，夏曰牟追，周曰委貌，而殷曰章甫。盖大夫不服冕者，礼宜用委貌之弁，而章甫、委貌，礼无大异，取其为丈夫之美称，而委貌亦通以章甫名。皇《疏》谓朝服用委貌，不知经言“章甫”即周委貌，对言则异，浑言则通也。大戴《礼》：“武王端冕而受丹书。”《乐记》：“魏文侯端冕而听古乐。”此端衣之用于冕也。《冠礼》：冠者，元端。缁布冠既易服，服元冠、元端。《特牲礼》：“主人冠端元。”《内则》：“子事父母，冠、绥、缨、端、韠、绅。”此端衣之用于冠也。《春秋传》：“刘定公曰：‘吾端委以治民。’”董安子曰:"臣端委以随宰人,晋侯端委以入武宫,晏平仲端委以立虎门。"与此章"端章甫"皆端衣之用于弁者也。"端章甫",即《传》所谓"端委"也。(《论语后案》321页)

清·王闿运:宗庙之事,助天子祭祖庙也。诸侯服玄端,冠委貌。言章甫者,嫌直,同今诸侯托言殷时耳。如,及也。会同,皮弁服,不言者从可知也。小相,承摈也。华本以应对国客为能,兼欲赞大礼也。(《论语训》卷下·11页)

王熙元:如会同:如、与"如五六十"的"如"相同,或者的意思。古代诸侯朝见天子称会,诸侯约同相见称同。或以为"会同"是许多诸侯相会聚,而会聚在坛坫,不在宗庙;"坛坫"是诸侯相见时周旋、行礼的地方。端章甫:端指玄端,古代祭祀或朝会时所穿的礼服。玄是一种黑而有赤的颜色;用正幅布制成,前后端正而没有缝,所以称端。章甫指玄冠,古代祭祀或朝会时所戴的礼冠,用黑色的缯制成,缯是一种丝织品。刘熙《释名·释首饰》解释"章甫"的名义说:"甫,丈夫也,服之,所以表章丈夫也。"(《论语通释》658页)

乔一凡:端是玄端,章甫为殷之冠名。端章甫,即是正衣冠。亦犹今人之穿整齐装服也。六代礼乐,而周因之。章甫亦所以表其为丈夫也。小相是摈相之小者。外交人员也。(《论语通义》182页)

刘伟见:会同:诸侯会盟。两诸侯相见,叫"会";许多诸侯一起相见,叫"同"。(《论语意解》286页)

林觥顺:句读:如会同,端章,甫愿为小相焉。[注解]端章:是直陈天子的奏章,是事君时为臣之事。甫愿:经传甫父通,父者巨也,甫愿是最大的愿望。(《论语我读》202—203页)

李培宗:会同:会,诸侯议事。同,百姓聚会,这里指祠庙祭祀。端章甫:端,古代礼服。章甫,指有图文作为等级标志的礼帽。(《论语全解》183页)

晓晓：［注释］会同：诸侯会盟曰会，诸侯共同朝见天子曰同。端：整幅布做的礼服，也叫玄端。(《论语》150页)

　　辑者案：郑玄注解已很完善，可从，不烦曲为之解。林觥顺之句读："如会同，端章，甫愿为小相焉。"恐无有力证据。

(4)鼓瑟希，铿尔，舍瑟而作，对曰："异乎三子者之撰。"

汉·孔安国：置瑟起对。撰，具也，为政之具。铿者，投瑟之声。(邢昺《论语注疏》153页)

汉·郑玄：僎读曰诠，诠之言善也。(马国翰辑《论语古注·论语郑氏注》卷六·3页)

清·沈涛：《释文》："撰"，郑作"僎"，读曰"诠"。"诠"之言善也。是孔训为"具"者非。《仪礼·乡饮酒礼》云"遵者降席"，《注》：今文遵为"僎"，或为"全"。是"全"、"僎"本通，故郑读"僎"为"诠"。臧在东文学庸曰："'异乎三子者之撰'，言不能如三子之善，一似有不足言者，故子曰：'何伤，各言其志'，诱之言也。"(《论语孔注辨伪》卷下·4页)

曾昭保：通观全篇，笔者认为，这几个词在此应解释为：鼓：抚摸。希：通"稀"，看、望之意。铿尔：擎尔，镇定安详貌。这几句的大意是：子路等四弟子陪孔子坐着，旁有一瑟，曾点就坐在瑟旁，他聚精会神地听着师徒们的谈论，猜测孔子"哂"由的原因，同时在心里描绘自己理想的蓝图，手自然而然放到瑟上，抚摸着瑟(鼓瑟)，眼睛看着大家(希)，显得镇定安详(铿尔)，听到老师喊自己，忙手离开瑟站起来(舍瑟而作。因原来席地而坐，现在站起来，两手下垂，自然要离瑟)回答老师提出的问题。总之，只有这样解释，文章才能顺理成章，更近于情。(《〈论语·侍坐章〉的几个词语解释》，《许昌师专学报》1985年第1期)

张振兴：我认为，应该把"撰"字训为"善"、"善言"，译为现代汉语即"高妙的言论"、"高论"。把"异乎三子者之撰"这句话译成现代汉语，即为"（我）同三个人的高论不一样"。(《〈论语〉"侍坐"撰字训释质疑》,《吉林师范大学学报》1993 年第 3 期)

杨伯峻:［译文］他弹瑟正近尾声,铿的一声把瑟放下,站了起来答道:"我的志向和他们三位所讲的不同。"(《论语译注》120 页)

朱维德:那么,"鼓瑟希"的真正原因是什么呢？我们认为,这是曾点听到孔子问己后,被熟练弹奏的惯性所驱使,以致失控性地弹了两三下而出现的情况。"铿尔",则是曾点为了尽快站起来答话赶忙往前推瑟而发出的声音,即明蔡清《四书蒙引》所云:"是以手推瑟而起,其音铿尔也。"(《〈论语·侍坐〉词句考释》,《衡阳师范学院学报》2000 年第 5 期)

杨润根:撰:美好的设想,动人的杜撰。(《发现论语》284 页)

程石泉:许慎《说文》小徐本"摼"下云:"读若《论语》'铿尔舍琴而作'。"大徐本作舍瑟。……按《广韵》及《玉篇》引此皆作"铿尔舍琴"。"瑟"字应改为"琴"字。(《论语读训》201 页)

黄怀信:"鼓",弹奏。"希",同"稀",稀疏。"铿",借为"摼",坚、固也。《说文》:"摼,读若摼。""摼尔",固重之貌,犹郑重地。旧以为舍瑟声,非。"舍",放下。"作",站起。"僎",《说文》:"具也。"今所谓陈述。(《论语新校释》277 页)

李零:孔注训具,郑玄读诠训善,疑读为选,指志向选择。(《丧家狗——我读〈论语〉》219 页)

张诒三:揣摩文意,这段话是孔子及其弟子们"各言其志"的,也就是谈论各人的打算、追求的,曾点也是听了其他三个人的发言之后的表态,联系上下文,曾点和以上三家的不同正在于以未来人生道路的打算,所以杨伯峻先生的翻译于文意最为契合,只是没有说明"撰"何以译成"志向"。

旧注把"撰"解释成"具、为政之具"或者解释成"善",其思路是先指出"撰"的本字为"僎"或"诠",再用《说文》的解释"僎,具也"或声训"'诠'之言善也"来解说这一意义,嫌于勉强。

"撰"当通"選(选)","撰"与"选"同一谐声"巽",上古声音必近。……

那么,"撰"既通"选",是什么意思呢?《说文·辵部》:"选,……一曰:选择也。"文献中也不乏用例,如《周礼·天官·内饔》:"王举,则陈其鼎俎,以牲体实之,选百羞、酱物、珍物以俟馈。"孙诒让《正义》引《小尔雅·广言》云:"选,择也。"《汉书·武帝纪》:"《诗》云:'九变复贯,知言之选。'"颜师古注曰:"贯,事也。选,择也。"

这样,"异乎三子者之撰"一句,"撰"通"选",意思是"选择",句意是:"我和三位先生的选择不同",这里指人生理想和生活道路的选择,所以杨伯峻先生从文意出发,把"撰"译成"志向",还是比较准确的。(《〈论语〉训解释疑两则》,《孔子研究》2010年第2期)

　　辑者案:从张讱三说。

(5)莫春者,春服既成,冠者五六人,童子六七人,浴乎沂,风乎舞雩,咏而归

汉·孔安国:鲁设雩祭于沂水之上。莫者,晚也,春谓四月也,春服既成,谓四月之服成也。冠者、童子,雩祭乐人也。"浴乎沂",涉沂水也,象龙之从水中出也。"风乎舞雩",风,歌也。"咏而归"者,咏歌馈祭也,歌咏而祭也。(马国翰辑《论语古注·论语孔氏训解》卷六·6页)

汉·包咸:莫春者,季春三月也。春服既成,衣单袷之时。我欲得冠者五六人,童子六七人,浴乎沂水之上,风凉于舞雩之下,歌咏先王之道,而归夫子之门。(邢昺《论语注疏》154页)

汉·郑玄：沂水出沂山，沂水在鲁城南，雩坛在其上。馈，馈酒食也，《鲁》读馈为归，今从《古》。（马国翰辑《论语古注·论语郑氏注》卷六·3页）

梁·皇侃：云"得冠者五六人"者，已加冠成人者也。五六者，趣举其数也。云"童子六七人"者，童子，未冠之称也。又有未冠者六七人也。或云冠者五六，五六三十人也。童子六七，六七四十二人也。四十二就三十合为七十二人也。孔门升堂者七十二人也。（皇侃《论语集解义疏》卷六·20页）

唐·韩愈："浴"当为"泝"字之误也。周三月，夏之正月，安有浴之理哉？（注《论语笔解》卷下·4页）

宋·朱熹：浴，盥濯也，今上巳祓除是也。……风，乘凉也。舞雩，祭天祷雨之处，有坛墠树木也。咏，歌也。（《四书章句集注》130页）

清·俞樾：世传韩昌黎《论语笔解》皆不足采，惟此经"浴"字谓是"沿"字之误，则似较旧说为安。风之言放也。（《群经平议》卷三十一·6页）

清·王闿运：冠者、童子之文唯见于投壶，乡射礼有弟子，即《投壶篇》之童子也。冠者属宾党，童子属主党。入学选士则先乡射、立三耦，以冠者为之，三耦弓矢各以童子执之，所谓命弟子纳射器者也。大夫与射，与士为耦，则冠者五人。大夫自有从者，童子以五人御于射耦，其一待正宾射而执事，故冠者五人则童子六人也；无大夫则三耦皆士，冠者六人，童子六人侍之，其一仍侍宾，故冠者六则童子七也。

浴者，将见君之礼也。君亲视学，学子沐浴将朝也。沂上者，鲁頖宫所在。孔子沐浴而朝，则老臣见君亦当浴。

"风乎舞雩"，讽诵乐章于雩宫，盖鲁礿宗在雩坛旁也。

"咏而馈"，咏，发咏也。《记》曰："适馔省醴，养老之珍具，遂发咏焉。"食三老五更于大学,君执酱而馈以食。礼,养老则无乐,而释奠有乐者,二事不同时也。言己不愿仕,但终为学子,或作鲁礼官与诸弟子共习礼乐,观鲁君养老之典。(《论语训》卷下·12—13页)

蓝天照:合理的解释是什么呢?按王力主编的《古代汉语》云:商代和西周初年,古人把一年只分春秋二时。庄子在《庄子·逍遥游》也有所反映:"朝菌不知晦朔,蟪蛄不知春秋。"后来的历法由春秋二时再分出冬夏二时,但所列出的四时顺序,而是"春秋冬夏",如《礼记·孔子闲居》"天有四时,春秋冬夏",既然庄子还有沿旧的说法,那么生活在庄子之前的孔子及其门徒,也完全有可能出现同类情况。上述的推想如果不谬,那么"莫(暮)春"就是指上半年的末期,要么就是周历的六月间。夏历的六月,是赤日炎炎的酷暑,入浴吹风,势在必然,周历的六月(相当于夏历的四月)也是立夏、小满之时,气温明显上升,血气方刚的青少年,鱼跃戏水,引以为胜,也是可以想见。(《"暮春"的质疑》,《广西师范学院学报》1983年第4期)

钱穆:浴乎沂:夏历三月,在北方未可入水而浴。或说近沂有温泉。或说浴,盥濯义,就水边洗头面两手。或说:浴乃沿字之误,谓沿乎沂水而闲游。今仍从浴字第二解。(《论语新解》299页)

顾凤威:所谓"春服既成",当是指借给朝庭君王的祭服之事已经完成。在完成国家春祈大典祭服任务,即"春服既成"后,才去进行个人的"修禊"活动,求吉避凶,正好符合孔子以定名分、明等级为评论世事的标准。……总之,曾子所言"春服",是"季春之月"与"以共郊庙之服"的缩称,也是"春服"二字的历史根据。(《〈论语〉"春服既成"新议》,《广西民族学院学报》1990年第1期)

朱维德:所以"浴乎沂"当是指渡过沂水后,在水边举行洗手去秽的仪式,而后"风于舞雩"为民求雨。……根据以上辨释,曾点言志之文应当这样详译:在春季第三个月快要过完的时候,单夹的春服已经穿定,我领着五六位成年人、六七个少年渡过沂水,先在水边洗手去秽,然后进到舞雩坛上吟诵求雨,歌唱着举行馈送酒食的祭礼。(《〈论语·侍坐〉词句考释》,《衡阳师范学院学报》2000年第5期)

李炳南:浴,不一定是洗澡,可以引申作其它解释,例如《礼记·儒行篇》说"儒有澡身而浴德",浴德即是引申义。舞雩,是求雨的祭坛,祭时有乐舞,雩,是吁嗟求雨之声,所以叫作舞雩。此处是古迹,又是风景区。曾皙志在领一群青少年学生,在沂水雩坛各处游览,兴尽,歌咏而归。这就是隐居教书的志趣。(《论语讲要》225页)

胡齐临:"浴乎沂"是到沂河边沐浴阳光雨露、享受春风的气息和大自然的风光,而不仅仅是洗澡。……"春服"之"服",原意应为"服膺"之"服"。"春服"是统指春季的生活习俗和在春季应该完成的事情,而不是指"春天的服装"。"春服既成"是指该在春季完成的各个领域的事情都已基本完成。古人在这时,会结伴去郊外游玩。使操劳了各种春季事务的身心得到放松和休整,以便迎接夏季的开始和各种夏季劳作的开始。(《论语真义》130页)

孙钦善:曾皙说:"暮春时节,春服已经换上,约上青年五六人,少年六七人,在沂水里洗一洗,在舞雩坛上吹吹风,然后唱着歌归来。"(《论语本解》143页)

　　　　辑者案:以包咸、孙钦善说切合文意。

(6)吾与点也

魏·周生烈:善点独知时。(邢昺《论语注疏》154页)

梁·皇侃:孔子闻点之愿,是以喟然而叹也。既叹而云"吾与点也",言我志与点同也。所以与同者,当时道消世乱,驰竞者众,故诸弟子皆以仕进为心,唯点独识时变,故与之也。故李充云:

"善其能乐道知时,逍遥游咏之至也。夫人各有能,性各有尚,鲜能舍其所长而为其所短。彼三子者之云,诚可各言其志矣。然此诸贤既已渐染风流,飡服道化,亲仰圣师,诲之无倦,先生之门,岂执政之所先乎?呜呼!遽不能一忘鄙愿而暂同于雅好哉?谅知情从中来,不可假己。唯曾生超然独对扬德音,起予风仪,其辞精而远,其指高而适,亹亹乎!固盛德之所同也。三子之谈,于兹陋矣。"(皇侃《论语集解义疏》卷六·21页)

唐·李翱:仲尼与点,盖美其乐王道也,余人则志在诸侯,故仲尼不取。(《论语笔解》卷下·4页)

宋·郑汝谐:子路、冉有、公西华之言志皆言其才也,才有分量,用之则穷。若曾晳者,非无可为之才也,舍是而不言而,乃优游于圣门之中,寓志趣于高远之地,其气象盖帝王之世泰和中人物也。晳之失在狂,未必尽窥圣人之阃奥,然其所养与三子绝异,是以深与之。(《论语意原》卷三·8页)

宋·朱熹:曾点之学,盖有以见夫人欲尽处,天理流行,随处充满,无少欠阙。故其动静之际,从容如此。而其言志,则又不过即其所居之位,乐其日用之常,初无舍己为人之意。而其胸次悠然,直与天地万物上下同流,各得其所之妙,隐然自见于言外。视三子之规规于事为之末者,其气象不侔矣,故夫子叹息而深许之。而门人记其本末独加详焉,盖亦有以识此矣。(《四书章句集注》130页)

宋·蔡节:夫子始焉以仕于时者,使四子言志而终焉,乃深有取于乐道不仕之曾晳,何邪?盖子路、冉求、公西华三子之志,固皆体察其力之所至,而为是言。然其涵泳之功少,而作为之念胜。至若曾晳则异是矣,其鼓瑟、舍瑟之间,门人记之如此其详者,盖已可见其气象之雍容暇豫矣。言当莫春始和之时,春服既成之后,沂水之上,舞雩之下,与冠者五六人、童子六七人,既浴而风又咏而归。详味其言，则见其心怡气和，无所系累，期与同志相从以乐圣人之道。此夫子所以加叹，而独许之与？夫以才自见者，三子之志也；以道自乐者，曾晳之志也。惜乎！晳之志虽大，而行有不掩焉耳。（《论语集说》卷六·14页）

清·赵良猷：郑晓《古言》曰：曾晳言志非有待于春及童冠也，就是眼前一时事。当承问时，正是季春穿夹衣，坐中又有童冠在侧，地又正在沂水，傍舞雩左右，故云然。乃其所遇在此、即所乐在此、所志在此故也。若使晳是时有国有邑，其志又必欲一国一邑之人各得其所矣。夫子所以与之者，只因三子是妄想，点是眼前事耳。若必等待，此时此景与妄想何异？按此说即是素位而行，不愿乎其外之意，说此节极好。（《论语注参》卷下·5页）

清·焦循：三子所言者，为政之具。具犹器也，圣人以道运器，则时行焉，故与点也。邢《疏》以"与点"为善其不求为政，以知时为生值乱时，志在澡身浴德，咏怀乐道，皆失之。（《论语补疏》卷二·6页）

清·刘宝楠：宋氏祥凤《发微》："……点之志，由鼓瑟以至风舞咏馈，乐和民声也。乐由中出，礼自外作，故孔子独与点相契。"……《注》："善点独知时。"正义曰：皇《疏》引李充云："善其能乐道之时，逍遥游泳之至也。"（《论语正义》477、482页）

杨树达：孔子所以与曾点者，以点之所言为太平社会之缩影也。（《论语疏证》273页）

戴旦：总而言之，曾点的志向代表着孔子从政思想的理想主义，这是"吾与点也"的关键所在，也是区别孔子、子路、冉求、曾点、公西华精神世界的关键所在。勿论从政、游说和从教，孔子都没有放弃自己的理想王国。这也正是他没有"恬退避世"和有别于伯夷、叔齐、长沮、桀溺的根据所在。（《释孔子"吾与点也"——兼与姚为

洲同志商榷》,《云南师范大学学报》1985年第3期)

　　戴旦:所以曾子言暮春,其含义当与何晏注所谓的"季春三月"有别。其实,古时"暮"音同"末",在意义上可表示时间的尾端与尽头,故曾子所谓"暮春者",当解为"春将尽时"。……所以阅读先秦经典文献遇到"成"字,首先应考虑是否具有"礼制已经完备"这层含义。由于春秋时士君子须按礼制着服,所以"春服既成",是说随着春尽夏至,春服当依礼解去,换着夏服。所以用"成"字,是说春服已经完成了季节性的使命。据此,则何晏将"春服既成"释为"衣单袷之时",是比较准确的,因为"单袷衣",正是初夏之着服。……"浴乎沂,风乎舞雩,咏而归"三句,应作春夏之交的换服仪式解。……"浴乎沂",应是春夏更衣季节的习俗要求,并不能按今天的生活习惯理解成邀集一帮伙伴去沂水自由浴身。……"风乎舞雩",舞雩台为举行祈雨仪式的固定场所,而"风"可释为"风凉",则浴身后登舞雩台无疑有希望在夏日能得风得雨以避暑旱的祈福意味。至于"咏而归",简单地解作"一路歌唱愉快回家"即可,非要指实说是"歌咏先王之道"和"归夫子之门",不免牵强。……曾皙之所以得到孔子的赞赏,正是因为他表达了不离于礼乐而能自得于礼乐这样的人生境界。这种人生境界有着孔子所谓"吾年七十而随心所欲不逾矩"的自由随意,又多了一份接近青春年少的浪漫潇洒之美,所以引发了孔子的神往之情。(《札记:〈论语·先进〉篇断章释义》,《安徽理工大学学报(社会科学版)》2005年第4期)

　　田耕滋:只是从来的注疏者都没有把曾皙何以向往到鲁国城南的沂水去游泳散步的密码解开。这是一个很重要的信息,它表明了曾皙想要回鲁的念头,它寄托着一个久经困厄的游子的乡思之情。正是这种乡思之情的出人意料地抒发,才使孔子啃叹:"吾与点也!"孔子的"与点",与其说是赞许曾皙之志,无宁说是肯许曾皙的乡思之情,因为它深深地触发了孔子自己的乡思之情。(《孔子"与点"悬案试解》,《孔子研究》1991年第3期)

陈立夫:吾与点也:我很同情曾点的这种志趣。(《四书道贯》325页)

韩·黄俊渊:这里,"吾与点也"包含着一种倾心于自然的态度,在这种情况下,有两种自然,一种自然展示出水和山,而另一种则是人的内在的美好天性,这是上苍赋予的(如孟子所说:人的天性是美好的)。

我相信:曾点希望保持人的美好天性。在沂水中洗洗澡,在舞雩台上吹吹风,然后唱着歌回家去,这样可以培养美好的天性,这是保持快乐的必要方法。这里有一条朱子的注脚:

曾点之学,盖有以见夫人欲尽之处,天理流行,随处充满,无少欠阙。故其动静之际,从容如此。而其言志,则又不过即其所居之位,乐其日用之常……

这一过程很难用语言来理解,这种事只能体验——一种只有少数人才有的体验(就像在佛教中,有些和尚不用说话就能交流思想)。而孔子毕竟是能理解曾点的这一过程的,因此他告诉跟前的弟子:"吾与点也。"(《孔子思想所展示的乐之精神》,《孔子诞辰2540周年纪念与学术讨论集》1339页)

金良年:曾皙是曾参的父亲,他的修养程度比子路等人要高一点,他所谈的不是事功,而是乐道,深得孔子微意,所以孔子说他赞同曾皙的志向。(《论语译注》130页)

李泽厚:孔子叹口气说:"我与曾点一道去吧。"(《论语今读》201页)

徐乃为:笔者愚见,"浴乎沂",即"仁者乐水";"风乎舞雩",即"智者乐山";"咏而归",即啸咏林泉,回家归隐。因此,这"浴乎沂,风乎舞雩,咏而归"不是朱熹理解的"乐而得其所",相反是志不达者的"消极"归隐。此亦正是孔子"道不行"及天下"无道"时欲归隐的心情。曾点的回答正中孔子当时的心怀,乃有"夫子喟然叹曰:'吾与点也'"。(《〈论语·先进篇·侍坐章〉别解》,《南通师范学院学报》2004年第12期)

李零:曾皙的回答本来只是随口一说,但孔子听了,另有想法。他把四子之志,看成互相补充。他欣赏曾皙之志,主要是因为,前面三位讲治国,最后要落实到个人幸福,这是目标性的东西,但他欣赏曾皙之志,并不是否定子路等人,因为过程也很重要。(《丧家狗——我读〈论语〉》221页)

胡齐临:从更深的程度讲,孔子是看到了曾皙有与大自然融为一体的愿望而加以赞赏,孔子是觉得以曾皙的治学方式,能够更为直接地开发由心灵最深处向外显发的智慧。(《论语真义》130页)

辑者案:各家解说均有一定道理,比较而言,蔡节、黄俊渊、金良年说为胜,宜将三家所释结合起来理解。与,赞同。

颜渊第十二

12.1 颜渊问仁。子曰:"克己复礼为仁。一日克己复礼,天下归仁焉。为仁由己,而由人乎哉!"颜渊曰:"请问其目。"子曰:"非礼勿视,非礼勿听,非礼勿言,非礼勿动。"颜渊曰:"回虽不敏,请事斯语矣。"

(1)子曰:"克己复礼为仁。一日克己复礼,天下归仁焉。为仁由己,而由人乎哉!"

汉·孔安国:复,反也,身能反礼则为仁矣。……行善在己,不在人者也。(皇侃《论语集解义疏》卷六·22页)

汉·马融:克己约身也。(皇侃《论语集解义疏》卷六·22页)

梁·皇侃:克,犹约也。复,犹反也。言若能自约俭己身,返反于礼中,则为仁也。于时为奢泰过礼,故云礼也。一云:身能使礼反返身中,则为仁也。范宁云:"克,责也。复礼,谓责克己失礼也。非仁者则不能责己复礼,故能自责己复礼则为仁矣。"云"一日"云云者,更解克己复礼所以为仁之义也。言人君若能一日克己复礼,则天下之民咸归于仁君也。范宁云:"乱世之主,不能一日克己,故言一日也。"云"为仁"云云者,行仁一日而民见归,所以是由己不由他人也。范宁云:"言为仁在我,岂俟彼为仁耶?"(皇侃《论语集解义疏》卷六·23页)

唐·韩愈:孔、马得其皮肤,未见其心焉。吾谓回问仁,仲尼答以礼,盖举五常之二以明其端焉,故下文云"非礼勿视,非礼勿

听,非礼勿言,非礼勿动",又举五常之四终其义。(《论语笔解》卷下·5页)

宋·邢昺:此注"克"训为"约"。刘炫云:"克训胜也,己谓身也。身有嗜欲,当以礼义齐之。嗜欲与礼义战,使礼义胜其嗜欲,身得归复于礼,如是乃为仁也。复,反也。言情为嗜欲所逼,已离礼,而更归复之。今刊定云:克训胜也,己谓身也,谓能胜去嗜欲,反复于礼也。"(邢昺《论语注疏》157页)

宋·朱熹:仁者,本心之全德。克,胜也。己,谓身之私欲也。复,反也。礼者,天理之节文也。为仁者,所以全其心之德也。盖心之全德,莫非天理,而亦不能不坏于人欲。故为仁者必有以胜私欲而复于礼,则事皆天理,而本心之德复全于我矣。归,犹与也。又言一日克己复礼,则天下之人皆与其仁,极言其效之甚速而至大也。又言为仁由己而非他人所能预,又见其机之在我而无难也。日日克之,不以为难,则私欲净尽,天理流行,而仁不可胜用矣。程子曰:"非礼处便是私意。既是私意,如何得仁?须是克尽己私,皆归于礼,方始是仁。"又曰:"克己复礼,则事事皆仁,故曰天下归仁。"谢氏曰:"克己须从性偏难克处,克将去。"(《四书章句集注》131页)

清·毛奇龄:归仁即称仁,与上句"为仁"为字同。若云效甚速而至大,则嫌于归来矣。《礼记》哀公问君子也者,人之成名也。百姓归之名谓之,则百姓之归亦只是名谓之义,此真善于释归字者。(《论语稽求篇》卷五·8页)

清·江声:《说文解字》曰:"克,肩也。"《诗·敬之》曰"佛时仔肩",《毛传》云:"仔肩,克也。"郑笺云:"仔肩,任也。"盖肩所以儋荷重任,克训肩,则亦训任矣。克己复礼,以己身肩任礼也。言复者,有不善未尝不知,知之未尝复行,《周易》所谓"不远复"也。克己复礼,仁以为己任矣,故为仁也。《孟子》曰"汤武身之也",克己之谓也。又曰"汤武反之也",复礼之谓也。此说本诸先师惠松崖先生,必如此说乃与下文"为仁由己"一贯,若依俗解,则二"己"字成两义不相应矣。(《论语骏质》卷中·17页)

清·惠士奇:克为敏德,以己承之。孔子曰"克己",曾子曰"己任",一也。……己之欲非己,犹身之垢非身。为仁由己,是谓当仁。仁以成己,惟敏乃成。训己为私,滥于王肃,浸于刘炫,异乎吾所闻。(《礼说》卷四·15—16页)

日·伊藤维桢:此夫子以仁天下之道告之也。克,胜也。己者,对人之称。复,反复也。克己者,犹舍己从人之意。言不有己也,克己则泛爱众,复礼则有节文。故能泛爱人,而亦能有节文,则仁斯行矣。一日谓志初兴起之日也,言能一日克其己而反复行礼,则天下归其仁,沛不可御也,末复言我欲仁斯仁至矣之意以决之。(《论语古义》172页)

清·黄式三:扬子《法言·问神篇》:"胜己之私之谓克。"是解克为胜私,非训己为私。且以克己训责己,而去私之学在其中也。……《注》言本心全德,申之者语多虚障。……而朱子《仁说》言仁者温然爱人利物之心,则此《注》当指爱利之本心。申《注》者浑言本心,援引释氏言认识未生前本来面目者尤谬也。(《论语后案》327页)

清·刘宝楠:"克",皇本作"剋"。克己复礼,所以为仁。"为"犹事也,谓用力于仁也。下句"为仁由己"义同。……"一日克己复礼,天下归仁"者,言己诚为仁,人必知之,故能归仁,己得成名也。言"天下"者,大之也。(《论语正义》483页)

清·俞樾:孔《注》训克为能是也,此当以"己复礼"三字连文。己复礼者,身复礼也,谓身归复于礼也。能身复礼,即为仁矣,故曰克己复礼为仁。下文曰："一日克己复礼，天下归仁焉。为仁由己，而由人乎哉?"必如孔《注》，然后文义一贯。孔子之意，以己与人对，不以己与礼对也。《正义》不能申明孔《注》，而漫引刘说以申马《注》约身之义，而经意遂晦矣。(《群经平议》经三十一·7页)

蒋伯潜："克己复礼"者，言约束自己，使件件事归于礼，即"约之以礼"也。"为仁"即"行仁"，亦即"用力于仁"；为，犹事也。言"克己复礼"，就是行仁之道。"天下归仁"者，言天下都以仁之名归他，大家称他为仁人也。……"一日"者，极言其效之速；"天下"者，极言其效之大也。(《四书读本》140页)

钱穆：复礼：复如言可复也之复，谓践行。又说：复，反也。如汤武反之之反。礼在外，反之己身而践之。故克己复礼，即犹云约我以礼。礼者，仁道之节文，无仁即礼不兴，无礼则仁道亦不见，故仁道必以复礼为重。宋儒以胜私欲全天理释此克己复礼四字，大义亦相通。然克己之己，实不指私欲，复礼之礼，亦与天理义蕴不尽洽。宋儒之说，未尝不可以通《论语》，而多有非《论语》之本义，此章即其一例，亦学者所当细辨。为仁：犹谓如是乃为仁。仁存于心，礼见之行，必内外心行合一始成道，故《论语》常仁礼并言。一说：此为字作行字解，谓克己复礼以行仁，今不从。(《论语新解》302页)

钱逊：天下归仁焉：有几种解释：一，归是与、赞许的意思，一旦做到了克己复礼，便会得到天下人的赞许。二，专指君主如果能克己复礼，天下人都会归顺这仁德之君。三，一旦做到克己复礼，天下的一切就都归于仁了。程子注："克己复礼，则事事皆仁，故曰天下归仁。"以第三种解释较合理。这里"克己复礼"的主语似不是指个人，而是泛指众人。即如果大家都能做到克己复礼，天下就都归于仁了。(《论语浅解》186页)

杨伯峻：[译文]一旦这样做到了，天下的人都会称许你是仁人。[注释]归仁——"称仁"的意思，说见毛奇龄《论语稽求篇》。朱熹《集注》谓"归犹与也"，也是此意。（《论语译注》123页）

王缁尘：孔子对各个弟子问仁的话，各个不同，这是因为某人做人，有某一种缺点，所以教他，把这一点去补足，或纠正也。至于颜渊，他的品行学识，已经近了完人，所谓"具体而微"者也。所以孔子于颜渊的问仁，就把仁的全体大用告诉他。（《四书读本》210页）

南怀瑾："克己复礼"就是克服自己的妄念、情欲、邪恶的思想、偏差的观念，而完全走上正思，然后那个礼的境界才叫作仁。（《论语别裁》537页）

陈立夫：克制自己的私欲，使自己的视听言动都回复自然的礼，那便是仁。（《四书道贯》127页）

刘文英：颜渊问"仁"，孔子曰："克己复礼为仁。"这一条好像只讲"克己"，无关"爱人"。其实，从人和我的关系来看，只有不断克服自私自利之心，才能增强爱人利人之心。因此，"克己"与"爱人"在本质上是统一的。在"爱人"的各种条件中，这才是最根本的一条。至于说"复礼"，只要求用"礼"来规范"爱人"，并不会取消或否定"爱人"。（《"仁"的本义及其两个基本规定》，《孔子诞辰2540周年纪念与学术讨论集》258页）

潘富恩、徐余庆："克己复礼"就是遵循礼之规范，使自己的一言一行、一举一动都符合礼之规定。人当然要遵守一定的社会规范。非如此，则没有一定的社会秩序。然而孔子要求人们一切循规蹈矩，则抹煞了人的个性，使众多的社会成员按照一个模式生活，势必压制甚至绞杀人们的生活创造力，作为具体人的价值就不能得到充分体现，这不能不最后影响社会的进步。（《孔子人学思想述评》，《孔子诞辰2540周年纪念与学术讨论集》886页）

蒋沛昌：一日——一旦，要是有一天。归仁——向往着仁德。归：趋向或向往。(《论语今译》284 页)

李炳南：今仍照普通读法，四字连续。克己就是克制自己，依马融"约身"讲，就是约束自己。复礼的复字，或作反字讲，或作归字讲，皆是相合的意思。凡事能约束自己，不责备人，便能合礼。约束自己，就是礼让他人，宽恕他人，如此即得礼之根本，所以就是仁。这是孔子引用成语答颜子之问。如《左传》昭公十二年："仲尼曰，古也有志，克己复礼，仁也。"(《论语讲要》227 页)

李波：我认为这里的"复"当类同句(7)（辑者案：指"言可复也"，见《学而》），也是"践"、"履"的意思。"克己复礼"就是要约束自己，按照制度（礼）办事，而不是要具体地恢复哪个朝代的礼制。孔子所谓的"礼"，是孔子仁道的思想即人本思想的表现形式。它的主要内容和作用，可以用三句话来概括：密切人们的伦理关系，改善人们的社会关系，调整人们的政治关系。(《"克己复礼"再认识》，《开封大学学报》2001 年第 1 期)

文选德：关于"一日"。这里的"一日"是指有一天，其主体是君主，因为在封建社会，君主的作用是举足轻重的。(《〈论语〉诠释》488 页)

赵又春：我认为，这个"仁"只能理解为"克己复礼"在主体自身引起的心理反应，即他因此进入到的一种情感——精神状态。……这种心理情感状态，孔子也用"仁"字来描述，也称之为"仁"，我则译为"仁境"。……其实，只要确认这章中的"仁"是指仁境，就可以知道，两个"为"字和孟子说的"鸡鸣而起，孳孳为利者，跖之徒也"中的"为"字同义，"谋求"、"取得"的意思，"为仁"就是指求得或者说达到仁境。(《我读〈论语〉》391 页)

黄怀信："为"，作、造就。"仁"，指仁的名声，被人称为"仁"，

下同。旧释仁德,非。……"复",借为"覆",盖也。"礼",社会规范。(《论语新校释》281页)

　　傅佩荣:[解读]克己复礼:这四个字不能分两段说,而是一气呵成,否则己与礼互相对立,难免沦于性恶之说或以礼为外加于人的观点。这句话是指:人应该自觉而自愿,自主而自动,去实践礼的要求;礼的规范是群体的秩序与和谐所不可或缺的;个人与群体的紧张关系在此化解于无形,使"仁"字"从人从二"的感通意义充分实现,然后天下人自然肯定你是走在人生正途上了。为仁由己:克己与由己并观,更显示人的主动性是行仁的关键。至于复礼,则扣紧以下四目而言,因为所谓实践礼的要求,在具体做法上必须先求四勿,犹如在固定的航道上,人生之行才可一帆风顺。(《傅佩荣解读论语》202页)

　　蔡希勤:所谓克己,就是控制个人的欲望和感情,甚至有时候还要牺牲个人利益,以履行道德义务,使自己的行为合于道德的要求。克己,就是按一定的道德原则去处理人与社会的矛盾。(《百家品论语》66页)

　　黄怀信:"克己复礼",关键是一个"复"字。这里的"复",据下文可知是借为"覆",意思是覆盖。"克己复礼",就是克制自己,使自己的言行覆盖礼。覆盖礼,就是不出礼的范围。(《〈论语〉中的"仁"与孔子仁学的内涵》,《齐鲁学刊》2007年第1期)

　　何新:孔子所说的"礼",并不是一种礼仪(形式),也不是古老的"周礼"(周公之礼),而是重建现实中的制度化的礼制。(《论语新解——思与行》151页)

　　李君明:"克己复礼为仁",礼以仁为基础,以仁来维护。仁是内在的,礼是外在的,二者紧密结合。克己在先,复礼在后。……在孔子看来,"礼"与"仁"是不可分割的整体,"仁"的出发点是单

个的人,只有单个的人将"礼"内化并按照"礼"的规范行事,才是"仁"。(《论语引读》363页)

戴玉斌:综上所述,"复"字在先秦时期,只有往来、反复、重复的意思,"恢复"、"复辟"乃是它后来的引申义。因此,把"克己复礼"的"复"字解作"恢复"、"复辟"既不是它原来的本义,也不符合汉语言文字发展的历史。……"复"作"反复"、"重复"解,那么孔子讲"反复礼"、"重复礼"是什么意思呢? 我认为,这里"复礼"的句式和"则不复也"、"南容三复《白圭》"、"言可复也"的句式相同,即在"复"字的后面都略去了动词,"复礼"即反复(实践或实行)礼的意思。……孔子认为,达到仁德全在于自己,而不在于别人,只要你一切违礼的事不看,一切违礼的话不听,一切违礼的话不讲,一切违礼的事不做,这样一天一天地克制自己,反复(或重复)地做下去,你不就具有仁德了吗? 如果天下的人都能这样做,天下不就是具有仁德的天下了吗? 所以颜渊回答说,我虽然迟钝愚笨,但也要照您的话去做。(《"克己复礼"辨正》,《江淮论坛》1982年第2期)

袁庆德:归:称赞。为仁:培养仁德。由:在于,取决于。(《论语通释》182页)

郑臣:这样,"克己复礼"表明的就是个体与群体之间相互影响的关系,表明的是道德和政治之间相互依赖的关系,并且强调个人的积极活动对这种关系的创造和协调的作用。这当然要求社会政治生活必须以个人的道德为基础,"礼"的充分实现有赖于每一个人的"克己"。正如我们所熟知的那样,以孔子为代表的儒家认为国家的完善、社会的安定和谐都与个人的道德修养和个体的道德水准密切相关。(《道德与政治的分与合——〈论语〉的思想启示》,《孔子研究》2009年第3期)

　　辑者案：这段话的关键在于"克己复礼"。关于"克"，或释为"约"，或释为"胜"，或释为"责"，或释为"肩任"，或释为"克服"，或释为"克制"，当以"克制"、"约束"合乎文意。关于复，或释为"反复"，或释为"回复"，或释为"复归"，或释为"践行"，或释为"覆盖"，当以"复归"合乎文意。整句话是说：克制自己，使自己的一切言行都归合于礼，就是仁。（人人）一旦克己复礼，天下的一切就都归于仁了。也就是说，人人克己复礼，天下就成了充满仁德的天下。

(2)请问其目

汉·包咸：知其必有条目，故请问之。（邢昺《论语注疏》157页）

汉·郑玄：欲知其要，颜回意以礼有三百三千，卒难周知，故请问其目。（马国翰辑《论语古注·论语郑氏注》卷六·3页）

宋·朱熹：目，条件也。（《四书章句集注》132页）

清·刘宝楠："目"者，如人目有所识别也。凡行事撮举总要谓之目。《注》言"条目"者，非止一目，当有细数，若木枝条也。古人为学，皆有数记，所以备循习，戒遗忘。故此《注》言"条目"，知必有之也。郑《注》云："欲知其要。颜回意以礼有三百三千，卒难周备，故请问其目。"是目为事之要。（《论语正义》485页）

陈立夫：请问这实践的条目。（《四书道贯》127页）

孙钦善：目：纲目的目。纲为统系网的大绳。目为从属于纲的网眼，引申为从属于总纲的细则。《尚书·盘庚》："若网在纲，有条而不紊。"《吕氏春秋·用民》："用民有纪有纲。壹引其纪，万目皆起；壹引其纲，万目皆张。"《白虎通·三纲六纪》："若罗网之有纪纲而万目张也。"

颜渊说："请问修养仁德的具体条目。"（孙钦善《论语本解》145页）

　　辑者案：从包咸、孙钦善说。

(3)非礼勿视,非礼勿听,非礼勿言,非礼勿动

宋·邢昺:子曰"非礼勿视,非礼勿听,非礼勿言,非礼勿动"者,此四者,克己复礼之目也。《曲礼》曰"视瞻毋回"、"立视五巂"、"式视马尾"之类,是礼也,非此则勿视。《曲礼》云"毋侧听",侧听非礼也。言无非礼,则口无择言也。动无非礼,则身无择行也。四者皆所以为仁。(邢昺《论语注疏》157 页)

清·王引之:非礼勿动与非礼勿视、非礼勿听、非礼勿言并列,则动当为动容貌。解者训动为行事,以为身无择行,则文义不伦矣。(《经义述闻》775 页)

清·梁章钜:王氏引之曰:"动当为动容貌,《中庸》之齐明盛服、非礼不动,亦谓动容貌。"邢《疏》训动为行事,以为身无择行,则与上下文义不伦矣。(《论语旁证》卷十二·2 页)

清·黄式三:动,谓貌也。威仪之则所以定命,故于视听言外必及动。视听言动,其目举矣。五事不言思,思其纲也,此言目也。人能于四者去其非礼,不忍专恣于己,不忍欺侮于人,必循礼而心始安,仁之道也。(《论语后案》330 页)

清·刘宝楠:"勿"者,禁止之辞。视、听、言、动,皆在己不在人,故为仁由己,不由人也。"动"犹行也,谓所行事也。(《论语正义》484 页)

李炳南:勿动的"动"字,古人解释不一。如果解释为动容貌,或者是行动,皆不妥当。眼视耳听,皆由于身,言出于口,动则应该属于心意。心为身口之主,既能不动心,则身口自然也能不为所动,所以"勿动"应指不动心而言。(《论语讲要》228 页)

孙钦善:是说礼是视、听、言、行的准则。此语亦非独创,《周易·大壮》:"君子以非礼弗履。"(《论语本解》145 页)

胡齐临:《论语》文化中的"礼"的涵义,是孔子对他所倡导的

"周礼"最浓缩的概括。礼的涵义中有一部分相当于今天的法律，因此又不完全等同法律，是大于法律的。法律是成文的规律、准则，礼是成文和尚未成文的规矩、法律、规律的总和。《论语》中"礼"含有礼仪和法律两者结合的观念和思想。（《论语真义》132 页）

　　　　辑者案：从刘宝楠、孙钦善说。

12.2 仲弓问仁。子曰："出门如见大宾，使民如承大祭。己所不欲，勿施于人。在邦无怨，在家无怨。"仲弓曰："雍虽不敏，请事斯语矣。"

　　汉・孔安国：为仁之道，莫尚乎敬也。（马国翰辑《论语古注・论语孔氏训解》卷六・7 页）

　　汉・包咸：在邦，为诸侯也；在家，为卿大夫也。（皇侃《论语集解义疏》卷六・23 页）

　　梁・皇侃：云"子曰"云云者，亦答仁道也。言若行出门，恒起恭敬，如见大宾，见大宾必起敬也。又若使民力役，亦恒用心敬之，如承事大祭。大祭，祭郊庙也。然范宁云："大宾，君臣嘉会也。大祭，国祭也。仁者举动使民，事如此也。《传》称'曰季言出门如宾，承事如祭，仁之则也'。"云"己所不欲勿施于人"者，恕己及物则为仁也。先二事明敬，后一事明恕，恕敬二事乃为仁也。云"在邦无怨在家无怨"者，在邦为诸侯也，在家为卿大夫也，既出门及使民皆敬，又恕己及物，三事并足，故为民人所怀，无复相怨者也。（皇侃《论语集解义疏》卷六・24 页）

　　宋・邢昺：大宾，公侯之宾也。大祭，禘郊之属也。人之出门，失在倨傲，故戒之出门如见公侯之宾。使民失于骄易，故戒之如承奉禘郊之祭。"己所不欲，勿施于人"者，此言仁者必恕也。己所不欲，无施之于人，以他人亦不欲也。"在邦无怨，在家无怨"

者，言既敬且恕，若在邦为诸侯必无人怨，在家为卿大夫亦无怨也。(邢昺《论语注疏》158页)

宋·郑汝谐：敬以持己，恕以行之，亦克己复礼之异名也。在邦无怨，在家无怨，恕之验也。程子曰："出门如见大宾，使民如承大祭，看其气象便须心广体胖，动容周旋中礼，惟谨独便是守之之法。"或问："出门使民之时如此可也，未出门使民之时如何？"曰："此俨若思时也。有诸中而后见于外，观其出门使民之时，其敬如此则未然，之前敬可知矣，非因出门使民而后有此敬也。"(《论语意原》卷三·10页)

日·龟井鲁：如见大宾，如承大祭，言庄敬率下也。己所不欲，勿施于人，言忠恕接物也。庄敬率下，忠恕接物，上下无怨，仁政于是乎出。无邦家一己，雍也可使南面，夫子以仲弓为有牧民之材，故告以仁政之所由出也。君子行曰：雍也仁恕，无恶无怨，王佐之回，尚让南面，言人材各异所能也。(《论语语由》207页)

清·焦循：皇侃以敬恕为二事，非也。克己复礼，仁也，古志之言也。孔子引以答颜渊。非礼勿视，非礼勿听，非礼勿言，非礼勿动，孔子所以解克己复礼也。出门如宾，承事如祭，仁之则也，晋臼季之言也。孔子引以答仲弓。己所不欲，勿施于人，在邦无怨，在家无怨，孔子所以解"出门如见大宾，使民如承大祭"也。非礼勿视，非礼勿听，非礼勿言，非礼勿动，为克己复礼之目。出门如见大宾，使民如承大祭，为己所不欲、勿施于人之目。非礼勿视，非礼勿听，非礼勿言，非礼勿动，则出门如见大宾，使民如承大祭矣。在家无怨，仁及乎一家矣。在邦无怨，仁及乎一国矣。天下归仁，仁及乎天下矣。仁及家国天下，不过己所不欲，勿施于人。故为仁由己而不由人。由己有所欲而推之，则能好天下之所好。由己所不欲而推之，则能恶天下之所恶。人以非礼加己，己所不欲也，即勿视、勿听、勿言、勿动、勿施于人也。勿施于人即是克己，克己而不以非礼施人，即复礼也。克己复礼，未详其目，故颜渊请问之。出门如见大宾，使民如承大祭，先已详其目，而后反复明之，不烦更问。此两章问仁，互相发明，文亦错综入妙。《后汉·臧洪传》云："使主人少垂忠恕之情，来者侧席，去者克己。"以克己为忠恕，是克己复礼者，即己所不欲，勿施于人也。（《论语补疏》卷二·7页）

清·阮元：孔子惟与颜子、仲弓论南面为邦之道，此章大宾大祭专指天子而言。《周礼》凡言大宾客，皆诸侯朝觐之礼。《尔雅》曰："禘，大祭也。"可见非朝觐，非禘祫，不得称大宾大祭，此与夏时殷辂之例同。（《研经室集·论语论仁论》一集卷八·12页）

清·刘宝楠：《史记·弟子传》作"仲弓问政"。冯氏登府《异文考证》以为《古论》，然前后章皆是问仁，不应此为问政，《史记》误也。"出门"，谓出大门，与人相接晤时也。"如见大宾"，见谓往迎宾也。宾位尊于己，故称大也。凡迎宾之礼，宾降等者于门内，宾敌者或尊者皆于门外。此言"出门"，又言"大宾"，故知是尊于己也。"承"者，《说文》云："承，奉也，受也。""如见大宾"，"如承大祭"，言仁者能敬畏人，故能爱人也。（《论语正义》485页）

杨伯峻：[译文]在工作岗位上不对工作有怨恨，就是不在工作岗位上也没有怨恨。[注释]在家——刘宝楠《论语正义》……把"家"字拘泥于"大夫曰家"的一个意义，不妥当。（《论语译注》124页）

金良年：在家：在家族中。（《论语译注》132页）

李泽厚：[记]又是对"仁"的另一种具体回答，都有关具体实践行为。……为什么"承事如祭"？谨慎敬畏，对待老百姓的事务有如对待神灵的事务。宗教性道德转向社会，亦理性化之途径，宗教、政治合而为一，使政治具有宗教之神圣、严重义也。（《论语今

读》206页）

李零：范宁注已经指出，这两句话也见于《左传》。《左传》僖公三十三年提到晋臼季语，作"臣闻之：出门如宾，承事如祭，仁之则也"，他既说"闻之"，可见是引用，必为成语。（《丧家狗——我读〈论语〉》223页）

杨朝明：[诠释]在邦无怨，在家无怨：自汉代以来学者们对这句话的理解就存在偏差。有人认为这句依然是讲"仁"的外在表现，为诸侯做事不怨恨，为卿大夫做事也不怨恨，但是联系前面所言，这应该被看作是既敬且恕的结果。（《论语诠解》113页）

孙钦善："出门"二句：《左传》僖公三十三年载晋国臼季的话："臣闻之：出门如宾，承事如祭，仁之则也。"由此可见孔子这两句话亦据古语。"己所"二句：《管子·小问》引"语曰"："非其所欲，勿施于人，仁也。"可见亦属古语。家：《集解》引包咸注："在家为卿大夫。"包咸说是，当指大夫之采邑。参见19·25"夫子之得邦家者"。或解为家庭，不妥。《论语》中凡是提到"怨"的地方，均与家庭之外的待人接物有关。无怨与"克己"有关（参见15·15），因此属于"仁"的内容。（《论语本解》146页）

　　辑者案：句意明显，各家所解无大分歧。"出门"、"使民"二句，强调敬慎；"己所不欲，勿施于人"，强调仁恕；一个人做到了敬慎仁恕，无论在哪里，都不会招致怨恨。

12.3 司马牛问仁。子曰："仁者，其言也讱。"曰："其言也讱，斯谓之仁已乎？"子曰："为之难，言之得无讱乎？"

（1）司马牛

汉·孔安国：牛，宋人，弟子司马犁也。（皇侃《论语集解义疏》卷六·24页）

梁·皇侃：司马牛是桓魋弟也。（皇侃《论语集解义疏》卷六·24页）

宋·邢昺：《史记·弟子传》云："司马耕字子牛。多言而躁。问仁于孔子，孔子曰：'仁者，其言也讱。'"是也。（邢昺《论语注疏》158页）

清·江声：《太史公书》曰"司马耕字子牛"，然则与冉伯牛名同矣。孔安国曰"弟子司马犁"。未知孰是，姑两存之。（《论语竢质》卷中·17页）

程树德：按：《史记·仲尼弟子传》："司马耕字子牛。"是牛名耕，不名犁。此注不知何本。（《论语集释》826页）

李启谦、杨佐仁：司马耕，春秋末宋国人。姓司马，名耕，字子牛。亦称司马牛。孔子学生。《论语·颜渊》说他为人多言而躁，故当其问仁时，孔子就答之曰："仁者，其言也讱。"（仁者，说话要缓慢）据《左传·哀公十四年》载，其兄司马桓魋，作乱于宋，对此司马牛坚决反对。其兄失败奔卫，他就离卫去齐，其兄又奔齐，他就离齐奔吴。誓与兄不共事君。（《孔门弟子研究资料》338页）

黄怀信：司马牛：名犁，孔子弟子，本姓向，宋司马桓魋之弟，以其兄之职为氏。（《论语新校释》283页）

　　辑者按：暂从李启谦、杨佐仁说。江声对"与冉伯牛同"及"孔安国曰'弟子司马犁'"所持的疑问，待考。关于"与冉耕冉伯牛名同"的问题，李启谦、杨佐仁所编《孔门弟子研究资料》也未分辨清楚，该书在冉耕名下也汇集了《仲尼弟子列传》中的"司马耕字子牛"等资料。

(2)仁者，其言也讱

汉·孔安国：讱，难也。（邢昺《论语注疏》158页）

汉·郑玄：不忍言也。（马国翰辑《论语古注·论语郑氏注》卷六·3页）

梁·皇侃：云"子曰仁者其言也讱"者，答之也。讱，难也。古者言之不出,恐行之不逮,故仁者必不易出言,故云其言也讱。一云:仁道既深,不得轻说,故言于人仁事必为难也。王弼曰:"情发于言,志浅则言疏,思深则言讱也。"(皇侃《论语集解义疏》卷六·24页)

宋·郑汝谐:其言之也易,其蓄之也不深,必不能用力于仁也。(《论语意原》卷三·10页)

宋·朱熹:讱,忍也,难也。仁者心存而不放,故其言若有所忍而不易发,盖其德之一端也。夫子以牛多言而躁,故告之以此。使其于此而谨之,则所以为仁之方,不外是矣。(《四书章句集注》133页)

清·钱坫:许叔曰:"讱,顿也。"刃顿为顿,言顿为讱。其言也讱,言之顿矣。故夫子曰"君子欲讷于言"。(《论语后录》卷四·9页)

清·刘宝楠:《释文》:"讱或作仞。"案"仞"是假借字,《汉简》引《古论》作"勤"。郑《注》云:"讱,不忍言也。"此《注》文不备,莫晓其义。包氏慎言《温故录》:"《公羊》宣八年:'冬十月己丑,葬我小君顷熊。雨不克葬。庚寅,日中而克葬。'《传》:'而者何?难也。乃者何?难也。曷为或言而或言乃?乃难乎而也。'《注》:'孔子曰:"其为之也难,言之得无讱乎?"皆所以起孝子之情也。'案:依何氏意,似讱者谓其辞之委曲烦重,心有所不忍,而不能径遂其情,故言之亦多重难。郑《注》云:'讱,不忍言也。'说与何氏同。牛之兄桓魋,有宠于宋景公,而为害于公。牛忧之,情见乎辞,兄弟怡怡,不以义伤恩也。而魋之不共,上则祸国,下致绝族,为之弟者,必须涕泣而道。徐遵明《公羊疏》申解《论语》云:'言难言之事,必须而切言之。'盖讱而言,正所以致其不忍之情,故夫子以为仁。"案:包说或得郑义。若然,则"为之"犹言处之也。(《论语正义》486页)

清·陈澧:讱是说不出。(《论语话解》卷之六·16页)

刘文英:"讱",要求在别人面前不可多言和急躁,其用意是为了防止轻率伤人、辱人或使人难堪。虽然不能说"仁"就等于"讱",但"讱"是真诚爱人在言语方面不可缺少的条件。同时"讱"意味着首先要想着他人或替他人着想,这里也包含着一种"爱人"的精神。(《"仁"的本义及其两个基本规定》,《孔子诞辰2540周年纪念与学术讨论集》258页)

金良年:讱(rèn 刃):谨慎。朱熹《集注》云:"忍也,难也。仁者心存而不放,故其言若有所忍而不易发,盖其德之一端也。"(《论语译注》133页)

杨润根:讱:言刃,刃言利语,锋利的语言,毫不含糊的语言,真假善恶分明的语言,判断正确的语言。"讱"作为原来那个"认"字(它表达的正是心灵中的一种真假善恶分明的认知状态)的重要构成成份,即"認"字的重要构成成份。对于这个"讱"字,有的学者把它解释为"迟钝",有的学者把它解释为"谨慎",有的学者把它解释为"忍"或"忍让",我认为这种种解释都不是基于对文字本身结构的认真分析的解释,因此这些解释都是主观任意的。《说文》:"讱,顿也。""顿"即首肯,肯定,它所表达的意思也就是一就是一,二就是二,自己怎么理解就怎么说,毫不含糊,直截了当。《说文》的解释无疑是正确的。(《发现论语》290页)

黄怀信:[释]讱:音刃,《说文》:"顿也。"谓停顿、突然中断、打磕等、不连贯。释迟钝非。……[章旨]司马牛盖说话如放连珠炮而做事轻描淡写,故孔子以此教之。(《论语新校释》283页)

　　辑者案:句中关键字眼在"讱",其意义有"不忍言也"、"忍也"、"难也"、"谨慎"、"顿"、"迟钝"诸说,当以郑玄、朱熹说为优。《辞源》:"讱,言不易出,说话谨慎。"

(3)为之难,言之得无讱乎

汉·孔安国:行仁难,言仁亦不得不难矣。(皇侃《论语集解义疏》卷

六·24 页）

梁·皇侃：为，犹行也。凡行事不易，则言语岂得妄出而不难乎？又一云：行仁既难，言仁岂得易？故江熙云："《礼记》云：'仁之为器重，其为道远，举者莫能胜也，行者莫能致也。'勉于仁者不亦难乎？夫易言仁者，不行之者也，行仁然后知勉仁为难，故不敢轻言也。"（皇侃《论语集解义疏》卷六·24 页）

宋·朱熹：牛意仁道至大，不但如夫子之所言，故夫子又告之以此。盖心常存，故事不苟，事不苟，故其言自有不得而易者，非强闭之而不出。杨氏曰："观此及下章再问之语，牛之易其言可知。"程子曰："虽为司马牛多言故及此，然圣人之言，亦止此为是。"愚谓牛之为人如此，若不告之以其病之所切，而泛以为仁之大概语之，则以彼之躁，必不能深思以去其病，而终无自以入德矣。故其告之如此。盖圣人之言，虽有高下大小之不同，然其切于学者之身，而皆为入德之要，则又初不异也。读者其致思焉。（《四书章句集注》133 页）

杨伯峻：孔子道："做起来不容易，说话能够不迟钝吗？"（《论语译注》124 页）

王缁尘：这是孔子又重答司马牛也。"为之难"者，是说"我看他人为恶，等他身败名裂，要救助他，是很难了！""言之，得无切乎？"就是说："待后救助很难，故当趁早劝阻。既欲趁早劝阻，说话可以怕伤感情而不忍吗？"孔子这话，已把忍而言，正所以达其不忍之情的意义，很明白的表示出了。（《四书读本》213 页）

李炳南：此话意在言外。一个人遇到为难的事情，说给人听，无非是求人代办，或求人代出主意，但如他人无力代办，也不能代出主意，如说出来，便是令人为难，甚至惹出更多的麻烦。基于这样的顾虑，所以，为难之事，不轻易说，这就是仁。（《论语讲要》229 页）

黄怀信:（司马牛说:）"说话的时候打磕等,就叫做'仁'了吗?"先生说:"做起来难,说起来能不打磕等吗?"［章旨］此章论仁者。司马牛盖说话如放连珠炮而做事轻描淡写,故孔子以此教之。(《论语新校释》284 页)

杨朝明:［诠释］据《史记・仲尼弟子列传》,司马牛"多言而躁",即喜欢多言而又性格急躁。所以当他向孔子请教仁时,孔子便故意回答道:"仁者,其言也讱",告诫他说话要谨慎。孔子一贯主张有仁德的君子应该"耻其言而过其行"(《宪问》),不要言过其实,要多做少说,先做后说。作为学生的司马牛认为"仁"应该是一个非常宏阔的概念,而孔子谈的只是日常小事,所以反诘道:"其言也讱,斯谓之仁已乎?"联系以上数章,孔子教人求仁,主要是从日常生活中的小事做起,积善成德,也就可以达到仁的境界了。讱(rèn):不轻易说话,说话很谨慎。［解读］孔子说:"做起来困难,说的时候能不谨慎吗?"(《论语诠解》113 页)

　　辑者案:从杨朝明说。

12.4 司马牛问君子。子曰:"君子不忧不惧。"曰:"不忧不惧,斯谓之君子已乎?"子曰:"内省不疚,夫何忧何惧?"

汉・包咸:疚,病也,自省无罪恶,无所可忧惧也。(马国翰辑《论语古注・论语包氏章句》卷下・2 页)

梁・皇侃:内省,谓反自视己心也。疚,病也。言人生若外无罪恶,内忖视己心无有惵病,则何所忧惧乎?(皇侃《论语集解义疏》卷六・25 页)

宋・郑汝谐:此言虽为牛设,然不忧仁也,不惧勇也,仁且勇,虽死生之变怡然处之,非君子而何?(《论语意原》卷三・11 页)

清·刘宝楠："不忧不惧"，即仁者不忧、勇者不惧之义。注谓牛忧惧，夫子以不忧不惧解之。夫桓魋谋乱，有覆宗绝世之祸，牛为之弟，岂得漠然无动于心？孟子谓"越人关弓射我，我谈笑而道之；其兄关弓而射我，则已垂涕泣而道之"。如此乃为亲亲，乃为仁。今牛因兄为乱，常致忧惧，乃人伦之变、人情之所万不能已者，而夫子解以"不忧不惧"，是教牛以待越人者待兄也。悖义伤教，远失此经之旨。（《论语正义》487 页）

清·王闿运：谋自免而忘亲，则内省有疚。（《论语训》卷下·16 页）

程树德：按刘氏之说非也。不忧不惧，即孟子所谓不动心。盖待兄关切是一事，不动心又是一事，各不相蒙。内典以忧即烦恼，为恶心所之一，无论何时，均不应有。盖乐虽未必为善，而忧则无不为恶者，孔子所以言"君子坦荡荡，小人长戚戚"也。（《论语集释》828 页）

王缁尘："子曰：'内省不疚，夫何忧何惧'"者，孔子又重答司马牛也。"疚"，病也，即过恶之意。孔子的话，就是："君子是不做恶事，不做对不住人的事的。既然自己肚子里想想，没有做过这些事，那么还担什么忧，还怕甚么呢？"孔子之意，是以为牛既没有助兄为恶，又曾对兄涕泣而道，并无对不住兄之事，故可不忧不惧也。（《四书读本》213 页）

李泽厚：如甩开司马牛的具体情境讲，"惧"此处或应作 Heidegger 的"畏"解。指的并非对某种具体事物的害怕，而是对人生之"畏"，即对那无定而必然的现实性个体死亡的恐惧。如果问心无愧，没有内疚，则证明如此一生和当下存在（"当下"也是历史性的情感把握），都属于自己，不欠"天理"（道德），不欠别人，在情感上超然自立，深感自己的生命富有，而"不忧不惧"。（《论语今读》208 页）

　　文选德：关于"疚"字。"疚"意即对自己的缺点错误从内心感到惭愧，甚至痛苦不安。"疚"字从字构学来说是久病的意思，即长久的痛苦，长久的不安，长久的难过，长久的担忧。(《〈论语〉诠释》493 页)

　　孙钦善：疚(jiù 旧)：由于犯错误而感到内心痛苦。……孔子说："内心反省不感到有错而悔恨，那又愁什么，怕什么呢?"(《论语本解》147 页)

　　　　辑者案：从包咸、孙钦善说。

12.5 司马牛忧曰："人皆有兄弟，我独亡。"子夏曰："商闻之矣：死生有命，富贵在天。君子敬而无失，与人恭而有礼，四海之内皆兄弟也。君子何患乎无兄弟也?"

(1)死生有命，富贵在天

　　梁·皇侃：此是我所闻为说不须忧之事也。言死生富贵皆禀天所得，应至不可逆忧，亦不至不可逆求，故云有命、在天也。然同是天命，而死生云命、富贵云天者，亦互之不可逃也。死生于事为切，故云命。富贵比死生者为泰，故云天。天比命则天为缓也。缪播云："死生者，所禀之性分，富贵者，所遇之通塞。人能命养之以福，不能令所禀异分，分不可易，命也。能修道以待贾，不能遭时必泰，泰不可必，天也。天之为言自然之势运，不为主人之贵贱也。"(皇侃《论语集解义疏》卷六·25 页)

　　宋·朱熹：命禀于有生之初，非今所能移;天莫之为而为，非我所能必，但当顺受而已。(《四书章句集注》134 页)

　　日·伊藤维桢：莫之为而为者，天也。莫之致而至者，命也。言死生存亡，富贵利达，皆天之所为，命之所至，非人力之所能迁，何为妄忧?(《论语古义》176 页)

钱穆：死生有命，富贵在天：命者不由我主。如人之生，非己自欲生。死，亦非己自欲死。天者，在外之境遇。人孰不欲富贵，然不能尽富贵，此为境遇所限。(《论语新解》308 页)

金池："死生有命"的意思是——生老病死是一种自然现象，"富贵在天"的意思是——摆脱贫穷而获得富贵在于后天的努力。(《论语新译》344 页)

文选德：关于"死生有命，富贵在天"，意即每一个人都是从不存在中获得存在，从没有生命中获得生命，而这种存在和生命就是宇宙万物存在和生命的那种普通存在的一部分。而人的富有而有尊严的生活条件也是来自宇宙的那种普通存在的必然性。所以，人的生命和富有都只是宇宙的一种必然，这也是中国古代所产生的"天人合一"的人生观和价值观。(《〈论语〉诠释》495 页)

傅佩荣：命：命与天，在此是就人的遭遇而言，属于命运范围。接下去谈的君子，则属于个人可以自行抉择的使命了。(《傅佩荣解读论语》205 页)

> 辑者案：这是古人的天命观。文字方面没有难解处，至于义理方面，见仁见智自然难免。

(2)君子敬而无失，与人恭而有礼，四海之内皆兄弟也。君子何患乎无兄弟也

汉·包咸：君子疏恶而友贤，九州之人皆可以礼亲也。(皇侃《论语集解义疏》卷六·25 页)

梁·皇侃：云"君子敬而无失"者，死生富贵既理不易，故当委之天命。此处无忧。而此句以下，自可人事易为修理也。敬而无失，是广爱众也。君子自敬己身，则与物无失者也。云"与人恭而有礼"者，此谓恭而亲仁也。人，犹仁也。若彼有仁者，当恭而礼之也。云"四海之内皆为兄弟也"者，疏恶者无失，善者恭礼，故四海九州皆可亲礼如兄弟也。云"君子何患乎无兄弟也"者,既远近可亲,故不须忧患于无兄弟也。(皇侃《论语集解义疏》卷六·26页)

宋·邢昺:言人死生短长,各有所禀之命,财富位贵则在天之所予,君子但当敬慎而无过失,与人结交恭谨而有礼。能此疏恶而友贤,则东夷、西戎、南蛮、北狄、四海之内、九州之人,皆可以礼亲之为兄弟也。君子何须忧患于无兄弟也?(邢昺《论语注疏》159页)

宋·郑汝谐:曰四海之内皆兄弟也,君子虽能恭敬,安能使四海之内皆为兄弟乎?此言几于二本,学者宜察之。(《论语意原》卷三·11页)

宋·朱熹:既安于命,又当修其在己者。故又言苟能持己以敬而不间断,接人以恭而有节文,则天下之人皆爱敬之,如兄弟矣。盖子夏欲以宽牛之忧,故为是不得已之辞,读者不以辞害意可也。胡氏曰:"子夏四海皆兄弟之言,特以广司马牛之意,意圆而语滞者也,惟圣人则无此病矣。且子夏知此而以哭子丧明,则以蔽于爱而昧于理,是以不能践其言尔。"(《四书章句集注》134页)

元·陈天祥:兄弟同本连枝,天伦至亲,无他人相混之理。子夏四海皆兄弟之言,正与墨氏之兼爱相类,胡氏谓有语滞之病,其说诚是。然既以其言为有病矣,而又讥其不能践其言,必使子夏绝父子之情,而以宽牛之言自宽曰:"四海之内皆父子也。君子何患乎无父子?"以此自处,然后为能践其言也。比之前病,不又甚与?惟删去践言一节则为无累。(《论语辨疑》卷六·10页)

清·黄式三:此盖当司马牛适齐适吴之时,子夏以此告之也。桓魋祸及一家,必有无辜而死者。解之以有命在天,俾知魋有自作之孽,难逃天谴。司马氏或由此而灭,或魋死而司马氏尚有后,惟天量其恶之大小而命之。安于天命,可不必为兄弟忧,而身栖异地,自忧羁旅之难,复与言人己联接之谊耳。或曰此当魋祸将起,告以不必居宋。周烛斋有此说,亦通。或曰何患无兄弟,言疏者可亲,何况亲者,责其自修良友之忠告也。范紫登有此说,亦一义也。胡致堂轻呰先贤之格言,周烛斋辨之矣。胡氏又讥子夏丧明事,赵鹿泉设四诬以辨之矣。(《论语后案》334页)

清·俞樾:"失"当读为"佚"。《周官·大宗伯》郑《注》"以防其淫失",《释文》曰:"失,本亦作佚。"《庄子·徐无鬼篇》"若卹若失",《释文》曰:"失,司马本作佚。"是"失"与"佚"通。言君子敬而无敢佚乐也。"敬而无佚"与"恭而有礼"对文,无佚申言敬,有礼申言恭也。若过失则敬与恭皆不可有,不得专属之敬矣。(《群经平议》卷三十一·7页)

程树德:玩此节语气,自"死生有命"至"皆兄弟也"皆孔子语,惟"君子何患乎"一句乃子夏语。胡氏句读之不知,敢于轻议前贤,可谓妄已。是书力矫前人攻朱之习,然贬抑圣门之罪亦决不轻恕。故列举先儒之说(辑录者按:先儒如陈天祥《四书辨疑》、阮元《潜研堂文集》、毛奇龄《四书改错》、简朝亮《论语集注补正述疏》、郑浩《论语集注述要》),并纠其误谬如右。(《论语集释》833页)

钱穆:有意是而语滞者,孔子无是也。孔子曰:"天下归仁",后人因谓仁者以天地万物为一体。孔子曰:"虽蛮貊之邦行矣",子夏因曰"四海之内皆兄弟"。学者遇此等处,惟当通知言者意指所在,勿拘执文字以为说可也。(《论语新解》308页)

　　辑者案:该章文字平实,没有难解处,章旨可依据邢昺、朱熹的解释。

12.6 子张问明。子曰:"浸润之谮,肤受之愬,不行焉,可谓明也已矣。浸润之谮,肤受之愬,不行焉,可谓远也已矣。"

汉·马融:肤受之愬,皮肤外语,无此二者,非但为明,其德行

高远，人莫能及之也。（马国翰辑《论语古注·论语马氏训说》卷下·2页）

汉·郑玄：谮人之言，如水之浸润，以渐成人之祸也。肤受之愬，谓受人之诉辞，皮肤之不深知其情核也。（马国翰辑《论语古注·论语郑氏注》卷六·3页）

梁·皇侃：云"子曰浸润之谮"者，答也。浸润，犹渐渍也。谮，谗谤也。夫拙为谗者，则人易觉，巧为谗者，日日渐渍细进谮。当时使人受而不觉，如水之浸润渐渍，久久必湿也，故谓能谗者为浸润之谮也。云"肤受之愬"者，肤者，人肉皮上之薄绉也。愬者，相诉讼谗也。拙相诉者，亦易觉也；若巧相诉害者，亦日日积渐稍进为，如人皮肤之受尘垢，当时不觉，久久方睹不净，故谓能诉害人者为肤受之愬也。云"不行"云云者，言人若觉彼浸谮肤诉害，使二事不行，则可谓为有明也。云"浸润"云云者，又广答也。言若使二事不行，非唯是明，亦是高远之德也。孙绰云："问明而及远者，其有高旨乎？夫赖明察以胜谗，犹火发灭之以水，虽消灾有方，亦已殆矣。若远而绝之，则佞根玄拔，鉴巧无迹，而远体默全，故知二辞虽同，而后喻弥深，微显之义其在兹乎？"颜延之云："谮润不行，虽由于明，明见之深，乃出于体远。体远不对于情伪，故功归于明见。斥言其功故曰明，极言其本故曰远也。"（皇侃《论语集解义疏》卷六·26页）

宋·邢昺：夫水之浸润，渐以坏物，皮肤受尘，渐成垢秽。谮人之言，如水之浸润，皮肤受尘，亦渐以成之，使人不觉知也。若能辨其情伪，使谮愬之言不行，可谓明德也。"浸润之谮，肤受之愬不行焉，可谓远也已矣"者，言人若无此二者，非但为明，其德行可谓高远矣，人莫能及之也。（邢昺《论语注疏》160页）

宋·朱熹：肤受，谓肌肤所受，利害切身。如《易》所谓"剥床以肤，切近灾"者也。愬，愬己之冤也。毁人者渐渍而不骤，则听者不觉其入，而信之深矣。愬冤者急迫而切身，则听者不及致详，而发之暴矣。二者难察而能察之，则可见其心之明，而不蔽于近矣。此亦必因子张之失而告之，故其辞繁而不杀，以致丁宁之意云。杨氏曰："骤而语之，与利害不切于身者，不行焉，有不待明者能之也。故浸润之谮、肤受之愬不行，然后谓之明，而又谓之远。远则明之至也。《书》曰：'视远惟明。'"（《四书章句集注》134 页）

宋·张栻：《吕氏》曰："谮者，毁人之行。愬者，愬己之私。浸润者，渐进而已，内有所未入。肤受者，面从而已，心有所未然。明者知几，远者虑终，必拒其始，然后谮愬不得行。不然，则始虽渐进，久则言入。始虽面从，久则心然。"兹说备矣。（《南轩论语解》卷六·15 页）

日·物双松：浸润之谮，谮之巧者也。肤受之愬，恃宠者也。受冤之浅，辄愬诸君，狎恩所使也。近臣不狎恩，不得用其谮，人君之明也。（《论语征》240 页）

清·刘宝楠：正义曰："明"者，言任用贤人，能不疑也。……"远"者，言明之所及者远，凡民情事，无不周知也。（《论语正义》489 页）

清·刘恭冕：《韩诗外传》："王者必立牧，方三人使窥远，知众也。远方之民有饥寒而不得衣食，有狱讼而不平其冤，失贤而不举者，入告乎天子，天子于其君之朝也，揖而进之曰：'意朕之政教有不得尔者邪，何如乎？有饥寒而不得衣食，有狱讼而不平其冤，失贤而不举。'然后其君退而与其卿大夫谋之。远方之民闻之，皆曰：'诚天子也。夫我居之僻，见我之近也。我居之幽，见我之明也。可欺乎哉？'"故牧者所以开四门、明四目、通四聪也。孙诒让曰："《正义》以诉为愬或体。"案：诉为𧭣之隶省，非或体。（《论语正义补》22 页）

程树德：《集注》以远即指明之远而言，古注则明是明，远是

远。考皇《疏》所引孙焯、颜延之之说,均与《集注》合,兹从《集注》。(《论语集释》835页)

乔一凡:明,照也。贤,明也。谥法:潜诉不行曰明。愬即诉潜、谗。(《论语通义》188页)

毛子水:"可谓远也已矣"的"远"字,只是"明得远"的意思。孔子说了"可谓明也已矣"以后,又想到:这样,非特可称为"明",并且可称为"明得远";所以再补一句。(《论语今注今译》186页)

王缁尘:"明"是明亮。……"远"者,是明透的意思。(《四书读本》215页)

陈立夫:肤受之愬,愬,同诉。朱注谓愬己之冤。肤受之愬,谓愬冤之辞,好比肌肤受到切身之痛,听起来容易感动。(《四书道贯》45页)

邓球柏:浸润之潜:间接的诽谤诬陷。肤受之愬:直接的诽谤诬告。(《论语通解》228页)

程石泉:按此章子张所问者应为"明"、"达",因孔子解释"浸润之潜,肤受之愬,不行焉"为"明",并为"达"。现本"达"字作"远"字殊不应理。恐因"达"、"远"形近而讹。按《汉书·五行志》引此章止"可谓明也已矣"。《荀子·解蔽》云:"传曰:'知贤之谓明。'"恐此章下半"浸润之潜,肤受之愬,不行焉,可谓远也已矣"若非重文,当有错简。(《论语读训》207页)

刘伟见:肤受之愬:"肤受",皮肤上感觉到。"愬",与潜义近,诽谤。《正义》说:"愬亦潜也,亦其文耳。"肤受之愬,是说好像皮肤上感觉到疼痛般急迫切身的诽谤诬告。(《论语意解》296页)

林觥顺:浸润之潜:是肌肤两相沾润者的潜言。肤受之愬,是肌肤两相授受亲密者之告诉。皆说明是夫妻间妇人之言。可谓远也已矣:与明越离越远了,也已矣,皆句尾终结词了,是加强语

气。(《论语我读》208 页)

黄怀信:"浸润",逐渐渗透,喻心受,与肤受相对,指使身心受苦。"谮",音怎,去声,毁谤之言。肤受之诉:"肤受",肌肤所受,指使肌肤受苦。"诉",诉讼。(《论语新校释》286 页)

乌恩溥:明:内心敞亮。远:心地宽阔,心境高远。(《名家讲解论语》91 页)

李零:"明",是对小人看得清;"远",是对小人躲得远。(《丧家狗——我读〈论语〉》225 页)

李里:子张来问明,明是和无明相对的,开了智慧就见到光明,没有开智慧就是痴,就是迷,除迷断惑谓之明。(《论语讲义》201 页)

郑张欢:孔子说:对浸润到思想深处的谮言,身心所感受的忧患之事不起作用了,可谓于事是至明了。对浸润到思想深处的谮言,身心所感受到的忧患之事不起作用了,可谓于事是至远了。(《论语今释》176 页)

刘兆伟:肤受之愬,未受大伤害,就激烈诉讼,即小题大做的诉讼。(《论语通要》256 页)

李德民:子张问怎样才算明白事理。孔子说:"渐渐积累而来的谗言,急如切肤之痛的诬告,对你都行不通,可算是明白事理了。渐渐积累而来的谗言,急如切肤之痛的诬告,对你都行不通,可算是见识高远了。"(《孔子语录集解》262 页)

杨朝明:明:明辨是非,明白事理,也可以理解为能够知遇贤人。《荀子·解蔽》云:"传曰:'知贤之为明。'"远:有远见。(《论语诠解》114 页)

蔡健清:远:明之至,明智的最高境界。(《论语解读》206 页)

辑者案:该章难解,故争议纷纷。比较而言,皇侃、邢昺疏为优。

12.7 子贡问政。子曰："足食,足兵,民信之矣。"子贡曰:"必不得已而去,于斯三者何先?"曰:"去兵。"子贡曰:"必不得已而去,于斯二者何先?"曰:"去食。自古皆有死,民无信不立。"

(1)足食,足兵,民信之矣

梁·皇侃:食为民本,故先须足食也。时浇复须防卫,故次足兵也。虽有食有兵,若君无信则民众离背,故必使民信之也。(皇侃《论语集解义疏》卷六·27页)

宋·邢昺:此答为政之事也。足食则人知礼节,足兵则不轨畏威,民信之则服命从化。(邢昺《论语注疏》160页)

元·陈天祥:言必以实之谓信,信之在己,不可须臾离也。己不失信,人自信之,岂待仓廪实、武备修方才有信哉?果如注文之说,须是有食有兵然后有信,无食无兵则无信也,然夫子于不得已而去兵去食,惟欲存信,此何说也?又教化,教民为善也。教民为善亦须自有为善之实而民信服,然后教化可行。尧舜教天下以仁而民从之,以其先有可信之实也。若桀纣教天下以仁,民必不从,以其先无可信之实也。由此观之,民信于我,亦不直在教化既行之后也。旧疏云民信则服命从化,此说为是。夫子答子贡之问,止是举其为政之急务。三者之中又有缓急,不得已而去其缓者,非有先后之分也。(《论语辨疑》卷六·11页)

日·物双松:足食,足兵,民信之矣。是子贡为边邑宰而问政。故孔子告以此。民信之者,言民信其为民之父母不疑也,是非由足食足兵而信之。然非足食足兵,则民亦不信之,故足食足兵在前耳。民无信不立者,上无信则民不立也,为民之父母,仁也。上仁而民信之,是信之在民。故曰民无信不立,其实信者上

之所为也。(《论语征》241页)

清·黄式三:"足食"、"足兵"以立政言,而食足、兵足之成效可知。"民信之矣"以成效言,而所以信之之政亦可知。下节所谓"三者"也,申朱子《注》者云"足食"、"足兵"而后"民信"本是两事,失之;尤可怪者,近儒谓春秋时学校之制三代相传,纲常名教亦无人灭,去兵、食,一足,而民信自然易易。以此申朱子《注》,痴矣!又曰:顾亭林云:"古之言兵皆指器,不指人言。谓执兵之人为兵,五经无此语也。"式三谓:《春秋》经传多言治兵正指执兵之人,但此所言自指兵器耳。(《论语后案》336页)

清·刘宝楠:正义曰:"足食"者,……是足食由于能制国用,有余蓄,则藏谷以备凶荒。……"足兵"者,……此文"足兵"、"去兵"兼有兵器与人。……今案:兵制咸有定额,所以患不足者,容民贫寡,不及出军之数。又平时武事多未讲,车甲朽顿,备防不设,此虽空有兵籍,实则不足。……"民信之"者,"民"字当略读。"信"谓上予民以信也。(《论语正义》491—492页)

程树德:[考异]高丽本"民信"上有"使"字。皇本"民信"上有"令"字。《天文本论语校勘记》:足利本、唐本、正平本"民信"上有"使"字,古本"使"做"令"。……按:古者兵出于农,上地可任者家三人,中地可任者二家五人,成数具存,何以去得? 去兵是去民也。故邢《疏》以凶器释兵,而顾氏(辑录者按:顾炎武《日知录》)亦以兵为五兵也。赵佑《温故录》:"庄八年《公羊》书'祠兵',《注》:'杀牲飨士卒。'隐四年《左传》:'诸侯之师败郑徒兵。'尤步卒称兵之明文,则足兵还当兼人与器也。"恐非。(《论语集释》836页)

杨伯峻:[译文]充足粮食,充足军备,百姓对政府就有信心了。……[注释]兵——在《五经》和《论语》、《孟子》中,"兵"字多指兵器而言,但也偶有解作兵士的。如《左传》隐公四年"诸侯之师败郑徒兵",襄公元年"败其徒兵于洧上"。顾炎武、阎若璩都以为《五经》中的"兵"字无作士兵解者,恐未谛(刘宝楠说)。但此"兵"字仍以解为军器为宜,故以军备译之。(《论语译注》126 页)

毛子水:"民信之矣"的"矣"字,当是衍文。孔子举出为政三要事:足食;足兵;民信之("信之"是"使民信任政府"的意思。"信之"下似乎不须更有"矣"字了。现在经文这个"矣"字,恐怕是后人所加的。因为传世的《论语》都有这个"矣"字,所以我们在经文上保留它,而在译文里则不译出)。(《论语今注今译》187 页)

李炳南:兵字原指武器而言,后来持用武器的人也叫作兵,此处所说的兵字含有国防的意思。(《论语讲要》232 页)

郑臣:在孔子看来,足食、足兵与民信,乃是为政的三大基本要求。道理很简单,政治的基本要求便是要让黎民百姓得到温饱,使民"衣食足",使其获得基本的生存权利和经济利益。其次便是富国强兵,只有"兵马壮"才谈得上保家卫国,因为政治永远不能不考虑战争状态。……他并不将政治仅仅视作一个保障生存、实现利益最大化的功利场所,而更将其视作一个实现仁义的道德场所。因而他在"足食"、"足兵"之外还要加上"民信之"。因为在他看来,诸如诚信这样的道德品质才是人生幸福、社会和谐的终极意义和根本保障所在。因此道德上的"足信"甚至比"足食"、"足兵"更为重要。……换言之,在孔子看来,"诚信"不仅有道德的意义,也是为政的基本条件,依据"诚信"这些道德准则所建立的礼法秩序乃是为政的基本原则。孔子虽强调道德的基础地位,但并未单纯以道德治国,而是更强调以礼法治国。也即是说,他不仅仅是强调个体的"德性自觉"和"德性的完成"对于政治的根本作用,同时还更加强调礼法的规范和导向对于实现仁政所具有的根本意义。(《道德与政治的分与合——〈论语〉的思想启示》,《孔子研究》

2009年第3期)

辑者案：孔子的回答，指出为政者要做好的三大基本方面，即备足粮食、备足兵力、取信于民。

(2)子贡曰："必不得已而去，于斯三者何先？"曰："去兵。"子贡曰："必不得已而去，于斯二者何先？"曰："去食。自古皆有死，民无信不立。"

汉·孔安国：死者古今常道也，人皆有之，治邦不可失信也。

（马国翰辑《论语古注·论语孔氏训解》卷六·7页）

宋·邢昺：曰"去兵"者，孔子答言，先去兵。以兵者凶器，民之残也，财用之蠹也，故先去之。……"去食。自古皆有死，民无信不立"者，孔子答言，二者之中先去食。夫食者，人命所须，去之则人死。而去食不去信者，言死者古今常道，人皆有之，治国不可失信，失信则国不立也。（邢昺《论语注疏》160页）

宋·朱熹：去，上声，下同。言食足而信孚，则无兵而守固矣。……民无食必死，然死者人之所必不免。无信则虽生而无以自立，不若死之为安。故宁死而不失信于民，使民亦宁死而不失信于我也。程子曰："孔门弟子善问，直穷到底，如此章者。非子贡不能问，非圣人不能答也。"愚谓以人情而言，则兵食足而后吾之信可以孚于民。以民德而言，则信本人之所固有，非兵食所得而先也。是以为政者，当身率其民而以死守之，不以危急而可弃也。（《四书章句集注》134页）

元·陈天祥：一章中两"信"字本是一意，注文解"民信之矣"则云"民信于我"，此以信为国家之信也。解"民无信不立"则云"民无食必死，然死者人之所不免，无信则虽生而无以自立"，此却说信为民之信，立亦民之自立也。又曰"宁死而不失信于民，使民亦宁死而不失信于我"，前一句信在国，后一句信在民。后又分人情民德二说。云"以人情而言,则兵食足而后吾之信可以孚于民",此说信亦在国也。继云"以民德而言,则信本人之所固有,非兵食所得而先",此说信又在民矣。不惟"信"字交互无定,而"兵"、"食"与"信"先后之说自亦不一,圣人本旨,果安在哉?王溏南曰:"民信之者,为民所信也。民无信者,不为民信也,为政至于不为民信,则号令日轻,纪纲日弛,赏不足以劝,罚不足以惩,委靡颓堕,每事不立矣。故宁去食,不可失信。"此说二信字皆为国家之信,立亦国事之立也,文直理明,无可疑矣。(《四书辨疑》卷六·11页)

清·李光地:古者兵寓于民,非如后世别有兵之目也。然则所谓去兵者,马牛车甲器械之不备,战阵之未讲焉尔,如新造之邦凶荒之岁,所急在生聚、储蓄、安集、劳来,何暇于历戎讲武,此不得已而去兵之说也。去食与无食不同,如《传》载"易子析骸",是窘于不得食耳,非去之也。去之者,若遇凶灾,则损经用薄禄禀,而不一毫多取于民之类,此不得已而去食之说也。自古皆有死,是说到义理尽处,言极去食之祸不过至于死耳,虽死信犹不可弃也,未必至于死乎。(《读论语札记·颜渊篇》)

清·赵良猷:何屺瞻曰:"观《周官·小司徒》及《司马法》,则所谓兵者,即其民也。召募始于桓文,初无所据。当孔子时,舍井田邱甸之民,岂别有可去之兵哉?下二节问答,但欲穷此理之极,而非实事也。"按:此说固是矣,然此只是言时危数极败亡縻费,有不得已焉耳。兵以义死,财以兵散,而信自在天壤间。盖民信己在前,至此不过下罪己之诏,布哀痛之言,以使民振起耳,非去兵去食之后,单有一个使民信之法也。近世又有谓去兵是去甲胄戈矛者,尤非是。(《论语注参》卷下·7页)

清·武亿:近读从"去"字绝句。据《释文》云:"一读'而去于

斯'为绝句。"则"三者何先"另为一句。子贡所问"有美玉于斯"，即如此例。(《经读考异》卷七·9页)

清·梁章钜：邢《疏》"兵者凶器"，顾氏炎武曰："古之言兵，非今日之兵，谓五兵也，故曰'天生五材谁能去兵'。"按：古者兵出于农。上地可任者，家三人；中地可任者，二家五人。成数具存，何以去得？去兵是去民也。故邢《疏》以凶器释兵，而顾氏亦以兵为五兵也。(《论语旁证》卷十二·7页)

清·黄式三："必不得已"句，略逗，"而去于斯三者"连读为一句。(《论语后案》337页)

清·刘宝楠："去兵"谓去力役之征。《周书·糴匡解》："年饥则兵备不制。"又云："男守疆，戎禁不出。"是凶岁去兵。其时虽轻徭薄赋，然食政犹未去，所谓"凶年则寡取之"者也。去兵而有食与信，与民固守，自足立国也。"去食"者，谓去兵之后，势犹难已，凡赋税皆蠲除，《周官·均人》所谓"凶札，则无力政，无财赋，不收地守地职"。又发仓廪以振贫穷，《周书·大匡解》："农廪分乡，乡命受粮，成年不偿，信诚匡助，以辅殖财。"是凶荒去食也。若信则终不可去，故曰"自古皆有死，民无信不立"，明去兵、去食，极其祸难，不过人君国灭身死，然自古人皆有死，死而君德无所可讥，民心终未能忘，虽死之日，犹生之年，况民戴其上，如手足之卫身，子弟之卫父兄，虽值危难，其犹可以济。是故信者，上所以治民之准也。苟无信，虽足兵、足食，犹不能守，况更值不得已，而兵食皆将去之乎？(《论语正义》492页)

程石泉：此之所谓"去"者，乃减省之谓也。(《论语读训》208页)

裴传永：笔者认为，克服硬伤的关键在于不对"去"字作过于凿实的理解，即不取其"去掉"、"免除"等义项，而考虑改用"放弃"、"舍弃"等义项。具体到原文的翻译中，就是把"去兵"译作

"舍弃军备这一项",把"去食"译作"舍弃粮食这一项",这样就可以使问题得到相对妥善的解决。……依笔者之见,既然"自古皆有死,民无信不立"是对"子贡问政"所作的总结性的答复,那么句子的主语是"政"的主体即执政者便是顺理成章的。也就是说,"民无信不立"被省略的主语是执政者,"自古皆有死"被省略的主语也是执政者,执政者是两个短句共同的主语。(《〈论语·颜渊〉"子贡问政"章文本辨析与训释商兑》,《孔子研究》2007年第4期)

杨朝明:但应该看到孔子所言"去食、去兵"并不是说"无兵、无食",这里所说的"去"是减省的意思,"足食、足兵"乃为政的充足条件,赢得人民的信赖则是为政的必要条件,孰轻孰重,其意自明。(《论语诠解》115页)

辑者案:句意明白,无须争议。食、兵、信三事比较,假设在不得已的情况下要舍弃一项或两项,应舍弃什么? 保留什么? 孔子最终保留"信"。此问答突出的是"信"字,失信即失国也。这只是个假设,现实而言,去食就意味着死,是舍弃不得的。子贡问只是个假设,孔子依其设问而答,目的是突出"信"的重要。

12.8 棘子成曰:"君子质而已矣,何以文为?"子贡曰:"惜乎! 夫子之说君子也,驷不及舌。文犹质也,质犹文也。虎豹之鞟,犹犬羊之鞟。"

(1)棘子成曰:"君子质而已矣,何以文为?"

宋·邢昺:卫大夫棘子成言曰:君子之人,淳质而已,则可矣,何用文章乃为君子? 意疾时多文章。(邢昺《论语注疏》161页)

元·陈天祥:注文本谓棘子成疾时人文胜,故以君子之意称之,此可谓不察人之瞋喜也。"君子质而已矣,何以文为",正与史弘肇所谓"安用毛锥子"语意无异,故对子贡发如此之言,非疾时人文胜,乃是疾孔子所教子贡之徒文胜也。子贡正谓安意讥毁圣人之教,故伤叹而警之也。惜乎乃伤叹之辞。说,犹论也。盖言可惜乎子之所以论君子也,此言既出,驷马不能追及其舌而返之也。此与"一言以为知,一言以为不知"之意同。盖所以深警其非,未尝称有君子之意。(《四书辨疑》卷六·12页)

清·王引之:为,语助也。……《子路》篇曰:"虽多,亦奚以为?"《季氏》篇曰:"何以伐为?"(《经传释词》卷二·26页)

程树德:陈氏以子成之言乃讥孔子,可谓发前人未发,其论确不可易。(《论语集释》842页)

赵又春:原来,这一章的"君子"不是从道德上说的,而是指在位者,即君主和当官的人,棘子成是说官员只要有职位(质)就行了,不必重视官场的礼节、排场、"架子"(文),子贡的观点则是,人的尊卑长幼和在社会上的地位、身份、等级等(质),是通过一定的仪式、形式、行为方式(文)表现出来的,没有了这些"文",君和臣,君子和小人,以及官职的大小,都无从识别、区分了,职权的行使就会受到阻碍,君子的质也就没有了,所以"文"是非有不可的。(《我读〈论语〉》81页)

杨朝明:本章内容可与《雍也》中第十八章的内容相互参证。质,为内在的本质,而文在这是指外在的装饰。孔子认为,对君子而言,文和质都非常重要,正如在《雍也》中所说:"质胜文则野,文胜质则史。文质彬彬,然后君子。"但在这里棘子成把文和质摆到对立的位置上,认为君子有质便可,不需有文。大概因为他"疾时人文胜,故为此言"(《论语集注》卷六)。(《论语诠解》115页)

辑者案:从杨朝明说。"为"字,王引之解可从。

（2）惜乎！夫子之说君子也，驷不及舌

汉·郑玄：惜乎夫子之说君子也，过言一出，驷马追之，不及舌也。（皇侃《论语集解义疏》卷六·28页）

梁·皇侃：子贡闻子城之言而讥之也。夫子，谓呼子城为夫子也。言汝所说君子用质不用文为过失之甚，故云惜乎夫子说君子。（皇侃《论语集解义疏》卷六·28页）

宋·朱熹：言子成之言，乃君子之意。然言出于舌，则驷马不能追之，又惜其失言也。（《四书章句集注》135页）

清·武亿：此凡两读，《集注》言子成之言乃君子之意，是以"说"字断句。张惟适曰："'惜乎！夫子之说君子也'二句，十三字作一气读。君子即上文君子，说字即指上二句，谓其论君子专主质，不合文质不可相无道理，总是惜其失言，无两层意。"是又以"君子也"属上作一句读。（《经读考异》卷七·10页）

清·黄式三：说君子，指子成所说之君子。"夫子之说君子也"句，略读，"驷不及舌"一直读下。《集注》作一扬一抑，误。东发先生辨之。（《论语后案》339页）

程树德：所谓君子，即上文之君子。是旧说如是，应九字作一句读，《集注》失之。（《论语集释》842页）

杨伯峻：[译文]子贡道："先生这样地谈论君子，可惜说错了。一言既出，驷马难追。……"[注释]惜乎夫子之说君子也——朱熹《集注》把它作两句读："惜乎！夫子之说，君子也。"便应该这样翻译："先生的话，是出自君子之口，可惜说错了。"我则以为"夫子之说君子也"为主语，"惜乎"为谓语，此为倒装句。（《论语译注》126－127页）

黄怀信：所谓驷不及舌，意为舌头在人嘴里，想怎么说就怎样说，连四马快车也赶不上，以批评棘子成之信口开河。今或释为一言既出四马难追，非，此无追悔之义。（《论语新校释》289页）

金知明：夫子之说，君子也：孔子的学说，是有修养的言词；说，论述，学说；君子，名词做形容词；这里指有文采的话，文质彬彬的话。(《论语精读》151页)

郑张欢：子贡说：可惜，你赞许的君子，与真正的君子差别太远了。(《论语今释》178页)

孙钦善：可惜啊，先生你竟这样来解说君子！一言出口，驷马难追。(《论语本解》149页)

　　辑者案：从杨伯峻、孙钦善说。

(3)文犹质也，质犹文也。虎豹之鞟，犹犬羊之鞟

汉·孔安国：皮去毛曰鞟。虎豹与犬羊别者，正以毛文异耳。今使文质同者，何以别虎豹与犬羊邪？(邢昺《论语注疏》161页)

宋·朱熹：鞟，皮去毛者也。言文质等耳，不可相无。若必尽去其文而独存其质，则君子小人无以辨矣。夫棘子成矫当时之弊，固失之过；而子贡矫子成之弊，又无本末轻重之差，胥失之矣。(《四书章句集注》135页)

元·陈天祥：单读此注，辞与义皆通，然与经文不能相合。若以犹为须，文须质也，质须文也，此之谓不可相无，而犹字未尝训须也。所谓"若必尽去其文而独存其质"者，此亦经中所无。正为经文无此一节，所以不能通也。此段疑有阙误，不可强说。(《四书辨疑》卷六·13页)

清·郑浩："文犹质也"二句，与下二句意不相接，故《集注》须补"若必尽去其文而存其质"二句，下文方有着落。郑氏汝谐至谓"虎豹"句上疑有阙文，即疑本文上下不接也。及读古注曰："虎豹与犬羊别者，正以毛文异耳。今使文质同者，何以别虎豹与犬羊耶云云。"遂恍然知"文犹质也"二语乃承子成语意而来。两"犹"字非同等不可相无之意，乃不能分别之意，谓既去文存质，则质外

无文，即质即文，是文与质无所分别，一如虎豹犬羊无毛文之分别。作如此解，则上下四句一正一喻，一气相承，中间自不须费力添补矣。(程树德《论语集释》844 页)

清·毛奇龄：此贬抑圣门之尤无理者。《礼》凡言文质，只是质朴与文饰两相对待之辞，并无曰质是本、文是末者。自杨氏误解质文，引《礼器》以"甘受和，白受采，忠信之人可以学礼"为证，遂疑质是忠信，文是礼，误以本质之质作质文之质。向使质是忠信，则文不当胜忠信；文是礼，则质又不当胜礼。相胜且不可，何况相去？朱氏既引杨说，于"质胜章"疑为质是本，文是末，此原是错，而此竟直称质为本，文为末，则错认假逢丑父为真齐顷公矣。(《四书改错·贬抑圣门错上》卷二十·15 页)

清·黄式三：礼有以质为贵，有以文为贵；质所以留古朴，文所以辨等威也。去文存质，则尊卑莫辨。虎豹犬羊，喻言君子小人之名位也。《注》轻訾先贤失之说，见"质胜文"章。孔《注》云"今使文质同者"，衍文字。(《论语后案》339 页)

清·刘宝楠：此文"虎豹之鞟"喻文，"犬羊之鞟"喻质。虎豹、犬羊，其皮各有所用，如文质二者不宜偏有废置也。(《论语正义》493 页)

清·潘维城："鞟"，《说文》作"鞹"，云："去毛皮也。《论语》曰'虎豹之鞹'。从革，鬴声。"陈鳣曰："今作鞟，俗省。"《诗·载驱正义》引《说文》云："鞟，革也。"与今本《说文》不同，郑此《注》正合，疑唐时《说文》有此异本。然按《说文》"革"训云："兽皮治去其毛曰革。"则文不同而义同也。(《论语古注集笺》卷十二·5 页)

清·康有为：文家质家，相须为用，不可相无。若必尽去其文，但存其质，则留虎豹之皮，而无炳蔚之文，亦与犬羊之皮等耳。夫人情莫不重虎豹，为其毛文之炳蔚也。圣人缘人情而节文之，以垂教耳，若悖乎人情，逆乎物理，令人重犬羊之皮，而轻虎豹之

皮，岂能行哉？（《论语注》180页）

程树德：［考异］皇本"鞟"字作"鞹"，"犬羊之鞹"下有"也"字。《说文解字》引《论语》"虎豹之鞹"。《太平御览》引此节文，上题"子曰"二字。……"鞹"，邢本作"鞟"，今从皇本作"鞹"，与《说文》合也。（《论语集释》843页）

杨伯峻：本质和文彩，是同等重要的。假若把虎豹和犬羊两类兽皮拔去有文彩的毛，那这两类皮革就很少区别了。（《论语译注》126页）

李炳南：子贡"文犹质也"四句话，大意是对棘子成说，文质不能偏废，若如你所主张，用质不用文，必致文犹质，质犹文，令人无法辨别君子与普通人，喻如虎豹犬羊之皮皆去其毛文，令人无法辨别虎豹之皮与犬羊之皮。（《论语讲要》233页）

杨润根：鞟(kuò)：经精心加工的高级皮革，这种高级皮革可以视为人们的一种享受，因此它将成为人们希望享有的对象。"鞟"可直接理解为"人人都想享有的皮革"。"鞟"不是指去毛的皮革，而是指精心加工以至使得人人都想享有的精致的皮革或皮毛制品。"虎豹之鞟犹犬羊之鞟"：这句话的意思不是指去毛后的虎豹的皮革与去毛后的犬羊的皮革没有区别，而是指精心加工的虎豹的皮革与经精心加工的犬羊的皮革一样精致，一样使人喜欢。因此这句话所强调的是人工加工相对于加工材料的自然品质的重要性。也就是说，人工的加工有可能从根本上改造并提高材料的低劣的自然品质。它作为人的后天教养的比喻，其意思也就是说，对于那些先天品质一般的人来说，后天的教养将从根本上改善提高人们天生的品质，因此在这种意义上说，后天的教养之于人具有更大的重要性。（《发现论语》296页）

黄怀信：鞟：音扩，《说文》："去毛皮也。"按：郭声字有外、大义,如外城谓之"廓"。"鞹(鞟)"从郭声,不应为去毛皮,疑本作"未去毛皮",脱"未"字。《说文》:"革,兽皮治去其毛曰革。"若"鞹"为去毛皮,则与"革"无异。[训译]如果文等于质、质等于文,那老虎豹子的皮就等于狗皮羊皮了!(《论语新校释》289页)

　　辑者案:可将杨伯峻、李炳南的诠释结合起来理解。

12.9 哀公问于有若曰:"年饥,用不足,如之何?"有若对曰:"盍彻乎?"曰:"二,吾犹不足,如之何其彻也?"对曰:"百姓足,君孰与不足? 百姓不足,君孰与足?"

盍彻乎

　　汉·郑玄:盍者,何不也。周法十一而税谓之彻,彻,通也,为天下通法也。(皇侃《论语集解义疏》卷六·29页)

　　梁·皇侃:"彻"字训通,故汉武名彻,而改天下宜言彻者一切云通也。今依《王制》云"古者公田,藉而不税"。郑玄曰:"藉之言借也。借民力治公田,美恶取于此,不税民之所自治也。"孟子曰:"夏后氏五十而贡,殷人七十而助,周人百亩而彻。"则所云古者,谓殷时也。其实皆十一也。侃案:……三代虽异,同十分彻一,故彻一为通法也。夏云贡者,是分田与民作之,所获随丰俭,十分贡一,以上于王也。夏民犹淳,少于欺诈,故云贡也。殷人渐浇,不复所可信,故分田与民,十分取一,为君借民力以耕作。于一年丰俭,随其所得还君,不复税民私作者也。至周大文,而王畿内用夏之贡法。所以然者,为去王近,为王视听所知,兼乡遂公邑之吏,旦夕从民事,为其役之以公,使不得恤其私也。若王畿外邦国诸侯,悉用殷之助法。所以然者,为诸侯专一国之政,贪暴税民无法故也。故《诗》有"雨我公田,遂及我私"。又宣公十五年"初税亩",《传》曰:"非礼也。谷出不过藉,以丰财也。"案此二文说,既有公私税,又云不过藉,则知诸侯助法也。又以《周礼·载师》论之,则畿内用夏之贡法,其中有轻重,轻重不同,自各有意,此不复具言也。(皇侃《论语集解义疏》卷六·29 页)

宋·朱熹:彻,通也,均也。周制:一夫受田百亩,而与同沟共井之人通力合作,计亩均收。大率民得其九,公取其一,故谓之彻。鲁自宣公税亩,又逐亩什取其一,则为什而取二矣。故有若请但专行彻法,欲公节用以厚民也。(《四书章句集注》135 页)

清·毛奇龄:彻与助无别,皆什一法。其改名彻者,以其通贡助而言也。(《论语稽求篇》卷五·8 页)

清·黄式三:彻之法,上通夏、商贡助之法,以为天下之通法,俾万世可以通行,《陆康传》、郑君《注》义皆是也。朱子于《孟子》注既以贡助并行为彻,复以通力合作为彻。朱子谓助则各私己田,但合作于公田,彻则统九百亩而合作之也,前儒多以为非。(《论语后案》341 页)

清·刘宝楠:盖彻者,米粟之征。言彻,则年饥之民庶足食,君孰与不足用也。(《论语正义》495 页)

清·潘维城:《论语释故》曰:“《周礼》不言彻,故郑云‘诸侯谓之彻’。又郑释彻义,以为通贡助之法,通内外之地,故曰通。其率以什一为正。”又曰“为天下之通法”,其说足以弥逢《遂人》、《匠人》之异,又以《传》合《孟子》,可谓善于持论。张南轩、袁明善本其说,谓兼贡助为彻。窃意既别法为彻,当自有制度。假仍用贡助,何取空立彻名?又《周礼》虽有井授,不闻公田,乃知郑所谓通是通贡税两法之意,非通贡彻两法之制。《稼人职》曰:“巡野观稼,以年之上下出敛法。”所谓敛法,盖即彻法矣。贡校数岁之中以为常,此则通丰凶计之。助分公私,此则通君民计之也。(《论语古注集笺》卷十二·5 页)

　　清·陈浚：哀公问有若道："年岁饥荒，国用不足，如何是好？"有若答道："周朝井田法制，九百亩合为一井，每井八家，每家各受百亩，中间一百亩是公田，这八家耕田通力合作，按照一井收成，十分取一分归公，名叫做彻，取通融、均平的意思。鲁国从宣公时起，又按亩另收一分，这便是十分取二了。如今年岁饥荒，百姓完纳不起，何不仍行彻法，使百姓宽裕些呢？"（《论语话解》卷之六·20页）

　　林觥顺：盍彻乎：盍曷何通，彻是周制十一税法。彻有通义，也意谓此十一税法畅行天下如一。盍彻乎是何不彻除不征税？（《论语我读》211页）

　　金知明：盍彻乎：什么不减半开支呢。盍，副词的否定形式，何不；彻，均衡，这里指减半支出的意思；二，吾犹不足，如之何其彻也：加一倍，我还不够，怎么能够减半呢；二，加倍；……其彻，同位复指，那样减半；也，语气词表示判断。（《论语精读》152页）

　　何新：何按：彻，撤也，即抽也。抽成曰彻。周之田税，十抽一曰"彻"。汉以来旧注皆释"彻"为通，谓不分公私田曰"通"，不确。（《论语新解——思与行》156页）

　　亦丰：哀公说：我在田租外加收了田赋，还不够用，怎么可以只收十分之一田租呢？（《论语句解》69页）

　　辑者案：彻，周代的田税制度。郑玄"周法什一而税谓之彻"之说可从。

12.10 子张问崇德辨惑。子曰："主忠信，徙义，崇德也。爱之欲其生，恶之欲其死。既欲其生，又欲其死，是惑也。诚不以富，亦祇以异。"

(1)主忠信，徙义，崇德也

汉·包咸：徙义，见义则徙意而从之。（邢昺《论语注疏》163页）

宋·邢昺：主，亲也。徙，迁也。言人有忠信者则亲友之，见义事则迁意而从之，此所以充盛其德也。（邢昺《论语注疏》163页）

宋·朱熹：主忠信，则本立，徙义，则日新。（《四书章句集注》136页）

清·刘宝楠："崇德"者，《尔雅·释诂》："崇，高也。"谓于人之有德，尊崇之也。"主忠信"者，郑于《学而篇》注云："主，亲也。"言于忠信之人亲近之也。（《论语正义》498页）

清·俞樾：主忠信，谓所主者必忠信之人，如孔子主司城贞子之比，说已见《学而》篇矣。至包氏以徙义为徙意从之，其说迂曲，殆非也。徙当为从，《述而》篇"闻义不能徙"，阮氏《校勘记》曰"高丽本作从"，是其证矣。所主者必忠信，所从者必义，是谓崇德、主忠信、从义，皆以交际言。故下文辨惑，亦举爱恶明之，孔子所言皆待人接物之道，后儒陈义虽高，未见及此矣。（《群经评议》卷三十一·8页）

清·康有为：按，"闻义不能徙"，"徙"高丽本作"从"，则"徙"当亦作"从"。盖立心不以己为主，而以忠信为主；行事不以己意为从，而惟义是从。作"徙"亦可，盖宅居无定，惟义是宅，其义同也。克己以尊德，忘身而殉道。（《论语注》181页）

王熙元：[析微]子张所问，"崇德"是"行"的问题，"辨惑"是"知"的问题。孔子所回答的"忠"、"信"与"义"，都是德行，而"主"与"徙"都是工夫，也就是所谓"崇"。"崇德"正如筑台、筑墙，基础厚实，而不间断、不中止，这样才足以累积成崇高的道德。（《论语通释》690页）

南怀瑾：崇德是个人的修养，现在新的名词是"心理卫生"，就是熏陶、改善自己的思想，使自己的德性，慢慢崇高伟大起来。换句话说，就是要如何修养自己的人格。"辨惑"这惑包括了两方面，一是怀疑、一是糊涂。一般人的人生，一辈子多半是糊涂，没有思考，没有辨别的能力。即使有，也搞不清楚。说有经历，经历包括范围太广,如要相信经历,就先要辨一辨什么是经历,就要思考。所以辨惑就是真正的智慧,真正的见解。……"徙义"是应该做的事就去做。"义"者宜也,合情合理应做的去做,就是徙义。(《论语别裁》569—570页)

李泽厚:[记]大概也是针对具体事物而发。仁中有智(理知),不能等同于非理性的、盲目的爱。爱恶无常,既不稳定,又走极端,均非理性,乃凭自然,不是理欲相融的"仁"的情理结构。所以说是种"迷惑"。最后两句,好些注家都认为是"错简":放错了地方。不译,也不作解释了。(《论语今读》212页)

李零:"崇德"是提倡道德,"辨惑"是保持理智。"惑"是不理智。人,一时冲动,不顾一切,失去理智,叫"惑"。"辨惑"就是要保持清醒,不让过于激动的情绪控制自己的头脑。(《丧家狗——我读〈论语〉》227页)

黄怀信:以忠、信为主人。(《论语新校释》291页)

杨朝明:[诠释]崇德辨惑:提高品德,辨别疑惑。徙义:追求道义。许慎《说文》云:"徙,趋也。"根据《述而》中"闻义不能徙"的说法,徙义,指听到道义之事就能够照着做。(《论语诠解》116页)

　　辑者案:包咸、刘宝楠的解释结合起来,即为完备。俞樾"徙当为从"说,值得参考。"徙"、"従"盖形近而误,"从义"于文意的表达更为直接顺畅。

(2)既欲其生,又欲其死,是惑也

汉·包咸:爱恶当有常,一欲生之,一欲死之,是心惑也。(皇侃《论语集解义疏》卷六·30页)

梁·皇侃:云"爱之欲其生"者,此答辨惑也。中人之情,不能忘于爱恶。若有人从己,己则爱之。当爱此人时,必愿其生活于世也。云"恶之"云云者,犹是前所爱者,而彼忽违己,己便憎恶。

憎恶之既深,便愿其死也。犹是一人,而爱憎生死起于我心,我心不定,故为惑矣。(皇侃《论语集解义疏》卷六·30—31 页)

宋·邢昺:言人心爱恶当须有常。若人有顺己,己即爱之,便欲其生;此人忽逆于己,己即恶之,则愿其死,一欲生之,一欲死之,用心无常,是惑也。(邢昺《论语注疏》163 页)

宋·朱熹:恶,去声。爱恶,人之常情也。然人之生死有命,非可得而欲也。以爱恶而欲其生死,则惑矣。既欲其生,又欲其死,则惑之甚也。(《四书章句集注》136 页)

清·刘台拱:爱之欲其生,恶之欲其死,犹言进人若将加诸膝,退人若将坠诸渊,皆形容譬况之辞。朱《注》谓“死生有命,不可欲而欲之,是为惑”,未免误以借言为正论。人情于亲戚骨肉,未有不欲其生者;仇雠怨毒,未有不欲其死者。寿考之祝,偕亡之誓,于古有之,岂得概指为惑? 此说恐非也。爱之欲其生,恶之欲其死,言爱恶反复无常。“既欲其生,又欲其死”,复举上文,而迫筅其词,以起惑字,非两意也。凡言惑者,谓其颠倒瞀乱,若人有惑疾者然。故不直曰“好恶无常”,而曰“既欲其生,又欲其死”,不直曰“忿懥无节”,而曰“一朝之忿,忘其身以及其亲”,皆为惑字造端置辞,圣人之言所以为曲而中也。人性之偏爱恶为甚,内无知人之明,外有毁誉之蔽,鲜有能至当而不易者。子张之为人高远阔疏,知人听言盖其所短,故夫子以是箴之,观于潜愬之答可以见矣。(《论语骈枝》11 页)

清·刘宝楠:“爱之欲其生,恶之欲其死”者,言其人非有可爱可恶之实,己但任情爱恶之也。(《论语正义》498 页)

毛子水:“爱之欲其生,恶之欲其死”:这两句是说普通人的常情。(所谓“生”“死”,不过表示“善意”“恶意”的极端;不可拘泥于字面。)“既欲其生、又欲其死”,是说一个人既爱人而不用正道,往往至于"爱之适以害之";如父母的溺爱子女即是一例。……凡做一件事情,虽有好目的,但方法不对,结果往往和目的相反。这样的做事情,都可以叫做"惑"。一个人要"辨惑",就是要明白自己的目的而知道使用适合于目的的方法。（《论语今注今译》189页）

　　辑者案:邢昺、刘台拱说为优。

(3)诚不以富,亦祗以异

汉·郑玄:此《诗·小雅》也。祗,适也。言此行诚不可以致富,适以是为异耳。取此《诗》之异义以非之也。（皇侃《论语集解义疏》卷六·30页）

梁·皇侃:引《诗》证为惑人之,言生死不定之人,诚不足以致富,而只以为异事之行耳。（皇侃《论语集解义疏》卷六·31页）

宋·郑汝谐:德者,本心之正理。惑者,私心之妄见。二者东西之相反。子张之问,既欲崇正理又欲去妄见,其问亦切矣。无乃堂堂之失于此,有觉乎? 主忠信,所守者诚实也。徙义,舍非从是也。所存若是德,何自而不崇? 好恶,私情也。死生,天命也。以在我之私情,妄意在人之天命,其惑莫甚焉。富,益也,诚不见其分毫之益,只为异尔。（《论语意原》卷三·14页）

宋·朱熹:问:伊川言:"此二句当冠之'齐景公有马千驷'之上,后之传者因'齐景公问政'而误之耳。"至范氏则以为人之成德不富,亦只以行异于野人而已。此二说如何? 曰:如范氏说,则是牵合。如伊川说,则是以"富"言"千驷","异"言夷、齐也。今只得如此说。（《朱子语类》卷四十二·1086页）

宋·朱熹:此《诗·小雅·我行其野》之辞也。旧说:夫子引之,以明欲其生死者不能使之生死。如此诗所言,不足以致富而适足以取异也。程子曰:"此错简,当在第十六篇齐景公有马千驷之上。因此下文亦有齐景公字而误也。"杨氏曰:"堂堂乎张也,难

与并为仁矣。则非诚善补过不蔽于私者,故告之如此。"（《四书章句集注》136 页）

清·黄式三:郑君《诗笺》不可据,而此《注》是也。《诗》言此邦之人忍弃旧姻,以吝啬而失德,吝啬不能致富,适以怪异于人耳。经引《诗》以证生死之限于命,犹富不富之限于命,而蔽于情者之可怪异也。疏家谓引《诗》断章,不与本义相似,读者遂有错简之疑。杨氏轻疑先贤,说当删。（《论语后案》344 页）

清·刘宝楠:正义曰:《诗·关雎疏》引此《注》（辑者案:指郑玄《注》）首句云:"此《诗·小雅·我行其野》之句也。"文较备。"祇、适",毛《传》文。郑彼《笺》云:"女不以礼为室家成事,不足以得富也。女亦适以此自异于人道,言可恶也。""不足以得富",即此《注》"不可以致富",惟"成"、"诚"二字各就文为训,其实《毛诗》作"成",亦"诚"之假借。自异人道即是惑,故取其义,以非此之惑也。（《论语正义》499 页）

清·俞樾:《诗·我行其野篇》"成不以富,亦祇以异",《笺》云:"女不以礼为室家,成事不足以得富也。女亦适以此自异于人道,言可恶也。"按:《诗》作成,《论语》作诚,古字通耳。成正字,诚假字。成者终也。《荀子·荣辱篇》曰:"成则必不得其所好,必遇其所恶焉。"又曰:"成则必得其所好,必不遇其所恶焉。"《强国篇》曰:"道德之威成乎安强,暴察之威成乎危弱,狂妄之威成乎灭亡。"诸成字并当训终,说详《诸子平议》。成不以富,言终不以富,《笺》云:"成事不足以得富,成事犹终事,谓要其终事而言之耳。"郑注《论语》虽依诚字说之大旨,实未见其有异。邢《疏》谓引诗断章不与本义同,非也。又如《郑义》,则知此二句自宜在此章之末,若移至齐景公一节,则不特违郑,且失诗旨矣。（《论语郑义》18 页）

南怀瑾:现在我们的看法,宋儒说摆错了位置也对。假如说并没有摆错,也有道理。因为"富"不限于财物的富有,道德学问的修养是无形、无价的财富。所以"诚不以富,亦祗以异"等于说,虽不是有形的富有,其实是真正的富有。因为你拥有崇高的人格修养和自己内心的安详,这正是极富有的大业。不过,不同于财物的富有而已。(《论语别裁》571 页)

程石泉:按"诚不以富,亦只以异"乃《诗·小雅·我行其野》之句。"富"字乃"菑"之误。"菑"者不耕田也。亦有人谓"富"字乃"葍"之误,"葍"恶菜也。究竟"诚不以富(或"菑"、或"葍"),亦只以异"应作何解,在《论语》中错简何处,待考。(《论语读训》209 页)

林觥顺:诚不以富,亦祗以异:……这是直接骂周宣王弃糟糠另纳新嬖。孔子引此二句,旨在教人要为成就作努力,更要适应各种不同的变化。不读丕,祗,经传训示。笔者释,亦祗以异,更求标新立异。(《论语我读》212 页)

李里:"诚不以富,亦祗以异",这是《诗经·小雅·我行其野》里的一句诗。"诚"表示确实,"富"表示财富,这里引为智慧。"诚不以富"就是确实不能增加你的智慧。"异"表示怪异,这里引为糊涂。"亦祗以异"就是说也只有增加你的糊涂。这句诗引用在这里意思是说,你不能正确客观分析人事,不仅对你自己没有好处,而且只能说明你的糊涂。(《论语讲义》203 页)

郑张欢:同样的对百姓要求庸俗平常的生活,告诫不能想法致富,亦连神祇都会认为是异常,则是迷惑了。(《论语今释》179 页)

刘兆伟:[诠评]此引《诗·小雅·我行其野》:"诚不以富,亦祗以异。"先贤对此解释多为不当。其实,富,在此非为富有、发财致富等意,而是厚意,使成功,使之成功之法。亦,语首助词。祗,在此作"只"解。只以异,只能是与常理迥异。此章讲崇德、辨惑二事,而重在辨惑。何谓迷惑?看问题、看他人不能以平和、公正之心去衡量是非,因己喜而谬赏,以己怒而谬罚,冷热无常,高低无范,随意性极大,这就是迷惑、不清醒、不冷静。最后以《诗·小雅·我行其野》两句诗对迷惑之行作以评论。(《论语通要》261页)

杨朝明:[诠释]出于《诗·小雅·我行其野》。该诗是描写弃妇之怨,其本意是说,你之所以抛弃我,其实并不是因为她家比我家富,而只是因为你变了心。程颐认为此句为错简,应当在第十六篇《季氏》"齐景公有马千驷"之上。但古时人们喜欢赋诗言志,引诗往往断章取义,只采用诗句表面的意思。顾炎武在《九经误字》中引《诗笺》说:"不以礼为室家成事,不足以得富也。"则联系本章似可释为:"不以事理明辨是非,而只靠感情用事明其好恶,这样做对自己没有好处,只会让别人感到奇怪。"[解读]……喜欢一个人,就希望他长寿;厌恶起来,恨不得他马上死去。既要他长寿,又希望他快死去,这便是迷惑。这样,对自己没有丝毫好处,只是使人奇怪罢了。(《论语诠解》116页)

袁庆德:"诚不以富"就是"不以诚富",不会因为诚实而富裕。亦、只:副词,仅仅,只是。异:不同,指不同于众人,与众不同。(《论语通释》90页)

孙钦善:喜爱一个人便想要他活,厌恶一个人便想要他死。既想要他活,又想要他死,这就是疑惑。这正如《诗》所说:"诚然不足以致富,而恰恰足以生异。"(《论语本解》151页)

辑者案:"诚不以富,亦祇以异",应理解为"诚然不能算考虑周备,却恰恰令人怪异。""诚",确实,实在。"富",完备。《说文》:"富,备也。"

12.12 子曰:"片言可以折狱者,其由也与?"子路无宿诺。

(1)片言可以折狱者,其由也与

汉·孔安国:片,犹偏也。听讼必须两辞以定是非,偏信一言以折狱者,唯子路可也。(皇侃《论语集解义疏》卷六·31页)

梁·皇侃:片,犹偏也。折狱,谓判辨狱讼之事也。由,子路也,夫判辨狱讼,必须二家对辞,子路既能果断,故偏听一辞而能折狱也。一云:子路性直,情无所隐者,若听子路之辞,亦则一辞亦足也。故孙绰云:"谓子路心高而言信。未尝文过以自卫,听讼者便宜以子路单辞为正,不待对验而后分明也。非谓子路闻人片言而便能断狱也。"(皇侃《论语集解义疏》卷六·32页)

宋·朱熹:片言,半言。折,断也。子路忠信明决,故言出而人信服之,不待其辞之毕也。(《四书章句集注》136页)

宋·蔡节:狱之难折,而子路能以片言折之者,盖其见明而信著,有以得其情而服其心,故不假多言也。"子路无宿诺"一句乃门人因夫子之言而记此以明之,言子路平日于人无所欺,故人亦无敢欺之也。(《论语集说》卷六·24页)

元·陈天祥:"明决"二字是,"忠信"二字非。忠信固能令人信服,然非可以折狱。舜与周公忠信至矣,犹不能使四凶、管蔡闻半言而自服其罪。子路虽贤,岂能过于舜与周公哉?凡其所谓片言只字者,皆其言辞简少之称。折,犹挫折也。如云折其锐气、面折其非是也。折之使服,非信服也。"片言可以折狱者,其由也与",盖言能以一二言折其罪人虚伪之辞,使之无所逃其情,惟子路为然也。尹材曰:"子路言简而中理,故片言可使罪人服。"此说为是。(《四书辨疑》卷六·14页)

清·翟灏:片有判音,而训半则读如字。故陆氏释此云:"片如字,郑云半也。"是义为半,音不为半。《御览》注传之失真(辑者按:《太平御览》卷639引郑注,"片"读为"半")。(《四书考异》条考十

四·6页）

清·焦循：《吕刑》："今天相民，作配在下，明清于单辞。"《正义》云："单辞，谓一人独言，未有与对之人。讼者多直己以曲彼，构辞以诬人，孔子美子路云：'片言可以折狱者，其由也与？'片言即单辞也。子路行直，闻于天下，不肯自道己长，妄称彼短，得其单辞即可以断狱者，惟子路耳。凡人少能然，故难听也。"此说甚明，与下"子路无宿诺"一贯。无宿诺者，不轻诺也。子路笃信不欺，故其单辞必无诬妄，孔子假讼辞之不信，以明子路之信，非谓子路有与人讼之事也。若子路听讼，虽极明决，亦必两造至然后听之。不待两造至，据单辞以为明决，恐无是理。且与无宿诺何涉？无宿诺自为不欺，单辞折狱自为明决，明决者不必不欺，不欺者不必明决也。皇《疏》引孙绰云："谓子路心高而言信，未尝文过以自卫。听讼者便宜以子路单辞为正，不待对验而后分明也，非谓子路闻人片言便能断狱也。"孔云"听讼者必须两辞以定是非"，必须两辞，则必无单辞可折之理。又云："偏信一言以折狱者，唯子路可"者，谓若偏信一辞，则惟此一辞出诸子路乃可也。子路固必不讼，讼者必非子路，然则听讼者何得偏信一言以为曲直？孔子美子路之不欺，亦所以为听讼者砭也。当时或有信一言以为曲直者，故孔子发之，观下章言"听讼吾犹人也"，则此章论听讼不论子路明矣。（《论语补疏》卷二·8页）

清·黄式三：疏家申孔有二义：其一以子路能果断，虽偏听一辞而不偏信，故能折之，《书》所谓"明清于单辞"也，是正解也。其一以子路心直言信，情无所隐，听讼者若听子路之辞，则一辞已足，不待对验而后分明。《书》"明清于单辞"，孔《疏》曰："单辞，一人独言，未有与对之人。讼者直己曲彼，构辞诬人，特难听也。孔子美子路'片言可以折狱'，片言即单辞也。子路行直，不肯自道己长，不肯妄称彼短。得其单辞即可断狱，凡人少能然也。"孔氏彼《疏》与此《疏》之后说相同。狱辞易诬，而子路不欺，设言之以见其生平之无所诬也。欧阳行周曰："君子时或妄讼于人，未有小人而能自讼者。片之为言，偏也。偏言，一家之词也。偏言虽君子不信之，矧非君子乎？夫子之言，盖非于季路。"欧阳氏谓折狱定刑不可轻是也，其以《经》为非子路之轻决，于《经》之"可"字相伐，则非也。(《论语后案》346 页)

王熙元：所谓"片言"，应该是"片言只语"、几句简短的判辞，要言不繁，就能把讼案判得公允，判得干净利落，不像一般人往往冗辞赘语而所判还未必完全得当。(《论语通释》695 页)

乔一凡：片是判木。片言是判言，犹今之判决书也。非片面之言。子路信人，折，制也，折本作制。诺即起而行之。片言即折狱，示得其情实，可以无冤狱，而不上诉也。(《论语通义》192 页)

李炳南：不论古今，审理诉讼案件，都不可以只听单面之辞，这里的"片言"应指为判决的言辞，听讼者在问过两案情之后，以三言两语批示判决，两造都能心服。像这种明快的决断，孔子以为，大概只有仲由始能如此。(《论语讲要》236 页)

金知明：片言，不完整的话，也有快速的、不拖泥带水之意。(《论语精读》154 页)

张诒三："片言可以折狱者，其由也与？"句中"片言"，传统的解释是"偏言（一方之辞）"或"半言（一言半语）"，从语音、语义和语境来看，"片言"的"片"通"判"，"片言"即"判言"义为"辨别言辞"。(《〈论语〉"片言可以折狱"考辨》，《孔子研究》2008 年第 5 期)

辑者案：李炳南、张诒三的解释合理，可从。

(2) 宿诺

魏·何晏：宿，犹豫也。子路笃信，恐临时多故，故不豫诺也。

（皇侃《论语集解义疏》卷六·31页）

梁·皇侃：宿，犹逆也。诺，犹许也。子路性笃信，恐临时多故，晓有言不得行，故不逆言许人也。（皇侃《论语集解义疏》卷六·32页）

宋·朱熹：宿，留也，犹宿怨之宿。急于践言，不留其诺也。记者因夫子之言而记此，以见子路之所以取信于人者，由其养之有素也。（《四书章句集注》137页）

日·龟井鲁：无宿诺犹曰无二诺。荀子曰："无留善，无宿问。"字例正同。（《论语语由》213页）

清·刘宝楠：正义曰：《说文》："宿，止也。"引申之有久义。（《论语正义》502页）

钱逊：宿诺：有两种解释：一，宿解释为预，预先的许诺；二，宿解释为留，拖延诺言的实现。（《论语浅解》195页）

毛子水："子路无宿诺"，这五个字本应自为一章。但这句话虽不是原属这章的，而意义和这章有点相关，所以编《论语》的人把它记在这章后。（《论语今注今译》191页）

邓球柏：宿诺：许了很久的愿而没有实现。宿，久，旧，过去。诺，诺言。（《论语通解》232页）

赵又春：我认为，最好把此章看作孔子针对子路又聪明又性急又直爽又豪气这种性格特征而开的一个玩笑。对玩笑话，何必深究呢？（《我读〈论语〉》53页）

黄怀信："宿"，夜也，谓隔夜。"诺"，承诺。无宿诺，言当天必定完成对人的承诺。旧释"宿"为留、拖延，非，若为此义，当云"不宿诺"。（《论语新校释》293页）

金知明：宿，留下；诺，许诺；宿诺，留下承诺而不实行。（《论语精读》154页）

辑者案：关于"宿"字，各家理解差异很大，当以邓球柏、黄怀信的解释为优。《辞源》释"宿诺"曰:"事先的诺言。《论语·颜渊》:'子路无宿诺。'"《汉语大词典》释"宿诺"曰:"未及时兑现的诺言。《论语·颜渊》:'子路无宿诺。'"可参。

12.13 子曰:"听讼,吾犹人也。必也,使无讼乎!"

汉·包咸:言与人等也。(马国翰辑《论语古注·论语包氏章句》卷下·3页)

魏·王弼:无讼在于谋始,谋始司契而不责于人,是化之在前也。(马国翰辑《论语古注·论语释疑》8页)

宋·邢昺:案《周易·讼卦·象》曰:"天与水违行,讼。君子以作事谋始。"王弼云:"听讼,吾犹人也,必也,使无讼乎! 无讼在于谋始,谋始在于作制。契之不明,讼之所以生也。物有其分,职不相滥,争何由兴? 讼之所以起,契之过也。故有德司契而不责于人。"是化之在前也。又案:《大学》云:"子曰:'听讼,吾犹人也。必也,使无讼乎!'无情者不得尽其辞,大畏民志。"郑注云:"情犹实也。无实者多虚诞之辞,圣人之听讼与人同耳。必使民无实者不敢尽其辞,大畏其心志,使诚其意,不敢讼。"然则"听讼,吾犹人也,必也,使无讼乎",是夫子辞。"无情者不得尽其辞,大畏民志",是记者释夫子无讼之事,意与此注及王弼不同,未知谁是,故具载之。(邢昺《论语注疏》165页)

宋·朱熹:范氏曰:"听讼者,治其末,塞其流也。正其本,清其源,则无讼矣。"杨氏曰:"子路片言可以折狱,而不知以礼逊为国,则未能使民无讼者也。故又记孔子之言,以见圣人不以听讼为难,而以使民无讼为贵。"(《四书章句集注》137页)

清·刘宝楠:"吾犹人"者,言己与人同,但能听讼,不能使无讼也。……颜师古《汉书·贾谊传》注:"言使吾听讼,与众人等,然能先以德义化之,使其无讼。"又《酷吏传》注:"言使我狱讼,犹凡人耳。然而立政施德,则能使其绝于争讼。"并以"无讼"为夫子自许,失圣意矣。(《论语正义》503页)

徐进:总之,孔子的"无讼"不是简单地靠"畏民"禁讼,或单纯靠教化以达到狱讼不生,而是采取政治的、经济的、法律的、道德的等多种积极手段,预防、平息百姓的讼争。孔子的"无讼"实际上是预防讼争、消除讼争。(《孔子无讼辨正》,《齐鲁学刊》1984年第4期)

南怀瑾:孔子说:"听讼,吾犹人也。"这句话要注意了,真正的意思是不要有主观,听原告的话时,自己就站在原告的立场。听被告的话时,自己就站在被告的立场。以现在哲学的观念,这才是绝对的客观。然后再来判断是非。但是我们往往最容易犯的错误,是自己先有成见,所以要为任何一个人设身处地。"必也,使无讼乎!"为什么要做到那么客观,因为我们判断是非的人,最主要的目的,是使大家没有纷争,都能心平气和,心安理得,合理的得到解决。(《论语别裁》576页)

黄怀信:[释]必也:指必使听讼。旧连下为句,非。无讼:无有诉讼之事,即诉讼不兴。[训译]先生说:"审理诉讼,我和别人差不多。如果一定(让我去做),(我会)使没有诉讼吧!"(《论语新校释》294页)

林振衡:[译文]孔子说:"审理官司,我跟别人一样。[不同的是]我必须使诉讼事件得以根绝[才好]啊!"(《论语新编》73页)

孙钦善:听讼:听诉讼以判案。本章表现了孔子的礼治理想,参见2·3。孔子提倡礼治,但又不排斥刑罚,他主张礼治为主,刑罚为辅,参见13·3"礼乐不兴,则刑罚不中"。

孔子说:"听讼判案,我跟别人的本事差不多。能不能一定让人们没有诉讼呢?"(辑者案:孙钦善的断句为:"子曰:'听讼,吾犹

人也。必也使无讼乎？'")（孙钦善《论语本解》152页）

杨云霞、吴昀国：孔子所言的"无讼"，一方面是指人和人之间通过协商解决冲突和摩擦，而不是通过官府动用法律解决；另一方面是指司法官在"听讼"的实践中，不能满足于据法"听讼"，还要弄清争讼的原因，致力于争讼事件不再发生。当然，这里的"讼"仅指民事纠纷和轻微刑事案件，而不包括严重威胁统治秩序的重大刑事案件。"无讼"表明儒家期待的是没有诉讼、没有纷争的和谐社会。"无讼"既是一种手段，也是一种终极的法律价值目标。（《孔子"无讼"思想在晋商中的影响及其启示》，《孔子研究》2010年第1期）

　　辑者案：该章各家解释，多有穿凿处，当以宋代朱熹引范氏杨氏解、今人孙钦善解为可取。

12.14　子张问政。子曰："居之无倦，行之以忠。"

魏·王肃：言为政之道，居之于身，无得解倦，行之于民，必以忠信（辑者按："解"，皇疏本作"懈"，《释文》亦作"懈"，是正字）。（邢昺《论语注疏》165页）

宋·朱熹：居，谓存诸心。无倦，则始终如一。行，谓发于事。以忠，则表里如一。程子曰："子张少仁。无诚心爱民，则必倦而不尽心，故告之以此。"（《四书章句集注》137页）

清·毛奇龄：《四书集注补》曰："圣人答问，必答其所问之事，所问之义，未尝答其人也。"如必因病发药，则告颜渊"郑声淫、佞人殆"，渊必喜淫好佞矣。乃只此无倦一答，程氏讥其无诚心，杨氏谓其难能故难继，范祖禹谓其外有余而内不足，朱氏又谓其做到下梢无杀。合庞涓至树下，万弩齐发，为之骇然。（《四书改错·贬抑圣门错下》卷二十一·9页）

清·李光地：忠是所居，倦是所行，今曰"居之无倦"者，以事

存心也。"行之以忠"者，以心制事也。二句相为首尾。(《读论语札记》颜渊篇)

清·黄式三："无倦"以忠精言之，贤者固犹有未尽然，未必非因问而答也。王说"居于身，行于民"，亦未是。李安溪曰："忠是所居，倦是所行。今曰'居之无倦'，以事存心也；'行之以忠'，以心制事也。"(《论语后案》347页)

清·刘宝楠：《北堂书钞》三十六引郑此《注》云："身居正位，不可懈卷。"是郑以"居"为居位，"卷"即倦之省。《释文》云："倦亦作券。"郑君《考工记》注："券，今倦字也。"疑《书钞》所引郑《注》本是"懈券"，转写作"懈卷"也。(《论语正义》504页)

钱穆：居之无倦：居之，一说居位，一说居心。居位不倦，其居心不倦可知。行之以忠：行之，一谓行之于民，一谓行事。为政者所行事，亦必行之于民可知。(《论语新解》317页)

李炳南：倦是懈怠，或疲倦。倦的古体字是券。居字，古注有居家、居官、居心三种讲法，都讲得通。家有家政，居家以孝友治家，不能懈倦。居在官位，所得的俸禄，都是由人民纳税而来，更不可懈倦。就居心而言，无论治家治国，心都要公正而无倦。居家居官，都要办事，办事就是行。无论办任何事，自始自终，都要把心放在当中，不能偏私。这就是忠。(《论语讲要》237页)

蔡希勤：为官首在勤，只要时时记住一个勤字，时时记住一个怠字，就能了解民之疾苦，就能施政有绩。《尚书·无逸》中也说："君子所其无逸。"意思是做官的人，居其位就不能贪图安逸，也就是孔子说的"居之无倦"。只有做到"居之无倦"，才能"行之以忠"。也就是执行上级的政策法令秉以忠心。(《百家品论语》226页)

李零："居之"，是居官位。"行之以忠"，是尽臣道。(《丧家狗——我读〈论语〉》228页)

李君明：[引述]从"无倦"到"以忠"，"无倦"是一种敬业精神，"以忠"是一种责任的担当。（《论语引读》382页）

辑者案：刘宝楠引郑玄注及蔡希勤、李零所解，皆得文意。

12.16 子曰："君子成人之美，不成人之恶。小人反是。"

宋·邢昺：此章言君子之于人，嘉善而矜不能，又复仁恕，故成人之美，不成人之恶也。小人则嫉贤乐祸，而成人之恶，不成人之美，故曰反是。（邢昺《论语注疏》165页）

李炳南：君子助人成就善事，不助人成就恶事。小人与君子相反，见人作善事，便妒嫉，见人作恶事，便赞成。小人行为乃天理所不容。（《论语讲义》238页）

杨伯峻：孔子说："君子成全别人的好事，不促成别人的坏事。小人却和这相反。"（《论语译注》129页）

辑者案：杨伯峻解简明准确。

12.17 季康子问政于孔子。孔子对曰："政者，正也。子帅以正，孰敢不正！"

汉·郑玄：季康子，鲁上卿，诸臣之帅也。（皇侃《论语集解义疏》卷六·33页）

梁·皇侃：云"季康子问政于孔子"者，亦问为政之法于孔子也。云"孔子对曰政者正也"者，解字训以答之也。言所以谓治官为政者，政训中正之正也。云"子帅而正孰敢不正"者，又解政所以训正之义也。言民之从上如影随身表，若君上自率己身为正之事，则民下谁敢不正者耶！李充云："我好静而民自正也。"（皇侃《论语集解义疏》卷六·33页）

日·龟井鲁：正者，无偏无党之谓。子曰："其身正，不令而行。其身不正，虽令不从。"其义正同。（《论语语由》216页）

杨伯峻：季康子向孔子问政治。孔子答道："政字的意思就是端正。您自己带头端正，谁敢不端正呢？"（《论语译注》129 页）

黄怀信：［释］政者，正也：以音训。"正"，端正、平正、公正。"帅"，同"率"，率领、做表率。［训译］季康子问（怎样）执政，孔子回答说："（所谓）政，就是正。您（如果）以正做表率，谁敢不正？"（《论语新校释》296 页）

何新：［译文］孔子回答说："'政'的意思就是'纠正'。您作为统帅如果站得正，谁还敢不站正？"（《论语新解——思与行》159 页）

孙钦善：政就是正派。（《论语本解》153 页）

郑臣：此处所谓"正"并不能仅从道德上来解释，尽管它包含了道德的意义。因为在这里，"正"的主要含义是指划定各自的权限、职责和义务，也就是明确限定各自的"职分"。在孔子看来，如若社会中每个人，上至王侯将相，下至平民百姓，都安于其位，忠于其职，各尽其责，社会各阶层协调一致，和睦相处，则社会必形成一稳定的社会秩序而不致陷于纷乱。因此，"政者正也"所指明的乃是政治的本原，认为政治的根本要义在于各正其位。具体说来即是"君君、臣臣、父父、子子"（《论语·颜渊》）。（《道德与政治的分与合——〈论语〉的思想启示》，《孔子研究》2009 年第 3 期）

辑者案：正，中正，不偏斜。释为端正、正派，均可。

12.19 季康子问政于孔子曰："如杀无道，以就有道，何如？"孔子对曰："子为政，焉用杀？ 子欲善而民善矣。君子之德风，小人之德草。草上之风，必偃。"

(1)如杀无道，以就有道，何如

汉·孔安国：就，成也。欲多杀以止奸。（邢昺《论语注疏》166 页）

杨伯峻：假若杀掉坏人来亲近好人，怎么样？（《论语译注》129 页）

李炳南：无道，指的是恶人，有道，指的是善人。（《论语讲义》239 页）

　　辑者案："就"释为"成就"为优。惩杀坏人，成就好人，反义对应较贴切；若释"就"为亲近，那么应与含有"疏远"义的字相对，而"杀"字义重，与"亲近"义对应不谐。

（2）子欲善而民善矣。君子之德风，小人之德草。草上之风，必偃

汉·孔安国：偃，仆也。加草以风，无不仆者，犹民之化于上。（邢昺《论语注疏》166 页）

宋·邢昺：此为康子设譬也。偃，仆也。在上君子为政之德若风，在下小人从化之德如草，加草以风，无不仆者。犹化民以正，无不从者。亦欲令康子先自正也。（邢昺《论语注疏》167 页）

杨伯峻：领导人的作风好比风，老百姓的作风好比草。风向哪边吹，草向哪边倒。（《论语译注》129 页）

孙钦善：偃：仆，倒伏。这里比喻被折服，被感化。……君子的道德好比风，小人的道德好比草。草受到风，一定随风倒伏。（《论语本解》154 页）

　　辑者案：邢昺疏恰切。

12.20 子张问："士何如斯可谓之达矣？"子曰："何哉，尔所谓达者？"子张对曰："在邦必闻，在家必闻。"子曰："是闻也，非达也。夫达也者，质直而好义，察言而观色，虑以下人。在邦必达，在家必达。夫闻也者，色取仁而行违，居之不疑。在邦必闻，在家必闻。"

（1）是闻也，非达也

晋·缪协：闻者达之名，达者闻之实。而殉为名者众，体实者

寡,故利名者饰伪,敦实者归真,是以名分于闻而道隔于达也。(马国翰辑《论语古注·论语缪氏说》6页)

宋·郑汝谐:行而人莫不信,达也。名誉昭著于时,闻也。夫有其实者必有其名,闻亦无害于达也,何以深非之?盖子张之所谓闻者,以求名之心先之也。苟惟有心于名,必至务外而忘内,违道以干誉,非所谓达也。惟能诚实而合于义,知人而守之以谦,则无往而不达,既达而闻,随之亦无恶于闻矣。此夫子意也,文辞之所不及也。(《论语意原》卷三·17页)

宋·朱熹:达者,德孚于人而行无不得之谓。……闻与达相似而不同,乃诚伪之所以分,学者不可不审也。故夫子既明辨之,下文又详言之。(《四书章句集注》138页)

日·龟井鲁:闻者,名誉著称之谓。达者,才德宣通之谓。(《论语语由》217页)

孙钦善:达:通达。闻:具有名声。下文孔子为"闻""达"正名,强调"闻"指徒有虚名,"达"指美名与美质表里如一。(《论语本解》154页)

　　　辑者案:从孙钦善说。

(2)夫达也者,质直而好义,察言而观色,虑以下人。在邦必达,在家必达

汉·马融:常有谦退之志,察言语,观颜色,知其所欲,其志虑常欲以下人。谦尊而光,卑而不可逾。(邢昺《论语注疏》167页)

唐·韩愈:此与上篇色庄者乎一义也,皆斥言子张,质直庄谨下于人则为达士矣。(《论语笔解》卷下·5页)

唐·李翱:下文云夫闻也者,色取仁而行违,居之不疑,此并戒堂堂乎张,不贵必闻,在乎必达。(《论语笔解》卷下·5页)

宋·朱熹:内主忠信。而所行合宜,审于接物而卑以自牧,皆

自修于内，不求人知之事。然德修于己而人信之，则所行自无窒碍矣。（《四书章句集注》138页）

清·刘宝楠：正义曰："达"者，通也。通于处人、处己之道，故行之无所违阻，所谓"忠信笃敬，蛮貊可行"，即达义也。"在邦"、"在家"，谓士之仕于邦家者也。"质直而好义"者，谓达者之为人朴质正直，而行事知好义也。"察言而观色，虑以下人"者，言心存敬畏，不敢忓慢人也。如此，则攸往咸宜，虽不求名誉，名必归之。（《论语正义》508页）

清·俞樾：《广雅·释训》曰："无虑，都凡也。"《汉书·食货志》曰："天下大氐无虑皆铸金钱矣。""无虑"与"大氐"同，古人自有复语耳。亦或止言"虑"。《贾谊传》："虑无不帝制而天子自为者。"虑即无虑，亦犹大氐也。虑以下人之虑，乃无虑之虑，言察言观色，大氐以下人也。马以"志虑"说之，非是。《大元·元莹篇》："故君子内正而外驯，每以下人。"其句法即本之此。（《群经平议》经三十一·9页）

张鼎：常思下人恐其忘也。（《春晖楼四书说略》卷下·4页）

李泽厚：［记］另说"察言观色，虑以下人"，乃小人，非君子，疑辞句有脱误。此乃后世谬种相传，其实原意本在注意和尊重别人，先人后己。"达"依"五达尊"（《孟子》）、"五达道"、"三达德"（《中庸》）作普遍受尊敬、敬重译解。（《论语今读》218页）

杨朝明：［诠释］虑以下人：常常考虑对别人谦虚。下，以自己为下，有谦退之义。取：趋向于。居之不疑：以此自居而不加疑惑。（《论语诠解》119页）

孙钦善：达：通达。……至于达，品质正直，喜好大义，察其言语观其容色，又总是自觉谦让于人。那么，在诸侯之国做官一定通达，在大夫之家做官也一定通达。（《论语本解》154页）

辑者案:从刘宝楠、孙钦善说。

(3)夫闻也者,色取仁而行违,居之不疑

汉·马融:此言佞人假仁者之色,行之则违,安居其伪而不自疑。(邢昺《论语注疏》167 页)

晋·缪协:世乱则佞人多,党盛则多闻,斯所谓叹哀运疾弊俗。(马国翰辑《论语古注·论语缪氏说》6 页)

宋·朱熹:善其颜色以取于仁,而行实背之,又自以为是而无所忌惮。此不务实而专务求名者,故虚誉虽隆而实德则病矣。程子曰:"学者须是务实,不要近名。有意近名,大本已失。更学何事?为名而学,则是伪也。今之学者,大抵为名。为名与为利虽清浊不同,然其利心则一也。"尹氏曰:"子张之学,病在乎不务实。故孔子告之,皆笃实之事,充乎内而发乎外者也。当时门人亲受圣人之教,而差失有如此者,况后世乎?"(《四书章句集注》138 页)

张鼎:察观人言色以验已得失。(《春晖楼四书说略》卷下·4 页)

程树德:子张之学,在孔门独成一派。因记《论语》者为曾子门人,近于保守派,故对于进取派之子张,恒多微词。吾人生千载后,书经秦火,三代之事,若存若亡,况对于孔门弟子,岂可任意轩轾乎?康南海《论语注》极为子张张目,而以南宋之积弱不振,归咎于朱子之偏信曾子。所谓彼亦一是非,此亦一是非也。(《论语集释》870 页)

杨伯峻:至于闻,表面上似乎爱好仁德,实际行为却不如此,可是自己竟以仁人自居而不加疑惑。这种人,做官的时候一定会骗取名望,居家的时候也一定会骗取名望。(《论语译注》130 页)

钱穆:色取仁而行违:色取,在面上装点,既无质直之姿,又无好义之心,无之己而仅求之外,斯无行而不违乎仁矣。居之不疑:专务伪饰外求,而又自以为是,安于虚伪,更不自疑。(《论语新解》

321页）

　　辑者案：可将马融、钱穆所释结合起来理解。

12.21 樊迟从游于舞雩之下，曰："敢问崇德、修慝、辨惑。"子曰："善哉问！先事后得，非崇德与？攻其恶，无攻人之恶，非修慝与？一朝之忿，忘其身，以及其亲，非惑与？"

(1)崇德、修慝、辨惑

汉·孔安国：慝，恶也。修，治也。治恶为善也。（皇侃《论语集解义疏》卷六·36页）

梁·皇侃：云"攻其"云云者，答修慝也。攻，治也。言人但自治己身之恶，改之为善，而不须知他人恶事，若能如此，岂非修慝与？（皇侃《论语集解义疏》卷六·36页）

宋·朱熹：胡氏曰："慝之字从心从匿，盖恶之匿于心者。修者，治而去之。"（《四书章句集注》139页）

清·刘宝楠："崇德、修慝、辨惑"者，此当是雩祷之辞。以德、慝、惑为韵，如汤祷、桑林，以六事自责也。（《论语正义》509页）

杨伯峻：怎样消除别人对自己不露面的怨恨。（《论语译注》130页）

南怀瑾：樊迟是孔子学生。"舞雩"，犹如现代的交谊厅，有一次，他跟孔子在"舞雩之下"，向孔子请教三个问题。一个是如何"崇德"，充实自己的修养。这个德字不一定作道德讲。以现代观念说，如何使自己的心理、精神、修养到高深的程度。第二"修慝"，就是如何改进自己内心思想、情绪。第三"辨惑"，怎样才不致于糊涂，怎样才是真正的有眼光，有智慧，看得清楚。（《论语别裁》587页）

李炳南：崇德，就是增进自己的德行。（《论语讲义》242页）

傅佩荣:修慝:消除积怨。慝是藏匿在心中的怨恨。经常反省与批判自己的过错,就没有多余的心力去怨恨别人了。本章三小段都是自我修养的功夫。(《傅佩荣解读论语》215页)

杨朝明:修慝(tè):修,治理。慝,隐藏在心里的恶念。攻:批判。忿:忿恨,愤怒。及:殃及,连累。(《论语诠解》119页)

孙钦善:慝:邪恶。……敢问怎样崇尚道德,整治过错,辨明迷惑。(《论语本解》155页)

　　辑者案:修慝一词争议较大,从孔安国及朱熹引胡氏说。关于崇德辨惑,本篇第10章已有解释。崇德,崇尚道德;修慝,攻治恶念;辨惑,辨明迷惑。

(2)子曰:"善哉问!先事后得,非崇德与? 攻其恶,无攻人之恶,非修慝与? 一朝之忿,忘其身,以及其亲,非惑与?"

汉·孔安国:先劳于事,然后得报也。(皇侃《论语集解义疏》卷六·36页)

梁·皇侃:云"先事"云云者,答崇德也。先事,谓先为勤劳之事也。后得,谓后得禄位己劳也。若能如此,岂非崇德与? 言其是也。故范宁云:"物莫不避劳而处逸,今以劳事为先,得事为后,所以崇德也。"(皇侃《论语集解义疏》卷六·36页)

宋·朱熹:先事后得,犹言先难后获也。为所当为而不计其功,则德日积而不自知矣。专于治己而不责人,则己之恶无所匿矣。知一朝之忿为甚微,而祸及其亲为甚大,则有以辨惑而惩其忿矣。樊迟粗鄙近利,故告之以此,三者皆所以救其失也。范氏曰:"先事后得,上义而下利也。人惟有利欲之心,故德不崇。惟不自省己过而知人之过,故慝不修。感物而易动者莫如忿,忘其身以及其亲,惑之甚者也。惑之甚者必起于细微,能辨之于早,则不至于大惑矣。故惩忿所以辨惑也。"(《四书章句集注》139页)

清·刘宝楠："攻其恶，无攻人之恶"者，攻犹责也。……戴氏望《论语注》云："……樊迟从游，有感昭公孙齐之事，因以发问。事，勤也，先勤求贤者，任之以政，乃能得民。昭公不用子家羁，失民失政，以致出奔，是不能崇德也。子家驹曰：'诸侯僭于天子，大夫僭于诸侯。'公曰：'吾何僭乎哉？'是攻人之恶，不知攻其恶也。'昭公不从其言，终弑之而败焉，走之齐。'是不忍一朝之忿，忘身以及宗庙，惑之甚也。时哀公亦欲去三家，故微其辞以危其事。"案：戴氏此说，本之宋氏翔凤《发微》，与《论衡》刺鲁之义极合。皇本"无攻人之恶"，"无"作"毋"。（《论语正义》510页）

李炳南："攻其恶，无攻人之恶，非修慝与？"皇本无作毋。攻，改正。其，指自己。自己有恶，立即改正。如曾子"吾日三省吾身"，即是攻其恶。一个认真改恶的人，但见自己之恶太多，自攻之不暇，那有时间攻人，所以说"无攻人之恶"。能如此，便是修慝。慝字从匿从心，修慝是修去心中之恶。"一朝之忿，忘其身，以及其亲，非惑与？"惑的种类太多，忿是其中之一。一时忿起，不能自制，忘其自身，及其父母，这就是惑。辨惑，即在忿初起时，考虑后患，而不冲动，免为自身及父母召来灾祸，所以皇《疏》引《季氏篇》君子有九思"忿思难"解释此义。（《论语讲义》242页）

杨朝明：孔子说："问得好呀！先努力致力于事，然后才有所收获，不就是提高品德了吗？常常反省自己，反省批判自己的缺点而不去批判别人的缺点，不就可以消除恶念了吗？由于一时的气愤，就忘记了自身的安危，以至于牵连自己的亲人，这不就是迷惑吗？"（《论语诠解》119页）

辑者案：朱熹、杨朝明解读通俗明白，可从。

12.22 樊迟问仁。子曰："爱人。"问知。子曰："知

人。"樊迟未达。子曰:"举直错诸枉,能使枉者直。"樊迟退,见子夏曰:"乡也吾见于夫子而问知,子曰:'举直错诸枉,能使枉者直。'何谓也?"子夏曰:"富哉言乎! 舜有天下,选于众,举皋陶,不仁者远矣。汤有天下,选于众,举伊尹,不仁者远矣。"

(1)举直错诸枉,能使枉者直

汉·包咸:举正直之人用之,废置邪枉之人,则皆化为直。(邢昺《论语注疏》168 页)

宋·朱熹:举直错枉者,知也。使枉者直,则仁矣。如此,则二者不惟不相悖,而反相为用矣。(《四书章句集注》139 页)

元·陈天祥:举直错诸枉,此是智之用。能使枉者直,此是智之功。注文以上句为智,分下句为仁,误矣。须是自己行仁,然后可为仁人。若但能审其举错,为之激劝,使他人改枉为直,止可为智,未足为仁。王潜南曰:"此一段皆论知人之智耳,与问仁之意全不相关。故南轩解'能使枉者直'则曰:'知人之功用如此。'解'不仁者远'则曰:'此可见知人之为大。'文理甚明。而龟山、晦庵无垢之徒,皆以为兼仁智而言,其意含糊,了不可晓。岂以樊迟屡疑,子夏深叹,且有远不仁之说,故委曲求之,而至于是与? 窃所不取。"此说参考详备,无有不当,学者宜从之。(《论语辨疑》卷六·16 页)

清·朱亦栋:此以直枉对言,不以举错对言,错字当作加字解,言举直者而加诸枉者之上也。《哀公问》章尚可平说,至此章则举直错枉,皆知人甲里事,迟岂有所未解? 惟举直者加枉者之上,而能使枉者直,则去问知之本意远矣,故迟有所未达也。观下文子夏所答舜举皋陶、汤举伊尹,只有举直,而无错枉,可以见矣。(《论语札记》卷下·5 页)

清·刘宝楠:"举直错诸枉,能使枉者直"者,言举尔所知之直者,错诸枉者之上,即是知人也。"错",《释文》引"或本作措"。(《论语正义》511页)

杨伯峻:[译文]把正直人提拔出来,位置在邪恶人之上,能够使邪恶人正直。[注释]"举直"而"使枉者直",属于"仁";知道谁是直人而举他,属于"智",所以"举直错诸枉"是仁智之事,而孔子屡言之(参2·19)。(《论语译注》131页)

林觥顺:举直错诸枉,能使枉者直:如木匠用龙墨线纠正木的曲直,能使曲者变直。举是用,错是攻错是纠正。诸是辨识,枉是木不正直,是曲木。(《论语我读》221页)

李零:我猜,樊迟可能疾恶如仇,性格接近子张。孔子想把他扳一扳。他讲这番话,是要樊迟明白,知人在于善任,好人立,则坏人去。人不要好恶太深,如蝇逐臭,如蚊嗜血,光盯着坏东西,而要尽量发现好东西。只要把好的东西树立起来,坏的东西自然成不了气候。(《丧家狗——我读〈论语〉》231页)

　　辑者案:该句本无难解之处,不必曲折解说。朱熹、刘宝楠、杨伯峻的理解平实,可从。错:同"措",置。

(2) 乡

清·翟灏:《易》云"向晦",《书》云"向迩",向俱临对之义。向用五福,作向望解。《义疏》本以当曩昔字,古无是训也。此似传写有差,或亦如《释文》作"曏"。(《四书考异》条考十四·9页)

清·刘宝楠:"乡",皇本作"嚮"。《释文》:"乡,又作曏,同。"《说文》云:"曏,不久也。"不久者,言日近也。阮氏元《校勘记》:"曏正字,嚮俗字,乡假借字。"(《论语正义》511页)

王熙元:乡,读去声,同嚮、向,从前的意思。(《论语通释》716页)

林觥顺:[句读]樊迟退,见子夏,曰乡也。[注解]曰乡也:乡,

本是国之离邑小镇村落,经文多假乡作嚮。口嚮,也是口说话了。(《论语我读》220页)

　　辑者案:关于"乡",从刘宝楠说。今人多认为同"向",释为"刚才"。

(3)富哉言乎!

汉·孔安国:富,盛也。(邢昺《论语注疏》168页)

宋·朱熹:叹其所包者广,不止言知。(《四书章句集注》139页)

清·刘宝楠:富者,备也。必如舜举皋陶,汤举伊尹,而后用人之法备。(《论语正义》512页)

孙钦善:这话多么富有寓意呀!(《论语本解》156页)

　　辑者案:从朱熹说,叹此言含义丰富。

12.23 子贡问友。子曰:"忠告而善道之,不可则止,毋自辱焉。"

汉·包咸:忠告,以是非告之。以善道导之,不见从则止。必言之,或见辱。(邢昺《论语注疏》169页)

宋·朱熹:道,去声。友所以辅仁,故尽其心以告之,善其说以道之。然以义合者也,故不可则止。若以数而见疏,则自辱矣。(《四书章句集注》140页)

元·陈天祥:"善其说以道之",语意不明,不知如何是善其说,道是如何道。《语录》曰:"须又教道得善始得。"以此知注文"道"字乃教道也。朋友有过,既尽心以告之,而又加之以教道,须至于善而后已,此正犯"数斯疏矣"之戒,施之于朋友之间,必不能行。盖道犹言也,善道之者,善其辞色以言之也。朋友有过,固当尽心无隐,竭忠以告之。然其告之之际,须当心平气和,善其辞色以为言,不从则止,无得峻数,以取自辱也。(《论语辨疑》卷六·17页)

钱穆:本章必是子贡之问有专指,而记者略之,否则孔子当不专以此为说。《论语》如此例甚多,读者当细会。(《论语新解》326 页)

李炳南:朋友地位平等,只能说以善道引导朋友,不能说以善道教导朋友,教导便不免自辱。(《论语讲义》244 页)

孙钦善:子贡问交友之道。孔子说:"忠言相告,好话劝导,不听就作罢,不要死乞白赖自讨羞辱。"(《论语本解》156 页)

郭自虎:这里讲的也是朋友之道。要讲平等、尊重对方,即使是善意的忠告也要有度,这已成为现代社会性公德的基础。(《从〈论语〉的交友之道看"元白"交称的文化含义》,《孔子研究》2009 年第 4 期)

辑者案:朱熹、孙钦善的解释很到位。

12.24 曾子曰:"君子以文会友,以友辅仁。"

汉·孔安国:友以文德合。友相切磋之道,所以辅成己之仁。(邢昺《论语注疏》169 页)

宋·朱熹:讲学以会友,则道益明;取善以辅仁,则德日进。(《四书章句集注》140 页)

元·许谦:为仁而不取友以为辅,则有孤陋寡闻之固。会友而不以文,则有群居终日,言不及义之失。(《读论语丛说》卷下·11 页)

清·刘源渌:文者,礼乐法度刑政纲纪之文。当时文武之道未坠于地,识大识小,莫不有文武之道焉。夫子宪章文武,教门弟子,以此讲学,以此修德,如所谓两君相会,揖让而入门,入门而县兴,揖让而升堂,升堂而乐阕,君子于是知仁焉。(王肇晋《论语经正录》颜渊第十二·49 页)

清·李颙:文乃斯文之文、在兹之文、布帛菽粟之文,非古文之文、时文之文、雕虫藻丽之文。(《四书反身录》下论语·16 页)

清·刘宝楠:"文"谓《诗》、《书》、礼、乐也。"以文会友",谓共处一学者也。《尔雅·释诂》:"辅,俌也。"引伸之,有佐训。《礼·

学记》云："大学之教也,时教必有正业,退息必有居学。故君子之于学也,藏焉修焉,息焉游焉。夫然,故安其学而亲其师,乐其友而信其道,是以虽离师辅,而不反也。"《说苑·说丛篇》:"贤师良友在其侧,《诗》《书》、礼、乐陈于前,弃而为不善者鲜矣。"(《论语正义》513页)

钱穆:本章上句即言与共学,下句言与共适道与立与权。(《论语新解》326页)

乔一凡:文为天文、地文、人文,亦即《易》、《诗》、《书》、五经义道之文。辅仁,相辅于仁也。(《论语通义》199页)

杨润根:会:汇集,团结。文:知识,真理或正义之被阐述,文明之被昌明。辅:"甫"的本意是具有杰出才能的专家,因此"辅"可以理解为以迅速为专职的车子,引伸为促进、加速、增进。(《发现论语》312页)

文选德:在曾子看来,交友一要注意朋友的素质,二要注意以礼相待,只要做到这两点,交友的过程就是成仁的过程。不过,在这里曾子的交友原则带有明显的浓厚的贵族气息。因为通"文"者,不会是平常百姓,而一般是高于普通人的士人之辈,这样就可以看出曾子的思想和他的性格,都具有一定的片面性和优越感,总是在维护士人的尊严。其实,孔子从来没有说只能与"文人"交朋友。(《〈论语〉诠释》527页)

林觥顺:[注解]以文会友:……是用自己的智识去爱护协助别人,使别人有所增益。以友辅仁:因为友爱仁爱都是爱人,是辅助人,友仁相依为一。用自己的爱心与人相交。(《论语我读》222页)

林振衡:曾子说:"君子以讲求文章学问来结交朋友,以朋友来帮助[自己]培养仁德。"(《论语新编》59页)

李君明:"文"或"文德"就是指学问道德,也就是"道"。朋友相交要以道相合，以道会友。学问的讲习和道德上的择善，根本目的在于修身，在于"责善辅仁"。另有一说：古文字学周朝文字考证说：文：人形，中间有个装饰物，是周礼仪式中的偶象。友：跪着的人举着双手，捧着祭品，是周礼仪式中的一个环节。辅：车轮辅条，有载运服持之意。仁：亲亲，即今日的亲属关系和长辈关系之意。"以文交友"是远古社会的一种仪式：用装饰好了的偶像应接祭品奉献。"君子以文会友，以友辅仁"，就是"君子以礼仪偶象应接祭品奉献，以祭品奉献服侍亲亲"。（《论语引读》392页）

胡齐临："文"在本章中有广泛的涵义，诗、词、道德文章、诸子百家、社会文明、所有的为人处世之道都被广义的"文"字所包涵。（《论语真义》120页）

　　　　辑者案：孔安国、林振衡的说解为优。曾子的意思是，在知识阶层，君子可以用文章学问来交会朋友，用朋友来辅助仁德的修养。

論語

歧解辑录

下册

高尚榘　主编

中华书局

子路第十三

13.1 子路问政。子曰:"先之,劳之。"请益。曰:"无倦。"

汉·孔安国:先导之以德,使民信之,然后劳之。《易》曰:"说以先民,民忘其劳。"(邢昺《论语注疏》170页)

宋·郑汝谐:先之则民知所从,劳之则民知所劝。(《论语意原》卷三·19页)

宋·朱熹:苏氏曰:"凡民之行,以身先之,则不令而行。凡民之事,以身劳之,则虽勤不怨。"(《四书章句集注》141页)

宋·金履祥:先之,先当作去声,谓率先之也。《语录》取张子云"以身为之倡"。劳之,旧作去声。朱子从张子"身不爱其劳"之说,而《集注》收苏氏之解,故读作如字。(《论语集注考证》卷七·1页)

宋·蔡节:《集》曰:"《诗》曰:'弗躬弗亲,庶民弗信。'先之也。《易》曰:'君子以劳民劝相劳之也。'"正己之行而率之之谓先,因民之事而勉之之谓劳。先之则民知所从,劳之则民所知劝。(《论语集说》卷七·1页)

元·陈天祥:观其文势,"先之劳之"四字之间,惟劳字是其主意。通贯上下之文,"先之"谓先己之劳,"劳之"谓后劳其民也,如古人戴星而出戴星而入,此正先之之义,所谓先己之劳是也。己先有此勤政之劳,然后以政勤劳其民,民虽劳而不怨也。(《论语疑辨》卷七·1页)

明·释智旭:先、劳并去声呼之。先之,创其始也。劳之,考

其终也。（释智旭、江谦《论语点睛补注》96页）

清·黄式三：先，训导。孔《注》是。《释文》："劳，郑读力报反。劳为慰劳之劳。"民未知德，以身导之；民知化德，必慰劳之也。郑君义如此。王伯申云："先之，导之也。劳之，勉之也。劳之训勉，见《吕览·孟夏纪》注。"（《论语后案》358页）

清·沈涛：涛案：《释文》"劳之"，孔如字，郑力报反。是康成读为郊劳之劳，劳谓劳来。《孟子》放勋曰"劳之来之"，盖即勤民之意。《礼·月令》"为天子劳农劝民"注："重力来之。"《汉书·王莽传》"力来农事"，师古曰："力来，劝勉之也。"《吕氏·孟春纪》高《注》曰："劳，勉也。先字亦当读去声，盖谓倡导之。"孔二字皆读如字解，甚纡回，非也。（《论语孔注辨伪》卷下·5页）

清·俞樾："先之劳之"四字作一句读，犹《阳货篇》曰"使之闻之"，不得因有两"之"字而分为二事也。《诗·绵蛮篇》"为之载之"，《孟子·滕文公篇》"与之食之"，句法皆与此同。先之劳之，谓先民而任其劳也。天子亲耕，后亲蚕之类，皆其事矣。孔谓先导之以德，然后劳之，似于文义未合。（《群经平议》卷三十一·10页）

张鼎：先之，以教化言；劳之，如劝课农桑之类。卫文公星言夙驾税于桑田，所谓以身劳之。（《春晖楼论语说遗》卷下·7页）

方骥龄：先之有三义：（一）先以身作则。（二）先取信于民。（三）即下章所谓先有司。谓不可不先将有司之任务予以分配，犹今人言分层负责是也。劳之亦有三义：（一）人民不可逸居无教，不可不使之劳。民劳则思，思则善心生。逸则淫，淫则忘善，忘善则恶心生。（二）欲使人民劳，本身亦应先劳，始可获得民信。（三）应及时劳慰人民，勤求民隐，庶可上下通达。即《孟子·滕文公篇》有为神农之言章放勋所言"劳之来之"之劳是也。（《论语新诠》366页）

王熙元：先之就是以身作则，为人民的先导。先，作动词用；之，指人民；所以，先之就是一切行动都在人民之先的意思。劳之与《子张》篇子夏说的"君子信而后劳其民"的"劳其民"同义，就是劳动人民的意思。劳，动词；之，也指人民。(《论语通释》724页)

吴林伯：按政以治民，两"之"字皆指政。"先之""劳之"，谓君先劳于政事，非若幽王之"不自为政，卒劳百姓"(《诗·大雅·节南山》)。《孟子·滕文公》引尧曰："劳之。"《尔雅·释诂》："劳，勤也。"《史记·周本纪》："武王曰：'日夜劳来，定我西土。'"谓"无倦"也。(《论语发微》150页)

李泽厚："劳之"是自己劳还是百姓劳？有不同解说，译则采两者均劳意。仍是"政者正也"的思路，混伦理、政治于一体也。(《论语今读》221页)

金池：劳：劳动，劳动成果。之：这里指用……丰富众人这件事。(《论语新译》368页)

林觥顺：先之劳之：凡性鄙质朴的人皆急躁，没有耐性。所以孔子教他，以任劳任怨为先。(《论语我读》223页)

黄怀信：[释]"先"，在其前。前"之"指民，后"之"为助词，言先民而劳。"劳"，辛劳。旧读"先之"、"劳之"为二，非。(《论语新校释》305页)

孙钦善：先：率先。之：指代老百姓。先之：做老百姓的表率。参见12·17"子帅以正，孰敢不正"及13·6。劳：役使。这一句即19·10"君子信而后劳其民"之意。又《周易·兑卦·彖辞》"说(悦)以先民，民忘其劳"，亦可与此互参。本章孔子的话针对子路性急好胜、鲁莽为政的弱点而发，参见11·23。……孔子说："做表率取信于民，然后再役使人民。"(《论语本解》157页)

蔡健清：[注释]先之劳之：先，引导，即教化。之，指老百姓。

做在老百姓之前,使老百姓勤劳。(《论语解读》219页)

　　辑者案:俞樾、黄怀信"先民而劳"说为优。孔子主张为政者首先要自己做到勤劳于政事,永无倦怠地勤政,做好百姓的表率。

　　13.2 仲弓为季氏宰,问政。子曰:"先有司,赦小过,举贤才。"曰:"焉知贤才而举之?"曰:"举尔所知,尔所不知,人其舍诸?"

　　(1)先有司,赦小过,举贤才

　　魏·王肃:言为政当先任有司而后责其事。(邢昺《论语注疏》170页)

　　宋·蔡节:有司,众职也。先有司委任而责成之也。过,失误也。贤谓有德,才谓有能也。有司必先之则各知展布而举其所职矣。小过必赦之则各知惩创而效其所长矣。贤才必举之则德者、能者集于上而共成其治矣。(《论语集说》卷七·1页)

　　清·刘宝楠:"有司"者,宰之群属。言先有司信任之,使得举其职也。……《注》:"言为政当先任有司,而后责其事。"正义曰:此谓先任以官,而后予之以事,非经恉。(《论语正义》516页)

　　清·康有为:有司,众吏之职也。宰兼众职,以身先之,与告子路同。躬行者,政之始,圣人于此尤谆谆也。过,失误也。大者于事或有所害,不得不惩,小者赦之,则刑不滥而人心悦矣。贤,有德者;才,有能者,举而用之,则有司皆得其人,而政益修矣。(《论语注》189页)

　　李炳南:赦小过,人民有小过失,可以饶恕。诸注以赦小过为赦有司的小过,恐非经义。(《论语讲要》245页)

　　杨润根:先:奖励,使……为先,使……为优,使……为贵。有司：敬业守职，尽职尽责。这里的"有"具有掌握、占有、恪守之意，"司"意即司职。赦：这个字由"赤"和"攵"构成，而"赤"本来是由"大"和"光"构成（上下结构），因此"赦"的意思应是致力于（"攵"）照亮、阐明、启蒙、教育，致力于用普遍的理性的光辉照耀人们受蒙蔽的心灵，使人们免于再次犯下过错。因此"赦"具有"使免于过错"的意思。(《发现论语》314 页)

金池：先有司：教化官吏。先：先导，教化。(《论语新诠》369 页)

黄怀信：[释]"先"，在前面。"有司"，具体办事人员。[训译]先生说："（自己）走在办事人员前面，赦免（办事人员的）小过失，举用有才能的人。"(《论语新校释》306 页)

杨朝明：[诠释]有司：古代负责具体事务的官吏。[解读]仲弓为季氏家的总管，问怎样管理政事。孔子说："先设置专门的官职，让他们负责具体的事务，不计较他们小的过错，选拔贤才来任职。"(《论语诠解》122 页)

孙钦善：给办事人员做表率，宽免别人小的错误，选拔贤良人才。(《论语本解》158 页)

> 辑者案：从康有为、孙钦善、黄怀信说。不少人认为宰为政应先设置有司，然后责其事。若如此理解，有失浮浅。因为君或宰为政，谁都知道要任用有司，无须请教孔子，唯有"做表率"、"率先"常被为政者忽略，或不容易做到，故孔子强调之。此与孔子答问政者"先之劳之"、"子帅以正，孰敢不正"思想一致。

(2)举尔所知，尔所不知，人其舍诸

汉·孔安国：女所不知者，人将自举其所知，则贤才无遗。(邢昺《论语注疏》170 页)

宋·邢昺：舍，置也。诸，之也。夫子教之曰："但举女之所

知。女所不知,人将自举之,其肯置之而不举乎?"既各举其所知,则贤才无遗。(邢昺《论语注疏》170 页)

杨润根:把你所知道的最贤能的人选举出来,至于你所不知道的最贤能的人,难道别的知道他们的人就不会把他们选举出来吗? 或者更准确一点:难道别的知道他们的人就会放弃自己的选举权而不把他们选举出来吗? 孔子在这里所表述的是一种什么样的选举模式呢? 我认为我们不能仅仅把孔子的这种表述看作是对冉雍实际的政务活动的实际指导,而更应该把它视为孔子对于一个理想的社会所应有的理想的选举模式的纯理论的探讨(正像孔子在类似场合经常做的那样)。因此孔子在这里所表述的选举模式应这样来理解:每一个人都依据自己的权力选举出自己认为最合适、最理想的人选,然后在每一个人所选举出来的所有人选中进行比较、筛选,从而选出公认的真正最合适、最理想的人。孔子在这里显然说出了一种民主自由的选举方式的最关键、最重要、最根本的步骤:每一个人都有选举权,并根据这种选举权选出自认为最合适、最理想的人选。(《发现论语》314 页)

李零:上博楚简的《仲弓》篇,也记这件事。仲弓问怎样举贤才,孔子的回答不一样,作"夫贤才不可掩也。举尔所知,尔所不知,人其舍之者",从语法结构看,后三句是连续,后面两句不是反诘的口吻,而是并列关系。简本和今本正好相反,它是说,只要是优秀人才,一个都不能埋没,你应举荐你熟悉的人,也应举荐你不熟悉的人,以及被别人忽略的人。这里的"知",是"雅不相知"的"知",即认识和熟悉,而不是听说没听说。……我看,简本和今本,简本的讲法才顺理成章。今本"舍诸",是把"者"读为"诸",再去掉"之"字。这个两千多年的误读,实在发人深省。(《丧家狗——我读〈论语〉》234 页)

黄怀信:[释]人其舍诸:"其",同"岂",难道。"舍",舍弃、放掉。"诸","之乎"合音。[训译](先生)说:"举用你知道的;你不知道的,别人难道会放掉他吗?"(《论语新校释》306页)

　　辑者案:从黄怀信说,"其"同"岂"。《书·盘庚上》:"若火之燎于原,不可向迩,其犹可扑灭?"《后汉书·翟酺传》:"今陛下有成王之尊,而无数子之佐,虽欲崇雍熙,致太平,其可得乎?"

13.3 子路曰:"卫君待子而为政,子将奚先?"子曰:"必也正名乎!"子路曰:"有是哉,子之迂也!奚其正?"子曰:"野哉,由也!君子于其所不知,盖阙如也。名不正则言不顺,言不顺则事不成,事不成则礼乐不兴,礼乐不兴则刑罚不中,刑罚不中则民无所措手足。故君子名之必可言也,言之必可行也。君子于其言,无所苟而已矣。"

(1)必也正名乎

汉·马融:正百事之名。(邢昺《论语注疏》171页)

汉·郑玄:正名谓正书字也。古者曰名,今世曰字。《礼记》曰:"百名已上则书之于策。"孔子见时教不行,故欲正其文字之误。(袁钧《郑玄论语注》卷七·1页)

梁·皇侃:云"子曰必也正名乎"者,孔子答曰:若必先行,正百物之名也。所以先须正名者,为时昏礼乱,言语飜杂,名物失其本号,故为政必以正名为先也。所以下卷云"邦君之妻,君称之曰夫人"之属,是正名之类也。(皇侃《论语集解义疏》卷七·3页)

宋·朱熹:是时出公不父其父而祢其祖,名实紊矣,故孔子以正名为先。谢氏曰:"正名虽为卫君而言,然为政之道,皆当以此为先。"(《四书章句集注》142页)

日·东条弘:正名者,正名实,非正名分也。(《论语知言》375 页)

清·刘宝楠:《史记·孔子世家》:"是时,卫公辄父不得立,在外,诸侯数以为让。而孔子弟子多仕于卫,卫君欲得孔子为政。子路曰:'卫君待子而为政'"云云。是正名指蒯聩之事,此必《古论》家说,受之安国者也。正名者何?正世子之名也。(《论语正义》517 页)

清·俞樾:马注是也。盖万物万事之名皆不可以不正。昔黄帝正名百物,《记》曰:"名者,人治之大者也。"《传》曰:"名以出义,义以制礼。古圣人未有不以此为先者。"朱《注》乃从卫事立说,转失之小。亦夫一正则无不正。圣人所存者神,所过者化,岂必沾沾焉?如宋人之议濮园,明人之争大礼哉。且惟泛言正百事之名,故子贡见为迂。若如朱《注》之义,则所争者在乎卫国祖孙父子之间,子路将忧其太切直矣,岂得以为迂远而非急务乎?(《论语古注择从》15 页)

清·桂文灿:马融曰"正百事之名也",臧琳谓马说本之《史记·孔子世家》、《春秋繁露·实性篇》、《韩诗外传》。皇氏以为当正夫人之名,与《史记》合,并引《韩诗外传》为证,得其意已。(《论语皇疏考证》卷七·1 页)

程树德:按:"名"字,马、郑、朱三说互异,当以马《注》为正,即今所谓论理学也。朱《注》根据《史记》,指名分言,说可并存。《左》成二年《传》:"仲尼曰:'惟器与名,不可以假人。'"则即以为正名分,亦奚不可者?且史公在马、郑之先也。郑《注》最为迂远,何平叔不采之,未为无见。陈鳣、臧在东、潘维城辈,坚主郑义,反以《史记》为误,不免汉学家门户之见。梁氏玉绳《瞥记》则主调停之说,以为不父其父而祢其祖,必卫辄当日于称名之间,直以灵公为父,如后世取孙作子、与父并行之类。族系乱而昭穆乖,自宜亟正之。《汉书·艺文志》名家序:"古者名位不同,礼亦异数。"又《王莽传》:"临有兄而称太子,名不正。"两处皆引《论语》以证之,可知汉人旧训如此。马氏推广言之,郑氏质实言之,皆可通也。(《论语集释》891页)

方骥龄:孔子所谓正名,正名位也,即君君、臣臣、父父、子子之道。因出公拒父,君不君而子不子也。蒯聩藉晋国之力,与子争国,父不父而臣不臣也。孔子所谓正名,欲卫国有以善处其君臣父子之间,以弭将来不测之祸耳。(《论语新诠》368页)

杨伯峻:[译文]孔子道:"那一定是纠正名分上的用词不当罢!"(《论语译注》134页)

吴林伯:按物各有实,须名以表之,故曰实待名也;有实而后有名,名缘实而生,故曰名附实也。物固有名、实,名、实必相副,荀卿所谓"制名以指实,名闻而实喻"(《荀子·正名》)。如是,则名正。然物至繁,名亦如之。《礼记·祭法》:"黄帝正名百物。"此因荀卿《正名》之义,而欲正一切物事之名,孔子答子路之问,特正其中政治之名,而马注未洽。(《论语发微》151页)

南怀瑾:严格讲,正名就是指确定思想的观念。以现代的语汇来说,"文化思想的中心"即为正名的重点。也可以说,在逻辑思想上分别得清清楚楚,就叫作正名。(《论语别裁》601页)

董廷珠:孔子"正名"的原义,可从4个方面考察:

第一,从本章的字面和内容看,"正名"并未涉及君臣父子的名份问题,而是把"名"、"言"、"行"紧密联系。"名不正,则言不顺;言不顺,则事不成"和"名之必可言也,言之必可行也",两段明确说明行为由语言导出(产生),语言由"名"导出(产生)。……从本章结尾"君子于其言,无所苟而已矣"看,既归纳点明"言"字是本章的关键词,又与开头"必也正名乎"相呼应。君子要做到对语言重视认真,不随便马虎,就得在组成语言单位的名称用词上要求正确(正名)。

第二,从《论语》全书看,"名"字共出现 8 次,本章出现 3 次,其余 5 次。所有使用"名"字的含义,不外是名声、名号、名字等名称用词,毫无君臣父子的名份含义。全书思想应该统一,因而本章的三个"名"字的含义也应该是名称用词。

第三,从孔子重视语言信息的角度考察,孔子的"四科"把语言(即言语)列为第二,仅次于"德行",居于"政事"、"文学"之上(见《先进》)。《论语》全书"言"字共出现 129 次,"语"字出现 13 次。可见孔子对语言信息的高度重视。孔子说"有德者必有言"(《宪问》),说明语言对道德的重要性。因为语言信息是人类社会通信的主要工具,孔子推行仁政德治,必须通过语言信息的发出与传递才能实施。这就要求语言信息所使用的基本单位——名称用词概念必须纯正、统一,"正名"就是解决这个问题。

孔子对语言信息的"正名"思想,还体现在他对语言信息的讲真实和讲信实上。……

第四,从孔子答问时的背景看,当时的卫国是出公辄继承了卫灵公的君位。灵公生前外嬖佞臣弥子瑕,内惑荡妇南子,导演了其子蒯聩杀母未遂,逐子废嗣,以及以后其子其孙争夺君位的一系列混乱。国情一直是"政教淫僻,风俗伤败","政散民流"。孔子要在卫国这样的烂摊子上"为政",则必须首先匡正废驰与失宜的政令和错误的舆论,由于子路没有从名称用词联想到语言对"为政"的重大作用,贸然说出"子之迂也"。孔子指出子路的粗野后,便进一步讲解正名之重要。孔子是个重视实际的思想家,所以他"正名"的落脚点是"言之必可行也",而不是徒托空言。(董廷珠、张希平《孔子"正名"诸解驳正》,《晋阳学刊》1993 年第 4 期)

邓球柏：正名：确定岗位责任制度。即用等级名分去纠正超越岗位责任的行为，恢复"君君、臣臣、父父、子子"的岗位责任制。（《论语通解》243页）

杨润根：作为名词，其意思是正义的理论，也即政治的理论、国家和国家统治的理论；作为动词，其意思就是正确认识和阐述正义的理论、政治的理论、国家和国家统治的理论，并纠正社会上流行的对于这些问题的错误的认识、错误的思想、错误的观念与错误的理论，因此它具有在政治理论上进行拨乱反正、正本清源的意思。（《发现论语》316页）

王云路："必也"是一假设句的省略，是承上句而省。其中绝大部分表示与上文相反的一种假设。（《词汇训诂论稿》197页）

黄怀信：（断句为："必也，正名乎！"）［释］"必"，承上指必为政；"也"表假设。旧连"正名乎"为句，非。"正"，正定。"名"，事物的名称、名分。［训译］先生说："如果一定（让我做），（那就是）正名吧。"（《论语新校释》307页）

孙钦善：名：名称，名义，名分。当时礼坏乐崩，名称、名义、名分混乱，与旧的现实不相符。……子路说："如果卫君等待先生去治理国政，先生将先做什么？"孔子说："那一定是纠正混乱的名称。"（《论语本解》158页）

　　辑者案：从马融说。正名，即正定事物的名称。"名"的涵义宽泛，包括名称、名义、名分等。

(2) 子之迂也

汉·包咸：迂，犹远也，言孔子之言远于事。（邢昺《论语注疏》171页）

宋·朱熹：迂，谓远于事情，言非今日之急务也。（《四书章句集注》142页）

清·阮元：郑本作于狂也。旧"枉"作"狂"，卢本校改。案：此

疑"往"字之讹。彳旁与犭旁形相近也。……"迂"无"往"训,故改字为"于"。(《论语释文校勘记》4页)

清·刘宝楠:《释文》云:"迂,郑本作于,云:'于,狂也。'"案:《文王世子》:"况于其身以善其君乎?"郑《注》:"于读为迂。"又《檀弓》"于则于",孔《疏》:"于音近迂。迂是广大之义。"《庄子·应帝王》:"其卧徐徐,其觉于于。"司马彪《注》:"于于,无所知貌。"是"于"、"迂"义近,字亦通用。郑以"正名"为正文字,而训"于"为狂,狂者,疏阔之意,或郑亦读此"于"为迂也。校《释文》者,或以"狂"为"枉"之误,或以"狂"为"往"之误,均须改字,殆未然矣。(《论语正义》522页)

杨伯峻:[译文]您的迂腐竟到如此地步吗!(《论语译注》134页)

李炳南:子路不以正名为是,所以说:"有是哉",接之便指孔子的话为迂阔。他的意思是卫君辄在位已久,继续作君即可,"奚其正",何必正名。(《论语讲要》247页)

林觥顺:迂者避也,迂回。(《论语我读》224页)

黄怀信:[释]迂,《说文》:"避也。"引申谓远离、不切实际。旧释迂腐,非。[训译]您讲得太不切实际了。(《论语新校释》308页)

　　　辑者案:从包咸、黄怀信说。"迂"有"远"义,解作迂远、不切实际。

(3)野哉,由也

汉·孔安国:野犹不达。(邢昺《论语注疏》171页)

宋·朱熹:野,谓鄙俗。责其不能阙疑,而率尔妄对也。(《四书章句集注》142页)

杨伯峻:孔子道:"你怎么这样卤莽!"(《论语译注》134页)

黄怀信:[释]野:鄙野、粗俗,粗浅。[训译]先生说:"仲由,你太粗浅了!"(《论语新校释》308页)

杨朝明:孔子说:"仲由真粗野啊!"(《论语诠解》122 页)

　　辑者案:作为学生,当面批评老师"迂",未免有些粗野。

(4)盖阙如

汉·包咸:君子于其所不知,当阙而勿据。今由不知正名之义,而谓之迂远。(邢昺《论语注疏》171 页)

清·刘宝楠:"盖阙如"者,段氏玉裁《说文叙注》云:"《论语》言如,或单字,字如、躩如是;或重字,申申如、夭夭如是;或叠韵双声字,踧踖如、鞠躬如、盖阙如是。盖旧音如割。《汉书·儒林传》曰:'疑者丘盖不言。'苏林曰:'不言者,不言所不知之意也。'如淳曰:'齐俗以不言所不知为丘盖。''丘盖'《荀卿书》作'区盖'。丘、区、阙三字双声。"宋氏翔凤《过庭录》:"《荀子·大略篇》:'言之信者,在乎区盖之间。疑则不言,未问则不立。'《汉书·儒林传》:'疑者丘盖不言。''丘'古音同区,'丘盖'即区盖。'区'、'阙'声之转。《论语》之'盖阙',即《荀子》之'区盖',为未见阙疑之意。故曰'盖阙如也',与'踧踖如也'同辞。读《论语》以'阙如'连文者,非也。"(《论语正义》522 页)

方骥龄:亦非斥子路语,乃孔子申述必须整理字体之理由。……阙,失也。文字复杂不一,官吏不能明彻,势必多所错失也。(《论语新诠》369 页)

杨伯峻:君子对于他所不懂的,大概采取保留态度。(《论语译注》134 页)

王熙元:阙如空缺、搁置一边而不说的意思。(《论语通释》731 页)

李泽厚:孔子说:"真粗鲁呀,子路! 君子对于自己所不知道的,就应保持沉默。"(《论语今读》222 页)

林觥顺:盖,本字盍,读同曷何。阙,《尔雅·释宫》云:正门谓之应门,观谓之阙,宫中之门谓之闱。观谓之阙,是观下之二斗谓

之阙。孔子教训子路之辞,说身为读书明理的人,立在朝门外,竟不知何门而入。(《论语我读》224页)

彭亚非:阙如:阙同缺,指存疑。(《论语选评》189页)

金知明:[注释]盖,发语词,有大凡之意;阙,同"缺";阙如,沉默。(《论语精读》162页)

> 辑者案:《辞源》:"盖阙:存疑。盖,发语词。《论语·子路》:'君子于其所不知,盖阙如也。'"《辞源》未收"阙如",大概是不承认其为词。语言是发展的,"阙如"连在一起被用得多了,便凝固成词。《汉语大词典》既收释"盖阙",又收释"阙如"。释"盖阙"为缺少,阙疑;释"阙如"为①存疑不言,空缺不书;②缺少,没有。《论语》此言,上列杨伯峻、彭亚非所释皆通。

(5)礼乐不兴则刑罚不中

汉·孔安国:礼以安上,乐以移风,二者不行,则有淫刑滥罚。(邢昺《论语注疏》171页)

清·刘宝楠:孙氏志祖《读书脞录》:"中当如字读。刑罚之所重者中。《吕刑》一篇言中者十。《周礼·乡士》:'狱讼成,士师受中。'郑司农云:'中者,刑罚之中也。'"今案:《后汉书·梁统传》:"上言曰:'《经》曰:"爰制百姓于刑之衷。"孔子曰:"刑罚不衷,则民无所厝手足。"衷之为言,不轻不重之谓也。'""衷"与"中"古字通。(《论语正义》522页)

方骥龄:中,适当也。(《论语新诠》369页)

谢冰莹:中中理,合于理。(《新译四书读本》209页)

杨润根:不中:不能达到目的,不起作用,偏离目标。(《发现论语》317页)

林觥顺:不中:不通于上下。(《论语我读》224页)

辑者案:该句的分歧在"中"字。从刘宝楠、方骥龄说。中,适当,得当。《战国策·齐策二》:"是秦之计中,齐燕之计过矣。"

13.4 樊迟请学稼。子曰:"吾不如老农。"请学为圃。曰:"吾不如老圃。"樊迟出。子曰:"小人哉,樊须也! 上好礼,则民莫敢不敬。上好义,则民莫敢不服。上好信,则民莫敢不用情。夫如是,则四方之民襁负其子而至矣,焉用稼!"

襁负

汉·包咸:负者以器曰襁。(邢昺《论语注疏》172页)

宋·朱熹:襁,织缕为之,以约小儿于背者。(《四书章句集注》143页)

清·钱坫:陆德明本作"繦"。案:繦非也,应作襁。李奇曰:襁,络也,以缯布为之,络负小儿。毛亨谓之褆,韩婴谓之禙。(《论语后录》卷四·12页)

日·东条弘:《孟子音义》引《说文》曰:"襁者,负儿衣也。"引《声类》曰:"襁者,小儿被子也。"此说得之。(《论语知言》377页)

清·刘宝楠:"负者以器曰襁",《弟子传集解》引作"负子之器曰襁",皇疏引注亦作"负子"。又引李充曰:"负子以器",则"负者"乃"负子"之讹。《说文》:"繦,臍类也"段注:"《吕览·明理篇》:'道多繦緤'高注:'繦,缕格上绳也。'又《直谏篇》注:'繦,缕格绳。'缕即缕,格即络,织缕为络,以负之于背,其绳谓之繦。高说最分明。《博物志》云:'织缕为之,广八寸,长二尺。'乃谓其络,未及其绳也。"案:颜师古《汉书宣纪》注:"繦,即今之小儿绷也。"李奇曰:"以缯布为之。"李贤《后汉书·清河孝王庆传》注:"以缯帛为之。"皇疏云:"以竹为之,或云以布为之。今蛮夷犹以布帊裹儿负之背也。"皆各据所见言之。小儿绷兼有络绳,盖统名缊,后起之意也。《史记·鲁周公世家》:"成王少在强葆之中。"《索隐》曰:"强葆即襁褓,假借用之。"（《论语正义》525页）

清·陈浚:襁是布带,负是背负。（《论语话解》卷七·3页）

方骥龄:襁负,即用包袱裹其幼子,束系于背,喻各方人民如水之就下,不可遏止。（《论语新诠》370页）

黄怀信:［释］襁负:"襁",婴儿的被子。"负",背也。［训译］如果这样,四方的百姓就都抱着、背着他们的孩子赶来了,哪里用得着（自己）种庄稼?（《论语新校释》309页）

杨朝明:襁（qiǎng）背婴孩的背篓。（《论语诠解》123页）

　　辑者案:襁,背负小孩的背带。襁负,用襁褓背负。

13.5 子曰:"诵《诗》三百,授之以政,不达;使于四方,不能专对,虽多,亦奚以为?"

(1)专对

魏·何晏:专,犹独也。（邢昺《论语注疏》173页）

宋·朱熹:专,独也。《诗》本人情,该物理,可以验风俗之盛衰,见政治之得失。其言温厚和平,长于风谕。故诵之者,必达于政而能言也。程子曰:"穷经将以致用也。世之诵《诗》者,果能从政而专对乎? 然则其所学者,章句之末耳,此学者之大患也。"（《四书章句集注》143页）

清·潘维城:《释地又续》云:"专,擅也。"《公羊传·聘礼》:"大夫受命不受辞,出竟有可以安社稷利国家者,则专之可也。"（《论语古注集笺》卷十三·4页）

方骥龄:至于専对之専,考《礼记·檀弓》"尔専之"注:"犹司也。"又查《老子》"専气致柔能婴儿"注:"専,任也。"或又曰,専字为専字传写之误,専者,敷也,敷陈其辞,善于辞令也。《广雅·释言》:"傅,转也。"専字与傅字又相通。疑本章之"専对",为"司""任""傅对"之职之义。(《论语新诠》372页)

乔一凡:专系主动。专对,即是主动办交涉,因时因势以利国家,不必仰承,推御责任,以误事机,而遗害也。(《论语通义》204页)

王缁尘:按"专"训独,《集解》与《集注》同。胡炳文《四书通》曰:"古者遣使,有正有介。正使自能致辞,不假众介之助,是谓能专对。"阎若璩非之,谓:"果而则先王遣聘,只使者一人足矣;胡为而从以上介及众介也?'专',擅也。即《公羊传》:'《聘礼》,大夫受命,不受辞出竟,有可以安社稷利国家者,则专之可也。'"(《四书读本》237页)

林觥顺:专,许慎云六寸簿,即记事备忘之簿本。(《论语我读》227页)

　　辑者案:"专"训"独"为是,即单独。奉命出使,能独立交涉应对。

(2)虽多,亦奚以为

明·林希元:为字,只是语助词。(《四书存疑》卷六·43页)

杨伯峻:[译文]纵是读得多,有什么用处呢?[注释]"以",动词,用也。"为",表疑问的语气词,但只跟"奚"、"何"诸字连用,如"何以文为"、"何以伐为"。(《论语译注》135页)

黄怀信:"奚",何也。"为",用也。(《论语新校释》310页)

　　辑者案:从杨伯峻说。

13.7 子曰:"鲁、卫之政,兄弟也。"

汉·包咸:鲁,周公之封。卫,康叔之封。周公、康叔既为兄弟,康叔睦于周公,其国之政亦如兄弟。(邢昺《论语注疏》173页)

宋·朱熹：鲁，周公之后。卫，康叔之后。本兄弟之国，而是时衰乱，政亦相似，故孔子叹之。（《四书章句集注》143 页）

宋·蔡节：案《史记》载此语在鲁哀公、卫出公之年，时鲁之君不君，臣不臣；卫之父不父，子不子。二国之政无大相远，故夫子云然。其后，哀公孙邾，出公奔宋，皆死于越。（《论语集说》卷七·5 页）

清·张甄陶：《左传》言太姒之子九人，周公、康叔为相睦也。夫子此语，大有来历。伯禽之政，亲亲尊尊；康叔之政，明德慎罚。政之兄弟，须先从此说，再引到衰乱时，则两面俱到矣。（程树德《论语集释》903 页）

清·俞樾：此章之义只从包《注》为是。朱《注》谓鲁卫本兄弟之国，是时衰乱，政亦相似，故孔子叹之。然经文并无慨叹其衰之意，不必如此说也。（《论语古注择从》15 页）

金德建：事实上，鲁、卫两国已经笼罩在孔子及其弟子的势力范围之下。孔子门下和二国之间，声气相通，息息相关，就不难想见了。因此孔子自然好说："鲁、卫之政兄弟也。"这句话的含义就指鲁、卫两国的政治空气，密切相关，可以亲近犹如兄弟。当然，两国的前途也都是大有希望；同样可以作为日后推行孔子政教、济世行道的重要领域。这才是孔子说话的本意。（《释〈论语·子路〉"鲁卫之政兄弟也"》，《学术月刊》1984 年第 10 期）

　　　　辑者案：从包咸说。

13.8 子谓卫公子荆："善居室。始有，曰'苟合矣'；少有，曰'苟完矣'；富有，曰'苟美矣'。"

苟合、苟完、苟美

梁·皇侃：苟，苟且也。苟且，非本意也。于时人皆无而为有,虚而为盈,奢华过实。子荆初有财帛,不敢言己才力所招,但云是苟且遇合而已。……既稍胜于前始有,但云苟且得自全完而已,不敢言欲为久富贵也。……富有,谓家道遂大富时也。亦云苟且为美,非是性之所欲,故云苟美也。（皇侃《论语集解义疏》卷七·7页）

宋·邢昺:"始有,曰苟合矣"者,家始富有,不言己才能所致,但曰苟且聚合也。"少有,曰苟完矣"者,又少有增多,但曰苟且完全矣。"富有,曰苟美矣"者,富有大备,但曰苟且有此富美耳,终无泰侈之心也。（邢昺《论语注疏》174页）

宋·朱熹:苟,聊且粗略之意。合,聚也。完,备也。言其循序而有节,不以欲速尽美累其心。（《四书章句集注》143页）

明·蔡清:合者,初凑聚而未备也。（《论语蒙引》卷三·74页）

清·刘宝楠:"苟"者,诚也,信也。"合"者,言己合礼,不以俭为嫌也。"完"者,器用完备也。"美"者,尽饰也。公子荆处卫富庶之时,知国奢当示之以俭,又深习骄盈之戒,故言"苟合"、"苟完"、"苟美"。言其意已足,无所复歉也。（《论语正义》528页）

清·俞樾:《论语》"苟"字,如"苟有用我者"、"苟正其身矣",《正义》并曰:"苟,诚也。"此"苟"字义亦当同。始有之时未必合也,荆则曰诚合矣。少有之时未必完也,荆则曰诚完矣。富有之时未必美也,荆则曰诚美矣。故曰善居室。《正义》不得其旨,误以苟且释之。苟且富美,义不可通,因又加"有此"二字,亦可见其说之未安矣。……合,犹足也。《孟子·梁惠王篇》"是心足以王矣",下文曰"此心之所以合于王者,何也",上言足,下言合,文异而义同,盖"合"与"给"通。《说文·糸部》:"给,相足也。"始有之时,或时匮乏,未能给足,而荆之意已以为足也。邢氏但知合之训聚,而不知合有足义,由未达假借之旨耳。（《群经平议》卷三十一·

10 页)

清·王闿运：苟，匥也。匥，合聚之无令失散。(《论语训》卷下·
26 页)

清·陈汉章：三"苟"字并读为"夠"。《文选·魏都赋》注引
《广雅》曰："夠，多也。"今本《广雅》无夠字。《玉篇》："够，多也。"
够、夠皆《说文》所无，其本字即为"苟"。《说文·艸部》："苟，艸
也。"艸之繁盛，字变为夠为够。《方言》云："凡物盛而多谓之寇。"
寇与苟亦声近字也。(《论语征知录》16 页)

杨伯峻：[译文]孔子谈到卫国的公子荆，说："他善于居家过
日子，刚有一点，便说道：'差不多够了。'增加了一点，又说道：'差
不多完备了。'多有一点，便说道：'差不多富丽堂皇了。'"[注释]
合——给也，足也。此依俞樾《群经平议》说。(《论语译注》136 页)

王熙元：合，适合、合用的意思。(《论语通释》743 页)

乔一凡：苟，且也，可以也。(《论语通义》206 页)

毛子水：这章的"苟"字，音匥(纪力切)，字形和敬字的左旁相
同。《说文》训为"自急敕也"；因音近极字而借用为极。(和"苟有
用我者"的"苟"(音狗)不同。)(《论语今注今译》201 页)

李炳南：这三个苟字作苟且讲，或作诚字讲，都不很恰当，依
王引之《经传释词》，作但字讲较好，但字更能显示满足的语气，例
如《周易·系辞传》说"苟错诸地而可矣"，《左传》襄公二十八年
"小适大，苟舍而已，焉用坛"，其中的苟字都作但字讲，表示如此
即可的意思。(《论语讲要》250 页)

傅佩荣：苟：假设语气，为"真的是……""假如……"之意。
(《傅佩荣解读论语》224 页)

黄怀信：[释]"苟"，苟且、将就。"合"，足、够也。完：完备。
美：完美。[训译](他)善于持家。刚有一点点，(就)说："将就够

了。"稍微多一点,(就)说:"将就完备了。"富有了,(就)说:"将就完美了。"[章旨]此章论卫公子荆善居家,赞其知足。(《论语新校释》312页)

李培宗:[注释]苟:副词。姑且、暂且。合:符合。(《论语全解》208页)

> 辑者案:从俞樾、杨伯峻说。《辞源》释"苟完"为"近于完备",释"苟美"为"近于美好"。《汉语大词典》释"苟完"为"大致完备",释"苟美"为"差不多算美好了"。与杨伯峻释"苟合"为"差不多够了"基本相同,皆可取。

13.11 子曰:"'善人为邦百年,亦可以胜残去杀矣。'诚哉是言也!"(辑者案:"胜残去杀",定州简本作"胜俴去杀")

魏·王肃:胜残,残暴之人使不为恶也。去杀,不用刑杀也(辑者案:皇疏本为"胜残者,胜残暴之人,使不为恶也")。(邢昺《论语注疏》175页)

宋·朱熹:胜残,化残暴之人,使不为恶也。去杀,谓民化于善,可以不用刑杀也。盖古有是言,而夫子称之。(《四书章句集注》144页)

杨伯峻:善人治理国政连续到一百年,也可以克服残暴免除虐杀了。(《论语译注》137页)

杨润根:胜:战胜,超越,免除。残:这个字由"歹"和"戋"(本意即战)构成,意即致命的或致人于死地的武装暴行:国家间的战争。(《发现论语》325页)

杨朝明:任用有仁德的人治理国家,经过一百年,也就可以消除残暴、废除刑罚杀戮了。(《论语诠解》124页)

> 辑者案:从字面看,"胜"有"克制"、"制服"义,《国语·晋

语四》："尊明胜患，智也。"韦昭注："胜，犹遏也。"因此，"胜
残"可以理解为"遏制残暴"。既然是仁善之人以仁德治国，
则重教化，所谓"遏制"，便不是用强制手段，而是通过教化来
"遏制"或消解。据此来看，朱熹说为优。

13.12　子曰："如有王者，必世而后仁。"

(1)王者

梁·皇侃：王者，谓圣人为天子也。（皇侃《论语集解义疏》卷七·
8页）

宋·朱熹：王者谓圣人受命而兴也。（《四书章句集注》144页）

清·康有为：天下归往谓之王，盖教主也。（《论语注》195页）

方骥龄：王者，天下所归也。《白虎通》称"号仁义合者称王"。
《说文》及《穀梁》等传皆以为"王者，行仁义之道而天下民所归往
之人"。然则"王者"固不必指圣人而为天子之人也。（《论语新诠》
377页）

毛子水：王者，能行王道以治天下的人。（《论语今注今译》203页）

黄怀信：[释]"王"去声，统一天下。[训译]先生说："如果有
统一天下的，一定是在一代以后才行仁政。"[章旨]此章言立国需
用杀伐。王者需杀伐乃能立国，故需世而后仁。（《论语新校释》315页）

辑者案：从朱熹说，指圣王。

(2)必世而后仁

汉·孔安国：三十年曰世。如有受命王者，必三十年仁政乃
成。（邢昺《论语注疏》175页）

宋·朱熹：三十年为一世。仁，谓教化浃也。程子曰："周自
文武至于成王，而后礼乐兴，即其效也。"（《四书章句集注》144页）

日·猪饲彦博：世，谓嗣主也。《晋语》曰："非德不及世。"韦

《注》："世,嗣也。非有德惠,不能及世嗣。"《吴语》曰："觉寤王心,吴国犹世。"韦《注》："世,继世也。古者太子曰世子,伯父曰世父,皆以嗣世也。"《书·益稷》曰："朋淫于家,用殄厥世。"《吕刑》曰:"降咎于苗,及绝其世。"太史公《韩世家》:"景公问曰:'赵氏尚有世乎?'"《外戚世家》曰:"士不必贤世,要之知道。女不必贵种,要之贞好。"《龟策传》曰:"涂山之兆从而夏启世。"皆可以征也。(《论语说抄》9页)

清·康有为:世有三:曰乱世,曰升平世,曰太平世。必拨乱世,反之正,升于平世,而后能仁。盖太平世行大同之政,乃为大仁,小康之世犹未也。(《论语注》195页)

方骥龄:终一人之身曰世,犹言去世逝世。(《论语新诠》377页)

杨伯峻:孔子说:"假若有王者兴起,一定需要三十年才能使仁政大行。"(《论语译注》137页)

王熙元:《说文》:"三十年为一世。"古人四十岁出仕,七十岁致仕,所以三十年为一世。(《论语通释》750页)

乔一凡:世,有以三十年为一世者,有以百年为一世者。此云世,易世也。(《论语通义》208页)

吴林伯:汪中《释三九》,谓古人或以三、九言多,不得视为实数。……本章"世"或"三十"亦为虚数。圣王发政施仁,其于民也,由"庶"而"富"而"教",曰必"三十年",特以见其经时之久而已。(《论语发微》157页)

李泽厚:[译]孔子说:"如果有圣王兴起,也一定要三十年才能使人都有仁心。"[记]仁是"仁心"还是"仁政"? 似应为前者。但均不可能一蹴即就。特别是使人均有仁心,端赖教育,虽"圣王",也至少需要三十年。(《论语今读》229页)

牛泽群:宋周密《癸辛杂识》别集下:"子曰必世而后仁,盖言天下大乱,人失其性,凶恶不可告诏,三十年后此辈老死殆尽,后生可教,而渐成美俗也。"虽未必恰中,但"此辈"云云,较《集解》、《集注》等老生常谈、空大无味之滥调,犹求而专于所以言者矣。不亦可稍戒近今者乎?(《论语札记》362页)

林振衡:世:三十年为一世。这里作动词用,是经过三十年的意思。(《论语新编》270页)

蔡健清:[注释]世:三十年为一世。此处指"一代人"。[译文]孔子说:"如果有王者兴起,一定一代人以后能实施仁政。"(《论语解读》225页)

黄怀信:[释]"世",谓经一世。旧或释三十年为一世,非。[训译]先生说:"如果有统一天下的,一定是在一代以后才行仁政。"[章旨]此章言立国需用杀伐。王者需杀伐乃能立国,故需世而后仁。(《论语新校释》315页)

　　辑者案:"世",据甲骨文、金文字形,是表示三十的意思,后演变为"世",故三十年为一世。上章言善人为邦百年,可以胜残去杀;此章言圣王为邦三十年(一世),仁政能得到普遍推行,两章连起来理解,颇顺。

13.14 冉子退朝。子曰:"何晏也?"对曰:"有政。"子曰:"其事也。如有政,虽不吾以,吾其与闻之。"

汉·马融:政者,有所改更匡正。事者,凡行常事。如有政,非常之事,我为大夫,虽不见任用,必当与闻之。(邢昺《论语注疏》175页)

汉·郑玄:君之教令为政,臣之教令为事也。(袁钧《郑玄论语注》卷七·2页)

晋·栾肇:称政事,冉有、季路未有不知其名而能职其事者,斯盖微言以讥季氏专政之辞。若以家臣无与政之理,则二三子为宰而问政者多矣,未闻夫子有讥焉。(马国翰辑《论语古注·论语栾氏释疑》6页)

唐·韩愈:政者,非更改之谓也。事者,非谓常行事也。吾谓凡干典礼者则谓之政,政即常行焉则谓之行,行其常则谓之人事。(《论语笔解》卷下·6页)

宋·朱熹:冉有时为季氏宰。朝,季氏之私朝也。晏,晚也。政,国政。事,家事。以,用也。礼:大夫虽不治事,犹得与闻国政。是时季氏专鲁,其于国政,盖有不与同列议于公朝,而独与家臣谋于私室者。故夫子为不知者而言,此必季氏之家事耳。若是国政,我尝为大夫,虽不见用,犹当与闻。今既不闻,则是非国政也。(《四书章句集注》144页)

宋·蔡节:谓大者为政,小者为事。(《论语集说》卷七·8页)

日·东条弘:按:政者,正也。治国家使正之名,事者作为之名。凡人生日用之所为,总谓之事。而有连言、对言之别焉。连言如政事冉有、季路,是事亦政耳。对言则如《孟子》"生于其心,害于其政;发于其政,害于其事"。是政以治理言之,不以凡事言之;事以凡事言之,不以治理言之。然则政必大夫所与闻,而非凡事不问而可者比。故夫子以此折之。(《论语知言》382页)

李泽厚:冉有从朝廷回来,孔子说:"为什么这么晚?"回答说:"有政务。"孔子说:"那不过是事务罢了。如有重大政务,虽然与我无关,我也会知道和干预的。"(《论语今读》230页)

蔡健清:在国言政,在家言事,孔子正其名。冉有作为家臣讨论家事,若与国政混杂一起,便是越礼行为。孔子随时不忘教育弟子。(《论语解读》226页)

　　辑者案:从朱熹说。

13.15 定公问:"一言而可以兴邦,有诸?"孔子对曰:"言不可以若是,其几也。人之言曰:'为君难,为臣不易。'如知为君之难也,不几乎一言而兴邦乎?"曰:"一言而丧邦,有诸?"孔子对曰:"言不可以若是,其几也。人之言曰:'予无乐乎为君,唯其言而莫予违也。'如其善而莫之违也,不亦善乎? 如不善而莫之违也,不几乎一言而丧邦乎?"

几

魏·王肃:以其大要,一言不能正兴国。几,近也。有近一言可以兴国。(邢昺《论语注疏》176页)

宋·朱熹:几,期也。《诗》曰:"如几如式。"言一言之间,未可以如此而必期其效。(《四书章句集注》145页)

元·陈天祥:几与后几字义同,古注皆解为近,今乃训"期"。试以期字与经文通读,"言不可以若是,其期也"不成文理,不知期为期甚也。……几之为言近,意甚明白。下文丧邦之说亦同旧说,与南轩、溏南之说大意皆是如此。近字之说如此平直易晓,期字之说如此迂曲难通,果欲搜奇求异以易晓者为非,以难通者为是,心不在公,自昏其明,吾末如之何也已。(《论语辨疑》卷七·2—3页)

明·释智旭:四个"几"字一样看,皆是容易之意。《传》曰:"几者,动之微,知几其神。"可以参看。(释智旭、江谦《论语点睛补注》101页)

清·黄式三:王肃"几"训"近",下孔《注》同。"言不可以若是"句,"其几也"句,于经未顺矣。朱子"几"训"期必"之"期",于下两言"不几"文意未顺。式三谓:几,譏之借字。《尔雅》、《说文》皆云:"譏,汔也。"汔即终也。又"几"之训"终",见《淮南子·谬称训》高《注》。言不可终于是,而兴邦丧邦往往由此。终于一言而兴邦,终于一言而丧邦,语意上下相合。(《论语后案》373 页)

乔一凡:几,微也。(《论语通义》209 页)

毛子水:王说在文义上似欠明晰。这个几字,似宜讲作"差不多"。(《论语今注今译》205 页)

金良年:几,通"冀",期望。(《论语译注》152 页)

程石泉:此章中"几"字作形容语辞,"言不可以若是其几也",即言"语言不可能如此之具有预测性(suggestive)也"。(《论语读训》225 页)

辑者案:几,训"近"为是。

13.18 叶公语孔子曰:"吾党有直躬者,其父攘羊,而子证之。"孔子曰:"吾党之直者异于是。父为子隐,子为父隐,直在其中矣。"

(1)直躬

汉·孔安国:直躬,直身而行。(邢昺《论语注疏》177 页)

汉·郑玄:我乡党有直人名弓。(袁钧《郑玄论语注》卷七·2 页)

清·赵良猷:按:郑《论语注》亦云"直人名弓"。然胡致堂谓以直躬为人名者妄甚。其言是也。姑存之以广异闻。(《论语注参》卷下·10 页)

清·刘宝楠:"躬"、"弓"古多通用。郑以弓为人名。高诱《淮南·氾论训》注亦云:"直躬,楚叶县人也。"躬盖名其人,必素以直称者,故称直躬。直举其行,躬举其名。直躬犹狂接舆、盗跖之比。伪孔以为直身而行,非也。(《论语正义》537 页)

清·俞樾:郑说是也。躬、弓古通用耳。若以直躬为直身而行,则孔子亦当云"吾党之直躬者"。下文无"躬"字,知躬是人名也,因其直而名之曰直躬,犹因其狂而名之曰狂接舆。殆楚语有然钦? 至《广韵》谓直姓,出楚人直躬之后则又不然。躬是其人之名,直非其人之姓也。(《群经平议》卷三十一·11页)

清·崔适:此非弓矢之弓,乃股肱之肱也。(《论语足征记》卷下·2页)

程树德:《释文》曰:"'躬',郑本作'弓',云直人名弓。"《论语后录》谓:"《太丘长陈仲弓碑》'弓'正作'躬',是'弓'与'躬'通,故郑本作'弓'也。"俞氏之说是也。《集注》沿孔《传》之误,以为直躬而行,近于望文生训,于义为短。《论语述要》主调停之说,谓:"当时楚中习语即称直者为直躬,其人姓名不传,后人援引其事,遂即误为姓名。如接舆本是接孔子之舆,因不知其名,即以接舆称之,后人遂有以接舆为姓名者。《庄子》、《淮南子》皆在《春秋》之后,其称直躬,正如接舆之例。"此以直躬为浑名,可备一说。(《论语集释》923页)

金池:直躬者:直言过错的人。直:直言,直接说出来。躬:弯下,弯曲,这里是过错的意思。(《〈论语〉新译》387页)

杨朝明:直躬者:据朱熹《论语集注》,即直身而行者,也就是正直的人。(《论语诠解》126页)

　　辑者案:从郑玄、杨朝明说。

(2)其父攘羊,而子证之

魏·周生烈:有因而盗曰攘。(邢昺《论语注疏》177页)

宋·邢昺:"其父攘羊,而子证之"者,此所直行之事也。有因而盗曰攘。言因羊来入己家,父即取之,而子言于失羊之主,证父之盗。叶公以此子为直行,而夸于孔子也。(邢昺《论语注疏》177页)

明·张居正:证是证明。(《论语直解》卷十三·8页)

清·黄式三:证,《说文》训告。《韩非子·五蠹篇》云:"其父窃羊，而谒之吏。"《吕氏春秋·当务篇》云："其父窃羊，而谒之上。"谒，亦告也。告言必有所据，引申为证据之义。(《论语后案》377页)

清·刘宝楠：《说文》云："证，告也。"《韩非子·五蠹篇》："楚之有直躬，其父窃羊而谒之吏。令尹曰：'杀之。'以为直于君而屈于父，执而罪之。"《吕氏春秋·当务篇》："楚有直躬者，其父窃羊而谒之上，上执而将诛之。直躬者请代之，将诛矣，告吏曰：'父窃羊而谒之，不亦信乎？父诛而代之，不亦孝乎？信且孝而诛之，国将有不诛者乎？'荆王闻之，乃不诛也。孔子闻之曰：'异哉！直躬之为信也，一父而载取名焉。'故直躬之信，不若无信。"高诱《注》："谒，告也。"宋氏翔凤《过庭录》："两书所记，一诛一不诛，异者。盖其始，楚王不诛，而躬以直闻于楚，叶公闻孔子语，故当其为令尹而诛之。"案：宋说是也。……高诱《淮南注》云："凡六畜自来而取之，曰攘也。"即此《注》"有因而盗"之义。《尔雅·释诂》："儴、仍，因也。"郭《注》皆谓"因、缘"。案："儴"与"攘"同。(《论语正义》536页)

方骥龄：《吕氏春秋·诬徒篇》"愎过自用不可证移"高注："證，谏也。"据清江沅《说文释例》称："證，告也。証，谏也。分别甚明。証之训谏，见于古书多矣。今人用證为証，乃大误。"疑本章證字，当系証字，谏也。父攘羊而子谏之，非控告也。(《论语新诠》382页)

王缁尘：儿子对失羊的人家，去做证人。(《四书读本》244页)

辑者案：攘，窃取。《广韵·阳韵》："攘，窃也。"《书·微子》："今殷民，乃攘窃神祇之牺牷牲。"孔安国传："自来而取曰攘。"《孟子·滕文公下》："今有人日攘其邻之鸡者，或告之曰：'是非君子之道。'"赵岐注："攘，取也，取自来之物也。"

证,解作告发、检举为当。

13.19 樊迟问仁。子曰:"居处恭,执事敬,与人忠。虽之夷狄,不可弃也。"

程树德:[考异]《杨龟山文集》:胡德辉问:"此章与'子张问行'章语义正类,或说'问仁'乃'问行'尔,字之误也,有诸?"答曰:"学者求仁而已,行则由是而之焉之者也。其语相似,无足疑者。"(《论语集释》926页)

毛子水:樊迟问仁的"仁"疑本作"行"。我们看孔子的答话,和卫灵公篇孔子对子张问行的答话差不多。包注:"虽之夷狄无礼义之处,犹不可弃去而不行。"似包所见的《论语》是作"问行"的。(《论语今注今译》207页)

黄怀信:樊迟问行,"行"旧讹"仁",形相似,今改正。(《论语新校释》321页)

辑者按:樊迟曾三次向孔子问仁,另两次分别见于《雍也》《颜渊》篇。此为最先,"先难而后获"次之,"爱人"又次之。"仁"的涵义宽泛,凡有益于他人有益于国家社会的行为皆可视为行仁。以上所列疑"仁"为"行"之说,若无可靠的版本依据,不可臆改。

13.20 子贡问曰:"何如斯可谓之士矣?"子曰:"行己有耻,使于四方,不辱君命,可谓士矣。"曰:"敢问其次。"曰:"宗族称孝焉,乡党称弟焉。"曰:"敢问其次。"曰:"言必信,行必果,硁硁然小人哉!抑亦可以为次矣。"曰:"今之从政者何如?"子曰:"噫!斗筲之人,何足算也?"(辑者案:"何足算也",定州简本作"何足数也")

（1）士

宋·邢昺：士，有德之称，故子贡问于孔子曰："其行如何，斯可谓之士矣！"（邢昺《论语注疏》178页）

清·刘宝楠："士"谓已仕者也。聘使之事，士为摈相，故言"使于四方"。又子贡问今之从政，从政者，士之从仕于大夫而为政也。（《论语正义》538页）

方骥龄：旧说：能为事以事人者曰士。任事之人，非通古今辨然否不可。上自公卿，下止于士，或未入仕途而有志于道者，皆可称士。（《论语新诠》383页）

王熙元：指读书明理、有德行、有学识的人；也就是今人所谓知识分子。（《论语通释》769页）

黄吉村：士，通仕。子贡之问，当指从政为官言，非谓如何做个读书人。（《论语析辨》269页）

杨润根：士：推十合一为士。"士"指的是具有良好教养并具有抽象的逻辑思维能力的人，在这里我们在某种程度上把它理解为具有良好教养的人。由于良好教养早在西周就已成为获取政府官职并进入社会公共服务领域工作从而获取较好的生活条件和较高的社会地位的必要条件，因此这种具有良好教养的人往往同时是拥有一定的社会权威和较高的社会政治与经济地位的受人尊敬和仰慕的人。这种人很类似于西方的"绅士"，因为西方的"绅士"也总是与良好的教养、优越的社会政治与经济地位以及言谈举止上的风趣优雅、衣冠楚楚、彬彬有礼相联系的。（《发现论语》335页）

金池：士：周代的士是奴隶主贵族的最低阶层，后来士逐渐成为知识分子的通称。（《〈论语〉新译》391页）

黄怀信：能任事者。《说文》："士，事也。"孔颖达《诗·褰裳》

疏："以其堪任于事,谓之为士。"（《论语新校释》322页）

李零:士的本义是男人和武士,春秋以来,才逐渐演变成不论出身,以读书习礼取仕,偏重文学方术的士,类似后世读书人的士。士是可以从政做官的人材。（《丧家狗——我读〈论语〉》241页）

杨朝明:本章通过子贡与孔子谈论"士"来说明什么样的士具备从政的资格,也就是程树德所谓的"此章论选举"。春秋时,士大夫世卿世禄已渐渐变得不能适应社会发展的需要,而士又为执政集团输入了新鲜血液,孔子及孔门弟子的步入仕途就证明了统治阶级对吸收"野人"（《先进》）加入执政阶层的重视。正是在这样的背景下,子贡问孔子什么样的士才具备从政的资格。（《论语诠解》127页）

辑者案:将金池、李零、杨朝明三家所释联系起来理解。"士"所指对象较为复杂,据《辞源》所列,一指从事耕种等劳动的男子;二指四民之一,位于庶民之上,即学文习武者;三指官名,位次于大夫,也就是"士大夫"之士,即居官有了职位的人。在这里,士应包括二、三类的人,即知识阶层中未仕和已仕而官位最低的人。这部分人的从政条件,孔子强调的是德行和从政能力。

（2）言必信,行必果

汉·郑玄:行必果,所欲行必果敢为之。（邢昺《论语注疏》178页）

晋·缪协:果,成也。言必合乎信,行必期诸成,君子之体,其业大哉。虽行硁硁小器而能必信必果者,取其共有成,抑亦可以为士之次也。（马国翰辑《论语古注·论语缪氏说》7页）

宋·朱熹:果,必行也。（《四书章句集注》146页）

李泽厚:说话守信用,行为很实在。（《论语今读》233页）

张松辉:这段话的正确翻译应为:说话一定要求别人相信（别

人不相信的话就不说），行为一定要求有结果（没有结果的事情就不去做），这样的人是一种志向不高的小人。这段话中的"信"，不是诚实的意思，而是"被相信"的意思。《庄子·外物》："外物不可必。……人主莫不欲其臣之忠，而忠未必信，故伍员流于江，苌弘死于蜀。"这里说的"必信"，就是"一定会被别人相信"的意思。句式与"言必信"一样。一直到汉代，"信"还被用作"被相信"的意思。如《汉书·循吏传》说："韩信虽奇，赖萧公而后信。"这里的"信"，也是"被相信"的意思。"果"不是坚决、果敢的意思，而是实现、成功的意思。这一用法是"果"的通常用法，《辞源》、《汉语大字典》都把它专列为一条。(《关于〈论语〉中的两条注释》，《孔子研究》2001 年第 6 期)

黄怀信："果"，完成、有结果。(《论语新校释》322 页)

杨朝明：[诠释]果：果断、坚决。[解读]说到一定做到，做事一定坚持到底。不问是非地固执己见，那是小人啊！(《论语诠解》127 页)

　　辑者案：句意为，说话一定要守信用，做事一定要果决。本来，"言必信，行必果"是值得完全肯定赞美的品质，孔子缘何认为"次"及小人呢？原因是孔子主张"毋必毋固"，应知变通。做事，不考虑方式和后果，必坚持到底，这是不知变通的小人。作为从政人才，应权时制宜，权变通达。这样，才能"使于四方，不辱君命"。后世人们皆把"言必信，行必果"作为言行方面的美德，直取其褒义，大加提倡，甩掉了与"小人"的联系。

(3)硁硁然小人哉

汉·郑玄：硁硁者，小人之貌也。(皇侃《论语集解义疏》卷七·13 页)

梁·皇侃：坚正难移之貌也。(皇侃《论语集解义疏》卷七·13 页)

　　唐·韩愈：硜硜，敢勇貌，非小人也。"小"当为"之"字。古文"小"与"之"相类，传之误也。上文既云"言必信，行必果"，岂小人为耶？当作"之人哉"，于义得矣。（《论语笔解》卷下·7 页）

　　宋·朱熹：硜，小石之坚确者。小人，言其识量之浅狭也。（《四书章句集注》146 页）

　　杨伯峻：孔子道："言语一定信实，行为一定坚决，这是不问是非黑白而只管自己贯彻言行的小人呀！但也可以说是再次一等的'士'了。"（《论语译注》140 页）

　　王熙元：硜硜本为小石的声音，借以形容小石坚确，这里是比喻小人必信必果的样子。（《论语通释》770 页）

　　李炳南："言必信，行必果"，说话，必守信不移，做事，必坚持到底，"硜硜然小人哉，抑亦可以为次矣"，这是不能变通的小人，硜硜然，像石头那样坚实，然而亦可以为再次一等的士。小人不比大人，大人如《孟子·离娄篇》所说，"言不必信，行不必果，唯义所在"。小人必信必果，而不与义配合，则不免于流弊，所以更次一等。但在春秋时代，世袭的卿大夫，或弑君，或弑父，连这样的小人也比不上。（《论语讲要》258 页）

　　李运益：硜硜然，同"硜硜乎"，识量浅狭、固执而不顾大义的样子。（《论语词典》243 页）

　　李泽厚：孔子说："说话守信用，行为很实在。像嘣嘣响的石头子，像一般老百姓啊，但这也可以算作次一等的。"（《论语今读》233 页）

　　彭亚非：硜硜然，浅陋固执的样子。（《论语选评》198 页）

　　黄怀信：[释]"硜"音吭，《说文》："击石声。""硜硜然"，实悫之貌。"小人"，劳动者、小人物。[训译]（先生）说："说话一定守信用，做事一定有结果，是实实在在的一个小人物，（不过）也可以算

次一等的了。"（《论语新校释》323 页）

金知明：硁硁，象声词，指敲击石头的声音，这里意为明明白白的；小人哉，这里的意思是基本的。（《论语精读》171 页）

何新：[注释]硁硁，读如翠翠。[译文]如果又拗又翠，则是小人呀！（《论语新解——思与行》175 页）

杨朝明：[诠释]硁硁（kēng）：象声词，敲击石头的声音。这里引申为固执。[解读]孔子说："说到一定做到，做事一定坚持到底，不问是非地固执己见，那是小人啊！但也可以说是再次一等的士了。"（《论语诠解》127 页）

蔡健清：[注释]硁硁：音 kēng，象声词，敲击石头的声音。这里引申为像石块那样坚硬。（《论语解读》229 页）

　辑者案：硁，击石声。《史记·乐书》："石声硁。"朱熹释为"坚确"，可取。"言必信，行必果"，此言行坚确也。"言必信，行必果"应为善德，孔子缘何视作"小人"？上述诸家"固执"说可从。参见上则"辑者案"。

(4) 斗筲之人

汉·郑玄：噫，心不平之声也。筲，竹器，容斗二升者也。算，数也。（皇侃《论语集解义疏》卷七·13 页）

梁·皇侃：筲，竹器也，容一斗二升，故云斗筲也。算，数也。子贡已闻古之是而又问今之非，故云"噫"也。不平之声既竟，故又云今之人也。言今之小人器量如斗筲之器耳，何足数也。（皇侃《论语集解义疏》卷七·14 页）

宋·邢昺：斗，量名，容十升。筲，竹器，容斗二升。算，数也。孔子见时从政者皆无士行，惟小器耳，故心不平之，而曰："噫！今斗筲小器之人，何足数也！"言不足数，故不述其行。（邢昺《论语注疏》179 页）

宋·朱熹：今之从政者，盖如鲁三家之属。……斗筲之人，言鄙细也。算，数也。子贡之问每下，故夫子以是警之。（《四书章句集注》146 页）

明·陈士元：元按《集韵》筲与籍同，一作籍。《说文》云："籍，饭筥也，受五升。"《方言》云："筲，秦谓之籍，又陈留谓饭器为筲，又宋魏谓箸筲为籍。"其称谓虽殊，然皆以为饭器也。盖古者饮酒以斗，掬饭以筲。孔子所谓"斗筲之人"，即孟子所谓饮食之人耳。（《论语类考》卷十九·7 页）

清·刘宝楠："斗筲之人"，言今之从政，但事聚敛也。（《论语正义》540 页）

日·昭井一宅：噫字，叹声也。凡叹声发于心之不平，而心之不平不一也，或惜焉，或悲焉，或伤焉，不可不察也，今盖惜子贡之失问也。斗，斗斛，量名也。筲字，盖笲之转声，筹笲俱所以为计算之具也。……斗筲之人者事斗筲之人也。盖嗤其谨小利之得失，而不知政之终始本末。概以为斗筲之人，则可知当时诸侯之朝无贤人也。（《论语解》281 页）

清·康有为：噫，鄙薄之声。斗，量名，容十升。筲，饭筥也，容五升。斗筲之人，言聚敛持禄也，犹今谚言饭桶也。（《论语注》200 页）

毛子水：汉哀帝时议郎耿育上疏有"岂庸庸斗筲之臣所能及哉"的话。按：耿育疏中以"庸庸斗筲"连言，则"斗筲之人"为庸陋的人可知。刘疏："斗筲之人，言今之从政，但事聚敛也。"但孔子意中是否以"斗筲"指聚敛，是一问题。（《论语今注今译》207 页）

于扶仁："斗筲"，历代注家一般都认为斗是量器，容十升；筲是竹器，用以盛饭。但筲能容多少，说法不一，或说容五升，或说容二升，还有说容斗二升的，一斗的。对"斗筲之人"的解释，分歧就更多了。或曰："斗筲之人，言鄙细也。"（朱熹《论语集注》）或曰："斗筲之人，言今之从政，但事聚敛也。"（见《论语正义》）杨伯峻《论语译注》云："斗筲譬如度量和见识的狭小，有人说'斗筲之人'也可译作'车载斗量之人'，言其不足为奇。"查《辞源》、《辞海》、《汉语大词典》等书，也都是以"才识短浅"、"器量狭小"、"职位低微"来解释"斗筲"的比喻义，并用以说明"斗筲之人"。推敲一下以上解释，不难看出，其中多有破绽，如：（一）筲的大小尚无一定，怎么可以说比喻"狭小"？"斗"比"升"大得多，既是比喻狭小，为什么不用"升"而用"斗"？不说"升筲"而说"斗筲"？汉语中"锱铢必较"、"分文不取"、"毫厘不爽"等说法，都是以最小的单位表示小，哪有用半大不小的单位和一个容量难定的器物表示狭小的？（二）在一般比喻中，本体和喻体之间总是在某一方面有明显的共同特征，从而构成的比喻也是意义明确的，而"斗筲"的喻义为什么如此模糊不清、仁者见仁、智者见智呢？喻器量"狭小"，喻才识"短浅"，喻职位"低微"……这些喻义和斗筲的本义又有多少关联呢？

窃以为，前人对"斗筲"的解释都错了，不仅错解了它的比喻义，更重要的毛病是错解了它的本义。而关键在于误解了"斗"字。从古文字的有关资料可以看出，"斗"是象形字，象一只有柄平底的大勺，与北斗七星的组合形状近似（参见《汉语大字典》"斗"字条所引秦公笁、睡虎地简等古文字资料）。"斗"的用途是盛酒，就是说它是酒器。《诗·大难·行苇》"酌以大斗，以祈黄耇"的"斗"便是此意；成语"斗酒只鸡"，唐诗"李白斗酒诗百篇"、"新丰美酒斗十千"、"斗酒相逢须醉倒"中的"斗"也是此意。这与容十升的用来盛量粮食的斗无关。同样，"斗筲之人"的"斗"也是指酒，它与饭器"筲"并列，合成一词，代指酒饭，"斗筲之人"意即

"酒囊饭袋"、"酒囊饭桶",比喻那些只会吃喝、庸碌鄙俗、百无一能、行尸走肉式的人。孔子称"今之从政者"为"斗筲之人",相当于说:"这些废物!"或"这些酒囊饭袋!"(怎么能算得上"士"呢?)

这样解释的合理性是不难看出的:(一)酒器(斗)与饭器(筲)对等,又相关,二者联用合乎情理;(二)在以器喻人时,古今习惯大都是着眼于器的用途,如孔子曾以瑚琏(祭器)喻子贡(见《论语·公冶长》),今人有以"炮筒子"、"铁算盘"比喻某些人的,都是这样。因为每一种器都有特定的用途,这正是其最大特点。把"斗筲"的本意释作"酒器与饭器",符合这种语言习惯,而且从两种器的用途发生联想,喻意就十分明确,即它们只宜盛酒装饭。读者不会误解为别的意思。(三)这样解释,才能充分表现出孔子对"今之从政者"的鄙视、轻蔑和不满,与"噫……何足算也!"的上下文语气相合。(《"粪土之墙"与"斗筲之人"新释——〈论语〉训诂拾遗》,《雁北师院学报》1994 年第 4 期)

李泽厚:这班度量狭小、见识短浅的人,算得上什么!(《论语今读》233 页)

杨润根:没有多少脑容量(知识容量)的狭隘无知的和庸俗琐碎的人物。(《发现论语》337 页)

孙钦善:筲(shāo 梢):古代的饭筐,容量五升。斗筲之人:器量狭小的人。(《论语本解》166 页)

　　辑者案:从邢昺、李泽厚说。斗筲都是容量很小的量器,因用来比喻人之才识短浅、器量狭小。于扶仁将斗筲之人解作"酒囊饭袋",也颇有道理,可参。

13.22 子曰:"南人有言曰:'人而无恒,不可以作巫医。'善夫!""不恒其德,或承之羞。"子曰:"不占而已矣。"

（1）南人

汉·孔安国：南人，南国之人。（邢昺《论语注疏》179页）

清·刘宝楠：南人，为南国之人，犹《诗》言"东人"、"西人"之比。《礼记》疏以为"殷掌卜之人"，未知所本。（《论语正义》544页）

方骥龄：《说文》："南，艸木至南方有枝任也。从𣎯羊声。……"段注："此亦脱误。当云南，任也"，与"东，动也"一例。下乃云艸木至南方有枝任也。发明从𣎯之意。……《广雅》："南，任也。"《白虎通·礼乐篇》："南之为言，任也。"古"南""任"二字同音。《毛诗》或用南为任字音。故"南""任"二字实相通假。《字通》："任，古文作壬。"《说文》："壬，与巫同意。"疑本章所谓"南人"，即"任人""壬人"，亦即"巫人"。"人而无恒，不可以作巫医"，似为巫所自言。"南人有言"，殆即"巫人有言"也。（《论语新诠》386页）

孙以楷：不仅"南人"是"老子"，而且这位"老子"是宋人而不是陈人。这是郭店楚简《缁衣》透出的信息。请看今本《缁衣》与楚简《缁衣》同一段文字的对比。

今本《缁衣》南人有言曰：人而无恒，不可为卜筮。

楚简《缁衣》宋人有言曰：人而亡恒，不可为卜筮。

今本《缁衣》中的"南人"，在楚简《缁衣》中明确写为"宋人"。南人、宋人，都是指老子。来可泓先生说"南人"指吴、楚之人，饶宗颐先生说是"楚人"，近于真实。老子是宋之相人，宋共公曾都相，其地即今安徽淮北相山西南涡阳县境内郑店村之道教胜地天静宫，正处于吴国北上的前沿，楚国东抗吴国的边缘，亦即吴头楚尾之地，夹在吴楚之间。在孔子转述这句话时，此地属宋尚未被楚吞并，故孔子及其门人知老子为宋人。此地距城父仅几十里，公元前512—500，城父已属楚，此地，很可能也已属楚，所以老子也可以说是楚相县人。（《〈论语·子路〉中"南人有言"之"南人"考》，《孔子研

究》2001年第6期)

李零:上博简和郭店简的《缁衣》都作"宋人",很重要。宋在鲁的西南。所谓"南人"其实是宋人。宋是商人的后代。商人最热衷卜筮。(《丧家狗——我读〈论语〉》243页)

杨朝明:南人:南方的人,虽已不可考证具体是谁,但应该是一位智者。(《论语诠解》128页)

　　　辑者案:"南人"难考,暂从"南国之人"或"南方之人"说。

(2)人而无恒,不可以作巫医

汉·郑玄:言巫医不能治无恒之人。(邢昺《论语注疏》179页)

晋·卫瓘:言无恒之人乃不可以为巫医。巫医则疑误人也,而况其余乎?(马国翰辑《论语古注·论语卫氏集注》3页)

梁·皇侃:无恒,用行无常也。巫,接事鬼神者。医,能治人病者。南人旧有言云:人若用行不恒者,则巫医为治之不差,故云不可作巫医也。一云:言不可使无恒之人为巫医也。(皇侃《论语集解义疏》卷七·15页)

宋·邢昺:此章疾性行无恒之人也。……巫主接神除邪,医主疗病。南国之人尝有言曰:"人而性行无恒,不可以为巫医。"言巫医不能治无恒之人也。(邢昺《论语注疏》179页)

清·毛奇龄:先仲氏曰:《缁衣》……前后所引,皆卜筮之事,故曰"不占而已"。不占者,正言不可为卜筮也。则似"巫医"为"卜筮"之误,易"卜筮"二字,则"不占"句更较明白。(《论语稽求篇》卷六·2页)

清·刘宝楠:《说文》:"巫,祝也。女能事无形,以舞降神者也。"《公羊·隐四年传注》:"巫者,事鬼神祷解,以治病请福者也。男曰觋,女曰巫。"案:巫、觋对文异,散文通。……《说文》:"医,治病工也。"……《礼记·缁衣》云:"子曰:'南人有言曰:"人而无恒,不可以为卜筮。"" ……案:《缁衣》与《论语》,文异意同,当由记者各据所闻述之。龟曰卜,蓍曰筮,二者皆有守职,宜以有恒之人为之。……《金楼子·立言篇》引《论语》作"不可卜筮",此误以《缁衣》文合《论语》。支允坚《异林》又疑"巫"即"筮"字,古通用,尤妄说。(《论语正义》543页)

清·俞樾:巫医古得通偁,此云"不可以作巫医",医亦巫也。《广雅·释诂》曰:"医,巫也。"是其证也。(《群经平议》卷三十一·12页)

杨伯峻:巫医——巫医是一词,不应分为卜筮的巫和治病的医两种。古代常以禳祷之术替人治疗,这种人便叫巫医。(《论语译注》141页)

辑者案:此章贵恒。不只是从事巫医者需贵恒,凡事均需贵恒。关于"巫医",从刘宝楠引《公羊》注及杨伯峻说。《汉语大词典》解"巫"曰:"古代从事祈祷、卜筮、星占,并兼用药物为人求福、却灾、治病的人。……春秋以后,医道渐从巫术中分出。"因巫者亦从事占卜,故下句针对无恒者说出"不占而已"之语。

(3)"不恒其德,或承之羞"。子曰:"不占而已矣。"

汉·孔安国:此《易·恒卦》之辞也,言德无常则羞辱承之也。(皇侃《论语集解义疏》卷七·15页)

汉·郑玄:《易》所以占吉凶也,无恒之人,《易》所不占也。(皇侃《论语集解义疏》卷七·15页)

梁·皇侃:孔子引《易·恒卦》不恒之辞,证无恒之恶。言人若为德不恒,则必羞辱承之。羞辱必承,而云或者。或,常也,言羞辱常承之也。何以知或是常?按《诗》云:"如松柏之茂,无不尔或承。"郑玄曰:"或,常也。"《老子》曰:"湛兮,似或存。"河上公注云:"或,常也。"(皇侃《论语集解义疏》卷七·15页)

宋·邢昺:"不恒其德,或承之羞"者,此《易·恒卦》之辞,孔子引之,言德无恒则羞辱承之也。"子曰:不占而已"者,孔子既言《易》文,又言夫《易》所以占吉凶,无恒之人,《易》所不占也。云"此《易·恒卦》之辞"者,谓此经所言,是《易·恒卦》九三爻辞也。王弼云:"处三阳之中,居下体之上,处上体之下。上不全尊,下不全卑,中不在体,体在乎恒,而分无所定,无恒者也。德行无恒,自相违错,不可致诘,故或承之羞也。"(邢昺《论语注疏》179页)

宋·朱熹:此《易·恒卦》九三爻辞。承,进也。复加"子曰",以别《易》文也,其义未详。杨氏曰:"君子于《易》苟玩其占,则知无常之取羞矣。其为无常也,盖亦不占而已矣。"意亦略通。(《四书章句集注》147页)

宋·蔡节:承,受也。羞,辱也。言人无恒德则羞辱有时而至。占,验也。夫子之意以为无恒之人必受羞辱。此理甚明,人自不验之耳。苟知验之,则必能恒厥德而远耻辱矣。(《论语集说》卷七·13页)

元·陈天祥:"不占而已矣"古今解者皆不能通,注言"其义未详"可谓本分。然却再举杨氏之说不免反以为累。"略通"二字若于该括众事处言之,如云略通某氏之学,略通某书大义,此皆可也。今于一章经中单论一事,是则为是,非则为非,岂容更有略通邪?况已断定其义未详,亦自不容别议也。杨氏之说本无可取,删之为是。(《论语辨疑》卷七·3页)

清·赵良猷:郑《注》"巫医"句语意未明,然以下"无恒之人,《易》所不占"对看,似谓无恒之人其病不易治,虽巫医无如之何,犹心无定主,即《易》亦不能占也。惠伯论南蒯之筮亦是此意。邢《疏》不能为之发明。(《论语注参》卷下·11页)

清·钱坫:"占"读《汉律》占租之占,占租谓数其实定其词也。

（《论语后录》卷四·15页）

程树德：此章之义，当从郑《注》，而皇《疏》尤明晰可从，《集注》失之。（《论语集释》934页）

钱穆：承，续义。言人无恒德，常有羞辱承续其后。此处复加子曰字，以别于前引之《易》文。孔子言，其人无恒德，亦惟有不为之占问吉凶，因即为之占，亦将无准。（《论语新解》345页）

方骥龄：或，即今域字，囿也。……《史记·平准书》"各以其物自占"《索隐》："自隐度也。"隐度，心中思度也。孔子所谓"不占"，心中不自思量，谓人不知自反也。（《论语新诠》387页）

乔一凡：或，有也。（《论语通义》214页）

吴林伯：按"不恒"二句，见《周易·恒·九三》，谓德行无恒者，将进羞辱。韩愈《师说》："巫医、乐师、百工之人，君子不齿。"以巫医为鄙贱者，此或据南人之言，以无恒之人，虽鄙贱之巫医亦不能作，适将以进于羞辱，孔子暗引《恒卦》之辞以明之，并推论学《易》重在穷理，而非占卜。《荀子·大略》："善为《易》者不占。"（《论语发微》159页）

李运益：或，代词，表虚指，有的人，某人。（《论语词典》153页）

杨润根：不占而已矣：不像占卜或掷骰子一样怀着侥幸的主观愿望并只按偶然的机遇去行动、去生活而已。这也就是说，要把自己的行动、自己的生活建立在永恒道德与永恒正义的原则基础之上，并只按道德与正义的原则去行动、去生活。这句话显然是相对于"不恒其德，或承之羞"而言的，尽管我们感觉到这句话似乎遗漏了某些部分，因为它显得并不完整。但只要把这句话与前面的话联系起来，那么这句话所表达的意思仍然是非常清楚的：人们有价值的、有尊严的、永远没有悔恨、没有羞愧、没有耻辱的生活只是按照从人们天生的良知良心之中发出的道德的必然令律去行动的生活,就是把自己的生活建立在永恒的道德与永恒的正义的基础之上,就是对那种掷骰子般的主观任意、投机侥幸的行为方式与生活方式的彻底抛弃。孔子在这里所表达的思想和他在前面所表达的"人之生也直,罔之生也幸而免"的思想是完全一致的。(《发现论语》340页)

林觥顺:或是或许有,是疑惑词。(《论语我读》237页)

黄怀信:[释]"或",将也。"承",受也。[训译](正像《周易》说的:)"不坚守他的德行,将会蒙受它(带来)的羞辱。"(所以,只有)不占问罢了。(《论语新校释》325页)

　　　辑者案:"或"在此为不定之辞,即"或许"、"有时"。言不恒守其德,或许会承受羞辱。占卜者贵恒,倘若缺乏恒德,不占卜也就罢了,意思是,占卜也无用。

13.23 子曰:"君子和而不同,小人同而不和。"

魏·何晏:君子心和,然其所见各异,故曰不同。小人所嗜好者同,然各争利,故曰不和。(邢昺《论语注疏》179页)

宋·朱熹:和者,无乖戾之心。同者,有阿比之意。尹氏曰:"君子尚义,故有不同。小人尚利,安得而和?"(《四书章句集注》147页)

清·刘宝楠:和因义起,同由利生。义者宜也,各适其宜,未有方体,故不同。然不同因乎义,而非执己之见,无伤于和。利者,人之所同欲也。民务于是,则有争心,故同而不和。此君子、小人之异也。(《论语正义》545页)

清·戴望:和谓可否相济。同,同欲也。阴阳不同气,故能合。甘苦不同味,故能调。五色不同采,故能齐。五声不同均,故能会。史伯曰:"和实生物,同则不继。"此之谓。(《戴氏注论语》卷十三·4页)

杨伯峻：[译文]孔子说："君子用自己的正确意见来纠正别人的错误意见，使一切都做到恰到好处，却不肯盲从附和。小人只是盲从附和，却不肯表示自己的不同意见。"[注释]和，同——"和"与"同"是春秋时代的两个常用术语，《左传》昭公二十年所载晏子对齐景公批评梁丘据的话，和《国语·郑语》所载史伯的话都解说得非常详细。"和"如五味的调和、八音的和谐，一定要有水、火、酱、醋各种不同的材料才能调和滋味；一定要有高下、长短、疾徐各种不同的声调才能使乐曲和谐。晏子说："君臣亦然。君所谓可，而有否焉，臣献其否以成其可；君所谓否，而有可焉，臣献其可以去其否。"因此史伯也说，"以他平他谓之和"。"同"就不如此，用晏子的话说："君所谓可，据亦曰可；君所谓否，据亦曰否；若以水济水，谁能食之？若琴瑟之专一，谁能听之？'同'之不可也如是。"我又认为这个"和"字与"礼之用和为贵"的"和"有相通之处。因此译文也出现了"恰到好处"的字眼。(《论语译注》142页)

李炳南：君子与人相处，和平忍让，而其见解卓越，与众不同。小人所见平庸，与众相同，而其争利之心特别强，不能与人和谐办事，但能扰乱他人而已。(《论语讲要》260页)

李泽厚：[译]孔子说："君子和谐却不同一，小人同一却不和谐。"[记]与"君子群而不党"、"周而不比"等章同义，即保持个体的特殊性和独立性才有社会和人际的和谐。虽政治，亦然。"同"、"比"、"党"就容易失去或要求消灭这种独立性和差异性。(《论语今读》235页)

黄怀信：[释]和：《说文》："相应也。"引申谓融合，指本质上的合。同：《说文》："合会也。"即会合、聚合，形式上的合。[训译]先生说："君子（与人）融合而不聚合，小人（与人）聚合而不融合。"[章旨]此章言君子、小人交人之不同。君子诚而知大义，故和而

不同；小人伪而计小利，故同而不和。(《论语新校释》326 页)

杨朝明：[诠释]本章主要阐明了"同"与"和"的关系。这里主要体现了孔子"和而不同"的思想，指出君子与小人的不同。人如果没有恒心，不能坚持自己的德行，就只能做到"同而不和"。君子和周围的人相处很融洽，但是却有自己独立的思想，坚持自己的德行，不和世俗同流合污。而小人则不同，他们没有自己独立的思想，不能坚持自己的德行，一味追求和别人保持一致，而不讲求原则，但他却不能与身边的人保持融洽的关系。这种思想与孔子独立的政治追求相符合。孔子曾说："鸟能择木，木岂能择鸟乎？"(《史记·孔子世家》)孔子一生希望能推行自己的主张，但是他并没有屈从于现实的政治，所以导致了他一生栖栖遑遑的政治命运。[解读]孔子说："君子能够和周边的人和谐相处，但不盲目附和；小人只盲目附和，而不能和身边的人保持和谐的关系。"(《论语诠解》128 页)

孙钦善：和：调和。同：等同。本章可与 2.14 互参。孔子主张"和"而反对"同"，在社会生活方面，就是主张在礼制等级的前提下进行调和，而反对取消等级的混同，参见 1.12 有子的话。此外，"和"与"同"还有更高的哲学意义，"和"就是矛盾的统一，"同"就是绝对的统一，这也是孔子生前和生世存在的一种较为普遍的观念，如《国语·郑语》载史伯曰："夫和实生物，同则不继。以它平它谓之和，故能丰长而物生之。若以同裨同，尽乃弃矣。"(《论语本解》167 页)

蔡健清：[注释]和：不同的东西和谐地配合叫做和，各方面之间彼此不同。同：相同的东西相加或与人相混同，叫做同。各方面之间完全相同。[译文]孔子说："君子能将自己的正确意见与别人不同的意见和谐共存，却不盲从附和。小人只是盲从附和，

却不能和谐相处。"(《论语解读》231 页)

　　　　辑者案:各家解释大同小异,各有可取之处,如何晏"君
子心和……"、朱熹"和者无乖戾之心……"、刘宝楠"和因义
起,同由利生"、李泽厚"君子和谐却不同一"等。《汉语大词
典》释"和同"曰:"指春秋时代两个互为对应的常用语。和谓
可否相济,相辅相成;同谓单一不二,无所差异。和能生物,
同无所成。《国语·郑语》:'夫和实生物,同则不继。以他平
他谓之和,故能丰长而物归之;若以同裨同,尽乃弃矣:故先
王……务和同也。'韦昭注:'和谓可否相济,同谓同欲。'又
《周语中》:'和同可观。'韦昭注:'以可去否曰和,一心不二曰
同。和同之道行,则德义可观也。'"又释"和而不同"曰:"谓
和衷共济,而又各有所见,不苟同于人。"供参考。辑者认为,
孔子此语还含有一层意思,即君子要求己与人和,重在原则
上、思想上自然和谐;小人要求人与己同,重在关系上、利益
上勉强别人与自己绝对同流、同一、一致。

13.25 子曰:"君子易事而难说也。说之不以道,不说也。及其使人也,器之。小人难事而易说也。说之虽不以道,说也。及其使人也,求备焉。"

(1)说之不以道,不说也

宋·邢昺:此覆明难说、易事之理,言君子有正德,若人说己
不以道而妄说,则不喜说也,是以难说。(邢昺《论语注疏》180 页)

宋·朱熹:说,音悦。(《四书章句集注》148 页)

清·毛奇龄:旧注原以"说"字作"悦"字解,《集注》所用,固是旧
注,特汉儒复有一解,谓说如字,即言说也。《先听斋讲录》曰:"此以
言说定事使也。"……若《曲礼》礼"不妄说人",郑康成注云:"为近佞

恃势而陵人也。(《论语后案》384页)

杨伯峻:孔子说:"君子安详舒泰,却不骄傲凌人;小人骄傲凌人,却不安详舒泰。"(《论语译注》143页)

黄怀信:[释]泰:大也,谓自大。骄:骄傲、傲慢。[训译]君子自大而不骄傲,小人骄傲而不自大。(《论语新校释》328页)

辑者案:皇侃、杨伯峻说为优。泰,泰定,泰然,安泰。

13.27 子曰:"刚毅、木讷,近仁。"

魏·王肃:刚,无欲也。毅,果敢也。木,质朴也。讷,迟钝也。有此四者,近于仁也。(皇侃《论语集解义疏》卷七·17页)

梁·皇侃:刚者性无求欲,仁者静,故刚者近仁也。毅者性果敢,仁者必有勇,周穷济急、杀身成仁,故毅者近仁也。木者质朴,仁者不尚华饰,故木者近仁也。讷者言语迟钝,仁者慎言,故讷者近仁也。(皇侃《论语集解义疏》卷七·17页)

日·东条弘:按,讷者,其口讷讷然也。刚毅是一连,木讷是一连,不可分为四。(《论语知言》389页)

日·广濑建:巧言令色之反。刚毅则行有始终,木讷则言不过行,所谓力行近乎仁也。(《读论语》39页)

清·黄式三:刚是坚强之名,韦氏《国语注》:"刚,强也。"郑君《公冶篇》注:"刚,谓强志不屈挠。"此刚之正训。王氏以无欲训刚,非古义。多欲非刚,无欲亦未必刚也。(《论语后案》384页)

金良年:讷,谨慎。(《论语译注》158页)

杨润根:毅(yì):用长矛("殳")猎杀("辛"省)野兽("豕"),这需要巨大的勇气、坚强的意志和非凡的力量,因此"毅"往往指勇气、意志和力量这三者。木:像处处可见的树木一样,自然,朴素,平易近人。讷(nè):发自内心的言语,忠实的言语,可信的言语。

（《发现论语》344 页）

林觚顺：刚毅木纳：刚者坚强有力。毅者果断。木者，如木之冒地而生，有继往开来之精神。纳者内也，是要有内涵，要有包容。（《论语我读》240 页）

鲍鹏山：讷：说话迟钝。引申为言语不轻易出口。（《论语新读》153 页）

黄怀信：(辑者案：黄氏断句为：刚毅、木讷、近仁)刚毅："刚"，性格刚强；"毅"，行事果毅。木讷："木"，麻木，形容反应迟钝。"讷"，语言迟缓。（《论语新校释》329 页）

李零："木"是目光呆滞，面无表情，和"令色"、"色庄"相反。"令色"是装模作样，"色庄"是故作深沉。（《丧家狗——我读〈论语〉》245 页）

　　辑者案：断句从东条弘、黄怀信。刚毅，刚强坚毅。木讷，质朴而不善于言辞（含有慎言意）。所谓"木讷近仁"，相对于"巧言令色鲜矣仁"而发。

13.28 子路问曰："何如斯可谓之士矣？"子曰："切切偲偲，怡怡如也，可谓士矣。朋友切切偲偲，兄弟怡怡。"

汉·马融：切切偲偲，相切责之貌。（邢昺《论语注疏》181 页）

汉·郑玄：切切，劝竞貌。怡怡，谦顺貌。（袁钧《郑玄论语注》卷七·4 页）

梁·皇侃：云"兄弟怡怡如"者，兄弟骨肉，理在和顺，故须怡怡如也。缪协曰："以为朋友不唯切磋，亦贵和谐。兄弟非但怡怡，亦须戒厉。然朋友道缺，则面朋而匿怨；兄弟道缺，则阋墙而外侮。何者？忧乐本殊，故重弊至于恨匿，将欲矫之，故云朋友切切偲偲，兄弟怡怡如也。"切切偲偲，相切责之貌也。怡怡，和顺之貌也。（皇侃《论语集解义疏》卷七·18 页）

宋·朱熹：胡氏曰："切切，恳到也。偲偲，详勉也。怡怡，和悦也。皆子路所不足，故告之。又恐其混于所施，则兄弟有贼恩之祸，朋友有善柔之损，故又别而言之。"（《四书章句集注》148页）

清·钱坫：此切切应读同"漆漆"。（《论语后录》卷四·16页）

清·刘宝楠：朋友以义合，兄弟以恩合，处之各有所宜，此尽伦之事，非凡民不学者所能，故如此乃可称士也。……"切切偲偲，怡怡如也，可谓士矣"，夫子语止此，当时皆习见语，故夫子总言之。记者恐人不明，故释之曰："朋友切切偲偲，兄弟怡怡。"所谓"七十子之大义"也。（《论语正义》548页）

程树德：刘氏之说是也。观此益知《集注》胡说之谬。（《论语集释》942页）

程石泉：皇侃《论语义疏》本及高丽足利本于"兄弟怡怡"下有"如也"二字。按文理应有"如也"二字。窃疑"朋友切切偲偲，兄弟怡怡如也"乃后注疏家言误入正文者。（《论语读训》233页）

李泽厚：[译]子路问道："怎么样便可以叫做知识分子？"孔子说："相互督促帮助，和睦愉快相处，可以叫知识分子了。"（《论语今读》238页）

黄怀信：[校]按：此言"士"，不当涉及朋友、兄弟，"朋友"、"兄弟"二句疑编者误解"切切偲偲"而所加之注文，本于《曾子》。《大戴礼记·曾子立事》云："兄弟憘憘，朋友切切。""切切"与此异。[释]士：能任事者。切切：急切之貌。偲偲：音腮腮，强力之貌。《说文》："偲，强力也。"[训译]子路问道："怎么样就可以称之为能干事的人了？"先生说："（做事）急急切切，（身体）强强壮壮，（容颜）和和悦悦，（就）可以称为能干事的人了。"[章旨]此章论"士"容。旧以"切切偲偲"为一词而释为相切责之貌，非。（辑者案：黄怀信断句为：切切、偲偲、怡怡如也。）（《论语新校释》329页）

杨朝明：偲偲(sī)：勉励、督促、诚恳的样子。怡怡(yí)：和气、亲切、顺从的样子。(《论语诠解》129页)

孙钦善：切切偲偲(sī 思)：互相批评帮助的样子。(《论语本解》169页)

辑者案：切切偲偲，相互敬重勉励督促貌。《广雅·释训》："切切，敬也。"怡怡，和顺貌。关于"孔子语"与"记者语"之分别，刘宝楠说可从。

13.29 子曰："善人教民七年，亦可以即戎矣。"(辑者案："即戎"，定州简本作"節戎")

汉·包咸：即，就也；戎，兵也，言以攻战(辑者案：这句话，皇疏本为"即戎，就兵可以攻战也")。(邢昺《论语注疏》181页)

梁·皇侃：善人，贤人也。即戎，谓就兵战之事。夫教民，三年一考，九岁三考，三考黜陟幽明，待其成者，九年则正可也。今曰七年者，是两考已竟，新入三考之初者也。若有可急，不暇待九年，则七年考亦可。亦可者，未全好之名。缪协曰："亦可以即戎，未尽善义也。"江熙曰："子曰：'苟有用我者，期月而已可也。'三年有成，善人之教，不逮机理，倍于圣人，亦可有成。六年之外，民可用也。"(皇侃《论语集解义疏》卷七·18页)

唐·韩愈：七年，义不解。吾谓即戎者，衣裳之会、兵车之会皆谓即戎矣。此是诸侯朝会于王，各修戎事之职。按：《王制》云"三年一聘，五年一朝"。仲尼志在尊周，故言五年可以即戎事、朝天子。七年者，字之误欤？(《论语笔解》卷下·7页)

宋·邢昺：善人，谓君子也。即，就也。戎，兵也。言君子为政教民至于七年，使民知礼义与信，亦可以就兵戎攻战之事也。言七年者，夫子以意言之耳。(邢昺《论语注疏》181页)

宋·程颐：七年云者，圣人度其时可矣。如云期月、三年、百年、一世、大国五年、小国七年之类，皆当思其作为如何乃有益。（朱熹《四书章句集注》148页）

清·吴嘉宾：七年，谓其久也。凡以数为约者，皆取诸奇，若一，若三，若五，若七，若九。九者，数之究也。古人三载考绩，三考而后黜陟，皆中间一年而考，五年则再考，七年则三考，故三年为初，七年为终。《记》曰："中年考校。"（程树德《论语集释》943页）

方骥龄：古代鼎文七字皆作十字形，"殷墟文""古文"七字，亦皆作十字形，无有如篆文作㇀字形者。疑本章七字为十字传写之误。盖古代每用三、九、十以象其多，"十年生聚，十年教训"为春秋时语。故本章似仍当用十字为正。教民十年，即十年教训之谓也。（《论语新诠》391页）

李炳南：善人治理国家，不会穷兵黩武。但受外国侵略，不能不以武力抵抗。所以平时教民，除了道德教育与职业教育外，应有军事训练，并以道德教育为主。如此七年之久，一旦有外敌入侵，人民可以当兵卫国。（《论语讲要》263页）

林觥顺：七年非七年之数。七者，《易经》阳之正数，《易经》阳刚之数为正于七而变于九。所以七年喻正道流年。（《论语我读》241页）

黄怀信：［释］"善人"，性格善良的君主，指周文王。"教"，教化。文王"笃仁，敬老，慈少"，"累德行善"，而后有伐犬戎、伐密须、败耆国诸事，是民能即戎也。"七年"，当指自即位至伐犬戎之年。"即戎"，就兵打仗。［训译］先生说："性格善良的君主教化百姓七年，（百姓）也可以拿起武器打仗了。"（《论语新校释》330页）

　　辑者案：定州汉墓竹简《论语》作"节戎"。节戎，节制战争。"节制战争"较符合孔子的思想。这样理解，也与本篇第

11 章"善人为邦百年,亦可以胜残去杀"相一致。但是,却与下章"以不教民战,是谓弃之"义不谐。以下章句意看,还应理解为教育百姓就兵打仗。

宪问第十四

14.1 宪问耻。子曰："邦有道，穀。邦无道，穀，耻也。""克、伐、怨、欲不行焉，可以为仁矣？"子曰："可以为难矣，仁则吾不知也。"

(1)邦有道，穀。邦无道，穀，耻也

汉·孔安国：穀，禄也。邦有道，当食禄。君无道，而在其朝，食其禄，是耻辱。（邢昺《论语注疏》182页）

宋·朱熹：邦有道不能有为，邦无道不能独善，而但知食禄，皆可耻也。（《四书章句集注》148页）

清·俞樾：孔子尝言"邦有道贫且贱焉，耻也；邦无道富且贵焉，耻也"。然则邦有道自宜食禄，孔《注》是也。若如朱《注》"邦有道不能有为，邦无道不能独善，而但知食禄，皆可耻也"，则经文止有两"穀"字，并不言"但知食禄"，安得增益其文乎？（《论语古注择从》16页）

杨树达：按朱子说与《泰伯篇》义不合，非也。当从《集解》之说。（《论语疏证》334页）

方骥龄：窃按：邦无道，富且贵，固可耻；邦有道而食禄，又何可耻之有？且孔子所谓"邦有道而贫且贱，邦无道而富且贵"，贫贱富贵，一则不及，一则有过，其为可耻，犹可言也；食禄，又何可耻之有？盖为仕而食禄，原无可耻；穀字本身既无积极为善之意，亦无消极不为善之意；而本章以为可耻，故可疑。……按唐开成石经《论语·泰伯篇》"三年学,不至于穀"章,及《宪问篇》"邦有道穀,邦无道穀"章中穀字,皆书作"穀"字,元治刊皇侃撰《论语义疏·泰伯篇》"三年学,不至于穀"章中穀字,仍为稻穀之"穀"。而《宪问篇》"邦有道穀,邦无道穀"章中穀字,则书作穀木之"穀"矣。疑《宪问篇》穀字,系穀字传写之误。《说文》:"穀,楮也。"《诗·黄鸟》"无集于穀"、《鹤鸣》"其下维穀"传:"恶木也。"吴氏《本草》称穀树一名楮。……一言以蔽之,穀徒具材木之形,而无良材之实,恶木而已!(《论语新诠》398—399页)

萧民元:很多解释都引申朱熹的话,在最后加了一个"不能独善其身,是可耻的事"。笔者觉得没有必要。整节的意思很简单,就是:孔子弟子原宪请问孔子怎样算可耻。孔子回答说:"一个做官的人,在邦有道时,只会吃俸禄(不会做事),邦无道时,也只会吃俸禄,这就是可耻。"(《论语辨惑》131页)

杨润根:对于一个管理国家的政府来说,当它所管理的国家合于道德与正义时,它向人民征取税收、索取报酬,当它所管理的国家背离道德与正义时,它也向人民征取税收、索取报酬,这就是这个政府应该为之而感到耻辱的事情。(《发现论语》347页)

辑者案:从孔安国说。穀,俸禄。

(2)克、伐、怨、欲

汉·马融:克,好胜人。伐,自伐其功。怨,忌小怨。欲,贪欲也。(邢昺《论语注疏》182页)

宋·邢昺:云"克,好胜人"者,克训胜也。《左传》僖九年,秦伯将纳晋惠公,谓其大夫公孙枝曰:"夷吾其定乎?"对曰:"言多忌克,难哉!"公曰:"忌则多怨,又焉能克?"杜预曰:"其言虽多忌,适足以自害,不能胜人也。"是克为好胜人也。云"伐,自伐其功"者,《书》曰:"汝惟不伐,天下莫与汝争功。"《老子》曰:"自伐者无功。"

言人有功，夸示之，则人不与，乃无功也。是伐去其功，若伐去树木然，故经传谓夸功为伐，谓自伐其功也。（邢昺《论语注疏》182页）

宋·朱熹：克，好胜。伐，自矜。怨，忿恨。欲，贪欲。（《四书章句集注》149页）

日·昭井一宅：伐者谓伐德。（《论语解》290页）

黄怀信：伐，击也，指击杀人。旧释自伐，非，自伐与仁无关。（《论语新校释》333页）

　　辑者案：从马融、朱熹说。

14.3 子曰："邦有道，危言危行。邦无道，危行言孙。"

汉·包咸：危，厉也。邦有道，可以厉言行也。（邢昺《论语注疏》183页）

汉·包咸：危，殆也。邦有道，可以危言行也。（马国翰辑《论语古注·论语包氏章句》卷下·6页）

汉·郑玄：危，犹高也。据时高言高行者皆见危，故以为谕也。（马国翰辑《论语古注·论语郑氏注》卷七·3页）

魏·何晏：逊，顺也。厉行不随俗，顺言以远害也。（皇侃《论语集解义疏》卷七·20页）

宋·朱熹：危，高峻也。孙，卑顺也。（《四书章句集注》149页）

清·钱坫：孙星衍曰："《广雅》：'危，正也。'释此为长。"（《论语后录》卷四·16页）

日·市野光彦：邢本作孙，《释文》同。卢文弨云："高诱注《淮南·览冥训》，章怀注《后汉书》第五伦、郭大等传俱引作'逊'。"光彦案：诸古本并作"逊"。（《正平本论语札记》15页）

清·刘宝楠：《说文》："危，在高而惧也。"《庄子·盗跖篇》："去其危冠。"李《注》："危，高也。"凡高多致险，故又有险难之义。郑所云"高言高行皆见危"者，此"危"谓危难也，高言高行，皆见危难。《注》兼二义,为引申矣。"谕"犹言也。郑与包意亦当同。
(《论语正义》554 页)

程树德:危字有厉、高、正三训,当以《广雅》训正义较长。(《论语集释》951 页)

李泽厚:所谓"危行",即有所不为,不同流合污、共搞大批判也。(《论语今读》241 页)

钱穆:危,有严厉义,有高峻义,有方正义。此处危字当训正。高论时失于偏激,高行时亦失正。君子惟当正言正行,而世俗不免目之为厉,视之为高,君子不以高与厉为立言制行之准则。(《论语新解》354 页)

程石泉:包咸注《论语》云:"危,厉也。"《广雅·释诂》云:"危,高也,上也。"又训为"正"。皆不贴切。盖危犹独也。(《论语读训》236 页)

李零:我以为,更准确地说,这里的"危"是直的意思。如《卫灵公》15.7"邦有道如矢;邦无道如矢",就是用"矢"来比喻直,《汉书·贾捐之传》颜师古注、《后汉书·党锢传》李贤注也把"危言"解释为直言。(《丧家狗——我读〈论语〉》250 页)

　　辑者案:"危"训"正直"为是。邦有道时,言行皆应正直;邦无道时,行为仍应正直,但言论应谨慎逊顺。

14.5 南宫适问于孔子曰:"羿善射,奡荡舟,俱不得其死然。禹、稷躬稼而有天下。"夫子不答。南宫适出,子曰:"君子哉若人! 尚德哉若人!"

(1)南宫适

汉·孔安国:适,南宫敬叔,鲁大夫。(邢昺《论语注疏》183 页)

宋·邢昺:此即南宫绍也,字子容。郑注《檀弓》云:"敬叔,鲁

孟僖子之子仲孙阅是也。"(《论语注疏》184 页)

宋·朱熹：南宫适，即南容也。(《四书章句集注》150 页)

日·东条弘：按《论语》之例，书"问于孔子"者，皆非孔子门人也。非门人者，大夫称氏与字，或称谥；士称氏与名，如微生亩、陈亢、原壤、孺悲之比。南宫适盖鲁国之士。南宫，氏；适，名也。《史记》以南宫适为南容，司马迁之妄已。孔安国曰："适，南宫敬叔，鲁大夫。"按《左传·昭七年》：孟僖子属说与何忌于夫子，使事之而学礼焉。故孟懿子与南宫敬叔师事仲尼。杜注："说，南宫敬叔；何忌，孟懿子。"然则适非南宫敬叔。(《论语知言》393 页)

清·刘宝楠：《注》以适为南宫敬叔，误。(《论语正义》557 页)

方骥龄：旧说：南宫适即南容，适亦作括，又名绦。但据崔述考证，有五点理由，南宫既非南宫敬叔，亦非《公冶长》篇"以其兄之子妻之"之南容。盖依《论语》惯例，不当谓"问于孔子"也。依崔氏推究，当另有其人，绝非孔门中人。(《论语新诠》402 页)

李启谦、杨佐仁：南宫适(生卒年代不详)，春秋末鲁国人。姓南，名宫适，字子容。亦称南宫括、南容。孔子学生。言语谨慎，能做到"邦有道不废，邦无道，免于刑戮"(《论语·公冶长》)。孔子称赞他是"君子"、"尚德"之人，所以就把自己的侄女嫁给他。另外，有称南宫绍、南宫韬者，有认为复姓南宫，名绍(或韬)，字敬叔。且认为即鲁国贵族孟僖子之子。后经多人考证，南宫适，南宫敬叔并非一人。(《孔门弟子研究资料》325 页)

  辑者案：从朱熹说。南宫适即南容，孔子弟子。

(2)羿善射，奡荡舟，俱不得其死然

汉·孔安国：羿，有穷之君也。篡夏后相之位，其臣寒浞杀之，因其室而生奡。奡多力，能陆地行舟，为夏后少康所杀也。(皇侃《论语集解义疏》卷七·21 页)

梁·皇侃：云"问于"云云者，适问孔子之事也。曰古有一人名羿而善能射，故云羿善射。《淮南子》云："尧时有十日并出，草木燋枯。尧命羿令射之，中其九日，日中乌皆死焉。"奡者，古时多力人也。荡，推也。舟，船也。能陆地推舟也。（皇侃《论语集解义疏》卷七·21页）

清·周柄中：羿、奡事见《春秋传》。羿，有穷之君。奡即浇也。吴斗南《两汉刊误补遗》曰："羿，射官也，陶唐、夏后氏各有一羿。……而奡亦非所谓浇者，奡在禹稷之前，与尧时羿并世。……"愚按：此说非是。盖逢蒙杀羿之羿，乃是有穷之君。《春秋传》所谓"家众杀之"者，尧时之羿。《淮南子》称其有功于天下，死为宗布，人皆祀之，无不得其死之说。傲之为奡，古字通用。《说文》："奡，嫚也。"引《书》"若丹朱奡"，并不是人名。至南宫适之问，意本在禹、稷一边，故语分宾主，非以时代先后为序也。……斗南即以丹朱、奡为两人，指为羿、奡之奡，王伯厚又疑《论语》"奡荡舟"，即指丹朱，总以"罔水行舟"之语而傅会之，故有此说，不知"荡舟"与"罔水行舟"本是两事。郑康成曰："丹朱见洪水时，人乘舟，今水已治，犹居舟中，使人额额推行之。"此丹朱罔水行舟之事，即孟子"从流忘反"之义也。《竹书》："帝相二十七年，浇伐斟鄩，大战于潍，覆其舟灭之。"此奡荡舟之事，即古人以左右冲杀为荡阵之义也。孔氏于《尚书》、《论语》俱以"陆地行舟"解之，遂启后误。夫丹朱非不得其死者，而谓奡即丹朱，岂可通乎？（《四书典故辨正》卷十·1—2页）

孙钦善：荡：翻。……后羿善于射箭，奡力大翻舟，结果都不得好死。（《论语本解》173页）

　　辑者案：从孔安国说。句意为：羿善于射箭，奡善于水战，但都未得到善终。

(3) 夫子不答

汉·马融：禹尽力于沟洫，稷播百谷，故曰躬稼。禹及其身，稷及后世，皆王。适意欲以禹、稷比孔子。孔子谦，故不答也。(邢昺《论语注疏》183页)

金·王若虚：张无垢曰：此章全在不答处。圣人立论坐见万世之后，要不使有时而穷，无力非所以取天下也。然以有力而得之者，德固宜其有天下也，而不得者亦多矣。是适言虽美有时而穷也。夫子将言其非，恐害名教；欲言其是，则其病犹适也，故将付之不答而已。至其既出而谓之尚德君子者，盖称其用心耳。此说为善，殊胜诸家也。(《论语辨惑》卷三·8页)

宋·蔡节：羿奡以力而亡，禹稷以德而兴。适之云然其去取已审矣。夫子虽不答可也，及其出也，则以为君子，以为尚德，所以深许之也。(《论语集说》卷七·19页)

清·刘宝楠：凌氏鸣喈《解义》："适疾时君好力战，不修民事而问，夫子为尊者讳，故不答。……"(《论语正义》556页)

张鼎：不答之故，《集注》谓适贬当世而尊孔子，故孔子不答，盖不当答之意。《语类》谓报应之理难知故不答，是罕言命之意。或问两存其说。路氏德文主《语类》说，谓照《注》作文则议论不能恣肆，且不免流于浮浅。(《春晖楼四书说略》卷下·8页)

方骥龄：推南宫适所言，援引古昔，有不胜感慨流连之致，原无求问于孔子之意。孔子则因南宫之议论发挥无余，故不赞一词，故曰"夫子不答"耳。(《论语新诠》403页)

萧民元：这话虽说是"问"，实际并非在"问"问题，而是南宫适向孔子提出自己的看法。孔子深以为然，所以也用不着去回答什么。在这里有一种可能，就是孔子弟子对孔子十分尊敬，看到南宫适来见孔子，态度恭谨，就有了"请益"的主观意识，乃把南宫适

的"谈话"误以为"问话",所以不见孔子回答。(《论语辨惑》133页)

钱穆:南宫适之意,羿与奡皆恃强力,能灭人国,但不能以善终。禹治水,稷教稼,有大功德于人,故禹及身有天下,稷之后为周代,亦有天下。可见力不足恃而惟德为可贵。其义已尽,语又浅露,无须复答。且南宫适言下,殆以禹、稷比孔子,故孔子不之答。(《论语新解》356页)

吴新成:夫子不答:南宫适似问非问。若说有问,其所举之例意义明显,何必问? 若说非问,原文有问字在。故后人有加上"是什么道理"的,有加上"怎样解释这些历史"的,则南宫适似非诚。而孔子不答似亦不在理,只一句"尚德不尚力"便过去。朱注以为南宫适以禹、稷比孔子,孔子自谦不答,果是,夫子之心非自谦也。此等处止宜阙疑而已。(《论语易读》253页)

辑者案:可将马融、蔡节、张鼎三家所释结合起来理解。

14.6 子曰:"君子而不仁者有矣夫,未有小人而仁者也。"

汉·孔安国:虽曰君子,犹未能备也。(皇侃《论语集解义疏》卷七·21页)

魏·王弼:假君子以甚小人之辞,君子无不仁也。(皇侃《论语集解义疏》卷七·21页)

唐·韩愈:仁当为"备"字之误也。岂有君子而不仁者乎? 既称小人,又岂求其仁耶? 吾谓君子才行或不备者有矣,小人求备,则未之有也。(《论语笔解》卷下·9页)

宋·邢昺:此章言仁道难备也。虽曰君子,犹未能备,而有时不仁也。若管仲九合诸侯,不以兵车,可谓仁矣。而镂簋朱纮、山节藻棁,是不仁也。小人性不及仁道,故未有仁者。(邢昺《论语注疏》

185页)

宋·陈祥道:有成德之君子,有未成德之君子。成德之君子则于仁义无不尽,未成德之君子则于仁义有不能,所谓"君子不仁者有矣夫"。君子有勇而无义为乱,此未成德之君子也。盖仁者,人之所尤难。颜渊之于仁则三月不违而已,其余可知矣,故子路、公西华之徒,孔子皆曰"不知其仁"也。(《重广陈用之学士真本入经论语全解义》卷七·7页)

宋·张栻:斯须之间,心不在焉则为不仁。是故君子战兢自持,而唯恐失之也。若小人则戕贼陷溺者之深,虽秉彝之端不容尽殄,而不能以自达也。(《南轩论语解》卷七·11页)

明·释智旭:警策君子,激发小人。小人若仁,便是君子。那有定名?(释智旭、江谦《论语点睛补注》107页)

清·陆陇其:小人不仁,不必说到假仁,即使真心发见,亦随见随灭,故曰未有,此甚言人之不可流入于小人,流入于小人,遂有江河不反之势。通章总见从仁而至不仁易,从不仁而至仁难,其儆人意最为深切。(《四书讲义困勉录》卷十七·8页)

清·刘宝楠:仁道难成,故以令尹子文之忠、陈文子之清,犹不得为仁,即克伐怨欲不行,亦言"不知其仁",故虽君子有不仁也。《易·系辞传》:"小人以小善为无益而弗为也,以小恶为无伤而弗去也,故恶积而不可掩,罪大而不可解。"是小人必无有仁也。(《论语正义》559页)

清·康有为:此合人心术、行事言之。君子心术固纯于仁者,然行事或偶失而为不仁,亦有之。若小人,心术既不仁,则行事即有善行,必不得为仁矣。故观人者,不当论一二行事,而当别其人也。(《论语注》208页)

杨伯峻:[译文]孔子说:"君子之中不仁的人有的罢,小人之中却不会有仁人。"[注释]这个"君子""小人"的含义不大清楚。
"君子""小人"若指有德者无德者而言,则第二句可以不说;看来,
这里似乎是指在位者和老百姓而言。(《论语译注》147页)

李炳南:不仁,指违仁而言。君子学仁,应当求其成熟,如《孟
子·告子篇》说:"夫仁亦在乎熟之而已矣。"仁未成熟,不免违仁。
在孔门中,只有颜子,其心三月不违仁,其余弟子则日月至焉而已
矣。足见仁道难成。君子而有不仁者有矣夫,是说君子学仁尚未
成熟者,有之。至于小人,未尝学仁,便谈不上仁。所以未有小人
而仁者也。(《论语讲要》268页)

杨润根:难道在那些堂堂的正人君子之中也具有不仁不义的
人吗? 没有! 只有在那些卑鄙的小人之中才绝对没有心灵仁慈、
行为正义的人!(《发现论语》351页)

牛泽群:愚以为此章传统释解恐非孔子本义,本义应为:"君
子非尽为仁者,小人(不学)绝不可能成为仁者。"(《论语札记》381页)

杨朝明:[诠释]本章是对"仁"的重要性的论述。前半部分谈
到君子,其意思是假设的,很显然,君子是具有仁德的人,而具有
仁德的小人是不存在的。[解读]孔子说:"达不到仁德的君子也
许是有的,但具备仁德的小人却是没有的。"(《论语诠解》132页)

辑者案:邢昺、李炳南疏解为优。

14.7 子曰:"爱之,能勿劳乎? 忠焉,能勿诲乎?"

汉·孔安国:言人有所爱,必欲劳来之;有所忠,必欲教诲之
也。(邢昺《论语注疏》185页)

晋·李充:爱志不能不劳心,尽忠不能不教诲。(马国翰辑《论语
古注·论语李氏集注》卷下·4页)

宋·朱熹:苏氏曰:"爱而勿劳,禽犊之爱也;忠而勿诲,妇寺

之忠也。爱而知劳之，则其为爱也深矣；忠而知诲之，则其为忠也大矣。"（《四书章句集注》150页）

明·张居正：劳是劳苦之事，诲是规谏之言。（《论语直解》卷十四·3页）

清·王引之：劳训为勤，常语也。又训为勉。《月令》："孟夏之月，为天子劳农劝民。"郑《注》曰："重力来之"，力来之，劝勉之也。《吕氏春秋》"孟夏纪"文与《月令》同，高《注》曰："劳，勉也。"……《宪问篇》："爱之能勿劳乎？忠焉能勿诲乎？"劳亦勉也。谓爱之，则当劝勉之也。"勉"与"诲"义相近，故劳与诲并称。（《经义述闻》卷三十一·33—34页）

日·广濑建：劳，以身劳之也。（《读论语》40页）

清·刘宝楠：窃疑"劳"当训"忧"。《淮南·精神训》："竭力而劳万民。"《汜论训》："以劳天下之民。"高诱《注》并云："劳，忧也。"又《里仁篇》"劳而不怨"，即"忧而不怨"，忧者，勤思之也，正此处确诂。（《论语正义》560页）

方骥龄：《宪问篇》旨言士道。劳之，即《子路篇》"先之劳之"之劳，无倦也。诲，疑以谏言直辞辅君为是，皆士自处之道，似与父子无涉。（《论语新诠》405页）

乔一凡：爱，惜也。劳，忧也。忠不欺也。诲，教也，诤之也。（《论语通义》222页）

黄吉村：劳——动词，使之劳动也。（《论语析辨》285页）

杨润根：对于一个我们真心爱他的人，我们能够不对他提出更加严格的要求并增添他的责任、加重他的劳苦吗？对于一个我们对他怀抱真诚情感的人，我们能够不对他进行劝勉教诲乃至批评指正吗？（《发现论语》351页）

高专诚：在西周金文中，"劳"字下部不从力，而是从心，所以，

劳的本义是操心。（《论语通说》206页）

李零："劳"，这里指为人尽力。……"诲"，这里应读谋，不是教诲之义，而是谋虑之义，替人着想，替人出主意。战国文字，谋字的写法，最常见，是从心从母，相当悔（如中山王鼎和郭店楚简）。《说文·言部》，谋字的古文写法，也是从口从母或从言从母，相当诲。（《丧家狗——我读〈论语〉》252页）

黄克剑：劳：勉励，劝勉。诲：劝谏，诱导。（《〈论语〉解读》299页）

辑者案：劳，忧劳、操劳。诲，诱导，劝谏。句意为：热爱这个国家，就要为这个国家操劳；忠于这个国家，就要对这个国家的统治者衷心劝谏。

14.8 子曰："为命，裨谌草创之，世叔讨论之，行人子羽修饰之，东里子产润色之。"

(1)为命

孔安国：裨谌，郑大夫氏名也。谋于野则获，于国则否。郑国将有诸侯之事，则使乘车以适野，而谋作盟会之辞。（邢昺《论语注疏》185页）

宋·邢昺：命，谓政命盟会之辞也。言郑国将有诸侯之事，作盟会政命之辞，则使裨谌适草野以创制之。（邢昺《论语注疏》186页）

杨伯峻：[译文]孔子说："郑国外交辞令的创制，裨谌拟稿，世叔提意见，外交官子羽修改，子产作文词上的加工。"[注释]……因此我把"命"译为"外交辞令"，不作一般的政令讲。（《论语译注》147页）

李泽厚：孔子说："发命令，裨谌打草稿，世叔加以研讨，专职官子羽增删修改，东里子产作文字润饰。"（《论语今读》243页）

杨朝明：[解读]孔子说："郑国发布的政令，都是由大夫裨谌起草，大夫世叔提出修改意见，外交官子羽加以修饰，最后由子产

修改润色。"（《论语诠解》132页）

　　　辑者案：命，当是泛指，不是仅指外交辞令。

（2）裨谌

　　汉·孔安国：裨谌，郑大夫氏名也。（邢昺《论语注疏》185页）

　　宋·朱熹：裨谌以下四人，皆郑大夫。（《四书章句集注》150页）

　　清·阮元：高丽本"裨"作"卑"。《群经音辨一·少部》："卑谌，郑人也。"引郑康成曰："卑谌艸创之。"……案：《后汉书·皇后纪下》卑整注引《风俗通义》云："卑氏，郑大夫卑谌之后。"是古本作卑也。又《汉书·古今人表》作卑湛，湛、谌古字通。（《论语注疏校勘记》2514页）

　　日·市野光彦：邢本"卑"作"裨"。光彦案：《左氏·襄卅九年》作"裨谌"，《汉书·古今人表》引作"卑谌"。诸古本及古钞皇本并作"卑谌"。（《正平本论语札记》15页）

　　清·江声：裨谌，郑大夫裨灶也。谌读当为卬烘于煁之煁，古字同声，辄假借也。《毛诗传》云："煁，烓灶也。"《说文解字》曰："煁，烓也。"烓，行灶也。名灶，故字煁也。（《论语竢质》卷下·2页）

　　清·潘维城：班氏为《人表》时，列国诸臣当有《世本》可据，而以谌与灶为两人，恐谌非即灶矣。况《传》云裨谌能谋，不言其知天道。而灶于襄二十八年始见，即言岁弃其次，而昭十七、十八年《传》再请瓘斝玉瓒禳火，子产斥以"焉知天道，非若谌，必资谋可否"者，其为两人无疑也。（《论语古注集笺》卷十四·4页）

　　　辑者案：从孔安国说。

14.9 或问子产。子曰："惠人也。"问子西。曰："彼哉！彼哉！"问管仲。曰："人也。夺伯氏骈邑三百，饭疏食，没齿无怨言。"（辑者案："骈邑"，定州简本作"屏邑"）

(1)子西

汉·马融:子西,郑大夫。彼哉彼哉,言无足称。或曰:"楚令尹子西。"(邢昺《论语注疏》186页)

宋·邢昺:云"子西,郑大夫"者,案《左传》子驷之子公孙夏也。"或曰:楚令尹子西"者,案《左传》公子申也,代囊瓦为令尹,为白公胜所杀者也。(邢昺《论语注疏》187页)

宋·朱熹:子西,楚公子申。能逊楚国,立昭王,而改纪其政,亦贤大夫也。然不能革其僭王之号。昭王欲用孔子,又沮止之。其后卒召白公以致祸乱,则其为人可知矣。(《四书章句集注》150页)

明·陈士元:春秋之时有三子西:郑驷夏、楚宜申及公子申也。驷夏未尝当国,无大可称。宜生谋乱被诛,相去孔子之时又远。独公子申与孔子同时,故《集注》以为公子申。(《论语类考》卷九·22页)

清·毛奇龄:子西、子产本系兄弟,而又往往以同事而并见优劣,且相继听政,其两人行事,齐鲁间人熟闻之,故连问如此。若楚亦有两子西,一鬭宜申,在僖文间谋弑伏诛,一公子申,时未死,安得与子产、管仲连类及之?(《论语稽求篇》卷六·5页)

严灵峰:依"赐也何如"、"点,尔何如"例之,"子产"后疑当补"何如"二字。下文"子西"、"管仲"之后,亦当如是。(《读论语札记》36页)

杨伯峻:子西——春秋时有三个子西,一是郑国的公孙夏,生当鲁襄公之世,为子产的同宗兄弟,子产便是继他而主持郑国政治的。二是楚国的鬭宜申,生当鲁僖公、文公之世。三是楚国的公子申,和孔子同时。鬭宜申去孔子太远,公子申又太近,这人所问的当是公孙夏。(《论语译注》148页)

杨朝明:据说春秋时期有三个子西,其中一个是郑国子产的宗亲,曾与子产共同听政,因为杀害同僚子孔并瓜分其家而声名狼籍。其他两个均为楚人,一个曾在鲁僖公、文公时期作乱被杀;另外一个是公子申,即令尹子西,他与孔子大约同时。据说后者有逊位之德。按说,这位令尹也算得上贤大夫,只不过曾阻止昭王任用孔子,后来又不慎导致了白公之乱,铸成大错。联系这一章的前面两章内容,尤其是第七章谈到的爱国心和责任感,我们以为这里的子西,应该指的是楚国的令尹子西。所以孔子对子西的态度是既有些惋惜,又不愿多谈。(《论语诠解》132 页)

　　　　辑者案:从朱熹、杨朝明说。

(2)彼哉! 彼哉

汉·马融:彼哉彼哉,言无足称。(邢昺《论语注疏》186 页)

宋·邢昺:"曰:彼哉! 彼哉"者,彼指子西也。言"如彼人哉! 如彼人哉"! 无足可称也。(邢昺《论语注疏》187 页)

宋·郑汝谐:"彼哉彼哉",若曰"未可与子产同论也"。(《论语意原》卷三·29 页)

宋·朱熹:彼哉者,外之之辞。(《四书章句集注》150 页)

清·黄式三:彼,《广韵·五寘》引此作"佊",哀也。又《五纸》引《埤苍》"佊,邪也"。宋本《集韵·五寘》引此作"佊",云"邪也"。《佩觿》亦引作"佊"。案:作佊训邪,其义甚通。孔子称楚昭王知天道而惜子西辅君之不义,以佊邪斥之也。(《论语后案》396 页)

清·刘宝楠:宋氏翔凤《过庭录》:"《公羊传》:'阳虎曰:"夫孺子得国而已,如丈夫何?"睨而曰:"彼哉彼哉!"趣驾。既驾,公敛处父师师而至。'何休《注》曰:'望见公敛处父师,而曰"彼哉",再言之者,切遽意。'彼哉,言彼地不可久处,祸将及也。楚令尹子西之治国,足以招乱,故孔子思速去之,与《公羊》言'趣驾'语意同。盖《鲁》、《齐》两论也。《广韵·五寘》:'彼,哀也。《论语》云"子西彼哉",言子西不若子产治政之有遗爱,管仲治齐之无怨言,终于掩面而死,固可哀也。'《广韵》所载,盖《古文论语》之遗。"案:宋君前说,依《公羊》解之,可备一义,后说则谬甚。(《论语正义》563页)

清·戴望:再言"彼哉"者,切遽意,言不可久于彼国也。孔子至楚,昭王思用孔子,为子西所沮,故欲速去之矣。(《戴氏注论语》卷十四·2页)

清·陈浚:彼是他。(《论语话解》卷七·18页)

方骥龄:子产之为惠人,与《公冶篇》孔子论子产"其养民也惠"说相符,无可置疑。论郑子西"彼哉彼哉"乃轻视之意,殊可疑。孔子辞令虽多委婉,作模棱两可、含糊之辞则殊少见。

按《史记·屈原列传》司马迁论屈原曰:"又怪屈原以彼其材,游诸侯,何国不容,而自令若此!"司马迁所谓"彼其材"无非因屈原之"博闻强志,明于治乱,娴于辞令。入则与王图议国事,以出号令;出则接待宾客,应对诸侯"(《史记》原文)。按"彼其材"之彼,与"诐""颇"二字相通假。《说文》:"诐,辨论也。"《广雅·释诂一》:"诐,慧也。"疑本章孔子所谓"彼哉彼哉",犹"慧哉慧哉"之意,殆称誉郑子西之善言辞,一如史迁所记屈原有"博闻强志,明于治乱,娴于辞令……"等特长之材是也。

郑子西之行谊,见于正式记载者有下列七则:……由此上七记观之,子西之于郑,一如屈原在楚之"彼其材"相符合。故"彼哉彼哉",殆孔子称誉子西之"慧哉慧哉",似非轻规之谓也。(《论语新诠》407-408页)

金良年:子西在治国方面有贤行,但也有缺点,尤其是他曾阻止楚昭王任用孔子,所以孔子对他的评价很难说(容易被人误解),只能说"他啊,他啊"。(《论语译注》164页)

黄怀信:[释]彼哉彼哉:怨恨而不愿明说之辞。[训译]问子

西，先生说："他呀！他呀！"（《论语新校释》340页）

　　　　辑者案：金良年、黄怀信说为优。

（3）问管仲。曰：人也

魏·何晏：犹《诗》言"所谓伊人"（辑者案：这句话，皇疏本作"郑玄曰"）。（邢昺《论语注疏》186页）

宋·邢昺："人也"指管仲，犹云此人也。（邢昺《论语注疏》187页）

宋·蔡节：盖九合诸侯一正天下易，而能服伯氏之心难，故后言如其仁而此谓之人也。（《论语集说》卷七·21页）

日·广濑建：人也，人仁误。仁斋之说不可易也。九合一匡之仁，既尝言之，今就小者而明之也。（《读论语》40页）

清·刘宝楠：《诗·匪风》疏引郑注《论语》云："人偶，同位人偶之辞。"莫知所属，近辑本皆列入"人也"之下。……阮氏元《论仁篇》："人偶，犹言尔我亲爱之辞。《孟子》曰：'仁也者，人也。'谓仁之意即人之也。《论语》：'问管仲。曰："人也。"'郑氏注曰：'人偶同位之辞。'此乃直以'人也'为'仁也'。"案：……宋、阮二家释之各异，以阮说为近。（《论语正义》562页）

清·康有为：人也，犹言是可谓之人物也。不关当时之治乱，不足谓之人；不系一世之安危，不足谓之人，所谓焉能为有、焉能为无者也。（《论语注》209页）

江谦：人也，犹言仁也。可知不仁即非人。（释智旭、江谦《论语点睛补注》107页）

程树德：按《论语》人、仁通用，如"井有仁焉"、"孝弟为仁之本"之类，其例甚多。朱氏义为长。《家语·教思篇》："子路问管仲之为人。子曰：仁也。"是魏晋人旧说如是，似可从。（《论语集释》964页）

杨伯峻：他是人才。（《论语译注》148页）

　林觥顺：人也，说他所为均本于人道。(《论语我读》247 页)

　傅佩荣：与仁通用，在此特指以功业造福百姓而称之为行仁的人。(《傅佩荣解读论语》244 页)

　鲍鹏山：人也，可能有脱字，或说前脱"夫"字，乃"夫人也"，或说前脱一"仁"字，乃"仁人也"。(《论语新读》159 页)

　　辑者案：管仲以仁行见称，孔子的本意应是在称赞其为"仁人"。只有行仁，才会使被剥夺了大片采邑的伯氏食粗食却至死无怨言。

(4) 骈邑三百

　汉·孔安国：伯氏，齐大夫。骈邑，地名。齿，年也。伯氏食邑三百家，管仲夺之，使至疏食，而没齿无怨言，以其当理也。(邢昺《论语注疏》186 页)

　清·孔广森：骈邑者，即春秋齐襄公所取于纪之郱也。《续汉·郡国志》："临朐有古郱邑。"应劭曰："伯氏邑也。"凡土地字从邑，多后人所加。(《经学卮言》卷四·9 页)

　清·刘宝楠：孔云"骈邑地名"者，《说文》："郱，地名。"段氏玉裁注："《前志》齐郡临朐，应劭云：'有伯氏骈邑。'《后志》齐郡临朐，有古郱邑。按《春秋》庄元年：'齐师迁纪郱、鄑、郚。'杜云：'郱在东莞临朐县东南。'齐取其地。然则伯氏骈邑即此地。骈即郱字。今山东青州府临朐县东南有郱城是也。"(《论语正义》564 页)

　杨伯峻：骈邑——地名。阮元曾得伯爵彝，说是乾隆五十六年出土于山东临朐县柳山寨。他在《积古斋钟鼎彝器款识》里说，柳山寨有古城的城基，即春秋的骈邑。用《水经·巨洋水注》证之，阮氏之言很可信。(《论语译注》148 页)

　黄怀信："骈邑"，骈连之邑。(《论语新校释》340 页)

　姚小鸥、王克家："骈邑三百"系称伯氏连成一片的诸多属邑，

"骈"形容其连绵之貌;"三百"乃极言"邑"之多,而不是指某一邑中有三百家。伯氏"三百邑"为管仲所夺,故致其"饭疏食"。篇中以此极言伯氏损失之巨。管仲夺伯氏"骈邑三百",足见其政治气魄,而伯氏"饭疏食",却"没齿无怨言",又让我们看到管仲的治理之才。综上所述,《宪问》篇孔子此语的正解应为:"(管仲)是人才,他剥夺了伯氏很大一片采邑,致使伯氏只能食粗食,却至死无怨言。"(《〈论语·宪问〉篇"骈邑三百"解》,《北方论丛》2008年第5期)

孙钦善:伯氏:齐国大夫。骈邑:伯氏的采邑。"骈"或作"邗",或说今山东临朐县东南的邗城即其地。阮元曾得伯爵彝,出土于山东临朐县柳山寨。他说柳山寨有古城城基,即春秋骈邑(见《积古斋钟鼎彝器款识》)。(《论语本解》175页)

辑者案:从刘宝楠、杨伯峻、孙钦善说。

14.11 子曰:"孟公绰为赵、魏老则优,不可以为滕、薛大夫。"

汉·孔安国:公绰,鲁大夫。赵、魏,皆晋卿。家臣称老。公绰性寡欲,赵、魏贪贤,家老无职,故优。滕、薛小国,大夫职烦,故不可为。(邢昺《论语注疏》187页)

宋·邢昺:此章评鲁大夫孟公绰之才性也。赵、魏皆晋卿所食采邑名也。家臣称老。公绰性寡欲,赵、魏贪贤,家老无职,若公绰为之,则优游有余裕也。滕、薛乃小国,而大夫职烦,则不可为也。(邢昺《论语注疏》187页)

明·林希元:圣人分明是说孟公绰不可为鲁大夫,却不直说而说滕薛,且不说他短,先觅他长处而带个短说,多少宛转,多少妙处!此等言语非圣人不能。(《四书存疑》卷六·59页)

清·张甄陶:孟公绰非一味无能人。齐师伐鲁,将求救于晋,公绰曰:"崔杼将归弑君,必不纵暴于我。"齐师果归。谓之智士可矣。区区鲁大夫,何至不能胜任? 夫子之言,别有所指。鲁至定哀间,晋卿将篡,小国綦亡,赵魏之家,不可以董安于、尹铎之徒附益其势;滕薛之国,非得管仲、子产亦不能救其衰矣,非为公绰言也。(程树德《论语集释》968页)

方骥龄:本章所谓"赵魏老",疑当作"逍遥而巍然独立自足,令人肃然起敬"解,与所传孟公绰之为人"廉静寡欲"之说相符合。"则优",殆谓孟公绰之道德足为人人所敬,成为道德上之典型,不当使之为滕薛大夫而掩其长,似非孟公绰之不足为滕薛大夫也。(《论语新诠》411页)

李泽厚:人才之特殊也。能做大官(赵、魏,大国也)也未必能办具体事,何况大官还有各种各样,有的是以他的"道德"高、资历深专门用作摆设,什么实际事不干,也干不了。孟公绰可能就属于这类。(《论语今读》245页)

杨润根:本章的意思显然是:由于孟公绰笼统地反对贪婪的私欲,并宣称自己从此改姓寡欲,因此孔子不无讽刺地认为,如果让他去做晋国那些有权有势的大官僚的众多家庭财产的总管,那么他将可以使那些大官僚完全放心而不必担心自己的财产被人暗暗地侵吞了。此外,由于滕国和薛国的官僚集团的贪婪成性,腐化无度,因此孔子不无讽刺地认为,那个笼统地反对贪婪的私欲的人是不适宜介入那个官僚集团并成为它的一员的。不难理解,孔子的幽默讽刺是针对孟公绰的平庸肤浅的见识的(正因为如此,孔子说他只适宜于做一个家庭总管)。也许孟公绰和许多可尊敬的平庸肤浅的人们一样,只看到官僚集团的贪污腐化,而看不到促使整个官僚集团贪污腐化的整个社会的政治和经济制度的根源。因此这样的人不可能具有任何政治远见,也不可能改

变那个官僚集团贪污腐化的现实。（《发现论语》355页）

牛泽群："不可以为"良非《集解》、《集注》所云"小国政烦"之故。夫弱国无外交，附庸小国亦近于无政。而春秋五霸有晋，三家分晋有赵、魏，如此当时重卿之宰，尚"优游而有余裕"（《论语义疏》），焉"不可以为"小国大夫？明此言为"宁为赵魏老，不为滕薛大夫"之义，所谓宁为牛尾，不为鸡首也。（《论语札记》386页）

辑者案：从孔安国、邢昺说。

14.12 子路问成人。子曰："若臧武仲之知，公绰之不欲，卞庄子之勇，冉求之艺，文之以礼乐，亦可以为成人矣。"曰："今之成人者何必然？见利思义，见危授命，久要不忘平生之言，亦可以为成人矣。"

(1)卞庄子

汉·郑玄：卞庄子，秦大夫。（马国翰辑《论语古注·论语郑氏注》卷七·4页）

魏·周生烈：卞邑大夫。（邢昺《论语注疏》188页）

清·黄式三：注以庄子为鲁卞邑大夫者。《荀子·大略篇》："齐人欲伐鲁，忌卞庄子，不敢过卞。"《韩诗外传》（十）云："鲁兴师，卞庄子请从。"《新序》（八）云："齐与鲁战，卞庄子请行。"是鲁卞邑大夫之证也。卞，正字作弁。《檀弓》："弁人有其母，死而孺子泣者。"（《论语后案》399页）

程树德：按《群经补义》、《宝甓斋札记》并据《左》襄十六年《传》："齐侯围郦，孟孺子速徽之。齐侯曰：'是好勇。去之以为之名。'"是孟庄子有勇名，或先尝食采于卞，因以为号。考《荀子·大略篇》云："齐人欲伐鲁，忌卞庄子，不敢过卞。"此事虽与《左传》相似，然明言过卞，非过成，其非一人审矣。潘维城亦云："孟氏食卞，传究无明文。"《论语·子张篇》，曾子述夫子称孟庄子之孝，不云卞庄子，则卞庄子非孟庄子明甚。《后汉·班固传》《崔骃传》皆讳庄作严，注以为鲁人。卞邑，今山东兖州府泗水县，界东是鲁地，非秦地。且臧武仲、公绰、冉求皆鲁人，当如周生烈《注》，郑以为秦大夫者非。（《论语集释》970 页）

　　　　辑者案：卞庄子为鲁卞邑大夫。

（2）曰

梁·皇侃：曰者，谓也。向之所答是说古之成人耳，若今之成人亦不必然也。（皇侃《论语集解义疏》卷七·26 页）

宋·朱熹：复加"曰"字者，既答而复言也。……胡氏曰："'今之成人'以下，乃子路之言。盖不复'闻斯行之'之勇，而有'终身诵之'之固矣。未详是否？"（《四书章句集注》151—152 页）

元·陈天祥：若为既言而复答，古今文字中皆无如此文理。若为子路之言，乃是面折孔子之非，孔子再无一言以答之何也。二说皆不可取。此一节与上文只是一段话，但无"曰"字则上下之义自通，"曰"字衍。（《论语辨疑》卷七·5 页）

明·张居正：曰字还是孔子说。（《论语直解》卷十四·6 页）

清·翟灏：经传中同一段言，别起曰字，往往有之，不必定谓之衍。至《考文》谓"问成人"下"子曰"，"子"字一本无之，若上节皆子路问辞，此节方为夫子所答，则更于事理迁延，无足备用。（《四书考异》条考十六·6 页）

清·黄式三：王伯申曰："有非问答亦加'曰'字以别之者，语更端也。上节言成人，君子律己之全功；下节言成人，季世取人之宽：法此语更端也。《集注》程子说以公绰为仁，又以知、仁、勇、艺文以礼乐为非大成，此浅言知、仁、礼、乐也。胡氏贬先贤，尤不足信。"（《论语后案》400 页）

程树德：[考异]《论语集注述要》：次节"曰"字《集注》有两说，而胡氏说尤无理。若全节作子路语，则子路何可以所能者夸示于夫子之前，夫子亦何得竟无一语如"何足以臧"之训。但全节作夫子语亦未安，上节夫子勉进子路言已止矣，非子路所必不能行，何必又退一步而更言之？意"今之成人者"句是子路语，如子贡"敢问其次"之类，以下是夫子答辞，中间省一"曰"字。古人文字，或问辞省曰字，或答辞省曰字，常有之。末句如"抑亦可以为次"之类。见利思义三者皆非子路所难，夫子何又以此告之？玩末句语气，虽非如"何足以臧"之为抑辞；亦非甚许之之辞，子意仍欲子路勉进于上，不可苟安于次也。(《论语集释》973页)

牛泽群：以主观意愿，余宁认以为子路之言；以客观分析，则为孔子之言必矣：一则前未明言"古"，子路以"今"难之何出？二则前举四人皆非古人（乃合今人各长，故理论上非今人不能及之），子路突出以"今"难之何当？三则前后收句不差一字，全不似问难口气，而合孔子复言之惯。(《论语札记》388页)

　　辑案：依张居正，曰字是孔子说。

(3)久要

汉·孔安国：久要，旧约也。(邢昺《论语注疏》188页)

日·东条弘：久要，恒久要求之也。平生之言即旧约也。(《论语知言》卷八·398页)

杨树达：要读为约，贫困也。详余《久要不忘平生之言解》，见《积微居小学述林》235页。(《论语疏证》345页)

方骥龄：窃按：《列子·天瑞》"精神者天之久""道进乎本不久"注："久，有也。"《吕览·贵生》"所要轻也"注："要，得也。"《淮南·原道》"以要飞鸟"注："要，取也。"依据上列释"久""要"二字字义，本章所谓"久要"，殆言有所取得，指人之得其位而言。(《论语

新诠》412页）

　　金良年：久要：相隔很久。（《论语译注》165页）

　　杨润根：久要：长久地处于需要的状态，这也就意味着长久地处于生活必需品短缺的状态，也即贫穷的状态。（《发现论语》356页）

　　黄怀信："要"，借为"约"，相约定。（《论语新校释》343页）

　　　辑者案：从杨树达说。久要，指长久地处于困顿的处境中。

（4）平生

　　汉·孔安国：平生，犹少时。（邢昺《论语注疏》188页）

　　宋·朱熹：平生，平日也。（《四书章句集注》152页）

　　杨润根：平生：平等亲密地生活在一起的人，和自己平等亲密地生活在一起的人。成语"素昧平生"保存了这种原始的意义，它的意思就是"我从来就不知道我们曾经彼此平等亲密地生活在一起"，言下之意只是我从来就不认识你，我也从来没有与你交往过。不过"素昧平生"这种表达方式与"我不认识你"的表达方式相比，显然是非常友好、客气和礼貌的。（《发现论语》357页）

　　文选德：关于"平生"，意即一生。（《论语诠释》591页）

　　　辑者案：从朱熹说。平生之言，指平日诺言。

　　14.13　子问公叔文子于公明贾曰："信乎，夫子不言不笑不取乎？"公明贾对曰："以告者过也。夫子时然后言，人不厌其言。乐然后笑，人不厌其笑。义然后取，人不厌其取。"子曰："其然？岂其然乎？"（辑者案：岂其然，定州简本作"几其然"）

（1）公叔文子

　　汉·孔安国：公叔文子，卫大夫公孙拔。文，谥（辑者案："拔"，原作"枝"，李学勤整理本据阮元《校勘记》改为"拔"）。（邢昺

《论语注疏》188页）

清·朱亦栋：孔《注》：“公叔文子，卫大夫公孙枝。文，谥。”邢《疏》：“《世本》云：‘献公生成子当，当生文子枝，枝生朱，为公孙氏。’《谥法》：‘慈惠爱民曰文。’《檀弓》郑《注》：‘文子，献公之孙，名拔，或作发。’孔《疏》案《世本》‘献公生成子当，当生文子拔’，乃知‘枝’者‘拔’字之讹也。《左传·定公六年》‘公叔文子老矣’，杜《注》：‘文子名发，发与拔音之同也。’考《春秋·定公二年》‘仲孙何忌及邾子盟于拔’，《公羊》作‘枝’，则‘拔’之讹‘枝’，古有明征，不特朱子袭孔《注》之误耳。又秦有公孙枝，字子桑，见《左传·僖公九年》。”（《论语札记》卷下·9页）

清·阮元：皇本“枝”作“拔”。《释文》出公孙拔云“皮八反”。《礼记·檀弓下》“公叔文子卒”，郑君注：“文子，卫献公之孙，名拔，或作发。”疏引《世本》亦作拔。《困学纪闻》六云：“卫公叔发，《注》谓公叔文子，《论语》孔《注》作公孙拔。”是王伯厚所见本尚作“拔”字。《养新录》云：“公孙文子，朱《注》作公孙枝，王伯厚以为传写之误。予尝见倪士毅《四书辑释》载朱文公《论语注》：‘公叔文子，卫大夫公孙拔也。’又引吴氏程曰：‘拔，皮八反。俗本作枝误，即公孙发。’乃知今世所行《集注》本非考亭之旧，王厚斋所见亦是误本。”据此，则《集解》、《集注》诸本“枝”字皆形近传写之讹。案：此疏中作“技”尤误。（《论语注疏校勘记》2514页）

　　辑者案：三家所说一致，皆认为公叔文子即公孙拔。朱亦栋、阮元指出他本讹误，故存。

(2)厌

宋·邢昺：“夫子时然后言，人不厌其言。乐然后笑，人不厌其笑。义然后取，人不厌其取”者，贾言文子亦有言笑及取，但中时然后言，无游言也，故人不厌弃其言；可乐而后笑，不苟笑也，故

人不厌恶其笑也;见得思义,合宜然后取之,不贪取也,故人不厌倦其取也。(邢昺《论语注疏》189页)

宋·朱熹:厌者,苦其多而恶之之辞。(《四书章句集注》152页)

黄怀信:厌:满足。(《论语新校释》344页)

  辑者案:厌,厌烦、厌恶。

(3)其然? 岂其然乎

汉·马融:美其得道,嫌不能悉然。(邢昺《论语注疏》189页)

晋·袁乔:其然,然之也。此其善之者恐其不能,故设疑辞。(马国翰辑《论语古注·论语袁氏注》2页)

梁·皇侃:云"子曰其然"者,然,如此也,言今汝所说者当如此也。云"岂其然乎"者,谓人所传三事不言、不笑、不取,岂容如此乎? 一云:其然,是惊其如此。岂其然乎,其不能悉如此也。袁氏曰:"其然,然之也。此则善之者,恐其不能,故设疑辞。"(皇侃《论语集解义疏》卷七·27页)

明·蔡清:不可以上句为微疑,下句为深疑,盖圣人词气含洪忠厚自如此。(《论语蒙引》卷三·97页)

日·广濑建:《大全》杨说可取。杨云:"不过说到时言乐笑义取,搔着宣老痒处,不自觉其言之如此,欢欣踊跃耳。与文子有何交涉?"公明贾之言,近于人情,故曰"其然"。或说近于饰伪行怪,故曰"岂其然乎"。(《读论语》41页)

清·黄式三:岂,《史》《汉》多用为庶几之词,引申之为疑词,然其徘徊审顾之意一也,见《说文》段注。(《论语后案》401页)

江谦:曰其然者,是其时然后言乐,然后笑义,然后取之答也。岂其然者,谓所传不言不笑不取之非也。(释智旭、江谦《论语点睛补注》109页)

杨伯峻:孔子道:"如此的吗? 难道真是如此的吗?"(《论语译注》

150页）

牛泽群：杨伯峻标点为："其然？岂其然乎？"意疑问之程度叠深。……愚意杨伯峻改《集解》、皇《疏》、《集注》之旧说，失之于不及也。旧注义不尽同，均未必可取，但均以此句为二义转折，而非疑问递进，是为中矣。杨氏或以为先秦文未别见此句法，但以"其然"为问句之句法，又岂别见？联及全章，岂涉大事宏深义而足值递进叠疑乎？（《论语札记》389页）

黄怀信：前"岂其然乎"，旧作"其然"，脱上下二字，今从《论衡》增。深诧之，故重言。（《论语新校释》344页）

孙钦善：（译文）孔子说："原来是这样。难道真是这样吗？"（辑者案：孙钦善将原文标点为：子曰："其然。岂其然乎？"）（《论语本解》177页）

　　辑者案：从皇侃、杨伯峻说。通俗点的话，可译为：是这样吗？难道真的是这样吗？

14.14 子曰："臧武仲以防求为后于鲁，虽曰不要君，吾不信也。"（辑者案：定州简本"要"后无"君"字）

汉·孔安国：防，武仲故邑。为后，立后也。鲁襄公二十三年，武仲为孟氏所潛，出奔邾。自邾如防，使为以大蔡纳请曰："纥非能害也，知不足也。非敢私请。苟守先祀，无废二勋，敢不辟邑！"乃立臧为。纥致防而奔齐。此所谓要君。（邢昺《论语注疏》189页）

晋·袁乔：奔不越境而据私邑，求立先人之后。此正要君也。（马国翰辑《论语古注·论语袁氏注》3页）

宋·朱熹：有挟而求也。（《四书章句集注》152页）

清·刘宝楠：要，约也，言约君如己所求也。（《论语正义》569页）

程树德：为后，谓立为己后，《礼》云"为人后者为之子"是也。

或曰:为,人名,即臧为也。亦可备一说。(《论语集释》978页)

方骥龄:臧武仲因受季氏之攻而出奔于邾,如防以后,卑辞向政府请立后于防,乃立武仲之后于防,武仲即致防而奔齐,免去国内一场灾祸,此孔子所以称之为知。但如本章旧解,以为孔子有深责武仲之意,岂非前后相矛盾?"虽曰不要君",殆孔子肯定武仲之不要君。《释名》:"信,申也。"申与伸通。伸,直也。疑孔子所谓"吾不信也"犹言"吾不直也"。武仲虽未要胁国君,但孔子亦不直武仲之所为也。《公冶篇》子张问令尹子文与陈文子,孔子以为陈文子离齐他去,"清矣"但"未知,焉得仁?"依此例推之,孔子所以不直臧武仲之所为,殆因臧武仲虽清而未仁。盖不能留鲁国境内为鲁君效命,故不直之矣。(《论语新诠》414页)

杨伯峻:[译文]孔子说:"臧武仲(逃到齐国之前,)凭藉着他的采邑防城请求立其子弟嗣为鲁国卿大夫,纵然有人说他不是要挟,我是不相信的。"[注释]臧武仲以防求为后于鲁——事见《左传》襄公二十三年。防,臧武仲的封邑,在今山东费县东北六十里之华城,离齐国边境很近。(《论语译注》150页)

黄怀信:"要"后旧有"君"字,后人涉皇疏增,今从定州简本删。(《论语新校释》345页)

辑者案:杨伯峻解释全面明了,可从。

14.15 子曰:"晋文公谲而不正,齐桓公正而不谲。"(辑者案:"谲",定州简本作"矞")

汉·马融:伐楚以公义,责苞茅之贡不入,问昭王南征不还,是正而不谲也。(皇侃《论语集解义疏》卷七·29页)

汉·郑玄:谲者,诈也,谓召于天子而使诸侯朝之。仲尼曰:"以臣召君,不可以训。"故《书》曰:"天王狩于河阳。"是谲而不正

也。（皇侃《论语集解义疏》卷七·29 页）

晋·江熙：言此二君霸迹不同，而所以翼佐天子，绥诸侯，使车无异辙、书无异文也。（马国翰辑《论语古注·论语江氏集解》卷下·5 页）

明·林希元：晋文"谲而不正"，齐桓"正而不谲"，俱就其行事言也。若其心术，则皆不得为正。（《四书存疑》卷六·下论上·61 页）

清·江声：《汉书·邹阳传》云："鲁哀姜薨于夷。孔子曰：'齐桓公法而不谲。'"案：《论语》孔子之言齐桓与晋文并称，统指二公生平行事。阳以"法而不谲"专指杀哀姜一事，盖断章为说，不必如夫子意也。又案今本作"正而不谲"，准此以例，上句"谲而不正"，"正"字亦必作"法"，盖古文"法"字作"佱"。学者罕见佱，多见正。何晏非学人，安识"佱"字？故误为正，后人因之尔。（《论语竢质》卷下·2 页）

清·王引之：谲，权也。正，经也。言晋文能行权而不能守经，齐桓能守经而不能行权，各有所长，亦各有所短也。……马郑二家注尚未得经意。（《经义述闻》卷三一·35—36 页）

清·黄式三：谲，旧训诡诈。陈用之曰："晋文之谲非无正也，齐桓之正非无谲也。正不胜谲，故谓之谲而不正。谲不胜正，故曰正而不谲。"陈说申旧义亦明。《汉书·邹阳传》引孔子曰："齐桓公法而不谲。"颜《注》谓"守法而不用权"，其意谓晋文权谲不正，不如齐桓守正而不用权谲也。《淮南子·缪称训》："至德小节备、大节举，齐桓举而不密，晋文密而不举。"高《注》："齐桓有大节，小节疏；晋文有小节，大节废也。"谲、密一声之转。亦备一解。（《论语后案》403 页）

清·康有为：晋文挟天子以令诸侯，伐卫以致楚，处处用术，故孔子恶其谲而不正。齐桓以衣冠会，而不以兵车会，问楚罪而拜王命，葵丘五禁，皆得公理，故孔子美其正而不谲也。（《论语注》

212 页)

方骥龄:孔子说理,每率直而肯定,其论人必委婉其辞。本章明晓而肯定之论文公桓公,似有违孔子之精神,故可疑。《荀子·儒效》:"故明主谲德而序位,所以为不乱也。"《集解》:"先谦案,谲,决也。"盖谲与决相通假。本章孔子所谓"谲而不正",殆谓晋文公之能决断,而未能尽善尽美,似非诡诈之谓。《仪礼·士丧礼》"决用正"注:"正,犹善也。"问事之是非。齐桓公能问事之是非善恶,但缺少断决,是其失也。如管仲将卒,桓公问谁可为继者,管仲一一详析,桓公终不能决断,以致晚年当政时大有所失,即善而不决之证。(《论语新诠》415 页)

杨朝明:[解读]孔子说:"晋文公行事诡诈而不由正道,齐桓公行事正派而不用诡诈手段。"(《论语诠解》134 页)

辑者案:杨朝明解读简明,切合文意;康有为所述事实,可参。

14.16 子路曰:"桓公杀公子纠,召忽死之,管仲不死。"曰:"未仁乎?"子曰:"桓公九合诸侯,不以兵车,管仲之力也。如其仁,如其仁。"

(1)曰:"未仁乎?"

梁·皇侃:曰者,谓也,是时人物议者皆谓管仲不死,是不仁之人也。(皇侃《论语集解义疏》卷七·30 页)

宋·邢昺:此章论齐大夫管仲之行也。"子路曰:桓公杀公子纠,召忽死之,管仲不死。曰:未仁乎"者,召忽、管仲皆事子纠,及桓公杀公子纠,召忽致死,而管仲独不死,复臣桓公,故子路言管仲未得为仁乎。(邢昺《论语注疏》191 页)

元·陈天祥:"曰"字羡文。(《论语辨疑》卷七·6 页)

日·东条弘：按：曰者，更端之辞。"未仁乎""非仁者欤"语意同。盖管仲之为仁，夫子之所既许，唯其不死于纠，独似未仁，故问"未仁乎"。（《论语知言》401页）

清·刘宝楠："曰未仁乎"，此起子路问词，故加"曰"字。皇疏以为时议，非也。（《论语正义》573页）

王熙元：《论语》、《孟子》的文例，凡举事实而有所评论，评论之上必然安置一个"曰"字。这里的"曰"字以上是子路叙事的话，而以这"曰"字引起子路以下"未仁乎"的问辞。所谓"未仁乎"，就是不得称仁的意思，朱子《集注》说："子路疑管仲忘君事仇，忍心害理，不得为仁也。"（《论语通释》836页）

钱穆：上是叙述语，下是询问语，故又加一曰字。子路疑管仲忘主事雠，不得为仁。（《论语新解》366页）

黄怀信：[校]按："曰未仁乎"连读，旧于"曰"字断，非。或疑"曰"字衍，亦非。[释]曰未仁乎："曰"犹叫、谓。"未仁"，还不仁、不太仁。孔子对管仲有"仁人"之评，故子路如此说。[训译]子路问："齐桓公杀了公子纠，召忽为他而死，管仲不（为他）死，叫不够仁吧？"（辑者案：黄怀信原文句读为：子路曰："桓公杀公子纠，召忽死之，管仲不死。曰未仁乎？！"）（《论语新校释》346页）

　　　辑者案：黄怀信说可从。

（2）九合诸侯

汉·郑玄：庄十三年会柯，十四年会鄄，十五年又会鄄，十六年会幽，二十七年又会幽，僖元年会桱，二年会贯，五年会首戴，七年会宁母。（马国翰辑《论语古注·论语郑氏注》卷七·4页）

汉·郑玄：庄十四年会鄄，十五年又会鄄，十六年会幽，二十七年又会幽，僖元年会桱，二年会贯，五年会首戴，七年会宁母，九年会葵丘为九也。（袁钧《郑玄论语注》卷七·5页）

宋·邢昺：言"九合"者，《史记》云："兵车之会三，乘车之会六。"《穀梁传》云："衣裳之会十有一。"范宁注云："十三年会北杏，十四年会鄄，十五年又会鄄，十六年会幽，二十七年又会幽，僖元年会柽，二年会贯，三年会阳谷，五年会首戴，七年会宁母，九年会葵丘。"凡十一会，不取北杏及阳谷为九也。（邢昺《论语注疏》192 页）

宋·朱熹：九，《春秋传》作"纠"，督也，古字通用。（《四书章句集注》153 页）

明·陈士元：《左传·僖公二十六年》："齐伐我北鄙，公使展喜犒师曰：'周公太公夹辅成王，成王赐之盟曰："世世子孙无相害也。"载书在盟府，太师职之。'桓公是以纠合诸侯而谋其不协，弥缝其阙而匡救其灾，昭旧职也。"朱子谓九作纠，盖据展喜之词。而纠合宗族之纠亦其证也。公穀辈不考，乃直以为九会诸侯，至数桓公之会不止于九，则又因"不以兵车"之文而为之说曰："衣裳之会九，余则兵车之会。"然齐侯之会十有五，衣裳之会十有一，而兵车之会四，岂有九合之数哉？罗泌云："九合者，以葵丘之会言之也。咸淮之会固出其后，而贯谷之举又非其盛。若乃兵车之会，则庄公十四年伐宋，二十八年救郑，僖公元年救邢，四年侵陈蔡，六年伐郑，与十五年之救徐，首止之役定王世子，所谓一匡天下者也。"夫以九合为葵丘之会是矣，而又以一匡天下为兵车之会，岂孔子所谓九会一匡者有二旨耶？（《论语类考》卷十四·8 页）

日·东条弘：《左氏·僖二十六年》："桓公是以纠合诸侯，而谋其不协，弥缝其阙，而匡救其灾。"是纠合与弥缝、匡救对。今以九合对一匡，与《传》文意不同。《荀子·王霸篇》："九合诸侯，一匡天下，为五伯长。是亦无他故焉，知一政于管仲也。"是古书显征。后世何异之得有哉？况九、纠通用，无复他书可征乎。毛奇龄曰："屈平《天问》亦曰：'齐桓九会，卒然身杀。'朱子注《天问》亦

谓是纠字之通。纠会终不成义，以下无'诸侯'字也，信矣。"（《论语知言》407 页）

程树德：按《述学》有《释三九》云："凡一二之所不能尽者，则约之三以见其多；三之所不能尽者，则约之九以见其极多，此言语之虚数也。……故知九者，虚数也。"九合之义，亦若是而已矣。然则汉儒谓九为实数，刘炫去贯与阳谷而数洮，刘敞谓始幽终淮，万斯大谓始庄二十七年会幽并柽、贯、阳谷、首止、宁母、洮、葵丘、咸而九者，固非；即朱《注》依《左传》作"纠"者，亦未必是也。罗泌谓第九次合诸侯专指葵丘者，更不足与辨矣。（《论语集释》986 页）

杨伯峻：齐桓公纠合诸侯共计十一次，这一"九"字实是虚数，不过表示其多罢了。（《论语译注》151 页）

孙钦善：九合诸侯，不以兵车：是说多次主持诸侯的和平会盟。……"九合"或实指，《左传》、《国语》有"九合诸侯"、"七合诸侯"、"再合诸侯"、"三合大夫"之语，数词皆为确指。"九合"也可能是虚指。究竟是哪种情况，已无法考定。有人解"九"为"纠"，不当。（《论语本解》179 页）

辑者案："九"，无论是实数还是虚数，都是数词。"九通纠"说不可取。

（3）如其仁，如其仁

汉·孔安国：谁如管仲之仁！（邢昺《论语注疏》191 页）

宋·邢昺：孔子闻子路言管仲未仁，故为说其行仁之事，言齐桓公九会诸侯，不以兵车，谓衣裳之会也，存亡继绝，诸夏乂安，皆管仲之力也，足得为仁，余更有谁如其管仲之仁。再言之者，所以拒子路、美管仲之深也。（邢昺《论语注疏》192 页）

宋·郑汝谐：子路之意，以召忽之死为仁，管仲不死为未仁。夫子对以如其仁，如其仁，谓召忽不如管仲之仁也。（《论语意原》卷

三·32页）

宋·朱熹：如其仁，言谁如其仁者，又再言以深许之。盖管仲虽未得为仁人，而其利泽及人，则有仁之功矣。（《四书章句集注》153页）

宋·蔡节：如其仁，如其所成之仁也。再言之者，酌之之辞也。（《论语集说》卷七·26页）

元·陈天祥：注言"谁如其仁"，一"谁"字该尽古今天下之人更无人如管仲之仁，无乃许之太峻乎？仲为霸者之佐，始终事业不过以力假仁而已。所假之仁，非其固有之仁，岂有人皆不如之理？夫子向者言管仲之器小哉，又谓僭，不知礼，今乃连称"谁如其仁，谁如其仁"，圣人之言何其不恒如是邪！况经之本文"如其"上亦无"谁"字之意。王潭南曰："如其"云者，几近之谓也。此解"如其"二字意近。然此等字样但可意会，非训解所能尽。大抵如之为义，盖极似本真之谓，如云如其父、如其兄、如其所传、如其所闻，文字语话中似此用"如其"字者不少，以此相方，则"如其仁"之义乃可见。管仲乃假仁之人，非有仁者真实之仁。然其所成之功，亦与真实之仁所成者无异，故曰"如其仁也"。（《论语辨疑》卷七·6页）

清·李光地：如其仁，《集注》作"谁如其仁"者似太重。盖管仲虽能使桓公以义率诸侯，然未免所谓五霸假之者。若仁，则王者之事矣。《语》意犹云似乎亦可称仁也，盖未成乎仁者之德而有其功，固不可没也。体味六字，斟酌轻重，铢黍不差。（《读论语札记·宪问篇》）

清·翟灏：召忽之死，杀身以成仁也。仲虽不死，而有九合一匡之功，则亦得如召忽之仁。前章再言"如其仁"，"其"者，实指之辞，所指正召忽也。后章但论管仲之可以无死，不复论及召忽之

死。应劭、徐干均以经"沟渎"者为夫子贬召忽辞。固哉！其读书
矣！（《四书考异》条考十六·12页）

清·刘宝楠：王氏引之《经传释词》："如，犹乃也。"此训最当。
盖不直言"为仁"，而言"如其仁"，明专据功业言之，《穀梁传》所云
"仁其仁"者也。胡氏绍勋《拾义》据《广雅·释言》训"如"为"均"，
亦通。（《论语正义》576页）

清·戴望：如其仁，如管仲之仁而止也。（《戴氏注论语》卷十四·
3页）

程石泉：吴昌莹《经词衍释》云；"如，犹此也（见'所'字注），如
与若同义，若训为此，如亦可训为此。《论语》'如其仁，如其仁'，
言'此即其仁'也。"吴氏说可取。（《论语读训》247页）

金知明：如其仁！如其仁：行了仁义了！行了仁义了；如，去，
有施行的意思。（《论语精读》184页）

蔡健清：如其仁：这就是他的仁德。（《论语解读》245页）

　辑者案：刘宝楠引王引之说、程石泉引吴昌莹说为优。
"如其仁"，等于说"这就是他的仁"。

14.17 子贡曰："管仲非仁者与？桓公杀公子纠，不
能死，又相之。"子曰："管仲相桓公，霸诸侯，一匡天下，民
到于今受其赐。微管仲，吾其被发左衽矣。岂若匹夫匹
妇之为谅也，自经于沟渎而莫之知也？"

（1）一匡天下

汉·马融：匡，正也。天子微弱，桓公帅诸侯以尊周室，一正
天下。（邢昺《论语注疏》192页）

汉·郑玄：天子衰，诸侯兴，故曰霸。霸者，把也，言把持王者
之政教，故其字或作伯、或作霸也。（邢昺《论语注疏》193页）

清·刘宝楠：马氏统论桓功，当训"一"为"皆"也。郑《注》以"一匡"指阳谷。《穀梁》疏谓"郑据《公羊》"。……以义言之，马、郑说皆通。然"一匡"、"九合"，"一"字、"九"字，皆是计数，则郑义为长。（《论语正义》579页）

清·潘维城：一匡天下，《汉书·郊祀志》注谓："定襄王为天子之位。"一说谓阳谷之会，会诸侯云无障谷，无贮粟，无以妾为妻，天下皆从，故云一匡者也。（《论语古注集笺》卷十四·12页）

方骥龄：匡，正也。一匡有三解：（一）统一也。（二）一次也。或谓解统一泛而不切，作一次即匡正解，以见其长夜之忽旦，有丕变意。（三）匡，正也。一匡，使天下正于一。第三解较长。（《论语新诠》416页）

钱穆：旧注：匡，正也。一匡天下，说为一正天下，殊若不辞。今按：匡本饭器，转言器之四界。《史记》："涕满匡而横流。"今俗犹言匡当。此处匡字作动字用，谓匡天下于一，亦犹谓纳天下于一匡之内。（《论语新解》367页）

黄怀信：［释］"一"，整个、全部。旧释一切或统一，皆非。"匡"，救、挽救。旧释正，亦非。［训译］挽救了整个天下。（《论语新校释》348页）

　　辑者案：此"一匡天下"与上章"九合诸侯"构词方式基本相同，数词"一""九"在动词"匡""合"之前，具有副词性质，作状语修饰"匡""合"。因此，"一""九"就不要拘泥于"数"，将其看作副词性修饰语即可。匡，正也。一匡天下，今人多译为"使天下得到匡正"、"使天下正于一"等，此语似不宜译，译则失去了原句气势。

(2)自经于沟渎而莫之知也

魏·王肃：经，经死于沟渎之中也。（皇侃《论语集解义疏》卷七·

32页)

梁·皇侃：自经，谓经死于沟渎中也。沟渎小处，非宜死之处
也。君子直而不谅，事存济时济世，岂执守小信，自死于沟渎，而
世莫知者乎？喻管仲存于大业，不为召忽守小信。而或云：召忽
投河而死，故云沟渎。或云：自经，自缢也。（皇侃《论语集解义疏》卷
七·33页）

清·王夫之：十夫有沟，则沟者水之至小者也。江淮河济为
四渎，则渎者水之至大者也。连沟于渎，文义殊不相称，且自经者
必有所悬水中，无可悬之物，安容引吭？既已就水际求死，胡弗自
沉而犹须缢也？按《史记》杀子纠于笙渎，召忽自杀。邹诞生作莘
渎，《索隐》曰："莘、笙音相近，盖居齐鲁之间。"渎本音窦，故《左
传》又谓之生渎，然则沟渎地名也。（《论语稗疏》17页）

清·黄式三：经，刭之借字，谓断颈也。沟渎，鲁地名，亦名句
渎，亦名谷。……据诸文考之，是子纠、召忽身死同处，地在鲁之
句渎。（《论语后案》406页）

清·刘宝楠：宋氏翔凤《发微》云："……要之，生窦、笙渎、句
渎与沟渎是一地，而齐、鲁、曹、宋壤地相接，各得有其一隅，复以
声转而异其字也。"按《论语》言召忽"经死沟渎"，而《管子·大匡》
言"入齐境，自刎而死"，传闻各异。莫之知者，言无功绩为人所知
也。（《论语正义》580页）

杨伯峻：[译文]他难道要像普通老百姓一样守着小节小信，
在山沟中自杀，还没有人知道的吗？[注释]自经——自缢。沟
渎——犹《孟子·梁惠王》的"沟壑"。王夫之《四书稗疏》认为它
是地名，就是《左传》的"句渎"、《史记》的"笙渎"，那么，孔子的匹
夫匹妇就是指召忽而言，恐不可信。（《论语译注》152页）

王熙元：沟渎，田间水道，犹言沟渠或水沟。渎音独。（《论语通

释》839 页）

　　杨润根：经：经线，固定在纺织机上的线。这里的"经"的意思显然是把自己系在一个将会在河水中固定不动的自然物体（如大石块）之上并抱着这个自然物体跳进河流之中。因此这里的"经"的意思就是"沉"，而"自经"的意思也就是"自沉"。当然"自经"更强调了"自沉"的具体方式。沟：小河流。渎：小水塘。这个字的本意也许是指其水可以向行人出卖的泉水池。（《发现论语》362 页）

　　　　辑者案：自经，自缢。自缢于沟渎而不为人知。

14.18 公叔文子之臣大夫僎与文子同升诸公。子闻之，曰："可以为文矣。"

(1)公叔文子之臣大夫僎与文子同升诸公

　　汉·孔安国：大夫僎本文子家臣，荐之使与己并为大夫，同升在公朝。（邢昺《论语注疏》193 页）

　　宋·朱熹：臣，家臣。公，公朝。谓荐之与己同进为公朝之臣也。（《四书章句集注》154 页）

　　日·东条弘：僎与，盖僎氏。与，名也。诸，之于也。言文子荐其臣僎与，同为大夫，升之于公也。僎与本文子之臣，登于公为大夫。故曰："孔（辑者按：当为"公"字之误）叔文子之臣大夫僎与。"（《论语知言》414 页）

　　清·毛奇龄：公叔文子之臣，《论语》称为臣大夫，此家大夫也，然则阳货大夫矣，《注》故不识耳。（《四书剩言》卷三·2 页）

　　清·刘宝楠：家臣之中，爵秩不同，尊者为大夫，次亦为士。故此别之云大夫僎，明僎为家臣中之为大夫者也。毛氏谓"臣大夫"三字不得分，殊泥。《汉书·古今人表》作"大夫选"，则汉人读不以大夫连"臣"字也。"僎"作"选"，通用字。《释文》云："僎，本

又作撰。"《先进篇》:"异乎三子者之撰。"郑作"僎",是"僎"、"撰"亦通用也。(《论语正义》582页)

清·王闿运:臣大夫,家大夫也。僎,古遵字,贡士升大夫谓之僎者。(《论语训》卷下·39页)

程树德:[考证]毛奇龄《经问》引先仲氏说,谓臣大夫三字不分。《檀弓》:"陈子车死于卫,其妻与其家大夫谋以殉葬。"盖仕于家曰家大夫,仕于邑曰邑大夫,而统为臣大夫。按:大夫二字非必同升后方有此称。《昭》七年《传》:"孟僖子病将死,召其大夫。"杜《注》:"僖子属大夫。"臣大夫僎,犹属大夫云尔,孔《注》误也。(《论语集释》996页)

杨伯峻:公叔文子的家臣大夫僎,[由于文子的推荐,]和文子一道做了国家的大臣。孔子知道这事,便道:"这便可以谥为'文'了。"(《论语译注》152页)

杨润根:僎(xún):人名。与大多数学者的理解不同,我认为他既是公叔文子的私人政治顾问,同时又是卫国政府官员,并在卫国政府中拥有"大夫"的职位和官衔(因此在本章中,"公叔文子之臣"应是"大夫僎"的定语,其目的在于表明僎与文子即公叔文子这两位同为"大夫"的卫国政府官员的不同地位与身份),否则他不可能在一下之间升到公爵的高位。再者,如果他根本不在政府中任职,那么他也就没有晋升的起码条件。在他在政府中拥有"大夫"的职位与官衔的同时,他还兼任公叔文子的私人顾问(使臣),这也是并非不可理解的。公叔文子作为卫国政府官员(大夫),他地位显赫,因为他是卫献公(卫国国王)之孙,而僎在卫国政府中则只是一个普通的官员(大夫),正因为如此,当他与公叔文子一起晋升为公爵时,这才成为人们谈论的头条政治新闻。(《发现论语》363页)

辑者案:从孔安国、杨伯峻说。

(2)可以为文矣

汉·孔安国:言行如是,可谥为文也。(皇侃《论语集解义疏》卷七·33页)

梁·皇侃:子,孔子也。闻文子与家臣同升而美之也。言谥文也,以其德行必大得谥为文矣。(皇侃《论语集解义疏》卷七·34页)

宋·邢昺:"子闻之曰:可以为文矣"者,孔子闻其行如是,故称之曰:"可以谥为文矣。"以《谥法》"锡民爵位曰文"。(邢昺《论语注疏》193页)

宋·陈祥道:卫灵公以文子听邻父之政,修其班制以与四邻交,卫国之不辱社稷,不亦文乎?孔子以公叔文子之臣大夫僎与文子同升诸公,可以为文矣。盖灵公以通邻国而交之者为文,孔子以推人而下者为文。通邻国而交之,礼之文也;推人而下之,仁之文也。其所主虽殊,其为文则一也。(《重广陈用之学士真本入经论语全解义》卷七·9页)

宋·朱熹:文者,顺理而成章之谓。《谥法》亦有所谓锡民爵位曰文者。洪氏曰:"家臣之贱而引之使与己并,有三善焉:知人,一也;忘己,二也;事君,三也。"(《四书章句集注》154页)

宋·张栻:志在上贤,而不萌媢忌之心,以斯一善,其谥以文可也。(《南轩论语解》卷七·16页)

明·林希元:文子之谥文,不在于荐僎。圣人闻其荐僎之事而称其无愧文也。(《四书存疑》卷六·63页)

日·物双松:夫文者,道之别名,故谥莫大于文焉。虽有它善,皆止己之善。而独荐贤之益,莫有穷尽,故于《谥法》得称文焉。(《论语征》卷七·271页)

清·钱坫:《周书·谥法》"文"有六等,称经纬天地、道德博厚、学勤好问、慈惠爱民、愍民惠礼、锡民爵位，并无修制交邻、不辱社稷等例。《檀弓》："公叔文子卒，其子戍请谥于君。君曰：'夫子听卫国之政，修其班制，以与四邻交，卫国之社稷不辱，不亦文乎？'"灵公之论，不本典制，故夫子举同升佚事以合之，夫子之意良深矣。(《论语后录》卷四·20页)

　　　　辑者案：可将皇疏、邢疏及钱坫所解联系起来理解。

14.19 子言卫灵公之无道也，康子曰："夫如是，奚而不丧？"孔子曰："仲叔圉治宾客，祝鮀治宗庙，王孙贾治军旅。夫如是，奚其丧？"

　　黄怀信：[校]祝鮀有口才，当掌宾客，此"宗庙"、"宾客"当互误。[训译]先生说："(有)仲叔圉管祭祀，祝鮀掌外交，王孙贾治军队。像这样，怎么会灭亡？"(《论语新校释》349页)

　　　　辑者案：句意明白，无大争议。黄怀信"互误"说，存此备参。其他注解书皆与《十三经注疏》本同，无"互误"说。

14.20 子曰："其言之不怍，则为之也难。"

　　汉·马融：怍，惭也。内有其实，则言之不惭。积其实者，为之难。(邢昺《论语注疏》194页)

　　宋·朱熹：大言不惭，则无必为之志，而不自度其能否矣。欲践其言，岂不难哉？(《四书章句集注》154页)

　　日·中井积德：怍者，畏怯不敢之意。礼将就席，容毋怍，是也。与惭不同。(《论语逢源》284页)

　　清·刘宝楠：《大戴礼·曾子立事篇》卢《注》引"其言之不作，其后为之难"。严氏杰校云："所引《论语》，当读如《史记》'作作有芒'之作。"包氏慎言《温故录》："案作，起也。勇于有为者，其言必有振厉奋起之色。言不奋起,则行必观望,故曰'为之也难'。"案:卢引《论语》,未知何本。或"作"即是"怍"之误。严、包二君,但就文说之。……《曾子·立事》云:"是故君子出言以鄂鄂,行身以战战,亦殆免于戾矣。"卢《注》:"鄂鄂,辨厉也。"窃谓"辨厉"即"不怍"之意,"战战"即"为之也难"之意。(《论语正义》583 页)

张鼎:言不怍所以为难,其故有三:一是欺人,一是躁妄,一是不自知能否。欺人者无志,不自知能否者无识,躁妄者无养,皆非能为之人。兼三义似较备。(《春晖楼四书说略》卷下·9 页)

林觥顺:怍,惭也愧也,不怍丕。其言之丕怍,是大言不惭。俗语是吹牛不打草稿,信口开河。则为之也难,为之则难也的倒笔。(《论语我读》255 页)

杨朝明:[诠释]本章说的是大言不惭的人通常都靠不住。合格的执政者应该注意这方面的教训。此仍是体现孔子言行一致的要求。[解读]孔子说:"说话如果大言不惭,那么想要身体力行就很困难。"(《论语诠解》136 页)

　　辑者案:从朱熹、杨朝明说。

14.22 子路问事君。子曰:"勿欺也,而犯之。"

汉·孔安国:事君之道,义不可欺,当能犯颜谏争。(邢昺《论语注疏》195 页)

宋·朱熹:犯,谓犯颜谏争。范氏曰:"犯非子路之所难也,而以不欺为难。故夫子教以先勿欺而后犯也。"(《四书章句集注》155 页)

清·毛奇龄:子路生平以不欺见称,故小邾射以句绎奔鲁,尚欲要路一言以为信。岂有事君而反出于欺者? 此不过正告以事君之道,而注者必曰对病发药,圣门无完行矣。且勿欺而犯,有何先后? 第以勿欺为主而可犯。即犯,此岂有期限而以先后指定

之？（《四书改错》卷二十一·7 页）

　　清·黄式三：依孔《注》，是犯则勿欺也。依范《注》，是犯先不欺也。寻绎经旨，戒欺劝犯，二者反正言之。子路忠信则不欺，果断则能犯，充言之，则二者皆非易尽也。（《论语后案》410 页）

　　金池：犯，触犯，引申为规劝。（《论语新译》424 页）

　　　　辑者案：从孔安国说。句意明白：事君莫欺君，但可以犯颜直谏。

14.23 子曰："君子上达，小人下达。"

　　魏·何晏：本为上，末为下也。（皇侃《论语集解义疏》卷七·36 页）

　　梁·皇侃：上达者，达于仁义也；下达，谓达于财利，所以与君子反也。（皇侃《论语集解义疏》卷七·36 页）

　　宋·陈祥道：形而上者道也，形而下者事也。君子事道，故上达；小人事事，故下达。（《重广陈用之学士真本入经论语全解义》卷七·9 页）

　　宋·朱熹：君子循天理，故日进乎高明；小人殉人欲，故日究乎污下。（《四书章句集注》155 页）

　　明·焦竑：问："上达下达。"曰："形而上者为之道，形而下者为之器，非二物也。君子见性，故不得有，但见其道，而不见其器。小人执相，故不得无，但见其器，而不见其道。君子上达，故大道可受，而以小知囿之，则非不器之大道；小人下达，故小道可观，而以大道界之，则为无忌惮之中庸。"（《焦氏笔乘续集》卷一·14 页）

　　清·李塨：达，通也，往也。君子造于圣神，上达也；小人流于禽兽，下达也。（《论语传注》卷二·31 页）

　　日·广濑建：均之学道，贤者识其大者，故上达；不肖者识其小者，故下达。若曰"下学而上达"，皆就学问之道言之也。为君子儒，勿为小人儒，即上达下达之谓。（《读论语》42 页）

　　清·黄式三：达者,通晓之谓。下达,如《汉书》九流之类。《扬子法言·君子篇》曰："通天地人曰儒,通天地而不通人曰伎。"凡伎曰下达,此小人即可小知之人。(《论语后案》410页)

　　清·刘宝楠：达,通也。《论语比考谶》："君子上达,与天合符。"言君子德能与天合也。(《论语正义》585页)

　　清·康有为：君子尊魂神,由清明而进至于穷理尽性以合天。小人用体魄,由昏浊而日污,下至于纵欲作孽而速戾。然"罔念作狂,克念作圣",其终相去若天渊,其始相去一间耳,可不慎哉!(《论语注》217页)

　　方骥龄：如依旧解,上达之达字为善,则下达之达字不当为不善。《宪问》篇中每多贬责之意,此处所谓君子,似指在位之官吏言。小人,似指一般人民言。君子上达,谓在位之官吏,只求个人之闻达显贵,未能尽其职责,耻也。人民下达,一般人只知求个人之财利富足,置国政于不顾。孔子慨乎言之,深感时人之不以天下国家为己任耳。犹下一章叹"今人学者为人"同一志趣。(《论语新诠》422页)

　　乔一凡：达,宜也。上达,宜上不宜下；下达,宜下不宜上。(《论语通义》232页)

　　张荣明：综上,"君子上达,小人下达"似应解释为：君子以仁义为本的道德本能发达,小人以物利为本的生理本能发达。(《"上达"、"下达"发微》,《孔子研究》1993年第1期)

　　李炳南：君子知本,凡事皆从根本做起。小人相反,凡事皆是舍本逐末。学儒当知,希圣希贤是本,财利是末。(《论语讲要》281页)

　　李泽厚：[译]孔子说："君子向上走,小人向下走。"[记]注疏解说甚多,大都以为所谓"上下"者,即义、利也。与"君子喻于义,小人喻于利"同。"达"有译作"成功",即"君子大处成功,小人小

处成功"。(《论语今读》251 页)

牛泽群:《季氏》:"孔子曰:君子有三畏,畏天命、畏大人、畏圣人之言。小人不知天命而不畏也,狎大人、侮圣人之言。"知而畏,上达;不知而不畏,反之,下达也,与此章义旨相通,最恰宜之内证也。(《论语札记》396 页)

赵又春:"上达"、"下达"害苦了注家。众说纷纭,都可以说得通。多数人主张这一章和"君子喻于义,小人喻于利"章同义。现在我也来一个至少也能说得通的解法:孔子这是说,君子目光向着比自己强的人,小人目光向着比自己差的人。具体一点:交友,君子"无友不如己者";学习,君子认为"三人行,必有我师";修养,君子"见贤思齐"……说明白一点就是:君子总想着结交德才在自己之上的人,以便向人学习,提高自己;小人只愿结交德才在自己之下的人,以免暴露自己的缺点,还可以显得自己还不错。君子和小人的这一个重要差别,孔子会没有注意到? 不可能。所以我认为这章就是讲这个差别。"达"的基本意思是"通",稍加引申就是"到达",所以"上达"、"下达"作以上理解,字面上也可以成立的。(《我读论语》109 页)

黄怀信:[释]"达",进至、看齐。[训译]先生说:"君子向上看齐,小人向下看齐。"[章旨]旧或以上达、下达为达仁义、达财利,皆非。(《论语新校释》353 页)

杨朝明:孔子说:"同样是学习、修身,君子从中体会通往仁的途径,而小人却注重用以谋生糊口的技艺。"(《论语诠解》137 页)

孙钦善:此外,孔子认为上达与下达也表现了人的才智的差别,如说:"中人以上,可以语上也;中人以下,不可以语上也"(6.21),"君子不可小知而可大受也,小人不可大受而可小知也"(15.34),"唯上知与下愚不移"(17.3)。子贡也说:"文武之道，……贤者识其大者，不贤者识其小者"。(19.22)孔子说："君子通晓高深的学问，小人通晓低级的学问。"(《论语本解》183页)

　　　　辑者案：既然君子、小人对言，还是应界定在德行上来理解。君子对自己要求高，要求往德行的高处进达；小人则反是。

14.24　子曰："古之学者为己，今之学者为人。"

唐·韩愈：为己者，谓以身率天下也。为人者，谓假他人之学以检其身也。孔云"徒能言之"，是。不能行之，失其旨矣。(《论语笔解》卷下·9页)

唐·李翱：孟子云尧舜性之，是天人兼通者也。汤武身之，是为己者也。五伯假之，是为人者也。(《论语笔解》卷下·9页)

宋·朱熹：程子曰："为己，欲得之于己也。为人，欲见知于人也。"程子曰："古之学者为己，其终至于成物。今之学者为人，其终至于丧己。"愚按：圣贤论学者用心得失之际，其说多矣，然未有如此言之切而要者。于此明辨而日省之，则庶乎其不昧于所从矣。(《四书章句集注》155页)

元·陈天祥：欲得之于己，此为为己之公。欲见知于人，此为为己之私。两句皆是为己，为人之义不可通也。盖为己，务欲治己也。为人，务欲治人也。但学治己，则治人之用斯在。专学治人，则治己之本斯亡。若于正心修己以善，自治之道不用力焉，而乃专学为师教人之艺，专学为官治人之能，不明己德而务新民，舍其田而芸人之田，凡如此者，皆为人之学也。(《论语辨疑》卷七·11页)

程树德：[发明]夏锡畴《强学录》：如恶恶臭，如好好色，为己也。徇人而为善者，为人也。(《论语集释》1005页)

方骥龄：《小尔雅·广诂》："为，治也。"《左》文六"何以为民"，

《释文》:"为,治也。"《里仁篇》:"能以礼让为国乎,何有?"皇疏:
"为,犹治也。"如按《荀子·劝学篇》义,亦当作治字义解。孔子以
古今相比,古之学者,学用以治己,以美其身;而今人之学者,目的
在为人所用,以求禽犊财利而已!(《论语新诠》422页)

杨伯峻:孔子说:"古代学者的目的在修养自己的学问道德,
现代学者的目的却在装饰自己,给别人看。"(《论语译注》154页)

钱逊:为人、为己:有不同的解释:一,为己是为了充实提高自
己,使自己在道德学问上有所得;为人是为了给别人看,让别人知
道。因此为己能身体力行,为人则只能夸夸其谈。二,为己指德
行一科,为人指言语、政事、文学等科。孔子并不否定为人之学,
只是必须以为己之学为根本。(《论语浅解》231页)

李泽厚:孔子说:"古时的学者是为了改进自己,今天的学者
是为了教训别人。"(《论语今读》251页)

苏宰西:孔子说:"古代学者是为了自身修养,现代学者为了
带动别人。"(《论语新编》60页)

杨朝明:孔子论古今学者求学观念有所不同。这里的"为己"
与"为人"的含义是什么,自古就争论不休。我们认为,"为己"与
"为人"的"为"当读作"作为"的"为"。"为己"就是修己,"为人"就
是要求他人,与"为己"相对。也就是说,相比于古人的修己安人,
孔子那时的人学习的是如何治理他人、社会和天下。很显然,古
人是通过先修身,而后推己及人来治理天下,而孔子时的执政者
是通过学习治人之道来治理天下,后者是急功近利的。(《论语诠解》
137页)

辑者案:陈天祥、杨朝明说为优。

14.25 蘧伯玉使人于孔子。孔子与之坐而问焉,曰:

"夫子何为?"对曰:"夫子欲寡其过而未能也。"使者出。
子曰:"使乎!使乎!"

使乎使乎

魏·陈群:再言使乎者,善之也,言使得其人也。(马国翰辑《论语
古注·论语陈氏义说》2 页)

宋·邢昺:此章论卫大夫蘧瑗之德。……"使者出。子曰:使
乎!使乎"者,孔子善其使得其人,故言"使乎"。所以善之者,颜
回尚未能无过,况伯玉乎? 而使者云"未能",是伯玉之心不见欺
也。(邢昺《论语注疏》196 页)

宋·朱熹:言其但欲寡过而犹未能,则其省身克己,常若不及
之意可见矣。使者之言愈自卑约,而其主之贤益彰,亦可谓深知
君子之心,而善于辞令者矣。故夫子再言"使乎"以重美之。(《四书
章句集注》155 页)

清·段玉裁:当以"使乎使"三字为逗,下一"乎"字为永叹之
语助,曰"何也",曰"是",《尚书》"孝乎惟孝"、《礼记·仲尼燕居》
"礼乎礼"之句法也。……盖一字不足以尽其美,叠一字以美
之……使乎使,谓好使中之好使也。……下以"乎"字咏叹之,正
与"贱乎贱者也"、"微乎微者也"文法一例,不可以上"使乎"逗、下
"使乎"句。(《经韵楼集》卷十二·65 页)

清·刘宝楠:段氏玉裁《经韵楼集》"使乎使"三字逗,下一
"乎"字为永叹之辞,与此《注》(辑者案:指何晏《集解》引陈群语)
违,亦未必合经旨。《汉书·艺文志》:"子曰:'颂《诗》三百,使于
四方,不能专对。'孔子曰:'使乎!使乎!'言其当权事制宜,受命
而不受辞。"亦以此言"寡过"、"未能"非为所受之辞,故为使得其
人也。《论衡·问孔篇》:"孔子曰:'使乎!使乎!'非之也。说《论
语》者曰:'非之者,非其代人谦也。'"此当时驳义,不足信。(《论

正义》587页）

　　方骥龄：窃按：《说文》："使，伶也。"段《注》以为："大徐伶作令，误。"《释文》曰："令，《韩诗》作伶，云使伶。"可见令伶二字原不相同。按《说文》："伶，弄也。"疑"伶弄"双声，犹言玲珑，故古之伶人多弄臣，喻其玲珑便嬖可使令也。……疑本章所谓"使乎使乎"，犹言"玲乎玲乎"，乃"玲珑乎玲珑乎"之意，非美使者，殆美蘧伯玉之"邦有道则仕，邦无道则卷而怀之"有玲珑之明见也。（《论语新诠》423—424页）

　　毛子水：孔子的意思或是："具这样见解的人，乃只做一个'使者'么！"（《论语今注今译》225页）

　　赵又春：蘧伯玉是卫国大夫，据说是位急求进取、善于改过的人。他派人来看望孔子，孔子问使者"你家老先生在干些什么"，他的回答竟是："他老先生想减少（寡）自己的过失，但未能办到。"这回答实在太妙了。一是符合事实，即同蘧伯玉善于改过的盛名一致；二是显得谦逊，不吹嘘自己的主人，而是讲主人在力求减少过失；三是也一点不贬低主人，并不明说主人有什么错处；四是给人一个悬念，似乎主人已经非常完美，简直没有什么需要改进的地方了。这样会说话的人，孔子不会不佩服、欣赏的。但对会说话的人，孔子颇有成见，因为他认为"巧言令色，鲜矣仁"（1—3），"刚、毅、木、讷近仁"（13—27），所以常贬称之为"佞"。因此，对于这位使者，他既不表扬，也不贬抑，只是在人家走了后感叹地说："这个使者呀！这个使者呀！"（《我读论语》62页）

　　林觥顺：使，从吏从人，是治事者的官员。使人于孔子，于通于有往去义，使乎是孔子指蘧伯玉正反问的赞辞。赞使者是上等级的知礼。（《论语我读》259页）

　　黄怀信：［校］按：《论衡·问孔》引"使乎使乎"后有"非之也"

三字,当是。增之惊俗,今依旧。[释]"非",非议。"之",指遽(辑者按:应为"蘧"字之误)伯玉。[训译]"(这是)使者吗?(这是)使者吗?"[章旨]此章批评蘧伯玉之使。言"欲寡其过而未能",一则见其过多,一则见其无能,可见是揭主人之短,非议主人。孔子非之甚,故重言"使乎"。使不能扬主之长反揭其短,何得为使?旧以为赞其使,谬也。(《论语新校释》354-355页)

全知明:[注释]子曰,使乎! 使乎:孔子说:派使臣好呀! 派使臣好呀! 使,动词做形容词,有"应该这么做"、"做得多好啊"等赞赏的意思在里边。(《论语精读》189页)

何新:使,当作驶,起驾也。(《论语新解——思与行》191页)

　　辑者案:从陈群、朱熹说。"使乎! 使乎!"连言赞美蘧伯玉派来的人是个好使者。

14.26 子曰:"不在其位,不谋其政。"曾子曰:"君子思不出其位。"

汉·孔安国:不越其职也。(皇侃《论语集解义疏》卷七·37页)

梁·皇侃:君子思虑当己分内,不得出己之外而思他人事。思于分外徒劳不可得。袁氏曰:"不求分外。"(皇侃《论语集解义疏》卷七·37页)

宋·朱熹:此《艮卦》之《象辞》也。曾子盖尝称之,记者因上章之语而类记之也。范氏曰:"物各止其所,而天下之理得矣。故君子所思不出其位,而君臣、上下、大小,皆得其职也。"(《四书章句集注》156页)

宋·张栻:位,非独禄位之称,大而君臣父子,微而一事一物之间。当其时与其地,所思有所止而无所越,皆为不出其位也,非有主乎其中者,其能然乎?(《南轩论语解》卷七·18页)

清·阮元：皇本、闽本、北监本合下"曾子曰：'君子思不出其位'"为一章，毛本"曾子曰"提行别为一章。案邢《疏》云"曾子遂曰"明出一"遂"字，则毛本别为一章非是。案：孙志祖《读书脞录》云："《论语·宪问篇》'子曰不在其位，不谋其政'，注疏以此二句与下'曾子曰："君子思不出其位"'合为一章。盖曾子引《易》以证夫子之言，语意本一贯，犹'牢曰子云吾不试故艺也'。《集注》因《泰伯篇》有此文，注为重出，而以'曾子曰'自为一章，误矣。"（《论语注疏校勘记》2515页）

清·康有为：此《艮卦》之《象辞》也，曾子盖尝称之。位者，职守之名，各有权限，不能出权限之外。故政如农功，日夜思之，思其始而究其终，责任所在，务以尽职，则所思者亦以不越职为宜。如兵官专司兵事，农官专司农事，不得及它，乃能致精也。若士人无位，则天地之大，万物之夥，皆宜穷极其理。故好学深思，无所不思，思用其极。程子曰："能思所以然，是天下第一等学人。"盖学人与有位正相反也，学者慎勿误会。（《论语注》218页）

严灵峰：《礼记·中庸篇》："君子素其位而行，不愿乎其外。"又云："在上位，不陵下；在下位，不援上。"可与此章相互发明。朱熹曰："此艮卦之象辞也。曾子盖尝称之，记者因上章之语，而类记之也。"又："曾子"下疑脱"《易》曰"二字。《易·艮卦·象辞》作"君子以思不出其位"……观上二例，则此章全文，疑当作："子曰：'不在其位，不谋其政。'曾子曰：'《易》曰："君子思不出其位。"'子曰：'参也，始可与言《易》已矣！'"（《读论语札记》41页）

牛泽群：然而多数人作为一章，谓曾子乃申孔子之言。窃以为曾子之申貌似而神大离矣，何也？曾子引《易·艮》之《象辞》："兼山艮，君子以思不出其位。"其"位"非与子曰者同。"不在其位"之位，具体，乃政之位；"思不出其位"之位，抽象，包容。"其"

非指君子而是"思",故位为思之位,恰宜之畛域、境界。"思不出其位",即勿空想、幻想、脱离实际意义之谓。故曾子引《易》申孔子言,其因乃未明《易》辞之义,其果却歪曲孔子之义,贻误不浅。(《论语札记》396 页)

　　　　辑者案:孔安国所说"不越其职"已很简明,无须多解。

14.27 子曰:"君子耻其言而过其行。"

梁·皇侃:君子之人,顾言慎行。若空出言而不能行,遍是言过其行也。君子耻之,小人则否。(皇侃《论语集解义疏》卷七·37 页)

宋·邢昺:此章勉人使言行相副也。君子言行相顾,若言过其行,谓有言而行不副,君子所耻也。(邢昺《论语注疏》196 页)

宋·朱熹:耻者,不敢尽之意。过者,欲有余之辞。(《四书章句集注》156 页)

元·陈天祥:注文以"耻其言"与"过其行"分为两意,解"耻"字为不敢尽之意,解"过"字为欲有余之辞。圣人之言,恐不如此之迂曲也。且言不过行有何可耻? 行取得中,岂容过余过中之行? 君子不为,过犹不及,圣人之明论也。注文本因"而"字,故为此说,本分言之止是耻其言过于行。旧说君子言行相顾,若言过其行谓有言而行不副,君子所耻。南轩曰:"言过其行则为无实之言,是可耻也。耻言之过行,则其笃行可知矣。"二论意同。必如此说,义乃可通。"而"字盖"之"字之误。(《论语辨疑》卷七·11 页)

清·黄式三:朱子以前诸解俱谓:言过其行为可耻耳。朱子谓:如诸说,《经》文"而"字当作"之"字。式三谓"其言而过其行"六字连读,旧说原通。据皇本及《潜夫论·交际篇》,"而"字正作"之"字,亦可存参。(《论语后案》413 页)

程树德:[考异]皇本作"君子耻其言之过其行也"。《潜夫论·交际篇》："孔子疾夫言之过其行者。"亦作"之"字。《论语衍说》：诸说皆以此为一事，谓耻其言之过于行也。于义固通，但须易"而"字为"之"字乃可。《天文本论语校勘记》：足利本"而"作"之"，古本、唐本、津藩本、正平本末有"也"字。按：《礼·杂记》："有其言而无其行，君子耻之。"又《表记》："君子耻有其辞而无其德，有其德而无其行。"皆足与《疏》说相证。邢《疏》："此章勉人使言行相副也。君子言行相顾，若言过其行，谓有言而行不副，君子所耻也。"据此，则邢本亦当与皇本同，似今注疏本皆依《集注》校改，非其旧矣。玩本文语气，不当为两事，《集注》失之。（《论语集释》1010页）

方骧龄：本章似以分作两项解为是。耻其言，君子人知耻而有所不言。言，直言己意，谓不可言之不怍是也。而字兼有能字义，当作"而能过其行"解，于是"而"字用法不虚而有力。《广雅·释诂一》："过，责也。"过其行，责己之行，贵乎自讼而不致有失。犹蘧伯玉之寡其过是也。（《论语新诠》425页）

辑者案：此语并不费解，即君子以"言过行"为耻。换句话说，即君子羞耻于说到而做不到。孔子主张言行一致，说到做到。

14.28 子曰："君子道者三，我无能焉：仁者不忧，知者不惑，勇者不惧。"子贡曰："夫子自道也。"

晋·江熙：圣人体是极于冲虚，是以忘其神武，遗其灵智，遂与众人齐其能否。故曰我无能焉。子贡识其天真，故曰夫子自道也。（马国翰辑《论语古注·论语江氏集解》卷下·5页）

梁·皇侃：言君子所行之道有三。夫子自谦我不能行其一也。（皇侃《论语集解义疏》卷七·37页）

宋·邢昺:此章论君子之道。"子曰:君子道者三,我无能焉"者,言君子之道有三,我皆不能也。"仁者不忧,知者不惑,勇者不惧"者,此其三也。仁者乐天知命,内省不疚,故不忧也。知者明于事,故不惑。勇者折冲御侮,故不惧。夫子言我皆不能此三者。"子贡曰:夫子自道也"者,子贡言夫子实有仁、知及勇,而谦称我无,故曰夫子自道说也。所谓谦尊而光。(邢昺《论语注疏》197页)

宋·蔡节:节谓子贡云夫子自言其平日所能行者尔。(《论语集说》卷七·32页)

清·刘宝楠:"自道"者,言夫子身能备道也。《孟子》引子贡语,以夫子"仁且知"为"既圣",皆所谓"知足知圣"也。(《论语正义》588页)

方骥龄:《尔雅·释诂》:"道,勴也。"注:"谓赞勉。"本章所谓"道者三",殆谓君子人当以三事自勉也。《广雅·释诂三》:"道,治也。"《礼记·礼器》"苟无忠信之人,则礼不虚道",注:"犹由也,从也。"《中庸》"故君子尊德性而道问学",注:"道,犹由也。"《礼·射义》"庞期称道不乱者",注:"犹行也。"疑本章子贡所谓"天子自道也",殆谓孔子已以此三者"自治""自由""自从"。说明孔子已以此三者自治之矣。如依旧解,虽非孔子自伐,而由子贡增饰其辞,亦足以成孔子自伐之嫌。(《论语新诠》425页)

杨伯峻:(君子道者三),君子所行的三件事。(《论语译注》155页)

杨宝忠:"子道者三"、"夫子自道也"与"乐道人之善",三"道"字用法相同。"乐道人之善"谓乐于称道他人的长处,"夫子自道也"谓夫子自己称道自己,"君子道者三"谓君子称道的人有三种。仁者无所忧虑,故为君子所称道;智者无所困惑,故为君子所称道;勇者无所畏惧,故亦为君子所称道。在子贡看来,孔子兼具不忧、不惑、不惧三种美德,故下文子贡说"夫子自道也"。"君子道者三"之"道"训"称道","者"为代词,代指人,如此训释,方合文法、方合文意、方与"夫子自道"之"道"训释一致。(《释"君子道者三"》,《孔子研究》1998 年第 3 期)

杨润根:道:指导,指导原则。(《发现论语》370 页)

查正贤:道:《四书训义》:"'道者三',非君子之道三也,仁、智、勇是德不是道。此'道'字解作'由'也,由之以成德也。"(《论语讲读》199 页)

傅佩荣:道:路也,引申为遵行一定途径所达成的结果,可译为风格或境界。(《傅佩荣解读论语》256 页)

黄怀信:君子道者三:"道",讲说、讲究。下"道"同。旧或释行,非,仁者不忧、智者不惑、勇者不惧不为行。或释君子之道,亦非,下有"者"字。(《论语新校释》357 页)

黄克剑:自道(dǎo):自己开导自己,自己勉励自己。道,开导,教导。(《〈论语〉解读》312 页)

　　辑者案:皇疏、邢疏为优。

14.29 子贡方人。子曰:"赐也贤乎哉? 夫我则不暇。"

(1)方人

汉·孔安国:比方人也。(邢昺《论语注疏》197 页)

唐·陆德明:如字。孔云"比方人也"。郑本作"谤",谓言人之过恶。(黄焯《经典释文汇校》711 页)

唐·韩愈:不暇比方人者,其旨安在? 吾谓义连上文云夫"君子自道者,我无能",此是比方君子之言也。惟子贡明之,故门人记"子贡方人"四字。下文曰"贤乎哉",善子贡能知我比方人耳。复云不暇者,终自晦也。(《论语笔解》卷下·10 页)

宋·朱熹:方,比也。比方人物而较其短长。(《四书章句集注》

156 页）

清·刘宝楠：《释文》云："方人，郑本作谤，谓'言人之过恶'。"卢氏文弨《考证》："《古论》'谤'字作'方'，盖以声近通借。"……孙氏志祖《读书脞录》说此文云："《左传》'庶人谤'，《正义》云：'谤谓言其过失，使在上闻之而自改，亦是谏之类也。'昭四年《传》：'郑人谤子产。'《国语》：'厉王虐，国人谤王。'皆是言其实事，谓之为谤。但传闻之事，有实有虚，或有妄谤人者，今世遂以谤为诬类，是俗易而意异也。"案：《三国志·王昶传》昶戒子书曰："夫毁誉，爱恶之原，而祸福之机也。是以圣人慎之。孔子曰：'吾之于人，谁毁谁誉；如有所誉，必有所试。'又曰：'子贡方人。赐也贤乎哉？我则不暇。'以圣人之德，犹当如此，况庸庸之徒而轻毁誉哉？"以方人为毁，是亦读"方"为"谤"，用郑义也。……《注》说误。（《论语正义》588－589 页）

清·戴望：方，正也，以道正人行。（《戴氏注论语》卷十四·5 页）

方骥龄：子贡为人笃实，孔子一再赞美，既不谤人，亦不任意评人，且本章并无责子贡之意。按《广雅·释诂一》："方，正也。"本章所谓方人者，殆正人之失也。例如《子张篇》中有关子贡者共六章，细绎其对答之方，必先正人之失，然后申述己意。至散见其它各篇者，皆足以见子贡研究问题之好深入而与众不同。人或是之，必更进一层；人或非之，子贡必先正其失。且子贡擅长言语，岂肯任意评人之失？故方人疑当作"正人"解，谓子贡善纠正他人之失也。孔子则以为人努力自修之不暇，固不必正人之失，他人之是非善恶，自有公是公非为之评断也。（《论语新诠》426 页）

杨伯峻：[译文]子贡讥评别人。孔子对他道："你就够好了吗？我却没有这闲工夫。"[注释]方人——《经典释文》说，郑玄注的《论语》作"谤人"，又引郑注云"谓言人之过恶"。（《论语译注》

155 页)

　　杨润根：方：圆，全部、圆满。这里作为动词，意指把他人放在一个完美无缺的评判框架（标准）之中，并以此来批评、指责他人，这实际上也就是对他人求全责备，即想方设法找别人的缺点，挑他人的毛病。（《发现论语》371 页）

　　赵又春：这个"方"是"比方"的"方"，"方人"本只是比较、评论人的长短优劣，但如果动机不是为了取人之长，或口气过于激烈，或比较得过细而近于刻薄，旁人看来就会认为是在讥讽甚或毁谤别人。所以我们社会里的怪现象之一是，几乎人人都好背后议论人，但背后议论人又被公认为坏习惯、坏品质，以前还说是自由主义的表现。孔子也陷入了这矛盾，光是《论语》中有记载的他"方人"的言论就为数不少，可他对子贡的方人却抱不屑的态度，还一点不实事求是，说"我可没这闲功夫"（"夫我则不暇"的"夫"是指代"方人"），似乎他从来没有"方"过人。（《我读论语》35 页）

　　林觥顺：方人，合并方人作仿，仿者仿佛，似是实非，似有还无。……因子贡利口巧辞，是以仿佛有戏谑义。（《论语我读》260 页）

　　黄怀信：[校]子贡谤人，"谤"旧作"方"，借字，今从《释文》所引郑本用本字。[释]谤：诽谤，公开指责人之非。……"贤"，多才、能干。"哉"，叹词。旧读问句，非。[训译]子贡公开指责别人，先生说："端木赐真能啊！而我却顾不上。"（《论语新校释》358 页）

　　杨朝明：子贡评论别人的长短。孔子说："子贡你就真的比别人贤能吗？我可没那么多闲工夫去评论别人。"（《论语诠解》138 页）

　　　　辑者案：从陆德明所引郑玄注，方作谤，言人之过恶。杨伯峻释为"讥评别人"，杨朝明释为"评论别人的长短"，皆合文意。

（2）贤乎哉

　　清·潘维城：以贤训多，古无此训。《诗·北山传》云："贤，劳

也。"此贤亦当训劳,与暇字相对,谓赐不厌劳而我则无暇也。(《论语古注集笺》卷十四·16页)

钱逊:"赐也贤乎哉"也有两种解释:一作疑问语气解释,意思是批评子贡;一作肯定语气解释,肯定子贡的贤。(《论语浅解》233页)

萧民元:笔者以为这个"贤"字,根本就是一个音误字,正字应该是"闲",就是"有空闲"的意思。(《论语辨惑》135页)

杨润根:这个字在这里与"不暇"相联系(作为"不暇"的反意词),不仅具有贤(优秀、杰出)本来的意义,而且还具有"多暇"的意义。(《发现论语》371页)

辑者案:贤,善也。上辑杨伯峻译为"你就够好了吗",切合文意。

14.31 子曰:"不逆诈,不亿不信,抑亦先觉者,是贤乎!"

汉·孔安国:先觉人情者,是宁能为贤乎?或时反怨人也。(皇侃《论语集解义疏》卷七·38页)

南朝宋·颜延之:能无此者,虽未穷明理而抑先觉之次也。(马国翰辑《论语古注·论语颜氏说》3页)

宋·邢昺:此章戒人不可逆料人之诈,不可亿度人之不信也。抑,语辞也。(邢昺《论语注疏》197页)

宋·朱熹:逆,未至而迎之也。亿,未见而意之也。诈,谓人欺己。不信,谓人疑己。抑,反语辞。言虽不逆不亿,而于人之情伪,自然先觉,乃为贤也。杨氏曰:"君子一于诚而已,然未有诚而不明者。故虽不逆诈、不亿不信,而常先觉也。若夫不逆不亿而卒为小人所罔焉,斯亦不足观也已。"(《四书章句集注》156页)

宋·蔡节:先事而迎之之谓逆;诈者,计之诡者也;以意而度之之谓亿；不信者，言之妄者也；不逆不亿者，诚也；先觉者，知也。抑，反语辞。不逆诈不亿不信，是固诚于待人矣。然苟无先见之明，则人之果诈也，果不信也，吾且受其欺矣。故必曰先觉之是贤者，以其烛理既尽，物无遁情，犹鉴明于此而妍丑自不能隐也。（《论语集说》卷七·33页）

清·刘宝楠："先觉"者，诈与不信，未容施行，已觉之也。……《注》以"先觉"即逆亿，故云："是安能为贤乎？""反怨人"，皇《疏》谓"反受怨责"，非也。《释文》云："怨，本或作冤。"卢氏文弨《考证》："古'怨'与'冤'通。"（《论语正义》589页）

清·潘维城：逆当读如以意逆志之逆。诈，《说文》云"欺也"。亿读如"亿则屡中"之亿。觉，《说文》云"寤也"。（《论语古注集笺》卷十四·16页）

方骥龄：窃按：《宪问篇》言士道，而以知耻为则。如依旧解，乃处世之方，限于待人接物，与士道无涉。似当另求解释。

《说文》："逆，迎也。"迎逆二字为双声，故通用。《书·禹贡》"同为逆河"郑注："下尾合，名曰逆河，言相逆受也。"是逆有迎合之意。凡"欺诳""欺诈""伪其辞""诡变用奇"者皆为诈，不逆诈，殆系不迎合诈伪之人意。

《说文》："亿，安也。"《左》昭二十一"心亿则乐"注："亿，安也。"……是亿字古义，安也。作臆字解，乃通假。信字又可与伸字通假。伸，直也。不信，殆不直也。不亿不信，疑当作"不安不直"解，遇不直之人，必不以为安也。

抑，转折词。《吕览·权勋》"故太上先胜"注："先，犹上也。"……《战国·秦策》"有明古先世之功"注："先，高也。"是先字有高尚之意。《左》襄二十一"夫子觉者也"注："觉，较然正直。"本章孔子所谓"抑亦先觉者"，殆谓不逆诈与不亿不信之人，虽非尽

善尽美之人,但亦可谓高尚正直之人。知耻不为,亦具有美德之人也。(《论语新诠》428页)

毛子水:按:这章的意义难懂;似应阙疑。(《论语今注今译》227页)

王缁尘:《集解》引孔曰:"先觉人情者,是宁能为贤乎？或时反怨人。"怨与冤通也。又皇疏引李充曰:"物有似真而伪,亦有似伪而真者。……宁信诈,则为教之道宏也。"又曰:"……闲邪存诚,不在善察。若见失信于前,必亿其无信于后,则容长之讽亏,而改过之路塞矣。"此最能写出孔子之意。

朱注解"抑亦先觉者,是贤乎"与上述根据孔注及皇、邢疏者不同。朱注曰:"言虽不逆不亿,而于人之情伪,自然先觉,乃为贤也。"又引杨氏曰:"君子一于诚而已,然未有诚而不明者,故虽不逆诈,不亿不信,而常先觉也。若夫不逆不亿,而卒为小人所罔焉,斯亦不足观也已。"(《四书读本》273页)

杜豫:逆:迎,指事先怀疑。(《论语读本》275页)

文选德:关于"抑"字,意即至少可以这样。(《论语诠释》618页)

鲍鹏山:逆:推测。亿:同"臆",主观臆测,猜测。(《论语新读》167页)

黄怀信:[释]不逆诈:未至而迎曰逆。"逆诈",预料人欺诈。不亿不信:"亿",臆测、猜测。抑亦先觉:"抑",转折连词。"觉",发觉。贤,多才也。[训译]先生说:"不预料(人)欺诈、不猜测(人)不老实,却也能事先发觉的,这是多才吧！"(《论语新校释》359页)

何新:逆诈,伪诈也。亿,通臆,臆度。(《论语新解——思与行》193页)

杨朝明:[诠释]逆:本意是迎接,这里是预先之意。亿:通"臆",臆测。[解读]孔子说:"不预先怀疑别人有阴谋,也不臆测他人不诚实,然而却能事先觉察别人的阴谋和不诚信,这样的人

是学识不广，不足为病，而欲行道教化。所以将固字解释为固执较好。(《论语讲要》286 页)

金池：疾固：指快速改变鄙陋的人。疾：快，急速。(《〈论语〉新译》431 页)

何新：固，痼也，弊病。旧注皆曰"固陋"，至谬！(《论语新解——思与行》194 页)

郑张欢：[释]微生亩同孔子说：你这样忙碌于世又不见多少效果，是不是少了能言善说的缘故？孔子说：这不是能言善说可以解决的，是世之疾已深的缘故。(《论语今释》222 页)

杨朝明：[诠释]疾固：疾，恨。固，固执。[解读]孔子说："我是不敢做说客的，之所以这样奔波，只是因为我痛恨那些顽固不化的人。"(《论语诠解》139 页)

辑者案：此"疾固"所指较宽泛，既指憎恶世俗固塞鄙陋，也指疾恨那些当权者顽固不化。

14.33 子曰："骥不称其力，称其德也。"

汉·郑玄：德者，调良之谓。(邢昺《论语注疏》198 页)

清·刘宝楠：《太平御览》四百三引郑《注》云："骥，古之善马。德者，谓有五御之威仪。"与此《注》异。当云："骥，古之善马。德者，调良之谓，谓有五御之威仪。"《集解》节引此《注》，文不备耳。《说文》云："骥，千里马也。"《庄子·马蹄篇释文》："骥，千里善马也。"谓骥一日行千里，此其力也。《周官·保氏职》"五驭"，郑司农云："五驭：鸣和鸾，逐水曲，过君表，舞交衢，逐禽左。"此谓御者之容。骥马调良，能有其德，故为善马。人之称之当以此。(《论语正义》590 页)

李炳南：孔子教育，不仅注重才能，更注重品德，如无品德，则才能愈高，愈有力量危害人群，所以藉骥况人，必须重德。(《论语讲

清·黄式三：此叹道之终不行也。下数章以类骈叙。(《论语后案》418页)

清·戴望：此言盖在获麟之后。获麟道穷，故叹世主无知我者也。(《戴氏注论语》卷十四·5页)

吴林伯：按鲁哀公西狩获麟，孔子见麟，以为不祥，喟然叹曰："莫知我夫！"是以"道穷"，世终无知己者矣(《史记·孔子世家》)。盖以自叹，发子贡之怪而答之，曰不怨尤于天、人，告以平时教弟子"人不知而不愠"(《学而》)之义。往日，孔子在陈不见知而绝粮，子路竟以"愠见"(《卫灵公》)，则本章所载孔子之叹，亦缘实而发与！(《论语发微》167页)

金良年：此章也是谈不为人所了解的问题。孔子并没有正面回答子贡的问题，只是表明自己态度是不怨天尤人。孔子意思很明确，原因不能到他人身上去找，而应该加强自身的修养。至于说"了解我的大概是上天"，则是对子贡不当提问的批评。(《论语译注》176页)

　　　　辑者案：诸说大同小异，以蔡节、金良年所说为优。

(2) 下学、上达

汉·孔安国：下学人事，上知天命也。(邢昺《论语注疏》183页)

梁·皇侃：下学，学人事；上达，达天命。我既学人事，人事有否有泰，故不尤人。上达天命，天命有穷有通，故我不怨天也。(皇侃《论语集解注疏》卷七·40页)

宋·朱熹：夫子自叹，以发子贡之问也。……不得于天而不怨天，不合于人而不尤人，但知下学而自然上达。此但自言其反己自修，循序渐进耳，无以甚异于人而致其知也。然深味其语意，则见其中自有人不及知而天独知之之妙。盖在孔门，惟子贡之智几足以及此，故特语以发之。惜乎其犹有所未达也！(《四书章句集

注》157 页)

明·张居正：只是循序自修，如义理有本末精粗，我只在下面这一层着实用功，使功深力到，将上面这一层渐次通达。(《论语直解》卷十四·14 页)

日·东条弘：下学卑近之事，而上达高远之事也。朱子曰："反己自修，循序渐进。"是也。孔安国曰："下学人事，上知天命。"非也。程子改"上知天命"为"上达天理"，益非。(《论语知言》卷八·423 页)

清·黄式三：下学，删订赞修之事。上达，所学通于天也。圣人删订赞修，惓惓斯道之心上通于天，而天自知之。(《论语后案》419 页)

王缁尘：学和一般人一样的学，叫"下学"。和一般人一样的学，我独能知道学问道德的精要，叫"上达"。(《四书读本》275 页)

杨伯峻：学习一些平常的知识，却透彻了解很高的道理。(《论语译注》156 页)

程石泉："下学而上达"乃孔子终身力行之事，"下学"以知民生之多艰；上达以求推行仁政。(《论语读训》259 页)

林觥顺：下学上达是学下达上，是下知地理人伦，上通天命变幻。学是教学相长，是学而知之。达是通达、畅达、滑达。(《论语我读》264 页)

彭亚非：下学：居下位而学；也可理解为从最基础的知识学起。上达：通达最高的道理。(《论语选评》212 页)

黄怀信：[释]下学而上达："下"，向下。"上"，向上。[训译]（一心）向下学习而向上努力。[章旨]此章记孔子叹道不行，晚年之语。下学，学而不厌也；上达，欲以明道也。(《论语新校释》362 页)

杨朝明：[诠释]本章孔子谈到没有人能够真正理解他，这可与前面第三十章和第二十三章结合起来进行理解。第三十章我们提到,如果一个人没有做到"在邦必闻,在家必闻"(《颜渊》),应该反省自己是否真的做到了修身;第二十三章我们提到,君子通过学习蕴含礼乐在内的六艺之小道,进而理解治理天下的大道。通过对比,我们发现孔子言语中隐含着他在修己方面确实已经十分完备了,并且也能够以小见大,了解天下的大道。[解读]能够通过学习谋生的技术等小道而向上领会天命等大道。(《论语诠解》140页)

孙钦善:身居下位老老实实学习,就会上通于天。(《论语本解》187页)

辑者案:从基础学起,上达于高深之境。

14.36 公伯寮愬子路于季孙。子服景伯以告,曰:"夫子固有惑志,于公伯寮,吾力犹能肆诸市朝。"子曰:"道之将行也与,命也。道之将废也与,命也。公伯寮其如命何!"

(1)公伯寮

汉·马融:伯寮,鲁人,弟子也。(邢昺《论语注疏》199页)

清·黄式三:《史记·弟子列传》有公伯僚,《索隐》引谯周《古史》以驳之,马《注》误也。(《论语后案》420页)

清·刘宝楠:公伯复姓,见《广韵》。称"伯寮"者,犹"冶长"、"马迁"之比。《弟子传》:"公伯僚,字子周。"不云鲁人,或马别有据也。《家语·弟子解》无公伯寮,有申缭字周。盖以申缭一人,当申堂、公伯寮二人。臧氏庸《拜经日记》讥其伪造是也。明程敏政以寮为圣门蟊螣,请罢其从祀。(《论语正义》594页)

程树德:《史记索隐》引谯周云:"疑公伯缭是谗愬之人,孔子不责而云其如命何,非弟子之流,太史公误。"潘维城曰:"弟子籍出自孔氏,史公据以为传,并非凿空撰出,不得以王肃《家语》不载而转疑马《注》为误也。"《论语后录》曰:"寮与子禽同类耳。"余谓此如程门之邢恕,削其从祀可也,以《史记》为误则非也。(《论语集释》1022页)

　　杨朝明:公伯寮:与子服景伯均为鲁国当时的大夫,传统上认为其为孔子弟子,据司马贞《史记索隐》、蒋伯潜《诸子通考》、李启谦《孔门弟子研究》等研究,此人未必是孔子弟子。(《论语诠解》140页)

　　蔡健清:[注释]公伯僚:姓公伯名寮,字子周,孔子的学生,曾任季氏的家臣。(《论语解读》255页)

　　　　辑者案:从杨朝明说。

(2)愬

汉·马融:愬,谮也。(邢昺《论语注疏》199页)

　　杨伯峻:[译文]公伯寮向季孙毁谤子路。[注释]愬——同"诉"。(《论语译注》157页)

　　李炳南:公伯寮愬子路于季孙,愬与诉同,马注:"愬,谮也。"愬子路,就是在季孙氏面前进谗言,毁子路。(《论语讲要》289页)

　　杨润根:诬告,怀着一种阴暗的("朔")心理("心")说他人的坏话。(《发现论语》375页)

　　黄怀信:[校]"诉"旧作"愬"……改今字。《说文》亦引作"诉"。[释]诉,诉讼、告状。旧释谤,不确。(《论语新校释》363页)

　　郑张欢:愬,警惕(见《周易今释》之《履卦》四爻"愬"字之义)。(《论语今释》224页)

　　蔡健清:愬:音 sù,同"诉",告发,诽谤。(《论语解读》255页)

　　　　辑者案:解为"谮"、"谤"为是。

(3)夫子固有惑志,于公伯寮,吾力犹能肆诸市朝

汉·孔安国:季孙信谗,惑子路。(邢昺《论语注疏》199页)

宋·邢昺:"曰:夫子固有惑志"者,夫子谓季孙。言季孙坚固已有疑惑之志,谓信谗恚子路也。(邢昺《论语注疏》199页)

宋·朱熹:公伯寮,鲁人。子服氏,景谥,伯字,鲁大夫子服何也。夫子,指季孙。言其有疑于寮之言也。肆,陈尸也。言欲诛寮。(《四书章句集注》158页)

杨伯峻:他老人家已经被公伯寮所迷惑了,可是我的力量还能把他的尸首在街头示众。(《论语译注》157页)

李泽厚:季孙他老人家已被公伯寮迷惑了,但我还有力量把这个坏蛋干掉。(《论语今读》257页)

黄怀信:[释]"固",固然、纵使、即使。"惑志",被蛊惑之心志。[训译]"即使季孙氏被他蛊惑,我也有能力使他陈尸街头。"(《论语新校释》363页)

孙钦善:夫子:指季孙。惑志:疑惑之心。按《集解》及《仲尼弟子列传》均于"志"下出注,可见应于此处断句。朱熹《论语集注》此处不断,将"于公伯寮"连上,非是。后人多从朱说,不妥(辑者案:孙钦善断句为:夫子固有惑志,于公伯寮吾力犹能肆诸市朝)。(《论语本解》187页)

> 辑者案:孙钦善解准确。固,已经。惑志,疑心。肆,处死刑后陈尸示众。市朝,此偏指市,谓市集、街市。

14.37 子曰:"贤者辟世,其次辟地,其次辟色,其次辟言。"子曰:"作者七人矣。"

(1)辟世、辟地、辟色、辟言

汉·孔安国:"贤者辟世"者,世主莫得而臣。"其次辟色"者,色斯举矣。"其次辟言"者,有恶言乃去。(邢昺《论语注疏》200页)

汉·马融:"其次辟地"者,去乱国适治邦。(邢昺《论语注疏》

200页)

宋·邢昺:此章言自古隐逸贤者之行也。"子曰:贤者辟世"者,谓天地闭则贤人隐,高蹈尘外,枕流漱石,天子诸侯莫得而臣也。"其次辟地"者,未能高栖绝世,但择地而处,去乱国、适治邦者也。"其次辟色"者,不能豫择治乱,但观君之颜色,若有厌己之色,于斯举而去之也。"其次辟言"者,不能观色斯举矣,有恶言乃去之也。(邢昺《论语注疏》200页)

宋·朱熹:程子曰:"四者虽以大小次第言之,然非有优劣也,所遇不同耳。"(《四书章句集注》158页)

清·王夫之:"避地"以下,三言"其次",以优劣论固不可,然云"其次",则固必有次第差等矣。程子以为所遇不同。乃如夫子之时,天下之无道甚矣,岂犹有可不避之地哉?而圣人何以仅避言、色也?盖所云"次"者,就避之浅深而言也。"避世",避之尤者也;"避地"以降,渐不欲避者也,志益平而心益苦矣。(《读四书大全说》421页)

清·陈浚:这几等避法虽有不同,总是为洁身远害,不失他贤人身分。这意思却是同的了。(《论语话解》卷七·31页)

杨伯峻:孔子说:"有些贤者逃避恶浊社会而隐居,次一等的择地而处,再次一等的避免不好的脸色,再次一等的回避恶言。"(《论语译注》157页)

杨润根:辟:开辟,创造,立法,建立规范,树立典范。地:政治地理环境,国家。色:其本意是人的脸部表情,人们的生存状态、思想意识与情感意志都会从这种脸部表情中自然流露出来,因此"色"即人的特色,人的生活的特色,它是人的情感、理性、意志也即人格的综合的反映。言:思想理论、文化。(《发现论语》377页)

金池:辟:排除,治理。辟世:指能治理好乱世。辟地:指能治理好乱邦。辟色:指能治理好改变的本色,即能治理好乱质。辟言:指能治理好改变的语言,即能治理好乱语。(《〈论语〉新译》437页)

　　辑者案:邢昺说为优。根据境遇不同,采取不同的躲避方式。

(2)作者七人

汉·包咸:作,为也。为之者凡七人,谓长沮、桀溺、丈人、石门、荷蒉、仪封人、楚狂接舆。(邢昺《论语注疏》200页)

汉·郑玄:伯夷、叔齐、虞仲,辟世者;荷蓧、长沮、桀溺,辟地者;柳下惠、少连,辟色者;荷蒉、楚狂接舆,辟言者。七当为十字之误也。(邢昺《论语注疏》200页)

魏·王弼:七人:伯夷,叔齐,虞仲,夷逸,朱张,柳下惠,少连。(邢昺《论语注疏》200页)

唐·韩愈:包氏以上文连此七人,失其旨。吾谓别段非谓上文避世事也。下文“子曰”别起义端,作七人非以隐避为作者明矣。避世本无为,作者本有为,显非一义。……齐鲁记言,无不脱舛。七人之数固难条列,但明作者实非隐沦昭昭矣。(《论语笔解》卷下·10页)

宋·张载:作者七人,伏羲、神农、黄帝、尧、舜、禹、汤。制法兴王之道,非有述于人者也。(《张子正蒙》卷五下·1页)

宋·朱熹:李氏曰:“作,起也。言起而隐去者,今七人矣。不可知其谁何。必求其人以实之,则凿矣。”(《四书章句集注》158页)

清·武亿:《七经小传》“作”读如“作者之谓圣”之作,以尧、舜、禹、汤、文、武、周公实之。考七人上承“避世”,下接“石门”、“荷蒉”,记者连类书之,宜从旧说。刘氏故为异议,非也。《风俗通义》:“孔子嘉虞仲、夷逸,作者七人。”亦终隐约。王弼本此,与苞氏所指及郑康成“七人”作“十人”略同。(《论语义证》13页)

日·东条弘：茂卿曰："作者之谓圣。七人者，尧舜禹汤文武周公也。尧舜之前，虽有圣人，孔子不取焉。所以不取者，以其所作止利用厚生之事也。是孔子删书断自唐虞之意。曰'七人矣'而不斥其名者，人皆知之也。横渠有是说。先后诸儒以介于'辟世'、'晨门'之间，故以为见几而作之义。然见几而作，谓之作者，古未之闻焉。"弘按：《表记》曰："后世虽有作者，虞帝弗可及也已矣。"与《乐记》作者之谓圣同，谓创作典型而教化天下者。则茂卿之说，最为理长。包咸以上文连此七人，曰："作，为也。为之者凡七人，谓长沮、桀溺、丈人、石门、荷蒉、仪封人、楚狂接舆也。"郑玄、王弼等，虽各有异同，亦包咸之意。作字固训为，然用法自异，不可混。李氏（《集注》引）曰："作，起也。起而隐去。"作字又训起，然无隐去之义。《系辞》所谓"见几而作"，是作事可法之作，非起去之谓。《荀子·正名篇》："凡邪说辟言之离正道而擅作者。"又《正论篇》："作者不祥，学者受其殃。"此虽非谓圣人，亦谓教化人者也。（《论语知言》424 页）

清·刘宝楠：作，如"见几而作"之作。……"作、为"，常训。……郑、王据孔子以前人，包据孔子同时人。应劭《风俗通·十反篇》："孔子嘉虞仲，夷逸，作者七人。"即王弼所本。陶潜《群辅录》数七人，前说本包，后说本王、郑，又改"七人"为"十人"，世远义失，难得而折衷焉。（《论语正义》597 页）

程树德：[笔解]刘原父《七经小传》：作读如"作者之谓圣"之作。仲尼序《书》，始尧舜。尧舜以来始有典籍，故道典籍以来，圣人得位而制作者凡七人，即尧、舜、禹、汤、文、武、周公也。此章偶与《辟世章》相属，学者遂穿凿妄解。（《论语集释》1029 页）

方骥龄：《说文》："作，起也。"《尔雅·释言》："作，为也。"《广韵》："作，行也。"《周礼·地官·稻人》"以涉扬其芟作田"注："作，犹治也。"《礼·乐记》:"知礼乐之情者能作,识礼乐之文者能述。作者之谓圣,述者之谓明。明圣者,述作之谓也。"……疑孔子所谓"作者",对不同于避世、避地、避色、避言之人言,乃有为而为之人,非消极不为之人。篆文"七""亡"二字易相混淆,七字殆系亡字之误。亡,无也。"作者亡人",孔子指当时避世、避地、避色、避言之人所在皆是,独起而有为,能以天下国家为己任之人则无有,孔子慨乎言之也。(《论语新诠》434页)

何新:此句当为错简衍文。王弼强为之说曰:"七人,伯夷、叔齐、虞仲、夷逸、朱张、柳下惠、少连也。"郑玄则另举七人,皆附会也!(《论语新解——思与行》196页)

　　辑者案:作者,这样做的人。七人,当指王弼所列"伯夷、叔齐、虞仲、夷逸、朱张、柳下惠、少连",即《微子》篇中提到的七位"逸民"。

14.38 子路宿于石门。晨门曰:"奚自?"子路曰:"自孔氏。"曰:"是知其不可而为之者与?"

(1)石门

汉·郑玄:石门,鲁城外门也。(马国翰辑《论语古注·论语郑氏注》卷七·6页)

梁·皇侃:石门,地名也。子路行住石门宿也。一云:石门者,鲁城门外也。(皇侃《论语集解义疏》卷七·42页)

宋·朱熹:石门,地名。(《四书章句集注》158页)

宋·金履祥:赵善誉《舆地考》曰在今东平之境。(《论语集注考证》卷七·14页)

程树德:按《春秋》隐公三年"齐侯、郑伯盟于石门",杜《注》:"石门,齐地。"非此之石门也。《水经·洙水注》云:"北流迳孔里,又西南枝津水出焉。又西南迳瑕丘城东而南入石门,门右结石为水,门跨于水上。"此石门近之。皇《疏》所引又云鲁城外门者,见《后汉书·张皓王龚传论注》引郑康成《论语注》如此。《高士传》:"石门守者,鲁人也。避世不仕,自隐姓名,仕鲁守石门,主晨夜开闭。子路从孔子石门宿,因问云云。"据此,是汉魏以来均以石门为城门,无作地名解者,《集注》失之。(《论语集释》1030 页)

金池:对"石门"有两种解释:一说指鲁国都城的外门,或曰大门,一说指曲阜城北五十里以外的石门山。这里取后一种说法。(《〈论语〉新译》439 页)

黄怀信:石门:齐邑名。《左传·隐公三年》:"齐侯、郑伯盟于石门。"杜注:"石门,齐地。"旧释鲁城门名,非,鲁人不得问"奚自"。(《论语新校释》365 页)

　　辑者案:从郑玄说。石门不指地名,指门,与"晨门"连,可证。子路宿于"门",负责晨夜开门关门者问他从哪里来,语言环境明显,勿疑。

(2)晨门

汉·郑玄:晨主守门,晨夜开闭也。(马国翰辑《论语古注·论语郑氏注》卷七·6 页)

魏·何晏:晨门者,阍人也。(邢昺《论语注疏》200 页)

清·刘宝楠:《周官》"阍人,王宫每门四人",《注》云:"阍人,司昏晨以启闭者。"贾《疏》:"昏时闭门,则此名阍人也。晨时启门,则《论语》谓之'晨门'也。皆以时事为名耳。"案:阍人为主宫门之称,若司城郭诸门,则名司门。《注》以阍人例"晨门",非谓"晨门"即阍人也。(《论语正义》598 页)

方骥龄:《公羊》宣六"勇士入其大门,则无人门焉者",门,守门也。《公羊》襄二十九"祭阍者何,门人也,刑人也"。门人即指

守门之人。秦汉时尚有城旦之刑,古代殆以刑人守城。本章所谓晨门,或系刑人,似非隐于把关之贤者。(《论语新诠》435 页)

李运益:早上看管城门的人。(《论语词典》221 页)

　　辑者案:从郑玄说。

　　14.39 子击磬于卫,有荷蒉而过孔氏之门者,曰:"有心哉,击磬乎!"既而曰:"鄙哉,硁硁乎! 莫己知也,斯己而已矣。深则厉,浅则揭。"子曰:"果哉,末之难矣!"(辑者案:"荷蒉"、"硁硁",定州简本作"何贵"、"巠巠")

　　(1)有心哉

魏・何晏:有心,谓契契然也。(皇侃《论语集解义疏》卷七・42 页)

梁・皇侃:荷蒉者闻孔子磬声,而云非是平常之其声乎,有别所志,故云"有心哉"。(皇侃《论语集解义疏》卷七・43 页)

清・戴望:有心哉,善其音有所病于世。(戴望《戴氏注论语》卷十四・6 页)

杨伯峻:这个敲磬是有深意的呀!(《论语译注》158 页)

李泽厚:有心思哩!(《论语今读》259 页)

黄怀信:有心:有用意。(《论语新校释》366 页)

　　辑者案:李泽厚说为胜。

　　(2)鄙哉,硁硁乎

魏・何晏:此硁硁者,徒信己而已已,言亦无益。(邢昺《论语注疏》201 页)

宋・邢昺:既,已也。硁硁,鄙贱貌。(邢昺《论语注疏》201 页)

宋・朱熹:硁硁,石声,亦专确之意。(《四书章句集注》159 页)

日・东条弘:鄙哉,硁硁乎者,鄙磬声之硁硁也。言是以喻孔子不能通变也。(《论语知言》427 页)

　　清·刘宝楠：《礼·乐记》云："乐者，音之所由生也，其本在人心之感于物也。"夫子感时衰乱，其心一寓于音。荷蒉闻知其声，故善之也。"既"，终也，卒也。言荷蒉又有言也。"鄙哉硁硁"者，谓音也。《释名·释州国》："鄙，否也。小邑不能远通也。"赵岐《孟子·尽心》注："鄙，狭也。"《乐记》云："其哀心感者，其声噍以杀。"《注》云："噍，趧也。"趧犹趧踖，不安舒之貌。杀，减也。凡感于哀心，其声衰减，抑而不扬，故荷蒉以为鄙也。（《论语正义》599页）

　　清·戴望：鄙，远也。硁，古之磬字，石声。磬，以其声名其器，重言之则为磬磬矣。磬磬，言坚致也。（《戴氏注论语》卷十四·6页）

　　萧民元：后来有把"鄙"解成"磬音鄙狭"。这是不懂"音"也是不懂"情"的话。这个"鄙哉"是那荷蒉者看到孔子如此这般的情形而说的叹息语，那意思就是："你真差劲呀！怎么这样想不开呀！"有点可怜痛惜孔子的味道在内。（《论语辨惑》140页）

　　李运益：鄙，粗野。（《论语词典》268页）

　　李炳南：《说文》，硁是磬的古字。硁硁是磬的声音，荷蒉者从这声音里想像击磬者是个坚强固执的人，所以说："鄙哉，硁硁乎。"（《论语讲要》291页）

　　林觥顺：鄙哉，犹荒唐呀！（《论语我读》268页）

　　孙钦善：鄙，褊狭。义同《孟子·万章下》"鄙夫宽"之"鄙"。硁硁：磬声，比喻坚确之义。并兼有"硁硁然小人哉"（13.20）中"硁硁"之义，指浅薄固执。（《论语本解》189页）

　　　　辑者案：可将朱熹、刘宝楠、孙钦善三家所释联系起来理解。以磬声鄙狭，不舒缓悠扬，喻孔子心思否塞不通，坚确固执。

（3）莫己知也，斯己而已矣

　　魏·何晏：此硁硁者，徒信己而已，言亦无益。（邢昺《论语注疏》

201 页)

唐·陆德明：莫己，音纪。下"斯己"同。（黄焯《经典释文汇校》712 页）

宋·朱熹：莫己之己，音纪，余音以。（《四书章句集注》159 页）

清·刘宝楠：《释文》："莫己，音纪。下斯己同。"《唐石经》尚不误。"斯己"者，言但当为己，不必为人，即孟子所云"独善其身"者也。朱子《集注》读"斯己"为以，非是。（《论语正义》599 页）

杨伯峻：没有人知道自己，这就罢休好了。（《论语译注》158 页）

李运益：斯，连词，就，这就。（《论语词典》239 页）

金池：莫己知：不是你的知己，意思是说，你不一定同意我的意见。斯己而已：就把我当作你的知己。（《〈论语〉新译》440 页）

安德义："己"之前省略了一个"知"字。（《论语解读》481 页）

黄怀信：[释]斯己而已矣：己，谓己知，承上句省知字。[训译]如果没有人知道，就自己知道算了！（《论语新校释》366－367 页）

何新：斯，思也。（《论语新解——思与行》197 页）

孙钦善：斯：则。己：守己。朱熹《论语集注》改为"已"，非是。……没有人了解自己，就专己守志算了。（《论语本解》189 页）

　　　辑者案：从刘宝楠、孙钦善说。即别人不了解自己，那么就"独善其身""专己守志"算了。

(4) 深则厉，浅则揭

汉·包咸：以衣涉水为厉。揭，揭衣也。言随世以行己，若过水必以济，知其不可则当不为。（邢昺《论语注疏》201 页）

宋·朱熹：以衣涉水曰厉，摄衣涉水曰揭。此两句，《卫风·匏有苦叶》之诗也。讥孔子人不知己而不止，不能适浅深之宜。（《四书章句集注》159 页）

日·东条弘：按《注》："以衣涉水曰厉"，非也。《左氏·桓二年》：“鞶厉游缨。”注：“厉，大带之垂者。”《小雅·都人士》“垂带而厉”是也，故又谓涉水至带曰“厉”。《列子·说符》：“有一丈夫，方将厉之。”《释文》引《韩诗》曰：“至心曰厉。”（《论语知言》427页）

　　清·黄式三：郑君注《论语》、服氏注《左传》皆云“由膝以上为厉”者，揭止由膝以下，而膝以上至带以上，涉与厉为通名。《韩诗传》又云：“至心曰厉。”诸说虽异，而涉水濡衣为厉，其意则同。涉深者衣必濡水，以喻事不可救；揭浅则水不濡衣，以喻世犹可救。皇《疏》申包《注》如此。《说文》引《诗》作“深则砅”，解云：“履石渡水也。砅或作濿。”许氏意盖谓深水中有大石可以履而渡者，是谓之砅，今借用厉耳。戴东原《诗考正》以厉为石梁，引《水经注·河水》篇云：“段国《沙洲记》：‘吐谷浑于河上作桥，谓之河厉。’梁有厉之名，《卫诗》淇梁、淇厉并称，厉固梁之属。《诗》意以浅水可褰裳而过，水深必依桥梁乃可过，喻礼义之大防不可踰。”王氏《述闻》驳戴说。式三谓：水之深不一，则《尔雅》、《说文》、《韩传》及戴氏所引诸解皆可通，学者不必偏守一说。（《论语后案》424页）

　　日·昭井一宅：厉者大带也，盖谓解厉释衣而裸身以涉。（《论语解》327页）

　　程树德：厉之言陵厉也，陵水而渡，故谓之厉。深则厉，浅则揭，相对为文。若以厉为桥，而曰深则桥，斯与“浅则揭”之揭文不相当矣。《尔雅》释厉字具二义，包郑同用第一义。《说文》引《诗》“深则砅”，此当本三家别一义，虽亦得通，然非经旨也。（《论语集释》1034页）

　　杨伯峻：水深，索性连衣裳走过去；水浅，无妨撩起衣裳走过去。（《论语译注》158页）

　　杨润根：厉：《说文》：“厉，旱石也。”这里“厉”作为动词，意为使用石块以使自己顺利过江，即用石块垫脚。（《发现论语》379页）

赵又春:荷蒉者最后说的两句话,是《诗经·邶风·匏有苦叶》第一段的后两句,一般都作杨译(辑者按:杨伯峻《论语译注》)的理解,荷蒉者自然是用它比喻说:社会太黑暗(水深),只好听之任之;不是很黑暗(水浅),就不必使自己受太多沾染。(《我读论语》419页)

乌恩溥:厉:把葫芦拴在腰间泅渡。(《名家讲解论语》116页)

杨朝明:深则厉,浅则揭(qì):语出《诗经·邶风·匏有苦叶》。厉,不脱衣服涉水。揭,撩起衣服过河。其本义说的是涉水时的情形,水深时索性穿着衣服走过去,水浅就提起衣襟直接走过去。比喻人应当随世之盛衰而行止。(《论语诠解》141页)

辑者案:杨伯峻、杨朝明所释简明而切合文意,可从。《辞源》释"厉"曰"涉水"。《汉语大词典》释"厉"曰:"涉深水;也泛指涉水,渡水。后作'濿',《广韵·祭韵》:'以衣渡水由膝已上为濿,亦作厉。'"

(5)果哉,末之难矣!

魏·何晏:未知己志,而便讥己,所以为果也。末,无也,无难者,以其不能解己之道。(皇侃《论语集解义疏》卷七·43页)

梁·皇侃:果者,敢也。末,无也。言彼未解我意,而便讥我,此则为果敢之甚也,故曰"果哉"。但我道之深远,彼是中人,岂能知?我若就彼中人求无讥者,则为难矣。(皇侃《论语集解义疏》卷七·43页)

宋·邢昺:"子曰:果哉,末之难矣"者,孔子闻荷蒉者讥己,故发此言。果,谓果敢。末,无也。言未知己志而便讥己,所以为果敢。无难者,以其不能解己之道,不以为难,故云无难也。(邢昺《论语注疏》201页)

宋·朱熹:果哉,叹其果于忘世也。末,无也。圣人心同天地,视天下犹一家,中国犹一人,不能一日忘也。故闻荷蒉之言,而叹其果于忘世。且言人之出处,若但如此,则亦无所难矣。(《四书章句集注》159页)

清·戴望:果,信也。之,往也。信如其言,无所复往,行道难矣。时灵公老,怠于政事,不能用孔子,故有动于荷蒉之言也。(《戴氏注论语》卷十四·6页)

清·刘宝楠:朱氏彬《经传考证》:"'果哉'六字为句,自成韵语。末,无也,蔑也。言其所见小也。《檀弓》'末之卜也',曾子曰'微与',词意皆相类。"戴氏望《论语注》云:"果,信也。之,往也。信如其言,无所复往,行道难矣。"案:朱、戴说皆通。(《论语正义》599页)

清·俞樾:《淮南子·道应篇》:"令不果往。"高诱注:"果,诚也。""果哉,末之难矣"犹曰"诚哉,无难矣"。盖如荷蒉者之言,随世以行,已视孔子所为,难易相去,何啻天壤!故孔子闻其言而叹之,一若深喜其易者而甘为其难之意,自在言外。圣人辞意微婉,初非与之反唇也,何解失之。(《群经平议》卷三十一·15页)

杨伯峻:孔子道:"好坚决!没有办法说服他了。"(《论语译注》158页)

杨润根:果哉:好的、见效果的、行之有效的方法。之:到,遇到。末之难矣:并未遇到真正的困难。这里指那种"深则厉,浅则揭"的方法只是用于应付一些并不困难的问题才有效,当它遇到真正的困难时,这种方法就不起作用了。(《发现论语》379页)

李零:"果"是果决;"末之",是一个固定的词,末通蔑,是没有办法的意思;"难"是辩难。(《丧家狗——我读〈论语〉》266页)

黄怀信:[释]"末",犹无。"难",读去声,诘难、批驳。[训译]先生(听见了)说:"真果断!(我)无法反驳他了。"(《论语新校释》367页)

辑者案:黄怀信的训释为优。《辞源》:"难,诘责。"

14.40 子张曰:"《书》云:'高宗谅阴,三年不言。'何谓也?"子曰:"何必高宗,古之人皆然。君薨,百官总己,以听于冢宰三年。"

高宗谅阴,三年不言

汉·孔安国:高宗,殷之中兴王武丁也。谅,信也。阴,犹默也。(皇侃《论语集解义疏》卷七·43页)

汉·郑玄:谅暗谓凶庐也。(马国翰辑《论语古注·论语郑氏注》卷七·6页)

唐·陆德明:谅,音亮,信也。阴,如字,默也。郑读《礼》为"梁鹖"。杜预解《左传》为"谅暗貌也"。(黄焯《经典释文汇校》712页)

宋·邢昺:高宗,殷王武丁也。谅,信也。阴,默也。言武丁居父忧,信任冢宰,默而不言三年矣。子张未达其理,而问于夫子也。……《礼记》作"谅暗",郑玄以为凶庐,非孔义也,今所不取。(邢昺《论语注疏》202页)

宋·朱熹:谅阴,天子居丧之名,未详其义。(《四书章句集注》159页)

宋·金履祥:按《礼》当作"梁暗",天子居丧之次也。大夫、士居倚庐谓于中门之外,东墙下依木为庐,诸侯加围障,天子则又加梁楣,故名"梁暗"。《集注》不载此说,或问略及不相应。(《论语集注考证》卷七·15页)

明·张居正:三年不亲政事,不发言语。(《论语直解》卷十四·17页)

清·刘宝楠:"《书》云"者,伏生《大传·说命篇》:"《书》曰'高宗梁暗,三年不言',何为梁暗也?《传》曰:'高宗居凶庐,三年不言,此之谓梁暗。'"是此《书》文在《说命篇》。……《书·无逸》云:"其在高宗时,旧劳于外,爰暨小人。作其即位,乃或亮阴,三年不言,言乃雍。"此本《说命篇》言高宗之事。郑《注》此云:"谅暗,谓凶庐也。"其《无逸注》云:"谅暗转梁暗。楣谓之梁,暗谓庐也。"……注《丧服四制》云:"谅古作梁,楣谓之梁,暗读如'鹑鹌'之鹌。暗谓庐也。庐有梁者,所谓柱楣也。"如郑此说,是伏《传》作"梁"用正字,作"亮"、作"谅"皆假借。又《汉书·五行志》、何休《公羊注》作"凉",亦假借。"暗"从音,与"阴"声最近。惠氏士奇《礼说》:"……愚谓古之暗,今之庵也。……庵读为阴,犹南读为任,古今异音。《广雅》'庵'与'庐',皆舍也。倚庐不途,既葬途庐。途近乎塈。《释名》曰:'塈,亚也,次也。先泥之,次乃饰以白灰。'……"梁暗以丧庐称之,《文选·闲居赋注》以为"寒凉幽暗之处",此望文为义,非古训也。"三年"者,丧期也。"不言"者,不言政事也。(《论语正义》600—602 页)

程树德:按《书大传》云:"高宗梁暗,三年不言,何为梁暗也?传曰:高宗居凶庐,三年不言,此之谓梁暗。"此郑所本。孔云:"谅,信也。阴,犹默也。"王光禄曰:"下云不言足矣,上言信默,语意复叠,孔说非是,当从郑说为正。"(《论语集释》1038 页)

杨伯峻:殷高宗守孝,住在凶庐,三年不言语。(《论语译注》158 页)

杨润根:谅阴:向死者亡灵("阴")所说出的誓言("谅")。(《发现论语》380 页)

刘伟见:[注释]"高宗"句:出自《尚书·无逸》篇。"高宗",殷王武丁,为商代王朝第十一世的贤王。他即位后,用奴隶傅说(yuè)为相,又得贤臣甘盘辅佐,国家大治。武丁在位时,是殷王朝最隆盛的时代。"谅阴",也写作"亮阴"、"谅暗"、"梁暗"。传统的读法是 liáng ān。其意历来学者说法各异:一、"亮",同"谅",诚信。"阴",沉默。指武丁即王位之初,怀着满心的诚信,态度沉默,三年之中不大讲话。二、指武丁遭遇父丧,三年居丧守孝。后世帝王居丧守孝还沿称"谅阴"。三、指居丧时所住的房子。这种房子,只用一根梁作屋脊,周围没有楹柱,上边铺上茅草作檐,下垂于地。整个房子没有门窗,光线很暗,故称"梁暗"。此取第三说。"不言",指不大过问政事。(《论语意解》382页)

何新:谅阴,瘖哑。谅,古音从京,读为靖,静也。阴,瘖也,哑也。……《集释》引《说文·长笺》引《书》作"谅瘖"。今《书·说命》作"亮阴",注曰:"其惟弗言。"(《论语新解——思与行》198页)

郑张欢:谅阴,不琐言琐事守庐。(《论语今释》226页)

孙钦善:高宗:殷高宗,即武丁,盘庚弟小乙之子,为殷中兴之王。谅阴:《尚书》作"梁暗",屋檐着地而无楹柱的房子,类似现在的窝棚,又称凶庐,守丧所居。(《论语本解》190页)

辑者案:"谅阴"同"谅暗"。郑玄"谅暗谓凶庐"说为是。刘伟见、孙钦善对凶庐的描述可参。"高宗谅阴",即高宗居凶庐守孝。"三年不言",理解为"三年不言政事"为当(因有冢宰总统其政事),若说"三年不言语",恐极难做到。

14.42 子路问君子。子曰:"修己以敬。"曰:"如斯而已乎?"曰:"修己以安人。"曰:"如斯而已乎?"曰:"修己以安百姓。修己以安百姓,尧、舜其犹病诸!"

(1)修己以敬

汉·孔安国:敬其身。(邢昺《论语注疏》204页)

晋·郭象:夫君子者,不能索足,故修己索己。故修己者仅可以内敬其身,外安同己之人耳,岂足安百姓哉?百姓,百品万国殊风,以不治治之乃得其极。若欲修己以治之,虽尧舜必病,况君子乎?今尧舜非修之也,万物自无为而治。若天之自高、地之自厚、日月之明、云行雨施而已,故能夷畅条达,曲成不遗而无病也。(马

国翰辑《论语古注·论语体略》2 页）

宋·张栻：修己之道，不越乎敬而已。敬道之尽，则所为修己者亦无不尽，而所以安人安百姓者，皆在其中矣。盖一于笃敬，则其推之家以及于国以及于天下，皆是理也。极其至，天地位焉，万物育焉。兆民虽众，其有不得其所安者乎？是则"修己以敬"一语理亦无不尽者。(《南轩论语解》卷七·23 页)

日·广濑建："敬"一字，子路之所不足。然圣人之道，本不外此。修己以敬，诚意正心以修身也。安人，齐家也。安百姓，治国平天下也。与《大学》次序同。(《读论语》44 页)

钱穆：修己以敬：即修己以礼也。礼在外，敬其内心。(《论语新解》391 页)

杨伯峻：修养自己来严肃认真地对待工作。(《论语译注》159 页)

金良年：修饬自身来敬爱他人。(《论语译注》179 页)

安德义：〔注释〕以：连词，连接分句，表示目的。可译为"来"或"以便"。下面几个"以"用法同此。……〔语译〕"君子应以敬为目标(使言行不越礼)。"(《论语解读》486 页)

赵又春：钱穆将"修己以敬"译为"把敬来修己"，不但意思领会错了，行文也太别扭。"以"在这里不是"用"的意思，"修己"的内容也决不会是"敬"。杨伯峻、李泽厚都把"以敬"译作"严肃认真地"，这本来不错，可下面接的是"对待工作"(杨)、"对待政务"(李)，似乎"以敬"与"修己"不直接相关，而是作为状语修饰一个没有说出来的行为，这就令人不解了。其实，从孔子只是将"以敬"改为"以安人"，再改为"以安百姓"，来回答子路的两个"如斯而已乎"，就可以知道，"以敬—以安人—以安百姓"是递进的关系，因此三者都是用来说明"修己"所达到的状态，也就是程度、水平的。三个"以"在这里都是连词，表示顺承关系，相当于"而"，含

"而至于"的意味。"安百姓"就是 6－30 章所说的"博施于民而能济众",修己达到这样的成就,是君子达到的最高水平,亦即最高水平的君子;次一等的则受惠面没有这么大,仅能一般地做到"安人"。这个"人"显然是指某个范围内的"别人"、"他人",与"百姓"的区别在量不在质。再次一等的,修己的功夫就还停留于自身,不足以带给他人实惠,但仅就"修"的"状态"即态度而言,还是很好的,就是说,做到了"敬"——严肃、认真、真心诚意。这是对君子的最低要求,但达到了这个程度,也堪称君子了。(《我读论语》78 页)

杨朝明:致力于修身以便使自己看起来十分庄重、恭敬。(《论语诠解》142 页)

孙钦善:修养自己而恭慎从事。(《论语本解》191 页)

辑者案:金良年"修饬自身来敬爱他人"之说可从。下文孔子阐述修己的目的,是安人、安百姓,皆是为"他人"。事实亦是如此,自身修养好的人,对别人都很恭敬。

(2)修己以安人,修己以安百姓

汉·孔安国:人,谓朋友九族。(邢昺《论语注疏》204 页)

宋·邢昺:"曰:修己以安人"者,人,谓朋友九族。孔子更为广之,言当修己,又以恩惠安亲族也。(邢昺《论语注疏》204 页)

清·黄式三:君子,上位之君子也。人,犹臣也。《尚书·皋陶谟》"在知人",《洪范》"人无有比德,人用侧颇僻",人皆对民言。《诗·假乐》"宜民宜人"亦同。(《论语后案》426 页)

杨伯峻:这个"人"字显然是狭义的"人",没有把"百姓"包括在内。(《论语译注》159 页)

杨朝明:致力于修身以使上层人物感到安乐。(《论语诠解》142 页)

辑者案:这里的"人"指他人、自己周围的人。孔子针对子路一步步的追问,其回答也是分层次(由浅入深)的:修己的目的,最基本的是敬爱别人(这是态度上);进一步的话,是安抚别人;再进一步的话,是安抚天下百姓(扩大了安抚的范围)。安抚,就要付诸行动,就要做出使周围的人安、使天下百姓安的事情。"安"字分量极重:使人思想上安,生活上安,衣食无忧,安居乐业。因此下文说尧舜都担心做不到。这是与儒家修身、齐家、治国平天下的基本主张相一致的。

14.43 原壤夷俟。子曰:"幼而不孙弟,长而无述焉,老而不死,是为贼。"以杖叩其胫。

(1)夷俟

汉·马融:夷,踞也。俟,待也。踞待孔子也。(《论语集解义疏》卷七·45页)

梁·皇侃:原壤者,方外之圣人也,不拘礼敬,与孔子为朋友。夷,踞也;俟,待也。壤闻孔子来,而夷踞竖膝以待孔子之来也。(《论语集解义疏》卷七·45页)

宋·邢昺:云"夷,踞;俟,待也。踞待孔子"者,《说文》云:"踞,蹲也。"蹲即坐也。礼,揖人必违其位。今原壤坐待孔子,故孔子责之也。(邢昺《论语注疏》204页)

清·焦循:循按《法言·五百篇》云:"或问礼难以强世。曰难故强世,如夷俟倨肆,羁角之哺果而陷之,奚其强?"宋咸注云:"夷俟倨肆皆骄倨之谓。"《广雅》云:"蹲、踦、屐、启、肆,踞也。"夷俟即是倨肆,俟、肆音相近。夷俟犹踦肆,与鞠躬为匑匑同。鞠躬,双声也。夷俟,叠韵也。马氏训俟为待,而谓踞待孔子,失之。(《论语补疏》卷二·11页)

日·东条弘:夷狄无礼,故谓无礼曰"夷"。《荀子·修身篇》:

"容貌态度,进退趋行,不由礼,则夷固辟违,庸众而野。"注:"夷,倨也。《论语》曰:'原壤夷俟。'俟与待同。"又《宥坐篇》:"邪民不从,然后俟之以刑。则民知罪矣。"《法行篇》:"子贡曰:'君子正身以俟,欲来者不距,欲去者不止。'"盖原壤以故人自恃,故废其礼让待之也。马融曰:"夷,踞也。"邢昺曰:"《说文》:'踞,蹲也。'"朱《注》承之曰:"夷,蹲踞也。"皆非有确据。至于饶鲁,以"鸥夷为蹲鸥",则牵强之甚也。(《论语知言》430页)

清·王闿运:夷,尸也,盖偃卧不起以傲礼宗。(《论语训》卷下·45页)

程树德:按:《史记·南越赵陀传》:"椎髻箕踞,以待陆贾。"盖古人凡坐以尻就踝,今夷俗以尻及地,张两膝为箕形,夷俟即箕踞也。马《注》:"夷,踞也。俟,待也。踞待孔子。"《集注》即用其说,其义易明,纷纷异说,殊可不必。(《论语集释》1043页)

杨伯峻:原壤两腿像八字一样张开坐在地上,等着孔子。(《论语译注》159页)

杨润根:俟(sì):《说文》:"俟,大也。""矣"的本意是箭("矢")所能飞越的空间范围("厶"),与这一意思相联系的意思是:①箭飞过这个空间范围所需要的时间;②箭在这个空间范围里飞过。从"矣"的这些意思中引伸出如下的意思:①大,大范围;②等待,需要时间;③飞越,游荡,漫游。"俟"只是"矣"的意思的具体化:人在一个大范围的地方消耗时间或游荡。夷俟:在平原上无所事事地游荡。(《发现论语》383页)

辑者案:从马融、程树德说。原壤坐无坐相,很不礼貌地叉开两腿坐等孔子。

(2)长而无述

梁·皇侃:言壤少而不以逊悌自居,至于年长,犹自放恣,无

所效述也。（《论语集解义疏》卷七·45 页）

　　宋·邢昺："子曰：幼而不孙弟，长而无述焉，老而不死，是为贼"者，孔子见其无礼，故以此言责之。孙，顺也。言原壤幼少不顺弟于长上，及长，无德行，不称述，今老而不死，不修礼教，则为贼害。（邢昺《论语注疏》204 页）

　　宋·朱熹：述，犹称也。（《四书章句集注》160 页）

　　清·刘宝楠："无述"者，言无德为人所称述也。（《论语正义》605 页）

　　杨润根：无述：没有任何值得他人一提的一技之长，没有任何值得他人一提的特长。（《发现论语》384 页）

　　黄怀信："述"，《说文》："循也。"谓遵循。"无述焉"，无循于逊悌之道，无长进也。旧释称述，非，此就原壤自身作为言，不谓他人。（《论语新校释》370 页）

　　杨朝明：长大了又没有什么可夸口的成就。（《论语诠解》142 页）

　　孙钦善：述：即"述而不作"之述，指传述学问。（《论语本解》191 页）

　　　辑者案：皇侃、黄怀信的解释为优。查多种字书辞书，"述"的古义只有遵循、传述二义。此处"述"为"循"义。《辞源》收有"述遵"一词，释曰："述遵：遵循。《后汉书·光武纪》：'太宗识终始之义，景帝能述遵孝道。'"《书·五子之歌》："五子咸怨，述大禹之戒以作歌。"孔《传》："述，循也。"《礼记·中庸》："父作之，子述之。"《诗·邶风·日月》："胡能有定，报我不述。"毛《传》："述，循也。"郑《笺》："不循，不循礼也。"唐陆德明《经典释文》："述，本亦作术。"清俞樾《群经平议·诗一》："然则不术犹不道，言报我不以道也。"《汉语大词典》据《诗·邶风·日月》诗及《群经平议·诗一》所解，释"述"为"正道"。由此可知，无述即不循礼、无正道的意思。原壤"幼而不孙弟"，今又"夷俟"（原壤坐无坐相，很不礼貌地又开两腿坐等孔子,像个泼皮无赖),正是"不循礼"、"无正道"之表现。按今天的话讲,就是"这么大年纪了还不知循为人之礼、做人之道"。如此理解,恰与"幼而不孙弟"相谐,即小时候不敬长,年长了还没个正经,你这个老不死的,简直是个祸害! 这样理解颇顺文意。如果理解为"传述学问"之"述",显悖文意:年轻时的"幼而不孙弟"是就德行而言,年长时的"夷俟"也是无德之表现,不可能扯到"传述学问"上。不传述学问的人多了,孔子不会因此而斥骂其为"贼"。再说,倘若孔子责其年长没做出学问,那么前面则应责其"幼而不学",如此方能相谐。

(3)叩其胫

汉·孔安国:叩,击也。胫,脚胫。(邢昺《论语注疏》204页)

唐·韩愈:古文"叩"、"扣"文之误也,当作"指",为夷俟踞足原不自知失礼,故仲尼既责其为贼,又指其足胫使知夷踞之罪,非击之明矣。(《论语笔解》卷下·11页)

方骥龄:《说文》中无叩字,《说文佚字考》:"扣,触也。"触,《易·系辞》"触类而长大"虞注:"动也。"本章所谓"以杖叩其胫",殆孔子以杖触动其小腿,欲纠正其坐姿,使合于礼,似非击之也。
(《论语新诠》440页)

钱穆:膝上曰股,膝下曰胫。以其踞蹲,故所叩当其胫。此乃相亲狎,非挞之。(《论语新解》393页)

　　辑者案:叩其胫,即敲打小腿。

14.44 阙党童子将命。或问之曰:"益者与?"子曰:"吾见其居于位也,见其与先生并行也。非求益者也,欲速成者也。"

(1)阙党

梁·皇侃:五百家为党。此党名阙,故云阙党也。(皇侃《论语集解义疏》卷七·46页)

程树德:按《释地辨证》云:"《新序·杂事一》:'孔子在州里,笃行孝道。居于阙党,阙党之子弟畋渔分有,亲者得多,孝以化之也。'此阙党正孔子所居,即曲阜之阙里甚明。梅福上书于成帝有曰:'今仲尼之庙,不出阙里。'师古《注》:'阙里,仲尼旧里。'夫曰旧里,当别有其地矣。《水经·泗水注》言夫子教于洙泗之间,阙里背洙面泗(引《从征记》),与《檀弓》'吾与女事夫子于洙泗之间'相合。潘维城以里党对文为异,散文则通,是也。阎氏本《兖州府志》,谓阙党非阙里,不足据。《兖州府志》滋阳县东北一里有阙党,此出后世傅会,尤不可信。"(《论语集释》1045页)

方骥龄:阙党,疑非孔子所居之里名。《说文》:"阙,门观也。"《系传》:"为二台于门(宫门)外,作楼观于上,上员下方,以其阙然为道谓之阙,以其上可远观谓之观,以其悬法谓之象魏。"……《韵会》:"阙,以其悬法谓之象魏。象,法象也。魏者,谓其状魏魏然而高大也。使民观之,因谓之观。"——按各种古籍上之说明,阙为悬挂法令供人民所观而知所遵守之处。民国以来都市之城门尚未拆除者,城门口仍有悬挂公告之遗风。

又按《水经注》引颖容曰:"阙者,上有所失,下得书之于阙,所以求论誉于人,故谓之阙。"——据此,则古时所以设阙,不特公布法令,亦征求舆论之所。……《荀子·非相》"博而党正"之党,同说,直言也。疑本章所谓"阙党",犹言"阙说",上有所失,人民书之于阙之谠论,为人民之直言,其中多论誉之词,以反映民意。(《论语新诠》441页)

杨润根:阙党:大阙村或大阙乡,据《荀子·儒效篇》说:"孔子居于阙党,阙党之子弟,罔不分,有亲者取多。"照荀子的说法,阙党就是孔子的故乡,因而它也应在今山东省曲阜县内。(《发现论语》384 页)

林觥顺:阙党是地区名,也可释京畿内。(《论语我读》272 页)

　　辑者案:阙党,指曲阜城内之阙里,孔子居住的地方。

(2)将命

汉·马融:阙党之童子将命者,传宾主之语出入。(邢昺《论语注疏》205 页)

宋·朱熹:将命,谓传宾主之言。或人疑此童子学有进益,故孔子使之传命以宠异之也。(《四书章句集注》160 页)

清·俞樾:此童子自为其党之人将命,非为孔子将命,亦非孔子使之将命也。……后人误会马《注》,以为孔子实使之,于此章之义全失矣。(《群经平议》卷三十一·15—16 页)

杨伯峻:阙党的一个童子来向孔子传达信息。(《论语译注》160 页)

杨润根:将命:在政府官员之间传递口信或信函的人。(《发现论语》384 页)

　　辑者案:将命,即传命。

(3)居于位(定州简本"居"作"君")

魏·何晏:童子隅坐无位,成人乃有位。(邢昺《论语注疏》205 页)

宋·朱熹:礼,童子当隅坐随行。孔子言吾见此童子,不循此礼。非能求益,但欲速成尔。故使之给使令之役,观长少之序,习揖逊之容。盖所以抑而教之,非宠而异之也。(《四书章句集注》160 页)

清·刘宝楠:"居于位"者,居于成人位也。(《论语正义》607 页)

黄怀信:居于位:"位",指主人之位。(《论语新校释》371 页)

　　辑者案:从刘宝楠说。

卫灵公第十五

15.1 卫灵公问陈于孔子。孔子对曰："俎豆之事,则尝闻之矣。军旅之事,未之学也。"

(1)陈

汉·孔安国:军陈行列之法。(邢昺《论语注疏》206页)

宋·朱熹:陈,谓军师行伍之列。(《四书章句集注》161页)

日·东条弘:陈字,陆德明作阵,非。阵字,王羲之所作,古文无之。说见《颜氏家训·书证篇》。(《论语知言》卷九·433页)

清·潘维城:"卫灵公问陈于孔子",《史记·孔子世家》作"问兵陈"。《说文》:"敶,列也。从攴,陈声。"陈鳣曰:"今作陈者,省也。"《颜氏家训·书证》云:"太公《六韬》有天陈、地陈、人陈、云鸟之陈。《论语》曰:'卫灵公问陈于孔子。'"俗本多作阜旁车,《苍》《雅》及近世字书皆无,据此则《释文》作阵,乃六朝时俗本也。《孔子年谱》:灵公四十一年孔子在卫。问陈,当鲁哀公二年,孔子六十岁。(《论语古注集笺》卷十五·1页)

清·康有为:兵阵,凶器。(《论语注》227页)

辑者案:从孔安国、朱熹说。陈同阵。此问作战阵法。

(2)俎豆之事,则尝闻之矣。军旅之事,未之学也

汉·郑玄:万二千五百人为军,五百人为旅。军旅末事,本未立,不可教以末事。(邢昺《论语注疏》206页)

唐·韩愈:俎豆与军旅皆有本有末,何独于问陈为末事也?

郑失其旨。吾谓仲尼因灵公问陈,遂讥其俎豆之小尚未习,安能讲军旅之大乎?《论语笔解》卷下·11 页)

唐·李翱:俎豆,宗伯之职。军旅,司马之职。皆周礼之本也。郑以为末事,皆乖仲尼本意。《论语笔解》卷下·11 页)

宋·苏辙:孔子以礼乐游于诸侯,世知其笃于学而已,不知其他也。犁弥谓齐景公曰:"孔丘好礼而无勇,若使莱人以兵劫鲁侯,必得志焉。"卫灵公之所以待孔子者,始亦至矣,然其所以知之者,犹犁弥也。久而厌之,将傲之,以其所不知,盖问陈焉。孔子知其决不用也,故明日而行。使诚用之,虽及军旅之事可也。《论语拾遗》9 页)

宋·朱熹:俎豆,礼器。尹氏曰:"卫灵公,无道之君也,复有志于战伐之事,故答以未学而去之。"《四书章句集注》161 页)

程树德:按:郑说固非,韩说亦未是。当以苏辙傲所不知之说为长。《论语集释》1050 页)

杨朝明:儒家讲求"内圣外王",即以修身起始,进而达到齐家、治国、平天下。《大学》云:"自天子以至于庶人,一是皆以修身为本。"孔子并不是真的没有学过军旅之事,也不是对军旅之事一无所知。孔子虽生于乱世,但是他反对用战争的方式解决国与国之间的争端,而是希望通过推行古代礼制来达到社会的太平与和谐,卫灵公却"有志于战伐之事",所以孔子不仕,"明日遂行"。《论语诠解》143 页)

辑者案:朱熹、杨朝明的解释切合文意。

15.2 明日遂行。在陈绝粮,从者病,莫能兴。子路愠见曰:"君子亦有穷乎?"子曰:"君子固穷,小人穷斯滥矣。"

(1)明日遂行

日·东条弘：按：何晏分"明日"以下为一章，皇侃、邢昺皆从之。朱熹连上文通为一章，是也。（《论语知言》434页）

清·刘宝楠：高注《吕氏春秋》连引问陈、绝粮两事，当时简编相连，未有分别。而皇、邢本又以"明日遂行"属此节之首，然以伪孔注观之，两事既非在一时，则不得合为一节，而"明日遂行"必属上节无疑矣。（《论语正义》611页）

　　辑者案：此语属上章为是。

(2)在陈绝粮

汉·孔安国：孔子去卫如曹，曹不容，又之宋。宋遭匡人之难，又之陈。会吴伐陈，陈乱，故乏食。（邢昺《论语注疏》207页）

清·刘宝楠："孔子去卫如曹"云云，据《世家》则在定十四、十五两年。至吴伐陈，陈乱，则在哀元年。《世家》云："孔子去卫过曹，去曹适宋，与弟子习礼大树下。宋司马桓魋欲杀孔子，拔其树。孔子去，适郑，至陈，主司城贞子家。"然则去宋之后，尚有适郑一节，《注》不备耳。但由郑至陈，不由蔡地，与"陈、蔡之间"之文不合。又在宋遭桓魋之难，与匡人无涉，孔《注》并误。《世家》又云："孔子迁于蔡三岁……"是绝粮事，在哀公六年。此《注》不本之，而以为在哀元年，不知何本。江氏永《乡党图考》据《世家》，孔子自陈迁于蔡，是为陈、蔡之间，在哀四年。其说较确。然《世家》亦可从，详《先进疏》。惟《世家》言陈、蔡大夫合谋围孔子，故致绝粮，全氏祖望《经史问答》辨之云："陈事楚，蔡事吴，则仇国矣，安得二国之大夫合谋乎？"又云："吴志在灭陈，楚昭至誓死以救之，陈之仗楚何如？感楚何如？而敢围其所用之人乎？"全氏此辨极当。案：《孟子》云："君子之厄于陈、蔡之间，无上下之交也。"《先进篇》亦云："从我于陈、蔡者，皆不及门也。"明因其时弟子未仕陈、蔡,无上下之交,故致困乏耳。此《注》以为困乱,亦近臆测,而《世家》更附会为陈、蔡大夫合谋围孔子,更非是也。(《论语正义》611—612页)

　　辑者案:关于"在陈绝粮"一事的发生时间及绝粮原因,刘宝楠所论较详。还可参考程树德《论语集释》所辑该事件的丰富材料。

(3)君子固穷,小人穷斯滥矣

汉·郑玄:滥,窃也。(袁钧《郑玄论语注》卷八·1页)

魏·何晏:滥,溢也。君子固亦有穷时,但不如小人穷则滥溢为非。(邢昺《论语注疏》207页)

宋·朱熹:何氏曰:"滥,溢也。言君子固有穷时,不若小人穷则放溢为非。"程子曰:"固穷者,固守其穷。"亦通。愚谓圣人当行而行,无所顾虑。处困而亨,无所怨悔。于此可见,学者宜深味之。(《四书章句集注》161页)

日·东条弘:按:滥,如滥刑、滥吹之滥。泉初涌出无定所,义可知。《注》"溢也",未切。(《论语知言》434页)

清·刘宝楠:《说文》:"㿮,过差也。"引此文作"㿮","㿮"、"滥"字异义同。郑《注》云:"滥,窃也。"《坊记》:"小人贫斯约,约斯盗。"小人贫必至为盗,故此《注》以窃言之。《礼器》注:"滥亦窃盗也。"是也。(《论语正义》611页)

清·俞樾:《礼记·哀公问篇》"固民是尽",郑注曰:固犹故也。是固、故声近义通。"君子固穷"犹"君子故穷",言惟为君子故穷困也,明君子不妄干求,宜至穷困,正与"亦穷乎"问意相对。《文选·刘越石〈扶风歌〉》"夫子故有穷"即本诸此。(《群经平议》卷三十一·16页)

杨朝明:固穷:甘于处贫困,不失气节。穷,即窘迫,困厄,穷

困。滥：水满溢，这里比喻行为越轨。(《论语诠解》144 页)

　　孙钦善：孔子说："君子安于穷困，小人遇到穷困，就会胡作非为了。"(《论语本解》194 页)

　　　　辑者案：固穷，朱熹引程颐"固守其穷"说为优。关于句意，杨朝明、孙钦善解释明确。

15.3 子曰："赐也，女以予为多学而识之者与?"对曰："然，非与?"曰："非也，予一以贯之。"

一以贯之

　　魏·何晏：善有元，事有会，天下殊涂而同归，百虑而一致，知其元则众善举矣，故不待多学，一以知之也。(皇侃《论语集解义疏》卷八·2 页)

　　梁·皇侃：贯，犹穿也。既答云非也，故此更答所以不多学而识之由也。言我所以多识者，我以一善之理贯穿万事，而万事自然可识，故得知之，故云予一以贯之也。(皇侃《论语集解义疏》卷八·3 页)

　　宋·邢昺：此章言善道有统也。……"曰：非也，予一以贯之"者，孔子答言，己之善道，非多学而识之也，我但用一理以通贯之。以其善有元，事有会，知其元则众善举矣，故不待多学，一以知之。(邢昺《论语注疏》207 页)

　　清·孔广森：此章与告曾子"吾道一以贯之"语大殊。彼以道之成体言，此以学之用功言也。圣人固自多学但不取强记耳。子之问子贡，非以多学为非，以其多学而识为非也。子贡正专事于识者，故始而然之，但见夫子发问之意似为不然，故有"非与"之请。此亦质疑常理，必以为积久功深，言下顿悟便涉禅解。予一以贯之，言予之多学，乃执一理以贯通所闻，推此而求彼，得新而证故,必如是然后学可多也。若一一识之则其识既难,其忘亦易,非所以为多学之道矣。譬之学字者,以其偏旁贯之,斯万千之名可以形声尽也;譬之学数者,以其比例贯之,斯大小之形可以乘除尽也。是故一贯者为从事于多学之方。宋人言今日格一物,明日格一物,久而后能一旦贯通,得无与此义相左乎?(《经学卮言》卷四·10页)

清·阮元:《论语》"贯"字凡三见,曾子之一贯也,子贡之一贯也,闵子之言仍旧贯也。此三"贯"字,其训不应有异。元按:贯,行也,事也。……三者皆当训为行事也。孔子呼曾子告之曰"吾道一以贯之",此言孔子之道皆于行事见之,非徒以文学为教也。一与壹同,壹以贯之犹言壹,是皆以行事为教也。……此夫子恐子贡但以多学而识学圣人,而不于行事学圣人也。夫子于曾子则直告之,于子贡则略加问难而出之。卒之,告子贡曰"予一以贯之"亦谓壹,是皆以行事为教也,亦即忠恕之道也。(《研经室集》一集卷二·21-22页)

程树德:按:以上为汉学家所说之一贯,虽不尽然,而语不离宗。至宋儒乃各以所树立之主义为一贯,而论始歧。当于下详之。……按:程朱派以主敬穷理为一贯,无有是处。格物穷理之不能一贯,孔氏广森之说是也。至主敬之不能一贯,则王阳明《传习录》已言之矣:"人若矜持太过,终是有弊。曰矜持太过何如有弊?曰人只有许多精神,若专在容貌上用功,则于中心照管不及者多矣。"数语切中主敬之弊。……按:陆王派以良知为一贯,虽未必尽合孔氏之旨,然尚有辨法,较之空言穷理而毫无所得者似差胜一筹也。……按:宋学中颜李一派,其见解与程朱、陆王两派均异,兹于列举诸家之后列此一说,以备后之研究此章者,得观览焉。……按:阳明之良知说,陆稼书讥为野狐禅。伊川之穷理说,阳明亦斥为洪水猛兽。然其以一贯须从多学而识入手，则同。此章为孔门传授心法，诸家所说均未满意，尚待后人之发明也。(《论语集释》1057—1061页)

　　杨伯峻：一以贯之——这和《里仁篇》的"夫子之道，忠恕而已矣"的"一贯"相同。从这里可以看出，子贡他们所重视的，是孔子的博学多才，因之认为他是"多学而识之"；而孔子自己所重视的，则在于他的以忠恕之道贯穿于其整个学行之中。(《论语译注》162页)

　　杨润根：以统一的逻辑把每一种认识、每一个思想、每一个概念联系在一起，使之成为系统的认识、系统的思想和系统的概念，这事实上也就是寻找发现作为每一种认识、每一个思想、每一个概念的客观对象的因果关系，从而获得对每一客观对象的本质的认识。因此，一以贯之作为一种认识方法就是思辨，也就是逻辑推论，在这种思辨和逻辑推论中，人们在直接感性的认识阶段中获得的认识的个体性被超越扬弃了，个别具体的认识提升为统一的普遍一致的认识。这种统一的普遍一致的认识也就是本质的知识，而非现象的知识。具有这种思辨和逻辑推论能力的人，往往能知一推十，在相同的条件，他会比别人学得更好，学得更多。(《发现论语》387页)

　　梅显懋：综上所述，"予一以贯之"的直译应为：我用躬行(即道德实践)来贯穿获得学识才干的过程。言外之意是：一个人的博学多才并非是机械地记忆知识，而是在自己的亲身实践中，把获得的知识融会贯通起来，才能获得真才实学。前人混《里仁篇》"吾道一以贯之"之句与本篇之句为一，其说必然是顾此失彼，捉襟见肘。宋儒以"一理"、"一本"来解释"一"的内涵，明显不合当时之语境。清儒看到孔子在当时语境中强调的是"躬行"，可谓是发前人之蒙，然释"贯"为"行事"，当是用其通假义。段玉裁《说文解字注·宀部》："古贯、宦通用，故《魏风·硕鼠》'三岁贯女'，《鲁诗》作'宦女'。"上古音"贯"、"宦"二字韵同声近，故可通。"宦"字从宀从臣。《说文》："臣，牵也。事君也，象屈服之形。"故宦之本义当为"宫中奴仆"。《国语·越语下》："（越王）令大夫种守于国，与范蠡入宦于吴。"韦昭注："宦为臣隶也。"正用其本义。而"行事"应是"宦"之引申义。以行事释"贯"，且释"一"为"壹"，终给人牵强附会、滥用通假之感。况且，孔子两言"一以贯之"，语意各不相同，不足为怪，但决不可能两句之"贯"字，一用本义，一用借字。若此，其以"行事"释"贯"，用以解释"吾道一以贯之"句，谓孔子的学说专用"行事"来体现，则又与曾子所言"夫子之言，忠恕而已"之语意明显不合。(《〈论语·卫灵公〉"予一以贯之"义辨》，《古籍整理研究学刊》2007 年第 1 期)

杨朝明：本章通过孔子与子贡的对话，说明孔子之所以博学的原因。《论语》中有两处提到"一以贯之"，这里应该与《里仁》的"一以贯之"同义，即有一个根本的道贯穿始终，只是二者的落脚点不同。《里仁》的"一以贯之"落脚在为人处世上，即曾子所说："夫子之道忠恕而已矣。"儒家重视修身，推崇内圣外王之道："子贡问曰：'有一言而可以终身行之者乎？'子曰：'其恕乎！己所不欲，勿施于人。'"孔子明确指出了"恕"的做法。可以想见孔子的忠恕之道，侧重在修身以及为人处世上。本章的"一以贯之"则侧重于学习方法。孔子告诉子贡自己博学的原因，即学习过程中善于用一个根本理念贯穿始终。(《论语诠解》144 页)

辑者案：可将皇侃、杨朝明的阐释结合起来理解。

15.4 子曰："由，知德者鲜矣！"

魏·王肃：君子固穷，而子路愠见，故谓之少于知德者也。(皇

侃《论语集解义疏》卷八·3页)

梁·皇侃：由，子路也。呼子路语之云，夫知德之人难得，故为少也。(皇侃《论语集解义疏》卷八·3页)

唐·韩愈：此一句是简编脱漏，当在"子路愠见"下文一段为得。(《论语笔解》卷下·12页)

宋·张栻："知德者鲜"，以其践履之未至，故不能真知其味。夫子以此告子路，使之勉进于德，而不以聪明强力为可恃也。(《南轩论语解》卷八·2页)

金·王若虚：呼其名而告之，以谓人之能是者少耳，意在警子路亦不可知，然其文势则非直指之也，而说者皆云为愠而发，过矣。且中间有告子贡多学一贯之章，则既已间断，安得通为一时之事哉？盖《孔子世家》亦载此，而"一贯"语上加"子贡作色"四字，所以生学者之疑。呜呼！解经不守其本文而信传记不根之说，亦见其好异喜凿矣。(《论语辨惑》卷四·1页)

清·陈澧：皇《疏》云："呼子路语之云，夫知德之人难得，故为少也。"如《注》意，则孔子此语为问绝粮而讥发之。澧案：王肃说非是，故皇《疏》不从之也。夫子告子路，言知德之人鲜，犹言中庸之为德，其至矣乎，民鲜能久矣。彼言能者鲜，此言知者鲜，其意一也。皇《疏》解知德者为知德之人，文义最明，若如王肃说，则"者"字何所指乎？(《东塾读书记》卷二·13页)

程树德：按：此章向来注家皆以为为问绝粮而发，然何以中间隔子贡一章，颇有可疑。陈氏读书得间，如此解释，者字既有着落，且可塞喜贬抑圣门之口，较《集解》、《集注》均胜，皇《疏》所以不可及也。(《论语集释》1062页)

李炳南：德的本字是惪，惪从直心。心的本体寂然不动，名之为道。动则必变，虽动尚未变化，其必仍直，而不枉曲，这叫做德。

不是修道的人不能知德，所以知德者少。（《论语讲要》299页）

　　辑者案：从陈澧说。

15.5 子曰："无为而治者，其舜也与？夫何为哉？恭己正南面而已矣。"

　　魏·何晏：言任官得其人，故无为而治也。（皇侃《论语集解义疏》卷八·3页）

　　梁·皇侃：舜上受尧禅于己，己又下禅于禹，受授得人，故孔子叹舜无为而能治也。（皇侃《论语集解义疏》卷八·3页）

　　晋·蔡谟：谟昔闻过庭之训于先君曰："尧不得无为者，所承非圣也；禹不得无为者，所授非圣也。"今三圣相系，舜居其中，承尧授禹，又何为乎？夫道同而治异者，时也。自古以来承至治之世接二圣之间唯舜而已，故特称之焉。（马国翰辑《论语古注·论语蔡氏注》3页）

　　宋·邢昺：此一章美帝舜也。帝王之道，贵在无为清静而民化之，然后之王者，以罕能及，故孔子曰："无为而天下治者，其舜也与？"所以无为者，以其任官得人。夫舜何必有为哉？但恭敬己身，正南面向明而已。（邢昺《论语注疏》208页）

　　清·焦循：无为者，无一定之好尚，无偏执之禁令，以一心运天下而不息，故能通其变，使民不倦；神而化之，使民宜之也。……不动而敬，不言而信，不赏而劝，不怒而威，所以无为而治，所以笃恭而天下平。上天之载，无声无臭，此天之无为而成，即圣人之无为而治。邢《疏》以"无为"为老氏之清净，全与经义相悖。（《论语补疏》卷二·13—14页）

　　方骥龄：按"为"通"伪"，疑本章"无为而治"之"为"即"伪"字。谓舜能以诚待人，于是而尧以天下禅，以二女妻之，五臣亦均能尽力辅之;虽象之日欲杀舜,舜终放之,舜除共工、骧兜、三苗与鲧,正舜之大有为。只以舜能以诚待人,乐取于人以为善,故天下大治耳。(《论语新诠》451页)

林觥顺:老子主张无为,及孔子说舜无为,都是大有作为的意思。……所以无为,并非何必有为或不必有为,而是正好相反的丰庶有为,故笔者释"大有作为"。(《论语我读》275页)

杨朝明:"无为而治"一般认为是道家的治国方略。其实,儒家也提倡"无为而治"。不过与道家所提倡的清静无为而治不同,儒家所说的是指国君有德行,能够举贤任能,则自己不必亲政而政治清明、社会安定,也就是何晏《论语集解》所说:"言任官而得人,故无为而治。"不过两者虽曰无为,其实都是有为,目的都是为了"治"。《孔子家语·王言解》篇记载:"孔子曰:'昔者帝舜左禹而右皋陶,不下席而天下治。'"说的就是这个道理。(《论语诠解》144页)

孙钦善:无为而治:无所烦劳就能使天下大治。(《论语本解》195页)

　　辑者案:杨朝明解释明白。

15.6 子张问行。子曰:"言忠信,行笃敬,虽蛮貊之邦,行矣。言不忠信,行不笃敬,虽州里,行乎哉? 立则见其参于前也,在舆则见其倚于衡也,夫然后行。"子张书诸绅。

(1)行

宋·邢昺:此一章言可常行之行也。"子张问行"者,问于夫子,何如则可常行。(邢昺《论语注疏》208页)

宋·朱熹:犹问达之意也。(《四书章句集注》162页)

明·张居正：行是所行通利。(《论语直解》卷十五·2页)

方骥龄：本章子张所问之行，即行人之官之行，但不曰行人而曰行，行人为官职，行则私家之干求，故《为政篇》有"子张学干禄"章。干禄与行，犹苏秦、张仪之流，利其三寸不烂之舌以说服时君为事，故孔子一再以言语忠信行为笃敬是训，务求其寡尤寡悔，始可以言行。(《论语新诠》453页)

王熙元：行，通达能行的意思，指行事的原则。(《论语通释》914页)

高专诚：本章子张所问之"行"就是行为规范。(《论语通说》226页)

李零："行"，指出行，出远门。古代日书，问行是专门一类。(《丧家狗——我读〈论语〉》272页)

　　辑者案：从朱熹说。行，即行得通，通达。孔子是在谈行为准则。

(2) 参、衡

汉·包咸：衡，轭也。言思念忠信，立则常想见，参然在前，在舆则若倚衡轭也。(皇侃《论语集解义疏》卷八·4页)

梁·皇侃：参，犹森也。言若敬德之道行，己立在世间，则自想见忠信笃敬之事森森满亘于己前也。(皇侃《论语集解义疏》卷八·4页)

唐·韩愈：参，古骖字；衡，横木式也。子张问行，故仲尼喻以车乘，立者如御骖在目前，言人自忠信笃敬，坐立不忘于乘车之间。(《论语笔解》卷下·12页)

唐·李翱："大车无輗，小车无軏，其何以行之哉"与此意同。包谓骖为森，失之矣。(《论语笔解》卷下·12页)

宋·朱熹：参，读如"毋往参焉"之参，言与我相参也。(《四书章句集注》162页)

清·王引之：家大人曰：参字可训为直，故《墨子·经篇》曰："参，直也。"《论语·卫灵公篇》"立则见其参于前也"，谓相直于前也。《吕氏春秋·有始篇》"夏至,日行近道,乃参于上",谓直人上也。《淮南·说山篇》"越人学远射,参天而发,适在五步之内",谓直天而发也。(《经义述闻》卷三十一·12页)

　　清·刘宝楠:衡之言横也,谓横于车前。阮氏元《车制图考》说"衡与车广等,长六尺四寸"是也。衡两旁下有曲木叉马颈,谓之轭。衡、轭本二物,《注》以"轭"释"衡",意尚未晰。皇《疏》云:"参犹森也。森森然满亘于己前也。"《释文》:"参,所金反。"《说文》"森"字注:"读若曾参之参。"是"参"、"森"音同,然"参"不训"森"。皇《疏》所云,未必即得《注》(辑者按:包《注》)意。朱子《集注》云:"参读如'毋往参焉'之参,言与我相参也。"王氏引之《经义述闻》:"家大人曰:'参字可训为直,故《墨子·经篇》曰:"参,直也。"《论语》"参于前",谓相直于前也。《吕氏春秋·有始篇》:"夏至日行近道,乃参于上。"谓直人上也。《淮南·说山篇》:"越人学远射,参天而发。"谓直天而发也。'自注:'《鄘风·柏舟释文》引《韩诗》曰:"直,相当值也。"'二说皆视此《注》为长。俞氏樾《群经平议》又以"参"为"厽"。《玉篇》曰:"厽,《尚书》以为参字。"盖《西伯戡黎篇》"乃罪多参在上",古字作"厽"。《说文·厽部》:"厽,絫坺土为墙壁,象形。"《尚书》、《论语》并作当"厽",厽之言絫也,言见其积絫于前也。其说亦有理,故附着之。(《论语正义》616页)

　　王熙元:参音餐,作动词用,有呈现的意思。王引之《经义述闻》引王念孙说,以为"参"字可训为直。(《论语通释》914页)

　　钱逊:参;耸立貌。(《论语浅解》243页)

　　杨润根:这个字的本意是人类对众星的仰望和向往,因此"参"既具有极力猜测、想象、理解的意思,又有向往、投入、参与的意思。(《发现论语》390页)

　　林觥顺:参:本字作曑或曑,在本文是作星宿名,参星是白虎

三星，直如戟，则吉。(《论语我读》276 页)

徐刚：要理解《论语》的"参于前"，关键是先要理解，在人前面的，其实是两个东西，一个是忠信，一个是笃敬，加上人，就是三者。所谓"参于前"，就是忠信与笃敬立于人前，与人并立为三，所以说"参于前"。这个"参"仍然是动词，与"倚于衡"正相对。在先秦时代，参字有并立的意思，它表示三者并列。《战国策·齐策二》云，犀首欲败张仪连横之谋，设计假说与张仪有怨，请卫君调停："卫君为告仪，仪许诺，因与之参坐于卫君之前。"高诱注："参，三人并也。"参字在先秦时代经常用为数词"三"，表示"三者并立"的意思，是从它作为数词的意义引申而来的。《礼记·曲礼》："离坐离立，毋往参焉。"此之"参"其实也是这个意思。"离"通"丽"，是两者在一起；如果再加一个，就成为三者。《曲礼》是说，只有两个人在一起的时候，可能会说些很私密的话，所以"毋往参焉"，不要去加入他们，成为三人在一起。孔疏释为参预虽不能说错，但并不准确，没有揭示其真正内涵。朱子《论语集注》说："读如'毋往参焉'之参，言与我相参也。"其实朱子的意思，很可能也是"和我成为三"，而不是孔疏"参预"的意思，因为朱子是知道"参"字有"三者并立"的意思的。《中庸》："唯天下至诚，为能尽其性；能尽其性，则能尽人之性；能尽人之性，则能尽物之性；能尽物之性，则可以赞天地之化育；可以赞天地之化育，则可以与天地参矣。"朱子《中庸集注》："与天地参，谓与天地并立为三也。"因此，朱子的《论语集注》也很可能已经得出了"与我并立为三"的正确解释。这是"参"的最直接的训释，文从字顺。后人可能是受了孔疏"参预"之说的干扰，忽略了朱子的正确解释，所以继续有新说。(《〈论语〉故训疑误举例》，《孔子研究》2007 年第 5 期)

杨朝明：[诠释]参：列，显现。衡：车辕前面的横木。[解读]

站着，就仿佛看到忠信笃敬这几个字显现在面前；坐车，就好像看到这几个字刻在车辕前的横木上，这样才能使自己到处通达。（《论语诠解》145 页）

　　孙钦善：参(sēn 森)，直。见王引之《经义述闻》。衡：辕前横轭(è 扼)，用以套驾牛马。……站立时仿佛看见"忠信笃敬"四个字树立在前面，坐在车中仿佛看见这四个字背靠在辕前横轭上。（《论语本解》195 页）

　　　　辑者案："参 cān"有直立、罗列的意思。如《书·西伯戡黎》："乃罪多参在上，乃能责命于天。"孔《传》曰："言汝罪恶众多，参列于上天。"与此处用法相同。衡：车辕前面的横木。

(3) 书诸绅

　　汉·孔安国：绅，大带。（邢昺《论语注疏》208 页）

　　宋·邢昺："子张书诸绅"者，绅，大带也。子张以孔子之言书之绅带，意其佩服无忽忘也。（邢昺《论语注疏》208 页）

　　清·赵佑：《疏》述《玉藻》说"带"云："天子素带，朱里，终辟。诸侯素带不朱里而终辟。大夫素带，辟垂。士练带，率，下辟。居士锦带，弟子缟带，并纽约用组，三寸，长齐于带。绅长制：士三尺，有司二尺有五寸。子游曰：'参分带下，绅居二焉。'绅韠结三齐。大夫大带四寸。杂带，君朱绿，大夫玄华，士缁辟二寸，再缭四寸。凡带有率，无箴功。"此绅带之制也。……大夫止辟其垂者，即绅也。士辟其垂之末而已。此士乃仕列之士，故下别言居士。锦尚文，缟尚质，然则子张是时其锦带欤？绅之长三尺，则书诸绅亦刺文于其上欤？或曰绅有囊，盖书而贮之。（《四书温故录》论语二·25 页）

　　清·黄式三：书绅，以笔书绅也。《易传》言书契，刀棨曰契，笔识曰书也。……是古有笔之证。后人疑笔始蒙恬，遂以书绅为

刺文,非也。(《论语后案》435 页)

　　　　辑者案:从黄式三说。据现代考古发现,秦以前已有毛笔,如 1954 年在湖南省长沙市左家公山战国墓就出土了楚国毛笔,该笔长 18.5cm,直径 0.4cm,笔锋长 2.5cm;笔杆系竹制,笔头为兔箭毛,与蒙恬笔的区别为该笔用传统的夹缠法固定笔头,即将笔头夹在划为四片的竹杆头上,以麻丝夹缠,并涂上漆汁。可见,蒙恬并不是毛笔的发明者,而是对毛笔的制作进行了历史性改良。绅,束在腰间并能垂下的大带。

15.7 子曰:"直哉,史鱼! 邦有道,如矢。邦无道,如矢。君子哉,蘧伯玉! 邦有道,则仕。邦无道,则可卷而怀之。"

卷而怀之

汉·包咸:卷而怀,谓不与时政柔顺,不忤于人。(邢昺《论语注疏》209 页)

宋·邢昺:"邦有道,则仕。邦无道,则可卷而怀之"者,此其君子之行也。国若有道,则肆其聪明而在仕也。国若无道,则韬光晦知,不与时政,亦常柔顺不忤逆校人。是以谓之君子也。(邢昺《论语注疏》209 页)

宋·朱熹:卷,收也。怀,藏也。如于孙林父、宁殖放弑之谋,不对而出,亦其事也。(《四书章句集注》163 页)

清·刘宝楠:《唐石经》"怀之"作"怀也"。阮氏元《校勘记》:《后汉书·周黄徐姜申屠传·序》亦作"也"。俞氏樾《群经平议》以"也"字为是,而训"怀"为归,引《诗·匪风》、《皇矣》毛《传》为证,亦通。……窃以伯玉年少时已仕,及见献公无道,乃更不仕,

故难作得从近关出也。"不与时政",即是避位而去。若但以为始末尝仕,尚未尽然。(《论语正义》618—619 页)

清·戴望:卷犹收也,怀,归也。善废而不悒悒,故有道则出仕,无道则卷收而归也。(《戴氏注论语》卷十五·2 页)

张鼎:"之"字指道德,不指身。(《春晖楼论语说遗》卷下·10 页)

杨伯峻:政治清明就出来做官,政治黑暗就可以把自己的本领收藏起来。(《论语译注》163 页)

杨润根:之:指君子所奉行的原则,即道德的原则与正义的原则。(《发现论语》391 页)

黄怀信:[校]则可卷而怀也,汉石经同,定州简本、皇本、邢本等"也"作"之",非。[释]形容其退缩柔顺之貌。旧或以为将其才智卷而藏之,非。(《论语新校释》378—379 页)

孙钦善:退缩而藏身。(《论语本解》196 页)

　　辑者案:从朱熹"卷,收也;怀,藏也"说。至于藏什么,解为藏身、藏本领均可。

15.8 子曰:"可与言而不与言,失人。不可与言而与之言,失言。知者不失人,亦不失言。"

梁·皇侃:云"子曰"云云者,谓此人可与共言,而己不可与之言,则此人不复见顾,故是失于可言之人也。云"不可"云云者,言与不可言之人共言,是失我之言者也。(皇侃《论语集解义疏》卷八·5 页)

宋·邢昺:此章戒其知人也。若中人以上,可以语上,是可与言,而不与言,是失于彼人也。若中人以下,不可以语上,而己与之言,则失于己言也。惟知者明于事,二者俱不失。(邢昺《论语注疏》210 页)

宋·戴望:失人,所谓隐;失言,所谓躁。知者知言知人,故无

失也。(《戴氏注论语》卷十五·2页)

杨伯峻:可以同他谈,却不同他谈,这是错过人才;不可以同他谈,却同他谈,这是浪费言语。(《论语译注》163页)

李炳南:可与言,就是可以与他谈论学问道德,遇到可以与言学问道德的人,而不与他谈论,便不能在德学上与他互相切磋,当面错过一个可以交谈的人,这叫做失人。反过来说,遇到不可与言的人,而与他交谈,无论言学问,言道德,都是浪费言语,这叫做失言。(《论语讲要》301页)

牛泽群:以愚见,此"失人"即失言于人之义,与"可与言而不与之言"表面之义等同、匹俦,并无层次、语义之深引递进。(《论语札记》411页)

李君明:[引述]遇见可以直言的国君而不直言进谏,那么就是知人不当……遇见不可直言的国君而仍然直言进谏,就是言语不当。[集说]有智慧的既不失去正直的人,又不说错话。(《论语引读》482页)

孙钦善:孔子说:"可以跟他说却不跟他说,就会失掉可靠的人;不可跟他说却跟他说了,就会漏失秘密的话。聪明人既不会失掉可靠的人,也不会漏失秘密的话。"(《论语本解》197页)

　　辑者案:杨伯峻、李炳南解说明确。此章应为泛指,不限等级、地位,邢昺所谓中人以上中人以下说、李君明国君说,皆不可取。

15.9 子曰:"志士仁人,无求生以害仁,有杀身以成仁。"

梁·皇侃:谓心有善志之士及能行仁之人也。(皇侃《论语集解义疏》卷八·5页)

宋·邢昺：此章言志善之士、仁爱之人，无求生而害仁。若身死而后成仁，则志士仁人不爱其身，有杀其身以成其仁者也。若伯夷、叔齐及比干是也。（邢昺《论语注疏》210页）

宋·朱熹：志士，有志之士。仁人，则成德之人也。（《四书章句集注》163页）

日·东条弘：顾炎武《金石文字记》引唐《国子学石经》"仁"作"人"。（《论语知言》441页）

清·俞樾：志士即知士也……志与知义同。《列子·汤问篇》："女志强而气弱，故足于谋而寡于断。"张湛注曰："志，谓心智。"盖志可为知，故亦可为智，《论语》每以仁知并言，此云志士仁人，犹云知士仁人也。仁者安仁，知者利仁，故有杀身以成仁，无求生以害仁。《正义》以为志善之士，非是。《孟子·滕文公篇》："志士不忘在沟壑，勇士不忘丧其元。"此志字亦当读为智。《韩诗外传》载巫马期之言曰："吾尝闻之夫子，勇士不忘丧其元，志士仁人不忘在沟壑。"是则孔子本以志士仁人并称，与此章同，《孟子》所引不备耳。赵岐但据《孟子》文为注，故曰："志士，守义者也。勇士，义勇者也。"恐非孔子之本意矣。（《群经平议》卷三十一·17—18页）

清·刘宝楠：志士者，《孟子·滕文公》："志士不忘在沟壑。"赵岐注："志士，守义者也。"俞氏樾《平议》谓"志士"即知士，与"仁人"为"知"、"仁"并举，其说亦通。（《论语正义》620页）

张鼎：慷慨就死者，志士。从容赴义者，仁人。（《春晖楼四书说略》卷下·11页）

辑者案：志士，有志之士；仁人，有仁德之人。《辞源》："志士仁人，有节操，公而忘私的人。"

15.10 子贡问为仁。子曰："工欲善其事，必先利其

器。居是邦也,事其大夫之贤者,友其士之仁者。"

(1)子贡问为仁

宋·邢昺:此章明为仁之法也。"子贡问为仁"者,子贡欲为仁,未知其法,故问之。(邢昺《论语注疏》210 页)

方骥龄:本章仁字为"仕"字之误,故与下一章为邦相类列。(《论语新诠》455 页)

傅佩荣:为仁,这是就方法而言,意思是:怎样走上人生正途。(《傅佩荣解读论语》274 页)

黄怀信:[校]子贡问为人,"人"旧作"仁",与下孔子所答不谐。《集解》孔曰:"言工以利器为用,人以贤、友为助。"是孔见本或亦作"人",今据改。[释]为人,即做人,指做好人。旧作"为仁",误,各家如字解为培养仁德,与下所言不合,故非。(《论语新校释》381 页)

辑者案:从邢昺说。事贤者,友仁者,有利于培养自身仁德。今人疑"仁"当为"仕""人",但缺乏充分的证据。

(2)工欲善其事,必先利其器

汉·孔安国:言工以利器为用,人以贤友为助。(邢昺《论语注疏》210 页)

宋·邢昺:"子曰:工欲善其事,必先利其器"者,将答问仁,先为设譬也。若百工欲善其所为之事,当先修利所用之器。(邢昺《论语注疏》210 页)

清·刘宝楠:"利其器",《汉书·梅福传》作"厉其器"。惠氏栋《九经古义》以"利"为《古论》,冯氏登府《异文考证》以"厉"为《鲁论》,二字训义略同也。(《论语正义》621 页)

清·潘维城:"工欲善其事,必先利其器",《汉书·梅福传》引"利"作"厉"。《论语古义》曰:"《古文论语》'利'作'厉'。"……《论语后录》曰:"厉,古以为旱石,厉厉其器者,所谓于石上刿之也。《诗》郑《笺》曰:'善其事曰工。'许肯说'工巧饰'云:'工者已善矣。'《梅福传》注:'工以喻国器,利器以喻贤才。'"维城案:《汉书》多今文,疑作"厉"者今文,作"利"者古文也。(《论语古注集笺》卷十五·5页)

程树德:[考异]《汉书·梅福传》引"利"作"厉"。……《梅福传注》:"工以喻国政,利器喻贤才。"按:刘恭冕云:"惠氏栋《九经古义》以'利'为《古论》,冯氏登府《异文考证》以'厉'为《鲁论》,二字训义略同也。言'居是邦'则在夫子周游时。"其说良确。(《论语集释》1075页)

方骥龄:《说文通训定声》:"利,叚借为赖。""兵革坚利之利,是本字,古读如离。上思利民之利,是借字,当读为赖。"器,殆祭器也,尊彝之属。"必先利其器"殆谓祭祀必先赖有祭器是也。孔子用此二句以勉子贡,居是邦而欲为仕,如祭祀之必先赖有祭器,谓自身当先具有可用之才耳。(《论语新诠》456页)

辑者案:工匠想做好工作,一定要先磨快工具。

15.11 颜渊问为邦。子曰:"行夏之时,乘殷之辂,服周之冕,乐则《韶舞》。放郑声,远佞人。郑声淫,佞人殆。"

(1)为邦

梁·皇侃:为,犹治也。颜渊,鲁人。当时鲁家礼乱,故问治鲁国之法也。(皇侃《论语集解义疏》卷八·6页)

宋·邢昺:此章言治国之法也。"颜渊问为邦"者,为犹之治。问治国之礼法于孔子也。(邢昺《论语注疏》211页)

清·刘宝楠:"为邦"者,谓继周而王,以何道治邦也。(《论语正义》621页)

程树德:皇《疏》以为问治鲁国之法固非,然必谓颜子为问治天下而谦言为邦则亦不然。邢《疏》"问治国之礼法于孔子",语较无疵。刘氏《正义》曰:"为邦者,谓继周而王,以何道治邦也。"最为得之。(《论语集释》1077页)

王绪尘:按其他所问,都是称"为政",只有此章称"为邦"。窃以为"问为政"者,系治理一个旧有的国家,要怎样施行政事也。"问为邦"者,系建设一个新国家,应采用怎样制度也。此义前人未尝解过,特假设如此。(《四书读本》289页)

钱穆:为,创制义。盖制作礼乐、革命兴新之义皆涵之,与普通问治国之方有辨,观下文孔子答可知。(《论语新解》404页)

辑者案:从邢昺说。

(2)行夏之时

魏·何晏:据见万物之生,以为四时之始,取其易知也。(皇侃《论语集解义疏》卷八·6页)

梁·皇侃:孔子此答,举鲁旧法以为答也。行夏之时,谓用夏家时节以行事也。(皇侃《论语集解义疏》卷八·6页)

宋·邢昺:"子曰:行夏之时"者,此下孔子答以为邦所行用之礼乐车服也。夏之时,谓以建寅之月为正也。据见万物之生,以为四时之始,取其易知,故使行之。(邢昺《论语注疏》211页)

杨伯峻:夏朝的历法。(《论语译注》164页)

金良年:这里的"时"指节令,即类似于《大戴礼记》中《夏小正》那样依据自然变化来安排人事,以保持天人和谐的节令。一说是指夏代的历法。(《论语译注》186页)

辑者案:行夏之时,即用夏代的历法。

(3)乘殷之辂

汉·马融:殷车曰大辂。《左传》曰:"大辂越席也,昭其俭

也。"(皇侃《论语集解义疏》卷八·6页)

梁·皇侃：云"乘殷之辂"者，亦鲁礼也。殷辂，木辂也。……而木辂最质素无饰，用以郊天。鲁以周公之故，虽得郊天，而不得事事同王，故用木辂以郊也。故《郊特牲》说鲁郊云："乘素车，贵其质也。旂十有二旒，龙章而设日月，以象天也。"郑玄注云："设日月画于旂上也。素车，殷辂也。鲁公之郊用殷礼也。"按：如《记注》，则鲁郊用殷之木辂也。(皇侃《论语集解义疏》卷八·7页)

唐·陆德明：辂，音路，本亦作路。(黄焯《经典释文汇校》713页)

宋·邢昺：云"殷车曰大辂"者，《明堂位》曰："大辂，殷辂也。"郑注云"大路，木路也。汉祭天乘殷之路，今谓之桑根车"者，是也。路训大也。君之所在，以大为号，门曰路门，寝曰路寝，车曰路车，故人君之车，通以路为名。《周礼·巾车》"掌王之五路"，郑玄云："王在焉曰路。"彼解天子之车，故云王在耳。其实诸侯之车亦称为路。云"《左传》曰：大辂越席，昭其俭也"者，桓二年文也。越席，结蒲为席，置于路中以茵蒻，示其俭也。服虔云："大路，木路。"引之者以证殷路一名大路也。杜元凯以大路为玉路，今所不取。(邢昺《论语注疏》211页)

明·张居正：辂，是大车。(《论语直解》卷十五·5页)

清·江声：《说文解字》云："辂，车轸前横木也。"则非车矣，安可乘乎？后人不识字因之改《论语》之路为辂，误矣。陆德明云："辂，本亦作路。"不辨其是非，亦不识字也。(《论语竢质》卷下·8页)

日·东条弘：按，殷辂，大路也。《韩非子·十过》："夏后氏没，殷人受之，作为大路而建九旒。"是也。《顾命》及《左氏》所谓大路，乃是周之路。岂亦因殷礼邪？盖其制，比它辂则大，故曰"大辂"。如其文饰，则不可改也。《朱注》："殷辂，木辂也。"是出郑玄《明堂位注》，而邢昺之所袭也。其意以为殷尚质故朴素。遂以辂为质,以冕为文。苟以文质奢俭论之,《韶》舞何独尽美? 不通之论耳。且《周官·王之五辂》曰:"玉辂、金辂、象辂、革辂、木辂。"皆出汉儒诬妄,而它书之所不言。是何足凭证?《王之五冕》亦然。(《论语知言》443 页)

清·刘宝楠:正义曰:《释文》:"辂,本亦作路。"《说文》:"辂,车轮前横木也。"段《注》引应劭说"谓以木当胸以挽车"者即此。又谓车名,本字自作路。案:《释名·释车》:"天子所乘曰路。路亦车也。谓之路者,言行于道路也。"是"路"为车名。《尔雅·释诂》、《舍人注》:"路,车之大也。"此引申之义。(《论语正义》622 页)

乔一凡:殷之路,即仁之路,革命之路,木道乃行之路,选贤举能之路也。路今本改作辂,谓辂于殷为木制之大车。……为邦之大道,孔子岂喜殷人木制之车哉? 抑以尊君抑民之权力作怪,迂儒以时代关系,不得不舛托曲解之欤?(《论语通义》254 页)

杨润根:辂(lù):这个字由"车"和"路"(省)构成,意为适宜于各种车辆平稳快速地行驶的大路。(《发现论语》394 页)

　　辑者案:刘宝楠解释明确。《仪礼·觐礼》:"路先设西上,路下四亚之。"郑玄《注》:"路谓车也,凡君所乘之车曰路。"《释名·释车》:"天子所乘曰路,路亦车也,谓之路者,言行于道路也。"据各家所释,"路"当为本字,二字互通,义同,即指大车。

(4)韶舞

魏·何晏:《韶》,舜乐也。尽善尽美,故取之。(邢昺《论语注疏》211 页)

明·陈士元:元按《乐记》云"韶,继也",言舜之道德继绍于尧也。……舞者,容也,音在其中矣。磬与韶同。(《论语类考》卷十三·3 页)

　　清·刘宝楠:俞氏樾《群经平议》:"舞当读为武。……夏时、殷辂、周冕,皆以时代先后为次。若韶、舞专指舜乐,则当首及之。惟《韶》、《武》非一代之乐,故列于后。且时言夏,辂言殷,冕言周,而《韶》、《舞》不言虞,则非止舜乐明矣。"案:俞说是也。《孔子世家》言:"孔子弦歌《诗》,以求合《韶》、《武》、《雅》、《颂》之音。"《韶》、《武》并言,皆孔子所取也。《武》为周一代之乐,合文、武、周公所作乐名之。(《论语正义》623 页)

　　王缁尘:韶是虞舜的乐名;韶乐兼舞,故曰"韶舞"。(《四书读本》289 页)

　　牛泽群:至于相类者,前三句为首节,"乐则《韶》舞"与以下合为后节,重点论乐,故标点应"乐"前为句号,"舞"后为分号,义衔下之"放郑声"。(《论语札记》422 页)

　　杨润根:《韶》《舞》:《论语·八佾第三》第 25 章中,与《韶》相提并论的是《武》,而不是《舞》,因此人们都认为《舞》即《武》。但是否确实如此,仍有待于考证。因为孔子对《武》乐的艺术质量似乎不尽满意,并且有一次他只赞美《韶》,而根本没有提到《武》。是否《舞》不同于《武》,而是一部在艺术上足以和《韶》相媲美的乐曲?(《发现论语》394 页)

　　　辑者案:俞樾将韶舞看作韶乐和武乐,杨伯峻等从之,加书名号为《韶》、《武》。《十三经注疏》北京大学标点本将"韶舞"加书名号为《韶舞》,大概与王缁尘理解同:"韶乐兼舞,故曰韶舞。"牛泽群加书名号为《韶》舞。杨朝明《论语诠解》亦加书名号为《韶》舞,解释为:"韶,是舜时的音乐,孔子认为是尽善尽美的。古代有乐必有舞,故称。"理解上与北京大学标点本及王缁尘无不同,但书名号所加有异。书名号如何加为确,尚需斟酌,暂存疑。

(5)放郑声

汉·孔安国：郑声、佞人亦俱能惑人心，与雅乐、贤人同，而使人淫乱危殆，故当放远之。(邢昺《论语注疏》211页)

宋·朱熹：放，谓禁绝之。郑声，郑国之音。(《四书章句集注》164页)

清·刘宝楠：放者，罢废之也。……皆以郑声为郑国之声，与《鲁论》说同。其"烦手淫声谓之郑声"，乃《左传》别一义。服虔《解谊》据之，不与《鲁论》同也。又《鲁论》举《溱洧》一诗，以为郑俗多淫之证，非谓《郑诗》皆是如此。许氏错会此旨，举《郑诗》而悉被以淫名，自后遂以《郑诗》混入郑声，而谓夫子不当取淫诗。又以《序》所云"刺时刺乱"者，改为"刺淫"，则皆许君之一言误之矣。(《论语正义》624页)

杨伯峻：[译文]舍弃郑国的乐曲，斥退小人。郑国的乐曲靡曼淫秽，小人危险。[注释]"郑声"和"郑诗"不同。郑诗指其文辞，郑声指其乐曲。说本明人杨慎《丹铅总录》、清人陈启源《毛诗稽古篇》。(《论语译注》164页)

孙钦善：放：逐。郑声：郑国的乐曲。《礼记·乐记》："郑音好滥淫志。"(《论语本解》198页)

　　辑者案：放意为放弃，刘宝楠解为罢废，杨伯峻解为舍弃，均合文意。

15.12 子曰："人无远虑，必有近忧。"

魏·王肃：君子当思虑而预防之(辑者案："思虑"，邢疏本作"思患")。(皇侃《论语集解义疏》卷八·8页)

梁·皇侃：人生当思渐虑远，防于未然，则忧患之事不得近至。若不为远虑，则忧患之来不朝则夕，故云必有近忧也。(皇侃

《论语集解义疏》卷八·8页)

宋·朱熹：苏氏曰："人之所履者，容足之外，皆为无用之地，而不可废也。故虑不在千里之外，则患在几席之下矣。"(《四书章句集注》164页)

毛子水："远虑"，周密的思虑；"近忧"，随时可以发生的忧患。远近二字，不指距离讲。(《论语今注今译》242页)

牛泽群：实此处"忧"为"君子忧道不忧贫"之忧，即《诗·魏风·园有桃》"心之忧矣，其谁知之"之忧义。而"虑"，《增韵·御韵》："虑，忧也。"故虑、忧一也，此章为排比句。(《论语札记》423页)

傅佩荣：远与近指时间而言，但是未必指同一件事。(《傅佩荣解读论语》275页)

黄怀信：[释]"有"，已有、现有。旧释将有，恐非。无远虑者未必皆将有近忧，且若谓将有近忧，则当作"则有近忧"。"近忧"，眼下之忧。[章旨]此章明人无远虑之故。有近忧，故无暇远虑。今以为劝远虑之词，亦无不可，但非孔子本意。(《论语新校释》383页)

李零："远"和"近"，可以是时间上的，也可以是空间上的。(《丧家狗—我读〈论语〉》276页)

　　辑者案：此语是说：人若没有长远的考虑，一定会有眼前的忧患。也可以这样理解：凡事考虑得远些，全面些，或想得开些，自然会减少眼前的忧虑。

15.13 子曰："已矣乎！吾未见好德如好色者也。"

宋·邢昺：此章疾时人好色而不好德也。(邢昺《论语注疏》212页)

宋·朱熹：已矣乎，叹其终不得而见也。(《四书章句集注》164页)

宋·张栻：世之诚于好德者鲜。夫子所以叹道之难行也。(《南轩论语解》卷八·5页)

宋·蔡节：夫子前既言"吾未见好德如好色者也"，是犹幸其

或见之也。今又言"已矣乎！吾未见好德如好色者也"。至是，以其终未得见之故重为之叹息云。(《论语集说》卷八·7页)

　　明·张居正：已矣乎，是绝望之词。(《论语别裁》242页)

　　日·广濑建：为人君发也。(《读论语》46页)

　　清·黄式三："已矣乎"者，望见心切，未见而未绝望之词也。
(《论语后案》445页)

　　清·宦懋庸：此章与《子罕篇》所记同，而多"已矣乎"三字，疑因季桓子受女乐而郊不致膰，孔子时将去鲁而发也。曰"已矣乎"，有惜功业不就、吾道不行之意。(《论语稽》卫灵稽十五·8页)

　　方骥龄：疑本章及《子罕篇》所谓好德，似非爱好美德之谓；乃孔子有鉴于当时之国君及臣下，皆不知尚贤使能，故慨然言之如此。加已矣乎，极言其甚也。承上章言，荐贤贡士，远虑也。下一章臧文仲不能荐贤，故孔子评之曰窃位矣。(《论语新诠》458页)

　　杨伯峻：[译文]"完了吧！我从没见过像喜欢美貌一般地喜欢美德的人哩。"[注释]好色——据《史记·孔子世家》，孔子"居卫月余，灵公与夫人（南子）同车，宦者雍渠参乘出，使孔子为次乘，招摇市过之"。孔子因发这一感叹。(《论语译注》164页)

　　杨润根：色：这个字的本意是脸部表情，引伸为冠冕堂皇、华而不实的行为举止。把"色"理解为"美色"并进而把"色"理解为"美貌的女人"，这种理解显然是牵强附会的。事实上，这里的"色"和"德"同时出现，它具有与"德"相对立的意义。因此，如果说"德"指的是人的内在本质，那么"色"指的就是人的外表。因此"色"在这里的意义正与"色"的本意相一致。(《发现论语》395页)

　　张诒三：愚以为，"好德"和"好色"的"好"，应该读"好(hǎo)"，"好德"是"好的品德"，"好色"是"好的容貌"，孔老夫子感慨"吾未见好德如好色者也"有两层意思：一是感慨好的品德从来都不象好的容貌那样外露和明显；二是感慨好的品德也从来不象好的容貌那样容易获得人们的喜爱。

　　这第一层意思和孔子一贯的思想相符合，如：

　　子曰："君子欲讷于言而敏于行。"（《论语·里仁》）

　　子曰："刚毅、木讷，近仁。"（《论语·子路》）

　　以上两条，孔子强调"木讷"，也是强调有好的品德的人应该有涵养，不要太张扬和外露。这自然是说"君子"的好品德不会象好的容貌一样总是表露出来。孔子曾说："巧言令色，鲜矣仁！"（《论语·学而》和《论语·阳货》重出）也曾说："巧言、令色、足恭，左丘明耻之，丘亦耻之。"（《论语·公冶长》）这都反映了孔子重视实际的美德和涵养而鄙视表面上的"令色（好色）"，相反，有"令色"的人往往算不上是君子，因为这样的人往往"鲜矣仁"，所以孔子要"耻之"。

　　在同样是儒家重要文献的《中庸》中，有这样一句话：

　　"故君子之道，暗然而日章；小人之道，的然而日亡。"（《礼记·中庸》）

　　这也是说，"君子"的美德和涵养是不外露、不张扬的，而是慢慢地让人认识和接受，一下子就让人感受到的美德，多是不可靠的；而小人才惯于欺世盗名、善于招摇撞骗、乐于哗众取宠、勤于自我表现，很容易给人一个好印象，但小人毕竟不是君子，最初"的然"，最终总要"日亡"。这句话可以看作是对孔子"吾未见好（hǎo）德如好（hǎo）色者"的演绎。

　　孔子感慨"吾未见好德如好色者也"，正是要说明好的品德总是不象好的容貌一样外露。同时也表现了他要表达的第二层意思：好的品德也从来不象好的容貌那样容易获得人们的喜爱，如果孔子是对卫灵公喜爱南子而如此感慨的话，正是孔子对世人容易对"好(hǎo)色"接受,而对好的品德却不怎么重视的叹息,所以在《卫灵公》篇中表达"吾未见好(hǎo)德如好(hǎo)色者也"时,前面多出了一句叹词"已矣乎",这也正是"疾世人薄于德而厚于色,故发此言"。

所以,基于以上所论,孔子所感慨的应该是"吾未见好(hǎo)德如好(hǎo)色者也",这样理解,或许更符合孔子本来的意思?（《"好德"、"好色"辩》,《丽水学院学报》2005年第1期）

林觥顺:[注解]如:从随义。[释义]孔子说:"算了吧! 我尚未见过有品德修持博雅者,会跟随在爱好女色、不务正业的人的后面,作如此鬼混的人。"（《论语我读》280页）

黄怀信:[释]已矣夫:"已",止也。旧或释"完",非。"夫",表示感叹。[训译]算了吧! 我还没见过喜欢道德像喜欢女色一样的人。（《论语新校释》384页）

　　辑者案:杨伯峻、黄怀信的译解为传统解释;张诒三的见解独到,颇有道理。

15.14 子曰:"臧文仲其窃位者与! 知柳下惠之贤而不与立也。"

(1)窃位

汉·孔安国:柳下惠,展禽也。知其贤而不举,为窃位也。（皇侃《论语集解义疏》卷八·8页）

梁·皇侃:窃,盗也。臧文仲虽居位,居位不当,与盗位者同,故云窃位者与。（皇侃《论语集解义疏》卷八·8页）

宋·邢昺:此章勉人举贤也。窃,盗也。鲁大夫臧文仲知贤不举,偷安于位,故曰窃位。以其知柳下惠之贤,不称举与立于朝廷也。（邢昺《论语注疏》212页）

方骧龄：窃，虫私取米食也，犹俗所谓米蛀虫。窃位，食禄而未尽其责也。古立与位同，本章不与立，殆为不与位之意。盖柳下惠为士师，已立于朝矣，虽曾三黜，仍立于朝也。孔子所谓不与位，殆谓以柳下惠之贤，其位不当止于士师，又经三黜，其不得于时也可知，是臧文仲未尽荐贤之责也，故称之曰窃位矣。(《论语新诠》459页)

牛泽群：实窃、盗一也，有不敢见人之窃贼，亦有明火执仗之强盗。此"窃"兼之，阴以排挤操纵，明以权势要赖，亿众蔑之，仍强宽自若；万夫所指，亦脸皮坚厚。(《论语札记》424页)

黄怀信："窃位"，窃取他人官位。旧或释自窃尸位，非。(《论语新校释》384页)

杨朝明：窃位：身居官位而不称职。(《论语诠解》147页)

孙钦善：窃位：用不正当的手段占据官位。(《论语本解》199页)

辑者案：邢昺疏为优。《辞源》："窃位：指居其位不勤其事。"

(2)立

宋·朱熹：与立，谓与之并立于朝。(《四书章句集注》164页)

清·俞樾：不与立于朝廷，而但曰不与立，文义未足，立当读为位。《周官·小宗伯》"掌建国之神位"，注曰："故书位作立，立读为位。"古者立、位同字，《古文春秋经》"公即位"为"公即立"，然则"不与立"即"不与位"，言知柳下惠之贤而不与之禄位也。(《群经平议》卷三十一·19页)

辑者案：朱熹说为优。"立"字在《论语》中共出现24次，皆是站立、立身等义，无作"位"义者。此"立"当与"己欲立而立人"同义，批评臧文仲在立人方面做得不够。

15.15 子曰："躬自厚，而薄责于人，则远怨矣。"

汉·孔安国：自责己厚，责人薄，所以远怨咎也。（皇侃《论语集解义疏》卷八·8页）

梁·皇侃：躬，身也。君子责己厚，小人责人厚。责人厚则为怨之府，责己厚人不见怨，故云远怨。蔡谟曰："儒者之说，虽于义无违，而于名未安也。何者？以自厚者为责己，文不辞矣。厚者，谓厚其德也，而人又若己所未能而责物以能，故人心不服。若自厚其德而不求多于人，则怨路塞。责己之美虽存乎中，然自厚之义不施于责也。"侃按：蔡虽欲异孔，而终不离孔辞，孔辞亦得为蔡之释也。（皇侃《论语集解义疏》卷八·9页）

宋·朱熹：责己厚，故身益修；责人薄，故人易从。所以人不得而怨之。（《四书章句集注》165页）

清·王引之：躬自厚者，躬自厚责也，因下薄责于人而省责字。（《经义述闻》卷三十二·52页）

杨伯峻：躬自厚——本当作"躬自厚责"，"责"字探下文"薄责"之"责"而省略。说详拙著《文言语法》。"躬自"是一双音节的副词，和《诗经·卫风·氓》的"静言思之，躬自悼矣"的"躬自"用法一样。（《论语译注》165页）

杨润根：躬：肩负，承担，身体力行，行动。躬自厚：让自己肩负重责，而不是推卸自己的责任，换句话说，也就是反躬自问，多作自我批评。当然"躬自厚"还具有珍重自己身体力行的一切行动、努力肩负起自己一切行为的全部道德责任的意思。（《发现论语》396页）

黄怀信：[释]"躬自"，亲自、自己。"厚"，丰厚。躬自厚，自己丰厚自己。旧释厚责己，非，亲自厚责不成辞。"薄"，少也。"责"，求也。旧释责备，非。[训译]自己丰厚自己而少向别人索求，就远离怨恨了。（《论语新校释》385页）

辑者案：此章之义，孔安国所解最为简明。"躬自"，即自己对自己；厚，即厚责。此语释为多责己、少责人或重责己、轻责人皆可，含有严于律己、宽以待人的意思。可与本篇第21章"君子求诸己，小人求诸人"联系起来理解。

15.16 子曰："不曰'如之何，如之何'者，吾末如之何也已矣。"

汉·孔安国：不曰如之何者，犹言不曰奈是何。如之何者，言祸难已成，吾亦无如之何。（邢昺《论语注疏》213页）

宋·邢昺：此章戒人豫防祸难也。如，奈也。"不曰如之何"，犹言"不曰奈是何"。末，无也。若曰奈是何者，则是祸难已成，不可救药，吾亦无奈之何。（邢昺《论语注疏》213页）

宋·郑汝谐："如之何，如之何"者，急遽无所处之辞也。夫子未尝为是言，事至于此，无所用其力也。起福于未形，消祸于未萌，其圣人用智之所乎？（《论语意原》卷四·5页）

宋·朱熹："如之何，如之何"者，熟思而审处之辞也。不如是而妄行，虽圣人亦无如之何矣。（《四书章句集注》165页）

宋·蔡节：天下之事，当防微杜渐于未然之前，故"不曰如之何"。若至于已然，横流极炽，无可奈何之后，虽圣人亦无如之何矣，故曰"如之何者，吾末如之何也已矣"。（《论语集说》卷八·8页）

清·黄式三：或以"已矣"二字为句，前《法语》章同。疏家申孔《注》，以"不曰如之何"绝句，下"如之何者"略逗，连"吾末如之何也已矣"为句，于经未顺。式三谓：孔《注》当云"末如之何者，言祸难已成"。因注本夺一"末"字，致疏家曲解。（《论语后案》446页）

清·刘宝楠：陆贾《新语·慎微篇》："故孔子遭君暗臣乱，众邪在位，政道隔于王家，仁义闭于公门，故作公陵之歌，伤无权力于世。大化绝而不通,道德私而不用,故曰'无如之何者,吾末如之何也已矣'。夫言道因权而立,德因势而行。不在其位者,则无以齐其政;不操其柄者,则无以制其刚。"此《论语》家旧说,指世乱言之。伪孔所云"祸难已成",似即窃取此义。然曰"无如之何"者,亦统两"如之何"为一句,非如伪孔横分两句也。(《论语正义》628页)

程树德:按:此以"如之何"断句,本《注疏》之说,不如朱《注》之长,姑备一说。(《论语集释》1099页)

杨伯峻:[译文]孔子说:"(一个人)不想想'怎么办,怎么办'的,对这种人,我也不知道怎么办了。"[注释]如之何——"不曰如之何"意思就是不动脑筋。《荀子·大略篇》说:"天子即位,上卿进曰,如之何,忧之长也。"则说如之何的,便是深忧远虑的人。(《论语译注》165页)

林觥顺:不曰如之何:不读同丕,丕者大也多也,如之何是如何之,是如何去做。丕曰如何之,是经常要大声地警戒自己,我应该怎么办,要如何去做才是正当行为。(《论语我读》281页)

杨朝明:[诠释]本章主要体现了孔子未雨绸缪、三思而后行的处事方法。"如之何"有两种理解,一是指祸难已成,属于熟思审虑之辞;另一是指"如此这样,如此这样"。两者均可通,但根据文义应以前者更合适。[解读]孔子说:"从来不说'怎么办,怎么办'的人,我对他也不知怎么办才好。"(《论语诠解》147页)

辑者案:可将朱熹、杨伯峻、杨朝明三家所释结合起来理解。

15.17 子曰:"群居终日,言不及义,好行小慧,难矣哉!"(辑者案:定州简本"慧"作"惠")

(1)义

宋·张栻:盖义者,天理之公。(《南轩论语解》卷八·6页)

清·刘宝楠:夫子言人群居当以善道相切磋,不可以非义小慧相诱引也。(《论语正义》628页)

日·市野光彦:皇本作"惠",《释文》云:"《鲁》读'慧'为'惠',今从《古》。"卢文弨云:"案:《汉书·昌邑王传》:'清狂不惠。'《韩诗外传》(五):'主明者,其臣惠。'《颜氏家训·归心》云:'辨才智慧。'"义并当作慧。是慧、惠古通。(《正平本论语札记》16页)

傅佩荣:道义,就是人生的"应该",如原则与理想。(《傅佩荣解读论语》277页)

黄怀信:[释]"义",宜也,谓合宜、恰当。[训译]整天和大伙儿呆在一起,说不上一句恰当的话。(《论语新校释》386页)

　　辑者案:从傅佩荣说。孙钦善《论语本解》、杨朝明《论语诠解》均解为道义。

(2)慧

汉·郑玄:小惠,谓小小才智也。(皇侃《论语集解义疏》卷八·9页)

唐·陆德明:音惠,小才知。《鲁》读慧为惠,今从《古》。(黄焯《经典释文汇校》713页)

清·刘宝楠:《释文》:"慧,音惠。"皇本作"惠",《注》同。此依《鲁论》改,不知郑君定读已作"慧"也。《考文》引古本作"惠",即指皇本。(《论语正义》628页)

黄怀信:按:一本"慧"作"惠",非。(《论语新校释》386页)

　　辑者案:慧、惠二字互通,义同。古人解作"小才智",今人杨伯峻、孙钦善、黄怀信、杨朝明等解作"小聪明"。

(3)难矣哉

汉·郑玄:难矣哉,言终无成功也。(袁钧辑《郑玄论语注》卷八·

2 页)

梁·皇侃:以此处世亦难为成人也。(皇侃《论语集解义疏》卷八·9 页)

宋·邢昺:此章贵义。小慧,谓小小才知。言人群朋共居,终竟一日,所言不及义事,但好行小小才知,以陵夸于人,难有所成矣哉! 言终无成也。(邢昺《论语注疏》213 页)

宋·朱熹:"难矣哉"者,言其无以入德,而将有患害也。(《四书章句集注》165 页)

日·中井积德:难,谓难以立于世也。与难免于祸义同,而辞有轻重。(《论语逢源》312 页)

杨伯峻:真难教导。(《论语译注》165 页)

黄怀信:难矣哉:"难",指难以成器。(《论语诠解》387 页)

辑者案:难,郑玄曰难成功,皇侃曰难成人,中井积德曰难立世,杨伯峻曰难教导,黄怀信曰难成器。孔子这里慨叹的是教导弟子们从义难也。孔子十分看重义,下章孔子所说的"君子以义为质"是对义的进一步强调。

15.18 子曰:"君子义以为质,礼以行之,孙以出之,信以成之。君子哉!"

(1)义以为质

汉·郑玄:义以为质谓操行也。(皇侃《论语集解义疏》卷八·9 页)

梁·皇侃:义,宜也。质,本也。人识性不同,各以其所宜为本。(皇侃《论语集解义疏》卷八·10 页)

唐·韩愈:操行不独义也,礼与信皆操行也。吾谓君子体质先须存义,义然后礼,礼然后逊,逊然后信,有次序焉。(《论语笔解》卷下·12 页)

宋·朱熹:义者,制事之本,故以为质干。(《四书章句集注》165 页)

明·林希元：义者，心之制，事之宜。义以为质，是把义来称度事物，看当做不当做。如见得此事合义当做，则事由此立，如砌墙之有基址、绘画之有粉地，故曰"义以为质"。（《四书存疑》卷七·12页）

清·刘宝楠：义者，宜也，人行事所宜也。（《论语正义》629页）

林觥顺：质是朴质、实质、质押。义以为质，是以行仁义为原点，或说是凡事以仁义为宗旨。（《论语我读》282页）

黄怀信：即义为质，"质"借为"贽"，见尊者时所执的礼物。旧以为体质、本质、原则等，皆非。（《论语新校释》387页）

何新：义，仪也，表也。表，以三尺之杆为之，以测日轨也。质，原则也。（《论语新解——思与行》209页）

孙钦善：君子按照义来修养自己的品质，按照礼来行事，用谦逊的态度讲话，靠信实取得成功。（《论语本解》200页）

　　辑者案：从朱熹说。君子以义为做事的根本。义，谓符合正义或道德规范。

（2）礼以行之，孙以出之，信以成之

汉·郑玄：孙以出之，谓言语。（邢昺《论语注疏》213页）

宋·朱熹：行之必有节文，出之必以退逊，成之必在诚实，乃君子之道也。（《论语集注》165页）

明·蔡清：义以为质是根本，礼行、逊出、信成是就此上加料理。本文大注皆然，但三个"之"字或都指义之说似太执泥，不如宽宽说。指义说者，盖谓礼行者义之所当行者，逊出者义之所当出，信成者亦义之所当成者也。于此益见义以为质"质"字重，此说毕竟太泥。礼行、逊出、信成是一时事，非是礼行了方逊出，礼行逊出了方用信成。信以成之亦言总归于诚耳。（《论语蒙引》卷三·14页）

明·林希元:言礼行而后逊出者,自末而探本也。圣人恐人徒守礼之末节而失其本也。若单言则该得礼,立于礼是也。此说逊字,似颇明白。出字,若依诸家说,与行亦无分别。愚此说似通。(《四书存疑》卷七·13页)

清·陆陇其:三"之"字只依程《注》指义说为是。《蒙引》谓皆指其事言,非也。据《存疑》,则又是"行之""之"字指义,"出之""之"字指礼,"成之""之"字指义礼孙,亦不必如此。(《松阳讲义》卷十·3页)

钱穆:质,实质。君子以义为其行事之实质。下三之字指义,亦指事。行之须有节文,出之须以逊让,成之则在诚信。(《论语新解》409页)

杨伯峻:孔子说:"君子[对于事业],以合宜为原则,依礼节实行它,用谦逊的言语说出它,用诚实的态度完成它。真个是位君子呀!"(《论语译注》166页)

黄怀信:[释]礼以行之:即以礼行之。"行",往送也。与"自行束修以上"之"行"同。"之",指"质"。逊以出之:即以逊出之,以谦逊的态度拿出它。信以成之:即以信成之,以诚信之心完成它。(《论语新校释》387页)

杨朝明:孔子说:"君子以义作为办事的根本,用礼仪来实行它,用谦逊的态度来表达它,靠诚信来完成它。这才是真正的君子。"(《论语诠解》148页)

　　辑者案:从杨朝明说。

15.20 子曰:"君子疾没世而名不称焉。"

晋·江熙:匠终年运斤,不能成器,匠者病之。君子终年为善,不能成名,亦君子病之也。(马国翰辑《论语古注·论语江氏集解》卷下·

6页)

宋·邢昺:此章劝人修德也。疾犹病也。言君子病其终世而善名不称也。(邢昺《论语注疏》214页)

宋·蔡节:称谓见称于人也。(《论语集说》卷八·9页)

清·戴望:哀公十四年,西狩获麟,孔子曰:"吾道穷矣。"子曰:"弗乎!弗乎!君子疾没世而名不称焉。吾道不行矣,吾何以自见于后世哉?"乃因史记作《春秋》以当王法。(《戴氏注论语》卷十五·3页)

清·俞樾:此章言谥法也。《周书·谥法篇》曰:"大行受大名,细行受细名。行出于己,名生于人。"春秋时列国大夫多得美谥,细行而受大名,名不称矣,故孔子言此,明当依周公谥法,不得溢美也。(《群经平议》卷三十一·19页)

程树德:[音读]王阳明《传习录》:称字当去声读,亦声闻过情,君子耻之之意。……按:此(辑者按:此指俞樾《群经平议》)即本阳明称字当去声读之义,可备一说。(《论语集释》1102页)

钱穆:没世,犹没生,谓其生之没。称,举义。君子学以为己,不务人知,然没世而无名可举,则君子疾之。(《论语新解》410页)

李运益:称,显扬。(《论语词典》281页)

高专诚:"称"是相称的意思。孔子并不在乎个人名声的高低,更看重自己的成就是不是与名声相称,因为名声好并不见得就有相应的成就。……这个"称"也可以理解为称赞之意。(《论语通说》231页)

黄怀信:[释]称,被称颂。"称焉",称于世也。或以名实不相称为说,非。[训译]先生说:"君子恨(自己)死后名字不在社会上被人称颂。"(《论语新校释》389页)

　　辑者案:从邢昺说。疾,担心。君子担心死后没有好名声被人称颂。

15.21 子曰："君子求诸己,小人求诸人。"

魏·何晏:君子责己,小人责人。(邢昺《论语注疏》214 页)

宋·朱熹:杨氏曰:"君子虽不病人之不己知,然亦疾没世而名不称也。虽疾没世而名不称,然所以求者,亦反诸己而已。小人求诸人,故违道干誉,无所不至。三者文不相蒙,而义实相足,亦记言者之意。"(《四书章句集注》165 页)

清·宦懋庸:求字当兼何氏、杨氏二义。行有不得而反求诸己,则其责己也必严;违道干誉而望人之知己,则其责人也必甚。其始不过求己求人一念之别,其终遂至君子小人品汇之殊,人可不慎之于所求哉!(《论语稽》卫灵稽十五·11 页)

杨伯峻:孔子说:"君子要求自己,小人要求别人。"(《论语译注》166 页)

杨润根:君子从自己身上寻求成功的力量与失败的原因,小人则从他人身上寻求成功的力量与失败的原因。(《发现论语》398 页)

亦丰:孔子说:"君子只想严格要求自己,小人只想在别人身上讨点便宜。"(《论语句解》97 页)

孙钦善:求诸:求之于。"求"有两层意思:既包括对己所无有、己所不能的要求或追求,又包括对自己失败原因的探求。第一层意思容易理解。第二层意思可参见《礼记·中庸》:"子曰:'射有似乎君子,失诸正鹄(箭靶),反求诸其身。'"(《论语本解》201 页)

辑者案:从何晏、杨伯峻说。君子责求自己,小人责求别人。可与本篇第 15 章"躬自厚而薄责于人"联系起来理解。

15.22 子曰："君子矜而不争,群而不党。"

(1)矜而不争

汉·包咸:矜,矜庄也。(邢昺《论语注疏》214 页)

清·戴望：矜，大也。曾子曰："夫子见人有善，若己有之。"是夫子之不争。(《戴氏注论语》卷十五·3 页)

清·黄式三：矜者，持己方正也。争者，与人竞辨也。(《论语后案》448 页)

清·康有为：矜，棱廉。(《论语注》238 页)

杨润根：矜(jīn)：自持，坚持自己个体的独立性。(《发现论语》399 页)

金池：矜，怜惜，互爱。(《〈论语〉新译》471 页)

林觥顺：矜而不争：矜，是从矛从令。矛是杀人的武器长矛，令是军令政令是命令。所以矜是有矛有令是有权柄者，是有威严者。《毛诗》矜读若怜，在强权下民是可怜恤者。……所以矜，本义作权柄，引申作怜恤。古文字中有矜而无矝字，是汉学家之智者所杜撰。矜而不争，是自我庄重威仪，使人敬畏，也就是不严而威使人敬畏，更不与人争执。(《论语我读》284 页)

黄怀信："矜"，自称其贤，自夸。旧释庄敬、庄矜，非。(《论语新校释》390 页)

安德义：矜，竞进，竞取，比赛，而不是庄矜、矜持。(《论语解读》513 页)

　　　辑者案：从包咸说，庄重矜持。

(2)群而不党

汉·孔安国：党，助也。君子虽众，不相私助，义之与比。(邢昺《论语注疏》214 页)

晋·江熙：君子以道相聚，聚则为群，群则似党。群居所以切磋成德，非于私也。(马国翰辑《论语古注·论语江氏集解》卷下·6 页)

明·张居正：不党，是无偏向的意思。(《论语直解》卷十五·8 页)

清·黄式三：群者，虚己取善也。党者，助人匿非也。(《论语后

案》448 页)

清·戴望:不党,平均无比党。(《戴氏注论语》卷十五·3 页)

杨伯峻:[译文]合群而不闹宗派。[注释]"群而不党"可能包含着"周而不比"(2.14)以及"和而不同"(13.23)两个意思。(《论语译注》166 页)

王熙元:党,作朋党、阿比讲。(《论语通释》947 页)

傅佩荣:因为私谊而罔顾公义。(《傅佩荣解读论语》279 页)

杨朝明:党,结派,偏私。(《论语诠解》148 页)

黄克剑:党,阿私,偏袒。(《〈论语〉解读》339 页)

　　辑者案:杨伯峻、杨朝明的解释可从。党有偏私义。《书·洪范》:"无偏无党,王道荡荡。"蔡沈《集传》:"党,不公也。"

15.24 子贡问曰:"有一言而可以终身行之者乎?"子曰:"其恕乎! 己所不欲,勿施于人。"

(1)一言

明·蔡清:所谓一言者非一句言也,一字也。(《四书蒙引》卷八·15 页)

清·刘宝楠:"一言",谓一字。……又古人称所著书若数万言、数十万言,及诗体四言、五言、七言,并以一字为一言也。(《论语正义》631 页)

清·陈浚:一句话。(《论语话解》卷八·9 页)

蒋沛昌:一言,一个字,实指一种德行。(《论语今释》389 页)

　　辑者案:"一言",细分起来,有时指一字,有时指一句。此处的"一言"当指一字,与下答以"恕"字相合;而"一言以蔽之,思无邪"的一言,是指一句。虽有"一字""一句"之区别,但无须理解太拘。

（2）恕

梁·皇侃：恕，谓内忖己心，外以处物。言人在世，当终身行于恕也，故云其恕也。（皇侃《论语集解义疏》卷八·11页）

宋·邢昺：此章言人当恕己不及物也。"子贡问曰：有一言可以终身行之者乎"者，问于孔子，求修身之要道也。"子曰：其恕乎！己所不欲，勿施于人"者，孔子答言，唯仁恕之一言，可终身行之也。己之所恶，勿欲施于人，即恕也。（邢昺《论语注疏》214页）

明·张居正：所谓恕者，以己度人，而知人之心不异于我，即不以己所不欲者加之于人。如不欲上之无礼于我，则亦不以此施之于下；不欲下之不忠于我，则亦不以此施之于上。斯则视人犹己，而以己及人，不论远近亲疏，只是这个道理。推将去，将随所处而皆宜矣。（《论语直解》卷十五·9页）

清·王闿运：恕，仁也，而浅于仁。（《论语训》卷下·51页）

杨伯峻：恕——"忠"（己欲立而立人，己欲达而达人）是有积极意义的道德，未必每个人都有条件来实行。"恕"只是"己所不欲，勿施于人"，则谁都可以这样做，因之孔子在这里言"恕"不言"忠"。《礼记·大学》篇的"絜矩之道"就是"恕"道。（《论语译注》167页）

王熙元：恕，推己及人的意思。（《论语通释》950页）

王缁尘："仁"，是人之德；"恕"，是行仁之方。恕的消极方面，为"己所不欲，勿施于人"；其积极方面，即是"己欲立而立人，己欲达而达人"也。（《四书读本》295页）

杨润根：恕：如心，一如己心，一如本心，宽容，体谅，同情，将心比心。通过自己心灵的想像力把自己置于他人的存在和生活的实际情景之中，去亲自体验他人的存在、他人的生活、他人的情感、他人的理性和意志，体验他人对善和正义的特殊要求与理解，从而与他人达成思想上的共识与行动上的协调,以免把自己的思想、主张、意志在不知他人是否愿意接受的情况之下强加在他人身上。反过来说,也是如此。"恕"所表达的是一种广博的同情与宽容的精神,这种精神是社会和谐与社会合作所必需的,它也是构成一个理想社会的必要条件。(《发现论语》399页)

辑者案:张居正、王缁尘说为胜。《汉语大字典》:"恕:推己及人;仁爱。"

15.25 子曰:"吾之于人也,谁毁谁誉? 如有所誉者,其有所试矣。斯民也,三代之所以直道而行也。"

(1)有所试

汉·包咸:所誉者,辄试以事,不虚誉而已。(邢昺《论语注疏》214页)

晋·郭象:无心而付之天下者,直道也;有心而使天下从己者,曲法。故直道而行者,毁誉不出于区区之身;善与不善,信之百姓。故曰:"吾之于人,谁毁谁誉? 如有所誉,必试之斯民也。"(马国翰辑《论语古注·论语体略》3页)

宋·朱熹:尹氏曰:"孔子之于人也,岂有意于毁誉之哉? 其所以誉之者,盖试而知其美故也。斯民也,三代所以直道而行,岂得容私于其间哉?"(《四书章句集注》166页)

清·毛奇龄:此言举错之当公也。……刘昭注《韦彪传》曰:"彪引直道而行者,言古之用贤皆磨励选炼然后用之。"谓必试而后用也。……后汉谷永《荐薛宣疏》:"以宣为御史中丞,举错皆当,如有所誉,其有所试。"亦皆引此作用人解。(《论语稽求篇》卷六·14—15页)

清·刘宝楠:包氏慎言《温故录》:"……'其有所试',谓三代

已尝试之,非谓身试之也。"(《论语正义》632页)

江谦:试犹省也,如日省月试之试,视其所以,观其所由,察其所安也。(释智旭、江谦《论语点睛补注》122页)

杨伯峻:假若我有所称赞,必然是曾经考验过他的。(《论语译注》167页)

黄吉村:"试"释为"考查"为宜。(《论语析辨》329页)

李炳南:孔子自说,我对于人,不毁谤谁,也不称誉谁。如对某人有所誉,必经试验。(《论语讲要》309页)

孙钦善:如果有称赞别人的情况,那一定是经过验证了的。(《论语本解》202页)

　　　辑者案:试,解作"试验"为确。《辞源》:"试验:考察,验证。"

(2)斯民也,三代之所以直道而行也

汉·马融:三代,夏殷周也。用民如此,无所阿私,所以云"直道而行也"。(皇侃《论语集解义疏》卷八·11页)

梁·皇侃:斯民者,谓若此养民也。三代,夏、殷、周也。言养民如此,无私毁誉者,是三代圣王治天下用直道而行之时也。(皇侃《论语集解义疏》卷八·11页)

宋·朱熹:斯民者,今此之人也。三代,夏、商、周也。直道,无私曲也。言吾之所以无所毁誉者,盖以此民,即三代之时所以善其善、恶其恶而无所私曲之民。故我今亦不得而枉其是非之实也。(《四书章句集注》166页)

宋·金履祥:朱子于此章旧得其意,后得汉史引此以见不易民而化之意,遂证其说。然勉斋黄公亲见朱子改订注文直至通宵,只为此句难得简洁尔。然宜挑出直道独解而后及句意,其辞若曰:直道而行谓善善恶恶无所私曲也。吾之于民所以无毁誉

者，盖以此民即三代之时所用以直道而行之民，故我今亦不得而枉其是非之实也。似为简明。（《论语集注考证》卷八·3页）

金·王若虚：南轩曰："春秋之时，风俗虽不美，然民无古今之异。三代之所以直道而行者，亦此民耳。"所说甚好。然记者以此属于圣人无毁誉之下，义终龃龉，疑是两章，而脱其"子曰"字。（《论语辨惑》卷四·2页）

清·俞樾：《礼记·玉藻篇》"君羔幦虎犆"，注曰："犆读皆如直道而行之直，直谓缘也。"按：以郑读考郑义，则"直道而行"当训为"缘道而行"，犹云"遵王之道"、"遵王之路"也。此直字非曲直之直，与马训"无所阿私"义异。（《论语郑义》23页）

张鼎：三代或指三代之君说，此泥于民字之解也。须知民字只作人字说。李安溪文：一言三代之君、相，顺其性而赏之罚之；一言三代之士、君子，公其情而好之恶之，兼君、相、士、君子说最浑备。（《春晖楼四书说略》卷下·12页）

程树德：按：《四书释地》云："黄勉斋，朱子之子婿也。亲见朱子改订《注》文直至通宵。又谓此句难得简洁，然宜挑出直道，独解而后及句意，其辞若曰，直道而行，谓善善恶恶无所私曲也。吾之于民所以无毁誉者，盖以此民即三代之时所用以直道而行之民，故我今亦不得而枉其是非之实也。"实胜今《集注》，附识于此。（《论语集释》1110页）

金良年：最后一句颇为费解，马一浮先生认为，"斯民也"是叹词，言今人不古，不能行直道。可备一说。（《论语译注》191页）

杨伯峻：夏、商、周三代的人都如此，所以三代能直道而行。（《论语译注》167页）

程石泉：此章之下原有"斯民也，三代之所以直道而行也"句，细寻绎此章与下一章之文理，得知此句不属此章，应属下一章。

以古书无标点符号,一人读错,万人从之。以致二千余年来注疏家于此章及下一章,于不可解中求解,于是望文生意,牵强傅会,遗误后学久矣。(《论语读训》283页)

林觥顺:三代:指唐尧、虞舜、夏禹。有人认定是夏商周,似有不妥。孔子生鲁襄公二十二年,是周灵王二十一年。虽称春秋,只是诸侯国势大,天子国有如小侯国,俗语说盖棺定论,今周未亡,且政局动荡不安,如何能称以直道而行?(《论语我读》286页)

黄怀信:[校]斯亦三代之民所以直道而行也,旧作"斯民也三代之所以直道而行也",不可通,从《后汉书·韦彪传》注所引移"斯"后"民"字于"三代之"后,又"也"改为"亦"。盖旧校者误读"三代之所以"为句而移"民"于前,"亦"又音误为"也",而成今貌。[释]"斯",此也,指如有可誉者其有所试矣之法。(《论语新校释》392页)

孙钦善:这样不被虚誉的人民,正是夏、商、周三代推行正直之道的依靠。(《论语本解》202页)

辑者案:此句众说纷纭,或以为当是单独一章,或以为文有讹误,皆无明证,不敢妄从。愚以为,"斯民也"属上句为好,即郭象所言"如有所誉,必试之斯民也",即把民众看作毁誉是否得当的检验者。因有民众的检验、监督,所以夏商周三代得以直道而行。

15.26 子曰:"吾犹及史之阙文也。有马者借人乘之,今亡矣夫!"(辑者案:"阙文",定州简本作"欤文")

汉·包咸:古之史于书字有疑,则阙之以待知者也。……有马者不能调良,则借人使乘习之。孔子自谓及见其人如此,至今无有矣。言此者,以俗多穿凿也。(皇侃《论语集解义疏》卷八·12页)

唐·韩愈：上句言己所不知必阙之，不可假他人之言笔削也，譬如有马不能自乘，而借他人乘之，非己所学耳。(《论语笔解》卷下·13页)

唐·李翱：上云"吾犹"者是喻史官阙文，下句更喻马不可借他人，"今亡"者言吾今而后无此借乘之过也。(《论语笔解》卷下·13页)

宋·邢昺：此章疾时人多穿凿也。"子曰：吾犹及史之阙文也"者，史是掌书之官。文，字也。古之良史，于书字有疑则阙之，以待能者，不敢穿凿。孔子言我尚及见此古史阙疑之文。"有马者借人乘之"者，此举喻也。喻己有马不能调良，当借人乘习之也。"今亡矣夫"者，亡，无也。孔子自谓及见其人如此，阙疑至今，则无有矣。言此者，以俗多穿凿。(邢昺《论语注疏》215页)

宋·朱熹：杨氏曰："史阙文、马借人，此二事孔子犹及见之。今亡矣夫，悼时之益偷也。"愚谓此必有为而言。盖虽细故，而时变之大者可知矣。胡氏曰："此章义疑，不可强解。"(《四书章句集注》166页)

宋·蔡节：《集》曰"有马者借人乘之"，此史之阙文也。夫子谓始时犹及见此，今则亡之，无复古意矣，惜其以私见去之也。(《论语集说》卷八·11页)

明·林希元：史阙文，不挟己所见以自是；马借人，不挟己所有以自私。夫子犹及见之，其时已偷，今亡矣夫，则其时益偷矣，故曰"悼其时之益偷"。(《四书存疑》卷七·16页)

清·钱坫：季路曰："愿车马衣裘与朋友共"，此借人乘之之说也，包咸说恐未是。(《论语后录》卷五·5页)

清·焦循：包《注》以阙文、借人两事平列……邢《疏》谓有马借人为举喻，非是。借，犹藉也。……我有马不能服习，藉人之能服习者，乞其代己调良，此谨笃服善之事也，与子路以车马衣裘公

诸朋友不同。史阙文属书，借人乘属御，此孔子为学六艺者言也。（《论语补疏》卷二·15页）

清·戴望：史，史篇也。保氏教国子六艺，四曰五御，五曰六书。车必同轨，书必同文。史之阙文，所以善其书。借人橐马，所以善其御。周衰，教士之法废，是非无正，人用其私，故言"今亡矣夫"以叹之。（《戴氏注论语》卷十五·4页）

严灵峰：《乡党篇》："朋友之馈，虽车马，非祭肉，不拜。"足证古礼，朋友有以车马相馈饷也。故《公冶长篇》："子路曰：'愿车马、衣轻裘，与朋友共；敝之而无憾！'"则借马与人，古有此风；至孔子之时已不多觏。子路尚有古风，以此为难能；遂以言志也。则"有马者，借人乘之"乃史之阙文，孔子言此七字阙文，彼曾及见；今已亡佚，不可得见矣。盖时人不以马借人乘也。姑备此说，俟夫知者。（《读论语札记》1页）

方骥龄："史之阙文"，必史官所藏曾书于阙上"论誉"之文是也。……《小尔雅·广言》："藉，借也。"《管子·任法篇》"藉人以其所操命曰夺变"注："藉即借。"然则"借人"即"藉人"。大概为国君宫中之杂役，犹宦官之流，异乎卿、大夫、士而言。古时乘坐马车牛车，皆有定制，"藉人"为贱役，必不可乘马而乘之，为人所非议而书之于阙，存诸史官档案。可见古代事无大小，皆尊重民意。今亡矣夫，谓孔子之世已失去此种征求民意之良好制度矣。（《论语新诠》464—465页）

杨伯峻："史之阙文"和"有马借人乘之"，其间有什么关连，很难理解。包咸的《论语章句》和皇侃的《义疏》都把它们看成两件不相关的事。宋叶梦得《石林燕语》却根据《汉书·艺文志》的引文无"有马"等七个字，因疑这七个字是衍文。其他穿凿的解释很多，依我看来，还是把它看为两件事较妥当。又有人说这七字当

做"有焉者晋人之乘"（见《诂经精舍六集》卷九方赞尧《有马者借人乘之解》），更是毫无凭据的臆测。（《论语译注》167页）

钱穆：史阙文，以待问。马不能驭，借人之能代己调服。此皆谨笃服善之风。一属书，一属御，孔子举此为学六艺者言，即为凡从事于学者言。孔子早年犹及见此二事，后遂无之，亦举以陈世变。（《论语新解》415页）

萧民元：本节算是断章，因写者未把谈话背景写出。不加背景不好解，现假设一下：有人问孔子，古时候有没有人无条件地把自己的利益让给别人的。孔子回答说："史料中没记得有。但我对史料不足或存疑的领域曾经搜索过。我听过一个把自己的马让别人骑（可能是让给老弱或体力不足的人）而自己却用脚来走路的故事。这种富有同情心、无条件帮助别人的事，今天是不容易看得到了。"（《论语辨惑》142页）

杨润根：有马者借人乘之：想要有马骑的人在没有马的情况下就在想像中把人当马骑，这是一种小孩的作为，这里用来比喻那些文献整理者对于历史文献所持的极不慎重的态度：当他们遇到历史文献中自己也辨别不清的文字或语句时，不是像以前的文献整理者所做的那样，在这个自己也难以分辨或分辨不清的地方留下空缺，而是凭自己的主观想像，用自己所能想像到的文字或语句来取代那些自己无法分辨的文字和语句。（《发现论语》400页）

林觥顺：吾犹及史之阙文：包咸注："古之良史于书，字有疑则阙之，以待知者。"这种注释更令人存疑。经文明明写"孔子曰，吾犹……"，怎么可以变成良史于书，字有疑则阙之？笔者今正误，请博雅先进赐诲：吾犹是孔子自称我在疑惑，及史之是有关史册所记载的阙，是门观。在宗庙宫殿的正门才有阙才有门观，所以阙，是概言宫庭。……阙作缺是引申之义。阙文，是说史册所载宫庭内幕的文辞。

有马者借人乘之：包咸注："有马不能调良,则借人乘习之,孔子自谓及见人如此。"这种释义更是荒腔走板。笔者今释：马,许慎云怒也武也。此马之本义。……马训武,《释名》曰：大司马,马,武也,总武事也。有马者,是说有总管武事的大司马。《周礼》大司马之职掌,建邦国之九法,以佐王平邦。犹今之司法院及法官。……《说文解字》：乘,覆也。加其上曰人,人乘车是一端也。从入。军法,入桀曰人。桀又是什么？桀者磔也,《谥法》曰：贼人多杀曰桀。所以乘的本义杀,是以军法覆人而杀之,乘坐乘骑乘车是引申之义。借人,借假转注互训,假者非真也,所以借人即假人非真人。所以借人乘之,是假借军法入人以罪而杀之。(《论语我读》286—287页)

胡齐临：[直义]老师说："我这个人,就如同历史中散失的文献一样,我所学的东西,有很多是史书上缺少记载的。我愿将我所学的东西,贡献给后人参考,就像将自己家养的良马借给无马的人乘坐一样。如今像我这样的人,已经很少了,几乎没有了。"[见解]本章以"有马者借人乘之"为比喻。将自己所学而他人未知的学问,比喻为私家独有而他人无缘乘坐的良马。孔子的以上教导,是鼓励大家将自己学得的独特传统文化和独有的创造发明贡献给全社会和全人类共享,使人类文明朝着真、善、美的方向不断发展。(《论语真义》185页)

孙钦善：阙文：有疑而空缺的文字。"有马"句：是说有马的人可以凭借别人驾驭,不必强不能以为能。此句当与前句有关,以喻不必强不知以为知。(《论语本解》203页)

辑者案：此章难解。注家多认为孔子以"有马自己不能调良而借人乘习"为喻,喻书有阙文而己不能定,故暂缺之,

有待别人定之。这样理解于理尚通,但总觉曲而不直。既然
"阙",何言"有"马?是否可以这样理解:孔子说:"我好像看
到某部史书有缺漏的文字,原来的本子有'有马借人乘之'这
句话,今天看到的本子没有。"如此理解,文理皆通。孔子说
这话的意思是,古代史书经后人辗转传抄,往往有缺漏,提醒
人们警戒。

15.27 子曰:"巧言乱德。小不忍,则乱大谋。"

汉·孔安国:巧言利口则乱德义。小不忍则乱大谋。(邢昺《论
语注疏》215 页)

宋·邢昺:此章戒人慎口忍事也。有言者不必有德,故巧言
利口则乱德义。山薮藏疾,国君含垢,故小事不忍,则乱大谋。(邢
昺《论语注疏》215 页)

宋·张栻:小不忍之乱大谋以其轻发于血气也。故进德者以
谋言为先,当大事者以忍性为本。(《南轩论语解》卷八·8 页)

宋·朱熹:小不忍,如妇人之仁、匹夫之勇皆是。(《四书章句集
注》167 页)

清·阮元:高丽本无"则"字。(《论语注疏校勘记》2520 页)

清·黄式三:忍者,决绝之谓。小不忍者,不决绝于所爱,小
有慈怜也。《汉书·外戚传》曰:"夫小不忍,乱大谋,恩之所不能
已者,义之所割也。"古解本如此,口柔心柔,俱乱之由也。(《论语后
案》451 页)

杨伯峻:"小不忍"不仅是不忍小忿怒,也包括不忍小仁小恩,
没有"蝮蛇螫手,壮士断腕"的勇气,也包括吝财不忍舍,以及见小
利而贪。(《论语译注》167 页)

毛子水:这两句话是不相连的。它们所以记在一起,恐怕只
是为了同有"乱"字的缘故。(《论语今注今译》247 页)

董子竹:"语言"作为一种人类文明,可以统称为"巧言",孔子说"巧言乱德",是提醒人们不要被表面文明语言所欺骗,违背了"不自欺"的原则。语言提示表面上看来是个小事,无非是一句话、一个概念,但它的诱惑力量是非常可怕的,一不小心被骗,就会乱了"不自欺"的大谋。(《〈论语〉正裁》400页)

牛泽群:故此章属方法论范畴,为教导弟子或一般人,非为讥刺小人也。(《论语札记》435页)

辑者案:此语表意明白,花言巧语会惑乱道德,小事不能忍耐就会坏了大的谋划或大事情。

15.29 子曰:"人能弘道,非道弘人。"

魏·何晏:材大者道随大,材小者道随小,故不能弘人也(辑者案:这句话,邢疏本以为王肃语)。(皇侃《论语集解义疏》卷八·13页)

梁·皇侃:道者,通物之妙也。通物之法,本通于可通,不通于不可通。若人才大则道随之而大,是人能弘道也。若人才小则道小,不能使大,是非道弘人也。故蔡谟曰:"道者,寂然不动,行之由人。人可适道,故曰人能弘道。道不适人,故曰非道弘人也。"(皇侃《论语集解义疏》卷八·13页)

宋·朱熹:弘,廓而大之也。人外无道,道外无人。然人心有觉,而道体无为;故人能大其道,道不能大其人也。张子曰:"心能尽性,人能弘道也;性不知检其心,非道弘人也。"(《四书章句集注》167页)

日·广濑建:喻若人以不龟手之药封侯,能弘道也。药不能使人得封侯,非道弘人也。赵普《论语》一部以治天下,人弘道也。若朱《五经》不得一第,非道弘人也。(《读论语》47页)

杨伯峻:[译文]孔子说:"人能够把道廓大,不是用道来廓大人。"[注释]这一章只能就字面来翻译,孔子的真意何在,又如何叫做"非道弘人",很难体会。朱熹曾经强为解释,而郑皓的《论语集注述要》却说,"此章最不烦解而最可疑",则我们只好不加臆测。《汉书·董仲舒传》所载董仲舒的对策和《礼乐志》所载的平当对策都引此二句,都以为是治乱兴废在于人的意思,但细加思考,仍未必相合。(《论语译注》168页)

李炳南:道,就是人的本性,无思无为,人则能以感通,再用种种方法把道弘扬出来,所以人能弘道。但道不能自说,道必须由人去领悟,所以,非道弘人。孔子说这话的意思,是要人明白,道虽人人本来具有,但必须自己领悟,方得受用,悟后又须弘扬光大,期使人皆得其受用。(《论语讲要》312页)

孙钦善:"人能"二句:强调修养仁道决定于人的主观努力,大意说人只要努力便能学到道的博大内容,如果不努力,博大的道也不能使人伟大起来。(《论语本解》204页)

辑者案:"人能弘道"容易理解,"非道弘人"十分难解。实际上,道(指好的思想道德学说)是能使人弘大(伟大)起来的。孙钦善解为优。

15.31 子曰:"吾尝终日不食,终夜不寝,以思,无益,不如学也。"

宋·邢昺:此章劝人学也。(邢昺《论语注疏》216页)

宋·朱熹:耕所以谋食,而未必得食。学所以谋道,而禄在其中。然其学也,忧不得乎道而已;非为忧贫之故,而欲为是以得禄也。尹氏曰:"君子治其本而不恤其末,岂以在外者为忧乐哉?"(《四书章句集注》167页)

宋·张栻:学原于思,思固所以为学也。然思至于忘寝与食,而不以学济之,则亦为无益也。学者所以习而行之也,习而行之则其思为益矣。此章非以思为无益也,以思而不学则无益耳。圣人固不为无益之思也,即已而言所以教也。(《南轩论语解》卷八·9页)

明·释智旭:学、思本非两事。言此,以救偏思之失耳。(释智旭、江谦《论语点睛补注》124页)

清·梁章钜:皇《疏》言"我尝竟日终夕不食不眠,以思天下之理,惟学益人,余事皆无益,故云不如学也"。此似以思无益说成一片,与《集注》微异,而语意未能简易,故《集注》必于"以思"断句、"无益"断句也。(《论语旁证》卷十五·19页)

清·黄式三:思凭于虚,不如前人之已阅历者据其实也。思者殚一己之谋虑,不如集古圣贤之谋虑周而精也。天下可疑、可惧之事,经传中已析之,已明著之,故夫子教人以学也。后儒以不学不虑为高,无非自以为是。(《论语后案》453页)

清·康有为:不学无以入,不思无以出,始则以学为先,终则以思为贵。……故思为最重。此有为之言,读者勿泥也。(《论语注》241页)

李泽厚:同"思而不学则殆"。既然"学"常指行为、实践,不脱离实践去空想,固然有好的方面,缺点则是使中国纯粹思辨太不发达,以致无真正哲学可言,亦一大损失。今天如何保持此传统优长而反省和匡正其缺失,需仔细探讨。(《论语今读》278页)

林觥顺:孔子说:"我曾经每天大吃大喝,每夜倒头就是睡觉,直至我心无杂念后,再专心向学。"(《论语我读》290页)

辑者案:此章可与"学而不思则罔,思而不学则殆"相发明,当是阐明学、思之关系,"不如学也"并非否定"思",是说在学的基础上去思,学思结合。智旭"言此,以救偏思之失"说可参。

15.32 子曰:"君子谋道不谋食。耕也,馁在其中矣。学也,禄在其中矣。君子忧道不忧贫。"

汉·董仲舒:遑遑求仁义常患不能化民者,大人之意也。遑遑求财利常恐匮乏者,小人之意也。此君子、小人谋之不同者也。虑匮乏故勤耕,恐道阙故勤学。耕未必无饿,学亦未必得禄。禄在其中,恒有之势,是未必君子,但当存大而遗细。故忧道不忧贫也。(马国翰辑《论语古注·论语江氏集解》卷下·7 页)

汉·郑玄:馁,饿也。言人虽念耕而与不学故饥饿。学则得禄,虽不耕而不饥饿。劝人学也。(马国翰辑《论语古注·论语郑氏注》卷八·2 页)

宋·邢昺:此章亦劝人学也。人非道不立,故必先谋于道。道高则禄来,故不假谋于食。馁,饿也。言人虽念耕而不学,则无知;岁有凶荒,故饥饿。学则得禄,虽不耕而不馁。是以君子但忧道德不成,不忧贫乏也。然耕也未必皆饿,学也未必皆得禄,大判而言,故云耳。(邢昺《论语注疏》216 页)

宋·朱熹:耕所以谋食,而未必得食。学所以谋道,而禄在其中。然其学也,忧不得乎道而已;非为忧贫之故,而欲为是以得禄也。尹氏曰:"君子治其本而不卹其末,岂以在外者为忧乐哉?"(《四书章句集注》167 页)

日·中井积德:"忧道不忧贫"五字,旧错在章末,今试徙。又其上有"君子"二字,今试削。(《论语逢源》319 页)

清·戴望:馁,饿也。学以谋道,耕以谋食。食虽防馁而凶或害之,故馁在其中。学则怀德行道,艺以待取,虽不谋食亦自无馁矣。又恐人之为贫而仕,非行道也,故复曰:"君子忧道不忧贫。"(《戴氏注论语》卷十五·4 页)

清·康有为:馁,饥也。耕所以谋食,而未必得食;学所以谋道,而禄在其中。然学也者,明其道正其谊,而非为谋利也。故忧道之不明,忧道之不行,而未尝以贫为忧。常人戚戚忧贫,故皇皇谋利,而未见利之可得;君子皇皇谋仁义,未尝谋利,而富贵乃为君子所有。此劝人择术,务其上者可,不求其下;得其本者可,不恤其末也。……盖士不易得禄,故皆躬耕而废学,故孔子戒之。(《论语注》241页)

李炳南:古时士农工商,各有其业。君子,指士人而言。君子应当专心求道,不要顾虑自己的生活问题,是这章经文的大意。

君子谋道不谋食:孔子的意思是说,既是君子,就应当谋道,不必分心谋食。谋是谋求,道就是“志于道”的道,属于形而上学。求道的最终目的即在成为圣人,在未成圣人之前,只要求得一部分,就是有道之人,即能齐家治国平天下。道是齐家治国平天下的根本,无道则家不齐,国不治,天下大乱。所以君子必须求道。然而求道必须专心,不要害怕自己贫得没有饭吃,例如颜子,箪食瓢饮,不改其乐。所以君子谋道,不须谋食。

耕也馁在其中矣:君子应该专心求道,其心在道,而不在食。耕也,是说君子为谋自己之食而耕。馁在其中,是说君子之耕,乃因其惟恐不耕而受饥馁之苦。其中,是说君子心中想到饥馁问题。君子为免一己之馁而耕,他的心就是在食而不在道了。

学也禄在其中矣:君子求道,当然要求学。但是求学必须志在求道。如果志不在道,而只在求学,求学的目的即在得禄。这就是把俸禄放在心中,应为谋道的君子所不取。

君子忧道不忧贫:君子忧虑道是否存在,不忧虑自己是否贫穷。忧道,就要卫道弘道,使道常在世间。(《论语讲要》313页)

黄怀信:[释]“道”,路,途径,探下指得食的方法与途径。……旧或直释“道”为学术、思想,非,君子宁不食乎?“耕”,谋食之一

道。……"学",亦谋食之一道。[章旨]此章劝人择业,虽有道理,但不应提倡。(《论语新校释》397页)

杨朝明:本章记述孔子对道的看法,勉励人尽心求道。(《论语诠解》150页)

　　辑者案:从"谋道不谋食"、"忧道不忧贫"二句看,本章关键在于"道",孔子劝人专心求道。"道"的实现途径在于"学",故本章意旨在于劝人求道,亦含劝学之义。李炳南的解释明确。

15.33 子曰:"知及之,仁不能守之,虽得之,必失之。知及之,仁能守之,不庄以莅之,则民不敬。知及之,仁能守之,庄以莅之,动之不以礼,未善也。"(辑者案:"不庄以莅之",定州简本作"不状以位之")

汉·包咸:知能及治其官,而仁不能守,虽得之,必失之。(邢昺《论语注疏》216页)

晋·李充:夫知及以得,其失也荡;仁守以静,其失也宽;庄莅以威,其失也猛,故必须礼然后和之。以礼制知,则精而不荡;以礼辅仁,则温而不宽;以礼御庄,则威而不猛,故安上治民,莫善于礼。(邢昺《论语注疏》217页)

宋·朱熹:知足以知此理,而私欲间之,则无以有之于身矣。……莅,临也,谓临民也。知此理而无私欲以间之,则所知者在我而不失矣。……动之,动民也。犹曰鼓舞而作兴之云尔。礼,谓义理之节文。愚谓学至于仁,则善有诸己而大本立矣。莅之不庄,动之不以礼,乃其气禀学问之小疵,然亦非尽善之道也。故夫子历言之,使知德愈全则责愈备,不可以为小节而忽之也。(《四书章句集注》167页)

清·毛奇龄：凡十一"之"字原是一义。时说以知仁属学解，以庄莅属民解，则于十一之字作两截矣。包咸谓"知能及治其官，而仁不能守，虽得之，必失之"。此以之字属官位解。然以仁守官则与《易·系》"何以守位？曰仁"相合，以庄莅官则与《曲礼》"莅官行法"相合，至于"动之"稍碍矣。惟颜特进云："知以通其变，仁以安其性。十一之字俱指民言。"此似有见。但其曰通变，曰安性，则反以"知仁"二字从民上见得，与庄莅、动礼，全于君身，见庄礼者仍是两截。殊不知知足以及民即知临为大君之宜，仁足以守民即天子不仁不保四海。知仁在我，不在彼也。若《正义》兼包、颜两说而总曰此章论居官临民之法，则公然以官民分。十一之字与时说两截相去有几。经有极浅易处，翻极艰晦不得鲁莽可猝遇者，此等是也。（《四书賸言补》卷二·17页）

清·李塨：此论临民之道也。之，指民言。（《论语传注》卷下·44页）

清·刘宝楠：此章十一"之"字，包《注》指位言，但于"动之"句不可通。毛氏奇龄《賸言补》指民言，知足以及民，即知临为大君之宜。案："知及之"，谓政令条教足以及民也。"仁不能守之"，谓不能以仁守之。"仁"字置句首，与"知及之"配俪成文耳。（《论语正义》638页）

程树德：按：此章十一之字皆指民言，毛氏之说是也。朱《注》以之字指此理言，所谓强人就我也，不可从。（《论语集释》1121页）

方骥龄：或谓十一之字皆指民，或指君位。近人钱穆氏以为莅之动之三字指民，此外八字指道，如此始见文从字顺。如指君位，则更不可解。窃以为《卫灵公》篇以论治道为中心，君道臣道皆在其中。除莅之动之三字指民外，其他八字当指禄位言，犹今言政权是也。乃具体之权位，非抽象之道理。（《论语新诠》468页）

杨伯峻:"知及之"诸"之"字究竟何指,原文未曾说出。以"不庄以莅之""动之不以礼"诸句来看,似是小则指卿大夫士的禄位,大则指天下国家。不然,不会涉及临民和动员人民的。(《论语译注》169页)

钱逊:知及之:之字有几种解释:一,指民,知及之是说政令可以及于百姓;二,指职位或国家、天下;三,指治民之道。下文莅之、动之的之字指百姓。(《论语浅解》253页)

吴林伯:按周之文王,继父太王,创造灭殷条件,虽天下三分有二,尚以时机未熟,阳事殷而阴结诸侯,并推行裕民政治,大得人心,可谓"知及之,仁能守之";及至其子武王一举诛纣、建周,分封诸侯,藩屏王室,畏威以立,可谓"庄以莅之";但到厉、幽,不自为政,卒劳百姓,开始失权,诸侯称霸,名分大乱,驯致春秋,每下愈况,贵、贱易位,天子无如之何,可谓"动之不以礼";家国终以覆亡,故曰"未善"。(《论语发微》176页)

李炳南:"不庄以莅之",不能庄严的面临民众,则不得人民尊敬。(《论语讲要》314页)

杨润根:之:人民的支持,这是一个理想社会里人们获得官职的必经之路。(《发现论语》404页)

辑者案:"之"字,及之、守之、得之、失之莅之等,是指官位或统治地位。

15.34 子曰:"君子不可小知,而可大受也;小人不可大受,而可小知也。"

魏·王肃:君子之道深远,不可小了知,而可大受;小人之道浅近,可小了知,而不可大受也。(邢昺《论语注疏》217页)

晋·张凭:谓之君子必有大成之量,不必能为小善也。故宜

推诚暗信,虚以将受之,不可求备,责以细行也。(马国翰辑《论语古注·论语张氏注》3页)

宋·朱熹:此言观人之法。知,我知之也。受,彼所受也。盖君子于细事未必可观,而材德足以任重;小人虽器量浅狭,而未必无一长可取。(《四书章句集注》168页)

清·李塨:小知,钱谷刑名,一长一技也。大受,辅世长民,托孤寄命也。(《论语传注》卷下·45页)

日·物双松:故此章非观人之法矣。盖用人之法也,大受者大任之也,小知者小用之也。君子务大者以成其德,其材足以大任,而不可小用之。小人无大者于内,然亦不无小长,故其材虽不足大任,而可小用之焉。我任之而曰受,彼之材能受之也,故受以彼言之。我用彼材而曰知,小人之难任也。非我知之则不可,故知以我言之。王肃以君子之道小人之道解之,老氏之遗也。且岂有所谓小人之道哉?(《论语征》298页)

方骥龄:君子,殆指有君子之德而又在位之人言。小人,殆指品德卑污而又在位之人言。知,主也。《左》襄二十六年公孙挥曰:"子产其将知政矣。"注:"知国政。"《吕氏春秋·长见》"三年而知郑国之政也"注:"知,犹为也。"《吕氏春秋·赞能》"舜得皋陶而舜受之"注:"受,用也。"孔子以为君子人在位,当用尽其才,不可小用,当大用之。小人则相反,只可使之小有作为,不可大用,恐偾事也。似系孔子告位高者有权用人而言。(《论语新诠》469页)

杨伯峻:君子不可以用小事情考验他,却可以接受重大任务;小人不可以接受重大任务,却可以用小事情考验他。(《论语译注》169页)

王缁尘:"小知"即小聪明。"大受",是担当大事业。(《四书读本》300页)

钱逊：小知有两种解释：一，知是被人所知，君子在小事上未必可观，小人未必无一长可取。二，用小事考验。君子不可用小事考验，小人可以用小事考验。(《论语浅解》254页)

李泽厚：即人各有材，优劣同在，故不能求全责备。"小人"也有一技之长，"君子"也有各种弱点和缺失。(《论语今读》279页)

杨润根：不可小知：不可能为那些只具有通常见识的人所认识、所理解。可大受：可受大，可以在心理认知上容纳理解普遍的大众，也即以心理与认知上的巨大容量把一切人都接纳进自己的心灵和理性之中，并设身处地地理解他们，热爱他们，而这也就是一个真正的智者所具有的博爱精神的表现。(《发现论语》405页)

林振衡：小知，(将)小事主持。知，主持。(《论语新编》64页)

杨朝明：[诠释]本章记述了孔子论观人与用人的方法。由于君子与小人之间存在着本质的区别，因此考验与应用的方法应该不同。[解读]孔子说："君子不能通过一些小事情来了解他，考验他，但可以让他们承担重大的使命。小人不能让他们承担重大的使命，但可以通过一些小事情来了解他，考验他。"(《论语诠解》151页)

孙钦善：小知：学习小技小道。大受：学习大道。孔子说："君子不可以学习小道而可以学习大道，小人不可以学习大道而可以学习小道。"(《论语本解》206页)

辑者案："知"有主持、掌管义。《易·系辞上》："乾知大始，坤作成物。"按此义可以理解为："小知"，也就是"知小"，掌管小事；"大受"，也就是受以大任。即君子可以受以大任，小人只可让其掌管些小事情。孔子的本意是，重用才德君子。这样理解，"大受"和"小知"才配搭吻合。

15.35 子曰："民之于仁也，甚于水火。水火，吾见蹈

而死者矣，未见蹈仁而死者也。"（辑者案：定州简本"蹈"作"游"，"蹈仁"作"游于仁"）

汉·郑玄：甚于水火，于仁最急也。（袁钧《郑玄论语注》卷八·2页）

汉·马融：水火与仁，皆民所仰而生者也，仁最为甚也。……蹈水火或时杀人，蹈仁未尝杀人者也。（皇侃《论语集解义疏》卷八·15页）

魏·王弼：民之远于仁，甚于远水火也。见有蹈水火死者，未尝见蹈仁死者也。（皇侃《论语集解义疏》卷八·16页）

宋·邢昺：此章劝人行仁道也。"子曰：民之于仁也，甚于水火"者，言水火饮食所由，仁者善行之长，皆民所仰而生者也。若较其三者所用，则仁最为甚。"水火，吾见蹈而死者矣，未见蹈仁而死者也"者，此明仁甚于水火之事也。蹈犹履也。水火虽所以养人，若履蹈之，或时杀人。若履行仁道，未尝杀人也。王弼云："民之远于仁，甚于水火，见有蹈水火者，未尝见蹈仁者也。"虽与马意不同，亦得为一义。（邢昺《论语注疏》217页）

宋·朱熹：民之于水火，所赖以生，不可一日无。其于仁也亦然。但水火外物，而仁在己。无水火，不过害人之身，而不仁则失其心。是仁有甚于水火，而尤不可以一日无也。况水火或有时而杀人，仁则未尝杀人，亦何惮而不为哉？李氏曰："此夫子勉人为仁之语。"下章放此。（《四书章句集注》168页）

明·林希元："甚于水火"有两意：水火外物而仁在己，是一意；无水火，不过害人之身，不仁则失其心，是一意。（《四书存疑》卷七·21页）

方骥龄：本章似系孔子慨叹语，非勉人为仁说。《说文》："甚，尤安乐也。"段注："人情所尤安乐者，必在所溺忧也。"引伸言之，厚也，重也，胜也，大也。孔子以为仁道为人所当重，较日常生活中水火为胜。盖民非水火不生活，仁道则尤大于水火。但孔子举目以观当世，有蹈水火而死者矣，未见有人为行仁道而死者。犹言"中庸之为德也，民鲜久矣"（见《雍也篇》），谓当世无人能"杀身以成仁""舍生以取义"也。（《论语新诠》470页）

杜豫：蹈，踩。后一蹈字引伸为实行追求。（《论语读本》283页）

黄怀信：[释]民之于仁，指对于"仁"的畏惧。"水火"，指洪水、烈火，可惧之物也。[章旨]旧或释为民之需要仁德急于需要水火，或释民生有赖于仁尤甚其有赖于水火，沿孟子"民非水火不生活"之说，以"水火"为人赖以为生之水火，皆不合情，人岂有赖仁为生之理？（《论语新校释》400页）

孙钦善："民于"二句：是说老百姓对于仁德的畏惧比对于水火的畏惧还厉害。（《论语本解》206页）

辑者案：从马融、邢昺、朱熹说。

15.36 子曰："当仁不让于师。"

汉·孔安国：当行仁之事，不复让于师，行仁急也。（皇侃《论语集解义疏》卷八·16页）

梁·皇侃：仁者，周穷济急之谓也。弟子每事则宜让师，唯行仁宜急，不得让师也。张凭曰："先人后己，外身爱物，履谦处卑。所以为仁，非不好让，此道非所以让也。"（皇侃《论语集解义疏》卷八·16页）

宋·朱熹：当仁，以仁为己任也。虽师亦无所逊，言当勇往而必为也。盖仁者，人所自有而自为之，非有争也，何逊之有？程子曰："为仁在己，无所与逊。若善名为外，则不可不逊。"（《四书章句集注》168页）

明·张居正：当，是担当。（《论语直解》卷十五·12页）

日·佐藤坦：当字，是方字。注以任字贴之，似过深。（《论语栏

外书》91页）

清·黄式三：人情于行仁之事，每有所诿而不为。此言师无所让，甚言其不得退诿，而行之宜急。或曰师，众也。或曰"师"当作"死"。屈原《怀沙赋》"知死不可让兮"本此，与上章"未见蹈仁而死"互相发明。（《论语后案》456页）

清·刘宝楠：《说文》："当，田相值也。"人于事，值有当行仁者，不复让于师，所谓"闻斯行之"也。（《论语正义》640页）

清·康有为：当，田相值也。礼尚辞让，独至于为仁之事，则宜以为己任，勇往当之，无所辞让。即至于师，亦不必让，师不为，则己为之，不必避长者也。师止于是，己可过之，不必待长者也。乃至博施济众，有益人道之教治、艺乐者，皆可自由而为之，虽过于师可也。盖仁者人也，师之所以教者仁而已，上达造极，乃人道之进化，师意所期望也。（《论语注》243页）

王熙元：当，如当时的当，有正值、面对的意思。（《论语通释》976页）

钱逊：师字有两种解释：一，师长；二，作众字讲。（《论语浅解》254页）

杨润根：当你确信自己的观点更接近于真理，自己的主张更符合于道德与正义的时候，你应该勇于和你的老师争辩，并寸步不让、毫不妥协地维护自己所确信的观点与主张。（《发现论语》405页）

牛泽群："子曰"之内者，"师"为自指，告诲弟子当仁，莫必于乃师之后。（《论语札记》438页）

赵又春：我以为，如果不把这里的"仁"理解为"仁德"，而解释为"仁政"，从而"当仁"不是"若遇行仁之事"，而是说"如果你们承担了实行仁政的职责"，就一切问题都解决了。因为这样一来，作为这个假言命题后件的"不让于师"的意思就是：可以只按仁政的要求办事，不必顾及我这个老师曾经说过的具体意见，即使到时我有所建议，也可以不听。这不就顺理成章了，并且更符合孔子的思想，更能体现他的博大胸怀和道德人格吗？文字上也毫无问题："当"的基本含义就是"担任"、"执掌"；"让"有"退让"、"推崇"、"把好处给予别人"等意思，"不让于师"就是说不特别推崇老师的主张，在他的意见面前不退让，不给他以特殊的照顾。(《我读论语》404页)

张起季：笔者以为，"让"在此语境中当解作"责备"，而"师"在此语境中当从钱氏解作"众人"，全章意为："孔子说：'碰到需要发挥仁的精神的情况（自己就去发挥），不责备众人。'"(《〈论语〉"当仁"章释义考辨》,《重庆三峡学院学报》2006年第2期)

黄怀信：[释]当仁："当"，应当。"仁"，亦指行仁、做仁事、献爱心。旧或以"当"为值当、面临，以"仁"为仁德，非。不让于师："让"，相让。"不让"，争先也，指弟子言。旧以为谦让，非。[训译]先生说："应当行仁（的时候），学生不让老师。"[章旨]此章教学生爱护老师。学生争先行仁而不让于师，理所当然。比如遇舍己救人之事，岂能让师？今成语"当仁不让"，已与原义相反。(《论语新校释》400页)

辑者案：当，即值，遇到，面对。面对或遇到一些仁德的事情，即使是老师，也不能谦让。有关"仁"的事情，是大事大非的原则性问题，面对这样的事情，应勇而为，无论谁，也不可谦让。

15.37　子曰："君子贞而不谅。"

汉·孔安国：贞，正。谅，信也。君子之人，正其道耳，言不必小信。(邢昺《论语注疏》217页)

唐·韩愈：谅当为让字误也。上文云"当仁不让于师"，仲尼虑弟子未晓，故复云"正而不让"，谓仁人正直不让于师耳。孔说加一小字为小信，妄就其义，失之矣。（《论语笔解》卷下·13页）

宋·朱熹：贞，正而固也。谅，则不择是非而必于信。（《四书章句集注》168页）

宋·张栻：贞者，贞于义也。谅者，执小信也。贞于义则信在其中，若但执其小信而于义有蔽，则失其正而反害于信矣。盖贞于义者公理所存，而执小信者私意之守而已。（《南轩论语解》卷八·11页）

明·释智旭：谅即硁硁小人。（释智旭、江谦《论语点睛补注》125页）

日·物双松：盖贞者谓存于内者之不变也，如贞女之贞，可以见已。谅者，谓求信于人也，如亮察、亮鉴，皆求信意。夫君子之为信也，存于内者不变也。非求见信于人而为之，故曰贞而不谅。（《论语征》299页）

日·东条弘：贞者，终始不失其正也。谅者，恐人不信而明亮之也，故又作亮。《季氏篇》："友谅，益矣。"谅非恶德，然君子不谅者，唯能不失其正，故虽复在猜疑际，不敢自明亮之也。（《论语知言》453页）

清·刘宝楠：《易·象传》："贞，正也。"此常训。君子以义制事，咸合正道，而不必为小信之行。何异孙《十一经问对》："《孟子》曰：'君子不亮，恶乎执？''亮'与'谅'同。孔子曰：'岂若匹夫、匹妇之为谅也？'又曰：'君子贞而不谅。'谅者，信而不通之谓。君子所以不亮者，非恶乎信，恶乎执也。……"（《论语正义》640页）

日·昭井一宅：贞者，正也，终始不易其操之谓也。贞固忠贞之语，可并考。谅者明也，不待人之察自明之谓也。（《论语解》358页）

方骥龄：窃按：《说文》："贞，卜问也。"《释名·释言语》："贞，定也。精完不动惑也。"郑司农谓,贞之为问,问于正者必先正之,乃从问焉。故贞有自问甚正之义。《方言一》:"谅,信也。众信曰谅,周南召南卫之语也。"孔子之意,殆谓君子心中,但求问心无愧,不必取信于众,如哗众取宠者是也。谅似非小信小德也。与上章"当仁不让于师"愚解之义相表里。上章不让人,本章不必求信于众,皆君子择善固执之义。(《论语新诠》471页)

毛子水:《广雅·释诂一》:"贞,正也。"谅,朱骏声以为假借为勍,意同"固执"。按:朱说可从,惜少例证。旧训谅为信;信自是美德。但信有害于正道时,则君子取贞而弃谅。(《论语今注今译》252页)

钱穆:贞者,存于己而不变。谅者,求信于人。(《论语新解》422页)

程石泉:《易·象传》云:"贞,正也。"谅者,亮也,信而不通之谓也。(《论语读训》289页)

林觥顺:不谅:是丕谅,谅是言京或京言,是大声说话。谅,许慎云信也。是诚实正直。谅,经传常假亮作谅。亮是明亮可照。《释诂》云:"亮,相导也。"(《论语我读》293页)

黄怀信:[释]贞:坚贞、真心,做动词,指讲求坚贞。谅:信也,指守信。[训译]君子(讲求)坚贞而不(死)守约定。(《论语新校释》401页)

金知明:君子贞而不谅:君子信仰坚定而不轻信他人;贞,坚定果断;谅,轻信人。(《论语精读》212页)

李零:贞字,古文字本来是假鼎字为之,在古书中经常假为定字,后来则加卜于上,则又用作表示卜问之义的贞字。卜辞命辞常用"贞"字引出待定之事,有些是问句,有些不是。……定字从宀正声,又与正通。贞、鼎是端母耕部字,定是定母耕部字,正是章母耕部字。它们是古音相近、意义相关的一组同源字。这里的

"贞"是守信的意思,守信的含义是从定引申。……"贞"和"谅"都是信,但信和信不一样。"贞"是遵守原则的信,只要不违反原则,可以有所变通。"谅"不同,它是拘泥小信,死守诺言。(《丧家狗——我读〈论语〉》281—282页)

杨朝明:[诠释]贞:坚定,守正道。谅:诚信。与《宪问》"岂若匹夫匹妇之为谅也"的"谅"字意同。[解读]孔子说:"君子要固守正道,而不应该无原则地守信用。"(《论语诠解》152页)

孙钦善:贞:信。贾谊《新书·道术》:"言行抱一谓之贞。"谅:信,这里指小信,参见13.20"言必信,行必果,硁硁然小人哉"、14.17"岂若匹夫匹妇之为谅也"。孔子说:"君子诚信,但不拘于小信。"(《论语本解》207页)

辑者案:从刘宝楠及毛子水引朱骏声说。语义为:君子正而不固执。《汉语大字典》:"谅,诚信。……又无原则地守信。《论语·宪问》:'岂匹夫匹妇之为谅也?自经于沟渎而莫之知也。'又固执,坚持成见。《论语·卫灵公》:'君子贞而不谅。'"

15.39 子曰:"有教无类。"

汉·马融:言人所在见教,无有种类。(邢昺《论语注疏》218页)

宋·邢昺:此章言教人之法也。类谓种类。言人所在见教,无有贵贱种类也。(邢昺《论语注疏》218页)

宋·朱熹:人性皆善,而其类有善恶之殊者,气习之染也。故君子有教,则人皆可以复于善,而不当复论其类之恶矣。(《四书章句集注》168页)

日·东条弘:唯教可移种类,美恶非所论,故曰:"有教无类。"亦习相远之意。朱《注》"性气善恶",乃误读《孟子》者。(《论语知言》

453 页)

清·戴望：教人不以族类，唯其贤。古者，王公之子孙不能属于礼义，则归诸庶人；庶人之子孙能积文学，正身行，则加诸上位。(《戴氏注论语》卷十五·5 页)

清·王闿运：类犹流派也，言设教不可立门户。(《论语训》卷下·54 页)

吴国宁：关于"种类"的解释，从训诂学义训法的角度讲，是正确的。但是，从"有教无类"这句话来讲，又没有解释到确切的地步，这是什么原因呢？笔者认为，这种情况的出现，与社会历史的发展，以及文字含义的演变，都有密切的关系。那么，"有教无类"的"类"字，究竟应当做何解释呢？笔者认为，"类"字在这句话中，应当解释为"氏族"。"类"字，《尔雅·释诂》解作"种类"，《说文》也说："种类相似，唯犬为甚。""种类"二字都含有"族"的意思。"种"者，种姓也；姓，为氏族的标志。"类"者，族类也，即氏族。所以说"种类"就是氏族。(《"有教无类"辨——兼谈训诂学的运用》，《河北师范大学学报》1981 年第 3 期)

谢冰莹：类，等类，阶级。(《新译四书读本》255 页)

钱逊：类，类别。(《论语浅解》256 页)

金良年：[注释]类：此做动词用，区分。[译文]孔子说："进行教育没有对象的区别。"[段意]孔子认为，施教者应不分对象地授予教育。至于对于不同的对象，应以不同的方式来施行教育，那是另外的问题。(《论语译注》194 页)

李泽厚：已成为成语。此"类"何指？指部族、等级、身份抑天资禀赋，均可。《尚书·尧典》孔注云，类，族也。古代即原始之亲族、部族(kin，clan，tribe)，即"非我族类，其心必异"之族类。孔子打破此种族类界限乃重大进步。(《论语今读》281 页)

金知明：有教无类：受教育不要限制某类人；类，动词，归类，分类。（《论语精读》213 页）

　　辑者案：马融之说最为简明，释"类"为种类，此"种类"可泛指族类、地位等级、贵贱贫富、资质等。孔子意为对任何人都可以教育，没有类别差异。

15.40 子曰："道不同，不相为谋。"

梁·皇侃：人之为事，必须先谋。若道同者共谋，则精审不误。若道不同而与共谋，则方圆义凿枘事不成也。（皇侃《论语集解义疏》卷八·17 页）

宋·邢昺：此章言人之为事，必须先谋。若道同者共谋，则情审不误。若道不同而相为谋，则事不成也。（邢昺《论语注疏》218 页）

宋·朱熹：不同，如善恶邪正之异。（《四书章句集注》169 页）

日·物双松：道谓道术也。道不同者，如射与御，及笙笛与琴瑟是也。非吾所素习，则不精其事，故不相为谋，恐坏其事也。（《论语征》300 页）

清·刘宝楠：吴氏嘉宾说："《孟子》曰：'伯夷、伊尹、柳下惠，三子者不同道。'道者，志之所趋舍，如出处语默之类。虽同于为善，而有不同，其是非得失，皆自知之，不能相为谋也。"案：《孟子》又言"之行不同也，或远或近，或去或不去，归洁其身而已矣"。归洁其身，道也，而远近、去不去，行各不同，则不能相为谋也。《史记·伯夷列传》引此文云："亦各从其志也。"即孟子不同道之说。颜《注》以天道、人道为言，失其旨矣。（《论语正义》641—642 页）

清·俞樾：邢《疏》是也。唐虞诸臣各治一职，孔门诸子各占一科，所谓"道不同不相为谋"。若如朱《注》谓善恶邪正之类，善之与恶，正之与邪，相去万里矣，何谋之有？（《论语古注择从》17 页）

杨伯峻：主张不同，不互相商议。(《论语译注》170页)

王缁尘："道"者，如孔子时，已有道家老子之道。稍后孔子，又有墨子、杨子等各家之道，大概东周的各种道术，成立盛行于战国之世，而萌芽发生，皆在孔子时代也。(《四书读本》302页)

黄吉村：道——志向也。(《论语析辨》338页)

李泽厚："道"译作走路，正好；方向、路线、途径不同，的确不好彼此谋划商量。政治如是，生活如是，专业亦如是。(《论语今读》282页)

李炳南：道不同，意见不合，不能共同办事，否则如圆凿方枘，其事不成。(《论语讲要》316页)

黄怀信：[释]"谋"，谋划。旧释互相商议，非。[训译]思想主张不同，不相互替对方谋划。(《论语新校释》403页)

辑者案：志向不同，思想主张不同，不相与谋划。

15.42 师冕见，及阶，子曰："阶也。"及席，子曰："席也。"皆坐，子告之曰："某在斯，某在斯。"师冕出。子张问曰："与师言之道与？"子曰："然，固相师之道也。"

固相师之道也

汉·马融：相，导也。(皇侃《论语集解义疏》卷八·17页)

梁·皇侃：冕既无目，故主人宜为之导相，所以历告也。(皇侃《论语集解义疏》卷八·18页)

汉·郑玄：相，扶也。(袁钧《郑玄论语注》卷八·3页)

宋·邢昺：此章论相师之礼也。……"师冕出。子张问曰：与师言之道与"者，道谓礼也。子张见孔子历告之，未尝知此礼。既师冕出去，而问孔子曰："此是与师言之礼与？""子曰"然，固相师之道也"者，相犹导也。孔子然答子张，言此固是相导乐师之礼

也。(邢昺《论语注疏》218—219 页)

宋·朱熹：相，去声。相，助也。古者瞽必有相，其道如此。盖圣人于此，非作意而为之，但尽其道而已。尹氏曰："圣人处己为人，其心一致，无不尽其诚故也。有志于学者，求圣人之心，于斯亦可见矣。"范氏曰："圣人不侮鳏寡，不虐无告，可见于此。推之天下，无一物不得其所矣。"(《四书章句集注》169 页)

清·陈汉章：此章为子教子张相师之礼。郑注《礼记》并谓"道即礼"，是相师之道即相师之礼也。……子张少孔子四十九岁，于圣门年最少，当为相工之弟子，孔子于平日教以相师之道，即教以乡饮、乡射、相工之礼，亦即教以道瞽之少仪。惟郑君知其义，今本《论语郑注》辑佚未赅，须用他经之注推见一二。然近人知以《聘礼注》考订《乡党篇》执圭享觌之礼，而不知以《乡饮》《少仪》之注考明此经相师之道。曲园师《论语郑义》亦言之未详，故特详之。(《论语征知录》18—19 页)

杨伯峻：子张问道："这是同瞎子讲话的方式吗？"孔子道："对的，这本来是帮助瞎子的方式。"(《论语译注》171 页)

金良年：相，接待。(《论语译注》195 页)

李泽厚："道"也可译作"规则"、"道德"等等，这"道"即"礼"，亦"仁"，合乎道理，切于人情，亦今日对待残疾人的人道主义，足见"礼"与"仁"同，非常形象，至今适用。"仁"由"礼"出是从历史来源说；"礼"由"仁"出，是从后世个体说。所以并不矛盾，由此亦可结合孟、荀，同归孔氏。(《论语今读》283 页)

孙钦善：这本来就是襄助盲乐师的礼道。(《论语本解》208 页)

赵又春："师"在这里特指乐师，当时乐师都是盲人。"师冕出"之前是描述孔子如何对待这位盲人乐师：扶他上台阶、入席，告诉他在座的是哪些人。子张问的"与师言之道与"一句，李泽厚

译作"同音乐师讲的是礼制吗",杨伯峻译作"这是同瞎子讲话的
方式吗",钱穆译作"刚才和师冕这般说,也是道吗"。我认为都译
错了。这一句中的"言"是助词,没有意义;"与"作动词,"对待"的
意思,所以应译为"这是对待盲人的正确方式吧",这才与上下文
义相衔接、呼应。又,孔子答话中的"相师"是一个词,名词,指称
扶助盲人的人,上述三位大师都误解为动宾词组,所以他们末一
句的译文也都不够准确。(《我读论语》50页)

　　辑者案:"相"的对象是盲乐师,马融"相导"说、郑玄"相
　　扶"说皆通。"相"在这里是动词,后来将相导盲者的人称为
　　相,成为名词。如《礼记·仲尼燕居》:"治国而无礼,譬犹瞽
　　之无相与。"《荀子·成相》:"人主无贤,如瞽无相。"相师之道
　　的"道",孙钦善解作"礼道",可从。此"道"还含有"方法"义,
　　解作"相师之法"也可。

季氏第十六

16.1 季氏将伐颛臾。冉有、季路见于孔子曰:"季氏将有事于颛臾。"孔子曰:"求!无乃尔是过与?夫颛臾,昔者先王以为东蒙主,且在邦域之中矣,是社稷之臣也。何以伐为?"冉有曰:"夫子欲之,吾二臣者皆不欲也。"孔子曰:"求!周任有言曰:'陈力就列,不能者止。'危而不持,颠而不扶,则将焉用彼相矣?且尔言过矣,虎兕出于柙,龟玉毁于椟中,是谁之过与?"冉有曰:"今夫颛臾,固而近于费。今不取,后世必为子孙忧。"孔子曰:"求!君子疾夫,舍曰欲之,而必为之辞。丘也闻有国有家者,不患寡而患不均,不患贫而患不安,盖均无贫,和无寡,安无倾。夫如是,故远人不服,则修文德以来之。既来之,则安之。今由与求也,相夫子,远人不服,而不能来也;邦分崩离析,而不能守也;而谋动干戈于邦内,吾恐季孙之忧不在颛臾,而在萧墙之内也。"

(1)见于

陈建舟:窃以为,这个"于"是助词,无义,"用于句首、句中以凑足音节"。……在笔者狭隘的视野中,"见于"就是"见",用例极少,但手边就有一例。《孟子·梁惠王下》:"庄暴见孟子,曰:'暴见于王,王语暴以好乐,暴未有以对也。'"庄暴的话杨伯峻《孟子译注》译云："我去朝见王，王告诉我，他爱好音乐，我不知应该怎样回答。"（中华书局1960年版）"我去朝见"，说明"见"是庄暴主动的动作，而不是被动的召见，"于"亦为凑足音节的助词无疑。（《〈季氏将伐颛臾〉中的三个难点》，《中学语文》2003年第1期）

　　刘军喜：在此，"见"字的读音应为 xiàn，意义为"接见、召见"；"于"字为介词，是被动句式的标志。……由此可见，全句应翻译为："冉有、季路被孔子召见。"（《冉有、季路真的主动去见孔子了吗——〈季氏将伐颛臾〉一处译文质疑》，《中学语文》2000年第7期）

　　　辑者案：此"于"字当为助词，无义。陈建舟引《孟子·梁惠王下》"庄暴见孟子"句可为佐证。另外《论语》中亦有类似用法：《书》云：'孝乎惟孝，友于兄弟，施于有政。'"（《为政》）"友于兄弟"与"见于孔子"句式相同，此又一佐证。

(2)无乃尔是过与

　　梁·皇侃：此征伐之事无乃是汝之罪过与，言是其教导季氏为之也。（皇侃《论语集解义疏》卷八·20页）

　　明·张居正：此事无乃是尔之过失欤？（《论语直解》卷十六·1页）

　　清·王引之：是，犹"寔"也。……《论语·季氏》篇曰："求！无乃尔是过与？"言尔寔过也。"寔"字亦作"实"。（《经传释词》卷九·9页）

　　清·俞樾：是，当读为寔，《尔雅·释诂》："寔，是也。"桓六年《公羊传》曰："寔来者何？犹曰是人来也。"是与寔古盖通用。无乃尔是过与，犹曰无乃尔寔过与。襄十四年《左传》曰："吾今实过。"《国语·晋语》："简子曰：'善，吾言实过矣。'"并与此经同义。《诗·韩奕篇》郑《笺》曰："赵魏之东，实、寔同声。"（《群经平议》卷三十一·20页）

　　杨伯峻：［译文］孔子道："冉求！这难道不应该责备你吗？"

［注释］尔是过——不能解作"尔之过",因为古代人称代词表示领位极少再加别的虚词的。这里"过"字可看作动词,"是"字是表示倒装之用的词,顺装便是"过尔","责备你"、"归罪于你"的意思。(《论语译注》173、174 页)

孙钦善:尔是过:责备你(们),"是"起着将宾语提前的作用。(《论语本解》210 页)

辑者案:此句应译为:这恐怕是你的过失吧!

(3)先王

杨伯峻:上代的君王。(《论语译注》173 页)

董秋成:"先王"当指"鲁国国君",而非"周天子"。至于把"先王"解为"上代的君王"或是"已故的国君",那只是大同中的小异罢了,两者的基本意思是一样的。不过,都不应理解为"周天子",而应理解为是"鲁国国君"才对。(《"先王"当作何解》,《中学语文教学参考》1998 年第 8 期)

曾平东:《论语·季氏》中有"夫颛臾,昔者先王以为东蒙主,且在邦域中矣,是社稷之臣也,何以伐为"的句子。高中语文第三册《教参》将句中的"先王"释为"鲁君",说颛臾"是鲁君(先王)封的'东蒙主'"。董秋成在《"先王"当作何解》一文中赞成《教参》的解释,认为"'先王'当指鲁国国君而非'周天子'"。笔者认为《教参》和董文均误。"先王"只能是指"周的先王"而非"鲁国国君"。(《也说〈论语·季氏〉中的"先王"》,《中学语文教学参考》1999 年第 10 期)

辑者案:从杨伯峻说。

(4)邦域

汉·孔安国:鲁,七百里之邦,颛臾为附庸,在其域中也。(皇侃《论语集解义疏》卷八·18 页)

唐·陆德明:"邦"或作"封"。(黄焯《经典释文汇校》713 页)

清·惠栋：且在邦域之中矣。《汉书·王莽传》云"封域之中"，依孔《注》邦当作封，古字邦、封同。或云封当作邦，汉讳邦改为封，非也。《尚书·序》邦诸侯、邦康叔，义皆作封，汉有上邦、下邦县，字如封字。下文"邦内"，郑本作"封内"，明此"邦域"亦当作"封域"也。（《论语古义》7页）

清·阮元：《释文》出"邦域"云"邦或作封"。案："邦"与"封"古字虽通，然此处疑本作"封"字。孔《注》云："鲁七百里之封。"邢《疏》云："鲁之封域方七百里，颛臾为附庸，在其域中也。"又云："颛臾为附庸，在此七百里封域之中也。"皆作"封"字可证。（《论语注疏校勘记》2523页）

清·刘宝楠：《释文》于此但云"或作封"，邦域义通，不必舍正本用或本矣。（《论语正义》646页）

辑者案：从刘宝楠说。

(5)何以伐为（辑者案：皇《疏》本作"何以为伐也"）

汉·孔安国：已属鲁，为社稷之臣，何用灭之为也？（皇侃《论语集解义疏》卷八·18页）

清·王引之：为，语助也。……《季氏》篇曰："何以伐为？"（以，用也。言何用伐也？）（《经传释词》卷二·21页）

程树德：皇本作"何以为伐也"。按孔《注》"何用灭之为"，则伐、为二字不可倒矣，皇本恐误。（《论语集释》1132页）

辑者案：杨伯峻：为什么要去攻打它呢？（《论语译注》173页）王引之说为优。程树德指出皇本倒误，可参。

(6)则将焉用彼相矣

汉·包咸：言辅相人者，当能持危扶颠。若不能，何用相为也？（皇侃《论语集解义疏》卷八·18页）

宋·朱熹：相，瞽者之相也。言二子不欲则当谏，谏而不听，

则当去也。(《四书章句集注》170 页)

宋·蔡节:相,家相也。(《论语集说》卷八·19 页)

元·陈天祥:瞽者之相,盖取上篇相师之相为说也。相本训助,训扶,元是扶持辅佐之义,非因先有孔子相师之言,然后始有此训也。凡其言动之间,相与扶持辅佐之者,通谓之相。如舜之相尧,禹之相舜,伊尹相汤,周公相武王,岂皆瞽者之相邪?旧说相谓辅相,言其辅相人者,当持其主之倾危,扶其主之颠踬,若其不能,何用彼相? 只从此说,岂不本分?(《四书辨疑》卷七·21 页)

清·黄式三:相,即下"相夫子"之相,《集注》谓"瞽者之相"。案"相"字从目,本取审视之义,辅相、相瞽,一义之引申。(《论语后案》462 页)

陈建舟:清人刘淇在其《助字辨略》卷二中认为此类"将"字相当于"岂"("此'将'字,犹岂也")。《汉语大字典》有"将"作"岂"解的义项,《汉语大词典》"将"字条下第 16 条也是"岂;何",相当于"怎么"、"哪里"或"何必"。"将"作"岂、何"讲,与"焉"义同(课本正以"何"释"焉"),二者可组成同义复词。古汉语中虚词连用是普遍现象,如《墨子·尚贤中》:"夫假藉之民,将岂能亲其上哉?"徐仁甫《广释词》按:"'将岂'复词义同。"同样,"将焉"连用当属正常,"则将焉用彼相矣"即"那何用哪需那些辅助者呢"。(《〈季氏将伐颛臾〉中的三个难点》,《中学语文》2003 年第 3 期)

辑者案:陈天祥所释最为详实、通达。

(7)虎兕出于柙,龟玉毁于椟中

汉·马融:柙,槛也。椟,柜也。失毁,非典守者之过耶?(皇侃《论语集解义疏》卷八·19 页)

晋·栾肇:阳虎,家臣而外叛,是出虎兕于槛也;伐颛臾于邦内,是毁龟玉于椟中也。(皇侃《论语集解义疏》卷八·19 页)

晋·张凭:虎兕出柙,喻兵擅用于外也;龟玉毁于椟中,喻仁义废于内也。(皇侃《论语集解义疏》卷八·21页)

清·黄式三:虎兕喻季氏,龟玉喻颛臾。(《论语后案》463页)

方骥龄:出于柙,自兽槛中逸出。……毁于椟,秘藏而自毁。前者喻军事,后者喻财政。(《论语新诠》481页)

南怀瑾:龟玉是古代经济财富的象征。……换句话说,一个时代,到处充满了战争的武器,经济崩溃,民不聊生,老百姓生活成问题;对外扩充武备想侵略人家,内部自己国民经济崩溃了。(《论语别裁》765页)

杨朝明:老虎、犀牛(喻害人的猛兽)从笼子里跑出来,龟甲、玉器(前者一般用于占卜,后者一般用于祭祀,指代重要的礼器)在匣子里毁坏了,这是谁的过错呢?(《论语诠解》155页)

　　辑者案:此为孔子打一比喻说明季氏之伐颛臾,过失在冉有、子路不能尽为相之职,后世各种引申之说虽不尽为无理,但不如马融就其本义说解简明恰当。

(8)有国有家者

汉·孔安国:国,诸侯也。家,卿大夫也。(皇侃《论语集解义疏》卷八·19页)

方骥龄:《列子》"羡施氏之有"注:"有,富也。"《礼记·哀公》问"不能爱人,不能具有其身"注:"有,犹保也。"本章"有国有家",似当作"保国富家"解。盖季氏之伐颛臾,以保国卫民,实欲富其家也。(《论语新诠》483页)

李苏丽:"有"字除了作动词外,在古汉语中还可以作助词,放在名词或形容词前面,作词头,没有实际含义,只起一个音节助词的作用。这种语言现象,在上古典籍中非常普遍,清人王引之在《经传释词》(卷三)中对此作过专门论述,兹引如下:

有,语助也。一字不成词,则加"有"字以配之。若虞、夏、殷、周皆国名,而曰有虞、有夏、有殷、有周是也。推之它类亦多有此。故邦曰有邦,家曰有家,室曰有室,庙曰有庙,居曰有居……说经者来喻属词之时,往往训为有无之"有",失之矣。

……

"有国有家者"之"有"也当属这种用法。……笔者建议改为:诸侯封邑称国,大夫封邑称家。有国有家,指国和家,"有"为助词,放在名词或形容词前,作词头,无实际含义。(《说"有国有家者"之"有"》,《中学语文教学》1998 年第 8 期)

杨润根:有国家,这里指拥有国家权力。(《发现论语》414 页)

　　辑者案:从孔安国说。

(9)不患寡而患不均,不患贫而患不安

汉·孔安国:不患土地人民之寡少,患政治之不均平也。……忧不能安民耳,民安则国富。(皇侃《论语集解义疏》卷八·19 页)

宋·朱熹:寡,谓民少。贫,谓财乏。均,谓各得其分。安,谓上下相安。季氏之欲取颛臾,患寡与贫耳。然是时季氏据国,而鲁公无民,则不均矣。君弱臣强,互生嫌隙,则不安矣。均则不患于贫而和,和则不患于寡而安,安则不相疑忌,而无倾覆之患。(《四书章句集注》170 页)

元·陈天祥:寡字之意,普指国家资用诸物而言,土地人民皆在其中,不可专言民少也。均,谓贫富均匀也。(《四书辨疑》卷七·22 页)

清·刘宝楠:寡者,民多流亡也。均者,言班爵禄、制田里皆均平也。(《论语正义》649 页)

清·俞樾:寡、贫二字传写互易,此本作"不患贫而患不均,不患寡而患不安",贫以财言,不均亦以财言,财宜乎均,不均则不如

无财矣,故"不患贫而患不均"也;寡以人言,不安亦以人言,人宜乎安,不安则不如无人矣,故"不患寡而患不安"也。下文云"均无贫",此承上句言,又云"和无寡,安无倾",此承下句言。观"均无贫"之一语可知此文之误易矣。《春秋繁露·度制篇》引孔子曰:"不患贫而患不均",可据以订正。(《群经平议》卷三十一·21页)

杨伯峻:[译文]不必着急财富不多,只须着急财富不均;不必着急人民太少,只须着急境内不安。[注释]当作"不患贫而患不均,不患寡而患不安","贫"和"均"是从财富着眼,下文"均无贫"可以为证;"寡"和"安"是从人民着眼,下文"和无寡"可以为证。(《论语译注》173、174页)

蔡尚思:封土和采邑世袭不变,正是造成森严的礼也即社会等级制度的基础。孔子把这种礼受破坏,叫作"不均",正说明他以为西周奴隶主大分封所形成财产分配状况,即君尊臣卑,国大家小,按照名分大小,决定拥有土地奴隶多寡,便意味着平均。有人说孔子憧憬的乃是原始公社式的土地平均分配,那是误解。(《孔子思想体系》82页)

孔繁:这里所说"均",当然不是平均,而是指差别不要过分悬殊,避免两极分化太剧,自然保持均和,而不至于冲突。(《孔孟的德政、仁政思想及其对后儒的影响》,《孔子诞辰 2540 周年纪念与学术讨论会论文集》1763 页)

温碧光:均,调和、协调。(《孔子"患不均"思想新探》,《人文杂志》1990 年第 1 期)

董秋成:"不患寡而患不均"之意为作为一个诸侯、卿大夫这样的统治者,担忧的不是国家的土地、人口、财用等等的不足,而是政治上的不公正不合理,即政治的不清明,也即"邦无道"。……"不患贫而患不安"意思是诸侯、卿大夫这样的统治者,

要担忧的不是国家的贫穷,而是社会不安定,政局不稳。(《"不患寡
而患不均"别解》,《绍兴师专学报》1995年第4期)

谢遐龄:"不患寡而患不均,不患贫而患不安",董仲舒《春秋
繁露》引作"不患贫而患不均"、"不患寡而患不安",即把"寡"、
"贫"二字调了位置。近代学者有以为《论语》原文排版错误的。
其实古文写作有"互文"法,以求文字生动,如江淹《恨赋》"孤臣危
涕,孽子坠心"把"涕"与"心"对调位置,以求文字出奇。董仲舒
《春秋繁露》中的引文,如刘宝楠《论语正义》所说,系"依义引之"。
这两句的意思是,领导干部要担心的主要不是财政困乏(贫),而
要担心与上级、与下级的权力分配失当不均,不要多担心自己领
导的单位人民少寡,而要担心与上级、与下级(由于权力分配失当
而引起的)关系不和(不安)。(《不患寡而患不均》,《群言》2003年第5期)

诸山:在孔子看来,治国的道理在于"不患寡而患不均,不患
贫而患不安",也就是说,与土地和人民的多寡相比较,国内的政
治是否公平合理、社会秩序是否稳定才是重中之重。(《先秦儒家的社
会契约意识》,《孔子研究》2008年第2期)

杨朝明:此句历来学者都有争议,认为寡与贫应该易位,和下
面的"均无贫,和无寡"相对应。程树德认为原文没有问题。根据
《定州汉墓竹简〈论语〉》亦为"不患贫而患不安",故仍旧。朱熹
《论语集注》中认为:"寡,谓民少。贫,谓财乏。均,谓各得其分。
安,谓上下相安。季氏之欲取颛臾,患寡与贫耳。然是时季氏据
国,而鲁公无民,则不均矣。君弱臣强,互生嫌隙,则不安矣。"即
不怕人民少,而怕分配不均;不怕财富匮乏,而怕不安定。(《论语诠
解》155页)

刘忠华:在没有确凿证据的情况下,应尊重传世的《论语》本
子,不必如邢昺、俞樾等那样主观臆断有"衍文"和"传写互易",况

且三个句子是从不同角度说理，又互相照应，文通理顺，不必"订正"。（《关于"不患寡而患不均，不患贫而患不安"》，《现代语文》（语言研究版）2008年第9期）

　　　　辑者案：从下文"均无贫"一语来看，上句应为"不患贫而患不均"，而且《春秋繁露·度制篇》也引作"不患贫而患不均"。"均无贫，和无寡，安无倾"，"均"就财物而言，"和"、"安"就民众国家而言。

(10) 均无贫，和无寡，安无倾

汉·包咸：政教均平，则不患贫矣；上下和同，不患寡矣；小大安宁，不倾危也。（皇侃《论语集解义疏》卷八·19页）

梁·皇侃：然上云"不患寡患不均，不患贫患不安"，则下应云"均无寡，安无贫"，今云"均无贫，和无寡"，又长云"安无倾"者，并相互为义，由均、和故安无倾也。（皇侃《论语集解义疏》卷八·22页）

宋·邢昺：如上所闻，此应云"均无寡，安无贫"。而此乃云"均无贫，和无寡，安无倾"者，欲见政教均平，又须上下和睦，然后国富民多，而社稷不倾危也，故衍其文耳。（邢昺《论语注疏》222页）

宋·朱熹：均则不患于贫而和，和则不患于寡而安，安则不相疑忌，而无倾覆之患。（《四书章句集注》170页）

明·蔡清：上文寡与不均对，贫与不安对，下宜曰"均无寡，安无贫"方是，而又互言为何？盖均无贫则和矣，和则安矣，无寡意似轻。以愚意只是均则无贫无寡，无贫无寡则和，和则安而无倾矣。（《论语蒙引》卷四·28页）

明·林希元：上只曰不均、不安，下加一和字，在均安中间者。上下不均，决然是不和睦，上下不和睦，决然是不相安，由不均说至不安，其相因之势然也。又加一个和字者，视初说不均、不安加详也。上曰不患寡而患不均，不患贫而患不安，下当曰均无寡、安无贫,却以贫搭均,又添个和来搭寡,下又别个无倾,不复粘着贫,何也? 盖贫本起于寡,则贫实不均之所致,曰均无贫,探其本言也。和起于均,则无寡亦出于均,曰和无寡,实未尝离于均也。况不均则不和,不和则争,则有怨于众,以无寡言,和自其切者言也。不安则必有倾覆之祸,不止于贫而已。不曰无贫,而曰无倾者,自其最甚言也。(《四书存疑》卷七·25 页)

方骥龄:盖平均则无所谓巨富与赤贫。彼此无间,可通有无,无所谓多少大小。社会平安和穆,一片融洽,不致引起纷争而倾覆矣。(《论语新诠》482 页)

王铮:"均无贫"中贫之所指对象应确定为诸侯大夫的个体之贫,广而言之,是执政财用不足,并非管辖领地的人民之贫。(《〈论语·季氏〉"均无贫"本意辨析》,《求是学刊》1997 年第 6 期)

　　辑者案:此句是说,分配平均了,就无所谓贫穷;和睦了,就无所谓人少;安定了,就不会倾覆。

(11)夫如是,故远人不服,则修文德以来之

宋·邢昺:如此,故远方之人有不服者,则当修文德,使远人慕其德化而来。(邢昺《论语注疏》222 页)

宋·朱熹:远人,谓颛臾。(《四书章句集注》170 页)

宋·金履祥:远人泛言他国。下文"谋动干戈于邦内",则颛臾非远者。言"萧墙之内",则视颛臾为远人尔。(《论语集注考证》卷八·4 页)

清·阎若璩:远人似即谓邾。或曰:鲁击柝闻于邾,相距仅七十六里,何以为远? 曰:敌国则远人矣。(《四书释地又续》卷下·27 页)

清·李光地:远人非指颛臾,正对颛臾在邦域之中而至近者言之,言虽有远人不服,疑乎可以动干戈矣,然且犹来之以文德,况如颛臾之在邦内乎? (《读论语札记·季氏篇》)

日·中井积德:远人不服,谓淮夷蠢动,狄伐我,及齐宋吴楚病鲁,当时实有其事也。若颛臾,是邦内之近人,岂容指作远人哉!(《论语逢原》330 页)

清·钱坫:远人,谓徐郯之属,非指颛臾也。(《论语后录》卷五·6 页)

日·广濑建:远人,鲁之附庸,在邦域之外者,若斥颛臾,则不与邦内字应。(《读论语》48 页)

清·潘维城:远人盖对颛臾之近言之,不在邦域之中即为远人耳。(《论语古注集笺》卷十六·3 页)

方骥龄:古时以邦城为中心,邦城以外为林野山区同远之民,包括蛮夷戎狄之族,皆称远人。(《论语新诠》482 页)

汪少华:《季氏将伐颛臾》"不患寡而患不均,不患贫而患不安。盖均无贫,和无寡,安无倾"云云,是针对"有国有家"的为政者而发,是就邦内之治而言。做到了均、和、安,则不但"近者悦",远人亦会来归附了。但在这里,孔子是为了说明季氏伐颛臾之绝不可取,所以退一步说:做到了均、和、安,如果远人不服,也应该"修文德以来之"。言下之意:对远人尚且不能用武力,更何况"谋动干戈于邦内"呢。……可见"故"释作"若、如果"十分恰切,文义顺畅。(《〈季氏将伐颛臾〉中的"故"字》,《文史知识》1995 年第 8 期)

钟维克:我们认为应把这个"故"字释为假设连词,当"如果"来讲。这样,"夫如是,故远人不服,则修文德以来之"就可以译为"象这么样做了,如果远方的人还不归服,就再整治仁义礼乐去招徕他们"。然后,再与上下文连起来看,顿觉文气贯通流畅,语义也明确显豁了。(《释〈论语·季氏篇〉"故远人不服"中的虚词"故"》,《求索》2003 年第 2 期)

黄怀信:正因为这样,所以远处的人不服,就修文德以招徕他

们。(《论语新校释》408页)

杨朝明:如果做到这样,远方的人还不归服,就用修治仁义礼乐的政教招来他们。(《论语诠解》155页)

　　　辑者案:"故"字,确为表示假设的连词,从汪少华、钟维克说。"故"常有假设连词用法,如贾谊《新书·修政语上》:"故使人味食然后得食者,其得味也多;若使人味言然后闻言者,其得言也少。""远人",是泛指,解为"远方之人"为是。

(12)萧墙之内

汉·郑玄:萧之言肃也。萧墙,谓屏也。君臣相见之礼,至屏而加肃敬焉,是以谓之萧墙。后季氏之家臣阳虎果囚季桓子也。(皇侃《论语集解义疏》卷八·20页)

梁·皇侃:此季孙所忧者也。萧,肃也。墙,屏也。人君于门树屏,臣来至屏而起肃敬,故谓屏为萧墙也。臣朝君之位在萧墙之内也。今云季孙忧在萧墙内,谓季孙之臣必作乱也。然天子外屏,诸侯内屏,大夫以帘,士以帷。季氏是大夫,应无屏,而云萧墙者,季氏皆僭为之也。(皇侃《论语集解义疏》卷八·22页)

宋·朱熹:言不均不和,内变将作。其后哀公果欲以越伐鲁而去季氏。(《四书章句集注》170页)

日·中井积德:萧,艾属,辑艾为樊篱也,在人家深奥之处,犹今俗之柴篱矣。萧墙之忧,指在季氏家内者而言,子弟妻妾生祸难,或家臣作乱,公钼竖牛阳虎之类,三家皆尝有之矣,注以哀公事充之,失当,哀公岂是萧墙之人也哉?是豫算之言,不得以实事拘说。(《论语逢原》331页)

日·丰干:窃按古屏曰树,植树为屏,或亦用萧。萧,荻蒿也。《战国策》云:"张孟谈曰:'臣闻董子之治晋阳也,公宫之垣皆以荻蒿苦楚廥之。'"此盖其遗法也,不可不并稽也。(《论语新注》144页)

清·方观旭：郑注云"萧之言肃也，墙谓屏也。君臣相见之礼，至屏而加敬焉，是之谓萧蔷"。案：说经诚不可略名物制度，必如康成显墙为屏，而后季孙之忧句乃得确解。俗下讲章云季孙之忧不在颛臾之远，而在萧墙至近之处，可无戒哉？以萧墙之内为季氏之家。不知礼天子外屏，诸侯内屏，卿大夫以帘，士以帷，则萧墙惟人君有耳，卿大夫以下但得设帷薄。管仲僭礼旅树，《礼记》不言自管仲始，可见管仲之后，诸国卿大夫无有效之僭者，季氏之家安得有此？夫子言季孙之忧在萧墙之内，愚窃谓斯时哀公欲去三桓，季氏实为隐忧。又以出甲堕都之后，虽有费邑，难为臧纥之邾，孙林父之戚，可藉以逆命。君臣既已有隙，一旦难作，即效意如之谲，请因于费而无可逞。又畏颛臾世为鲁臣，与鲁犄角以逼己。惟有谋伐颛臾，克之，则如武子之取卞以为己有而益其强；不克，则鲁师实已劳惫于外，势不能使有司讨己以干戈。忧在内者攻强，乃田常伐吴之故智。此后所为正不可知，所谓内变将作者是也。然则萧墙之内何人？鲁哀公耳。不敢斥君，故婉言之。若曰季孙非忧颛臾而伐颛臾，实忧鲁君疑己而将为不臣，所以伐颛臾耳。此夫子诛奸人之心，而抑其邪逆之谋也。（《论语偶记》18页）

清·刘宝楠：方氏观旭《偶记》："俗解以萧墙之内为季氏之家，不知礼天子外屏，诸侯内屏，大夫以帘，士以帷，则萧墙惟人君有耳……然则萧墙之内何人？鲁哀公耳，不敢斥君，故婉言之。……"《汉书·五行志》："成帝建始三年，未央殿中地震。谷永曰：'地震萧墙之内。'"是萧墙当指人君。（《论语正义》650页）

清·俞樾：萧墙谓屏，朱《注》无异说，或据大夫以帘、士以帷，谓季氏大夫之家，不得有萧墙，此亦太泥。自管氏树塞门以来又百余年矣，安见歌《雍》舞佾之家必无此萧墙之制乎？皇《疏》谓季氏僭为之,是也。朱《注》泥此说,故以萧墙之内为指鲁君,云其后哀公果欲以越伐鲁而去季氏,若然,则孔子此言正所以挑其君臣之衅,以危言恐之而使为篡弑之事矣,不如从郑《注》,指季氏家臣为得也。(《论语古注择从》17 页)

　　杨伯峻:"萧墙"是鲁君所用的屏风。……"萧墙之内"指鲁君。(《论语译注》174 页)

　　陈世钟:此章"萧墙"属季氏,"萧墙之内"指季氏内部……"萧墙之内"指冉有子路无疑。(《〈论语〉"萧墙之内"辨义》,《孔子研究》1994 年第1 期)

　　杨润根:朝廷之内,鲁国政府内部,国家内部,家庭内部。(《发现论语》415 页)

　　　辑者案:"萧蔷之内"当指鲁君。方观旭所解最为详尽。且"吾恐季孙之忧,不在颛臾,而在萧蔷之内也"句为承上文"今不取,后世必为子孙忧"言之,乃孔子驳斥冉有所言季氏伐颛臾之理由,一针见血地指出季氏伐颛臾并非为后世子孙着想,而是为自己的处境担忧,如方观旭所说:"斯时哀公欲去三桓,季氏实为隐忧……惟有谋伐颛臾,克之,则如武子之取卞,以为己有而益其强;不克,则鲁师实已劳惫于外,势不能使有司讨己以干戈。"

16.2 孔子曰:"天下有道,则礼乐征伐自天子出;天下无道,则礼乐征伐自诸侯出。自诸侯出,盖十世希不失矣;自大夫出,五世希不失矣;陪臣执国命,三世希不失矣。天下有道,则政不在大夫。天下有道,则庶人不议。"

(1)自诸侯出,盖十世希不失矣

汉·孔安国:周幽王为犬戎所杀,平王东迁,周始微弱。诸侯

自作礼乐，专行征伐，始于隐公，至昭公十世失政，死乾侯。（皇侃《论语集解义疏》卷八·23页）

梁·皇侃：诸侯是南面之君，故至全数之年而失之也。……大者难倾，故至十。十，极数也。（皇侃《论语集解义疏》卷八·23页）

唐·韩愈：此义见仲尼作《春秋》之本也。吾观隐至昭十君诚然矣。礼乐征伐自作，不出于天子亦然矣。若稽诸《春秋》，吾疑十二公。引十世为证，非也。（《论语笔解》卷下·14页）

唐·李翱：退之至矣。观隐公不书即位，而书王正月，定公不书正月，而书即位，此有以见，自桓至定为十世，仲尼本旨存。不言哀公，未没，不可言世也。（《论语笔解》卷下·14页）

清·刘逢禄：齐自僖公小霸，桓公合诸侯，历孝、昭、懿、惠、顷、灵、庄、景，凡十世，而陈氏专国；晋自献公启疆，历惠、怀、文而代齐霸，襄、灵、成、景、厉、悼、平、昭、顷，而公族复为强臣所灭，凡十世；鲁自隐公僭礼乐灭极至昭公出奔，凡十世。（《论语述何》卷二·6页）

程石泉：此或乃巧合之数，恐非孔子本意。（《论语读训》294页）

杨朝明：礼乐征伐由诸侯决定，大概传到十世，很少有不失掉的。（《论语诠解》156页）

　　辑者案：此"十世"之数不必实指，当为大致之数。

(2)自大夫出，五世希不失矣

汉·孔安国：季文子初得政，至桓子五世，为家臣阳虎所因也。（皇侃《论语集解义疏》卷八·23页）

梁·皇侃：若礼乐征伐从大夫而专滥，则五世，此大夫少有不失政者也。其非南面之君，道从势短，故半诸侯之年，所以五世而失之也。（皇侃《论语集解义疏》卷八·23页）

清·刘逢禄：鲁自季友专政，历文、武、平、桓子，为阳虎所执，

齐陈氏、晋三家亦专政而无陪臣之祸,终于窃国者皆异性公侯之后,其本国亡灭,故移于他国也。(《论语述何》卷二·7页)

清·钟襄:《左》昭二十四年,乐祁曰:"政在季氏三世矣,鲁君丧政四世矣。"《注》以三世为文子、武子、平子,四公为宣、成、襄、昭。《论语》禄去公室五世,郑《注》言此时鲁定公之初。鲁自东门襄仲杀文公之子赤而立宣公,于是政在大夫,爵禄不从君出,至定公为五世矣。政逮大夫四世,孔《注》文子、武子、悼子、平子。又五世希不失。《注》季桓子初得政,至桓子五世。襄按杜预解《左传》三世,不数悼子,以未立为卿而卒,则《论语》所谓四世,应亦由文而起,数至桓子为四世也。其云五世希不失者,亦孔子据理而言,非必定指季氏。(《蔪厓考古录》卷四·2页)

程石泉:"礼乐征伐自大夫出,五世希不失矣",亦恐约略言之耳。(《论语读训》294页)

李零:孔子所指,是鲁国的季氏,即文子、武子、平子、桓子、康子五世。(《丧家狗——我读〈论语〉》288页)

辑者案:此"五世"与上文"十世"相同,并非实指、确指。

(3)庶人不议

汉·孔安国:无所非议也。(皇侃《论语集解义疏》卷八·23页)

宋·朱熹:上无失政,则下无私议。非箝其口使不敢言也。(《四书章句集注》171页)

金·王若虚:天下有道,庶人不议,止当如旧说,而张九成以为窥议王室之意,至引高欢见魏政不纲,退结豪杰事,此过正之论也。(《论语辨惑》卷四·3页)

清·黄式三:陆稼书曰:"此议亦是公议。春秋之末犹有公议,至战国遂变为横议。"式三谓:上有私议,则下兴公议;上无正议,则下恣横议。(《论语后案》466页)

李泽厚:[注]康《注》:洪范称"谋及庶人","庶人从,谓之大同"。……若今本"庶人不议",则专制防民口之厉王为有道耶?……[记]康有为的注硬删去两"不"字,他说,"今本有不字,衍","衍文之误也,或后人妄增"。于是原文变为"天下有道则政在大夫","天下有道,则庶人议"。他解说道:"政在大夫,盖君主立宪。有道,谓升平也。君主不负责任,故大夫任其政。""大同,天下为公,则政由国民公议。盖太平制,有道之至也。此章明三世之义,与春秋合。惟有各有宜,不能误用,误则生害;当其宜,皆为有道也。"这真可说是企图从中国中世纪挣扎出来的康有为,却强迫传统圣人来宣传资产阶级改良主义了。(《论语今读》286页)

谢红星:尊君并非谄君,先秦儒家虽主张尊君,但同时认为,对于君主的"乱命",臣民可议之、可谏之,甚至可以将其强行矫正。孔子认为,"天下有道,则庶人不议",隐含的意思就是若天下无道,"乱命"自上而出,庶人自可议之。(《"民本"视野下的"尊君"——先秦儒家民本主义尊君理论的现代解读》,《孔子研究》2009年第6期)

辑者案:从孔安国、朱熹说。

16.3 孔子曰:禄之去公室五世矣,政逮于大夫四世矣,故夫三桓之子孙微矣。"

(1)禄之去公室五世矣

汉·郑玄:言此之时,鲁定公之初。鲁自东门襄仲杀文公之子赤而立宣公,于是政在大夫,爵禄不从君出,至定公为五世矣。(皇侃《论语集解义疏》卷八·24页)

宋·朱熹:鲁自文公薨,公子遂杀子赤,立宣公,而君失其政。历成、襄、昭、定,凡五公。(《四书章句集注》171页)

明·张居正:禄,是国之赋税。(《论语直解》卷十六·4页)

清·刘宝楠:"禄",谓百官之俸。《注》"爵禄"连言者,谓有爵而后有禄也。(《论语正义》656页)

清·李惇:禄去政逮是一串事,去公室则入私家矣。此论盖发于哀公初年,五世则成襄昭定哀,四世则文武平桓也。(《群经识小》卷六·12页)

杨伯峻:[译文]孔子说:"国家政权离开了鲁君,(从鲁君来说)已经五代了。"(《论语译注》175页)

查正贤:禄,谓选材任官之权。(《论语讲读》223页)

孙钦善:禄:爵禄,这里指授官颁爵,用以代表政权。五世:指鲁宣公、成公、襄公、昭公、定公五代。鲁国的权力从鲁君手中失掉已经五代了。(《论语本解》212页)

　　辑者案:从郑玄说。"禄"指爵禄,也即爵禄赏罚之权利,"禄去公室"意味着鲁君的国家政权旁落,因此,杨伯峻解为"国家政权"、查正贤解为"任官之权"皆合文意。

(2)政逮于大夫四世矣

汉·郑玄:文子、武子、悼子、平子也。(皇侃《论语集解义疏》卷八·24页)

宋·朱熹:自季武子始专国政,历悼、平、桓子,凡四世,而为家臣阳虎所执。(《四书章句集注》171页)

宋·蔡节:四世云者,自成公至定公则四世尔。(《论语集说》卷八·22页)

清·毛奇龄:其四世何也?曰文、武、平、桓也。何以知文、武、平、桓?乐祁不云乎,政在季氏三世矣,谓文、武、平也。子墨不云乎,文子、武子世增其业,谓季之执政自文子始也。其不及桓者,以昭公时未有桓也。旧《注》引孔安国说,以文、武、悼、平为四世,则多悼而少桓。朱《注》以武、悼、平、桓为四世,则知有桓而又多悼而少文。两皆失之。盖武子之卒在昭之七年,是时悼子先武卒,而平子于是年即代武立。悼子未尝为卿也,未尝为卿则政不逮矣,故政逮四世,断自文始而桓止,不及悼子,此无可疑者。(《论语稽求篇》卷七·2页)

程树德:鲁公失政之年即季氏得政之岁,而孔子身当桓子时,则数四世者自应以文武平桓为确。(《论语集释》1148页)

李零:"四世"是季氏的武子、平子、桓子、康子。(《丧家狗——我读〈论语〉》288页)

　　辑者案:此"四世"之说以毛奇龄所言最为详尽,程树德、杨伯峻亦同意其说,从之。

(3)三桓

汉·孔安国:三桓者,谓仲孙、叔孙、季孙也。三卿皆出桓公,故曰三桓也。仲孙氏改其氏称孟氏,至哀公皆衰也。(皇侃《论语集解义疏》卷八·24页)

清·刘宝楠:《礼·郊特牲注》:"三桓,鲁桓公之子、庄公之弟公子庆父、公子牙、公子友。"此注所云仲孙,即庆父之后,又称为孟氏也。叔孙即公子牙之后,季孙即公子友之后。(《论语正义》657页)

李炳南:三桓是鲁国的仲孙、叔孙、季孙三卿,他们都出于桓公,所以称为"三桓之子孙"。(《论语讲要》323页)

　　辑者案:从孔安国说。

16.4 孔子曰:"益者三友,损者三友。友直,友谅,友多闻,益矣。友便辟,友善柔,友便佞,损矣。"

(1)友直,友谅,友多闻

梁·皇侃:云"友直"者,一益也,所友得正直之人也。云"友谅"者,二益也,所友得有信之人也。谅,信也。云"友多闻,益矣"

者,三益也,所友得能多所闻解之人也。(皇侃《论语集解义疏》卷八·
25页)

宋·朱熹:友直,则闻其过。友谅,则进于诚。友多闻,则进
于明。(《四书章句集注》171页)

清·刘宝楠:《公羊》定四年《传》:"朋友相卫。"何休《解诂》:
"君臣言朋友者,阖庐本以朋友之道为子胥复仇。孔子曰'益者三
友'"云云。据何《注》,则三友、三乐皆指人君言。直者能正言极
谏,谅者能忠信不欺,多闻者能识政治之要。人君友此三者,皆有
益也。(《论语正义》658页)

乔一凡:谅是宽大。(《论语通义》276页)

南怀瑾:第二种"友谅",是比较能原谅人、个性宽厚的朋友。
(《论语别裁》773页)

林觥顺:友多闻,就是经常听到朋友劝善规过之声。(《论语我
读》303页)

傅佩荣:"友谅"是指朋友对我们既有信心又能体谅。(《〈四书〉
心得》71页)

何新:谅读为"亮",明哲;又谅,宽谅。(《论语新解——思与行》
220页)

郭自虎:这是对交友对象的选择。对方的为人非常重要,孔
子把有益和有害各划分为三种:直爽、宽容、见闻广博,这是有益。
(《从〈论语〉的交友之道看"元白"并称的文化含义》,《孔子研究》2009年第4期)

辑者案:《说文解字》:"谅,信也。"直、谅、多闻,从皇
侃说。

(2)便辟

汉·马融:便辟,巧避人之所忌,以求容媚者也。(皇侃《论语集解
义疏》卷八·25页)

汉·郑玄:便辟谓巧为譬喻。(马国翰辑《语古注·论语郑氏注》卷八·

3页）

宋·朱熹：便，平声。辟，婢亦反。……便，习熟也。便辟，谓习于威仪而不直。（《四书章句集注》171页）

明·林希元：便辟，则不直也。《尚书》蔡传《冏命》解曰："便者，顺人所欲；辟者，避人所恶。"因人好恶而为顺避，便是不直，此解视朱《注》"习于威仪"尤分晓亲切，当用之。（《四书存疑》卷七·28页）

清·李塨：便辟，安于阔大也。（《论语传注》卷二·49页）

清·钱坫：便辟，即盘辟，《乡党》所谓"躩如"是也。便与盘古字通，又孔安国注足恭为便僻，僻与辟古字同。便辟即足恭，有便旋牵辟之意。《魏诗》所谓"宛如左辟"，亦其形貌也。施之于见君行礼之时则可，施之朋友酬对之间则诐矣，无为夸毗，威仪卒迷，盖深讥之也。便辟，足恭者也。（《论语后录》卷五·7页）

清·黄式三：便辟之辟，马氏读为避，郑君读为譬，谓巧为譬喻。班固《汉书·佞幸传赞》又读为便嬖。《公羊传》定公四年《疏》云"世间有一《论语》音便辟为便僻"，此又一说。式三谓：便辟者，习惯其般旋退避之容，一于卑逊，是足恭也。（《论语后案》467页）

清·刘宝楠："巧辟"者，"辟"与"避"同，谓君忌直言，则讳避不谏也。此义迂曲，于经旨不相应。《释文》音"辟"为"婢亦反"，谓"《注》亦同"，是误以马《注》读避为婢亦矣。卢氏文弨《考证》曰："《公羊》定四年《传》疏云：'便辟谓巧为譬喻。'又云：'今世间有一《论语》，音便辟为便僻者，非郑氏之意。通人所不取矣。'据此，则读'辟'为'譬'，本郑《注》。马融则读为'避'，与郑义异，故皇本《注》中作'避'。惠氏云：'马、郑皆读辟为避，误。'"案：卢校是也。（《论语正义》658页）

清·潘维城:《汉书·佞幸传》:"赞曰:咎在亲便嬖,所任非仁贤。故仲尼著损者三友。"此读辟为嬖也。(《论语古注集笺》卷十六·6页)

杨伯峻:谄媚奉承。(《论语译注》175页)

王熙元:辟,音僻,邪恶的意思。(《论语通释》1007页)

乔一凡:便辟是好辩,好辩则易争。(《论语通义》276页)

南怀瑾:就是有怪癖脾气的人,有特别的嗜好,或者也可说软硬都不吃、使人对他觉得有动辄得咎之难的朋友。(《论语别裁》773页)

金良年:便辟,意为因熟悉而偏袒。(《论语译注》199页)

杨润根:从法律(辟)中找到于己有利的("便")漏洞和缺陷,从而把法律的漏洞与缺陷变成一种可以为自己所利用的对象,这种行为就是一种千方百计地逃避正义的法律的惩罚与制裁的不正直乃至邪恶的人的不正义的和邪恶的行为,因此"便辟"直接具有刁钻古怪和邪恶的意义。在这里它作为与"直"相对的反义词,也正是这种意义。(《发现论语》419页)

徐前师:综上所述,《论语·季氏》"便辟"、"善柔"、"便佞"三者,分别指人的举止、面容、言语三个方面,且依次与上文的"直"、"谅"、"多闻"相对应:举止退缩旋转,不以正道事人,即郑玄所谓"逡遁不敢当盛",与"直"相对;面容温柔和善,即"致饰于外而不诚实"(郑浩《论语集注述要》语),与"谅"相对;言语巧谄动听,是"但能口辩,非有学问"(刘氏《正义》语),与"多闻"相对。此三种表现,都是为了"以求容媚",即取悦于人。(《〈论语〉"便辟"解》,《信阳师范学院学报》2003年第8期)

黄怀信:"便"读骈音,熟习、习惯。"辟"同"避",退避不前。习于退避,不勇为之人也。(《论语新校释》411页)

鲍鹏山:便辟,行为不轨,举止不端。(《论语新读》197 页)

何新:便辟,即偏辟,偏鄙,卑鄙。(《论语新解——思与行》220 页)

安德义:偏私不公正。(《论语解读》546 页)

李君明:便辟,惯于走邪道。(《论语引读》518 页)

杨朝明:辟通"僻",即善于走邪道,善于阿谀奉承。(《论语诠解》
156 页)

孙钦善:便辟:举止矫揉造作,即所谓"足恭",属于体柔。(《论
语本解》213 页)

　　辑者案:"辟"字,马融读为避,郑玄读为譬,两家解释亦
不相同,后世说者更是众说纷纭。辑者以为朱熹之解较为恰
当,林希元更引《尚书》之解"便者,顺人所欲;辟者,避人所
恶"印证朱熹之说,当从之。《辞源》:"便辟:逢迎谄媚貌。
《书·冏命》:'便辟侧眉。'"《汉语大词典》:"便辟(pián pì):
谄媚逢迎。"另,徐前师论"便辟"专文,征引较富,论述较详,
可参之。

(3)善柔

汉·马融:面柔者也。(皇侃《论语集解义疏》卷八·25 页)

汉·郑玄:善柔,夸毗也。(黄奭辑《逸论语注》55 页)

宋·郑汝谐:善柔,惟我是从。(《论语意原》卷四·12 页)

宋·朱熹:善柔,谓工于媚悦而不谅。(《四书章句集注》171 页)

清·李塨:善柔,善于柔媚也。(《论语传注》卷二·49 页)

清·江声:《尔雅》曰:"籧篨,口柔也;戚施,面柔也;夸毗,体
柔也。"兼此三者是谓善柔。依字"柔"当作"脜"。《说文解字》曰:
"脜,面和也,从百从月,读若柔。"(《论语竢质》卷下·10 页)

清·黄式三:善柔,马《注》云"面柔",是令色也。(《论语后案》
467 页)

清·刘宝楠：郑此《注》云："善柔，夸毗也。"案：《尔雅》："夸毗，体柔也。"《毛诗·板》云："无为夸毗。"《传》云："夸毗，以体柔人也。"郑此训与马异，马氏是也。《公羊》定四年《疏》云："善柔，谓口柔、面柔、体柔之属。"与马、郑各别。陈氏鳣《古训》疑为郑义，非也。_{（《论语正义》658 页）}

杨伯峻：当面恭维背面毁谤的人。_{（《论语译注》175 页）}

杨润根：善于柔（改变）化人们的决心和意志，并从而把别人的决心与意志引导到自己的目的与意图上来。因此"善柔"也就是善于以和善柔软的话语把人变成自己的目的与意图的驯服工具，这种行为也就是一种奸诈与欺骗行为。_{（《发现论语》419 页）}

黄怀信："柔"借为"揉"，揉和、调和。善柔，善于调和，无原则之人。_{（《论语新校释》411 页）}

杨朝明：善柔：善于和颜悦色骗人。_{（《论语诠解》156 页）}

孙钦善：假装和善。《集解》引马融注："面柔也。"即所谓"令色"。_{（《论语本解》213 页）}

　　辑者案：马融、朱熹、李恭、杨朝明、孙钦善所解基本相同，皆可从。《辞源》《汉语大词典》皆释为"阿谀奉承"。

（4）便佞

汉·郑玄：便，辩也，谓佞而辨也。_{（何晏　皇侃《论语集解义疏》卷八·25 页）}

宋·郑汝谐：便佞，导我以谀损也。_{（《论语意原》卷四·12 页）}

宋·朱熹：便佞，谓习于口语，而无闻见之实。_{（《四书章句集注》171 页）}

清·李塨：便佞，便利尚口也。_{（《论语传注》卷二·49 页）}

日·中井积德：谓其有口才，而便于我也，不当以佞作谄谀。
_{（《论语逢原》333 页）}

清·黄式三:便佞,《说文》作谝佞,郑君读辩,辩、谝义同,是巧言也。(《论语后案》467页)

杨伯峻:夸夸其谈的人。(《论语译注》175页)

何新:佞,昵也,近暱。(《论语新解——思与行》220页)

杨朝明:惯于花言巧语。(《论语诠解》156页)

孙钦善:巧言善辩,属于口柔。(《论语本解》213页)

　　辑者案:《辞源》释为"花言巧语,阿谀逢迎";《汉语大词典》释为"巧言善辩,阿谀逢迎"。

16.5 孔子曰:"益者三乐,损者三乐。乐节礼乐,乐道人之善,乐多贤友,益矣。乐骄乐,乐佚游,乐宴乐,损矣。"

(1)乐节礼乐

魏·何晏:动得礼乐之节(辑者案:皇疏本作"动静得于礼乐之节也")。(邢昺《论语注疏》227页)

宋·朱熹:节,谓辨其制度声容之节。(《四书章句集注》172页)

宋·张栻:节礼乐者,进反之义。乐节礼乐,则足以养中和之德。(《南轩论语解》卷八·16页)

清·黄式三:乐节礼乐,谓心之失中和者,节以礼之中、乐之和也。《汉书·贡禹传》引此经云"放古以自节"是也。(《论语后案》468页)

杨伯峻:以得到礼乐的调节为快乐。(《论语译注》176页)

黄怀信:[释]节,节制,不过滥。[训译]乐于节制礼乐。(《论语新校释》412页)

李泽厚:喜欢用礼乐调节自己。(《论语今读》288页)

孙钦善:节:制约。节礼乐:以礼乐来规范自己的言谈举止。

喜好言谈举止中礼合乐。（《论语本解》213页）

　　辑者案：从杨伯峻、李泽厚说。句首之"乐"，解为"乐于"
"喜好""喜欢"为是。

（2）乐道人之善

宋·邢昺：谓好称人之美也。（邢昺《论语注疏》227页）

清·刘宝楠："道人之善"者，道犹说也，若舜隐恶扬善也。
（《论语正义》659页）

蒋沛昌：同"导"，引导。一说是"称道"的意思，但不及"引导"
切合原意。（《论语今释》415页）

　　辑者案：乐于称道别人的好处。

（3）乐骄乐

汉·孔安国：恃尊贵以自恣也。（皇侃《论语集解义疏》卷八·26页）

宋·朱熹：骄乐，则侈肆而不知节。（《四书章句集注》172页）

宋·蔡节：骄乐，以骄矜为乐也，乐之则其志傲矣。（《论语集说》
卷八·24页）

日·丰干：案下有"乐宴乐"，是与骄乐不甚异，疑骄乐之乐，
旧是傲字，而以音近误作乐字尔。（《论语新注》144页）

清·黄式三：乐骄乐，乐骄肆之乐也。（《论语后案》468页）

杨伯峻：以骄傲为快乐。（《论语译注》176页）

李泽厚：喜欢骄纵放肆。（《论语今读》288页）

杨朝明：骄乐：骄肆之乐。我们知道孔子非常重视礼乐，在
《泰伯》第八章中，孔子说："兴于诗，立于礼，成于乐。"（《论语诠解》
157页）

孙钦善：喜好骄纵作乐。（《论语本解》213页）

　　辑者案：李泽厚、孙钦善解为优。此"乐"字如果解作礼
乐之乐，那么下句的"晏乐"之"乐"字就不好解释了。

(4)乐佚游

魏·王肃:佚游,出入不知节也。(皇侃《论语集解义疏》卷八·26 页)

宋·朱熹:佚游,则惰慢而恶闻善。(《四书章句集注》172 页)

宋·蔡节:佚游,以佚游为乐也,乐之则其志荒矣。(《论语集说》卷八·24 页)

杨伯峻:以游荡忘返为快乐。(《论语译注》176 页)

杨润根:失去人之所以为人的理性,以至于不问是非与善恶地游戏人生,玩忽人生。(《发现论语》420 页)

李泽厚:喜欢游荡闲逛。(《论语今读》288 页)

黄怀信:[释]佚游:安逸、游荡。[训译]乐于游荡。(《论语新校释》412 页)

> 辑者案:《辞源》:"佚游,游荡没有节制。"

(5)乐宴乐

汉·孔安国:宴乐,沉荒淫渎也。(皇侃《论语集解义疏》卷八·26 页)

宋·朱熹:宴乐,则淫溺而狎小人。(《四书章句集注》172 页)

宋·蔡节:宴乐,以宴安为乐也,乐之则其志惰矣。(《论语集说》卷八·24 页)

清·黄式三:乐宴乐,《汉书·成帝纪》引作"乐燕乐",言燕私之乐也。(《论语后案》468 页)

杨伯峻:以饮食荒淫为快乐。(《论语译注》176 页)

黄怀信:[释]宴乐:安乐。[训译]乐于安乐。(《论语新校释》412 页)

> 辑者案:宴乐,宴饮作乐,即喜欢花天酒地。

16.6 孔子曰:"侍于君子有三愆:言未及之而言谓之躁,言及之而不言谓之隐,未见颜色而言谓之瞽。"

汉·孔安国:隐,隐匿不尽情实也。(出处同下)

汉·郑玄：躁，不安静也。（皇侃《论语集解义疏》卷八·26页）

宋·邢昺：君子言事，未及于己而辄先言，是谓躁动不安静也。（邢昺《论语注疏》227页）

明·林希元：或君子之问未及，或有年长者在，是言未及我也，于是而言，则谓之躁，急速也。（《四书存疑》卷七·29页）

清·钱坫：依字当作趮。郑康成曰：《鲁》读躁为傲，今从《古》。案：《荀子》曰："未可与言而言谓之傲，可与言而不言谓之隐，不观颜色而言谓之瞽，君子不傲不隐不瞽。"是《荀子》实用《鲁论》。（《论语后录》卷五·7页）

清·徐养源：躁、傲虽同在萧宵肴豪韵，各为一义，不相假借也。躁，《说文》作趮，在走部，徐铉曰"今俗别作躁，非是"，然则此躁字亦非孔子壁中原文。（《论语鲁读考》9页）

清·卢文弨：未及言而先自言之，是以己所知者傲人之不知也。（《论语音义考证》10页）

清·康有为：躁，《鲁》读作"傲"。……傲，不让也。（《论语注》251—252页）

杨润根：言不及之，言不及意。（《发现论语》421页）

杨朝明：躁：急躁，浮躁。《荀子·劝学》有："未可与言而言谓之傲。"《盐铁论·孝养篇》也说："言不及而言者，傲也。"与之义同。（《论语诠解》157页）

　　辑者案：躁即急躁。"傲"有"急躁"义。《荀子·劝学》："故不问而告，谓之傲。"

16.7 孔子曰："君子有三戒：少之时，血气未定，戒之在色。及其壮也，血气方刚，戒之在斗。及其老也，血气既衰，戒之在得。"（辑者案："壮"，定州简本作"状"）

(1) 血气方刚

宋·邢昺：谓气力方当刚强。（邢昺《论语注疏》228页）

宋·朱熹：血气，形之所待以生者，血阴而气阳也。得，贪得也。随时知戒，以理胜之，则不为血气所使也。范氏曰："圣人同于人者血气也，异于人者志气也。血气有时而衰，志气则无时而衰也。少未定、壮而刚、老而衰者，血气也。戒于色、戒于斗、戒于得者，志气也。君子养其志气，故不为血气所动，是以年弥高而德弥邵也。"（《四书章句集注》172页）

杨伯峻：血气正旺盛。（《论语译注》176页）

张港：朱熹在《论语集注》中对这段话解释："血气，形之所待，以生者，血阴而气阳也。"这就说明了，"血"和"气"是两种并列的物质。孔子说的"血气方刚"的"方"，不可能是"正"、"开始"的意思，而应该是"并"、"一起"的意思，因为"血气"不是壮年时才开始的。"方"在这里不表示时间的，而是表示范围的。血气方刚，意思就是，血和气全都强盛，而不是血气开始强盛。（《"血气方刚"的"方"》，《阅读与写作》2000 年第 4 期）

李泽厚：中壮年时代，精力旺盛，要警惕争强好斗。（《论语今读》289页）

孙钦善：到了壮年之时，血气正旺盛刚烈，应该戒忌的在于争斗。（《论语本解》214页）

　　辑者案：邢昺、杨伯峻、孙钦善所解均合文意。方：正好，正当。

(2) 老

梁·皇侃：老，谓年五十以上也。（皇侃《论语集解义疏》卷八·27 页）

清·方观旭：邢昺《疏》"少之时"，曰"少谓人年二十九以下"，盖以《曲礼》云"三十曰壮"，由少及壮则少是年二十九以下也。曰

"老,谓五十以上",是又望经文衰字为说,不用《曲礼》"七十曰老"之义矣。其实《王制》云"五十始衰",则方衰之始,尚非既衰,斯时正古人命为大夫服官政之年,岂国家用既衰之人,或反迨人贪得之际而用之乎?孔颖达《礼疏》云"六十至老境而未全老",可证无五十以上为老之说。《孟子·梁惠王篇》云"七十者衣帛食肉",又云"老者衣帛食肉",亦足明老是七十也。(《论语偶记》22 页)

　　辑者案:人多少岁曰"老",古时未有严格的年龄界定,少、壮、老只是大致的说法。《辞源》《汉语大词典》均将"老"释为"年岁大的人"。因此,无须争论"老"到底是五十、六十还是七十。

(3)得

汉·孔安国:得,贪得也。(皇侃《论语集解义疏》卷八·27 页)

梁·皇侃:老人所以好贪者,夫年少象春夏,春夏为阳,阳法主施,故少年明怡也。年老象秋冬,秋冬为阴,阴体敛藏,故老耆好敛聚多贪也。(皇侃《论语集解义疏》卷八·27 页)

清·李塨:日暮途穷,计及子孙,故多贪得。(《论语传注》卷二·50 页)

日·中井积德:"得"字注无明解,盖以为积钱财、爱馈赠之义也。此不然。得者是诸所思愿、速入手之义也。凡人之志业经营,其成否有时,不可必求其速成,唯衰老之人来日不多,故性气日益急,事事欲速成,或用害理败事,若子孙之嫁娶,田园土木之经营,皆是。(《论语逢原》335 页)

方骥龄:得有足字义,戒之在得,亦可谓为戒之在足。盖年老力衰之人,每多保守自满自足而不求进取,亦不可不戒也。(《论语新诠》487 页)

杨伯峻:孔安国注云:"得,贪得。"所贪者可能包括名誉、地位、财货在内。《淮南子·诠言训》："凡人之性,少则猖狂,壮则强暴,老则好利。"意本于此章,而以"好利"释得,可能涵义太狭。（《论语译注》176页）

李泽厚：保守和贪婪。（《论语今读》289页）

蔡干宏：我认为这个"得"字应该解释为"满足于已得",是满足年老以来知识的积累、经验的积淀、道德的养成等方面的已得。（《"戒之在得"新解》,《老年大学》2007年第8期）

刘维业：得过且过,贪图享乐。（《论语指要》172页）

辑者案：得,解为贪得、贪求为确。年老血气既衰,若一味贪求,精力不济,难以健康长寿。

16.8 孔子曰："君子有三畏：畏天命,畏大人,畏圣人之言。小人不知天命而不畏也,狎大人,侮圣人之言。"

（1）畏

梁·皇侃：心服曰畏。（皇侃《论语集解义疏》卷八·27页）

宋·朱熹：畏者,严惮之意也。（《四书章句集注》172页）

明·蔡清：畏者,不敢失坠之意。（《论语蒙引》卷四·36页）

日·东条弘：畏与恐惧不同,恐惧者,恐惧于祸患之来也。畏者,威之转音,如明威作明畏,可以见已,言在彼者之可畏也。故敬畏二字,意相近矣。如子畏于匡,亦可畏者在彼也。（《论语知言》462页）

弓月亭：《论语》中可释为"怕、惧怕"的词有"恐"（4次）、"惮"（2次）、"惧"（7次）,其中"惧"、"畏"均表示心理状态,词性也同,余二词多用为副词,所体现的心理状态也较轻淡。而在孔子,君子有"三畏",又"不忧不惧",如释"畏"为惧怕,显然相矛盾。所以孔子在此处用"畏"不用"惧"、"恐"、"惮",正表明君子人格的一致性。由此可见，"畏"不能解释为惧怕。

将"三畏"之"畏"解释为"敬畏"，可以接受。……

《论语》中与敬畏之意有关的词有"恭"（13 次）、"尊"（3 次）、"敬"（21 次）。"恭"、"尊"含有对上、贵、贤之人的心理指向，且对礼的要求不高，"恭"甚至还具有贬义，与"三畏"不符。"敬"与"畏"较近，但"敬"的适用范围更广泛，而"畏"的心理情感色彩更浓烈。因此，"畏"在心理状态上近于"惧"，在支撑心理情感的观念上近于"敬"，在外在指向上近于"尊"，且只有君子才有"畏"。因此，"畏"的心理情感色彩浓淡程度应在"敬"、"惧"之间，浓于"敬"，接近于"惧"，又没达到"惧"，用现代汉语的词表示，则为介于"崇敬"和"畏惧"之间，合之即"敬畏"。（《释"君子有三畏"之"畏"》，《汉语学报》2007 年第 3 期）

陈天庆：这里的"畏"不是"怕"或"恐惧"；李泽厚先生说："三畏似均宜作'敬畏'之'畏'解。它是'敬'的极端形态。"但我认为，"畏"是源发的"情"，"敬"是后发的"意"，因此，应解作"畏敬"。（《试论"君子三畏"——孔子天命思想的存在意义》，《江苏社会科学》2009 年第 1 期）

辑者案：此"畏"字释作"敬畏"最为合理。

（2）天命

魏·何晏：顺吉逆凶，天之命也。（邢昺《论语注疏》228 页）

宋·朱熹：天命者，天所赋之正理也。（《四书章句集注》172 页）

日·丰干：天命，谓人事穷达之运也，验夫子数言天与命可知焉。（《论语新注》144 页）

清·黄式三：天有扬善遏恶之道，立命者不敢懈；天有穷通得失之数，安命者不敢违；天有仁礼义信智之性，承命者不敢弃。此明乎天命之原而尽性至命者也。（《论语后案》470 页）

清·刘宝楠：天命，兼德命、禄命言。知己之命原于天，则修其德命,而仁义之道无或失。安于禄命,而吉凶顺逆必修身以俟之,妄为希冀者非,委心任运者亦非也。且得位,则行义以达其道,不得位,亦必隐居以求其志。此方是天地生人,降厥德于我躬之意。故惟君子能知天命而畏之也。(《论语正义》661页)

方骥龄:《尔雅·释诂》:"天,君也。"畏天命,殆指敬君命,犹遵守国家之法令也。似非指虚无缥缈之天而言。(《论语新诠》488页)

李耀仙:就是要尊重历史的统治经验,要知道人类社会的统治秩序是怎样建立起来的和从这个统治秩序建立以来应该吸取些什么经验。(《孔子天命论思想之我见》,《南充师院学报》1979年第2期)

蔡尚思:是尘世奴隶主的利益、愿望和意志在天国的反映。(《孔子思想体系》94页)

南怀瑾:这"畏天命"三个字,包括了一切宗教信仰,信上帝、主宰、佛。(《论语别裁》781页)

蒋沛昌:指上天主宰的命运和天赋道德使命。(《论语今释》418页)

李殿元:孔子讲的"天命",指的是整个客观世界的规律,它既包括自然界的规律,也包括人类社会历史的规律。(《论语之谜》169页)

杨润根:天赋的生命,必然的生命,作为宇宙的必然性而存在的生命。正因为如此,生命是无价的,它是整个宇宙中存在的最伟大的奇迹。生命的存在远远超越了人的想像之外,也远远超越了人的能力之外。(《发现论语》422页)

黄怀信:天命:自然之命。(《论语新校释》414页)

辑者案:古人把天当作神,称天神的意旨为天命。孔子所说的天命,当指自然的、社会的、人生的规律。

(3)大人

汉·郑玄:大人谓天子诸侯为政教者。(马国翰辑《论语古注·论语郑氏注》卷八·4页)

魏·何晏：大人，即圣人，与天地合其德者也。（皇侃《论语集解义疏》卷八·27页）

梁·皇侃：大人，圣人也。见其含容而曰大人，见其作教正物而曰圣人也。今云畏大人，谓居位为君者也。（皇侃《论语集解义疏》卷八·27页）

宋·朱熹：大人……不止有位者，是指有位、有齿、有德者，皆谓之"大人"。（《朱子语类》1173页）

日·物双松：如此章，则重在德，观于小人狎大人，则岂专以位乎？间或有群小无知狎其君上者。是其君上所使，彼阿其意为之，故非小人皆然焉，盖大人以当世言。（《论语征》305页）

清·陈鳣：大人当从郑训，主有位者而言，若何解即圣人，则与下圣人之言相复，是二畏矣。《义疏》云"畏大人，谓居位为君者"，亦本郑训是也。（《论语古训》卷八·16页）

清·康有为：大人，教主。（《论语注》252页）

方骥龄：本章所谓君子与小人，皆虚拟，而非实指在位者言。谓如欲为君子当如是，欲如彼即为小人矣。（《论语新诠》488页）

程树德：大人有二说，郑主有位者，何主有位有德者。《朱子语录》云："大人不止有位者，是指有位有齿有德者。"赵氏顺孙曰："大人，有德位者之称。"皆主何说，然与下文圣人重复。《易·革》九五"大人虎变"，马融《注》谓舜与周公。盖凡在上位者皆谓之大人，汉人解经原如此，郑《注》义为长。孔子畏大人，孟子藐大人，所谓言各有当也。（《论语集释》1157页）

杨润根：伟大的人，作为宇宙而存在的人，与普遍无限的宇宙保持统一的人，自己的存在、欲求、目的都表现出宇宙的普遍无限性及其道德的必然性的人。（《发现论语》422页）

刘维业：畏大人，就是要恪守等级制度。（《论语指要》172页）

辑者案:从郑玄说。大人指居高位者。

(4)圣人之言

汉·董仲舒:天地神明之心,与人事成败之真,固莫之能见也,惟圣人能见之。圣人者,见人之所不见者也。故圣人之言亦可畏也。(苏舆《春秋繁露义证》397页)

魏·何晏:深远不可易,则圣人之言也。(皇侃《论语集解义疏》卷八·28页)

梁·皇侃:圣人之言,谓五经典籍,圣人遗文也。(皇侃《论语集解义疏》卷八·28页)

明·林希元:格言至论。(《四书存疑》卷七·30页)

日·物双松:圣人开国之君也,以往世言,故曰圣人之言,如圣人之法,乃国家之典也,孰不遵守者?故特曰畏圣人之言耳。(《论语征》305页)

杨伯峻:"圣人"则是指有道德的人。(《论语译注》177页)

乔一凡:作者也,体天道以立德、立言、立功,垂教致化也。(《论语通义》279页)

杨润根:能够深刻地洞察天与人的内在的统一性并将此认识形诸清晰的言语表达的人。(《发现论语》422页)

刘维业:畏圣人之言,就是要遵从先王之道。圣者,尧舜禹汤文武周公之谓也。(《论语指要》172页)

杨豹:我们可以发现"君子"于"小人"之辨,与其说是区分两种人,不如说是区分两种生命形态。君子意味着自为的"德性"生命,小人则意味着自在的"物性"生命。君子是以自为的"德性"生命超越了自在的"物性"生命。(《孔子与柏拉图论人际关系的比较》,《孔子研究》2009年第6期)

辑者案:上文"大人"指有位者,此"圣人"当指有德者。

16.9 孔子曰:"生而知之者,上也。学而知之者,次也。困而学之,又其次也。困而不学,民斯为下矣。"

(1)生而知之

孙斌来、宋一夫:无论把"生而知之"理解为"性而知之",还是理解为有所发明、有所创新从而知道别人所不曾知道的东西,都足以证明把"生而知之"理解为生来就知道世间的一切是有意无意地曲解。孔子在论述人们在学问上的四种不同情况时,把有所发明、有所创新从而能知道别人不曾知道的东西的人说成是"生而知之者",是符合人们认识客观世界的实际情况的,因而是唯物的、不是唯心的、根本不是在鼓吹所谓的"天命论"。(《如何理解孔子的"生而知之"》,《松辽学刊》1985 年第 1 期)

辑者案:"生而知之",从字面上理解,一般解为"生下来就知道",或"生下来就有知识",无大争议。但是,关于是否有"生而知之"者,这一论题,历来纷争不已。孙斌来、宋一夫的论点较独到新颖,录此备参。

(2)困

汉·孔安国:困,谓有所不通。(邢昺《论语注疏》228 页)

清·康有为:困,谓困苦也。(《论语注》253 页)

黄怀信:困窘、有困难。(《论语新校释》415 页)

辑者案:困,指困难、困惑。

(3)上,次,又其次,下

梁·皇侃:云"生而"云云者,若生而自有知识者,此明是上智圣人,故云上也。云"学而"云云者,谓上贤也。上贤既不生知,资学以满分,故次生知者也。云"困而"云云者,谓中贤以下也。本不好学,特以己有所用,于理困愤不通,故愤而学之,此只次前上贤人也。云"困而不学,民斯为下矣"者,谓下愚也。既不好学,而困又不学,此是下愚之民也,故云民斯为下也。(皇侃《论语集解义疏》卷八·28页)

宋·朱熹:言人之气质不同,大约有此四等。杨氏曰:"生知学知以至困学,虽其质不同,然及其知之一也,故君子惟学之为贵。困而不学,然后为下。"(《四书章句集注》173页)

明·林希元:此言人之资质不同,大约有此四等。(《四书存疑》卷七·30页)

日·物双松:下谓下愚也。言民之所以为下也,非谓民有四等,是为下也。后儒多不知民字,古者学为士,进于民焉,民之不学,其常也,故君子不以其不学而弃之矣,故曰"可使由之,不可使知之"(《泰伯》)。孔子此言,谓除上智与下愚之外,皆不可不学也。(《论语征》307页)

清·黄式三:学而知,学之而通也;困而学之,学之不通而笃于学以求通也。困而不学,或不通而自恃其能通,或自知不通而不求通也。不学是自暴自弃之人,未可专咎气质也。饶伯舆谓气质有三等,是也。(《论语后案》471页)

清·刘宝楠:上、次、又次,皆言人资质之殊,非谓其知有浅深也。(《论语正义》664页)

李泽厚:[注]朱《注》杨氏曰:生知、学知以致困学,虽其质不同,然及其知之一也。故君子惟学之为贵。[记]朱《注》强调学习。当然并没有什么"生而知之"。孔子就否认自己属于这一等:"我非生而知之者,好古敏以求之者也。"(7.20)否认全知全能、"天纵之圣",指出任何人任何事物都可有缺失,这是儒学基本精神。(《论语今读》291页)

杨朝明:[诠释]孔子把人分为生而知之、学而知之、困而知之、困而不学四个层次，意在劝学。《中庸》记："或生而知之，或学而知之，或困而知之，及其知之一也"，可以与本章结合起来理解。[解读]孔子说："生来就知道的人，是上等人；经过学习以后才知道的，是次一等的人；在实践中遇到困难再去学习的，是又次一等的人；遇到困难还不学习的人，这种人就是下等人了。"（《论语诠解》158页）

孙钦善：本章中孔子按智力、知识把人分为四等，前两等属于人性的差别，孔子认为有"生而知之者"，无疑是先天的天才论观点。后两等则属于学习态度的差别。可见孔子关于才智分等的思想，既包含先天的因素，又包含后天的因素。（《论语本解》215页）

辑者案：可以将李泽厚、孙钦善、杨朝明三家所释结合起来理解。

（4）民斯为下矣

梁·皇侃：云"困而不学，民斯为下矣"者，谓下愚也。既不好学，而困又不学，此是下愚之民也，故云民斯为下也。（皇侃《论语集解义疏》卷八·28页）

宋·邢昺："困而不学，民斯为下矣"者，谓知困而不能学，此为下愚之民也。（邢昺《论语注疏》229页）

杨伯峻：遇见困难而不学，老百姓就是这种最下等的了。（《论语诠解》177页）

方骥龄：《书·吕刑》"苗民"郑注："民者，冥也。"《春秋繁露》："民者，瞑也。"《贾子·大政》："民之为言，萌也，萌之为言，盲也。"《荀子·礼论》注："民，泯无所知者。"本章"民斯为下"之"民"字下，似应加逗点，"斯为下"成句，言困而不学之人，蒙昧无知之至，此为最低下者是也。（《论语新诠》488页）

黄吉村：民，泛指一般人。（《论语析辨》352页）

程石泉：按依文理及《礼记·中庸》所言困学之事，"民斯为下焉矣"，殊不尽理。按"民"字或为"之人"两字之讹。"之人"籀文作"𠈃"，与"民"字形近，故误为一字。若作"困而不学，民斯为下焉矣"，则疑一切人民，皆困而不学，必非孔子之义也。（《论语读训》298 页）

黄怀信："斯"前旧有"民"字，各家未有能解通者，衍无疑，今删。（《论语新校释》415 页）

何新：[译文]有困惑而不学的，是"盲"，也是最下一等。[注释]民，盲也，瞑也。（《白虎通》）（《论语新解——思与行》222 页）

杨朝明：这种人就是下等人了。（《论语诠解》158 页）

孙钦善：遇到困惑仍不学习，这样的人就是下等了。（《论语本解》215 页）

辑者案：从杨朝明、孙钦善说。

16.10 孔子曰："君子有九思：视思明，听思聪，色思温，貌思恭，言思忠，事思敬，疑思问，忿思难，见得思义。"

忿思难

梁·皇侃：彼有违理之事来触于我，我必忿怒于彼，虽然不得乘此忿心以报于彼，当思于忽有急难日也。一朝之忿，忘其身以及其亲，是谓难也。（皇侃《论语集解义疏》卷八·29 页）

宋·朱熹：思难，则忿必惩。（《四书章句集注》173 页）

明·林希元：忿思难，必免其难也。程子曰："于怒时遽忘其怒而观理之是非，是难也。"（《四书存疑》卷七·32 页）

杨伯峻：将发怒了，考虑有什么后患。（《论语译注》177 页）

孙钦善："难"指患难，参见 12·21"一朝之忿，忘其身，以及其亲，非惑与"。发火动怒当心祸患。（《论语本解》215 页）

辑者案：皇侃、朱熹读"难"为 nàn，意为祸患、忧患，即发怒时当思其后患；林希元读"难"为 nán，意为困难，取程子所释，意为将要发怒时以理性克制自己是很困难的。依上下文义，前者为长。

16.11 孔子曰："见善如不及，见不善如探汤。吾见其人矣，吾闻其语矣。隐居以求其志，行义以达其道。吾闻其语矣，未见其人也。"

(1)见善如不及，见不善如探汤

汉·孔安国：探汤，喻去恶疾也。（皇侃《论语集解义疏》卷八·29页）

梁·皇侃：云"见善如不及"者，见有善者，当慕而齐之，恒恐己不能相及也。袁氏曰："恒恐失之，故驰而及之也。"云"见不善如探汤"者，若见彼不善者，则己急宜畏避，不相染入，譬如人使己以手探于沸汤为也。（皇侃《论语集解义疏》卷八·29页）

宋·邢昺："见善如不及"者，言为善常汲汲也。"见不善如探汤"者，人之探试热汤，其去之必速，以喻见恶事去之疾也。（邢昺《论语注疏》229页）

宋·蔡节：谓见善矣，又若不及见之也。谓见不善矣，犹未免于尝试之也。为善之不勇，去恶之不力，中人皆然也。（《论语集说》卷八·28页）

清·毛奇龄：范滂对王甫曰："臣闻仲尼之言'见善如不及，见恶如探汤'，此易不善字为恶字，且《注》云：'探汤，喻去疾也。'"按：《扁鹊传》："汤液醴酒，所以治病者。"故以探汤去疾为却恶之喻，若作探热水解，则世无濯热水而俨畏恐者，非其譬矣。（《四书賸言》卷一·13页）

清·黄式三：《汉书·刘向传》注云："探汤，言其除难无所避。"《杜周传》注云："言重难之，若以手探热汤也。"二说虽异，其以为恶恶则一也。张子韶《绝句》云:"试问何如是探汤,喻其渐入久无伤。顾于不善乃如斯,深恐斯人志不刚。"则以如探汤为渐入恶矣,又一说也。(《论语后案》472页)

方骥龄:《说文》:"善,吉也。""善、吉"二字与"义""美"同义。《荀子·非相》"凡人莫不好言其所善"注:"谓己所好尚也。"简言之,己所好尚,己所欲,利也。本章"见善如不及",见利唯恐不及,及之为言,汲汲也,殆言当时一般人趋利甚力也。(《论语新诠》489页)

孙钦善:如不及,好像赶不上似的。形容急切追求。探,试。汤,滚烫的热水。……孔子说:"见到善如同赶不及似的急切追求,见到不善如同用手试沸水一样急忙躲开。"(《论语直解》216页)

辑者案:从皇侃、邢昺、孙钦善说。探汤,探试沸水。孔子教人学习善行,远离邪恶。

(2)吾见其人矣,吾闻其语矣

宋·邢昺:言今人与古人皆有能若此者也。(邢昺《论语注疏》229页)

宋·朱熹:语,盖古语也。(《四书章句集注》173页)

严灵峰:朱熹曰:"语,盖古语也。"朱说是也。灵峰按:此古语即"见善如不及,见不善如探汤"二语。下文:"吾闻其语矣,未见其人也。"《公冶长篇》:"始吾于人也,听其言而信其行;今吾于人也,听其言而观其行。"则应先言"闻其语",后言"见其人"。依下文例,此二句疑系倒误;原当作:"吾闻其语矣,吾见其人矣。"方与行文顺序相合。(《读论语札记》37页)

方骥龄:孔子不特见此等人,亦时闻他人以此语相告。谓彼时之人莫不趋利避义也。(《论语新诠》490页)

辑者案:从朱熹所解。严灵峰倒文之说亦为有理。

(3)隐居以求其志,行义以达其道

宋·邢昺:"隐居以求其志"者,谓隐遁幽居,以求遂其己志也。"行义以达其道"者,谓好行义事,以达其仁道也。(邢昺《论语注疏》229页)

清·康有为:道者,济天下之道。(《论语注》254页)

杨伯峻:避世隐居求保全他的意志,依义而行来贯彻他的主张。(《论语译注》178页)

李泽厚:隐居起来以保持自己的志向,出来便实施正义而行得通。(《论语今读》292页)

王熙元:道,也就是古圣人之道。(《论语通释》1024页)

王淄尘:道,是人所当行的路。(《四书读本》315页)

李运益:道,政治主张或思想体系。(《论语词典》259页)

李殿元:"道"指完美的有崇高的理想的人格。(《论语之谜》94页)

黄怀信:"道",学说主张。(《论语新校释》417页)

　　辑者案:"道",含义丰富,解为仁道、政治理想、学说主张皆可。

16.12 齐景公有马千驷,死之日,民无德而称焉。伯夷、叔齐饿于首阳之下,民到于今称之,其斯之谓与?

(1)民无德而称焉

清·毛奇龄:民无德而称焉,旧本原是"德"字,并无别本。《鲁论》并《古论》、《齐论》作"得"字者,即《注疏》本可考也,惟《泰伯篇》"民无得而称"是"得"字。今程子欲加"诚不以富,亦祇以异"八字于此章之首,而安定胡氏又欲加八字于"其斯之谓与"之句之上,遂改"德"字为"得"字,则何可矣?(《论语稽求篇》卷七·3页)

清·阮元:皇本、高丽本"德"作"得",又皇本无"而"字。案:

得与德,字虽通,然此处自当作"德"。王注云"此所谓以德为称",《正义》云"此章贵德也",又云"及其死也无德可称",又云"其此所谓以德为称者与"。皆以"斯"字即指德言,直截自然,若改为"得"颇乖文义。(《论语注疏校勘记》2523页)

清·刘宝楠:皇《疏》云:"生时无德而多马。"又云:"言多马而无德。"是皇本亦作"德"。今字作"得",当出异域所改。(《论语正义》666页)

方骥龄:《孟子·告子篇》"所识穷乏者得我与"朱注:"谓所知识穷乏者感我之惠也。"得字作感惠解。本章皇本《古本集解》德字皆作得,然则本章"民无得而称",当作"民并无感惠而称扬之"解。谓齐景公虽有地位财富,人民固并未受其惠而追慕之,盖未能行义以达其道也。至于伯夷叔齐,则隐居以求其志,故后人追慕不已。(《论语新诠》492页)

钱穆:德字或本作得,就下而字语气求之,当以作得为是。(《论语新解》438页)

  辑者案:有人据皇侃《论语义疏》本为"民无得称焉",《泰伯》第一章孔子赞泰伯为"民无得而称焉",而认为本章"德"字应作"得"字解。非,此为道德之"德"。阮元、刘宝楠解为是。此语是说:齐景公虽在物力上富有,但缺乏德行,死的时候,老百姓想不出他有什么可以称道的美德。此为转折语气,含否定意味,与《泰伯》"子曰:'泰伯,其可谓至德也已矣,三以天下让,民无得而称焉'"的语气不同。

(2)其斯之谓与

汉·王肃:此所谓以德为称。(邢昺《论语注疏》230页)

宋·朱熹:胡氏曰:"程子以为第十二篇错简'诚不以富,亦祇以异',当在此章之首。今详文势,似当在此句之上。言人之所

称，不在于富，而在于异也。"愚谓此说近是，而章首当有"孔子曰"字，盖阙文耳。(《四书章句集注》173 页)

明·葛寅亮：徐时泰问：旧说谓"诚不以富，亦祗以异"当移置"其斯之谓与"上，今姑作错简，岂别有说乎？答曰：篇章相隔甚远，安知其从此脱去，恐非缺疑之旨。据愚见，"其斯之谓与"自可解释，今别为测演附之，齐景公上无"子曰"字，分明与上合为一章。(《论语湖南讲》卷四·43 页)

清·牛运震："诚不以富"二句，《集注》以为似当在"其斯之谓与"之上，文义似通，但不如阙疑为是。(《论语随笔》卷十六·11 页)

清·赵良猷：《注疏》"民无得而称焉"作"民无德而称焉"，言其于民无德故无称，则斯字即指德字，自直捷，不必移"诚不以富"二句于此上也。(《论语注参》卷下·24 页)

清·刘逢禄：夷、齐，让国者也。齐景公、卫孝公皆争国者也，故举以相论，斯谓隐居求志也。(《论语述何》卷二·7 页)

清·黄式三：王《注》以斯指德，古说也。苏子由《柳下惠论》引经以上"见善"二节合此为一义。蔡氏《集说》亦云此与上"见善"二节当合为一章。齐景知夫子之圣而不能用，善晏子之言而不能行，是见善犹未及见也。田氏之不正，嗣子之不定，是见其恶而犹尝试之，如汤热而探之也。夷、齐逊国以求其志，扣马而谏以达其道也。翟晴江称蔡说之有功圣经。(《论语后案》474 页)

清·刘宝楠："其斯之谓与"句，上当有脱文。《注》以"斯"指"德"，亦是因文解之。蔡节《论语集说》牵合上章，而谓"见善矣，又若不及见之也，见不善矣，犹未免于尝试之，此指齐景公"。"隐居"二句为指夷、齐，殊为穿凿。张栻《论语解》、孔广森《经学卮言》并以"隐居求志，行义达道"，证合夷、齐，而于"见善"、"见不善"二句略而不言，则亦《集说》之傅会矣。(《论语正义》667 页)

钱穆:《论语》文例,举古事古礼,章首皆无子曰字,至下断语始著子曰。若序而不论,则通章可不著子曰字,非阙文。"诚不以富"两语移"其斯之谓与"前,最为谛当可从。(《论语新解》439页)

杨润根:我们应怎样来评说这两个不可同日而语的历史事实呢?(《发现论语》426页)

金池:这两件事告诉人们一个什么道理呢?(《论语新译》504页)

黄怀信:[校]"诚不以富,亦祇以异"八字旧错在《颜渊》篇(12.10),今从《程子遗书》伊川先生说移此章而置"其斯"句上(伊川置章首),又依上例增"孔子曰"三字,又增"诗云"二字,与《学而》篇"子贡曰:'《诗》云:"如切如磋,如琢如磨。"其斯之谓欤'"一例。(辑者案:黄怀信将经文校补为:齐景公有马千驷,死之日民无德而称焉。伯夷、叔齐饿死于首阳之下,民到于今称之,[孔子曰:"《诗》云:'诚不以富,亦祇以异'〕其斯之谓欤!)(《论语新校释》418页)

杨朝明:本章很有可能属于前一章的一部分。最后一句"其斯之谓与",一般是在说话的最后,这里没有表示主语和谓语的"子曰"之类,而且仔细看来,本章的确与前章有关。前面说"见善如不及,见不善如探汤"很可能是指的齐景公,他在夹谷之会、对待孔子、对待流亡的鲁君等问题上都没有表现出从善如流的一面,后面说的隐者恰恰可能是伯夷、叔齐,隐居是为了躲避君位,躲避他们认为不义的周武王,此后他们不食周粟而死,正是为了大义而死,孔子没有机会见到他们。本章通过齐景公和伯夷、叔齐的对比来赞美"德"。前者是一个国君,后者是两个逸民,前者反不如后者,说明了执政者应该修明仁德。同时也体现了"贵德"的思想。齐景公富而无德,所以后世没有什么德行可以称许他的;而伯夷、叔齐贫而有德,因此能够流芳百世。(《论语诠解》158页)

　　　辑者案:本章通过齐景公与伯夷、叔齐之比较,证明一个道理:无论贫富,有德则民称焉。这体现了重德思想。"斯"字,当指相比较的两件事。可译为:这事说的就是这个道理吧!

　　16.13　陈亢问于伯鱼曰:"子亦有异闻乎?"对曰:"未也。尝独立,鲤趋而过庭。曰:'学诗乎?'对曰:'未也。''不学诗,无以言。'鲤退而学诗。他日,又独立,鲤趋而过庭。曰:'学礼乎?'对曰:'未也。''不学礼,无以立。'鲤退而学礼。闻斯二者。"陈亢退而喜曰:"问一得三,闻诗,闻礼,又闻君子之远其子也。"

远其子

　　梁·皇侃:伯鱼是孔子之子,一生之中唯知闻二事,即是君子不独亲子,故相疏远,是陈亢今得闻君子远于其子也。范宁曰:"《孟子》曰:'君子不教子,何也? 势不行也。教者必以正,以正不行,继之以忿,继之以忿,则反夷矣。父子相夷,恶也。'"(皇侃《论语集解义疏》卷八·31 页)

　　宋·朱熹:当独立之时,所闻不过如此,其无异闻可知。……尹氏曰:"孔子之教其子,无异于门人,故陈亢以为'远其子'。"(《四书章句集注》174 页)

　　明·张居正:远只是不私厚的意思。(《论语直解》卷十六·9 页)

　　明·林希元:夫子固不私其子,亦未尝远其子。陈亢始以私子疑,终又谓远其子,始终以私意窥圣人,陋哉,陈亢之见也。(《四书存疑》卷七·33 页)

　　清·刘宝楠:"远其子"者,司马光《家范》引此文说云:"远者,非疏远之谓也,谓其进见有时,接遇有礼,不朝夕嘻嘻相亵狎也。"

案:古者命士以上,父子皆异宫,所以别嫌疑,厚尊敬也。一过庭须臾之顷,而学诗学礼,教以义方,所谓"家人有严君"者,是之谓远。《白虎通·五行篇》云:"君子远子近孙。"此其义也。(《论语正义》669页)

林觥顺:远与辽是互训转注,也作辽远连用,辽远就是悠远辽阔。……所以君子之远其子也,是劳其子也。劳从力。是说君子之教育子,不是使优裕坐享其成,是欲使劳其心智精力。黾勉从事。(《论语我读》312页)

黄怀信:远:不亲昵。(《论语新校释》420页)

杨朝明:远:不亲近,不偏爱。(《论语诠解》159页)

辑者案:"远"并非疏远之义,朱熹引尹氏曰"孔子之教其子,无异于门人",张居正所谓"不私厚",皆得其本义。

16.14 邦君之妻,君称之曰夫人,夫人自称曰小童,邦人称之曰君夫人,称诸异邦曰寡小君。异邦人称之亦曰君夫人。

汉·孔安国:小君,君夫人之称。对异邦谦,故曰寡小君。当此之时,诸侯嫡妾不正,称号不审,故孔子正言其礼也。(邢昺《论语注疏》231页)

宋·郑汝谐:此记礼者之言,必夫子亦尝称之也。(《论语意原》卷四·15页)

宋·朱熹:吴氏曰:"凡语中所载如此类者,不知何谓。或古有之,或夫子尝言之,不可考也。"(《四书章句集注》174页)

宋·张栻:此正名之意也。其名虽是,而可乱其实乎?春秋之时以妾母为夫人者多矣,其甚则以妾为夫人,如鲁惠、晋平之为者。又其甚则有若鲁昭之娶同姓者,其实之乖一至于此。然则君

之称夫人，夫人之自称，与夫邦人及异邦之人称之，其得安乎哉？正其名，所以责其实也欤？（《南轩论语解》卷八·20页）

宋·金履祥：此章吴氏曰"不知何谓"，王文宪曰"当在'南子'章'天厌之'之下"。（《论语集注考证》卷八·5页）

明·蔡清：此章亦未见得是正嫡妾之名分，只是申古制诸侯之妻称谓之法耳，必有为而言。（《四书蒙引》卷八·39页）

日·佐藤坦：此章盖偶记在于弟子录中，其为谁语，则未可知也，编者以为孔子语，载之于此耳。（《论语栏外书》96页）

清·康有为：此详邦君之妻称谓。……《论语》记义，不记曲礼，似记文错简在此，而写者误附焉。今亦降写，附录于此，而明非《论语》焉。（《论语注》256页）

方骥龄：古代男有罪曰奴，奴曰童，女曰妾。后人称童子之童为僮，今适相反，以僮为仆，以童为僮。《说文》："妾，有罪女子给事之得接于君者，从辛从女。《春秋》：'女为人妾，妾不娉也。'"《说文》籀文童字书作𥫱，妾字从𦍒，重省声，辛，罪也。本章小童，据《说文》所解，疑系小妾之误，即妾字而未曾省去重字之误。本章所记，在《论语》中最为奇特。孔子殆有鉴于当时女子已渐启干政之风，故《阳货篇》有"唯女子与小人为难养"之论，本篇有好色之戒。由于国君之宠幸妻妾，启女祸之端。卫国之南子即其一例。于是诸侯大夫陪臣而外，多一女祸。以此殿《季氏》篇末，与首章季氏将伐颛臾章祸起萧墙相呼应。故本章并非羼入，似为有意之安排。（《论语新诠》494页）

杨伯峻：这章可能也是孔子所言，却遗落了"子曰"两字。有人疑心这是后人见竹简有空白处，任意附记的。殊不知书写《论语》的竹简不过八寸，短者每章一简，长者一章数简，断断没有多大空白能书写这四十多字。而且这一章既见于《古论》，又见于

《鲁论》(《鲁论》作"国君之妻"),尤其可见各种古本都有之,决非后人所搀入。(《论语译注》179页)

钱穆:或疑学者于简末别记所闻,后遂羼入《论语》。惟《论语》有齐、鲁、古三本,今所传乃东汉郑玄以《鲁论》为主,又参校齐、古两《论》而成。或说以此篇为《齐论》,已无征。而本章三《论》皆有,乌见其为后人之随意附记而羼入? 遇古书难解处,当以阙疑为是。(《论语新解》441页)

文选德:这一章是孔子借谈论朝中称谓古制,而以正君臣名分。这章的体例与第十篇有些相似,很有可能是再传弟子在补编《论语》时加上去而又错简放在这一章的结尾。(《论语诠释》722页)

杨朝明:本章主要谈论了邦君之妻的称谓。孔子十分重视礼,而且非常讲究名正言顺,在此通过论述邦君之妻的称谓,很有可能是来维护等级名分,以期能够恢复礼制。(《论语诠解》159页)

辑者案:据学者们所论,此章绝不可能为后人搀入,因各种古本(如定州汉墓竹简《论语》)都有此章。至于此章之用意,杨朝明说可参。

阳货第十七

17.1 阳货欲见孔子，孔子不见，归孔子豚。孔子时其亡也而往拜之，遇诸途。谓孔子曰："来，予与尔言。"曰："怀其宝而迷其邦，可谓仁乎?"曰："不可。""好从事而亟失时，可谓知乎?"曰："不可。""日月逝矣，岁不我与。"孔子曰："诺。吾将仕矣。"

(1)阳货

汉·孔安国：阳货，阳虎也。季氏家臣，而专鲁国之政。（邢昺《论语注疏》232页）

宋·邢昺：阳货，阳虎也。盖名虎，字货。为季氏家臣，而专鲁国之政。（邢昺《论语注疏》232页）

清·崔述：按《论语》有阳货而无阳虎，《左氏传》有阳虎而无阳货。《传》记阳虎凡数十事，独无馈豚一事，《传》称阳虎凡百数十见，皆称为阳虎，未尝一称为阳货，则似乎货自一人，虎自一人也。《左传》称人好错举其名字、谥号……独阳虎未尝一称阳货，则似乎货自货非虎，虎自虎非货也。（《洙泗考信录》卷一·38页）

清·刘宝楠："货"、"虎"一声之转，疑货是名，虎是字也。顾氏栋高《春秋大事表》："阳虎欲以己更孟氏"。疑与孟孙同族。（《论语正义》674页）

吴劲雄：阳货即阳虎，盖货、虎古音相通而互用……故典籍所记，时有互异，要非历来注家所谓"名虎字货"也。（《阳货名字新考》，辑者案："货"，《广韵》注呼卧切，"虎"，《广韵》注呼古切，二字古音相近，可以互用，所以阳货即阳虎。

(2)时其亡也

唐·韩愈：时当为待。古音亦作峙，南人音作迟。其实待为得。（《论语笔解》卷下·17 页）

清·刘宝楠：《广雅·释诂》："睹，视也。"王氏念孙《疏证》引此文谓"时"与"睹"同。《释言篇》：时，伺也。此与《孟子》作"瞯"义合。（《论语正义》674 页）

唐满先：时：同"伺"，窥伺。（《论语今译》178 页）

黄怀信：［校］伺其亡也，"伺"旧作"时"，借字，今改本字。［释］"伺"，侦察、探察。（《论语新校释》423 页）

辑者案：时，通"伺"，等候。即孔子等他（或趁他）不在家时前往拜谢。

(3)怀其宝而迷其邦

汉·马融：言孔子不仕，是怀宝也。知国不治而不为政，是迷邦也。（皇侃《论语集解义疏》卷九·1 页）

梁·皇侃：宝，犹道也。言仁人之行当恻隐救世以安天下，而汝怀藏佐时之道，不肯出仕，使邦国迷乱，为此之事，岂可谓为仁乎？（《论语集解义疏》卷九·2 页）

宋·邢昺：宝以喻道德，言孔子不仕，是怀藏其道德也。（《论语注疏》232 页）

清·胡绍勋：怀其宝而迷其邦，皇《疏》云："宝，犹道也。"勋按：古人多谓道为宝，如《广雅·释诂》云："宝，道也。"《檀弓下》"仁亲以为宝"《注》云："宝谓善道可守者。"亦训道为宝。又或谓身为宝，如《老子》："轻敌几丧吾宝。"《注》云："宝，身也。"《吕览·

先己篇》:"啬其大宝。"《注》云:"大宝,身也。"怀其宝,谓藏其身,即所以藏其道。两义并通。(《四书拾义》卷二·18页)

　　章太炎:余谓阳货亲富不亲仁,闻于齐鲁,后卒窃宝玉大弓以乱鲁国,志已显著,物情不附,其云怀宝迷邦,正货自谓。次云:好从事而亟失时,始谓孔子耳。货之恶名,百口无以自解,而欲以辩致孔子,故设两端以相切,见己固不仁,孔子亦不智,无以相愈。盖其意亦自知必败,欲孔子继起以图季孙耳。此不可谓无自知知人之明者,马君未喻货旨,故所说有误。(《广论语骈枝》15页)

　　黄怀信:"宝",指治国良策。(《论语新校释》423页)

　　杨朝明:[诠解]怀其宝而迷其邦:此句以及后面的几句问答都是阳货自问自答,可参见毛奇龄《论语稽求篇》和俞樾《古书疑义举例》卷二。《韩诗外传》:"怀其宝而迷其国者,不可与语仁。"怀其宝,指的是孔子藏身不仕。[解读]阳货问:"自己有学问,却藏身不参与国家政事的管理,任凭国家的政治混乱,可以算是有仁德的人吗?"阳货自问自答地说:"不可以。"(《论语诠解》161页)

　　孙钦善:宝,道,指本领。(《论语本解》220页)

　　　辑者案:怀其宝,"宝"被解为"道"、"德"、"身"、"本领"、"治国良策"等,该字含义宽泛,各家解释皆有道理,但比较而言,解为"道"、"本领"更好些。迷其邦,注家多认为是邦国迷乱、混乱,非。主语还应该是孔子:前句指孔子怀其宝,后句当然是指孔子迷其邦。是说孔子面对邦国,迷茫困惑,不知如何实施治国之道。

(4)曰:"不可。"

　　梁·皇侃:孔子晓虎之言,故逊辞求免,而答云不可也。(皇侃《论语集解义疏》卷九·2页)

　　宋·朱熹:货语皆讥孔子而讽使速仕。孔子固未尝如此,而

亦非不欲仕也,但不仕于货耳。故直据理答之,不复与辩,若不谕其意者。(《四书章句集注》175页)

清·阎若璩:两曰字仍是阳货语,非孔子。直至"孔子曰诺"始为孔子。(《四书释地又续》卷上·42页)

清·李塨:"谓孔子曰"下又有三"曰"字,皆是货自为问答,以断其事。(《论语传注》卷二·52页)

清·王引之:有一人之言而自为问答者,则加"曰"字以别之。若《论语·阳货》篇云:"怀其宝而迷其邦,可谓仁乎?曰:不可。好从事而亟失时,可谓知乎?曰:不可。"(《经传释词》卷二·3页)

辑者案:两"曰'不可'",或以为孔子答对之语(皇侃、朱熹),或以为阳货自为问答(李塨、阎若璩、王引之),后者较为合乎情境和文义,王引之所言为是。辑者不揣鄙陋为其稍加引申,两"不可"前加"曰"字,也是作为一个大的停顿,阳货的问题直指孔子的道德核心,不可谓不尖锐,故此停顿稍长以等待孔子思考答对,见孔子不语,于是自为作答。这样理解,将阳货的颐指气使、得意忘形之态刻画得活灵活现。相反,若以此为孔子语,何以"曰'诺,吾将仕矣'"这句一看即知为孔子所说的话还在前面加"孔子"以申明为孔子语,而此两处容易让人产生歧义的"曰'不可'"前却无"孔子"或"子"以点明孔子之言?

(5)孔子曰:"诺,吾将仕矣。"

汉·孔安国:以顺辞免害也。(皇侃《论语集解义疏》卷九·1页)

牛泽群:观孔子,无一语能驳,唯唯诺诺,俯首言听。……孔子终服其说:"诺,吾将仕矣。"后儒以"言将仕,以顺辞免害也"为辩。怯而言不由衷,岂非"求生以害仁"乎?诺仕而不,出尔反尔,胜顺辞之能免害乎?置读者后生之智商于不顾也。今之训解,亦模糊不辨,语焉不明。弟子录此章,或唯忠实于实况,未虑臧否,由《微子》八章等亦见。是弟子尚不善为孔子伪饰遮掩,名声由之;要为时孔子尚为人也,未步圣坛王位(素王)。(《论语札记》474页)

　　辑者案:从孔安国旧说。孙钦善《论语本解》曰:"这是孔子为摆脱纠缠顺应敷衍的话,并非真要出仕。"牛泽群之所以认为孔子"唯唯诺诺,俯首听言",是因为将两"曰'不可'"认作孔子之言,而清儒已将此处解释明白,当为阳货自答,孔子在阳货得意洋洋地发问时,只是以沉默应之。而且孔子答以将仕,未必就是要仕于阳货,所以也不应以"诺仕而不,出尔反尔"评断孔子之言行。

17.2 子曰:"性相近也,习相远也。"子曰:"唯上知与下愚不移。"

(1)性相近也,习相远也

梁·皇侃:性者,人所禀以生也。习者,谓生后有百仪常所行习之事也。人俱禀天地之气以生,虽复厚薄有殊,而同是禀气,故曰相近也。及至识,若值善友则相效为善,若逢恶友则相效为恶,恶善既殊,故云相远也。(皇侃《论语集解义疏》卷九·3页)

宋·邢昺:性,谓人所禀受,以生而静者也,未为外物所感,则人皆相似,是近也。既为外物所感,则习以性成。若习于善则为君子,若习于恶则为小人,是相远也,故君子慎所习。(邢昺《论语注疏》233页)

宋·朱熹:此所谓性,兼气质而言者也。气质之性,固有美恶之不同矣。然以其初而言,则皆不甚相远也。但习于善则善,习于恶则恶,于是始相远耳。程子曰:"此言气质之性,非言性之本也。若言其本,则性即理,理无不善,孟子之言'性善'是也。何

相近之有哉？"（《四书章句集注》175页）

　　清·李光地：案夫子此言，惟孟子能畅其说。其曰"性善"，即相近之说也。其曰"或相倍蓰而无算"、"其所以陷溺其心者然也"，则习相远之说也。先儒谓孔子所言者，气质之性，非言性之本。孟子所言，乃极本穷源之性。愚谓惟其相近，是以谓之善，惟其善，是以相近，似未可言孔孟之指殊也。盖孔孟所言者，皆人性耳。若以天地之理言，则乾道变化，各正性命。禽兽草木，无非是者。然禽兽之性则不可言与人相近，相近者必其善者也。故《孝经》曰："天地之性人为贵。"是孔子之说无异于孟子也。禽兽之性不可以言善，所谓善者，以其同类而相近也。故曰"人皆可以为尧舜"，是孟子之说又无异于孔子也。（《读论语札记·阳货篇》）

　　清·李塨：宋人分义理之性气质之性为二。以孟子所言者义理之性，故皆善。孔子所言者，兼气质之性，则有善有恶，但相近耳。非也。夫天生人即生人之气质也，《易》所谓"乾道成男，坤道成女"，大生广生也，而聚精于心谓之性，故性从心生，心之生，生之道也。元亨利贞，天之气也，而即天之道也。仁义礼智，人之气所为也，而即人之道也。道即义理也，乌可分为二，而且有善不善之分哉？孟子曰："形色，天性也；才情，为善也，人皆可以为尧舜"，言人之形才清浊、厚薄、偏全、纯驳万有不齐，而皆可为善，是相近也，是性善也。孔孟之言一也。至于善不善相去天渊，乃后起之习为之，而非性也，人不可不慎所习乎。（《论语传注》卷二·53页）

　　日·物双松：性者性质也。人之性质，初不甚相远，及所习殊，而后贤不肖之相去，遂致辽远也已。孔安国曰"君子慎所习"，得之矣。然孔子之心，实在劝学。如"生而知之者，上也；学而知之者，次也；困而学之，又其次也；困而不学，民斯为下矣"《季氏》，正与此章相发焉。上即上知，下即下愚，学知困学，乃指常人，故习诚有善恶,而孔子之意,专谓及学而为君子,而后其贤知才能,与乡人相远已,未尝以善恶言之也。……盖孔子没而老庄兴,专倡自然,而以先王之道为伪,故孟子发性善以抗之。孟子之学,有时乎失孔氏之旧,故荀子又发性恶以抗之,皆争宗门者也。宋儒不知之,以本然气质断之,殊不知古之言性,皆谓性质,何本然之有。(《论语征》314 页)

日·中井积德:专论性也,曾不带气质,气质非性也。(《论语逢原》343 页)

杨伯峻:孔子说:"人性情本相近,因为习染不同,便相距悬远。"(《论语译注》181 页)

杨润根:孔子说:"人们从出生中所获得的共同的天性会使人们相互亲近,而人们在一个闭塞狭隘的精神与物质的环境中逐渐养成的特殊的习惯却会使人们彼此疏远。(《发现论语》432 页)

　　辑者案:此章本至为明白,至宋人分性为义理之性、气质之性而纷争四起,前儒言"性者,人所禀以生也","习者,谓生后有百仪常所行习之事也",简单明了,何须争执? 至于孔子、孟子、荀子所言之"性",本质上并无区别,而孟子主"性善",荀子主"性恶",只是二人引申孔子之言背道而驰。性善、性恶各执一端,各有偏颇,孔子之言却是千年万世不变之至理。物双松所论切中肯綮。

(2)唯上知与下愚不移

汉·孔安国:上智不可使强为恶,下愚不可使强贤也。(皇侃《论语集解义疏》卷九·3 页)

梁·皇侃:夫降圣以还,贤愚万品,若大而言之,且分为三。上分是圣,下分是愚,愚人以上,圣人以下,其中阶品不同,而共为一。此之共一,则有推移,今云上智谓圣人,下愚愚人也。(皇侃《论

语集解义疏》卷九·4 页）

　　唐·韩愈：上文云"性相近"，是人以可习而上下也。此文云
上下不移，是人不可习而迁也。二义相反，先儒莫究其义。吾谓
上篇云"生而知之，上也。学而知之，次也。困而学之，又其次也。
困而不学，民斯为下矣"，与此篇二义兼明焉。（《论语笔解》卷下·17 页）

　　唐·李翱：谓人性本相近于静，及其动感外物，有正有邪，动
而正则为上智，动而邪则为下愚。寂然不动，则情性两忘矣。（《论
语笔解》卷下·17 页）

　　宋·朱熹：人之气质相近之中，又有美恶一定，而非习之所能
移者。程子曰："人性本善，有不可移者何也？语其性则皆善也，
语其才则有下愚之不移。所谓下愚有二焉：自暴自弃也。人苟以
善自治，则无不可移，虽昏愚之至，皆可渐磨而进也。惟自暴者拒
之以不信，自弃者绝之以不为，虽圣人与居，不能化而入也，仲尼
之所谓'下愚'也。然其质非必昏且愚也，往往强戾而才力有过人
者，商辛是也。圣人以其自绝于善，谓之下愚，然考其归则诚愚
也。"（《四书章句集注》176 页）

　　日·物双松：下愚谓民也，下愚之人不能移，则以为民，而不
升诸士也。孔子曰"民可使由之，不可使知之"（《泰伯》），以学习
所不能移也。初非恶其愚焉，又唯言其愚不可学耳，未尝以善恶
言之矣。何则？以知愚言之，而不以贤不肖言之也。如程子以自
暴自弃论下愚，大失孔子之意焉。盖自有孟子性善之说，而学者
以善恶见之，遂曰习有善恶，而至于以下愚为桀纣之徒焉。又自
孟子好辨，而学者率以言语为教，务欲以言语化人，一如浮屠，至
有不可得而化者，则以下愚目之矣。又其意谓圣人可学而至焉，
气质可变而尽焉，以此立说，则至此章而穷矣，故遂以自暴自弃目
下愚，其心谓下愚不移，非气质之罪也，其心之罪也。是皆坐其不

知先王之道,又不知古之教法,故失孔子当时之意耳。盖移云者,非移性之谓矣,移亦性也,不移亦性也,故曰"上知与下愚不移",言其性殊也。中人可上可下,亦言其性殊也,不知者则谓性可得而移焉。夫性岂可移乎?学以养之,养而后其材成,成则有殊于前,是谓之移,又谓之变。其材之成也,性之成也,故《书》(《太甲》)曰"习与性成",非性之移也。(《论语征》315页)

　　日·中井积德:专论气禀也,非论性,与上章论性者,不当相混。此与上章,盖非一时之言,记者相序次者,则为有意。上知,谓生知之属,然不必指生知安行之圣,如颜闵,亦是上知矣。下愚,谓浑沌不明。上知,譬犹矛之刃,下愚,譬犹矛之镦,中间长柄,众人所在。是章主意,在劝人迁善也,谓不可移之人至寡耳,非患下愚不移,盖上知与下愚,千万人中,仅各有两三人而已矣,其他皆可移之人。……是所重在移,不在不移。(《论语逢原》344页)

　　清·康有为:若上智,则魂魄俱清明纯固,故不为恶习所移。下愚,则魂魄俱浊,暗痴顽固,故不为善习所移。(《论语注》258页)

　　严灵峰:孔说非也。既有"上智"与"下愚"不移之性,则孔子不言"相近"矣。倘此而不移,则孔子盖言人性之有善、有恶;不得独言"性善",明矣。《季氏篇》:"孔子曰:生而知之者,上也。学而知之者,次也。困而学之,又其次也。困而不学,民斯为下矣。"或以此明人性之有善有不善,殊不知此指人之知识而言也。……岂可谓"下愚不可使强贤也"! 故《荀子·劝学篇》云:"骐骥一跃而千里,驽马十驾则亦及之矣。"疑此"唯"字,当与"虽"相通。言人之知慧虽有上智与下愚之别,但其"性"则"相近"而"不移"。(《读论语札记》29页)

　　方骥龄:朱骏声《说文通训定声》引《表记》"唯天子受命于天"注,称"唯"字当为"虽"字。《荀子·性恶》"然则唯禹不知仁义法正"注,亦指唯字当读为"雖"。《庄子·庚桑楚》"唯虫能虫"注,引《释文》"唯"字本作"雖"。疑本章"唯"字亦当作"雖"字。《说文》:"移,禾相倚移也。"《释文》:"移,犹傍也。"段玉裁移字注称"今人但读为迁移,据《说文》则自此之彼字当作迻"。疑本章所谓"不移",按古义犹言"不可倚傍"。孔子之意,殆以为虽有上智下愚之分,皆不可傍倚;如努力为之,下愚亦可上达乎高明;上智而自暴自弃,终必下达而为小人矣。孔子旨在勉人努力向善。(《论语新诠》500 页)

张治中:①全句属于:"唯+宾语+是+谓语"的句型,是强调宾语(上知与下愚)而前置宾语的特殊结构的判断句子。"不移"是谓语部分;谓语与宾语之间应加判断词:"是",起语法作用。"唯"与"是"连用,也起语法作用,也是强调、突出宾语,又表示宾语的排他性。这样,按现代汉语语序结构的表达方式即为"唯有不变的是上智与下愚"。②这里的宾语是由"上知"与"下愚"两个联合短语构成。在古代汉语里,两个名词并列在没有动词的语句(短语)中,前一个名词相应地活用为动词,而上、下是方位名词,分别与"知(智者)、愚(纯朴人)"名词分别构成没有动词的短语,因而,"上"、"下"就对应地活用为:"在上层统治"和"在下层受统治"的动词,且两者都属于不及物动词。在古代汉语里,不及物动词带上了名词,就构成了名词的使动用法。全句就直译为"唯有不变的是让智者在上层统治和让纯朴人在下层受统治"。(《析"唯上知与下愚不移"》,《长白学刊》1994 年第 2 期)

金良年:所谓"上知",也就是《季氏》篇中提到的"生而知之"者、圣人,乃是儒家的理想人格,这样的人不依赖教育,也无须以教育的手段来改易;所谓"下愚",也不是天生的,而是"困而不学"、自暴自弃的后果,这当然无法使之迁移为善了。(《论语译注》

206 页)

程邦雄:《阳货》中的"上知""下愚"不是两个指人的偏正词组,而是两个描述人的习性的动宾词组,"上""下"均用作动词,"知""愚"分别作它们的宾语。

"上"为"崇尚""以……为上"。……"下"为"轻视""以……为下"。……"上知"即"崇尚聪智","下愚"即"轻视愚昧",这种"崇尚聪智""轻视愚昧"的行为习性则是任何人都认同的,是自古及今都不会变移的。(《"唯上知与下愚不移"论》,《华中理工大学学报》1996 年第3 期)

薛孝斌:只有那些困而不学、自甘堕落的混帐王八蛋,才彻底不可救药! 这种解读方案有两个要点。一个要点是,"唯上知与下愚不移"的"不移",是只就"下愚"来说的。……在汉语中出于某一目的,譬如舒缓语气、使音律和谐等,往往将与谈到的一个语词有关的另一语词也连带提出;这时候这另一语词只起陪衬作用,并无实际意义,因而在理解过程中必须把它放在一边,不加考虑,才能与作者真正的意图相互沟通。这种修辞手段最极端也最有趣的表现,就是偏义复词的运用。……"唯上知与下愚不移"的"上知下愚",恰恰就是这种偏义现象。……这种解读的第二个要点是,"唯上知下愚不移"只不过是孔丘一句愤慨的气话。(《唯上知与下愚不移?》,《东南学术》2001 年第 6 期)

金池:[注释]上:高,智商高者为上。知:同"智",聪明。下:低,智商低者为下。愚:愚蠢,愚笨。移:转移,改变。[译文]孔子说:"智商高的人聪明,智商低的人愚笨,是不可改变的。"(《论语新译》512 页)

黄怀信:[释]"上智",智中之智,至智之人。"下愚",愚中之愚,至愚之人。"移",迁移、改变,承上指因习而移其性。[训译]

只有最聪明的人和最愚蠢的人，(本性)不(因生活习惯而)改变。[章旨]此章劝人"习"以移其"性"。人非上智亦非下愚，何不"习"？(《论语新校释》424页)

何新：此言"不变"，非谓"上智"不变、"下愚"不变。而是说只有上等智者、下等愚人，一旦拿定主意就不会改变也。(《论语新解——思与行》226页)

刘兆伟：只有定型的圣明者与定型的愚劣者不会改变。(《论语通要》408页)

杨朝明：孔子说："只有上等的智人和下等的愚人不会因后天的学习而改变。"(《论语诠解》162页)

　　辑者案：从金池说。人有智、愚之差别，这是事实，而且是不易改变的。此章与上章分开为是。

17.4 子之武城，闻弦歌之声。夫子莞尔而笑，曰："割鸡焉用牛刀？"子游对曰："昔者，偃也闻诸夫子曰：'君子学道则爱人，小人学道则易使也。'"子曰："二三子！偃之言是也。前言戏之耳。"

(1)闻弦歌之声

梁·皇侃：解"闻弦歌之声"，其则有二：一云孔子入武城界，闻邑中人家家有弦歌之响，由子游政化和乐故也。缪播曰："子游宰小邑，能令民得其可弦歌以乐也。"又一云谓孔子入武城，闻子游身自弦歌以教民也，故江熙云："小邑但当令足衣食教敬而已，反教歌咏先王之道也。"(皇侃《论语集解义疏》卷九·4页)

宋·朱熹：时子游为武城宰，以礼乐为教，故邑人皆弦歌也。(《四书章句集注》176页)

何新：听到举行礼会弹奏弦歌之声。(《论语新解——思与行》227页)

蒋国保:此句中的"闻弦歌之声",当是指唱颂《诗》、《书》的声音,因为"孔子以《诗》、《书》、礼、乐教"(《史记·孔子世家》),《诗》、《书》是孔门用以教化学生的主要教材,孔子及其弟子不"弦歌"便罢,一旦"弦歌",必定是唱颂《诗》、《书》。(《孔子"弦歌"别解》,《孔子研究》2009 年第 3 期)

辑者案:从朱熹说。礼乐为孔子核心思想之一,子游以此治理一方,谨尊师教。

(2)莞尔

魏·何晏:莞尔,小笑貌。(邢昺《论语注疏》234 页)

清·惠栋:《释文》"莞"作"莧",云:"本今作莞。"《周易》夬之九五曰"莧陆夬夬",虞翻注云"莧,悦也,读如'夫子莧尔而笑'之莧",是汉以来皆作莧。唐石经仍作莞,非也。(《广雅》曰"莧,笑也",疑莧字之误,莧亦训笑,故何晏云"莧尔,小笑貌"。)(《论语古义》8 页)

清·江声:《易·夬》九五"莧陆夬夬",诸本莧或讹作莧,虞翻作莧,云"莧,设也,莧,读'夫子莧尔而笑'之莧"。今《论语》莧皆误作莞,大非矣。盖夫子于是喜悦而解颐,故曰"莧尔而笑"。《说文解字》曰:"莧,山羊细角者,从兔足苜声,读若丸。宽字从此。"此莧字本义也,训为喜悦者,借义也。(《论语竢质》卷下·11 页)

清·刘宝楠:"莞尔",《释文》作"莧",华版反,本今作莞。《易·夬》九五:"莧陆夬夬。"虞翻《注》:"莧,悦也。读如'夫子莧尔而笑'之莧。"案《说文》:"莧读若丸。"与"莧"字从艹从见,形最相似。"莧"训山羊细角,羊有善义,故引申为和睦之训。《论语》正字作"莧",假借作"莞"。《集解》云"小笑貌",与虞氏"莧睦"之训亦合。《释文》所见本作"莧",遂音"华版反",非也。……《唐石经》作"莞",皇、邢本同。《列子·天瑞篇》:"老韭之为莞也。"殷敬顺《释文》：“莞，一作莧。”亦二字混用不别。《广雅·释诂》：“莧，笑也。”疑“莞”字小变。唐贞观《孔子庙碑》：“呪尔微笑。”此后出俗字。（《论语正义》680页）

清·潘维城：莧、莧、莞，形并相近而实不同。《说文》：“莧，莧菜也，从艸見声。”“莞，艸也，可以作席，从艸完声。”莧之误莞，犹莧之误莧欤？《楚辞·渔父》王逸《注》笑离断也“莞一作莧”。（《论语古注集笺》卷十七·3页）

杨润根：莞（wǎn）：《说文》：“莞，草也，可以作席，从草完声。”“莞”指的是一种完整的、无分化的、无枝蔓的、保持了自身最高的整一性的枝叶一体的草，这也就是人们用来织席的草。由于这种草是最完整的、无分化的、无枝蔓的和轻质柔软的，因此它也转而用来形容人们的直率的、无掩饰的、然而又是温柔的、和缓的言谈举止，这种言谈举止总是亲密、友好和信任的表示。（《发现论语》436页）

辑者案：莞，微笑的样子。关于莞、莧、莧之间的关系，惠栋、江声、刘宝楠已作了分析，情况复杂，尚需专文研究。

（3）割鸡焉用牛刀

汉·孔安国：言治小何须用大道也。（皇侃《论语集解义疏》卷九·4页）

梁·皇侃：刀大而鸡小，所用之过也。譬如武城，小邑之政，可用小才而已，用子游之大才，是才大而用小也。故缪播曰：“惜其不得导千乘之国，如牛刀割鸡，不尽其才也。”江熙曰：“如牛刀割鸡，非其宜也。”（皇侃《论语集解义疏》卷九·5页）

清·刘宝楠：皇《疏》引缪播曰：“惜其不得道千乘之国，如牛刀割鸡，不尽其才。”此深得夫子之意。（《论语正义》680页）

刘兆伟：即子游治武城小地方怎么用上了大道？其实是肯定了子游用大道治理武城。于此显然是对子游的一种充分肯定与

赞许,是以疑问的口气吐露出内心的满意与自豪。(《论语通要》409页)

　　孙钦善:是说大器小用,治邑用不上礼乐。(《论语本解》221页)

　　　　辑者案:此处歧义在于孔子此言指子游弦歌之法还是子游其人,从下文子游答"君子学道则爱人,小人学道则易使也"来看,子游是以弦歌之法来理解的,所以孔安国之言为是。

(4)学道

汉·孔安国:道,谓礼乐也。乐以和人,人和则易使。(邢昺《论语注疏》233页)

明·林希元:学道,泛说,礼乐是道中事。(《四书存疑》卷七·36页)

清·康有为:道谓乐之道也。乐之为道,流而不息,合同而化。(《论语注》259页)

毛子水:"学道",乃指受教育而言。一个地方若有"弦歌之声",这个地方就有学校。(《论语今注今译》267页)

孙钦善:君子学礼乐之道就会爱人,小人学礼乐之道就容易使唤。(《论语本解》221页)

　　　辑者案:李泽厚《论语今读》云:"道"此处译为礼乐,也可以译为教化、道德等等。

(5)前言戏之耳

乔一凡:戏读乎,赞叹辞,美之也。於戏,同于乌乎,唐初犹然。后之学者,于此戏字,竟作嬉戏解,有诬圣意。君子无戏言,况圣人乎?耳字疑为唐人所增,或为而字尔字之讹。(《论语通义》287页)

杨伯峻:[译文]孔子便向学生们道:"二三子!言偃的这话是正确的。我刚才那句话不过同他开玩笑吧了。"(《论语译注》182页)

李泽厚:其实孔子并非开玩笑,割鸡本不必牛刀,小官又何须大做。但孔子又不好认真如此说,当时神态似可见。(《论语今读》298 页)

辑者案:从杨伯峻说。

17.5 公山弗扰以费畔,召,子欲往。子路不说,曰:"末之也已,何必公山氏之之也?"子曰:"夫召我者,而岂徒哉! 如有用我者,吾其为东周乎?"

(1)公山弗扰以费畔,召,子欲往

汉·孔安国:弗扰为季氏宰,与阳虎共执季桓子,而召孔子。(邢昺《论语注疏》234 页)

宋·邢昺:弗扰,即《左传》公山不狃也,字子泄,为季氏费邑宰,与阳虎共执季桓子,据邑以畔,来召孔子,孔子欲往从之也。(邢昺《论语注疏》234 页)

宋·郑汝谐:公山弗扰执季桓子以叛,其私执之耶? 抑为鲁执之耶? 是未可知也。其召夫子也,欲挟之以为乱耶? 欲用之以尊鲁耶? 亦未可知也。召之欲往,不遽绝之也。欲往而不往,观其所处也。(《论语意原》卷四·16 页)

宋·朱熹:程子曰:"圣人以天下无不可有为之人,亦无不可改过之人,故欲往。然而终不往者,知其必不能改故也。"(《四书章句集注》177 页)

元·陈天祥:旧《疏》云弗扰即《左传》公山不狃也,字子泄,《注》文盖于旧《疏》中去此一节,而取其下文也,虽不明指弗扰为谁,推所言之事亦是以弗扰为不狃也。然《左传》或称不狃,或称子泄,未尝又称弗扰也。又以《史记》与《左传》对考其事,所载亦多不同,注文与二书皆不相合。《史记》于定公九年阳虎出奔之

下，言公山不狃以费畔季氏。十二年，言仲由为季氏宰，将堕三都，公山不狃率费人袭鲁。《左传》惟十二年有不狃帅费人袭鲁之事，十二年以前，未尝于不狃言叛也。若从《史记》之说，不狃自九年以费叛，至十二年犹据费邑而率费人袭鲁，季氏之于费邑岂有经涉三年不往攻取之理？若从《左传》之说，惟以十二年帅费人袭鲁为不狃之叛，而阳虎出奔已踰三年，不可谓与阳虎共执桓子以叛也。况是时孔子为鲁司寇，不狃以叛逆之人而召司寇，孔子居司寇之职而欲往从叛人之召，皆无此理。以弗扰为不狃之说，不知如何，以待别考。（《四书辨疑》卷八·7页）

　　日·中井积德：弗扰叛臣也，然季氏之叛臣，而非鲁之叛臣也。夫季氏僭窃无君，亦叛之类矣，然则弗扰是叛于叛者，与叛于鲁者异，苟叛于叛而归于正，君子犹有取焉，夫子之欲往，岂以此耶？苟鲁之叛臣，居邑伐君，夫子何曾有往意哉？佛肸章放此。（《论语逢原》346页）

　　清·翟灏：《左传》、《史记》各与《论语》事不同，《左传》阳虎之畔在定公八年，时公山不狃虽未著畔迹，而与季寤等共因阳虎，则季氏亦已料其畔矣，因于次年使人召孔子图之，孔子未果往，而不狃盘踞于费，季氏无如之何也。十二年孔子为鲁司寇，建堕费策，不狃将失所倚恃，遂显与叔孙辄袭鲁犯公，孔子亲命申句须、乐颀伐之，公室以之平，季氏之召终亦以之应矣。如此说之，则《左》、《史》两家所载得以相通，而于事理亦可信。《论语》"召"字上原无主名，旧解惟推测子路语，谓是公山氏召，实大误也。揆子路语意当介介于季氏之平素劣迹而云，何必因公山氏之之以从畔伐畔也？上"之"谓往，下"之"谓季氏，所书经屡写，句内偶脱一字，乃致与《左》、《史》文若矛盾耳。（《四书考异》条考十九·2页）

　　清·崔述：余按《春秋传》云："季氏将堕费，公山不狃、叔孙辄帅费人以袭鲁。入及公侧。仲尼命申句须、乐颀下伐之,费人北。"然则是弗扰叛而孔子伐而败之耳,初无所为召孔子及孔子欲往之事也。……孔子不肯见阳货,主弥子,况肯辅弗扰乎?……又按《左传》费之叛在定公十二年夏,是时孔子方为鲁司寇,听国政。弗扰,季氏之家臣耳,何敢来召孔子?孔子方辅定公以行周公之道,乃弃国君而佐叛夫,舍方兴之业而图未成之事,岂近于人情耶?费可以为东周,鲁之大,反不可以为东周乎?《公羊传》曰:"孔子行乎季孙,三月不违。曰:'家不藏甲,邑无百雉之城。'于是帅师堕郈,帅师堕费。"然则是主堕费之议者孔子也。弗扰不肯堕费,至帅费人以袭鲁,其仇孔子也深矣,必不反召之。弗扰方沮孔子之新政,而孔子乃欲辅弗扰以为东周,一何舛耶?《史记》亦知其不合,故移费之叛于定公九年,然使费果以九年叛,鲁何得不以兵讨之?……定十二年《传》云:"仲由为季氏宰,将堕三都。"使费果以九年叛,则费已非季氏之邑,季氏安能堕之?子路当先谋讨费,不当先谋堕都也。……由是言之,谓弗扰之召孔子在十二年亦不合,谓在九年亦不合,总之,此乃必无之事也。(《洙泗考信录》卷二·13页)

　　清·黄式三:《史记》:"……公山不狃以费畔季氏使人召孔子。"式三按:《史记》当以"畔季氏"为句,先儒多以"季氏"连下读,因谓此《经》云召亦属季氏,否则两处争召,《论语》、《史记》各记其一。此说失之也。弗扰召孔子者,时孔子未仕,故得相召,依《左传》,事当在定公八年,《史记》以为在九年,或失之也。据《注》言阳虎执桓子事在定公五年,若《左传》定公十二年载弗扰袭鲁事,在孔子仕鲁之日,非此初畔而召之时。崔东壁合两事为一,遂疑圣经之伪,盲人耳。下经言"末之也已,何必公山氏之之也",决非仕鲁时之言,崔氏胡不重复《经》文哉?(《论语后案》482页)

清·潘维城：《世家》："定公九年，孔子年五十，公山不狃以费
畔，季氏使人召孔子，孔子欲往。"《左氏》则于十二年云"季氏将堕
费，公山不狃、叔孙辄帅费人以袭鲁，入及公侧，仲尼命申句须、乐
颀下伐之，费人北，二子奔齐，"无召孔子事。即召孔子，孔子方且
任仲由堕费，岂有欲往之理哉？《史记》谓季氏使人召之，较为近
理，但下文子路不说云云，又不可解。《群经补义》、《四书考异》多
臆度之辞，不如阙疑为是。（《论语古注集笺》卷十七·3页）

方骥龄：愚以为公山不狃任费宰，见《左》定五年。公山不狃
之不得志于季氏，见《左》定八年。至于《左》定十二年仲由为季氏
宰，将堕三都，于是公山不狃、叔孙辄帅费人袭鲁，足见公山氏之
不满于鲁政府，实为不满于季氏之专政。孔子在鲁未出仕之前即
已闻达，公山氏之召孔子，诚如钱穆氏所谓"必有一番说辞"。且
定公十二年仲由欲堕三都，必及于费，而公山氏始率费人袭鲁。
公山氏如果在此时召孔子，或者因彼时孔子为司寇而摄相事，执
行堕三都之命之仲由，又适为孔子弟子，在事态未爆发前，公山氏
为力求缓冲而召孔子，不可谓无此可能。至于孔子告以"欲往"，
一如答阳货以"吾将仕矣"，实不为已甚之辞。孔子殆欲告公山氏
以堕都之重要性，庶消弭其事态于无形，亦未可知。……以言曰
召，以手曰招。《广雅·释言》："召，靓也。"靓字通请字。《淮南·
修务训》"楚人有烹猴而召其邻"注："召，犹请也。"然则公山氏召
请孔子与之商谈大计，固并无不礼貌处。孔子答以"欲往"，在礼
貌上言，虚与委蛇，一如应付阳货之"将仕"，亦未尝不可。邦有
道，危行言逊，为孔子之处世立场；孔子固不欲得罪于人，但又不
欲与公山氏相近，故始终未去公山氏处，正孔子危行言逊之处。
（《论语新诠》504页）

杨伯峻：公山弗扰——疑即《左传》定公五年、八年、十二年及

哀公八年之公山不狃（唯陈天祥的《四书辨疑》认为是两人）。不过《论语》所叙之事不见于《左传》，而《左传》定公十二年所叙的公山不狃反叛鲁国的事，不但没有叫孔子去，而且孔子当时正为司寇，命人打败了他。因此赵翼的《陔余丛考》、崔述的《洙泗考信录》都疑心这段文字不可信。但是其后又有一些人，如刘宝楠《论语正义》，则说赵、崔不该信《左传》而疑《论语》。我们于此等处只能存疑。畔——毛奇龄说："畔是谋逆"，译文取这一义。（《论语译注》182页）

　　牛泽群：兹就此事综观辨析如下：1. 事在定公八、九年间实已为公论。……余以为此事在定公五至九年间均有可能，而以定公八年最为可能。迟于九年，孔子已仕鲁（《先秦诸子系年考辨》），故可排除。八年阳虎叛，而公山氏与虎友善，有嫌，故有子路之语，然五年阳虎已囚桓子，迫胁以盟，僭礼深矣，亦可有子路之语，且孔子此时"欲往"，较八年阳虎叛，公山氏嫌益重、声誉益差之时，更稍合于逻辑。然既马迁定为九年，推测则让于有凭也。2. 关于"畔"，多有混乱不明处，实公山弗扰从未叛鲁，亦未尝以费叛季氏也。《左传》未言公山氏叛，盖记事实，不得志、盘据自重、声援等，俱非为叛。五年阳虎囚桓子，尚犹未以其为叛，可以援证。……堕费时，公山氏帅费人袭鲁，故江永氏谓之"真叛"，刘宝楠氏谓之"与鲁为敌"，遂以叛鲁为之定论，实诬枉也。此时公山氏为被动叛季氏，即不欲使之堕费。守邑以拒，既难敌季氏之师（有阳虎之前车），又必获血光之罪，故而取"围魏救赵"之计，袭季氏穴巢使调兵解险以救费邑之毁。季氏居鲁都，谓"袭鲁"亦难以区别而枉之。而袭鲁公之说，愈枉之矣。……故叛鲁之冤名，实后人误加。背叛鲁之名，编辑《论语》之后人未加明辨，将其当时涉嫌阳虎畔事、不得志必有反应、据邑专命等有叛之嫌定为"畔"，颇在情理之中。而司马迁明辨,在"畔"之后加"季氏"以明之,马迁重点记"召"与"欲往",背景交代以畔嫌简为畔,不为大误。毕竟叛季氏之逆不大,纵枉亦不为大过也。而既无明叛,《左传》当然不载。3."子欲往"非僭礼不义之想,子路语非辞指于此。孔子之时,礼坏乐崩,然远未渐尽。既使犁渐殆尽,以臣叛君,已超出礼乐范畴,始终为大逆,人共耻之。……本章子欲往时,弗扰尚不得志而以弱抗强,未明叛,则更无不妥也。子路性直,其语所指,既疑其事实,又预其结果,非责孔子欲往之由也!(《论语札记》483 页)

冯浩菲:《论语》中所载公山弗扰以费叛,召孔子之事,与定公十二年《左传》所载公山弗扰等袭鲁之事,是一前一后所发生的两回事,不是一回事。崔氏为了否定《论语》中的记载,将前后所发生的两回事情强行说成是一回事情,而且以后者代前者,显然是错误的。由于崔氏犯了这样的错误,所以他所得出的结论,即"初无所为召孔子及孔子欲往之事也",自然是错误的。同样,其所谓其时孔子为鲁之司寇,听国政,弗扰不可能来召,孔子也不可能往应之类的说法也是错误的。

……公山弗扰、叔孙辄伙同阳虎正式发动叛乱在定公八年,事败,阳虎入保阳关。第二年,即定公九年,鲁师伐阳关,阳虎奔齐,公山弗扰等盘踞费邑继续作乱。其时鲁国连年内乱,鹿归谁手,很难预料。孔子尚未入仕。召孔子之事即发生在此时。《左传》失载其事,《孔子世家》载之,属于补载,并非故意为了迁就《论语》而移前记载其事。……不是司马氏为了迁就《论语》而移前记载其事,而是崔氏为了否定《论语》中的记载故意将《史记》所载说成是"移"载。……

……孔子有强烈的用世观念……由于公山弗扰所背叛的不是孔子期望效力的公室,而正是公室的叛逆和贼首季氏,因此在孔子看来,他跟一般的乱臣贼子有别,故对他的背叛行为表示了某种程度的同情和认可。可见,《论语》中的这段记载跟《春秋》诛伐乱臣贼子之意并不矛盾,崔氏欲据后者否定前者,也是徒劳的。

……《论语·阳货》篇所载孔子两次欲应叛者公山弗扰和佛肸之召应该是有历史根据的,不能随意加以否定。(《孔子欲应叛者之召辨疑》,《孔子研究》2006 年第 2 期)

　　　　辑者案:此章之歧解主要在于此事之真伪。冯浩菲考证
　　较详,可参。

(2)末之也已

汉·孔安国:之,适也。无可之则止,何必公山氏之适?(邢昺《论语注疏》234 页)

杨润根:没有什么政府可以去加入也罢。(《发现论语》437 页)

林觥顺:末是末端终极。已经到了穷途末路了吗?之是往,末之是之末。(《论语我读》317 页)

何新:[原文]未之也?已。[译文]没有可去的地方了吗?算了!(《论语新解——思与行》227 页)

　　　　辑者案:从孔安国解。意思是:没有地方去就算了。

(3)夫召我者,而岂徒哉

梁·皇侃:徒,空也。言夫欲召我者,岂容无事空然而召我乎?必有以也。(皇侃《论语集解义疏》卷九·6 页)

杨润根:公山弗扰吁请我去加入的那个刚刚宣布独立的小小国家的政府,难道不也是一个实实在在而仅仅是一个徒有虚名的政府吗?(《发现论语》436 页)

林觥顺:夫:本义是年二十岁的成人,在此是直言公山弗扰这个人。而岂徒:你以为是徒劳无功了吗?也可释作你稍安勿躁。而有尔意,是同音假借。徒是步行劳苦。(《论语我读》318 页)

何新：他来召我，我就会成为他的徒党吗？（《论语新解——思与行》227页）

刘兆伟：那个召我去的人，哪里是我同道者？（《论语通要》410页）

孙钦善：那个召我去的人，难道就平白无故吗？（《论语本解》222页）

辑者案：从皇侃、孙钦善解。夫，发语词。

（4）吾其为东周乎

汉·郑玄：据时东周则为成周。为东周者，以敬王去王城而迁于成周，自是以后谓王城为西周，成周为东周。（黄奭辑《逸论语注》56页）

魏·何晏：兴周道于东方，故曰东周也。（皇侃《论语集解义疏》卷九·6页）

梁·皇侃：鲁在东，周在西，云东周者，欲于鲁而兴周道，故云吾其为东周也。一云：周室东迁洛邑，故曰东周。王弼曰："言如能用我者，不择地而兴周室道也。"（皇侃《论语集解义疏》卷九·6页）

唐·韩愈：仲尼畏三桓，不欲明言往公山氏，又不容顺子路当季氏，故言吾为东周。东周，平王东迁能复修西周之政，志在周公典礼，不徒往也，非子路所测。（《论语笔解》卷下·18页）

宋·郑汝谐：东周非叛臣所能为也，以吾心之精微难以语人，姑以平日所存之心语之也。（《论语意原》卷四·16页）

宋·孙弈：乎，反辞也。言公山氏如用孔子，则必兴起西周之盛，而肯复为东周之衰乎？（《示儿编》卷六·2页）

元·陈天祥：推夫子欲往之心，初亦只是见其来召有道之人，想是有改悔之意，欲往从而劝之，使之去逆从顺，复归于鲁而已，其意不过如此，岂有与兴周道之理？答子路之言上下通看，文有宛转，"夫"字、"如有"二字、二"者"字，皆是普该众人之辞，非直指弗扰而言。吾其为东周乎，其犹岂也，夫子身在周东，故以东周

为谕,盖言凡其召我者岂虚召哉,必将听信我言,用我之道耳。譬
如今此东方诸国有能信用我者,我必正其上下之分,使之西向宗
周而已,我岂与之相党别更立一东周乎?(《四书辨疑》卷八·10页)

明·蔡清:鲁为东周欤,抑孔子为东周?曰:毕竟是鲁,然兴
之者孔子也。……故孔子只是梦周公,不是欲使鲁为天子,继文
武而治也。孔子用于鲁则兴周道于东方,是周为西周、我为东周
也,言又是东周也。此与亡秦之续大貉小貉语意相类。(《论语蒙引》
卷四·48页)

清·牛运震:为东周,兼兴周道、继周统言之。礼乐制度,修
文武之业,此兴周道也;封建征伐,复文武之迹,此继周统也。(《论
语随笔》卷十七·6页)

清·翟灏:杜氏《春秋序》以或有黜周王鲁之说,引"如有用我
者,吾其为东周乎",以明其说之非。则东周断非别周,郑康成所
谓成周是也。《诗·黍离正义》引郑《论语注》曰:"敬王去王城而
迁于成周,自是以后,谓王城为西周,成周为东周。……孔子设此
言时在敬王居成周后,故云为东周乎。"为字实当作去声,读如《述
而篇》"为卫君"之为,犹言助也。夫子云岂徒哉,言不徒制弗扰,
如有用我,则将助周室申明君臣上下大义,即季氏辈并正之矣。
《集解》、《集注》皆云兴周道于东方,意未尝不含此而欠昭明。后
此小儒乃谓子欲因鲁为东周,或且谓因弗扰为东周,殊乖谬甚。
(《四书考异》卷十九·4页)

程树德:东周句指衰周,吾其为东周乎,是言不为衰周也。程
子及张敬夫皆主是说,虽别解,实正解也。《何解》、《集注》均失
之。(《论语集释》1196页)

金彦钟:茶山(丁若镛)于此,发新义。云:"吾其为东周者,欲
以鲁君迁于费,以为东鲁。宁以鲁国付之三家,如西周之赐秦然,

犹有愈于今日（时三家分鲁，禄去公室）。"（《朝鲜丁若镛论语说之精义》，
《孔子诞辰 2540 周年纪念与学术讨论会论文集》2362 页）

　　方骥龄：东周二字，殆顽民叛逆之代称。按周公营东都洛邑
为王都，另在王都之东四十里建成周，以处殷之顽民。成周亦名
东周。所谓顽民，即不服从周政府之殷人。孔子为宋微子之后，
为殷商后裔。孔子所以受彼时人之崇敬，一般人在心理上认为殷
商将兴，招孔子去，必欲利用孔子。而孔子虽缅怀先世，但极崇敬
文武周公，固不欲以殷商后代而为顽民以抗周。故本句东周二
字，殆殷商顽民之代称。"吾岂为东周乎"，犹言我岂助顽民乎，亦
即决不公然为叛逆是也。（《论语新诠》507 页）

　　黄武强：应该而且必须译为："若有人任用我，我要治理鲁国
周到。"还要特别明确"吾其为东周乎"的"东"与《诗经·鲁颂·闷
宫》的"乃命鲁公，俾侯于东"的"东"同，义为"东方"，实指"鲁国"。
（《孔子语"如有用我者，吾其为东周乎"新探》，《学术论坛》1996 年第 4 期）

　　杨润根：难道我就不能最终把这个政府造就成一个成功而非
失败的伟大而又统一的东周联邦的政府吗？（《发现论语》437 页）

　　李泽厚：如果有人用我，我不就将在东方复兴周王朝么？（《论
语今读》298 页）

　　牛泽群：以欲屈为小邑之无奈，对比欲振兴周室平天下之宏
志，乃有虎落平阳之自嘲也。（《论语札记》487 页）

　　文选德：意即我将要复兴以仁德思想为基础并对周制加以改
造的东周王朝。……我以为孔子所说的"东周"，自己不是当时已
成傀儡的东周政权，也不是整个"东方"新王国。（《论语诠释》735 页）

　　黄怀信：假如（他）用我，我将会（在那里）造就一个东周吧！
（《论语新校释》427 页）

　　何新：我都要为东周服务啊！（《论语新解——思与行》227 页）

杨朝明：如果有人任用我，我至少不会把它建设成东周那样的"礼崩乐坏"的社会！（《论语诠解》162页）

孙钦善：东周：《集解》云："兴周道于东方，故曰东周。"后人多从。此解与全句语气不合。东周指幽王东迁之后、国势已衰的周朝。孔子立志恢复文王、武王、周公之道，不以东周为奋斗目标，所以才说了"吾其为东周乎"的话。孔子说："那个召我去的人，难道就平白无故吗？ 如果有人用我，我难道仅仅复兴一个东周的世道吗？"（《论语本解》222页）

　　辑者案：何晏、李泽厚、孙钦善所解均合文意。

17.6 子张问仁于孔子。孔子曰："能行五者于天下，为仁矣。""请问之。"曰："恭，宽，信，敏，惠。恭则不侮，宽则得众，信则人任焉，敏则有功，惠则足以使人。"

(1)信则人任焉

梁·皇侃：人君立言必信，则为人物所委任也。一云：人思任其事，故不见暎也。（皇侃《论语集解义疏》卷九·6页）

宋·朱熹：任，倚仗也，又言其效如此。（《四书章句集注》177页）

清·刘宝楠："任"谓任事也。（《论语正义》683页）

李泽厚：信实就会得到人们信任。（《论语今读》299页）

孙钦善：信实就会使别人为你效力。（《论语本解》223页）

　　辑者案：从此句的结构看，末"焉"字当为代词，"任焉"即"任之"，"任"当如皇侃、刘宝楠等所言为"委任、任事"之义。语意是：为人诚信就会得到别人的任用。

(2)敏则有功

汉·孔安国：应事疾则多成功也。（皇侃《论语集解义疏》卷九·6页）

清·焦循：僖四年"遂伐楚，次于陉"。《公羊传》云："其言次于陉何？有俟也。孰俟？俟屈完也。"《注》云"生事有渐，故敏则有功"，《疏》云："敏，审也。言举事敏审，则有成功矣。"是敏之义为审。……《周礼·地官·师氏》"二曰敏德"，《注》云"敏德，仁义顺时者也"。当其可之谓时，顺时则审当之谓也。《中庸》"人道敏政"，《注》云"敏，勉也。敏或为谋"，训勉则读"敏"为"黾勉同心"之"黾"，或为谋则审当之义矣。盖善谋而审当，所以有功，若徒以疾速便捷为敏，非其义矣。……圣人教人，固不专以疾速为重耳。（《论语补疏》卷二·16页）

程树德：《说文》："敏，疾也。"孔《注》当为正解，焦氏义止可备一说。（《论语集释》1200页）

杨伯峻：勤敏就会工作效率高、贡献大。（《论语译注》183页）

杨朝明：做事勤敏就会拥有功劳。（《论语诠解》163页）

孙钦善：勤敏就能有成就。（《论语本解》223页）

辑者案：敏，今人多释为勤敏，可从。功，释作成功、成效、功劳、功绩、功效均可。

17.7 佛肸召，子欲往。子路曰："昔者，由也闻诸夫子曰：'亲于其身为不善者，君子不入也。'佛肸以中牟畔，子之往也，如之何？"子曰："然，有是言也。不曰坚乎，磨而不磷。不曰白乎，涅而不缁。吾岂匏瓜也哉？焉能系而不食？"

(1)佛肸召，子欲往

唐·韩愈：此段与公山氏义同，有以知仲尼意在东周，虽佛肸小邑亦往矣。（《论语笔解》卷下·19页）

唐·李翱：此自卫返鲁时所言也，意欲伐三桓。（《论语笔解》卷下·19页）

宋·邢昺：佛肸为晋大夫赵简子之中牟邑宰，以中牟畔，来召孔子，孔子欲往从之也。（邢昺《论语注疏》235页）

宋·张栻：其欲往者，以天下无不可变之人，无不可为之事。而卒不往者，则知其人之终不可变，而事之终不可为耳。（《南轩论语解》卷九·4页）

宋·蔡节：佛肸召，子欲往，岂非以其有悔过自新之意乎？（《论语集说》卷九·5页）

清·崔述：此事《世家》载之自蒲适卫之后。余按：佛肸以中牟畔，是乱臣贼子也。孔子方将作《春秋》以治之，肯往而助之乎？肸与公山不狃皆家臣也，孔子鲁大夫也，孔子往，将臣二人乎？抑臣于二人乎？臣二人则其势不能，臣于二人则其义不可，孔子将何居焉？夫坚者诚不患于磨，然未有恃其坚而故磨之者也；白者诚不患于涅，然未有恃其白而故涅之者也；圣人诚非小人之所能污，然未有恃其不能污而故入于小人之中者也。……且使二人之召，子果欲往，何以皆卒不往？既不往矣，犹委曲而诬之曰欲往，圣贤处世将何以自免于人言耶？……盖皆战国时人之所伪撰，非门弟子所记，吾不知后世读《论语》者何以皆不之察也，故今与不狃之召皆削之不书，且为之辨。（《洙泗考信录》卷二·34页）

方骥龄：前贤对本章之辩讼，皆为圣人辩诬，原则上无可非议。但《韩诗外传》为后出之书，史迁既将韩婴列入《儒林传》，必见其书，史迁并不据婴说以入《世家》，称中牟为范氏邑，而佛肸据此以畔赵氏，必有所本。或以为《史记》所载不可信，则《烈女传》、《新序》、《说苑》及《水经注》所引班固语，皆《史记》以后之书，尤不可信，崔氏所据以攻本章者，其论证固并不坚强也。……孔子不欲赴晋，不欲助佛肸，皆为不争之事实。曾虚应公山氏"欲往"，犹虚应阳货以"将仕"，乃不得罪于他人之辞。揣孔子之意，实不欲卷入任何政治纷争,在鲁国国内如此,在卫国如此,在其他国家亦如此。故桀溺称之谓"辟人之士"(见《微子》篇),何况晋国卿大夫间正在为夺权而纷争,为危邦,为乱邦,其卿大夫又皆为"亲于其身为不善者",孔子此时之暂时离卫而如叶如蔡,亦殊足以反证佛肸之曾召孔子而孔子不欲赴召也。……崔述等以佛肸之召孔子章为后人杂入之说,无非为孔圣辨诬,以为孔子必无赴召之意。据愚就《论语》本章推论,孔子原无赴召之意。(《论语新诠》511页)

邓球柏:此章谓孔子急于出仕,欲不择地而治以施展他的雄才大略。(《论语通解》329页)

冯浩菲:崔氏认为,《论语》中所载孔子欲应佛肸之召,亦无其事,盖属于战国横议之士的附会(《崔东壁遗书》)。但他立说的主要观点和依据也都是错误的,不可靠的。他认为佛肸之叛乃赵襄子时事,赵襄子立于鲁哀公二十年,其时孔子卒已五年,不可能有佛肸召孔子之事(《崔东壁遗书》)。其实,据《史记·孔子世家》和《左传》记载推之,佛肸之叛在鲁哀公二年,而不在二十年。……据《史记》、《左传》所载推之,佛肸以中牟叛而召孔子之事发生在鲁哀公二年,其时赵简子健在,离赵襄子嗣立尚有18年,亦可见《论语》所载孔子欲应佛肸之召事不误。……崔氏据以立说的一些主要观点和依据都是错误的,不可靠的。因此其否定关于孔子欲应佛肸之召的记载,归之于所谓战国横议之士的附会的说法也是错误的,不可信从。(《孔子欲应叛者之召辨疑》,《孔子研究》2006年第2期)

辑者案:与"公山弗扰"章一样,歧解也是在于此事真伪之判别,辑者仍持保守态度,不认为其为伪。从下文"吾岂匏瓜"看,孔子是急于应召的,而事实上未去,其原因不易揣定。

(2)磨而不磷、涅而不缁

汉·孔安国:磷,薄也。涅,可以染皂。言至坚者,磨之而不

薄。至白者,染之于涅而不黑,喻君子虽在浊乱,浊乱不能污。(邢昺《论语注疏》235页)

宋·朱熹:磷,薄也。涅,染皂物。言人之不善,不能浼己。(《四书章句集注》177页)

清·黄式三:《注》以涅为染皂物者,《淮南子》注、《山海经》注以涅为矾石,是也。《说文》:"涅,黑土在水中者。"此又一义。《隶释·费凤碑》引作"埿而不淄",《史记·屈贾传》、《后汉书·隗嚣传》、《隶释·绥民校尉熊君碑》作"泥而不滓"。据诸文,是言污染之而不污也。(《论语后案》486页)

清·沈涛:《后汉书·隗嚣传》"贤者泥而不滓",《隶释·费凤碑》"埿而不淄",《隶续·廷尉仲定碑》"泥而不宰",是汉时引《论语》皆作"泥而不滓",与何本异。然说者犹谓此皆用《鲁论》,何氏依孔《注》用《古论》也。史迁亲从安国问,故著书宜用《古论》,其《屈原贾生传》云"皭然泥而不滓者也",是《古论》正作"泥而不滓",其作"涅而不缁"者,当是《鲁论》,平叔伪撰此注。(《论语孔注辨伪》卷下·13页)

钱穆:不磷,不敝不伤义。(《论语新解》449页)

林觥顺:不曰坚乎,磨而不磷:是曰丕坚乎,而磨丕磷。不读同丕,磷的本字作粼,是古今字,许慎云:水生粼石间,粼粼也。是水从粼缝出,其石粼粼清激可见,闪亮有光泽,凡浅滩急流水皆然。《诗·唐风·杨之水》:"杨之水,白石粼粼。"是说最坚的坚石,磨后也闪闪有光。不曰白乎!涅而不缁:是曰丕白乎,而涅丕缁。涅,是黑土在水中者,是喻黑色染料淀粉。缁是黑色的帛。是说最白的布,经过黑色染料后,无不变成深黑。(《论语我读》320页)

辑者案:从孔安国说。

（3）吾岂匏瓜也哉，焉能系而不食

汉·郑玄：我非匏瓜，焉能系而不食者，冀往仕而得禄。（王谟辑《论语郑注》29页）

魏·何晏：匏，瓠也。言瓠瓜得系一处者，不食故也。吾自食物，当东西南北，不得如不食之物系滞一处也。（皇侃《论语集解义疏》卷九·8页）

梁·皇侃：言人非瓠瓜，瓠瓜系滞一处，不须饮食而自然生长，乃得不用，何通乎？而我是须食之人，自应东西求觅，岂得如匏瓜系而不食耶？一通云：匏瓜，星名也。言人有才智，宜佐时理务，为人所用，岂得如匏瓜系天而不可食耶？（皇侃《论语集解义疏》卷九·8页）

元·陈天祥：系而不食者，言其为无知之物也。夫子盖谓我之所往，自有当往之理，我岂受其磨涅，与之同恶，如匏瓜之不动不食，蠢然不知去就哉？（《四书辨疑》卷八·10页）

清·王夫之：瓠之与匏，一物而异名。当其生嫩可食则谓之瓠，及其畜之为笙、瓢、杓、壶之用，皮坚瓤腐而不可食矣，则谓之匏。系者，谓其畜而系之于蔓也。不食者，人不食之也。故引以喻其徒老而不适于用也，文义自明，勿容支离作解。（《论语稗疏》18页）

清·毛奇龄："匏瓜系于一处而不能饮食"，此本何晏《注》，而又误解者。何《注》："匏瓜得系一处者，不食故也。我是食物，不得如不食之物，系滞一处。"其云"不食"言不可食，非不能食也；云我是食物者，言我是可食之物，非谓能食之物也。能食之物，不得称食物。《集注》引其说而误解之，遂添"能"字于"不"字下，且又恐其说不明，又添"饮"字于"能"字下。且又恐后人更易其说，又别为《语类》，云不食是不求食，非不可食，则过于拘滞矣。天下无

植物而能饮能食者。匏，即瓠也，然而瓠甘而匏苦，《埤雅》云匏苦瓠甘，甘可食，苦不可食，故匏之为物，但可系之以渡水而不足食者。……或曰匏瓜多悬系而生，故王粲《登楼赋》有云"惧匏瓜之空悬，畏井渫之不食"，其所云空悬，不必定系以渡水，然其解不可食则总是一意。不知《集注》何所见而误袭人说，且牢不可破如此。(《论语稽求篇》卷七·4页)

日·丰干：盖孔子时偶见之，因以况之，谓欲见用也。匏瓜，苦不可食，《诗·匏有苦叶》之义是也。何、朱皆谓匏瓜系一处，而不能食，人则不如是，恐非。(《论语新注》150页)

清·周柄中：《黄氏日抄》云："《天文图》有匏瓜星，《论语》'系而不食'正指星而言。盖星有匏瓜之名，徒系于天而不可食，正与南箕不可簸扬、北斗不可挹酒浆同义。"此尤附会之说，绝无义理者也。(《四书典故辩证》卷十一·3页)

清·黄式三：能系不食，匏瓜拘于用，夫子则通于用，行止操纵之有道者也。上言不磷不缁，言不善之不浼己；此言己之善适用也。(《论语后案》487页)

清·王闿运：言肸以空名取己，己非以空名应之，至则将行其义，不如匏瓜星徒名无实也。时盖在秋，故指匏瓜以言。(《论语训》卷下·65页)

张鼎：匏瓜大腹，而有无口匏之称，故以食言，食且不能，他事更何所能，甚言其不材也。《左传》："匏瓜不材，于人供济而已。"(《春晖楼论语说遗》卷下·14页)

方骥龄：匏瓜或名葫芦瓜，名状甚多，皆同类，分甘苦二种，甘者可食，苦者不可食。但亦有喜食苦瓜者。匏瓜之形亦有二种，一种细腰，上半部较下半部为小，一种臃肿肥大，长老后可剖而为瓢，不剖则去其瓤子，以储浆酒油类，肥大者肉肥白可食。《楚词》

有"斡弃周鼎而宝康瓠"句,康,空也。康瓠,即匏瓜长老挖空后用以作储器者,与周鼎相较,贱物也。《说文》:"系,絜缦也。"絜缦,一曰恶絮,段玉裁注:"絜缦,恶絮是也。贫者著衣,可以幕絮也,或谓之牵离。煮熟烂牵引,絜使离散如絮,犹言垢秽之絮。"匏瓜原可以食,如其中之瓢老熟而成为垢秽之絮,已不足食,只可作为储物之器,已失去可食之价值,名不符实矣。喻孔子当时年已六十余岁,绝不受佛肸之招而去,其择善固执之坚,磨而不磷;辨别是非之清,有如黑白之分,涅而不可缁;安可如匏瓜之老而成败絮之不可食,且成为储物器供人利用耶?是明告子路之不欲赴召也甚明。(《论语新诠》511页)

杨润根:难道我也要使自己成为一个这样的虽然好看但却根本无用的匏瓜不成?我又怎么能够使自己成为一个过时的匏瓜,——当它可以食用的时候却没有被人食用,以至再也找不到什么用场而只能被人系在腰间,做一个名为匏瓜、实为水壶的不伦不类东西呢?(《发现论语》441页)

林觥顺:我怎么可以像匏瓜,只宜观赏,不宜食用?匏瓜就是瓜的一种,因能用于包藏物,故从包作匏,瓠瓜也称壶瓜,取出其瓜瓢成空壳可济渡,也可系而观赏。(《论语我读》320页)

孙钦善:匏(páo 袍)瓜:可以做水瓢的葫芦。从末六句可以看出,孔子欲应叛乱者佛肸之召,是急于用世,以便实现自己的政治抱负:借家臣的叛乱,反对大夫专权,抑私门以张公室,恢复"礼乐征伐自诸侯出",进而达到"礼乐征伐自天子出",并不是想跟叛乱者同流合污。(《论语本解》223页)

辑者案:"不食"当释作"不可食",夫子之义在于阐明自己当做有用之人,不可如匏瓜老是悬挂在那里不被用,为无用之物。从王夫之、孙钦善所释。

17.8 子曰:"由也! 女闻六言六蔽矣乎?"对曰:"未也。""居! 吾语女。好仁不好学,其蔽也愚。好知不好学,其蔽也荡。好信不好学,其蔽也贼。好直不好学,其蔽也绞。好勇不好学,其蔽也乱。好刚不好学,其蔽也狂。"

(1)六言六蔽

魏·何晏:谓下六事:仁、知、信、直、勇、刚也。(邢昺《论语注疏》236页)

清·黄式三:言,犹"字"也。仁、智、信、直、勇、刚六字也。蔽、弊通。(《论语后案》487页)

严灵峰:何说非也。灵峰按:此六事乃"六言"而非"六蔽"。六蔽者,乃"不好学"而致之后果,即:愚、荡、贼、绞、乱、狂六事也。(《读论语札记》2页)

杨伯峻:这个"言"字和"有一言而可以终身行之"的"言"相同,名曰"言",实是指"德"。(《论语译注》184页)

方骥龄:《书·洪范》篇释言曰从,《广雅·释诂一》:"言,从也。"疑本章所谓"六言",六从也。好从事于六德,有如揠苗助长,即易犯六蔽矣。(《论语新诠》513页)

陈蒲清:所谓"六蔽",并非指"仁""智"等六种品德之蔽,而是指"好仁不好学"等六之蔽,重点在于不学。从训诂上看,"言"没有"德"义。"言"的本义是说话,"直言曰言,论难曰语"(《说文》)。引申义为名词话语,又特指一句话。……从时代看,从《论语》全书用例看,以及从上下文看,"六言"是指六句话,而非六个字。(《〈论语〉析疑二则》,《古汉语研究》1997年第2期)

黄怀信:"言",语。"蔽",遮蔽,因遮蔽所带来的毛病、弊端。

《《论语新校释》431 页）

杨朝明：孔子说："仲由，你听说过喜欢六种美德之人，由于不喜欢学习，就要被六种害处所遮蔽的道理吗？"《论语诠解》164 页）

辑者案："六言"指仁、知、信、直、勇、刚六种品德，"六蔽"则是虽具备以上六种品德，但因不好学而相应带来的弊端。

(2)居！吾语女

汉·孔安国：子路起对，故使还坐。（邢昺《论语注疏》236 页）

日·中井积德：门人亦有侍立时，亦有侍坐时，不得硬执更端之起，不必以居为还坐。《论语逢原》350 页）

清·钱坫：居，读姬姓之姬，语之助也。居犹言何居，何居即何其，《诗》子曰"何其心之忧矣"者，居之义也，此齐鲁之间语。《《论语后录》卷五·10 页）

杨润根：〔译解〕请你记住它们，我讲给你听！〔注释〕居：居守自身，集中注意力，保持冷静。作动词时，意为居守、掌握、记住。《《发现论语》444 页）

辑者案：居，从孔安国说。今人多解为"坐下"。

(3)愚

汉·孔安国：仁者爱物，不知所以裁之，则愚。（邢昺《论语注疏》236 页）

宋·朱熹：愚，若可陷可罔之类。《论语集注》178 页）

日·广濑建：愚，若申生不逃难。《读论语》51 页）

吴林伯："愚"谓爱无差等。《论语发微》193 页）

钱逊：愚：受人愚弄的意思。《论语浅解》272 页）

孙钦善：喜好仁却不喜好学习，它的流弊是憨傻易欺。《论语本解》224 页）

辑者案：从钱逊、孙钦善说。

（4）荡

汉·孔安国：荡，无所适守。（邢昺《论语注疏》236页）

宋·朱熹：荡，谓穷高极广而无所止。（《四书章句集注》178页）

清·江声：荡读当为惕。《说文解字》曰："惕，放也。从心易声。"下文"今之狂也荡"当同此。（《论语竢质》卷下·12页）

日·广濑建：荡，若老庄废礼。（《读论语》51页）

吴林伯："荡"谓智识不通达而流宕无定。（《论语发微》194页）

杨润根：荡，放荡，摇摆不定，没有定准，没有节制，没有稳固性。（《发现论语》444页）

　　辑者案：从孔安国说，即放荡无守。

（5）贼

汉·孔安国：父子不知相为隐之辈。（邢昺《论语注疏》236页）

宋·朱熹：贼，谓伤害于物。（《四书章句集注》178页）

日·广濑建：贼，若直躬证父。（《读论语》51页）

杨伯峻：[译文]爱诚实，却不爱学问，那种弊病就是（容易被人利用，反而）害了自己。……[注释]管同《四书纪闻》云："大人之所以不必信者，惟其为学而知义之所在也。苟好信不好学，则惟知重然诺而不明事理之是非，谨厚者则硁硁为小人；苟又挟以刚勇之气，必如周汉刺客游侠，轻身殉人，扞文纲而犯公义，自圣贤观之，非贼而何？"这是根据春秋侠勇之士的事实，又根据儒家明哲保身的理论所发的议论，似乎近于孔子本意。（《论语译注》184页）

吴林伯："贼"谓执滞而不知屈伸。（《论语发微》194页）

李泽厚：喜欢信实而不喜欢学习，那毛病是狭隘。（《论语今读》300页）

孙钦善：贼，败坏。好信不好学就会流于小信，小信易坏事。（译）……拘守小信而败坏事体。（《论语本解》224页）

辑者案：杨伯峻、孙钦善说为优。

（6）绞

梁·皇侃：绞，犹刺也，好讥刺人之非，以成己之直也。（皇侃《论语集解义疏》卷九·9页）

唐·韩愈：绞，确也，坚确之义。（《论语笔解》卷下·19页）

宋·邢昺：绞，切也。正人之曲曰直，若好直不好学，则失于讥刺太切。（邢昺《论语注疏》236页）

宋·蔡节：绞，讦也。（《论语集说》卷九·6页）

明·张居正：绞是急迫的意思。（《论语直解》卷十七·5页）

杨树达：《泰伯》篇曰：子曰：直而无礼则绞。（《论语疏证》453页）

金良年：绞，过于急切而成偏激。（《论语译注》210页）

杨润根：绞：缠绕，羁绊。（《发现论语》444页）

黄怀信："绞"，纠缠、闹纠纷。（《论语新校释》431页）

孙钦善：喜好直率却不喜好学习，它的流弊是尖刻伤人。（《论语诠解》224页）

辑者案：从皇侃、孙钦善说。

17.9 子曰："小子何莫学夫《诗》？《诗》，可以兴，可以观，可以群，可以怨。迩之事父，远之事君，多识于鸟兽草木之名。"子谓伯鱼曰："女为《周南》、《召南》矣乎？人而不为《周南》、《召南》，其犹正墙面而立也与？"（辑者案：今人多将此章分为两章，即从"子谓伯鱼曰"另为一章）

（1）兴

汉·孔安国：兴，引譬连类也。（皇侃《论语集解义疏》卷九·9页）

宋·朱熹：感发志意。（《四书章句集注》178页）

宋·张栻：兴，谓兴己之善。（《南轩论语解》卷九·5页）

明·张居正:兴是兴起。(《论语直解》卷十七·5页)

日·物双松:兴者,从其自取,展转弗已,是也。……及于兴以取诸,则或正或反,或旁或侧,或全或支,或比或类,不为典常,触类以长,引而伸之,愈出愈新,辟如茧之抽绪,比诸燧之传薪,取自我者可施天下焉,是兴之功也。(《论语征》320—321页)

黄怀信:兴,读去声,起兴、作乐。(《论语新校释》432页)

    辑者案:朱熹说为得。言诗可以激发人的感情。

(2)观

汉·郑玄:观风俗之盛衰。(邢昺《论语注疏》237页)

宋·朱熹:考见得失。(《四书章句集注》178页)

宋·张栻:观,谓观人之志。(《南轩论语解》卷九·5页)

宋·蔡节:知古今治乱得失之故,尽人情物态之微,故可以观。(《论语集说》卷九·7页)

明·张居正:观是观感。(《论语直解》卷十七·5页)

日·物双松:观者,默而存之,情态在目,是也。朱《注》"感发志意"者,观也,非兴也;"考见得失"者,仅其是非之见耳,安可以尽观之义乎?凡诸政治风俗,世运升降,人物情态,在朝廷可以识闾巷,在盛代可以识衰世,在君子可以识小人,在丈夫可以识妇人,在平常可以识变乱,天下之事,皆萃于我者,观之功也。(《论语征》320页)

张鼎:按似当兼观人观己两意乃备。(《春晖楼论语说略》卷下·15页)

钱逊:观:观察了解天地万物及各国盛衰、得失。(《论语浅解》273页)

    辑者案:可"观"的对象宽泛,观古今、观社会、观风俗、观人、观物等等,不要限定在某一方面。

（3）群

汉·孔安国：群，群居相切磋。（邢昺《论语注疏》237 页）

宋·朱熹：和而不流。（《四书章句集注》178 页）

宋·蔡节：心平气和，于物无竞，故可以群。（《论语集说》卷九·7 页）

明·张居正：群是群聚。（《论语直解》卷十七·5 页）

杨树达：春秋时朝聘宴享动必赋诗，所谓可以群也。（《论语疏证》456 页）

　　辑者案：诸解均近文意。诗能促进人际交往，促进团结。

（4）怨

汉·孔安国：怨刺上政。（邢昺《论语注疏》237 页）

宋·朱熹：怨而不怒。（《四书章句集注》178 页）

宋·张栻：亲切而不伤，故可以怨。（《南轩论语解》卷九·5 页）

明·张居正：怨是怨恨。（《论语直解》卷十七·5 页）

黄怀信：怨：抒发悲怨。（《论语新校释》432 页）

　　辑者案：从黄怀信说。怨，解作怨恨、悲怨、哀怨、怨忿皆可。

（5）为

梁·皇侃：为，犹学也。（皇侃《论语集解义疏》卷九·10 页）

宋·张栻："为《周南》、《召南》"者，谓躬行《周南》、《召南》之实也。（《南轩论语解》卷九·5 页）

清·李塨：为，学之而为其事也。（《论语传注》卷二·56 页）

清·毛奇龄："女为《周南》、《召南》"，与《孟子》"高叟之为诗"作说诗解，与《汉·刘歆传》"或为雅，或为颂"，《注》"为，说也"，同。（《四书賸言补》卷二·21 页）

黄怀信：为：治、研读。（《论语新校释》433 页）

辑者案：此章可与《季氏篇》"陈亢问于伯鱼"章互读，以夫子"曰：'学诗乎'"、"鲤退而学诗"语观之，此章"为"当释为"学"。

(6)正墙面而立

梁·皇侃：墙面，面向墙也。……若不学《诗》者，则如人面正向墙而倚立，终无所瞻见也。(皇侃《论语集解义疏》卷九·10—11页)

宋·朱熹：言即其至近之地，而一物无所见，一步不可行。《四书章句集注》178页)

清·李塨：对墙以面而立，喻障塞而不可行也。《论语传注》卷二·56页)

日·中井积德：《注》"一物无所见"，得之。"一步不可行"，于本文无所当，宜削此一句。(《论语逢原》352页)

清·黄式三：正，值也，当也。面，向也。当墙而向之立，跋于下不得升高，阻于近不能行远也。(《论语后案》491页)

方骥龄：正，齐鲁间方言名"题""头""肩"为正。面，向也。正面而立，头肩向墙而立，犹划地自限。面墙而立，不能见一物，自蔽之甚，必无进步可言；殆谓人当以《诗》教涵养其身心也。(《论语新诠》516页)

李泽厚：[注]康《注》：为，犹学也。周南、召南，诗首篇名，所言皆男女之事最多。盖人道相处，道至切近莫如男女也。修身齐家，起化夫妇，终化天下。[记]所谓"正墙面而立"是说不能前行一步。如前所说，《诗》在古代的功能作用远远不只是表达抒发情感，而有着广泛的实用价值和用途。其中，特别是学习礼制和办外交时必须援引以作为依据。因为《诗经》乃当时经典，具有很高的权威性。不学则寸步难行，不能办公应事也。上古礼制，"夫妇"为首，其次才"父子"、"君臣"。(《论语今读》302页)

杨润根：与墙壁面对面地站立，身体面对并贴近墙壁而站立。这句话的喻意是显而易见的：人与现实太贴近了，人们就会被眼前的现实蒙住眼睛，并以为现实中的一切所代表的就是人类历史的必然的和全部的真实。（《发现论语》445页）

程石泉："犹正墙面而立"者，言人而不学此项乐章，则无从参加乡党邦国之政教活动，岂非"呆若木鸡"邪？（《论语读训》311页）

林觥顺：是面墙而正立，是言其所写诗文，均属空穴来风，凭思悟捏造，无从引证，人偶壁造杜撰缘此。（《论语我读》324页）

　　辑者案：可将朱熹、李塨、李泽厚三家之说结合起来理解。

17.10 子曰："礼云礼云，玉帛云乎哉？乐云乐云，钟鼓云乎哉？"

汉·马融：乐之所贵者，移风易俗，非谓钟鼓而已。（邢昺《论语注疏》238页）

汉·郑玄：玉，圭璋之属。帛，束帛之属。言礼非但崇此玉帛而已，所贵者，乃贵其安上治民。（邢昺《论语注疏》238页）

唐·韩愈：此连上文，训伯鱼之词也。马、郑但言礼乐，大略其精微。（《论语笔解》卷下·20页）

宋·朱熹：敬而将之以玉帛，则为礼；和而发之以钟鼓，则为乐。遗其本而专事其末，则岂礼乐之谓哉？（《四书章句集注》178页）

日·物双松：礼以玉帛云，乐以钟鼓云，皆其大者也。故此章，孔子为人君言之，盖先王礼乐之道，施于己则以此成其德，用于人则以此成其俗，先王之所以施不言之教成无为之化者，专在此焉。然世之人君不识此，而徒以悦耳目之具者众矣，故孔子有此言也。马、郑以安上治民移风易俗，是此章所主在人君，故此解得之。朱子以敬和言，程子以序和言，皆其家学，徒言其理而遗其事焉,且敬序和,岂足以尽礼乐之理哉?至于程子云盗贼亦有礼乐,真乱道哉。夫三代以下所无,而谓盗贼有之可乎?《论语征》322页)

岑贤安:"礼云礼云,玉帛云乎哉?"仅有玉帛之类的摆设,那不是真正的礼。(《孔子之人道观》,《孔子诞辰2540周年纪念与学术讨论会论文集》944页)

李泽厚:[译]孔子说:"礼呀,礼呀,就是供玉献帛吗?乐呀,乐呀,就是敲钟打鼓吗?"[注]朱《注》:遗其本而专事其末,则岂礼乐之谓哉?[记]这章当然特别重要,指出"礼乐"不在外表,非外在仪文、容色、声音,而在整套制度,特别是在内心情感。即归"礼"于"仁"。这是《论语》一书反复强调的。(《论语今读》302页)

杨润根:孔子说:"那些为统治者们不断高喊的国家的正义、国家的正义,难道只是要求他们的人民每年都能向他们贡献一些玉石布帛就能够说明的吗?那些为统治者们不断高喊的国民的幸福、国民的幸福,难道只是请来一批乐师敲敲钟、打打鼓以示国民的幸福就能够说明的吗?"(《发现论语》445页)

程石泉:此章言升降酬酢所以饰文,而玉帛乃礼之末也。羽籥钟鼓所以节音,而钟鼓乃乐之末也。凡能实行践履,是为真知礼。凡能怡情理性,舒神达思,是为真知乐。(《论语读训》311页)

林觥顺:[释义]孔子说:"时人之所谓礼,只是强调在下位后辈对上位尊者要有礼,而且以珍宝财币来衡情谊,时人之所谓乐,以为只是钟鼓齐鸣噪音宣天,而忽略喜怒哀乐之得宜。"[心得]孔子教人要礼尚往来,乐当有节。(《论语我读》325页)

孙钦善:孔子说:"总是说礼呀礼呀,难道仅仅是指玉帛之类的礼物而言的吗?总是说乐呀乐呀,难道仅仅是指敲钟之类的乐器而言的吗?"(《论语本解》226页)

辑者案:可将朱熹、李泽厚、孙钦善三家所释结合起来理解。

17.11 子曰:"色厉而内荏,譬诸小人,其犹穿窬之盗也与?"(辑者案:"穿窬",定州简本作"穿窬")

(1)色厉而内荏

汉·孔安国:荏,柔也。为外自矜厉而内柔佞。(邢昺《论语注疏》238页)

宋·朱熹:厉,威严也。荏,柔弱也。(《四书章句集注》179页)

日·物双松:是主色而言,谓色庄而内不庄也,不言心而言内,故知其主色而言也。(《论语征》323页)

清·黄式三:刘孔才《人物志》曰:"处虚义则色厉,顾利欲则内荏,厉而不刚者,私欲夺之也。"《经》之正义如此。《说文》荏训桂荏,桼训弱貌,是荏为桼之借也。(《论语后案》492页)

林觥顺:厉是严厉,色厉就是道貌岸然,一股庄严圣神不可侵犯之色。荏是紫苏,可染色,故时有荏染连言,以喻变化多。或释作为求达到目的,不择手段。内荏就是内心善变。《诗·小雅·巧言》:"荏染柔木,君子树之。"《诗·大雅·抑》:"荏染柔木,言缗之丝。"荏染传训柔意,笔者以为不够传神。柔是搓揉,是小人用千变万化的手段,来搓揉使直木曲。这些小人都是君王培植而成的。言缗之丝,缗,本字缗,《说文》云:昏声字有作昬者,伪也。缗读昏,吴人解衣相被谓之缗。更描述了荏染柔木的卑鄙行为,不惜色相,在棉被内甜言蜜语。所以内荏,笔者引《诗经》作注。(《论语我读》325页)

辑者案:外貌矜严,内心怯懦。

(2)譬诸小人,其犹穿窬之盗也与

汉·孔安国:穿,穿壁。窬,窬墙。(邢昺《论语注疏》238页)

宋·朱熹:小人,细民也。穿,穿壁。窬:踰墙。言其无实盗名,而常畏人知也。(《四书章句集注》179页)

宋·张栻:小人,谓在下之小人。(《南轩论语解》卷九·6页)

元·陈天祥:解小人为细民,其意以为色厉内荏,穿窬之盗已是邪恶小人,中间不可再言小人,以此为疑,故改小人为细民也。盖不察小人为作,非止一端,或诒或谖,或奸或盗,或显为强暴,或暗作私邪,或心很而外柔,或色厉而内荏,推而辨之,何所不有?譬诸小人者,言于众小人中譬之也。……以色厉内荏之人譬之于诸般小人,惟其为穿窬之盗者可以为比也。《注》又以穿窬二字分为两事,穿为穿壁,窬为踰墙,亦为少思。盖穿壁而入者为窃盗,踰墙而入者为强盗,二者之情状不同。夫色厉而内荏者,外示严正之色以影人,内怀柔媚之心以取事,惟以隐暗中穿壁之窃盗方之为是,与彼踰墙排户无所畏惮之强盗大不相类。况窬字分明以穴居上,而训门边小窦,窦又训穴,穿窬乃穿穴也。改窬为踰,解为踰墙,非也。(《四书辨疑》卷八·11页)

清·江声:窬,读与窦同。《礼记·儒行》"筚门圭窬",即左氏《传》所云"筚门圭窦"也。穿窬,谓穴墙而入窃一事也。孔解穿为穿壁,窬为踰墙,非也。(《论语竢质》卷下·13页)

清·刘宝楠:《说文》:"穿,通也。从牙在穴中。"壁即墙也。云"窬、窬墙"者,谓"窬"即踰之假借。(《论语正义》693页)

李泽厚:用老百姓的譬喻,也许就像挖墙洞的小偷吧?(《论语今读》302页)

何新:那不就像小人,或者更像穿墙挖洞的小偷?(《论语新解——思与行》232页)

孙钦善:若用小人作比喻,大概就像是穿壁、翻墙行窃的小偷吧?(《论语本解》226页)

辑者案：孙钦善所释为胜。窬，门旁小洞。《礼记·儒行》："筚门圭窬。"圭窬，形状如圭的墙洞。穿窬，即从墙洞穿入行窃者。穿窬之小人，内心是怯懦的。

17.12 子曰："乡原，德之贼也。"

魏·周生烈：所至之乡，辄原其人情，而为己意以待之，是贼乱德者也。（皇侃《论语集解义疏》卷九·12页）

魏·何晏：一曰：乡，向也。古字同。谓人不能刚毅，而见人辄原其趣向，容媚而合之，言此所以贼德也。（皇侃《论语集解义疏》卷九·12页）

晋·张凭：乡原，原壤也，孔子乡人，故曰乡原也。彼游方之外，行不应规矩，不可以训，故每抑其迹，所以弘德也。（皇侃《论语集解义疏》卷九·12页）

唐·韩愈：原类柔字之误也。古文逸〻原柔，后人遂误内柔为乡原，足以明矣。（《论语笔解》卷下·21页）

唐·李翱：义连上文"内荏"，古荏字亦类柔字，盖仲尼重言内柔者。诈为色厉，则是德之贼也。（《论语笔解》卷下·21页）

宋·朱熹：乡者，鄙俗之意。原，与愿同。《荀子》原悫，《注》读作愿是也。乡原，乡人之愿者也。盖其同流合污以媚于世，故在乡人之中，独以愿称。夫子以其似德非德，而反乱乎德，故以为德之贼而深恶之。详见《孟子》末篇。（《四书章句集注》179页）

宋·张栻：孟子答万章之问详之矣。惟其居之似忠信，行之似廉洁，众皆说之自以为是，而不可以入尧舜之道，故为贼夫德也。（《南轩论语解》卷九·6页）

清·牛运震：乡原，假托中庸圣人为名目，而以陪奉世故为精神。此人本领本自不小，《孟子》末篇论之详矣。时讲谓乡原为卑

陋无见识的人,如此安能贼德,此不知乡原者也。汉之孔光、胡广,五代之冯道,此皆乡原面目。(《论语随笔》卷十七·12页)

清·黄式三:《论衡·累害篇》曰:"耦俗全身,则乡原也。"吕伯恭曰:"乡原之心,欲尽合天下人也。人非庸人即君子,同乎流俗,合乎污世,以求合乎庸人;居似忠信,行似廉洁,以求合于君子。"式三谓:古今士术,未有为君子而能同乎小人者也。乡原能伸其是非之不忤于世者,而怵然于忤世之是非,随众依违,模棱而持两端。乡之人以其合君子而贤之,则其合小人者或谅之,或惑之矣。己无立志,复使乡人迷于正道,故贼德。《孟子》引之曰乱德,乱、贼同。(《论语后案》493页)

清·俞樾:周《注》迂曲,必非经旨。如何晏说,则与《孟子》"一乡皆称原人"之说不合,其义更非矣。原当为傆。《说文·人部》:"傆,黠也。"乡傆者,一乡中傆黠之人也。孟子说乡原曰:"非之无举也,刺之无刺也,同乎流俗,合乎污世,居之似忠信,行之似廉洁。"则其人之巧黠可知。孔子恐其乱德,盖即巧言乱德之意。朱《注》谓原与愿同,虽视旧说为胜,然愿自是美名,孔子曰"侗而不愿,吾不知之矣",则愿固孔子所取也。一乡皆以为愿人,当问其果愿与否,安得据绝之为德之贼?且孟子所称乡原之行,亦非谨愿者所能为也。然则读原为愿,抑犹未得其字矣。(《群经平议》卷三十一·22页)

清·王闿运:《孟子》说:"一乡皆称原人,无所往而不为原人。"原,盖周时语。朱熹引《荀子》原悫是也。乡原者,细民,不仕,不接士大夫,以老成见信,乡曲持论,不本经义。(《论语训》卷下·67页)

杨润根:孔子说:"那种不分青红皂白、不辨是非善恶而一味地投合本乡本地、本国本土的人的一切好恶与意愿的行为,无疑

是对人类道德的一大祸害。"（《发现论语》447 页）

林觥顺：孔子说："利用乡愿关系，或向上谄谀，都是破坏善良风尚的根原。"（《论语我读》326 页）

何新：孔子说："四面圆滑，那是道德之贼。"乡愿，愿，圆也。乡，方也（丁惟汾《方言音释》）。乡愿，方圆，说方为圆。（《论语新解——思与行》232 页）

杨朝明：本章强调做老好人其实并非君子所为。（《论语诠解》164 页）

       辑者案：俞樾引孟子说可参。另，《辞源》释"乡原"曰："外博谨愿之名，实与流俗合污的伪善者。"《现代汉语词典》释"乡愿"曰："外貌忠诚谨慎，实际上欺世盗名的人。"

17.13 子曰："道听而途说，德之弃也。"

梁·皇侃：道，道路也。塗，亦道路也。记问之学，不足以为人师，师人必当温故而知新，研精久习，然后乃可为人传说耳。若听之于道路，道路仍即为人传说，必多谬妄，所以为有德者所弃也，亦自弃其德也。江熙曰："今之学者不为己者也，况乎道听者哉？逐末愈甚，弃德弥深也。"（皇侃《论语集解义疏》卷九·12 页）

宋·朱熹：虽闻善言，不为己有，是自弃其德也。（《四书章句集注》179 页）

元·陈天祥：盖此章戒人听人所传，传己所听，皆不可不谨。道途之间滥听将来，不考其实，即于道途传说与人，如此轻妄，则必不为雅德君子所与，故曰德之弃也。德之弃三字文理甚明，非谓自弃其德也。旧《疏》云：闻之于道路，则于道路传而说之，必多谬妄，为有德者所弃也。此说为是。（《四书辨疑》卷八·12 页）

清·牛运震：口耳之间不过四寸，入此出彼，是以己为传舍而以人为委壑也。德之弃，谓德之弃物，所谓道德中无此人也。《集

注》"自弃其德",尚非本文弃字。(《论语随笔》卷十七·13页)

清·黄式三:据《集注》,所听谓善言,道听塗说谓甫闻遽说之,不体验于身心也。《荀子·劝学篇》曰:"小人之学也,入乎耳,出乎口。"杨《注》云:"所谓道听塗说也。"《集注》本此。据马《注》,道听者,道路传闻之言,未必尽善也。不察是非之实而传说于塗之人,是全无心得者也,唐德宗所谓"道听塗说,试加质问,遽即辞穷"也。(《论语后案》493页)

方骥龄:班固《汉书·艺文志·诸子略》所录凡十家,其言曰:"小说在最后,其言曰:小说家者流,盖出于稗官,街谈巷语、道听途说之所造也。孔子曰:'虽小道,必有可观者焉,致远恐泥。是以君子弗为也。'然亦弗灭也。闾里小知者之所及,亦使缀而不忘,如或一言可采,此亦刍荛狂夫之议也。"疑本章所谓"道听途说",殆指稗官野史小说家之流言,概非正论,不足为凭;如信以为真,必为正道之人所不容,亦自弃于正道者。德者,正道也。孔子以为,人当听正道而不听道听途说,盖道听途说为小道,为正道所不容也。(《论语新诠》518页)

乔一凡:道即道路之道,塗即涂洿之涂,道听塗说犹云乡里传说,不无绘影绘声,失实而害事,未可以入德也。(《论语通义》294页)

林觚顺:孔子说:"在行路中,所听到的没有根源的糊涂传说,都是有道德善行修持的人,所不屑理而捐弃者。"(《论语我读》326页)

何新:孔子说:"在路上听了传言随即就作传播,那是违反美德的。"(《论语新解——思与行》232页)

孙钦善:孔子说:"从道路上听闻而又在道路上传播其说的那种人,是道德的抛弃者。"(《论语本解》227页)

辑者案:句义明显,即"从道路上听到又在道路上传播"的行为,是有德者所遗弃的。《辞源》释道听途说为"无根据的传说"，可参。

17.14 子曰："鄙夫可与事君也与哉？其未得之也，患得之。既得之，患失之。苟患失之，无所不至矣。"

（1）鄙夫可与事君也与哉

汉·孔安国：言不可与事君也。（皇侃《论语集解义疏》卷九·13 页）

梁·皇侃：言凡鄙之人不可与之事君，故云可与事君哉。（皇侃《论语集解义疏》卷九·13 页）

宋·朱熹：鄙夫，庸恶陋劣之称。（《四书章句集注》179 页）

清·黄式三：王伯申曰："与，犹以也。言不可以事君也。"颜师古《匡谬正俗》、李善注《文选·东京赋》引此皆变"与"言"以"。式三案：此言鄙夫当朝不可同仕也。虞帝有糇草终身之志，虽受唐禅而同朝不惊；伊尹有畎亩乐道之心，虽远太甲而同朝不惑：为鄙夫所污当戒也。（《论语后案》494 页）

清·沈涛：《文选·东京赋注》、颜师古《匡谬正俗》引此与皆作以，盖此与字本当作以字解，下文"患得患失"皆言鄙夫所以不可事君之故，非谓不可与鄙夫事君也，孔说非是。（《论语孔注辨伪》卷下·14 页）

何新：鄙夫，乡下农夫。（《论语新解——思与行》233 页）

刘兆伟：鄙夫，即《礼记·中庸》"愚而好自用，贱而好自专"者，蝇营狗苟，非用正当途径博取名利者。（《论语通要》423 页）

方骥龄："可与"，似当作"可以相与"解。此种人道不同，不足相谋也。⁺盖君子之道在君国，而鄙狭之人则在个人利禄，故易生患得患失之心。此种人以利害得失存诸心，岂可与之相交接耶？（《论语新诠》519 页）

杨润根：这种可鄙的庸夫俗子的可鄙的行事方式怎么能够与

那种堂堂正正的正人君子的堂堂正正的行事方式同日而语呢？
（《发现论语》448页）

　　林觥顺：上与是赐与参与。下与作欤。也欤哉，是句尾助词，以成正反之文饰，可与事君也欤哉，可点断成可与事君欤哉？可与事君也。（《论语我读》326页）

　　黄怀信：可与：即可以，"与"借为"以"，音相转。（《论语新校释》437页）

　　　　辑者案："鄙夫"，似不当依其字面意思释作乡下农夫，因乡下农夫绝无"事君"之可能。当指鄙陋浅薄之人。朱熹、刘兆伟解可参。

（2）患得之，患失之

　　魏·何晏：患得之者，患不能得之也，楚俗言也。（皇侃《论语集解义疏》卷九·13页）

　　梁·皇侃：患失之，患不失之也。既得事君而生厌心，故患己不遗失之也。（皇侃《论语集解义疏》卷九·13页）

　　宋·邢昺：言不能任直守道，常忧患失其禄位也。（邢昺《论语注疏》239页）

　　元·陈天祥：何氏之说固是，然经中本无不字，文不相合。东坡谓"患得之"当为"患不得之"，盖阙文也。此为完说。（《四书辨疑》卷八·12页）

　　清·牛运震：患得之，谓必欲得之。此种热中情肠真如病痛沉痼一般，《注》谓患不能得之，殊属添设。（《论语随笔》卷十七·13页）

　　日·中井积德：患得之，以欲得为忧虑也，非患不能得之谓。（《论语逢原》355页）

　　清·焦循：《注》"患得之"者，患不能得之，楚俗语。循按：古人文法有急缓。不显，显也。此缓读也。《公羊传》"如勿与而已矣"，何休注云"如即不如，齐人语也"，此急读也。以得为不得，犹

以如为不如,何氏谓楚俗语,孔子鲁人,何为效楚言也?(《论语补疏》
卷二·17 页)

严灵峰:皇说恐非。按:皇氏泥于上文"患得之"之何注,故有
此解。夫鄙夫在欲"得"而"患失";因"患失",遂"无所不至",其意
甚明。(《读论语札记》11 页)

薛克谬:"患得之"的意思是千方百计希望得到官职的意
思⋯⋯所以,把"患得之"讲作"为要得到它而忧愁",这与《论语》
中所反映出来的道德取向是相契合的。(《〈论语〉"患得之"解》,《河北大
学学报》1997 年第 9 期)

林觥顺:患,悬也,愁苦义。忧虑如何去取得,之有往义。(《论
语我读》326 页)

孙钦善:患得之:当作"患不得之"。《荀子·子道篇》:"孔子
曰:'⋯⋯小人者,其未得也,则忧不得;既已得之,又恐失之。'"
(《论语本解》227 页)

> 辑者案:《辞源》:"患得患失:未得,怕不能得;既得,又怕
> 失去。指斤斤计较个人得失。"

(3)苟患失之,无所不至矣

汉·郑玄:无所不至者,言邪媚无所不为也。(皇侃《论语集解义
疏》卷九·13 页)

梁·皇侃:既患得失在于不定,则此鄙心迥邪,无所不至,或
为乱也。(皇侃《论语集解义疏》卷九·13 页)

宋·邢昺:苟,诚也。若诚忧失之,则用心顾惜,窃位偷安,言
其邪媚无所不为也。(邢昺《论语注疏》239 页)

宋·朱熹:小则吮痈舐痔,大则弑父与君,皆生于患失而已。
(《四书章句集注》179 页)

林觥顺:无,隶变成芜,《释文》云:"芜,森。"《释诂》云:芜,茂
也,丰也。所,是处所,所在,居所。是地方。《诗·郑风·大叔于

田》："襢裼暴虎,献于公所,将叔無狃,戒其伤女。"献于公所,是往宗庙祭祀,公所是宗庙之所。古文公宫通。至从天而降来至地,也是至的本义。無所不至,是再富庶的地方,也不会有从天而降,不劳而获的道理。無所也可释任何地方。是所不至。(《论语我读》327 页)

孙钦善:如果总是忧虑失掉什么,那就没有什么非分的事做不到的了。(《论语本解》227 页)

辑者案:孙钦善解明确恰切,可从。

17.15 子曰:"古者民有三疾,今也或是之亡也。古之狂也肆,今之狂也荡;古之矜也廉,今之矜也忿戾;古之愚也直,今之愚也诈而已矣。"(辑者案:"狂也荡"、"忿戾",定州简本作"狂也汤"、"忿谊")

(1)古者民有三疾,今也或是之亡也

汉·包咸:言古者民疾与今时异也。(皇侃《论语集解义疏》卷九·13 页)

梁·皇侃:"古者民有三疾"者,古,谓淳时也。疾,谓病也。其事有三条,在下文也。"今也或是之亡"者,今,谓浇时也。亡,无也。言今之浇民无复三疾之事也。江熙曰:"今之民无古者之疾,而疾过之也。"(皇侃《论语集解义疏》卷九·13 页)

宋·朱熹:气失其平则为疾,故气禀之偏者亦谓之疾。昔所谓疾,今亦无之,伤俗之益衰也。(《四书章句集注》179 页)

元·陈天祥:夫子止是伤其时风益衰,民俗所习,渐不如古,故有此叹,非论气禀偏正也。疾,犹瑕病也。言古之民行,当时指为瑕病者有三,今民瑕病又与古民不同。思欲复见如其古者三等之人,今亦不可易得,故曰"或是之亡也"。(《四书辨疑》卷八·13 页)

日·中井积德:三疾,就见成人物而言,其实皆生于习蔽矣,此非论气禀，若是气禀，何故古有而今亡？疾，谓疵瑕也，民德之疵瑕，无可嘉也，但瑕中有一瑜，故瑕尚有所取，今并瑕亡之，则悠悠如船无泊处，夫子盖叹风习益颓靡也。亡，谓丧失之也，不当读作无。(《论语逢原》356 页)

方骥龄：疾字原意训急，最速者莫如矢，故从矢。既正直而又急速，矢著人，斯为疾患，故引申而为病。三疾，孔子殆谓古人正直而急切，有过于求善之意。或，皇《疏》训"或承之羞"中"或"字为"常"，本章"或是之亡"之"或"字，似亦当释为"常"字义，"或是之亡"，谓"常是之亡"，指"狂也肆""矜也廉""愚也直"三种人，已经常无有也。(《论语新诠》520 页)

乔一凡：疾指僻性。……子说，古来的民人，有三种僻性，现在或是已变而不同了。(《论语通义》295 页)

王缁尘：古时候的人民，有三种毛病。(《四书读本》331 页)

何新：古人憎恨三种毛病，现在的人也许不是如此了。(《论语新解——思与行》233 页)

刘兆伟：笔者以为，"古者民有三疾"即有三病，此疾、病，不只是名词，而是兼有动词的意义，怕出现三种毛病。三种毛病是什么？不是先贤理解那样的"狂也肆"、"矜也廉"、"愚也直"，而是"狂"、"矜"、"愚"。正因为古人怕出现这三种毛病，所以才用"肆"、"廉"、"直"去制约"狂"、"矜"、"愚"。(《论语通要》424 页)

杨朝明：[诠释]疾：病。这里引申为缺点。[解读]孔子说："古代的人有三种缺点，现在的人却没有这三种缺点，进而是更为厉害的毛病。"(《论语诠解》165 页)

辑者案：从陈天祥、中井积德、杨朝明说。

(2)狂也肆，狂也荡

汉·包咸：肆，极意敢言。(邢昺《论语注疏》239 页)

汉·孔安国：荡，无所据。（邢昺《论语注疏》239 页）

宋·朱熹：狂者，志愿太高。肆，谓不拘小节。荡则踰大闲矣。（《四书章句集注》179 页）

日·中井积德：狂者志尚高迈，不循流俗也。（《论语逢原》356 页）

杨润根：肆：公开，不加掩饰，无所顾忌，大力炫耀。（《发现论语》449 页）

林觥顺：狂：如犬之疯狂颠狂，引申作狂妄、急躁。肆：许慎云极陈也。是极力布陈设置，黾勉于事，是极辛勤劳苦地做。（《论语我读》328 页）

刘兆伟：清朱骏声《说文通训定声·履部》："肆，假借为肄。"《周礼·春官·小宗伯》"肄仪为位"，汉郑玄注："肄，习也。故书肄为肆。"唐陆德明《经典释文》："肆字亦作肄。"由此可证"肆"可以理解为"肄"的假借字，肄，习，学。（《论语通要》424 页）

黄怀信："狂"，狂放不羁。"也"，犹者。后同。"肆"，放肆。"荡"，放荡。（《论语新校释》438 页）

孙钦善：古人的狂妄还能肆意敢为，今人的狂妄却是放荡不羁。（《论语本解》228 页）

　　辑者案：从朱熹说。

(3)矜也廉，矜也忿戾

汉·孔安国：恶理多怒。（邢昺《论语注疏》239 页）

汉·马融：有廉隅。（邢昺《论语注疏》239 页）

宋·朱熹：矜者，持守太严。廉，谓棱角陗厉。忿戾则至于争矣。（《四书章句集注》179 页）

日·物双松：矜，本矜庄之矜，美德也，未有以为狂愚之类者矣。盖矜即狷，狷或作獧，或作矜，古字通用耳，如鳏矜通用，盖狷或由鳏转用，老而无妻，亦自守大过者所为也。（《论语征》325 页）

清·黄式三：矜，意有所挟持也。矜而廉，愚而直，俱谓之疾，朱子谓肆、廉、直兼美恶也。忿戾者，妒人异己，不顾是非，而以刚愎持之也。（《论语后案》495页）

清·徐养源：《鲁》读廉为贬，今从《古》。养原按：刘邵《人物志》（九征）："温直而扰毅，木之德也；刚塞而宏毅，金之德也；愿恭而理敬，水之德也；宽栗而柔立，土之德也；简畅而明砭，火之德也。"此以五行配九德，宏毅当作强义，简畅而明砭即咎繇谟之简而廉也，盖古字廉砭通用，贬与砭俱从乏得声，故廉又通贬。（《论语鲁读考》9页）

清·康有为：矜，即狷也，不屑不洁者。（《论语注》267页）

章太炎：《释文》："《鲁》读廉为贬，今从《古》。"案，廉、贬古音同部，此改读也，盖古文师从矜庄义，庄则有廉隅，故读廉如字。《鲁》学者从矜夸义，夸则不尚廉隅，故改读为贬，谓贬人以自显，如言管晏不足为、三代不足法，则己之德业自见也，以肆荡忿戾直诈文例相推，读如字为合。（《广论语骈枝》15页）

方骥龄：矜，端庄自尊大也。廉，严利也。《广雅·释诂一》："廉，清也。"（《论语新诠》520页）

杨伯峻：廉——"廉隅"的"廉"，本义是器物的棱角，人的行为方正有威也叫"廉"。（《论语译注》187页）

毛子水：[今注]矜，似当依汉石经残碑作矜。[今译]古代自矜的人廉洁自守，现在自矜的人则乖戾而多怒。（《论语今注今译》273页）

杨润根：戾（lì）：蹲在门户（"户"）之下的看门犬（"犬"）：趋炎附势。（《发现论语》449页）

林觥顺：从矛从令，读憐，是集军政大权于一身，是权柄者。在霸权下的庶民行役，无不憐恤。……矜，各本作矜，解云今声者，误，段玉裁云："是依汉石经《论语》。其他如溧水校官碑、魏受

禅表,皆作矜,正之。"(《论语我读》328 页)

黄怀信:"矜",庄矜自持之人。"廉",有棱角、严厉。"忿戾",暴躁。(《论语新校释》438 页)

杨朝明:矜也廉:骄傲而不能触怒。廉,本义为器物的棱角,这里引申为不可触犯。忿戾:蛮横无理。(《论语诠解》165 页)

孙钦善:廉:棱角。这里形容人的行为方正威严。孔子对于世风有今不如昔的观点,本章中他甚至认为同样是缺点,今人不如古人。……古人的矜持还能方正威严,今人的矜持却是忿怒乖戾。(《论语本解》227—228 页)

辑者案:矜也廉,从朱熹说。忿戾,火气大,蛮横不讲理。

17.17 子曰:"恶紫之夺朱也,恶郑声之乱雅乐也,恶利口之覆邦家者。"

汉·孔安国:朱,正色。紫,间色之好者。恶其邪好而夺正色。利口之人,多言少实,苟能悦媚时君,倾覆国家。(邢昺《论语注疏》240 页)

汉·包咸:郑声,淫声之哀者。恶其乱雅乐。(邢昺《论语注疏》240 页)

宋·邢昺:此章记孔子恶邪夺正也。(邢昺《论语注疏》240 页)

辑者案:本章意思明白,即孔子憎恶紫色侵夺了红色的正色地位,憎恶郑国的靡靡之音破坏了用于郊庙朝会的传统正乐,憎恶巧嘴利舌颠覆国家的人。

17.18 子曰:"予欲无言。"子贡曰:"子如不言,则小子何述焉?"子曰:"天何言哉? 四时行焉,百物生焉,天何言哉?"

(1)予欲无言

魏·何晏：言之为益少，故欲无言。（邢昺《论语注疏》241页）

宋·邢昺：此章戒人慎言也。（邢昺《论语注疏》241页）

唐·韩愈：此义最深，先儒未之思也。吾谓仲尼非无言也，特设此以诱子贡，以明言语科未能忘言，至于默识，故云天何言哉，且激子贡，使进于德行科也。（《论语笔解》卷下·21页）

宋·朱熹：学者多以言语观圣人，而不察其天理流行之实，有不待言而著者。是以徒得其言，而不得其所以言，故夫子发此以警之。……四时行，百物生，莫非天理发见流行之实，不待言而可见。圣人一动一静，莫非妙道精义之发，亦天而已，岂待言而显哉？此亦开示子贡之切，惜乎其终不喻也。（《四书章句集注》180页）

清·刘宝楠：案夫子本以身教，恐弟子徒以言求之，故欲无言，以发弟子之悟也。（《论语正义》698页）

何满子："予欲无言"是本来想说而不高兴说的愤词。（《予欲无言》，《文学自由谈》2007年第2期）

方骥龄：直言曰言，论难曰语，言己事曰言，为人说曰语，孔子所谓"予欲无言"，殆不欲直言己事，犹"不伐善""不施劳"之谓。不欲畅言己之如何如何于人，故以天不言为喻。（《论语新诠》522页）

乔一凡：无言，听天之命也，人之言，亦在顺天之意也。……盖喻子贡以自然之道，人当以自然为师，而与天地参也，其启发子贡也，亦云深矣。（《论语通义》296页）

杨朝明："子欲无言"，实际是由于无法实现自己的政治理想而发的感叹。（《论语诠解》166页）

　　辑者案：此句照字面意思翻译即可，即"我想不讲话了"。至于不讲话的原因，联系下文，刘宝楠所解近是。何满子、杨朝明发孔子之心声，可参。

(2)小子何述

梁·皇侃:言夫子若遂不复言,则弟子等辈何所复传述也。(皇侃《论语集解义疏》卷九·15页)

清·牛运震:一则小子本以言述圣人,子欲无言,不过欲之而已,果其不言,教小子从何述起? 一则夫子既有不言之教,小子自有不言之述,但不知如何述法耳。(《论语随笔》卷十七·16页)

清·刘宝楠:《诗》:"日月报我不述。"毛《传》:"述,循也。"言弟子无所遵行也。(《论语正义》698页)

日·物双松:何晏曰"言之为益少,故欲无言",此古来相传之说,故其言虽浅乎,反得孔子时意焉。盖先王之教,礼乐而已矣,其意以为言之为益少也,故以礼乐教之。及孔子时,礼乐存而人不识其义,故孔子明其义以教之,于是乎学者皆以为义止是焉,岂知言之为益小也,不可以广包莫所遗也,孔子举一隅以言之耳。及于或稍深切其言以详悉之也,学者愈益以为义尽是焉,而不知其犹厘厘乎一端也,害生于是焉,故孔子欲无言,明礼乐之义,不可以言尽也。……夫礼乐事而已矣,莫有言语,亦其尊先王如天,故引天以明其不待言而可默识之也。夫礼乐之教,至于默而识之,其义莫有穷尽也哉。(《论语征》326页)

何新:我们这些学生还能学到什么呢? [注释]述,术也,学术。(《论语新解——思与行》234页)

辑者案:刘宝楠解释切合文意。《辞源》:"述,遵循。《书·五子之歌》:'述大禹之戒以作歌。'《礼·中庸》:'父作之,子述之。'"

(3)天何言哉? ……天何言哉

唐·陆德明:《鲁》读天为夫,今从《古》。(《经典释文汇校》715页)

清·王夫之:前云"天何言哉",言天之所以为天者不言也。

后云"天何言哉",言其生百物、行四时者,亦不在言也。(《读四书大全说》477页)

清·翟灏:按两"天何言哉"宜有别,上一句似从《鲁论》所传为胜。(《四书考异》条考十九·9页)

清·刘宝楠:郑《注》云:"《鲁》读天为夫,今从《古》。"郑以四时行,百物生,皆说天,不当作"夫",故定从《古》。翟氏灏《考异》谓"两句宜有别,上句从《鲁论》为胜",误也。(《论语正义》698页)

章太炎:《释文》"《鲁》读天为夫,今从《古》"。案:此文字转讹,究未知谁为壁中真本。言夫者,即斥四时行、百物生为言,不设主宰,义似更远。(《广论语骈枝》16页)

　　辑者案:"天何言哉?……天何言哉?"两句无别。重言之,加强语势,表示强调。

17.19 孺悲欲见孔子,孔子辞以疾。将命者出户,取瑟而歌,使之闻之。

(1)孺悲欲见孔子,孔子辞以疾

魏·何晏:"孺悲欲见孔子"者,孺悲鲁人也。使人召孔子,欲与孔子相见也。"孔子辞之以疾"者,孔子不欲应孺悲之召,故辞云有疾不堪往也。……李充曰:"孔子曰:'人洁己以进,与其洁,不保其往,所以不逆乎互乡也。'今不见孺悲者何?明非崇道归圣,发其蒙矣。苟不崇道,必有舛写之心,则非教之所崇,言之所喻,将欲化之,未若不见也。圣人不显物短,使无日新之途,故辞之以疾,犹未足以诱之,故弦歌以表旨,使抑之而不彰、挫之而不绝,则矜鄙之心颓而思善之路长也。"(皇侃《论语集解义疏》卷九·15页)

宋·朱熹:孺悲,鲁人,尝学士丧礼于孔子。当是时必有以得罪者。故辞以疾,而又使知其非疾,以警教之也。程子曰:"此孟

子所谓不屑之教诲,所以深教之也。"(《四书章句集注》180页)

清·崔述:按孺悲果有过,孔子责之可也,若有大过而不可教,绝之可也。胡为乎阳绝之而阴告之,有如儿戏然者?恐圣人不如是之轻易也。使悲果能闻歌而悔,则责之而亦必悔可知也;使责之而竟不知悔,即闻歌,奚益焉?孔子于冉有之聚敛,弟子也,责之而已;于原壤之夷俟,故人也,亦责之而已;未有故绝之而故告之如此一事者,独《阳货篇》有之。《阳货篇》之文固未可以尽信也,或当日曾有辞孺悲见之事,而传之者增益之以失其真,故列之于存疑。(《洙泗考信录》卷四·9页)

清·潘维城:古人始见必因介绍,悲为弟子,疑亦无待介绍者,孔子之辞以疾,或别有故欤?若谓其始见,则悲奉君命来学,夫子当亦不得责其无介绍者。疑贾《疏》因此节有将命者云云,望文生义,实非定解。盖其所以见拒于孔子之故,与《史记·弟子传》不列其名皆不可考已。(《论语古注集笺》卷十七·11页)

方骥龄:"孺悲"或犹"鄙夫""乡原""互乡""长沮""桀溺""丈人""晨门"等,非专名而为形容词。孺者懦也,为柔懦之人。《广雅·释诂》:"悲,恨也。"亦作悱,即"不愤不启,不悱不发"句中悱字,怅恨于心之意。愤近于懑,悱则自怨自艾。"孺悲",似像懦怯不进而又自怨自艾者,实畏葸不前之人。孔子对"鄙夫""互乡"之人且予以答问,焉有拒见而又托辞以疾者;又鸣瑟而歌以讽之,犹上一章之"予欲无言",不以言教示人?或者确乎有疾,而又不欲失去诲人之机会,故取瑟而歌,使之闻之,以激发孺悲之向上心欤?至歌辞内容如何,虽略而不记,当与勖勉孺悲有关。(《论语新诠》522页)

邓球柏:书诚先生说:"……孔子这里的意思,是并不讨厌孺悲,可能是觉得孺悲这次讨教的问题,不适合或无法用言辞来表达清楚,故变了法子,用音乐来表达,来启发他。看来孺悲是一个对音乐很有悟性的人,故孔夫子因材施教。拒不见他是截断他的杂念与分心。鼓瑟唱歌是为师之道不忍不教诲,故惟有用音乐来透露消息。实在有点后世禅宗教育人的味道。不立文字,旁敲侧击,以求体道。"(《论语通解》336 页)

李泽厚:[注]康《注》:此孟子所谓不屑之教诲,所以深教之也。[记]好些注解如上康《注》都说,这是告诉孺悲并没生病,只是不愿意接见他,也是一种"教育方式"。真是这样吗?岂不是故意说谎?我想恐另有具体的情况和原因,不可知也矣。(《论语今读》306 页)

高专诚:孺悲之为人肯定有严重的不足之处,而孔子又自忖无法改变,所以才有本章的举动。(《论语通说》258 页)

辑者案:从朱熹说。

(2)将命者出户

梁·皇侃:将命者,谓孺悲所使之人也。出户,谓受孔子疾辞毕而出孔子之户以去也。(皇侃《论语集解义疏》卷九·15 页)

宋·邢昺:将犹奉也。奉命者,主人传辞出入人也。(邢昺《论语注疏》241 页)

明·林希元:将命,还是孺悲边人。孺悲欲见,必立于外,使人先通于圣人。圣人回称有疾,其人将命才出,圣人就取瑟而歌,使其人闻之,以告孺悲,孺悲方知圣人非疾耳。若谓将命是圣人边人,取瑟而歌是使孺悲闻之,则孺悲憩宿于外,圣人之居,谅必深远,未必浅迫,孺悲何由得闻之?(《四书存疑》卷七·44 页)

林觥顺:送孺悲使者出户外。户是侧门。正门曰门。将,送义。(《论语我读》331 页)

杨朝明:将命者:传话的人。(《论语诠解》166 页)

辑者案:从邢昺、杨朝明说。

　　17.20 宰我问:"三年之丧,期已久矣。君子三年不为礼,礼必坏;三年不为乐,乐必崩。旧谷既没,新谷既升,钻燧改火,期可已矣。"子曰:"食夫稻,衣夫锦,于女安乎?"曰:"安。""女安,则为之。夫君子之居丧,食旨不甘,闻乐不乐,居处不安,故不为也。今女安,则为之!"宰我出。子曰:"予之不仁也! 子生三年,然后免于父母之怀。夫三年之丧,天下之通丧也,予也有三年之爱于其父母乎!"(辑者案:"乐必崩",定州简本作"乐必项")

　　(1)期已久矣

　　宋·朱熹:期,音基,下同。期,周年也。(《四书章句集注》180页)

　　清·潘维城:《四书纪闻》曰:"'期已久矣'之'期'当读如字,'期可已矣'之'期'乃读为期月之期。盖'三年'四句申期已久之义,'旧谷'二句起'期可已矣'之义。旧说皆读为基,非是。"维城案:《史记·弟子传》引作"不已久乎",则期非期月之期明甚,况上云"三年之丧",下接言期月,义亦不贯,管说是也。(《论语古注集笺》卷十七·11页)

　　毛子水:"其已久矣":今各本作"期已久矣";但《释文》有"期,一本作其"的记录。按:《史记·仲尼弟子列传》作"不已久乎";可见《论语》较好的本子当是作"其已久矣"的。(《论语今注今译》275页)

　　　　辑者案:"期已久矣"、"期可已矣"两"期"字音、义皆不同,潘维城之说至当,从之。

　　(2)予也有三年之爱于其父母乎

　　汉·孔安国:言子之于父母,"欲报之德,昊天罔极",而予也有三年之爱乎?(皇侃《论语集解义疏》卷九·16页)

　　梁·皇侃:云"予也"云云者,予,宰我名也。为父母爱己,故限三年,今宰我欲不服三年,是其谁有三年之爱于其父母不乎?一云:爱,吝惜也。言宰我何忽爱惜三年于其父母也? 缪播曰:"尔时礼坏乐崩而三年不行,宰我大惧其往,以为圣人无微旨以戒将来,故假时人之谓,咎愤于夫子,义在屈己以明道也。""予之不仁"者何? 答曰:时人失礼,人失礼而予谓为然,是不仁矣。言不仁于万物。又仁者施与之名,非奉上之称。若予安稻锦,废此三年,乃不孝之甚,不得直云不仁。李充曰:"……余谓孔子目四科,则宰我冠言语之先,安有知言之人而发违情犯礼之问乎? 将以丧礼渐衰,孝道弥薄,故起斯问,以发其责,则所益者弘多也。"(皇侃《论语集解义疏》卷九·18页)

宋·许谦:孝子之于亲,其情无有穷已,圣人恐以死伤生,故立三年之中制,使贤者俛而就之,则不肖者亦当企而及。宰我亦非故欲薄其亲,直是自以心度之,谓期年其哀已尽,故欲短丧,此问与"井有人"章同,皆是实有所疑而问。(《读论语丛说》卷下·23页)

日·中井积德:"予也不有三年之爱于其父母乎"旧脱"不"字,今补。此夫子之后言耳,后言者余意也。夫子虽既而责之,其出去之后,意有未释然者,因与他门人语此也。夫君子所恶于后言者,谓面从之后言也,苟非面从者,后言何不可之有,况已经面责者,注家盖嫌于后言,故缠绕作说,枉费回护,不可从。夫宰我虽不敏,既得反语之责让,岂至于真以为可安哉?(《论语逢原》360页)

金池:难道宰我没有从他父母那里得到三年的爱抚吗?(《论语新译》531页)

　　辑者案:可将孔安国、金池说联系起来理解。

17.21 子曰:"饱食终日,无所用心,难矣哉! 不有博弈者乎? 为之,犹贤乎已。"

难矣哉

梁·皇侃：若无事而饱，衣食终日，则必思计为非法之事，故云难矣哉，言难以为处也。(皇侃《论语集解义疏》卷九·19 页)

唐满先：这种人很难有什么出息啊！(《论语今译》188 页)

邓球柏：这种人实在难对付！(《论语通解》338 页)

金良年：真难以教诲啊！(《论语译注》217 页)

李泽厚：这就难办了。(《论语今读》308 页)

高专诚：孔子不赞成那种"群居终日，言不及义"的人，在本章，他又进一步论述道："那种饱食终日、无所用心的人，真是难以改变的人。……"(《论语通说》259 页)

金池：这是灾难呀！(《论语新译》534 页)

傅佩荣：这样很难走上人生正途啊！(《解读论语》317 页)

何新：这种人度日子真难啊！(《论语新解——思与行》236 页)

刘兆伟：难以做到啊！(《论语通要》430 页)

黄克剑：这种人真让人犯难啊！(《论语解读》388 页)

杨朝明：这种人要想成就德行太难了呀！(《论语诠解》167 页)

孙钦善：难以有所成啊！(《论语本解》231 页)

　　辑者案：此语给人们留下了很大的理解空间，解为"难对付"、"难教诲"、"难有成就"、"让人犯难"都有道理。

17.23 子贡曰："君子亦有恶乎？"子曰："有恶：恶称人之恶者，恶居下流而讪上者，恶勇而无礼者，恶果敢而窒者。"曰："赐也亦有恶乎？""恶徼以为知者，恶不孙以为勇者，恶讦以为直者。"(辑者案："恶徼"，定州简本及郑玄注本作"恶绞")

　　(1)下流

清·惠栋：蔡邕石经无"流"字，当因《子张》篇"恶居下流"涉彼而误。《盐铁论》"大夫曰'文学居下而讪上'"，《汉书·朱云传》云"小臣居下讪上"，是汉以前皆无"流"字。（《论语古义》9页）

清·钱坫：熹平石经无"流"字，惠栋曰："《盐铁论》'文学居下而讪上'，《汉书·朱云传》'小臣居下讪上'，是汉以前无'流'字。"坫案：有"流"字者，俗本也，无义。《少仪》曰："为人臣下者有谏而无讪，有亡而无疾。"臣下不得目为下流。（《论语后录》卷五·12页）

　　辑者案：依清儒之考订，此"流"字为衍文。下，指下位。即君子憎恶在下位而毁谤上司的人。

（2）恶果敢而窒者

汉·马融：窒，窒塞也。（皇侃《论语集解义疏》卷九·19页）

梁·皇侃：憎好为果敢而窒人道理者也。（皇侃《论语集解义疏》卷九·20页）

明·林希元：果敢而窒，有二说：一说凡事果敢必行，行见窒碍，一说凡事果敢必行，心下窒碍不通。自今观之，行见窒碍底人，是初间不曾相量，果敢必行，忽见窒碍，本是出于无心，初无率意妄行，意未为可恶。惟心下窒碍不通，却果敢必行，自以为是，这是率意妄行底人，将无所不至，所以可恶。（《四书存疑》卷七·46页）

清·阮元：《释文》出"而窒"云："《鲁》读窒为室，今从《古》。"案：室乃窒之省文。《隶释》载汉韩敕修孔庙后碑以窒为室。（《论语注疏校勘记》2528页）

清·冯登府：《释文》引郑"《鲁》读窒为室，今从《古》"。案《说文》："室，实也。"《集韵》："窒，实也。"义本通，古二字亦相假。（《论语异文考证》卷九·7页）

清·俞樾：窒当读为臷，《说文》至部："臷，忿戾也。从至，至而复孙，孙，遁也。"《周书》曰"有夏氏之民叨臷"，今《尚书·多方篇》

作愤愤,与窒古同字。《周易·损·象传》"君子以惩忿窒欲",《释文》曰"窒,刘本作愤",《一切经音义》卷九曰:"窒,古文愤同。"然则《论语》之窒犹《尚书》之愤,并为鑋之假字。果敢而鑋者,言果敢而忿戾也。马训为窒塞,《正义》因以窒塞人之善道,足成其义,胥失之矣。(《群经平议》卷三十一·23页)

　　杨伯峻:憎恨勇于贯彻自己的主张,却顽固不通、执拗到底的人。(《论语译注》190页)

　　李泽厚:憎恶专断而执拗的人。(《论语今读》308页)

　　杨朝明:厌恶自以为果敢却固执、不知变通的人。(《论语诠解》167页)

　　孙钦善:憎恶果敢却顽固不化的人。(《论语本解》232页)

　　　辑者案:窒,古人理解为窒塞不通,今人理解为顽固、不知变通,皆合文意。

(3)微以为知

　　汉·孔安国:微,抄也。抄人之意,以为己有。(邢昺《论语注疏》244页)

　　宋·朱熹:微,伺察也。(《四书章句集注》182页)

　　清·阮元:《释文》出"微以"云:"郑本作绞。"案:敫声、交声,古音同部,故得通借。(《论语注疏校勘记》2528页)

　　清·沈涛:《释文》云"微,郑本作绞,古卯反",《中论·覈辨篇》引孔子曰:"小人毁訾以为辨,绞急以为智,不逊以为勇,斯乃圣人所恶,是《论语》家旧说皆读为绞刺之绞。微与绞声相近,字得相通,孔训为钞,误。"(《论语孔注辨伪》卷下·14页)

　　清·俞樾:《曲礼》曰"毋剿说",郑注"剿犹擥也",谓取人之说以为己说。孔解微字与郑解剿字同。伯尊攘善,君子讥之,宜为子贡所恶也。朱《注》训微为伺察,则与下文讦为攻发人之阴私,虽用意不同而皆主于得人之阴私,转无区别,不如孔《注》之善也。
(《论语古注择从》18 页)

　　钱逊:徼:有两种解释:一,抄袭;二,徼即绞,绞急,临事急迫,
自炫其能。(《论语浅解》281 页)

　　萧民元:投机取巧以为自己有智能。(《论语辨惑》147 页)

　　杨润根:徼(jiào):边沿,这里指一知半解,只沾到一点知识的
边。(《发现论语》456 页)

　　黄怀信:[释]绞:纠也。[训译]厌恶以纠人过失为聪明的。
(《论语新校释》446 页)

　　　　辑者案:从孔安国、俞樾说。即抄袭。君子憎恶抄袭别
　　人以为己有的聪明人。

17.24 子曰:"唯女子与小人为难养也,近之则不逊,远之则怨。"

(1)女子

　　宋·邢昺:此言女子,举其大率耳。若其禀性贤明,若文母之
类,则非所论也。(邢昺《论语注疏》245 页)

　　明·林希元:女子,婢妾也。(《四书存疑》卷七·47 页)

　　清·康有为:"女子"本又作"竖子",今从之。……竖子,谓仆
隶之类。(《论语注》273 页)

　　蒋沛昌:女孩子,女娃子,女儿,青年未婚女性。(《论语今释》452 页)

　　廖小鸿:"子"是指女子,那么"子"前面再加"女","女子"一词
就应当译为"女女子"。什么是"女女子"呢?"女女子"就是"女中
小人"。正如男子中有小人那样,女子中也有小人。(《"女子"—"小
人"辨》,《中华女子学院山东分院学报》2003 年第 4 期)

　　金池:女子:你们几个学生。女:同"汝",你,你们,代词。子:

弟子,学生,名词。"女子"不是一个词,而是两个词。不能把春秋时期孔子言论中的"女子"按照现代语言的习惯理解为"女人"。(《论语新译》536 页)

刘明武:"唯女子与小人为难养也"中的"女子"一词,不应理解为双音合成词,应该理解为两个单音词。"女"应该理解为第二人称的"你","子"应该理解为"儿子"。"女子"应该理解为"你的儿子"。"唯女子与小人为难养也,近之则孙,远之则怨",整个句子应该理解为"只有你的儿子和小人一样是难以相处的:亲近了就会无礼,离远了就会怨恨"。(《为孔子辩:"唯女子与小人为难养也"中的"女子"非指"女人"》,《妇女研究论丛》1998 年第 4 期)

辑者案:女子即女人。

(2)小人

宋·朱熹:此小人,亦谓仆隶下人也。(《论语集注》182 页)

日·丰干:小人,凡俗下等之人也。(《论语新注》156 页)

清·刘宝楠:"小人"即此篇上章所指"乡原"、"鄙夫"之属。(《论语正义》709 页)

清·康有为:小人,谓人之无学术行义者,兼才臣昵友而言。(《论语注》273 页)

蒋沛昌:男孩子,男娃子,儿子,青年未婚男性。(《论语今释》452 页)

李泽厚:此"小人"作一般人解,或作修养较差的知识分子解,亦可说通。(《论语今读》309 页)

黄怀信:品格低下,无大度之人。(《论语新校释》447 页)

辑者案:当就品行而言,指与君子相对而言的小人。

(3)唯女子与小人为难养也

宋·邢昺:言女子与小人皆无正性,难畜养。(邢昺《论语注疏》245 页)

明·蔡清：养,犹待也。(《论语蒙引》卷四·65 页)

清·王闿运：言但可治御,不可恩养。(《论语训》卷下·71 页)

钱地：孔子所言女子,非泛指一切女人,所言小人,亦非泛指一切男人。……愚谓古礼,女子,皆未婚之称,已婚称妇人,此章之女子,或与淑女对称,亦如男子中之小人,与君子对称然也。孔子称此二种人,最难养待,又鲁谚谓女大不当留,亦谓难养,故必须嫁出为妇,此心始安。(《论语汉宋集解》957 页)

乔一凡：女,读汝。唯惟通,语辞。与欤通,疑辞。女汝通而声意异。唯汝子欤句,小人句,旧说连读唯女子与小人,女不读汝,而读男女之女,极为诬侮。本经女字例读汝,汝字指冉有,子字指季孙,冉有为季氏宰,故曰汝子。养为禄养,即食禄,鲁禄。自季氏出,已历四世,难养,即是说禄不好食也。(《论语通义》300 页)

李燕：我认为本应今译为："就是你那里的年轻人和缺乏教养的人一样难伺侯……。"综其意,是孔子教弟子们在待人接物时,对于缺乏教养的人宜保持适度的距离,全然与"骂女子"无关。(《孔子何曾骂女子——"唯女子与小人为难养也"辩》,《中华儿女》(海外版)1997 年第 3 期)

吴全权：男女：人也。孔子泛爱之不暇,何鄙视之有？人群之中,有善恶之分,有良莠之别。"为难养之女子与小人",指南子与卫灵公或其类属者,有证有据,昭然若揭。(《〈论语〉"唯女子与小人为难养也"析辨》,《江汉大学学报》1997 年第 5 期)

吴正中、于淮仁：唯：读作 duì(即今之"对"),表肯定语气的应答词,相当于现代口语中"是不是"之"是"。东汉·许慎《说文解字》："唯：诺也。从'口'、'隹(zhuī)'声。""隹"、"对"音近。清·王筠《〈说文〉句读》："唯：诺也,谓应之敬辞也。"……

女：当读为 rǔ,通"汝",对称代词,只用于表示单数。……

与：如上所述，以往注家多把"与"误读为 yǔ，视为表并列关系的连词，作"和"讲，此乃导致对句子误解的重要原因之一。其实，此处的"与"当读为 yú，同"欤"。……

此章之正确断句当为：孔子说："唯！女子与！小人为难养也——近之则不孙，远之则怨。"即：孔子说："对！您（这位）先生（说得是对的）啊！小人（实在是）很难对待、侍候、对付的——亲近他吧，（他）就傲慢不恭；疏远他吧，（他）就怨恨在心。"（《"唯女子与小人为难养也"新解》，《甘肃社会科学》1999 年第 5 期）

周远成：唯有女子与小人（在一起）共事，是最难相处的啊！（与小人）亲近些，就不拘礼节、放肆；（若与小人）疏远些，就不能容纳、怨恨。（《唯女子与小人为，难养也——孔子的女性观辨证》，《船山学刊》2002 年第 3 期）

牛多安：孔子说"唯女子与小人"，是为某些女子担忧，并非将女子与小人并列，等同看待。这里的关键在一个"与"字。在这里，"与"不是连词，而是动词，是赞助、嘉许、参与之意。……许慎《说文解字》："与，党与也。"是就"与"之古意而言的。由"与，党与也"可知孔子说"唯女子与小人"之言之意矣。"女子与小人"是一子句而作全句的主语，"难养"是全句的谓语。全句意为：女子支持、赞助小人，与小人结党营私，小人便会肆无忌惮，任意胡为，远之近之都不是，难以满足其私欲。（《孔子曰"唯女子与小人为难养也"释义》，《孔子研究》2002 年第 5 期）

金池：[注释]难养：难于教养。养：教育培养。[译文]只有你们[几个]学生和小人一样是不好教育培养的。（《论语新译》536 页）

李泽厚：[记]这章最为现代妇女所诟病。好些人写文章来批评，好些人写文章来辩说，其实都不必要。相反，我以为这句话相当准确地描述了妇女性格的某些特征。对她们亲密，她们有时就

过分随便,任意笑骂打闹。而稍一疏远,便埋怨不已。这种心理
性格特征本身并无所谓好坏,只是由性别差异产生的不同而已;
应说它是心理学的某种事实。至于把"小人"与妇女连在一起,这
很难说有什么道理。但此"小人"作一般人解,或作修养较差的知识
分子解,亦可说通。自原始社会后,对妇女不公具有普遍性,中国传
统对妇女当然很不公平很不合理,孔学尤然。(《论语今读》309 页)

　　林觥顺:父母养育子女,要算初生婴儿及满月至周岁的幼儿,
最不易抚养。(《论语我读》336 页)

　　林宜青:女子与小人,应理解为"不知礼、义"之人,是难以对
待、亲近的,因此,只须用礼来节制,并以中庸之道待之就可以了。
(《〈论语·阳货〉"唯女子与小人为难养也"析论》,《商业文化》(学术版)2007 年第 5 期)

　　刘兆伟:笔者以为当如是讲:唯,发语词,语首助词。杨树达
《词诠》:"唯,语首助词。"此为咳、唉意。与,于此非并列连词,而
是随从、随着之意。《国语·齐语》:"桓公知天下诸侯多与己也。"
韦昭注:"与,从也。"……《管子·大匡》:"公先与百姓而藏其兵。"
郭沫若等集校:"与,亲也。""女子与小人"即女子随从小人,亲近
小人,即女子嫁给小人。难养,难于生活。(《论语通要》434 页)

　　杨朝明:孔子并没有"轻视妇女"。传统社会中妇女地位一直
不高,人们往往认为是"孔子轻视妇女"所带来的恶果,而孔子"轻
视妇女"的直接证据就是《论语·阳货》中孔子的那句话:"唯女子
与小人为难养也,近之则不逊,远之则怨。"这被视为孔子歧视妇
女的铁证,谁要说孔子没有轻视妇女,首先必须越过这道坎儿。

　　孔子这句话人人皆知。孔子处在父权家长制时代,女性地位
较低,似乎被歧视也很正常。但他的思想具有浓重的人本主义色
彩,他说"仁者爱人",难道不包括女性在内?蔡尚思写过一篇文
章《我爱孔子,我更爱真理》,说:"孔子大谈忠恕之道,但却不能付

诸实践,将心比心,推己及人,诸如推父母,推夫及妻,推男及女等。"又说:"男女性别是优劣品质的大问题。孔子站在男子的立场歧视女子的表现有多种。"蔡先生的基本论据不过就是孔子那句话。看来,正确理解这句话还影响到对孔子思想的整体认知。

事实上,问题并不如此简单。仅从情理上判断,孔子也不会就那样将占人口半数的女性给一口否定,而且他说的还不只有"女子"。《论语》出于孔门后学,可能就是孔子的孙子子思主持选编而成,难道他们也"轻视妇女"? 然而,直到有一天,当读到《逸周书·和寤解》中的"小人难保"一语时,我们才恍然大悟,从而彻底消除了疑问。

孔子那句话既说"女子难养",也说"小人难养"。《逸周书》中的"小人难养"正是"小人难保",因为《说文解字》明确说:"保,养也。"

那么,"小人难保"又是什么意思?《逸周书·和寤解》是周武王灭商前在商郊"明德于众"之作。周武王要收服民心,希望取得广大民众的支持,所以他说:"呜呼,敬之哉! 无竞惟人,人允忠。惟事惟敬,小人难保。"这里的"小人"乃是"平民"、"普通百姓",而不是指人们惯常意识中的那些"道德低下的人"。依《周书序》,该篇乃是武王要求众人重视小民,不能与小民争利。他认为"小人难保",故应"惟事惟敬"。要得到民众的支持,就要事事施之以敬,这正是周人传统"敬德保民"思想的体现。

除了《逸周书》,《尚书·康诰》也有"小人难保"一语。其中记周公告诫康叔之语曰:"呜呼! 小子封,恫瘝乃身,敬哉! 天畏棐忱,民情大可见,小人难保。往尽乃心,无康好逸豫,乃其乂民。"当时,周公刚刚平定管叔、蔡叔与殷人勾结的叛乱,周公嘱告康叔小民不易安,应当在治理时保持一颗敬畏之心。欲安其民,就应当重视他们，就要尽心尽诚，而不能苟安逸乐。

啊，原来如此！原来"小人难保"本是周人的政治观念！

孔子学说的突出特点就是"从周"。他"十分推崇"文武之政，常常"梦见周公"。由此，孔子的一些"拿捏不准"的言论与争议，正可以结合周代典籍中的言说进行理解。所谓"小人难养"竟然是要重视"小人"，应当心存一份敬畏和戒惧，不要忽略这一群体。

同样，"女子难养"也不会是轻视妇女。孔子特别强调要了解"民性"、"民情"，《孔子家语·入官》记孔子说："君子莅民，不可以不知民之性而达诸民之情，既知其性，又习其情，然后民乃从其命矣。故世举则民亲之，政均则民无怨。故君子莅民，不临以高，不道以远，不责民之所不为，不强民之所不能。"这其实就是一个"度"的问题。对于"女子"与"小人"，都要注意"政均"，不能"近"，也不可"远"，从而让他们恭敬、不怨。朱熹也是这样理解的，他认为应当"庄以莅之，慈以畜之"。对于为政者，更是必须慎思慎为。对"女子"和"小民"，需要注意如何与他们相处或役使他们。要取得他们的拥护、理解与支持不是轻而易举的事情，过于亲近，他们就难免简慢而不驯顺；如果疏远了他们，就会产生怨愤。孔子此语，也可能包含有对女子和小人的重视、关注与深切体察。（《真实的孔子》，《光明日报》2010年1月28日）

　　辑者案：孔子是否轻视妇女？我们以为，既然《论语》中有本篇的"唯女子与小人为难养"和《泰伯》篇的"武王曰：'予有乱臣十人。'孔子曰：'有妇人焉，九人而已'"两处"铁证"，那么多种为孔子的辩解及开脱都显得有些无力。我们曾有过这样的理解：孔子这里所说的女子，不是泛指，是指一部分女人，或说有那么一类女人（缺乏修养，不通情达理，甚至胡搅蛮缠——俗话说的泼妇一类），不好对待，很难伺候：近之则不逊,远之则怨。这样,孔子把品格低下的小人与缺乏修养的女人放在一起评论,谓其不好对待,是合乎情理的。这里"女子"与"小人"并言,当然是指德行差的女人。

(4)近之则不逊,远之则怨

宋·邢昺:言女子与小人皆无正性,难畜养。所以难养者,以其亲近之则多不孙顺,疏远之则好生怨恨。(邢昺《论语注疏》245 页)

宋·朱熹:君子之于臣妾,庄以莅之,慈以畜之,则无二者之患矣。(《四书章句集注》182 页)

明·蔡清:近之则玩狎矣,远之则疏斥矣。二者皆非君子所以待小人之道,近则失之不及,远则失之太过。庄以莅之,不近之也;慈以畜之,不远之也。盖此等虽有难养之情,君子则有善养之道。自其近不逊、远则怨言之,固见其难养;自其庄以莅之、慈以畜言之,则无难养者矣。圣人言此以见常情,非近之则远之,二者人所易犯,而示人以当思待之之道,使不至不逊而怨也,非特患其难养也。(《论语蒙引》卷四·65 页)

钱地:若近之则不逊,远之则怨者,此是一切小人之共同性,当不分男女,而性行劣者,皆有此病。(《论语汉宋集解》957 页)

金池:[传授给你们]浅近的知识就不谦逊[说会了],[传授给你们]深远的知识就埋怨[说听不懂]。(《论语新译》537 页)

林觟顺:[注解]不孙:是不逊,是非常柔顺。怨:是怒号,是怨声传遐迩。[释义]孔子说:"父母养育子女,要算初生婴儿及满月至周岁的幼儿,最不易抚养,若时刻不离左右,则柔顺乖巧,若稍有远离,儿就会放声大哭。(《论语我读》336 页)

辑者案:句意明显:这些女子和小人很难对付,亲近之,他们就过分随便、放肆无度;而稍一疏远,便埋怨不已。

17.25 子曰:"年四十而见恶焉,其终也已。"

汉·郑玄:年在不惑而为人所恶,终无善行也。(皇侃《论语集解义疏》卷九·21页)

梁·皇侃:人年未四十则德行犹进,当时虽未能善,犹望可改。若年四十,已在不惑之时,犹为众人共所见憎恶者,则当终其一生无复有善理,故云其终也已。(皇侃《论语集解义疏》卷九·21页)

宋·朱熹:四十,成德之时。见恶于人,则止于此而已,勉人及时迁善改过也。苏氏曰:"此亦有为而言,不知其为谁也。"(《四书章句集注》182页)

明·林希元:四十见恶,尤甚于无闻者。古人多说四十,盖四十乃血气极盛之时,过此则渐衰之日矣。修德进学者,所当及时黾勉,不可使有过时之悔也。(《四书存疑》卷七·47页)

日·中井积德:此必与少壮者语也,不必寻求其为谁,决非对四十以上者而言。或曰:此有强岁见恶之人而评之,以诫门人也。焉字可玩。苏氏之意,盖如此。(《论语逢原》362页)

清·俞樾:此章之旨自来失之,《子罕》篇曰:"四十五十而无闻焉",盖泛论他人不能为一概之词,故曰四十五十,言或四十或五十,亦属辞之常也。此文云年四十则为据实之言,非泛论矣。窃谓此章乃夫子自叹也。……据《史记·孔子世家》,孔子年三十五适齐,为高昭子家臣,以通乎景公,公欲封以尼谿之田,晏婴不可,孔子斯言殆因此而发。(《群经平议》卷三十一·23页)

程树德:《集解》、《集注》于此章皆作对人言,不知所指,俞氏改为对己言,说虽创而实有依据,盖即"甚矣吾衰也"之意,较旧说为胜。(《论语集释》1246页)

杨润根:孔子说:"一个年龄已达到四十岁而仍然没有获得任何一种受人尊重的才能以从事一种受人尊重的职业的人,我想这

个人的一生也就完结了。"(《发现论语》457 页)

　　刘兆伟:孔子说:"四十岁还屡现劣迹,他终身也就这样了。"
(《论语通要》435 页)

　　　　辑者案:此章取郑玄、皇侃之释。朱熹"勉人及时迁善改
　　过"之说可为补充。此言因何而发无可考,朱熹从苏氏之说,
　　得之。

微子第十八

18.1 微子去之，箕子为之奴，比干谏而死。孔子曰："殷有三仁焉。"（辑者案："三仁"，定州汉简本作"三人"）

(1)微子、箕子

汉·马融：微、箕，二国名。子，爵也。微子，纣之庶兄。箕子、比干，纣之诸父。微子见纣无道，早去之。箕子佯狂为奴，比干以谏见杀。（邢昺《论语注疏》246页）

清·宦懋庸：微箕非国，皆殷圻内之地，如雍沃盘河之类，盖以其食邑之地称之者也。子非爵，乃男子之美称。（《论语稽》卷18·1页）

辑者案：微、箕为国名。微子名启，纣王庶兄，封于微。《尚书·微子之命篇》孔《疏》引《吕氏春秋·仲冬纪》说，纣母先为帝乙之妾，生长子启，以及次子仲衍，后为帝乙之妻，始生纣，所以启与仲衍都称庶兄。初帝乙欲立启为太子，太史据法而争之曰："有妻之子，不可立妾之子。"于是立纣。关于箕子，先秦典籍绝少记载，据马融注，为纣叔父。封国于箕，故称箕子。"子"非爵位，"乃男子之美称"。

(2)微子去之

汉·马融：微子见纣无道，早去之。（皇侃《论语集解义疏》卷九·21页）

梁·皇侃：云"微子去之"者，微子者，名启，是殷王帝乙之元子、纣之庶兄也。殷纣暴虐，残酷百姓，日月滋甚，不从谏争。微

子观国必亡，社稷颠殒，己身是元长，宜存系嗣，故先去殷投周，早为宗庙之计，故云去之。（皇侃《论语集解义疏》卷九·21页）

清·黄式三：微子去之，皇《疏》以为去殷归周，未足据。蔡氏《书传》言："适周在克殷之后，此时特去位而逃于外。"其说为长；或谓去王朝而之国，则国在畿内，不得言去也。（《论语后案》503页）

辑者案：此理解为"微子离开了商纣王"为妥。至于微子启逃到了哪里，尚待考证。

（3）殷有三仁

汉·郑玄：箕子、比干不忍去，皆是同姓之臣，有亲属之恩，君虽无道，不忍去之也。然君臣义合，道终不行，虽同姓有去之理，故微子去之，与箕子、比干同称三仁。（马国翰辑《论语古注·论语郑氏注》卷九·3页）

魏·何晏：仁者爱人。三人行异而同称仁，以其俱在忧乱宁民（辑者案：这句话，皇侃《论语集解义疏》以为马融语）。（邢昺《论语注疏》246页）

唐·韩愈：杀身成仁，比干以之，微箕二子校之劣焉。仲尼俱称仁，别有奥旨，先儒莫之释也。（《论语笔解》卷下·22页）

宋·许谦：微子欲免君杀兄之恶，为爱其君，以存宗祀，为爱其亲，仁也；比干杀身以尽其职，为爱其君，亦仁也；箕子恐陷君于多杀谏臣之罪，亦仁也。三人用心，处事虽不同，皆是欲全乎心之德，尽乎爱之理。（《读论语丛说》卷下·25页）

林觥顺：殷有三仁，不是殷代只有三个仁者，是说殷代仁者甚众。按仁是二人，三人是众，篆作𣥻，犹众人立也。（《论语我读》337页）

黄怀信：[校]殷有三人焉，"人"旧作"仁"，义不谐，当属音误，今从定州简本及敦煌一本改。[释]"人"，人才。《雍也》篇："子游为武城宰，子曰：'汝得人焉尔乎？'"与此同。[章旨]《集解》引马融曰:"仁者爱人,三人行各异而同称仁,以其俱在忧乱宁民也。"说牵强。三人之行不关仁,且此篇皆论人才,不言仁。(《论语新校释》449页)

陈大齐:三人之仁,非指去、奴、死为仁也,商纣时天下不安甚矣,而微、箕、比干皆能忧乱安民,故孔子叹之。谓商之未有忧乱安民者三人,而纣莫能用,而令其去、令其奴、令其死也。(《论语辑释》245页)

辑者案:理解为"殷有三位仁人",符合文义。

18.2 柳下惠为士师,三黜。人曰:"子未可以去乎?"曰:"直道而事人,焉往而不三黜? 枉道而事之,何必去父母之邦?"

汉·郑玄:黜,贬退也。(袁钧辑《郑玄论语注》卷九·4页)

梁·皇侃:云"三黜"者,黜,退也。惠为狱官,无罪而三过被黜退也。(皇侃《论语集解义疏》卷九·22页)

杨朝明:三,虚指,意思是"多"、"多次"。黜,旧以为免职,实际上应该是仕途受压抑的意思。(《论语诠解》170页)

辑者案:从字面意义理解,释为"三次遭贬退"或"多次遭贬退"皆可;从"柳下惠之贤,不被重用"这一事实来看,杨朝明的解释颇有道理。

18.3 齐景公待孔子曰:"若季氏,则吾不能,以季、孟之间待之。"曰:"吾老矣,不能用也。"孔子行。

待孔子……待之

汉·孔安国:鲁三卿,季氏为上卿,最贵;孟氏为下卿,不用事。言待之以二者之间。(邢昺《论语注疏》247页)

宋·邢昺:"齐景公待孔子"者,待,遇也,谓以禄位接遇孔子也。(邢昺《论语注疏》247页)

宋·张栻:景公计量所以待之轻重,是与孔子事道之意违矣。程子曰:季氏强臣,君待之之礼极隆然,非所以待孔子季孟之间。则待之之礼为至矣。然曰"吾老矣,不能用也",此不系待之之轻重,特以不用而去。(《南轩论语解》卷九·11页)

元·詹道传:《史记·世家》:鲁昭公为季平子所逐,处乾侯,鲁乱,孔子适齐,为高昭子家臣。通乎景公,将以尼谿之田封孔子,晏婴不可,而止。他日,景公止孔子曰:"奉子以季氏,吾不能,以季、孟之间待之。"(《论语集注纂笺》卷九·15页)

日·中井积德:景公两语,非一时之言。上曰在相见之前,下曰在相见之后。景公之待孔子也,以其待季待孟之礼相比拟也。程子乃引鲁君之待例,失之。盖齐侯之待鲁臣,于季于孟,礼有隆杀也。故云。(《论语逢源》365页)

清·黄式三:"待孔子"之"待",依《史记·世家》作"止"。止对行言,谓留之也。《尔雅》:"止,待也。"《广雅》:"止,待逗也。"……古待、止音同,相通用。(《论语后案》505页)

清·刘宝楠:昭四年《左传》季孙为司徒,叔孙为司马,孟孙为司空。司徒,上卿也;司空,下卿也。哀二年《经》书:"季孙斯、叔孙州仇、仲孙何忌帅师伐邾。"此正鲁三卿之位次。但孟氏虽居下卿,而权重于叔氏,故当时多言季、孟。此《注》谓"孟不用事",误。(《论语正义》716页)

方骥龄:《说文》:"待,竢也。"待与竢互训。竢通俟,俟又与痴骏之骏字相通。今人言延搁停留至久曰"待下去",与"呆""骏""耽"字同音。《管子·大匡》"君不能待也"注:"犹疑也。""齐景公待孔子"者,殆齐景公对孔子有所犹疑而延搁耽待之欤?"曰"字

似应单独,不与"齐景公待孔子"句相连,疑系景公延搁耽待后向人自述其因之语。(《论语新诠》534页)

金良年:[译文]齐景公接待孔子时说:"像鲁国重用季氏那样,我做不到。"于是就用次于季氏、高于孟氏的待遇来接待孔子。(《论语译注》221页)

邓球柏:[白话]齐景公在讨论对孔子的待遇时说:"如果像鲁君对待季氏那样对待孔子,我可能做不到。我只能用季氏和孟氏之间的礼节对待孔子。"(《论语通解》343页)

黄怀信:[释]"待",止、挽留。[训译]齐景公(开始)挽留孔子时说:"像(鲁君对待)季氏那样,那我做不到。(我)将以季氏与孟氏之间的(礼节)待他。"(《论语新校释》451页)

李零:"待",古代训诂,有留止之义,也有待遇之义。这里有两个"待"字,《史记·孔子世家》转述此节,上面的"待"字,司马迁换作"止"字,意思是留止,下面的"待"字,司马迁换作"奉"字,则指付给孔子的俸禄待遇。这是他的白话转述。其实,从文义看,这两个"待"字,还是统一起来好,都是讲给孔子付薪酬。(《丧家狗——我读〈论语〉》313页)

刘兆伟:[今译]齐景公谈到如何对待孔子时说:"像对待鲁国季孙氏那样,那是我做不到的。以季孙氏、孟孙氏之间对待他吧。"(《论语通要》439页)

杨朝明:齐景公讲到如何对待孔子的时候说:"像鲁国的季孙氏那样任用他,我做不到。我可以用介于季孙氏和孟孙氏之间的待遇来任用孔子。"(《论语诠解》170页)

孙钦善:齐景公准备给孔子以礼遇留住他,说:"像季氏那样的地位,我不能给;将用季氏孟氏之间的待遇来安置他。"(《论语本解》234页)

辑者案:"待孔子……待之",二"待"字是动词,皆理解为"对待"显顺文意。上述诸家,以刘兆伟说为当。至于"对待"的内容,是"礼仪""礼节"方面的待遇,还是"禄位""薪酬"方面的待遇,则另当别论。观照下文"不能用也"一语,理解为"禄位"(也就是杨朝明所说的"任用")为是。可参照何晏注及邢昺疏:何晏注曰:"以圣道难成,故云吾老不能用也。"邢昺疏曰:"时景公为臣下所制,虽说(悦)孔子之道,而终不能用,故托云圣道难成,吾老不能用也。"

18.5 楚狂接舆歌而过孔子,曰:"凤兮凤兮,何德之衰? 往者不可谏,来者犹可追。已而,已而,今之从政者殆而!"孔子下,欲与之言,趋而辟之。不得与之言。

(1)接舆

汉·孔安国:接舆,楚人也。佯狂而来歌,以欲感切孔子也。(皇侃《论语集解义疏》卷九·24 页)

梁·皇侃:接舆,楚人也,姓陆名通,字接舆。昭王时,政令无常,乃被发佯狂,不仕,时人谓之为楚狂也。(皇侃《论语集解义疏》卷九·24 页)

明·林希元:接舆,是迎其车舆也。歌而过孔子,言迎孔子之车,歌而行过之也。(《四书存疑》卷七·49 页)

清·翟灏:《高士传》:"楚狂姓陆名通。"则接舆非其名,乃接孔子乘舆耳。后文"孔子下",不云"下舆",以"舆"已先见此也。(《四书考异》条考二十·4 页)

清·刘宝楠:接舆,楚人,故称楚狂。……冯氏景《解春集》谓接是姓,舆是名,引齐稷下辨士接子作证。皇甫谧《高士传》:"陆通,字接舆。"妄撰姓名,殊不足据。《韩诗外传》称:"楚狂接舆躬耕以食。楚王使使者赍金百镒，愿请治河南，接舆笑而不应，乃与其妻偕隐，变易姓字，莫知所之。"观此，则接舆乃其未隐时所传之姓字，后人因"孔子下"解为"下车"，遂谓楚狂与夫子之舆相接而歌，误也。（《论语正义》719页）

程树德：曹氏之升曰："《论语》所记隐士皆以其事名之，门者谓之'晨门'，杖者谓之'丈人'，津者谓之沮、溺，接孔子之舆者则谓之接舆，非名亦非字也。"《孟子·万章》"问不见诸侯何义章"正义曰："楚狂接舆是楚人，姓陆名通，字接舆也。"盖本于《高士传》。冯景引齐稷下辩士接子为接氏之证。后人泥于下文"孔子下"之文，以为即下车，遂以接舆为接孔子之舆，非也。考《庄子·人间世》，孔子适楚，楚狂接舆游其门，则非接孔子之舆矣，当以接氏舆名为是。（《论语集释》1262页）

黄怀信："接"，《说文》："交也。"此指接触、触摸。"舆"，孔子所乘之车舆。旧以"接舆"为人名，非。又或以"接舆"为迎接乘舆之人，亦非。（《论语新校释》453页）

杨朝明：接舆：人名，楚国隐士，佯装狂人。《楚辞·九章》有"接舆髡首兮"一句，王逸注："接舆，楚狂接舆也。髡，剔也。首，头也。自刑身体，避世不仕也。"此外《庄子·人间世》记载接舆歌于孔子之门。从这两个记载来看，接舆是人名无疑。（《论语诠解》170页）

辑者案：刘宝楠、杨朝明之说有据，接舆应是人名。

（2）往者不可谏，来者犹可追

汉·孔安国：已往所行，不可复谏止。自今已来，可追自止，辟乱隐居。（邢昺《论语注疏》249页）

清·俞樾：余因子高解往者不可谏，而悟来者犹可追之义。《周官·追师注》："追，犹治也。"犹可追，言犹可治也。夫子删《诗》《书》，定《礼》《乐》，赞《周易》，修《春秋》，为后世法，皆所以治来世也。公羊子曰："制《春秋》之义,以俟后圣,以君子之为亦有乐乎此也。"深得孔子之意,而皆自楚狂一言发之,楚狂之功大矣。(《春在堂随笔》卷三·19页)

清·戴望:往,往世也。谏犹正也。言祸乱相寻已久,不可以礼义正之。来,来世也。言待来世之治,犹可追乎? 明不可追。庄周书引此歌云:"往世不可追,来世不可待。"(《戴氏注论语》卷十八·1页)

蒋伯潜:言过去的栖栖皇皇,不必说了;今后隐居,还来得及也。(《四书读本》231页)

黄怀信:[释]"谏",劝而正,劝孔子也。"追",犹及。言犹可及劝。[训译]为什么你的德行衰减? 以往的不能劝(你)改正了,未来的还来得。(《论语新校释》453页)

何新:[注释]谏,更也(《玉篇》)。追,读为及。及,捉也,逐也,追也。旧说皆谬。[译文]过去的已不可挽回,未来的还可以把握。(《论语新解——思与行》242页)

孙钦善:以往的错事已不可制止,未来的前途还来得及深谋于怀。(《论语本解》235页)

辑者案:谏,有"谏正"、"匡正"义。《周礼·地官·保氏》:"保氏掌谏王恶。"郑玄注:"谏者,以礼义正之。"追,有"补救"、"挽回"义。《尚书·五子之歌》:"弗慎厥德,虽悔可追。"陶渊明《归去来兮辞》:"悟已往之不谏,知来者之可追。实迷途其未远,觉今是而昨非。"据此,理解为"以往的已不可谏正,未来的还可补救"为善。

(3)已而,已而

汉·孔安国:已而已而者,言世乱已甚,不可复治也。再言之者,伤之深也(辑者案:"伤之深也",皇疏本作"伤之甚也")。(邢昺

《论语注疏》249页)

宋·朱熹：已，止也。而，语助辞。（《四书章句集注》184页）

清·翟灏：按：《鲁》读"期斯已矣"者，疑属上篇《问丧章》"期而已矣"。如陆（辑者案：指陆德明）云，则《鲁论》已尝有错简矣。郑《注》不传，难以遽断。（《四书考异》条考二十·4页）

清·潘维城：维城案：《鲁》盖读"已"为"期斯已矣"之"已"，《释文》当有脱字，非读此句为"期斯已矣"，翟说非也。（《论语古注集笺》卷十八·4页）

吴新成：已而，已而，今之从政者殆而。[解]莫执迷，莫执迷，如今当政者无从针砭！（《论语易读》336页）

郑张欢：已而，已而：已应知道哩，已应知道哩。（《论语今释》281页）

　　辑者案：今人多将"已而，已而"译为"算了吧，算了吧"或"罢了，罢了"，颇顺文意。

（4）殆

宋·邢昺："已而，已而"者，言世乱已甚，不可复治也。再言之者，伤之深也。殆，危也。言今之从政者皆无德，自将危亡无日，故曰殆而。而皆语辞也。（邢昺《论语注疏》249页）

清·戴望：殆，疑也。昭王欲以书社地封孔子，子西沮之，故言今之从政者见疑也。（《戴氏注论语》卷十八·1页）

何新：[注释]殆，读为歹，坏也。旧说皆谬。[译文]当今从政者没有好人啊！（《论语新解——思与行》242页）

刘兆伟：[今译]算了吧！算了吧！现在的统治者已经腐败了！（《论语通要》442页）

晓晓：殆，危险。[译文]当今的执政者不可救药。（《论语》256页）

　　辑者案：应遵从邢昺说。

（5）下

汉·包咸：“孔子下，欲与之言”者，下，谓下车。孔子感其言，故下车，欲与语。（邢昺《论语注疏》249页）

汉·郑玄：下，下堂出门也。（马国翰辑《论语古注·论语郑氏注》卷九·3页）

清·陈鳣：此当与荷蒉过孔门同，故郑云“下堂出门也”。《庄子·人间世》云：“孔子适楚，楚狂接舆游其门曰：‘凤兮凤兮，何如德之衰也。’”足为下堂出门之明证，包云“下车”误矣。（《论语古训》卷九·14页）

　　辑者案：此事发生在孔子周游列国途中，理解为“下车”较符合实际。

18.6 长沮、桀溺耦而耕，孔子过之，使子路问津焉。长沮曰：“夫执舆者为谁？”子路曰：“为孔丘。”曰：“是鲁孔丘与？”曰：“是也。”曰：“是知津矣。”问于桀溺。桀溺曰：“子为谁？”曰：“为仲由。”曰：“是鲁孔丘之徒与？”对曰：“然。”曰：“滔滔者天下皆是也，而谁以易之？且而与其从辟人之士也，岂若从辟世之士哉！”耰而不辍。子路行以告。夫子怃然，曰：“鸟兽不可与同群，吾非斯人之徒与而谁与？天下有道，丘不与易也。”（辑者案：“怃然”，定州简本作“抚然”）

（1）长沮、桀溺耦而耕

汉·郑玄：长沮、桀溺，隐者也。耜广五寸，二耜为耦。（邢昺《论语注疏》249页）

宋·邢昺：注“耜广五寸，二耜为耦”。此《周礼·考工记》文也。郑注云：“古者耜一金，两人并发之。今之耜歧头两金，象古

之耦也。"（邢昺《论语注疏》251 页）

宋·朱熹：耦，并耕也。（《四书章句集注》184 页）

宋·金履祥：古之隐者，不以姓名自见，人亦不得而知之。《论语》所载若荷蓧、晨门、荷蓧丈人，皆以其物与其事名之，不得姓名之真也。独长沮、桀溺若得其名氏者，然长与桀古无此姓氏，而名又皆从水，夫子使子路问津而不告，则一时何自而识其姓名？计亦以其物色名之。盖二人耦耕于田，其一长而沮洳，其一人桀然高大而涂足，故因以其物色名之，犹荷蓧丈人之云尔。（《论语集注考证》卷九·7 页）

明·林希元：沮、溺二人，窃意与楚狂、丈人皆不知姓名。曰长沮，曰桀溺，记书者加之以名耳。沮者，沮而不出也。溺者，沉而不反也。（《四书存疑》卷七·49 页）

清·钱坫：《圣贤冢墓记》云："南阳叶邑方城西有黄城山，即长沮、桀溺耦耕所，有东流水，则子路问津处也。"《括地志》云："黄城山俗名菜山，在许州叶县西南二十五里。"案：耦耕，即合人耦也。《周官·里宰》："以岁时合耦于锄，以治稼穑，趋其耕。"古者有牛耦，有人耦。耦耕者，人耦也。（《论语后录》卷五·15 页）

清·康有为：长，身高者；桀，身短者；沮、溺，亦记者名其隐沦之意。（《论语注》278 页）

方骥龄：《释名·释亲属》："耦，遇也。"二人相对遇也。……耦而耕，必长沮、桀溺相对工作，一人处田中搅泥，使之均匀，或伫立田中敲击泥土，使之覆盖种子，一人则担粪便施肥。长沮固定在田中，故子路先向之问讯。担粪便为流动工作，故子路次问桀溺。如依前人耦耕为共在一处，则子路所问于长沮者，桀溺早已闻及，又何必再问？（《论语新诠》541 页）

唐满先：[注释]长沮（聚 jù）、桀溺（逆 nì），指两个隐士，不是真实姓名。沮,沮洳,由腐烂植物埋在地下而形成的泥沼。桀,同"杰",魁梧的意思。溺,浸在水中。长沮,站在泥沼里的高个子。桀溺,浸在水中的大个子。子路当时看见他们,无暇问其姓名,故以他们的形象称呼他们。耦而耕:两人并耕。(《论语今译》192页)

杨润根:长沮,个子高高的汗流满面的人。桀溺,一个高大的衣服浸透了汗水的人。从子路仅仅以他们的外表特征及其当时所处的劳动情景来称呼他们这一点来看,他们并不像许多学者所理解的那样是什么隐士,而是普普通通的农夫。(《发现论语》465页)

全池:[注释]耦(ǒu偶)而耕:两人合耕。耦:并肩。(《论语新译》547页)

林觥顺:[注解]耦而耕,用大小二耜组合成的犁耕田。耦的本义是二耜,是头有大小的二耜连贯而成。所谓犁头尖,就是木制耕具入土的部分,耜是钢铁所制,有大小二块犁头尖。可因地质所宜而分解组合。旱地用大耜,水田用大小二耜组合。……所以耦是配合大小耜所组成的犁。……耦是耒耜是所谓的犁头尖。(《论语我读》341页)

何新:耦耕是古代耕田的一种方法。此言相伴而耕。……或说"耦而耕",即二人共用一件农具耒耜协同用力,进行耕作。"耒和耜结合起来,成为'耒耜'。耒耜的横木下有刃,一农人以足踏在耒耜的横木上,利用身体的重量把耜刃压入土中,这个动作叫做'推'。耜既入土后,另一人斜抑它的柄子使土壤翻起,叫做'发'。一推一发所起之土叫做'拨'。反复推发的动作是由两个人做的,所以叫做'耦耕'。"(1985年农业出版社出版的《中国农史稿》,第32页)(《论语新解——思与行》244页)

孙钦善:长沮、桀溺:两个隐者,失其真名,因在水边耕作,因而称"沮"(沮洳),称"溺"(淖溺)。耦而耕:耦耕是古代的一种耕

田方法,其法两人并肩用耜(单头,类似铲)翻土。(《论语本解》236页)

　　　　辑者案:关于长沮、桀溺,看作人名即可,无须深究含义。耦,两人并耕称耦。耦通偶,如《左传·桓六年》:"太子曰:人各有耦,齐大,非吾耦也。"

(2)问津

汉·郑玄:津,济渡处。(邢昺《论语注疏》249页)

清·刘宝楠:《水经·沁水注》:"方城山,水东流,注沁水。故《地理志》曰:'南阳叶,方城。'邑西有黄城山,是长沮、桀溺耦耕之所,有东流水,则子路问津处。"《寰宇记》略同,未知其说所本。而近时山东《通志》又谓:"鱼台县桀溺里在县北三十里,相传为子路问津处。其地乃济水经流之地,有问津亭。碑载夫子适陈、蔡,有渡,有桥,有庵,俱以问津名。"考鱼台为鲁棠邑,夫子时非去鲁,何缘于此问渡?地理书多难征信若此。《世家》云:"孔子以隐者,使子路问津焉。"《论衡·知实篇》谓"孔子使子路问津,欲观隐者之操",此或《古论》家说。然求意太深,反失事实。(《论语正义》720页)

金良年:[段意]据《史记·孔子世家》,此章与下一章都是孔子从楚国返回蔡国途中的事(钱穆《孔子传》则认为,本章之事发生在孔子离开陈国去蔡国的途中)。(《论语译注》224页)

　　　　辑者案:关于问津处,据《史记·孔子世家》所记,是"去叶返于蔡"之际。叶属楚国,在今河南的叶县南。据此,刘宝楠所引《水经注》之说为是。

(3)滔滔

汉·孔安国:滔滔(辑者案:马国翰辑《论语孔氏训解》"滔滔"作"悠悠"),周流之貌。言当今天下治乱同,空舍此适彼,故曰谁以易之。(《论语注疏》250页)

宋·朱熹:滔滔,流而不反之意。(《四书章句集注》184页)

日·中井积德:滔滔,涨漫之貌,与荡荡浩浩同,谓凶暴无道,满天下之意。旧解流而不反之意,失当。天下其有一流而复归之水乎哉!(《论语逢源》367页)

清·梁章钜:洪氏颐煊曰:滔滔当作慆慆,《鲁论》作慆慆,《古论》作悠悠,《文选·幽通赋》:"溺招路以从己兮,谓孔氏犹未安;慆慆而不肥兮,卒陨身乎世祸。"《汉书叙传》小颜《注》引《论语》:"慆慆者天下皆是也。"(《论语旁证》卷十八·9页)

清·刘宝楠:正义曰:卢氏文弨《释文考证》:"《史记·世家集解》引此《注》'滔滔'作'悠悠',又《文选》四十九千令升《晋纪·总论》'悠悠风尘'《注》所引孔《注》亦同。是《古论》作'悠悠',郑、孔皆同。何晏依《鲁论》作'滔滔',采孔《注》而改之,妄甚。"今案:"悠悠"训周流,疑与《诗》"淇水滺滺"同,即"浟"之或体,水回旋、周流皆是。此水喻当世之乱同也。《注》云"治乱同"者,连言耳。"空舍此适彼",言彼此皆同,不必以此易彼也。说似可通,但与下句"丘不与易"义不协。(《论语正义》722页)

清·沈涛:《释文》曰:"滔滔",郑本作"悠悠"。《史记·孔子世家》亦作"悠悠",则作"滔滔"者非。《史记集解》《文选》《晋纪·总论·注》引孔注皆作"悠悠",似孔本亦作"悠悠"者,但《集解》作"滔滔",皇陆邢三本皆同。恐《史》、《选》各注所引,改注以就正文耳。"滔""悠"声相近,疑《古论》作"悠悠",《鲁论》作"滔滔"。"悠",悠远貌(见《诗·载驰传》),亦非周流之貌。孔注非。(《论语孔注辨伪》卷下·14页)

毛子水:班固《幽通赋》:"安慆慆而不萉兮。"邓展说:"慆慆,乱貌也。"疑《论语》滔滔亦当训"乱貌"。(《论语今注今译》283页)

钱穆:滔滔,水流貌。字亦作悠悠,即浟浟,同是水流之貌。水之长流,尽日不息,皆是此水,因在水边,随指为喻。犹今俗云

天下老鸦一般黑。(《论语新解》471页)

吴新成：[解]这世道到处都一样，就像到处的水都一样，能和谁去改变它呢？(《论语易读》337页)

牛泽群：高亨以为"滔"当作"駋"。《说文》："駋，马行貌。"(《论语札记》512页)

黄怀信：[释]悠悠：忧虑之貌。[训译]忧虑不安的人满天下都是，谁能改变(这种局面)？(《论语新校释》455页)

胡齐临：[直义]像洪水一般的坏东西天下到处都是。(《论语真义》214页)

孙钦善：滔滔：《经典释文》引郑玄注本作"悠悠"，《史记·孔子世家》也作"悠悠"。"滔滔""悠悠"古音相近，意为周流的样子。这里形容动乱。(《论语本解》236页)

　　辑者案：诸本异文复杂。观文意，"滔滔"表意恰切。滔，有弥漫义，如"滔天"，即"漫天"。《尚书·益稷》："洪水滔天，浩浩怀山襄陵，下民昏垫。"品味桀溺用意，正是说当今普天下到处都是一样的混乱，谁能改变它呢？劝其避世。

(4)耰

汉·郑玄：耰，覆种也。(邢昺《论语注疏》250页)

清·江永：耰，摩田也。又曰覆种。或疑播种之后不可摩，摩则种不固。然沮、溺耦耕时即耰。《国语》云："深耕而疾耰之。"《孟子》亦曰："斄麦，播种而耰之。"是耰在播种之后。问诸北方农人曰：播种之后，以土覆是，摩而平之，使种入土，鸟不能啄也。(《群经补义》，《清经解》1999页)

清·李惇：耕是一事，覆种又一事，不应一刻之间旋耕旋覆也。案：耰有二义，《孟子》"播种而耰之"，《说文》徐《注》谓耰为摩田器，布种后以此器摩之，使土开发处复合，覆种者是也。此处之耰，即《齐语》管仲所云"及耕，深耕而疾耰之，以待时雨"，韦《注》云："耰，摩平也，时雨至当种之也。"《庄子·则阳篇》"深其耕而熟耰之"，《注》："耰，锄也。"《史记·龟策传》："耕之耰之，锄之耨之。"其事皆与耕相连，在布种之前也。(《群经识小》卷六·13页)

蒋沛昌：耰(优 yōu)而不辍(绰 chuò)——作土不止。耰：一种形似锄头的农具，用来碎土、整地或覆盖播下去的种子，农民称之为作土工具。此处用作动词，就是作土或锄地的意思。(《论语今释》463页)

杨润根：耰，这个字可视为由"耒"和"擾"(省)构成，意为用耦齿翻动并捣碎土块。(《发现论语》467页)

金池：耰(yōu 优)：古代平整土地的农具，这里泛指耕作，干活。(《论语新译》547页)

金知明：耰而不辍：耕地不止。耰，耕作。(《论语精读》245页)

亦丰：耙土覆盖播下的种子。(《论语句解》115页)

孙钦善：耰(yōu 忧)：用土覆盖播下的种子，并把土耙平。(《论语本解》236页)

　　辑者案：李惇说为是。从耕田到覆种需要较长的过程：耕地、碎土整平、播种、覆盖。问路只一会儿工夫，桀溺二人不可能完成如此多的工序。耰同櫌，一种形似木椎的农具，耕地时，以此碎土平田。这种农具，后来发展为耙，木框上布满耙齿，犁田时用以碎土平田。

(5)怃然

魏·何晏：为其不达己意而便非己也。(皇侃《论语集解义疏》卷九·26页)

梁·皇侃："夫子怃然"者，怃然，犹惊愕也。孔子闻子路告，故愕怪彼不达己意而讥己也。(皇侃《论语集解义疏》卷九·27页)

宋·朱熹：怃然，犹怅然，惜其不喻己意也。（《四书章句集注》184页）

王缁尘："夫子怃然曰"者，孔子听了话，寂然不动，如有所失。（《四书读本》344页）

萧民元：有人把"夫子怃然曰"以下解成："人不可能跟山林的鸟兽同群。我如不跟世人生活在一起，要跟谁在一起呢？天下如果太平的话，我也不用出来改变这个局势了。"这样解，笔者不以为然。而古时更有人说："隐居山林是与鸟兽同群。吾自当与此天下之人同群，安能去人从鸟兽乎？"真是胡解瞎说（对不起）。

现在，把笔者的意思叙述一下：

"夫子怃然"，怃然就是内心有所伤痛而感慨的形容词。为何会感慨呢？孔子感于桀溺的话"滔滔者天下皆是"没错，孔子也认为是这样的。桀溺的话触动了他内心的伤痛。

"鸟兽不可与同群！吾非斯人之徒与而谁与？"长沮、桀溺是隐士。那时隐士多高人，其中高智清德的大有人在。以上这句话是孔子认为："现在世事混乱，道德沦丧，处于此世有如与鸟兽同群，我实应该避世。我若不与这种高洁之士在一起，还应与谁在一起啊！"

"天下有道，丘不与易也。"但是，向往归向往，自己却是另一种人——有志匡扶天下，明知其不可为而为之的那种人。所以孔子又说道："如果天下太平无事，我也要过着那种自供自给、逍遥自在的生活，终生不变。"（《论语辨惑》153页）

杨润根：怃，《说文》："怃，爱也。……一曰不动。"我们可以这样理解它的含意：自珍自爱，对一切不以为然、超然物外。（《发现论语》467页）

林觥顺：怃然：《尔雅·释诂》："怃，抚也。"是慈祥温柔貌。

《论语我读》342页）

郑张欢：［注］忱，无从心，惘。［释］孔子忱惘地说……（《论语今释》282页）

辑者案：应从朱熹说。忱然，犹怅然若失。

（6）鸟兽不可与同群，吾非斯人之徒与而谁与

汉·孔安国：隐于山林是同群（辑者案："隐于山林是同群"，皇侃本作"隐居于山林，是与鸟兽同群也"）。吾自当与此天下人同群，安能去人从鸟兽居乎？（邢昺《论语注疏》250页）

王熙元：鸟兽不可与同群。"不可与鸟兽同群"的倒装句，是针对桀溺"岂若从辟世之士"的话而说。因山林是鸟兽栖息的地方，人若隐居山林，就是与鸟兽同群而居。（《论语通释》1121页）

王缁尘："鸟兽不可与同群"云云者，即孔子所说的话。意思是："现在天下的人，都和鸟兽一样；这种人，不可和他同伙做事，我何尝不晓得呢？长沮、桀溺，是两个有道德的隐士。我不是这种人的队伙，是谁人的队伙呢？"（《四书读本》344页）

金知明：飞鸟与野兽不能在一起，我不同这种人在一起又跟谁在一起呢？（《论语精读》245页）

杨朝明：孔子怅然若失地说："鸟兽是不能与人合群的，虽然我不是长沮、桀溺这类人，但是我不同这些人在一起以便追寻治理天下的先王之道，那么我与谁在一起呢？"（《论语诠解》171页）

亦丰：人与鸟兽是不可同群的。我不同世人相处又和谁相处呢？（《论语句解》115页）

辑者案：孔安国、王熙元解说符合文意。孔子积极治世，反对桀溺所说的避世（做隐士）。"斯人"，应理解为"世人"。孔子主张与天下人同道，而不与隐士同群。

(7)天下有道,丘不与易也

魏·何晏:言凡天下有道者,丘皆不与易也,己大而人小故也。(邢昺《论语注疏》250页)

宋·朱熹:天下若已平治,则我无用变易之。正为天下无道,故欲以道易之耳。(《四书章句集注》184页)

清·刘宝楠:皇本作"孔注"。其申《注》云:"言凡我道虽不行于天下,天下有道者,而我道皆不至与彼易之,是我道大、彼道小故也。"案:《注》意谓天下即有道,某亦不以治民之大道易彼隐避之小道也。于义殊曲,故不从之。(《论语正义》723页)

吴林伯:"易",治也。……天下若有道而平泰,我自不与人治之;今天下大乱,我正宜与人治之。(《论语发微》203—204页)

李炳南:天下人各有其道,我不必与他们相为改易,各行其是而已。(《论语讲要》371页)

林觚顺:[注解]丘不与易:是我孔丘与他们完全不同。[释义]天地间的不宜有的邪辟之说,我孔丘决不同意。(《论语我读》342页)

黄怀信:天下如果秩序正常,我也就不会参与改变它了。(《论语新校释》457页)

金知明:(要是)天下治理有方,我也不用去改变啦。(《论语精读》246页)

郑张欢:[注]忉,无从心,惘。[释]孔子忉惘地说:"鸟与兽不可能相与同群,我不为人世之事作为而难道为之外之事作为? 天下有道,丘是不会为改变它而努力的。(《论语今释》282页)

　　辑者案:从朱熹说。

18.7 子路从而后,遇丈人以杖荷蓧。子路问曰:"子见夫子乎?"丈人曰:"四体不勤,五谷不分,孰为夫子?"植其杖而芸。子路拱而立。止子路宿,杀鸡为黍而食之,见其二子焉。明日,子路行以告。子曰:"隐者也。"使子路反见之。至,则行矣。子路曰:"不仕无义。长幼之节,不可废也;君臣之义,如之何其废之? 欲洁其身,而乱大伦。君子之仕也,行其义也。道之不行,已知之矣。"

(1)丈人

汉·包咸:丈人,老人也。(邢昺《论语注疏》251页)

清·刘宝楠:《道应训·注》以为"老而杖于人,故称丈人"。此说不免附会。《易·师》"丈人吉",郑《注》:"丈之言长,能以法度长于人。"彼称丈人为位尊者,与此荷蓧丈人为齿尊异也。(《论语正义》725页)

乔一凡:丈人,犹前辈。(《论语通义》314页)

辑者案:丈人,通称为老人。

(2)以杖荷蓧

汉·包咸:蓧,竹器。(邢昺《论语注疏》251页)

滕志贤:蓧,即古代的锹,芸草挖土的农具。……"杖"很可能就是锹的把柄。《说文》:"杖,持也。"段注:"凡可持及人持之皆曰杖。丧杖、齿杖、兵杖皆是也。"可见古代的"杖"并非专指拐杖。……或疑"杖"若果为锹柄,"荷蓧"足以包括"以杖",《论语》何须更出"以杖"二字? 确实,锹总是装在柄上方可肩荷的,从行文角度看,"以杖荷蓧"这种说法不无小疵。《史记·孔子世家》在叙述同一个事实时即云:"他日,子路行,遇荷蓧丈人。"正省"以杖"二字,或许司马迁也是把"杖"看作锹把的。(《"子路从而后"章臆断》,《南京大学学报》1986年第1期)

于智荣、李立:对句中的"蓧"字,当今的《论语》译注本和古文选本、教本与古汉语有关的大型辞书,多解为"古代耘田器"、"古代锄草工具"、"锄草竹器",有的学者干脆注为"锄头"。……从"莜""蓧"的异体字来考察,"莜""蓧"也当为盛器。《说文》《玉篇》"筶"字与"莜""蓧"读音意义皆同,学者们主张与"莜""蓧"为异体字关系。……今人钱穆亦主张"蓧"为"竹器名,箩籁之属"。……正由于"蓧"是一种中间带有横梁的盛器,才适合于用拐杖挑在肩上。丈人之所以要带这种筐类盛器下田,可能是用它带午饭,或者用它把野菜等东西装回家。(《〈论语〉"蓧"字解诂》,《孔子研究》2007 年第6 期)

郑张欢:[注]杖,拄杖。蓧,《说文》曰:田器也。从字义与文义看大约为草袋。[释]以拄杖肩负着草袋。(《论语今释》283 页)

孙钦善:蓧(diào 掉):古代除草用的农具。(《论语本解》237 页)

晓晓:荷:扛着。蓧,草筐之类。[译文]老人以拐杖挑着除草的农具。(《论语》258—259 页)

　　　辑者案:查《辞源》,蓧既是耘田竹器,又是盛谷种的盛器。丈人此行的目的是耘田,以杖荷耘田器为是。这种农具适合于水田除草。水田里的草,以竹编器摩磋,可使其死。

(3)四体不勤,五谷不分,孰为夫子

汉·郑玄:分,犹理。(马国翰辑《论语古注·论语郑氏注》卷九·4 页)

汉·包咸:丈人云:"不勤劳四体,不分殖五谷,谁为夫子而索之邪?"(皇侃《论语集解义疏》卷九·28 页)

梁·皇侃:分,播种也。孰,谁也。子路既借问丈人,丈人故答子路也。言当今乱世,汝不勤劳四体以播五谷,而周流远走,问谁为汝之夫子,而问我索之乎?袁氏曰:"其人已委曲识孔子,故讥之四体不勤,不能如禹稷躬殖五谷,谁为夫子而索耶?"(皇侃《论语集解义疏》卷九·29 页)

宋·邢昺:"丈人曰:四体不勤,五谷不分,孰为夫子"者,丈人责子路云:"不勤劳四体,不分殖五谷,谁为夫子,而来问我求索之邪?"(邢昺《论语注疏》252页)

宋·吕本中:四体不勤二语,荷蓧丈人自谓。(刘宝楠《论语正义》724页)

宋·朱熹:分,辨也。五谷不分,犹言不辨菽麦尔,责其不事农业而从师远游也。(《四书章句集注》185页)

清·王夫之:"五谷不分",《集注》谓犹言不辨菽麦。按不辨菽麦以讥童昏之尤者,五谷之形状各殊,岂待勤四体以耕者而后辨哉?分者,细别其种也。(《论语稗疏》19页)

日·丰干:子见夫子乎?丈人旧识孔子者也,故子路以"夫子"问之。而丈人固有异见,已厌倦夫夫子之称,故曰:"四体不勤,五谷不分,孰为夫子?"此是讥孔子,谓游食无正业,谁为夫子尊之乎?(《论语新注》159页)

清·梁章钜:按皇《疏》云:"当今乱世,汝不勤劳四体,以播五谷,谁为汝之夫子而问我索之乎?"邢《疏》亦同此意。故《集注》亦云"责其不事农业,从师远游"。惟吕氏本中曰:四体不勤二语,丈人自谓也。为知也。言由四体不勤则五谷不分,田间野老不能舍己之业而具知道途往来之人也。周氏亮工《因树屋书影》云:"丈人高隐之士,必不与子路邂逅,即直斥之。"陶渊明作《丈人赞》曰:"四体不勤,五谷不分,超超丈人,日夕在耘。"可证非责子路语也。(《论语旁证》卷十八·10页)

清·俞樾:樾谨按:分当读为粪,声近而误也。《礼记·王制篇》"百亩之分",郑《注》曰:"分或为粪。"《孟子·万章篇》作"百亩之粪",是其证也。两"不"字并语词,不勤,勤也。不分,分也。……丈人盖自言惟四体是勤五谷是粪而已,焉知尔所谓夫

子？若谓以不勤不分责子路，则不情矣。此二句乃韵语，或丈人引古谚欤？（《群经平议》卷三十一•24页）

何欤：怎样正确理解"四体不勤，五谷不分"句中的两个"不"字呢？我认为这两个"不"字都是虚词，在句中只是起着虚词的语法作用，并无实在的意义。丈人回答子路的几句话意思是：庄稼人只注意手脚勤快地劳动，只关心地里的庄稼，没看见您的老师呢。说完，又继续劳动去了。我认为这样理解，才能符合原意。清人俞樾在他的《古书疑义举例》第四卷第四十五章《助词用不字例》中，对不字用法进行专章阐述，见解独到，分析得很全面，很精辟。他说："……'四体不勤，五谷不分'。按两'不'，皆语词。丈人盖自言'惟四体是勤，五谷是分而已；安知尔所谓夫子？'若谓以'不勤''不分'责子路，则不情甚矣。安有萍水相逢，遽加面斥者乎？"俞樾的上述例证，充分说明古书中助语用"不"，屡见不鲜。"四体不勤，五谷不分"中二"不"用作虚词，是完全不足为怪的。（《关于"四体不勤，五谷不分"句中的两个"不"字》，《孔子研究》1989年第4期）

李启谦：杨伯峻先生《论语译注》译成的白话是："……你这人，四肢不劳动，五谷不认识，谁晓得你的老师是什么人？……"杨先生这种译文是有根据的，宋代朱熹的《论语集注》、清代黄式三的《论语后案》、康有为的《论语注》等等的注释，大体上与此都是相同的。目前很多古代作品选读也是如此讲解。……然而按照这样来理解这段古文，从很多方面都是讲不通的：1.前后情理不通。……子路对那位老人是很礼貌的，老人反而讽刺子路是"四体不勤，五谷不分"，这实在不合乎情理。……2.这里的子路，与本来的子路性格不合。关于子路的性格，第一，果敢而直爽。……第二，粗陋卤莽。……第三，为人勇武。……子路就是这样一位大胆泼辣直率勇武而又粗陋卤莽的人，如果听到或看到不礼貌的言行,他会马上作出反映,绝不会忍气受侮。……3. 上下文义不顺。子路问那位老人见到自己的老师没有?那位老人就没头没脑地批评子路是"四肢不劳动,五谷不认识",并进而莫名其妙地说,因为你四肢不劳动,五谷不认识,所以我就不晓得你的老师是什么人。不认识五谷与不晓得你的老师又有什么逻辑的必然联系呢?从上面不通、不合、不顺的情况看,前面的白话译文,是不符合古文原义的。……我们可以有把握地说,这段古文的白话译文应是:"……老人回答说:'我忙于四肢勤作,分辨五谷,没注意你的老师是谁?'"(《试析〈论语〉"子路从而后"章》,《东岳论丛》1995 年第 5 期)

钱穆:四体不勤,五谷不分:或说:分,借作粪。丈人言,我四体不及勤劳,五谷不及粪种,何从知汝夫子?或云:五谷不分,指播种迟早燥湿当一一分辨。或说:此丈人讥子路,值乱世,不勤劳四体以播五谷,而周流远行,孰为汝之夫子而向我索之乎?据下文,丈人甚有礼貌,似不邂逅子路即予面斥。当从前两说。(《论语新解》473 页)

杨润根:[注释]四体不勤:四体不能勤,即四肢使不上劲。五谷不分:五谷不能分辨,即眼睛不好以至于不能分辨五谷。(《发现论语》469 页)

吴新成:[解]老者说:我只知自己手脚还不勤快,种庄稼还不及施肥,不知道谁是你先生。(《论语易读》339 页)

程石泉:[意义]所言"四体不勤,五谷不分,孰为夫子",亦正所以讥讪为政阶级之不能自食其力。(《论语读训》326 页)

李里:"四体不勤,五谷不分,孰为夫子?"这一段话也是被很多人误解的,认为孔夫子是四体不勤,五谷不分。其实错了,你们读第九篇《子罕》里就有"吾少也贱,故多能鄙事",孔子说他少时贫贱，什么贱活都做过，当过农民，种过地，做过各种工匠，并不是一个四体不勤、五谷不分的人。为什么丈人会这么讲呢？关键问题在子路那里，因为子路问话问错了，他问见到夫子吗？当时夫子这个词是一个泛指的概念，凡是做大夫的都叫夫子，不是特指孔子。孔子做过大夫，所以弟子们都叫他夫子，且在弟子们心中，夫子就成了孔子的专称。子路问夫子，以为别人都知道是孔子，而丈人并不知道。这就是问话的人和听话的人在词语释义上发生了误会。丈人并没有看见孔子，一听问他夫子，他就以为是说那些做官的大夫，所以就开始讥讽了，四肢不勤劳，五谷都分不出来，哪个是夫子，我没有见到什么夫子。其实这就是当时人们对做官的、对大夫、对当权者的看法。所以"四体不勤，五谷不分"是泛指当时的统治者，并不是特指孔子。国学大师杜道生先生还专门做了一篇《"四体不勤，五谷不分，孰为夫子"考》的文章论述这个问题。(《论语讲义》282 页)

金知明：四肢不灵活、五谷分不清的人，谁是你的老师。……勤，活络。(《论语精读》246 页)

辑者案：袁乔、朱熹二解合之，方为圆满。丈人虽直面批评子路，实为讥刺孔子。讥其四体不勤劳，五谷不分辨。

(4)植其杖而芸

汉·孔安国：植，倚也。除草曰芸也。(皇侃《论语集解义疏》卷九·28 页)

梁·皇侃：植，竖也；芸，除草也。丈人答子路竟，至草田而竖其所荷蓧之杖，当挂蓧于杖头而植竖之竟，而芸除田中秽草也。一通云：杖以为力，以一手芸草，故云植其杖而芸也。(皇侃《论语集解义疏》卷九·29 页)

宋·朱熹：植，立之也。(《四书章句集注》185 页)

清·梁章钜:江氏永曰:似谓植杖于他处,然今人耘田以足,必扶杖乃能用足,则植杖正所以耘,犹云拄杖也。(《论语旁证》卷十八·10页)

清·沈涛:"植其杖",汉石经作"置其杖"。古"置"、"植"通字。……此文亦当读为"弃置"之"置"。孔训为"倚",则是以为"植立"之"植"。试问除草之时,其杖倚于何处乎?(《论语孔注辨伪》卷下·15页)

吴寅官:其实,这里的杖决非一般手杖,而是耘田时用的一种农具,或者说是一种辅助农具。这里的"杖"呈"丅"形(见《天工开物》附图),高四尺左右,约与胸齐,上面的横木尺许,在水田锄草时,挂在手中,以防滑倒。因为水田锄草有"手耘、足耘"之别(见《农政全书》卷二十二《农器》),手耘曰耘,足耘曰耔。这里"植其杖而芸"的"芸"("耘"之借字),正是指"足耘"的"耔",而"足耘"是要用"杖"作为依倚的。《天工开物》卷一《乃粒》篇说:

凡稻,分秧之后数日,旧叶萎黄而更生新叶,青叶既长,则耔可施焉(俗名"挞禾")。植杖于手,以足扶泥壅根,并屈宿田水草,使不生也。

江永《群经补义》:"今人耘田,必扶杖乃能用足,则植杖正所以耘,犹云拄杖也。"这更进一步说明植杖就是拄杖,拄杖才能耘田,决非"置杖于地"而不用。又《论语正义》引丁氏杰曰:"今南昌人耘田……手植一杖,以足踏草于泥中,名曰'脚涩',是可为《论语》'以杖荷蓧'、'植杖而芸'……之证。"《天工开物》的作者宋应星正是江西人,完全可以互相印证。(《释"以杖荷蓧"的"杖"及其它》,《扬州师院学报》1981年第3期)

滕志贤:《经典释文》云:"植音值。""植"为常见字,本毋须注音,陆德明谓"音值",盖以"植"为"值"之借字。《诗经·宛邱》:

"值其鹭羽。"毛传:"值,持也。""植其杖而芸"即持其杖(锹柄)而芸。(《"子路从而后"章臆断》,《南京大学学报》1986年第1期)

杨润根:植其杖而云:一边撑住手杖停下来,一边说。我们现在所能见到的《论语》版本都是"植其杖而芸"。我认为"芸"应是"云"之误,"艹"是由于传抄者错误地理解了这句话的意思而错误地加到"云"字上面去的。(《发现论语》471页)

金知明:植其杖而芸:竖起自己的枝杖开始拔草。植,矗立;杖,枝杖,扁担;芸,通耘,拔草。(《论语精读》246页)

刘兆伟:段玉裁《说文》注云:丈人行来至田。则置杖于地,用莜芸田。植杖者,置杖也,就是把木杖插入耘田器的一个关键,而后拽着木杖牵引着耘田器前行。此耘田器可能是以平松土地为主,兼有除草的功能。(《论语通要》446页)

辑者案:吴寅官说符合实际。

(5)不仕无义

汉·郑玄:留言以语丈人之二子。(邢昺《论语注疏》251页)

宋·张栻:义者,宜也。故宜莫大于君臣,故以不仕为无义。
(《南轩论语解》卷九·13页)

宋·许谦:人之大伦有五,而君臣主于义。今不仕,则为无君臣义。荷蓧使二子以礼见子路,则是既知长幼之节不可废也,君臣之义何可废之?(《读论语丛说》卷下·25页)

林觥顺:不仕无义有二释:一、不做官没有威仪,这是小人之治,霸者所为,笔者不取。二、是岙仕芫义。不读同岙,无作芫。是勇于尽心尽力事于朝廷,意义深远。(《论语我读》344页)

郑张欢:子路向丈者说:"老师和我们弟子是不仕无义的。"
(《论语今释》284页)

辑者案:应理解为"不出来做官(为国家做事)是不符合

道义的"。

(6)长幼之节

汉·孔安国:言女知父子相养不可废,反可废君臣之义邪?（邢昺《论语注疏》251页）

清·刘宝楠:"长幼之节",谓前见二子有兄弟之节次也。《注》以"父子相养"言之,非矣。（《论语正义》726页）

辑者案:"长幼之节",指的是丈人使二子与客人子路相见。

18.8 逸民:伯夷、叔齐、虞仲、夷逸、朱张、柳下惠、少连。子曰:"不降其志,不辱其身,伯夷、叔齐与!"谓"柳下惠、少连,降志辱身矣,言中伦,行中虑,其斯而已矣"。谓"虞仲、夷逸,隐居放言,身中清,废中权。我则异于是,无可无不可"。

(1)逸民

魏·何晏:逸民者,节行超逸也。包曰:"此七人皆逸民之贤者。"（邢昺《论语注疏》252页）

宋·朱熹:逸,遗逸。民者,无位之称。（《四书章句集注》185页）

清·焦循:《说文》作"佚","佚"与"逸"通。《庄子·田子方》篇:"颜渊问于仲尼曰:'夫子步亦步,夫子趋亦趋,夫子驰亦驰,夫子奔逸绝尘,而回瞠若乎后矣。'"《后汉书·逸民传序》云:"盖录其绝尘不反。"则以逸民为民之奔逸绝尘,所谓超逸也。（《论语补疏》卷二·18页）

清·刘宝楠:正义曰:《说文》:"佚,佚民也。"从人,失声。段氏玉裁《注》谓:"《论语》'逸民',许作'佚民','佚'正字,'逸',假借字。"……颜师古《汉书·律历志注》:"逸民,谓有德而隐处者。"

此虞仲后虽为君,柳下惠亦为士师,要自其初,皆为民也。(《论语正义》726 页)

杨伯峻:[注释]逸——同"佚"。[译文]古今被遗落的人才。(《论语译注》197 页)

王缊尘:"逸民",是胸怀旷达、不拘常途的一流人。(《四书读本》346 页)

林觥顺:逸民:逸是逃亡,引申作逸游。安闲、暇逸。逸民是指逸游贤哲。(《论语我读》346 页)

李零:"逸民",是隐逸山林不肯出仕做官的人,不少是前朝的遗老遗少。(《丧家狗——我读〈论语〉316 页)

辑者案:应从刘宝楠引颜师古《汉书·律历志注》及李零解,释为"避世隐居之人"为切。

(2)言中伦,行中虑

汉·孔安国:但能言应伦理,行应思虑,如此而已。(邢昺《论语注疏》252 页)

宋·朱熹:伦,义理之次第也。虑,思虑也。中虑,言有意义合人心。(《四书章句集注》186 页)

杨伯峻:言语合乎法度,行为经过思虑。(《论语译注》197 页)

黄怀信:言中伦:"中",合也。"伦",类,指逸民之类。行中虑:"虑",指逸民之虑。(《论语新校释》460 页)

安德义:言中伦:言语合乎逻辑顺序。中,读去声(zhòng),符合,合于。下同。行中虑:行为合乎理智。(《论语解读》611 页)

孙钦善:中(zhòng 众):合乎。伦:条理、法则。……讲话有伦次,做事有谋虑。(《论语本解》238 页)

辑者案:孔安国注恰切。

（3）放言

汉·包咸：放，置也。不复言世务。（邢昺《论语注疏》252页）

宋·张栻：放言，谓其言放而不拘也。（《南轩论语解》卷九·14页）

清·刘宝楠：《后汉·孔融传》："跌荡放言。"李贤《注》："放，纵也。"又《荀韩钟陈传·论》："汉自中世以下，阉竖擅恣，故俗遂以遁身矫洁放言为高。"李贤《注》："放肆其言，不拘节制也。《论语》曰：'隐居放言。'"此解似胜包氏。（《论语正义》729页）

钱穆：放言者，介之推曰："言，身之文也。身将隐，焉用文之？"谓放废其言也。（《论语新解》476页）

刘宗志：放言，说话随便。（《论语解读》282页）

　　辑者案：包咸说为是。既然避世归隐，就不必"放肆其言"；若仍"放肆其言"或" 其言放而不拘"，那就不叫隐士。

（4）身中清，废中权

汉·郑玄："发中权"，发，发动貌。（袁钧辑《郑玄论语注》卷九·6页）

汉·马融：清，纯洁也。遭世乱，自废弃以免患，合于权也。（皇侃《论语集解义疏》卷九·30页）

梁·皇侃：云"身中清废中权"者，身不仕乱朝，是中清洁也；废事免于世患，是合于权智也。故江熙曰："超然出于埃尘之表，身中清也。晦明以远害，发动中权。"（皇侃《论语集解义疏》卷九·31页）

宋·朱熹：仲雍居吴，断发文身，裸以为饰。隐居独善，合乎道之清。放言自废，合乎道之权。（《四书章句集注》186页）

清·刘宝楠："废中权"，《释文》引"郑作发，云动貌"。案："貌"疑"作"也。《后汉·隗嚣传》："方望曰：'动有功，发中权。'"此谓行事所发见也。皇《疏》引江熙曰："晦明以远害，发动中权也。"二文并作"发"，与郑本同。当由《齐》、《鲁》文异。江熙所云，

可补郑义。(《论语正义》729 页)

　　杨伯峻：行为廉洁,被废弃也是他的权术。(《论语译注》197 页)

　　谢冰莹：发中权,发言合于权宜。(《新译四书读本》285 页)

　　李泽厚：一身干净却处世灵活。(《论语今读》316 页)

　　蒋沛昌：废中权——被遗弃冷落,也能权变自守。(《论语今释》468 页)

　　林觥顺：求自身心清静,免受权术摆布。(《论语我读》346 页)

　　黄怀信：[校]行中清,"行"旧作"身",涉前文误,从《史记·孔子世家》改。[释]行中清:"行",指其所行,隐居。"清",清白、清高。废中权:"废",指所废,即放言。"权",权宜。(《论语新校释》460 页)

　　金知明：行为合乎高尚的道德,放弃符合了思虑。(《论语精读》248 页)

　　郑张欢：至于虞仲、夷逸,虽隐居而不断放言世事,只是其身已能居中而清,其言已能废弃从中权衡。(《论语今释》285 页)

　　刘宗志：洁身自爱,抛弃官位合乎权宜之计。(《论语解读》282 页)

　　　　辑者案：马融、皇侃说相近,合乎文意。

　　(5)无可无不可

　　汉·马融：亦不必进,亦不必退,唯义所在。(邢昺《论语注疏》253 页)

　　宋·朱熹：孟子曰:"孔子可以仕则仕,可以止则止,可以久则久,可以速则速。"所谓无可无不可也。(《四书章句集注》186 页)

　　明·蔡清：无可无不可者,以心言也,不以事言也。心则无有可不可,若事,则当自有可不可在,安得无可无不可?(《论语蒙引》卷四·75 页)

　　杨润根：无可无不可,它与整个语境相联系,意为不赞许也不反对(指责),这正是孔子对那些洁身自好的人所抱的一贯态度。

《《发现论语》473页）

　　鲍鹏山:"无可"句:意思是不固执一端,而是随机应变,见机行事。(《论语新读》221页)

　　　　辑者案:孔子说自己与这几位逸民不同,无所谓可,也无所谓不可,唯以道义为准。只要符合道义,自己将毫无顾忌,不管辱身不辱身,都会执着进取。这才符合他周游列国、积极救世之思想。

18.9 大师挚适齐,亚饭干适楚,三饭缭适蔡,四饭缺适秦,鼓方叔入于河,播鼗武入于汉,少师阳、击磬襄入于海。

(1)大师挚适齐……少师阳、击磬襄入于海

　　汉·孔安国:鲁哀公时,礼坏乐崩,乐人皆去。阳、襄皆名。

（邢昺《论语注疏》253页）

　　清·武亿:太师挚适齐。注:孔安国曰:"鲁哀公时,礼坏乐崩,乐人皆去。"案:《汉书·礼乐志》引《书序》:殷纣断弃先祖之乐,乃作淫声,用变乱正声,以说妇人。乐官师瞽抱其器而奔,或适诸侯,或入河海。师古云:说《论语》者乃以为鲁哀公时礼坏乐崩,乐人皆去,斯亦未允也。考《周官》王日食三,《玉藻》:天子与诸侯相互为三时,食皆谓朝食、日中与夕食而已。鲁为侯国,亦宜止于三饭。此云四饭,何所僭? 拟而侈越已甚明,此非周制也。《白虎通》:"王者平居中央,制御四方,平旦食,少阳之始也;昼食,太阳之始也;铺食,少阴之始也;暮食,太阴之始也。《论语》曰:亚饭干适楚、三饭缭适蔡、四饭缺适秦。诸侯三饭,卿大夫再饭,尊卑之差也。"案:班氏既列序四饭之目,下遂引《论语》实之,又申言诸侯三饭,卿大夫再饭,是谓四饭为天子制也,显与周制之三饭

异。盖兼采异代礼文,四饭当为殷制,大师诸人即纣乐工,班《志》引《书序》为定解。(《论语义证》15页)

清·刘宝楠:孔此说无据,颜师古《礼乐志·注》讥其未允是也。《史记·礼书》云:"仲尼没后,受业之徒沉沦而不举,或适齐、楚,或入河海。"说者以子语鲁太师乐,亚饭诸职即其所属之官,当时亲闻乐于夫子,故皆为受业之徒,与孔氏"哀公时"之说相为影响,不知《礼书》所云"齐楚"、"河海",乃假《论语》以为文,而非谓太师诸人皆孔子弟子也。史公作《弟子列传》,详载诸贤,而不及师挚诸人,此可证矣。又或据《孔子世家》"孔子学琴师襄子"以为即"击磬襄"。阎氏若璩《释地》说:"夫子在卫,学琴师襄子,则襄子自为卫人,与《论语》曰襄者自别。又且一琴一磬,各为乐师,不得妄有牵合。"(《论语正义》733页)

程树德:按:太师挚等八人,有谓为周平王时人者,郑康成《注》本之,《汉书·古今人表》是也。有谓八人为周厉王时人者,叶石林据司马迁论周厉王事,曰"师挚见之矣"是也。有谓殷纣时人者,颜师古是也。以此说为最有力。《论语后录》、《群经义征》、《论语释故》并主是说,不止毛氏一人也。《义证》、《释故》以所说为殷制。余考《汉书》,言奔散,言或适诸侯,或入河海,未举乐官之名也,亦未言适齐楚秦蔡也。《汉书》文虽本《太誓》,然乃多引《太誓》之文,非《太誓》之原文即此文也。今《太誓》无此文,则尤不足据矣。谓齐楚秦蔡是旧名,既无确证。谓《鲁论》以今地诠之,尤属武断。疵、疆与挚、阳音近而字异,岂必疵即挚,疆即阳乎?且疵疆奔周,何尝言适齐入海乎?毛说不足据也。以《家语》师襄以击磬为官而能琴言之,则襄与孔子同时。以夫子正乐,而曰师挚之始洋洋盈耳言之,则挚与孔子同时。以齐楚秦蔡言之,则皆春秋时国名,当以鲁哀公时人为断。(《论语集释》1291页)

辑者案：应从孔安国、程树德说，所述乐师为鲁哀公时人。《白虎通疏证》说："孔子尝语鲁太师乐。又曰，师挚之始，《关雎》之乱。若是纣时，无缘歌《关雎》之诗。说《论语》者，自当为鲁哀公时人焉。"

（2）亚饭、三饭、四饭

汉·孔安国：亚，次也。次饭，乐师也。挚、干皆名。（邢昺《论语注疏》253页）

汉·包咸：三饭、四饭，乐章名，各异师。缭、缺皆名也。（邢昺《论语注疏》253页）

汉·郑玄：亚饭、三饭、四饭，皆举食之乐。（袁钧辑《郑玄论语注》卷九·6页）

宋·许谦：亚，次也。饭，食之也。古者天子一日四饭，鲁用天子礼乐，其君必一日亦四饭，所谓亚、三、四饭，乃于此饭时主作乐侑食之官也。不言初饭者，或主初饭之官，不他适也。（《读论语丛说》卷下·26页）

方骥龄：亚与大、三、四成为顺序数字，似不与饭字相连成义者。《仪礼·士丧礼》"自饭持之"注："饭，大擘指本也，谓自以大指扳持之。"然则饭字原可作动词扳字义。《说文》扳即攀字，攀即𢱤字。《说文》："𢱤，引也。"……由饭而扳而攀而𢱤，乃形体上之变化与音义之通假。亚饭三饭四饭云云，犹言亚扳三扳四扳。原𢱤字之形，益足显示手指挥动奏乐之状。亚扳三扳四扳，犹言亚奏三奏四奏，包咸所谓"乐章名"，似系大乐队中三种不同之组合。（《论语新诠》550页）

李泽厚：[译]大乐师挚到了齐国，第二乐师干到了楚国，三乐师缭到了蔡国，四乐师缺到了秦国。（《论语今读》316页）

杨润根：太师，首席乐师，即全体音乐家的指挥和首领，他主持首场音乐会的演出。亚饭：第二次用餐，这里指第二次用餐即午餐后举行的音乐会，也即中场音乐会。三饭：第三次用餐，即晚餐，这里指晚餐后的音乐会，即第三场音乐会。四饭：第四次用餐，即夜餐，这里指夜餐后的第四场音乐会。(《发现论语》474页)

林觥顺：亚饭干适楚，三饭缭适蔡，四饭缺：包咸注："三饭四饭为乐章名。"正义注："亚次也，天子诸侯每食奏乐，乐章各异，各有乐师，亚饭乐师干，三饭乐师缭，四饭乐师缺。笔者以为皆有误。饭应该是番字假借，番者播也。是播撞敲击。饭，借作版，是击鼓版竹版以合节拍。在《诗经》中无有三饭二饭之诗。《周礼·大师》云：大祭祀帅瞽登歌令奏击拊，下管播乐器令奏鼓。申东注云，申东，小鼓也。大飨亦如之。大飨就是天子宴诸侯。《周礼·大司乐》：凡六乐者，文之以五声，播之以八音。郑玄注：播之言被也，故书播为藩。杜子春云：藩当为播，读如后稷播百谷之播。又云：凡六乐者，一变而致羽物及川泽之示。再变而致赢(裸)物及山林之示。三变而致鳞物及丘陵之示。四变而致毛物及坟衍之示。五变而致介物及土示。六变而致象物及天神。释云变犹更也，乐成则更奏也。所以饭，是藩是播是击是拊版，是反覆变换。(《论语我读》347页)

黄怀信：亚板、三板、四板，"板"字旧皆作"饭"，不可解。以此章所言，诸名必皆为乐师之称，故"饭"本字必当为"板"。古无轻唇音，"饭"、"板"音同，故相误，今改正，以免徒生曲折。"板"，打节拍的木板。今所谓"一板一眼"，即由此来。民间称戏曲乐队司鼓为打板，即以其右手所执之器为板片之故。乐队击节打板者不止一人，故有亚、三、四之称。(《论语新校释》461页)

金知明：二等乐官干去了楚国，三等乐官缭去了蔡国，四等乐官缺去了秦国。(《论语精读》249页)

刘兆伟：[诠评]大师，太师，乐队第一位乐官。饭，手大指的最下处。《字汇·食部》："饭，又大擘指本也。"《仪礼·士丧礼》郑玄注："饭，大擘指本也。"泛指大拇指。大拇指即第一位的意思。那么，乐队第一位者就是"饭"，第二位者即"亚饭"，第三位者即"三饭"，第四位者即"四饭"。不是天子、君主几餐分别用几个乐官奏乐。（《论语通要》449页）

> 辑者案：郑玄、许谦说为是。《白虎通·礼乐篇》记载，天子一日四餐，诸侯一日三餐。餐时须以音乐劝食，每餐各有奏乐的人。亚饭干是第二餐的奏乐人，三饭缭是第三餐的奏乐人，四饭缺是第四餐的奏乐人。《白虎通疏证》以为，鲁为周公之后，得备天子礼乐，亦得备四饭乐官。而此处不说有一饭乐人，古注以为，或一饭之乐由太师掌之，或有一饭乐人，但未离去。

(3)河、汉、海

宋·刑昺："鼓方叔入于河"者，击鼓者名方叔入于河内也。"播鼗武入于汉"者，播，摇也。鼗如鼓而小，有两耳，持其柄摇之，旁耳还自击。摇鼗鼓者名武入居于汉中也。"少师阳、击磬襄入于海"者，阳、襄皆名，二人入居于海内也。（邢昺《论语注疏》253页）

清·宦懋庸：河、汉、海当以水滨言之。不必河内、汉中之地与海之岛也。（《论语稽》卷十八·10页）

黄怀信："河"，黄河。"入于河"，当谓渡河西去。"汉"，汉江。"入于汉"，当谓涉汉水南下。"入于海"，谓去了海岛。（《论语新校释》462页）

杨朝明：击鼓的方叔逃到了黄河流域附近，摇小鼓的武逃到了汉水流域附近，少师阳、击磬的襄逃到了海滨附近。（《论语诠解》173页）

辑者案：从杨朝明说。

18.10 周公谓鲁公曰："君子不施其亲,不使大臣怨乎不以。故旧无大故,则不弃也。无求备于一人!"

不施

汉·孔安国：施,易也。不以他人亲易其亲也。以,用也。怨不见听用也。(皇侃《论语集解义疏》卷九·32页)

晋·孙绰：不施,犹不偏也。谓人以不偏惠所亲,使鲁公崇至公也。(皇侃《论语集解义疏》卷九·33页)

唐·韩愈：施当为弛,言不弛慢所亲近贤人,如此则大臣无所施矣。谓施为易,非也。(《论语笔解》卷下·23页)

唐·李翱：虽有周亲,不如仁人。孔谓他人易己之谓,是亲戚之亲。吾谓作亲近之亲为得。(《论语笔解》卷下·23页)

宋·朱熹：施,陆氏本作弛……弛,遗弃也。以,用也。(《四书章句集注》187页)

清·惠栋：《释文》："施"作"弛",云：旧音绝。蔡邕《石经》仍作施。《左传》曰"乃施邢侯",《正义》云："《晋语》'施邢侯氏',孔晁云：'废其族也。'则《国语》读为弛,训之为废。《家语》说此事亦为弛。王肃曰：'弛宜为施,施行也。'服虔云：'施罪于邢侯,施犹劾也。'"栋案：劾者,谓罪法之要辞。不劾其亲者,所以隐其罪,亲亲之义也。(《论语古义》10页)

清·刘宝楠："不施",《汉石经》同。《释文》作"不弛"。"施"、"弛"二字古多通用。《周官·遂人注》"施读为弛",可证也。此文"不施",即"不弛"假借。郑注《坊记》云："弛,弃忘也。"以训此文最当。……"施、易",亦常训。此《注》似以"亲"为父母,于义最谬,无足为之引申。(《论语正义》733—735页)

程树德:按:施字有三说。孔《注》:"施,易也。不以他人之亲易己之亲。"《程子外书》云:"施,与也。不私与其亲暱也。"又惠氏栋曰:"《左传》'乃施邢侯',服虔曰:'施罪于邢侯,施犹劾也。'劾者,罪法之要辞。不劾其亲者,所以隐其罪,亲亲之义也。"惟韩李《笔解》读作弛,《集注》用之。考施、弛二字古多通用,《周官·遂人注》"施读为弛"可证也。此文"不弛"即"不弛"假借。郑注《坊记》云:"弛,弃忘也。"以训此文最当。(《论语集释》1293页)

方骥龄:《史记·鲁世家》举周公告成王《无逸》中,有"能保施小民",《尚书·无逸篇》则为"能保惠于庶民"。足证本章中施字当作惠字解。……《仪礼》"绝族无施服"注:"在旁而及曰施。"换言之,施非正当之惠,为额外之恩。本章所谓"君子不施其亲",殆周公告伯禽当大公无私,切不可额外施惠其亲是也。孙绰曰:"不施,犹不偏也,谓人不以偏惠所亲,使鲁崇至公也。"此说得之。(《论语新诠》553页)

王缁尘:"施",用也。言君子为国君,不专用自己亲戚也。(《四书读本》348页)

林觥顺:[注解]施是布施散布延展。[释义]作为君上的人,要多多照顾同姓亲属子弟。(《论语我读》348页)

金知明:君子不会遗弃他的父母。施,同"弛",丢弃;亲,父母。(《论语精读》249页)

何新:[注释]施,予也,施惠。以,用也,擢用。[译文]君子不会施惠于亲族,不会使大臣抱怨不被任用。(《论语新解——思与行》247页)

郑张欢:君子为天下百姓而不施惠于自己的亲属友朋,不使大臣们怨乎君臣不以义。(《论语今释》286页)

杨朝明:不施其亲:施,同"弛"。周人重亲亲,《中庸》有云:

"仁者,人也,亲亲为大。"这里的"不施"意思就是不离弃亲属。（《论语诠解》173 页）

　　　　辑者案："施""弛"二字古多通用。刘宝楠引郑玄注"弛,弃忘也"及朱熹注"弛,遗弃也"为当。

18.11 周有八士:伯达、伯适、仲突、仲忽、叔夜、叔夏、季随、季騧。

　　汉·包咸:周时四乳生八子,皆为显士,故记之尔。（邢昺《论语注疏》254 页）

　　宋·邢昺:此章记异也。周时有人四遍生子而乳之,每乳皆二子,凡八子,皆为显士,故记之耳。郑玄以为成王时。刘向、马融皆以为宣王时。（邢昺《论语注疏》254 页）

　　宋·朱熹:盖一母四乳而生八子也,然不可考矣。（《四书章句集注》187 页）

　　黄怀信:包咸以为周世一母四乳八子（四对双胞胎）,《汉书·古今人表》列八士于周初,皆未可信。《逸周书·和寤》记武王伐商,有"尹氏八士",亦与此异。此八士疑是后人于周士伯、仲、叔、季氏各选二人组成。（《论语新校释》464 页）

　　金知明:周有八士:周朝有八个贤达的读书人。（《论语精读》250 页）

　　　　辑者案:八人以伯仲叔季排行命名。杨慎《丹铅录》、赵佑《四书温故录》皆谓八名而叶四韵,正符双生之义。八士是否实有其人,生当何时,尚待考证。

子张第十九

19.1 子张曰:"士见危致命,见得思义,祭思敬,丧思哀,其可已矣。"

致命

汉・孔安国:致命,不爱其身。(邢昺《论语注疏》255 页)

宋・朱熹:致命,谓委致其命,犹言授命也。(《四书章句集注》188 页)

杨伯峻:读书人看见危险便肯豁出生命。(《论语译注》199 页)

乔一凡:子张说:公务人员,看到危机,要尽其所责。(《论语通义》319 页)

林觥顺:致是送达目的地,命是口令,是差遣,是使命。读书人做事遇见有高危险,也要去完成使命。(《论语我读》349 页)

> 辑者案:朱熹、杨伯峻二解相近:遇见危难(国家的、人民的),敢于舍命救助。

19.2 子张曰:"执德不弘,信道不笃,焉能为有? 焉能为亡?"

执德不弘

宋・邢昺:此章言人行之不备者。弘,大也。笃,厚也。亡,无也。言人执守其德,不能弘大,虽信善道,不能笃厚,人之若此,虽存于世,何能为有而重? 虽没于世,何能为无而轻? 言于世无所轻重也。(邢昺《论语注疏》255 页)

明·林希元:执德不弘,是指片善自足,不以远大,自期待者言。(《四书存疑》卷七·54页)

清·刘宝楠:"弘"者,大也。"执德不弘",即子夏所言"小道",不能致远者也。(《论语正义》737页)

金良年:[注释]朱熹《集注》云:"有所得而守之太狭。"以"得"释"德"。又,章太炎《广论语骈枝》谓"弘"同"强"。[译文]子张说:"持守德行而不光大,信奉大道而不笃实,这样的人怎能算他存在?又怎能算他不存在?"(《论语译注》228页)

李泽厚:[译]履行道德却不宽广,相信道义却不坚持,这怎么能算有,又怎么能算没有?(《论语今读》320页)

乔一凡:执,固据也。……据礼而不能光大,行仁义而不笃实,焉能为有德,又焉能说无德?(《论语通义》320页)

杨润根:坚守道德的原则时不全力以赴。(《发现论语》479页)

林觥顺:执是固执坚持,德是正直无私的善行,不读同丕,甚大也。弘是发扬光大。执德丕弘,是坚持他正直无私的善行,并能尽力发扬光大。(《论语我读》349页)

金知明:子张说:坚守道德而不弘扬,信仰真理不坚定,怎么能够说掌握了道呢?怎么能够说还没掌握道呢?(《论语精读》251页)

孙钦善:子张说:执守道德不能发扬光大,信仰道义不能诚心实意,这种人怎么能算他存在?又怎么能算他不存在?(《论语本解》242页)

　　辑者案:邢昺说恰切。执守道德要弘大,信守道德要笃诚。

19.3 子夏之门人问交于子张。子张曰:"子夏云何?"对曰:"子夏曰:'可者与之,其不可者拒之。'"子张曰:"异乎吾所闻。君子尊贤而容众,嘉善而矜不能。我

之大贤与,于人何所不容? 我之不贤与,人将拒我,如之
何其拒人也?"

(1)交

汉·孔安国:问与人交接之道也。(皇侃《论语集解义疏》卷十·2页)

汉·包咸:友交当如子夏,泛交当如子张。(皇侃《论语集解义疏》卷
十·2页)

汉·郑玄:子夏所云伦党之交也,子张所云尊卑之交也。(皇侃
《论语集解义疏》卷十·3页)

魏·王肃:子夏所云敌体交,子张所云覆盖交也。(皇侃《论语集
解义疏》卷十3页)

程树德:二子论交之说,均出于夫子,不宜有所轩轾,各因其
性之所近而师之可也。大抵狷介者宜于子夏,高明者宜于子张,
其言均百世之师也。(《论语集释》1306页)

> 辑者案:此论交友之道。子夏的交友观是:可交者交之,
> 不可交者拒之。这样的交友观有些狭隘,往往会凭主观,凭
> 个人好恶。子张主张大贤应胸怀博大,海纳百川,做到既能
> 尊贤,又能容众,既能嘉美品质好、能力强的,又能同情帮助
> 素质低、能力差的。

(2)嘉善而矜不能

宋·邢昺:人有善行者则嘉美之,不能者则哀矜之。(邢昺《论语
注疏》256页)

杨伯峻:鼓励好人,可怜无能的人。(《论语译注》200页)

> 辑者案:嘉,赞美。《尚书·大禹谟》:"嘉乃丕绩。"矜,怜
> 悯,同情。《尚书·泰誓》:"天矜于民,民之所欲,天必从之。"
> 善,好,这里指品质好、能力强的人。该句应理解为:赞美品
> 质好、能力强的人,怜悯并帮助素质低、能力差的人。

19.4 子夏曰:"虽小道,必有可观者焉,致远恐泥,是以君子不为也。"

(1)小道

汉·郑玄:小道,如今诸子书也。(袁钧辑《郑玄论语注》卷十·1页)

魏·何晏:小道,谓异端。(邢昺《论语注疏》256页)

宋·邢昺:此章勉人学为大道正典也。小道谓异端之说,百家语也。虽曰小道,亦必有小理可观览者焉,然致远经久,则恐泥难不通,是以君子不学也。(邢昺《论语注疏》256页)

宋·朱熹:小道,如农圃医卜之属。(《四书章句集注》188页)

元·陈天祥:"君子不为也"之一语,此甚有疾恶小道之意,必是有害圣人正道,故正人君子绝之而不为也。农圃医卜,皆古今天下之所常用不可无者,君子未尝疾恶也。况农又人人赖以为生,其尤不容恶之也。《注》文为见夫子尝鄙樊迟学稼之问,故以农圃为小道,此正未尝以意逆志也。盖樊迟在夫子之门,不问其所当问,而以农圃之事问于夫子,夫子以是责之耳,非以农为不当为也。古人之于农也,或在下而以身自为,或居上而率民为之,舜耕于历山,伊尹耕于莘野,后稷播时百谷,公刘教民耕稼,未闻君子不为也。又农圃医卜,亦未尝见其致远则泥也。盖小道者,如今之所传诸子百家功利之说,皆其类也。取其近效,固亦有可观者。期欲致远,则泥而不通,虽有暂成,不久而坏,是故君子恶而不为也。农圃医卜不在此数。(《四书辨疑》卷八·14页)

清·刘宝楠:《周官·大司乐注》:"道多才艺。"此"小道"亦谓才艺。(《论语正义》739页)

杨树达:闾里小知者之所及,亦使缀而不忘。……文武之道,所宜从之。若乃小能小善,虽有可观,孔子以为致远则泥,君子故

当志其大者。(《论语疏证》488 页)

马天祥:小道:微小的技能。(《十三经辞典·论语卷》49 页)

吴林伯:按小道,君子所不为,则为小人之道,无疑也。孟子曰:"无君子莫治野人,无野人莫养君子。"又云:"或劳心,或劳力;劳心者治人,劳力者治于人;治于人者食人,治人者食于人。"(《孟子·滕文公》)《国语·鲁语》:"君子劳心,小人劳力。"然则,野人,犹小人也。小人劳力以养劳心之君子,有其农圃之道,小道也;君子劳心以养于劳力之小人,有其礼、义之道,大道也;两者大、小不同,亦相与并行,小道不无可观者。然君子、小人之道,犹"百家众技,皆有所长,时有所用","不能相通"(《庄子·天下》),亦各从其道而已矣。苟君子致意与大道远之小道,则恐泥滞难返,唯是不为;樊迟不达,乃欲学农、圃小道,孔子所以指其欲为小人,而教其好礼、义之大道以得民也(《子路》)。(《论语发微》205 页)

胡齐临:子夏说:"即使是局部的小'道',也必定有其发挥作用的可观空间,但用它来指导长远而全面的发展,就会受到拘泥,所以君子不会去做。"(《论语真义》219 页)

辑者案:小道,儒家对仁道礼教以外学说、技艺的贬称,与"大道"相对。所谓大道,可以理解为大道理、大道德,即国家、民生、仁道、礼教方面的大事情。《礼记·礼运》:"大道之行也,天下为公。"

(2)致远恐泥

汉·包咸:泥难不通。(邢昺《论语注疏》256 页)

汉·郑玄:泥,谓滞陷不通。(袁钧辑《郑玄论语注》卷十·1 页)

金良年:[注释]泥:妨碍。[译文]子夏说:"即使是小技能也必定有可取的地方,因为怕妨碍远大的事业,所以君子不去从事。"(《论语译注》229 页)

黄怀信：[释]致远恐泥："致"，达、行也。"泥"，胶滞。[训译]子夏说："即使是小的学说，其中也一定有值得一看的；（只是）往长远走恐怕胶滞难行，所以君子不研修它。"（《论语新校释》468 页）

金知明：致远恐泥：[注释]上升为理论恐怕就不行了，所以君子不做。致，达到；远，远处，远方；泥，动词，粘，不顺。[译文]想要推而广之恐怕就不行了，所以有道德修养的人不学小技巧。（《论语精读》253 页）

郑张欢：子夏说："虽是旁门小道的事，必有其理所在可以观，然这些所观致远有恐成极不能自拔而害世义世德，是以君子不为其入。"（《论语今释》290 页）

孙钦善：子夏说："即使是一般小的知识与技艺，也一定有值得观摩的地方；只是要实现远大理想，唯恐陷进去受其拘泥，因此君子才不钻研它。"（《论语本解》243 页）

辑者案：小的学说、小的技艺难以实现教化民众、提高全民素质、富国安民的远大目标。

19.6 子夏曰："博学而笃志，切问而近思，仁在其中矣。"

(1)博学而笃志

汉·孔安国：广学而厚识之也。（皇侃《论语集解义疏》卷十·4 页）

梁·皇侃：博，广也。笃，厚也。志，识也。言人当广学经典而深厚识录之不忘也。（皇侃《论语集解义疏》卷十·4 页）

宋·苏轼：博学而志不笃，则大而无成；泛问远思，则劳而无功。（卿三祥辑《苏轼〈论语说〉钩沉》，《孔子研究》1992 年第 2 期）

清·刘宝楠：《集注》读志如字，谓笃志好学也。亦通。（《论语正义》740 页）

杨伯峻：[译文]广泛地学习，坚守自己志趣。[注释]志——孔注以为"志"与"识"同，那么，"博学笃志"便是"博闻强记"之意，说虽可通，但不及译文所解恰切。（《论语译注》200页）

邓球柏：[注释]博学：广泛学习。笃志：认真记录。（《论语通解》355页）

金知明：广泛学习并坚定信念。笃，稳固；志，心志。（《论语精读》253页）

孙钦善：广泛地学习而又不断坚定自己的意志。（《论语本解》243页）

　　辑者案：孙钦善解为优。笃志，理解为专心致志为当。《汉书·韦贤传》："贤为人质朴少欲，笃志于学，兼通《礼》《尚书》，以《诗》教授，号称邹鲁大儒。"

（2）切问而近思

魏·何晏：切问者，切问于己所学未悟之事。近思者，思己所未能及之事。泛问所未学，远思所未达，则于所习者不精，所思者不解（辑者案：这段话，皇疏本作"切问者，切问于己所学而未悟之事也。近思者，近思于己所能及之事也。若泛问所未学，远思所未达，则于所学者不精，于所思者不解也"）。（邢昺《论语注疏》256页）

梁·皇侃：切，犹急也。若有所未达之事，宜急谘问取解，故云切问也。近思者，若有所思，则宜思己所已学者，故曰近思也。（皇侃《论语集解义疏》卷十·4页）

宋·真德秀：切问，谓以切己之事问于人也。近思，谓不驰心高远，就其切近者而思之也。外焉问于人，内焉思于心。（程树德《论语集释》1311页）

杨树达：《八佾》篇曰：林放问礼之本。子曰：大哉问！《颜渊》篇曰：樊迟从游于舞雩之下，曰："敢问崇德、修慝、辨惑。"子曰：

"善哉问!"树达按:孔子言大哉问善哉问者,切问也。(《论语疏证》490页)

　　杨伯峻:恳切地发问,多考虑当前的问题。(《论语译注》200页)

　　陈立夫:能够切实地问,亦能够从近处想。(《四书道贯》40页)

　　黄怀信:[释]"切",深切、深刻。"近",就近。"近思",联系自身实际而思。[训译]子夏说:"广泛地学而牢牢地记,深切地问而联系实际想,知识就在其中了。"(《论语新校释》470页)

　　鲍鹏山:切:切近(社会现实)。一般注本释为"恳切",不妥。近思:近,与"切"意相同。近思,思近,思考当下问题。(《论语新读》227页)

　　刘兆伟:恳切地请教而切实解决思考中的疑问。(《论语通要》457页)

　　孙钦善:切:旧注或解为恳切,或解为急切,虽亦通而不精确。这里的切是近的意思,切问即近于问、好问的意思。……近思:好思。

　　子夏说:"广泛地学习而又不断坚定自己的意志,好问而又好思,仁也就在那里面了。"(《论语本解》243页)

　　　　辑者案:切问而近思,即切近当下存在的问题问和思。"切"是"切近"的意思,《荀子·劝学》:"《诗》《书》故而不切。"杨倞注:"《诗》《书》但论先王故事,而不委曲切近于人。"

19.7　子夏曰:"百工居肆以成其事,君子学以致其道。"

(1)肆

　　梁·皇侃:居肆者,其居常所作物器之处也。(皇侃《论语集解义疏》卷十·4页)

　　宋·刑昺:肆,谓官府造作之处也。(邢昺《论语注疏》257页)

　　清·俞樾:肆者,市中陈物之处。(《群经平议》卷三十一·26页)

辑者案:肆指作坊、店铺、市集贸易之处等,既言"百工",解为"作坊"为当。

(2)致

梁·皇侃:致,至也。君子由学以至于道,如工居肆以成事也。(皇侃《论语集解义疏》卷十·4页)

宋·朱熹:致,极也。工不居肆,则迁于异物而业不精。君子不学,则夺于外诱而志不笃。(《四书章句集注》189页)

清·刘宝楠:"致"如"致知"、"致曲"之致。致者,极也,尽也。《礼记·大学》云:"大学之道,在明明德,在亲民,在止于至善。"止至善则致其道之谓。故《大学》又言:"君子无所不用其极。"极、致义同。(《论语正义》740页)

黄怀信:"致",获得、得到。(《论语新校释》470页)

亦丰:君子则用学习达到实践道的目的。(《论语句解》119页)

辑者案:皇侃解为"至",黄怀信解为"达到",二解义近,皆可从。

19.9 子夏曰:"君子有三变:望之俨然,即之也温,听其言也厉。"

厉

汉·郑玄:厉,严正也。(皇侃《论语集解义疏》卷十·5页)

晋·李充:厉,清正之谓也。(皇侃《论语集解义疏》卷十·5页)

唐·陆德明:厉,如字。下厉己同。(黄焯《经典释文汇校》717页)

宋·朱熹:厉者,辞之确。(《四书章句集注》189页)

杨伯峻:听他的话,严厉不苟。(《论语译注》201页)

吴新成:说话坚定准确。(《论语易读》348页)

李泽厚:听他讲的话准确犀利。(《论语今读》323页)

金池:厉:凌厉,形容迅速而气势不凡。(《论语新译》565页)

郑张欢:听其所言则会感到无有偷假行弊之余地。(《论语今释》292页)

　　辑者案:杨伯峻说为当。厉为"严肃""严厉"义。

19.10 子夏曰:"君子信而后劳其民,未信则以为厉己也。信而后谏,未信则以为谤己也。"

厉己 谤己

魏·王肃:厉,病也。(皇侃《论语集解义疏》卷十·5页)

唐·陆德明:王云病也,郑读为赖,恃赖也。己,居止反,下同。(黄焯《经典释文汇校》717页)

王熙元:厉己,虐待自己、苛扰自己的意思。厉,可作为病字、害字讲,以虐政害民为厉。己人民自指。谤己,毁谤自己的意思。己,君主自指。(《论语通释》1161页)

王缁尘:"厉"者,犹厉鬼祟人。(《四书读本》355页)

杨润根:厉,抵制,反对。(《发现论语》483页)

林觥顺:厉己:严格砥砺自己。谤己:毁损自己。(《论语我读》354页)

黄怀信:厉:祸害。(《论语新校释》472页)

金知明:厉己,批评自己。谤,谩骂。(《论语精读》255页)

郑张欢:未能使人感到信实则民会认为是在奴役自己为之。……未能使之感到信实则君会认为是在诽谤自己之事。(《论语今释》292页)

　　辑者案:王熙元说恰切。厉为虐害,谤为毁谤。

19.11 子夏曰:"大德不逾闲,小德出入可也。"

(1)大德小德

梁·皇侃:云"大德不逾闲"者,大德,上贤以上也。闲,犹法也。上德之人,常不逾越于法则也。云"小德出入可也"者,小德,中贤以下也。其立德不能恒全,有时暂至,有时不及,故曰出入也。不责其备,故曰可也。(皇侃《论语集解义疏》卷十·6页)

唐·韩愈:吾谓大德,圣人也,言学者之于圣人,不可逾过其门阈尔。小德,贤人也,尚可出入窥见其奥也。(《论语笔解》卷下·24页)

宋·朱熹:大德、小德,犹言大节、小节。(《四书章句集注》190页)

宋·张栻:大德,大体也;小德,节目也。(《南轩论语解》卷十·3页)

黄怀信:"大德",大的、原则性的道德行为。"小德",小的、具体的道德约束。(《论语新校释》473页)

金知明:大德不踰闲:主要道德标准不能跨越准则。小德出入可也:次要的道德标准有些偏差是可以的。(《论语精读》255页)

　　辑者案:朱熹、黄怀信所解可从。

(2)闲

汉·孔安国:闲,犹法也。(邢昺《论语注疏》258页)

唐·李翱:防闲之闲从木,义取限分内外,故有出入之逾。孔《注》便以闲训法,非也。况大德之人岂逾法耶?(韩愈　李翱《论语笔解》卷下·24页)

宋·朱熹:闲,阑也,所以止物之出入。言人能先立乎其大者,则小节虽或未尽合理,亦无害也。(《四书章句集注》190页)

清·刘宝楠:《说文》:"闲,阑也。"此训法者,引申之义。(《论语正义》742页)

王缁尘:"闲"者,犹现在一般人说的范围也。(《四书读本》355页)

黄怀信:"闲",一定的界限。(《论语新校释》473页)

　　辑者案:闲是门阑,不逾闲就是不超越门阑。喻范围、界限。

　　19.12 子游曰:"子夏之门人小子,当洒扫应对进退则可矣,抑末也。本之则无,如之何?"子夏闻之,曰:"噫!言游过矣!君子之道,孰先传焉?孰后倦焉?譬诸草木,区以别矣。君子之道,焉可诬也?有始有卒者,其惟圣人乎!"

　　(1)抑末也

　　宋·朱熹:子游讥子夏弟子,于威仪容节之间则可矣。然此小学之末耳,推其本,如大学正心诚意之事,则无有。(《四书章句集注》190 页)

　　杨伯峻:不过这只是末节罢了。(《论语译注》201 页)

　　钱逊:抑:连辞,表示转折。这里是可是的意思。(《论语读本》293 页)

　　林觥顺:[注解]抑是压制贬退,可引作或义。末是尾端低下。是说甚或再次等级之事。[释义]子游说:"子夏教的那些青少年学生,去担任洒扫庭园,看守大门应付访客,进退的事,倒是可以,最好做更低级一点的较适合。"(《论语我读》355 页)

　　　　辑者案:抑是转折连词,释为然、但、可是均对。末,指非根本的、不重要的事物,杨伯峻解为"末节"颇当。

　　(2)孰先传焉?孰后倦焉

　　汉·包咸:言先传大业者必先厌倦,故我门人先教以小事,后将教以大道也。(皇侃《论语集解义疏》卷十·6 页)

　　梁·皇侃:云"君子"云云者,既云子游之说是过,故更说我所以先教以小事之由也。君子之道,谓先王之道也。孰,谁也。言先王大道即既深且远,而我知谁先能传,而后能倦懈者邪?故云孰先传焉,孰后倦焉。既不知谁,故先历试小事,然后乃教以大道

也。(皇侃《论语集解义疏》卷十·7页)

宋·朱熹:倦,如诲人不倦之倦。区,犹类也。言君子之道,非以其末为先而传之,非以其本为后而倦教。(《四书章句集注》190页)

清·毛奇龄:倦即古"券"字。传与券,皆古印契传信之物。盖传者,传也。旧以两行书缯帛,分持其一,凡出入关者,必合之乃得过,因谓之传。而其后或用棨刻木为合符,史称传信为符信是也。券者,契也。以木牍为要约之书,用刀剖之,屈曲犬牙,分持其一以为信。韩子所谓"宋人得遗契而数其齿"是也。是传与券皆彼此授受传信之物,一如教者之与学人两相印契,故借其名曰传曰券,券即传也。(《论语稽求篇》卷七·10页)

清·刘宝楠:正义曰:君子之道,谓礼乐大道,即子游所谓本也。此当视人所能学,而后传之,故曰:"孰先传焉?孰后倦焉?""倦"即"诲人不倦"之"倦"。言谁当为先而传之,谁当为后而倦教。皆因弟子学有浅深,故教之亦异。草木区别,即浅深之喻。今子游所讥,则欲以君子之道概传之门人,是诬之也。(《论语正义》743页)

清·俞樾:樾谨按:经文两孰字,明分二事,包《注》并为一谈,非也。先传对后传者而言,性与天道未至,其时不得闻,而洒扫应对之事,童而习之,是先传者也。后倦对先倦者而言,既冠成人,而后弟子之职不复躬亲矣。而向道而行,忘身之老倦焉。日有孳孳,死而后已,是后倦者也。孰先传焉?孰后倦焉?犹曰有小道焉,有大道焉,故继之曰"譬之草木,区以别矣"。包氏所解,未得经旨。(《群经平议》卷三十一·26页)

程树德:按:毛说失之凿,可备一说。传字与倦字正相反,倦者,倦于传也。何者宜先,何者可倦而后,义自通。(《论语集释》1323页)

方骥龄:本章"孰后倦焉"之倦,劳也。殆谓何种学业当留于次一步反复勤劳以教之是也。盖人之智力，随年齿而不同，最初，当先之以洒扫应对。高深之学，则当待诸以后。(《论语新诠》571页)

王熙元：孰先传、孰后倦，意思是：那些应该先传授？那些应该搁在后面而懒得传授？……倦，如"诲人不倦"的"倦"，倦怠于传授。(《论语通释》1165页)

乔一凡：孰先传焉，孰后卷焉：卷，收取也。卒，收终也。卷卒二字相呼应。卷，今本作倦。……君子之道，谁是先专，谁是后收，譬诸草木，有时间之区别。(《论语通义》325页)

毛子水：关于"先传"、"后倦"、"有始有卒"，各家的解释都难使人满意。倦，似宜读为券。券训劳、训勤；后倦，后从事。(《论语今注今译》293页)

马固钢：最近陈蒲清先生考证指出"倦"通"劝"，作"勉励、鼓励"之义(《〈论语〉析疑二则》，载《古汉语研究》1997年第二期)，不失为古训之一途。窃以为如果以正反同辞相释，似乎亦能讲通。古语中，一些表示"劳顿""疲劳"的词，常常又有"慰劳""勉励""鼓励""整顿"等义。……又，"倦"的古字为"券"，《周礼·辀人》郑玄注："券，今倦字也。"《广雅·释诂一下》："券，劳也。"王念孙疏证："倦为劳苦之劳，亦为慰劳之劳。""慰劳"，亦与"劝勉""鼓励"义近。……故"孰后倦焉"可以释为"孰后劝焉"，意思是谁当勤勉(鼓励)而教于后。以示与"孰先传焉"而"区以别"。(《〈论语〉闲考三则》，《孔子研究》2002年第3期)

杨润根：倦，结束，作罢，从工作状态退到休息状态。《说文》："倦，罢也。"(《发现论语》485页)

金池：倦：可能是"传"字之误，译文当"传"字解。(《论语新译》568页)

程石泉："倦"字乃"传"字之讹。(《论语读训》335页)

黄怀信：[释]"倦"，疲倦、罢止。《说文》："倦，罢(疲)也。"子夏年长子游一岁,盖受业亦早,故言孰先传焉。子游后为武城宰而先子夏离开孔子之门,故言孰后倦焉。旧或释"哪一项先传,哪一项后传",非。[训译]先生的学说,是谁先传的? 谁后止的?(《论语新校释》474 页)

安德义:"传"系"教","倦"亦"教"。君子传道有先教后教之别,先教洒扫应对进退,后教仁孝忠信礼乐,由浅入深,由末而入本,由小道而进君子之大道。(《论语解读》629 页)

金知明:倦,困倦,指遇到问题了再教。(《论语精读》256 页)

徐刚:这一章的"孰先传焉,孰后倦焉"这句话并不好理解,古代的注释也都含糊其词。……要正确理解这句话,我们必须注意到与它相关的一句话,就是作为本章总结性的最后一句话:"有始有卒者,其惟圣人乎!"这是本章的"文眼",是子夏要表达的中心思想。子夏认为,普通人是很难善始善终的,很难坚持到最后;有始有终,只有圣人才能做到。从这个意思出发来看"孰先传焉,孰后倦焉",我们就知道只有皇侃和邢昺的解释才是比较接近原意的。但即便意思正确,在语言上总觉得还是缺了点什么,有点不太通顺,这是因为他们没有指出这句话其实是用了互文的修辞方法,完整的表达应该是"孰先传焉,孰先倦焉。孰后传焉,孰后倦焉",意思是:先传授的就会先厌倦;后传授的,就后厌倦。所以开始的时候先教弟子最基本的东西,等到一定程度的时候,再教以大道,这样就能使弟子不容易对大道产生厌倦情绪。如果一开始就教以大道,弟子可能很快就会对大道厌倦了。所以下文说:"有始有卒者,其惟圣人乎!"子夏认为应该有一个对于教学次序的选择。(《〈论语〉故训疑误举例》,《孔子研究》2007 年第 5 期)

刘兆伟:[诠评]倦,劳累。《说文》:"倦,罢也。"《国语·晋语一》:"用而不倦,身之利也。"韦昭注:"倦,劳也。"先传、后劳,先传给学生做人道理的哪部分,后使学生们在哪方面劳累践行,这是有区别的,要因人而异,因材施教,不是所有的学生都从洒扫庭除开始学,更不是使学生学此而已。而洒扫庭除仅是全部教育内容与过程的一部分。(《论语通要》463页)

孙钦善:倦:竭力。……君子学问之道,哪一个先传授,哪一个后竭力,就好像草木一样,区别得一清二楚。(《论语本解》245—246页)

　　辑者案:"倦"字费解。金池、程石泉的怀疑有道理:"倦"字或为"传"字之讹。

(3)诬

汉·马融:君子之道,焉可使诬言我门人但能洒扫而已。(邢昺《论语注疏》258页)

宋·朱熹:若不量其浅深,不问其生熟,而概以高且远者强而语之,则是诬之而已。(《四书章句集注》190页)

清·江声:憮,马融本作"诬"解,云"焉可使诬言我门人但能洒扫而已"。如其说,则是为门人护短而斥言游为诬。子夏贤人,必不如此。马说非也。《汉书·薛宣传》:"宣移书有云:'君子之道,焉可憮也。'"虽不称《论语》,师古以为《论语》子夏之言,盖古文作"憮"也。苏林曰:"憮,同也,兼也。"义远胜于马氏也。盖言君子之道,因人而施教,既区别其材器,焉可使同而兼之? 如此说,正合子夏语意。今《汉书》"憮"讹作"忨",音义皆别矣。(《论语竢质》卷下·17页)

杨伯峻:君子的学术,如何可以歪曲?(《论语译注》201页)

王熙元:焉可诬,意思是:怎么可以不问学生的才性程度,一概教以高深的道理,诬妄地施教?(《论语通释》1166页)

钱逊:诬,欺骗。(《论语浅解》293页)

李炳南:譬如培植草木,应该区别其种类,而采用不同的培植

方法。君子之道,何能不按先后而诬妄施教? (《论语讲要》385页)

　　杨润根:诬,唱赞美诗。(《发现论语》485页)

　　牛泽群:马融注曰:"君子之道,焉可使诬。言我门人但能洒扫而已。"玩季长注意,亦未有训为诬罔之义。当是以诬为怃,音近假借之字,若曰:君子之道,焉可使同而兼之? 言我门人但能洒扫而已。邢昺不审于古音训之学,始以诬罔义疏注,其实"诬罔"与此书义不切也。(《论语札记》523页)

　　金知明:诬,乱讲。(《论语精读》256页)

　　李培宗:诬,抹杀。(《论语全解》315页)

　　杨朝明:对于先王之道,哪些先传授呢,哪些后传授呢? 这好比花草树木一样,应该区别对待。怎么可以随便歪曲先王之道呢? 能有始有终把先王之道传授给学生的,那只能是圣人吧!
(《论语诠解》178页)

　　辑者案:杨伯峻、杨朝明释为"歪曲",切合文意。

19.13 子夏曰:"仕而优则学,学而优则仕。"

　　汉·马融:行有余力,则以学文。(邢昺《论语注疏》259页)

　　宋·邢昺:此章劝学也。言人之仕官行己职而优闲有余力,则以学先王之遗文也。若学而德业优长者则当仕进,以行君臣之义也。(邢昺《论语注疏》259页)

　　宋·郑汝谐:学,其本也;仕,其用也。二者非相离也。仕之所以有余裕者,即学也,非可于学外求仕,亦非可于仕外求学也。
(《论语意原》卷四·27页)

　　宋·朱熹:程允夫问:"子夏之言似为时而发,虽反覆相因,而各有所指,或以仕而有余则又学,学而有余则当仕,如此,则其序当云学而优则仕,仕而优则学。今反之,则知非相因之辞也。不

知此说是否?"答曰:"旧亦疑两句次序颠倒,今云各有所指,甚佳。"（程树德《论语集释》1324 页引《朱子文集》）

宋·朱熹:仕优则学,为已仕者言也。盖时必有仕而不学如原伯鲁者,故有是言。学优而仕,为未仕者言也,盖未有以明乎修己治人之道,则未可以仕耳。（《四书或问》卷二十四·17 页）

金·王若虚:旧说以仕优为优闲有余力,学优为德业优长。岂有一字而二义! 不若皆训为有余力也。（《论语辨惑》卷四·8 页）

明·林希元:看来此章似专重在学上。本文二"优"字,一"则"字,俱不当平看。上"优"字,乃有余力之优;下"优"字,乃优入圣域之优。上"则"字,训作"即"字;下"则"字,训作"后"字。仕而优则学者,谓退食之际,即以帝典王谟而考其今日施为之得失也;学而优则仕者,谓必待学之已成而后,方可出以就仕也。（《四书存疑》卷七·60 页）

清·段玉裁:训仕为入官,此今义也。古义宦训仕,仕训学。……若《论语·子张》篇"子夏曰:'仕而优则学,学而优则仕'"。……以仕学分出处,起于此时矣。（《说文解字注》366 页）

清·刘宝楠:古者大夫士,年七十致事,则设教于其乡,大夫为大师,士为少师,是仕而优则学也。学至大成乃仕,是学而优则仕也。（《论语正义》744 页）

乔一凡:优即优秀优良之优,非旧说有余力也。学固无余力,仕亦不应有余力也。仕即是公务人员,能为国家社会服劳,岂能有余力而素餐哉? 子夏说:为国家社会服劳优良,则进学;学如优长,则可为国家社会服劳。仕是从政,从政即是为国家社会服劳。如成绩优良,自可进修,而更上一层。学问如优,则自可以从政。学优而从政,则错误可少,而民人可少受不平也。（《论语通义》325 页）

谭佛佑:"优"的本义是宽余、多余、优裕有余的意思。……

"仕",《说文》训"仕"为"学"。段玉裁云:"训仕为入官,此今义也。古义官训仕,仕训学。故《毛诗·传》五言士,事也。而《文王有声·传》亦言仕,事也。是仕与士,皆事其事之谓。"……指从事学习或从事某种具体活动。"仕",最早根本不作当官、入官讲。"仕而优则学"的意思应该是:从事某种实践活动,有空闲余暇或有余力,便学习"古之遗文"(马融对"文"的解释)。同样,"学而优则仕"的意思正是:学习道艺(郑玄对"文"的解释)有空闲余暇或有余力,便去从事具体的实践活动。这才是"仕而优则学,学而优则仕"的真正本义。(《"仕而优则学,学而优则仕"辨异》,《安徽师范大学学报》1980年第 4 期)

王缁尘:"优"者,即优闲之优,言有闲暇时候也。(《四书读本》357 页)

刘世锋:我们认为,"仕而优则学,学而优则仕"这一命题的核心是论述"仕"与"学"的关系。……"仕"为"做官",勿须多言;然而把"学"释为"学习",则未必全面。细查《论语》,"学"除"学习"之外,尚含"德""才"之义。……可见"学"字应释为"学习"和有德或有才两种意义。在子夏看来"仕"与"学"密不可分,有人才胜于德,有人德胜于才,但都不失为人才,学习好了才能做官,做了官还得学习。……长期以来,在学术研究和实践中,"仕而优则学"是个被忽视的问题。其实,做了官还要学习,以便把官做得更好,其正确性是无可非议的。用现在的话来说,就是干部要专业化。(《略论"仕而优则学,学而优则仕"》,《东岳论丛》1983 年第 1 期)

王述民:仕,在先秦有做官的意思……但同时又当"事"和"做事"讲。……把"事"译成"做事",子夏的话就很通顺了:"仕而优则学,学而优则仕。——做事有了余暇就学习,学习优良余暇就做事。"这样解释,乍看似乎奇谈怪论,其实很符子夏的身份。据

《荀子》记载,子夏极度贫穷,"衣若悬鹑"(为魏文侯师大概是以后的事)。像他这样的人,一面读书,一面还得考虑吃饭问题,学习之余做点事(学而优则仕),挣点钱喂饱肚子是非常必要的。(《"学而优则仕"新解》,《宁夏大学学报》1984年第4期)

李泽厚:[译]官做好了去求学,学问好了去做官。(《论语今读》325页)

李殿元、杨梅:仕——到政府去做事,也就是当官。当了官,能游刃有余地胜任了,能腾出一定的工夫来了,那么"仕而优则学"——就可以"学"了。这里,"学而优则仕"的"学",跟"仕而优则学"的"学",两个"学"的含义和要求是不同的。前一个"学",指的是学会"仕"(当官)的本领。后一个"学",一是指精益求精,继续学仕的本领,二是指学习文学艺术。……

在古汉语中,"优"有优秀、演戏、充足、优厚、犹豫不决、悠闲自得等意思。在这里,只有释其为"充足"才可能讲得通。古代学者自何晏(《论语集解》)以至朱熹(《论语集注》),都释"优"为"有余力",也即是"充足"之意。所以,这两句话的正确解释应该是:做官成绩优秀,有余力应去教人;学习成绩优秀,有余力时可以做官。蔡尚思先生在《论语导读》中认为:"优秀"和"有余力"在这里是相通的,不优秀,何来余力?前一"学"字通"教",有教的意思,后一"学"字仍指学习。这一解释是很有见地的。(《论语之谜》45页、225页)

金池:[注释]学:学习,深造。仕:做官,这里指任职实践。[译文]子夏说:"官做好了还要继续深造,学习好了就要任职实践。"(《论语新译》569页)

金知明:做官有余闲就学习,学习有余闲就做官。(《论语精读》256页)

何新：[译文]做官而优秀者应当治学术，学术而有成就者应该去做官。（《论语新解——思与行》253页）

刘兆伟：子夏说："做官做得好者，就在于受到了好的教育；受到好的教育者，就能做好官。"学，在此是教育的意思。（《论语通要》464页）

郑张欢：子夏曰：一个人为仕处理事宜优秀则在于能好学，一个人在学习中能所取成绩优秀则利于于世为仕。（《论语今释》294页）

辑者案："学而优则仕"，这句话人们口头传诵了两千多年，也被人们实践了两千多年。历代选拔人才，均以德业优秀为标准。因此，"优"字理解为优秀、优良为是。既然"学而优"之"优"为优秀、优良义，那么，"仕而优"之"优"也是优秀、优良义。"仕而优则学"，说明儒家对"仕"者要求高，官做得已经挺好了，还要继续学习，适应时代方方面面的发展，适应国家人民新的需要，继续学习为官之道，学习专业技术知识，以便把官做得更好。

19.14 子游曰："丧，致乎哀而止。"

汉·孔安国：毁不灭性。（邢昺《论语注疏》259页）

宋·邢昺：此章言居丧之礼也。言人有父母之丧，当致极哀戚，不得过毁以至灭性，灭性则非孝。（邢昺《论语注疏》259页）

宋·朱熹：致极其哀，不尚文饰也。杨氏曰："'丧，与其易也，宁戚'，不若礼不足而哀有余之意。"愚按："而止"二字，亦微有过于高远而简略细微之弊。学者详之。（《四书章句集注》191页）

清·刘宝楠：《注》说非经意。"性"与"生"同。《丧服·四制》云："三日而食，三月而沐，期而练，毁不灭性，不以死伤生也。"（《论语正义》745页）

　　杨伯峻：子游说："居丧，充分表现了他的悲哀也就够了。"（《论语译注》202页）

　　杨朝明：[诠释]致：达到。止：停止，有足够之意。[解读]子游说："居丧，达到悲戚的程度就可以了。"（《论语诠解》178页）

　　孙钦善：子游说："居丧能尽到悲哀之情也就够了。"（《论语本解》246页）

　　李培宗：致：副词。极，极其。（《论语全解》317页）

　　辑者案：杨朝明解为优。致，达到。居丧，达到悲哀的程度即可停止。劝丧者不要悲伤过度。

19.15 子游曰："吾友张也为难能也，然而未仁。"

(1)友张

　　梁·皇侃：张，子张也。子游言：吾同志之友子张，容貌堂伟，难为人所能及。（《论语集解义疏》卷十·8页）

　　清·王闿运：友张，与子张友也。（《论语训》卷下·82页）

　　辑者案：皇侃说为是。

(2)为难能也

　　汉·包咸：言子张之容仪之难及者也。（皇侃《论语集解义疏》卷十·7页）

　　梁·皇侃：子游言：吾同志之友子张，容貌堂伟，难为人所能及，故云为难能也。（皇侃《论语集解义疏》卷十·8页）

　　宋·朱熹：子张行过高，而少诚实恻怛之意。（《四书章句集注》191页）

　　清·黄式三：为难能也，言其为所难为也。以一介儒生欲行非常之仁，失近取之方，而实泽未必能周也。（《论语后案》528页）

　　清·王闿运：难能，才能难及。（《论语训》卷下·82页）

　　程树德：按《论语驳异》曰："为字盖语助，犹云为不可及耳。"

此说非也。为字系行为之为,是实字,不是虚字,言其平日行为均系难能之事耳。此说前人未发,较《集解》《集注》为优。……按:王(辑者案:指王闿运)说是也。此友字系动词,言我所以交子张之故,因其才难能可贵,己虽有其才,然未及其仁也。盖文人相轻,系学者通病,岂圣门而有此哉?未仁指子游说,如此既可杜贬抑圣门之口,且考《大戴礼·卫将军文子篇》:"孔子言子张不弊百姓,以其仁为大。"是子张之仁固有确据。王氏此说,有功圣经不小。(辑者案:《大戴礼·卫将军文子篇》原文为:孔子言之曰:"其不伐则犹可能也,其不弊百姓者则仁也。《诗》云:'恺悌君子,民之父母。'"夫子以其仁为大也。)(《论语集释》1327 页)

杨伯峻:我的朋友子张是难能可贵的了,然而还不能做到仁。(《论语译注》202 页)

李泽厚:[译]子游说:"我的朋友子张是个难得的人了。但不是'仁'。"(《论语今读》326 页)

黄怀信:[释]为难能:"为",是。"难能",难以做到。[训译]子游说:"我的朋友子张嘛,(常人)是难以达到的,就是还不够仁。"(《论语新校释》476 页)

金知明:为难能也,帮助人渡过困难可以;为难,解人之难;能,可。(《论语精读》257 页)

郑张欢:子游说:我的朋友子张已尽了最大的努力,然而还未达到仁的地步。(《论语今释》295 页)

辑者案:杨伯峻解为当。从句法上来看,"我的朋友子张(虽然)已难能可贵的了,(然而)还未能做到仁",颇顺文意。

19.16 曾子曰:"堂堂乎张也,难与并为仁矣。"

汉·郑玄:言子张容仪盛,于仁道薄,难勉进。(袁钧辑《郑玄论语

注》卷十·1页)

梁·皇侃:云"堂堂乎子张也"者……堂堂,仪容可怜也。云"难与并为仁矣"者,言子张虽容貌堂堂,而仁行浅薄,故云难并为仁。並,竝也。江熙曰:"堂堂,德宇广也。仁,行之极也。难与并仁,荫人上也。"然江熙之意,是子张仁胜与人,故难与并也。(皇侃《论语集解义疏》卷十·8页)

清·毛奇龄:堂堂,夸大之称。惟夸大不亲切,故难并为仁。(《论语稽求篇》卷七·12页)

清·王闿运:亦言子张仁不可及也。难与并,不能比也。曾、张友善如兄弟,非贬其堂堂也。(《论语训》卷下·82页)

杨伯峻:子张的为人高得不可攀了,难以携带别人一同进入仁德。(《论语译注》202页)

黄怀信:堂堂子张啊,(却)难以和他一同行仁!(《论语新校释》477页)

郑张欢:曾子说:显示其人高大的子张,我们所追求的仁德难以与他追求的仁德相并在一起。(《论语今释》295页)

　　辑者案:子张重仪表,仪表堂堂,盛气凌人,难以接近,故言难以和他一同行仁。

19.17 曾子曰:"吾闻诸夫子:人未有自致者也,必也亲丧乎!"

自致

汉·马融:言人虽未能自致尽于他事,至于亲丧,必自致尽。(邢昺《论语注疏》259页)

宋·朱熹:致,尽其极也。盖人之真情所不能自已者。(《四书章句集注》191页)

杨伯峻:平常时候,人不可能来自动地充分发挥感情,[如果

有,]一定在父母死亡的时候罢!(《论语译注》202页)

　　杨润根:自致,自致于丧,自己陷入痛苦、悲伤和不幸之中。
(《发现论语》487页)

　　林觥顺:自致者:自始至终无改的。自的本义始,致的本义送
至终极。(《论语我读》358页)

　　黄怀信:[释]自致:"自",自愿。"致",献,指献出性命、殉葬。
[训译]人从来没有自愿献出(自己性命)的。如果一定要(自愿献
出自己性命),就是父母死了吧!(《论语新校释》478页)

　　查正贤:自致者,极尽己力于事。(《论语讲读》253页)

　　金知明:[注释]人未有自致者也:人没有自己做到极限的;自
致,主动做得最好。[译文]人是不会自己做得最努力的,一定要
他主动做(得最好)只有等他父母死了![理解]曾子大概十分厌
恶他人的倦怠,所以讲了这样冷酷的话。他的意思是人的天性就
是懒惰;人不会主动上进,只有环境逼迫。(《论语精读》257页)

　　何新:[译文]人在有一种时候是难以自制的,那一定是在至
亲去世的时候呵![注释]致,读为制,节制。(《论语新解——思与行》
253页)

　　郑张欢:人未有自我而致情感的,必也在或与自己亲近的事
上,或与自己痛丧的事上方能真切地表露着!(《论语今释》295页)

　　　　辑者案:自致,谓竭尽自己的心力,也就是杨伯峻所说的
　　"自动地充分发挥感情"。

19.18 曾子曰:"吾闻诸夫子:孟庄子之孝也,其它可能也;其不改父之臣与父之政,是难能也。"

　　汉·马融:孟庄子,鲁大夫仲孙速也。谓在谅阴之中,父臣及
父政虽有不善者,不忍改也。(邢昺《论语注疏》259页)

梁·皇侃:云"曾子曰"云云者,人子为孝,皆以爱敬而为体,而孟庄子为孝,非唯爱敬,爱敬之外别又有事,故云其他可能也。云"其不"云云者,此是其他可能之事也。时人有丧,三年之内皆改易其父平生时臣及政事,而庄子居丧,父臣、父政虽有不善者,而庄子犹不忍改之,能如此者,所以是难也。(皇侃《论语集解义疏》卷十·8页)

元·陈天祥:《注》中不见难能之理,义有未尽。南轩曰:"庄子之不改意者,其政虽未尽善,而亦不至悖理害事之甚,故有取其不忍改也。盖善而不改,乃其常耳,不必称难能;恶而不改,则是成其父之恶,不可称难能也。"胡寅曰:"庄子之继世也,必其先臣先政有不利于己者,他人不能不改而庄子能之,是以称难。"王溏南谓二说皆有理,胡氏之说尤亲,予意亦然。(《四书辨疑》卷八·15页)

清·刘宝楠:《注》意以三年不改为孝,故云"在谅阴之中"。……其实三年不改,亦谓其父善道,己能守之,便是至孝。若有不善,正当改易,何为云"不忍"哉?《注》说误也。(《论语正义》747页)

　　辑者案:曾子曾经听老师讲过:孟庄子的孝,其他的方面都容易做到,但在其父孟献子死后,仍沿用父臣父政,不轻易改变,这是别人难以做到的。

19.19 孟氏使阳肤为士师,问于曾子。曾子曰:"上失其道,民散久矣。如得其情,则哀矜而勿喜!"

汉·马融:民之离散为轻漂犯法,乃上之所为,非民之过,当哀矜之,勿自喜能得其情。(邢昺《论语注疏》260页)

唐·韩愈:哀矜其民散之情,勿喜施其刑罚,是其旨也矣。(《论语笔解》卷下·24页)

唐·李翱:《家语》云:"鲁人有父子讼者,孔子为司寇,同牢狱絷之,父子皆泣。子曰:'上失其教,民散久矣。'皆释之。"此有以见哀矜其情,不喜施刑罚之验也。马谓勿喜得其情,失之矣。(《论语笔解》卷下·24 页)

宋·朱熹:民散,谓情义乖离,不相维系。谢氏曰:"民之散也,以使之无道,教之无素。故其犯法也,非迫于不得已,则陷于不知也。故得其情,则哀矜而勿喜。"(《四书章句集注》191 页)

清·康有为:民散,谓民心涣散,思背其上。情,实也。上未尝养之教之,则民之犯罪,迫于不得已,或出于无知,非其天性然也。士师审讯,虽得情,宜哀矜其本出无辜,而勿喜也。(《论语注》292 页)

金知明:曾子说:"君子丢失了正确的方法,百姓人心涣散好久了。假如获得百姓的爱戴,就要小心谨慎而不要松懈。"(《论语精读》258 页)

　　辑者案:民散,谓民心涣散,离心离德;情,案情,民众触犯法律的实情;哀矜,哀怜、同情。喜,沾沾自喜。

19.20 子贡曰:"纣之不善,不如是之甚也。是以君子恶居下流,天下之恶皆归焉。"

汉·孔安国:纣为不善,以丧天下,后世憎甚之,皆以天下之恶归之于纣也。(皇侃《论语集解义疏》卷十·10 页)

梁·皇侃:下流,谓为恶行而处人下者也。言纣不遍为众恶,而天下之恶事皆云是纣所为。故君子立身,恶为居人下流,若一居下流,则天下之罪并归之也。蔡谟曰:"……言一纣之不善,其乱不得如是之甚,身居下流,天下恶人皆归之,是故亡也。"若如蔡谟意,是天下恶人皆助纣为恶,故失天下耳。若直置一纣,则不能

如此甚也。(皇侃《论语集解义疏》卷十·10页)

宋·邢昺：此章戒人为恶也。纣名辛,字受德,商末世之王也。为恶不道,周武王所杀。《谥法》:"残义损善曰纣。"言商纣虽为不善,以丧天下,亦不如此之甚也,乃后人憎甚之耳。下流者,谓为恶行而处人下,若地形卑下,则众流所归。人之为恶处下,众恶所归,是以君子常为善,不为恶,恶居下流故也。纣为恶行,居下流,则人皆以天下之恶归之于纣也。(邢昺《论语注疏》260页)

宋·朱熹：下流,地形卑下之处,众流之所归。喻人身有污贱之实,亦恶名之所聚也。子贡言此,欲人常自警省,不可一置其身于不善之地。非谓纣本无罪,而虚被恶名也。(《四书章句集注》191页)

杨伯峻：商纣的坏,不像现在传说的这么厉害。所以君子憎恨居于下流,一居下流,天下的什么坏名声都会集中在他身上了。(《论语译注》203页)

黄怀信：下流,贱污之所。(《论语新校释》480页)

辑者案：孔安国、邢昺、朱熹、杨伯峻诸说大同小异,均合文意。道理很明显,数千年来,桀纣成了恶人坏人的代名词,文武孔孟成了圣贤的代名词。人们都有这样的同感和亲身经历。比如某人曾有过偷盗行为,周围的人无论谁丢了东西,都会首先怀疑到他。朱熹说得好:"子贡言此,欲人常自警省,不可一置其身于不善之地。"

19.21 子贡曰："君子之过也,如日月之食焉：过也,人皆见之；更也,人皆仰之。"(辑者案:"食焉",皇疏本、高丽本作"蚀也")

梁·皇侃：云"子贡曰"云云者,日月之蚀,非日月故为；君子之过,非君子故为。故云如日月之蚀也。云"过也人皆见之"者,日月之蚀,人并见之,如君子有过不隐,人亦见之也。云"更也人皆仰之"者,更,改也。日月食罢,改暗更明,则天下皆并瞻仰;君子之德,亦不以先过为累也。(皇侃《论语集解义疏》卷十·10页)

清·潘维城:《孟子·公孙丑篇》:古之君子,其过也,如日月之食,民皆见之,及其更也,民皆仰之。似即本之。盖以有过则改,故如日月之食,无伤于明也。(《论语古注集笺》卷十九·7页)

　　辑者案:常言道:人非圣贤,孰能无过。即使圣贤,亦难保一生不出过错。有了过错,就怕不改,"过而不改,是谓过矣"(《论语·卫灵公》);有了过错,不要掩饰,彻底改了,就会得到人们的谅解和尊重。

19.22 卫公孙朝问于子贡曰:"仲尼焉学?"子贡曰:"文、武之道,未坠于地,在人。贤者识其大者,不贤者识其小者,莫不有文、武之道焉。夫子焉不学? 而亦何常师之有?"

(1)在人

宋·邢昺:言文、武之道,未坠落于地,行之在人。(邢昺《论语注疏》261页)

宋·朱熹:在人,言人有能记之者。识,记也。(《四书章句集注》第192页)

宋·张栻:万理盈于天地间,莫非文武之道。道,初无存亡增损,在人所识何如。贤者则识其大者,不贤者则识其小者,人人莫不有文武之道也。(《南轩论语解》卷十·7页)

杨伯峻:周文王武王之道,并没有失传,散在人间。(《论语译注》204页)

　　辑者案:在人,在人间流传。

(2)贤者识其大,不贤者识其小

汉·孔安国:文武之道,未坠落于地,贤与不贤各有所识。夫子无所不从学。(邢昺《论语注疏》261页)

明·林希元:不贤,不是不好人,如小贤是也。(《四书存疑》卷七·63页)

清·梁章钜:识音志。汉石经"识"作"志"。王氏枏曰:"识字无音,今人多读如字,而蔡邕石经作志,是当读识为志也。"按《集注》明云音志;又云:识,记也。贾氏公彦曰:古之文字少,"志意"之"志"与"记识"之"志"同,后代自有记识之字,不复以志为识。何晏晋人,改志为识,而古文遂不可考矣。(《论语旁证》卷十九·11页)

邓球柏:[注释]识:认识,懂得。[白话]贤良的人能够认识懂得治国经验的根本,不贤良的人只懂得一些枝节。(《论语通解》365页)

孙钦善:贤人了解了它的大的方面,不贤的人了解了它的小的方面。(《论语本解》249页)

　　辑者案:贤能的人,格局大才器大的人,能记住文武之道的大处;普通的人,格局小才器小的人,能记住文武之道的小处。因此,人间无处不有文武之道。夫子无处不学,故无常师。这也是他学识渊博的原因。

19.23 叔孙武叔语大夫于朝曰:"子贡贤于仲尼。"子服景伯以告子贡。子贡曰:"譬之宫墙,赐之墙也及肩,窥见室家之好。夫子之墙数仞,不得其门而入,不见宗庙之美、百官之富。得其门者或寡矣。夫子之云,不亦宜乎!"

(1)仞

汉·包咸:七尺曰仞。(邢昺《论语注疏》261页)

清·刘宝楠:正义曰:郑此《注》与包同,高诱《吕氏春秋·适威注》亦同。赵岐注《孟子》、王逸注《楚辞》、樊光注《尔雅》及许氏《说文》并云:"八尺曰仞。"应劭注《汉书·食货志》云:"五尺六寸曰仞。"《考工记·匠人疏》引王肃说、《庄子·庚桑楚释文》引《小尔雅·广度》并云:"四尺曰仞。"诸家不同。程氏瑶田《通艺录》以七尺为是。其说曰:"扬雄《方言》云:'度广曰寻。'杜预《左传》'仞沟洫'《注》:'度深曰仞。'二书皆言人伸两手以度物之名。而寻为八尺,仞必七尺者,何也? 同一伸手度物,而广深用之,其势自不得不异。人长八尺,伸两手亦八尺,用以度广,其势全伸而不屈,而用之以度深,则必上下其左右手而侧其身焉。身侧则身与所度之物,不能相摩,于是两手不能全伸而成弧之形。弧而求其弦以为仞,必不能八尺,故七尺曰仞,亦其势然也。"(《论语正义》752 页)

黄怀信:"仞",一人高。旧有七尺、八尺之说,尺不同,实皆一人身高之度。(《论语新校释》483 页)

辑者案:"仞"的长度说法不一,难以确定。

(2)百官之富

杨伯峻:[译文]我老师的围墙却有几丈高,找不到大门走进去,就看不到他那宗庙的雄伟,房舍的多种多样。[注释]官——"官"字的本义是房舍,……这里也是指房舍而言。(《论语译注》204 页)

李炳南:数仞之墙,取譬天子或诸侯的宫墙,里面有宗庙,有朝廷百官,必须由门而入,才看得见。如果不得其门,进不去,那就看不见宗庙的完美、朝中百官的富盛。(《论语讲要》391 页)

南怀瑾:子贡再把孔子的学问用皇宫来形容,宫殿太高了,看不进去。孔子的学问有如帝室的庄严富有,面前站着文武百官有那么多,所以一般人要研究老师,能够找到门的已经很少了,何况登堂入室! (《论语别裁》890 页)

杨润根:百官之富,所有的政府官员加在一起的全部财富。

（《发现论语》492 页）

　　吴新成：百官家臣的气象。（《论语易读》357 页）

　　李里："百官"指大户人家内管理事务的机构，只有大户人家才有祭祀的宗庙与管事的百官，这哪是小户人家的室家可比。这里子贡是用大户与小家来比喻道德学问的差别。（《论语讲义》295 页）

　　金知明：众官员（服饰的）富丽堂皇。富，指服饰的繁富。（《论语精读》260 页）

　　郑张欢：富有才能的百官众多。（《论语今释》299 页）

　　　辑者案："百官"，指众官。《尚书·周官》："（成王）曰：唐虞稽古，建官惟百。"《汉语大字典》《汉语大词典》将此"官"字解作馆舍、房舍，非。既然前句列举了宗庙，后句就不应再列举房舍，因为宗庙也属于房舍。百官是官中所独有，惟有百官才能反映出官中方方面面的（物质的、智慧的）富有。如果朝廷中没有百官，只是有"百馆"，那么就难以称之为朝廷，也难以称得上富有。再说，当时已有了"馆"字（《诗经》《左传》都用了"馆"字），《论语》编者舍弃"馆"而选用"官"，用意甚明。

19.24 叔孙武叔毁仲尼。子贡曰："无以为也！仲尼不可毁也。他人之贤者，丘陵也，犹可逾也；仲尼，日月也，无得而逾焉。人虽欲自绝，其何伤于日月乎？ 多见其不知量也。"（辑者案："逾"，定州简本作"蹂"）

多见其不知量

　　魏·何晏：言人虽欲自绝弃于日月，其何能伤乎？适足自见其不知量也。（皇侃《论语集解义疏》卷十·12 页）

　　梁·皇侃：云"多见其不知量也"者，不测圣人德之深而毁绝

之,如不知日月之明而弃绝之。若有识之士视睹于汝,则多见汝愚暗,不知圣人之度量也。(皇侃《论语集解义疏》卷十·12页)

宋·邢昺:云"适足自见其不知量也"者,据此注意,似训"多"为"适"。所以"多"得为"适"者,古人多、祇同音。"多见其不知量",犹襄二十九年《左传》云"多见疏也",服虔本作"祇见疏",解云:"祇,适也。"晋宋杜本皆作"多"。张衡《西京赋》云:"炙炮夥,清酤多,皇恩溥,洪德施。"施与多为韵。此类众矣,故以"多"为"适"也。(邢昺《论语注疏》263页)

杨润根:多么不知道怎样衡量自己、判断事物。(《发现论语》493页)

金池明:多见其不知量也:至多暴露出他不懂得自我衡量罢了。多,至多;见,同"现",暴露出;不知量,不懂得衡量。(《论语精读》261页)

李培宗:多,通"祇"(zhǐ)。不过。(《论语全解》322页)

孙钦善:足见他自不量力。(《论语本解》250页)

辑者案:应从邢昺说。"多"通"祇",义"适",表示"恰好""仅仅"义。朱骏声《说文通训定声》:"多,叚借为祇。"《左传·僖公十五年》:"晋未可灭,而弑其君,祇以成恶。"杜预注:"祇,适也。"

19.25 陈子禽谓子贡曰:"子为恭也,仲尼岂贤于子乎?"子贡曰:"君子一言以为知,一言以为不知,言不可不慎也。夫子之不可及也,犹天之不可阶而升也。夫子之得邦家者,所谓立之斯立,道之斯行,绥之斯来,动之斯和。其生也荣,其死也哀,如之何其可及也?"

(1)为恭

宋·邢昺:"陈子禽谓子贡曰:子为恭也,仲尼岂贤于子乎"

者,此子禽必作陈亢,当是同其姓字耳。见其子贡每事称誉其师,故谓子贡云:当是子为恭孙故也,其实仲尼才德岂贤于子乎?（邢昺《论语注疏》263页）

宋·朱熹:为恭,谓为恭敬推逊其师也。（《四书章句集注》192页）

毛子水:[今注]"为",假装,装作。[今译]陈子禽对子贡说:"你是客气呀! 仲尼难道比你高明!"（《论语今注今译》298页）

亦丰:是故意表现恭敬吧。（《论语句解》123页）

孙钦善:恭,指对孔子恭敬。（译）您总是表现为恭恭敬敬。（孙钦善《论语本解》251页）

> 辑者案:为,是。为恭,是恭。陈子禽说:你是谦恭也,仲尼岂能贤过你呢?

(2)动之斯和

汉·孔安国:动之,则莫不和穆。（皇侃《论语集解义疏》卷十·13页）

梁·皇侃:云"动之斯和"者,动,谓劳役之也。悦以使民,民忘其劳,故役使之莫不和穆也。（皇侃《论语集解义疏》卷十·14页）

宋·朱熹:动,谓鼓舞之也。和,所谓于变时雍。言其感应之妙,神速如此。（《四书章句集注》第193页）

杨伯峻:一动员百姓,百姓自会同心协力。（《论语译注》206页）

黄怀信:"动",调动。"和",和谐。（《论语新校释》486）

金知明:绥之斯来,动之斯和:安抚了前来归附的人,感动了随和的人。之,代词,指下文的"斯来"、"斯和"。（《论语精读》262页）

何新:[译文]动乱于是才能平息。[注释]和,息也。（《论语新解——思与行》257页）

> 辑者案:动,动化,感化。《淮南子·泰族训》:"故圣人莫善于诚,至诚而能动化矣。"《汉书·扬雄传》:"立政鼓众,动化天下,莫上于中和,中和立发,在于哲民情。"朱熹、杨伯峻

解为当。

(3)其生也荣,其死也哀

梁·皇侃:云"其生也荣"者,孔子生时,则物皆赖之得性,尊崇于孔子,是其生也荣也。云"其死"云云者,孔子之死,则四海遏密,如丧考妣,是其死也哀也。袁氏曰:"生则时物皆荣,死则时物咸哀也。"(皇侃《论语集解义疏》卷十·14页)

宋·朱熹:荣,谓莫不尊亲。哀,则如丧考妣。程子曰:"此圣人之神化,上下与天地同流者也。"(《四书章句集注》第193页)

清·俞樾:《国语·晋语》曰"非以翟为荣",韦《注》曰:"荣,乐也。"是古谓乐为荣。其生也荣,其死也哀,言其生也民皆乐之,其死也,民皆哀之。(《群经平议》卷三十一·27页)

吴新成:他活着,人人觉得快乐;他死后,人人觉得哀痛。(《论语易读》359页)

乌恩溥:他活着是光荣的,死了是令人悲痛的。(《名家讲解论语》155页)

黄怀信:他活着(百姓)荣耀,他死了(百姓)哀伤。(《论语新校释》486页)

李零:他活得很光荣,死得很悲哀。(《丧家狗——我读论语》329页)

杨朝明:生得光荣,去世了令人怀念。(《论语诠解》182页)

黄克剑:其生,有其尊荣;其死,会引起人们的哀痛。(《论语解读》424页)

刘宗志:老师活着是十分荣耀的,死了是极其可惜的。(《论语解读》296页)

辑者案:他生得光荣,死得令人哀痛。

尧曰第二十

20.1 尧曰:"咨!尔舜!天之历数在尔躬,允执其中。四海困穷,天禄永终。"舜亦以命禹。曰:"予小子履,敢用玄牡,敢昭告于皇皇后帝:有罪不敢赦。帝臣不蔽,简在帝心。朕躬有罪,无以万方;万方有罪,罪在朕躬。"周有大赉,善人是富。虽有周亲,不如仁人。百姓有过,在予一人。"谨权量,审法度,修废官,四方之政行焉。兴灭国,继绝世,举逸民,天下之民归心焉。所重:民,食,丧,祭。宽则得众,信则民任焉,敏则有功,公则说。(辑者案:"大赉",定州简本作"泰来";"公则说",简本作"功则说")

(1)历数

汉·郑玄:历数在汝身,谓有图录之名(辑者案:下有注云:"图录"者,帝王受命,有符瑞之征,可先知也)。(袁钧辑《郑玄论语注》卷十·2页)

魏·何晏:历数,谓列次也(辑者案:明·陈士元谓此为马融语)。(邢昺《论语注疏》265页)

宋·邢昺:注"历数,谓列次也"。孔注《尚书》云:"谓天道。"谓天历运之数。帝王易姓而兴,故言历数谓天道。郑玄以历数在汝身,谓有图录之名。何云列次,义得两通。(邢昺《论语注疏》267页)

宋·朱熹:历数,帝王相继之次第,犹岁时气节之先后也。

（《四书章句集注》193 页）

清·刘宝楠："历数"是岁、月、日、星辰运行之法。……王者，天之子，当法天而行，故尧以天之历数责之于舜。（《论语正义》756 页）

清·康有为：历数者，考定星历，建立五行，有天地神祇物类之官。（《论语注》298 页）

董子竹："天之历数在尔躬"，天地运行的一切信息全集中在你一个身上，你的心的运动就是"宇宙——生命"系统的全息。"历"运动，"数"规律、定律、命运，全在你的意识的当下运动中，不要到别的地方去找。（《论语正裁》439 页）

马天祥：历数，指帝王代天继位的顺序、列次。（《十三经辞典·论语卷》16 页）

黄怀信："历"，过也。"天之历数"，自然排定的位次，指帝位言。（《论语新校释》487 页）

金知明：天之历数在尔躬：天运的顺序传到了你身上。历数，兼有征兆和秩序的意思。（《论语精读》264 页）

辑者案：历数，本为推算节气之度。《尚书·洪范》："五纪：一曰岁，二曰月，三曰日，四曰星辰，五曰历数。"《疏》："算日月行道所历，计气朔早晚之数，所以为一岁之历。"也指天道。此指上天排定的朝代更替的次序。邢昺、朱熹、刘宝楠等说大同小异，均合文意。

(2)允执其中,四海困穷,天禄永终

汉·包咸：允，信也。困，极也。永，长也。言为政信执其中，则能穷极四海，天禄所以长终也。（皇侃《论语集解义疏》卷十·14 页）

梁·皇侃：云"允执其中"者，允，信也。执，持也。中，谓中正之道也。言天信运次既在汝身，则汝宜信执持中正之道也。……若内执中正之道，则德教外被四海，一切服化莫不极尽也。云"天

禄永终"者,永,长也。终,犹卒竟也。若内正中国,外被四海,则天祚、禄位长,卒竟汝身也。执其中,则能穷极四海,天禄所以长终也。(皇侃《论语集解义疏》卷十·16页)

宋·朱熹:允,信也。中者,无过不及之名。四海之人困穷,则君禄亦永绝矣,戒之也。(《四书章句集注》193页)

宋·张栻:允执其中,事事物物皆有中天理之所存也。惟其心无所倚,则能执其中而不失,此所谓时中也。(《南轩论语解》卷十·9页)

清·毛奇龄:盖天禄永终则断无作"永绝"解者。潜丘尝谓汉魏以还俱解"永长"。……凡用此语者,无不以"永长"为辞。(《论语稽求篇》卷七·13页)

清·江声:永终者,吉祥之辞,犹《尚书·金縢》云"永终是图"也。不可解为永绝。且尧之于舜,历试廿年乃授之政,虑其即位之后,至于四海困穷,则所以知舜者,犹未审,奚遽禅位为哉?包咸曰:"允,信;困,极;永,长也。言为政信执其中则能穷极四海,天禄所以长终。"恐亦未允帖。声窃拟之曰:允执其中,兢兢业业,常以四海困穷为念,则能覆育斯民,天禄用能长终也。此解是否,来哲详之。(《论语竢质》卷下·17页)

日·猪饲彦博:包说固非,朱说亦未稳。《金縢》曰:"予小子新命于三王,唯永终是图。"《周颂》曰:"庶几夙夜,以永终誉。"《汉书·暴胜之传》曰:"树功播名,永终天禄。"可见古人以令终为永禄矣。是包氏所以误解困穷也。朱子解永终为长绝,虽得经旨,犹失语意。天禄永终,盖反语也。言四海困穷,则天禄永终乎?不永终矣。语势与可爱非君可畏非民同,学者审诸。(《论语说抄》10页)

清·刘宝楠:"执中"者,谓执中道用之。《礼·中庸》云:"子曰：'舜其大知也与！执其两端，用其中于民。'"执而用中，舜所受尧之道也。用中即中庸，故庸训用也。中庸之义，自尧发之，其后贤圣论政治学术，咸本此矣。"四海困穷"者，《孟子·滕文公上》："当尧之时，天下犹未平，洪水横流，泛滥于天下，草木畅茂，禽兽繁殖，五谷不登，禽兽逼人，兽蹄鸟迹之道交于中国。尧独忧之，举舜而敷治焉。"……是尧时四海困穷之征。……段氏玉裁《说文注》云："困之本义为止而不过，引申之为极尽。《论语》'四海困穷'谓君德充塞宇宙，与横被四海之义略同。"段说即包此《注》意，然非经旨。"天禄所以长终"者，言享天禄能终竟之也。(《论语正义》757 页)

章太炎：苞云："为政信执其中。"案：汉武策齐王闳云："悉尔心，允执其中，天禄永终。厥有愆不臧，乃凶于乃国而害于尔躬。"是已以中为中道，苞氏因之。其实舜之德尧所素悉，无为复有告教；纵欲告教，汗漫言中，无所指实，亦何益矣？今谓禅位致辞，比于符券，要使他人不得争攘，无取繁言，详《春官·天府》。凡官府乡州及都鄙之治中，受而藏之。郑司农云："治中，谓其治职簿书之要。"《秋官·小司寇》："岁终，则令群士计狱弊讼，登中于天府。"郑云："上其所断狱讼之数"，是亦谓簿籍也。汉州刺史属有治中，盖亦此义。其与主簿、簿曹职有剧易，名义则同耳。允即"㽙"，进也。㽙执其中，谓来取簿籍也。禅位言此，犹今官府更代，移交簿领。(《广论语骈枝》16 页)

方骥龄：顾实《释中史》云："《尧典》曰'在璇玑玉衡'，以齐七政。璇玑者，北辰，亦谓之北极，天之中，以正四时者也。玉衡者，北斗也。辰极常居其所，而北斗不与众星西没也。……斗指两辰之间，是故'天之历数在尔躬，允执其中'者，何执也？执此斗柄，指中气之'中'也。"据此，故"允执其中"，乃尧戒舜信守一年二十

四节之中气授之于民也。（《论语新诠》592 页）

李炳南："四海困穷"。尧又命舜，要为四海之内的人民解除困穷之苦。（《论语讲要》396 页）

金良年：[注释]允：得当。[译文]得当地把握住它的正道。如果天下都困顿穷苦，上天的禄位就会永远终止。（《论语译注》239 页）

杨润根：允执其中：请你公正无私、不偏不倚地执行上天赋予你的这一重大使命。"其"代指"天之历数"。（《发现论语》497 页）

林觥顺：允执其中：笔者释用人公正无偏，唯才是用。……允字颠倒是公字。中者无偏。天禄永终：天命始终如一。（《论语我读》366 页）

金知明：允执其中：要公平地把握万事的中心。允，公平、可信；执，持、执掌；其，代词，天下，权力；中，名词，原心。（《论语精读》264 页）

何新：[译文]天命已降临于你身上。你要永远手执铃钟！直到四海干涸，天命终结。[注释]中，钟铎。上古帝王发布大命、历法，均手执钟铎（钲）以颁令。允，永也。又谐音于中、正、中庸。天禄，即天之禄命，天命。（《论语新解——思与行》258 页）

杨朝明：允执其中：指要执行中庸之道。允，诚实，不欺。……天禄永终：此句有两种解释：一说为天禄长期存在。……一说为天禄永绝。……前者较能反映文章原意。（《论语诠解》183 页）

　　辑者案：允执其中：允，允当；执其中，执中不偏。该句应理解为允当地执行中庸之道。永终：永绝，永远终止。朱熹、金良年之说确当。

(3) 予小子履……皇皇后帝

汉·孔安国：履，殷汤名。此伐桀告天之文。殷家尚白，未变夏礼，故用玄牡。皇，大。后，君也。大，大君。帝，谓天帝也。

《墨子》引《汤誓》，其辞若此。（邢昺《论语注疏》265页）

汉·郑玄：皇王后帝，并谓大微五帝。在天为上帝，分主五方谓五帝。用玄牡者，为舜命禹事，于是总告五方之帝莫适用，用皇天大帝之牲。（马国翰辑《论语古注·论语郑氏注》卷十·2页）

清·沈涛：此《注》（辑者案：指孔安国注）之误有三：履为汤名，虽见《白虎通·姓名篇》，然考《史记·殷本纪》："主癸卒，子天乙立，是为成汤。"是汤名天乙，不名履。《易乾凿度》云：孔子曰：自成汤至帝乙，帝乙，汤元孙之孙也。元孙，五世之末外绝恩矣。同日以乙，天之锡命，疏可同名。又云：易之帝乙为汤，书之帝乙六世，王名同，不害以明功，则天乙乃汤名，非庙主。今云履殷汤名，其误一也。《墨子·兼爱篇》云："且不惟《禹誓》为然，虽《汤说》即亦犹是也。"汤曰："惟予小子履，敢用元牡"云云，是《墨子》所引，乃《汤说》，非《汤誓》。"虽余一人有罪，四方"语，《国语》引作《汤誓》，而与墨翟书无涉。今云《墨子》引《汤誓》其辞若此，其误二也。又《墨子》引此文，尚有"今天大旱，即当朕身履，未知得罪于上下"十六字，下文又云"即此言汤贵为天子，富有天下，然且不惮以身而牺牲以祠，说于上帝鬼神，即此汤兼也"。《吕氏春秋·季秋纪》亦云：汤克夏而天大旱，汤以身祷于桑林曰"予一人有罪"云云，则此实成汤祷旱之词，今云伐桀告天之辞，其误三也。
（《论语孔注辨伪》卷下·18页）

杨伯峻：我履谨用黑色牡牛作牺牲，明明白白地告于光明而伟大的天帝：有罪的人（我）不敢擅自去赦免他。您的臣仆（的善恶）我也不隐瞒掩盖，您心里也是早就晓得的。（《论语译注》207页）

吴新成：[解]我是卑微的履，谨以黑色公牛为献，并谨坦白于光明而伟大的天帝之前：凡有罪的人我都不敢赦免，凡有善的人我也不敢掩蔽，这些都在天帝心里简阅着。[注]皇皇，光明而大。

后帝,上帝。(《论语易读》361 页)

林觥顺:予小子履:给予年轻人的启示并且切实履行。是命禹履。(《论语我读》367 页)

乌恩溥:皇皇,形容尊贵的样子。后帝,上帝。(《名家讲解论语》159 页)

金知明:予小子履:予,我;小子,年轻人;履,汤的名字。(《论语精读》264 页)

郑张欢:皇皇后帝,夏代之前的三皇五帝。(《论语今释》303 页)

杨朝明:皇:大。皇皇可理解为伟大。后帝:天帝。(《论语诠解》183 页)

　　辑者案:可以将孔安国、杨伯峻、杨朝明所释结合起来理解。

(4)帝臣不蔽,简在帝心

汉·郑玄:简阅在天心,言天简阅其善恶也。(马国翰辑《论语古注·论语郑氏注》卷十·2 页)

魏·何晏:言桀居帝臣之位,罪过不可隐蔽。以其简在天心故(辑者案:韩愈《论语笔解》此注作"包曰",以为此是包咸语)。(邢昺《论语注疏》265 页)

宋·邢昺:"帝臣不蔽,简在帝心"者,帝,天也。帝臣,谓桀也。桀是天子,天子事天,犹臣事君,故谓桀为帝臣也。言桀居帝臣之位,罪过不可隐蔽,以其简阅在天心故也。(邢昺《论语注疏》266 页)

唐·韩愈:帝臣,汤自谓也。言我不可蔽隐桀之罪也。包以桀为帝臣,非也。(《论语笔解》卷下·25 页)

唐·李翱:吾观《汤诰》云:"尔有善,朕弗敢蔽;罪当朕躬,弗敢自赦,惟简在上帝之心。"此是汤称帝臣明矣。(《论语笔解》卷下·25 页)

宋·朱熹:简,阅也。言桀有罪,己不敢赦。而天下贤人,皆上帝之臣,己不敢蔽。简在帝心,惟帝所命。此述其初请命而伐

桀之辞也。(《四书章句集注》193 页)

清·刘宝楠:《墨子》云:"有善不敢蔽。"是"帝臣"为善臣。《吕氏春秋·简选篇》言"汤反桀之事,遂其贤良"是也。此《注》以帝臣为桀,与《墨子》不合。又"简在帝心",承上有罪帝臣言之,故郑《注》谓"简阅其善恶也。"此《注》单承桀言,亦误。(《论语正义》760 页)

杨伯峻:帝臣不蔽——《墨子·兼爱下篇》此句作"有善不敢蔽",但郑玄注此句云:"言天简阅其善恶也。"译文从郑。《墨子·兼爱下篇》和《吕氏春秋·顺民篇》都说这是成汤战胜夏桀以后,遭逢大旱,向上天祈祷求雨之词。(《论语译注》208 页)

王缁尘:桀为天子,亦为上帝的臣,故"帝臣"者,指桀也。言"我对于有罪的人,不敢违天赦他。像桀的罪过,已经不能给他隐蔽了,他的罪过,已经很简单明白,在上帝的心里"也。(《四书读本》367 页)

杨润根:帝臣不蔽:上帝的眼睛不受蒙蔽,它能洞察一切隐秘的东西。简在帝心:一切都记载、镌刻在上帝的心中,换句话说,也就是上帝对一切都心中有数,心中有谱。(《发现论语》499 页)

南怀瑾:"帝臣不蔽",就是说你天帝的臣子,我这个舜,年纪大了,精神不够,已无法作天下的庇护。"简在帝心",现在我选来一个人,可以继承我这个位置,而我所选的这一个人,天帝也会同意的。(《论语别裁》903 页)

蒋沛昌:简在帝心——已经反映在你天帝的心上。简:古代写字用的竹板,相当现代的纸。简在:刻写在,反映在。(《论语今释》495 页)

董子竹:"简在帝心","帝心"此处便是"道心","简在帝心"就是"道心惟微"。"简",裁决判断之义。"微",微妙之义。"道心惟微"也是说道心总在作最明确最准确最微妙的抉择。"帝心""道心"是一个心,这个心又是"人心",此处是指尧、舜、禹、汤之心。
(《论语正裁》440页)

　　钱穆:简,选择义。简在帝心,惟帝所命也。(《论语新解》504页)

　　金知明:[注释]帝臣不蔽,简在帝心:帝王和臣子不能相互隐瞒,(一切都)审视在我心中。简,有选拔人才的意思。[译]帝王和臣子不能相互隐瞒,(一切都)简选在我心中。(《论语精读》264页)

　　金池:[注释]简:情实,这里是知道的意思。[译文]您的臣仆(夏桀)的罪过,我不敢隐瞒,您心里是明白的。(《论语新译》584页)

　　刘宗志:[注释]简:知道。[经典愿意]天帝的臣仆有罪我也不敢庇护,这些都记在天帝您的心里。(《论语解读》298页)

　　黄怀信:[释]"帝臣",上帝之臣。"不蔽",不加隐瞒。"简",借为"鉴",视、察也。[训译]有罪的人我不敢赦免,上帝的(好)臣子(我)不敢隐瞒,(一切)都明察在上帝心里。(《论语新校释》489页)

　　孙钦善:简:选择。……天帝的臣下也不加掩蔽,选择录用全由天帝心意。(《论语本解》253页)

　　　　辑者案:何晏注邢昺疏为是。简,检阅,考察。《广雅·释言》:"简,阅也。"王念孙《疏证》:"桓六年《左传》云:'大阅,简车马也。'"《周礼·夏官·大司马》:"简稽乡民,以用邦国。"

(4)周有大赉,善人是富

　　魏·何晏:周,周家也。赉,赐也。言周家受天大赐,富于善人也,有乱臣十人是也。(皇侃《论语集解义疏》卷十·15页)

　　梁·皇侃:周,周家也。赉,赐也。言周家受天大赐,故富足于善人也。或云:周家大赐财帛于天下之善人,善人故是富也。(皇侃《论语集解义疏》卷十·17页)

　　明·林希元:周武王既克商,发粟出财,大锡赉于四海。其中善人,则尤加厚焉。大赉,是博济天下之穷民。善人是富,是加厚天下之良民。此与《集注》《诗序》异。《集注》与《诗序》皆说只锡予善人,说得窄了。(《四书存疑》卷七·66页)

清·惠栋:《战国策》云:"制海内,子元元,非兵不可。"高诱曰:"元元,善也。"姚察《汉书训纂》曰:"古者谓人云善人,因善为元,故云黎元。其言元元者,非一人也。"栋案:《大誓》云:"大赉于四海,而万姓悦服。"则善人为黎元审矣。何晏以为有乱十人,失之。(《论语古义》11页)

方骥龄:今人丁佛言氏著《古籀补》二:"案赉,赐也。来,天所来也。天来有天赐之意,古赉字或直作来,天来而受之以手,故拜字从来从手……"本节"周有大赉",殆即"周有大来",大为大麦,来为小麦,似不宜作大加赏赐解。……周武王克商之后,殆以来牟富民,使民生富足无虞,民生问题由是而得以丰富,故中原人民衷心拥戴。今日北地民食,以麦为主,当系周武王时克商后所推广之故欤?(《论语新诠》596—597页)

金知明:周有大赉,善人是富:周朝有了大运,只有贤明的好人受到赏赐。赉,好运;是富,"是"在这里起强调作用,有"只有"的意思;本句起为周武王的话。(《论语精读》264页)

王缁尘:富者,多也。……言天赐周朝许多善人也。(《四书读本》367页)

杨润根:周有大赉,善人是富:西周联邦秉持着上天的巨大恩赐,而整个善良的人民就是它取之不尽、用之不竭的财富。这里的"大赉"和"善人"具有互相包含的意义。(《发现论语》499页)

林觥顺:[注解]周有大赉:周者密也,与疏正成反义。赉读来,《尔雅·释诂》:"赉、贡、锡、畀、予、贶,赐也。"又曰:"赉者赐有功善人。"富:备也,多也。[释义]要经常行赏有功人员,才有更多

的好人出头，勇于任事，使国家更强盛。（《论语我读》368 页）

黄怀信：[释]善人：包括诸侯及"乱臣十人"之属在内的重臣。[训译]周朝有大封赏，所以善人都很富裕。（《论语新校释》490 页）

> 辑者案：周，周家，周朝。大赉，大赏赐。善人，有道德的人。《论语·述而》："善人，吾不得而见之矣；得见有恒者，斯可矣。"《孔子家语·六本》："故曰：'与善人居，如入芝兰之室，久而不闻其香，即与之化矣。'"此语是说：周朝大赏天下，好人都富贵起来。

(5)虽有周亲，不如仁人。

汉·孔安国：亲而不贤不忠则诛之，管、蔡是也。仁人，谓箕子、微子。来则用之。（邢昺《论语注疏》266 页）

宋·邢昺：言虽有周亲，不贤不忠，则诛之，若管、蔡是也。不如有仁德之人，贤而且忠，若箕子、微子，来则用之也。……案《周书·泰誓》云："虽有周亲，不如仁人。"是武王往伐纣次于河朔誓众之辞也。孔传云："周，至也。言纣至亲虽多，不如周家之少仁人。"此文与彼正同。而孔注与此异者，盖孔意以彼为伐纣誓众之辞，此泛言周家政治之法，欲两通其义，故不同也。（邢昺《论语注疏》267 页）

清·刘宝楠：《墨子·兼爱中》："昔者武王将事泰山隧，《传》曰：'泰山有道，曾孙周王有事，大事既获，仁人尚作，以祗商夏，蛮夷丑貉。虽有周亲，不若仁人。万方有过，维予一人。'"宋氏翔凤说："'周亲'四语，盖封诸侯之辞也。武王封大公于齐，在泰山之阴，故将事泰山，而称'仁人尚'，为封大公之辞也。"（《论语正义》761 页）

南怀瑾："虽有周亲"，这个"周"代表了圆满，四周充满了的意思。就是说一个人有很多的群众，很多"盲目"的人跟着你。"不如仁人"，不如有一个两个有眼光的人，有仁义道德的人。（《论语别

裁》905 页）

　　杨润根：周亲，周全的应有尽有的亲戚朋友。(《发现论语》500 页)

　　　辑者案：虽有至亲，不如有仁德之人。

（6）谨权量，审法度，修废官

　　汉·包咸：权，秤也。量，斗斛也。(皇侃《论语集解义疏》卷十·15 页)

　　梁·皇侃：云"审法度"者，审犹谛也。法度，谓可治国之制典也，宜审谛分明之也。(皇侃《论语集解义疏》卷十·17 页)

　　宋·邢昺："谨权量，审法度，修废官，四方之政行焉"者，此下总言二帝三王所行政法也。权，秤也。量，斗斛也。谨饬之使钧平。法度，谓车服旌旗之礼仪也。审察之，使贵贱有别，无僭逼也。官有废阙，复修治之，使无旷也。如此，则四方之政化兴行焉。(邢昺《论语注疏》267 页)

　　宋·朱熹：法度，礼乐制度皆是也。(《四书章句集注》194 页)

　　方骥龄：修废官：按《说文》："废，屋顿也。"……《说文》所谓"顿"或"钝"，实即"屯积"之"屯"……废字已如上述，指仓屯而言，官必为官舍，且包括教育场所之学而言。修，饰也、治也、设也，修废官，未设者设之，已有者治之，破损者饰之，物质生活既已富足，当重蓄积与五教，富而后教之，犹今日台湾省经济富足后延长义务教育是也。(《论语新诠》600 页)

　　杨伯峻："法度"不是法律制度之意。《史记·秦始皇本纪》和秦权、秦量的刻辞中都有"法度"一词，都是指长度的分、寸、尺、丈、引而言。所以"谨权量，审法度"两句只是"齐一度量衡"一个意思。这一说法，清初阎若璩的《四书释地又续》已发其端。废官——赵佑《四书温故录》云："或有职而无其官，或有官而不举其职，皆曰废。"(《论语译注》208 页)

　　王缁尘："法度"，即"律度"。"律"谓十二律，乐声也；"度"谓

尺,量长短者也。(《四书读本》368 页)

李泽厚:谨慎制定度量衡,检查各种法规制度,恢复被废掉的官职,天下的政治就会搞好。(《论语今读》332 页)

金知明:[注释]谨,小心保障;权、量,度量衡器具;修,选拔;废,淘汰。[译文](我周朝要)保障度量统一,核查法律规章,筛选和淘汰官员,天下的治理就走上了正规。(《论语精读》264—265 页)

杨润根:**修废官**:将那些不称职的和腐化堕落的、在自己的职位上不能发挥其应有作用的政府官员摈斥剪除。修——剪除。(《发现论语》500 页)

林觥顺:**谨权量**:谨是谨慎,权,裁决也。这是笔者的发明,古人无有如此注释。按权,《释木》曰:"黄英辅小木。"《释草》曰:"权,黄华,今谓牛芸草为黄华。"究竟是草抑是木?也靠各人的智慧来裁断决定。笔者今裁决黄英黄华为一同姓同名的蔓生草本科,古文英华通用,黄英辅小木也就是黄华辅小木。辅是附的同音假借而义近。再如人民有选举权,是人民裁决某人该当选,君权是君王裁决当如何行政。所以笔者注释:权,裁决衡量。量是轻重多少的数量词。**修废官**:修是修饰粉刷,是整救。废是存放不用谓之废弃。……修官,是整救闲置的无业官员。(《论语我读》368 页)

郑张欢:谨慎计划天下繁华与偏僻各地各行各业税率的收取幅度,审定各项事宜与各种所犯的办法与所行刑律的适度,修复效能已属低劣或已荒废的政务系统,使天下之政令卓有成效通行于四方。(《论语今释》304 页)

孙钦善:权:秤,重量量具。量:容量量具,如斗、斛。法度:长度。《史记·秦始皇本纪》及秦权、秦量的刻辞中都有"法度"一词,指长度单位分、寸、尺、丈、引而言。一说法度与权量相对为文,法指音乐的十二律,度指长度的五度。《尚书·尧典》有"同律度量衡"的话,马融注:"律,法也。"废官,废缺的职官。(《论语本解》253页)

　　　　辑者案:李泽厚解为当。

(7)兴灭国,继绝世,举逸民

　　宋·邢昺:"兴灭国,继绝世,举逸民,天下之民归心焉"者,诸侯之国,为人非理灭之者,复兴立之;贤者当世祀,为人非理绝之者,则求其子孙,使复继之。节行超逸之民,隐居未仕者,则举用之。(邢昺《论语注疏》267页)

　　宋·朱熹:兴灭继绝,谓封黄帝、尧、舜、夏、商之后。举逸民,谓释箕子之囚,复商容之位。三者皆人心之所欲也。(《四书章句集注》194页)

　　清·刘宝楠:许氏《五经异义》解此文云:"国谓诸侯,世谓卿大夫。"《白虎通·封公侯篇》:"王者受命而作,兴灭国,继绝世何?为先王无道,妄杀无辜,及嗣子幼弱,为强臣所夺,子孙皆无罪囚而绝,重其先人之功,故复立之。《论语》曰云云。"据此是"兴灭国"为无罪之国,若有罪当灭者,亦不兴之也。(《论语正义》764页)

　　杨伯峻:恢复被灭亡的国家,承续已断绝的后代,提拔被遗落的人才,天下的百姓就都会心悦诚服了。(《论语译注》208页)

　　黄怀信:兴灭国:"兴",起、恢复。"灭国",被灭亡之国,指商。继绝世:"继",续也。"绝世",已经断绝的世系,指尧、舜、禹等。举逸民:"举",举用。"逸民",前朝遗存之民,指箕子之类。(《论语新校释》492-493页)

　　刘宗志:复兴已灭亡的国家,接续已断绝的家族,提拔被遗落的人才,天下百姓就会真心归服。(《论语解读》299页)

　　孙钦善:复兴灭亡的国家,接续断绝的世系,举用隐逸的贤

人，天下的老百姓就会真心实意归服你了。（《论语本解》253页）

　　　辑者案：孙钦善解为优。

　　20.2 子张问于孔子曰："何如斯可以从政矣？"子曰："尊五美，屏四恶，斯可以从政矣。"子张曰："何谓五美？"子曰："君子惠而不费，劳而不怨，欲而不贪，泰而不骄，威而不猛。"子张曰："何谓惠而不费？"子曰："因民之所利而利之，斯不亦惠而不费乎？择可劳而劳之，又谁怨？欲仁而得仁，又焉贪？君子无众寡，无小大，无敢慢，斯不亦泰而不骄乎？君子正其衣冠，尊其瞻视，俨然人望而畏之，斯不亦威而不猛乎？"子张曰："何谓四恶？"子曰："不教而杀谓之虐，不戒视成谓之暴，慢令致期谓之贼，犹之与人也，出纳之吝谓之有司。"

　　(1)惠而不费、劳而不怨、欲而不贪、泰而不骄、威而不猛

　　魏·王肃：利民在政，无费于财也。（皇侃《论语集解义疏》卷十·18页）

　　梁·皇侃：云"子曰君子惠而不费"者，历答于五，此其一也。言为政之道，能令民下荷于润惠（辑者案：《四库全书》本"润惠"为"润意"），而我无所费损，故云惠而不费也。云"劳而不怨"者，二也。君使民劳苦，而民其心无怨，故云劳而不怨也。云"欲而不贪"者，三也。君能遂己所欲，而非贪吝也。云"泰而不骄"者，四也。君能恒宽泰，而不骄傲也。云"威而不猛"者，五也。君能有威严，而不猛厉伤物也。（皇侃《论语集解义疏》卷十·19页）

　　宋·邢昺："子曰：因民之所利而利之，斯不亦惠而不费乎"者，此孔子为说其惠而不费之一美也。民居五土，所利不同。山者利其禽兽，渚者利其鱼盐，中原利其五谷。人君因其所利，使各

居其所安,不易其利,则是惠爱利民在政,且不费于财也。"择可劳而劳之,且谁怨"者,孔子知子张未能尽达,故既答惠而不费,不须其问,即为陈其余者。此说劳而不怨者也。择可劳而劳之,谓使民以时,则又谁怨恨哉!"欲仁而得仁,又焉贪",此说欲而不贪也。言常人之欲,失在贪财。我则欲仁,而仁斯至矣,又安得为贪乎?"君子无众寡,无小大,无敢慢,斯不亦泰而不骄乎"者,此说泰而不骄也。常人之情,敬众大而慢寡小。君子则不以寡小而慢之也,此不亦是君子安泰而不骄慢乎?"君子正其衣冠,尊其瞻视,俨然人望而畏之,斯不亦威而不猛乎"者,此说威而不猛也。言君子常正其衣冠,尊重其瞻视,端居俨然,人则望而畏之,斯不亦虽有威严而不猛厉者乎?(邢昺《论语注疏》269页)

明・蔡清:因民之所利而利之,非以己之利与之也,所谓用天之道、因地之利者。若以府库之财与之,则惠而费矣。(《论语蒙引》卷四・96页)

杨伯峻:孔子道:"君子给人民以好处,而自己却无所耗费;劳动百姓,百姓却不怨恨;自己欲仁欲义,却不能叫作贪;安泰矜持却不骄傲;威严却不凶猛。"(《论语译注》210页)

李泽厚:孔子说:"君子施恩惠,但并不花费;役使人民,但并不被怨恨;有欲望,但不贪婪;庄重,但不骄傲;威严,但不凶猛。"(《论语今读》335页)

牛泽群:"欲而不贪。"按杨伯峻《论语译注》取皇《疏》义离礼幼之"欲仁义者为廉,欲财色者为贪"释语,一陋也;译文"自己欲仁欲义,却不能叫做贪"衔为君子"五美"之一之悖于文理,二陋也;译文五对动词主语之乱而不一,三陋也。(《论语札记》535页)

林觥顺:惠而不费:可释作谨慎消费,千万不可浪费。劳而不怨:……是用民力时不可使过劳,免生民怨而乱国本。欲而不贪:

欲与贪，在字义上互为转注，在行为上互果。……《史记·礼书》云："先王恶其乱，故制礼义以养人之欲，给人以求。"所以合于情理礼义而得，是取其所当取曰欲。不合情理礼义而得，是取其所不当取曰贪。泰而不骄：……是说虽富有也不可骄纵傲慢。（《论语我读》370页）

　　黄怀信：先生道："君子给人好处（自己）却不耗费，使人劳动（人）却不怨恨，有私欲却不贪婪，自大却不骄傲，威严却不凶猛。"（《论语新校释》496页）

　　李零：五美是什么？（1）"惠而不费"，是看什么对人民有利，才给他们好处，施惠于民却无须破费。（2）"劳而不怨"，是选择人民可以胜任的事而役使之，民竭其力却毫无怨言。（3）"欲而不贪"，是尽量满足人民的正常需求，让他们觉得求仁得仁，又不至于引起他们的贪欲，民遂其愿却并不贪心。（4）"泰而不骄"，是无论人多人少，事大事小，都不敢怠慢，很有自尊却并无骄态。（5）"威而不猛"，是衣冠整齐，仪态端正，让人看上去肃然起敬，威风凛凛却并不可怕。（《丧家狗——我读〈论语〉》335页）

　　金知明：君子惠而不费：君子贤惠而不劳累；惠，贤惠；而，连词；费，劳顿。（《论语精读》266页）

　　孙钦善：君子给人以恩惠却又不须破费，役使人民却又使人民没有怨恨，有欲望却不贪心，雍容大方却不骄傲自大，威严却不凶猛。（《论语本解》254页）

　　　　辑者案：各家所解，大都切近文意，比较而言，孙钦善解为优。

（2）慢令致期谓之贼

　　汉·孔安国：与民无信而虚刻期也。（皇侃《论语集解义疏》卷十·19页）

晋·袁乔：令之不明而急期之也。（皇侃《论语集解义疏》卷十·20页）

宋·朱熹：致期，刻期也。贼者，切害之意。缓于前而急于后，以误其民，而必刑之，是贼害之也。（《四书章句集注》194页）

清·刘宝楠："慢令"者，《新序·杂事篇》："缓令急诛，暴也。""缓令"即"慢令"。《说文》训"慢"为惰，凡怠惰，则致缓也。（《论语正义》768页）

唐满先：下达可以缓慢执行的政令而要求限期完成，叫做贼。（《论语今译》208页）

李泽厚：开始慢吞吞，突然限期要求，叫害人。（《论语今读》335页）

杨润根：慢令致期：致期慢令，在坐视人们做出了某种犯法的行为之后才慢吞吞地和傲慢地命令禁止说："这是犯法的行为，请接受法律的制裁与惩罚。"（《发现论语》506页）

黄怀信：不抓紧号令而（突然）截止期限，叫做害人。（《论语新校释》497页）

李零："慢令致期"，是督办不力，刻期以求。（《丧家狗——我读〈论语〉》336页）

孙钦善：慢令：命令松懈。致期：限期紧迫。……政令松懈，限期紧迫，叫做害人贼。（《论语本解》254—255页）

　　辑者案：慢令，下令怠慢。致，造成，导致。慢令致期，（上级、当权者）下令怠慢造成（下级、执行者）延误工期。延误工期要受处罚，这种怠慢造成的处罚，可称为贼害。关于"致期"，上述有"刻期""急期""限期""突然截止期限"诸解，查历代字书辞书，"致"无"刻""急""限""截止"义，而有"造成""导致"义。由于当权者下令的怠慢，而造成执行者实施者延误工期，这样理解颇切合文意。

（3）犹之与人也，出纳之吝谓之有司

汉·孔安国：谓财物俱当与人，而吝啬于出纳惜难之，此有司之任耳，非人君之道。（邢昺《论语注疏》269 页）

唐·韩愈：犹之，当为犹上也。言君上吝啬，则是有司之财而已。（《论语笔解》卷下·25 页）

宋·朱熹：犹之，犹言均之也。均之以物与人，而于其出纳之际，乃或吝而不果。则是有司之事，而非为政之体，所与虽多，人亦不怀其惠矣。项羽使人，有功当封，刻印刓，忍弗能予，卒以取败，亦其验也。（《四书章句集注》194 页）

元·陈天祥："犹"无训"均"之例，解"犹之"为"均之"，亦甚费力。……又，出纳之吝与上三恶亦不相类。若以项羽之事论之，虽有司亦不当如此。经中或有脱误，阙之不讲，似亦无妨。（《四书辨疑》卷八·16 页）

清·刘宝楠："出纳"者，《说文》："纳，丝湿纳纳也。"别一义。"内，入也。从门自外而入也。"经传多假"纳"为"内"。此处皇本、《释文》本皆作"内"，唯邢本作"纳"。《公羊》桓二年《传》："纳者，入辞也。"上句言"与人"，此言"出"又言"纳"者，俞氏樾《平议》："因出纳为人之恒言，故言出而并及纳。《史记·刺客传》：'多人不能无生得失。'言失而并言得也。《游侠传》：'缓急人之所时有也。'言急而并言缓也。此言出纳亦犹是矣。"案：俞说是也。（《论语正义》768 页）

钱逊：[注释]犹之，同样的意思。与，给与。犹之与人，同样是给人。有司：古代负责具体事务的小官吏。这里是说，这样就不是在上位的人所应做，而只是有司的事。所以今译译成有失身份。[今译]同样是给人财物，却出手吝啬，叫做有失身份。（《论语浅解》303 页）

黄怀信:[释]"犹",借为"欲",音相转。[训译]想给人东西的时候舍不得出手,叫做小气。(《论语新校释》496页)

李零:"犹之与人也,出纳之吝,谓之有司",这三句,是以吝喻苟,它的意思是,上面三条,要求太苛刻,就好像一个管财物的官员,给人东西,却又舍不得,不抠门,不叫负责。(《丧家狗——我读〈论语〉》336页)

孙钦善:出纳:偏义复词,只有出义。有司:管事者的代称。有司代人管事,职卑无权,自当拘谨,往往表现为小气。……用给予人东西作比,出手吝啬叫做小手小脚的有司。(《论语本解》254—255页)

辑者案:犹,如同,比如。与人,给人财物。有司,官吏。古代设官分职,事各有专司,故称有司。此指专管财务的小官。这句话的意思是:如同给人财物,出手吝啬,这叫做有司(喻吝啬鬼)。此批评当政者在惠民方面吝啬,与前章所赞美的"周有大赉,善人是富"形成鲜明对比。

20.3 孔子曰:"不知命,无以为君子也。不知礼,无以立也。不知言,无以知人也。"

(1)不知命,无以为君子也

汉·孔安国:命,谓穷达之分。(邢昺《论语注疏》270页)

宋·邢昺:命,谓穷达之分。言天之赋命,穷达有时,当待时而动。若不知天命而妄动,则非君子也。(邢昺《论语注疏》270页)

唐·韩愈:命谓穷理尽性,以至于命也。非止穷达。(《论语笔解》卷下·25页)

宋·许谦:有天理之命,有气数之命。天理之命,人得之以为性者也;气数之命,人得之以为生死寿夭贫富贵贱者也。此章命

字，盖兼二者而言。（《读论语丛说》卷下·29页）

　　清·刘宝楠：《韩诗外传》："子曰：'不知命，无以为君子。'言天之所生，皆有仁、义、礼、智、顺、善之心。不知天之所以命生，则无仁、义、礼、智、顺、善之心，谓之小人。"又曰："《大雅》曰：'天生蒸民，有物有则；民之秉彝，好是懿德。'言民之秉德以则天也。不知所以则天，又焉得为君子乎?"《汉书·董仲舒传》对策曰："天令之谓命。……明于天性，知自贵于物，然后知仁、义、礼、智，安处善，乐循理，谓之君子。故孔子曰：'不知命，无以为君子。'此之谓也。"二文皆言德命，其义极精。盖言德命可兼禄命也，说详前疏。（《论语正义》769页）

　　清·沈涛：《韩诗外传》云："天之所生皆有仁义礼智顺善之心，不知天之所以命生，则无仁义礼智顺善之心，谓之小人。故曰：'不知命无以为君子也。'"《汉书·董仲舒传》："天令之谓命。人受命于天，固超然异于群生，贵于物也。故曰天地之性人为贵。明于天性，知自贵于物，然后知仁义礼智，安处乐，善循理，谓之君子。故孔子曰：'不知命，无以为君子。'"此之谓也。则西京《论语》家旧说皆以"知命"为"乐天知命"及夫子"五十知天命"之"命"，孔云"穷达之分"，浅矣。（《论语孔注辨伪》卷下·20页）

　　金池：命：命运，命脉，这里指人生规律、社会规律。（《论语新译》588页）

　　刘兆伟：不懂得自己应有的名分，就没办法成为君子。（《论语通要》480页）

　　　辑者案：命，指天命。天命，上天的意旨，由天主宰的命运。此理解为金池所说的"人生规律，社会规律"较确。

(2)不知礼，无以立也

梁·皇侃：礼主恭俭庄敬，为立身之本。人若不知礼者，无以得立其身于世也。故《礼运》云"得之者生,失之者死"、《诗》云"人而无礼,不死何俟"是也。（皇侃《论语集解义疏》卷十·21页）

宋·朱熹：不知礼,则耳目无所加,手足无所措。（《四书章句集注》195页）

宋·朱熹：谢氏知命之说得之,至以知礼为知理,则非也。盖此章所谓礼,止指礼文而言耳。若推本言之,以为礼在其中则可,今乃厌其所谓礼文之为浅近,而慕夫高远之理,遂至于以理易礼,而不复征于践履之实,则亦使人何所据而能立耶？知言之说亦为得之。（《四书或问》卷二十五·6页）

胡齐临：不懂法,就不可以立身处世。（《论语真义》231页）

孙钦善：不懂得礼,便没有依据立身；不辨知言语,便没有凭借了解人。（《论语本解》255页）

辑者案：礼是规定社会行为的法则、规范、仪式的总称。《荀子·礼论》："先王恶其乱也,故制礼义以分之。"朱熹所言"止指礼文（礼节仪式）而言",限定得太窄。要想立足于社会,只知礼文不行。

语句索引

说明：本索引以本书所出《论语》语句为单位，以句首之字笔画多少为序，句后标注页码。为便于查检，句中具有歧解的字词断句，亦以括号的形式录出，一并注明对应页码。*

---

*编辑部案：本版索引由编辑部在原索引基础上按新版页码制作，略有增补。特此说明。

参考书目

　　说明：下列大量的《论语》研究著作采自大型丛书《无求备斋论语集成》（台湾艺文印书馆 1966 年出版），为节省篇幅，相关书名皆简称为"《无求》"，并标明《论语》研究著作的所在"函"数，如"王若虚《论语辨惑》，《无求》第 16 函"；出版社亦予省略。研读者征引本书材料需要注明出处时，建议不要简称和省略。

河北省文物研究所《定州汉墓竹简论语》，文物出版社 1997 年

汉韩婴撰、许维遹校释《韩诗外传集释》，中华书局 1980 年

汉董仲舒撰、苏舆义证《春秋繁露义证》，中华书局 1992 年

汉刘向撰、赵善诒疏证《说苑疏证》，华东师范大学出版社 1985 年

扬雄《扬子法言》，《四库全书》第 696 册，上海古籍出版社 1987 年

汉王充《论衡》，上海人民出版社 1974 年

汉包咸《论语包氏章句》，马国翰辑《论语古注》第 3 册，《无求》第 30 函

汉司马迁《史记》，中华书局 1959 年

汉班固《汉书》，中华书局 1962 年

汉班固撰、清陈立疏证《白虎通疏证》，中华书局 1994 年

汉许慎《说文解字》，中华书局 1963 年

汉马融《论语马氏训说》，马国翰辑《论语古注》第 4 册，《无求》第 30 函

汉郑玄《论语郑氏注》，马国翰辑《论语古注》第 4 册，《无求》第

30 函

汉郑玄撰、清黄奭辑《逸论语注》,《汉学堂丛书》本,《无求》第
30 函

汉郑玄撰、清袁钧辑《郑玄论语注》,《郑氏佚书》本,《无求》第
29 函

汉郑玄撰、清宋翔凤辑《论语郑注》,《食旧堂丛书》本,《无求》第
29 函

汉郑玄撰、清王谟辑《论语郑注》,《汉魏遗书钞》本,《无求》第
29 函

汉荀悦《申鉴》,《丛书集成初编》第 533 册,中华书局 1983 年影
印本

汉徐幹《中论》,《丛书集成初编》第 530 册,中华书局 1983 年影
印本

汉赵晔撰、薛耀天译注《吴越春秋译注》,天津古籍出版社 1992 年

魏陈群《论语陈氏义说》,马国翰辑《论语古注》第 4 册,《无求》第
30 函

魏王弼《论语释疑》,马国翰辑《论语古注》第 5 册,《无求》第 30 函

晋谯周《论语谯氏注》,马国翰辑《论语古注》第 5 册,《无求》第
30 函

晋卫瓘《论语卫氏集注》,马国翰辑《论语古注》第 5 册,《无求》第
30 函

晋缪协《论语缪氏说》,马国翰辑《论语古注》第 5 册,《无求》第
30 函

晋郭象《论语体略》,马国翰辑《论语古注》第 5 册,《无求》第 30 函

晋栾肇《论语栾氏释疑》,马国翰辑《论语古注》第 5 册,《无求》第
30 函

晋李充《论语李氏集注》，马国翰辑《论语古注》第 6 册，《无求》第 30 函

晋袁乔《论语袁氏注》，马国翰辑《论语古注》第 6 册，《无求》第 30 函

晋江熙《论语江氏集解》，马国翰辑《论语古注》第 7 册，《无求》第 30 函

晋张凭《论语张氏注》，马国翰辑《论语古注》第 7 册，《无求》第 30 函

晋蔡谟《论语蔡氏注》，马国翰辑《论语古注》第 7 册，《无求》第 30 函

宋颜延之《论语颜氏说》，马国翰辑《论语古注》第 7 册，《无求》第 30 函

梁武皇帝《论语梁武帝注》，马国翰辑《论语古注》第 7 册，《无求》第 30 函

梁皇侃义疏《论语集解义疏》，《知不足斋丛书》本，《无求》第 3 函

唐陆德明撰、黄焯汇校《经典释文汇校》，中华书局 2006 年

唐孔颖达《尚书正义》，《十三经注疏》（横排标点本），北京大学出版社 1999 年

唐贾公彦《周礼注疏》，《十三经注疏》（横排标点本），北京大学出版社 1999 年

唐杜佑《通典》，中华书局 1988 年

唐韩愈、李翱《论语笔解》，明《范氏二十一种奇书》本，《无求》第 15 函

宋邢昺《论语注疏》，《十三经注疏》（横排标点本），北京大学出版社 1999 年

宋张载《张子全书》，《四库全书》第 687 册

宋程颢、程颐《二程集》，中华书局 1981 年

宋苏辙《论语拾遗》，《指海》本，《无求》第 15 函

宋陈祥道《论语全解义》，据明谢氏小草斋钞本排印本，《无求》第 5 函

宋郑汝谐《论语意原》，《武英殿聚珍版丛书》本，《无求》第 16 函

宋赵德《论语笺义》，《守山阁丛书》本，《无求》第 17 函

宋洪迈《容斋随笔》，中州古籍出版社 1993 年

宋项安世《项世家说》，《四库全书》第 706 册

宋朱熹《四书章句集注》，《新编诸子集成》本，中华书局 1983 年

宋朱熹《四书或问》，《四库全书》第 197 册

宋张栻《南轩论语解》，《通志堂经解》本，《无求》第 15 函

宋陈善《扪虱新话》，《续修四库全书》第 1122 册，上海古籍出版社 1995 年

宋孙奕《示儿编》，《四库全书》第 864 册

宋黄震《黄氏日钞》，《四库全书》第 707 册

宋史绳祖《学斋占毕》，《四库全书》第 854 册

宋金履祥《论语集注考证》，同治十二年永康胡氏退补斋刊本，《无求》第 16 函

宋蔡节《论语集说》，《通志堂经解》本，《无求》第 6 函

宋黎靖德《朱子语类》，中华书局 1986 年

宋许谦《读论语丛说》，元刊本，《无求》第 16 函

宋俞琰《书斋夜话》，《四库全书》第 865 册

金王若虚《论语辨惑》，《滹南遗老集钞》本，《无求》第 16 函

元马端临《文献通考》，浙江古籍出版社 2000 年

元詹道传《论语集注纂笺》，《通志堂经解》本，《无求》第 6 函

元陈天祥《论语辨疑》，《通志堂经解》本，《无求》第 17 函

明王恕《石渠意见》,《续修四库全书》第 171 册

明蔡清《论语蒙引》,崇祯八年刊本,《无求》第 18 函

明林希元《论语存疑》,承应二年覆崇祯刊本,《无求》第 18 函

明陈士元《论语类考》,《湖海楼丛书》本,《无求》第 19 函

明张居正撰 清姚永朴节钞《论语直解》,正志中学讲义排印本,《无求》第 8 函

明张居正《论语别裁》,陕西师范大学出版社 2007 年

明焦竑《焦氏笔乘》《续集》,《续修四库全书》第 1129 册

明郝敬《论语详解》,《续修四库全书》第 153 册

明高攀龙《高子遗书》,《四库全书》第 1292 册

明葛寅亮《四书湖南讲》,《续修四库全书》第 163 册

明释智旭、江谦补注《论语点睛补注》,香港佛经流通处排印本,《无求》第 8 函。

清孙奇逢《四书近指》,《四库全书》第 208 册

清王崇简《冬夜笺记》,《丛书集成续编》90 册,上海书店 1994 年

清顾炎武著、黄汝成集释《日知录集释》,上海古籍出版社 1985 年

清王夫之《论语稗疏》,《皇清经解续编》本,《无求》第 19 函

清王夫之《论语训义》,《船山遗书》本,《无求》第 8 函

清王夫之《读四书大全说》,中华书局 1975 年

清毛奇龄《论语稽求篇》,《西河合集》本,《无求》第 20 函

清毛奇龄《四书改错》,《续修四库全书》第 165 册

清毛奇龄《四书媵言》,《四库全书》第 210 册

清毛奇龄《四书媵言补》,《四库全书》第 210 册

清李颙《四书反身录》《续录》,《续修四库全书》第 165 册

(日)伊藤维桢《论语古义》,日本东洋图书刊行会排印本,《无求》第 14 函

清陆陇其《四书讲义困勉录》,《四库全书》第 209 册

清陆陇其《松阳讲义》,《四库全书》第 209 册

清阎若璩《四书释地》,《四库全书》第 210 册

清阎若璩《四书释地续》,《四库全书》第 210 册

阎若璩《四书释地又续》,《四库全书》第 210 册

阎若璩《四书释地再续》,《四库全书》第 210 册

清李光地《读论语札记》,绿猗堂钞本,《无求》第 20 函

清臧琳《经义杂记》,《续修四库全书》第 172 册

清李塨《论语传注》,《颜李丛书》本,《无求》第 9 函

清何焯《义门读书记》,《四库全书》第 860 册

清焦袁熹《此木轩四书说》,《四库全书》第 210 册

清杨名时《四书札记》,《四库全书》第 210 册

(日)物双松《论语征》,日本东洋图书刊行会排印本,《无求》第
　26 函

清惠士奇《礼说》,《四库全书》第 101 册

清江永《群经补义》,《清经解 清经解续编》第 2 册,凤凰出版社
　2005 年

清江永《乡党图考》,学苑出版社 1993 年

(日)冈白驹《论语征批》,日本东洋图书刊行会排印本,《无求》第
　27 函

清惠栋《论语古义》,《九经古义》本,《无求》第 21 函

清戴望《戴氏注论语》,《续修四库全书》第 157 册

清全祖望《经史答问》,《清经解 清经解续编》第 2 册,凤凰出版社
　2005 年

清牛运震《论语随笔》,嘉庆四年空山堂刊本,《无求》第 21 函

清卢文弨《论语音义考证》,《续修四库全书》第 180 册

清卢文弨《龙城札记》,《续修四库全书》第 1149 册

清朱亦栋《论语札记》,十三经札记本,《无求》第 21 函

清江声撰、董金鉴续校《论语竢质》,《琳琅秘室丛书》本,《无求》第 21 函

清赵佑《四书温故录》,《续修四库全书》第 166 册

清赵良猷《论语注参》,《泾川丛书》本,《无求》第 22 函

清赵翼《陔余丛考》,《续修四库全书》第 1151－1152 册

清钱大昕《十驾斋养新录》,上海书店 1983 年

清余萧客《论语钩沉》,《古经解钩沉》本,《无求》第 29 函

(日)中井积德《论语逢源》,日本东洋图书刊行会排印本,《无求》第 27 函

(日)皆川愿《论语绎解》,日本东洋图书刊行会排印本,《无求》第 14 函

清翁方纲《论语附记》,畿辅遗书本,《无求》第 21 函

清段玉裁《说文解字注》,上海古籍出版社 1981 年

清段玉裁《经韵楼集》,《续修四库全书》第 1434－1435 册

清翟灏《四书考异》,《续修四库全书》第 167 册

周柄中《四书典故辩正》,《续修四库全书》第 167 册

(日)丰干《论语新注》,日本东洋图书刊行会排印本,《无求》第 27 函

清刘履恂《秋槎杂记》,《清经解 清经解续编》第 8 册,凤凰出版社 2005 年

清程大中《四书逸笺》,《四库全书》第 210 册

清崔述《论语余说》,崔东壁遗书本,《无求》第 22 函。

清崔述《考信录》,《续修四库全书》第 455 册

清戚学标《四书偶谈》,《续修四库全书》第 168 册

（日）龟井鲁《论语语由》，日本东洋图书刊行会排印本，《无求》第
　　15 函

清王念孙《读书杂志》，江苏古籍出版社 2000 年

清钱坫《论语后录》，《钱氏四种》本，《无求》第 21 函

清武亿《论语义证》，《皇清经解续编》本，《无求》第 22 函

清武亿《经读考异》，《续修四库全书》第 173 册

清刘台拱《论语骈枝》，《广雅书局丛书》本，《无求》第 22 函

清王崧《说纬》，《丛书集成续编》第 20 册，上海书店 1994 年

清陈鱣《论语古训》，《续修四库全书》第 154 册

清孔广森《经学卮言》，《续修四库全书》第 173 册

清凌廷堪《校礼堂文集》，《续修四库全书》第 1480 册

清徐养源《论语鲁读考》，《湖州丛书》本，《无求》第 22 函

（日）猪饲彦博《论语说抄》，日本东洋图书刊行会排印本，《无求》
　　第 27 函。

清焦循《论语补疏》，《皇清经解》本，《无求》第 22 函

清阮元《研经室集》，《续修四库全书》第 1478—1479 册

清阮元《论语注疏校勘记》，《十三经注疏》下册，中华书局 1980 年

清洪颐煊《读书丛录》，《续修四库全书》第 1157 册

（日）市野光彦《正平本论语札记》，日本东洋图书刊行会排印本，
　　《无求》第 28 函

清王引之《经义述闻》，江苏古籍出版社 2000 年

清王引之《经传释词》，江苏古籍出版社 2000 年

清许宗彦《鉴止水斋集》，《续修四库全书》第 1492 册

清金鹗《乡党正义》，《清经解 清经解续编》第 11 册，凤凰出版社
　　2005 年

（日）佐藤坦《论语栏外书》，日本东洋图书刊行会排印本，《无求》

第 28 函

清梁章钜《论语旁证》,同治十二年刊本,《无求》第 23 函

清刘逢禄《论语述何》,《皇清经解》本,《无求》第 23 函

清宋翔凤《论语纂言》,嘉庆八年刊本,《无求》第 24 函

清宋翔凤《论语说义》,《清经解 清经解续编》第 10 册,凤凰出版社
　　2005 年

清宋翔凤《四书释地辩证》,《续修四库全书》第 170 册

(日)东条弘《论语知言》,日本东洋图书刊行会排印本,《无求》第
　　28 函

(日)冈田钦《论语札记》,日本精义塾刊本,《无求》第 28 函

清李惇《群经识小》,《续修四库全书》第 173 册

清冯登府《论语异文考证》,石经阁五种本,《无求》第 24 函

(日)广濑建《读论语》,日本东洋图书刊行会排印本,《无求》第
　　28 函

清刘开《论语补注》,同治七年桐城刘氏重刊本,《无求》第 24 函

清朱骏声《说文通训定声》,武汉市古籍书店影印 1983 年

清胡绍勋《四书拾义》,《丛书集成续编》第 15 册,上海书店
　　1994 年

清黄式三撰,张涅、韩岚点校《论语后案》,凤凰出版社 2008 年

清刘宝楠撰、高流水点校《论语正义》,中华书局 1990 年

清钟褱《菽厓考古录》,《续修四库全书》第 1156 册

(日)海保元备《论语驳异》,日本东洋图书刊行会排印本,《无求》
　　第 27 函

清沈涛《论语孔注辨伪》,《功顺堂丛书》本,《无求》第 23 函

清陈澧《东塾读书记》,《续修四库全书》第 1160 册

清王肇晋《论语经正录》,《续修四库全书》第 156 册

（日）昭井一宅《论语解》，日本东洋图书刊行会排印本，《无求》第15函

清俞樾《论语郑义》，《俞楼杂纂》本，《无求》第25函

清俞樾《论语古注择从》，《俞楼杂纂》本，《无求》第25函

清俞樾《群经平议·论语平议》，《无求》第25函

清俞樾《古书疑义举例》，上海世纪出版集团2007年

清俞樾《春在堂随笔》，《续修四库全书》第1141册

清桂文灿《论语皇疏考证》，《庚辰丛编》本，《无求》第25函

清刘恭冕《论语正义补》，钞本排印本，《无求》第25函

清方观旭《论语偶记》，《皇清经解》本，《无求》第23函

清陈浚《论语话解》，光绪二十九年湖南洋务局刊本，《无求》第11函

清王闿运《论语训》，《湘绮楼全书》本，《无求》第12函

清杨文会《论语发隐》，金陵刻经处刊本，《无求》第25函

清宦懋庸《论语稽》，《续修四库全书》第157册

清崔适《论语足征记》，北京大学排印本，《无求》第26函

清康有为《论语注》，中华书局1984年

清陈汉章《论语征知录》，《缀学堂丛稿初编》本，《无求》第25函

清潘维城《论语古注集笺》，《皇清经解续编》本，《无求》第13函

章太炎《广论语骈枝》，《章氏丛书续编》本，《无求》第25函

张鼎《春晖楼论语说略》，《春晖堂丛书》本，《无求》第26函

张鼎《春晖楼论语说遗》，《春晖堂丛书》本，《无求》第26函

于省吾《论语新证》，稿本，《无求》第26函

严灵峰《读论语札记》，《无求》第26函

程树德《论语集释》，中华书局1990年

钱地《论语汉宋集解》，台湾新文丰出版公司1978年

钱地《儒家思想》,台湾中华书局 1972 年

杨树达《论语疏证》,上海古籍出版社 2007 年

赵纪彬《论语新探》,人民出版社 1976 年

方骥龄《论语新诠》,台湾中华书局 1977 年

杨伯峻《论语译注》,中华书局 1980 年

王熙元《论语通释》,台湾学生书局 1981 年

蔡尚思《孔子思想体系》,上海人民出版社 1982 年

唐满先《论语今译》,江西人民出版社 1982 年

乔一凡《论语通义》,台湾中华书局 1983 年

毛子水《论语今注今译》,台湾商务印书馆 1984 年

黄吉村《论语析辨》,台湾复文图书出版社 1984 年

陈如勋《论语异解辨正》,台北文津出版社 1986 年

王栻主编《严复集》,中华书局 1986 年

蒋伯潜《四书读本》,浙江人民出版社 1986 年

王缁尘《四书读本》,中国书店 1986 年

谢冰莹《新译四书读本》,台湾三民书局 1977 年

骆承烈《曲阜史迹百题》,齐鲁书社 1987 年

李启谦、杨佐仁《孔门弟子研究资料》,曲阜师范学院孔子研究
　　所印

吴林伯《论语发微》,文化艺术出版社 1989 年

钱穆《论语新解》,三联书店 2002 年

钱逊《论语浅解》,北京古籍出版社 1988 年

南怀瑾《论语别裁》,复旦大学出版社 1990 年

陈立夫《四书道贯》,中国友谊出版公司 1991 年

勾承益、李亚东《论语白话今译》,中国书店出版社 1992 年

李运益《论语词典》,西南师大出版社 1993 年

金良年《论语译注》,上海古籍出版社 1995 年

邓球柏《论语通解》,长征出版社 1996 年

杜豫《论语读本》,中州古籍出版社 1997 年

李泽厚《论语今读》,天津社会科学院出版社 2007 年

蒋沛昌《论语今释》,岳麓书社 1999 年

姚式川《论语体认》,学林出版社 1999 年

李殿元、杨梅《论语之谜》,四川教育出版社 2000 年

萧民元《论语辨惑》,中国社会科学出版社 2001 年

董子竹《论语正裁》,长江文艺出版社 2001 年

王云路《词汇训诂论稿》,北京语言文化大学出版社 2002 年

马天祥《十三经辞典·论语卷》,陕西人民出版社 2002 年

杨润根《发现论语》,华夏出版社 2003 年

李炳南《论语讲要》,吉林师范大学印发 2003 年

吴新成《论语易读》,中国社会科学出版社 2003 年

牛泽群《论语札记》,北京燕山出版社 2003 年

高专诚《论语通说》,山西人民出版社 2004 年

安作璋《论语辞典》,上海古籍出版社 2004 年

程石泉《论语读训》,上海古籍出版社 2005 年

刘伟见译《论语意解》,线装书局 2005 年

文选德《论语诠释》,湖南人民出版社 2005 年

金池《〈论语〉新译》,人民日报出版社 2005 年

赵又春《我读〈论语〉》,岳麓书社 2005 年

丁纪《论语读诠》,巴蜀书社 2005 年

林觚顺《论语我读》,九州出版社 2006 年

林振衡《论语新编》,群言出版社 2006 年

杨义主编、彭亚非选评《论语选评》,岳麓书社 2006 年

查正贤《论语讲读》,华东师范大学出版社 2006 年

傅佩荣《傅佩荣解读论语》,线装书局 2006 年

鲍鹏山《论语新读》,东方出版中心 2006 年

黄怀信《论语新校释》,三秦出版社 2006 年

蔡希勤《百家品论语》,中国城市出版社 2007 年

乌恩溥《名家讲解论语》,长春出版社 2007 年

苏宰西《论语新编》,甘肃教育出版社 2007 年

金知明《论语精读》,学林出版社 2007 年

王孺童《孺童讲论语》,花山文艺出版社 2007 年

傅佩荣《四书心得》,上海三联书店 2007 年

李零《丧家狗——我读〈论语〉》,山西人民出版社 2007 年

傅杰《论语一百句》,复旦大学出版社 2007 年

安德义《论语解读》,中华书局 2007 年

郑张欢《论语今释》,齐鲁书社 2007 年

李里《论语讲义》,广西师范大学出版社 2007 年

何新《论语新解——思与行》,北京工业大学出版社 2007 年

刘兆伟《论语通要》,人民教育出版社 2008 年

韩喜凯《名家评说孔子辨析》,齐鲁书社 2008 年

李君明《论语引读》,黑龙江人民出版社 2008 年

李德民《孔子语录集解》,哈尔滨工程大学出版社 2008 年

刘维业《论语指要》,吉林大学出版社 2008 年

李培宗《论语全解》,齐鲁书社 2008 年

杨朝明《论语诠解》,广陵书社 2008 年

黄克剑《〈论语〉解读》,中国人民大学出版社 2008 年

亦丰《论语句解》,广陵书社 2008 年

胡齐临《论语真义》,上海人民出版社 2009 年

袁庆德《论语通释》,吉林大学出版社 2009 年

孙钦善《论语本解》,生活·读书·新知三联书店 2009 年

蔡健清等《论语解读》,湖南人民出版社 2009 年

陈大齐著、周春健校订《论语辑释》,华夏出版社 2010 年

后　记

　　本人从事古典文献学的教学工作,学科性质决定了要和古籍打交道。在向学生介绍古籍时,我偏重的是儒家经典《十三经》。至于关注儒家经典的歧异解释问题,是从学习《周易》开始的。读了几部研究《周易》的著作,发现各家的解释存在着很大的分歧,面对这些分歧,自己也随之萌生了"发表点意见"的想法,于是在2005年撰写了《周易"元亨利贞"歧解辨正》一文,刊载于《齐鲁学刊》2006年第3期。读《尚书》、《论语》、《孟子》等,当然也遇到了同样的问题,因此,便产生了围绕一部经典汇辑歧解资料的意念。稍后,我们古典文献学教研室集体讨论科研计划,为凸显学校地处孔子故里曲阜的地方特色,计划编辑一套《论语研究小丛书》,商定了几个子目书名,即《论语书录》、《论语序跋选编》、《论语研究者小传》、《论语异文研究》、《论语歧解辑录》。丛书中的这几种子目书,分在了各位老师名下,我承担了《论语歧解辑录》的编纂任务。原打算整部丛书一起出版,终因经费难筹,未能如愿。经费问题影响了老师们编纂的积极性,五种书稿,大半中途搁置,唯我坚持,做到2008年5月基本成书。在同事们的鼓励下,我抱着试试的态度,将书稿打印成册,申报了国家社科基金后期资助项目,幸得评审专家青睐,使拙作跻身于国家级科研行列,出版亦有了经费保障。对全国社科规划办的领导同志和评审专家,我心存感激!

　　这部书稿,是集体劳动和智慧的结晶。全书有三大方面的工作：汇辑歧解材料；撰写案语；编制索引、参考书目及校对。

一、汇辑歧解材料者的分工是：　　　二、案语撰写者的分工是：

《学而篇》	丁建东	朱 倩	《学而篇》	高尚榘
《为政篇》	丁建东	朱 倩	《为政篇》	高尚榘
《八佾篇》	刘育林	赵永泉	《八佾篇》	张诒三
《里仁篇》	刘育林	宋 敏	《里仁篇》	张诒三
《公冶长篇》	刘育林	王慧敏	《公冶长篇》	张诒三
《雍也篇》	宋 敏	宋红霞	《雍也篇》	高尚榘
《述而篇》	刘秀华	董 敏	《述而篇》	高尚榘
《泰伯篇》	刘秀华	董 敏	《泰伯篇》	高尚榘
《子罕篇》	刘秀华	董 敏	《子罕篇》	高尚榘
《乡党篇》	杨秀娟	宋红霞	《乡党篇》	杨秀娟
《先进篇》	郑子慧	王慧敏	《先进篇》	张诒三
《颜渊篇》	郑子慧	王慧敏	《颜渊篇》	张诒三
《子路篇》	方凤丽	孙敬友	《子路篇》	高尚榘
《宪问篇》	方凤丽	孙敬友	《宪问篇》	杨秀娟
《卫灵公篇》	方凤丽	孙敬友	《卫灵公篇》	杨秀娟
《季氏篇》	高 霞	杨秀娟	《季氏篇》	杨秀娟
《阳货篇》	高 霞	杨秀娟	《阳货篇》	杨秀娟
《微子篇》	夏秀丽	高 敏	《微子篇》	高尚榘
《子张篇》	夏秀丽	高 敏	《子张篇》	高尚榘
《尧曰篇》	夏秀丽	高 敏	《尧曰篇》	高尚榘

赵玉、王丽杰、卜艳、陈艳、范文洁、曹宇飞等，临近书稿杀青时也为歧解材料做了些增补工作。

索引编制者：赵玉、王丽杰。参考书目编制者：王慧敏。校对：卜艳、陈艳、范文洁、曹宇飞。中华书局排出清样后，2010 级古典文献学专业研究生张建会、王雪、刘倩、陈艳、于华、王大曼、李玉玲等同学协助校对十余天,付出了辛勤的劳动。

在这部书的编纂过程中,使我感触最深的,也是使我最受感动的,是同事们的精诚团结、无私奉献。副主编张诒三博士,自己手头上虽有紧迫的国家古籍整理项目,还有繁重的研究生、本科生教学任务,然而为了本书的早日问世,强挤时间,为本书撰写了富含精见的案语;副主编杨秀娟老师,在圆满完成教学任务的同时,为本书做了多方面的工作:汇辑歧解材料,撰写案语,指导编制索引,怀孕期间还天天到五楼查补材料。其他参编人员,不分分内分外,积极主动,出谋献策,作为主编的我没有考虑到的,他们都替我想到了,做到了。如刘育林同志,为全体编者提供相关论文索引,网上下载大量《论语》研究论文;方凤丽同志完成自己的编纂任务后,又帮助其他同志搜补材料;赵永泉同志为全书编排历代《论语》注释者生年顺序及著作出版时间顺序;王慧敏同志为全书统一调整格式、电脑拼造生僻字、编排参考书目;孙敬友同志承担的编辑任务较重,付出的时间也最多,为全书查缺补漏的工作做了很多。几位校对者,为确保本书征引材料的可靠、准确,态度严谨,耐心细致,认真校对。总之,同事们都很敬业,不一一赘述。

作为主编,我注重的是体例上、质量上的工作。体例上,力求科学、清晰、方便使用;质量上,力求材料搜集齐全、选择得当、征引准确,力求案语撰写符合《论语》文意。前期的工作是拟订体例,选定参考书目,借阅购置图书,组织人员辑录歧解材料;后期的工作是审阅、增删歧解材料,撰写序言和案语。由于书稿字数多,对全书的歧解材料和案语等审阅一遍,就需要几个月的时间。我审阅一遍,同事们就要修改一遍,反复多次,方基本定稿。书稿虽在今年一月份就获得了全国社科规划办的结项证书，但我还是不放心，又花费半年多的时间着重对古文句读、案语进行了斟酌。在自己感到基本满意后，方才联系出版事宜。

谈到该书的出版，首先要感谢全国社科规划办的负责同志，把拙作介绍到享有国际声誉的出版社中华书局。感谢责任编辑石玉先生予以认真审阅，提出正确的修改意见，使该书在质量上得到了提升。

紧紧张张的四年过去了，拙作即将面世，本应轻松些了，但我越发惴惴不安：水平所限，书中定有这样那样的缺陷和错误。为使拙作在重版时更加完善，诚恳祈望专家学者批评指正，提出宝贵的修改意见。

高尚榘
2010 年 10 月 1 日